Kohlhammer

Arnold Angenendt

Das Frühmittelalter

Die abendländische Christenheit
von 400 bis 900

Dritte Auflage

Verlag W. Kohlhammer

Die Deutsche Bibliothek – CIP-Einheitsaufnahme

Angenendt, Arnold:
Das Frühmittelalter:
die abendländische Christenheit von 400 bis 900 /
Arnold Angenendt. – 3., durchges. Aufl. –
Stuttgart ; Berlin ; Köln : Kohlhammer, 1995
  ISBN 3-17-017225-5

Umschlagbild: Krieger und Geistlicher als Vertreter der weltlichen und der geistlichen Gewalt: Fresko aus St. Benedikt zu Mals/Südtirol, 9. Jahrhundert. © EGGER-VERLAG Brixen, Südtirol. Aufnahmen: O. Kofler.

Dritte Auflage 2001
Alle Rechte vorbehalten
© 1990 W. Kohlhammer GmbH
Stuttgart Berlin Köln
Verlagsort Stuttgart
Umschlag: Data Images GmbH
Gesamtherstellung:
W. Kohlhammer Druckerei GmbH + Co. Stuttgart
Printed in Germany

Inhalt

Vorwort 22
Vorwort zur zweiten Auflage 22

Einleitung: Das Problem des Mittelalters 23

§ 1 Das Mittelalter 23
1. Das »finstere« Mittelalter 23
2. Periodisierung 23
3. Entstehung der Mediävistik 24
   a) Quellenedition 24, b) Historismus 25, c) »Realpolitik« 26, d) Das Problem des Religiösen 26

§ 2 Die konfessionelle Geschichtsschreibung 27
1. Evangelisch 27
2. Katholisch 28
   a) Mittelalter als Vorbild 28, b) Kirchengeschichtsschreibung 29, c) Dogmengeschichte 29, d) Lebens- und Frömmigkeitsgeschichte 30, e) Liturgiegeschichte 31

§ 3 Die nationale Geschichtsschreibung 31
1. Germanisch – romanisch 31
2. »Germanisch-deutsche« Kirchengeschichtsschreibung . . . 32

§ 4 Das Kontinuitätsproblem 34
1. Katastrophe oder Kontinuität? 34
2. Kirche als Kontinuitätsträger 35

§ 5 Germanisierung des Christentums 36
1. »Germanische« Eigenkirche 36
2. »Germanische Religiosität« 37
3. »Germanischer Formalismus« 39
4. »Germanisches Staatskirchentum« 40
5. »Germanische Gefolgschaftstreue« 41

§ 6 Heutige Fragestellungen 42
1. Neue Forschungen 42
2. Neue Gesamtbewertung 43
   a) »Archaisches« Frühmittelalter 43, b) Was ist »archaisch«? 44

3. Neue Entwürfe 45
   a) Sozialgeschichtlich 45, b) Strukturgeschichtlich 46, c) Mentalitätsgeschichtlich 47, d) Kirchengeschichtlich 48, e) Religionsgeschichtlich 49
4. Plan und Intention des vorliegenden Buches 50

Erster Teil: Von der Antike zum Mittelalter 53

Erster Abschnitt: Die Spätantike 53

1. Kapitel: Die spätantike Kirche 53

§ 7 Das Imperium 53
1. Der »neue« Staat 53
   a) Reichsverwaltung 53, b) Kaiser 54
2. Provinzialisierung 55
   a) Regionalisierung 55, b) Simplifizierung 55, c) Immunisierung 55

§ 8 Die Reichskirche 56
1. Das Christentum als »neue Kraft« 56
   a) Taufe 57, b) Eucharistie 58, c) Buße 58, d) Caritas 59, e) Heiligenverehrung 59, f) Mönchtum 59
2. Die Theologie 60
   a) Rechtgläubigkeit 60, b) Lehrstreitigkeiten 60
3. Ökumenische Konzilien 61
   a) Nicaea und Konstantinopel 61, b) Ephesus und Chalcedon 62
4. Zentrale Kirchenämter 63
   a) Bischof 63, b) Metropolit und Patriarch 63, c) Amt als Dienst 64
5. Die Herausbildung des Papsttums 64
   a) Primat 64, b) Papst und Konzil 65, c) Kanon 28 von Chalcedon 66, d) Christliche Romanitas 66, e) Päpstliche Vikariate 66, f) Ergebnis 67
6. Kirche und Kaiser 67
   a) Konstantinische Wende 67, b) Ambrosius und die Kaisergewalt 68, c) Zwei-Gewalten-Lehre Gelasius' I. 69, d) Rechtskodifikationen 69
7. West und Ost 70
8. Das Judentum 71

2. Kapitel: Die westlichen Teilkirchen ... 71

§ 9 Das Christentum in Nordafrika ... 72

1. Geschichte ... 72
   a) Anfänge 72, b) Drei Phasen 72

2. Organisation ... 73
   a) Provinzialverbände 73, b) Synoden 74, c) Episkopalismus 74

3. Theologie ... 75
   a) Tertullian 220) 75, b) Cyprian 76

§ 10 Augustinus ... 76

1. Biographie ... 76
2. Theologische Leistung ... 77
3. Grunderfahrungen ... 78
4. Versuch einer Systematisierung ... 79
5. Rezeption im Mittelalter ... 79
   a) Gnadenlehre 80, b) Amt 80, c) Mystik 80, d) Scholastik 80, e) Mönchtum 81

§ 11 Das Christentum in Italien ... 81

1. Rom ... 81
   a) Christengemeinde 81, b) Basiliken 82

2. Mailand ... 84
3. Aquileja ... 84
4. Theologie ... 84
   a) Hieronymus 84, b) Ambrosius 85, c) Ambrosiaster 86

§ 12 Das Christentum in Gallien ... 86

1. Kirchliche Organisation ... 86
2. Christliche Literatur ... 87
3. Innerkirchliches Leben ... 89
   a) Gemeinde des Caesarius von Arles 89, b) Kirchenjahr 89, c) Taufe 90, d) Eucharistie 90, e) Buße 92, f) Ehe 93, g) Ämter 94, h) Bischof 94, i) Armenfürsorge 96, k) Landgemeinden 96

3. Kapitel: Das westliche Mönchtum ... 97

§ 13 Das gallische Mönchtum ... 98

1. Martin von Tours ... 98
   a) Lebenslauf 98, b) Vir Dei (Gottesmann) 98

2. Rhône-Mönchtum ... 99
   a) Lérins 99, b) Johannes Cassianus 101, c) Stundengebet 101, d) Semipelagianismus 102, e) Frauenklöster 103

§ 14   Das italische Mönchtum 103
1. Anfänge 103
2. Benedikt 104
   a) Leben 104, b) Regel 104
3. Spiritualität der Benediktsregel 105
   a) Schule des Herrendienstes 105, b) Abt und Regel 105, c) Gehorsam 106, d) Besitzverzicht 106, e) Gebet 107, f) Fasten 110, g) Buße 110, h) Aufnahme ins Kloster 110, i) Priester und Diakone 111, k) Verdrängte Mönchsformen 111

Zweiter Abschnitt: Die Völkerwanderung 112

1. Kapitel: Römerreich und Völkerwanderung 112

§ 15   Die militärpolitische Situation 112
1. Der schwache Westen 112
2. An den Grenzen 113

§ 16   Einbruch der Germanen 114
1. Die Germanen 114
2. Eroberung Roms durch Alarich 115
3. Vorstoß über den Rhein 115
4. An Oberrhein und Donau 116
   a) Alemannen 116, b) Baiern 116

2. Kapitel: Auswirkungen auf die Kirche 118

§ 17   Kirche im Rückzug 118
1. Am Rhein 118
   a) Xanten 118, b) Köln 119, c) Bonn 121, d) Trier 121, e) Mittelrhein und Mosel 124, f) Mainz 124, g) Oberrhein 125
2. An der Donau 125
   a) Augsburg 125, b) Regensburg 125, c) Ufernoricum 126
3. Alpengebiet 127
   a) Chur 127, b) Teurnia 127
4. Auf dem Balkan 127

§ 18   Der germanische Arianismus 127

3. Kapitel: Gallien 128

§ 19   Reichsgründungen und Landeskirchen 128
1. Westgoten 128
2. Franken 129

3. Burgunder 132
4. Landeskirchentum wider Metropolitanverfassung 133

§ 20   Nothelfer in der Völkerwanderung 136
1. Genovefa von Paris 136
2. Caesarius von Arles 136
3. Severin von Noricum 137

4. Kapitel: Italien 137

§ 21   Das Ende des weströmischen Kaisertums 137
1. Die letzten Heermeister 137
2. Odoaker 138
3. Theoderich 139

§ 22   Kirche und Kultur 139
1. Theoderich und die katholische Kirche 139
   a) Acacianisches Schisma 139, b) Symmachianisches Schisma 141
2. Kulturelle Nachblüte 142
   a) Boëthius 142, b) Cassiodor 142, c) Dionysius Exiguus 143, d) ›Liber Pontificalis‹ 144

§ 23   Italien als byzantinische Provinz 144
1. Byzantinische Eroberung 144
2. Byzanz und das Papsttum 145
   a) Justinians Kirchenpolitik 145, b) »Drei-Kapitel«-Streit 146

Dritter Abschnitt: Die gentilen Reiche 147

1. Kapitel: Die Dekomposition der Alten Welt 147

§ 24   Die Lebensgrundlagen 147
1. Sozial und zivilisatorisch 147
   a) Bevölkerung und Lebensressourcen 147, b) Enturbanisierung 148, c) Frei und unfrei 148, d) Rückbildung der Staatlichkeit 149
2. Kulturell 151
   a) Vom Latein zu den »Nationalsprachen« 151, b) Rückgang der Schriftlichkeit 151, c) Oralität 152
3. Kirchlich 153
   a) Katholizismus 153, b) Gentilismus 153, c) Königliche Kirchenrechte 154

4. Theologisch 155
   a) Verdunkelte Theologie 155, b) »Volksreligiosität« 156

5. Der »breite Streifen« des Übergangs 158

2. Kapitel: Die untergegangenen Germanenreiche 159

§ 25 Das Wandalenreich in Nordafrika 159

1. Aufbruch der Wandalen 159
2. Reich in Afrika 160
3. Reichsstruktur 161
4. Wandalisches Christentum 161

§ 26 Das Westgotenreich in Spanien 162

1. Konversion zum Katholizismus 162
2. Landeskirche 163
   a) Reichssynoden 163, b) Primas 164

3. Die Juden 165
4. Wissenschaft 165
   a) Späte Patristik 165, b) Isidor von Sevilla 165

5. Politisch-soziales Bewußtsein 166
   a) Hispanozentrik 166, b) Sozialpflichten 166, c) Königsethik 166

§ 27 Das Langobardenreich in Italien 167

1. Arianische Könige 168
2. Konversion zum Katholizismus 168

3. Kapitel: Das Frankenreich 169

§ 28 Christianisierung 169

1. Reich der Merowinger 169
   a) Expansion und Teilungen 169, b) Ethnische und kulturelle Unterschiede 169

2. Taufe Chlodwigs 170
   a) Christlicher König 171, b) Motiv des stärkeren Gottes 171, c) Kollektive Taufe 173

3. Verchristlichung des Volkes 173
   a) Franken 173, b) Juden 175

§ 29 Die merowingische Kirchenstruktur 175

1. König und Kirche 175
   a) Synodenberufung 175, b) Bischofsberufung 176

2. Synodalgesetzgebung und Kirchenverfassung 177
   a) Bischöfe 177, b) Klerus 178, c) Klöster 178, d) Anfänge der Eigenkirche 179
3. Bischofsherrschaft. 179
4. Landeskirchen und Papsttum 181

§ 30   Das religiöse Leben. 182
1. Welt des Gregor von Tours 182
2. Gottesbild 183
   a) Gottesurteil 183, b) Numinose Allmacht 184, c) Tun und Ergehen 184
3. Teufel und Dämonen 185
4. Heiligenverehrung 186
   a) Grab und Reliquien 186, b) Basilikalklöster 187, c) Heiligkeit und Verdienst 189, d) Heilige als Mittler 190

§ 31   Das soziale Leben 190
1. Sittliche Verhältnisse 190
   a) »Barbarische« Grausamkeit 190, b) Recht und Rache 192
2. Die Ehe 194
   a) Eheformen 194, b) Ehepraxis der Merowinger 195, c) Ehepraxis des Volkes 195
3. Sozialfürsorge 196
   a) Prekäre Lebensbedingungen 196, b) Armen-Matrikeln 197, c) Xenodochien 198, d) Stiftungen 198, e) Sklaven und Gefangene 199, f) Asyl 200

§ 32   Niedergang 201
1. Ende der antiken Bildung 201
2. Niedergang der Merowinger 203

4. Kapitel: Irland 203

§ 33   Christianisierung 203
1. Keltisches Reliktgebiet 203
2. Missionare 204
   a) Palladius 204, b) Patrick 204

§ 34   Irisches Christentum 205
1. Die Klöster 205
   a) Mönchsleben 205, b) Klosterparuchia 205, c) Gottesmann 207, d) Frauen- und Doppelklöster 208
2. Bildung und Bücher 208
   a) Antikenrezeption 208, b) Buchkunst 208, c) Exegese 209

3. Buße 210
a) Wiederholbarkeit 210, b) Bußbücher 210, c) Strafcharakter und Tarifierung 210, d) Austausch und Stellvertretung 211, e) Tat und Intention 211, f) Folgen 212

4. Die Peregrinatio 212

§ 35 Iren auf dem Kontinent 213

1. Columban der Jüngere 213
a) Lebenslauf 213, b) Spiritualität 213, c) Klosterleben 214, d) Bußbücher 214, e) Klosterautonomie 215

2. Irofränkische Klosterbewegung 215
a) Columbanische Klöster 215, b) »Mischregel« 216, c) Doppelklöster 217, d) Der »Adelsheilige« 218, e) Schriftkultur 218, f) Arbeit und Landesausbau 219

3. Weitere Iren-Gruppen 219
a) Fursa und seine Brüder 219, b) Kilian und seine Gefährten 220, c) Kloster Honau 220

4. Klösterliche Sonderstellung 220
a) Exemtion 220, b) Abtbischöfe 221, c) Immunität 221

5. Mission 222
a) Columban und seine Schüler 222, b) Amandus 222

6. Rückblick und Ausblick 222

5. Kapitel: England 223

§ 36 Die Christianisierung 223

1. Missionsbewegungen 223
a) Römisch 223, b) Irisch 224

2. Sieg des römischen Christentums 225
a) Römisch-irischer Gegensatz 225, b) Synode von Whitby 226, c) Theodor von Canterbury 226

§ 37 Das angelsächsische Christentum 227

1. Das Mönchtum 227
a) Römische und irische Mönche 227, b) Doppelklöster 227, c) Benedikt Biscop 228

2. Aldhelm von Malmesbury und Beda Venerabilis 228
3. Kathedralklöster 229
4. Besonderheiten 230
a) Gentile Bekehrung 230, b) Patenschaften der Overlords 230, c) Ungetaufte Königssöhne 231, d) Erzbistum 231, e) Synodaltätigkeit 232, f) Könige als Pilger und Mönche 232

# Zweiter Teil: Die westliche Christenheit und das karolingische Großreich 233

Erster Abschnitt: Die Geburt einer neuen Welt 233

1. Kapitel: Die Umwälzungen in der mediterranen Welt 233

§ 38 Der Islam 233

§ 39 Auf dem Balkan 235
1. Awaren 235
2. Slawen 235
3. Bulgaren 236

§ 40 Byzanz 236
1. Kaiser Herakleios 236
2. Kaiser Konstantin IV. 237
3. Kaiser Leon III. 237

2. Kapitel: Das Papsttum 238

§ 41 Das byzantinische Zeitalter der Päpste 238
1. Unter byzantinischer Hoheit 238
2. Gregor der Große 239
   a) Amtstätigkeit 239, b) Schriften 240, c) Armenfürsorge 240, d) Juden 241, e) Mönchtum und Klöster 241, f) Liturgie 242, g) Historische Bedeutung 242
3. Päpstliche Amtsführung 243
   a) Wahl und Weihe 243, b) Ämter und Verwaltung 244, c) Das suburbikarische Italien 244
4. Die römisch-päpstliche Liturgie 245
   a) Kodifizierung 245, b) Taufe 246, c) Eucharistie 246, d) Papstgottesdienste 247, e) Stationsliturgie 249
5. Dogmatische Streitfragen 251
   a) Monotheleten-Streit 251, b) Bilder-Streit 251
6. Die Päpste und der Westen 252

3. Kapitel: Das neue Frankenreich 253

§ 42 Der Aufstieg der Karolinger 253
1. Arnulfinger – Pippiniden – Karolinger 253
2. Welthistorische Bedeutung 254

§ 43 Veränderte Staats- und Gesellschaftsformen 255

1. »Alte« Gesellschaftsformen 255
   *a) Sippe 255, b) Stamm 256, c) Haus 257, d) Vasallität und Feudalität 257,
   e) Familiare Politik 258, f) Gilde 259, g) »Archaische« Gesellschaft 259*

2. Familiare Religiosität 260
   a) Ahnen 260, b) Familienheil 261, c) Privatisierte Frömmigkeit 261

3. Adels- und Erbkirchen 262
4. Gefolgschaft in der Kirche 262

Zweiter Abschnitt: Von der karolingischen Hausmeierschaft zum Königtum 265

1. Kapitel: Die Zeit der Hausmeier (678–751) 265

§ 44 Die Außenländer 266

1. Baiern 266
   a) Herzogtum 266, b) Emmeram, Rupert und Corbinian 267

2. Alemannien 267
   a) Herzogtum 267, b) Othmar und Pirmin 267

3. Maingebiet 268

§ 45 Die angelsächsischen Missionare 268

1. Willibrord 268
2. Winfrid-Bonifatius 270

§ 46 Die bonifatianische Kirchenreform 272

1. Reformtätigkeit des Bonifatius 272
   *a) Synoden 272, b) Kloster Fulda 273, c) Verdrängung des Bonifatius und
   Märtyrertod 275, d) Lul als Erbe 275*

2. Rom-verbundene Landeskirche 275
   a) Gesamtkirchliches Bewußtsein 275, b) Erzbischofsamt 276

3. Bischof und Kloster 277
   a) Domkloster 277, b) Frauenkloster 278, c) Bischöfliches Eigenkloster 279

4. Endgültige Verchristlichung 279
   *a) Landkirchen 279, b) Seelsorge 280, c) Christliche Sprache 281, d) Ehe 281,
   e) Friedhöfe und Grabbeigaben 282*

2. Kapitel: Die Zeit des Königtums Pippins (751–768) 283

§ 47   Die Königserhebung Pippins 283

§ 48   Der Kirchenstaat 284
1. Errichtung 284
2. Constitutum Constantini 285
3. Papsttum und römische Adelsherrschaft 286

§ 49   Pippins Königsherrschaft und die Kirchenreform 287
1. Reichsadministration 287
    a) Fulrad von St. Denis 287, b) Hofkapelle 288
2. Fortsetzung der bonifatianischen Reform 288
    a) Chrodegang von Metz 288, b) Synoden und Reform 289, c) Mönche und Kanoniker 289, d) Ehe 290, e) Gebetsbund von Attigny 290

Dritter Abschnitt: Karl der Große 292

1. Kapitel: Schaffung des Großreichs 292

§ 50   Die Neuordnung Italiens 292
1. Zerstörung des Langobardenreiches 292
2. Karl in Rom 292
3. Papst Hadrian I. 294

§ 51   Die Eingliederung der Sachsen 296
1. Eroberung 296
2. Taufe Widukinds 298
3. Missionierung 298

§ 52   Die Baiern 299
1. Fränkische Oberhoheit 299
2. Klöster 300
3. Herzog Tassilos Kirchenregiment 301
4. Erzbistum Salzburg 302

§ 53   Die Awaren 303

2. Kapitel: Die karolingische Renaissance 304

§ 54   Die Grundidee 304
1. Karls Herrschaftsidee 304
2. Correctio 305

§ 55 Die Bildungsreform ... 305

1. Die Hofkapelle ... 305
2. Hofschule ... 305
   a) Petrus von Pisa, Paulinus von Aquileja und Paulus Diaconus 306, b) Alkuin 306, c) Theodulf von Orléans 307, d) Adalhard und Angilbert 308, e) Einhard 308
3. Neue Schriftlichkeit ... 310
   a) ›Epistola de litteris colendis‹ 310, b) Schrift 310, c) Latein 312, d) Hofbibliothek 312
4. Hofkunst ... 313
   a) Buchmalerei 313, b) Architektur 315

§ 56 Die Kirchenreform ... 317

1. ›Admonitio generalis‹ ... 317
2. Authentische Texte ... 318
   a) Muster-Kodizes 318, b) Bibel-Korrektur 318, c) Ergebnis 320
3. Kirchenorganisation ... 320
   a) Bischöfe und Klerus 320, b) Erzbistum 322, c) Beseitigung der Bischofsherrschaften 322, d) Äbte 324, e) Immunität 325, f) Vogtei 325, g) Reichsdienst 326, h) Zehnt 327

§ 57 Die Liturgiereform ... 327

1. Romanisierung ... 328
   a) Römische Liturgiebücher 328, b) Sakramentar Pippins 328, c) Hadrianum 329
2. Initiationssakrament ... 329
   a) Rezeption des römischen Taufritus 329, b) Taufrundfrage Karls des Großen 330, c) Firmung 331
3. Eucharistie ... 331
   a) Messe als Opfer 331, b) Votivmesse 332, c) Privatmesse 333, d) Meßstipendium 334, e) Heiligenmessen 334
4. Buße ... 334
   a) Bußbücher 334, b) Beichte 335, c) Kommutation und Redemption 335, d) Öffentliche Buße 336
5. Tod und Grab ... 336
   a) Jenseits-Visionen 336, b) Sterbebeistand und Beerdigung 337, c) Gebetsbünde 338, d) Reliquien 339
6. Kirchbau und Kirchweihe ... 342
7. Stiftungen ... 343
8. Volkssprache ... 344
9. Dienst der ›reinen Hände‹ ... 345
10. Alttestamentliche Kultvorstellungen ... 346
11. Ergebnis ... 347

§ 58   Die Theologie 348
  1. Bilderstreit 348
  2. Adoptianismus 349
  3. ›filioque‹ 349
  4. Christus – Deus 350
  5. Synode von Frankfurt 350

3. Kapitel: Das Kaisertum Karls des Großen 352

§ 59   Die Erhebung zum Kaiser 352
  1. Karls Theokratie 352
  2. Kaiserkrönung 352
     a) Krönung in Rom 352, b) Verhältnis zu Byzanz 355

§ 60   Die Kaiserherrschaft 355
  1. Vertieftes Reformbemühen 355
     a) Kapitularien-Gesetzgebung 355, b) Treueid 356, c) Intensivierte Kirchenreform 356, d) Sozialmaßnahmen 357, e) Einschränkung der Fehde 357, f) Sklaverei und Hörigkeit 358, g) Erfolg 359
  2. Nachfolgeregelung und Tod 359
  3. Nachwirkung 359

Vierter Abschnitt: Bis zum Ende der Karolingerherrschaft   361

1. Kapitel: Ludwig der Fromme 361

§ 61   Die Gesamtbewertung 361
  1. Etappen der Regierung 361
  2. Historische Beurteilung 361
  3. Programm 363
  4. Ratgeber und Mitarbeiter 364
     a) Hilduin und Helisachar 364, b) Benedikt von Aniane 364, c) Ebo von Reims 365, d) Jonas von Orléans 365, e) Smaragd von St. Mihiel 365

§ 62   Die große Kirchenreform 366
  1. Monastisch-kanonikale Gesetzgebung von 816/17 366
     a) Mönche 366, b) Kanoniker 367, c) Durchführung 367
  2. Reichskirche 368
     a) Neue Privilegierung 368, b) Reichsdienst 369

3. Seelsorge 369
   *a) Bischofskapitularien 369, b) Seelsorgeklerus 370, c) Pfarrleben 370,
   d) Buße 371, e) Ehe 371*

4. Niederkirchen 372
   a) Eigenkirche 372, b) Bischöfliche und klösterliche Eigenkirchen 374

§ 63   Die Reichspolitik 374

1. Ordinatio imperii 374
2. Kapitulariengesetzgebung 375
3. Hofschule 376

§ 64   Die Mission 376

1. Ausgriff nach Skandinavien 376
   a) Taufe Haralds von Dänemark 376, b) Ansgar 377

2. Juden 377

§ 65   Papst und Kirchenstaat 378

§ 66   Der Niedergang und die Reichsteilung 379

1. Partei der Reichseinheit 379
   a) Wala 379, b) Agobard und Florus von Lyon 379

2. Letzter Reformanlauf 828/29 380
   a) Walas Denkschrift 380, b) Pariser Konzil 381

3. Kämpfe und Teilung 381
   *a) Staatsstreich und Absetzung Ludwigs 381, b) Ludwigs letzte Jahre 382,
   c) Vertrag von Verdun 382*

4. Gründe des Scheiterns 383
   a) Das Herrschaftskonzept 384, b) Normannen und Sarazenen 385

2. Kapitel: Die Teilreiche 387

§ 67   Lotharingien 387

1. Weitere Teilungen 387
2. Lothars II. Ehestreit 387

§ 68   Westfranken 388

1. Das »fortgeschrittenste« Teilreich 388
2. Hinkmar von Reims 389

§ 69   Ostfranken   391

1. Innere Verfassung   391
2. Mährische Mission   391
3. Bulgarien-Mission   392

3. Kapitel: Die Kirche der karolingischen Spätphase   393

§ 70   Letzter Ausbau der Kirchenverfassung   393

1. Diözesanregiment   393
   a) Archidiakonie 393, b) Send 393
2. Erzbischofsamt   394
3. Pseudo-Isidor   394

§ 71   Das Papsttum   395

1. Papsttum und Kaisertum   395
2. Neue Autorität   396
   a) Nikolaus I. 397, b) Nachfolger 397, c) Anastasius Bibliothecarius 398
3. Papst und Konzil   398
4. Streit mit Konstantinopel   399

§ 72   Das Kloster   401

1. Das Gebet   401
   a) Stundengebet 401, b) Bischofsgleiche Liturgie 403
2. Klerikalisierung   403
3. Skriptorium und Bibliothek   406
4. Klostererziehung   407
   a) Nachwuchs 407, b) Kindesoblation 408, c) Erziehungssystem 409,
   d) Schulunterricht 409
5. St. Galler Klosterplan   410
   a) Überlieferung und Datierung 410, b) Grundstruktur 411
6. Der Wirtschaftsbetrieb   413
   a) Grundherrschaft 413, b) Arbeit im Kloster 413, c) Versorgung 414,
   d) Armenfürsorge 414
7. Sklaven im Kloster   416
   a) Als Mönche 416, b) Als Hörige und Hintersassen 416
8. Frauenklöster   418
9. Niedergang   418
   a) Laienabbatiat 418, b) Normannische Zerstörungen 419

§ 73 Die Mission 420

1. Religionswechsel 420
   a) Kollektiver Entscheid 420, b) König und Adel 420
2. Motive 421
   a) Der stärkere Gott 421, b) Höhere Kultur 423
3. Hemmnisse 424
   a) Vorfahren und Tradition 424, b) Mangelnde Säkularität 425
4. Bekehrung und Glaube 426
   a) Glaubensunterweisung 426, b) Volkssprachen 426
5. Bild von den Heiden 427
   a) Teufelskinder 427, b) Getaufte und Barbaren 429
6. Kaiserliche und päpstliche Mission 430
   a) Imperialer Taufpatronat 430, b) Päpstlich-»freie« Mission 431

4. Kapitel: Das Geistesleben 432

§ 74 Der Fortgang der Bildungserneuerung 432

1. Klosterschulen 432
   a) Corbie und Paschasius Radbertus 432, b) Fulda und Hrabanus Maurus 432, c) Lupus von Ferrières 435
2. Kunst 435
   a) Buchkunst 435, b) Ikonographie 437
3. Geschichtsschreibung 437

§ 75 Die Theologie 438

1. Evangelienübersetzungen 438
   a) Heliand 438, b) Otfrid von Weißenburg: Die Evangelienharmonie 440
2. Amalar von Metz: die Liturgie-Allegorese 441
3. Gottschalk der Sachse: Streit um die Prädestination 442
4. Paschasius und Ratramnus: Eucharistie-Streit 444
5. Hinkmar und Papst Nikolaus: die Ehe 445
   a) Bei Hinkmar 445, b) Bei Papst Nikolaus I. 446, c) Die kirchliche Form 446
6. Johannes Eriugena: Logik und Neuplatonismus 447

§ 76 Die Ansatzpunkte und Grenzen der Theologie 449

1. Karolingischer ›Moralismus‹ 449
   a) Gericht 449, b) Intention 450, c) Rechtes Wissen 451, d) Tathaftung 452

2. Problem der Metaphorik 453
3. Heiligenvita 455
4. Archaische Motivkraft 456

§ 77   Das Ende 457

1. Abtritt der karolingischen Dynastie 457
2. Saeculum obscurum des Papsttums 457
3. Was geblieben ist 458
    a) Vom spätantiken Imperium zum karolingischen Großreich 458, b) Zivilisatorische Grundlage 459, c) Das Christentum 459, d) Karolingische »Renaissance« 459, e) Rom 460

Bibliographie 461

Personenregister 488

Abbildungsnachweis 497

Vorwort

Dieses Buch ist für Studenten und zugleich mit Studenten geschrieben worden – so auch der ursprüngliche Auftrag von H. Gülzow und H. Lehmann für die von ihnen inaugurierte Reihe »Christentum und Gesellschaft«.

Der Stoff wird in chronologischer Abfolge geboten. Dabei ist der Ereignisprozeß insofern bereits didaktisch genutzt, als am Anfang die im Rückgriff auf die Alte Kirche bewußt einfach gehaltenen Ausgangskonstellationen stehen, die dann zum Mittelalter hin in immer breiterer Entfaltung erscheinen, sowohl in ihrer Fortentwicklung wie in ihrer Umformung oder auch Zerstörung. Um gleichermaßen die Zustände wie auch die Umbrüche sichtbar zu machen, sind bewußt »Horizontalen« eingefügt, synchrone »Zuständlichkeiten«, deren je eigenes Profil die Veränderungen gegeneinander vergleichbar macht. Doch sollen die durchlaufenden Stränge keineswegs verlorengehen. Durch zahlreiche Rück- und Vorwärtsverweise sind sie leicht auffindbar. Um die große Stoffülle bewältigbar zu machen, folgen einander kompakt gehaltene Abschnitte, immer möglichst in der Vielfalt ihrer jeweiligen Aspekte. Was alles an Stichworten, Fragestellungen und Problemlösungen für diese große Umbruchsperiode zwischen Spätantike und Karolingerzeit umgeht, soll der Leser bereits in der Aufgliederung und in den Betitelungen wiederfinden, um sich sowohl im übergreifenden Gesamt wie auch in einzelnen Punkten informieren zu können.

Viele sind es, die mitdiskutiert, mitentworfen, mitgelesen und mitkorrigiert haben. Allen gebührt mein Dank: Petra Allkemper-Hakenes, Sigrid Bögemann, Dr. Wilhelm Damberg, Rosemarie Giese, Dr. Bernd Jussen, Maria Lahaye-Geusen, Thomas Lentes, Hubertus Lutterbach, Gisela Muschiol, Annette Rieks, Andrea Schlotbohm, Matthias Scholz und Barbara Viehoff; Dank besonders an Armin Heck und Andreas Holzem für die Mühen der Korrektur, für die Bildbeschaffung und die Erstellung des Registers. In besonderer Weise habe ich Professor Dr. W. Geerlings (Bochum) zu danken, der die Abschnitte über Nordafrika (§§ 9 und 10) und über die Vandalen (§ 25) beigesteuert hat, ferner Professor P. Pius Engelbert (St. Anselmo/Rom) und Privat-Dozent Dr. N. Staubach (Münster) für die kritische Lektüre des Manuskripts. Mein letzter Dank gebührt zwei Institutionen: dem Institute for Advanced Study in Princeton, New Jersey und der Gerda-Henkel-Stiftung in Düsseldorf; die mir in Princeton angetragene Membership für das Akademische Jahr 1986/87 gewährte die Muße zur endgültigen Fertigstellung, veranlaßte aber vielfach auch ein nochmaliges Überdenken. Professor Giles Constable und der Medieval Group vielen Dank!

Gewidmet sei das Buch den Hörern.

Münster, an Erscheinung des Herrn 1990 *Arnold Angenendt*

Vorwort zur zweiten Auflage

Das Buch hat eine sehr freundliche Aufnahme erfahren. Für die zweite Auflage ist der Text belassen und nur auf einzelne Fehler hin korrigiert worden. Herrn Kollegen W. Werbeck, Tübingen, habe ich dabei für eine Reihe von Hinweisen zu danken.

Einleitung: Das Problem des Mittelalters

§ 1 Das »Mittelalter«

1. Das »finstere« Mittelalter

Die Bezeichnung Mittelalter ist entstanden zur Kennzeichnung jenes ›medium tempus‹, das die Neuzeit als Zwischenphase zwischen den »vorbildlichen Alten« und der eigenen »Erneuerung« oder auch »Wiedergeburt« der antiken Sprachen und Künste eingeschoben sah. Das so verstandene Mittelalter war von vornherein eine Zeit des Verfalls; es war »finster« und »barbarisch«. Die Verachtung betraf zuallererst das mittelalterliche Latein (»Mönchslatein«) und die Kunst (»Gotik«), dann aber auch die »Papstkirche« sowie die »Scholastik«. Die Aufklärung konstatierte im Mittelalter vielfach Unfreiheit und Barbarei, aus denen es sich zu befreien gelte. Die Schuld für diese Verfinsterung wurde oft genug den Germanen der Völkerwanderung, gelegentlich auch dem Christentum und näherhin dem Katholizismus zugesprochen – Vorurteile, deren Nachwirkungen bis heute spürbar sind.

In Deutschland setzten die Humanisten des 15./16. Jahrhunderts, die an dem Bild des »mittleren« Zeitalters durchaus mit geschaffen haben, noch besondere Akzente. Anders als ihre gelehrten Zeitgenossen in den romanischen Ländern, welche sich dem antiken Rom und damit zugleich ihrer eigenen antiken Vergangenheit zuwandten, glaubten sich die deutschen Humanisten der germanischen Geschichte verpflichtet, beflügelt nicht zuletzt durch die zu ihrer Zeit wiederentdeckte ›Germania‹ des Tacitus. Sie interpretierten dabei die deutsche Geschichte als Freiheit von Rom und schufen sich in Hermann dem Cherusker das Symbol eines romfreien Germanien. Mit diesem ihrem germanisch geprägten Deutschland-Bild lösten sich die deutschen Humanisten aus der historischen Gemeinschaft des antik geprägten Europa und begründeten in der Geschichtsschreibung die »deutsche Sonderentwicklung«.

2. Periodisierung

Die Bezeichnung »Mittelalter« hat sich endgültig erst mit der ›Historia medii aevi‹ (zuerst 1688) des Hallenser Professors Christoph Cellarius († 1707) durchgesetzt. Das Schema »Altertum – Mittelalter – Neuzeit« ist Ausdruck dafür, daß man die Geschichtsperiodisierung nicht länger von heilsgeschichtlich orientierten Schemata geprägt sah, sondern vom Geschichtsverlauf selbst her ablesen zu können glaubte; das gleiche sollte die Zählung »vor Christi Geburt« ausdrücken, die in Absetzung von der zuvor gültigen biblischen Chronologie »nach Erschaffung der Welt« den Schöpfungsbeginn bewußt offen ließ. Das Mittelalter umfaßte für Cellarius die Zeit von Konstantins Herrschaftsbeginn (306) bis zur Eroberung Konstantinopels durch die Türken (1453). Diesen umfänglichen, gut elfhundert Jahre umfassenden Geschichtsraum hat indes die Geschichtswissenschaft längst weiter zu unterteilen begonnen: in Früh-, Hoch- und Spätmittelalter. In der deutschen Geschichtsschreibung reicht das Frühmittelalter meist von Chlodwig bis zum Ende der Karolinger. Die französische Geschichtsschreibung läßt »le haut moyen âge« gleichfalls bis zum Ende des 9. Jahrhunderts, bis zum Aufkommen der Kapetinger-Dynastie andauern. Ähnlich bemessen ist das italienische »Alto Medioevo«. Demgegenüber reichen die englischen »Early Middle Ages« bis zum Ende der angelsächsischen Periode, bis zur Eroberung Englands durch den Normannen Wilhelm (1066), wie auch die spanische »alta edad media« bis zur Reconquista in der Mitte des 11. Jahrhunderts andauert.

Schwieriger als die Grenze zum Hochmittelalter ist die zum Altertum hin zu bestimmen, wann nämlich das Ende der Antike und der Beginn des Mittelalters anzusetzen sind. Die zwei Eckdaten sind klar: Konstantin als der große Erneuerer des spätrömischen Reiches, das sich unter ihm zu einem Imperium Christianum zu wandeln begann, und dann Karl der Große, der dieses Imperium Christianum neu zu verwirklichen unternahm, dabei auf das konstantinische Zeitalter bereits bewußt zurückschaute, um darin die Norm für seine Renovatio zu finden. Das halbe Jahrtausend, innerhalb dessen sich der Übergang von der Antike zum Mittelalter vollzog, hat indes mehrere tiefgreifende Zäsuren, von denen jede bereits vielmals zur eigentlichen Wendemarke proklamiert worden ist: 378 die Schlacht von Adrianopel, in deren Gefolge zum ersten Mal Germanen einen autonomen Status auf römischem Reichsboden erhielten; 395 der Tod Theodosius' des Großen, mit dem die Teilung des Imperium Romanum in eine Ost- und Westhälfte endgültig wurde; 476 das Ende des weströmischen Kaisertums, wodurch den Germanen praktisch ein selbständiges Agieren im Westen ermöglicht war; 498/99 die Taufe Chlodwigs, von der aus sich eine Entwicklungslinie bis zum Bund der Frankenkönige mit den Päpsten – einem Grunddatum der mittelalterlichen Geschichte – ziehen läßt; 529 die Schließung der letzten »heidnischen« Hochschule, der Athener Akademie, und gleichzeitig die Gründung der benediktinischen ›Schule des Herrendienstes‹ als einer jetzt für Jahrhunderte maßgeblichen christlichen »Bildungsform«; 622 dann das Auftreten Mohammeds und infolge der Ausbreitung seines Glaubens die islamische Beherrschung des Mittelmeeres sowie die Verlagerung des europäischen Geschichtsschwerpunktes in den Norden. Wiewohl das Jahr 476 in der Geschichtsschreibung am häufigsten als Periodenscheide benannt worden ist, verzichtet die heutige Forschung meist darauf, ein bestimmtes Datum anzugeben, und spricht lieber von einem »breiten Streifen allmählicher Veränderungen« (H. Aubin).

3. Entstehung der Mediävistik

a) Quellenedition

Mit der Romantik und ihrer Begeisterung für das Mittelalter begann eine Epoche neuer intensiver Forschung. Neben den religiösen Intentionen entfaltete die Romantik von Anfang an auch ein volkhaft-nationales Interesse, wie es besonders von Johann Gottfried Herder († 1803) angeregt und später in der nationalen Geschichtsbetrachtung geradezu kanonisiert wurde. In Deutschland nutzte der Freiherr von und zum Stein († 1831) die in den Freiheitskriegen geweckte neue Vaterlandsbegeisterung dazu, unter dem Motto ›sanctus amor patriae‹ (heilige Vaterlandsliebe) eine umfassende Quellenedition in Gang zu bringen, die heute grundlegenden und immer noch fortgesetzten ›Monumenta Germaniae Historica‹.

Diese Edition, die bald schon neue und international vorbildliche Maßstäbe setzte, machte sich die historische Kritik zunutze, wie sie im 17. und 18. Jahrhundert hauptsächlich von zwei Forschergruppen erarbeitet worden war, einerseits von den Bollandisten, einer mit der Edition von Heiligen-Leben, den berühmten ›Acta Sanctorum‹, befaßten Jesuitengruppe in Antwerpen, und andererseits von den Maurinern, der in Paläographie und Urkundenforschung hervorgetretenen französischen Benediktiner-Kongregation von St. Maur. Für das Gelingen der Monumenta erwies es sich als großer Glücksfall, daß der junge Georg Heinrich Pertz († 1876) mit seiner »meisterhaften Handhabung der Kritik« (W. Levison) gewonnen werden konnte. Fünf Abteilungen bildeten den Grundriß: Scriptores (Schriftsteller), Leges (Gesetze), Diplomata (Kaiserurkunden), Epistolae (Briefe) und Antiquitates (Antiquitäten); dazu kamen bald noch weitere Unterabteilungen, etwa bei den Leges die kirchenhistorisch wichtigen Concilia. In der Reihe der Scriptores, die hauptsächlich Annalen, Chroniken, aber auch Heiligenviten (lat. vita – Lebensbeschreibung) und überhaupt erzählende Quellen umfassen, übernahm Pertz die ersten beiden Bände mit den Quellen der Karolingerzeit. Weitere herausragende Mitarbeiter waren der besonders als Verfassungshistoriker bekannte Georg Waitz († 1886) und der um das mittelalterliche Schriftwesen wie um die Quellenkunde gleichermaßen verdiente Wilhelm Wattenbach († 1897). Für die fränkische Geschichte wurde besonders die Reihe der »Scriptores rerum Merovingicarum« wichtig, in der mit der ›Frankengeschichte‹ Gregors von Tours († 594) auch das bis 642 fortgeführte sogenannte ›Chronicon Fredegarii‹ sowie zahlreiche Heiligenviten ediert sind. Für die Herausgabe der Königs- und Kaiserurkunden, der Diplomata, wurde der Frankfurter Archivar und Privatgelehrte Johann Friedrich Böhmer († 1863) ausersehen, der über die Begeisterung für »altdeutsche« Art und Kunst auch den Zugang zur altdeutschen Geschichte gefunden und sich dabei dem Katholizismus genähert hatte. Zur Vorbereitung seiner Urkundenedition schuf er die »Regesta Imperii«, eine aufs knappste abgefaßte Abfolge aller aus den Quellen eruierbaren historischen Daten und Ereignisse; in überarbeiteter und weiter fortgesetzter Form sind die Regesta bis heute ein unentbehrliches Informationsmittel. Die nicht mehr von Böhmer, sondern hauptsächlich von dem in Wien lehrenden Theodor Sickel († 1908) und seinen Schülern eingeleitete Edition der Königs- und Kaiserdiplome erreichte Mustergültigkeit und wurde Vorbild für viele andere Urkunden-Editionen. Aus dem Kreis der Monumentisten kamen bald auch weitere Projekte: so die von Philipp Jaffé († 1863) bis 1198 und dann von August Potthast († 1898) bis 1304 bearbeiteten Papstregesten, vor allem auch die Edition der Papsturkunden, die Paul Fridolin Kehr († 1944) in Gang brachte. Ihm und Albert Brackmann († 1952) ist ferner die Anregung für die »Germania sacra« zu danken, eine historisch-statistische Bestandsaufnahme der mittelalterlichen deutschen Kirche, so der Bistümer, Dom- und Stiftskapitel, Klöster und Pfarrkirchen.

b) Historismus

Gefördert wurde die Mittelalter-Forschung auch durch den im 19. Jahrhundert immer stärker sich durchsetzenden Historismus. Er leitete eine Geschichtsbetrachtung ein, derzufolge jede Zeit und überhaupt jedes historische Phänomen eine eigene Individualität besaß und deswegen für darstellungswürdig befunden wurde, auch das »finstere« und »papistische« Mittelalter. So konnte der Protestant Leopold von Ranke († 1886) eine gänzlich unpolemische Papstgeschichte schreiben. Rankes Schüler schufen – getreu der berühmten Maxime ihres Meisters, »darzustellen, wie es eigentlich gewesen ist« – die »Jahrbücher des deutschen Reiches«, eine den ganzen Quellenbestand ausschöpfende und nach Herrschern geordnete Darstellung des deutschen Mittelalters. In der Gesamtdeutung war für Ranke die Geschichte, trotz ihrer in sich geschlossenen Einzelepochen, dennoch als ganze eine »Hieroglyphe Gottes«, die eine »Erziehung des Menschengeschlechts« intendiere und die vom Historiker zu »entziffern« sei. Mit Ranke, so hat man sagen können, sei die Geschichte zur ersten Bildungsmacht erhoben worden. Die weitere Entwicklung des historischen Denkens führte allerdings zu einer Säkularisierung, ja zur Relativierung jeder metaphysischen und religiösen Doktrin und am Ende zum »Schmerz der Leere« (W. Dilthey). Für das Christentum sah Friedrich Nietzsche († 1900) die Konsequenz, daß eine vollkommen historische Behandlung dasselbe »in reines Wissen um das Christentum auflöst und dadurch vernichtet«. Unter den evangelischen Theologen wechselte Ernst Troeltsch († 1923) wegen der »entnervenden Wirkungen des historischen Relativismus« zur Geschichtsphilosophie und Soziologie über. Im katholischen Bereich folgte die Modernismus-Krise, in der es

– weniger tiefdringend – nur mehr um die Normativität des Mittelalters ging, ob »das Denken und Leben der Kirche in den Normen gefangen« bleiben könne, »die im Mittelalter oder in der Zeit der Gegenreformation festgelegt worden waren« (R. Aubert).

c) »Realpolitik«

Trotz aller imponierenden Forschungsleistungen blieben dennoch in der allgemeinen Geschichtsschreibung Verengungen, die nicht zuletzt das Religiöse betrafen. Die Skala der Einstellungen reichte von vornehmer oder auch verständnisloser Distanz bis hin zur angedeuteten oder offenen Verunglimpfung. Mit Recht kritisiert H. Beumann: »Die kirchliche und humanistische Terminologie als unverbindliche Phrase ist eine Errungenschaft unserer neueren Jahrhunderte seit der Aufklärung, und die Skepsis, die sich gegenüber der mittelalterlichen Geschichtsschreibung in dieser Hinsicht geltend gemacht hat, ist in Wahrheit die Skepsis unserer Zeit gegenüber der Verbindlichkeit der in Rede stehenden Werte.« Vorherrschend wurde mit der nationalen die »realpolitische« Geschichtsschreibung. Die in der Romantik immer schon lebendige germanisch-deutsche Variante verstärkte sich gegenüber der religiösen Komponente in dem Maß, wie die nationale Frage zum beherrschenden Thema des 19. Jahrhunderts wurde. In vaterländischer Begeisterung verklärte sich das mittelalterliche Kaiserreich, gipfelnd in den Staufern, zu Deutschlands größter Zeit. Die zumeist liberalen und weltanschaulich aufklärerisch geprägten Historiker sahen dabei die religiösen Aspekte »realpolitisch«. Die wirklich großen Herrscher, so stellten sie es dar, hätten sich nie kirchlich-religiös vereinnahmen lassen, sondern durchaus unbefangen von aller kirchlichen Propaganda, eben realpolitisch, ihre Ziele durchgesetzt.

d) Das Problem des Religiösen

Eine Geschichte der mittelalterlichen Religiosität oder auch nur der religiösen Aspekte konnte unter solchen Voraussetzungen schwerlich geschrieben werden. Eine Abwertung des Religiösen ist selbst in Werken festzustellen, die eine direkt kirchengeschichtliche Materie behandeln. Über Paul Hinschius († 1898), den man ob seiner voluminösen Darstellung des mittelalterlich-katholischen Kirchenrechtes an die Spitze der großen Kirchenrechtler des 19. Jahrhunderts hat stellen wollen, konnte sein jüngerer, nicht minder berühmter Kollege Ulrich Stutz († 1937) schreiben: »Hinschius war, soweit sich darüber urteilen läßt, nicht eigentlich eine religiöse Natur ... In der Kirchenpolitik rechnete er nicht ernstlich mit der Religiosität; wie er selbst im wesentlichen Ordnungschrist war, so hielt er auch die anderen dafür, wenn nicht geradezu für Leute, welche die Religion nur zu politischen Zwecken gebrauchten oder vielmehr mißbrauchten.« Die religiösen Motive und kirchlichen Akte, die in der mittelalterlichen Geschichte so vielfältig zutage treten, galten als Beiwerk, im Grunde als bedeutungslos. Zutreffend schreibt F. Graus: »Die Forschung war ... durch die herrschende Theorie so entscheidend bestimmt, daß man den kirchlichen Komponenten nur eine sekundäre und späte Bedeutung beimaß.«

Um nur einige Beispiele aus dem frühen Mittelalter anzuführen: Die päpstliche Gutheißung der Königserhebung Pippins im Jahr 751 soll zur Beschwichtigung auch der zartesten Gewissen gedient haben; eine Rechtsbedeutung sei dem päpstlichen Responsum selbstverständlich nicht zugekommen. Selbst die Editionen in den so vorbildlichen Monumenta Germaniae Historica lassen die religiösen Passagen oft als belanglos aus, etwa die Wunder- und Visionsberichte; in der Verifikation von Zitaten ist vielfach Vergil besser kenntlich gemacht als die Bibel oder gar die

Liturgie. An den beiden für die Serie der »Scriptores rerum Merovingicarum« verantwortlichen Editoren ist das »religiöse Problem« geradezu exemplarisch aufweisbar. Für Bruno Krusch († 1940) hatten die Heiligenviten, denen er einen großen Teil seiner Forschungsarbeit widmete, nur Bedeutung, sofern sie »historisches Material« boten, nicht aber als Zeugnisse religiöser Denkart. Anders schon sein jüngerer Mitarbeiter Wilhelm Levison († 1947), der als Jude 1939 nach England fliehen mußte; ihm ist »eine international anerkannte Kenner- und Meisterschaft auf dem Gebiet der hagiographischen Forschung« nachzurühmen, die sich »von der manchmal allzu temperamentvollen Grobschlächtigkeit seines Meisters Krusch wohltuend abhob« (W. Holtzmann).

⇒ Vor diesem Hintergrund erst kann man ermessen, welcher Ausweitung es bedurfte, daß die heutige Mediävistik unbefangen auch Fragen der religiösen Mentalität, des Kirchenrechts sowie des religiösen Zeremoniells und der Liturgie behandelt.

§ 2 Die konfessionelle Geschichtsschreibung

1. Evangelisch

Dem von den Humanisten geschaffenen Bild des »finsteren« Mittelalters fügte die Reformation das Verdikt des »katholisch-papistischen« Mittelalters hinzu. Indem sich die Reformatoren als Erneuerer des wahren und ursprünglichen Christentums verstanden, mußte die dazwischenliegende Zeit, das Mittelalter, als Abfall vom evangelischen Glauben erscheinen; ja ein dunkel eingefärbtes Mittelalter ließ die Reformation nur um so heller aufstrahlen. Daß aber das Licht des Evangeliums für ganze Jahrhunderte erloschen gewesen sein sollte, schien aus dogmatischen Gründen nicht zulässig, und so suchte man nach Wahrheitszeugen schon vor der Reformation, nach den »Vorreformatoren«. Von der Romantik hat die evangelische Mittelalterforschung nur wenig profitiert. Ein Bestreben, vergleichbar der englischen Oxford-Bewegung, die der anglikanischen Kirche ein weithin katholisierendes Gepräge gegeben hat, ist dem kontinentalen Protestantismus fremd geblieben. Eher noch traten romantisierende Protestanten, die in ihrer Konfession heimatlos geworden waren, zur katholischen Kirche über. So blieb das Mittelalter in der protestantischen Forschung vielfach ein Problem. Nur allzuoft ging man rasch darüber hinweg.

Man braucht nur etwa auf das große »Dreigestirn« der protestantischen Dogmengeschichte, auf Friedrich Loofs († 1928), Adolf Harnack († 1930) und Reinhold Seeberg († 1935), zu schauen, deren monumentalen Gesamtdarstellungen kein Jüngerer mehr einen ähnlich umfassenden Aufriß hat folgen lassen. Loofs schlägt die Bedeutung der frühmittelalterlichen Dogmengeschichte nur sehr gering an; es war »dogmengeschichtlich eine unfruchtbare Periode«. Seeberg, der »die Entwicklung des mittelalterlichen Geistes nach seinen Motiven und Epochen deutlich zu erfassen« sich vornimmt, charakterisiert das ganze Mittelalter als einen Dualismus von germanischem und romanischem Geist und erklärt das Fehlen spekulativen theologischen Denkens mit der andersgearteten Struktur des »deutschen Gemüts«, in welchem die einzelnen Eindrücke des Lebens eine das ganze Innenleben umspannende Gemütsbewegung bewirken. Nochmals anders äußert sich A. Harnack: Ihm zufolge fehlt jede Selbständigkeit in der Aneignung des Christentums bis zu der Zeit, da sich die Bettelorden in Deutschland einbürgerten, ja eigentlich bis zur Reformation. Zur schwierigen Aufgabe mittelalterlicher Dogmenhistorie gehöre es, »die Geschichte der Frömmigkeit ins Auge zu fassen...; denn die andersgeartete Frömmigkeit hat schließlich auch zu anderen dogmatischen Formulierungen geführt.« Dieser wichtige Ansatz kommt dann aber doch nicht voll zur Entfaltung, weil Frömmigkeit im subjektivistisch-pietistischen Sinne als »Stimmung« gedeutet wird, für die in der Tat bestenfalls erste Ansätze bei Bernhard von Clairvaux und bei den Bettelorden zu finden sind. Insgesamt scheint es Harnack geboten, »den Blick fest auf den Anfang (Augustin) und auf den Ausgang, das 16. Jahrhundert«, zu richten. Das Christentum des karolingischen Zeitalters ist vollends ein »volkstümliches« und hat als solches »kaum auf die Institution, geschweige auf das Dogma irgendwelchen Einfluß ausgeübt«. Ja, bis zur Gegenwart, so der evangelische Kirchenhistoriker R. Staats, sei eine protestantische »Zurückhaltung« gegenüber dem Mittelalter festzustellen, etwa die »immer noch virulenten protestantischen Vorbehalte gegenüber der Scholastik«, sogar allgemein ein »reserviertes Verhältnis des Protestantismus zur mittelalterlichen Kirche«, als scheine »für protestantische Mentalität zum Begriff des Mittelalters immer noch das Attribut des ›finsteren‹ fest dazuzugehören«.

Gleichwohl hat die protestantische Forschung fulminante mediävistische Leistungen hervorgebracht. Zuvörderst ist Albert Haucks »Kirchengeschichte Deutschlands« (1887/1911, ^{7}1952) zu nennen, die bis ins 15. Jahrhundert reicht und dann unvollendet abbricht. Das Mittelalter und speziell seine »katholische« Frömmigkeit hat Hauck in einer Weise behandelt, daß gerade »als höchste Leistungen hervorzuheben [sind] die Abschnitte über das religiöse Leben, das Wirken der Kirche und die Frömmigkeit in Klerus und Volk« (H. Heimpel). Zu Ende führen sollte Haucks Werk sein Schüler, der Lutherforscher Heinrich Boehmer († 1927), der, zeitweilig bei der Monumenta Germaniae Historica tätig, sich intensiv auch mit dem Mittelalter, besonders mit Franziskus und der hochmittelalterlichen Mystik befaßte und von dorther einen neuen Zugang zur Reformation wie ebenso zur katholischen Mystik eines Ignatius von Loyola fand. Eine kenntnisreiche »Geschichte der christlichen Kirche im Frühmittelalter« (1921) lieferte Hans von Schubert († 1931). Im Vergleich mit A. Hauck ist er »aktueller«; ihm geht es betont um das Deutsche und in den positiven religiösen Aspekten letztlich um das Protestantische. In jüngster Zeit hat Hermann Dörries († 1977) wichtige Beiträge zur frühmittelalterlichen Kirchengeschichte vorgelegt, etwa über Bonifatius und Ansgar sowie generell über die karolingische Kirchen- und Missionspolitik. In der Missionsgeschichte, die durch die Frage nach einer »Germanisierung des Christentums« ideologisch stärkstens belastet war, hat Knut Schäferdiek neue Perspektiven eröffnet.

2. Katholisch

a) Mittelalter als Vorbild

In der katholischen Kirchengeschichtsschreibung, wo im Anfang des 19. Jahrhunderts die protestantischen Handbücher führend und teilweise auch in katholischen Fakultäten und Studienanstalten vorgeschrieben waren, setzte mit der Romantik eine »Selbstbesinnung« ein, die in Deutschland wesentlich von dem überragenden Ignaz Döllinger († 1890) mit initiiert wurde. Das neue Mittelalter-Bild, befördert durch so viele Romantiker und Konvertiten, gedieh rasch zu einer katholischen Angelegenheit: das Mittelalter als Epoche idealer Christlichkeit und speziell des Katholizismus. Dieser Idealität galt es nachzueifern. Schon das äußere Erscheinungsbild, Kirchbau wie bildende Kunst, erhielt mittelalterlich-gotische Formen. Die Nazarener, jene Gruppe junger deutscher Künstler in Rom, die sich nach mittelalterlicher Art unter dem Schutz des heiligen Lukas, des Malerpatrons, zu einer Gilde zusammengeschlossen hatten, eroberten mit ihrem Ideal einer beruhigten, vor-neuzeitlichen (»präraffaelitischen«) Kunst großenteils die Kunstszene Deutschlands, die katholische ganz. Mit dieser katholisch-mittelalterlichen Selbstbesinnung aber verschärften sich auch wieder die konfessionellen Spannungen, die in der Aufklärung einer allgemeinen Irenik gewichen waren.

Statt hier im einzelnen Namen und Werke anzuführen, sei vielmehr auf eine historische Gestalt des frühen Mittelalters selbst verwiesen, an welcher der Streit geradezu exemplarisch ausgefochten wurde: auf Winfrid-Bonifatius. Als Angelsachse war er unbezweifelbar germanischer Abkunft, dabei zugleich romtreu und papstergeben. Für die Katholiken repräsentierte dieser Winfrid, wie er oft betont bei seinem germanischen Namen genannt wurde (katholische Studentenverbindungen wählten gern den Namen »Winfridia«), das Urbild des germanisch-deutschen und zugleich römisch-katholischen Christen. Für die Protestanten war er »mehr der Apostel des Papsttums als des Christentums«, wie es in der aufklärerischen Kirchengeschichte von Johann Matthias Schröckh († 1808) hieß, und galt – geradezu ein protestantischer Topos – als Zerstörer des romfreien Christentums in germanischen Landen, das erst Luther wiederherzustellen berufen war. Als der Mainzer Bischof Emmanuel von Ketteler 1855 zum Bonifatius-Jubiläum den Angelsachsen als Begründer des Christentums in Deutschland, eben als »Apostel der Deutschen«, hinstellte, der durch seine Kirchenorganisation zugleich auch die politische Einheit Deutschlands mit aufgebaut habe, während der mit der Reformation geschaffene Individualismus die politische und geistige Zersplitterung, im letzten sogar die Entchristlichung herbeigeführt habe, dauerte der öffentliche Eklat mehr als ein Jahrzehnt. Zu einer quellengerechten und konfessionell überhobenen Beurteilung des Bonifatius hat entscheidend Albert Hauck beigetragen.

b) Kirchengeschichtsschreibung

In die Mittelalter-Bewegung wurde stärkstens auch die Kirchengeschichte einbezogen, verfügte doch hauptsächlich sie über das Instrumentarium, das neue, ideale Bild zu erstellen. Als beherrschendes Thema trat allerdings bald die vom Ultramontanismus verschärfte Diskussion um das Papsttum hervor, das auf dem Ersten Vatikanischen Konzil von 1869/70 seine juridisch und lehrmäßig höchste Ausformulierung fand. Historisch suchte man nun auszufechten, was die eigene Gegenwart bewegte: die Legitimität päpstlicher Kirchenleitung und Lehrautorität. Die Kirchengeschichte hatte dabei allzuoft apologetische Hilfsdienste zu leisten und erfuhr auf diese Weise eine spürbare Einengung: über weite Passagen gestaltete sie sich zur Papst- und Orthodoxiegeschichte.

c) Dogmengeschichte

Zum Mittelalter zurück wandte sich auch die Dogmatik. Die Scholastik wurde als das ewig gültige Fundament des Katholizismus gefeiert, an dem sich die Wogen auch des neuzeitlichen Denkens brechen müßten. So entstand die Neuscholastik, die kirchenoffiziell allerdings nachhaltig erst von Papst Leo XIII. (1878–1903) gefördert wurde. Forschungsgeschichtlich sind ihr bedeutsame Resultate zu danken. In Deutschland wirkten fördernd der Jesuit Joseph Kleutgen († 1883) mit seinen Werken über die »Theologie der Vorzeit« (1853/55) und »Philosophie der Vorzeit« (1860/63). In unserem Jahrhundert waren es Martin Grabmann († 1949) mit seiner »Geschichte der scholastischen Methode« (1909/11) sowie weiteren Arbeiten über Thomas von Aquin, Aristoteles und die Mystik, zuletzt dann noch Artur Landgraf († 1958) mit seiner reich dokumentierten »Dogmengeschichte der Frühscholastik« (1953/1956). Das diesen Werken zugrundeliegende Konzept ist allerdings von besonderer Art; es besagt, daß Dogmenentwicklung in immer weiterer rational-logischer Entfaltung des Offenbarungsbestandes besteht, wobei die Kanonisierung der thomistischen Scholastik diese als Zielpunkt aller Entwicklung erscheinen läßt. Wo nicht wegdisputierbare historische Widerstände auftraten, wurde ein gelegentliches Vorauseilen oder auch Abgleiten der Volksfrömmigkeit zugestanden, freilich nie ohne die alsbaldige Korrektur der Gelehrten und vor allem der Päpste. Die Dogmengeschichte des frühen Mittelalters bestand darin, mit aller Akribie die dünnen Fäden zwischen Antike und Hochmittelalter aufzudecken und den Aufstieg zu immer größerer Klarheit darzulegen. Der eigengeartete Charakter dieser Zwischenepoche, zumal die Frage nach einer möglichen Einwirkung vortheologischer religiöser Denkformen, konnte auf diese Weise nicht in den Blick kommen. Das Frühmittelalter war nur »Vorscholastik«.

Die Engführung wird auch darin sichtbar, daß Landgraf Theologiegeschichte ausdrücklich als »Geschichte von Ideen« definiert. Zwar seien die politischen Verhältnisse einer Zeit dabei zu berücksichtigen, aber doch nur, insofern sie günstige Bedingungen schüfen oder den Anstoß gäben, bestimmte Ideen endlich zu klären. »So ist bei der Klärung des Ausmaßes der päpstlichen Gewalt der politische Kampf zwischen Papst und Kaiser von Bedeutung geworden, weil er das Tempo der Klärung und die Schärfe der Diskussion beeinflußt hat.« Die Idee selber, »die in ihrer Wahrheit von Ewigkeit her besteht«, hat allein eine Findungsgeschichte, in der sie »zu ihrer heutigen Vollkommenheit gelangte«, niemals jedoch eine Wandlungsgeschichte. Ausgehend von einer vorgeblich endgültigen philosophischen und theologischen Klärungsmöglichkeit müssen dann alle anderen Formen als defiziente, verfehlte oder zumindest unklare Lösungen gelten. Daß in anderen Zeitlagen und von anderen Lebens- und Denkhorizonten her diese angeblich mangelhaften Vorformen eine durchaus konsequente, in sich schlüssige und sogar »vollkommen« zu nennende Ausprägung sein können, wird nicht wahrgenommen. Die Mängel einer so starr gefaßten Ideengeschichte waren freilich von einer hermeneutisch reflektierenden Historiographie längst bloßgestellt worden: »Die Historiker der ideengeschichtlichen Schule unterließen es, danach zu forschen, wie die Ideen, die sie als die treibenden Kräfte der Geschichte betrachteten, entstanden sein könnten. Sie ließen diese geheimnisvoll aus unerforschlichen Ursachen in die Geschichte eintreten. Ob sie sich dabei theologisch klingender Formeln bedienten ... oder ungläubig fatalistischer, macht keinen Unterschied« (E. Fueter).

d) Lebens- und Frömmigkeitsgeschichte

Daneben aber blieb im deutschen Katholizismus auch eine historisch-kritische Linie lebendig. Unter der Spannung von römisch-scholastischer und deutsch-historischer Theologie stand schon der erste katholische Gelehrtenkongreß von 1863 in München, einberufen und beherrscht von dem Kirchenhistoriker Ignaz Döllinger († 1890), damals unbestritten das Haupt der katholischen deutschen Theologen und inzwischen vom ultramontanen Kirchendenken abgerückt. Eine bemerkenswerte Zwischenstellung vertrat Johannes Janssen († 1891), ein Schüler J. F. Böhmers, in seiner vielbändigen und zu hoher Auflage gekommenen »Geschichte des deutschen Volkes beim Ausgang des Mittelalters« (1878/94). Seine Einstellung war durchaus zeitbedingt: großdeutsch sowie dezidiert katholisch und damit sowohl gegen das kleindeutsche Reich von 1871 wie auch gegen den Kulturkampf opponierend; historiographisch ist das Werk insofern bedeutsam, als es auf eine »Beschreibung der allgemeinen Zustände« abzielt und dabei Züge einer »Alltags-« und »Mentalitätsgeschichte« vorwegnimmt. Der Eintritt ins 20. Jahrhundert veranlaßte Albert Ehrhard († 1940) zu dem Fanfarenstoß »Der Katholizismus und das 20. Jahrhundert« mit dem von nicht wenigen als schockierend empfundenen Ausspruch, die Scholastik sei ein Leuchtturm, aber kein Grenzstein, über den nicht hinausgegangen werden dürfe. Für Ehrhard hatte die Scholastik dem Mittelalter als große Synthese gedient, sollte aber nicht für alle Zeiten als gültige katholische Lösung angesehen werden. In der Kirchengeschichte bewirkte diese Offenheit eine Blickerweiterung. Statt der vom Ultramontanismus inspirierten Papstgeschichte mit ihren vorwiegend institutionellen und hierarchischen Aspekten sollte wieder das vielfältige, vor allem auch geistig-geistliche Leben der Kirche dargestellt werden. Die »Geschichte der Kirche in ideengeschichtlicher Betrachtung« ([1]1930, [23]1965) von Joseph Lortz († 1975) hat diese neue, erweiterte Sicht geradezu popularisiert. Für die Periode der antiken Kirchengeschichte eröffnete Franz Joseph Dölger († 1940) neue Perspektiven, indem er die christliche Frömmigkeit mit der antik-paganen Religionswelt zu vergleichen begann; aus seiner Schule ist das »Reallexikon für Antike und Christentum« hervorgegangen, das Pionierarbeit in der Erforschung der spätantik-christlichen Religiosität und damit indirekt auch für das Frühmittelalter geleistet hat und weiterhin leistet.

e) Liturgiegeschichte

Von der Antike her kommt auch die ins Frühmittelalter hinüberreichende Liturgieforschung. Die nach der Jahrhundertwende aus pastoralen Gründen entstandene Liturgische Bewegung nahm sich vor allem die frühe Liturgie zum Vorbild. Da aber die ältesten Liturgie-Kodizes erst der ausgehenden Antike angehören, ist deren Erschließung auch für das frühe Mittelalter von grundlegender Wichtigkeit. Als Editoren und Forscher sind hier der Laacher Benediktiner Leo Cunibert Mohlberg († 1963), die beiden Straßburger Liturgiker Michel Andrieu († 1956) und sein Schüler Cyrille Vogel († 1982) sowie derzeit der Benediktiner Jean Deshusses zu nennen. Eine epochale Leistung erbrachte der Jesuit Josef Andreas Jungmann († 1975) mit seinem großen Werk »Missarum Sollemnia« (1948/49) über die Geschichte der Meßliturgie; die jüngst in der katholischen Kirche durchgeführte Liturgiereform basiert weithin auf dieser Untersuchung. Einen vielseitigen Einblick speziell in die Eucharistie des frühen Mittelalters bietet der Laacher Benediktiner Angelus Häußling mit der Untersuchung »Mönchskonvent und Eucharistiefeier« (1973).

§ 3 Die nationale Geschichtsschreibung

1. Germanisch – romanisch

Ein besonderes Problem stellt sich der Frühmittelalter-Forschung durch die nationale Geschichtsbetrachtung, eine Folge des im 19. Jahrhundert vorherrschenden Nationalismus. Für die Geschichtsschreibung der romanischen Völker bedeutete die Völkerwanderung den Einfall der Barbaren, welche der unvergleichlichen Antike einen katastrophenartigen Untergang bereitet hatten. Der deutschen Geschichtsschreibung aber waren es die jungen, unverbrauchten Germanen, die das bereits dekadente und morbide Römerreich zum verdienten Einsturz brachten und neues nationales Leben weckten. Den Anteil von »Romanen« und »Germanen« galt es folglich säuberlich zu scheiden. Dabei wurde der Seite der Germanen, auch denen auf römischem Reichsboden, alles Positive zugeschlagen, womit diese nur irgendwie in Verbindung gebracht werden konnten. Zudem galten die Germanen schlichtweg schon als Deutsche. So waren zum Beispiel die Franken Deutsche; ihre Geschichte und ihre Reichsbildung in Nordgallien bildeten den Anfang der deutschen Geschichte, und die entsprechenden Quellen wurden in den Monumenta Germaniae Historica, der maßgeblichen Quellensammlung zum deutschen Mittelalter, ediert. Daß aber die Franken allein schon von ihrer Zahl her Gallien weder fränkisch noch gar deutsch gemacht haben können, wurde leichthin übersehen. Die heutige Forschung schätzt ihre Gesamtzahl in Gallien für das 5. und 6. Jahrhundert – freilich im Minimum – auf 150 000 bis 200 000, eine »unbegreifbar kleine Zahl« (R. Schneider) im Vergleich zu der auf wenigstens fünf Millionen zu veranschlagenden gallo-römischen Bevölkerung. Den Anfang des deutschen Reiches datiert die Forschung heute ins 10. Jahrhundert, und dieses Reich ist gerade nicht als gemeinsame Staatsbildung der Germanen entstanden. Abgesehen von der Tatsache, daß die Nordgermanen immer abseits blieben, war das »Reich der Deutschen« anfangs ein »Zerfallsprodukt«, das im karolingischen Imperium einer Erbteilung wegen als ›östliche Francia‹ entstand, dann allmählich politische Konsistenz gewann, dabei auch ein gemeinsames Volksbewußtsein entwickelte und endlich das karolingische Mittelreich dazugewann. Als originäres Produkt einer staatsbildenden Kraft der Germanen kann dieses Reich schwerlich bezeichnet werden; zu stark lebte die frühmittelalterliche »Staatsbildung« von antiken wie vor allem christlichen Vorbildern und Ideen.

Ein besonders pikantes Beispiel national geprägter Forschung mit unbedingter Scheidung des Germanischen und Romanischen bietet die Spaltung der deutschen Rechtsgeschichtsforschung in eine »romanistische«, »germanistische« und zuletzt noch »kanonistische« Abteilung, wie bekanntlich die Unterabteilungen der »Zeitschrift der Savigny-Stiftung für Rechtsgeschichte« lauten. Es war ein völkisch-nationaler Antagonismus, der auf die Forschung einwirkte. In seinem Werk »Fränkisches Recht und Römisches Recht« (1880) konnte Rudolf Sohm triumphalistisch schreiben: »Dem fränkischen Recht schien die Weltherrschaft auf immer gesichert, selbst das stolze Römerrecht war ihm zinspflichtig und untertan und damit ungefährlich geworden.« Demgegenüber hielt es der Franzose Numa Denis Fustel de Coulanges in seiner »Histoire des institutions politiques de l'ancienne France« (1875) für ausgemacht, daß das römische Recht obsiegt habe; die fränkischen Eroberer seien im Siegeszug des römischen Rechts nur ein Störfaktor und ein retardierendes Moment gewesen. In der deutschen Forschung galten insbesondere die kodifizierten Rechte der Westgoten, Burgunder, Franken und Langobarden wie auch die jüngeren Rechte der Alemannen und Baiern als Ausdruck des Volksgeistes, ja des germanischen Wesens, so daß man betont von »Volksrechten« sprach. Eine Erschütterung dieser nationalen Auffassung setzte nach dem Ersten Weltkrieg ein, hat aber erst nach dem Zweiten Weltkrieg das allgemeine Bewußtsein erfaßt, als immer deutlicher ein »Vulgarrecht« der Spätantike herausgearbeitet werden konnte und als dessen Charakter das Bedürfnis nach Anschaulichkeit und Symbolik, vor allem aber der Verzicht auf juristisch-rationale Begrifflichkeit hervortrat. Dabei erschienen auch die Germanenrechte in neuem Licht, erwiesen sich doch als von spätantiken Juristen verfaßt, so daß bei ihnen eine Vermischung von germanisch-archaischen und spätantik-vulgarrechtlichen Elementen anzunehmen ist. Zugleich aber trat noch ein anderes, gerade für die Kirchengeschichte wichtiges Element in den Blick, nämlich »die Vermittlerrolle der Kirche und ihr ethisierendes Anliegen« (C. Schott).

Bei dem Gegensatz zwischen Germanen und Romanen ging es letztlich darum, den »germanisch-deutschen Menschen« in ein möglichst helles Licht zu stellen. Aufgabe der Geschichtsschreibung sollte es sein, das über alle Epochen vermeintlich gleichbleibende »Wesen des Germanischen« darzustellen und so die historische Grundlage für »deutsche Politik« und »deutsche Lebensart« zu liefern. Als unvermeidliche Konsequenz ergab sich dabei der Kampf gegen das »Romanentum«, gegen alles »Welsche«. Mochten auch die Germanen des frühen Mittelalters zivilisatorisch und kulturell unterlegen sein, so waren sie doch ein »junges« und vor allem »bildungsfähiges« Volk. Ethisch und religiös galten sie ohnehin als »hochstehend« und insofern keineswegs hinter der Antike zurückgeblieben. »Die Forscher waren oft getrieben, die Germanen den Griechen gleichzustellen, ihnen ein Pantheon nach griechischer Art zuzuschreiben« (F. Graus).

2. »Germanisch-deutsche« Kirchengeschichtsschreibung

Das Konzept der germanisch-nationalen Geschichtsschreibung hat vielfältig auch auf die Kirchengeschichte eingewirkt, wie am Beispiel renommierter Werke und Publikationen leicht aufgewiesen werden kann. Als der Marburger Kirchenhistoriker F. W. Rettberg († 1849) im Jahr 1846 seine »Kirchengeschichte Deutschlands« publizierte, sah er sich wegen des Deutschland-Bezugs noch zu einer besonderen Rechtfertigung genötigt; entgegenzustehen scheine »das von jeher in unserem Volke eigentümliche Leben in Stämmen, das auf kirchlichem Boden wohl die Geschichte einzelner Landeskirchen, nicht aber der Kirche Deutschlands möglich zu machen scheint«. Doch überwiege der »gemeinsame Volksgeist«; auch sei zu bedenken, »daß eine Einheit des

§ 3 *Die nationale Geschichtsschreibung* 33

religiösen Lebens, die das deutsche Volk nicht mitbrachte, ihm doch in hohem Grad durch die umbildende Gewalt des Evangeliums mitgeteilt werden mußte«. Gerechtfertigt sah sich Rettberg besonders auch dadurch, daß »jene anerkannte Wahlverwandtschaft des germanischen Charakters mit dem Evangelio sich nirgends in solcher Reinheit ausgebildet hat als auf deutschem Boden«. In Albert Haucks »Kirchengeschichte Deutschlands« »eröffnet der Übertritt der Franken zum Christentum die deutsche Kirchengeschichte: die Taufe Chlodovechs in Rheims ist ... das erste Datum, welches die Kirchengeschichte unseres Vaterlandes zu verzeichnen hat«.

Daß aber diese ersten christianisierten Deutschen gegenüber den Romanen eine irgendwie bessere Moral aufgewiesen hätten – wie es das nationale Geschichtsbild so gern darstellte –, dazu sah Hauck allerdings keinerlei Hinweis. Im Gegenteil, das Gefühl für die sittlichen Schranken sei bei den Franken »ungemein schwach« gewesen; es bestehe kein Grund, hier »einen Unterschied zwischen Deutschen und Romanen zu machen«; ja, »die Zustände im fränkischen Reich waren danach angetan, daß Ernstdenkende das Volk für reif zum göttlichen Gericht hielten«. Stärker im nationalen Zeitgeist – vor Berliner Studenten im Jahre 1913 – ließ sich der evangelische Dogmenhistoriker Reinhold Seeberg über »Christentum und Germanentum« vernehmen: Zunächst habe sich der Deutsche dem römischen Christentum ergeben – »ein Bund, der nicht für immer geschlossen sein konnte, denn Germanen und Römer sind zu verschieden voneinander. Die Seele des Germanen ist eine so andere ... Das ist der Konflikt des Mittelalters«. In Seebergs »Dogmengeschichte« (¹1895/98, ⁵⁻⁶1959/65) sind es die »germanische Auffassung von der Gemeinschaft und die römische Kirchenidee«, die »das ganze Mittelalter über miteinander gerungen« haben. Betont deutsch wie ebenso betont protestantisch gab sich Hans von Schubert in seiner »Geschichte des deutschen Glaubens« (1925). Schon der gotische Arianismus zeigt den »Prototyp für eine deutschkatholische, eine nichtrömisch-katholische Nationalkirche« und verwirklicht bereits »Bibelchristentum«. Was bei den Sachsen geschah, daß nämlich »die Besten und Tiefsten sich auch und gerade in Trotz versteifen konnten«, ist deutsche Art: »Sie wollten innerlich überwunden sein.« Am Heliand, dem altsächsischen Jesus-Epos, ist am wichtigsten »die Einstellung auf die deutsche Erde in geistiger und seelischer Beziehung«. Der Sachse Gottschalk, der von seinen gräflichen Eltern schon in Kinderjahren zum Mönch in Fulda gemacht worden war, diesen Akt später anfocht und zudem einer der besten Augustinus-Kenner des 9. Jahrhunderts wurde, gilt als der »erste wirklich selbständige deutsche Theologe«, als »erster deutsch-christlicher Denker«, sogar als »Märtyrer einer freien Überzeugung«, vor dem auch der Gegner, der »Franzose« Hinkmar von Reims, seinen Degen habe senken müssen. Problem und Tragik der Christianisierung sah von Schubert darin, daß der römische Katholizismus als »Herrschaftskirche« an die Germanen herantrat, »voll von Rechtsgeist«, mit »den Geist zum Ersticken übersponnenen Formen«, als »Sakramentsanstalt«, wobei »Recht und Magie die Hauptrolle spielten«. Nur »aus der politischen und kulturellen Übermacht« ist der erste Übertritt der Germanen »zu der fremden südlichen Religion« zu erklären; »Schmuck und Prunk«, »Gold« und »bunte Farben« – »das war die Religionsform, die den Sinn des Barbaren mindestens äußerlich überwand, einfach beugte, wie der strahlende Weihnachtswunderbaum das Kinderherz ...«. Aber der »Grundzug des Germanentypus«, sein »Freiheits- und Ehrgefühl« und überhaupt sein »starkes Persönlichkeitsbewußtsein« ließen dann doch den Durchstoß zum reinen und freien Wortchristentum gelingen. Germanentum und Christentum konvergieren zur Reformation!

<u>Zögerlicher und nicht so grundsätzlich, aber immerhin noch vernehmlich genug, suchte sich auch die katholische Kirchengeschichtsschreibung auf den nationalen Ton einzustimmen.</u>

In seinem bis heute als Forschungsleistung bewunderungswürdigen Werk »Hinkmar. Erzbischof von Reims« (1884) schrieb Heinrich Schrörs († 1928): »Die Länder zwischen Seine und Rhein, die Sitze des herrschenden Stammes der Salischen Franken, bildeten das Quellgebiet für die Kulturentwicklung Mitteleuropas. So war es das Mittelalter hindurch bis in die neuere Zeit ...« Die Franken sozusagen als stetige Quelle abendländischer Kultur! Die nationalen Stereotypen erfüllen zu können, befriedigte spürbar den Stolz und beflügelte regelmäßig auch die Sprache: Wie vielen Kirchenleuten floß da nicht germanisches Blut in den Adern, schon bei Hinkmar von Reims und noch bei Thomas von Aquin. Differenzierter akzentuierte Joseph Lortz. In seinem Kompendium »Geschichte der Kirche« spricht er von »kulturarmen, bildungsfähigen Germanen«, eben den

»jungen Völkern«, die »instinktiv die römische Stadtsiedlung, den Herd der Zersetzung, ablehnten«, wobei freilich die Franken das christliche Sittengesetz »durch sittlich Unterwertiges in seiner Reinheit geschwächt« hätten; doch liege »eine wesentliche Gefährdung der christlichen Lehre... nicht, eine Zersetzung durch unbewußtes geistiges Ungenügen nur in sehr geringem Ausmaß vor«. Epochal wird formuliert: In der »religiösen und geistigen Erziehung der neuen Völker durch die Kirche ist das ganze Mittelalter grundgelegt«. Einen wesentlichen Gegensatz von Germanentum und Romanentum glaubt Lortz nicht sehen zu können, im Gegenteil: Es war »eine Zeugung größten Stils: aus Christentum, Germanentum und Antike das christliche Europa zu bilden«, und »unzweifelhaft steht fest, daß das Mittelalter auch kirchengeschichtlich eine germanische Zeit ist«. Überhaupt ermöglichte die auf Leopold von Ranke zurückführbare Formel »Christentum, Germanentum und Antike« vielen Autoren, nicht zuletzt den katholischen, die Annahme eines umfassenden und versöhnlichen Ausgleichs, wie man ihn im Mittelalter vollauf verwirklicht glaubte. Demgegenüber wurde das Slawentum allgemein übersehen; wo dasselbe dennoch in das Blickfeld trat, blieb es peripher und vermochte dem germanisch geprägten Mittelalter keinen Abbruch zu tun.

Heute dagegen getraut sich die Forschung nicht mehr, von »den Germanen« zu sprechen; dieselben weisen nach derzeitiger Auffassung eine kaum über die Sprachverwandtschaft hinausgehende Einheit auf, und diese Verwandtschaft tat im Frühmittelalter keine Wirkung mehr: »Ein gemeinsames Bewußtsein aller germanischen Sprachträger hat es seit der Völkerwanderungszeit nie gegeben« (St. Sonderegger). Entsprechend lautet die Folgerung: »Die Entstehungsgeschichte des Germanentums zeigt, daß wir nicht mit einer einheitlichen Größe zu rechnen haben, daß hier vielmehr sehr verschiedenartige Elemente vereint waren, die in ebenso verschiedenartiger Weise das Mittelalter bestimmen sollten« (R. Wenskus). Ebensowenig getraut man sich noch, von einer einheitlichen germanischen Religion, die schon Heinrich Boehmer »ein mythologisches Produkt der gelehrten Mythologen« nannte, zu sprechen.

§ 4 Das Kontinuitätsproblem

1. Katastrophe oder Kontinuität?

Im Streit um das Germanische und Romanische schuf Alfons Dopsch († 1953) mit seinem 1919/24 erschienenen Werk »Wirtschaftliche und soziale Grundlagen der europäischen Kulturentwicklung aus der Zeit von Caesar bis auf Karl den Großen« eine neue Diskussionsgrundlage. Anstelle der von den zerstörungswütigen germanischen Barbaren herbeigeführten Katastrophe sah er im wesentlichen eine Kontinuität zwischen Antike und Mittelalter, ja sogar eine bruchlos verlaufene Entwicklung. Denn längst habe die germanische Welt eine ansehnliche Kultur neben der römischen entwickelt, und so sei eine gemeinsame Ebene für Begegnungen und Austausch entstanden, zwar nicht eine Ebene der hohen literarischen und künstlerischen Kultur, wohl aber des alltäglichen Lebens. Hermann Aubin († 1969) hat diese Beurteilung noch weiter präzisiert: Nur erst die »Abwärtsbewegung« der spätantiken Kultur auf ein provinzielles Niveau habe den Germanen den Anschluß an die antike Welt ermöglicht; statt eines »Weiterlebens« der Antike sei es eher deren »Weitersterben« gewesen.

In der heutigen Forschung findet diese Sicht, mit allerdings weiteren Differenzierungen, vielfache Bestätigung. Im einzelnen wird noch stärker auf eine nach Zonen und Perioden unterschiedene Kontinuität abgehoben. Vor allem aber wird auf Tendenzen verwiesen, die aus der Spätantike selbst zum Mittelalter hinüberleiteten. Spätantikes Leben mußte nicht unbedingt mit dem Auftreten der Germanen zu Ende gehen, wie sich andererseits in Gebieten mit nur geringem oder überhaupt keinem germanischen Einfluß die Antike nicht einfach unverändert fortsetzte. Die Spätantike hatte sich bereits stark, ja »nahezu vollständig von den Grundlagen der römischen Geschichte, wie sie in der voraufgehenden Zeit noch immer bestimmend gewesen waren, gelöst... Infolgedessen sind auch die Beziehungen, welche sie mit der Folgezeit verknüpfen, inniger als diejenigen, welche rückwärts weisen« (A. Heuß).

2. Kirche als Kontinuitätsträger

Für die Kirchengeschichte der antik-mittelalterlichen Übergangsperiode ist die Frage nach der Kontinuität von fundamentaler Bedeutung. Nicht so sehr, wann der Untergang der Antike sich vollzog, interessiert dabei, als vielmehr, was denn überhaupt unterging, auch was dabei erhalten blieb und sich dann weiterentwickelte. Ganz allgemein wird konstatiert, daß die Kirche im Übergang von der Antike zum Mittelalter ein wichtiges, wenn nicht gar das wichtigste Kontinuum darstelle. Hatten Dopsch und Aubin davon gesprochen, daß zwar der »Oberbau des römischen Lebens« vernichtet worden sei, so glaubten sie doch eine Ausnahme verzeichnen zu können, eben die Kirche. Tatsächlich erweisen sich zum Beispiel die Bischofssitze als beharrende Institution, ebenso das Amt des Bischofs mit seinen bis ins Politische und Administrative ausgeweiteten Aufgaben. Freilich bleibt näherhin zu fragen, wie weit diese Kontinuität auch für das innere Leben der Kirche, für Theologie und Religiosität, gelten darf. Hier hielt Aubin zunächst dafür, daß die Kirche »der einzige Faktor war, welcher wie in seinem Kultus ein hohes sittliches Leben so auch ein höheres geistiges Leben durch die Völkerwanderungszeit hindurchretten konnte«; später jedoch fügte er hinzu, daß die »Theologie eine Pause des Unvermögens« aufgewiesen habe und ein »allgemeines Absinken der Bildung« zu verzeichnen sei.

Unter den Kirchenhistorikern hat sofort H. von Schubert in seiner »Geschichte der christlichen Kirche im Frühmittelalter« auf die Kontinuitätsfrage zu antworten gesucht. Er ging davon aus, daß bei den Germanen »der Glaube noch tief in den Banden des Zauberhaften« befangen war, zugleich aber auch in der spätantiken Kirche das geistige Leben »einen rapiden Rückschritt« machte. Dabei sei der »Vulgärkatholizismus« aus der Zeit des Tiefstandes römisch-italienischer Kultur nach dem Langobardeneinbruch durch Gregor den Großen »für immer legalisiert« worden, und diese Vulgärform habe die Brücke zu dem »niederen Kult« der Germanen gebildet, wobei aber deren »primitive« Religiosität dem Vulgärkatholizismus immer noch weit unterlegen gewesen sei: »Bei der Annahme des christlichen Kultus kann von einer tieferen Beeinflussung durch den so viel niedriger stehenden vorchristlichen nicht geredet werden.« Abgesehen von den evidenten konfessionellen Wertungen, die von Schubert einfließen ließ, wäre heute intensiver zu fragen, wie es in Wirklichkeit um die Realisierungsbedingungen und die Durchsetzungsmöglichkeiten christlicher Lebensweise bestellt gewesen ist. Das Christentum hatte sich als »städtische« Religion in der Antike entwickelt und ausgebreitet. Was bedeutete nun die im Frühmittelalter allgemein zu konstatierende Reagrarisierung, wo doch agrarische Gesellschaften durchaus eigentypische Religionsformen auszubilden pflegen? Und weiter, wie steht es zum Beispiel um die kulturellen Vorgegebenheiten und den zivilisatorischen Apparat, die kirchliches Leben zu seiner Entfaltung nötig hat? Man denke nur einfach an Verkehrsbedingungen als Voraussetzung für die Abhaltung von Konzilien, an Schulen für den christlicherseits unabdingbaren Unterricht, ja schlicht an Papyrus, das es seit der Verminderung des Mittelmeerhandels kaum mehr gab, auf das aber das Christentum als Buchreligion angewiesen war. Oder noch ein letztes: Wie konnte bei einer Bevölkerungsdichte von 2,5/qkm, wie sie während des Frühmittelalters für das Gebiet der heutigen Bundesrepublik Deutschland anzunehmen ist, ein Pfarr- oder Schulleben aufgebaut werden? Das Kernproblem lag freilich noch an anderer Stelle: Das Christentum hatte nicht wenige »aufklärerische« Elemente aus der antiken Religionsphilosophie in sich aufgenommen, ja es hatte seine

Dogmatik mit Hilfe philosophischer Begrifflichkeit ausformuliert. Was aber geschah jetzt, da die antike Bildung und damit gleichzeitig die Theologie dahinschwanden?

So wird man gerade auch im innerkirchlichen Leben nach Abbrüchen und Umbrüchen fragen müssen. J. A. Jungmann, der so verdienstvolle Liturgiehistoriker, hat denn auch betont von einem Umbruch im Frühmittelalter gesprochen, einem Umbruch sogar, wie er größer in der Kirchengeschichte sonst nicht festzustellen sei: »Es ist in den zwei Jahrtausenden der Kirchengeschichte an keiner Stelle ein größerer Umbruch sowohl im religiösen Denken wie in den entsprechenden Einrichtungen erfolgt, als es in den fünf Jahrhunderten zwischen dem Ausgang der Patristik und dem Beginn der Scholastik der Fall ist.« Merkwürdigerweise hat diese 1947 geäußerte Feststellung in der historischen Debatte um die Kontinuität, wie sie gerade auch nach dem Zweiten Weltkrieg noch intensiv geführt worden ist, kaum einen Niederschlag gefunden. Die Frage nach der spezifisch christlichen Kontinuität, wie immer sie geartet sein mag, beansprucht aber besondere Aufmerksamkeit. Neuere Forschungen lassen an einen religiösen Austausch auf einer eher niedrigen und nun oft als »archaisch« bezeichneten Ebene denken: »Kontinuität und Prädisposition lassen sich überwiegend in solchen Bezirken der Religion feststellen, in denen bei christlichen und heidnischen Galloromanen... [wie] Germanen die gemeinsamen Züge einer archaischen Kultur dominierten« (W. Haubrichs).

§ 5 Germanisierung des Christentums

1. »Germanische« Eigenkirche

Aus der Perspektive der nationalen Geschichtsschreibung muß man sich vergegenwärtigen, was es bedeutete, daß gerade ein Rechtshistoriker der nationalen Schule, Ulrich Stutz, in seiner 1895 publizierten Antrittsvorlesung ein »germanisches Eigenkirchenwesen« erschloß: die Rechtsidee vom »Gotteshaus, das dem Eigentum derart unterstand, daß sich daraus nicht bloß die Verfügung in vermögensrechtlicher Beziehung, sondern die volle geistliche Leitungsgewalt ergab«. Für Stutz ließ sich sogar ein ganzes Zeitalter des »germanisch geprägten Kirchenrechts« ausmachen. Als Ausgangspunkt wurde ein germanisches Privattempelwesen und ein altarisches Hauspriestertum postuliert, für das aber weder Stutz noch seine Nachfolger je einen bündigen Nachweis haben liefern können. Zwar habe die Kirche noch lange, weil römisch-rechtlich aufgebaut, nach römischem Recht gelebt, aber in der Merowingerzeit sei sie der Germanenwelt auf weiten Gebieten erlegen gewesen; ja, »das germanische Kirchenrecht überwindet völlig den Bau der römischen Kirche«, und erst mit der neuen Kanonistik im 12. Jahrhundert »sinkt die Herrschaft des Germanentums im Kirchenrecht dahin« (H. E. Feine).

Diesem kirchenrechtlichen Germanismus aber stand und steht entgegen, daß sein zentrales Rechtsinstitut, die Eigenkirche, keineswegs ausschließlich germanischen Charakter trägt, sondern ebenso in Byzanz wie bei den Slawen anzutreffen ist. In Wirklichkeit dürfte darum die Eigenkirche nicht völkisch-national, sondern sozialgeschichtlich zu erklären sein, insofern nämlich die großen Grundherren, sobald sie auf ihren Latifundien die eigentlich als öffentlich zu bezeichnenden Rechte für sich beanspruchten, auch die Kirchenrechte an sich zogen. Das heißt, die Eigenkirche konnte überall dort entstehen, wo die öffentliche Gewalt des Staates wie der Kirche sich sozusagen zurückzog und Teile ihrer Hoheit den Großen zugestand, wie ebensogut dort, wo diese öffentliche Gewalt noch gar nicht konstituiert war, sondern eben von den Großen in den von ihnen beherrschten Räumen wahrgenommen wurde. Genau diese Situation war in der Spätantike und im Frühmittelalter gegeben: Zerfall der Staatsgewalt und Vordringen der noch »nichtstaatlichen« Barbarenvölker. »So gesehen könnte das Eigenkirchenwesen Produkt des Zusammenstoßes einer fortgebildeten Kirchenverfassung mit archaischem Kultur- und Rechtsgut junger Völker sein« (K. S. Bader).

2. »Germanische Religiosität«

Fast aufs Jahr genau mit Stutzens These von der »germanischen Eigenkirche« brachte Arthur Bonus († 1941) das Stichwort von der »Germanisierung des Christentums« auf, eine Formulierung, die in der völkischen Religiosität und zuletzt in der nationalsozialistischen Propaganda zum massenpolitischen Schlagwort werden sollte, bis hin zu dem Anwurf vom »Verbrechen der Christianisierung«. Ging es Bonus darum, den ersten, in der Reformation vollzogenen Ansatz der Germanisierung des Christentums zeitgerecht fortzuführen, so hatte schon Paul de Lagarde († 1891) mehr für eine lebendige Verbundenheit von Deutschtum und Religion plädiert, wie sie in der Frühzeit bestanden habe, später aber verlorengegangen und auch in der Reformation nicht hergestellt worden sei; eine neue Religion der Zukunft gelte es zu schaffen, deren Kern das Evangelium sei, freilich gereinigt von den Vorstellungen des Juden Paulus. Von hier aus ging die Diskussion dann weiter zu der Forderung nach Befreiung von den christlichen Verformungen des germanischen Wesens, und am Ende wurde gar die Frage erhoben, ob Christentum und Germanentum überhaupt miteinander vereinbar seien oder das germanische Wesen nicht vielmehr durch eine christliche Überlagerung korrumpiert worden sei.

Da diese Kontroversen wesentlich mit historischen Argumenten ausgefochten wurden, mußte die Germanisierung des Christentums gerade auch in der Kirchengeschichte abgehandelt werden. Dabei war allerdings vorab zu klären, was denn nun als »wesenhaft germanisch« zu gelten habe. Vom Zeittrend her schien die Antwort klar. So heißt es in den beiden Auflagen des evangelischen Theologie-Lexikons »Religion in Geschichte und Gegenwart« von 1910 und 1927: Germanisches Volkstum habe sich »die Sache des neuen Christengottes urwüchsig angeeignet«, eben »mit deutschem Geist«; der ›Heliand‹ sei »eine in ihrer Naivität erquickende Übertragung«. Deutsch sei aber vor allem die »Innerlichkeit«, etwa die »innige Mystik eines Eckehard«. Doch erst die Reformation sei die »akute Germanisierung des Christentums«, und Martin Luther habe als »größter Verdeutscher des Christentums« zu gelten. Durchgehende Charakteristika sind »germanische Ehrlichkeit, Selbständigkeit und Treue«; die »wesentliche Kraft ist die Freude am Licht« wie ebenso die »energische Betonung des unbedingten, freien Gehorsams gegen das sittliche Gebot germanisch empfunden ist«. Die Idee der als Konvergenz von Christentum und Germanentum gedeuteten Reformation ist schon in Jakob Grimms († 1863) »Deutscher Mythologie« (1844) zu finden, wo als deutsche Art ein »sinniger ernst« und für die germanische Frühzeit bereits der »volle keim des protestantismus« vorausgesetzt werden, weswegen »es nicht zufall, sondern nothwendig [war], daß die reformation gerade in Deutschland aufging«. Reinhold Seeberg hat in seiner Dogmengeschichte diese Deutung weiter entfaltet und zur Leitlinie erhoben: Er postuliert »ein eigenartiges Gemeinschafts- und Personbewußtsein« als Charakteristikum der Germanen, aber auch ein »germanisches Willensleben« und sogar ein »germanisches« und damit »deutsches Gemüt« als »eigentümliche Tiefe und Einheit des Gefühlslebens«; der germanische Personalismus, »der Trieb zu freiem persönlichen Erleben der Religion«, habe dem »Sakramentarismus« und der »Mechanisierung der Seelenleitung durch das Bußsakrament« widerstrebt; daher dann die Reformation.

Nach gleichem Schema, aber infolge des verlorenen Weltkrieges viel »betroffener«, behandelte H. von Schubert die nunmehr als äußerst drängend empfundene Frage der Germanisierung des Christentums. Zunächst einmal wollte er die Vorstellung bekämpfen, als sei die Christianisierung nur »eine Schwäche und Selbstbeugung auf der Seite der Germanen« gewesen. Zum anderen schien ihm eine positive Germanisierung unbezweifelbar, doch bezeichnete er den Aufweis wegen Quellenmangels als äußerst schwierig. Um so erstaunlicher ist, daß er dennoch ständig von germanisch-deutscher Eigenart spricht und dieselbe auch im frühmittelalterlichen Christentum wirksam sieht.

In seiner »Geschichte des deutschen Glaubens« (1925) sucht er eine »ausgezogene Linie« germanisch-deutscher Religionsart aufzuzeigen: »Es wird eben darum von größter Wichtigkeit sein, von Anfang an in der Geschichte des deutschen Glaubens schon bei der primitiven germanischen Religion nach der besonderen Art zu fragen: es könnte sein, daß, was wir später finden, ›eine ausgezogene Linie‹ darstellt, daß sich auch später, nur in verfeinerter Gestalt, in geistigerer Form, in höherer, reinerer Luft die Sonderart der primitiven Religiosität erhalten hat. In diesem Sinn gibt es doch vielleicht auch einen besonderen deutschen Glauben.« Ganz abseits vom Zeitgeist, dafür aber geradezu »modern« behandelte Heinrich Boehmer »Das germanische Christentum« (1913). Sich absetzend von der »populären Literatur«, die den Übertritt der Germanen zum Christentum als »schweren Fehltritt« erscheinen lasse, verglich er den Bekehrungsvorgang mit der Missionierung der Bantu-Neger und »anderer von Europas übertünchter Höflichkeit tief verachteter sogenannter ›wilder‹ Völker«. Statt von einer germanischen Prädisposition für das Christentum müsse man eher von einer »Prädisposition« sprechen, und die Bekehrung beruhe auf »nicht eigentlich christlich-religiösen Motiven«. Es sei denn auch nicht zu einer Christianisierung, sondern eben zu einer Germanisierung gekommen, »zu einer Umbildung der kirchlichen Glaubensgedanken, sittlichen Anschauungen, Institutionen und Rechtssätze gemäß den Bedürfnissen und Anschauungen der Germanen und zur Rezeption einer Unmasse germanisch-heidnischer Glaubensvorstellungen«. Also die Germanen als »wildes Volk«, dazu unfähig für das Christentum, ja es sogar korrumpierend – das war für Boehmer die Germanisierung des Christentums, ein bei den Zeitgenossen – wie H. Dörries aus der Rückschau feststellte – »vielgescholtener Versuch.«

Nach heutiger Sicht ist wiederum festzustellen, daß sich die Vorstellung vom »wesentlich Germanischen« auch und gerade im Religiösen nicht aufrechterhalten läßt. Schon seit längerem ist man sich bewußt, daß etwa die grenznahen Germanen »Randkulturen« (K. Hauck) des Imperiums bildeten und an der religiösen Koine der Spätantike teilnahmen.

So sind bekanntlich noch in germanisch-heidnischer Zeit, spätestens im 4. Jahrhundert, die Namen der römischen Wochentage ins Germanische übertragen worden. Getreu der allgemein in der antiken Welt praktizierten Gleichsetzung der Götter einzelner Völker mit den Göttern Roms entstanden, wohl am Niederrhein, die germanischen Wochentagsnamen. Diese germanische Woche ist damit nichts anderes als eine religiöse Entlehnung der römischen: ›dies solis‹ – Sonntag, ›dies lunae‹ – Montag, ›dies Martis Thinxi‹ – Tag des Tiwaz, Dienstag, ›dies Mercurii‹ – Tag des Wodan, engl.: Wednesday, niederl.: woensdag, ›dies Jovis‹ – Tag des Donar, Donnerstag, ›dies Veneris‹ – Tag der Frija, Freitag, ›dies Saturni‹ – engl.: Saturday. Weit erhellender noch ist die Feststellung, daß selbst die skandinavischen Germanen in ihrer Religiosität von der Antike beeinflußt worden sind. Karl Hauck hat jüngst die sogenannten Brakteaten – amulettartige, münzengroße, goldene Preßbleche mit bislang vielfach nicht identifizierbaren Darstellungen – als Imitationen antiker Medaillons, insbesondere solcher mit dem Kaiserbild, zu erkennen vermocht. Diese Imitationen sind bald zu Bildthemen eigener Bedeutung umgewandelt worden und fanden Verwendung gerade auch im Kult der südskandinavischen Odin-Heiligtümer. Also: keine urwüchsigen, von reinem Germanenkult zeugenden Bilder, sondern Entlehnungen aus der Antike, die, in der Darstellung vereinfacht und in der Ikonologie verändert, der eigenen Religionswelt eingegliedert wurden.

Kein Wunder, daß sich die Forschung heute vor »einem grundsätzlichen Unvermögen [sieht], den leitenden Begriff des Germanischen eindeutig zu bestimmen« (K. Schäferdiek). Ja, wie weit man sich von der völkisch-religiösen Interpretation entfernt hat, zeigt beispielsweise die jüngst von W. Haubrichs vorgelegte Charakterisierung der frühmittelalterlichen Frömmigkeit: Die von der früheren Forschung vorgenommene Grobgliederung in germanische und romanisch-spätantike Elemente habe vielfach versagt und zur Verschüttung des für das Merowingerreich grundlegenden Aspektes der

»religiösen Kongruenz archaischer gentes (Völker)« geführt; die frühmittelalterliche Frömmigkeit sei »wesensmäßig intergentil« – also gerade nicht romanisch oder germanisch! Oder noch anders: John Michael Wallace-Hadrill nennt in seinem Buch »The Frankish Church« (1983) die gallische Kirche »eine Kirche für Germanen, aber geschaffen von Gallo-Romanen«.

3. »Germanischer Formalismus«

Die Kirchenhistoriker, die sich mit der Frage nach der religiösen Art der Germanen befaßten, entdeckten dabei noch eine Reihe von Sonderphänomenen. Hans von Schubert, der trotz eingestandener Schwierigkeiten doch ein einheitliches Kultur- und Religionsbild von der Germania geben zu können glaubte, sah die relative Einheitlichkeit auf einer gesunden Verbindung von Freiheit und Gebundenheit, von Herrschafts- und Genossenschaftsgedanken beruhen. In der Religion finde sich neben einem niederen Volksglauben auch ein Glaube an allgemeinere, die Natur durchwaltende, das Dasein des Volkes schützende und regelnde persönliche Kräfte. Oft aber liege der religiöse Glaube noch tief in den Banden des Zauberhaften; ein Formalismus, bei dem nur bestimmte geheimnisvolle Handlungen und Sprüche die übernatürlichen Kräfte dienstbar machten, lasse Recht und Religion zugleich als Zauber erscheinen. Immerhin zeige sich in der genauen Beziehung der Religion zur Rechtsordnung doch auch eine Ethisierung. Die Stichworte »zauberischer Formalismus« und – meist im Zusammenhang damit anzutreffen – »mangelnde Ethisierung« haben in der weiteren Forschung eine beträchtliche Resonanz gefunden, auch in Kreisen, die einer völkischen Interpretation Widerstand entgegensetzten. So konnte etwa Kurt Dietrich Schmidt († 1964), der sich als evangelischer Kirchenhistoriker in den dreißiger Jahren den nationalsozialistisch-völkischen Thesen widersetzte, die Meinung äußern, daß dem Germanentum ein Formalismus zu eigen gewesen sei, der zum Beispiel vom Gerichtswesen auf das Bußwesen übergegriffen habe, allerdings mit der verheerenden Folge, daß die äußere Tat und nicht der zugrundeliegende Wille gezählt habe – was alles dann als mangelnde Ethisierung gelten muß. So sagt denn auch Schmidt ausdrücklich, daß die sittliche Forderung des Christentums die Germanen nicht erreicht habe; dingliche Ableistung der Bußstrafe habe für germanisches Empfinden die persönliche Schuld ersetzt. Ferner sei zu beobachten, daß geistliche Wirkungen wie Segen und Fluch als dem Materiellen anhaftend gedacht worden seien, wodurch etwa die Reliquienverehrung eine so große Bedeutung habe erlangen können.

Unter den jüngeren Forschern möchte Knut Schäferdiek, der Schmidts Interpretation im ganzen kritisch begegnet, gleichwohl »Tendenzen einer verstärkten Ritualisierung und Formalisierung der Frömmigkeit als Momente einer akuten Germanisierung« gelten lassen. Noch deutlicher spricht Wolfgang Haubrichs von einem »skrupulösen Ritualismus«; für das frühe Mittelalter habe »wahre Frömmigkeit in Exaktheit« bestanden, so etwa im Aufweis meßbarer Verdienste. Die schon ältere Unterscheidung von Walter Baetke († 1978) aufgreifend, wonach bei den Germanen zwischen Annahme und Aufnahme des Christentums zu unterscheiden sei, hält Haubrichs dafür, daß eine »innere Christianisierung« nicht einmal erstrebt worden sei; man habe sich an gewisse äußere Frömmigkeitspraktiken wie an eine Ableistung von Gott geschuldeten Pflichten gewöhnt. Auch Josef Fleckenstein sieht im ersten Band der von Joachim Leuschner herausgegebenen »Deutschen Geschichte« (1973) die Kirche der Merowingerzeit »auf ein barbarisches Niveau« herabgesunken; in ihr habe, zumal im Wunderglauben und in vielen merkwürdig unchristlichen Bräuchen, der »Zauber der Frühzeit« weitergelebt;

überhaupt falle auf, »wie seltsam wirkungslos dieser [christliche] Glaube in moralischer Hinsicht« geblieben sei.

Zur Bewertung solcher Phänomene ist darauf hinzuweisen, daß in ihnen keineswegs etwas ausschließlich oder wesentlich Germanisches aufscheint. So läßt sich im antiken Staatskult der gleiche »Formalismus« beobachten, und zwar wiederum als »unethische Richtigkeit« aufgefaßt: »Das Richtige ist das Vermeiden von Fehlern. Obwohl man im Bereich der Ethik längst über diesen zugleich archaischen wie banalen Satz weit hinausgelangt war, blieb er im Bereich des Sakralen noch lange in Kraft... Zudem wurde nicht selten beim Verrichten sakraler Handlungen ein Formalismus beobachtet, der ans Absurde grenzte... Bei staatlicher Kultausübung muß zum Wohle aller auf das Peinlichste vermieden werden, daß auch nur der geringste Fehler unterläuft, der den ganzen Vorgang ungültig machen, ja ihn zum Unheil verkehren könnte« (H. Dörrie). Offensichtlich ist dieser Formalismus eher archaisch als spezifisch germanisch!

4. »Germanisches Staatskirchentum«

Ein weiterer Punkt, den H. von Schubert gerade für die Germanen glaubte herausstellen zu sollen, war »die Verbindung der Religion mit dem Staat«. Dieser sei durch engeren Zusammenschluß einer Sippengruppe oder durch Teilsonderung aus dem Stamme entstanden und beruhe nicht mehr auf natürlicher, sondern auf selbstgeschaffener, ethisch-rechtlicher Grundlage und sei darum des höheren Schutzes und der sakralen Weihe besonders bedürftig gewesen. So müsse das »Staatskirchentum« als germanisch angesehen werden; und dieses habe gerade bei den arianischen Germanenstaaten seine klarste Ausformung erfahren. Albert Hauck hat in seiner »Kirchengeschichte Deutschlands« die Karolingerzeit nach ganz derselben Leitidee abgehandelt: Die fränkische Kirche ist selbstverständlich »Reichskirche«, wobei etwa König Pippin als »Leiter der fränkischen Kirche« auftritt und in seinem Verhalten dem Papst gegenüber »stets die Interessen der eigenen Herrschaft, nicht der Kurie« entscheidend sein läßt. Ähnlich souverän handelt Karl der Große: »Gegen die kirchliche Regel bewies sich Karl als gleichgültig; aber er sorgte dafür, daß das geschah, was der Kirche frommte.« Der tatkräftige Herrscher weiß eben für seine Kirche besser zu sorgen, als deren eigene Regeln und Amtswächter es vorsehen. Auch für K. D. Schmidt ist die frühmittelalterliche Kirche »auf germanischem Boden zuerst in landeskirchlichen Formen aufgebaut« worden. Solche historischen Feststellungen waren sowohl von konfessioneller wie auch noch zeitgeschichtlicher Brisanz, konnte doch auch ein W. Baetke, der sich als Nordischer Philologe mit der nationalsozialistischen Germanenideologie auseinandersetzte, schreiben: »Es geht eine Linie von den arianischen Nationalkirchen und der fränkischen Reichskirche über das christliche Imperium des Mittelalters bis zu den lutherischen Staats-, Volks- und Landes-Kirchen. Dies ist die germanische Konstante in der Kirchengeschichte... Das (in einigen germanischen Ländern fast verwirklichte) Ideal ist: die politische Gemeinschaft zugleich Glaubens- und Kultgemeinschaft.«

Die enge Verbindung von »Staat« und »Kirche« kann und will auch die heutige Forschung nicht leugnen, im Gegenteil. So hat etwa K. Schäferdiek bestätigt, daß die religiöse Struktur der politischen Ordnung, wie sie bei den germanischen Stämmen und ihrer Aristokratie herrschend gewesen sei, beim Übertritt zum Christentum bewirkt habe, daß die Kirche als der neue Kultträger in das Gefüge der Adels- und Königsherrschaft eingegliedert worden sei. In dem dabei entstandenen Landeskirchentum sei der Bereich partikulärer politischer Herrschaft ein abgeschlossener kirchlicher Funktionszusammenhang geworden, demgegenüber das grundsätzlich anders geartete reichskirchliche Konzept der Spätantike aus der wechselseitigen Zuordnung von kirchlichem und politischem Universalismus gelebt habe. Indem aber die politische Integration der Kirche jeweils »neue geschlossene, durch die Reichweite der politischen Herrschaft ausgegrenzte partikular-kirchliche Funktionseinheiten im Sinne des sogenannten frühmittelalterlichen Landeskirchentums« habe entstehen lassen, für welche eine unmittelbare königliche Kirchenherrschaft kennzeichnend sei, bedeute das nicht so sehr eine Germanisierung des Christentums als vielmehr nur ein Moment der allgemeinen Rahmenbedingungen, innerhalb derer die Kirche im Übergang zum Mittelalter ihr Leben entfalten und nach Ausdrucksformen habe suchen müssen. Dabei dürfe allerdings die »Problematik einer möglichen Selbstentfremdung« nicht übersehen werden, daß nämlich das Christentum »Ausdruck des religiösen Selbstverständnisses germanischer Adelsherrschaft« geworden sei.

5. »Germanische Gefolgschaftstreue«

Emotionell höchstwertig war dem nationalen Deutschtum die germanische Gefolgschaft. Dabei handelte es sich – wie der Belgier François Louis Ganshof nüchtern referiert – um Verbindlichkeiten zweifacher Art: »Der ›Vasall‹ ist dem ›Herrn‹ gegenüber zu Gehorsam und Dienst – vor allem zum Waffendienst – verpflichtet und der ›Herr‹ dem ›Vasallen‹ zur Gewährung von Schutz und Recht«; das aus der Gefolgschaft hervorgegangene Lehnswesen sei über Europa hinaus auch in anderen, ähnlichen historischen Milieus anzutreffen, etwa in Japan. In national-deutscher Sicht aber stellte sich die Gefolgschaft als besonders »deutsch« dar: Die germanische Gefolgschaft besaß als »edelstes Gut die Mannestreue«; dadurch sei »die kelto-romanische Vasallität älteren Stils mit ihrem sklavischen Gehorsamsbegriff veredelt«, ja »ethisiert« worden. Als »unsterbliches Vermächtnis« sei diese Treue ins mittelalterliche Lehnswesen eingegangen. Die Lehnsrechte, allen voran die deutschen, seien »die größten Kunstwerke, die der germanische Rechtsgeist im Mittelalter hervorgebracht hat«, der »in sich vollendetste Teil der mittelalterlichen Rechtsordnung«, dessen Studium »hohen ästhetischen Genuß« gewähre (H. Mitteis). Die solcherart gepriesenen Tugenden von Treue und Gefolgschaft fanden sich ebenso in der Religion.

Die deutsch-religiöse Heliand-Interpretation sah den arteigenen Christenglauben gerade auch in der Darstellung Christi als eines Gefolgsherrn: Christus als starker Volkskönig und Gefolgsherr in Treue verbunden mit seinen Recken, den Aposteln – das waren die emotionalen Plausibilitäten, die jenseits aller Argumentation und von vornherein stimmig waren, auch in der Kirchengeschichte. Mit Gefolgschaft begann überhaupt der Christenglauben: »Gott der König, Christus der Gefolgsherr ... – das war der erste lebhafte Glaube der Deutschen« (H. von Schubert). Mit dem »fremdartigen Mönchtum« vermochten sich die Germanen nur auszusöhnen, weil sie darin Gefolgschaft üben konnten. Von Christus als »Gefolgschaftsführer« sprach auch K. D. Schmidt in einem Beitrag, dessen Veröffentlichung in den 30er Jahren gleichwohl »unerwünscht« war: Nicht das Verhältnis vom Herrn zum Knecht oder Sklaven, sondern »das freigeschlossene, auf persönliche Wärme, auf Ehrfurcht, Vertrauen und Liebe begründete Verhältnis vom Führer zum Mann« – das sei Modell der altdeutschen Christusgemeinschaft gewesen.

Auch diese emphatische Rede ist verstummt. Nunmehr wird kurzerhand erklärt, daß es eine »germanische Treue«, wie sie früher als inneres Band des Lehnswesens angesehen wurde, nicht gegeben hat: »Eine spezifische germanische Treue in dem umfassenden Sinn, daß sie den entscheidenden Wesenspunkt der späteren germanisch-deutschen Verfassungsgeschichte bildete, hat niemals existiert« (W. Kienast). Schwerlich denkbar, daß sie auch für das Religiöse von grundlegender Bedeutung gewesen sei! Im ›Heliand‹, so heißt es jetzt beispielsweise, würden zwar positive Vorstellungen der germanischen Welt, darunter die Gefolgschaftstreue, herangezogen; diese seien aber zugleich erweitert und christlich vertieft.

§ 6 Heutige Fragestellungen

1. Neue Forschungen

Die Geschichtsforschung hat in Deutschland nach dem Zweiten Weltkrieg zunächst einmal eine gründliche Befreiung von dem Germanismus-Komplex erfahren. Zugleich hat die nationale Entschränkung bewirkt, daß die Forschung sich internationalisierte. Dies gilt gerade auch für die Frühmittelalter-Forschung. Als Beispiele seien das mehrbändige, international erarbeitete »Karlswerk« genannt, das 1965 anläßlich der Aachener Ausstellung »Karl der Große« entstand, und weiter die internationalen Kongresse, die jährlich das Centro Italiano di Studi sull'Alto Medioevo in Spoleto über frühmittelalterliche Themen veranstaltet. Auch Länder, die nur indirekt mit dem abendländischen Mittelalter verbunden sind, beteiligen sich daran, so in breitem Maße Nordamerika, aber auch die Sowjetunion.

Darüber hinaus ist festzustellen, daß die kirchengeschichtlich weiterführenden Frühmittelalter-Forschungen in Deutschland wie auch in anderen Ländern nur noch zu einem Teil von Kirchenhistorikern erzielt worden sind. Die Forschung ist sowohl international wie auch interdisziplinär geworden.

Für das große von Hubert Jedin († 1980) herausgegebene »Handbuch der Kirchengeschichte« schrieb Eugen Ewig den Teil über das Frühmittelalter. Karl Hauck beschritt neue Wege in der Erforschung der germanischen Religionsgeschichte, deren Entwicklung er als abhängig von einer spätantiken Religions-Koine erweisen konnte. Die germanische Missionsgeschichte erhielt durch Beiträge von Hans-Dietrich Kahl und Knut Schäferdiek eine neue Ausrichtung und wurde dabei von ihrer »germanistischen« Verzerrung befreit. Zum Bonifatius-Jubiläum schrieb Theodor Schieffer sein sofort hochgerühmtes Buch »Winfrid-Bonifatius« (1954); er sprach weniger vom Apostel Deutschlands als vielmehr von der »christlichen Grundlegung Europas«. Percy Ernst Schramm († 1970) vermochte im Zusammenhang mit der Erforschung des mittelalterlichen Herrscherzeremoniells die staatspolitische Bedeutung der Liturgie darzutun und kam dabei für das in der deutschen Geschichtsschreibung so vielfältig diskutierte fränkisch-päpstliche Bündnis wie auch für Karls des Großen Kaiserkrönung zu neuen Ergebnissen. Die Papstgeschichte, zu der schon Erich Caspar († 1935) und Johannes Haller († 1947) größere Darstellungen geschrieben hatten, fand in dem aus Österreich nach Cambridge emigrierten Walter Ullmann († 1983) einen neuen Förderer; er verstand dabei die Papstgeschichte als die konsequente Ausfaltung einer von Anfang an vorgegebenen Papstidee. Der karolingischen Bildungsgeschichte, insbesondere der Textüberlieferung und mehr noch der Paläographie (griech.: palaios – alt, graphein – schreiben), sind die Arbeiten Bernhard Bischoffs gewidmet; dank seiner umfassenden Handschriftenkenntnis können karolingische Schriftzeugnisse jetzt so gut wie datiert und lokalisiert werden. Die Schulen und Bildungseinrichtungen behandelte Pierre Riché. Die »karolingische Renaissance« als eine von religiösen Impulsen getragene Bildungserneuerung zu begreifen, ist Josef Fleckenstein zu verdanken, während der Straßburger Liturgiehistoriker Cyrille Vogel und der französische Benediktiner Jean Deshusses die karolingische Liturgiereform neu untersuchten und durch Quelleneditionen weiter erschlossen (vgl. § 2,2 e). Neue Zugänge zum frühmittelalterlichen Kirchenrecht sind der Schule Horst Fuhrmanns zu verdanken, der selber die pseudo-isidorischen Fälschungen untersuchte und darüber hinaus Arbeiten zum gallisch-merowingischen Kirchenrecht, zur bischöflichen Gesetzgebung und zu den Konzilien der Karolingerzeit anregte. Speziell ein Projekt zur Erforschung der Bußbücher hat Raymund Kottje eingeleitet. Endlich ist noch auf das von

Walter Brandmüller inaugurierte Projekt einer Geschichte aller Konzilien hinzuweisen. Wichtige neue Ergebnisse sind sodann in der monastischen Geschichte erzielt worden. Gerade hier ist die Forschung, trotz einzelner nationaler Schwerpunkte, international vorangeschritten. Von dem Luxemburger Benediktiner Jean Leclercq, vor allem bekannt als Herausgeber der Werke Bernhards von Clairvaux, stammt die als »Wissenschaft und Gottverlangen« (frz. 1957, dt. 1963) betitelte Einführung in die monastische Spiritualität, ein – trotz einzelner Kritiken – klassisch gewordenes Buch. Vor allem aber sind zur Regel Benedikts neue Forschungsergebnisse anzuführen, die das Bild des »abendländischen Mönchsvaters« stark verändert haben. Der französische Benediktiner Adalbert de Vogüé konnte in akribischen Untersuchungen nachweisen, daß Benedikt seine Regel unter Verwendung der zuvor entstandenen Magister-Regel abgefaßt hat. Friedrich Prinz entwarf ein großes Gesamtbild des gallischen Mönchtums von dessen Anfängen bis zur Karolingerzeit. Josef Semmler erwies den Klosterreformer Benedikt von Aniane († 821) als den eigentlichen Schöpfer des mittelalterlichen Benediktinertums. In England ist die monastische Forschung stark von dem in Cambridge lehrenden Benediktiner David Knowles († 1974) angeregt worden. Als großer Wurf erwies sich das Buch des Münsterschwarzacher Benediktiners Kassius Hallinger »Gorze – Kluny« (1950), das allerdings schon mehr ins hohe Mittelalter hinüberreicht. Zudem hat sich Hallinger in jahrzehntelanger Arbeit der Edition der monastischen Consuetudines gewidmet, der neben der Benediktsregel im Früh- und Hochmittelalter befolgten Sonderbräuche, und damit ein vielfach neues Bild des mittelalterlich-benediktinischen Mönchtums ermöglicht. Endlich hat sich die von Gerd Tellenbach begründete »Freiburger Schule« der Gebetsverbrüderungen mit ihren zuweilen Zehntausenden von Namenseinträgen zugewandt; ursprünglich zur Erforschung des Reichsadels begonnen, ist daraus unter Leitung von Karl Schmid und Joachim Wollasch ein umfangreiches Forschungsunternehmen zur Geschichte und Spiritualität der frühmittelalterlichen Klöster geworden.

2. Neue Gesamtbewertung

a) »Archaisches« Frühmittelalter

Mit dem Zerbrechen des nationalen Geschichtsbildes, zumal des darin suggerierten Bildes vom »Germanischen« und dem damit oft identisch gesetzten Deutschtum, hat sich die deutsche Geschichtswissenschaft neu auf ihre Grundlagen und Leitkonzepte besinnen müssen. Viele der in der nationalen Geschichtsschreibung als wesentlich germanisch angesehenen Elemente werden nun nicht mehr »aus dem ›Volkscharakter‹, wohl aber aus der historischen Entwicklungsstufe der Germanen« erklärt (Th. Schieffer). Das heißt: eine – wie auch immer konzipierte – Entwicklungsgeschichte tritt an die Stelle der germanischen Wesensgeschichte, wobei diese Entwicklungsgeschichte zumeist mit Hilfe der Sozial-, Mentalitäts- und Religionsgeschichte weiter aufgefächert und »gestuft« wird. Auf diese Weise werden die Germanen wieder mit anderen Völkern und deren Entwicklungsstufen vergleichbar; für die zuvor angenommene Exklusivität des Germanischen bleibt kein Raum mehr, und so verschwindet auch die germanisch-deutsche Sonderentwicklung.

Zugleich aber stellen sich neue Probleme, zuallererst die Frage, ob sich das Frühmittelalter in umfassender Weise charakterisieren läßt und welcher Kultur- bzw. Religionsstufe es angehört. Die in den einzelnen Forschungsdisziplinen anzutreffenden Beurteilungen tendieren dahin, das Frühmittelalter als »einfach«, »frühzeitlich«, »primitiv« oder auch als »archaisch« zu bezeichnen. Ein bis zum 11./12. Jahrhundert reichendes »archaisches Zeitalter« wird im Vorwort zum ersten Band der »Zeitschrift für historische Forschung« (1974) angenommen. Für J. Fleckenstein sind die sozialen Grundformen des frühen Mittelalters, so die Sippe, das Haus, die Gefolgschaft und der Stamm, »frühzeitlich« und reichen teilweise sogar »bis in die ältesten Zeiten« zurück. Mittelalterliche Lebensordnungen seien, so Arno Borst in seinen »Lebensformen im Mittelalter« (1973), eher »mit primitiven Ordnungen« vergleichbar, sogar »in Wirklichkeit archaisch schlechthin«. Die gleichen Charakterisierungen werden nun auch auf die frühmittelalterliche Religiosität angewandt. Aaron J. Gurjewitsch spricht in seinem Buch »Das Weltbild des mittelalterlichen Menschen« (russisch 1972, dt. 1978) von »äußerst archaischen Glaubensvorstellungen«; man werde gelegentlich an »Rituale der Urvölker« erinnert, die gleichen, auf welche Ethnologen beim Studium der »primitiven« Völker träfen; die Kirche habe diese Vorstellungen teils bekämpft, teils adoptiert oder auch adaptiert. Die konziseste Charakterisierung der frühmittelalterlichen Religiosität als »archaisch« hat Wolfgang Haubrichs in der Neuauflage des »Reallexikons der Germanischen Altertumskunde« vorgelegt. In der »archaischen Gesellschaft« der Merowinger- und Karolingerzeit entdeckt er eine »den Bedürfnissen einer archaischen Gesellschaft angepaßte Frömmigkeitskultur«. Beispiele sind ihm der als »Richter und Vergelter der Werke des Menschen« auftretende Gottkönig Christus oder auch der »archaische Sakralismus« der Reliquienfrömmigkeit sowie der Dämonenglauben – alles »Glaubensmuster archaischer Gesellschaften«. Im Alten Testament und in dessen Frömmigkeit habe man die »verwandten Züge der eigenen archaischen Gesellschaft wiederentdeckt«. Zusammenfassend heißt es: »Die Frömmigkeitspraxis des frühmittelalterlichen Menschen ist geprägt von Heilserwartungen, die der Handlungsungewißheit und Zukunftsunsicherheit einer archaischen Gesellschaft entsprechen, welche sich außerstande sieht, die Bedingungen ihres Zustandekommens zu erkennen und aus diesem Verständnis zu verändern. Der archaische Mensch sieht sein Leben als Wirkungsfeld mächtiger Kräfte, vor denen er sich schützen muß oder um die er sich bemühen muß... Diese archaische Frömmigkeit ist mehr Handlung denn Schaffung eines inneren Raums, in dem der Mensch zu Gott finden könnte. Die bekehrten Germanen ergriffen das Christentum als Ritus und Sakralisierungsinstanz, als Quelle von Heil und Charisma.«

b) Was ist »archaisch«?

Was nun aber näherhin das Archaische sein soll, wird nicht oder nur indirekt definiert. Vielfach scheint nicht einmal Klarheit darüber zu bestehen, welche weitreichenden Konsequenzen die Charakterisierung »archaisch« in sich schließt. Als erste haben die Kunsthistoriker das Wort »archaisch« benutzt, und zwar für die in der griechischen Kunstgeschichte der Klassik voraufgehende Frühphase. Bei einer kirchengeschichtlichen Darstellung, die von Entwicklungsstufen ausgehen will, wäre zuallererst einmal Klarheit darüber zu gewinnen, was religionsgeschichtlich als »archaisch« zu gelten hat. Kann man, so ist zu fragen, davon ausgehen, daß es auch hier eine der »klassischen« und philosophisch »aufgeklärten« Religionswelt der Antike vorgelagerte archaische Religiosität gegeben hat? Tatsächlich wird dies gemeinhin angenommen, daß nämlich in der Antike ein religionsgeschichtlich bedeutsamer Schritt von der Archaik zur Klassik vollzogen worden ist, der meist unter den Stichworten »Mythos und Logos« oder auch »Ritus und Ethos« diskutiert wird.

Dieser Übergang wird nicht selten als Teil jenes großen Umbruchs der Menschheitsgeschichte angesehen, der sich zwischen dem 7. und 3. vorchristlichen Jahrhundert in den Hochkulturen Chinas, Indiens, Persiens, Griechenlands und Israels vollzog und im Religiösen zum Beispiel zu einer ethischen, dem Mythos abgeneigten und stärker rational geprägten Religiosität geführt hat. Karl Jaspers und Arnold Toynbee haben diese Momente der Rationalität und Ethisierung als Kennzeichen einer neuen weltgeschichtlichen Religionsdimension aufgefaßt und den damit verbundenen Umbruch als »Achsenzeit« bezeichnet. Dabei sollen aber in das Christentum gerade auch die wesentlichen Charakteristika dieser Wende eingeflossen sein. Sofern man bereit ist, eine solch umfassende Fragestellung auf das Frühmittelalter anzuwenden, müßte das erhebliche Konsequenzen nach sich ziehen: Hat etwa das Frühmittelalter jenen qualitativen Sprung von der archaischen zu einer mehr philosophisch und ethisch geprägten Religionswelt wieder rückgängig gemacht? Oder noch eindringlicher: Hat das Frühmittelalter den Mythos wiederhergestellt, der »für archaische Gesellschaften alle wichtigen Handlungen des täglichen Lebens ›ab origine‹ [von Anfang an] von Göttern oder Heroen geoffenbart« (M. Eliade) sein läßt? Hier ist freilich zur Vorsicht gemahnt worden: »Die Entwicklung des Abendlandes im Frühmittelalter scheint in mancher Hinsicht jenen frühantiken Uranfängen höherer Bildung [der vorgriechischen Kulturen] parallel zu sein. Aber man wird schwerlich sagen können, daß sich während des Frühmittelalters im Westen ein neues Zeitalter des Mythos entfaltet hat. Die Elemente magischen Denkens, stark und lebendig, wie sie sind, erscheinen ausgeglichen durch Kräfte gegensätzlicher Art« (H. Liebeschütz). Wenn mythisches Denken die Lebensgrundlagen »im Anfang«, »im goldenen Zeitalter« als für immer normgebend grundgelegt sieht, diese Urstiftung dann im Mythos wiedererzählt und im Kult vergegenwärtigt, so ist kennzeichnend daran, daß jede historische Perspektive fehlt; alles wird vom Archetypischen hergeleitet und wieder dorthin zurückgeführt. Wenn sich aber das frühe Mittelalter auf einen normsetzenden Anfang beruft, beispielsweise auf die ausdrücklich als goldenes Zeitalter bezeichnete apostolische Zeit oder etwa für das ideale Verhältnis von Imperium und Sacerdotium auf den ersten christlichen Kaiser Konstantin und den damaligen Papst Silvester, so erscheint darin insofern ein mythisierender Zug, als man nach dem normsetzenden Anfang suchte und damit eine dem Mythos typische Denkform benutzte. Dennoch führte dieser Rückgriff nicht einfach in eine Welt von Archetypen zurück, sondern in die zivilisatorisch wie denkerisch hochentwickelte Antike und obendrein noch in das religionsgeschichtlich vom Mythos distanzierte Christentum.

Indem aber das frühe Mittelalter in der Antike ausgeformte Gedanken, Institutionen, Handlungsweisen und Vorstellungen rezipierte – wenn auch oft nur teilweise oder gerade noch halbverstanden –, so blieb dabei doch die Möglichkeit gegeben, das Rezipierte in seiner ursprünglichen Bedeutung wiederzugewinnen bzw. der ursprünglichen Bedeutung wenigstens anzunähern. Es ist dies das Problem der »Renaissancen« des Mittelalters. Um das Frühmittelalter insgesamt zu kennzeichnen, wird es darum kaum genügen, einfachhin von einem »archaischen Zeitalter« zu sprechen. Unbestreitbar sind indes einzelne archaische Züge, so daß zu erwägen wäre, das Frühmittelalter ein »archaisierendes« Zeitalter zu nennen.

3. Neue Entwürfe

a) Sozialgeschichtlich

Die wohl folgenreichste Neuorientierung der Geschichtswissenschaft hat sich mit der Hinwendung zur Sozialgeschichte vollzogen, was aber in Deutschland zunächst eher zögerlich geschah. Dennoch, »die ältesten und allgemeinsten Voraussetzungen, die wir kennen, sind sozialgeschichtlicher Natur« (J. Fleckenstein). Als notwendig und hilfreich erwies sich die sozialgeschichtliche Betrachtung schon bei der Überwindung der »germanisch-deutschen« Interpretationsmodelle; an die Stelle der auf das wesensmäßig Germanische fixierten Sicht trat eine Betrachtung nach Entwicklungsstufen, wie sie gerade auch mittels sozialgeschichtlicher Kategorien faßbar werden. Weiter hat die Sozialgeschichte wesentlich dazu beigetragen, mehr nach dem Alltagsleben und nach dem Leben des gemeinen Volkes zu fragen. Gelegentlich ist dieser Blickpunkt pointiert oder auch ideologisch hervorgekehrt, etwa in František Graus' Buchtitel »Volk, Herrscher und Heiliger« (1965). Lehrreich ist die Sozialgeschichte auch darin, daß sie die sozialen, ökonomischen und lebensmäßigen Bedingungen darlegt, die im religiösen Leben wirksam sind, ferner auch, wie Veränderungen des sozialen Lebens auf die Religiosität zurückwirken. Für das frühmittelalterliche Christentum stellt sich beispielsweise die Frage, wie sich der Zusammenbruch des antiken Zivilisationsapparates und vor allem des Bildungswesens auf das Glaubensleben, sowohl auf die gedankliche Durchdringung wie die praktische Verwirklichung, auswirkte. In der »Kontinuitätsdiskussion« ist gerade dies die kirchengeschichtliche Kernfrage: Was geschah angesichts der radikalen Reduzierung des Stadtlebens – Rom als antike Millionenstadt hatte zur Zeit Karls des Großen vielleicht noch 20 000 Einwohner –, wo doch das Christentum sich als städtische Religion ausgebildet hatte, und weiter, wie wandelte sich dieses städtisch geprägte Christentum angesichts der Bedürfnisse einer agrarischen Gesellschaft, wie sie im Frühmittelalter gegeben war?

Andererseits gilt es ebenso, die Wirksamkeit von »Geisteshaltungen« zu beachten: »Sie sind nämlich ebenso determinierend wie die Produktionsfaktoren und das Kräfteverhältnis zwischen den einzelnen Gesellschaftsschichten« (G. Duby). Ein besonders starker »Geistesfaktor« in der frühmittelalterlichen Welt war die christliche Vorstellung von Sozialtätigkeit, von Armenfürsorge und Gefangenenbefreiung.

Wie schon »das ›Selig sind die Armen‹ grundsätzlich nicht in die griechisch-römische Vorstellungswelt gehörte« (M. I. Finley), so auch nicht in die germanische. Der französische Historiker Michel Mollat, der über die Armut im Mittelalter ein eigenes Forschungsprogramm entwickelt hat, sieht hier einen durch die Kirche bewirkten Bewußtseinswandel: »Das Wissen über die Existenz der Armut und das Gefühl, zu ihrer Linderung verpflichtet zu sein, bildete sich langsam, sehr langsam heraus, durch Predigten, durch Heiligenviten, durch Wundererzählungen, Gleichnisse und durch die karitativen Einrichtungen, die den Reichen zur Nachahmung empfohlen und für die Armen geöffnet wurden.« So entstand eine »Pflicht zur Armenfürsorge, die es in dieser Form in der griechischen und römischen Antike überhaupt nicht gegeben hat« (O. G. Oexle).

Die Forderung besonderen sozialen Handelns hat das Christentum von Anfang an erhoben und Sozialhandeln überhaupt als zentrales Kriterium der Christlichkeit aufgefaßt: ohne Nächstenliebe und Armensorge kein Christsein. Schon von daher ist die Berücksichtigung der Sozialgeschichte keineswegs nur eine modische Attitüde. Gerade im frühen Mittelalter sind hier bedeutsame Aktivitäten festzustellen. Bislang informieren darüber allerdings weniger die Handbücher der Kirchengeschichte als vielmehr der Wirtschafts- und Sozialgeschichte; dort etwa kann man nachlesen, daß die Sklaverei im Karolingerreich verschwand und dabei die Kirche – sogar stärkstens – mitbeteiligt war. Ähnlich bedeutsame Einwirkungen sind für Ehe, Recht und Frieden festzustellen.

b) Strukturgeschichtlich

Sehr wichtige Anregungen für ein »anderes Mittelalter« (Jacques Le Goff) hat die französische Geschichtsschreibung geliefert. Um die von Marc Bloch († 1944) und anderen französischen Sozialhistorikern gegründete Zeitschrift »Annales, Économies, Sociétés, Civilisations« scharte sich eine Forschergruppe, die der Sozialgeschichte eine umfassende Dimension gab: Löhne und Preise, Klima und Ernten, Essen und Trinken, Mode und Wohnen, Gesundheit und Krankheit. Alle Aspekte, und dabei vorrangig das wirtschaftliche und soziale Geflecht unterhalb der großen Ereignisse, das Leben also nicht der Großen als vielmehr der Alltag der kleinen Leute, sollten erfaßt werden.

Ein wichtiges Interpretationsmodell hat dabei Fernand Braudel in seinem 1949 publizierten Werk »La Mediterranée« geschaffen. Es basiert auf einer Strukturanalyse, die vorbildlich gewirkt hat und heute in vielen Darstellungen mit jeweils einem »ereignisgeschichtlichen« und »struktur-« bzw. »mentalitätsgeschichtlichen« Teil weiterwirkt. Braudel unterscheidet eine dreifache Schichtung von Zeitebenen: erstens die »beinahe unbewegte Geschichte« (histoire quasi immobile), hauptsächlich die naturräumlichen Gegebenheiten; zweitens die »langsamen Rhythmen« (histoire lentement rhythmée), die nur in weiten Zeitläufen sich verändernden Staaten, Gesellschaften und

Kulturen; endlich die »Ereignisgeschichte« (histoire événementielle), die Geschichte der kurzen, raschen, nervösen Bewegungen der Politik und überhaupt der aktuellen Geschichte. Die »Ereignisse« seien wie Bewegungen an der Oberfläche, deren wahre Bedeutung nur von den tiefer liegenden Strukturen her erklärt werden könne. Wolle man eine Gesamtgeschichte erreichen, so bedürfe es einer kräftigen Herausarbeitung der beharrenden Strukturen und der »langen Dauer« (longue durée). Während noch Braudel die Struktur als »Realität« verstanden wissen wollte, wird heute mehr deren heuristische Funktion als theoretisch entworfene Kategorie herausgestellt. Auch wird in der neueren Diskussion stärker die Notwendigkeit betont, die drei Ebenen füreinander durchlässig zu machen und die Ereignisse gegenüber den Strukturen höher zu veranschlagen; die Strukturgeschichte bestimme nicht einfachhin die Ereignisse, vielmehr könne die Strukturgeschichte von der Ereignisgeschichte sogar »überrollt« werden.

c) Mentalitätsgeschichtlich

War die Strukturgeschichte zunächst hauptsächlich auf die materielle Welt ausgerichtet, so vollzog sich in den sechziger Jahren eine wesentliche Ausweitung: Als Strukturen wurden nun auch die Mentalitäten entdeckt: »Gesinnungen«, »Grundhaltungen«, »Grundüberzeugungen«, »Dispositionen der Allgemeinheit«, »langfristige Verhaltensmuster«, »zeittypische Auffassungen«, das »kollektive Unbewußte«, der »geistige Horizont«, »handlungsleitende Ideen«, »Glaubensgewißheiten«, die »Weltanschauung«. Wie zuvor bei den natürlichen und materiellen Strukturen, so begann man nun, ebenso die kollektiven Mentalitäten als eigene Geschichtsmächte zu begreifen. In einer derart erweiterten Geschichtsbetrachtung muß dann notwendig auch die Religiosität zur Sprache kommen: Geburt und Heirat, Gebet und Askese, Sexualität und Liebe, Opfer und Stiftungen, Beichte und Kommunion, Leben und Tod. Wiederum aber soll es die unterhalb der Theologie angesiedelte religiöse Praxis sein, die Religionswelt des einfachen Volkes. Für die Karolingerzeit hat Pierre Riché in seinem Buch »Die Welt der Karolinger« (frz. 1972, dt. 1981) eine solche Alltagsgeschichte vorgelegt. Die großen französischen Soziologen wie Emile Durkheim († 1917) und Lucien Lévy-Bruhl († 1939) hatten bereits so wichtige Stichworte vorgegeben wie »religiöses Kollektivbewußtsein« oder auch »primitive« und »elaborierte« Religionsmentalität. Einer noch weiteren religionsgeschichtlichen Durchstrukturierung sollen Anleihen aus der Ethnologie dienen, etwa aus den Forschungen von Georges Dumézil. Besondere Aufmerksamkeit finden dabei die unterschiedlichen Tempi des Geschichtsverlaufs, die Umbrüche und mehr noch die »langsamen Rhythmen« wie auch die »lange Dauer«. Letztere sieht man in dem relativ stabilen Strukturgefüge von mentalen Kollektivkräften gegründet, die es anhand statistischer Reihen näher zu erfassen gilt (histoire sérielle).

Diskutiert wird neuerdings besonders die Rolle der »Volksreligiosität«, der »religiösen Folklore«. Zuweilen hat man dabei zwei geradezu aufeinanderprallende religiöse Lebenswelten konstatieren wollen, einmal die Welt der klerikalen Eliten und dann des gemeinen Volkes, die beide jeweils eine völlig verschiedene Kultur repräsentiert haben sollen, einmal die »Buchkultur der Kleriker-Elite« und dann die Folklore, den – wie kontrastierend gesagt wird – »Paganismus des einfachen Mannes«, in welchen das Christentum bis zum Ende des Mittelalters kaum habe eindringen können; dabei erweise sich die Buchkultur oft genug nur als ideologischer Reflex der Volkskultur, sei aber in der Benutzung seitens der Elite zum Instrument der Oppression geworden. Solche Thesen wirken allerdings mehr provokativ als klärend. Denn ist es wirklich so gewesen, daß sich »Klerus« und »Volk« als »Schichten« überlagert oder gar als »Klassen« bekämpft haben? War nicht der niedere Klerus, die Pfarrgeistlichkeit, dem Volk verwandter als den Bildungseliten? Und weiter, können die Bildungseliten selbst als eine durch das ganze Mittelalter gleichbleibende Oberschicht aufgefaßt werden? Schwerlich, denn die spekulative Kraft eines Alkuin (des Hoftheologen Karls des Großen) wird niemand mit dem im 12. und 13. Jahrhundert erreichten Reflexionsniveau vergleichen wollen. Im niederen Klerus war vielfach die »Volkskultur« so gut anzutreffen wie im Volk selbst und am Ende des Mittelalters die »Hochkultur« bei nicht wenigen Laien eher zu finden als im Klerus. Man muß darum mit vielfältigen Austauschbeziehungen und Angleichungen rechnen. Wenn dabei »die brauchtümliche Kultur mit der amtlichen kirchlichen Lehre in einer Wechselwirkung« gesehen werden muß (A. J. Gurjewitsch), so ist diese kirchliche Lehre selbst noch wieder auf ihre Konstanz hin zu befragen.

Georges Duby, wohl der produktivste unter den französischen Mediävisten, plädiert mehr für eine offene und möglichst vielseitige Betrachtung. »Das Wesentliche ist vielmehr, daß man die Aufmerksamkeit auf die halbbewußten Mechanismen, auf die Systeme der Bilder, auf die geistigen Vorstellungen richtet, die die Art bestimmen, wie die Menschen der Vergangenheit sich ihrer Situation in der Welt bewußt wurden, und die ihre Verhaltensweisen beherrschten. Die großen Bildungen, die die Wertsysteme und Ideologien darstellen, in ihrer langsamen Veränderung von Zeitalter zu Zeitalter zu verfolgen und die Spuren zu erkennen, die sie in schriftlichen und anderen Quellen hinterlassen haben..., dies führt zu einer neuen Annäherung an die Geschichte der Glaubensgemeinschaften und damit dazu, das Feld des Religiösen von einem anderen Gesichtspunkt her in Angriff zu nehmen.«

d) Kirchengeschichtlich

Für die Kirchengeschichte sind zuallererst Anregungen aus der allgemeinen Theologiegeschichte zu nennen, wo die Dominikaner Yves Congar, Marie-Dominique Chenu und der Jesuit Henri de Lubac das 12. Jahrhundert nicht länger »scholastisch«, sondern allgemein als Wende des Mittelalters interpretierten, in der ein neuer, mehr verinnerlichter und zugleich intellektueller Geist das kirchliche Leben verändert und dabei auch eine neue Theologie heraufgeführt habe. Auf das Frühmittelalter fiel dabei allerdings mancherlei Schatten, erschien es doch mehr als ein Zeitalter der Riten und der äußerlichen Religion. Unter den Kirchenhistorikern ist Etienne Delaruelle († 1971) anzuführen, der sich gleichfalls hauptsächlich mit dem religiösen Aufbruch des 12. und 13. Jahrhunderts befaßte und dabei die frühmittelalterliche Religiosität als »simplistisch« charakterisierte, bei der das innere Leben den äußeren Konventionen und die Person der Gruppe geopfert worden seien. Die Idee der »Renaissance des 12. Jahrhunderts«, die durch das gleichnamige Buch des Amerikaners Charles Haskins (1927) geradezu popularisiert und von der französischen Annales-Schule noch weiter unterbaut worden ist, stellt allgemein das Frühmittelalter als Epoche einer wenig verinnerlichten Religion dar, die sich mit einer »äußerlichen« Religiosität zu begnügen scheint. Durch eine Einordnung in die allgemeine Religionsgeschichte wie auch in die Ethnologie sollen diese dem modernen Denken so schwer zugänglichen Phänomene weiter erhellt werden. Wenn aber das 12. Jahrhundert als Heraufkunft eines neuen Bewußtseins und neuer Lebensformen aufgefaßt wird, entsteht die Frage nach den übergreifenden religiösen Mentalitäten, gerade auch nach solchen, die eine »lange Dauer« (longue durée) aufzuweisen haben, aber ebenso nach Mentalitätsumbrüchen. Um sowohl die langsamen Verschiebungen wie auch die abrupten Brüche, einfach schon in ihrer Tatsächlichkeit, verständlich zu machen, ist gezielt nach den strukturellen Grundlagen zu fragen. Dabei zeigen sich möglicherweise geschlossene und jeweils Epochen abdeckende Mentalitätsfelder, die freilich – wenn sie wirklich epochentypisierend sind – einen Anfang und ein Ende haben. Solche Mentalitäten gilt es herauszuarbeiten. Weiter muß aber auch nach der Kontinuität gefragt werden. Sofern man die verschiedenen Epochenfelder nicht schollenartig gegeneinanderstoßen oder auseinanderdriften lassen will, muß nach den Zusammenhängen und nach den Umsetzungen zum Neuen hin gefragt werden. Es sind also zwei Fragen zu beantworten: Welcher Art sind die Umbrüche wie auch die Abbrüche? Und: Gibt es darüber hinaus Langzeitentwicklungen, die eine Kontinuität aufrechterhalten? Für die Kirchengeschichte ist gerade die Frage nach dem Zusammenhang unabdingbar, hat sich doch das Christentum selber immer in Fortsetzung eines für alle Zeiten grundlegenden Anfangs verstanden, und so ist es historisch wie christlich von Belang, ob und wie diese Identität durchgehalten worden ist.

e) Religionsgeschichtlich

»Zwischen Gregor dem Großen und dem heiligen Anselm [von Canterbury] ist kein Theologe von erster Größe aufgetreten« (D. Knowles). Die Epoche, die sich nach Papst Gregor († 604) und Isidor von Sevilla († 636) auftue – so Y. Congar –, sei eine »Epoche dazwischen«, nicht mehr die Welt der Väter und ebensowenig das Mittelalter; wenn auch den Theologen nicht jede Originalität fehle, so sei es doch eigentlich »ein Zeitalter der Florilegien«. Was aber bedeutete in Wirklichkeit – so ist zu fragen – der Verlust der hohen Theologie? Blieb einfach eine Lücke, sozusagen ein Nichts ohne besondere Folgen? Oder könnte es sein, daß das religiöse Leben in Ermangelung einer leitenden Theologie eigene Wege ging? Bemerkenswerterweise hat A. Landgraf, der verdienstvolle Erforscher der Frühscholastik, von einem »instinktiven religiösen Sinn« gesprochen, den sich das frühe Mittelalter bewahrt habe. Schärfer jedoch urteilte A. Hauck, wenn er im Hinblick auf die karolingische Theologie konstatierte: »Der Glaube aber ging, beherrscht [oder] wohl auch irregeleitet von den religiösen Bedürfnissen, seine eigenen Wege.« Soll wirklich die religiöse Praxis, weil ohne Theologie und sich selbst überlassen, einer eigenen »religiösen Logik« gefolgt sein? Ursprünglich war es gerade das Neue am Christentum gewesen, daß es nicht unreflektiert »Frömmigkeit«, »heiliger Brauch« oder »fromme Gewohnheit« sein wollte, sondern Wahrheit zu künden verhieß. Deswegen hatte sich das alte Christentum in nicht wenigen Punkten der allgemeinen Religionslogik entgegengestellt, war dabei der griechisch-philosophischen Religionskritik nähergetreten und hatte vor allem die Kultkritik der alttestamentlichen Propheten in sich aufgenommen. Demgegenüber wird man vom Frühmittelalter sagen dürfen, daß »Religion« wie »Kult« nie so massiv in das Christentum eingedrungen sind, ja mehr noch, daß dieselben nie so sehr die Führung innegehabt haben wie gerade in dieser Übergangsepoche. Von daher dann rührt das Verlangen der Forschung, allgemeine religionsgeschichtliche Kategorien beizuziehen, um den besonderen Charakter der frühmittelalterlichen Religiosität herauszustellen.

Nehmen wir als Beispiel die »Form und Funktion des Austauschs in archaischen Gesellschaften«, wie sie Marcel Mauss in seinem »Essai sur le don« (1950, dt. »Die Gabe«, 1968) beschrieben hat: »Alles kommt und geht, als gäbe es einen immerwährenden Austausch einer Sachen und Menschen umfassenden geistigen Materie zwischen den Clans und den Individuen, den Rängen, Geschlechtern und Generationen«, und »der wichtigste dieser geistigen Mechanismen ist ganz offensichtlich jener, der dazu zwingt, das empfangene Geschenk zu erwidern.« Dieser Austausch gilt auch im Verkehr mit den Göttern; es ist »der Glaube, daß der Wert der Dinge von den Göttern gekauft werden muß.« G. Duby sieht diese Mentalität genauso im frühen Mittelalter verwirklicht: »Das gesamte Sozialgefüge war durch und durch von einer intensiven Zirkulation der Geschenke und Gegengeschenke, der zeremoniellen und sakralen Gaben geprägt.« Daß diese Vorstellungen auch ein kirchengeschichtlich bedeutsames Interpretationsmodell bieten können, zeigt beispielsweise die bei Gregor von Tours († 594) vorfindliche Deutung der Taufe des Frankenkönigs Chlodwig: Dieser habe dem Christengott für einen Sieg über die Alemannen seine Taufe versprochen. Aus religionsgeschichtlicher Sicht ist dieses Versprechen in folgender Weise gedeutet worden: »Es war die heilige, alte ›do ut des‹-Formel, derer sich Chlodwig bediente... Keine Leistung des alten Rechts war ohne eine Gegenleistung möglich. Jede Gabe bedurfte der Gegengabe, damit sie rechtlich wirksam wurde. Das galt auch für den Verkehr mit den Göttern... Denn auch die Götter können den Menschen nichts schenken oder sich von diesen unentgeltlich verpflichten lassen. Sie müssen die Gabe annehmen und durch eine Gegengabe erwidern. Deshalb mußte Chlodwig, der um den Sieg bat, dem neuen Gott dafür eine Gegengabe erbringen... Diese Gabe war das Gelübde seiner Taufe für den Fall des Sieges« (H. Hattenhauer). Das Modell des Gebens und Nehmens läßt sich weiter auch an jenen Erscheinungen aufweisen, die so oft im Streit um das Germanische genannt worden sind: die immer mit Befremden oder gar Abscheu registrierten Phänomene des nur »äußerlichen Ableistens«, der Buße als einer »Sühneleistung«, des »Opfercharakters« der Messe, überhaupt die »Verdinglichung« und »Juridisierung« des religiösen Lebens, wo solches doch »innerlich« und »sittlich« aufzufassen gewesen wäre. All diese gescholtenen Eigenschaften aber stellen sich anhand der älteren, gemeinreligiösen Vorstellungen des Gebens und Nehmens als religionsgeschichtlich völlig plausibel dar. Das Christentum freilich basiert auf ganz anderen Vorstellungen: »Gott bindet sich im Erweisen seiner Gnade nicht an ein menschlicher Einsicht einleuchtendes Maß vorausgegangener, verdienstvoller Gesetzerfüllung« (A. Dihle). Aus solchen und ähnlichen »Zusammenstößen« resultiert das religionsgeschichtliche Problem des Mittelalters.

4. Plan und Intention des vorliegenden Buches

Überblickt man die deutsche Geschichtsschreibung der Nachkriegszeit, so ist die Zäsur von 1945 unübersehbar. Dennoch liegt nicht hier der große Einschnitt. Wohl wurde sofort der alte »ideologische« Überbau abgeworfen und ein bestimmtes, allzu belastetes Vokabular vermieden; im übrigen aber ging die Arbeit an den alten Themen und Fragestellungen geradezu bruchlos weiter. Die vor allem auch außerhalb Deutschlands vollzogenen Erweiterungen, die hauptsächlich unter den Schlagworten »Sozialgeschichte« und »Mentalitätsgeschichte« firmieren, fanden erst seit den sechziger Jahren mehr und mehr Berücksichtigung und sind inzwischen sowohl in der Forschungsarbeit wie auch in den zusammenfassenden Darstellungen präsent, ja oft genug schon dominant. Das vorliegende Buch möchte eigentlich nur ein längst überfälliges Desiderat erfüllen: den erweiterten Horizont der neuen Fragestellungen und Einsichten auch für die Kirchengeschichte des Frühmittelalters fruchtbar zu machen. Sowohl die Sozialgeschichte wie auch die Mentalitätsgeschichte, zumal wenn man sie mit religionsgeschichtlichen Einsichten kombiniert, sind in bester Weise geeignet, ein vielfach neues Licht auf frühmittelalterliche Phänomene zu werfen. Dies soll hier versucht werden. In der Aufgliederung wird dabei nicht – wie inzwischen meist üblich – in einen »ereignisgeschichtlichen« und einen »struktur-« bzw. »mentalitätsgeschichtlichen« Teil unterschieden. Vielmehr wird insgesamt ein chronologischer Aufriß eingehalten, der freilich durch mehrere Querschnitte gegliedert ist; dadurch sollen die für die Ereignisgeschichte untergründig wirksamen Strukturen wie ebenso die langzeitlich wirksamen Mentalitäten klargelegt werden, um dem Leser ein vertieftes Verständnis gerade auch der Ereignisgeschichte zu ermöglichen. Hermeneutisch wird ein solcher Versuch keinen »Ewigkeitswert« beanspruchen dürfen. Aus Kenntnis der oft in verhängnisvoller, ja tragischer Weise zeitbedingten Ansätze des 19. wie nicht minder des 20. Jahrhunderts wird man den hermeneutischen Fortschritt zuallererst darin zu sehen haben, daß wir »gewarnt« sind. Uns muß vor Augen stehen, wie rasch und wie tief eigene Beurteilungsschemata in den historischen Stoff eindringen können und ihn verfremden. Jeder Neuversuch muß sich dessen bewußt sein und kann darum für sich – trotz allen Erkenntnisfortschritts – nur temporäre Gültigkeit beanspruchen. Aufbauend auf der älteren Forschung und zugleich gewarnt durch ihre Fehlurteile, gilt es, die derzeit erreichbare Synthese zu versuchen.

Bei der Annäherung an das frühe Mittelalter wird man sich zudem vergegenwärtigen müssen – ob nun als Leser oder als Autor –, daß diese Epoche uns Heutigen besonders fremd gegenübersteht, im ganzen fremder noch als etwa die Antike. Wenn wir schon in der eigenen Gegenwart feststellen müssen, daß die eine Generation die andere kaum mehr versteht, wieviel schwieriger muß das Unterfangen sein, in das Mittelalter einzudringen. In vielem, was dem Frühmittelalter ein durchgängiger Lebenszug gewesen ist, reagiert der moderne Mensch – und reagierte man immer schon in der Neuzeit – spontan anders, ja oft genug mit Antagonismen: die zwanghafte Kollektivität der Sozialgruppen und das eigene Freiheitsempfinden, die Despotie der Herrschenden und das unterdrückte Volk, der Zwang der Religion und das freie Gewissen, die asketische Leibfeindlichkeit und die Zerstörung von Vitalität und Triebkraft. Immer wieder bestätigte sich schon auf den ersten Blick das »finstere Mittelalter«. Historiographisch aber gilt es, die dem Mittelalter eigenen Lebensbedingungen und »Logiken« aufzudecken und zu analysieren. So allein ist es Aufgabe der Historie, Aufgabe gerade auch deswegen, weil nur auf diese Weise sichtbar wird, wie es »gewesen« ist und wie unsere Welt »geworden« ist.

Hier nach Kriterien wie »modern – mittelalterlich«, »aufgeklärt – finster«, »wissenschaftlich – abergläubisch«, »bibelchristlich – bigott«, »fortschrittlich – hinterwäldlerisch« urteilen zu wollen, heißt Beurteilungsschemata zu benutzen, die die Zeit selbst so gar nicht gekannt hat. »Wir werden in der mittelalterlichen Kultur gar nichts begreifen«, so A. J. Gurjewitsch, »wenn wir uns auf die Überlegung beschränken, daß in jener Epoche Unwissenheit und Dunkelmännertum herrschten, da alle an Gott glaubten [...]. Doch die unerschütterliche Forderung der Wissenschaft ist, daß jede Erscheinung mit adäquatem Maßstab gemessen werden muß. Das Mittelalter hatte in dieser Beziehung kein Glück; man beurteilte es fast immer in einer Gegenüberstellung zum klassischen Altertum und zur Renaissance und wendet für seine Kultur Kriterien an, die diesen einander zurufenden Epochen entlehnt sind. Wir sind überzeugt, daß man eine wahre Bewertung der mittelalterlichen Kultur – die vom welthistorischen Gesichtspunkt ebensogroß und bedeutend ist wie die Kultur der Antike oder die Kultur der europäischen Neuzeit – nur dann geben kann, wenn man sie im Licht der von der Wissenschaft gesammelten objektiven Angaben untersucht.«

Weiter verstellt man sich leicht den Blick für den so wichtigen wie zugleich überraschenden Befund, daß nicht selten nicht zuletzt auch solche Phänomene, die heute undenkbar erscheinen, mitgewirkt haben, das heraufzuführen, was wesentlich zum modernen Bewußtsein dazugehört. Geschichte schreibt sich eben nicht unbedingt »gradlinig« fort, am wenigsten nach »moderner Logik« (die wir gleichwohl bei der Rekonstruktion der Überlieferungsfragmente konsequent anwenden). So zeitigt gerade auch die Geschichte des angeblich so finsteren Mittelalters Ergebnisse, die tief in unsere Existenz eingegangen sind. Die »Bedeutung des Mittelalters im Rahmen der Weltgeschichte«, so der Neuzeithistoriker Thomas Nipperdey, besteht darin, daß das Mittelalter »die historischen Grundlagen der Modernität« geschaffen hat: Beispielsweise hat »das Christentum den unendlichen Wert der Person des einzelnen scharf geprägt und in – und trotz! – aller rituellen und institutionellen, von Herrschaft und Rechtssätzen erfüllten Kirchlichkeit doch niemals auf Dauer untergehen lassen. Das Christentum bleibt eine Gewissensreligion.«

Die dem frühen Mittelalter eigenen Religionsformen aufzuspüren und zu verdeutlichen, ist bestens auch geeignet, diese Epoche »theologisch« richtiger zu verstehen. Alle Eiferung wird nur zu rasch historisch ungerecht, ob nun reformatorisch gegen ein abergläubiges Mittelalter oder modernistisch gegen einen noch bis zum Zweiten Vatikanum fortexistierenden »mittelalterlichen Rest«. Als angemessen erweist sich allein eine religionsgeschichtliche Aufarbeitung und dann das Gespräch mit der Theologie. Für das frühe Mittelalter bedeutet das unter anderem, die damals vollzogene Entwicklung vor dem Hintergrund der alten Kirche zu sehen. Damit soll nicht einer »Urkirchen-Romantik« das Wort geredet werden. Vielmehr gilt es – schon um überhaupt den Epochencharakter herauszuarbeiten –, den historischen Vergleich anzuwenden: So war es – so ist es geworden. Theologisch ist dieser Vergleich insofern von Bedeutung, als sich das Christentum immer als eine göttlich-bleibende Stiftung verstanden hat, gültig für alle Völker wie für alle Zeiten. Von daher ist es auch historisch legitim, nach der Kontinuität und Identität zu fragen.

Endlich mag das Bemühen, die Religionsformen des frühen Mittelalters aufzuspüren und zu verdeutlichen, dazu beitragen, konfessionelle Mißverständnisse auszuräumen. Noch ein Kurt Dietrich Schmidt konnte schreiben: »Manches, was wir heute als typisch katholisch ansehen, ist in Wirklichkeit fortlebendes germanisches Erbe.« In der dritten, in den fünfziger und sechziger Jahren publizierten Auflage des Lexikons »Religion in Geschichte und Gegenwart« stehen unter dem Stichwort »Christentum. Geschichtliche Entwicklung« noch Sätze der folgenden Art: »Das besondere Entwicklungsproblem des Christentums im abendländischen Mittelalter ist neben [anderem] ... die Germanisierung des Christentums. Ihr Exponent ist das universale Papsttum einerseits, die Verrechtlichung der Religion andererseits. Die gleichsam symbolische Zusammenfassung stellt das spätmittelalterliche Ablaßwesen dar.« Solche Verknäuelungen von Germanismus und Konfessionalismus zu entwirren, ist historisch wie ökumenisch gleichermaßen dringend.

Erster Teil: Von der Antike zum Mittelalter

Erster Abschnitt: Die Spätantike

1. Kapitel: Die spätantike Kirche

Seit dem 3. Jahrhundert sah sich das Imperium zwei neuen Gefahren ausgesetzt: im Westen den Germanen und im Osten dem neupersischen Reich. Die Verteidigung erforderte völlig neuartige und im Ausmaß so ungewöhnliche Anstrengungen, daß sowohl die Reichsorganisation wie auch das Sozialleben eine tiefgreifende Umgestaltung erfuhren. Diese Umgestaltung bewirkte eine Zäsur, mit der die Geschichtsschreibung eine neue Periode beginnen läßt: die Spätantike.

§ 7 Das Imperium

1. Der »neue« Staat

a) Reichsverwaltung

Um den erhöhten Anforderungen an den Grenzen nachzukommen und gleichzeitig der Usurpationsgefahr von Soldatenkaisern vorzubeugen, schuf Diokletian (285–305), selbst aus einfachen Verhältnissen zum General und Kaiser aufgestiegen, eine tetrarchische Reichsregierung: zwei ›Augusti‹ und zwei ihnen untergeordnete, zur Nachfolge berechtigte ›Caesares‹. Konstantin der Große (306–337) hat dieses System wieder umgestoßen. Er stattete die Prätorianerpräfekten, die Chefs der vier großen neugeschaffenen Verwaltungsbezirke des Reiches, mit vizekaiserlichen Vollmachten aus, freilich nur für die Zivilverwaltung. So übte der in Trier residierende Prätorianerpräfekt die Oberverwaltung über die ganze Westzone des Reiches aus. Sein Gebiet umfaßte vier »Diözesen«, welche die nach den Präfekturen nächstkleineren Verwaltungseinheiten darstellten und sich in seinem Falle von Britannien über Gallien und Spanien bis zum nordwestlichen Afrika erstreckten. Gallien selbst zerfiel in zwei durch die Loire geschiedene Diözesen. Die Diözesen hinwiederum umfaßten jede eine Reihe von Provinzen, deren Zahl im ganzen Reich sich auf zuletzt 120 belief. Die neue Reichsverwaltung wollte das Imperium einer allumfassenden und einheitlichen Administration unterwerfen. Dadurch sollte die gesamte Wirtschaftskraft erfaßt werden, um mit Hilfe eines rigorosen Steuersystems die für Heer und Verwaltung notwendigen Finanzen einzutreiben.

Denn das hatte die Bedrohung deutlich gemacht: Am Heer hing das Geschick des Reiches. Dieses wurde als Berufsarmee mit Söldnern reorganisiert und von den Heermeistern (magistri militum bzw. equitum) befehligt. Um die notwendigen Steuersummen hereinzubekommen, begann der

Staat, die Bevölkerung einem Zwangssystem zu unterwerfen, wobei viele Berufsangehörige auf Lebenszeit oder sogar für alle Zukunft, also erblich, an ihr Gewerbe oder an die Scholle gebunden wurden. Auf diese Weise ist eine schier ungeheure Energieleistung hervorgebracht worden, freilich um den Preis eines kollektivistischen Zwangsstaates. Die Lasten empfand die Mehrheit der Bevölkerung zunehmend als Bedrückung. Zahllose Revolten, so in Gallien die Bagauden-Aufstände, zeugen von tiefer Unzufriedenheit, und am Schluß schien nicht wenigen jede andere Art von Staat und Herrschaft den Vorzug vor dem Bestehenden zu verdienen. So hat im Endeffekt die an sich imponierende Kräftemobilisierung des spätantiken Staates eher eine Schwächung herbeigeführt.

b) Kaiser

Mit der Schaffung des durchorganisierten, großflächigen Einheitsstaates steigerte sich noch einmal die Kaisergewalt, die deswegen in der Geschichtsschreibung nicht mehr Principat, sondern Dominat genannt wird. Der Kaiser stand unter göttlicher Gnade, bei Diokletian als vergöttlichende Teilhabe an Jupiter Maximus aufgefaßt und bei Konstantin als Schutz des christlichen Gottes; in gewisser Weise beginnt schon hier in der Spätantike das mittelalterliche Gottesgnadentum. Weiter verstärkte sich der dynastische Gedanke, daß nur Angehörige einer bestimmten Familie zur Herrschaft berufen waren; auch hier kann man von ersten Formen der dem Mittelalter so wichtigen Geblütsheiligkeit sprechen. Auf die Konstantiniden folgten mit Valentinian I. (364–375) die valenti-

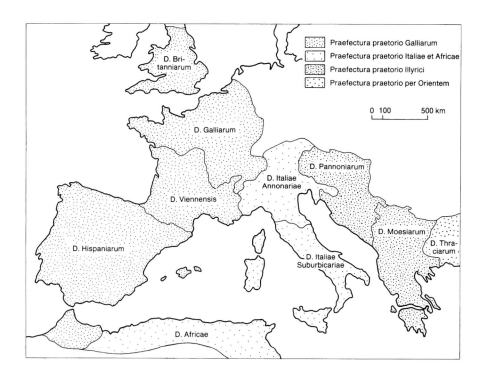

1   Die Präfekturen und Diözesen des Imperiums zur Zeit Konstantins.

nianische Dynastie und mit Theodosius I. (379–395) die theodosianische und so fortan immer neue Herrschergeschlechter. In den schweren Krisen nach 400 fehlten dem Westen gerade auch deswegen entschlossene und tatkräftige Herrscher, weil auf Grund des dynastischen Legitimismus zumeist Kinderkaiser auf dem Thron saßen.

Endlich ist nicht zu übersehen, daß Westen und Osten sich endgültig auseinanderzuleben begannen. Konstantin hatte am Bosporus »seine« Stadt Konstantinopel gegründet, das als ›neues Rom‹ bald schon dem alten gleichrangig und machtmäßig sogar überlegen gegenübertrat. Der Dualismus machte es unumgänglich, daß immer zwei Kaiser regierten, einer im Westen und einer im Osten. Die Trennung war von 400 an endgültig und führte rasch zu Rivalitäten und bald sogar zu ersten kriegerischen Auseinandersetzungen.

2. Provinzialisierung

a) Regionalisierung

Der in der Spätantike geschaffene Einheitsstaat hat das Imperium und seine Grenzen noch für beinahe zwei Jahrhunderte zu erhalten vermocht. Doch veranlaßte die allenthalben spürbare Überanstrengung eine innere Gegenwehr. Vielfach begannen sich provinzielle Sondertendenzen zu regen, die lange von der römischen Einheitskultur überdeckt gewesen waren, nun aber als Provinzialismus neu hervortraten. Das regionale Eigenleben verstärkte sich und bewirkte eine erste Aufsprengung des gemeinsamen Reichsbewußtseins. Dabei wollte die spätantike Reichsreform mit ihren großen Diözesen gerade auch diese großräumlichen Sonderbestrebungen auffangen helfen. Im Westen hat zeitweilig jeder der Großräume Afrika, Spanien und Gallien eine zumindest faktische Selbständigkeit innegehabt. Es dürfte darum kein Zufall sein, daß jene germanischen Reiche, die auf dem Boden des römischen Reiches Bestand gewannen, mit diesen Großräumen deckungsgleich waren.

b) Simplifizierung

Die Provinzialisierung als charakteristischer Zug der Spätantike hat folgenträchtige Auswirkungen gehabt, von denen hier hauptsächlich zwei zu nennen sind: die Simplifizierung und die Regionalisierung des Kultur- und Staatslebens. Zuerst sind diese Phänomene auf dem Gebiet der Kunst aufgefallen, an den vereinfachten Formen der Provinzialkunst. Ähnlich ist auf dem Gebiet des Rechtes ein Verfall der Fachgelehrsamkeit zu konstatieren, der zum Vulgarrecht führte, dem »Recht der provinziellen Praxis« (F. Wieacker). Im Sprachlichen freilich, wo der Osten ein großräumiges Wiederaufleben der autochthonen Sprachen des Syrischen und Koptischen erlebte, blieb der Westen beim (Vulgär-)Latein, das später in die Nationalsprachen des Italienischen, Spanischen und Französischen überging.

c) Immunisierung

Am folgenreichsten dürfte gewesen sein, daß sich im Westen die großräumige und flächendeckende Zivil- und Militäradministration des Staates in zunehmendem Maße zersetzte. Hierbei hat anfangs das spätantike Steuersystem eine wichtige Rolle gespielt. Denn die Oberschicht, die sich aus der alten agrarischen Aristokratie, aber ebenso aus hohen Beamten und Offizieren des spätantiken Staates zusammensetzte, genoß für ihre Latifundien das Privileg, von bestimmten Steuern und öffentlichen Lasten befreit zu sein. Auf diese Weise entstanden Immunitäten, zu denen die Steuereinzieher, wenn überhaupt, nur beschränkten Zutritt hatten. Mit der fiskalischen Unabhängigkeit verband sich bald auch eine rechtliche und soziale Abschließung gegen den Staat. Denn die Großgrundbesitzer beanspruchten über die Steuerfreiheit hinaus eine eigene Gerichtsbarkeit über ihre abhängigen Leute; am Ende schufen sie sich Privatmilizen (buccellarii). Das Ergebnis waren Bezirke, die innerhalb des Staates fiskalisch, wirtschaftlich und rechtlich verselbständigt waren und in denen Privatleute die staatsöffentlichen Funktionen ausübten. Demgegenüber war die große Masse zur Verhinderung der Steuer- und Arbeitsflucht an ihren Beruf oder an die Scholle gebunden. Als letzte Fluchtmöglichkeit blieb nur der Übertritt in die Immunitätsbezirke und damit die Unterstellung unter die Schutzmacht (patrocinium) der Oberschicht. Wohl mußte man sich bei dieser Unterstellung gleichfalls in Abhängigkeit und Schollengebundenheit begeben, glaubte sich aber gegen den viel härteren Staatszugriff geschützt. Die Loslösung aus dem öffentlichen Recht des Staates und die Unterstellung unter einen Patron bildeten den Anfang einer »Herrschaft über Land und Leute« (O. Brunner), also in gewisser Weise den Anfang der mittelalterlichen Grundherrschaft.

Daß gerade der Senatsadel den Prozeß der Staatszersetzung vorantrieb, gehört mit zu den Paradoxien des spätrömischen Reiches. Denn diese Gruppe betätigte sich vorrangig in den hohen Staatsämtern und verweigerte sich dennoch ihrem Staat in wichtigen Punkten, in der Aufrechterhaltung einer durchgehenden Staatlichkeit und in den Steuern. Man hat errechnet, daß einzelne der adelig-senatorischen Familien von ihren Latifundien ein Einkommen in nahezu der Höhe der Gesamteinnahmen des weströmischen Fiskus bezogen haben müssen. Dennoch waren sie zum Teil steuerfrei und benutzten ihre Immunität zum Ausbau eigener Herrschaftsbereiche.

Es zeichnete sich in der Spätantike eine Regression ab, die auf weitere Sicht zu einer Kleinräumigkeit führte. Zu diesen geminderten Formen von Kunst, Kultur, Wirtschaft, Recht und gerade auch von privatisierter Staatlichkeit hatten, wie sich zeigen wird, die ins Imperium eindringenden Germanen am ehesten Zugang. Hier war ihre Kommunikationsebene mit der Antike; hier zeigten sie sich meist auch fähig und willig zur Integration, die ihnen freilich keineswegs auf allen Gebieten gleich gut gelang.

§ 8 Die Reichskirche

1. Das Christentum als »neue Kraft«

Mit der in Mailand 313 ausgesprochenen Toleranz wuchs die christliche Kirche im Verlauf des 4. Jahrhunderts von einer zwar bedeutenden, aber doch nur minderheitlichen Gruppe zu einer nun auch zahlenmäßig überwiegenden Großorganisation an. Wenn dabei die staatliche Förderung mitwirkte, darf dennoch nicht übersehen werden, daß wesentlich die innere Kraft des Christentums die Ausbreitung vorantrieb. »Das Hauptinteresse der altchristlichen Kirche lag darin, ihr Leben als Gemeinschaft der Glaubenden zu realisieren« (N. Brox). Dies geschah in der liturgischen Feier der Glaubensmysterien, in der Bezeugung des christlichen Bekenntnisses und nicht zuletzt in einem neuen Ethos, demgegenüber die prinzipielle Regelung des Verhältnisses zu Gesellschaft und Staat oder auch die planmäßige missionarische Ausbreitung eher nachgeordnet waren. Ethisch bestärkend wirkte, daß die Christen an die Stelle äußerer herkömmlicher Pflichten und Gebote »innere moralische Bedingungen« setzten: »Die Verinnerlichung von Motivationen ... ist vielleicht nicht der geringste Grund für die Ausbreitung des Christentums, daß die römische Gesellschaft angesichts der Veränderungen seit dem 2. Jahrhundert zunehmend der christlichen Angebote bedurfte« (J. Martin). Die Christen waren den gesellschaftlichen Anforderungen offenbar besser gewachsen. »Die christliche Kirche war einfach komplexer und in wirtschaftlicher und intellektueller Hinsicht besser gerüstet, als es das Stereotyp von den ungebildeten Handwerkern und törichten Frauen wahrhaben will« (P. Brown).

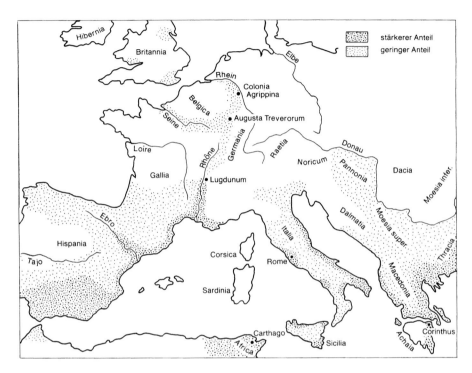

2 Das Christentum im Westen zu Beginn des 4. Jahrhunderts.

a) Taufe

Im innerkirchlichen Leben wurde während des 4. und 5. Jahrhunderts zunächst nur noch weiter entfaltet, was vorher schon grundgelegt war; gelegentlich freilich zeigten sich auch schon Probleme, die durch die nachkonstantinische Massenkirche hervorgerufen wurden.

Das Eingangstor zum Christentum bildete von Anfang an die Taufe. Sie erforderte eine mehrjährige Vorbereitungszeit (Katechumenat) sowie eine intensive letzte Vorbereitungsphase während der Quadragesima (40 Tage) vor Ostern, in dessen heiliger Nacht die Taufe vollzogen wurde. Die alte Kirche hat die Taufkandidaten immer mit Sorgfalt ausgewählt und hohe Anforderungen an sie gestellt, denn die Taufe bedeutete neues Leben, und dies sollte auch in einer neuen Lebensführung zum Ausdruck kommen. Im 4. Jahrhundert, als das Katechumenat seine höchste Ausfaltung erfuhr, sehen wir freilich auch schon erste Anzeichen des Niedergangs. Viele wurden zwar noch Katechumenen, ließen sich aber – wie beispielsweise Konstantin – erst auf dem Sterbebett taufen. Solche »Halbchristen« – sie galten der Kirche als ›christiani‹, aber nicht als ›fideles‹ (Gläubige) – partizipierten am Christentum, ohne aber den Anforderungen des Taufbundes entsprechen zu müssen.

b) Eucharistie

Nach der Taufe bildete die Eucharistie (griech.: eucharistein – danken) die zentrale Feier der Christengemeinde, an der voll teilzunehmen den Getauften und erst teilweise den Katechumenen gestattet war.

Für den Verlauf hatte sich eine festgefügte Struktur herausgebildet: Der erste Teil war ein Wortgottesdienst, der stark vom synagogalen Gottesdienst mit seiner Lesungsfolge von Gesetz – Psalm – Propheten bestimmt war, dem aber die Christen neutestamentliche Lesungen hinzufügten. Idealtypisch umfaßte die christliche Lesungsreihe Gesetz – Propheten – Psalm – Apostelbrief/Apostelgeschichte – Evangelium; doch reduzierte sie sich meist zu einem dreigliedrigen oder auch nur zweigliedrigen Schema, wobei der Psalm seinen Lesungscharakter verlor und sich zum Zwischengesang, zu einem »Nachklang« des zuvor Gehörten, reduzierte. Ziel war das Hören des Gotteswortes, und als Antwort folgte das Gemeindegebet. Der zweite Teil begann mit dem Herbeibringen von Brot und Wein. Im Zentrum stand die eigentliche Eucharistie mit dem großen Dankgebet: der Dank an den Vater für Jesu erlösendes und heiligendes Wirken; darin eingeschlossen waren die Abendmahlsworte, die ›Anamnese‹ (Gedächtnis) von Tod und Auferstehung Jesu, die Darbietung von Brot und Kelch, die Herabrufung des Geistes und endlich die abschließende ›Doxologie‹ (Lobpreis). Nach dem Dankgebet erfolgte die Kommunion, die Anteilgabe an Leib und Blut Christi, wodurch die für das altkirchliche Selbstverständnis so wichtige ›communio‹ (Gemeinschaft) vollzogen wurde, die Gemeinschaft der Gläubigen mit Christus und untereinander.

Zur Feier der Eucharistie versammelte sich die Gemeinde möglichst vollzählig am Tag des Herrn, am Sonntag als dem Auferstehungstag, der durch Konstantin 321 zum wöchentlichen Ruhetag erklärt wurde. Darüber hinaus hat sich im 4. Jahrhundert die Praxis der täglichen Eucharistiefeier herausgebildet, bei der aber die Teilnehmer nicht mehr alle kommunizierten, was sich als Schwächung der zentralen Communio auswirkte. Zur selben Zeit setzte auch eine erste eindringlichere theologische Reflexion über die Eucharistie ein, aber noch nicht in eigenen Traktaten, wie sie der Taufe schon im 3. Jahrhundert gewidmet worden waren. Eine mehr realistische Auffassung ließ Brot und Wein, wie übrigens ebenso das Taufwasser, als Träger oder ›Gefäße‹ der Gnade erscheinen, während ein vorwiegend symbolisch geprägtes, platonisierendes Denken die tiefere geistliche Wirklichkeit in der äußeren Erscheinung nur angezeigt sein ließ. Desgleichen gab es klärende Bemühungen zur Gültigkeit der Sakramentenspendung, zumal über die Vorbedingungen auf seiten des Empfängers und des Spenders.

c) Buße

Im Gemeindeleben war weiter die Buße von tief einschneidender Bedeutung. Die nach der Taufe begangenen Sünden schufen insofern ein schweres Problem, als man einerseits auf der unbedingten Heiligkeit der Lebensführung glaubte bestehen zu sollen, andererseits aber die Möglichkeit der Vergebung, wie Jesus sie so eindrucksvoll den Sündern gegenüber bewiesen hatte, nicht verweigern mochte. Die Wiederversöhnung des ausgeschlossenen Sünders mit der Kirche war aber erst nach Erweis glaubhafter Reue und tätiger Buße möglich. Zudem konnten Buße und Wiederversöhnung nur einmal im Leben vollzogen werden. Da der Verweis in den Büßerstand eine öffentliche Kennzeichnung nach sich zog, kam in der Großkirche die Bußannahme einer gesellschaftlichen Bloßstellung gleich, so daß dieselbe mehr und mehr gemieden und zuletzt nur noch auf dem Sterbebett empfangen wurde.

d) Caritas

Neu war in der griechischen und römischen Welt die christliche Caritas. »Weder Stiftungen noch Vereine haben sich in der griechischen oder römischen Welt je mit Armenpflege beschäftigt« (H. Bolkestein) und ebensowenig der Staat. Armenfürsorge und überhaupt Sozialtätigkeit aber waren ein essentieller Punkt christlicher Bewährung. Schon bei der Taufvorbereitung wurde die Einübung in aktive Nächstenliebe und in Werke der Caritas zur Bedingung gemacht. Mit der Eucharistie waren ursprünglich Agape-Mähler verbunden, die den Armen den Unterhalt boten, und in der Folgezeit blieb mit dem Herrenmahl immer das Opfer für die Bedürftigen verbunden. Für die städtischen Massen, denen in der Antike keinerlei soziale oder medizinische Einrichtungen zur Verfügung standen, schufen die Christen erste Wohlfahrtseinrichtungen. Statt für Spiele und Gladiatorenkämpfe, die übrigens unter christlichem Einfluß gegen 400 aufhörten, sollte das Geld den Bedürftigen gegeben werden. Mit der neuen Sozialpraxis aber wirkte das Christentum revolutionär; es entfaltete damit »ein Prinzip der ungeheuersten geistigen und... auch der materiellen, rechtlichen und institutionellen Revolution« (E. Troeltsch).

e) Heiligenverehrung

Die mit Konstantin in der Kirche anbrechende Friedenszeit ließ neue Formen der Frömmigkeit entstehen, wobei besonders die Heiligen- und Reliquienverehrung hervortrat. Schon seit der Mitte des 2. Jahrhunderts wurde den Märtyrern ein besonderes Gedenken gewidmet. Am jeweiligen Hinrichtungstag versammelte sich die Gemeinde an ihren Gräbern, nicht selten unter Formen, die – wie beispielsweise die Totenmähler – dem paganen Kult entlehnt waren. Die Märtyrer wurden angerufen, denn man wußte sie im Himmel und erbat sich darum ihre Fürbitte bei Gott. Im 4. und 5. Jahrhundert entstanden über den bekannten Märtyrergräbern große Basiliken, so in Rom über den Gräbern von Petrus und Paulus. Weiter wurden auch die ersten Gebein-Translationen vorgenommen. Man öffnete das Grab, das in der Antike grundsätzlich außerhalb der Stadtmauern lag und sakrosankt war, und übertrug die Reliquien in eine innerstädtische Kirche. Ambrosius von Mailand (374–397) ist mit der Erhebung der Reliquien der heiligen Märtyrer Gervasius und Protasius vorangegangen. Die hier erstmals erscheinenden Praktiken haben zum Mittelalter hin immer größere Bedeutung gewonnen.

f) Mönchtum

Nicht genug, daß man die Märtyrer immer stärker verehrte, man wollte sie auch weiterhin nachahmen. Da aber seit dem Ende der Verfolgungszeit die Möglichkeit des Märtyrertodes nicht mehr gegeben war, bedurfte es einer neuen Deutung: Fortan galt auch der Asket als Märtyrer. Weil er sich als allen weltlichen Dingen abgestorben betrachtete und in asketischer Entsagung lebte, erlitt er das ›Martyrium ohne Blut‹. Diese neue Auffassung machte sich vor allem das Mönchtum zu eigen, das neben christlichen Forderungen, etwa nach Armut, ständigem Gebet und Nächstenliebe, auch asketische Anschauungen der religiösen Antike, so eine gewisse Leibverachtung und die geschlechtliche Enthaltsamkeit, in sich aufnahm. Das mönchische Ideal verstand sich, in Absetzung von der entstehenden Massenkirche, als die Lebensform eines entschiedenen Christentums. Die erste Phase in der Entwicklung repräsentiert der Ägypter Antonius († 356), der in die Wüste ging und dort viele Jahre als Einsiedler zubrachte; es ist die Phase der Anachorese (griech.: anachorein – ausweichen, sich zurückziehen) und des Eremitentums (griech.: eremos – Einsamkeit). Wenn seit der Mitte des 4. Jahrhunderts Anachoreten auch im Westen anzutreffen sind, so vollzog sich doch die eigentliche Entwicklung des Mönchtums im Osten. Nach der ersten Phase des asketischen Einzeldaseins (griech.: monachos – alleinlebend, Mönch) entstand das Zönobitentum (griech.: koinos bios – gemeinsames Leben), das Formen eines gemeinschaftlichen Zusammenlebens entwickelte und dabei auch das Kloster (lat.: claustrum – abgeschlossener Bezirk) schuf. Für diese zweite Phase steht beispielhaft der Ägypter Pachomius († 347); von ihm sind die ältesten Mönchsregeln überliefert, und er entfaltete erstmals auch eine »Theorie« des Mönchtums.

2. Die Theologie

a) Rechtgläubigkeit

Das Christentum wollte nicht primär einen Kult praktizieren oder eine religiöse Atmosphäre pflegen, so sehr es kultische und religiöse Formen benutzte. Es erhob vielmehr den Anspruch auf Verkündigung göttlicher Wahrheit, die in den heiligen Schriften des Alten und Neuen Testamentes niedergelegt war und unverfälscht weitertradiert werden mußte. So kam es zur Herausbildung eines Kanons von biblischen Schriften. Bald auch wurden Übersetzungen notwendig, deren älteste aus dem ausgehenden 2. Jahrhundert stammen. Indem sich aber das Christentum als eine Religion des Buches darstellte, bildete die sprachlich-argumentative Vermittlung eine erstrangige Aufgabe. In der Schriftauslegung pflegte man, besonders beim Alten Testament, die schon im Judentum wie auch im Hellenismus angewandte Allegorese; das heißt: Hinter dem buchstäblichen Verständnis, dem Literalsinn der oft alltäglichen und gelegentlich sogar derben Passagen verberge sich ein tieferer geistlicher Sinn, der nur ›anders ausgedrückt‹ sei, eben allegorisch. Freilich erwies sich die Schrift nicht immer als eindeutig, und bestimmte Gruppen, besonders die Gnostiker, betrieben eine verflüchtigende, allzu vergeistigende Interpretation. Demgegenüber wurde dann das Traditionsprinzip formuliert: Die rechte Lehre sei in solchen Kirchen zu finden, wo ein Apostel oder mindestens ein Apostelschüler eine ununterbrochen bis in die eigene Zeit andauernde Abfolge (Sukzession) von Bischöfen begründet habe. Apostolischer Ursprung und lückenlose Sukzession wurden so zu Garanten kirchlicher Rechtgläubigkeit. Weiter verlangte die gesamtkirchliche Communio, daß die vielen nebeneinanderstehenden Kirchen in ihrem Glauben miteinander kommunizierten. Dies geschah durch vielerlei Formen der Kontaktnahme, vor allem durch die Konzilien, aber auch durch Briefe, Mahnschreiben, Empfehlungen, Bekenntnisformeln und theologische Abhandlungen. Endlich mußte sich das Christentum wegen seines Wahrheitsanspruchs auf die geistige Auseinandersetzung mit der antiken Philosophie und Religionskritik einlassen. Die christlichen »Apologeten« haben dies zu leisten unternommen. Sie griffen dabei die oft schon in der Antike gegen das Heidentum formulierten Einwände auf und suchten das Christentum mit förderlichen Argumenten zu empfehlen. Auf diese Weise entstand eine vielfach enge Symbiose von Christentum und antikem Denken.

b) Lehrstreitigkeiten

Indem das Christentum die wahre Lehre zu verkündigen beanspruchte und sich dabei sogar auf den philosophischen Diskurs einließ, löste es eine Bewegung aus, die der Antike bis dahin unbekannt gewesen war und vielfach sogar befremdlich wirkte: den Streit um die rechte Lehre. In der religiösen Antike gab es »keine Polemik zwischen den Anhängern verschiedener religiöser Richtungen« (H. Dörrie). Denn die antiken Religionsgemeinschaften verstanden sich als Gruppen religiöser Praxis und einer Gottesverehrung, der viele Weisen und Wege offenstanden. Der Gedanke an eine verbindliche und einzig wahre Religionslehre wurde nicht erhoben, weswegen auch eine lehrmäßige Tradition oder ein »Religionsunterricht« unbekannt waren. Der Anspruch der Christen auf Wahrheit ihres Glaubens, den sie mit Hilfe philosophischer Begrifflichkeit zur Geltung zu bringen suchten, hatte zur Folge, daß man sich zunächst einmal innerkirchlich über die rechte Lehre einig werden mußte. Je mehr aber die Christen selber das Wesen ihres Glaubens dogmatisch zu klären suchten, desto stärker verstrickten sie sich in eigene Glaubenskämpfe: Polemik, ungezügelte Aggressionen, parteilicher Gruppenegoismus, Verweigerung der Gemeinschaft, Ächtung des Gegners – das alles bestimmte allzuoft das Kirchenleben, widersprach aber aufs tiefste der christlichen Bruderliebe und dem Geist des Verzeihens. Hier dienten vor allem die Konzilien dazu, eine Lösung zu finden.

3. Ökumenische Konzilien

Die herkömmliche Dogmengeschichtsschreibung ordnet die zwei ersten Konzilien, Nicaea (325) und Konstantinopel (381), der Klärung des Trinitätsdogmas, die beiden folgenden, Ephesus (431) und Chalcedon (451), dem christologischen Dogma zu. Damit ist zwar der Schwerpunkt der einzelnen Konzilsentscheide benannt, nicht aber der innere Zusammenhang der Konzilien selbst. Die innere Einheit der vier ersten Konzilien ist vielmehr begründet in einem gemeinsamen soteriologischen Interesse: Wie kann sichergestellt werden, daß in Jesus Christus endgültig und wirklich Offenbarung und Erlösung geschehen sind? Die auf den Konzilien gefundenen Formulierungen sind naturgemäß der philosophischen Begrifflichkeit der Zeit verpflichtet, überschreiten dabei aber den zeitgeschichtlichen Kontext und begründen eine eigene christliche Terminologie.

a) Nicaea (325) und Konstantinopel (381)

Der alexandrinische Presbyter Arius († 336) hatte die Meinung vertreten, der Sohn Gottes sei dem Vater untergeordnet; der Sohn sei geschaffen vor der Zeit und vor dieser Welt, unterscheide sich also qualitativ von der Schöpfung, doch sei er als ›Erstgeborener vor aller Schöpfung‹ auch von Gott verschieden. Ein so verstandener Sohn Gottes wäre dann, weil selber ein Geschöpf, sowohl der Offenbarung wie der Erlösung bedürftig. Das hier aufscheinende Problem der Erlösungsfähigkeit hing an einem Jota: ob der Sohn dem Vater ›gleich‹ (homóusios) und damit erlösungsfähig oder aber dem Vater nur ›ähnlich‹ (homoiusios) und damit erlösungsbedürftig sei. Das Konzil von Nicaea (325) zeigte, daß der Sohn zwar als Person vom Vater unterschieden ist, jedoch in allem ihm gleich, nämlich ›eines Wesens mit dem Vater‹. Das Konzil schrieb diese Glaubensüberzeugung im ersten, für die gesamte Kirche gemeinsamen Glaubenssymbol fest. Hätte der Arianismus gesiegt, wäre das Christentum als Erlösungsreligion schwerstens getroffen gewesen. Die Geschichte zwischen Nicaea und Konstantinopel (381) ist eine Geschichte der Zersplitterung des Arianismus. Mit der 380 vollzogenen Erhebung des Christentums zur »Staatsreligion« wurde die arianische Auseinandersetzung im kaiserlichen Herrschaftsbereich beendet. Ein Nachleben hatte der Arianismus in den Germanenreichen, die im 5. und 6. Jahrhundert auf römischem Reichsboden entstanden.

Das Konzil von Konstantinopel (381) liegt in der Linie des in Nicaea begonnenen Weges. Ausgehend von den trinitarischen Formeln der Liturgie – ›im Geist durch den Sohn zum Vater‹ – verdeutlichte es das Heilswirken des Geistes und kam dabei zur Ausformulierung der Trinitätslehre.

b) Ephesus (431) und Chalcedon (451)

War es das Anliegen der beiden ersten Konzilien, die göttliche Herkunft des Erlösers, dogmatisch gesprochen die Göttlichkeit des Sohnes, zu formulieren, so richtete sich das Bemühen der beiden folgenden Konzilien auf den anderen Pol, auf das zu erlösende Subjekt: die Menschheit. Zum Verständnis der Konzilien von Ephesus und Chalcedon muß man sich wieder einen entscheidenden theologischen Grundsatz der altkirchlichen Erlösungslehre vergegenwärtigen: Was nicht angenommen ist, wird nicht erlöst; Erlösung kann nur so gedacht werden, daß der Erlöser einen unverkürzten Menschen annimmt. Wie es den ersten beiden Konzilien um die Sicherung der Gottheit Christi ging, so den folgenden Konzilien um die Absicherung der unverkürzten Menschheit. Das Konzil von Ephesus ist gleichsam das Scharnier zwischen Nicaea/Konstantinopel und Chalcedon. Der äußere Anlaß war der Streit, ob Maria als ›Gottesgebärerin‹ (Theotokos) oder bloß als ›Christusgebärerin‹ (Christotokos) zu bezeichnen sei. Hinter der scheinbar zunächst rückwärts gewandten Fragestellung schälte sich die neue Frage heraus, wie in Christus das Verhältnis der zwei Naturen, der göttlichen und menschlichen, zu denken sei. Mit der Bekräftigung, Maria habe nicht bloß einen Menschen, sondern den Gottmenschen geboren und trage darum zu Recht den Titel Theotokos, wurde die mit dem Namen des Konstantinopeler Patriarchen Nestorius († um 451) verbundene Auffassung einer eher äußerlichen Verbindung von Gottheit und Menschheit geächtet. Allerdings war auch die zum Sieg gekommene Position, die von dem alexandrinischen Patriarchen Cyrill († 444) und seiner ägyptischen Kirche vertreten wurde, nicht ohne Schwächen, drohte doch die starke Betonung der göttlichen Natur den Blick für die Eigenständigkeit der Menschheit Jesu zu trüben.

Diesem Anliegen, wie nämlich in der Person Jesu Christi Gottheit und Menschheit zueinander stünden, widmete sich das Konzil von Chalcedon. Hier kam erstmals auch die westliche Theologie zur Wirkung. Ein Papstbrief, die berühmte ›Epistola dogmatica‹ Leos des Großen († 461), verhalf dem Konzil zu der für die weitere Christologie grundlegenden Formel von der Zweiheit der Naturen und ihrer Einheit in der Person:

›Wir lehren einstimmig, daß der Sohn, unser Herr Jesus Christus, ein und derselbe sei. Der eine und selbe ist vollkommen der Gottheit nach und vollkommen der Menschheit nach, wahrer Gott und wahrer Mensch... Der eine und selbe ist wesensgleich dem Vater der Gottheit nach und wesensgleich auch uns, der Menschheit nach... Wir bekennen einen und denselben Christus, den Sohn..., der in zwei Naturen unvermischt, unverwandelt, ungetrennt und ungesondert besteht.‹

Die Formel von Chalcedon darf man als die gewichtigste christologische Aussage der Alten Kirche bezeichnen; Chalcedon schuf die Grundlage für die orthodoxe Christologie. Im byzantinischen Reich hat das Verbleiben der ägyptischen Kirche beim Monophysitismus (griech.: mone + physis – eine Natur) zur Abspaltung geführt. Auch ist die christliche Frömmigkeit in ihrer Geschichte wohl eher »monophysitisch« geblieben, jedenfalls mehr von der göttlichen Natur Christi geprägt worden als von seiner Menschheit.

Die Geschichte der Konzilien ist einerseits eine Geschichte dogmatischer »Klärungen und Gewinne von großer Reichweite und Dauerhaftigkeit«, andererseits aber auch eine »große Verlustgeschichte« (N. Brox). Denn nach jedem Konzil gingen große Teilkirchen und mit ihnen Denkansätze von hoher Reichweite verloren. Die Gemeinschaft der einen Kirche konnte nicht wiedererlangt werden und blieb bis heute verloren. Wenn dabei ethnische, sprachliche und kirchenpolitische Faktoren mitspielten, so kann das nicht darüber hinwegtäuschen, daß die Trennung zunächst einmal die Folge des dogmatischen Streits war.

4. Zentrale Kirchenämter

a) Bischof

Kernzelle aller kirchlichen Organisation war die Ortskirche. Ihre Leitung lag, nachdem sich seit dem 2. Jahrhundert der monarchische Episkopat durchgesetzt hatte, in der Hand der Bischöfe, die dabei die Nachfolge der Apostel beanspruchten. Vornehmlich der Bischof spendete die Taufe und stand regelmäßig der Eucharistiefeier vor. Zudem weihte und leitete er den Klerus. Sodann wachte er über den rechten Lebenswandel und ebenso über die wahre Lehre. Sein Sprengel entsprach im allgemeinen der Civitas, dem kleinsten zivilen Verwaltungsbezirk, von denen es im ganzen Reich gegen 1500 gab. In sein Amt wurde der Bischof gewählt, wobei der vom Klerus vorgeschlagene Kandidat der akklamatorischen Zustimmung des Volkes bedurfte. Im kirchlichen und politischen Alltag zeigte sich gerade am Bischofsamt die neue, seit Konstantin eingeleitete Kooperation von Staat und Kirche. Dem Bischof oblag praktisch der ganze Bereich der öffentlichen Fürsorge mitsamt allen dazu notwendigen Voraussetzungen und nachfolgenden Konsequenzen: Er konnte Stiftungen für Kirche, Armenhilfe und Krankenhäuser entgegennehmen, solche auch beurkunden und ihre Ausführung überwachen. In kleineren Gerichtssachen vermochte er, sofern darum angegangen, eine staatlich anerkannte Schiedsgerichtsbarkeit auszuüben. Die Bischöfe versuchten dabei – freilich erfolglos –, den Klerus von der allgemeinen Gerichtsbarkeit auszunehmen und ihrem Gericht zu unterstellen. Allgemein erhoffte man sich von der religiösen Autorität, wie sie dem Bischof allseits zugesprochen wurde, Schutz und Hilfe für die Bedrückten und Asylsuchenden, ebenso für die Unfreien wie für die Freigelassenen. Im öffentlichen Finanzgebaren, so bei der Steuererhebung wie überhaupt bei wichtigen städtischen Belangen, rechnete man mit dem Bischof als einer unbestechlichen Instanz. Dennoch waren der öffentliche und der kirchliche Bereich nicht schon nach mittelalterlicher Weise in eins gesetzt. »Wo es um die Ausübung ausgesprochener Hoheits- und Zwangsrechte des Staates ging, hatte der Bischof aufgrund der Kaiserrechte keinen Platz« (K. L. Noethlichs). Immerhin war die Kirche vorbereitet, als Schutzbereich zu fungieren und öffentliche Aufgaben zu übernehmen, bevor im 5. Jahrhundert der Staatsapparat sich aufzulösen begann und den Kirchenleuten ganz neue Aufgaben, eben die öffentlichen, zufielen.

b) Metropolit und Patriarch

Die christlich gebotene Communio, die in Christus begründete Einheit aller Christgläubigen, drängte über die Einzelgemeinde hinaus zu umfassenderen Kirchengemeinschaften. War es ursprünglich vor allem die Communio der Gemeinden gewesen, so nunmehr die Communio der Bischöfe. Alle Bischöfe einer zivilen Provinz bildeten einen kollegialen Verband, in dem der Bischof der Provinzhauptstadt, der Metropolit, einen gewissen Vorrang einnahm. Er beaufsichtigte die Bischofswahlen in den einzelnen Gemeinden und nahm anschließend mit mindestens zwei Mitbischöfen der Provinz die Weihe des Neugewählten vor. Ferner berief und leitete er die Provinzial-Synoden, wie er auch mit den kirchlichen Streitfällen in seiner Provinz befaßt war. Aber dies alles kam ihm nicht kraft überlegener Amtsgewalt zu, sondern aufgrund kollegialen Einvernehmens; er war »mehr Obmann denn Oberer« (F. Kempf). In einem weiteren Entwicklungsschritt wuchs den Bischöfen in den Hauptstädten der sprachlichen und kulturellen Großregionen ein obermetropolitaner Rang zu, der mit dem Namen Patriarchat bezeichnet wurde. Es waren dies die Städte Alexandrien für Ägypten, Antiochien für

Syrien, Rom für den lateinischen Westen, Jerusalem – mehr ehrenhalber – für das Heilige Land und zuletzt Konstantinopel für den griechischen Osten. Wie schon die Metropolen sich in Anlehnung an die Provinzeinteilung entwickelt hatten, so bildeten sich die Patriarchate in Entsprechung zu den Sprach- und Kulturräumen, deren Sondertendenzen sich auf diese Weise auch im Kirchlichen auszuformen begannen.

c) Amt als Dienst

In gewisser Weise trug die Kirche einen Zug an sich, wie man ihn auch im antiken Staat vorfindet, »den Charakter einer objektiven und öffentlichen Ordnung« (H. E. Feine). Wie sich die Kirche im Großen als öffentliche Ordnung etabliert hatte, so auch in ihren einzelnen Ämtern. Vom Amtsträger wurde ein bestimmtes Maß an Befähigung und Ausbildung verlangt. In der Amtsausübung sollte die eigene Person hinter den Amtserfordernissen zurücktreten bzw. ganz im Sinne des Amtes wirken; hinsichtlich des Kirchenbesitzes war der Amtsträger immer nur Sachwalter, der das ihm anvertraute Gut niemals als sein eigen betrachten durfte, sondern im Gegenteil mit dem während seiner eigenen Amtszeit persönlich erworbenen Gut noch weiter vermehren sollte. So war die kirchliche Verfassungs- und Amtsstruktur von einem sachwalterischen und – dem Christentum viel wesentlicher – von einem dienenden Geist durchdrungen. Verlangt waren sowohl Befähigung wie auch Einsatzbereitschaft, verboten hingegen Interessendurchsetzung zugunsten der eigenen Person oder auch der eigenen Familie. Wegen der stets naheliegenden Versuchung, daß ein Amtsträger eben doch Eigen- und Familieninteressen befördern könnte, sollten alle Familienbande gelöst werden. Schon von jedem, der wahrer Christ werden wollte, verlangte das Neue Testament, Vater und Mutter, Bruder und Schwester zu verlassen und sich in die größere christliche Familie der geistlichen Brüder und Schwestern einzuverleiben (Mt 19,29). An die Stelle der Blutsverwandtschaft trat die Glaubensverwandtschaft, an die Stelle der leiblichen Verwandtschaft die geistig-geistliche Verwandtschaft. Dies alles galt in erhöhtem Maß für die Amtsträger. Die Kirchenverfassung war darum nicht personenverbandlich oder familiar, sondern oft pointiert antifamiliar, eben »öffentlich«.

5. Die Herausbildung des Papsttums

a) Primat

Nachdem sich das weitgezogene Netz der Bischofssitze knotenpunktartig um Metropolen und Patriarchate zentriert hatte, stellte sich schärfer auch die Frage nach der Kirchenspitze, und darauf erhob Rom den Anspruch. Der römische Bischof war der einzige Patriarch der lateinischen Kirche des Westens. Vor allem konnte er in wahrhaft einzigartiger Weise das Traditionsprinzip der apostolischen Sukzession für sich in Anspruch nehmen: Rom war die Gründung gleich zweier Apostel, des Petrus wie des Paulus, wobei Petrus als Apostelfürst sogar noch den Vorrang vor allen anderen Aposteln hatte und folglich seine römische Gründung allen anderen Apostelkirchen voranzustellen war. Diesen Anspruch auf den Primat hat Rom, wenn auch zunächst nur ansatzweise, seit der Mitte des 3. Jahrhunderts erhoben. Die übrigen Patriarchate, die alle zum Osten gehörten, fanden sich aber nur zur Anerkennung eines römischen Ehrenprimats bereit. Nichtsdestoweniger verfochten die römischen Bischöfe des 4. und 5. Jahrhunderts mit sogar wachsender Entschiedenheit einen gesamtkirchlichen Vorrang und begründeten damit erst eigentlich die mittelalterliche Papstgeschichte.

Papst Damasus I. (366–384) nannte den römischen Bischofssitz die ›sedes apostolica‹, den Apostelsitz schlechthin. Für den Westen wurde ihm kaiserlicherseits die Gerichtshoheit über alle Kirchen zuerkannt, aber er verlangte dieselbe auch für den Osten. Seinen theologischen Argumenten gab Damasus eine stärker rechtlich verpflichtende Form, wodurch die juristische Behandlung von Kirchenfragen ein herausstechendes Kennzeichen der päpstlichen Verwaltung wurde. Der Nachfolger Siricius I. (384–399) übernahm von der kaiserlichen Kanzlei den Dekretalstil. Ganz wie die Kaiser erließen fortan die Päpste obrigkeitlich verordnete Anweisungen und Entscheidungen, die sog. Dekretalen, und machten dabei keinen Unterschied zwischen ihren Dekretalen und einem Synodaldekret – ein Vorgehen, das für die weitere Steigerung der Papstautorität eine überragende Bedeutung erlangen sollte und die spätere päpstliche Superiorität über die Konzilien vorbereitete. Innocenz I. (402–417) sprach zum erstenmal die Forderung aus, daß alle Kirchen des Westens, weil von Petrus und seinen Nachfolgern gegründet, sich in Glaube, Liturgie und Disziplin der römischen Petruskirche zu unterwerfen hätten. Wichtiger noch war, daß Streitigkeiten um ›Dinge größeren Gewichts‹, um ›causae maiores‹, nach Rom berichtet werden sollten, damit der Papst darüber entscheide. Die eigenständige Entscheidungsbefugnis der gesamtkirchlichen Konzilien wie auch der metropolitanen Synoden blieb dabei unangetastet; die Papstgewalt hatte dort bestenfalls bestätigenden Charakter. Nur bei Strittigkeit konnte – nicht: mußte – die Papstautorität den Ausschlag geben. Aber in Anbetracht der Eigendynamik der so mächtig sich entfaltenden Petrusdoktrin kam es rasch dahin, daß diese zuerst nur subsidiäre Letztgültigkeit immer mehr als universelle Überlegenheit interpretiert wurde. Die Nachfolger, der nur kurz amtierende Zosimus (417–418) sowie Bonifatius I. (418–422), führten die aufsteigende Linie konsequent weiter: Die Päpste besitzen ihre oberstrichterliche Stellung dadurch, daß sie ›Erben Petri‹ sind, wirklich an die Stelle des Erstapostels treten und diesen in ihrer Amtsführung wirken lassen. Weil der ›Apostelfürst‹ selbst, der princeps apostolorum, im Papst wirkt, besitzt dieser, wie es jetzt erstmals heißt, den ›principatus‹, ein Ausdruck, der sonst nur für die Kaisergewalt benutzt wurde. Dieser Principat gilt für die Gesamtkirche, für den Westen wie den Osten. Jeder, der sich von dieser gottgesetzten Ordnung der Kirche und ihrem wahren Leiter Petrus lossagt, trennt sich vom Glauben: ›Es ist gewiß‹ – so Bonifatius –, ›daß Petrus den Kirchen des gesamten Erdenkreises gleichsam das Haupt ihrer Glieder ist‹, und ›wer gegen ihn in Verachtung sich erhebt, wird nicht Bewohner des Himmelreichs sein können. Dir, so sprach der Herr [zu Petrus], werde ich die Schlüssel des Himmelreichs geben, das keiner ohne die Gunst des Pförtners betreten wird‹. Dies sind nun vollends Töne, wie sie im Mittelalter noch oft erklingen werden. Mit Leo I. (440–461) erhielt die Papstidee »ein für die Alte Kirche einmaliges Ausmaß« (H. J. Sieben), reklamierte er doch der ›Vollgewalt‹ (plenitudo potestatis) über die ganze Kirche mitsamt ihren Patriarchen und Bischöfen. Diese Fülle leitet sich von Christus selbst her, der sie Petrus und durch ihn dem Papst mitgeteilt hat; dieser wird damit zum ›vicarius Christi‹ (Stellvertreter Christi).

So nimmt der Papst unzweifelbar den Vorrang ein. Er bleibt gleichwohl immer an die vorgegebene Tradition gebunden. Seine Aufgabe heißt Lernen von den Aposteln und Vätern sowie Verkündigung ihrer Lehre, keinesfalls aber die Definition »neuer« Lehren. Mit dem berühmten ›dogmatischen Brief‹ an das Konzil von Chalcedon verstand sich Leo nur als Wahrer der Tradition. Sowohl im Blick auf das römische Petruserbe wie auch auf die wahren Konzilien hatte der apostolische Stuhl die einmal gefällten Entscheidungen als unumstößliche Gesetze zur Geltung zu bringen.

b) Papst und Konzil

Rom als neues geistliches ›caput orbis‹ (Haupt des Erdkreises) – das mußte auch Folgen für die Konzilien haben. Hierbei sind mehrere Ebenen zu unterscheiden: obenan die großen Konzilien auf Reichsebene, dann die Synoden der Teilkirchen mit dem Patriarchen an der Spitze und zuunterst die Provinzialsynoden mit dem Metropoliten. Die großen gesamtkirchlichen Konzilien wurden vom Kaiser einberufen. Die im 4. und 5. Jahrhundert so gewichtig hervortretende Petrusdoktrin führte nicht dazu, daß die Päpste das Berufungsrecht der Universalkonzilien für sich beansprucht hätten. »Es muß mit Nachdruck hervorgehoben werden, daß gegen die kaiserliche Berufung von Konzilien weder im 4. noch im 5. Jahrhundert von irgendeiner Seite Einspruch erhoben wurde. Im Gegenteil, kein zeitgenössischer Papst hatte je das Recht beansprucht, daß er selbst ein allgemeines Konzil einberufen könnte« (W. Ullmann). Die petrinische Doktrin führte auf einen anderen Weg, nämlich die Autorität des Konzils der päpstlichen Autorität neben-, ja unterzuordnen.

Für Leo den Großen ist »das Konzil nicht der wesentliche Ort oder das wesentliche Instrument der Tradition; ... die authentische ›Verkündigung‹ des Evangeliums ist eben dem Lehrprimat des Römischen Stuhls anvertraut« (W. Ullmann). Diese Papsthoheit intendierte keineswegs eine Entwertung der Konzilien, auch nicht derjenigen auf Provinzebene. Der von unten her sich aufbauende konziliare Instanzenweg sollte weder beseitigt noch überhaupt durchbrochen werden: Erste Instanz sind die Bischöfe einer Provinz; sofern ihnen die Lösung mißlingt, ist die überprovinzielle Synode zuständig und zuletzt dann der Papst, wobei dessen Eingreifen aber wiederum zuerst auf eine synodale Lösung abzielen soll, nötigenfalls durch ein Reichskonzil. Erst nach dem Versagen aller synodalen Lösungsversuche fällt dem Papst die Entscheidung zu. Diese letztgültige Vollmacht scheint also zunächst nur subsidiärer Natur zu sein, gründet letztlich aber in der privilegierten Tradition des römischen Stuhls. Im Kern hat sie als direktes Petrus-Erbe zu gelten und ist darum allen sonstigen Traditionen wie auch jedem Konzil überlegen.

c) Kanon 28 von Chalcedon

Auf dem Konzil von Chalcedon (451) erfuhr das Papsttum in der spontan bekundeten Zustimmung der Konzilsväter zu Papst Leos entscheidendem ›Dogmatischen Brief‹ ein Höchstmaß an Ehrung: ›Petrus hat durch Leo gesprochen.‹ Zugleich aber beschloß dieses Konzil in seinem berühmten 28. Kanon, dem Stuhl von Konstantinopel die gleichen Vorrechte zu gewähren, wie sie bereits der römische Stuhl besitze, da Neu-Rom und Alt-Rom als Kaiserstädte gleichen Rang besäßen. Der Petrus-Primat war damit übergangen. Der sofortige Protest der päpstlichen Legaten vermochte das Konzil nicht von seiner Erklärung abzubringen, und obwohl Leo den Kanon in feierlicher Form verurteilte, blieb derselbe dauernder Bestandteil der ostkirchlichen Geschichte.

d) Christliche Romanitas

Für die weitere Entwicklung ist sodann wichtig geworden, daß Leo auch Vorstellungen und Begriffe einer neu interpretierten Romanitas propagierte: Roms wahre Patrone sind Petrus und Paulus, nicht mehr Romulus und Remus, und an die Stelle des Imperiums von Macht und Gewalt tritt das christliche Reich des Friedens. Wie einstmals von Rom die Kaisermacht sich ausbreitete, so jetzt die wahre Lehre Jesu Christi. Die römische Kirche wußte sich dabei für alle Völker verantwortlich und zeigte sich sofort auch aufnahmebereit für die eingedrungenen Barbaren. Tatsächlich sollte die päpstliche Romanitas wesentlich die neue nachantike Völkergemeinschaft des Abendlandes mitbegründen helfen. Leo wie seinen Nachfolgerpäpsten kam dabei zugute, daß die Kaisergewalt im Westen verschwand und die Päpste ideell in dieses Vakuum eindringen konnten.

e) Päpstliche Vikariate

Weil die Zugehörigkeit der Balkanprovinzen zwischen West und Ost wechselte und die Päpste dort die westorientierte Jurisdiktion aufrechterhalten wollten, ernannte Innocenz I. (402–417) den Bischof von Thessalonike zu seinem Stellvertreter und vertraute ihm die besondere Sorge über die Kirchen Illyriens an. Es war eine weitgespannte Vollmacht: Ohne die Zustimmung des Papstes durfte keine Bischofserhebung vorgenommen werden; auch konnte der Vikar Synoden berufen und sie zu Entscheidungen veranlassen; vor allem aber war er gehalten, wichtige Angelegenheiten nach Rom weiterzuleiten. Ein gleiches päpstliches Vikariat errichtete Papst Zosimus (417–418) in Gallien; hier wurde der Bischof von Arles der Stellvertreter. Für die weitere Papstgeschichte waren diese Vikariate insofern von besonderer Bedeutung, als sie wichtige Beispiele von päpstlich delegierter Jurisdiktion wurden. Im Zusammenhang mit den Vikariaten entstand der zur Bestärkung der Papsthoheit über Metropoliten und Bischöfe vielzitierte Satz: ›vices enim nostras ita tuae credidimus caritati, ut in partem sis vocatus sollicitudinis, non in plenitudinem potestatis‹ (wir haben Euer Liebden unsere Stellvertretung für einen Teil der Hirtensorge anvertraut, nicht für die Fülle der Gewalt).

f) Ergebnis

Wenn wir die geschilderte Entwicklung resümieren, so ist die beträchtliche Veränderung der Kirchenorganisation nicht zu übersehen: weg von der synodalen Verfassung mit ihrer Communio-Struktur und hin zur hierarchisch-monarchischen Papstkirche. Dabei wird man sich dem Eindruck von der imponierenden Entfaltung des Papsttums im 4. und 5. Jahrhundert kaum entziehen können. Wenn irgendwo, dann hat hier die Papstidee eine konsequente Entfaltung genommen: »Es wird wahrscheinlich wenige Institutionen geben, die mit ähnlicher Dynamik, Wucht und Zähigkeit von ihr einmal als richtig erkannte Rechtssätze – letztlich auf Glaubenslehren und biblischer Interpretation beruhend – so rigoros vertraten« (W. Ullmann).

6. Kirche und Kaiser

a) Konstantinische Wende

Mit Konstantin brach für die Kirche ein neues Zeitalter an. Doch hat sich der Kaiser, der bekanntlich erst auf dem Sterbebett die Taufe empfing, nicht eigentlich »bekehrt«. Wohl wollte er sich als Christ verstehen, aber das darf nicht darüber hinwegtäuschen, daß er in seiner religiösen Vorstellung letztlich nur den Gottesnamen austauschte: Was zuvor von den heidnischen Gottheiten erhofft und erwartet wurde, sollte nun der Christengott erfüllen. Ebenso hielt Konstantin an der alten Kaiseridee fest und wechselte auch hier kaum mehr als die Kultformen. Er verstand sein Kaisertum weiterhin als sakral; in der Kirche wähnte er sich keineswegs als Laie, sondern als ›Bischof des Äußeren‹ (episkopos ton ektos). Der Gott der Christen entsprach seinem monotheistischen Gottesbild, wie er es für die Einheit des Reiches und vor allem auch für seine Monarchie als notwendig erachtete. In himmlisch-irdischer Entsprechung sollte die Monarchie des einen hohen Himmelsgottes die monarchische Herrschaft auf Erden legitimieren: ein Gott – ein Kaiser – eine Religion – ein Reich. Ganz nach alter römischer Weise faßte er dabei Religion und Staatsräson als zusammengehörig auf, so daß ihm weiterhin die oberste Sorge auch um die Religion zukam. Wenn das Christentum von Konstantin, bei durchaus voller Toleranz gegenüber den Heiden, wohlwollend gefördert wurde, so geschah dies gutenteils in den überkommenen Formen kaiserlicher Kultfürsorge, die nun auch den Christen zuteil wurde. »Im Grunde handelt es sich um eine Ausweitung von Privilegien, die den heidnischen Priesterkollegien eigen waren, auf die christlichen Diener Gottes« (P. Stockmeier). Freilich mußte Konstantin dabei doch auch auf typisch christliche Forderungen eingehen, und diese waren nicht zuletzt sozialpolitischer Art: die Anerkennung der in der Kirche vorgenommenen Freilassungen von Sklaven zum vollen römischen Bürgerrecht, die Ermöglichung einer öffentlich anerkannten Schiedsgerichtsbarkeit der Bischöfe, das Gebot der allgemeinen Arbeitsfreiheit am Sonntag und das Verbot, bei Verurteilten das Antlitz, weil Gleichnis himmlischer Würde, durch Brandzeichen zu schänden.

Die Erwartung aber, der neue Glaube werde sich als moralische und vor allem als einheitsstiftende Kraft für das Reich auswirken, wurde enttäuscht. Statt dessen mußte Konstantin sich mehrfach mit schweren innerkirchlichen Konflikten befassen, die beizulegen sogar mißlang. Die nordafrikanische Kirche hatte sich im Donatismusstreit gespalten, und alle Versuche der Befriedung scheiterten. Zudem geriet bald die ganze Kirche über die von Arius aufgeworfene Frage nach Jesu Gottessohnschaft in Streit; auch hier suchte Konstantin, getreu der ihm obliegenden Sorge für die Religion, eine friedliche Lösung herbeizuführen. Er berief die Bischöfe 325 nach Nicaea, eröffnete das Konzil, legte die Tagesordnung vor, wachte über den Verlauf und lieferte möglicherweise sogar das zentrale Stichwort ›homoúsios‹ (vgl. § 8, 3 a), das dann in die dogmatische Definition einging, aber keine bleibende Einigung brachte. Wie schon Konstantin, so griffen noch stärker seine Söhne in die innerkirchlichen Parteiungen ein und unterstützten zeitweise die Arianer, bis dann Theodosius I. (379–395) wieder die nicaenische Richtung förderte und damit dem Arianismus das Ende bereitete.

b) Ambrosius und die Kaisergewalt

Die kaiserliche Religionspolitik, wie sie die Christen im 4. und 5. Jahrhundert erlebten, stellte ihnen ganz neue Probleme: die Kirche war Staatskirche geworden. Vieles schien dabei zunächst ganz förderlich. Die christlichen Bischöfe wurden Personen von öffentlichem Rang und Belang, denen die offiziellen Vertreter der alten Religion bald nachstanden. Nach der noch toleranten Heidenpolitik Konstantins setzten dessen Söhne die Staatsgewalt gegen die alten Kulte ein: Verbot heidnischer Opfer und Bilderverehrung, Schließung von Tempeln, Einstellung der staatlichen Subventionen für die alten Priesterschaften – und dergleichen Repressalien mehr. Unter Theodosius wurde im Jahre 380 – übrigens aus rein kaiserlicher Verfügungsvollmacht – die ganze Reichsbevölkerung auf ›die vom Apostel Petrus überlieferte Religion‹ verpflichtet und im Jahre 391/92 der heidnische Kult gänzlich verboten. Die Christen, wiewohl sie selber einmal unter einem unduldsamen Staat gelitten hatten, akzeptierten, ja begrüßten dieses intolerante und oft sogar gewaltsame Vorgehen.

Zugleich aber mußten sie erfahren, daß die Kaiser in die innersten Angelegenheiten ihres Glaubens eingriffen, und so wurde die Frage laut, was denn der Kaiser überhaupt in der Kirche zu schaffen habe. Bei der Klärung des beiderseitigen Verhältnisses erlangte Ambrosius (374–397), Bischof der Residenzstadt Mailand, eine entscheidende und in seinen Ideen grundsätzliche Bedeutung, indem er eine innere Autonomie für die Kirche forderte. Der Bereich des Dogmas sei dem kaiserlichen Zugriff entzogen, ja mehr noch, der Kaiser sei hier der Kirche unterworfen und habe ihr dienstbar zu sein. Kaiserliche Aufgabe sei es, mit politischen Mitteln die kirchlich-dogmatische Wahrheit durchzusetzen.

Folgerichtig brachte Ambrosius Kaiser Gratian (375–383) dazu, in Rom der von Symmachus angeführten heidnischen Opposition die Wiederaufstellung des senatorischen Victoria-Altares zu verweigern, und später hat er Theodosius I. (379–395) davon abgehalten, eine von Christen unrechtmäßig zerstörte Synagoge wieder aufzubauen. Gleichzeitig aber beharrte Ambrosius darauf, daß in Glaubenssachen die Bischöfe zu entscheiden hätten; hier gelte, daß der Kaiser nur über Paläste, nicht aber über die Kirche herrsche und in Dingen der Ewigkeit auf die Bischöfe zu hören habe. Ein durch das ganze Mittelalter zitiertes Exemplum statuierte Ambrosius mit der öffentlichen Kirchenbuße, die er dem Kaiser Theodosius für dessen drakonische Bestrafung der aufsässigen Stadt Thessalonike abforderte. Indem der Kaiser die Buße annahm, war klargestellt, daß er in der Kirche nur ein Laie war und sich wie jeder Christ ihrer Bußforderung zu unterwerfen hatte.

Ambrosius hat auf diese Weise bewirkt, daß die Westkirche eine eigene »Staatstheorie« gewann: Er ist »der Wegbereiter der abendländischen Kirchenfreiheit« geworden (E. Dassmann). Andererseits sollte dadurch nicht eigentlich eine Trennung von Kirche und Staat proklamiert werden. Ausgehend von der sowohl bei Christen wie Heiden selbstverständlichen Verknüpfung von Staatswohl und Kult ist für Ambrosius eine grundsätzliche Trennung von Kirche und nunmehr christianisiertem Reich unvorstellbar. Es gibt zwischen Imperium und Sacerdotium trotz relativer Distanz dennoch wesentliche gemeinsame Ziele. Dabei hat der christliche Kaiser auf Weisung der Kirche die Pflicht, seine Machtmittel für kirchliche Zwecke zur Verfügung zu stellen, wie andererseits die Kirche herrscherliche Macht zu legitimieren bereit ist.

c) Zwei-Gewalten-Lehre Gelasius' I.

Papst Gelasius I. (492–496) hat hundert Jahre später der westlichen Auffassung von Kirche und Reich eine zugespitzte Formulierung gegeben: ›Zwei sind es nämlich..., durch die an oberster Stelle diese Welt regiert wird: die geheiligte Autorität (auctoritas) der Bischöfe und die kaiserliche Gewalt (potestas).‹ Gelasius wollte eine Kompetenzenscheidung: die beiden Gewalten sollten nebeneinander stehen und gleichzeitig sich ergänzen; gleichwohl maß er der ›geheiligten Autorität der Bischöfe‹ das größere Gewicht zu. Diese gelasianische »Zwei-Gewalten-Lehre« ist die Magna Charta des mittelalterlichen Papsttums genannt worden. Aber erst im Hoch- und Spätmittelalter sollte aus der geistlichen Höhergewichtung eine hierokratische Papstallmacht abgeleitet werden. Wurde also im Westen zwischen Kirche und Kaiser »eine relative Distanz bei relativer Gleichheit der Ziele« (N. Brox) hergestellt, blieb im Osten die traditionelle Herrscherauffassung in Geltung: Der Kaiser war Herr des Reiches wie auch der Kirche; er war, wie es bald hieß, ›basileus‹ (Kaiser) und ›hiereus‹ (Priester) zugleich. Wenn der Westen den Kaiser gleichfalls als ›Priester‹ gelten ließ, so nur noch im eingeschränkten Sinn: »Die Denkfigur des Priesterkönigs – des rex-sacerdos – bedeutete nichts anderes, als daß der Kaiser der öffentliche Hüter des Glaubens war, worin sich ganz offenbar der letzte Rest des altrömischen Pontifex (maximus) erhalten hatte« (W. Ullmann).

d) Rechtskodifikationen

Ein Vermächtnis, das in seiner Wirkung auf das Mittelalter und selbst noch auf die Moderne schwerlich überschätzt werden kann, sind die spätantiken Rechtskodifikationen.

Kaiser Theodosius II. († 450) ließ die seit Konstantin erlassenen Konstitutionen, etwa 3400 an der Zahl, sichten und systematisch bzw. chronologisch ordnen. Das Werk, von dessen 16 Büchern die ersten fünf nur bruchstückhaft überliefert sind, behandelt – im einzelnen nicht ohne Inkonsequenzen und Nachlässigkeiten – das öffentliche Recht, so das Staats- und Verwaltungsrecht, in geringerem Maß auch das Privat- und Kirchenrecht; die spätantike Tendenz zum Vulgarrecht und zur Partikularisierung der öffentlichen Gewalt ist dabei unverkennbar. Theodosius II. setzte den Codex 438 für den Osten und Valentinian III. († 455) für den Westen in Geltung.

Die wichtigste Rechtssammlung ist das von Justinian I. (527–565) angelegte ›Corpus Iuris Civilis‹. Es enthält mehrere Teile: die 50 Bücher der ›Digesten‹ (lat.: digerere – abhandeln, ordnen; auch ›Pandekten‹ genannt) sind eine Zusammenstellung von »Falllösungen« aus Juristenschriften der klassischen Zeit des 1. bis 3. Jahrhunderts. Nach Justinians Angaben soll die bearbeitende Kommission etwa 2000 Bücher mit 3 Millionen Zeilen ausgewertet haben. Zum Corpus zählt ferner der ›Codex Iustinianus‹, der – zum Teil den ›Codex Theodosianus‹ einschließend – ›Constitutiones‹ der Zeit von Hadrian (117–138) bis zum Jahre 538 enthält, die auf 12 Bücher mit 765 Titeln verteilt sind und dabei auch Kirchenrecht behandeln. Die weiter zu nennenden ›Institutiones‹, die ›Unterweisungen‹, sind Lehrbücher zum Rechtsstudium. Die ›Novellae‹ endlich, die mehrheitlich bereits griechisch abgefaßt sind, enthalten die ›neuen Gesetze‹, die nach Abschluß der vorgenannten Werke noch erlassen wurden.

Die Rechtskodifikation Justinians hat nicht nur das Recht der Antike gesammelt und bewahrt, es blieb Vorbild bis in die Moderne, erweislich schon an den zahlreichen, nach Herrschern benannten Rechtskodizes. Im Mittelalter nahm das akademische Rechtsstudium zu Bologna seinen Anfang damit, daß man im ›Corpus Iuris Civilis‹ – diese Bezeichnung kam damals erst auf – und dabei vor allem in den ›Digesten‹, für die im Westen gerade noch eine (bis heute erhaltene) Handschrift vorhanden war, ein rational begründetes Recht vorfand. Für das Staat/Kirche-Verhältnis wurde dieses Corpus dadurch höchst bedeutsam, weil es die dem Osten geläufige Kaiserhoheit auch über Kirchendinge lebendig erhielt und mit dem durch das ganze Mittelalter als vorbildlich angesehenen römischen Recht immer wieder aktualisierte.

7. West und Ost

Im 4. wie auch im 5. Jahrhundert sehen wir ein lebendiges gesamtkirchliches Gemeinschaftsbewußtsein, das immer noch wie selbstverständlich von West bis Ost reicht. Doch sind in den beiden Reichshälften bereits deutliche Anzeichen für eine kirchliche wie theologische Eigenentwicklung zu beobachten. War im Westen ursprünglich auch das Griechische eine weithin und selbst in Rom verbreitete Kirchensprache gewesen, so verschwand dieses im 4. Jahrhundert, in Rom spätestens unter Papst Damasus I. (366–384). Gravierender noch wirkten andere Unterschiede: Der Westen dachte weniger spekulativ und leistete kaum einen Beitrag zu den großen dogmatischen Auseinandersetzungen. Es überwog das Praktisch-Ethische und das Verfassungsmäßig-Juristische. Fragen der Gnade, der Buße und überhaupt der Soteriologie wie weiter auch der Kirchen- und Ämterverfassung standen im Vordergrund. In den konziliaren Auseinandersetzungen verhielt sich der Westen konsequent nicaenisch, weswegen Papst Leos berühmte ›Dogmatische Epistel‹ durchaus in einer größeren Linie zu sehen ist. Mit der nach 400 im Reich endgültig gewordenen Scheidung in ein West- und Ostreich vertieften sich auch die kirchlichen Differenzen. Unterschiedlich wurde bereits das Verhältnis zum Imperium selbst gehandhabt. Die Bischöfe des Ostens erwiesen sich gegen ihre Kaiser im allgemeinen als willfähriger. Demgegenüber hielt die westliche Kirche, ganz betont aber das Papsttum, auf Eigenständigkeit. Nach dem Erlöschen des westlichen Kaisertums erwuchs mit der äußeren Distanz bald auch ein inneres Unverständnis gegenüber den sakralen Ambitionen der Kaisergewalt. Dennoch trennte sich das Papsttum nicht vom Osten. Im Gegenteil, die Päpste waren existentiell auf den Schutz angewiesen, den die Ostkaiser ihnen zu leihen bereit waren. Gleichwohl beanspruchten sie, sogar in zunehmendem Maße, die höchste Gewalt auch über die Kirche des Ostens. Nicht Einzelfragen schufen die eigentlichen Probleme, vielmehr entzündeten sich diese immer wieder an dem viel grundsätzlicheren Dissens, daß sich zwei geradezu unvereinbare Auffassungen gegenüberstanden: das kaiserliche Konstantinopel gegen das petrinische Rom. »Es waren nicht, wie noch immer gelegentlich behauptet wird, Machtstreben, Ehrgeiz, Herrschsucht, Geltungsgier, die Rom und Konstantinopel auseinanderbrachten. Rom und Konstantinopel sind einfach kurzschriftliche Ausdrücke für grundverschiedene Ausgangspositionen und Ziele« (W. Ullmann).

8. Das Judentum

Das Judentum übertraf im Römischen Reich zunächst in mancherlei Hinsicht das Christentum, so an Zahl und vor allem in der Rechtsstellung als ›erlaubte Religion‹ (religio licita). Die frühen christlich-jüdischen Auseinandersetzungen gingen um eine dogmatische Abgrenzung, wobei anfangs »das Christentum keinesfalls einen antijüdischen Kampf als solchen betreiben wollte« (B. Blumenkranz); für die Juden nämlich wurde am Ende der Tage eine Bekehrung erhofft, und deshalb sollten sie in ihrer Existenz nicht angegriffen werden. Während die dem Christentum nach 313 gewährte Toleranz zunächst Gleichheit schuf, erfuhr das Judentum durch die christlich beeinflußte Gesetzgebung seit der Mitte des 4. Jahrhunderts immer mehr Beschränkungen und eine Verringerung des Rechtsschutzes: Untersagt wurde die Öffentlichkeit des jüdischen Kultes; zum Judentum übertretende Personen verloren ihr Vermögen, während zum Christentum konvertierende Juden ihren vollen Besitz behielten; Juden durften keine christlichen Sklaven erwerben und mußten taufwillige Sklaven freigeben; jüdisch-christliche Mischehen standen unter Strafe; endlich durften Juden keine öffentlichen Ämter einnehmen. Im ganzen freilich zielte das spätantike Recht immer noch darauf ab, den Juden einen Rechtsschutz zu erhalten. Wie schwierig dies allerdings werden konnte, zeigte sich an den Synagogen, deren Bestand gesetzlich gesichert war, aber unter dem Einfluß bedeutender Theologen und Bischöfe – so des Ambrosius bei Kaiser Theodosius I. – unterlaufen werden konnte.

2. Kapitel: Die westlichen Teilkirchen

Wie schon das Reich in seinen kulturellen und sprachlichen Großräumen bestimmte Regionalisierungen kannte, so zeigte auch die Kirche besondere Charakteristika in ihren Großregionen. Für das westliche Christentum sind vor allem die geographischen Großräume zu nennen. Nordafrika war die Heimat des christlichen Lateins; zudem leistete es mit Augustinus († 430) den wichtigsten Beitrag zur westlichen Theologie, wie es weiter auch eigene kirchliche Verfassungsstrukturen ausbildete. Gallien brachte in der Spätantike eine reiche christliche Literatur hervor. Es war ferner das Land, in dem das Christentum, wiewohl nicht ohne Schädigungen durch die Völkerwanderungszeit, direkt ins Mittelalter überging. Italien stand, abgesehen vom Norden, unter dem dominierenden Einfluß Roms und der Päpste und blieb für die Westkirche das eigentliche Land der institutionellen und auch bildungsgeschichtlichen Kontinuität. Spanien lieferte seinen wichtigsten Beitrag zum Mittelalter erst später, in der Zeit der westgotischen Herrschaft.

Die Regionalisierung stellte eine besondere Herausforderung für das Christentum dar, wußte es sich doch von seinem Ursprung her strengstens zur Einheit verpflichtet: ›Ein Herr, ein Glaube, eine Taufe, ein Gott und Vater aller‹ (Eph 4,5 f.). Hatten sich im Osten mit den regionalen Tendenzen bald schon dogmatische Sonderlehren verbunden, so waren es im Westen nur mehr liturgische und disziplinäre Eigenentwicklungen. Die religiöse Einheit zerbrach in den westlichen Großprovinzen erst, als die arianisch gewordenen Germanenstämme eigene Reiche schufen. Als wichtiger Förderer der Einheit wirkte im Westen das Papsttum.

§ 9 Das Christentum in Nordafrika

1. Geschichte

Der mit Afrika bezeichnete Raum der römischen Provinzen der Spätantike umfaßt die heutigen Gebiete von Marokko bis Libyen. Dieser Raum bildete im Bewußtsein der antiken Bevölkerung eine Einheit, obgleich er in sieben Provinzen aufgeteilt war. Da infolge der römischen Siedlungspolitik ein Großteil der lateinisch sprechenden Bevölkerung der westlichen Reichshälfte in Nordafrika lebte, ergab sich sehr bald ein eigenständiges Selbstbewußtsein gegenüber dem italischen Mutterland. Dieses Selbstbewußtsein übertrug sich mit einer gewissen Selbstverständlichkeit auch auf die christliche Kirche.

a) Anfänge

Die erste sichere Nachricht über das Vorkommen christlicher Gemeinden in Nordafrika liefern die Akten der Märtyrer von Scili. Diese starben am 17. Juli 180. Den Akten läßt sich entnehmen, daß um 180 das Christentum über Karthago hinaus auch bereits in ländlichen Gegenden verbreitet war. Ebenso zeigen die wenig später entstandenen Schriften Tertullians († nach 220) eine breit entfaltete und gleichzeitig schon zerstrittene christliche Kirche. Eindeutig läßt sich nicht mehr feststellen, woher das Christentum in Nordafrika seinen Ursprung hatte. Frühe Väter-Aussagen deuten eher auf einen östlichen Ursprung, auf den kleinasiatischen Raum hin. Andererseits zeigen die bereits von früh an sehr engen Beziehungen zu Rom, namentlich die Übereinstimmungen in der Liturgie, daß auch römischer Einfluß wirksam war. Dies ist um so mehr verständlich, als Nordafrika seit republikanischer Zeit Siedlungsland für entlassene römische Soldaten war und von daher eine enge Bindung zum italischen Mutterland bestand. Doch sind Legenden über Missionsreisen des Petrus oder anderer Apostel nach Nordafrika sämtlich unhistorisch und spät. Auch die Versuche von Innocenz I. und Gregor I., den apostolischen Ursprungsort als Ausgangspunkt der Mission auf Nordafrika zu übertragen, sind ohne historischen Wert. Insgesamt ist festzustellen, daß das nordafrikanische Christentum hinsichtlich Theologie wie Kirchenorganisation einen eigenständigen Typus darstellte.

b) Drei Phasen

Die christliche Geschichte Nordafrikas läßt sich grob in drei Phasen gliedern. Die erste Phase erstreckt sich von den unbestimmbaren Anfängen bis hin zur Entstehung des donatistischen Schismas in Karthago in den Jahren 311/12. Sie ist gekennzeichnet durch missionarische Aktivität und die Herausbildung der kirchlichen Organisation. Die Missionierung erfolgte offensichtlich von Stadt zu Stadt. Dem altkirchlichen Grundsatz entsprechend ›eine Stadt – ein Bischof‹ lassen sich um 250 sicher 87 Bischofssitze nachweisen, und für 340 wird man etwa 250 annehmen dürfen. Am zahlreichsten sind die Bischofssitze in der Nähe von Karthago, am stärksten ausgeprägt in der Provinz Africa Proconsularis und in Numidien. Die altkirchlichen Ämter – Bischof, Presbyter, Diakon – erscheinen dabei vollständig ausgebildet. Deutlich ist zudem die Ordination und damit der klare Unterschied von Klerus und Laien bezeugt.

Die zweite Epoche der nordafrikanischen Kirchengeschichte reicht von der donatistischen Spaltung bis zum Wandalen-Einfall 429. Entstanden ist das donatistische

Schisma im Anschluß an eine umstrittene Bischofswahl in Karthago von 311. Die Weihe des Diakons Caecilian wurde angefochten mit dem Hinweis, daß mindestens einer der weihenden Bischöfe ein Traditor, der in der Verfolgung christliche Bücher herausgegeben habe, gewesen sei. Wenig später wählte eine Gruppe von numidischen Bischöfen den Lektor Maiorinus zum Gegenbischof, dessen Nachfolger Donatus († um 355) dann dem nun eintretenden Schisma den Namen gab. Die Vorgänge in Karthago allein dürften nicht kirchentrennend gewesen sein. Was der Auseinandersetzung zwischen Katholiken und Donatisten jedoch ihre Härte gab, erklärt sich daraus, daß der Donatismus versuchte, das altkirchliche Heiligkeitsideal der vorkonstantinischen Kirche durchzuhalten. Der Donatismus entwickelte keine eigenständige Theologie, sondern verschärfte nur den in Nordafrika ohnehin schon vorhandenen Rigorismus. Da einer theologischen Diskussion angesichts der verhärteten Fronten nur wenig Erfolg beschieden war, verordnete der römische Kaiser 411 nach einem Religionsgespräch in Karthago die Rückkehr der Donatisten in die katholische Kirche. Formal wie ein Rechtsprozeß abgewickelt, wurden die Donatisten nun nach Abschluß dieses Prozesses teilweise mit staatlicher Gewalt in die katholische Kirche zurückgeführt mit der Folge, daß nach 412 kaum noch donatistische Aktivitäten festzustellen sind. Wahrscheinlich haben Donatisten und Katholiken nebeneinander hergelebt und sich bei Sedisvakanz eines Stuhles wieder vereinigt. Später haben sich donatistische Gruppen gelegentlich der wandalischen Erobererschicht angeschlossen.

Mit der Eroberung Nordafrikas durch die Wandalen (ab 429) wurde die dritte Phase der afrikanischen Kirchengeschichte eingeleitet. Die arianischen Eroberer lebten neben der katholischen romanisierten Urbevölkerung. Beide Kirchen hatten eigene, voll ausgebildete Kirchenorganisationen. An der Spitze der wandalischen Kirche stand ein vom König ernannter Patriarch. Liturgie und Riten wurden in der Landessprache gefeiert. Die wandalische Kirche weist schon Züge des Eigenkirchenwesens (vgl. § 5,1) auf. Eine friedliche Koexistenz beider Kirchen war nicht möglich, da anders als im staatlichen Zusammenleben ein Ausgleich zwischen Arianismus und Katholizismus nicht gelingen konnte. Auch Religionsgespräche, wie das unter Hunerich von 484, erreichten weder die Unterwerfung der Katholiken noch eine Einigung. Die Unterdrückungs- und Verfolgungsmaßnahmen der wandalischen Könige führten ebensowenig zum Erfolg, trugen jedoch ihren Teil zur Schwächung des nordafrikanischen Christentums bei. Die letzte Phase endete mit der byzantinischen Rückeroberung unter Justinians Feldherrn Belisar 525. Doch läßt sich über das Christentum dieser letzten Zeit nur wenig Sicheres sagen, da religiöse und staatliche Geschichte weitgehend auseinandertraten. Die politische Geschichte des byzantinischen Nordafrikas war gekennzeichnet durch die Bemühungen, die Autonomiebestrebungen der verschiedenen nomadisierenden Berberstämme einzudämmen. Die lateinische Kirche vermochte noch unmittelbar auf diese Stämme einzuwirken, was aber nur das weitere Auseinanderfallen von religiösem und staatlich-wandalischem Bereich deutlich zu machen vermag. Über das Christentum der Berberstämme ist Näheres nicht bekannt. Mit dem Aratursturm verschwand die nordafrikanische Kirche als geschichtsmächtige Größe.

2. Organisation

a) *Provinzialverbände*

Die Organisation der nordafrikanischen Kirche kennzeichnen zwei Elemente: Das erste ist in der engen Anlehnung der kirchlichen Einteilung an die politische Provinzgliederung zu sehen. Mit Ausnahme eines abweichenden Grenzverlaufs der Provinz Africa Proconsularis waren staatliche und kirchliche Provinzialgrenzen identisch. Jede dieser staatlich-kirchlichen Provinzen bildete ein eigenes kirchliches System mit einem Primas an der Spitze aus. Dieses Amt nahm grundsätzlich der ältestgeweihte Bischof wahr, weswegen das Primatialrecht nicht an eine bestimmte Stadt gebunden war. Allerdings bildete sich in der Provinz Africa Proconsularis bereits sehr früh ein gewisses Vorrecht des Bischofs von Karthago heraus; dank eines nur hier entwickelten Gewohnheitsrechtes war er Primas und wuchs kraft des Ansehens seiner Bischofsstadt immer stärker in den Rang eines Gesamtprimas für Nordafrika hinein. Allerdings kamen diesem Primas kaum Vorrechte jurisdiktioneller Art zu.

b) Synoden

Am deutlichsten zeigt sich die Rolle des Primas in einer Einrichtung, welche die nordafrikanische Kirche als einzige der westlichen Kirchen in dieser Art ausgebildet hat, dem regelmäßigen Abhalten von Partikular- und Gesamtsynoden, die als die zweite Besonderheit des nordafrikanischen Christentums anzusehen sind. Analog den römischen Provinziallandtagen und nicht ohne deren Einfluß entwickelte die nordafrikanische Kirche die Übung, jährlich zweimal ein Provinzialkonzil einzuberufen. Die Leitung dieses Provinzialkonzils stand dem Primas der Provinz zu. Dieser mußte auf die Einhaltung der Konzilsbeschlüsse achten; zugleich war er Appellations- und Schlichtungsinstanz für eventuelle Streitigkeiten. Neben den jeweils im Frühjahr und im Herbst stattfindenden Provinzialkonzilien gab es noch das jährlich zusammentretende Plenarkonzil für ganz Afrika unter der Leitung des Primas von Karthago. Die mit deutlicher Kontinuität durchgeführte Konzilsübung schuf eine besondere Geschlossenheit und damit auch Eigenständigkeit der nordafrikanischen Kirche. Für die Entwicklung des Kirchenrechts wurde dabei ein bestimmter Konzilsbrauch wichtig. Die nordafrikanische Kirche hat mit peinlicher Genauigkeit die auf den Konzilien gefaßten Beschlüsse gesammelt, sie in eigenen kirchlichen Archiven registriert und diese Beschlüsse jeweils zu Beginn eines neuen Konzils verlesen lassen. Dadurch entstand ein immer stärker anwachsender Aktenapparat, der schließlich nach Sammlung, Systematisierung und Neuordnung verlangte. Die bald einsetzenden Aktensammlungen lassen leider nur wenig vom historischen Verlauf erkennen, veranschaulichen jedoch den großen Beitrag der nordafrikanischen Konzilien zur Entwicklung des Kirchenrechts. Der Schwerpunkt der Konzilstätigkeit lag auf der kirchlichen Praxis und auf der Herausbildung eines disziplinierten Klerus sowie eines bewährten Gemeindelebens. Insofern ist es nicht überraschend, wenn die nordafrikanischen Konzilien, abgesehen von den Entscheidungen im pelagianischen Streit, keine Kanones doktrinärer Art vorzuweisen haben, sondern sich nur mit »disziplinären Fragen« beschäftigen.

c) Episkopalismus

Die Konzilsaktivität der nordafrikanischen Kirche läßt diese Kirchenprovinz als einen buntgemischten Fleckenteppich relativ autonomer Bischofssitze erscheinen. Nordafrika ist das Paradebeispiel eines episkopalistischen Kirchenmodells; ja es bietet in mancherlei Hinsicht sogar das großartigste Bild einer frühchristlichen Bischofskirche. Allerdings sind ihr auch Schatten nicht fremd, denn Tertullian berichtet bereits, daß die Gemeinden jedesmal einer Bischofswahl entgegenzitterten, da dies eine Gelegenheit für ehrgeizige Elemente sei, sich nach vorne zu schieben. So liegt in diesen autonomen Bischofskirchen auch gleichzeitig der Keim des Verfalls, und das nordafrikanische

Christentum bietet allzuoft das Bild einer völlig zerstrittenen, über Generationen hinweg sich bekämpfenden Kirche. Nicht zuletzt trugen diese fortdauernden Querelen dazu bei, daß das blühende nordafrikanische Christentum später dem andrängenden Islam keinen Widerstand leisten konnte und spurlos aus der Geschichte verschwand.

3. Theologie

Fragt man nach dem eigenständigen Beitrag der westlichen Kirche zur Theologie in der Väterzeit, so muß auf Nordafrika verwiesen werden. Vor dem 5. Jahrhundert hat in der westlichen Kirche nur Nordafrika bedeutende Theologen hervorgebracht. Andere Theologen der westlichen Kirche, wie etwa Irenäus, stammen aus dem Osten. Drei Themenkreise kennzeichnen die nordafrikanische Theologie, die mit drei großen Namen verbunden sind, mit Tertullian, Cyprian und Augustinus. Die mit ihnen zusammenhängenden großen theologischen Fragenkreise sind an das Mittelalter weitergegeben worden und haben die westliche Theologie bis hin zum Konzil von Trient mitbestimmt. Wenn man die westliche Kirche so zu charakterisieren versucht, daß sie – anders als die Ostkirche – weniger an Fragen der theologischen Spekulation als vielmehr an Fragen des praktischen Christentums interessiert gewesen sei, so findet diese Globalcharakterisierung zunächst eine eindringliche Bestätigung in den großen Theologengestalten Nordafrikas. Gleichzeitig ist in diesem Urteil auch der Grundzug nordafrikanischer Kirchenpraxis und Frömmigkeit treffend mit ausgesagt. Fragen der Nachfolge, des Martyriums, der Buße und der Bewährung im täglichen Leben, Fragen der richtigen Ordnung der Kirche und der kirchlichen Autorität beschäftigen die Diskussionen auf den Konzilien und die theologischen Schriftsteller.

a) Tertullian († nach 220)

Mit dem ersten hier zu nennenden Theologen, mit Tertullian, tritt ein Grundproblem der nordafrikanischen Kirche und eine Grundfrage christlichen Glaubens überhaupt ins Bewußtsein: die Frage nach dem Wirken des Geistes in der Kirche und dem Verhältnis des Geistes zu den gewählten Amtsträgern. Anders ausgedrückt ist es die Frage nach der Heiligkeit des einzelnen und der Kirche. Tertullian löste für sich dieses Problem eindeutig, da er den sündenvergebenden und heiligenden Geist von der kirchlichen Autorität abkoppelte und zum Montanismus übertrat. Das nordafrikanische Christentum selbst entschied diese Frage erst mit Augustinus, indem dieser den geistvermittelnden Amtsträger zu einer bloß instrumentellen Figur bestimmte und damit ein hohes Maß an Sicherheit für den Sakramentenempfänger erreichte. Die bleibende Bedeutung Tertullians für die christliche Theologie liegt darin, daß er gegenüber aller Laxheit das Anliegen der Glaubwürdigkeit von Glauben und Leben eindringlich aufgezeigt hat. Es ging ihm – wie später allen mönchischen und rigoristischen Richtungen – um die Erhaltung der alten Märtyrertradition. Der Abwehrkampf der Kirche gegen den Montanismus ächtete nicht nur für immer den Namen Tertullians, sondern hatte zur fatalen Konsequenz, daß mit der Ablehnung der freien Prophetie auch der Geist und das Geistwirken in der Kirche mißtrauisch betrachtet wurden. Da gleichzeitig mit der Ablehnung des Montanismus die Rolle der Frau als Trägerin prophetischer Ideen geächtet wurde, wurde hier der westlichen Kirche als Erbe das Mißtrauen gegenüber Frauen und dem Geist mitgegeben.

b) Cyprian († 258)

Cyprian ist der Theoretiker des Bischofsamtes. Ganz in den Bahnen Tertullians wandelnd, lieferte er keinen eigenständigen theologischen Beitrag. Er schuf vielmehr nur eine Mentalität und eine Spiritualität des Bischofsamtes, welches die Einheit der Kirche garantieren sollte. In seiner Schrift ›De unitate ecclesiae‹ geht es ihm um die Amtskompetenz und um die Ausgewogenheit der einzelnen Amtsträger und Gliedkirchen untereinander. Mit der Person Cyprians kam erneut die Frage nach der Heiligkeit der Kirche auf. Nordafrika lehnte jede Heilswirksamkeit einer Taufe außerhalb der katholischen Kirche ab, und Cyprian vertrat diese Auffassung bis zum Konflikt mit dem römischen Bischof Stephan.

§ 10 Augustinus († 430)

Die westliche abendländische Theologie gipfelt in Augustinus. In ihm ist die gesamte nordafrikanische Tradition versammelt. Aber er wirkte weit darüber hinaus: Er ist der Vater der abendländischen Theologie geworden.

Es gibt keinen Theologen, der das abendländische Christentum so umfassend geprägt hat wie Augustinus. Mit ihm tritt eine der östlichen Theologie ebenbürtige Form westlicher Theologie in die Geschichte. Er war und ist im abendländischen Denken allgegenwärtig, so daß auch die Philosophie nicht an ihm vorbei kann. Das Christentum katholischer wie protestantischer Tradition hat die Grundpositionen augustinischer Theologie, speziell was Kirchen-, Sakramenten- und Gnadenlehre angeht, im Grundmuster bis heute festgehalten. Er ist einer der wenigen Theologen, der den Titel eines Genies zu Recht verdient. Die nordafrikanische Tradition vor ihm war überwiegend an Fragen praktischer Lebensführung interessiert und hatte einen rigoristischen, stark alttestamentlich geprägten Grundzug. Tertullian und Cyprian haben jene Fragen aufgeworfen, die dann in Augustinus eine spekulativ formulierte und biblisch begründete Antwort erhielten. Dabei ist Augustinus' Theologie untrennbar mit der nordafrikanischen Tradition und mit seinem eigenen Leben verwoben.

1. Biographie

Augustinus wurde am 13. 11. 354 als Sohn des heidnischen Vaters Patricius und der aus berberischem Geschlecht stammenden christlichen Mutter Monnika in Thagaste geboren. Der Vater blieb ohne bestimmenden Einfluß, um so prägender wirkte seine Mutter auf ihn ein. Augustinus ist eines der großen »Mutterkinder« der Geschichte. Hochbegabt, studierte er in Thagaste, Madaura und Karthago. Hier stieß er auf Ciceros verlorengegangene Werbeschrift für die Philosophie, den ›Hortensius‹. Er erfuhr dadurch ein erstes Bekehrungserlebnis und trat zum Manichäismus über. Am Ende seiner Zeit in Karthago aber wandte er sich, enttäuscht über die geringe Bildung und die phantastische Mythologie der Manichäer, von ihnen ab. Die berufliche Neuorientierung führte ihn nach Mailand. Dort begegnete ihm der Bischof Ambrosius, dessen Predigten ihn mit neuplatonischer Geistigkeit und allegorischer Schriftauslegung bekannt machten. Damit gewann Augustinus die Möglichkeit, einen geistigen Gottesbegriff zu denken. Der Platonismus wurde für ihn die bestimmende Denkform. Im August 386 bekehrte Augustinus sich zum christlichen Glauben und wurde in der Osternacht 387 durch Ambrosius getauft. Als er 391 zum Priester und 395 zum Bischof von Hippo geweiht wurde, war sein Leben zur Ruhe gekommen. Er verließ Hippo bis zu seinem Tode (28. 8. 430) nur noch, um an nordafrikanischen Konzilien teilzunehmen oder in Seelsorgsangelegenheiten der Kirche.

2. Theologische Leistung

Augustinus' Leben und Werk ist durch drei große Auseinandersetzungen bestimmt, die, obwohl sich überschneidend, ungefähr nach Zeit und Thema folgendermaßen eingeteilt werden können: a) antimanichäische Epoche bis 395 mit dem Thema Geist, b) antidonatistische Epoche bis 415 mit dem Thema Kirche, c) antipelagianische Epoche bis 430 mit dem Thema Gnade.

Gegenüber dem Dualismus der Manichäer wies Augustinus die innere Widersprüchlichkeit des dualistischen Denkens auf und stellte heraus, daß Gott Geist und keineswegs mit Materie behaftet sei. Die Gewinnung des Geist-Begriffes erlaubte ihm auch, in der Spekulation der Gottes- und Trinitätslehre einen eigenen westlichen Beitrag zur Trinitätslehre und zur Christologie zu liefern. In der Auseinandersetzung mit dem Donatismus betont Augustinus eindringlich (und auch einseitig) die Allwirksamkeit Gottes bei der Sakramentenspendung. Der Priester gilt ihm nur als ein vermittelndes Instrument, denn ob das Rohr, durch welches Wasser fließt, aus Blei oder aus Gold ist, bleibt unerheblich; entscheidend ist der Fluß des Wassers. So ist es Christus, der tauft, nicht der Amtsträger. Augustinus wird nicht müde, diesen Gesichtspunkt gegenüber den Donatisten zu betonen. Damit hat er zwar ein hohes Maß an Sicherheit für den Sakramentenempfänger erreicht, doch bleibt die Gefahr, daß das Anliegen der Glaubwürdigkeit der kirchlichen Amtsträger hierbei zu kurz kommt. Mit dieser Position hat Augustinus den alten, zwischen Cyprian und Stephan schwelenden Streit eindeutig entschieden und der römischen Position zum Siege verholfen.

Als am 14. August 410 Alarichs Goten Rom eroberten, löste dieses Ereignis einen Kulturschock in der gebildeten Welt aus. Augustinus sah sich aufgerufen, dem heidnischen Vorwurf, der Fall Roms sei Folge der Abkehr von den alten Göttern, entgegenzutreten, und schrieb sein großangelegtes Werk ›De civitate Dei‹ (413–426). Dieses Opus magnum enthält eine Geschichtstheologie, welche die gesamte Menschheit in zwei große Staaten aufteilt, in die ›Civitas Dei‹, der diejenigen angehören, die Gott lieben und nicht der Selbstliebe verfallen sind. Ihr gegenüber steht die ›Civitas diaboli‹, der alle jene angehören, welche die Selbstliebe der Gottesliebe vorziehen. Beide Größen sind nicht identisch mit Staat und Kirche. Zur ›Civitas Dei‹ gehören alle, die um der Wahrheit willen leiden, und sie beginnt schon mit Abel. Zur ›Civitas diaboli‹ gehören alle, welche der ›Herrschsucht‹ (libido dominandi) verfallen sind; sie beginnt mit Kain. Die in De Civitate Dei entwickelte Geschichtstheologie schuf eine neue konkurrierende Größe zur Kirchenlehre. Augustinus überschritt mit dieser Geschichtskonzeption die Grenzen der Ekklesiologie.

Im Gefolge der Flüchtlinge, die nach dem Fall Roms nach Afrika kamen, erschien auch ein Mann, mit dem die heftigste Auseinandersetzung in Augustinus' Leben beginnen sollte: Pelagius († nach 418). Mit seinem Namen wurde und ist – zu Unrecht – eine fälschliche Gnadenlehre verbunden. Pelagius, der konservative Denker, betonte im Einklang mit der Tradition, daß die Schöpfung die erste von Gott gewährte Gnade sei und der Mensch im Vertrauen auf die Schöpfung den Anfang des Guten selbst legen könne. In der Bestreitung der Gutheit der Schöpfung durch Augustinus vermag er nur einen Rückfall in manichäische Irrlehre und die Gefahr des Dualismus sehen. Augustinus' eigener Lebensweg hingegen, der ihn ohne eigenes Zutun zum Guten geführt hatte, scheint eine andere Erfahrung dokumentieren zu wollen. Für ihn ist alles Gnade. Er faßt seine Lebensdevise zusammen in dem Wort: ›da quod iubes et iube quod vis‹ (gib, was du befiehlst, und dann befiehl, was du willst). In der Bestreitung dieser Auffassung durch Pelagius und seine Schüler sah Augustinus sein Lebenswerk bedroht. Die Kontroverse war das Zusammenprallen unterschiedlicher, letztlich nicht zu vereinbarender Erfahrungen und theologischer Konzepte. Augustinus ist in diesem Streit der »fortschrittlichere« Denker, denn er bringt gegenüber der Tradition Neues. Aber seine Gnadenlehre ist in ihrer Schärfe von der Kirche nicht akzeptiert worden. Widerspruch kam bereits zur Zeit des Augustinus von den Mönchen zu Hadrumetum (Nordafrika) und bei Marseille. Das Positive, welches mit Augustinus' Gnadenlehre neu heraufkam, war die an Paulus gewonnene und an Paulus gemessene Herausstellung der Wirksamkeit der Gnade Gottes. In der zweiten Phase der Auseinandersetzung mit den Pelagianern verlagerte sich die Diskussion zu den Fragen von Erbsünde und Kindertaufe. In Julian von Eclanum erwuchs Augustinus zum erstenmal ein bedeutsamer, fast ebenbürtiger Gegner. Augustinus wurde durch Konsequenzenmacherei geradezu genötigt, eine doppelte Prädestination zum Guten wie zum Bösen anzunehmen. Zwar hat er diese nirgendwo ausdrücklich gelehrt, doch stand er von Erfahrung wie theologischer Aussage her am Rande dieser Lehre.

Zur Charakterisierung Augustinus', aber auch zum Verständnis seines Nachwirkens ist es wichtig, die Grunderfahrungen seines Lebens wie auch die theologischen Schwerpunkte seines Denkens zu umschreiben.

3. Grunderfahrungen

Bestimmend für das Lebensgefühl des Augustinus bleibt der Dualismus. Augustinus ist ein innerlich zerrissener Mensch. Seine Biographie kann deshalb zu Recht als ein Fortschreiten von einem zum nächsten Dualismus bezeichnet werden: vom materialistischen Dualismus der Manichäer über den geistigen Dualismus der Platoniker hin zu einem johanneisch-paulinisch geprägten Dualismus. Er hat wie kein zweiter die Verfallsstimmung der Spätantike in sich gespürt und zu artikulieren vermocht. Als zweite zentrale Grunderfahrung des Augustinus muß das Erlebnis des Todes genannt werden. Dies ist so dominierend, daß daraus eine Gesamtdeutung der augustinischen Theologie und Persönlichkeit versucht werden kann. Die dualistische Weltdeutung – der Mensch ist in das Dasein des leeren Scheins geworfen – wird hier in der persönlichen Todeserfahrung noch einmal verinnerlicht. Fortan spricht Augustinus immer wieder vom Tod, der dieses Leben durchzieht, vom Leben, das eher ein Tod zu nennen ist. Mit dieser Wegwendung vom Außen und von der Geschichte geht Hand in Hand eine Hinwendung zur Innerlichkeit, zum Raum der Erfahrung in der Memoria. Die große Gedächtnisanalyse in den ›Confessiones‹ (10,8–26) beschreibt in bisher nicht gekannter Eindringlichkeit den Innenraum des Menschen als den Ort der eigentlichen Erfahrung. Im Gedächtnis überschreitet der Mensch die sinnenhafte Welt und kann bis zur Erfahrung Gottes gelangen. Das Äußere, die Geschichte, bleibt letztlich unwichtig und ist nur noch Anlaß für Erkenntnis und Erfahrung. Wer so der äußeren Stützen beraubt ist, für den wird die Frage der Sicherheit – vor allem wie man Sicherheit gewinnen kann – zum zentralen Problem. Das Suchen nach einer Sicherheit garantierenden Autorität durchzieht darum das gesamte augustinische Werk. Von der engen Bindung an seine Mutter, die für ihn die Kirche verkörpert, über die Problematik der Schriftautorität (gegen die Manichäer) und zur Kennzeichnung der wahren Kirche (gegen die Donatisten) bis zur Frage nach Prädestination und unwiderstehlich wirkender Gnade (gegen die Pelagianer) läßt sich dieses Sicherheitsstreben aufweisen. Augustinus ist von daher ein autoritätsbedürftiger Mensch, weil er im Leben zu stark Bodenlosigkeit und Schwanken erfahren hat. Endlich ist Augustinus ein Augenmensch. Im Einklang mit der platonischen Tradition ist das Sehen für ihn Bild der geistigen Betätigung des Menschen. Das Sehen übertrifft alle anderen Sinne, ja diese werden im Sehen zusammengefaßt. ›Worum du dich bemühst, du bemühst dich darum, daß du siehst.‹ Darum auch wird Gott als Schönheit begriffen. ›Spät habe ich dich geliebt, du Schönheit, so alt und doch immer neu, spät habe ich dich geliebt.‹

4. Versuch einer Systematisierung

Aus den skizzierten Grunderfahrungen und der Grundstimmung augustinischer Theologie läßt sich bereits erkennen, welche theologischen Fragen, unabhängig von kirchenpolitischer Aktualität, das besondere Interesse des Augustinus gefunden haben. Dualismus und Todeserfahrung lenken die Aufmerksamkeit auf das Verhältnis von Zeit und Ewigkeit wie auf das Problem der Geschichte. Alle drei Stichworte sind für Augustinus nur Aspekte der einen Frage nach der Wirklichkeit der Welt. Die große Zeitanalyse in Confessiones 11 im Zusammenhang mit der Frage nach der Ewigkeit Gottes und der Schöpfung in der Zeit zeigt eindrucksvoll, wie tief Augustinus von Vergehen und Tod berührt war und dies in philosophischer Analyse zu thematisieren wußte. Aus seiner manichäischen Zeit erwuchs ihm die Frage nach dem guten Gott und der Gutheit der Schöpfung, die es angesichts der vielen Übel zu verteidigen galt. Gnade und Prädestination drängten sich als Fragepunkte angesichts seiner immer stärker werdenden Erfahrungen von der Nichtigkeit der Welt auf. Versucht man, obwohl Augustinus selbst an keiner Stelle sein Denken systematisch zusammengefaßt hat, eine Synthese, so müßte man drei Problemkreise hier nennen: Zunächst einmal stellt sich die Frage nach dem Glück.

Sie ergibt sich für Augustinus im Rahmen der antiken Lehre des ›finis bonorum‹ (höchstes Gut). Seit der Lektüre des ›Hortensius‹ sind für ihn ›beatitudo‹ (Glück) und ›sapientia‹ (Weisheit) identisch. Erkenntnis, Gotteserkenntnis, gründet im Erkenntnisproblem der ›beatitudo‹. Durch Hilfe und Beispiel werden wir zur summa sapientia, welche ›beatitudo‹ ist, hingeführt.

Weiter ist es die Frage nach dem Bösen. Sie wurde Augustinus von den Manichäern aufgezwungen. Die Frage nach der Substanz des Bösen, der Gutheit des Schöpfergottes und seiner Schöpfung, der Freiheit und der Bestimmtheit des Willens hängt mit dieser Frage nach dem ›malum‹ zusammen. Sie gipfelt in der augustinischen Zuspitzung von Gnade und Prädestination. Endlich beschäftigt ihn die Frage nach der Autorität.

Während die beiden ersten Problemkreise Suche (1) und Gefährdung (2) des Menschen erfassen, steht hier die Frage nach der Sicherheit zur Debatte. Die menschliche Vernunft behält durch die göttliche Auctoritas den Anreiz zur Betätigung und gelangt über den Glauben zur Einsicht: ›nisi credideritis, non intelligetis‹ (wenn ihr nicht glaubt, werdet ihr nicht einsehen).

5. Rezeption im Mittelalter

Mit den genannten drei Problemkreisen versuchte man, den Augustinismus zu systematisieren. Ein so vielfältiger und zu jeder Tradition hin offener Denker wie Augustinus ist vom frühen Mittelalter an immer nur partiell rezipiert worden. Die unterschiedlichen zeitlichen Interessen haben jeweils nur einen Teil wahrnehmen lassen, zeigen aber gleichzeitig, wie allgegenwärtig Augustinus im abendländischen Denken gewesen und bis heute geblieben ist. Der Rezeptionsprozeß des Augustinus kann hier im Hinblick auf das Frühmittelalter nur andeutungsweise beschrieben werden; eine Geschichte des Augustinismus des Abendlandes steht noch aus.

a) Gnadenlehre

Widerspruch zu seiner Gnaden-und Prädestinationslehre erfuhr Augustinus schon zu seiner Zeit. Den Mönchen von Hadrumetum mußte jede sittliche Anstrengung angesichts eines prädestinierenden und alles mit seiner Gnade bestimmenden Gottes unnötig erscheinen. Zwar ließ Augustinus die Vorstellung eines allwirkenden Gottes in bestechender Großartigkeit erscheinen, doch entfaltete sie zugleich eine lähmende Wirkung auf die sittliche Anstrengung des Menschen. Insofern ist in der Kirche nie der extreme Augustinismus rezipiert worden. Die um Vincenz von Lérins († vor 450) und das Lériner Mönchtum einsetzende Neuformulierung der augustinischen Gnadenlehre läßt einen faktischen Semipelagianismus als kirchliche Gnadenlehre hervortreten.

b) Amt

Mit diesem Semipelagianismus zusammen geht die augustinische Konzeption des kirchlichen Amtes. Sie ist von großartiger Einseitigkeit, insofern sie die Sicherheit des Sakramentenempfängers herausstellt. Sie muß jedoch immer dann in eine Krise kommen, wenn der vermittelnde Amtsträger selbst dem Anspruch seines Amtes nicht mehr gerecht wird und für seine kirchliche Gemeinde unglaubwürdig erscheint. Die augustinische Amtslehre, die in der Lehre vom ›character indelebilis‹ (unauslöschliches Merkmal) ihre Aufgipfelung fand, konnte darum nur teilweise rezipiert werden und hat endgültig überhaupt erst auf dem Konzil von Trient in der katholischen Kirche Heimatrecht gewonnen.

c) Mystik

Eng verknüpft mit der Gnadenlehre ist eine weltflüchtige Mystik. Die Wurzeln dieser weltflüchtigen Mystik sind eher plotinischer Natur, haben ihre Wurzeln in einem weitgehend entpersonalisierten Gottesbegriff, sind jedoch nichtsdestoweniger ungeheuer wirksam geblieben. Augustinus' Bekehrung ist kein radikaler Bruch mit dem Denken seiner Vergangenheit, sondern eher eine allmähliche Weiterentwicklung. Deshalb hat er auch neuplatonisches Denken, namentlich im Gottesbegriff, in der Kirche heimisch gemacht. Insofern ist Augustinus – wiewohl selbst kein Mystiker – Vater aller weltflüchtigen Bewegungen des Abendlandes geworden.

d) Scholastik

Eher durch ein Mißverständnis kann Augustinus auch als Vater des scholastischen Denkens angesprochen werden. In der Vetus latina wird Jes 7,9 übersetzt: ›Wenn ihr nicht glaubt, so werdet ihr nicht einsehen.‹ Die korrekte, durch Hieronymus († 419/20) in der Vulgata vorgelegte Übersetzung heißt: ›Wenn ihr nicht glaubt, habt ihr keinen Bestand.‹ Augustinus, der alten Übersetzung verpflichtet, schreibt: Der Glaube geht der Erkenntnis voran. Erst im Jenseits werden Erkenntnis und Vollendung des Glaubens geschenkt. Insofern formulierte Augustinus bereits lange vor der Scholastik das Programm ›credo, ut intelligam‹ (ich glaube, damit ich einsehe). Die Geschichte eines fruchtbaren Mißverständnisses könnte man diese aus einer falschen Übersetzung erwachsene theologische Programmatik nennen.

e) Mönchtum

Als letzter bedeutsamer Punkt des Nachwirkens und des Rezeptionsprozesses des Augustinus dürfen seine Bemühungen um das christliche Mönchtum genannt werden. Seiner monastischen Gründung in Hippo hat er selbst eine Regel gegeben. Sein Brief 211 faßt seine Auffassung vom Mönchtum als ›cor unum et anima una‹ (ein Herz und eine Seele, vgl. Apg. 4,32) zusammen. Es ist die Spiritualität der Einzelseele, die in Gemeinschaft mit anderen der Kirche sich überantwortet. Unter Augustinus' Namen ist diese »Augustiner«-Regel im Mittelalter weitgehend Grundlage für die Chorherren geworden.

§ 11 Das Christentum in Italien

1. Rom

Rom, Urzelle und Herzstück des Imperiums, Residenz der Kaiser und Weltstadt von nahezu einer Million Einwohnern, war auch für die Christen Italiens und darüber hinaus des ganzen Westens die wichtigste Stadt. Hier waren die Gräber gleich zweier Apostel, dazu noch der ersten, der ›Apostelfürsten‹ Petrus und Paulus. Unter Berufung auf Petrus vollzog sich in der Spätantike die Ausfaltung der Papstrechte: Der Nachfolger Petri beanspruchte die ›Spitze‹ der Kirchenleitung, sowohl in der Lehre wie auch in der Disziplin. Die von den Päpsten geforderte gesamtkirchliche Oberhoheit betrachtete allerdings der Osten nur als ein »Ehrenrecht«, als eine zwar herausragende, aber nicht letztlich entscheidende Instanz. Sodann übten die Päpste die Metropolitangewalt im mittleren und südlichen Italien aus, wie es Konstantin als ›Italia suburbicaria‹ (neben der nördlichen ›Italia annonaria‹ mit Mailand) ausgegrenzt hatte. Hier beherrschten die Päpste das Synodalwesen, wie sie für dieses Gebiet auch die Bischofsweihen vornahmen (vgl. § 8,5).

a) Christengemeinde

Ihre erste Aufgabe hatten die Päpste als Bischöfe ihrer römischen Gemeinde. Diese dürfte um die Mitte des 3. Jahrhunderts einige Zehntausend Gläubige umfaßt haben; überliefert ist die Zahl von 154 Klerikern, darunter 46 Presbyter. Die Gemeindeversammlungen fanden in größeren Häusern statt, die zunächst noch privat waren, später aber in Gemeindebesitz übergingen. Es waren dies die sogenannten ›Titelkirchen‹, die im Titel den Namen ihrer ehemaligen Besitzer bzw. Stifter führten, später aber auf Heilige umbenannt bzw. umgedeutet wurden. Infolge des massenweisen Zulaufs zur Kirche wuchs die Anzahl der Titelkirchen von sechs gegen Mitte des 4. Jahrhunderts auf fünfundzwanzig zu Beginn des 6. Jahrhunderts. Die Zahl der Presbyter stieg dabei auf siebzig an. Zu je zwei oder drei dürften sie in den Titelkirchen tätig gewesen sein und das Pfarrleben getragen haben; sie standen der Eucharistiefeier (vgl. § 8,1 b) vor und spendeten die Taufe (vgl. § 8,1 a). Die Diakone übten die in der christlichen Gemeinde immer als wesentlich betrachteten Sozialdienste aus (vgl. § 8,1 d). Bereits im 3. Jahrhundert wurde die Stadt in sieben Diakonatsbezirke eingeteilt, und an die 1500 Hilfsbedürftige erhielten karitativ ihren Lebensunterhalt. Unter ihren Märtyrern pflegte die römische Gemeinde besonders das Gedächtnis des Diakons Laurentius

(† 258), der in der Christenverfolgung des Decius die Armen als den wahren Schatz der Kirche bezeichnet hatte und in den Tod gegangen war. Da der Sozialdienst eigentlich Aufgabe des Bischofs war, wirkten die Diakone mit ihm besonders eng zusammen; sie waren seine unmittelbaren Mitarbeiter. Dies hatte zur Folge, daß fast ausschließlich aus dem Kreis der Diakone auch der Bischof gewählt wurde; ohne Priesterordination wurde dem Erwählten sofort die Bischofsweihe erteilt.

Trotz der nicht unbedeutenden Christengemeinde blieb das Erscheinungsbild Roms noch über das ganze 4. Jahrhundert hin heidnisch. Als Stadtpräfekt pflegte nur ein Heide berufen zu werden. Vor allem die Aristokratie hielt noch an der alten Religion fest, deren Kulte allenthalben weitergeübt wurden. Die Gründe für dieses Beharren waren vielfältig: einmal das konservative Kulturbewußtsein und die hergebrachten Standesinteressen, aber auch der Einfluß des Neuplatonismus. Erst nach der Mitte des 4. Jahrhunderts mehrten sich die Bekehrungen aus der Oberschicht. Heidnisch war vielfach auch das Bild außerhalb Roms; die Landbevölkerung übte oft noch lange ihre altvertrauten Kulte aus.

b) Basiliken

Augenfällig trat das Christentum in Rom erst durch die Stiftungen Konstantins hervor. Auf dem Fiskalbesitz des Lateran ließ der Kaiser – offenbar aus Dankbarkeit für seinen Sieg über Maxentius – in einer Bauzeit von fünf Jahren die ›Basilica Constantiniana‹ (griech.: königliche Halle, auch Markthalle) errichten: der erste christliche Großbau mit Abmessungen von 100 Meter Länge und 55 Meter Breite, im Inneren von unerhörter Pracht an Marmor und Edelmetall, im Äußeren allerdings völlig schmucklos. Unter bewußtem Bruch mit der römischen Sakralarchitektur war es nicht mehr ein Tempel für das Kultbild, sondern ein Raumbau für die Versammlung des christlichen Volkes. Diese »christliche (Ur-)Basilika« (H. Brandenburg) konnte sich mit den prächtigsten Bauten des alten Rom messen und sollte es auch. Sie diente fortan als Bischofskirche. Gemäß ihrem späteren Titel ›mater et caput omnium ecclesiarum‹ (Mutter und Haupt aller Kirchen) war sie mit ihrem Baptisterium, in dem die ›Wiedergeburt‹ der Christgläubigen erfolgte, die Mutterkirche der römischen Gemeinde und als Papstsitz die Hauptkirche des Erdenkreises (vgl. § 8,5).

Neben der Lateranbasilika förderte der Kaiser noch weitere Bauten, vor allem über oder bei den Märtyrergräbern: Sant' Agnese an der Via Nomentana, San Lorenzo an der Porta Tiburtina und noch mehrere andere Bauten. Alle aber überragte die Petersbasilika am Vatikan. Hier, irgendwo in den Gärten oder im Circus des Nero, hat aller Wahrscheinlichkeit nach das Martyrium des heiligen Petrus stattgefunden; auf der direkt benachbarten Nekropole am Vatikanischen Hügel fand der Apostelfürst sein Grab, und seit der Mitte des 2. Jahrhunderts erhob sich darüber ein kleines Gedenkmonument. Die von Konstantin wohl nach 324, nach seinem Sieg über den Rivalen Licinius († 325), errichtete Basilika rückte das Petrusgrab in den Fluchtpunkt ihres Großraums; der 119 Meter lange und 64 Meter breite Bau besaß im Westen ein 90 Meter breites Querschiff mit einer Apside, und hier ragte das jetzt kostbar ausgestattete Grabmonument auf, überwölbt noch von einem Baldachin mit vier gedrehten Weinranken-Säulen. Die neue Basilika diente zunächst dem Gedächtniskult, den zu Ehren des heiligen Petrus wie anderer dort Beerdigter abgehaltenen Totenmählern; wir wissen von Gedächtnismählern, welche die ganze Basilika füllten. Später, als diese Mähler der Kritik verfielen, gewannen die Grabbasiliken zunehmend Bedeutung für die Liturgie. Sie übernahmen Seelsorgefunktionen und erhielten teilweise sogar Taufbrunnen. Am wichtigsten aber war, daß sie Anziehungspunkte der Pilger wurden und sich in ihrer Nähe

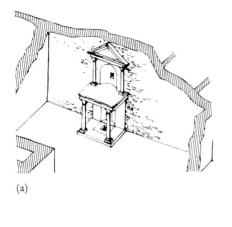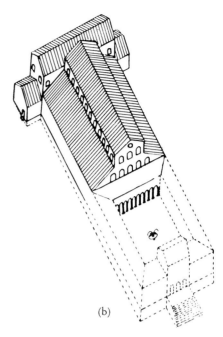

3 Rom, Petrusgrab.
(a) Rekonstruktion der Aedicula aus dem 2. Jahrhundert (nach E. Kirschbaum).
(b) Rekonstruktion des Zustandes der Petersbasilika um 330 (nach R. Krautheimer).

asketische Gruppen niederließen. Die vatikanische Basilika übertraf insofern alle anderen Grabbauten, als das Grab des ersten Apostels und Begründers des Papsttums ein bald überragendes Ansehen gewann und eine entsprechende Verehrung auf sich zog. Ein Gutteil der Papstliturgie verlagerte sich nach Sankt Peter. Die Apsis erhielt ein Mosaik, das Christus und die Apostelfürsten zeigte, wobei Petrus aus der Hand des Herrn die Buchrolle mit dem Gesetz der neuen Lehre entgegennahm. Für den wachsenden Zustrom der Pilger wurde dem Bau im Osten noch ein Vorhof, ein Atrium, angefügt, und so ging er ins Mittelalter über: als Ort päpstlicher Gottesdienste, als vornehmste Pilgerstätte des Abendlandes, als Vorbild auch für Liturgie und Kirchenbau.

Waren die Basiliken des 4. Jahrhunderts von den Kaisern gebaut worden, so zeigt das 5. Jahrhundert eine andere Situation: Rom ist päpstlich geworden. Die Päpste von Damasus bis Leo dem Großen hatten zunehmend stärker die Hoheit des christlichen Rom formuliert: Das ›caput orbis‹ (Haupt des Erdkreises) bildeten jetzt Petrus und Paulus, nicht mehr Romulus und Remus oder die Kaiser. Dies fand seinen Ausdruck auch in der Baugesinnung. Papst Sixtus III. (432–440) vollendete die erste von Päpsten erbaute Basilika, die aus Anlaß der Theotokos-Definition des ephesinischen Konzils von 430 (vgl. § 8,3 b) der Gottesmutter geweiht wurde: Santa Maria Maggiore. Der Bau ist trotz vielfacher Veränderungen im Kern erhalten geblieben, vor allem auch die großartige Mosaikfolge biblischer Szenen an den Hochwänden des Mittelschiffes, Roms ältestesterhaltener christlicher Bilderzyklus. »Das Gebäude und sein Schmuck wirken wie ein Manifest« (R. Krautheimer), sollte doch der Gesamtaufriß mit den jonischen Säulen und der Pilastergliederung der Hochwände an die klassische Antike gemahnen, jetzt freilich im Dienst christlicher Ansprüche.

2. Mailand

In Norditalien fungierte Mailand als die dominierende Stadt: zentral gelegen, Knotenpunkt wichtiger Straßen und im 4. Jahrhundert Kaiserresidenz. Für die Christen war die Stadt wichtig und zugleich denkwürdig: Mit dem Namen Mailand verband sich die ihnen 313 gewährte Toleranz. Mission und Kirchenorganisation erfaßten von hier aus ein weites Umland, ganz Norditalien bis in die Alpengebiete. Die Metropolitenstellung des Bischofs umgriff gleich mehrere Provinzen. In der Zeit, da die Kaiser den Arianismus förderten, wurde Mailand dafür der Vorort. Nach der Rückkehr zur Orthodoxie behielt Bischof Ambrosius († 397) die seinem Sitz inzwischen zugewachsene Stellung bei und nutzte diese Autorität zur Wiederherstellung des nicaenischen Glaubens, sowohl in der Stadt selbst wie weit darüber hinaus bis in die Donauprovinzen. Gegenüber Rom behauptete Mailand eine Eigenständigkeit in der Jurisdiktion wie in der Liturgie; letztere bildete als »ambrosianische Liturgie« ein Glied in der großen gallikanischen Liturgiefamilie.

3. Aquileja

Aquileja, die Stadt mit dem bedeutendsten Hafen an der Nordspitze des adriatischen Meeres, erlebte ihre große Blüte in der Kaiserzeit. Während der Spätantike nahm sie politisch insofern eine Schlüsselstellung ein, als sie einmal den Übergang zwischen Italien und dem Osten beherrschte und andererseits eine Verteidigungsbasis gegen die Barbaren bildete. Seit Beginn des 4. Jahrhunderts war Aquileja Bischofssitz; nach späterer Legende galten der Evangelist Markus und sein Schüler Hermagoras als Gründer. Im Widerstand gegen Diokletian erlitt eine Reihe von Christen das Martyrium. Von Konstantin rühmte sich die Stadt große Vorteile empfangen zu haben. Die nachfolgenden Auseinandersetzungen um den Arianismus konnten nur mit schweren Spannungen in der eigenen Gemeinde überwunden werden. Als gegen 400 die äußeren Gefahren immer sichtbarer hervortraten, fand die Gemeinde in Bischof Chromatius (387–407/8) einen ermutigenden Hirten; 42 Predigten und 59 Traktate zum Matthäus-Evangelium sind von ihm überliefert. Von der Zerstörung durch Attila im Jahre 452 vermochte sich die Stadt nicht mehr recht zu erholen. Aquileja behielt gleichwohl seine Metropolitanstellung und beanspruchte seit dem 6. Jahrhundert sogar die Würde eines Patriarchates. Moderne Ausgrabungen haben bedeutende Teile der alten Stadt freigelegt, dabei auch christliche Kulträume mit reichem Mosaikschmuck.

4. Theologie

a) *Hieronymus († 419/20)*

Hieronymus, 347/48 im heutigen Laibach-Ljubljana (Slowenien) geboren und aus begüterter Familie stammend, studierte in Rom, ließ sich für asketisch-monastische Ideen gewinnen, zog daraufhin in den Osten und lebte acht Jahre in Antiochien, wo er die Werke des Origenes († um 254) kennenlernte. Räumlich wie thematisch war damit sein Leben abgesteckt. Anfang der achtziger Jahre war er wieder in Rom, wo ihn Papst Damasus mit der Revision der altlateinischen Übersetzung des Neuen Testamentes beauftragte, die er 383 abschließen konnte. Im übrigen geriet er in kirchenpolitische Auseinandersetzungen, gewann zudem die Freundschaft hochgestellter Frauen, die er für das Ideal des asketischen Lebens zu begeistern vermochte. Die weiteren Lebensjahre, die er bis zu seinem Tod in Bethlehem verbrachte, wurden entscheidend für seine literarische Tätigkeit. Vor allem hinsichtlich der Bibel hat sich Hieronymus der lateinischen Kirche verdient gemacht. Er besaß eine für seine Zeit einmalige Sprachenkenntnis, die ihn anfänglich aber nur mit Begeisterung für die klassische Literatur erfüllte; nach seiner eigenen Aussage erfuhr er seine Bekehrung in einem Traum, in dem er sich vor Gottes Gericht dem Vorwurf ausgesetzt sah: ›Ciceronianus es, non Christianus‹ (Du bist ein Ciceronianer, nicht ein Christ). Die Schriftauslegung des Origenes mit ihrer »tieferen«, »symbolischen« Sinnerschließung eröffnete ihm den Zugang zur Bibel. Seine Kommentare, die er zu beinahe allen ihren Büchern geschrieben hat, kommen fast ganz von Origenes her. Am wichtigsten sind seine Bibelübersetzungen. Neben der Revision des Neuen Testamentes veröffentlichte er nach 393 eine nach dem Hebräischen (das er aber in Wirklichkeit nicht gründlich kannte) angefertigte Übersetzung des Alten Testamentes. Seine Bibelübersetzung erhielt den Namen ›Vulgata‹, die trotz ihrer Qualitäten noch für lange Zeit im Westen nur neben der älteren und von vielen hochverehrten altlateinischen Übersetzung zu bestehen vermochte. Erst viel später sollte Alkuin, der den Vulgatatext übernahm, der Hieronymus-Übersetzung zum Sieg verhelfen. Sodann ist mit dem Namen Hieronymus – allerdings fälschlicherweise – jenes Martyrologium verbunden, das Heiligenkalender östlicher wie westlicher Provenienz, darunter vor allem denjenigen Roms, zu einem großen Kalender aller Märtyrer und Heiligen zusammenfaßte und dessen Entstehung in die Mitte des 5. Jahrhunderts fällt. Dieser als ›Martyrologium Hieronymianum‹ bezeichnete Kalender wurde die Grundlage des westlich-mittelalterlichen Heiligenkalenders.

b) Ambrosius († 397)

Aus stadtrömischem Adel als Sohn des Prätorianerpräfekten 339 in Trier geboren, wurde Ambrosius 373, damals hoher Beamter und noch ungetauft, von der arianisch zerstrittenen Christengemeinde Mailands zum Bischof erkoren. Zum Lehren gezwungen, noch bevor er selber gelernt hatte, kämpfte er für die nicaenische Orthodoxie, wirkte entsprechend auf norditalische und illyrische Synoden wie auf die dortigen Bischofswahlen ein, nahm am Mailänder Kaiserhof Einfluß auf die große Politik und formulierte dabei die fortan im Westen gültige Idee der Kirchenfreiheit (vgl. § 8,6 b), wie er endlich seiner Gemeinde als vorbildlicher Seelsorger diente, mit – buchstäblich – immer offener Tür. Sozial sich verpflichtend, opferte er sein Vermögen in der Not, so wie sie ihm begegnete: für Arme, Kranke, Verschuldete, Verurteilte und Gefangene, ebenso für unverheiratete Frauen, Witwen und Kinder. In seiner Gemeinde fanden täglich die Eucharistie und, über den Tag verteilt, Wortgottesdienste statt, wobei sonn- und feiertags gepredigt wurde. Für die Liturgie dichtete Ambrosius Hymnen; fälschlicherweise hat man ihm auch den sogenannten Ambrosianischen Lobgesang, das ›Te Deum‹, zugeschrieben. In der Spiritualität monastisch denkend, pflegte er regelmäßige Gebetszeiten, auch des Nachts. Zutiefst bestimmte ihn die Idee der Christusnachfolge wie auch die Idee der ›Mutter Kirche‹. Von der Theologie her gesehen gilt Ambrosius als typischer »Westler«, und wirklich war er mehr ein Mann der Tat als der Spekulation; die ›Wahrheit der Fischer‹ ging ihm über alle Philosophenargumente; in Anlehnung an Cicero schrieb er das erste christliche ›Pflichtenbuch‹ (De officiis). Gleichwohl studierte er griechische Theologie und wurde ein bedeutsamer Vermittler östlichen Gedankenguts. Sein Neuplatonismus und die gleichfalls vom Osten übernommene allegorische Schriftauslegung eröffneten Augustinus den Weg zum Christentum. Dem Mittelalter wurde Ambrosius einer der vier großen Kirchenlehrer.

Die Spätantike

c) Ambrosiaster

Die westliche Kirche hat die Schriften des Neuen Testaments in unterschiedlicher, eigentlich nur selektiver Weise rezipiert. Dies gilt namentlich für die Paulusbriefe. Während die östliche Kirche vornehmlich den Kolosser- und Epheserbrief auslegte, wandte sich die Westkirche dem Römerbrief zu. Aber diese »Entdeckung« ist relativ spät. Pauluskommentare gab es in der westlichen Kirche erst um die Mitte des 4. Jahrhunderts. Danach jedoch setzte die Kommentierung auf breiter Front ein (Marius Victorinus, Pelagius, Hieronymus, Augustinus). Seinen Niederschlag fand dieses neue Interesse in der starken Betonung der Rolle des Paulus neben Petrus als Mitpatron Roms und in der neuen Gnadenlehre des Augustinus. Einer der profiliertesten Paulus-Exegeten ist der sogenannte Ambrosiaster. Ein unbekannter Pauluskommentator, seit Erasmus († 1536) pejorativ als falscher Ambrosius bezeichnet, hat einen Kommentar zu allen Paulusbriefen, den Hebräer-Brief ausgenommen, verfaßt. Daneben muß er wohl auch als Autor der pseudo-augustinischen ›Quaestiones Veteris et Novi Testamenti‹ (Fragen des Alten und Neuen Testamentes) angesehen werden. Der stark dem Literalsinn der Schrift verpflichtete Exeget verschmäht den Gebrauch der allegorischen Methode und ist ganz besonders an rechtlichen Fragen interessiert. Sehr gut kennt er das Judentum seiner Zeit, ebenso manche Einzelheiten über das Heidentum und über heidnische Mysterienreligionen. Theologiegeschichtlich ist der Ambrosiaster schwer einzuordnen, da sowohl der konservative Pelagius als auch der Neuerer Augustinus sich auf ihn berufen können. Er ist in vielfacher Hinsicht ein eigenständiger Theologe, der, römisch denkend und argumentierend, an der Zeitenwende zwischen Pelagius mit seiner Betonung der Paideia und Augustinus mit der Gnadenlehre steht.

§ 12 Das Christentum in Gallien

1. Kirchliche Organisation

Für die konstantinische Zeit dürften in Gallien 25 bis 28 Bischofssitze anzunehmen sein; gegen 400 war das Land schon »mit Bischofssitzen übersät« (E. Demougeot). Damals scheinen nahezu alle 115 Civitates und selbst noch einzelne Castra einen Bischof gehabt zu haben. Eine gesamtgallische Kirchenorganisation, die anderwärts bereits in festgefügten Kirchenprovinzen mit – wie in Afrika – einem Primas bestand, war aber gerade erst in der Entwicklung begriffen, und eine Obermetropole zeichnete sich noch nicht ab. Als dann gegen 400 der Sitz des Praefectus praetorio Galliarum – die zivile Oberverwaltung für Britannien, Gallien, Spanien und das westliche Nordafrika – von Trier nach Arles verlegt wurde, mochte diese neue »Hauptstadt« wie berufen erscheinen, auch die kirchliche Obermetropole zu werden (vgl. § 8,4 a; b).

Während sich anderswo die Zentralstellung des Primas durch den synodalen Zusammenschluß der verschiedenen Metropolen gebildet hatte, griff in den gallischen Entwicklungsprozeß der Papst ein. Zosimus (417–418) sprach dem Arler Bischof bedeutsame Vorrechte zu, freilich in überstürzter Weise, nur wenige Tage nach der Wahl und wohl auch auf suspekte Begründungen hin. Dabei hatte Arles bereits mit der politischen Rangerhöhung zum Präfektursitz sofort auch eine erste kirchliche Aufwertung seitens einer Bischofssynode erfahren, derzufolge die alte Metropole Vienne sich ihre Provinz Viennensis mit der nun gleichfalls zur Metropole erhobenen Arles teilen sollte. Die von Zosimus ausgesprochenen Rechte aber gingen viel weiter: Arles erhielt die ganze Provinz Viennensis, dazu die Narbonensis Prima und Secunda sowie die Alpes Maritimae.

Es war dies nichts Geringeres als die Stellung einer Obermetropole über drei Provinzen mit insgesamt 33 Bistümern. Ferner erhielt der Inhaber des Arler Sitzes das Recht, alle in Gallien notwendigen ›Litterae formatae‹ (die für kirchliche Reisen notwendigen Empfehlungsschreiben) auszustellen, so daß alle kirchlichen Vorgänge in Gallien wie auch der Verkehr mit anderen Provinzen kontrolliert werden konnten. Im Namen des Papstes sollte der Arler Obermetropolit die kirchlichen Verhältnisse in Gallien überwachen und dabei die wichtigeren Entscheidungen an Rom überweisen. Arles erhielt also eine stark vergrößerte (Ober-)Metropolitangewalt und darüber hinaus Rechte, die auf einen gallischen Primat und ein päpstliches Vikariat hinzielten, was insgesamt zweifellos eine bedeutsame, aber eben doch keine volle primatiale Rangerhöhung bedeutete. Die nachfolgenden Päpste freilich hoben diese Privilegierung wieder auf; in jeder Provinz sei der eigene Metropolit zuständig, und die Viennensis solle geteilt bleiben zwischen den beiden Metropolen Vienne und Arles. Nach neuerlichen Auseinandersetzungen bestätigte Papst Leo der Große (440–461) diesen Zustand, wobei die Obermetropolitengewalt, sofern eine solche bei überprovinzialen Synoden notwendig schiene, dem dienstältesten Bischof zukommen sollte – also statt einer zentralen Primatialgewalt eigenständige Metropolitanbereiche mit wechselnder Spitze (vgl. § 9,2).

2. Christliche Literatur

Gallien, das in den ersten drei Jahrhunderten noch ohne jede literarische Bedeutung geblieben war, hat in der Spätantike eine beachtliche christliche Literatur hervorgebracht. Diese überflügelte bereits im 4. Jahrhundert die heidnische Literatur, und sie »übertrifft an Zahl der Autorennamen und der Werke alle übrigen lateinisch sprechenden Provinzen« (W. Speyer).

Literarisch tätig wurden vor allem Bischöfe, die zumeist aus den senatorischen Adelsfamilien stammten und mit den gebildeten Heiden oder auch Halbchristen ihrer Schicht in Verbindung blieben. Die Zentren literarischer Bildung waren in heidnischer wie christlicher Zeit dieselben; sie lagen – mit Ausnahme der Residenz Trier – alle im Süden. Auf den überragenden Hilarius von Poitiers († 367) folgte im 5. Jahrhundert eine lange Reihe bedeutender Autoren. Viele von ihnen standen in Verbindung mit dem Mönchtum, insbesondere mit dem Kloster Lérins und waren auch in die Auseinandersetzungen um den Semipelagianismus verwickelt: Honoratus († 429/30), der Gründer von Lérins und später Bischof in Arles; Johannes Cassianus († 430/35), einer der großen Lehrer des westlichen Mönchtums; Vincenz von Lérins († vor 450) und Faustus von Riez († vor 500) als bekannteste Vertreter des Semipelagianismus, ersterer besonders auch wegen seiner »Traditionsformel« ›quod ubique, quod semper, quod ab omnibus creditum est‹ – (was überall und immer und von allen geglaubt worden ist) bekannt; dann die Verteidiger der augustinischen Gnadenlehre, so Prosper Tiro von Aquitanien († nach 455), der Presbyter Claudianus Mamertus von Vienne († um 474) sowie Julianus Pomerius († nach 498), Verfasser der vielgelesenen Schrift ›De vita contemplativa‹, welche von Bischöfen und Klerikern ein streng asketisches Leben forderte. Ihr Ende fanden die pelagianischen Auseinandersetzungen unter Caesarius von Arles († 542), der im übrigen durch seine Predigten – die heute maßgebliche Ausgabe zählt 238 – als »größter Volksprediger der altlateinischen Kirche« (B. Altaner) in Erinnerung geblieben ist. Als wichtiger Chronist und Deuter des Zeitgeschehens ist der wahrscheinlich in Trier oder Köln geborene Salvian († nach 480) zu nennen, der in Lérins und dann als Presbyter in Marseille wirkte. Sein Hauptwerk, die acht Bücher ›De gubernatione Dei‹ (über die Lenkung Gottes) sind ein kulturgeschichtliches Quellenwerk ersten Ranges, schildern sie doch die Katastrophen der Völkerwanderung, die als vorweggenommene Gottesstrafen für das verderbte Leben der romanischen Katholiken und für die Bedrückung der Kleinen durch die Mächtigen gedeutet werden, demgegenüber die Barbaren trotz ihres Heidentums und ihrer abstoßenden Sitten eher noch zu entschuldigen seien, weil sie wenigstens Gottesfurcht und Anteilnahme für die Armen bewiesen; für Salvian ist das weströmische Reich endgültig am Ende. Aus Marseille ist auch der christliche »Literaturhistoriker« Gennadius († um 500) anzuführen. Des Griechischen kundig und in griechischer Theologie bewandert, kann man ihn als Zeugen eines späten Hellenismus und in seiner Vorliebe für die Theologie seiner gallischen Heimat als Vertreter einer kulturellen Regionalisierung bezeichnen. Ferner ist als Dichter und zugleich Politiker Sidonius Apollinaris († 480/90) hervorgetreten, der

4 Die gallische Kirche im 6. Jahrhundert: Metropolitan- und Bischofssitze.
In Anlehnung an die profane Provinzeinteilung hat Gallien 17 Kirchenprovinzen: 1 Viennensis: Vienna/Vienne – Arelatum/Arles, 2 Narbonensis Prima: Narbo/Narbonne, 3 Narbonensis Secunda: Aquae/Aix, 4 Alpes Maritimae: Ebredunum/Embrun, 5 Aquitania Prima: Bituricae/Bourges, 6 Aquitania Secunda: Burdigalia/Bordeaux, 7 Novempopulania: Elusa/Eauze, 8 Lugdunensis Prima: Lugdunum/Lyon, 9 Lugdunensis Secunda: Rotomagus/Rouen, 10 Lugdunensis Tertia: Turones/Tours, 11 Lugdunensis Quarta: Civ. Senonum/Sens, 12 Belgica Prima: Augusta Treverorum/Trier, 13 Belgica Secunda: Civ. Remorum/Reims, 14 Maxima Sequanorum: Vesontio/Besançon, 15 Alpes Graiae et Penninae: Darantasia (Tarantaise)/Moutiers, 16 Germania Prima: Moguntiacum/Mainz, 17 Germania Secunda: Colonia Agrippina/Köln.

durch Heirat mit dem gallischen Schattenkaiser Avitus verwandt war; bekannt als Verfasser von Carmina und (Kunst-)Briefen, wurde er 469/70, eigentlich gegen seinen Willen, zum Bischof von Clérmont-Ferrand gewählt, verteidigte seine Civitas noch eine Zeitlang gegen die westgotische Besetzung, mußte dafür in die Verbannung gehen, trat aber zuletzt entschieden für eine Versöhnung mit den neuen Herren ein; als Bischof seiner bedrängten Stadt machte sich der stolze Adelsmann, der Sidonius zuvor immer gewesen war, zum Anwalt des Volkes gegen die neuen Machthaber. Von den politischen Umwälzungen wurde auch Alcimus Avitus († 518) betroffen, Metropolit von Vienne und als solcher der erste Bischof im Burgunderreich. Er hinterließ achtzig kirchenpolitisch wie theologisch bedeutsame Briefe (darunter an König Chlodwig zu dessen Taufe), ferner auch Predigten und ein alttestamentliches Epos. Ein letzter Nachfahre spätantiker Bildungstradition, im Grunde aber schon mehr ein Mann veränderter und ins Mittelalter weisender Denkart, ist Gregor von Tours († 594), der das wichtigste Geschichtsbuch für seine Zeit geschrieben hat, eine zehnbändige ›Weltgeschichte‹, die aber in Wirklichkeit mehr eine Frankengeschichte ist und als solche eine unersetzliche Quelle darstellt.

3. Innerkirchliches Leben

a) Gemeinde des Caesarius von Arles († 542)

Situation und Schicksal der spätantiken Kirche in Gallien können beispielhaft an Caesarius von Arles erläutert werden, dem »hervorragendsten gallischen Bischof seiner Zeit« (B. Altaner).

Sein Wirken ist wie ein Zeitspiegel, der das kirchliche Leben, aber auch die politischen Umbrüche und die sich verändernden Lebensverhältnisse reflektiert. Wie so viele seiner Amtskollegen entstammte er einer vornehmen gallo-römischen Senatoren-Familie und erhielt im Kloster Lérins eine mehrjährige geistliche Formung. Seit 502 Bischof, wurde er während seiner langen Amtszeit in die große Politik wie auch in innerkirchliche Konflikte hineingerissen. Hart trafen ihn die zu seiner Zeit auf Arles übergreifenden Auswirkungen der Völkerwanderung. Die Stadt war seit 473 westgotisch, wurde dann 507 ostgotisch und 534 fränkisch. Caesarius hatte sich in dieser Situation zu bewähren; seiner Gemeinde war er der Anwalt vor arianischen wie katholischen Königen und den Armen und Gefangenen ein zu allen Opfern bereiter Helfer. Das damals sich ausbreitende Mönchtum förderte er als Klostergründer und Regelverfasser – er schrieb die erste abendländische Nonnenregel –, wie er endlich auch als Verteidiger der rechten Glaubenslehre und der päpstlichen Oberhoheit auftrat. So war Caesarius zweifellos eine Schlüsselfigur im kirchlichen und politischen Zeitgeschehen. Seine erste Sorge aber galt, wie seine Predigten bezeugen, der eigenen Gemeinde in Arles. Unter seinen Amtsbrüdern, die meist selber nicht mehr predigten, ist er »eine letzte Leuchte der mit der antiken Gesellschaft versinkenden Redekunst« (W. Berschin). Auf einfache Gedanken konzentriert, dabei Erfahrungen und Bilder des Alltags aufgreifend, gab er sich keineswegs anspruchslos, aber doch einer Hörerschaft angepaßt, die von intellektuellen Problemen nicht mehr berührt war. Seine vielfältige Kritik an abergläubischen heidnischen Bräuchen und moralischen Verirrungen diente noch bis weit ins Mittelalter als Vorbild zur Volkspredigt. Uns aber ermöglicht Caesarius einen tiefen Einblick in das Leben einer Gemeinde.

b) Kirchenjahr

Die zuerst im 2. Jahrhundert bezeugte jährliche Osterfeier mit ihrer nachfolgenden fünfzigtägigen Pentekoste wie ebenso der Wochenzyklus mit dem Sonntag als dem wöchentlichen Ostern bildeten bis ins 4. Jahrhundert hinein das Grundgefüge des christlichen Jahresablaufs. Zur Zeit des Caesarius sehen wir dieses Gefüge noch weiter angereichert und vor allem auch konsequenter durchgestaltet.

Ostern, in der ganzen Christenheit das höchste und erste Fest, wird auch in Arles festlicher und freudiger als jedes andere begangen. Die Osternacht feiert man als ›Vigil‹ (Nachtwache), die am Ostermorgen in der Tauf- und Eucharistiefeier kulminiert und noch eine Oktav (Festwoche) im

Gefolge hat. Die anfängliche Vorbereitung mit nur drei Tagen oder einer Woche hat sich zur Quadragesima (40 Tage) ausgeweitet, wobei die letzte Woche die biblischen Passionsberichte vergegenwärtigt und so zur Auferstehungsfeier hinführt. Nach Ostern folgen am 40. Tag Christi Himmelfahrt und am 50. Tag das Pfingstfest. Das Osterfest strukturierte mit diesen seinen vor- und nachgeordneten Zeiten einen guten Teil des Kirchenjahres. Das zweite große Fest, das in den Jahreskreis eingefügt war, besaß demgegenüber ein feststehendes Datum: die Geburt Jesu, gefeiert an dem alten Tag des Sol invictus, an der Wintersonnenwende des 25. Dezember. Dieses Fest ist im 4. Jahrhundert für Gallien noch nicht bezeugt und hat nach seiner Einführung das ältere Fest der Epiphanie (6. Jan.) beerbt, das fortan als ›Dreikönige‹ erscheint. Aus einer ursprünglich vom 11. November bis Epiphanie andauernden Fastenzeit ist der Advent entstanden, begangen als Erwartung der Ankunft des Herrn. So überdeckte zur Zeit des Caesarius eine nach Jesu Lebens- bzw. Heilsdaten geordnete Festreihe, jeweils erweitert um die Vorbereitungszeiten und die nach- folgenden Oktaven, schon gut die Hälfte des Jahresablaufs. Hingegen war der kalendarische Zyklus der Heiligenfeste noch kaum ausgebildet; nur gerade ein gutes Dutzend Heiligentage lassen sich bei Caesarius aufweisen.

c) *Taufe*

An der Ausbildung der österlichen Fastenzeit hat maßgeblich die Taufliturgie mitge- wirkt (vgl. § 8,1a; § 11,1a). Als Sakrament des Glaubens erforderte die Taufe eine besondere Vorbereitung, normalerweise ein mehrjähriges Katechumenat und dann zur unmittelbaren Vorbereitung der endgültig zur Taufe ›Ausgewählten‹ (competentes) die Quadragesima vor Ostern.

Während dieser 40 Tage wurden die Kandidaten vom Bischof in drei Skrutinien (lat.: scrutinare – untersuchen) auf Lebensführung und Glaubensannahme überprüft und dann exorzisiert. Am letzten Sonntag vor Ostern erfolgte die Übergabe des Glaubensbekenntnisses, das der Bischof den Kandidaten auslegte, damit sie es verstehen und auswendig lernen konnten. Die Taufe selbst erfolgte in der Weise, daß der Täufling auf die Frage nach seinem Glauben an den Vater, den Sohn und den Heiligen Geist jeweils mit ›credo‹ (ich glaube) antwortete und dabei untergetaucht bzw. übergossen wurde. Aus dem Taufbecken hinaufgestiegen, vollzog der Bischof an ihm eine Chri- sam-Salbung und eine Handauflegung.

Zur Zeit des Caesarius aber sehen wir diese Taufordnung bereits in der Auflösung. Für Erwachsene geschaffen, galt die Ordnung gleicherweise für die inzwischen überwie- gende Kindertaufe und wirkte dabei weitgehend unangepaßt. So mußte sich Caesarius schon damit zufriedengeben, daß die Kinder wenigstens zehn Tage vor der Taufe ange- meldet wurden und zur Vorbereitung gerade noch eine Handauflegung und Salbung erhielten; weiter mußte er neben den alten Taufterminen an Epiphanie, Ostern und Pfingsten auch Heiligenfeste, etwa den Tag Johannes' des Täufers, zulassen. Schließlich sehen wir noch das Patenamt sich entwickeln. Während ursprünglich die Eltern oder Verwandte stellvertretend für ihre Kleinkinder die Taufantworten gegeben hatten, fin- den sich bei Caesarius eigens dafür bestellte Männer und Frauen, eben die Paten; als ›Miteltern‹ (compater, commater) sollten sie dafür bürgen, daß die Kinder später zum Glauben finden.

d) *Eucharistie*

Die gallikanische Liturgie, die noch vor der römischen den größten Bereich im Abend- land einnahm, zeigt ihre Eigenheiten besonders deutlich in der Eucharistie-Feier (vgl. § 8,1b; § 11,1a), die inzwischen den Namen ›Messe‹ (missarum sollemnia) angenom- men hatte: Es ist die Neigung zu Glanz und Feierlichkeit, zu einer wortreichen, ja überladenen Sprache, dazu in den einzelnen Feiern die Betonung von Anlaß und Fest und theologisch eine bewußt antiarianische Akzentsetzung. Die im 6. Jahrhundert in

Gallien praktizierte Meßliturgie, die bereits weitgehend kodifiziert war, ist nicht zusammenhängend überliefert. Eine wichtige Quelle ist die dem Bischof Germanus von Paris († 576) zugeschriebene ›Expositio missae‹, die aber vielleicht erst im 7. oder frühen 8. Jahrhundert entstanden ist. Am Anfang der Messe stehen mehrere Gesänge: ein antiphonischer Gesang beim Einzug, der andauert, bis der Bischof (oder der zelebrierende Priester) den Altar erreicht und die Gemeinde begrüßt; weiter der Gesang des ›Trishagion‹ (Dreimal-heilig), und zwar griechisch und lateinisch, ferner das zur Zeit des Caesarius eingeführte ›Kyrie eleison‹ sowie das Canticum ›Benedictus‹ (Lc 1, 68–79), auch ›Prophetia‹ genannt. Eine Oration beschließt diesen als Eröffnung zu bezeichnenden Teil. Bei den anschließenden Lesungen folgen Abschnitte aus dem Alten Testament (propheta), den Apostelbriefen (apostolus) und dem Evangelium, wobei erstere durch Märtyrerakten oder Bekennerviten ersetzt werden können. Nach der alttestamentlichen Lesung werden das Canticum der drei Jünglinge im Feuerofen (Dan 3,26 ff.) und ein Responsorialpsalm gesungen. Ein abermaliges Trishagion bereitet das Evangelium vor, das mit größter Feierlichkeit verkündet wird und dem nochmals ein Trishagion folgt. Die Predigt des Bischofs oder auch eine verlesene Väterhomilie geben die Auslegung. Für Caesarius ist das Hören des Gotteswortes so wichtig wie der Empfang der Kommunion. Regelmäßig soll darum sonntags gepredigt werden, in der Fastenzeit möglichst täglich. Caesarius muß allerdings beklagen, daß zur Predigt bereits Gläubige weggingen. Den Abschluß des Wortgottesdienstes bildet das allgemeine Gebet, nach dessen Beendigung die Katechumenen die Kirche zu verlassen haben. In feierlicher ›Verlautbarung‹ (praefatio) werden den Gläubigen, die allein zur weiteren Teilnahme befähigt sind, Sinn und Anlaß der Feier erläutert. Daran schließt sich das ›Gebet der Gläubigen‹ an. Die dann folgende Gabendarbringung ist sichtlich akzentuiert: Alle müssen Gaben mitbringen, die aber schon vor Beginn abzugeben sind und aus denen die zur Eucharistie benötigten Mengen an Brot und Wein ausgewählt werden, die dann Kleriker, begleitet von Gesang, in besonderen Gefäßen zum Altar bringen,

5 Kelch mit Patene (?) von Gourdon (Paris, Cabinet des Médailles).
Der einzige auf dem Kontinent erhaltene vorkarolingische Henkelkelch; er wird auf etwa 500 datiert. Wegen der geringen Ausmaße – nur 7,5 cm hoch – gilt er als Reisekelch.

das Brot in Türmen – vielleicht zusammen mit den konsekrierten Resten von der vorausgegangenen Meßfeier – und den Wein in Kelchen. Alsdann folgt die Verlesung der ›Diptychen‹ (Verzeichnisse) mit den Namen derjenigen, deren Opfergaben ausgewählt worden sind, wie auch derjenigen, für die geopfert wird. In der Regel sind es die Namen der großen Wohltäter, denen mit ihren verstorbenen Angehörigen im sog. ›Post-nomina-Gebet‹ ein besonderer Anteil an der Meßfürbitte eingeräumt wird. Beendet wird die Gabendarbringung mit der Aufforderung, einander den Friedenskuß zu geben. Darauf folgt das Hochgebet mit dem der römischen Präfation gleichgestalteten Gesang der ›Opferung‹ (immolatio) oder ›Bezeugung‹ (contestatio). Es beginnt mit der alten, auch dem jüdischen Gottesdienst geläufigen Aufforderung ›sursum corda‹ (empor die Herzen!), wendet sich dann in feierlichster Form an Gott Vater, spricht ihm für das Heilswerk in Jesus Christus den Dank aus und mündet in den allgemeinen Sanctus-Gesang ein. Ein wechselhaft gestalteter Satz leitet dann, zumeist mit einem bekräftigenden ›vere sanctus‹, zu den Abendmahlsworten weiter, die das verwandelnde Mysterium darstellen. Mit wiederum meist nur einem Satz findet das Hochgebet den Abschluß; oft wird hierin eine Bitte um Annahme der Opfergaben oder auch um die rechte Kommunion ausgesprochen, aber nur selten eine ›Anamnese‹ (Leidensgedächtnis) oder ›Epiklese‹ (Geistanrufung). In kunstvoller Form werden sodann die Brechung des eucharistischen Brotes vorgenommen und das Vaterunser gesungen. Darauf folgt eine der gallikanischen Liturgie wichtige Eigentümlichkeit: die feierlichen Segensrufe des Bischofs für und über sein Volk. Damit aber geht für die Mehrzahl der Teilnehmer der Gottesdienst zu Ende. Zwar folgt noch der Kommunionempfang, doch ist dieser praktisch auf Weihnachten, Ostern und Pfingsten beschränkt; Caesarius möchte zusätzlich noch das Fest Johannes' des Täufers eumpfehlen. Wie schon die sonntägliche Kommunion außer Brauch gekommen ist, so hat es überhaupt den Anschein, daß dem Kommunionempfang in der Frömmigkeit keine herausragende Bedeutung mehr beigemessen wird. Zugleich aber sind die Vorbedingungen zum würdigen Empfang verschärft, so daß beispielsweise Eheleute sich des geschlechtlichen Verkehrs enthalten sollen. Bei der Kommunion selbst wird das Brot mit der Hand (bei den Frauen zusätzlich mit einem Tüchlein) entgegengenommen und der Wein aus einem für das Volk gemeinsamen Kelch getrunken. Wer nicht kommuniziert, erhält eine Eulogie (griech.: eulogein – segnen), ein aus den Gaben ausgesondertes und in der Meßfeier gesegnetes Brot. Als Dauer der gesamten Meßliturgie gibt Caesarius ein bis zwei Stunden an, für die Predigt bis zu einer halben Stunde.

e) Buße

Die altkirchliche Bußordnung (vgl. § 8,1c), die für ›schwere Vergehen‹ (crimina capitalia) nur ein einmaliges Bußverfahren kannte, stand zu Beginn des 6. Jahrhunderts theoretisch noch voll in Geltung, war aber praktisch aus dem Leben in die Sterbestunde abgedrängt. Als schwere Vergehen nennt Caesarius Sakrileg, Mord, Ehebruch, falsches Zeugnis, Raub und – sofern von größerem Ausmaß – auch Diebstahl, Stolz, Neid, Habsucht, Zorn und Trunkenheit. In solchen Fällen hatte der Sünder sich vor seinem Bischof zu bekennen und wurde von der Kommuniongemeinschaft ausgeschlossen (exkommuniziert). Er erhielt eine ursprünglich nicht selten auf Jahre berechnete Buße, die eine eingeschränkte Lebensführung mit Verzicht in Speise und Trank wie auch im Ehevollzug erforderte und positiv zu Almosen, Sozialdienst und Gebet verpflichtete (vgl. § 8,1d; § 11,1a). Die Bußpraxis war im Sündenbekenntnis geheim, aber in der Ableistung öffentlich, und das wirkte abschreckend. Als gravierender noch erwies sich, daß sie grundsätzlich nur einmal im Leben übernommen werden konnte und nicht selten bis zum Lebensende andauernde Verpflichtungen einschloß. Die Folge war, daß man diese einmalige Möglichkeit der Sündenvergebung erst am Ende des Lebens, meist auf dem Sterbebett, in Anspruch nahm, dann freilich mit der Verpflichtung, bei Genesung als Büßer weiterzuleben. Die Buße bereits in jungen Jahren zu nehmen schien nicht ratsam, und selbst bei Menschen mittleren Alters wurde sie kaum empfohlen.

Um so nachdrücklicher predigte Caesarius das geduldige Abbüßen der unvermeidlichen und alltäglichen Sünden: mangelndes Maß in Nahrung und Kleidung, Geschwätzigkeit oder auch Verschlossenheit, mangelnde Bereitschaft zu Frieden und Friedensstiftung, Nachlässigkeit im Besuch von Kranken und Gefangenen, Gebrauch der Nahrung allein für sich und Abweisung von Bettlern, Geschlechtsverkehr ohne den Willen der Zeugung, Versäumnis oder Nachlässigkeit beim Gottesdienst, leichtfertiges Schwören und voreiliges Aburteilen, endlich auch gehässiges, abschätziges, neidvolles oder herabsetzendes Sinnen und Trachten sowie das Anhören unanständigen Geredes und das Singen unziemlicher Lieder. Niemand durfte sich solcher Vergehen freisprechen, und so gab es allgemeine Bußzeiten, vorzüglich die Quadragesima vor Ostern. Zur Buße empfahl Caesarius Werke der Barmherzigkeit, so Almosen geben, Fremde beherbergen, Kranke pflegen, Tote begraben oder auch einfach die Kirche putzen.

Daß aber die kirchliche Buße für Kapitalsünden wegen der öffentlich sichtbaren Folgen gemieden wurde, konnte angesichts des Bibelwortes, Gott wolle nicht den Tod des Sünders, wenig befriedigen; und so scheint es denn, daß Caesarius nach dem geheimen Bekenntnis schwerer Sünden wohl auch schon Formen einer nicht mehr öffentlich kenntlichen Abbüßung zuließ. Insbesondere galt der Eintritt ins Kloster als ein der Kirchenbuße gleichwertiger Akt; so konnte das Mönchsgewand, wie oft genug geschehen, zu einem in Ehren übernommenen Bußkleid werden.

f) Ehe

Die Ehe schloß drei Forderungen ein: lebenslange Treue zum Partner, beim Ehevollzug den Willen zum Kind und endlich den Verzicht auf vor- und außerehelichen Geschlechtsverkehr. Dies war die Norm, aber die Realität sah für Caesarius anders aus. Vor allem setzte sich der Brauch des Konkubinats fort, eine auf Zeit und ohne Willen zum Kind geübte Geschlechtsgemeinschaft, wobei die staatliche Gesetzgebung nur ein Doppelkonkubinat verbot und bei der Frau das Mindestalter von 12 Jahren vorschrieb. Caesarius muß bekennen, daß in seiner Gemeinde so ›unermeßlich viele‹ vor ihrer Ehe im Konkubinat lebten, daß er sie, wie er resignierend ausruft, unmöglich alle exkommunizieren könne. Die jungen Männer kritisierte er wegen ihrer oft flüchtigen Verhältnisse zu Sklavinnen, die sie dann, sobald selbst zu Geld und Ansehen gekommen, verließen, um eine Frau von Stand und Vermögen zu heiraten und obendrein noch deren Unbescholtenheit zu verlangen. Für Caesarius steht eine Sexualmoral, welche die Männer großzügiger behandelt als die Frauen, nicht zur Diskussion: Wer von Frauen vor der Ehe strenge Enthaltsamkeit erwarte, müsse selber ein Gleiches tun. In Arles führte er den stadtrömischen Brauch ein, daß Konkubinarier, die zur Eheschließung kamen, keinen feierlichen Segen erhielten. Der Ehevollzug hat vorrangig der Kinderzeugung zu dienen. Auch darf man die Kinderzahl nicht aus wirtschaftlichen Gründen auf zwei oder drei beschränken. Ganz unerbittlich urteilt Caesarius über die Abtreibung, die ihm Mord ist. Den besser gestellten Frauen hält er vor, selber keine Kinder zu wollen, wohl aber die Sklavinnen zum Gebären anzuhalten, damit reichlich Dienstpersonal bleibe. Endlich ist Caesarius auch noch Zeuge dafür, daß sexuelle Betätigung, auch innerhalb der Ehe, kultunfähig macht; vor dem Kommunionempfang wie in der ganzen Quadragesima und überhaupt an kirchlichen Festen sollen Eheleute auf Geschlechtsverkehr verzichten.

g) Ämter

Eine Vielzahl von Ämtern (vgl. § 8,4) regelt die kirchlichen Dienste. Die niederen Grade wie Ostiarier (Türhüter), Lektor (Vorleser), Exorzist (Dämonenvertreiber) und Akolyth (Gefolgsmann) können schon von jung an, etwa mit zehn Jahren, übernommen werden. Zuvor wird die Tonsur erteilt, die in den Klerikerstand versetzt. Den höheren Graden obliegt der Sozialdienst und eine nähere Beteiligung an der Meßfeier. Die Subdiakone sind bei der Entgegennahme der Opfergaben tätig und weiter auch bei der Taufe. Die Diakone teilen die Eucharistie aus, wirken aber vor allem im Sozialdienst (vgl. § 11,1a); ihre Ordination, die durch Handauflegung des Bischofs geschieht, darf erst bei einem Alter von 25 Jahren erfolgen; viermal sollten sie zuvor das Alte und das Neue Testament gelesen haben. Die Priester, für die ein Alter von 30 Jahren gefordert wird, weiht der Bischof gleichfalls durch Handauflegung. Sie sind seine nächsten Mitarbeiter. Wie er selbst feiern sie die Eucharistie, vertreten ihn bei der (im Notfall natürlich jedem erlaubten) Taufspendung und wohl auch schon in der Bußerteilung. Ihrer sozialen Herkunft nach stammen die Priester mehrheitlich aus der freien Mittelschicht, aber ebenso aus der senatorisch-adeligen Oberschicht oder auch aus den Reihen der Freigelassenen. Ihre Bildung ist nicht mehr von humanistisch-philosophischen oder theologischen Studien geprägt, sondern besteht hauptsächlich in Schriftlektüre und Psalterkenntnis.

Mit dem Beginn des 6. Jahrhunderts sind neue, folgenträchtige Entwicklungen zu beobachten, an denen Caesarius wesentlich Anteil hat. Zunächst einmal wird der Klerus stärker mit dem Gottesdienst befaßt. Die kirchlichen Gebetszeiten ›Laudes‹ (am Morgen) und ›Vesper‹ (am Abend), die bislang von den Gemeinden gehalten wurden, werden zu einer den ganzen Tag überspannenden Stundenliturgie ausgebaut, die hauptsächlich vom Klerus getragen wird. So hat Caesarius in seiner Kathedrale die ›Terz‹, ›Sext‹ und ›Non‹, die mönchischen Gebetszeiten zur dritten, sechsten und neunten Stunde, eingeführt und dabei die Psalmodie mit Gesang und Antiphonen (refrain- oder wechselseitiges Singen) so sehr verfeierlicht, daß es der Gemeinde zuviel und sicher auch zu schwierig wurde. Die ganztägige Beanspruchung des Klerus durch die Liturgie hatte zur Folge, daß dieser sich nicht mehr, wie noch im 5. Jahrhundert gefordert, durch eigene Arbeit den Lebensunterhalt verdienen konnte, sondern von seinem Bischof unterhalten werden mußte. Solche Kleriker wurden in eine besondere Matrikel, auch Canon genannt, eingetragen und hießen daher ›clerici canonici‹ – die späteren Kanoniker. Nachdrücklicher als zuvor wurde die Ehelosigkeit bzw. eheliche Enthaltsamkeit gefordert: Diakone und Priester, die direkt an der Zubereitung der Eucharistie beteiligt sind, dürfen nicht länger ehelich leben; vielmehr müssen sie ›reine Hände‹ haben. Zur Wahrung der Enthaltsamkeit erschien die ›vita communis‹ (das gemeinschaftliche Leben) als besonders geeignet. Die städtischen Kleriker lebten in Gemeinschaft mit ihrem Bischof. Auf diese Weise entstand eine quasi-klösterliche Lebensgemeinschaft, die zölibatär lebte, vom Bischof unterhalten wurde und sich vorrangig der Liturgie widmete. Später sind aus diesen Klerikergemeinschaften an den Bischofskirchen die Domkapitel entstanden.

h) Bischof

Im Mittelpunkt der Christengemeinde stand der Bischof (vgl. § 8,4a). Er war ihr rangerster Liturge, zugleich Prediger und Katechet, dazu Verwalter des Kirchenbesitzes, weiter auch Vorsteher der mit ihm zusammenlebenden Kleriker-Gemeinschaft und nicht zuletzt Hirte seiner Herde. Galliens Bischöfe stammten im 5. und 6. Jahrhundert in beträchtlicher Anzahl, schätzungsweise zu einem Drittel, aus senatorisch-adeligen

§ 12 Das Christentum in Gallien   95

6   Die Ämterhierarchie im 6. Jahrhundert (Ragnaldus-Sakramentar; Autun, Bibl. mun.).
Obwohl die Darstellung dem 9. Jahrhundert entstammt, nimmt sie Bezug auf die Ämter, wie sie die Statuta Ecclesiae antiqua, eine gallische Kirchenrechtssammlung des späteren 5. Jahrhunderts, aufzählen. Dargestellt ist der erhöht sitzende Bischof, der als Lehrer und Weisender mit aufgeschlagenem Buch die dominierende Stellung einnimmt. Zur Rechten sitzt ein Presbyter, ersichtlich auf den Bischof hingeordnet, während der Diakon »bereitsteht«. Die Vertreter der unteren Ränge tragen alle ihr Amtszeichen: der Subdiakon den Kelch und den Wasserkrug (mit denen er an der Eucharistie beteiligt ist), der Lektor und der Exorzist je ein Buch, der Ostiarier die Schlüssel und der Akolyth den Kerzenleuchter. Alle haben die Tonsur, das Zeichen ihres Klerikats, und einen Nimbus, das Zeichen ihrer Amtsheiligkeit.

Familien. Durch Wahl seitens der Gemeinde, meist nur vollzogen von Klerus und Nobilität, kamen sie in ihr Amt, wobei der Metropolit mit drei Bischöfen der Kirchenprovinz die Kontrolle oder auch ein Mitspracherecht ausübte und die Weihe vornahm. In der Regel entstammten die Bischöfe dem Klerus, gelegentlich aber auch der Laienschaft. Von ihren Frauen, die mit der Bischofsweihe ihres Ehemannes nicht selten ›episcopa‹ hießen und sich besonders karitativen Aufgaben zuwandten, mußten sie sich nicht unbedingt trennen, wohl aber hatten sie enthaltsam zu leben. Für den Bildungsstand der Bischöfe wirkte sich vorteilhaft aus, daß Gallien im 5. Jahrhundert immer noch blühende Schulen besaß, wenn auch schon Bischof Sidonius Apollinaris († 480/90) beklagte, daß ›unserem Jahrhundert nicht die Köpfe, wohl aber die Studien fehlen‹. Von 148 Bischöfen, die während des 6. Jahrhunderts im südlichen Gallien gewirkt haben, sind eigentlich nur zwei literarisch hervorgetreten: Avitus von Vienne und Caesarius von Arles, die freilich beide mit ihrer Ausbildung noch ins 5. Jahrhundert gehören. Die Reichweite des bischöflichen Wirkens ging während der ganzen Spätantike weit über die religiösen Belange hinaus. Vor allem galt der Bischof als Vater der Armen, Witwen und Waisen, das heißt, ihm oblag weitgehend die Sozialtätigkeit.

i) Armenfürsorge

Ein Christenleben ohne Armensorge (vgl. § 8,1d; § 11,1a) war der alten Kirche undenkbar. In den Predigten des Caesarius ist das Wort Almosen gut einhundertmal zu finden. Es bedeutet jede Art von Guttun, von der Geldgabe bis zum Glas Wasser, von der Einladung zum Essen bis zur Abgabe von Kleidung. Denn alles, was nicht unbedingt zum Leben notwendig ist, soll den Armen gehören. Besitz gilt nicht als unverrückbares Eigentum, vielmehr als von Gott verliehene Wohltat, welche die Besitzenden, die sich nur als Verwalter betrachten sollen, weiterzugeben haben. Die Armen leben von den Reichen; ihnen das Almosen vorzuenthalten heißt sie töten. Ebenso aber brauchen die Reichen die Armen, denn mit ihren Almosen kaufen sie sich von ihren Sünden los, wie überhaupt der wahre Reichtum nicht im Besitz selbst, sondern in der damit ermöglichten Wohltätigkeit besteht. Eine ganz besondere Sozialverpflichtung liegt auf dem Kirchenbesitz. Der geistliche Lehrer des Caesarius, Julianus Pomerius, bezeichnete denselben als ›Stiftungen der Gläubigen, Loskaufpreis für die Sünden und Besitz der Armen‹ – eine im Mittelalter noch oft wiederholte Formel. Eine Armenfürsorge freilich, die zum Loskauf der eigenen Sünden geschieht, erscheint mehr ichbezogen als altruistisch. Aber, so wird man gegenfragen dürfen, »stellt es nicht einen gewissen Fortschritt dar, daß die – wenn auch egozentrische – Freigebigkeit die unnachsichtige Härte milderte?« (M. Mollat). Caesarius suchte sein Werk der Nächstenliebe auch institutionell abzusichern, indem er die im christlichen Osten entwickelte Diakonie, eine Art Versorgungsstelle für Bedürftige, übernahm und als erster Bischof in Gallien ein Xenodochium (griech.: xenos – Fremder, dechein – aufnehmen) gründete.

k) Landgemeinden

Die Entstehung von Seelsorgskirchen außerhalb der Stadt hat nach 500 ein bedeutsames Ausmaß angenommen; gerade in Gallien und bei Caesarius ist diese Entwicklung bestens zu belegen. Lange Zeit blieb das Christentum eine Religion der Stadt; wer auf dem Land Christ wurde, hatte sich der Stadtgemeinde anzuschließen. Aber mit der Christianisierung der Landbevölkerung konnte auf Zentren ländlicher Seelsorge nicht länger verzichtet werden. Die Anforderungen des kultisch intensivierten religiösen Lebens mit den langdauernden Fest- und Fastenzeiten, den regelmäßigen Gottesdiensten und dem geistlichen Beistand in Notsituationen, besonders in der Sterbestunde, konnte von Priestern und Diakonen aus der Stadt nicht mehr erfüllt werden. Zudem hatte die Liturgie die Form sakrosankter Ritualien angenommen und verlangte feste kultische Einrichtungen. Nur als Übergangslösung war es noch geduldet, sich wie die frühen Christengruppen in irgendeinem Haus zur Taufe oder zur Eucharistie zu versammeln. Eigene Sakralräume mit festen Einrichtungen waren nunmehr erforderlich, so zur Taufe ein Taufbrunnen und zur Meßfeier ein Altar mit weiterem Kultgerät, dazu noch gottesdienstliche Gewandung und liturgische Bücher, insgesamt also ein recht umfänglicher kultischer Apparat. Endlich mußte auch für die Kleriker, nicht zuletzt für deren Unterkunft und Unterhalt, gesorgt werden. So verbreitete sich das Christentum auf dem Land in institutionalisierten Formen und schuf mit dem Kirchbau ein neues Weichbild der ländlichen Siedlungen. Zugleich veränderte es das Zusammenleben der Bewohner, denen nicht nur neue Sittengebote, sondern auch neue Lebensrhythmen mit veränderten Fest- und Arbeitszeiten auferlegt wurden.

Wiewohl schon seit längerem Kirchen außerhalb der Stadt bestanden – in den Sprengeln von Tours und Auxerre zum Beispiel schätzt man deren Anzahl gegen Ende des 5. Jahrhunderts auf je 20 –, vollzog sich doch erst nach 500 die Ablösung von der städtischen Bischofsgemeinde. Zunächst galten die Priester weiterhin als Mitglieder der bischöflichen Klerikergemeinschaft und sollten darum in der Kathedrale entweder die Hauptfeste Weihnachten, Ostern und Pfingsten mitfeiern oder aber turnusgemäß am Stundengebet teilnehmen. Gleichwohl erwiesen sich solche Bestimmungen bald als undurchführbar. Caesarius war es, der die Landgemeinden zu eigenständigen Seelsorgezentren machte und sie dabei auch vermögensrechtlich verselbständigte. Hier konnte nun wie in der Stadt Liturgie gefeiert und Seelsorge ausgeübt werden. Alsbald bildeten sich auf dem Land auch eigene Klerikerkommunitäten, denen ein Archipresbyter vorstand. Caesarius förderte diese Entwicklung und wollte bei solchen Kommunitäten zum Beispiel auch Schulen für den Nachwuchs eingerichtet sehen.

Ein interessantes Beispiel bietet für die anschließende Zeit die ›Institutio de rogationibus et vigiliis‹ (Anordnung über Bittgottesdienste und Nachtwachen) des Bischofs Aunacharius von Auxerre (561–605). Am ersten Tag des Monats waren die Bittgottesdienste von Klerus und Volk der Bischofsstadt in der Kathedrale zu halten, an den übrigen 29 Tagen von den 36 Pfarreien jeweils in ihrer Kirche, so daß das ganze Jahr über, in monatlich wiederholtem Turnus, Tag für Tag an einem Ort der Diözese ein besonderer Bittgottesdienst stattfand. Die Vigilien fanden jede Nacht in der Kathedrale statt und wurden gehalten von den Klöstern der Stadt bzw. der Umgebung; in der Nacht vom Samstag zum Sonntag wurden sie darüber hinaus in allen Pfarreien gefeiert.

3. Kapitel: Das westliche Mönchtum

In der Geschichte des westlichen Mönchtums erscheint Gallien »als außerordentlich fruchtbare und lebendige Mönchslandschaft« (K. S. Frank). Als in Südgallien im späten 5. und stärker noch im beginnenden 6. Jahrhundert eine Klosterbewegung einsetzte, hatte das christliche Asketentum bereits eine längere Entwicklung durchlaufen: anfangs die Asketen, die in ihren Familien und Christengemeinden lebten – man hat von »Familienaskese« gesprochen –, dann die Anachoreten und Eremiten in der ägyptischen und syrischen Wüste, die sich ganz von der Welt und von den als lau gescholtenen Christengemeinden zurückzogen und allein leben wollten, und endlich die gemeinschaftlich lebenden Zönobiten (vgl. § 8,1f).

Die Spätantike

§ 13 Das gallische Mönchtum

1. Martin von Tours († 397)

a) Lebenslauf

Der erste gallische Asket, von dem Leben und Wirken näher bekannt sind, ist der heilige Martin. Nach abgebrochenem Militärdienst lebte er als Wandermönch und Einsiedler, bis er, vielleicht mit Förderung des großen Hilarius († 367), bei Poitiers (wohl in Ligugé) einen Schülerkreis von Anachoreten um sich bildete. Nach der Berufung zum Bischof von Tours (um 371) hielt er an seiner asketischen Lebensweise fest und versammelte in Marmoutier (bei Tours) erneut Anachoreten, etwa 80 an der Zahl, die in loser Organisation und ohne Regel zusammenlebten. Vorbild war ihnen die Urgemeinde mit ihrem gemeinsamen Besitz und dem Ideal der Herzenseinigkeit (Apg 4,32–36). Da Arbeit wegen des zu befürchtenden Erwerbsgeistes verboten war, lebte die Gemeinschaft von Mitteln der Tourser Kirche, aber auch vom Erbanteil begüterter Mitglieder und von Stiftungen – eine für das abendländische Mönchtum überaus wichtige Grundentscheidung. Daß ferner Martin als Bischof seinem Klerus und als Asket seinen Anachoreten vorstand, deutet schon von ferne jüngere Entwicklungen an: die Verbindung von Klerus und monastischen Lebensformen.

b) Vir Dei (Gottesmann)

Berühmt geworden ist Martin durch die Vita, die ihm Sulpicius Severus († um 420) geschrieben hat. Dieser hochgebildete Aristokrat aus Südgallien hatte sich selber zum asketischen Leben bekehrt und schildert sein verehrtes Vorbild als zweiten Antonius. Der Antonius-Vita aber hatte deren Verfasser Athanasius († 373) das in der antiken Religiosität, aber auch im Alten und Neuen Testament vorfindliche Bild des Gottesmannes zugrunde gelegt, der in seiner Abtötung das unblutige Martyrium erleidet, sich dadurch‹ reinigt und bei Gott so sehr verdient macht, daß er dessen ›virtus‹ (Kraft) erhält. In dieser Kraft vermag der Gottesmann die Dämonen zu besiegen und – begehrter noch – Wunder zu vollbringen. Freilich muß er unablässig beten und unerschütterlich glauben. Sulpicius Severus kann detailliert und anschaulich beschreiben, wie Martin intensiv betet, bis er plötzlich die göttliche Virtus in sich spürt und dann sogar einen Toten zu erwecken vermag. Selbstverständlich hält sich der Heilige allzeit bewußt, daß es Gottes Kraft ist, die in ihm und durch ihn wirkt. Doch fließt ihm diese im Maß eigener Askese zu. Auch kann er die Virtus nach eigenem Gutdünken und für jedermann wirksam werden lassen. Diese Verfügungsmöglichkeit aber versetzt den Gottesmann in eine umworbene geistliche Machtposition. Als Bischof freilich verfügt Martin, weil zu oft vom Gebet abgehalten, nur noch über eine geminderte Kraft. Darum überläßt er die Verwaltungsaufgaben möglichst seinem Klerus, um alle Zeit für Gebet und Kontemplation verwenden zu können.

Doch blieb Martin ebenso wie das von ihm initiierte aquitanische Mönchtum eine regionale Erscheinung. Keiner der großen Rhône-Schriftsteller des 5. und 6. Jahrhunderts erwähnt seinen Namen. Wenn Martin dennoch eine überregionale Bedeutung erlangte, so verdankt er dies zum einen der Tatsache, daß der eben bekehrte Frankenkönig Chlodwig ihn zum Patron seiner Dynastie erkor und die Martinsverehrung mit der fränkischen Machtentfaltung verbreitete, zum anderen seinem Hagiographen Sulpi-

cius Severus, dessen Beschreibung des asketisch lebenden Gottesmannes geradezu das
Leitbild des mittelalterlichen Heiligen geworden ist; ›vir Dei‹ ist im Mittelalter vielfach
die am häufigsten für einen Heiligen verwendete Bezeichnung.

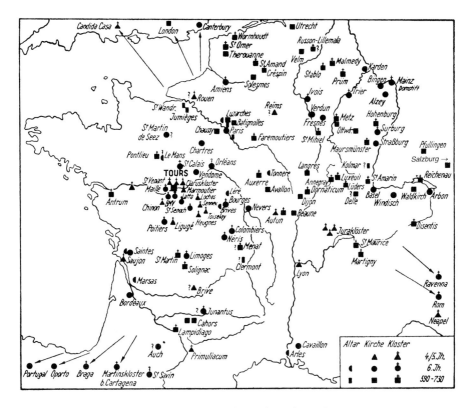

7 Die Verehrung des heiligen Martin im Frankenreich (nach F. Prinz).

2. Rhône-Mönchtum

a) Lérins

Auffallend stark entfaltete sich die mönchische Bewegung in Südostgallien. Kurz nach
400 begründete Honoratus, einer senatorischen Familie entstammend und vielleicht
nordgallischer Herkunft, auf der Insel Lérins (vor Cannes) eine anachoretische Niederlassung, die sich rasch zu einem Großkloster entwickelte. Honoratus schuf eine (vielleicht nicht schriftlich fixierte) Lebensordnung, die sich an dem von ihm besuchten
ägyptischen Mönchtum orientierte. Angezogen fühlten sich in hoher Zahl Mitglieder
der gebildeten, senatorischen Oberschicht. Sie kannten von ihrer Lebenstradition her
den ›secessus in villam‹ (Rückzug zum Landleben), um dort beschaulich zu leben – was
übrigens für die Klöster zur Folge hatte, daß sie in ihrer Wirtschaftsweise den Villenbetrieb mit seinem Landbesitz und der Sklavenarbeit beibehielten. Zudem waren viele der
nach Lérins strömenden Asketen nordgallischer Herkunft, was wohl aus der Flucht der
senatorischen Oberschicht in den sicheren Süden zu erklären ist; man hat geradezu von

einem »Flüchtlingskloster« sprechen können (F. Prinz). Zu der bald einsetzenden Welle von Klostergründungen gehörten auch die sogenannten Jura-Klöster, begründet von den Brüdern Romanus († um 463/64) und Lupicinus († um 480) zu Condat (heute St. Claude), Lanconne (heute St. Lupicin) und – für eine Schwester – zu La Balme (heute St. Romain), alle im Jura westlich des Genfer Sees gelegen; eine nahezu zeitgenössische Vita beschreibt die eremitischen Anfänge und den Übergang zum Coenobium.

Die neuen Mönche verfügten nicht selten über Bildung und Verwaltungskenntnisse, so daß sie, nachdem sie nun auch geistlich geformt waren, bestens befähigt erschienen, Bischofsstühle zu besteigen. So kam Honoratus nach Arles, und Nachfolger wurde sein Vetter Hilarius, der zuvor gleichfalls Mönch in Lérins war. Maximus und Faustus, die beiden nächsten Lérinser Äbte, folgten einander auf dem Bischofsstuhl von Riez. Noch viele Klosterleute machten eine Bischofskarriere, unter ihnen als bekannteste Eucherius von Lyon († um 450) und Caesarius von Arles († 542). Fast wie mit Notwendigkeit ergab sich die Konsequenz, daß Mönchtum, Klerus und Bischofsamt näher zusammenrückten.

Wie das aquitanische Mönchtum dem Mittelalter eher das Askeseideal vermittelte, so das Rhône-Mönchtum die organisatorischen Formen: Hier entstanden regelhafte Gemeinschaften, hier auch wurde die für das mittelalterliche Mönchtum so wichtige Forderung nach der ›stabilitas loci‹ (Beständigkeit an einem Ort) formuliert. Zudem blieben die Rhône-Klöster dem Bischof unterstellt, sowohl vermögensrechtlich wie spirituell. In der weiteren Fortentwicklung aber haben die Klöster diese Unterstellung oft

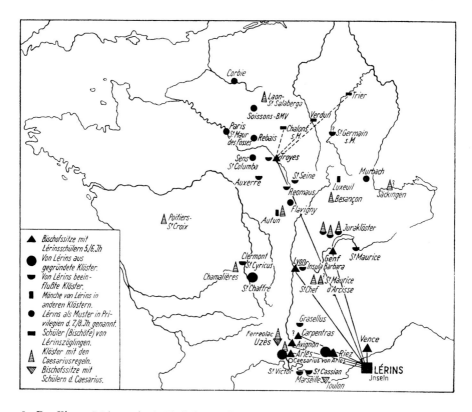

8 Das Kloster Lérins und sein Einfluß in Gallien (nach F. Prinz).

nicht mehr hinnehmen wollen – ein Streitpunkt, der sich durch das ganze Mittelalter fortsetzen sollte.

b) Johannes Cassianus († 430/35)

Als weiteres Zentrum ist Marseille mit Johannes Cassian zu nennen. Cassian, in der Scythia (Dobrudscha) gegen 360 geboren und bestens ausgebildet, studierte im Osten griechische Theologie, trat vor 390 in Bethlehem in ein Kloster ein und lebte anschließend zehn Jahre bei ägyptischen Mönchen. In Konstantinopel weihte ihn Johannes Chrysostomus zum Diakon, und nach einem Aufenthalt in Rom erschien er, inzwischen Priester geworden, gegen 415 in Marseille, wo er zwei Klöster gründete, eines für Männer, das später berühmte St. Victor-Kloster, und ein zweites für Frauen.

Weit wichtiger als diese Gründungen ist sein Schrifttum, in dem Cassian als erster im lateinischen Westen eine monastische Theorie entwarf. Er stützte sich dabei auf Erfahrungen und Einsichten des ägyptischen Mönchtums, sowohl der Zönobiten wie der Eremiten. Die Wüstenväter blieben das große Vorbild; aber um sie kennenzulernen, sollte es nicht mehr notwendig sein, zu ihnen in die Wüste zu gehen, vielmehr konnte ihre Weisheit in Büchern studiert werden. Die Mönchsspiritualität wurde literarisch! Ziel ist das urkirchliche Gemeindeideal, als alle ›ein Herz und eine Seele waren‹ (Apg 4,32). Von diesem Ideal aber ist die Masse der Christen abgefallen; nur im Mönchtum lebt es weiter. Cassians ›Institutiones‹ bestehen aus zwei Teilen: das gemeinsame Leben im Kloster (Buch 1–4) und die Überwindung der acht Hauptlaster (Buch 5–12). In seinem weiteren Werk, den ›Collationes‹, sind 24 (stilisierte) Gespräche mit ägyptischen Wüstenvätern wiedergegeben. Cassians Grundbestreben zielt darauf, zu einem ethisch vollkommenen Leben hinzuführen. Die äußere Voraussetzung ist die Meidung allen Getriebes in Welt und Kirche; der Mönch muß ›unter allen Umständen die Frauen und den Bischof fliehen‹. Der innere Weg führt zur Introspektion. Mit psychologischem Scharfsinn richtet Cassian den Blick auf die seelischen Urgründe, denn nur von dort her können die Laster (Völlerei, Hurerei, Geiz, Zorn, Schwermut, Trägheit, Eitelkeit und Stolz) erkannt und überwunden werden. Das Böse dringt über Gedanken in die Seele ein, bestärkt nicht selten von Dämonen, die es darum zu bekämpfen gilt. Die eigentliche Aufgabe der Askese (›vita activa‹) und ebenso der Schriftmeditation besteht darin, den Geist mit göttlichen Gedanken zu füllen. Wenn der Mensch gereinigt ist und sein Geist sich fest in Gott verankert hat, befindet er sich in unaufhörlichem und zuletzt wortlosem Gebet. In der dabei erlangten Reinheit und Ruhe des Herzens gewährt sich Gott mitsamt seinen Gaben, den Tugenden. So gilt es fortwährend, den bösen Geist abzuwehren, das Herz zu reinigen und sich offen zu halten für die Gaben Gottes. Alle Mönchsaskese, sowohl die zönobitische wie die eremitische, dient dieser Vorbereitung für Gottes Gnade.

c) Stundengebet

Prägend hat Cassian sodann auf die monastische Gebetspraxis eingewirkt. Er kannte und propagierte aus den ägyptischen Klöstern den Brauch, daß die Mönche sich täglich zweimal, in der Morgenfrühe und am Abend, zum gemeinsamen Gebet versammelten. Dabei wurden jeweils zwölf Psalmen gebetet, und zwar in der Weise, daß ein Lektor einen Psalm vortrug und die Mönchskommunität sitzend zuhörte. Darauf folgte eine Stille zum persönlichen Gebet. Der letzte Psalm wurde dann ›responsorisch‹ gesungen, indem die Mönche auf jeden einzelnen Psalmvers mit einem Alleluja-Ruf antworteten. Bei diesem täglich zweimal geübten gemeinsamen Beten wurden die Psalmen eigentlich wie Lesungen behandelt, waren sie doch die biblische Vorgabe für das persönliche Gebet. Auf die Dauer jedoch mußte es nur natürlich erscheinen, über die Psalmen hinaus noch andere Lesetexte vorzutragen. Bei Cassian ist diese Ausweitung gerade eben vollzogen. Auf die Psalmen mit ihrem jeweils persönlichen Gebet folgt ein zunächst noch freiwillig zu hörendes Pensum von Lesungen aus dem Alten und Neuen Testament, wie es ähnlich die Gemeinden beim Wortgottesdienst in ihrer Eucharistiefeier praktizierten (vgl. § 12, 3d). Neben dieser aus dem ägyptischen Mönchtum übernommenen Praxis kannte aber Cassian noch weitere Gebetszeiten, so aus dem syrischen Mönchtum die ›Terz‹, ›Sext‹ und ›Non‹ (zur dritten, sechsten und neunten Stunde) mit jeweils drei Psalmen und entsprechenden Gebeten. Als dann noch die ›Prim‹ (zur ersten Arbeitsstunde) und die ›Complet‹ (vor der Nachtruhe) hinzukamen, war damit jene monastische Gebetsordnung geschaffen, wie sie durch das ganze Mittelalter – und bis heute – in den Klöstern fortbesteht.

d) Semipelagianismus

Die starke Betonung der menschlichen Reinigung und Bereitung für Gott, wie Cassian sie lehrte, mußte allen Anhängern der augustinischen Gnadenlehre anstößig erscheinen. In Augustinus' Auseinandersetzung mit Pelagius (vgl. § 10,2), einem aus Britannien zunächst nach Rom und später nach Palästina übergesiedelten Asketen, ist bekanntlich das Zusammenwirken von göttlicher Gnade und menschlicher Freiheit diskutiert worden. Pelagius wollte angesichts einer immer weiter um sich greifenden Lauheit, der zufolge schon der Taufempfang das Heil garantierte, den Ernst christlichen Handelns in Erinnerung rufen und betonte nachdrücklich die dem Menschen gegebenen Fähigkeiten. Hieran aber entzündete sich weiterer Streit, ob nicht der Mensch, vor allem durch die Erbsünde, in seiner Natur so sehr geschwächt sei, daß er aus sich heraus nichts Gutes mehr zu tun vermöge. Sobald aber der Gedanke zugelassen wurde, daß die Erbsünde den Menschen nicht gänzlich verderbe, stand auch die Kindertaufe zur Diskussion. Hier griff Augustinus ein; die Natur des Menschen schien ihm so verwundet und verdorben, daß er die heilende und erlösende Gnade für ebenso unerläßlich hielt wie die Kindertaufe. In der Folgezeit betonte Augustinus nicht mehr nur eine Erstinitiative der Gnade Gottes, sondern deren Allwirksamkeit, denn Gnade sei nur Gnade, wenn sie an keine noch so geringe menschliche Vorleistung gebunden sei. Dies aber mußte in Mönchskreisen tief beunruhigend wirken, denn was sollte da noch die Askese, wenn doch Gott seine Gnade in Absehung von allem menschlichen Tun gewähre. Tatsächlich sehen wir denn auch Cassian eine »semipelagianische« Position einnehmen, derzufolge zwar die Unersetzlichkeit der Gnade betont wird, dabei aber doch der Anfang des Glaubens und das Beharren in der Gnade dem menschlichen Willen zugeschrieben werden. Wenn auch Cassian Charismenbesitz und Askese nicht in ein striktes Entsprechungsverhältnis bringen wollte, so erscheinen bei ihm doch die Gnadengaben vielfach als göttliche Bestätigung asketischer Lebensführung, so daß der Eindruck vermittelt wird, je vollkommener nur ein Mönch zu leben vermöge, desto stärker fließe ihm die Gnade zu. Wiewohl der Semipelagianismus 529 unter Führung des Caesarius von Arles auf der 2. Synode von Orange verurteilt wurde, pries das Mönchtum weiterhin das asketische Verdienst; dies um so mehr, als bald schon das theologische Bewußtsein nicht mehr geschärft genug war, die tiefere Problematik zu durchschauen. So ist beispielsweise die Benediktsregel von dieser Fragestellung kaum noch berührt, trotz eindeutig antipelagianischer Aussagen; betont empfiehlt sie Cassian zur Lektüre, wodurch dieser zu einem der meistgelesenen geistlichen Väter des abendländischen Mönchtums wurde. Praktisch lebte die Auffassung weiter, wer in Gebet und Fasten, in Selbstabtötung und Nachtwachen sich bei Gott verdient gemacht habe, der solle an dessen Gnadenmitteilung nicht zweifeln. Es bedurfte dann nur noch eines geringen Schrittes weiter, um den für die mittelalterliche Spiritualität so wichtigen Satz zu formulieren: ›Ubi maior lucta, maior est corona‹ (je größer das Ringen, um so größer die krönende Belohnung). Hier wurde eine Problematik begründet, die während des ganzen Mittelalters fortbestand und noch in der Reformation heftigen Streit auslöste.

e) Frauenklöster

Das asketische und monastische Ideal hat nicht nur Männer, sondern auch Frauen erfaßt. Die gottgeweihten Frauen, ob sie nun lebenslange Jungfräulichkeit gelobten oder erst als Witwen sich zu einem enthaltsamen Leben bekannten, lebten häufig noch weiter im Kreis ihrer Familie. Der Eintritt in den gottgeweihten Stand konnte mehr privat oder auch kirchenöffentlich vollzogen werden. An der kirchenöffentlichen Weihe, für die ein Alter von zunächst 60 und später von 40 Jahren gefordert wurde, war der Bischof beteiligt, indem er einen Schleier, das Zeichen der Anverlobung an Christus, überreichte. Wer aber den Schleier empfangen hatte, sollte auch klösterlich leben. Schon bei Martin von Tours sind klösterlich lebende Nonnen erwähnt, und der Begründer der abendländischen Mönchstheorie, Johannes Cassian, errichtete in Marseille für seine Schwester ein Frauenkloster. Die erste und bedeutendste Regel für Frauen schrieb Caesarius von Arles; sie galt dem Konvent seiner Schwester und blieb bis weit in die Merowingerzeit die meistbefolgte Nonnenregel. Oftmals profitierten die Frauenklöster, zumal in ihrer Gründungsphase, von der Idee des »heiligen Paares«, von der geschwisterlichen Verbundenheit eines geistlichen Bruders mit seiner gleichgesinnten Schwester, so bei Cassian, Caesarius wie auch bei Romanus und Lupicinus.

§ 14 Das italische Mönchtum

Auch in Italien gab es seit dem späten 4. Jahrhundert eine monastische Bewegung, gefördert wiederum von der Aristokratie und den Bischöfen. Im italischen Mönchtum entstand die für das Abendland wichtigste Klosterregel: die Regula Benedicti.

1. Anfänge

Die Anfänge des italischen Mönchtums liegen in den großen Städten. Zunächst war es mehr eine Verschärfung und Systematisierung der im Christentum selbst wie teilweise auch außerhalb desselben praktizierten Askese: einfaches Leben, Gebet, Handarbeit und geschlechtliche Enthaltsamkeit. In Rom dürfte der Aufenthalt des Athanasius im Jahr 339 anregend gewirkt haben, ganz sicher aber dessen seit 360 zirkulierende ›Vita Antonii‹. Vornehme begüterte Frauen waren die ersten Asketinnen, die Gleichgesinnte um sich sammelten, sich dann oft aufs Land zurückzogen oder auch in den Orient gingen und klösterliche Gemeinschaften begründeten. Der asketischen Bewegung Roms gab vor allem Hieronymus wichtige Anregungen. Augustinus bezeugt für 387 in der Stadt sowohl Frauen- wie Männerklöster. In Mailand begann das Mönchtum mit Ambrosius; ein Männerkloster vor der Stadt unterstand seiner Weisung und wurde aus

Die Spätantike

Mitteln der Kirche unterhalten. Das überhaupt früheste Männerkloster ist für 370 in Aquileja bezeugt, wo ebenso ein Jungfrauenkloster existierte. Möglicherweise lebte dort auch der Klerus bereits asketisch, wie es am frühesten und deutlichsten für Vercelli bezeugt ist; gegen 350 übte sich hier der Bischof Eusebius († 371) in asketischen Lebensformen und konnte dabei auch den Klerus für ein asketisch-klösterliches Zusammenleben gewinnen. »Eusebius ist damit der erste Gründer eines monasterium clericorum der Kirchengeschichte« (K. Baus). Eine wichtige Form ist endlich noch das Eremitentum, das sich vielfach auf den Inseln vor den Küsten etablierte.

2. Benedikt († 555/60)

a) Leben

Über Benedikt, der den wichtigsten Beitrag zum abendländischen Mönchtum geliefert hat, besitzen wir nur die nach hagiographischen Schablonen skizzierten Wunderberichte im zweiten Buch der ›Dialoge‹ Gregors des Großen († 604). Doch enthalten diese »einen außerordentlich zuverlässigen Kern« (A. de Vogüé): die Klostergründungen sowohl in Subiaco wie auf dem Monte Cassino und zuletzt noch in Terracina sowie die Autorschaft der Regel. Nur annähernd sind die Lebensdaten zu erschließen: 480/90 die Geburt, 530 die cassinensische Klostergründung und gegen 555/60 der Tod. Ferner dürfte sicher sein, daß er einer freien und begüterten Familie aus Nursia (Norcia/Umbrien) entstammte, sein Studium in Rom aus Gründen der geistlichen Berufung vorzeitig abbrach, drei Jahre in einer Grotte bei Subiaco lebte und dann von einer benachbarten Mönchsgemeinschaft zum Abt erwählt wurde, bei dieser Aufgabe jedoch scheiterte. Von neuem in der Einsamkeit lebend, sammelten sich Schüler um ihn, die er mit Subiaco als Mittelpunkt auf zwölf verstreut liegende Kleinklöster verteilte. Gegen 530 verließ er, wohl im Streit mit dem Ortsklerus, seinen bisherigen Wirkungsbereich und gründete auf dem Monte Cassino, das noch heidnischer Kultort war, sein Großkloster, dem zuletzt noch die Gründung in Terracina folgte.

b) Regel

Die abendländischen Mönchsregeln sind von der allergrößten Vielfalt, dem Umfang nach von gerade nur einer bis zu sechzig Textseiten. Sie erscheinen teils als Unterweisung oder Anweisung, teils als Gesetzgebungswerk eines charismatischen Lehrers oder auch als Beratungsergebnis einer Versammlung von Oberen. Manche enthalten mehr organisatorische Bestimmungen, andere zielen bewußt auf das geistliche Leben und stützen sich auf die Bibel. Während die ersten drei Regelverfasser, Pachomius, Basilius und Augustinus, unabhängig voneinander formulieren, wird in der Folgezeit eine vielseitige Abhängigkeit erkennbar. Der für die westliche Mönchsspiritualität grundlegende Cassian war kein Regelverfasser, sondern beschrieb das östliche Mönchsleben, freilich mit der Absicht, den westlichen Asketen eine eigene monastische Grundlage zu vermitteln.

Neue Akzente setzten Caesarius von Arles und noch stärker der sogenannte Magister, ein im ersten Viertel des 6. Jahrhunderts in der Umgebung von Rom schreibender monastischer Lehrer, von dem wir überhaupt die längste Mönchsregel besitzen. Beide unterscheiden sich in der Auswahl ihrer Vorbilder: der Magister folgt mehr Cassian, Caesarius auch Augustinus. Beide schaffen dabei etwas Neuartiges, das fortan das abendländische Mönchtum wesentlich bestimmen sollte: ein detailliertes Gesetz für das zönobitische Klosterleben. Themen sind Profeß, Einkleidung, gemeinsames Stundengebet, gemeinschaftliche Speise- und Schlafsäle, genaue Essens- und Fastenverordnungen, Anweisungen für die Arbeit sowie Sonderbestimmungen für Alte, Kranke, Kinder und Gäste. Zu den spirituellen Erfordernissen gehören Demut, Gehorsam, Gemeinschaftsleben, Schweigen, Verzicht, Arbeit – alles begründet aus der Schrift. Es ist insgesamt ein streng durchgeführter Zönobitismus, dessen Organisation und Spiritualität »geregelt« werden. Von diesen Voraussetzungen her ist die Regel Benedikts zu beurteilen: Sie beruht zu einem guten Teil auf dem Magister, streckenweise dessen Systematik übernehmend und zugleich vieles mildernd, des weiteren auf Anleihen von Augustinus, Cassianus sowie den östlichen Regeln des Pachomius und Basilius. Die Erkenntnis, daß Benedikt wesentlich von der Magisterregel abhängig ist, hat seiner Regel eine gründliche Neubewertung zuteil werden lassen.

Die eigentliche Gründung Benedikts und der Ort seiner Regel, das Kloster auf dem Monte Cassino, hat nicht lange Bestand gehabt; 577 wurde es nach einer Plünderung durch Langobarden aufgegeben. Überhaupt muß man sich die Wirkung Benedikts in seiner Zeit »insgesamt doch recht begrenzt vorstellen« (A. de Vogüé); weder kann man ihn den Gründer des abendländischen Mönchtums noch auch den Vater Europas nennen. Daß gerade seine Regel später für Jahrhunderte Alleingeltung im abendländischen Mönchtum gewann, verdankt sie – abgesehen von ihrer unbezweifelbaren inneren Qualität – einem historischen Glücksfall, daß sie nämlich von Papst Gregor dem Großen (der aber selbst nicht nach ihr gelebt hat) empfohlen wurde und daher ein päpstlich-römisches Ansehen erhielt.

3. Spiritualität der Benediktsregel

a) Schule des Herrendienstes

Der Magister beginnt seine Regel mit einem kühnen Aufriß, mit dem in der Taufe neu begründeten Leben: Die (sünden-)beladene Menschheit droht auf ihrem Weg durch wüstes Land zu verdursten, erreicht aber die belebende Quelle und preist aus Dankbarkeit Gott als ›Abba, Vater‹. Dem neugewonnenen Leben die nötige Dauer zu verleihen, bedarf es der ›scola dominici servitii‹ (Schule des Herrendienstes). Hier lernt der zu neuem Leben Erweckte von Christus (Mt 11,29: ›discite a me‹...) den engen Weg (Mt 7,14), hier ›übt‹ und ›dient‹ er in ›geistlichem Kriegsdienst‹, so daß er für Gott alles zu ertragen vermag und dadurch am Ende das ewige Leben erlangt. Unverkennbar steht die Taufe im Hintergrund, wie sie die alte Kirche als die entscheidende Lebenswende auffaßte. Drängender aber ist die Frage nach der Bewahrung der Taufgnade und der Bewährung im Leben. Und hier lautet des Magisters Auskunft: Ein der Taufe entsprechendes Leben zu führen, wirklich den engen Weg des Evangeliums zu gehen, das gelingt nur im Kloster. Die (Massen-)Kirche geht den breiten Weg. Ekklesiologisch gesehen heißt das: Im Kloster vollzieht sich das wahre Christenleben; hier führt der sichere Weg von der Taufe zum göttlichen Leben. Diesen großen Gesamtentwurf des Magisters hat eigentlich Benedikt schon zerstört bzw. bewußt abgeändert. Nur die ›scola dominici servitii‹ ist bei ihm im Regelprolog stehengeblieben, und auch sie noch in korrigierter Weise. Natürlich sei es der enge Weg, aber doch auch das ›sanfte Joch‹ und die ›leichte Bürde‹ (Mt 11,29 f.), denn die göttliche Gnade und Liebe bewirkten Leichtigkeit und Freude.

b) Abt und Regel

Die Auffassung von den »parallelen Kirchen«, nämlich der Mönchsgemeinde und der Massenkirche, wiederholt sich noch in mehrfacher Hinsicht. So gibt es auch eine doppelte Hierarchie: Wie der Bischof in der Kirche, so fungiert im Kloster der Abt als Lehrer, und als solcher gilt er – wiewohl Laie – dem Magister als Nachfolger der Apostel und für Benedikt sogar als ›vicarius Christi‹ (Stellvertreter Christi). Die Auffassung von den parallelen Kirchen wird freilich nicht verabsolutiert; es bleibt insofern eine Rückbindung an die großkirchliche Hierarchie, als ein neuer Abt jeweils vom Bischof ordiniert werden muß. Ähnlich ist die Regel zu verstehen, nimmt sie doch im Kloster eine Bedeutung ein wie die Heilige Schrift in der Kirche. Die Regel ist für alle die Norm; nicht mehr gilt, wie in den Anfängen des Zönobitentums und so auch noch beim heiligen Martin, allein das charismatische Wort und das lebendige Vorbild des Abtes. In der nunmehr propagierten Verpflichtung auf die Regel wird das Kloster »gesetzlich« und in der Unterstellung unter den Abt »hierarchisch«. Der Mönch lebt, wie die wichtige Formel heißt, ›unter Abt und Regel‹.

c) Gehorsam

Zu Abt und Regel fügt sich der Gehorsam. Der Magister interpretiert ihn geradezu dualistisch: Das eigene Verlangen denkt immer fleischlich, weswegen man nie tun darf, was man selber will; allein Gottes Wille ist heilsam und rettend. Den Gotteswillen aber verkündigt Jesus Christus und in der eigenen Gegenwart die jeweils von ihm berufenen Lehrer und so auch der Abt. Ihm zu gehorchen bedeutet, den eigenen Willen zu kreuzigen. Darum gilt es, fortwährend zu lehren und zu lernen, ›vom Weg des Eigenwillens nichts mehr wissen zu wollen‹, und die Oberen haben dabei die Aufgabe, ihre Untergebenen am Eigenwillen zu hindern. Der Gehorsam ist somit »das Herzstück der monastischen Institution« (A. de Vogüé). Nicht zufällig beginnen sowohl der Magister wie Benedikt ihre Regel mit der Aufforderung ›Höre, mein Sohn‹. Der Gehorsam bildet einen zentralen Punkt auch des Mönchsgelübdes; lebenslang verspricht der Mönch, im Gehorsam gegen den Abt auszuharren; letztlich soll er wie Jesus ›gehorsam sein bis zum Tod‹ (Phil 2,8). Dieser Gehorsam, sofern tagtäglich und bis zum Tod durchgehalten, wird zum neuen Martyrium; dem Märtyrer aber ist die Krone des Lebens verheißen. Ursprünglich hingegen, etwa bei Augustinus, war der Gehorsam noch anders verstanden worden, nämlich nur mehr als Mittel des brüderlichen Zusammenlebens in Güter- und Herzensgemeinschaft. Jetzt aber gilt er als Wert in sich, und es ist heilsam, ihn so radikal und so oft wie nur möglich zu üben. Gegenüber dem Magister hat Benedikt den Heilswert des Gehorsams noch dadurch gesteigert, daß ein solcher selbst in ›unmöglichen Dingen‹ geboten sei. Dieser Verschärfung steht freilich gegenüber, daß Benedikt den Abt auch wieder zu äußerster Brüderlichkeit anhält; derselbe soll im Dienst an den Brüdern ›mehr helfen als befehlen‹. Bei der Bestrafung soll er immer noch ›mehr geliebt als gefürchtet werden‹, wie überhaupt der Abt ›die Seelen leiten und dabei der Eigenart vieler dienen‹ soll. Tatsächlich gibt es denn auch bei Benedikt, deutlicher als beim Magister, einen ›Rat der Brüder‹, den der Abt zu beherzigen hat.

d) Besitzverzicht

Mit dem Gehorsam eng verbunden ist der Verzicht auf Besitz, weil sich in ihm immer auch Eigenwillen manifestiert: Wie schon auf den Willen, so muß der Mönch auch auf den eigenen Besitz verzichten. Dabei findet der Aspekt des brüderlich-gemeinsamen Mitbesitzes kein Interesse mehr. Der Mönch soll nur ganz auf den himmlischen Vater vertrauen, der den Abt als Werkzeug seiner Fürsorge und Vorsehung benutzt und alles zur rechten Zeit gewährt. Benedikt allerdings betont dabei doch auch recht realistisch die Notwendigkeit der materiellen Vorsorge des Abtes, wie er ebenso die Arbeit, die andere als Stachel neuer Besitzgier verbieten wollten, als wirtschaftliche Notwendigkeit einkalkuliert; überdies ist ihm die Arbeit ein Mittel gegen Müßiggang und überhaupt Pflicht aller Christen.

e) Gebet

Von weitreichender Bedeutung sowohl für die Liturgie wie für das Mönchtum sind die Veränderungen, die der Magister und Benedikt am klösterlichen Gebet vornahmen.

Von Anfang an verstand sich das monastische Gebet aus der neutestamentlichen Forderung, ›unablässig zu beten‹ (Lc 18,1: ›oportet semper orare‹; vgl. 1 Thess 5,17). Grundlegend war dabei der schon im jüdischen Gebet befolgte Rhythmus vom Hören des Wortes Gottes und nachfolgendem Antworten im menschlichen Gebet, von vorformuliertem Text und freier Antwort. Auf Gottes Initiative und Anrede – das ist der Grundgedanke – folgt die menschliche Antwort, und dieser Rhythmus sollte sich auch im persönlichen Lesen und Meditieren des einzelnen fortsetzen. Die Anachoreten verwirklichten ihr unablässiges Gebet in der Weise, daß sie wirklich andauernd, auch während der Arbeit, Bibeltexte und dabei vor allem die Psalmen murmelten und sich zwischendurch zum wortlosen, persönlichen Gebet erhoben oder auch niederwarfen. Die Zönobiten übernahmen diese Form, versammelten sich aber darüber hinaus an bestimmten Tages- und Nachtzeiten auch noch zum gemeinsamen Gebet, das wiederum ganz dem traditionellen Rhythmus entsprach: Ein Lektor sang oder rezitierte den Psalm, die Versammelten hörten zu und warfen sich dann nieder zu ihrem persönlichen Gebet. Das in Gemeinschaft geübte Gebet hatte vor allem die Aufgabe, das ständige Rezitieren und persönliche Meditieren des einzelnen zu stützen und zu stärken; es war sozusagen die »Infrastruktur des Gebetes ohne Unterlaß« (A. de Vogüé).

Beim Magister und stärker noch bei Benedikt sind folgende Veränderungen bzw. Tendenzen festzustellen: Das gemeinsame Stundengebet steigt zur wichtigsten Mönchstätigkeit auf und erhält den Namen ›opus Dei‹ (Dienst Gottes), womit ursprünglich einmal das ganze Leben des Mönches bezeichnet worden war. Weiter ist die bei Cassian noch als Neuerung erkennbare Zusammenfügung von Psalmodie und Lesegottesdienst zur Selbstverständlichkeit geworden. Beim Magister hat das ›opus Dei‹ folgende Ordnung: Während der Winternächte sind es zwölf Psalmen und im Sommer neun; die ›Matutin‹ (am Morgen) sowie das ›Luzernar‹ (am Abend) haben je sechs Psalmen und die Prim, Terz, Sext und Non je drei. Nach jedem von einem Lektor bzw. Sänger vorgetragenen Psalm folgt eine Pause für das persönliche Gebet des einzelnen. Ein weiterer wichtiger Bestandteil sind sodann die Lesungen; auch ihnen folgt als Antwort das stille Gebet der einzelnen Mönche und am Ende das abschließende Gebet des Vorstehers.

Bei Benedikt ging die Entwicklung dahin, daß das Psalmodieren gemeinschaftlich vollzogen wurde und dabei die seit alters nach jedem Psalm eingehaltene Stille des persönlichen Betens zu verdrängen begann. War ursprünglich der Psalm ›lectio‹, so wandelte er sich jetzt zur ›oratio‹; indem aber der Psalm zum Gebet wurde, war es nur folgerichtig, daß er auch den Raum des stillen, persönlichen und charismatischen Gebetes auszufüllen vermochte. Den auf die Psalmen folgenden Lesegottesdienst hat Benedikt, wohl nach dem Vorbild stadtrömischer Gottesdienstformen, weiter ausgebaut und teilweise mit längeren Lesungen, nachfolgenden Responsorien und Gesängen sowie einem abschließenden Gebet versehen. Fortan vollzog also die Mönchsgemeinschaft ihr Stundengebet nunmehr gemeinschaftlich und anhand fester Texte. Auch erhielt dieses Gebet eine andere Intention: Es ging weniger um den Nutzen des einzelnen als vielmehr um die Ehre Gottes; das Gebet wandelte sich zu einem geschuldeten ›Dienst‹ (officium). Dies wurde vollends deutlich, als nicht mehr ein einzelner Sänger den Psalm vortrug, sondern die ganze Kommunität die einzelnen Psalmverse wechselseitig sang, später dann in zwei sich gegenüberstehenden Chören. Weil dabei keine Pausen mehr für das persönliche Gebet eingehalten wurden, war der alte Rhythmus von Hören und Antworten endgültig zerstört. »Die Hörer des Wortes Gottes haben sich in Sänger seiner Majestät verwandelt« (A. de Vogüé).

Im einzelnen ergibt sich folgendes Schema des benediktinischen Stundengebets:

Vigilien	Änderungen sonn- und feiertags:
[Einleitung]	
Versikel: ›Domine labia mea aperies‹	
Ps 3	
Ps 94	
Hymnus	
1. Nokturn	
6 Psalmen	6 Psalmen (mit Antiphon)
Versikel	Versikel
1 Lesung (sommers) bzw. 3 (winters)	4 Lesungen
jeweils mit Responsorium	jeweils mit Responsorium
2. Nokturn	
6 Psalmen (mit Alleluja)	6 Psalmen (mit Antiphon)
Versikel	Versikel
1 Kurzlesung aus ›Apostel‹	4 Lesungen
Versikel	jeweils mit Responsorium
›Kyrie eleison‹	
3. Nokturn	
	3 Cantica aus Propheten
	(mit Alleluja)
	Versikel
	4 Lesungen
	jeweils mit Responsorium
	Ambrosianischer Lobgesang ›Te Deum‹
	Lesung aus Evangelien
	Hymnus ›Te decet laus‹
	Segen

Matutin (später: Laudes)	
Ps 66 (ohne Alleluja)	
Ps 50 (mit Alleluja)	
2 weitere Psalmen	
1 atl. Canticum	
Ps 148–150 (wie *ein* Psalm)	
Lesung aus ›Apostel‹	Lesung aus Apokalypse
Responsorium	
Hymnus	
Versikel	
Canticum aus Ev. (›Benedictus‹)	
Litanei	
›Pater noster‹	

Prim	
Versikel ›Deus in adiutorium‹	
Hymnus	
3 Psalmen (mit Antiphon)	4 Psalmen (mit Alleluja)

Kurzlesung
Versikel
›Kyrie eleison‹
›Pater noster‹

Terz, Sext, Non

Versikel: ›Deus in adiutorium‹
Hymnus
3 Psalmen
Kurzlesung
Versikel
›Kyrie eleison‹
›Pater noster‹

Vesper

Versikel: ›Deus in adiutorium‹
4 Psalmen (mit Antiphon)
Kurzlesung
Responsorium
Hymnus
Versikel
Canticum aus Ev. (›Magnificat‹)
Litanei
›Pater noster‹

Komplet

3 Psalmen (ohne Antiphon)
Hymnus
Kurzlesung
Versikel
›Kyrie eleison‹
›Pater noster‹

Die Psalmen bilden den größten Anteil im Stundengebet; ohne die beiden eigentlich als Einleitungsgebete konzipierten Psalmen am Anfang der Vigilien sind es sonntags 37 und werktags 36. Sie werden meist »antiphonarisch« gesungen; das heißt: nach jedem Psalmvers wird ein feststehender Vers oder das Alleluja wiederholt. Die Lesungen sind dem Alten oder Neuen Testament (Evangelien, Apostel, Apokalypse) entnommen; auf eine Lesung folgt gewöhnlich ein Responsorium, ein ›Antwort‹-Gesang. Weitere Elemente sind die biblischen Gesänge, ›cantica‹ geheißen, und die Liedhymnen. Die ›Versikel‹ sind (meist den Psalmen entnommene) Einzelverse, die Eingänge oder Übergänge gestalten. Die Litanei – eine Reihe von Bitten mit ›Kyrie‹-Rufen – ist zumeist schon auf letztere verkürzt. Das Vaterunser am Ende der einzelnen Horen ersetzt die ältere Schlußoration.

Trotz der Konzentration auf das gemeinschaftliche Officium galt aber weiterhin die altmönchische Forderung nach dem unablässigen Gebet, weswegen die neben dem Chorgebet verbleibende Zeit soweit wie möglich der ›lectio‹ und der ›meditatio‹ dienen sollte. So verordnet Benedikt eigene Stunden für die (Schrift-)Lesung, und die in dieser Zeit gelesenen und gelernten Texte sollten bei der Arbeit laut oder im Herzen wiederholt werden. Allerdings konnte dieses Lesen nicht mehr in der Zelle, dem neutestamentlichen ›Kämmerlein des Gebets‹, stattfinden, denn auch das gehört zu dem jetzt streng durchgeführten Zönobitismus: Alle Räume sind gemeinschaftlich; Zellen gibt es nicht mehr.

f) Fasten

Ähnlich wie das ständig geübte Gebet ist das Fasten allgegenwärtig im Klosterleben. Es richtet sich einmal gegen die von Cassian als erstes Laster benannte Völlerei, gilt im übrigen aber als universelles »Reinigungsmittel«. Schon der heidnischen Antike war es eine der gebräuchlichsten asketischen Praktiken. Die als weiterer Verzicht noch geforderte geschlechtliche Enthaltsamkeit findet erstaunlicherweise in der Benediktsregel keine Erörterung; sie war in der Antike allen Asketen zu selbstverständlich.

g) Buße

Ein Zug, der wiederum eine Parallele zur Kirche erkennen läßt, ist die Klosterbuße, die eine verkleinerte Form der allgemeinen Kirchenbuße (vgl. § 8,1c; § 12,3e) darstellt, dabei aber unter Leitung des (Laien-)Abtes steht (und deshalb – sofern diese jüngeren Distinktionen hier überhaupt anwendbar sind – als nicht-sakramental anzusehen ist). Selbst auf geringfügige Vergehen folgt eine ›Exkommunikation‹, freilich nicht als Ausschluß aus der Kommunität, sondern nurmehr von der Gebets- und Tischgemeinschaft. Schon nach wenigen Stunden oder spätestens nach einigen Tagen ist diese Buße, die zuweilen in Züchtigungsstrafen und Stockschlägen besteht, beendet, wie zudem solche Verfahren mehrmals übernommen werden können.

h) Aufnahme ins Kloster

Den Eintritt Begehrenden, den Postulanten, zeigt sich das Kloster geradezu abweisend; alles Harte und Rauhe am Mönchsleben wird bewußt hervorgekehrt. Auch werden die Neulinge, die Novizen, während ihrer einjährigen Erprobungszeit abgesondert gehalten, so daß sie die Gemeinschaft ihrer künftigen Brüder kaum kennenlernen. Über dem ganzen Prozeß der Mönchwerdung liegt ein irgendwie düsterer Charakter, überlagert von dem drohenden Ernst des Gerichtes und einer möglichen Verwerfung; immerhin fügte Benedikt doch auch Worte der Ermutigung bei. In der Profeß liegt der Akzent betont auf dem ›für immer‹ und deswegen auch auf der vertraglichen Bindung: Der Professe opfert auf dem Altar eine ›Bitturkunde‹ (petitio), in der er um Aufnahme ins Kloster bittet; zugleich verzichtet er auf all seinen Besitz und legt das Versprechen auf Beständigkeit, asketische Lebensführung und Gehorsam ab. Die vom Neuen Testament her zu erwartenden Charismen der Liebe und der Gemeinschaft erscheinen wie bedeutungslos. Der düstere Ernst der Entscheidung wie auch die Endgültigkeit der Profeß erklären sich einmal aus der Parallele zur Taufe, die der Magister gleich eingangs so deutlich betont, zum anderen aus dem asketischen Martyrium, in dem der Mönch ›gehorsam bis zum Tod‹ ausharren soll. So vollzieht also der Mönch eine unverbrüchliche Weihe. Um diesen tiefen Wandel deutlich zu machen, muß der Professe die eigenen Kleider gegen das neue Mönchsgewand austauschen; er ist fortan ein anderer.

Einen besonderen Akzent setzte Benedikt in der Aufnahme von Kindern. Der Brauch, daß Eltern ihre Kinder, sowohl Jungen wie Mädchen, ins Kloster gaben, bestand schon fast seit den monastischen Anfängen. Freilich sollten diese Kinder bei ihrer Mündigkeit selber über ein weiteres Verbleiben im Kloster entscheiden. Aber mit der Zeit verstärkte sich die Auffassung, daß die elterliche Aufopferung das Kind für immer verpflichte, und dieser Auffassung hing auch Benedikt an. Das Kind wurde von seinen Eltern bei der Gabendarbringung in der Messe regelrecht ›geopfert‹, und als ›puer oblatus‹ bzw. ›puella oblata‹ gehörte es für immer Gott. Diese Praxis blieb zwar nicht unbestritten, wurde aber erst im Hochmittelalter ernstlich in Frage gestellt.

i) Priester und Diakone

Ein bedeutender Punkt der Regel Benedikts ist die Behandlung der Diakone und Priester. Während der Magister noch ganz am Ideal des Laienklosters festhält und keinen Priester unter den Mönchen dulden will, hat Benedikt andere Vorstellungen: Priester und Diakone können ins Kloster eintreten, wie auch der Abt einzelne Mönche zur Weihe vorschlagen kann. Der Grund ist in dem Verlangen nach liturgischer Selbständigkeit zu suchen. Indem die Mönche des Magisters sonntags in den Gemeindegottesdienst gingen, dort kommunizierten und von dort auch die Kommunion für den täglichen Empfang im klostereigenen Oratorium mitnahmen, erklärte sich das Kloster, weil es keinen Priester im eigenen Bereich zuließ, einerseits als Teil der gemeindlichen Eucharistiefeier und wahrte andererseits aber im übrigen streng seine spirituelle Eigenständigkeit, ja verstand sich als ›ecclesiola‹ (kleine Kirche). Benedikt hingegen, der Priester in seine Kommunität aufzunehmen bereit war, machte aus dem Kloster eine selbständige Eucharistie-Gemeinde. Dadurch entstand eine neue, andersartige Verschränkung mit der Großkirche. Da nämlich die Äbte weiterhin Laien waren, unterstand der Priestermönch, der geweihte Vorsteher der Eucharistie, in seiner Spiritualität der Führung des Laien-Abtes. Gleichzeitig aber mußte sich die jetzt selbständige klösterliche Eucharistie-Gemeinde dem für die Weihen und Disziplin der Kleriker zuständigen Bischof unterstellen. Das Kloster wurde durch Benedikt »zugleich stärker in das Bistum integriert und schärfer vom Kirchenvolk getrennt« (A. de Vogüé).

k) Verdrängte Mönchsformen

Das Mönchsideal der Benediktsregel hat seit Anfang des 7. Jahrhunderts das abendländische Mönchtum in entscheidender Weise zu bestimmen begonnen und in karolingischer Zeit nahezu ausschließliche Geltung gewonnen. Dies hatte zur Folge, daß die vielen anderen asketischen und monastischen Lebensformen, die Benedikt nicht kannte oder bewußt ausschloß, zurücktraten oder allenfalls am Rande fortbestehen konnten. Schon Benedikts Kritik an den Gyrovagen, an den heimatlos Umherziehenden, weckte Mißtrauen gegenüber der asketischen Heimatlosigkeit, der Peregrinatio, wie sie im frühen Mittelalter zunächst noch intensiv und zeitweilig sogar im Verein mit der Benediktsregel praktiziert wurde. Eine andere wichtige Form, das Einsiedlertum, wurde von Benedikt zwar noch als Hochform des asketischen Lebens gepriesen, galt ihm aber andererseits als so schwierig, daß es ratsamerweise nicht praktiziert werden sollte. Mit der benediktinischen Lebensweise war ferner das Doppelkloster unvereinbar, jene Klosterform, in der sowohl Männer wie auch Frauen asketisch zusammenlebten. Wohl schildert uns Papst Gregor den heiligen Benedikt und seine Schwester Scholastica als »geistliches Geschwisterpaar«, und so blieb dieses Ideal auch im benediktinischen Mönchtum wirksam.

Als Fazit ist festzustellen, daß mit zunehmender Wertschätzung der benediktinischen Lebensform eine gewisse Uniformierung eintrat und andere, sogar aus der Frühzeit des Mönchtums stammende Lebensformen an Bedeutung verloren oder gar verschwanden.

Zweiter Abschnitt: Die Völkerwanderung

1. Kapitel: Römerreich und Völkerwanderung

§ 15 Die militärpolitische Situation

1. Der schwache Westen

Der Sieg Kaiser Theodosius' des Großen im Jahre 394 über den Usurpator Flavius Eugenius, der – selber Christ – noch einmal Toleranz für die alten Götter hatte fordern wollen, wurde von den Zeitgenossen als Gottesurteil zugunsten des Christentums aufgefaßt. Aus heutiger Geschichtsperspektive bewirkte die Schlacht einen »welthistorischen Schlußstrich«: Der Sieg des Christentums war entschieden (Th. Schieffer). Genau in diesem Moment aber setzten im Westen des Reiches Ereignisse ein, die umstürzende Folgen nach sich zogen: die Bildung von Germanenreichen auf römischem Boden. Während der Osten aufgrund seiner größeren Bevölkerungszahl und seiner stärkeren Wirtschaftskraft dem Druck des neupersischen Sassanidenreiches standzuhalten vermochte und auch noch die gegen die Donaugrenze andrängenden Germanen abwehren konnte, wurde der Westen im 5. Jahrhundert von den Germanen überrannt.

Die Gründe für die Unterlegenheit des Westens sind vielfältig und seien hier nur schlaglichtartig erläutert: Schon der Vergleich des östlichen und westlichen Staatsbudgets vermag die Unterschiede sichtbar zu machen. Um die Mitte des 5. Jahrhunderts betrugen die jährlichen Einnahmen des Ostreiches 270 000 Goldpfund, wovon 45 000, also ein Sechstel, an die Armee ging. Demgegenüber verfügte der Westen nur über gerade 20 000 Goldpfund, wovon etwa drei Fünftel, nämlich 12 000 Pfund, dem Unterhalt von 30 000 Elitesoldaten dienten. Als weiterer Grund für die Schwäche des Westens werden mögliche Bevölkerungsverluste angeführt; schon ein Rückgang von nur zwei bis fünf Prozent hätte einen Ausfall von mehreren Millionen Steuerzahlern bedeutet. Als wirklich gravierend dürfte die Landflucht anzusehen sein, welche die Entvölkerung und Verödung ganzer Landstriche zur Folge hatte. Neuere Untersuchungen glauben nachweisen zu können, daß etwa in Italien um 400 ein großer Teil des Agrarlandes brach lag. Um so größer, folgert man, müßten die Verluste in Gallien gewesen sein, das in der Mitte des 3. Jahrhunderts den ersten großen Germaneneinbruch erlebte und dabei schwere Zerstörungen und eben auch Verluste in der Bevölkerung erlitt. Die Einbrüche aber setzten sich nach 350 verstärkt fort und betrafen zuletzt den ganzen Westen.

Der Westen erwies sich im ganzen, sowohl wirtschaftlich wie militärisch wie auch bevölkerungsmäßig, als zu schwach und war nach 400 dem Ansturm nicht mehr gewachsen. Wohl suchten die Kaiser die eindringenden Germanen zu binden und zugunsten des Reiches zu lenken; diesem Ziel dienten die Foederatenverträge und zuletzt auch die Ansiedlung auf Reichsgebiet nach Maßgabe des ›ius hospitalitatis‹ (Gastrecht), demzufolge ein bestimmter Teil, oft ein Drittel, sowohl der Steuern wie des öffentlichen Grund und Bodens mitsamt Häusern und Arbeitskräften den »Gästen« zugeteilt wurde. Zwischen 395 und 476 sind über hundert Verträge solcher Art abgeschlossen worden. Der Westen war schon aus finanziellen Gründen zu dieser »gastlichen« Ansiedlung gezwungen, denn man hat errechnet, daß zum Beispiel ein ostgotischer Foederatenkrieger gerade ein Sechstel des Betrages kostete, den ein römischer Soldat beanspruchte. Freilich war bei der Foederierung das Risiko in Kauf zu nehmen, daß die immer selbständiger im Reich operierenden Germanenheere nach dem uneingeschränkten Besitz der politischen Macht greifen würden. Dies mußte aber noch nicht das Ende des römischen Staates bedeuten, geschweige des Reiches. Tatsächlich blieb der Verwaltungsapparat noch lange in den Händen der Römer, so daß zeitweilig das germanisierte Heer und die römische Verwaltung nebeneinander bestanden. Die verbindende Spitze bildete der Kaiser, dessen Oberhoheit wenigstens nominell auch dort noch gelten sollte, wo die Lenkung der politischen Geschicke bereits an die fremden Heerführer übergegangen war. Am Ende aber verselbständigten sich die Germanen auf dem Boden der westlichen Reichshälfte und schufen sich ihre eigenen Reiche.

2. An den Grenzen

Der militärische Druck veränderte die Grenzen wie die Grenzgebiete. Die jenseits der großen Grenzflüsse Rhein und Donau okkupierten Gebiete wurden aufgegeben. Es war dies das Dekumaten-Land (grob gesehen das heutige Baden-Württemberg), das die Alemannen in Besitz nahmen; die kritische Verbindung zwischen Rhein und Donau verlief vom Bodensee (Bregenz) nach Kempten und folgte dann der Iller zur Donau. Aufgegeben wurde auf dem Balkan das nördlich der Donau gelegene Dacien (etwa das heutige Rumänien). Die Flußläufe sowohl des Rheins wie der Donau erhielten eine durchgehende Kette von Fortifikationen. Auf diese Weise konnten die Germaneneinbrüche während der zweiten Hälfte des 3. Jahrhunderts und wiederum nach der Mitte des 4. Jahrhunderts abgeriegelt werden.

Dennoch traten folgenschwere Veränderungen ein. Als erste zogen sich die Begüterten zurück, ins Landesinnere oder auch nach Südgallien und Italien. Die Landbevölkerung, weil zu oft brutalen Überfällen ausgesetzt und von Erschlagung oder Versklavung bedroht, suchte Zuflucht in meist hochgelegenen Kastellen. Die Gutshöfe und damit große Teile des Kulturlandes wurden aufgegeben. In nicht wenige der verlassenen Gebiete sickerten Germanen ein oder wurden dort bewußt angesiedelt. Irreparable Schäden erlitt die Infrastruktur: Straßen und Brücken konnten kaum mehr instand gehalten, Gebäude meist nur noch notdürftig repariert werden, und Trümmer blieben einfach liegen. Die Wasserleitungen wurden unterbrochen und die Thermen anderweitig benutzt. Verkürzte Stadtmauern umschlossen reduzierte Areale von nur noch wenigen Hektar und konnten dennoch nur mühsam verteidigt werden. Das tägliche Leben gestaltete sich spürbar härter und zwang zu vereinfachten Lebensformen. Die Archäologie hat aufgezeigt, daß die Bauten wie überhaupt alles Alltagsgerät primitivere Formen annahmen. Da die Steinbrüche, Erzgruben und Ziegeleien vielfach ihren Betrieb einstellen mußten, trat an die Stelle von Stein und Metall für gewöhnlich Altmaterial oder Holz. Ganz verschwanden alle aufwendigen Systeme wie Hypokaustenheizungen, Marmorbearbeitungen oder Luxusgüter. Kriegsnöte, Geldforderungen, Flüchtlinge und Drangsalierungen durch eigene oder fremde Truppen lasteten schwer auf der Bevölkerung und lähmten das Wirtschaftsleben. Der Zubringerdienst vom Land zur Stadt wurde schwieriger, und dadurch war die städtische Versorgung behindert. Die Raubzüge der Germanen schädigten oft gezielt die Lebensmittelbasis, so das Getreide und das Vieh. Aus der Zeit nach 400 sind Münzfunde nur noch selten; offenbar hörte der monetäre Zahlungsverkehr auf. Die kaum mehr kontrollierbare Ansiedlung von Germanen, die aber von gewerblicher und industrieller Produktion nur wenig oder gar nichts verstanden, verstärkte die Tendenz zur Agrargesellschaft. Die städtischen Lebensbedingungen mußten um so weiter absinken, je mehr man sich mit ländlicher Selbstversorgung begnügte. Wie sehr Angst und Wirrsal das Leben beherrschten, zeigt beispielsweise ein nach Gallien gerichtetes kaiserliches Schreiben vom Jahre 416, das verordnete, solche Leute nicht vor Gericht zu stellen, die aus Todesangst mit Feinden zusammen geplündert hatten; nur den Raub sollten sie zurückgeben.

Zu Beginn des 5. Jahrhunderts wurde die Grenze endgültig durchbrochen; der Einbruch der Germanen ließ sich nicht mehr aufhalten. Es entstanden Germanen-Reiche auf römischem Boden.

§ 16 Einbruch der Germanen

1. Die Germanen

Die Germanen sind zunächst als Kleinstämme in Erscheinung getreten, die untereinander ein nur lockeres Gefüge bildeten und noch kaum größere, übergreifende Herrschaftsformen ausgebildet hatten. Am ehesten können sie als patriarchalisch-bäuerliche Kriegergesellschaft charakterisiert werden. Familien von Adel und Macht sammelten Gefolgschaften um sich, die sich bei Bedarf und nach Gutdünken zu größeren Aktionen zusammentun konnten. Seit dem 3. Jahrhundert jedoch ist an den Westgrenzen des Reiches zu beobachten, daß die Germanen ihre Vielstämmigkeit überwanden und großflächig organisierte Verbände schufen: zwischen oberer Donau und oberem Rhein die Alemannen (›alle Männer‹) und am Niederrhein die Franken (die ›Kühnen‹). Die Einigung wurde bewirkt durch den nur im Großverband erfolgreichen Kampf gegen Rom. Dabei begannen sich auch Formen eines größeren zentralen Königtums auszubilden. Manche Stämme hatten ein Königsgeschlecht (Dynastie), andere beriefen Könige zunächst nur für die Kriegsführung (Heerkönigtum), wobei aber meist allein Abkömmlinge weniger »Königsgeschlechter« wählbar waren, was vielfach einen Antagonismus zwischen Wahl- und Erbkönigtum bewirkte. Der Zwang zur Bildung von Großverbänden hat aber keine in biologisch-ethnischer Hinsicht homogenen Stämme geschaffen. Gerade während ihrer Wanderungen haben die einzelnen Stammesverbände oftmals andere Gruppen aufgenommen, selbst solche nichtgermanischer Herkunft, und sich dabei neu formiert. Neuerdings spricht man sogar von »Stammesschwärmen« und »Wanderlawinen« (R. Wenskus). Die uns überlieferten Stämme stellten folglich keine festen, ethnisch geschlossenen Volkseinheiten dar, wie die nationale Geschichtsschreibung einmal geglaubt hat. Die Stämme selbst haben sich allerdings immer als Abstammungsgemeinschaften verstanden, und zwar aus religiösen Gründen: Existenz und Eigenart führten sie auf einen Stammvater oder »Spitzenahn« (K. Hauck) zurück, der göttlicher Herkunft war und dem Stamm oder seinem Königsgeschlecht die Lebenskraft mitgeteilt hatte. Die Ursprungssage der einzelnen Stämme, die sogenannte ›Origo‹, hielt das Bewußtsein einer gemeinschaftlichen Abkunft lebendig und schuf damit die Grundlage sowohl für die innere Rechts- und Friedensgemeinschaft wie auch für die politische Zielsetzung.

Die tatsächliche Zersplitterung der Germanen zeigte sich nicht zuletzt daran, daß ihrem Ziel, dessentwegen sie sich zu Großverbänden zusammengetan hatten, vielfach wiederum Germanen entgegenstanden, wurden doch die römischen Grenzen, die sie berannten, zumeist von eigenen Volksangehörigen verteidigt. Das römische Heer rekrutierte sich in der Spätzeit großenteils aus germanischen Söldnern und Foederaten; indem zuletzt sogar die Übernahme ganzer germanischer Verbände unter Beibehaltung ihrer eigenen Führungsstruktur, also auch ihrer Könige, erfolgte, ging die militärische Verteidigung des Reiches weitgehend in ihre Hände über. Daß germanische Kommandoträger bis in die höchsten Stellen aufstiegen, vermittelte ihnen wichtige Kenntnisse und Fertigkeiten, die am Ende dann ein selbständiges Operieren auf römischem Boden ermöglichten.

Ein bemerkenswertes Beispiel bietet ein Trierer Grabstein des 4. Jahrhunderts für einen der kaiserlichen Garde angehörenden burgundischen Fürstensohn: ›Hariulfus, kaiserlicher Leibwächter, Sohn des Hanhavaldus, eines Fürsten des Stammes der Burgunder; er hat zwanzig Jahre und neun Tage gelebt...‹

2. Eroberung Roms durch Alarich (410)

Die Entwicklung im Westen nahm nach 400 rasch dramatische Ausmaße an. Im Winter 401 standen die Westgoten unter Führung Alarichs zum ersten Mal in Italien. Der einzige, der Einhalt hätte gebieten können, war der kaiserliche Militärbefehlshaber Stilicho, den aber Hofleute aus Ressentiment – wegen seiner germanischen Herkunft – umbrachten. 408 und 409 belagerte Alarich Rom, und am 14. August 410 öffneten sich ihm durch Verrat die Tore; drei Tage wurde geplündert, und unermeßliche Reichtümer – so Teile des jüdischen Tempelschatzes – wurden zur billigen Beute. Daß nach acht Jahrhunderten wieder ein auswärtiger Feind das ›ewige‹, ja ›unbesiegte‹ Rom betreten konnte, bedeutete eine politische, aber mehr noch eine religiöse Erschütterung des jahrhundertealten Glaubens an die ›Roma aeterna‹. Um die Schuldzuweisung an die neue Religion der Christen abzuwehren, schrieb Augustinus seine 22 Bücher über den Gottesstaat (vgl. § 10,2).

Der Fall Roms, herbeigeführt durch einen Barbaren, machte die Krise des spätantiken Reiches augenfällig. Über fast zwei Jahrhunderte war es dem Reich immer wieder gelungen, sich der Germanen zu erwehren, oftmals unter geradezu verzweifelter Aufbietung seiner Kräfte. Die schon seit langem labile Situation kam vollends ins Gleiten, als die Westgoten 376 nach ihrem Sieg über Kaiser Valens bei Adrianopel etwas Neues erreichten: Theodosius, der Nachfolger des gefallenen Valens, ließ sich auf einen neuartigen Foederatenvertrag ein, der den Goten eine Ansiedlung in den Provinzen Moesien und Thrakien erlaubte und ihnen mit ihren Königen eine selbständige Stellung in politisch-rechtlicher Hinsicht einräumte, praktisch einen Staat im Staate. Es war der erste Akt im Prozeß der germanischen Reichsbildung auf römischem Boden und infolgedessen »das wohl folgenschwerste Foedus der römischen Geschichte« (H. Wolfram). Unter Alarich aber setzten die Goten ihre Wanderung fort, durchzogen plündernd den Balkan und Italien, bis sie dann 410 Rom einnahmen. Der Osten freilich, weil insgesamt stabiler, nahm dabei weniger Schaden; Konstantinopel vermochte die Westgoten von sich fernzuhalten. Nach Alarichs Tod (410) wurden diese in Südgallien angesiedelt und schufen dort ihr tolosanisches Reich (um Toulouse). Fast hundert Jahre später drangen erneut Goten in Italien ein, diesmal die Ostgoten unter Theoderich, die von Ravenna aus das ganze Land zu beherrschen vermochten (vgl. § 21,3).

3. Vorstoß über den Rhein (406)

Der große Einbruch, der sich für den Westen als irreparabel erweisen sollte, erfolgte am letzten Tag des Jahres 406, als Wandalen, Sweben und Alanen (ein indogermanisches Steppenvolk) bei Mainz den Rhein überschritten und tief in Gallien eindrangen. Ausgelöst wurde diese Bewegung durch die im Hintergrund nachstoßenden Hunnen. Die Wandalen zogen rasch weiter zur iberischen Halbinsel und 429 nach Afrika, wo sie den ersten von Rom als selbständig anerkannten Germanenstaat auf römischem Boden schufen. Den Wandalen waren die Sweben gefolgt, die aber nur bis Spanien mitzogen. Dort waren sie zunächst nur schwer zu bändigen, ließen sich dann aber im Nordwesten, in Galicien, nieder. Gegen sie wurden mehrmals die tolosaner Goten eingesetzt, die sich dabei jenseits der Pyrenäen Einflußzonen schufen und gegen Ende des Jahrhunderts dort auch zu siedeln begannen. Die Burgunder, die ebenfalls den Rhein überschritten hatten, ließen sich gleich auf der linken Uferseite nieder, im Umland von Worms; 443 wurden sie, nach schwerer Dezimierung durch die nachdrängenden Hunnen, in der Sapaudia (zwischen Neuenburger und Genfer See) als Foederaten eingesetzt. Ihre Könige traten als Heermeister in römische Dienste, schufen sich dabei ein eigenes Reich mit der Hauptstadt zunächst in Genf und dann in Lyon, von wo sie weiter in die bis heute nach ihnen benannte Landschaft Burgund vordrangen. Die Franken, von denen die sog. Salfranken schon seit längerem Foederatendienste leisteten und dabei auch den Einbruch von 407 abzuwehren versucht hatten, nahmen den linken Niederrhein in Besitz (»Rheinfranken«); auch sie ließen sich zunächst noch wieder für ein Foedus gewinnen. Wiewohl die Ereignisse von 406/7 als historischer Einschnitt aufgefaßt werden müssen, bewirkten sie nicht, wie lange geglaubt, die sofortige Preisgabe der Rheinlinie. Das Ende der Römerzeit am Rhein kam erst infolge des Einbruchs der Hunnen im Jahre 451. Dieses asiatische Steppenreitervolk beherrschte damals unter Führung Attilas ein Reich vom Kaukasus bis zum Rhein, übrigens zusammen mit germanischen Stämmen. Als Attila dann 451 in Gallien einfiel, wurde er auf den katalaunischen Feldern (bei Troyes) von dem »letzten Römer« Aetius unter Beteiligung von Franken und Westgoten abgewehrt. Nach dem Tode des Aetius († 454) lösten sich die Rheinfranken vom Foedus. Auch drängten neue Frankenscharen über den Rhein. Dabei wurde Köln (459/61) fränkisch, desgleichen bald darauf Mainz und nach 480 auch die Mosellande mitsamt Trier.

4. An Oberrhein und Donau

a) Alemannen

Die Alemannen drangen nach 455 ebenfalls vor; sie besetzten die heutige Schweiz, das Elsaß und die Pfalz, gerieten dabei aber in Konflikt mit den Burgundern und vor allem mit den Franken. Von der Mosel offenbar gegen Köln vorstoßend, wurden sie, wohl bei Zülpich, von den Franken besiegt (496/97) und zehn Jahre später, vielleicht bei Straßburg, vernichtend geschlagen. Damals kam die linke Seite des mittleren und oberen Rheins, die von Oppenheim bis Basel alemannisch geworden war, unter fränkische Herrschaft, zusätzlich wohl auch schon das rechtsrheinische Stammland bis zur Donau und zum Bodensee, während offenbar Raetien durch Theoderich von Ravenna als Rückzugsgebiet offengehalten wurde.

b) Baiern

Man hat die Baiern die »Findelkinder der Völkerwanderung« genannt, weil sie im 6. Jahrhundert plötzlich da sind und ihre Herkunft bis heute nicht recht geklärt ist. Sicher ist, daß nicht von einer bajuwarischen Landnahme, verstanden als Einwanderung eines geschlossenen Volksstammes, gesprochen werden kann. Vielmehr ist die Volksbildung als Verschmelzungsprozeß ganz verschiedener Gruppen zu verstehen; aus Romanen, Foederaten, Alemannen, Ostgoten, Langobarden und Thyringern bildete sich nach 500, hauptsächlich in der Zeit, da Theoderich von Ravenna aus die Provinzen Raetien und Noricum noch zu protegieren vermochte, das Volk der Bajuwaren. Der Name bedeutet wohl soviel wie »Männer aus dem Land Baia/Böhmen«; namengebend dürfte eine ursprünglich in Böhmen ansässige und dann nach Regensburg übergewechselte Germanengruppe gewesen sein. Das im 6. Jahrhundert als Baiern bezeichnete Gebiet reichte vom Lech bis zur Enns und vom oberen Main bis zur oberen Etsch. Es sollte eines der konsistentesten Stammesgebiete der mittelalterlichen, ja noch der neuzeitlichen Geschichte werden.

§ 16 Einbruch der Germanen

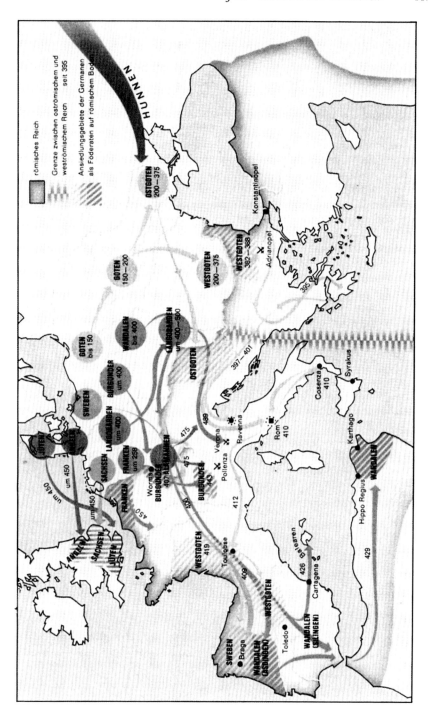

9 Die Völkerwanderung.
Züge und Siedlungsgebiete der Germanen im 4. und 5. Jahrhundert (nach H. Kinder,
W. Hilgermann)

2. Kapitel: Auswirkungen auf die Kirche

§ 17 Kirche im Rückzug

Der Einbruch der Germanen in das römische Reich brachte nicht nur Not und Tod über die provinzialrömische Bevölkerung; schwerstens wurde auch das kirchliche Leben beeinträchtigt, ja mancherorts völlig vernichtet. Am stärksten betroffen waren die Grenzgebiete, in denen das Christentum hart bedrängt und vielfach auch verdrängt wurde. Obwohl von den im römischen Dienst aufgestiegenen germanischen Heerführern nicht wenige als Christen bezeugt sind, blieb die Masse der über den Rhein drängenden Germanen heidnisch; man hat deshalb von einer »Repaganisierung der linken Rheinlandschaften« gesprochen (H. v. Petrikovits). Im Kernland der salfränkischen Foederaten, in den nordgallischen Civitates von Tournai, Therouanne und Arras, vermochten sich Bischöfe nicht mehr zu halten. Das Bistum der Civitas Verumanduorum (St. Quentin) mußte nach Noyon zurückweichen, ähnlich das Bistum Tongern nach Maastricht. Die Bischofslisten von Köln, Mainz, Worms, Speyer und Straßburg weisen alle im 5./6. Jh. Lücken von mindestens hundert Jahren auf, was auf eine Unterbrechung der Sukzession hindeutet. Das Bistum Augst (Augusta Raurica bzw. das spätantike Castrum Rauracense), obwohl noch im 4. Jahrhundert in das befestigte Basel verlegt, konnte erst wieder im 8. Jahrhundert festen Bestand gewinnen. Das helvetische Bistum Aventicum (Avenches/Waadt), dessen Bischöfe oft auch in Verbindung mit Vindonissa (Windisch/Aargau) genannt werden, wurde nach Lausanne verlegt. Ob der in Augsburg anzunehmende Bischofssitz allerdings bis nach Säben (bei Klausen/Südtirol) ausgewichen ist, scheint mehr als fraglich. Der Sitz in Lauriacum (Lorch/Donau) ging gänzlich unter. Auf dem Balkan endlich überdauerte kein einziges Bistum.

So ist also überall in Grenznähe, im nördlichen Gallien, an Rhein und Donau wie besonders auch auf dem Balkan, eine deutliche Diskontinuität festzustellen. Die Verluste waren beträchtlich, teilweise sogar unwiederbringlich. Wohl kehrte das Christentum zurück; es brauchte in Nordgallien und am Rhein allerdings fast ein Jahrhundert, an der Donau und auf dem Balkan noch viel länger.

1. Am Rhein

a) Xanten

Im einzelnen war die Situation regional und örtlich durchaus unterschiedlich. Am nördlichen Niederrhein wurde das römische Leben schon im 4. Jahrhundert so schwer geschädigt, daß in den Civitates Nimwegen (Colonia Ulpia Noviomagus) und Xanten (Colonia Ulpia Traiana) Bischofssitze offenbar nicht mehr errichtet worden sind – angesichts der Tatsache, daß fast alle Civitates Galliens um 400 ihren Bischof hatten, ein gewiß bezeichnendes Faktum. Von der Colonia Ulpia Traiana ist anzunehmen, daß sie gegen Mitte des 4. Jahrhunderts ihr städtisches Leben einbüßte und nur noch als befestigter Stützpunkt weiterexistierte. Eine Mitteilung Gregors von Tours über dort beerdigte Märtyrer konnte archäologisch verifiziert werden. Es fand sich ein nach der Mitte des 4. Jahrhunderts zu datierendes Grab mit zwei erschlagenen Männern und darüber eine ›Memoria‹, zunächst als Holzpfostenbau mit zwei Totenmahltischen und dann im 6. Jahrhundert als Steinbau, der bis zur Karolingerzeit fortbestand. Das Grab bildete im frühen Mittelalter den Kern einer neuen Ansiedlung und gab auch den neuen Namen: ad Sanctos (= Xanten).

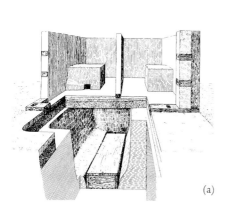 

(a)   (b)

10 Das Doppelgrab mit zwei Märtyrern in Xanten (nach W. Bader).
Zwischen 361 und 363 wurden zwei gewaltsam getötete Männer in einem Doppelsarg beerdigt.
(a) Über ihrem Grab wurde eine Cella memoriae (Gedenkzelle) errichtet, ein Holzpfostenbau mit Flechtwerk und Lehmfüllung; im Innern standen zwei Totenmahlstische. (b) Später war es nur noch ein offener Holzpfostenbau, dem nach 550 ein Steinbau folgte.

b) Köln

Mit schätzungsweise 50 000 Einwohnern zählte Köln zu den großen Städten Galliens. Im 4. Jahrhundert trat es sogleich als einer der bedeutendsten gallischen Bischofssitze hervor. Der erstüberlieferte Bischof Maternus nahm 313 und 314 an Synoden in Rom und Arles teil. Die Bischofskirche stand an der nördlichen Stadtmauer (unter dem heutigen Dom) und verdrängte bei ihrer Vergrößerung den dortigen Mercurius/Augustus-Tempel. Östlich angebaut war ein Baptisterium, das noch gegen Mitte des 5. Jahrhunderts aufwendig neugestaltet wurde: ein kreuzförmiger Zentralbau mit sternförmigem Taufbecken. Schon vor 400 erhielten auch die draußen vor den Mauern gelegenen Friedhöfe eigene Kirchbauten. So im Norden St. Ursula; dort besagt eine heute überwiegend als echt angesehene und wohl gegen 400 zu datierende Inschrift, daß ein Senator Clematius auf die visionäre Mahnung himmlischer Märtyrer-Jungfrauen hin von Osten nach Köln reiste und dort an der Stelle des Martyriums dieser Jungfrauen die Basilika erneuerte; später ist daraus die Legende vom Martyrium der heiligen Ursula und ihrer elftausend Jungfrauen geworden. Das bedeutendste, in die zweite Hälfte des 4. Jahrhunderts zu datierende Kirchengebäude steht im Nordwesten: St. Gereon. Über ovalem Grundriß aufgeführt, weist der Bau eine im zeitgenössischen Umfeld sonst nicht mehr anzutreffende kunstvolle Architektur auf; innen war er reich mit Marmor und Mosaiken ausgestattet, weswegen Gregor von Tours ihn ›zu den goldenen Heiligen‹ nannte. Ein Märtyrergrab konnte allerdings nicht aufgefunden werden; doch hat der Bau, da auf einer Nekropole errichtet, unzweifelhaft mit Grabehrung und Totenkult zu tun. Erst die spätere Legende wußte von Gereon und seinen Waffengefährten, brachte dieselben mit den anderen von Agaunum (St. Maurice/Wallis) bis Xanten überlieferten Martyrien in Zusammenhang und machte daraus das ›Martyrium der thebäischen Legion‹. Für alle Martyrien wird man »eine Grundschicht zeitgenössischer Überlieferung« (H. v. Petrikovits) vermuten dürfen. Die im Süden von Köln gelegene Friedhofskirche scheint nicht auf ein Martyrium zurückzugehen; mit ihr verbindet sich der Name des dritten Kölner Bischofs Severinus. Beim Eindringen der Franken müssen sowohl die Stadt wie die Christengemeinde schweren Schaden genommen haben. Der (freilich zu Bußanklagen geneigte) Salvian von Marseille, vielleicht selbst in Köln oder Trier geboren, weiß über Verwandte in der fränkisch besetzten Stadt zu berichten, daß eine Frau von vornehmer Herkunft, deren Sohn samt Familie gefangengenommen worden sei, Barbarenfrauen als Sklavin habe dienen müssen. Die auch für die Christengemeinde schwierige Situation wird am deutlichsten durch die Lücke, die zwischen dem um 400 bezeugten Bischof Severin und dem erst 565 erwähnten Bischof Carentius klafft und allgemein als Unterbrechung der Bischofssukzession gedeutet wird.

120 *Die Völkerwanderung*

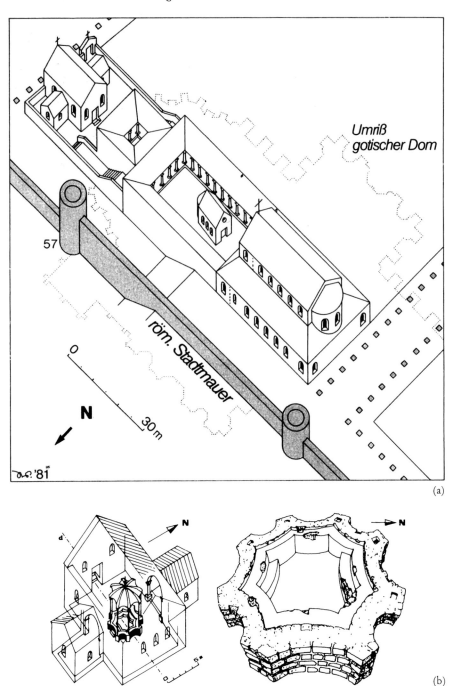

11 Köln, Bischofskirche und Baptisterium.
(a) Die Bischofskirche um die Mitte des 6. Jahrhunderts, mit vorgelagertem Atrium und östlicher Taufkapelle (ungesicherter Rekonstruktionsversuch). (b) Rekonstruktionsversuch der Taufkapelle nach W. Weyres und der heutige Befund des Taufbrunnens.

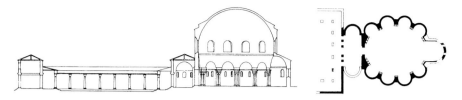

12 Urbau von St. Gereon. Rekonstruktion nach den archäologischen Befunden (nach J. Dekkers).
Der aufwendige Bau dürfte, weil auf einer Nekropole errichtet, der Totenehrung gedient haben; ein Märtyrergrab konnte allerdings nicht aufgefunden werden.

c) Bonn

In Bonn ist unter dem Münster eine Gedenkstätte mit Totenmahlstisch und Bank ergraben worden. Ob diese Memoria einem darunterliegenden Christengrab gilt, konnte archäologisch nicht weiter untersucht werden. Immerhin liegt die Stätte unter dem Altar einer spätantiken Kirche, als deren Patrone bereits vor 700 Cassius und Florentius genannt werden, und so gilt diese Memoria gemeinhin als christlich. Sollte sie, wie zunächst angenommen, ins 3. Jahrhundert gehören, wäre sie das älteste archäologische Zeugnis für das Christentum im Rheinland. Doch lassen eine neuerliche Überprüfung wie auch das gänzliche Fehlen sonstiger christlicher Zeugnisse aus der Zeit vor 300 eine Datierung in die erste Hälfte des 4. Jahrhunderts als angemessener erscheinen. Im Bonner Militärlager, im Norden der heutigen Stadt, stand ebenfalls eine Kirche (Dietkirche). Hier lag der eigentliche spätantike und frühmittelalterliche Siedlungskern. Zum Mittelalter hin aber setzte eine Verlagerung ein, und stadtbildend wurde das Märtyrergrab der Cassius- und Florentiuskirche.

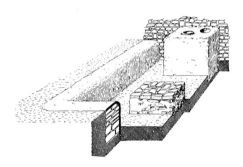

13 Bonn. Die unter der Münsterkirche aufgedeckte Memoriencella mit umlaufender Bank und Steintisch für das Gedächtnismahl.

d) Trier

Die Treverer-Stadt an der Mosel, die im 4. Jahrhundert als Kaiserresidenz zu besonderem Ansehen aufstieg und gegen 50 000 bis 80 000 Einwohner zählte, war zugleich eine bedeutende Christenstadt. Die Anfänge der christlichen Gemeinde gehen ins 3. Jahrhundert zurück, und Trier besitzt als einzige Stadt Deutschlands eine in die vorkonstantinische Zeit zurückreichende Bischofsliste. Als erste Bischöfe sind Eucharius und Valerius überliefert. Nach örtlicher Tradition sollen die beiden, als sie nach Trier kamen, Aufnahme bei einer frommen Witwe namens Albana gefunden haben, deren gegen 270 geschaffener Sarkophag offenbar jüngst bei der heutigen St. Matthias-Kirche, wo auch die beiden Bischöfe beerdigt waren, aufgefunden worden ist. Der erste ausführlicher bezeugte Bischof, Agricius, nahm 314 an der von Konstantin zur Klärung des Donatisten-Streites nach Arles einberufenen Synode teil. Bischof Maximinus († 346), der den verbannten Athanasius beherbergte, wie ebenso sein in der phrygischen Verbannung gestorbener Nachfolger Paulinus († 358) bewährten sich als Verteidiger der nicänischen Orthodoxie. Über ihren im Norden der Stadt gelegenen Gräbern entstanden Kirchen, bei denen sich im Frühmittelalter bedeutsame Klöster entwickelten. Die Kathedrale lag unmittelbar neben dem Kaiserpalast und ist vielleicht schon von der Kaiserinmutter Helena begründet worden. Noch in konstantinischer

Zeit erfolgte die Erweiterung zu einer dreischiffigen Basilika, deren ost-westliche Gesamterstreckkung 160 Meter betrug. Direkt nördlich wurde bald darauf eine parallel gelagerte zweite Basilika von gleicher Art und Größe errichtet, so daß eine Doppelanlage entstand, in deren Mitte das Baptisterium lag. Bei Ausgrabungen in der jüngeren Basilika (ziemlich genau inmitten des heutigen Domes) wurden Fragmente einer Deckenmalerei gefunden, die eine Rekonstruktion erlaubten; wahrscheinlich sind Frauen der konstantinischen Familie, darunter auch Helena, dargestellt. Die Ausmaße der beiden Großkirchen lassen auf eine hohe Christenzahl schließen. Dafür spricht auch die Beobachtung, daß heidnische Grabinschriften in größerer Zahl wohl aus dem 3., aber kaum noch aus dem 4. Jahrhundert erhalten sind, während sich die Zahl der christlichen Inschriften aus der Spätantike auf über 900 beläuft. So ist anzunehmen, daß die Mehrheit der Stadtbevölkerung in der zweiten Hälfte des 4. Jahrhunderts christlich war. Doch zog der heidnische Tempelbezirk im Altbachtal gleich südwestlich von Trier noch bis gegen Ende des 4. Jahrhunderts Besucher an und ist erst dann, entweder von Barbaren oder aber von Christen, zerstört worden.

Als Kaiserstadt gewann Trier auch kirchlich eine herausgehobene Bedeutung; vereinzelt wurde es bereits ›Metropole Galliens‹ genannt. Auch zog die Stadt vielerlei Menschen an und nahm dabei mannigfache Anregungen auf. Fast 20 Jahre lang hat hier Galliens berühmtester Rhetor Ausonius († nach 390) gewirkt, zunächst als Prinzenerzieher, später als ranghoher Beamter. Gegen 370 hielt sich in der Moselstadt der junge Hieronymus auf und traf dort eine gut ausgestattete Bibliothek an. Ambrosius, selber gegen 339 in Trier als Sohn des Präfekten geboren, kam nach der Ermordung Kaiser Gratians (383) zu politischen Verhandlungen an den Hof und bald darauf nochmals, um mit Martin von Tours – freilich erfolglos – die staatlicherseits in Aussicht genommene Hinrichtung des als Ketzer verurteilten Priscillian abzuwehren. Ferner gab es in der Stadt, wie uns Augustinus berichtet, bereits erstes mönchisches Leben.

Bei dem großen Germaneneinbruch von 407 scheint Trier noch von der ersten Zerstörungswelle verschont geblieben zu sein. Salvian beklagt das sündige Wohlleben der Stadt, in der man weiterhin Gelage abgehalten und Circusspiele gefordert habe. Seit 410/11 aber setzten Überfälle und Plünderungszüge der Franken ein, die nach 455 offenbar katastrophenartige Ausmaße annahmen. Wohl hielt noch der romanisierte Franke Arbogast, der als Bischof von Chartres gestorben sein soll, die Verteidigung aufrecht. Dabei sind offenbar die großen Baukomplexe wie die Thermen, der Kaiserpalast, die Doppelkathedrale und die Getreidespeicher festungsartig gesichert worden.

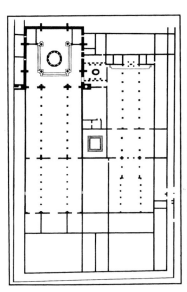

14 Trier. Altchristliche Doppelbasilika nach einer Modell-Rekonstruktion.
Den beiden jeweils 120 m langen Basiliken waren Atrien vorgelagert. Der östliche Quadratbau (40 zu 40 Meter) ist bis zu 30 m hoch im aufgehenden Mauerwerk erhalten und bildet den Kern des heutigen Doms.

§ 17 Kirche im Rückzug 123

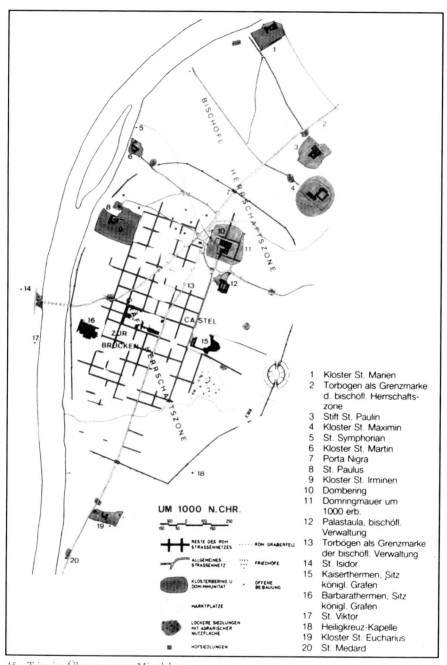

15 Trier im Übergang zum Mittelalter.
Erhalten blieben schätzungsweise 15 % des antiken Baubestandes, darunter vor allem die Groß-
bauten, so die konstantinische Aula Palatina (Kaiserbasilika), die bischöfliche Doppelkathedrale,
die Kaiserthermen, die Getreidespeicher und die Moselbrücke. Um die außerhalb des antiken
Stadtbereiches gelegenen Bischofsgräber entstanden Klöster. Zwischen diesen Punkten bildete sich
ein neues Wegenetz, das oft genug diagonal die antiken quadratischen Wohninseln durchschnitt,
was anzeigt, daß die Wohninseln zerstört waren.

In den achtziger Jahren aber ging die Stadt mitsamt den Mosellanden endgültig an die Rheinfranken über. Trier, das Salvian zu Beginn des 5. Jahrhunderts noch als reichste Stadt Galliens pries, löste sich in burg- und dorfartige Einzelsiedlungen auf. Doch scheint die Christengemeinde die Umwälzung besser überstanden zu haben als in Köln und Mainz. Jedenfalls kennt die Bischofsliste keine Unterbrechung; ja, schon bald regte sich neues Leben.

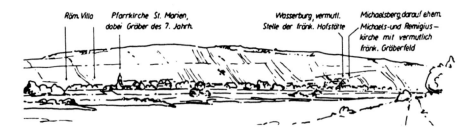

16   Klüsserath an der Mosel. Beispiel einer romanisch-fränkischen Doppelsiedlung mit je eigener Kirche (nach K. Böhner).
Die Pfarrkirche St. Marien scheint in die Spätantike zurückzureichen; die zweite Kirche, ursprünglich dem hl. Remigius geweiht, dürfte von den fränkischen Herren, welche die römische Villa in merowingischer Zeit besaßen, errichtet worden sein, wahrscheinlich auf dem Gräberfeld ihrer Ahnen.

e) Mittelrhein und Mosel

Am Mittelrhein haben sich beim Einbruch von 407 eine Reihe von Kastellen, so Andernach, Koblenz, Boppard und Germersheim, verteidigen können und auch nach dem endgültigen Abzug des Militärs den verbliebenen Provinzialromanen noch Schutz geboten, mit der Folge, daß hier – wie übrigens auch andernorts, so an der Mosel – romanisch sprechende Bevölkerungsgruppen bis ins Mittelalter fortexistieren konnten. Ein bemerkenswertes Beispiel bietet Boppard (Budobriga). Nachdem das Militär aus dem hoch ummauerten Kastell abgezogen war, errichtete die Christengemeinde nach der Mitte des 5. Jhs. in dem ausgebrannten Bad eine einschiffige Saalkirche mit eingezogener Halbapsis (33 × 9 m). Im Chorraum konnte noch das Fundament des sechs Meter in das Schiff hineinragenden ›Bemas‹ (Ambo/Kanzel) ergraben werden. Am bedeutsamsten ist der gutteils erhaltene Taufbrunnen (1,30 m weit und 0,60 m tief). Die in größerer Anzahl gefundenen Grabsteine nennen einen Presbyter Nonnus (7. Jh.) und einen Diakon Brictio. Die Inschriften, auch die für Laien, sind bis ins 8. Jahrhundert lateinisch abgefaßt, zeugen also von einer romanisch sprechenden Einwohnerschaft.

f) Mainz

In Mainz, dem Vorort der Provinz Germania Prima, scheinen die Christen im Laufe des 4. Jahrhunderts gleichfalls eine bedeutsame Stellung erlangt zu haben; sie nämlich dürften die große Jupitersäule am Mainzer Hafen zerstört haben, die dort in 2000 Bruchstücken wiedergefunden wurde. Als Metropole war Mainz Sitz des ersten Bischofs der Provinz, dessen Kathedrale an der Stelle des heutigen Doms vermutet wird. Weiter sind auf den Friedhöfen draußen vor den Mauern Kirchen errichtet worden. Die Stadt traf es hart, als 406/7 die Wandalen und mit ihnen die Sweben und Alanen über die Mainzer Rheinbrücke ins Linksrheinische vordrangen. Mainz sei völlig zerstört worden, klagte Hieronymus; Tausende seien in der Kirche niedergemetzelt worden. Wohl damals erlitt auch der Presbyter Albanus sein Martyrium, das noch durch einen ansehnlichen Memorialbau geehrt werden konnte. Bischof Aureus wurde bei einem Hunneneinfall erschlagen, wahrscheinlich 436 oder 451. Nach der Mitte des 5. Jahrhunderts ging Mainz in fränkische Hand über. Obwohl die Stadt auch kirchlich die Metropole für die obergermanische Provinz war, weist die Bischofsliste eine Unterbrechung bis etwa 540 auf.

g) Oberrhein

Für die frühen Christengemeinden am Oberrhein, der seit dem römischen Rückzug aus dem rechtsrheinischen Dekumatenland (260) die Grenze bildete, gibt es nur eine – umstrittene – Quelle: den Bericht über die angebliche Synode von 346 gegen den Kölner Bischof Euphrates; danach sollen mehrere Bischofssitze am Oberrhein bestanden haben. Nun sind die Akten dieser Synode längst als Fälschung erkannt, doch gilt die angehängte Bischofsliste als zuverlässig. Umstritten aber ist die Verbindung der in dieser Liste aufgeführten Bischofsnamen mit bestimmten Städten; die angeführten Sitze Mainz, Worms, Speyer, Straßburg und Kaiseraugst dürften nämlich spätere Zutat sein. Dennoch ist zu bedenken, daß diese Orte alle den Rang einer antiken Civitas einnahmen und damit als mögliche Bischofssitze in Betracht kommen. Wenn in Worms ein Bischof gewirkt hat, könnte er verantwortlich sein für die ersten, nach 407 bei den Burgundern unternommenen Missionsversuche, von denen wir Kenntnis haben. Sofern auch für Kaiseraugst ein Bischof anzunehmen ist, dürfte derselbe seinen Sitz nicht mehr in der Stadt Augusta Raurica, sondern in dem benachbarten spätantiken Kastell Basel gehabt haben, wo eine auffallend große, gegen 400 zu datierende Kirche mit Taufbrunnen festgestellt worden ist; dort auch vermochte sich nach Ausweis der Grabfunde die romanische Bevölkerung bis ins frühe Mittelalter zu erhalten.

17 Boppard. Frühchristliche Kirche nach einer Rekonstruktionszeichnung (nach H. Eiden).
In dem hochummauerten Militärkastell bauten die Christen nach der Mitte des 5. Jahrhunderts die Therme zu einer Kirche um. Die ergrabenen Reste erlauben ein Rekonstruktionsbild: Altarraum mit Schranken und Taufbrunnen (im Vordergrund).

2. An der Donau

a) Augsburg

Augsburg, das antike Augusta Vindelicum, war in der Spätantike Hauptstadt der Provinz Raetia Secunda und dürfte auch einen Bischof gehabt haben. Doch haben wir darüber keinerlei Zeugnis. Für die archäologischen Funde unter dem Dom mitsamt der benachbarten Taufanlage wie ebenso für eine angebliche Doppelbasilika ist der Nachweis auf antik-christliche Herkunft erst noch zu erbringen. Daß aber eine Christengemeinde mit einer sogar bruchlos ins Mittelalter weitergehenden Kontinuität existiert hat, konnte anhand des südlichen Gräberfeldes bei der St. Ulrich- und St. Afra-Kirche erwiesen werden. Die heilige Afra ist eine Märtyrerin wohl der diokletianischen Zeit; ihre älteste, vielleicht gegen 640 geschriebene Passio trägt noch »ausgesprochen spätantike Merkmale« (W. Berschin).

b) Regensburg

Regensburg, das seit den Markomannen-Kriegen wichtige Militärlager Castra Regina, dürfte im 4. Jahrhundert gleichfalls eine Christengemeinde beherbergt haben. Der Grabstein für eine Sarmannina, der als der älteste christliche Grabstein Bayerns gilt, läßt sich sowohl im Sinne eines erlittenen Martyriums wie auch im Sinne des den Märtyrern Beigeselltwerdens interpretieren, und der Name selbst könnte sogar germanisch sein.

c) Ufernoricum

Für die Verhältnisse, wie sie in der 2. Hälfte des 5. Jahrhunderts in der Provinz Ufernoricum (Noricum ripense = Ober- und Niederösterreich) herrschten, vermittelt uns die 511 verfaßte Lebensbeschreibung des heiligen Severin († 482) ein anschauliches Bild. Entlang der Donau werden die folgenden (Kastell-)Orte genannt: Quintanis/Künzing, Batavis/Passau, Boiotro/Passau-Innstadt, Lauriacum/Lorch, Favianis/Mautern (?), Comagenis/Tulln und im Hinterland Iuvavum/Salzburg und Cucullis/Kuchl. Die Civitas Lauriacum war als Verwaltungsmittelpunkt zugleich Bischofssitz (wie möglicherweise auch Batavis und Favianis). Lorch erlebte in der Zeit Diokletians das Martyrium Florians, des Kanzleivorstehers beim Statthalter. Zur Zeit Severins war dort ein Bischof namens Constantius tätig. Die Bevölkerung, zumeist frei wirtschaftende Mittel- und Kleinbauern, lebte bis zu dem Zeitpunkt, da Odoaker in Italien die Herrschaft ergriff (476), noch relativ ruhig. Die Severinsvita setzt eine allgemeine Verbreitung des Christentums voraus; wie selbstverständlich spricht sie von Klerikern, Mönchen, Nonnen, Kirchen und Klöstern. Bei Ausgrabungen haben sich selbst in kleineren Orten christliche Bauten nachweisen lassen. Die Kirchenleute scheinen gutenteils auch schon die zivile Administration ausgeübt zu haben. Die Grenzverteidigung aber leisteten bis 476 noch reguläre Truppen; dann traten von den Kirchenleuten organisierte Milizen an ihre Stelle. Nördlich der Donau saßen die foederierten Rugier, ein Germanenstamm, der bereits das arianische Christentum angenommen hatte. Im Westen beherrschten die Alemannen die Raetia Secunda (das spätere Baiern) und im Osten die Ostgoten bis 472 die Pannonia Prima (das heutige Ungarn). Odoaker ordnete dann 488 die Evakuierung an und ließ die Bevölkerung nach Italien übersiedeln. Doch nicht alle Romanen sind abgewandert; besonders im Westen lebten romanische Christengemeinden bis ins Frühmittelalter weiter. Sie hießen ›Walchen‹, was der heute üblichen Bezeichnung »Welsche« entspricht. Ihre ›Walchen‹-Orte sind, zum Beispiel im Salzburgischen, recht zahlreich und künden vom Verbleib: Walchen, Straßwalchen, Seewalchen, Wallersee, Wals; es waren Enklaven in einem von Germanen, Awaren und zuletzt auch von Slawen besiedelten Land.

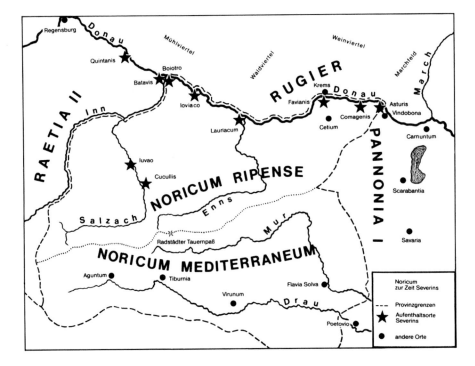

18 Ufernoricum: Übersichtskarte über die im Leben des heiligen Severin erwähnten Orte (nach W. Menghin).

3. Alpengebiet

a) Chur

Chur, am Hochrhein gelegen, war Sitz des Praeses und der Zivilverwaltung der Provinz Raetia Prima. Wohl in der ersten Hälfte des 5. Jahrhunderts entstand hier ein Bischofssitz, dessen Inhaber 451 als der Kirchenprovinz Mailand zugehörig bezeugt ist. Chur konnte sich inselartig über die Völkerwanderung hinweg erhalten und bildete eine eigene romanische Sprachform aus: das Raetoromanische.

b) Teurnia (Tiburnia)

Weiter östlich lag Binnen-Noricum mit der Hauptstadt Teurnia (heute St. Peter im Holz, nordwestlich von Spittal an der Drau). Hier residierte der Praeses von Binnen-Noricum; die Aufgabe des Praeses übernahm nach 476, nach dem Abzug der Verwaltung, der Bischof. Inzwischen wurde die Bischofskirche ergraben: ein Bau von 27 mal 13 Meter und gegen 500 Menschen fassend.

4. Auf dem Balkan

An der Donau, die in der Spätantike bis zu ihrer Mündung die Reichsgrenze bildete, hatte das Imperium einem besonders gefährlichen Druck standzuhalten. Das Christentum hatte sich in den Donau-Provinzen während des 3. Jahrhunderts ausgebreitet. Bei der Verfolgung unter Diokletian gab es eine Reihe von Martyrien. Im 4. Jahrhundert war die weitere Mission zunächst durch arianische Auseinandersetzungen beeinträchtigt, aber auch durch die Zähigkeit traditioneller Kulte. Gegen Ende des 4. Jahrhunderts dominierte das Christentum in den Städten und setzte sich im 5. Jahrhundert auch auf dem Land durch. Einen bemerkenswerten Einblick in den Christianisierungsprozeß erlauben die archäologischen Befunde der dalmatischen Küstenstadt Salona, wo gegen 300 offenbar syrische Kaufleute die Mission begannen; Basiliken, Baptisterien und Zömeterien bezeugen ein reges Gemeindeleben. Kirchlicher Vorort war Sirmium, das sich als ›Haupt ganz Illyriens‹ bezeichnete. Aber die Oberhoheit über die Bistümer in Noricum, Pannonien und Illyrien lag bei Mailand. In der Völkerwanderung trafen die ersten und schwersten Stöße der aus dem Osten herandrängenden Völkerschaften auf die Donau-Grenze; hier zumeist fanden die entscheidenden Kämpfe statt. Vor der Mitte des 5. Jahrhunderts wich die Prätorianer-Präfektur von dem zentralen Sirmium in das südliche Thessalonike aus. Dabei wurde das ganze Gebiet politisch dem oströmischen Kaiser unterstellt, kirchlich aber dem Papst überwiesen, der in Thessalonike ein Vikariat errichtete. Die Bedrängnisse der Völkerwanderungszeit setzten der provinzialrömischen Bevölkerung und den christlichen Gemeinden hart zu. Die Bevölkerung floh vielfach in südlichere Regionen. Die vor Ende des 6. Jahrhunderts eindringenden Awaren wie auch die ihnen folgenden Slawen blieben Heiden. Keine Stadt überlebte die Invasion, und so verschwanden auch die Bischofssitze.

§ 18 Der germanische Arianismus

Die Germanenvölker haben alle im Verlauf ihrer Bewegungen und Reichsgründungen das Christentum angenommen. Beispielhaft wirkten dabei die Goten. Eine reichs- und christentumsfreundliche Gruppe trat in den 40er Jahren des 4. Jahrhunderts in Moesien (im heutigen Bulgarien) auf römisches Gebiet über. Ihr Bischof Wulfila (= kleiner Wolf), wohl 336 oder 341 geweiht, schuf mittels der von ihm gebildeten gotischen Schriftsprache eine nationalsprachliche Liturgie und – noch bedeutsamer – eine (allerdings nicht vollständige) Bibelübersetzung; bei der Übersetzung des Alten Testaments, die nicht erhalten geblieben ist, soll er die Bücher der Könige fortgelassen haben, weil er sein kämpferisches Volk nicht unnötig für den Krieg habe begeistern wollen. Wulfila verpflichtete seine Goten auf das damals im Arianismusstreit von den Kaisern Konstantius II. (353–361) und Valens (364–378) begünstigte homöische Glaubensbekenntnis; danach galt der überzeitliche Gottessohn dem Vater zwar ›gleich gemäß der Schrift‹, in seiner Göttlichkeit jedoch als unterlegen. Als Wulfila 383 in Konstantinopel starb, hinterließ er als sein Glaubensbekenntnis: ›Es gibt einen ewigen, ungezeugten und unsichtbaren Gott, der vor aller Zeit allein existierte; er schuf in der Zeit den Sohn, den einzigen gezeugten Gott; dieser schuf alle Kreaturen und ist der Herr des Heiligen Geistes, den der Vater durch den Sohn vor allen anderen Dingen geschaffen hat‹. Neben der national-kirchlichen Schriftsprache und dem homöischen Glaubensbekenntnis als den wichtigsten Charakteristika des gotischen Arianismus sind weiter noch zu nennen die »Ketzertaufe« (erneute Taufe der zu ihnen übertretenden Christen) und das Fehlen der Zölibatsverpflichtung, die freilich damals auch im orthodoxen Christentum keineswegs allgemein war. Daß die Goten sich mit diesen Eigenheiten eine ihnen und den Germanen artgemäße Form des Christentums geschaffen hätten, gilt heute als völkisch-deutschgläubige Fehlinterpretation.

Das Christentum der Wulfila-Gemeinde wurde bestimmend auch für die Westgoten, als sie in das römische Reich eindrangen. Der unter Theodosius dem Großen vollzogenen Hinwendung der Reichskirche zur jungnicaenischen Orthodoxie schloß sich keine Gotengruppe an; sie alle scheinen ihre religiöse Sonderform als Element völkisch-nationaler Identität betrachtet zu haben. Die Westgoten brachten dann den homöischen Arianismus in den Westen. In Spanien übernahmen ihn die Wandalen, die ihn in Afrika so kämpferisch durchsetzten wie ihre politische Unabhängigkeit. Die in Galicien angesiedelten Sweben haben sich um die Mitte des 5. Jahrhunderts offenbar zunächst dem katholischen Glauben zugewandt, wurden dann aber unter westgotischem Einfluß gleichfalls arianisch. Ähnlich die Burgunder; nach ihrer ersten Ansiedlung im Linksrheinischen haben sie sich möglicherweise dem katholischen Christentum geöffnet, wurden dann aber, vielleicht wiederum unter westgotischem Einfluß, arianisch. Auch die Ostgoten hingen dem arianisch-homöischen Bekenntnis an. Als letzte zeigten sich endlich die Langobarden dem gotischen Arianismus verbunden; möglicherweise wollten sie dadurch den in Italien verbliebenen Ostgoten entgegenkommen. Allein die Franken haben sich vom Arianismus ferngehalten.

3. Kapitel: Gallien

§ 19 Reichsgründungen und Landeskirchen

1. Westgoten

Nach ihrer südgallischen Ansiedlung verblieben die Westgoten noch für ein halbes Jahrhundert im Foederatenstatus, bis König Eurich (466–484) sich davon löste. Eurich vermochte das ganze Gebiet zwischen Atlantik, Loire und Rhône zu vereinnahmen; 476 eroberte er Marseille und vor allem auch Arles, das seit 400 Sitz der Präfektur und damit »Hauptstadt« des westlichen Imperiums war. Odoaker erkannte diese Eroberungen an und gab das römische Gallien für das Reich verloren. Eurich sah darin seine Unabhängigkeit bestätigt und konstituierte ein eigenes Reich. Die Goten und ebenso die Romanen erhielten ihr jeweils spezielles Recht. Dadurch sollten die Goten, die eine geradezu verschwindende Minderheit darstellten – wohl gerade nur zwei Prozent –, vor einem Aufgehen in der provinzialrömischen Bevölkerung bewahrt bleiben; aus demselben Grund bestand zusätzlich ein Heiratsverbot. Weder das von Eurich erlassene Gotenrecht des ›Codex Euricianus‹ noch auch die von seinem Nachfolger Alarich II. (484–507) für die Romanen geschaffene ›Lex Romana Visigothorum‹, auch ›Breviarium Alarici‹ genannt, bildeten ein genuin germanisches Volksrecht. Vielmehr sind sie von römischen Juristen geschaffen, freilich mit der vereinfachenden Tendenz des spätantiken Vulgarrechtes, das damit zum ersten Mal in der Gesetzgebung eines Barbarenkönigs erscheint und für viele andere germanische Volksrechte das Vorbild wurde, ja das ›Breviarium Alarici‹ blieb bis ins 12. Jahrhundert hinein eine der im Westen wirksamsten Traditionsgestalten des römischen Rechtes.

Prekärer gestaltete sich die Kirchenpolitik. Dem verschwindend geringen arianischen Gotenvolk stand der nahezu geschlossene Katholizismus der Provinzialromanen gegenüber. Eurich hat die katholische Kirche weder verfolgt noch auch arianisch zu missionieren gesucht. Wohl aber zielte er auf eine »langsame Stillegung der kirchlichen Institutionen« (K. Schäferdiek) ab, die er durch die Verbannung einzelner Bischöfe und durch Vakanzen der Bischofsstühle – sie waren 475 zu einem Viertel unbesetzt – zu erreichen hoffte (vgl. § 19,4; Abb. 20). Auch dürfte Eurich den Kontakt der katholischen Kirche, die nach der Trennung vom Reich weiterhin »römisch« blieb, mit Rom unterbunden haben. Sein Nachfolger Alarich II. war stärker um einen Ausgleich bemüht. Wie schon das von ihm für die Romanen erlassene Recht, die ›Lex Romana Visigothorum‹, sollte auch die Kirchenpolitik integrierend wirken, was nicht zuletzt deswegen geboten schien, weil sich Eroberungsgelüste der katholischen Franken abzeichneten. Ein wichtiges Ziel erreichte der König mit der 506 abgehaltenen Synode von Agde (östlich von Béziers), wo sich drei Viertel des katholischen Episkopats ›mit Erlaubnis unseres Herrn, des glorreichen, großmächtigen und frommen Königs‹ versammelten. Weil es allein die Bischöfe des westgotischen Herrschaftsgebietes waren, mußten alle über dieses Gebiet hinausgreifenden Metropolitanbindungen aufgegeben werden. So lag der größte Teil des metropolitanen Jurisdiktionsgebietes von Arles jenseits der westgotischen Landesgrenze im Burgunderreich; ähnlich stand es mit dem südlich der Loire-Grenze gelegenen und dem Westgotenreich zugehörigen Tours, dessen untergebene Bistümer zumeist nördlich des Grenzflusses und damit auf fränkischem Gebiet lagen. Das Konzil von Agde war das erste Landeskonzil, das in einem der germanischen Nachfolgestaaten des weströmischen Reiches zusammentrat und über das der König eine Stellung einnahm, die als »kaisergleiche Kirchenherrschaft« (H. Wolfram) bezeichnet werden kann. Die landeskirchliche »Nationalsynode« wäre in idealer Weise verwirklicht worden mit der für 507 bereits angekündigten Synode in der Hauptstadt Toulouse, an der auch die in Agde nicht vertretenen Bischöfe des westgotischen Spanien teilnehmen sollten. Aber die Niederlage gegen den Franken Chlodwig im Jahre 507 machte dem Westgotenreich auf gallischem Boden ein Ende.

2. Franken

Die Franken, welche die bedeutendste Reichsgründung auf römischem Boden zustande brachten, setzten zu diesem ihrem »historischen Mirakel« (E. Ewig) erst an, als andere germanische Völkerschaften längst eine monarchische Einigung erreicht hatten und in der Großreichbildung erfolgreich geworden waren. Gerade die Salfranken, die schon seit der 2. Hälfte des 4. Jahrhunderts in römische Foederatendienste getreten waren, verblieben zunächst noch für ein Jahrhundert bei ihren Kleinkönigen, die zuletzt in nordgallischen Civitates herrschten, so in Tournai und Cambrai, und dabei unter den gallo-römischen Heermeistern Aegidius († 464) und dessen Sohn Syagrius († 486) Militärdienste leisteten. Die nach 406 über den Rhein nachrückenden Franken, die sich linksrheinisch in der Germania inferior niederließen, die »Rheinfranken«, erhielten nach 450 eine massive Verstärkung, befreiten sich vom Foederatenstatus, machten Köln zu ihrer Königsresidenz (459/61) und besetzten bald darauf auch Trier.

Die historische Reichsgründung vollzog das Geschlecht der Kleinkönige von Tournai; dieses Geschlecht heißt nach seinem Stammvater Merowech († um 450) das merowingische. Auf Childerich († 482) folgte Chlodwig († 511), der anfangs als Sprengelkommandant im Dienste des Heermeisters Syagrius, des letzten Verteidigers der römischen Restherrschaft zwischen Somme und Loire, Foederatendienste leistete. Infolge der zusammengebrochenen römischen Zentralgewalt führte Syagrius ein beinahe autarkes Regiment. Aber im Jahre 486 besiegte ihn Chlodwig (Schlacht bei Soissons) und konnte daraufhin die fränkische Herrschaft nach Süden bis zur Loire ausdehnen. Weiter vermochte er in wenigen Jahren alle anderen fränkischen Kleinkönige zu beseitigen, zuletzt im Jahre 508 auch die von Köln. Binnen zehn Jahren war sein Reich zu einem »international« respektierten Machtfaktor aufgestiegen, das nun im Kreis der germanisch-römischen Reiche einen angemessenen Rang beanspruchte. Der Ostgote Theoderich, der sich unter den germanischen Herrschern auf römischem Boden als der Erste verstand und auch als der allein vom Kaiser legitimierte, heiratete Chlodwigs Schwester Audofleda. Dieser selbst ging durch die Heirat Chrodechildes eine Verbindung mit den Burgundern ein. In der berühmten (ersten) Alemannenschlacht, die wohl auf 496/97 zu datieren ist und bei Zülpich stattgefunden haben dürfte, legte Chlodwig das bald darauf auch erfüllte Gelübde ab, bei siegreichem Ausgang die Taufe zu nehmen (vgl. § 28,2). Daß der König sich katholisch taufen ließ, mußte auf lange Sicht den Ausgleich seiner Franken mit den Provinzialromanen befördern und hat tatsächlich für die abendländische Geschichte eine grundlegende Bedeutung erlangt. Im politischen Zeitgeschehen aber war die Taufe, weil eine Werbung um die katholische Bevölkerung, auch ein Vorwand für weitere Vorstöße gegen die arianischen Westgoten. Chlodwig konnte 507 in der Schlacht von Vouillé (bei Poitiers) das südgallische Westgotenreich erobern.

Die von Chlodwig errungene Großmachtstellung erfuhr auch kaiserlicherseits eine Anerkennung: Anastasius (491–518) verlieh ihm das Ehrenkonsulat mitsamt dem Königsornat, wodurch dem Franken sowohl die Anerkennung seiner neuen Machtstellung wie auch die kaiserliche Repräsentanz im Westen zugesprochen wurde; vorher hatte allein Theoderich eine solche Auszeichnung innegehabt. Noch ein Jahrhundert lang haben Chlodwigs Nachfolger die ›paternitas‹ (Vaterschaft) der byzantinischen Kaiser anerkannt und sich dadurch ihre Legitimität gesichert. Weiter hat Chlodwig bald auch seine Kirchenhoheit anzumelden gewußt. Im Jahre 511 versammelte er in Orléans den Episkopat seines Reiches zur ersten fränkischen Reichssynode. Es war die Geburt der fränkischen Landeskirche. Endlich ist wohl noch unter Chlodwig die ›Lex Salica‹, das Recht der Salfranken, aufgezeichnet worden. Wiewohl in Latein abgefaßt, finden sich darin – anders als in der westgotischen Rechtskodifizierung – kaum noch Spuren antiken Rechts, hingegen zahlreiche Vulgarismen und volkssprachliche Rechtswörter. Entwicklungsgeschichtlich bedeutet die ›Lex Salica‹ »den Übergang vom Stamm mit seinem Fehdewesen zu einem Staat mit einer eigenen Rechts- und Friedenswahrung« (Ruth Schmidt-Wiegand).

§ 19 Reichsgründungen und Landeskirchen

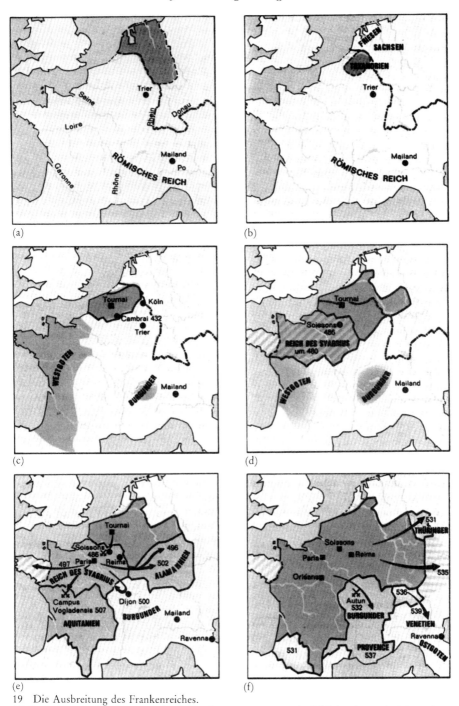

19 Die Ausbreitung des Frankenreiches.
(a) der Stammesverband um 260, (b) als Foederaten um 358, (c) das Kleinkönigtum der Merowinger um 460, (d) Eroberung des Syagrius-Reiches und der übrigen fränkischen Kleinkönigtümer durch Chlodwig um 480, (e) Eroberung des Westgotenreiches südlich der Loire (507), (f) Eroberungen der Söhne Chlodwigs.

3. Burgunder

Nach den Westgoten und noch vor den Franken haben die Burgunder ein eigenes Reich im römischen Gallien errichtet, das wiederum alle jene landeskirchlichen Bestrebungen zeigte, wie sie für die Germanenreiche typisch sind. Allerdings standen die Burgunder von Anfang an im Schatten der übermächtigen Franken, von denen sie zuletzt auch vereinnahmt wurden; nur der von ihnen abgeleitete Landschaftsname Burgund ist geblieben.

Die Burgunder, zuerst an der Weichselmündung bezeugt, waren zum Rhein vorgestoßen und saßen dort an der Mainmündung, an der Nahtstelle zwischen Franken und Alemannen. Im Jahre 406/7 überschritt ein Teil von ihnen den Rhein und ließ sich um Worms nieder, während der zurückgebliebene Teil unter die Herrschaft der Hunnen geriet. Zwischen den Abgewanderten und den von der rechtsrheinischen Seite nachdrängenden Hunnen kam es in der Folgezeit zu harten Kämpfen, von denen das Nibelungen-Lied noch Kunde gibt. Die linksrheinischen Burgunder wurden nach ihrer Übersiedlung an den Genfer See (443) treue Foederaten, »in fast bedingungsloser Anlehnung an Rom« (R. Wenskus). Auf den katalaunischen Feldern kämpften sie mit dem römischen Feldherrn Aetius gegen die Hunnen Attilas. In der Folgezeit fungierten die burgundischen Könige als römische Heermeister und erhielten gelegentlich sogar den Titel ›Patricius‹. Im Recht blieben Burgunder und Romanen getrennt; beide Gruppen erhielten eigene Gesetze. Im ganzen bemühten sich die Burgunder um ein gutes Einvernehmen, besonders mit der senatorischen Oberschicht; ein Eheverbot mit den Provinzialromanen bestand bei ihnen nicht. Beim Vorrücken in die Lugdunensis Prima wurde die Provinzmetropole Lyon ihr neuer Königssitz, der gegenüber die Erstresidenz Genf absank. In der Außenpolitik bedurfte es angesichts von vier zur Großreichbildung drängenden Germanenstämmen, so der Franken in Nordgallien, der Westgoten in Südgallien, der Ostgoten in Italien und der Alemannen im süddeutsch-elsässisch-schweizerischen Raum, einer sorgfältigen Bündnissicherung. Mit Theoderich, der alle Germanenreiche unter seiner Oberhoheit zusammenzufassen suchte, wurde Einvernehmen dadurch hergestellt, daß der Burgunderkönig Sigismund († 523) Theoderichs Tochter Ariagne heiratete. Auch mit dem Franken Chlodwig wurde ein Übereinkommen gesucht, indem dieser die burgundische Königstochter Chrodechilde ehelichte. Wiewohl die Burgunder 507 im Kampf gegen die Westgoten auf Seiten Chlodwigs standen, wurden sie dennoch von den Franken bedroht, bis dann Chlodwigs Söhne ihr Reich 532/34 unter sich aufteilten.

Die Begegnung mit dem Christentum verlief wechselvoll. Am Rhein sollen die Burgunder schon mit dem Katholizismus in Berührung gekommen sein, wandten sich dann aber, vielleicht unter westgotischem Einfluß, dem Arianismus zu. Im Verkehr mit der romanischen Oberschicht verhielten sie sich konfessionell tolerant. Selbst in der eigenen Oberschicht waren Katholiken zugelassen, so beispielsweise die schon erwähnte Königstochter Chrodechilde, die daran mitwirkte, daß der Franke Chlodwig sich zum Katholizismus bekehrte. Als bei dessen Taufe der Metropolit Avitus von Vienne unverhohlen die Hoffnung aussprach, das Beispiel der katholischen Taufe des Frankenkönigs möge Schule machen, mußte auch die burgundische Königsfamilie folgen. Als erster trat bald nach 500 Sigismund, damals noch Unterkönig in Genf, zum Katholizismus über. Im Jahre 516/17 versammelte er die erste Landessynode an dem nicht sicher identifizierbaren Ort Epao. Für Gallien bedeutete dies die Gründung einer weiteren Landeskirche, wie sie zuerst die Westgoten und inzwischen auch die Franken auf entsprechenden Synoden vollzogen hatten. Ferner errichtete Sigismund in Agaunum das Kloster des heiligen Mauritius (St. Maurice d'Agaune), eine Art Reichsheiligtum, in dem er, der sich noch immer als Vasall des Kaisers verstand, nach byzantinischem Vorbild das ›immerwährende Gebet‹ (laus perennis) einführte. Obendrein hat er als erster germanischer König eine Pilgerfahrt nach Rom unternommen – ein bemerkenswertes Zeichen dafür, wie die seit Papst Leo dem Großen entfaltete Idee vom religiösen Rom auf die germanischen Könige einzuwirken vermochte. Mit der fränkischen Eroberung endete auch die burgundische Landeskirche.

4. Landeskirchentum wider Metropolitanverfassung

Wie sich die Gründung der neuen Reiche und die mit ihnen verbundenen Landeskirchen auf die Kirchenorganisation Galliens auswirkten, läßt sich exemplarisch an Caesarius von Arles aufweisen: Es ist einmal das persönliche Geschick eines Bischofs inmitten von wankenden und sich neu formierenden politischen Mächten, zum anderen seine Stellung als Metropolit des für das spätantike Gallien zentralen Arles.

Seit 502 war Caesarius Bischof seiner Stadt (vgl. § 12,2; 3). 505/6 wurde er vom arianischen Westgotenkönig Alarich II. wegen angeblichen Landesverrats nach Bordeaux verbannt, konnte aber nach erwiesener Unschuld 506 der Landessynode in Agde präsidieren, wo 35 Bischöfe des westgotischen Südgallien, darunter sechs Metropoliten, vertreten waren. Als mit der Provence auch die Stadt Arles, die dabei eine eineinhalbjährige Belagerung durch Franken und Burgunder überstehen mußte, unter die Oberhoheit Theoderichs kam, wurde Caesarius der fränkischen Konspiration verdächtigt, erfuhr aber 513 in Ravenna eine glanzvolle Rechtfertigung. Er reiste anschließend nach Rom, wo ihm Papst Symmachus die Bestätigung seines auf die Provence vergrößerten Metropolitanbezirks aussprach und obendrein noch das Pallium, ein stolaartiges, über Brust und Rücken herabhängendes Wollband, verlieh. Es war die »erste Pallien-Verleihung im Gebiet der abendländischen Kirche« (G. Langgärtner), ohne daß aber die Rechtsbedeutung dieser Insignie damals schon fixiert gewesen wäre. Für Caesarius verband sich mit der Verleihung die Berufung zum päpstlichen Stellvertreter in Gallien. Er sollte das kirchliche Leben in ganz Gallien überwachen, dabei nötigenfalls die Bischöfe versammeln, aber die wichtigeren Streitfragen nach Rom überweisen; des weiteren sollte er die nötigen ›Reisebriefe‹ (litterae formatae) ausstellen. Doch stand solchen Plänen die politische Wirklichkeit entgegen. Sofern mit dem päpstlichen Vikariat eine bessere Einheit der Kirche gegenüber den wechselnden politischen Aufteilungen Galliens gewahrt werden sollte, muß der Versuch als gescheitert gelten. Alle gallischen Bischöfe zusammenzurufen, ist Caesarius niemals möglich gewesen; von der 511 in Orléans versammelten ersten fränkischen Nationalsynode blieb er als Untertan Theoderichs, der er damals war, ebenso ausgeschlossen wie von der burgundischen Synode zu Epao im Jahre 517. Später, als die Provence und damit Arles dem Frankenreich einverleibt wurden (536), hatte dieses durch die Aufteilung unter die Söhne Chlodwigs seine Einheit bereits verloren. Allein den eigenen Provinzialsynoden vermochte Caesarius zu präsidieren. Immerhin suchte er dabei besondere Akzente zu setzen, vor allem weil er sich bewußt als päpstlicher Vikar verstand. Als das zweite Konzil von Orange (529) über den Semipelagianismus zu entscheiden hatte, ließ er sich von Papst Felix III. (526–530) Direktiven und Materialien geben und sandte anschließend die Konzilsakten nach Rom. Zur Bestärkung der päpstlichen Verbundenheit verfügte er die Namensrezitation des jeweils amtierenden Papstes in der Liturgie. Aber die päpstliche Autorität verhalf ihm nicht zu einer übergreifenden gesamtgallischen Kirchenhoheit (vgl. § 29, 4).

Der Sitz Arles verlor bald sein gesamtgallisches Ansehen. Lyon trat an die Stelle.

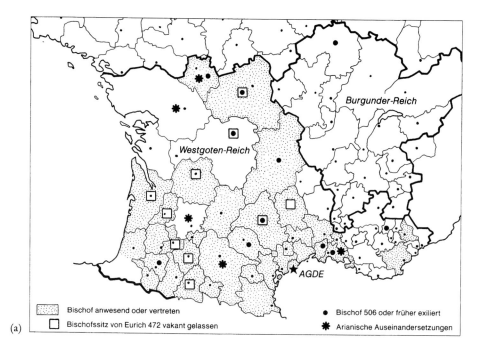

(a)
- Bischof anwesend oder vertreten
- Bischofssitz von Eurich 472 vakant gelassen
- Bischof 506 oder früher exiliert
- Arianische Auseinandersetzungen

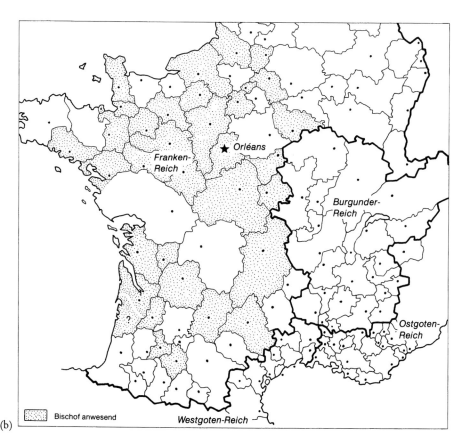

(b) Bischof anwesend

§ 19 Reichsgründungen und Landeskirchen   135

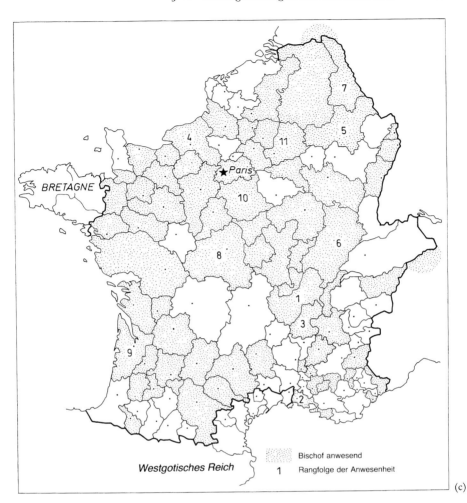

20 Die ersten landesherrlichen Konzilien Galliens (nach M. Rouche)

Die Germanenkönige versammelten, sobald sich ihre Reiche auf gallischem Boden konsolidiert hatten, die Bischöfe zu Synoden:
(a) die westgotische Landessynode von Agde (506).
(b) Fränkische Landessynode von Orléans (511).
(c) Synode von Paris (614). Es waren dort 75 Bistümer vertreten. Die Leitung hatte der Primas von Lyon.

§ 20 Nothelfer in der Völkerwanderung

1. Genovefa von Paris († um 500)

In den Wirren der Völkerwanderung standen immer wieder Menschen auf, welche in christlicher Caritas die Initiative ergriffen, um der vielfältigen Not zu steuern. Am ungewöhnlichsten ist zweifellos die Geschichte der heiligen Genovefa von Paris. Ihre Lebensbeschreibung, von einer aufklärerisch bestimmten Geschichtsschreibung als »närrische Phantasien« (B. Krusch) abgetan, erweist sich der heutigen Forschung als zeitgenössisch und historisch zuverlässig. Genovefa wurde gegen 420 in Nanterre geboren. Da ihr Name germanisch ist, dürfte zumindest ein Elternteil germanisch gewesen sein, wahrscheinlich der Vater, der möglicherweise ein fränkischer Offizier in römischen Diensten war. Nach dem Tod der Eltern kam Genovefa, die früh schon in den Stand der heiligen Jungfrauen aufgenommen worden war, nach Paris und spielte hier bald eine dominierende Rolle in und für die Stadt. Beim Einfall Attilas in Gallien versammelte sie die Frauen der führenden Bürgerschaft im Baptisterium zum Gebet und wußte – politisch besonders wichtig – die begüterten Bürger an der Flucht und vor allem auch an der Transferierung ihrer großen Vermögen zu hindern. Vor den Morddrohungen, denen sie sich deswegen ausgesetzt sah, errettete sie ein Archidiakon aus Auxerre, wahrscheinlich, weil er die Siegesbotschaft von den katalaunischen Feldern mitbrachte. Von nun an stand Genovefa im Licht der Öffentlichkeit. Sie versammelte in ihrem Haus regelmäßig den Klerus, veranlaßte den Bau der Basilika über dem Grab des Märtyrers Dionysius und rettete die Stadt mehrere Male über schwere Krisen und Nöte hinweg. Bei einer Razzia durch den Franken Childerich bewahrte sie die Gefangenen vor der Hinrichtung. Die aufgrund einer fränkischen Blockade der Pariser Zufahrtswege aufgetretenen Versorgungsschwierigkeiten vermochte sie durch eine großangelegte Hilfsaktion zu wenden; mit elf für Getreidetransporte ausgerüsteten Schiffen konnte sie auf Seine und Aube über 150 Kilometer hinweg Getreide heranschaffen; sie selbst überwachte das Brotbacken und sorgte für eine teilweise kostenlose Ausgabe. Mit Recht ist diese außergewöhnliche Frau als »den großen Bischofsgestalten ihrer Zeit in den meisten Bereichen sicherlich ebenbürtig« bezeichnet worden (M. Heinzelmann). Über ihrem Grab ließ Chlodwig, wohl zum Dank für seinen Westgotensieg, eine Kirche errichten und bestimmte sie zu seiner Grablege. Die Vita der Heiligen geht auf die Veranlassung der Königin Chrodechilde zurück, die zuletzt in Tours am Martinsgrab lebte und für die Abfassung einen der dortigen Kleriker gewann, der ein fast idealer historischer Berichterstatter wurde und uns so das Bild der Jeanne d'Arc des 5. Jahrhunderts überliefert hat.

2. Caesarius von Arles († 542)

Als Nothelfer hat sich auch Galliens bekanntester Bischof in der Spätantike erwiesen: Caesarius von Arles (vgl. § 12,3a; § 19,4). Als der Frankenkönig Chlodwig nach dem Sieg über die Westgoten Arles zu erobern suchte, griff in diese Kämpfe der Ostgote Theoderich ein, indem er von Ravenna aus Truppen an die Rhône entsandte und Arles entsetzte. Die belagernden Franken und Burgunder wurden in großer Zahl gefangengenommen und in die Kirchen der Stadt eingesperrt. Caesarius ging nun hin, versorgte die Gefangenen zunächst einmal mit Lebensmitteln und Kleidung und begann sie dann loszukaufen. Er nahm dazu das Geld aus der Kirchenkasse, und als diese erschöpft war, ließ er das Silbergerät der Kirche, Kelche, Patenen und andere wertvolle Metallarbeiten, einschmelzen. Im Klerus aber, der weitgehend aus der Kirchenkasse seinen Lebensunterhalt bezog, löste das Vorgehen des Bischofs Entsetzen und Protest aus; nicht nur, daß es die Feinde von gestern waren, die losgekauft wurden, diese waren obendrein auch noch Heiden. Caesarius verteidigte sich damit, daß Christus zur Erlösung der Menschen sein Leben hingegeben habe und der Gefangenenloskauf den wahren Tempel Gottes auferbaue; jeder Gefangene sei ein ›rationabilis homo sanguine Christi redemptus‹ (ein geistbegabter Mensch und von Christi Blut losgekauft) und durch den Loskauf würden sie von der Sklaverei wie auch von der Gefahr befreit, sich dem arianischen oder jüdischen Glauben anschließen zu müssen. Daß aber Caesarius seine Freigekauften zum katholischen Glauben gedrängt oder auch nur – was völlig rechtens gewesen wäre – als abhängige Dienstleute bei sich behalten hätte, davon hören wir nichts. Die Gefangenen konnten offenbar als Freie zu den Ihren zurückkehren. Wenige Jahre später initiierte Caesarius einen weiteren Loskauf von noch größerem Ausmaß. Theoderichs Truppen hatten bei ihrer Aktion 508 einen Vorstoß gegen das Burgunderreich unternommen und dabei die Einwohnerschaft von Orange als Gefangenenbeute nach Italien verschleppt. Als sich Caesarius 513 bei Theoderich in Ravenna wegen politischer Verdächtigungen rehabilitieren konnte, zahlte sich die wiedergewonnene Gunst auch in königlichen Geschenken aus: Caesarius erhielt einen Betrag von 300 Solidi und eine auf den gleichen Wert geschätzte Silberschüssel. Zum Entsetzen des Hofes aber versetzte er die Schüssel, nahm auch das übrige Geld und kaufte die Einwohnerschaft von Orange frei, ja besorgte zuletzt noch Pferde und Wagen für ihre Heimkehr. Das Engagement des Caesarius war in seinen Ausmaßen und in seiner Entschiedenheit zweifellos ungewöhnlich, nicht aber im Gefangenenloskauf als solchem. Er galt allgemein als Christenpflicht, den Bischöfen sogar als erstrangige Hirtenaufgabe und den Asketen als unabdingbares Erfordernis ihrer Heiligkeit. Immer wieder hören wir von der Hingabe persönlichen Besitzes, oft auch des Kirchenschmuckes und im Notfall selbst der heiligen Geräte. Freilich handelten nicht alle so generös wie der Bischof von Arles. Nach herkömmlichem Recht hatte nämlich der Freigekaufte seinem Befreier das Lösegeld zu erstatten oder sich in dessen Abhängigkeit zu begeben, so daß die Befreiung aus der Gefangenschaft häufig mit der – zweifellos erheblich milderen – Halbfreiheit erkauft werden mußte. Auch die Kirchenleute hielten die Freigekauften oft bei sich und machten sie zu ihren hörigen Dienstleuten.

3. Severin von Noricum († 482)

Nicht nach Gallien, aber doch zu den Nothelfern der Völkerwanderungszeit gehört auch Severin von Noricum. In Beziehungen zu führenden politischen Kreisen Italiens stehend und möglicherweise schon in den 50er Jahren an der Donau tätig, erschien er gegen 467 als ›Bekehrter‹ in Ufernoricum, gründete in Favianis/Mautern ein Kloster und begann, von dort aus als ›Gottesmann‹ religiös und zugleich politisch zu wirken. Er verhandelte mit den Germanen, mahnte die Bevölkerung zur militärischen Wachsamkeit, gebot die Entrichtung des Zehnten zugunsten der Armen, organisierte Lebensmittelverteilungen und Kleiderbeschaffungen. Zuletzt brachte er die Bewohner von Künzing und Passau, um sie vor den Alemannen zu schützen, nach Lorch in die Obhut des Bischofs Constantius und dann noch weiter nach Osten, wo die inzwischen auf das südliche Donauufer übergewechselten Rugier ihnen gegen Tribute Schutz boten, bis schließlich Odoaker die Rugier-Herrschaft zerstörte und 488 die Evakuierung der provinzialrömischen Bevölkerung nach Italien anordnete. Auch die Klostergemeinschaft von Favianis zog damals über die Alpen, wobei sie die Gebeine des 482 verstorbenen Severin mitnahm und in Lucullanum (bei Neapel) eine neue Bleibe fand.

4. Kapitel: Italien

§ 21 Das Ende des weströmischen Kaisertums

1. Die letzten Heermeister

Italien galt immer noch als Kernland des Imperiums. Rom allerdings war längst zur »Ehrenhauptstadt« abgesunken. Wohl gab es weiterhin den Senat und ebenso das Konsulat, nach dem immer noch die Jahre benannt wurden, aber beides mehr als Erinnerung an vergangene Zeiten. Der Kaiser ernannte die Konsuln, nicht selten germanische Heerführer. Kaiserresidenz war schon in der Tetrarchie und erneut seit 381 Mailand. Bald nach 400 wurde der Hof in das wegen seiner Meereslage besser geschützte Ravenna verlegt. Die Auswirkungen der großen Völkerbewegung bekam Italien durch die Westgoten zu spüren, erstmals 401/403 und besonders 410, als Alarich Rom eroberte (vgl. § 16,2). Dann kehrte für Jahrzehnte wieder Ruhe ein. Mit Honorius (395–423), der als elfjähriger, und Valentinian III. (424–455), der mit nur fünf Jahren zum Purpur kam, behauptete sich die theodosianische Dynastie im Westen und mit Arcadius (395–408) und Theodosius II. (408–450) im Osten. Im Westen übernahmen germanische Heerführer weitgehend die militärischen und damit auch die politischen Geschicke. Schon die Westgotengefahr hätte durch Stilicho, der als germanischer Heermeister von 394 bis 408 faktisch die Reichsgeschicke lenkte, gebannt werden können. Wiewohl Wandale und Arianer, war er mit den Theodosianern aufs engste verbunden; seine Tochter Maria war mit Kaiser Honorius verheiratet und sein Sohn Eucherius mit des Theodosius' Tochter Galla Placidia verlobt. Er selbst bekleidete im Jahr 400 das Konsulat. Eine germanenfeindliche Reaktion am Hof aber führte 408 zu seiner Ermordung. Ähnlich heroisch und tragisch verlief das Schicksal des Heermeisters Aëtius († 454), den man den letzten Römer genannt hat. Zunächst Geisel bei den Westgoten und dann bei den Hunnen, wurde er 429 Oberbefehlshaber, sodann Patricius und mehrmals Konsul. In Gallien brachte er die Franken noch einmal zur Anerkennung der römischen Oberhoheit, ebenso die Burgunder, die er in Savoyen ansiedelte. Den größten Nachruhm hat sich Aëtius durch seinen Sieg über den in Gallien eingedrungenen Hunnenführer Attila (451) erworben. Dennoch fand er ein schmähliches Ende; denn obwohl er mit Valentinian III. in Familienbindung stand – ein Sohn war mit dessen Tochter verlobt –, erschlug ihn der Kaiser eigenhändig bei einer Audienz (454), was dann wenig später mit Valentinians eigener Ermordung gerächt wurde (455).

2. Odoaker († 493)

Nach Aëtius' Tod versank der Westen in ein Chaos. Die auch in Italien eingefallenen Hunnen hatte man, übrigens unter Mitwirkung von Papst Leo, noch zum friedlichen Abzug zu bewegen vermocht (452). Dann aber bedrohte der Wandalen-König Geiserich von Afrika aus Rom, wobei der Papst zwar nicht die Plünderung der Stadt, wohl aber die Drangsalierung der Bevölkerung verhindern konnte (455). Ein ehemaliger Offizier des Aëtius, der mit dem westgotischen Königshaus verwandte Swebe Rikimer († 472), wurde nun der »Kaisermacher« des Westens. Im einzelnen gab es durchaus noch erfolgversprechende Unternehmungen und Neuansätze, aber das System von Kaiser und Heermeister löste sich im gegenseitigen Streit auf. Rom wurde 472 – dieses Mal durch Rikimer – ein drittes Mal geplündert. Das Westreich, bis dahin noch aufrechterhalten durch das Zusammenspiel der Heerführer mit der kaiserlichen Obergewalt, zerbrach nun endgültig. Die Germanen, zuerst zu Hilfe gerufen und zuletzt herrschbegierige Eindringlinge, etablierten sich jetzt im Westen in selbständigen Reichen, so in Afrika, in Spanien und zuletzt in Gallien. Italien schien Gleiches beschieden zu sein. Im Jahre 476 ließ sich Odoaker, ein germanischer Offizier skirischer Abkunft, zum König ausrufen, entkleidete den letzten Kinderkaiser Romulus Augustulus der Purpurwürde und machte sich binnen kurzem zum Herrn der Halbinsel. Die römische Verwaltung blieb dabei intakt. Ein neuer Kaiser aber wurde für den Westen nicht mehr ausgerufen. Man hat darum den Kaisersturz von 476 oft als Untergang des weströmischen Reiches bezeichnet; Zeitgenossen indes verstanden es nicht so. Wiewohl mit Odoaker nun auch in Italien eine germanische Herrschaft anstand, mußte dieser sein Herrschaftsgebiet weiterhin als Teil des Imperiums anerkennen und vermochte vom oströmischen Kaiser Zenon (474–491) für Italien nur die Anerkennung eines faktischen

Reichsverwesers mit der Vollmacht des Oberbefehlshabers zu erhalten. Zenon aber betrachtete Odoaker im Grunde als Usurpator. Eine Möglichkeit zu dessen Beseitigung boten dem Kaiser neue Gotenscharen, die Ostgoten, die seit 453 als Foederaten in Pannonien siedelten. Ihren König Theoderich konnte Zenon in seinen Dienst nehmen und als Patricius gegen Odoaker nach Italien senden. Odoaker wurde besiegt und dann von Theoderich 493 eigenhändig ermordet. Der neue Herr Italiens regierte an des Kaisers Statt. Als römischer Princeps und zugleich gotischer König stand er zwei rechtlich wie sozial geschiedenen Völkern vor, den Römern und seinen Goten, die aber nur eine geradezu winzige Minderheit darstellten und auf etwa 20 000 Krieger geschätzt werden.

3. Theoderich († 526)

Der Ostgote Theoderich vollendete 493 mit der Ermordung Odoakers seinen »beispiellosen Aufstieg vom Häuptling eines wandernden Balkanstammes zum Beauftragten des Kaisers und Herrn Italiens« (H. Wolfram). Als kaiserlich bestätigter König seiner foederierten Ostgoten führte er in Italien ein praktisch selbständiges Regiment, gestützt auf die römische Verwaltung und sein gotisches Militär. Die Ostgoten wollte er dabei bewußt separiert gehalten wissen; neben die konfessionelle Verschiedenheit trat noch ein ausdrückliches Verbot der Heirat mit Romanen. Außenpolitisch suchte Theoderich ein Bündnissystem aller Germanenreiche aufzubauen. Sein Einflußbereich reichte im Norden bis an die Donau und im Osten bis an die oströmische Trennungslinie. Am engsten war sein Verhältnis mit den Westgoten. Italien, weiterhin das Herzland der römischen Antike, erlebte auf diese Weise einen scheinbar ungestörten Fortgang seines gewohnten Lebens. Theoderichs akribisches Bemühen um Recht und Ausgleich sicherte den inneren wie auch den konfessionellen Frieden. Die Residenz Ravenna wurde glänzend ausgebaut: Erhalten sind die arianische Hofkirche (San Apollinare nuovo) und das arianische Baptisterium, sodann die jüngeren (katholischen) Kirchen San Vitale und San Apollinare in Classe. Eine besondere Kostbarkeit ist der – vielleicht zu Theoderichs Königsschatz gehörige – ›Codex Argenteus‹ (heute in Uppsala), Wulfilas gotisches neues Testament auf 188 purpurnen Pergamentblättern in silbernen und goldenen Buchstaben. Auch das monumentale Grab Theoderichs zeugt bis heute von seiner glanzvollen Herrschaft.

§ 22 Kirche und Kultur

1. Theoderich und die katholische Kirche

Theoderich übte Hoheit auch über die katholische Kirche aus, freilich nicht in landeskirchlicher Selbstherrlichkeit. Dennoch waren die Schwierigkeiten gravierend genug.

a) Acacianisches Schisma

Zunächst einmal überlagerte das acacianische Schisma – die erste, mehr als 30 Jahre dauernde ost-westliche Kirchentrennung – seine Regierungszeit. Um in den christologischen Streitigkeiten, besonders mit den Monophysiten, zu einem Ende zu kom-

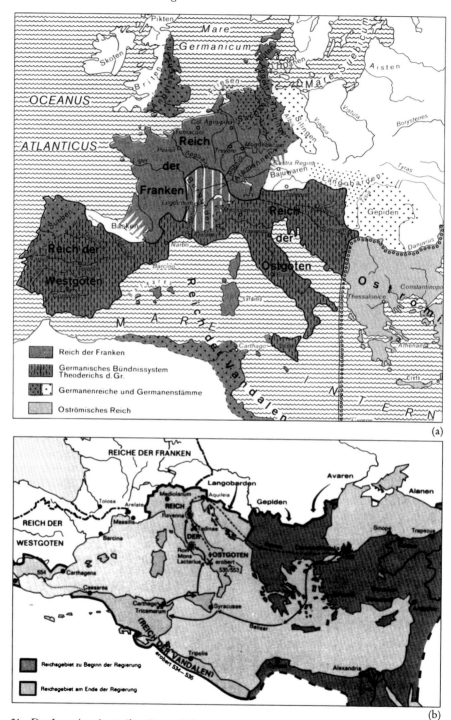

21 Das Imperium im 6. Jh.: Ost und West.
(a) Der Westen im Todesjahr Theoderichs.
(b) Die Eroberung Kaiser Justinians im Westen.

men, ließ Kaiser Zenon (474–491) durch den Konstantinopeler Patriarchen Acacius (472–489) eine kompromißlerische Form erarbeiten, die, als ›Henotikon‹ bezeichnet, vom Kaiser als Reichsgesetz verkündet wurde. Demgegenüber fühlten sich die Päpste zur Wahrung des Chalcedonense aufgerufen, zumal dieses Konzil, nicht zuletzt im Blick auf Leo den Großen, für das Abendland die Orthodoxie schlechthin verkörperte, die zu verteidigen allererste Aufgabe war. So kündigte Papst Felix II. (483–492) die Kirchengemeinschaft mit den Henotikon-Anhängern auf. Ebenso trat Gelasius I. (492–496) als entschiedener Verfechter päpstlich-kirchlicher Eigenständigkeit auf: Ein kaiserliches Gesetz, das in dogmatischen Fragen entscheiden wollte, konnte ihm nur Anmaßung sein und bedeutete einen nicht zu duldenden Eingriff in die inneren Glaubensangelegenheiten; nicht der Kaiser, sondern der römische Petrus-Nachfolger habe hier zu entscheiden. Es war im Gefolge dieses Streits, daß Papst Gelasius seine berühmte »Zwei-Gewalten-Lehre« formulierte.

b) Symmachianisches Schisma

Dann aber führte eine zwiespältige Bischofswahl in Rom selbst ein Schisma herbei. Gegen den Kandidaten der byzantinischen Partei, Laurentius, entschied Theoderich für den zuerst geweihten und auch von mehr Anhängern unterstützten Symmachus. Dieser ließ zur Vermeidung zukünftiger Spaltungen auf einer Synode beschließen, der jeweilige Papst solle, entgegen dem bis dahin geübten Wahlrecht, seinen Nachfolger designieren. Die byzanzfreundliche Senatspartei nutzte den Protest gegen diese Neuerung, um Laurentius, der den Synodalbeschluß zuvor selbst mit unterzeichnet hatte, doch noch als Gegenpapst durchzusetzen. Theoderich, in kirchlichen Dingen zur strikten Unparteilichkeit entschlossen, verwies die Sache des nachträglich auch noch wegen sittlicher Vergehen angeklagten Symmachus an eine italische Bischofssynode. Diese tagte 502 vom Frühsommer bis zum Spätherbst in Rom. Doch hätte sie offenbar am liebsten ihre Sache dem König übergeben und verweigerte zum Schluß ein Urteil: Der Inhaber des römischen Stuhles, weil die Spitze der kirchlichen Gerichtsbarkeit, könne nicht von Untergebenen gerichtet werden; das Urteil sei vielmehr Gott zu überlassen, und Symmachus solle als ›unanfechtbar‹ (immunis) gelten. Zur Rechtfertigung entstanden die »Symmachianischen Fälschungen«, die den für die weitere Papstgeschichte so wichtigen Grundsatz formulierten: ›Prima sedes a nemine iudicatur‹ (der römische Sitz kann von niemandem gerichtet werden). Zur Begründung der päpstlichen Immunität hätte man sich freilich, statt auf Fälschungen, nur auf Bonifatius I. (418–422) und seine Theorie vom ›culmen apostolicum‹ (apostolische Spitze) zu berufen brauchen. In Rom gewann derweil Laurentius die Oberhand. Theoderich, der zunächst noch weiterhin seine Nichtzuständigkeit erklärte, entschied sich 506 angesichts wachsender Spannungen mit Byzanz für Symmachus. Dessen Nachfolger Hormisdas (514–523) konnte 519 mit dem neuen Kaiser Justin I. (518–527) das Schisma beenden. Da aber Justin gleichzeitig eine antiarianische Politik einleitete, nötigte Theoderich den nächstfolgenden Papst, Johannes I. (523–526), zu einer Reise nach Byzanz, um dort die Rücknahme der arianerfeindlichen Maßnahmen zu erreichen. Als der Papst ergebnislos zurückkehrte, wurde er von dem inzwischen mißtrauisch gewordenen König in Ravenna festgesetzt und verstarb nach wenigen Tagen, in den Augen der Nachwelt als Märtyrer. Das Verhältnis des Königs zur katholischen Kirche wie auch zum Papsttum war fortan gestört, ja streckenweise gereizt und gespannt.

2. Kulturelle Nachblüte

a) Boëthius († 524)

Theoderichs Regierung bescherte Italien noch einmal »eine goldene Zeit« (W. Enßlin) des Friedens und auch der Gelehrsamkeit. Zuvörderst ist Boëthius zu nennen. Der altrömischen Familie der Anicier entstammend und in der Obhut der gleichfalls hochbedeutsamen Symmacher aufgewachsen, war er früh im Dienst Theoderichs tätig, zunächst als Beauftragter für die Neuordnung des Münz- und Maßsystems und dann nach seinem Konsulat von 522 als ›Magister officiorum‹, also im höchsten Staatsamt am Hof zu Ravenna. Aber das bei Theoderich nach der Beilegung des acacianischen Schismas entstandene Mißtrauen, das ihm die byzantinisch-römische Aussöhnung als Gefahr für seine Ostgoten erscheinen ließ, fiel auch auf Boëthius. Abgefangene Briefe eines römischen Senators, die auf eine Konspiration mit dem oströmischen Kaiser hindeuteten, glaubte Boëthius herunterspielen zu sollen, jedenfalls stellte er sich, wohl allzu gutgläubig, vor den Bezichtigten; darauf wurde er selbst verdächtigt und in einem Hochverratsprozeß zum Tode verurteilt. In der Zeit bis zur Vollstreckung schrieb er seine berühmte ›Consolatio philosophiae‹ (Trost der Philosophie). Theoderich ließ sich, weil von der Richtigkeit des Urteils und der Gefährlichkeit der Anklage überzeugt, durch keinerlei Bitten zur Begnadigung bewegen. So wurde Boëthius 524 enthauptet. Wie schon zuvor Papst Johannes I. und nun auch Boëthius sind bald noch andere Männer Opfer der gespannten politischen Situation geworden.

Boëthius' Bedeutung reichte weit über das Politische hinaus. Im Osten noch mit der großen griechischen Bildungstradition vertraut geworden, suchte er die antike Philosophie dem Denken des lateinischen Westens zu erhalten und begann deswegen, Aristoteles und Plato neu zu übersetzen und zu kommentieren. Nicht wenige der von ihm geprägten Termini, so etwa der Personbegriff, sind in die philosophisch-theologische Fachsprache des Abendlandes eingegangen, wie überhaupt sein Einfluß auf das mittelalterliche Denken »gewaltig« (N. Häring) genannt werden muß. Dem Mittelalter war er in erster Hinsicht der Lehrer der sieben ›freien Künste‹ (artes liberales), deren Aufteilung in das ›trivium‹ (›Dreiweg‹ mit Grammatik, Rhetorik und Dialektik) und in das ›quadrivium‹ (›Vierweg‹ mit Arithmetik, Musik, Geometrie und Astronomie) gerade auch durch ihn vermittelt wurde. Im Trivium steht die Dialektik, die in der ›ratio disserendi‹ (Logik) kulminiert und als solche das Instrument aller Wissenschaft ist, deutlich vor Rhetorik und Grammatik. Der späteren Theologie hat Boëthius damit die ›ratio theologica‹ vermittelt. Im Quadrivium, das er als Grundlage und Anfang der Philosophie betrachtete und dem er den Namen gab, hat er zu jeder Disziplin eine Schrift verfaßt, aber nur die ›Institutio arithmetica‹ und ›musica‹ sind erhalten geblieben. Die Arithmetik verstand er dabei als Zahlensymbolik und die Musik als kosmische und menschliche Harmonie. Neben den philosophischen sind die theologischen Schriften des Boëthius »von geradezu verschwindendem Ausmaß« (H. J. Vogt), wie es auch immer überrascht hat, daß die im Angesicht des Todes geschriebene ›Consolatio philosophiae‹ kein christliches Trostwort enthält. Indem aber Boëthius in beispielgebender Form aristotelische und neuplatonische Begrifflichkeit auf dogmatische Fragen anwandte, kann man ihn als »ersten Scholastiker« (M. Grabmann) bezeichnen.

b) Cassiodor († nach 580)

Boëthius' Nachfolger im höchsten Staatsamt zu Ravenna wurde Cassiodor. Er entstammte einer ursprünglich syrischen Familie von senatorischem Rang, die aber schon länger in Süditalien begütert war und sich im Staatsdienst betätigte. Bereits in jungen Jahren treffen wir den gegen 485/90 Geborenen bei Theoderich an. Von 506 bis 511 war er als ›Quaestor palatii‹ für die Stilisierung des offiziellen Schriftverkehrs zuständig. Seine Urkundentexte glaubte er später wegen ihrer Vorbildlichkeit publizieren zu sollen; es ist die Sammlung der ›Variae (epistolae)‹, die zusammen mit der auf Geheiß des Königs begonnenen Gotengeschichte (die aber nur in Auszügen erhalten blieb) eine unersetzliche historische Quelle darstellt. Von 523 bis zum Tode des Königs im Jahre 526 leitete er als ›Magister officiorum‹ die Verwaltung. Zuletzt war er als ›Praefectus praetorio‹ der oberste Beamte und diente nach Theoderichs Tod auch noch dessen Tochter Amalaswintha (die für ihren zum Erben bestimmten Sohn Athalarich die Regierung führte), aber ebenso – was oft Befremden ausgelöst hat – ihrem Rivalen und Mitregenten Theodehad, der mit seiner Beteiligung an der Ermordung der Regentin (535) Justinians Eingreifen in Italien auslöste. Seit der byzantinischen Eroberung Roms (537) zog Cassiodor sich zurück, lebte zunächst noch in Ravenna und dann viele Jahre, wohl von 540 bis 554, in Konstantinopel.

Schon während seiner Präfektur hat Cassiodor mit Papst Agapet (535–536) den Plan einer theologischen Akademie erwogen, deren Verwirklichung, allerdings in veränderter Form, seine spätere Lebensaufgabe wurde. Nach dem Abschied von den öffentlichen Ämtern vollzog sich bei ihm eine Conversio, die ihn, als er 554 nach Süditalien zurückkehrte, zur Gründung des Klosters Vivarium auf dem väterlichen Besitz in Scyllacium (Squillace, südl. Catanzoro) veranlaßte. Er ist nicht selbst Mönch geworden, scheint aber am klösterlichen Leben teilgenommen zu haben (für das freilich nicht, wie lange geglaubt, die Benediktsregel galt). Cassiodors Sorge kreiste um die christliche Wissenschaft, in deren Mittelpunkt er die Bibel stellte. Mit privaten Mitteln baute er eine Bibliothek auf, und zu deren Erschließung schrieb er für seine Mönche die beiden Bücher der ›Institutiones‹, sein bedeutendstes Werk. Im ersten Teil wird die Bibliothek vorgestellt, deren Bücher er anstelle eines Lehrers sehen will; dabei werden Hinweise gegeben zum praktischen Bibelstudium und zur Benutzung der Kommentare. Im zweiten Teil folgt eine theoretische Grundlegung des Studiums anhand der ›Artes liberales‹. Für Cassiodor begann das Schriftstudium bei der Zuverlässigkeit des Wortlauts, so daß er sich auch um die Erstellung eines korrekten Textes bemühte. Weiter hat er die Psalmen, den Römerbrief sowie die nichtevangelischen Schriften des Neuen Testamentes kommentiert. Zugleich ließ er griechische Kommentare, die noch nicht lateinisch zugänglich waren, übersetzen und vereinigte sie zu einem großen Kommentarwerk von neun Bänden. Er starb, dreiundneunzigjährig, wohl gegen 580. Sein Kloster hat nicht über 600 hinaus bestanden; die Bibliothek kam später nach Rom. So wichtig im Zusammenbruch der Antike Cassiodors Idee und Bemühen um eine christliche Akademie gewesen sind – eine schlechthin überragende Bedeutung, von der man oft gesprochen hat, wird man seinem Vivarium kaum zuerkennen können. Und dennoch hat er ein maßgebliches Beispiel dafür gegeben, daß in der Folgezeit das Kloster zum wichtigsten Kulturvermittler zwischen Antike und Mittelalter wurde.

c) Dionysius Exiguus († 545/50)

Als weitere, insbesondere für die Papstgeschichte bedeutsame Gestalt der »goldenen Zeit« ist Dionysius Exiguus (der Geringe) zu nennen. Er stammte aus Skythien (heute Dobrudscha), lebte aber seit 497 als Mönch in Rom. Seine perfekte Kenntnis des Griechischen und seine Vertrautheit mit griechischer theologischer Literatur, die er sich im Osten erworben haben muß, ermöglichen ihm eine für die ganze westliche Tradition folgenreiche Übersetzertätigkeit. Neben hagiographischen, philosophischen und theologischen Übersetzungen sind besonders seine ins Lateinische übertragenen Rechtssammlungen und Konzilsentscheidungen von herausragender Bedeutung: die ›Canones apostolorum‹ (eine um 400 in Syrien entstandene Rechtssammlung), sodann die Konzilsbeschlüsse von Nicaea, Konstantinopel und Chalcedon, denen er die bereits in lateinischer Fassung vorliegenden Konzilien von Serdica (342) und Karthago (419) anfügte. Zufolge der Vorrede der nicht erhaltenen letzten Bearbeitung hatte Papst Hormisdas (514–523) ihm aufgetragen, für die griechischen Konzilstexte eine möglichst originalgetreue Übersetzung zu schaffen und dieselbe dann als griechisch-lateinische Parallelausgabe vorzulegen. Schon vorher aber hat Dionysius auch päpstliche Dekretalen zusammengestellt. Die Vereinigung all dieser Texte erlangte als ›Dionysiana (collectio)‹ größtes Ansehen und bildete den Grundstock des römischen Kirchenrechts und weiter das Muster für alle im Westen nachfolgenden Rechtssammlungen, weswegen man von einer »Dionysianischen Wende« in der Geschichte des westlichen Kirchenrechts gesprochen hat (H. Mordek). Mit einem ganz anderen Tätigkeitsbereich, der Komputistik, hat Dionysius Exiguus eine bis heute für jedermann greifbare Nachwirkung erzielt: Er befaßte sich mit der Berechnung des Osterdatums, erarbeitete dem lateinischen Westen die dafür notwendigen theoretischen Grundlagen und schlug auch eine neue Weise der Jahreszählung vor, nämlich die Aufteilung in »vor« und »nach Christi Geburt«. Diese »christliche« Jahreszählung hat sich zunächst nur zögernd und allgemein erst im Frühmittelalter durchgesetzt.

d) ›Liber Pontificalis‹

Endlich ist noch ein über Jahrhunderte fortgesetztes Geschichtswerk zu nennen, das im frühen 6. Jahrhundert begonnen wurde und in der Historiographie außerordentliche Wichtigkeit erlangt hat: der ›Liber Pontificalis‹; ursprünglich vielleicht eine Gegenschrift der symmachianischen Partei und dann eine von Papst zu Papst fortschreitende Sammlung von Biographien, die bis zum späten 9. Jahrhundert reicht. Der Blickwinkel ist zumeist auf Rom gerichtet, und die Autoren dürften in der päpstlichen Kanzlei zu suchen sein. Im einzelnen sind schematisch Name, Herkunft und Amtsdauer, sodann die jeweils vorgenommenen Ordinationen sowie die Errichtung, Verschönerung oder Ausstattung von Kirchen aufgeführt. Oft sind es literarisch völlig anspruchslose katalogartige Aufzählungen, und eine gewisse Tendenz, die Dinge aus der »Sakristeiperspektive« zu sehen, ist nicht zu verkennen. Die Niederschriften erfolgten für gewöhnlich gleich nach dem Tod des Papstes, sind also zeitgenössisch und enthalten gelegentlich wertvolle Zeugenberichte, darunter frische Erlebnis- und Ereignisdarstellungen.

§ 23 Italien als byzantinische Provinz

1. Byzantinische Eroberung

Seit der Entthronung des Romulus Augustulus regierten im Westen Barbaren-Könige, in Italien nominell noch an Kaisers Statt, in Afrika und Gallien aber in eigenem Namen. In dieser Situation unternahm Kaiser Justinian I. (527–565) noch einmal den großangelegten Versuch, das Imperium in alter Größe wiederzugewinnen und unter byzantinischer Oberhoheit zu vereinen: 533 rang sein Feldherr Belisar das Wandalen-Reich in Nordafrika nieder, und 535 begann dieser mit der Eroberung Italiens. Schon bald konnte er Rom einnehmen (Ende 536), aber Differenzen mit dem zweiten Feldherrn Narses verhinderten einen vollen Sieg. Die Goten jedoch, denen mit Totila († 552) noch einmal ein befähigter Herrscher beschieden war, vermochten nahezu zwanzig Jahre lang Widerstand zu leisten und 547 sogar Rom zurückzuerobern, bis ihnen dann Narses im Jahre 552 die vernichtende Niederlage beibrachte. Italien wurde 554 dem byzantinischen Reich eingegliedert und war fortan eine oströmische Provinz. Der zwanzigjährige Krieg hat das Land ruiniert und seine antike Zivilisation schwerstens geschädigt. Nur wenig später brach erneut Unheil herein. Die Langobarden kamen ins Land (568), und die byzantinische Herrschaft wurde im Norden der Halbinsel fast ganz beseitigt. Byzantinisch blieben Ravenna, wo als Vertreter des Kaisers der Exarch residierte, sodann Rom, wo ein Dux als Militärbefehlshaber stationiert war, ebenso Neapel und weiter Süditalien mit Sizilien.

2. Byzanz und das Papsttum

a) Justinians Kirchenpolitik

Justinian I. sah sich erstverantwortlich für den Schutz des rechten Glaubens; die Ausrottung des Heidentums sowie die Bekämpfung der Irrlehren galten ihm als vorrangige Ziele. Eine für ihn bezeichnende Tat ist die Schließung der Athener Akademie im Jahre 529, der letzten Schule des heidnischen Neuplatonismus. Sein Vorgehen basierte auf der jetzt vollentfalteten byzantinischen Kaiseridee mit ihrer Vorstellung von der kaiserlichen Leitung auch der Kirche: Da von Gott eingesetzt, besaß der Kaiser die höchste Autorität in allen weltlichen wie auch geistlichen Belangen. Wenn Justinian gleichwohl der römischen Kirche einen erhöhten Rang zusprach, so doch nur im Rahmen eigener Sakralrechte. Ihm bedeutete die römische Kirche nurmehr eines unter den verschiedenen Patriarchaten, eben das des lateinischen Westens, das allerdings mit der Petrus-Autorität eine besondere Auszeichnung besaß. Die Kaisergewalt aber stand höher. Den päpstlicherseits beanspruchten Jurisdiktions- und Lehrprimat vereinnahmte er für die eigene Hoheit, ganz wie es das Konzil von Konstantinopel 553 bekundete, daß nichts in der Kirche ohne Einwilligung und Zustimmung des Kaisers geschehen dürfe. Im Grunde bedeutete Justinians Anspruch nichts weniger als Christi Stellvertreterschaft auf Erden. In seinem berühmten Gesetzeswerk, dem ›Codex iuris civilis‹, ist dieser Anspruch in Gestalt eines staatlichen Kirchenrechts ausformuliert: gesetzliche Sanktionierung der vier großen Konzilien sowie des Symbolum – »Gipfelpunkt der Verrechtlichung des Dogmas« (A. Steinwenter) –, weiter die Bekräftigung der kirchlichen Autorität sowie harte Strafgesetze gegen Häretiker, Apostaten und Heiden. Die der Kirche zugesprochene Bevorrechtigung ging bis zur Beamtenbeaufsichtigung durch den Episkopat und zur kircheneigenen Gerichtsbarkeit, diente aber letztlich nur wieder der Indienstnahme der Kirche für staatliche Zwecke. Am Ende zielte alle gesetzliche Förderung kirchlicher Autorität auf die Bevormundung durch die kaiserliche Regierung ab, weil eben der Kaiser sich in allem als oberster Herr betrachtete, was in dem ihm zugesprochenen ›ius in sacra‹ (Recht am Heiligen) seinen gesetzlichen Niederschlag fand. In der Praktizierung der Kirchenhoheit gebärdete sich Justinian selbstherrlich wie kein anderer: »So wie er mit Dogma und Glauben umsprang, ohne die kirchliche Lehrautorität zu achten, war kein Kaiser vor ihm verfahren, und kaum einer ist ihm darin nachgefolgt« (H. G. Beck). Wie im Recht spiegelte sich die sakral überhöhte Kaiserwürde auch im Zeremoniell. Der himmlische Pantokrator ist repräsentiert im Kaiser als dem irdischen Kosmokrator, welcher der Welt Frieden und Eintracht zu bringen berufen ist; darum auch die Formel: ein Gott – ein Glauben – eine Kirche – ein Reich. Die Person des Kaisers ist gleichsam in Göttlichkeit gekleidet; ihn zu sehen, gleicht einer sakralen Enthüllung. Seine Gesetze sind geradezu göttliche Willensbekundungen; im ›heiligen Konsistorium‹ werden sie beraten, und am Ende wird die Gesetzesrolle in Ehrfurcht, zum Beispiel mit zeremoniellem Kuß, entgegengenommen.

b) »Drei-Kapitel«-Streit

Nach dem Streit um das ›Henotikon‹, der zum acacianischen Schisma geführt hatte, aber 519 auf Initiative von Kaiser Justin I. beendet worden war (vgl. § 22,1a), folgte schon um die Jahrhundertmitte ein neues Zerwürfnis. Kaiser Justinian suchte den Monophysiten dadurch entgegenzukommen, daß er drei Kapitel von Theologen, die im Vorfeld des Chalcedonense von Bedeutung gewesen waren, als nestorianisch abstempeln und verurteilen ließ; dies aber war im Grunde ein Angriff auf die Autorität des Konzils selbst. Während die östlichen Patriarchen, allerdings teils zögernd, zustimmten, lehnte der Westen einhellig ab, auch Papst Vigilius (537–555). Als aber der Kaiser den Papst 547 nach Byzanz holen ließ, gab dieser schmählich nach, was im Westen große Erregung auslöste. Eine 553 von Justinian nach Konstantinopel einberufene Synode – sie wird als fünftes ökumenisches Konzil gezählt – verurteilte die ›Drei Kapitel‹, und der Papst stimmte zu. Nach Rom zurückgekehrt, stieß Vigilius vielfach auf Ablehnung, und in Norditalien kam es sogar zu einer Abspaltung der Provinzen Mailand und Aquileja, die erst gegen Ende des 7. Jahrhunderts endgültig behoben wurde.

Dritter Abschnitt: Die gentilen Reiche

Aus der Völkerwanderung sind eine Reihe von Germanenreichen hervorgegangen, die für längere Zeit eine gewisse Stabilität erreichten: das Wandalen-Reich in Nordafrika, das Westgoten-Reich in Spanien und das Langobarden-Reich in Italien. Dauernden Bestand gewann nur ein viertes, das Reich der Franken. Ihm kommt daher besondere Bedeutung zu. Belangvoll für die westliche Kirchengeschichte wurde darüber hinaus die irische und britische Inselwelt. Irland, das keltisch war und dem Imperium Romanum nicht angehört hatte, erfuhr die Völkerwanderung nur in indirekten Auswirkungen; im Laufe des 5. Jahrhunderts nahm es das Christentum an. Britannien wurde im Verlauf der Völkerwanderung von den germanischen Angeln, Sachsen und Jüten überlagert, die noch lange heidnisch blieben und erst durch Missionare Papst Gregors des Großen († 604) zum Christentum fanden. Alle diese Reiche bildeten wichtige Glieder im Übergang zum Mittelalter.

1. Kapitel: Die Dekomposition der Alten Welt

§ 24 Die Lebensgrundlagen

1. Sozial und zivilisatorisch

a) Bevölkerung und Lebensressourcen

Die seit der Spätantike veränderten Lebensverhältnisse waren von einem allgemeinen Bevölkerungsrückgang begleitet. Zudem gingen Pestwellen über Europa hinweg, deren Auswirkungen bis gegen 750 andauerten. Dabei dürfte sich die Bevölkerung um ein Viertel oder auch bis zu einem Drittel vermindert haben. Die Schätzungen lauten (in Mio):

im Jahre:	300	600	1000
Iberische Halbinsel	4	3,6	7
Frankreich	5	3	6
Italien	4	2,4	5
Britische Inseln	0,3	0,8	1,7
Deutschland + Skandinavien	3,5	2,1	4
insgesamt	16,8	11,9	23,7 Einwohner

Mit dem Zusammenbrechen der antiken Zivilisation gingen viele Kenntnisse und Techniken, die der Lebenssicherung dienten, verloren; oft wurden wieder Lebensbedingungen dominant, die – von der Antike her gesehen – als »vorzivilisatorisch« bezeichnet werden müssen. Die Nutzung der Pflanzen- und Tierwelt für den menschlichen Lebensunterhalt bot nur geringe Möglichkeiten. Die Ernteerträge erbrachten – in guten Jahren – etwa das Drei- bis Vierfache der Einsaat (heute bis zum Dreißigfachen!), und die Milchleistung einer Kuh belief sich auf täglich 3 bis 5 Liter (heute 15 bis 20 Liter). Bei der Bodenbearbeitung scheint man sich vielfach mit einem Ritzpflug begnügt zu haben, mit dem die Erde kreuzweise gefurcht, aber nicht gewendet wurde. In den ehemals römischen Gebieten blieben streckenweise entwickeltere Bearbeitungstechniken in Übung, wie auch besondere Anbaukulturen sich erhielten, beispielsweise der Anbau von Wein. Aufs Ganze gesehen waren die zum Leben notwendigen Erträge äußerst karg und obendrein nur schwer zu gewinnen. Schon von den verfüglichen Ressourcen her war das Leben beengt und in vielfältiger Weise gefährdet.

b) Enturbanisierung

Das frühe Mittelalter ist, nicht zuletzt wegen des Bevölkerungsrückgangs, eine Epoche nur dünner Besiedlungsdichte. Von dem Rückgang waren gerade auch die Städte betroffen. In karolingischer Zeit soll die Einwohnerschaft Roms, die in der Antike fast eine Million erreicht hatte, gerade noch 20 000 betragen haben. Für Metz schätzt man 6000 und für Paris 4000 Einwohner. Für das Gebiet der heutigen Bundesrepublik Deutschland wird insgesamt eine Bevölkerungszahl von nur einer halben Million angenommen, was gut zwei Einwohner je Quadratkilometer bedeutet. Vorherrschend war der Wald, meist in Form undurchdringlicher Urwälder. Darin eingestreut lagen die wenigen Siedlungsinseln. Nur zwei Prozent des Bodens, so wiederum die Schätzung für das Gebiet des heutigen Deutschland, sollen genutzt worden sein. Der Bauernhof und das Dorf mit ihrer agrarischen Selbstversorgung und nur bescheidener handwerklicher Differenzierung bildeten den Lebensrahmen. Die Verkehrsmöglichkeiten waren gering, zudem langwierig und gefährlich. Selbst das in der Antike geschaffene Straßensystem konnte oft nicht mehr aufrechterhalten werden. Zunehmende Bedeutung gewannen die Flüsse. Die geringe Besiedlungsdichte, die kleinen Siedlungsräume und die schwierigen Verkehrsverhältnisse verliehen der frühmittelalterlichen Welt einen kleinräumigen Charakter.

Auch das kirchliche Leben war von dieser Situation betroffen. Weil nahezu die gesamte Bevölkerung auf dem Land lebte, mußte die Kirche gerade hier die Christianisierung voranzutreiben suchen, was aber in der gegebenen Situation eine nicht eben leichte Aufgabe war. Schon die Errichtung einer Kirche auf dem Dorf und zusätzlich noch deren Ausstattung mit kostbarem liturgischem Gerät, mit Gewandung und Büchern, wie obendrein noch der Unterhalt des Geistlichen erforderten hohe Aufwendungen. Noch tiefgreifendere Schwierigkeiten ergaben sich daraus, daß das Christentum als Buchreligion ein gewisses Maß an Bildung und Unterricht verlangte, was aber in der dörflich-agrarischen Welt, die aller literarischen und schulischen Bildung völlig fernstand, fremdartig wirken mußte. Weiter bedurfte es zur Aufrechterhaltung der kirchlichen Kommunikationsstrukturen hinreichender Verkehrsmöglichkeiten, etwa für die Synoden, für den innerdiözesanen Verkehr oder auch für die Pfarrvisitation des Bischofs. Selbst für den Aufbau einer Pfarrei ergaben sich unerdenkliche Schwierigkeiten, denn wie sollte man die verstreut siedelnden Menschen zu einer Gemeinde versammeln!

c) Frei und unfrei

Im ganzen Mittelalter blieb die ständische Aufgliederung der Gesellschaft in Freie und Unfreie vorgegeben. Dabei sind allerdings vielerlei Übergangsformen festzustellen, die um so komplizierter erscheinen, je stärker sie sich mit der wirtschaftlichen und politischen Stellung vermengten. Freiheit wurde als Selbstverfügungsrecht definiert: ›liber est qui sui iuris est‹ (frei ist, wer eigenen Rechtes ist). Vier Forderungen waren darin einbegriffen: Unversehrbarkeit des Körpers, Freizügigkeit, Freiheit des Eheabschlusses und endlich Verfügung über den eigenen Besitz.

Von der wirtschaftlichen Situation her betrachtet sind die Freien bis hinab zu den Kleinbauern anzutreffen, etwa als Besitzer von nur einer Hufe (30–60 Morgen), und sogar als Landlose. Da alle Freien als politisch Vollberechtigte Heeresdienst leisten mußten, verzichteten die wirtschaftlich Schwächeren unter ihnen immer mehr auf den Vollstatus ihrer Freiheit und begaben sich in Abhängigkeit. Die oberste Schicht der Freien bildeten die Adeligen, die ein angeborenes Recht auf Herrschaft und Verwaltung beanspruchten und als die politisch führenden Geschlechter hervortraten. Demgegenüber hatten die Unfreien nur begrenzte oder gar keine eigenen Rechte. Menschliche

Unfreiheit war sowohl der Antike wie den Germanen eine ganz selbstverständliche Erscheinung, die sich durch unfreie Geburt fortsetzte oder durch Schuldknechtschaft, Unterwerfung und Kriegsgefangenschaft neu bilden konnte. Die Unfreien unterstanden einem Herrn, der über sie verfügte; dieser konnte sie für immer an sich binden, in Dienst nehmen, sie ohne öffentlich-gerichtliche Kontrolle strafen und auch über ihre Heirat bestimmen. An unterster Stelle standen die Sklaven, die wie Marktware gehandelt wurden; sie galten als Sachen, so daß etwa die Zollisten sie zusammen mit dem Vieh aufführen. Über sie konnte der Herr willkürlich verfügen, über ihren Arbeitsertrag so gut wie über ihre Ehe und ihre Kinder; ja selbst über ihr Leben konnte er eigenmächtig bestimmen. Immerhin gab es mancherlei Aufstiegsmöglichkeiten. Sklaven übernahmen im Frühmittelalter oft genug eine Hofstelle, die zwar mit Schollengebundenheit, Abgaben und Dienstleistungen für den Herrenhof verbunden war, aber doch eine gewisse Eigenständigkeit und die Möglichkeit zur Familiengründung gewährte. Weiter konnten Unfreie im Dienste ihres Herrn, besonders auch des Königs, aufsteigen und in Einzelfällen sogar bis in die obersten Ränge gelangen. Darüber hinaus gab es mehrere Formen von Freilassung, die zwar nicht immer die Vollfreiheit, aber doch einen wesentlich besseren Rechtsstatus gewährten. Auf diese Weise vollzog sich während des Frühmittelalters mit der wirtschaftlichen Nivellierung, bei der Freie wie Unfreie eine abhängige Hofstelle einnahmen, allmählich auch eine rechtliche Nivellierung: Freie verzichteten auf ihren Vollstatus der Unabhängigkeit und Sklaven erhielten ein gewisses Maß an Selbständigkeit. Das Ergebnis ist durchaus bemerkenswert, lief es doch auf ein Verschwinden der Sklaverei hinaus. Im Frankenreich gab es im 9. Jahrhundert »fast keine Sklaven im eigentlichen Sinn mehr. Bald waren auch die letzten völlig verschwunden. Die Lebensweise der zinsbäuerlichen Sklaven hatte nichts mehr mit der Sklaverei gemein« (M. Bloch).

Die rechtlichen und sozialen Schichtungen der Gesellschaft haben auch das kirchliche Leben bestimmt. Wie der Adel allein zur Herrschaft berufen war, so wurden auch die führenden Positionen in der Kirche bald nur noch vom Adel eingenommen, vom senatorischen Adel schon in der Spätantike und dann vom Geblütsadel des Mittelalters. Mit Recht wird darum von einer mittelalterlichen Adelskirche gesprochen. Von der kirchlichen Tradition her war das keineswegs eine selbstverständliche Entwicklung. Im Neuen Testament und in der Patristik blieb »für die großen Familienverbände der Antike mit ihren religiösen, politischen, wirtschaftlichen und manchmal aristokratischen Aspekten kein Raum mehr« (J. Gaudemet). Dem kirchlichen Denken war eher ein egalitärer Zug eigen, den etwa noch Papst Gregor der Große so beschrieb, daß ein Mensch, der nicht seinem Nächsten gleich sein wolle, sich vielmehr über ihn zu stellen suche, dem Teufel gleiche. Mit dieser »egalitären« Auffassung waren eigentlich weder die bevorrechtigte Adelsstellung noch auch die Sklaverei zu vereinbaren. Ohne das Sklaventum direkt abzuschaffen, gab es jedoch immer ein christliches Bemühen, das Los dieser gänzlich Rechtlosen zu bessern. Bischöfe, Klerus und Klöster, die freilich in der Spätantike und im frühen Mittelalter selbst zahllose Unfreie in ihren Diensten hatten, verstanden sich gleichwohl als Schützer, ja Befreier der Sklaven. Freilassung und Freikauf von Sklaven wurden kirchlicherseits stets als gutes Werk belobigt (vgl. § 20,2). »Viele Sklaven hatte man freigelassen; die Kirche hat dazu gedrängt; ihre Oberen haben viele losgekauft, um sie freilassen zu können« (F. L. Ganshof). Am Ende der karolingischen Zeit ist für Mitteleuropa die Sklaverei als beendet anzusehen. Entscheidend war die Anerkennung auch der Sklaven als Menschen; die Sklaverei verlor in dem Moment ihre Grundlage, »als die Kirche erreichte, daß diese menschlichen Wesen auch als Rechtsobjekte angesehen wurden« (F. L. Ganshof).

d) Rückbildung der Staatlichkeit

Die spätantike Dekomposition betraf den weströmischen Staat in doppelter Weise, einmal als Auseinanderbrechen in germanisch beherrschte Teilreiche, dann aber auch als innere Auflösung der Staatlichkeit, wie sie in der Spätantike bereits mit der Herausbildung »staatsfreier« Immunitätsbezirke eingesetzt hatte. Gerade der spätantike Staatsverfall zeigt, daß nicht einseitig die Germanen – obwohl diese noch kaum über eine entwickelte Staatlichkeit verfügten – die Dekomposition herbeigeführt haben. Auch erweist beispielsweise die Herrschaft eines Theoderich, daß sich die neuen Herrscher den antiken Staatsapparat samt Personal und Verwaltungspraktiken durchaus nutzbar zu machen wußten. Und wie Theoderich hielten es ähnlich auch die Wandalen in Nordafrika, die Westgoten in Südgallien bzw. Spanien und auch noch die Franken in Gallien; denn die Merowinger, deren Reich als einziges von den Germanenreichen kontinuierlich ins Mittelalter hinüberging, stützten sich noch für mindestens hundert Jahre auf die spätantiken Grundlagen, die freilich immer mehr zerfielen (vgl. § 7,2).

Bei der Auflösung der Staatlichkeit ist zu bedenken, daß nicht einfach eine Lücke blieb, sondern andere Formen hervortraten. So rückte an die Stelle der geschulten Beamtenschaft der Adel, der ein angestammtes Vorrecht auf Herrschaftsausübung beanspruchte und dabei Geblüt und Erblichkeit höher veranschlagte als Fachkompetenz. Weiter ist festzustellen, daß den nachantiken Staaten die Kategorie des Öffentlich-Rechtlichen entschwand. Was ehemals beispielsweise staatliches Gut und staatliches Geld gewesen war, ist jetzt Besitz des Königs oder des Adels. Die Staatsgüter wie ebenso die Steuern, soweit diese überhaupt noch einkamen, wurden von den Herrschern wie »privat« vereinnahmt, bei den Germanen für den berühmten »Königshort«. Die Vorstellung einer »treuhänderischen« Verwaltung und einer Verwendung für öffentliche Zwecke erlosch. Es fehlte überhaupt eine umfassende Idee des öffentlichen Interesses. Dies zeigt sich deutlich etwa im Recht. Hatte der antike Staat als Rechtshüter fungiert und deswegen ein verbindliches Recht wie ebenso ein verbindliches Gerichtswesen geschaffen (vgl. § 8,6d), so anders nun die gentilen Volksrechte der Nachantike (vgl. § 19); ihnen ging es mehr um eine Schiedsrichterfunktion bei Streitigkeiten und Schadensfällen der einzelnen Personen bzw. Personengruppen als um die eigentlich öffentlichen Belange. Wie in allen »einfachen« Gesellschaften wurden Streit- und Schadensfälle zunächst durch Kampf ausgetragen; es ist dies die dem ganzen Mittelalter geläufige und rechtlich erlaubte Fehde. Die Aufgabe der überlegenen »Staatsgewalt« bestand anfangs allein darin, die Streitenden vom weiteren Kampf abzuhalten, dabei den Schädiger zu einem Ersatz und den Geschädigten zur Annahme dieses Ersatzes zu veranlassen. Die Volksrechte enthalten deswegen lange Kataloge fixierter Bußen, wie diese Ausgleichszahlungen ursprünglich genannt wurden; modern gesprochen, ist dieses älteste Recht nurmehr ein »zivilrechtlicher Schadensersatz«. Von der Antike her gesehen bedeutete diese Beschränkung einen Rückfall. Aus der Perspektive der allgemeinen Rechtsgeschichte jedoch, in der die Germanen eben erst die grundlegenden Schritte vollzogen, stellt sich das Bußrecht als eine erste rechtsgeschichtliche Leistung dar: »Die Bereitschaft eines Geschädigten, auf Fehde zu verzichten und als Ausgleich für die erlittene Kränkung einen materiellen Gegenwert anzunehmen, ist der erste Schritt in der Ausbildung einer höheren Rechtskultur« (E. Kaufmann). Dieser Schritt ist in den Volksrechten vollzogen, aber noch nicht durchgängig gesichert, denn in Fällen der Blutrache auf die Gegentötung zu verzichten und sich mit Geld abfinden zu lassen galt noch lange als unehrenhaft. Die weitere Entwicklung führte dahin, stärker das öffentliche Interesse einzuklagen und von daher auch an die Öffentlichkeit – normalerweise an den Fiskus bzw. König – abzuführende Strafen durchzusetzen. Die Wahrnehmung des öffentlichen Interesses aber nimmt in den Volksrechten gerade erst ihren Anfang. Es fehlte der notwendige Justizapparat, und dort, wo er von der Antike her noch bestand, erlitt er solche Einbußen, daß die einzelnen Streitfälle nicht mehr in der gebotenen Sachlichkeit erfaßt noch gar bearbeitet werden konnten und deswegen einer »privaten« Regelung überlassen bleiben mußten. Was die Antike längst gekannt und auch durchgesetzt hatte, löste sich jetzt weitgehend wieder auf: die Justizadministration mit Gerichten und geschulten Richtern, ebenso die Verfolgungsbehörden wie Polizei oder öffentliche Anklage, ja, es fehlte letztlich an der Macht, die adeligen Großen, welche die Träger der regionalen Gewalten waren, vor die Schranken des Gerichts zu zwingen und sie einem Urteil zu unterwerfen. Die einzige Gewalt, die dazu hätte in der Lage sein können und müssen, war die Königsgewalt. Tatsächlich gab es denn auch ein Königsgericht für den Adel. Im ganzen aber basierte die Königsmacht auf der Gefolgschaft des großen Adels und war darum von diesem abhängig. Kein König vermochte einfach »absolut« zu herrschen. Seine Vormachtstellung beruhte darauf, daß er den Machtadel zu einer ihm anhangenden Gefolgschaft zu vereinen wußte; wenn dieser Adel ihn verließ, brach auch seine eigene Stellung zusammen. Der Kompromiß des mittelalterlichen Staates bestand in der Regel darin, daß der

König seinen Gefolgschaftsadel mit Gütern und Herrschaftsrechten entlohnen mußte, aber diese Entlohnung niemals zu einer für ihn gefährlichen Machtakkumulation anwachsen lassen durfte. Der frühmittelalterliche Staat, der auf der gefolgschaftlichen Einigung des machttragenden Adels unter dem König beruhte, war ein – wie die neuere Rechtsforschung sagt – »Personenverbandsstaat«.

Insgesamt war der frühmittelalterliche Staat erheblich anders strukturiert als der »Verwaltungs-« und »Beamtenstaat« der Antike, der gerade auch die Durchsetzung öffentlich-rechtlicher Belange hatte gewährleisten wollen. Nun aber setzte eine Regression ein, die auf weitere Sicht zu einer »Kleinräumigkeit« führte, »zu einer elementaren, allgemeinen, unspezifischen Minimalordnung, eben der Ordnung, die in kleinen Räumen relativ primitiv, personalistisch oder gentilizistisch, noch dazu vom Land aus, herrscht und die Sicherung etwa von Verkehr, Post, Handel, Wasserleitungen, öffentlicher Ordnung und Recht in großen Räumen außerordentlich erschwerte« (Chr. Meier).

2. Kulturell

a) Vom Latein zu den »Nationalsprachen«

Die im Westen vorherrschende Sprache, das Latein, festigte mit der Christianisierung noch weiter seine Stellung. Selbst die germanischen Volksrechte wurden lateinisch abgefaßt, sogar bei jenen Stämmen, die arianisch waren und ihre Liturgie in der eigenen Volkssprache feierten. Aber mit der Provinzialisierung und Gentilisierung, wie sie sich im Übergang zum Mittelalter hin vollzog, erfuhr das Latein eine regional unterschiedliche Fortentwicklung; es entstanden die »Nationalsprachen«: das Italienische, Spanische, Französische und Raetoromanische. Die sogenannte karolingische Renaissance des 8. und 9. Jahrhunderts führte zwar zu einem gereinigten Latein zurück, hatte aber weiter noch zur Folge, daß daraus eine künstliche Sprache wurde. Fortan vollzog sich literarische Bildung, und damit auch die Theologie und sogar das Gebet, nicht mehr in der Muttersprache. Latein wurde zu einer erlernten Bildungssprache, abgehoben vom unmittelbaren Empfinden, abgehoben auch vom Volk. Auf diese Weise allerdings blieb es das völkerübergreifende Sprachmedium des Abendlandes.

b) Rückgang der Schriftlichkeit

Während die provinzialromanische Bevölkerung der Spätantike in aller Regel noch schreiben und beispielsweise die eigene Unterschrift leisten konnte, nahm zum Mittelalter hin die Schreibfähigkeit rasch ab. Lesen konnten noch relativ viele, schreiben nur wenige. Weder Odoaker noch Theoderich der Große, die es doch zu einer geradezu perfekten Zusammenarbeit mit der römischen Administration brachten, vermochten zu schreiben; letzterer soll sich eine Schablone haben herstellen lassen mit dem Wort ›legi‹, um seine Einsichtnahme in den Schriftverkehr bekunden zu können. Unter den Merowingerkönigen waren mehrere schreibkundig, hingegen mußten sich die karolingischen Herrscher bis einschließlich Karl dem Großen bei ihrer Unterschrift mit einem Strich in dem ihnen vorgeschriebenen Monogramm begnügen, dem sogenannten Vollziehungsstrich. Wenn Ludwig der Fromme und seine Söhne schreiben konnten, so blieben sie damit eine Ausnahme; erst um die Jahrtausendwende folgte ihnen mit Otto III. wieder ein schreibkundiger Herrscher. Der Adel verachtete alles Pergament, und »die Geringschätzung des Schreibgeschäftes durch den schwerttragenden Adel hielt über das ganze

Mittelalter an« (A. Wendehorst). Selbst der Klerus, der zur Ausübung seiner Amtspflichten lesekundig sein mußte, war keineswegs immer schreibfähig. Wenn von einem Bildungsmonopol des Klerus im Mittelalter gesprochen wird, ist das nicht als Anmaßung zu verstehen; schreiben zu können war nur selten erforderlich und darum wenig erstrebt.

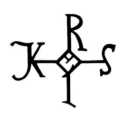

22 Monogramm Karls des Großen: Karl vollzog zur Ratifizierung einen Strich, den sog. Vollzugstrich, der sich in der unteren Mitte befindet.
Zu lesen ist von links bis zur Mitte einschließlich der oberen Hälfte der Raute: KA, weiter von oben nach unten mit der ganzen Raute: ROL; dann von der Mitte mit nur der unteren Hälfte der Raute nach rechts: VS. Die in der Mitte stehende Raute gilt als Symbol für den Kosmos; sie enthält alle Vokale, während die Konsonanten von außen zugeordnet sind. Die Leseabfolge ergibt ein Kreuz: KA – linker Balken, RL – Stamm, VS – rechter Balken. Als Grunddeutung ergibt sich demnach: Kreuz im Kosmos.

c) Oralität

Die mangelnde Schriftlichkeit darf wiederum nicht nur als Mangel gedeutet werden. Das Frühmittelalter zumal war eine orale (lat.: oralis – mündlich) Kultur mit den typischen Gesetzen mündlicher Tradition. Welterklärung wie Lebensnormen wurden erzählend tradiert und dabei typisiert: Nicht das individuell Historische verdiente festgehalten zu werden, sondern das Archetypische. »Das Gedächtnis des Volks vermag nur mühsam ›individuelle‹ Ereignisse und ›authentische‹ Gestalten festzuhalten. Es funktioniert mit Hilfe völlig anderer Strukturen: Kategorien anstelle von Ereignissen, Archetypen anstelle von historischen Gestalten. Die geschichtliche Figur wird ihrem mythischen Modell (Heros usw.) angeglichen« (M. Eliade). In der Tat, wie hätte eine orale Kultur die Vielfalt des Historischen auch festhalten können? Sie wäre von den Einzelheiten überschwemmt worden. Wohl aber konnten »Typen« und »Schemata« festgehalten werden. Letztlich ging es der oralen Kultur überhaupt nicht um die Fülle historischer Ereignisse, sondern um die eigenen »Lebensgesetze«, um die Formulierung des tragenden Lebensgrundes. Genau dies war die Aufgabe der Tradition, der Mythen und Archetypen: Was in der Gegenwart und für die Gegenwart als richtig angesehen wurde, mußte so auch immer schon in der Vergangenheit, ja von allem Anfang an, bestanden haben. Geschichte war also auf die Gegenwart hin orientiert, wie andererseits die Gegenwart zu ihrer Legitimation ständig auf die Geschichte zurückgriff. Dieses Ineinander von Gegenwart und Vergangenheit führte dazu, daß mit dem scheinbar unverändert bleibenden Leben auch die oralen Traditionen gleichzubleiben schienen, in Wirklichkeit sich aber doch veränderten, freilich so unmerklich, wie auch die Lebensverhältnisse sich nur unmerklich fortbewegten. So sind die Mythen und Archetypen der oralen Tradition als »mitfließend« anzusehen. Dies aber wird erst deutlich, wenn solche Traditionen schriftlich fixiert werden und dann – nach einer Weile des weitergegangenen Lebens – mit ihrer »weitergeflossenen« Form verglichen werden können; die Differenz ist dann unübersehbar. Im Frühmittelalter befand sich das Christentum in Gesellschaften, die entweder direkt in einer originären Oralität lebten oder aber stärker wieder dorthin zurückkehrten. Daraus ergab sich eine eigenartige Konstellation: Nicht selten folgten die niedergeschriebenen Texte, etwa die Heiligenviten, den Traditionsgesetzen oraler Kultur.

Man kann es ganz einfach daran sehen, daß Viten, die zeitgenössisch verfaßt sind, meist auch noch der tatsächlichen Historie nahestehen, dann aber, bei Neufassungen, immer stärker einen Archetyp, so beispielsweise den Gottesmann, herausarbeiten und sich dabei von der Historie entfernen.

Gerade die Viten sind Ausdruck eines »typischen« Wachstums, und während des ganzen Mittelalters konnten Viten geschrieben werden, ohne daß überhaupt ein historisches Datum vorlag, einfach durch Herausarbeitung des Typus.

Orale Traditionen können nicht schlagartig verändert werden, das hieße ja gerade ihren tragenden »ewigen« Grund zu zerstören. Das aber hatte im Politischen zur Folge, daß keine wirklich neuen gesetzgeberischen Veränderungen möglich waren. Denn »besondere«, »kasuelle« oder »individuelle« Bestimmungen vermochte die orale Gedächtniskultur nicht wirklich festzuhalten, sondern allein die typisierten Regelungen. Ganz anders nun bei der neuen Schriftlichkeit; da konnten plötzlich spezielle Regelungen, auch solche gegen das Gewohnte und gegen den Typus, angeordnet werden. Mit einem Schlag eröffnete sich ein für orale Kulturen unvorstellbarer Handlungsspielraum.

Ein einfaches Beispiel: Das Christentum propagierte, um Stiftungen zur Rettung der Seele zu ermöglichen, das Testament. Ein solches war den schriftlosen Germanen unbekannt gewesen, weswegen ihre Erbfolge nach gleichbleibenden Regeln ablief; die schriftlichen Testamente hingegen ermöglichten eine höchst vielfältige und differenzierte Erbregelung. Wichtiger noch wurde, daß die Herrscher die Schriftlichkeit als ein Mittel intensiver Herrschaftsausübung erkannten und mit Hilfe der Kirche, die bis zum Hochmittelalter fast allein über Schriftpraxis verfügte, auch praktizierten. Die bis zu ihrer Bekehrung schriftlosen angelsächsischen Königreiche erhielten mit ihrer Konversion sofort schriftliche Gesetze. Und wichtiger noch, nur durch eine verschriftlichte Regierungsweise konnten die Volksrechte, die ja selbst gleichfalls erst in der Begegnung mit der Antike und dem Christentum aufgezeichnet worden waren, weitere Ergänzungen, Fortbildungen und Verbesserungen erfahren; es waren dies die Kapitularien, die den alten Rechten neu zugefügten ›Kapitel‹.

3. Kirchlich

a) Katholizismus

Während das Christentum der Völkerwanderung sich gespalten hatte und die germanischen Völker nahezu alle arianisch geworden waren, verlor der Arianismus zum Mittelalter hin vollständig seine Bedeutung. Auch die Westgoten und Langobarden, die noch am längsten an diesem Bekenntnis festhielten, wurden katholisch. So herrschte im Westen fortan ein gemeinsamer Glaube, der das Fundament für die mittelalterlich-abendländische Geschichte wurde. Da sich zudem das Papsttum zum Repräsentanten dieser Einheit machte, mußte es einen gesamtabendländischen Aufstieg nehmen. Anders verlief die Entwicklung im Osten: Hier blieb mit dem Kaisertum die politische Einheit dominierend, dabei aber zerfiel in den christologischen Streitigkeiten die religiöse Einheit, zum Schaden auch des Reiches, da es alle monophysitischen Gebiete verlor. Der verbleibende Teil, das griechisch-orthodoxe Byzanz, bildete, wie auch der Westen, einen geschlossenen christlichen Großraum. Nur eine Ausnahme blieb: die Juden. Sie vermochten als einzige Religionsgruppe, und zwar in Ost und West, ihren Glauben durchzuhalten. In dieser Sonderstellung vielfach angefochten, erlebten sie gleichwohl im Frühmittelalter eine im allgemeinen friedliche Geschichte.

b) Gentilismus

Dank des gemeinsamen Lebensraumes, der im römischen Reich entstanden war, hatte sich das Christentum in der Alten Welt allseits ausbreiten können. Den christlichen Theologen war deswegen das Imperium von providentieller Fügung gewesen. Anders nun in den barbarisch beherrschten Reichen des Westens; hier zeigte sich ein neuer

Gentilismus, ein völkisches Bewußtsein, das sich auf den eigenen Volksbereich konzentrierte und sich nach außen mehr oder weniger abschloß. Schon allgemein ist festzustellen, daß Völker einfacher Kulturstufe meist keine universale Welt und ebensowenig eine universale Menschheit kennen, mit der sie sich verbunden wissen. Das »Wir-Gefühl« umfaßt allein das eigene Volk, mit dem man sich in gemeinsamer Abkunft geeint sieht. Jenseits der eigenen Welt beginnt die »Fremde«, die einen im Grunde nichts angeht. In aller Regel wird der Gentilismus gestützt von der Religion: »Der Wirkungskreis der eigenen Götter beschränkt sich auf ›unser‹ Volk und Land. Sie [die Götter] sind keineswegs die einzigen, die es gibt, oder die einzigen, die wirkliche Macht besitzen: auch die Götter anderer Völker sind wirklich und wirkmächtig; auch sie haben ihr Volk und ihr Land, in dem sie ihre Herrschaft üben, und in dem ihnen deshalb Verehrung zukommt – nur in ›unserem‹ Bereich haben sie von Haus aus nichts zu schaffen: er liegt – bis zum Beweis des Gegenteils – einfach außerhalb ihrer Zuständigkeit« (H.-D. Kahl). Dieser Gentilismus war allenthalben in den frühmittelalterlichen Germanenreichen wirksam; man verkehrte vorzüglich mit Angehörigen des eigenen Volkes.

So wird aus dem angelsächsischen England berichtet, daß bei einer Übertragung der Reliquien des als Märtyrer verehrten Nordhumbrier-Königs Oswald das im Königreich Mercia gelegene Kloster Bardney sich geweigert habe, die Reliquien aufzunehmen; die Begründung war schlicht die, Oswald ›stamme aus einem anderen Reich‹. Ähnlich ist in den merowingischen Königreichen festzustellen, daß zum Beispiel ein König einen Heiligen, weil heilbringend für das eigene Volk, nicht zum Nachbarreich weiterziehen lassen wollte, oder daß Missionare die Erlaubnis zur Mission eines fremden Volkes vom eigenen König regelrecht aushandeln mußten. Auch die Religiosität beschränkte sich auf das eigene Volk, und mit Recht hat man von einem »gentilreligiösen« Horizont des Frühmittelalters gesprochen.

Das Christentum aber verstand sich als Religion der Ökumene, das heißt des ganzen bewohnten Erdkreises mit allen seinen Völkern. Die Kirche wollte betont eine ›ecclesia ex diversis gentibus‹ (Kirche aus verschiedenen Völkern) sein, denn, so hieß eine Sentenz der alten Kirche, was nur in einer Provinz oder bei einem Volk gelte, das sei häretisch; was aber von allen Völkern angenommen worden sei und überall verwirklicht werde, das eben sei katholisch. Im frühen Mittelalter erlitt das übergentile Bewußtsein der Kirche eine erhebliche Beeinträchtigung. Die Germanenreiche kapselten sich ab, und auch die Romanen in Gallien und Spanien verloren ihre universale Blickweite. So stand die Kirche des Westens vor dem Problem, ob und wie die sich verschließenden Germanenreiche für einen umfassenden Katholizismus gewonnen werden konnten – das Problem der »Landeskirchen«.

c) Königliche Kirchenrechte

Als ein Kennzeichen einfacher Religiosität wird man auch die Vorstellung vom ›rex et sacerdos‹ anzusehen haben, derzufolge Königtum und Priestertum zusammengehören. Selbst wo diese Ämter faktisch getrennt sind, werden sie dennoch oft als engstens zusammengehörig aufgefaßt, weil nämlich das politische Geschick von den religiösen Mächten abhängig ist und folglich der für die Religion zuständige Priester eine erstrangige Bedeutung einnimmt. Entsprechende Vorstellungen sind im frühen Mittelalter in vielfältiger Weise feststellbar und finden sich häufig genug auch ausgesprochen. Schon die byzantinischen Kaiser nannten sich ›basileus kai hiereus‹ (König und Priester), wie ebenso die Barbarenkönige des Westens ›rex et sacerdos‹. Den Herrschern wurde ganz selbstverständlich eine Kompetenz auch im religiösen Bereich zugesprochen. Allgemein bekannt ist ihre führende Rolle bei der Bekehrung ihres Volkes. Darüber hinaus aber nahmen sie vom Tag ihrer Bekehrung an immer auch Kirchenrechte wahr. Der

König hatte für den Schutz der Kirche zu sorgen. Innerkirchlich betrafen seine Rechte die Synodenberufung und Bischofsernennung, nach außen hin die Förderung der christlichen Mission. Die Kirchenleute stimmten dieser königlichen Kompetenz grundsätzlich zu und wehrten sich in der Regel nur gegen Eingriffe, die über diese Bereiche hinausgingen. Denn christlicherseits war ganz undenkbar, daß eine Verschmelzung von Königs- und Priesteramt hätte vorgenommen werden können. Der König mochte Schützer der Kirche, ja Prediger des Glaubens sein, nicht aber konnte er Opferpriester sein; die eigentlich sazerdotale Rolle des Opferpriestertums blieb ihm vorenthalten und oblag allein der Priesterschaft. In den so abgesteckten Grenzen aber besaß jeder frühmittelalterliche König seine Kirchenhoheit.

Die im Frühmittelalter allgemein zu beobachtende herrscherliche Kirchenhoheit verlieh dem König nicht nur Rechte, sondern machte ihn auch zur Sakralperson. Er war intangibel, was besonders durch die im 7. Jahrhundert aufkommende Herrschersalbung gefördert wurde: ›Rührt nicht an die Gesalbten des Herrn‹ (Ps 105,15). Modernes Empfinden sieht hier leicht einen Mißbrauch von Religion, ihre Verwendung nur zur Befestigung von Herrschaftsstrukturen. Tatsächlich galt das vordringliche Bemühen der Kirche der Stabilisierung der Königsmacht; der Grund war, daß allein der König als Garant von Recht und Gerechtigkeit aufzutreten vermochte. Dabei mußte allerdings dem König ein Pflichtenkanon auferlegt und seine Herrschaft an Normen gebunden werden. Die Dringlichkeit solchen Bemühens mag eine Umschreibung der »Königspflichten« aus dem altirischen Recht dartun:

> ›Es gibt eine wöchentliche Ordnung der Pflichten des Königs; es ist die folgende: Sonntag zum Trinken von Bier, denn der ist kein Herrscher, der nicht für jeden Sonntag Bier bereitstellt; Montag für Gerichtssitzungen, für die Korrektur des Reiches; Dienstag für das Brettspiel; Mittwoch zum Beobachten der Jagdhunde bei der Jagd; Donnerstag für die Geselligkeit mit seiner Frau; Freitag für Pferderennen; Samstag für Gerichtsentscheidungen.‹

Christlich gesehen war Herrschaft immer zuerst Aufgabe. Sie einem Pflichtenkanon zu unterwerfen, bedeutete einen ersten Anlauf zur Reglementierung der Machtausübung, modern gesprochen, so etwas wie eine Konstitutionalisierung. Gerade dadurch, daß die Herrscher auch Kirchenrechte ausübten, war Grund gegeben, diese Machtdisziplinierung voranzutreiben. Herrschaft konnte auf diese Weise verobjektiviert und institutionalisiert werden, weswegen man wird sagen dürfen, daß im Frühmittelalter die Kirche erst eigentlich dem »Staat«, sofern darunter die »transpersonale« Institution verstanden wird, zu sich selbst verholfen hat.

4. Theologisch

a) Verdunkelte Theologie

In der Forschung herrscht weitgehend Einhelligkeit darüber, daß dem Frühmittelalter eine eigentlich theologische Leistung abgeht. In der Tat handelt es sich unverkennbar um eine Zeit der Wiederholung, die zwar durchaus um die Vätertheologie bemüht ist, dabei aber selten mehr als die Exzerpierung und Sammlung von Sentenzen bietet. Es herrschte ein »ausgeprägter Traditionalismus« vor (J. Fleckenstein). Ungünstig mußte sich schon die Reduzierung des städtischen Lebens auf die geistigen Vorbedingungen des Christentums auswirken, hatte sich dieses doch als städtische Religion in der alten Welt entfaltet. Auch waren die Städte die zentralen Orte der kirchlichen Organisationsstruktur geworden. Nur in einer Stadt, so forderte das spätantike und ebenso das frühmittelalterliche Kirchenrecht, sollte ein Bischofssitz errichtet werden. Vor allem aber war der Christenglaube seinem inneren Wesen nach von kulturellen Voraussetzungen abhängig, die, wenn nicht ausschließlich, so doch vornehmlich, in der Stadt gedeihen. Schon daß ein Buch, die Bibel, die Grundlage bildete, erforderte literarische und speziell hermeneutische Fähigkeiten. Zudem hatten sich die christlichen Theologen auf eine »vernünftige« Begründung ihres Glaubens eingelassen und dabei die antike Geistigkeit, vor allem die Philosophie, zu Hilfe genommen (vgl. § 8,2). Dadurch hatte sich das Christentum eng mit der Geisteskultur der Antike verwoben. Diese Symbiose hinwiederum beruhte auf vielerlei zivilisatorischen Voraussetzungen, zuallererst auf Büchern und weiter auf Schulen und Wissenschaftsbetrieb. Das alles pflegt sich aber nur dort zu entfalten, wo bereits eine arbeitsteilige Gesellschaft besteht und so viel Wirtschaftspotential freigesetzt wird, daß Möglichkeiten für eine über die Alltagsbedürfnisse hinausführende Geistestätigkeit entstehen. Am ehesten bieten die Stadt und eine städtisch-mobile Gesellschaft solche Vorbedingungen; erst Stadtkultur ermöglicht differenzierte Lebensformen samt Schulen und Wissenschaft. Insofern mußte die Reduzierung des städtischen Lebens im Übergang zum Mittelalter das Christentum empfindlich treffen und die Theologie verdunkeln.

b) »Volksreligiosität«

Mit der Schwächung, ja dem weitgehenden Verschwinden der Theologie verblieb wiederum nicht einfachhin eine Lücke, sozusagen ein Nichts ohne weitere Folgen. In der Alten Kirche hatte die Theologie immer auf die Frömmigkeit eingewirkt, wie freilich auch umgekehrt die Frömmigkeit auf die Theologie. Die großen theologischen Auseinandersetzungen resultierten – wenigstens zunächst – weniger aus Streitfragen um Begriffe als vielmehr um den rechten Weg der Gottesverehrung und der Erlösung. Eine falsche Praxis konnte theologische Kritik auslösen, wie umgekehrt die Theologie eine neue Praxis initiieren konnte. Auf diese Weise waren theologische Leitlinien und eine reflektierte Begrifflichkeit in das religiöse Leben eingegangen, hatten es durchgeformt und mitbestimmt. Was aber geschah nun mit dem Zerfall der Theologie? Vorherrschend wurden vielfach »prärationale« Denklogiken, und dadurch erst entstand jene »Volksfrömmigkeit«, über welche die heutige Mentalitätsforschung so intensiv debattiert (vgl. § 6,3c). Nur darf man diese »Volksreligiosität« oder – um einen anderen Ausdruck zu verwenden – diese »Basisreligiosität« nicht sofort im Gegensatz zu einer religiösen Bildungselite sehen, weil es nämlich eine solche kaum noch gab. Unverfänglicher wäre es, von »elementarer« Religiosität zu sprechen in dem Sinn, daß bei einer Rückentwicklung viele Ausdifferenzierungen wegfallen und allgemeinere, in der Welt der Religion weithin verbreitete Grundelemente hervortreten.

Diese »einfache« Religiosität verfolgt durchaus ihre eigene »Logik«, und mit Recht hat man dem frühen Mittelalter einen eigenen »religiösen Instinkt« zugesprochen. Es dominierte nunmehr eine Religionslogik »nichtaufgeklärter« Art, geprägt nicht mehr von philosophischer Reflexion, sondern von einer eher »vorrationalen« Religionspraxis. Als Kriterien, die in diesem Zerfallsprozeß die veränderten Logiken klarzulegen vermögen, seien drei Problemfelder genannt: erstens wie das jeweilige Ausmaß und die gegenseitige Abgrenzung des Gottes- und Menschenbildes vorgenommen wurden; zweitens wie und nach welcher Art Gottes- und Menschenhandeln aufeinander einwirkten; drittens welcher Grad von Bewußtheit im religiös bedeutsamen Menschenhandeln gefordert wurde.

Einfache religiöse Kulturen sind in aller Regel geneigt, die Welt wie die Menschen in ihren Lebensschicksalen und Ereignissen als von guten und bösen Geistern, von Göttern oder Dämonen, bestimmt zu sehen. Mit dem Vordringen einer rationalen Welt- und Menschenerklärung wird dann deutlicher die Eigenwirksamkeit sowohl der Natur-

§ 24 Die Lebensgrundlagen   157

kräfte wie auch des Menschen erkannt. Nicht mehr von außen aus einer anderen Welt einwirkende Geister, sondern die den Dingen und vor allem auch dem Menschen selbst einwohnenden Kräfte bestimmen. Insofern die Geisterwelt primär Religionsinhalt ist, vollzieht sich bei aller Aufklärung eine »Entzauberung« von Welt und Menschen und damit eine Zurückdrängung der Religion. »Natürliche« Kräfte treten an die Stelle der »religiösen«. Oder philosophisch gesprochen: Neben die religiöse ›causa prima et unica‹ (erste und einzige Ursächlichkeit) tritt ein wenn auch nachgeordnetes, so doch eigenständiges Wirkvermögen (causa secunda) von Mensch und Natur. In der Spätantike sehen wir nun eine »gegenaufklärerische« Entwicklung einsetzen. Die aller Aufklärung notwendige Schulung des Denkvermögens und die nur durch eine rational-denkerische Leistung mögliche Aneignung von »natürlicher« Welterklärung fielen mit dem Zusammenbruch des antiken Bildungswesens dahin, und so begann die religiöse

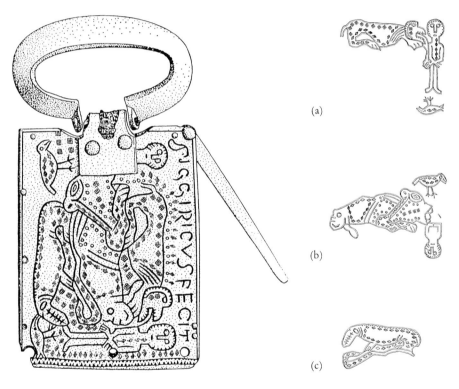

23 Abgewandelte »Daniel-Schnalle«: Darstellung des vom Unheil bedrohten Menschen; aus Gondorf/Mayen, wohl um 600 (Bonn, Rhein. Landesmuseum, nach J. Werner).
Die Schnalle, die zugleich als Reliquiar gearbeitet ist – siehe die abgewinkelte Schließe (s. § 30, 4a; Abb. 27) –, trägt die Inschrift des Verfertigers: SIGGIRICUS FECIT. Vielleicht war dieser ein Kleriker; mit Sicherheit aber dürfte die Schnalle – wegen der Verschränkung gleich dreier religiöser Motive – für einen Kleriker bestimmt gewesen sein. Ihre Schauseite zeigt: (a) Daniel in der Löwengrube; Danielschnallen waren nahezu ausschließlich im Burgund des 6. Jahrhunderts verbreitet. (b) Das Jonas-Wunder; es muß mit Drehung um 180° gelesen werden und zeigt den Propheten, wie er kopfüber aus dem Ungeheuer gestoßen wird. (c) Kampf des Krokodils mit der Schlange als Verkörperung des Kampfes der Unheilsmächte.

Deutung wieder vorherrschend zu werden: Gott bzw. sein Gegenspieler, der Teufel, bestimmten gänzlich die Welt und alles Geschehen. Wie schon die Natur von ihnen gelenkt und bewegt wird, so auch wieder der Mensch. Es sind entweder die guten oder die bösen Geister, nicht aber die der Natur oder dem Menschen innewohnenden Eigenkräfte, die das Geschehen bestimmen.

Von der Allmächtigkeit der numinosen Kräfte her stellt sich dann weiter die Frage, was der Mensch überhaupt noch zu tun vermag. Ist er nur der von den jeweiligen Geistern »besessene« und getriebene? So hat es in der Tat nicht selten den Anschein. Andererseits blieb vom christlichen Erbe her doch eine starke Betonung menschlicher Eigentätigkeit, bei den Asketen in sogar radikaler Form: Das Heil mußte erwirkt, ja verdient werden. Dabei wurde diese Aktivität auf ein ganz bestimmtes Verhältnis mit den Übermächten abgestimmt, und zwar »entsprechend«, daß nämlich die gute oder böse Qualität der menschlichen Handlungen darüber entschied, welche Geister bestimmend wurden, ob die guten oder die bösen. Dies galt so streng, daß man geradezu von einem »reaktiven« Schema sprechen kann: Die guten Taten wirken so sehr auf Gottes Willen und Allmacht ein, daß dieser daraufhin gute Verhältnisse geradezu schaffen muß, wie ebenso die bösen Taten Gottes Strafe hervorrufen und eine Dämonenbeherrschung zur Folge haben. Tun und Ergehen wurden auf diese Weise engstens miteinander verkoppelt: Es war der religionsgeschichtlich sattsam bekannte »Tun-und-Ergehen-Zusammenhang«.

Daß die guten oder bösen Taten über die jeweils den Menschen und seine Welt beherrschenden Geister entscheiden, muß weiter auch nach der sittlichen Qualität der Gutheit bzw. Bosheit des menschlichen Handelns fragen lassen. Modernem wie überhaupt allem aufgeklärten Denken ist es allzu selbstverständlich, daß das sittlich Gute in der Intention liegt; weniger der eingetretene Endeffekt als vielmehr die Gesinnung, eben was man sich gedacht hat, ist entscheidend. So kann jemand etwas Gutes wollen, in Wirklichkeit aber etwas Böses herbeiführen, etwa wenn ein Schütze auf der Jagd statt des Wildes einen Treiber erschießt. Umgekehrt kann jemand etwas Böses beabsichtigen, dann aber, entgegen seiner Intention, durch besonders einwirkende Umstände etwas Gutes bewirken. Modernes Denken kann sich schon nichts anderes mehr vorstellen als die Beurteilung nach der sittlichen Intention. Ein mehr archaisches Denken jedoch urteilt nach der eingetretenen Tat und fragt nicht oder nur nebenbei nach der Intention. Die philosophische Ethik der Alten Welt wie ebenso das Christentum aber fanden in der Intention den eigentlichen Maßstab sittlicher Qualität. Jetzt, im Niedergang der Antike, sehen wir die Tathaftung wieder hervortreten.

5. Der »breite Streifen« des Übergangs

Mit Recht wird heute der Übergang von der Antike zum Mittelalter als »breiter Streifen« bezeichnet. Die Dekomposition der Antike und das Hervortreten der andersgearteten, »nachantiken« Strukturen verliefen »gestreckt« und in ihren einzelnen Schüben auch nicht phasengleich, weder in den verschiedenen Regionen noch in den einzelnen Lebensbereichen, auch nicht in der Kirche. In Italien bedeutet keineswegs die Herrschaft Odoakers oder Theoderichs den Untergang der Antike, regierten doch beide noch ganz von antiken Voraussetzungen her. Erst der Einfall der Langobarden ist als Beginn einer neuen Epoche zu bezeichnen, denn anders als die früheren Germanenansiedlungen auf römischem Boden verlief ihre Landnahme gänzlich regellos, ja gewalttätig und zerstörerisch, weswegen die langobardische Eroberung allgemein als die Vernichtung der Antike in Italien angesehen wird. Doch blieb immer noch eine beachtliche

Bildungskontinuität erhalten, so daß beispielsweise der »Drei-Kapitel«-Streit (vgl. § 23, 2b) eine rege literarische Tätigkeit hervorrufen konnte, wie auch die päpstliche Kanzlei in erstaunlicher Kontinuität weiterarbeitete. In Spanien gelang den Westgoten nach der Mitte des 6. Jahrhunderts der Neuaufbau eines Reiches, das mit seiner engen Verschränkung von Königtum und Kirche typisch mittelalterliche Züge hervorbrachte. Daneben aber steht ein Gelehrter wie Isidor von Sevilla, der noch ganz von antiken Voraussetzungen her arbeiten konnte, die Höhe der antiken Geistigkeit allerdings nicht mehr erreichte. In Gallien begründeten die Merowinger ihr Reich zunächst auf der weiter funktionierenden antiken Administration, bis diese sich dann im 7. Jahrhundert nicht mehr zu regenerieren vermochte. Die Schriftlichkeit hörte weitgehend auf, so daß man von einer der dunkelsten Perioden der gallischen Geschichte hat sprechen können.

Für die Kirche ist Ähnliches festzustellen. Der bekannte fränkische Geschichtsschreiber Gregor von Tours, dessen literarische Tätigkeit zweifellos noch von der antiken Bildungstradition zehrt, gehört theologisch nicht mehr zur Patristik. Vollends weisen die nach 600 geschriebenen Texte, wie sie beispielsweise noch für die Liturgie geschaffen wurden, ein bald schon bis an Unverständlichkeit heranreichendes Maß von sprachlicher Verwilderung auf. Irland, die am weitesten im Westen gelegene Insel und immer außerhalb des römischen Reiches geblieben, hat von der Reichskirche noch gerade vor 450, also im letztmöglichen Moment, das Christentum erhalten – die einzige missionarische Eroberung, die der westlichen Kirche außerhalb des Imperiums gelungen ist. Infolge der isolierten Situation entfaltete sich hier ein Christentum mit deutlich eigenen Zügen, das dann durch die »Wandermönche« auf den Kontinent kam und hier neue, für das Mittelalter höchst wirksame Impulse gab.

Für alle Länder des Westens gilt die Beobachtung, daß ihnen das Zusammengehörigkeitsgefühl verlorenging. Natürlich wußte man von der Existenz der jeweils anderen, aber der Gesichtskreis beschränkte sich im wesentlichen auf das eigene Land. Einzig das Papsttum verstand sich weiterhin als Zentrum aller Völker, und Gregor der Große zog daraus die Konsequenz, die Bekehrung der Angelsachsen einzuleiten. Im Gefolge dieser Mission entwickelte sich im Abendland ein neues Gemeinschaftsbewußtsein, geprägt jetzt von der Autorität des Apostelfürsten Petrus.

2. Kapitel: Die untergegangenen Germanenreiche

§ 25 Das Wandalenreich in Nordafrika

1. Aufbruch der Wandalen

Unsere Kenntnis von der Herkunft der Wandalen aus Skandinavien ist weitgehend hypothetisch. Auf sicherem Boden stehen wir mit der Aussage, Schlesien habe den Kern des wandalischen Siedlungsgebietes gebildet. Teile des wandalischen Stammesverbandes siedelten aber auch in Ungarn. Gegen Ende des 4. Jahrhunderts brachen beide Gruppen zur Wanderschaft auf. Im Jahre 401 versuchte der römische Feldherr Stilicho, selbst wandalischer Herkunft, seine plündernden Landsleute noch zurückzuweisen. Mit Hilfe eines Foederatenvertrages konnte er sie zunächst befrieden, aber schon Ende 405 gerieten sie wieder in Bewegung. Sie erzwangen am Silvestertag 406 den Übergang über den Rhein, verwüsteten und brandschatzten weite Teile Galliens, und 408 gelang ihnen der Übergang über die Pyrenäen. Sofort unternahm es die römische Zentralregierung, sie in Spanien mittels eines neuen Foederatenvertrages ruhigzustellen. Da gleichzeitig mit den Wandalen auch Alanen und Sweben in Spanien eingedrungen waren, versuchte die weströmische Regierung, sowohl mit eigenen Kräften als auch durch Aufstachelung der anderen Germanengruppen, die Wandalen zu schwächen. Ein römisches Heer konnte sie schließlich, ohne ihrer wirklich Herr zu werden, in den Süden des Landes abdrängen, wo sie bis zum Jahr 428 alle Städte einschließlich der wichtigsten Metropolen ihrer Machtsphäre eingliederten. Dabei bauten sie sich eine Flotte auf, plünderten die balearischen Inseln und sogar die mauretanische Küste.

2. Reich in Afrika

Nach 20jährigem Aufenthalt in Spanien setzten die Wandalen unter ihrem König Geiserich im Mai 429 nach Afrika über – ein ob seiner Präzision in der Geschichtsschreibung vielgerühmtes Unternehmen. Begleitet von der Flotte drangen etwa 80 000 Personen, davon höchstens 20 000 an Truppen, auf afrikanisches Gebiet vor und erreichten im Jahr 430 die Provinz Africa Proconsularis; doch konnten sie Karthago zunächst nicht erobern. Die Belagerung von Hippo Regius vom Juni 430 bis Juli 431 verlief dagegen erfolgreich, und Geiserich errichtete hier seine erste Residenz. Kriegerische Rückschläge zwangen die Wandalen im Februar 435 dazu, zum letzten Mal einen Foederatenvertrag zu unterschreiben. Darin wurden ihnen die Gebiete Numidiens, der Mauretania Sitifensis sowie ein Teil der Africa Proconsularis überlassen. Ungeachtet dieses Vertrages eroberte Geiserich jedoch 439 Karthago und versuchte 440, auch Sizilien einzunehmen. Trotz seiner im ganzen nur begrenzten militärischen Erfolge wurde er im Friedensvertrag von 442 als selbständiger Herrscher Afrikas anerkannt. Seine Herrschaft versuchte er durch eine weitgespannte Außenpolitik abzusichern, wobei er seinen Sohn Hunerich – er besaß ein ausgeprägtes dynastisches Bewußtsein – mit der Tochter des oströmischen Kaisers Valentinian III., Eudokia, verlobte und mit Kaiser Markian einen Nichtangriffspakt schloß. Zu dieser Zeit erreichte das Wandalenreich seine größte Ausdehnung, da die nordafrikanischen Gebiete und die Inseln Sizilien, Sardinien und Korsika sowie die Balearen zu Teilen seines Reiches wurden. Allerdings führten die weitgespannten Reichsgebiete auch zu dauernden Auseinandersetzungen mit Ost-Rom. Als Geiserich im Jahr 477 starb, hatte er sein Reich optimal abgesichert. Seine Nachfolger, Hunerich († 484), Gunthamund († 496) und Thrasamund († 523), versuchten mit wechselndem Erfolg, eine Balance mit dem oströmischen Reich und mit der lateinischen Kirche zu finden und verzichteten dabei auf die weitreichenden Pläne Geiserichs. Thrasamunds Nachfolger Hilderich († 530) wurde von einer innerwandalischen Opposition 530 gestürzt. Der neue König Gelimer, durch den Abfall des wandalischen Statthalters auf Sardinien abgelenkt, vermochte den byzantinischen Truppen, die unter Belisar im August 533 in Nordafrika landeten, keinen ausreichenden Widerstand entgegenzusetzen. Bereits im November 533 war seine Gegenwehr gebrochen, auch wenn sich Einzelkämpfe noch bis zur Mitte des 6. Jahrhunderts hinzogen. Justinian konnte 533 Nordafrika seinem Herrschaftsbereich eingliedern und nannte sich ›Vandalicus‹ und ›Africanus‹.

3. Reichsstruktur

Seit Geiserich blieben die Wandalen eine zwar dünne, aber wirtschaftlich gut gestellte und überwiegend in der Proconsularis siedelnde Oberschicht, welche die politische und militärische Führung innehatte, während die Verwaltung weitgehend den Romanen verblieb. Damit war allerdings der Konflikt zwischen wandalischer Oberschicht und ansässigen Romanen vorgegeben, bei dem es nicht mehr um Herrschaftsabsicherung oder um Landgewinnung ging, sondern um die Auseinandersetzung zwischen den kulturell überlegenen Romanen und den herrschaftlich dominierenden Germanen. Macht und Leistung des wandalischen Staates beruhten vor allem auf der Autorität und Initiative des wandalischen Königtums. Der König repräsentierte die herrschaftliche Obergewalt über den Stamm und war der eigentliche Träger des Staates. Spätestens seit 442 hatte er auf sich nicht nur die militärische Obergewalt, sondern auch die Gerichtshoheit sowie die Kirchenhoheit vereinigt. Der König stand als eine Art Summepiscopus über dem arianischen Patriarchen und maßte sich als politische Obrigkeit auch die Befehlsgewalt über die katholische Kirche an. Hunerich hat offenbar über die von Geiserich bereits erhobenen Forderungen hinaus sogar eine oberste geistliche Gewalt über alle Reichsuntertanen, Arianer wie Katholiken, beansprucht.

4. Wandalisches Christentum

Über die Bekehrung der Wandalen zum Christentum sind wir nur sehr lückenhaft unterrichtet. Es gilt als wahrscheinlich, daß ein Großteil von ihnen bereits in den Donauländern das arianische Christentum annahm (vgl. § 18), aber auch ein stärkerer westgotischer Einfluß in Spanien kann nicht ausgeschlossen werden. Eine einheitliche Staatsreligion dürfte der Arianismus wohl erst mit der Vereinheitlichung des Reiches 439 geworden sein. Grundlegend unterschied sich der Arianismus der Wandalen vom übrigen germanischen Arianismus darin, daß er in besonders aggressiver Weise vorging und deutlich auf Bekehrung abzielte. Zudem hatte der Arianismus eindeutig im Dienst der politischen Herrschaft der Wandalen gestanden, wodurch er einen schroffen Affront gegen die zahlenmäßig weit überlegene katholische Provinzialbevölkerung bildete und indirekt den Untergang der Wandalen mit heraufbeschwor.

Die arianische Kirche der Wandalen in Nordafrika war eine gänzlich sich selbst genügende Landeskirche. Sie unterhielt keine Kirchengemeinschaft mit den übrigen germanisch-arianischen Kirchen, auch nicht mit den Arianern des östlichen Reichsteils. An ihrer Spitze stand ein vom König berufener Patriarch, der wohl eher die Rolle eines politisch beeinflußten Hofbischofs spielte. Er war Metropolit von Karthago und Vorsitzender des vom König einberufenen Konzils. Über die Kirchenordnung und mögliche Diözesangrenzen ist nur wenig zu erkennen. Der arianische Klerus war am zahlreichsten in der Proconsularis. Bezeugt sind die Ämter von Bischof, Presbyter und Diakon; dagegen fehlen Asketen und Mönche. Besonders auffällig war die starke Mitwirkung der arianischen Kleriker an der Verfolgung der Katholiken – ein Zeichen der starken Verknüpfung von staatlicher und religiöser Funktion.

Da Geiserich den Arianismus als wandalische Eigenreligion ansah, verbannte er schon vor der Einnahme Karthagos all jene spanischen Katholiken, die mit ihm nach Afrika gezogen waren und sich nicht zum Arianismus bekehren wollten. Auch wurden einzelne katholische Bischöfe aus seinem Herrschaftsbereich verbannt. Eine große Anzahl von Klerikern wurde übers Meer abgeschoben. Es scheint die Regel gewesen zu sein, daß im wandalischen Siedlungsgebiet der katholische Kult grundsätzlich untersagt war, außerhalb desselben jedoch fortgeführt werden konnte. Nach dem Tod des karthagischen Bischofs Deogratias († 457) wurde eine Wiederbesetzung des Bischofsstuhls verhindert. Als weitere Maßnahme folgte ein allgemeines Verbot von Bischofsweihen im proconsularischen Afrika. Erst der Friedensvertrag von 474 milderte die kämpferischen Maßnahmen und gestattete den exilierten Klerikern die Rückkehr. Unter dem König Hunerich setzte eine wahrscheinlich außenpolitisch bedingte Toleranzphase ein. Er ließ die Kirchen wieder öffnen und ordnete die Einsetzung von Bischöfen an. Insgesamt jedoch kann von einer katholikenfreundlichen Einstellung keine Rede sein. Erst Hilderich versuchte durch Toleranzpolitik, die katholische Kirche für sich zu gewinnen. Unter ihm endete für die katholische Kirche in Nordafrika die Verfolgungszeit.

Die Eroberung Afrikas durch Belisar brachte zunächst keine Arianer- bzw. Wandalenverfolgung. Erst die spätere Gesetzgebung Justinians ließ die antihäretischen Anordnungen gegen Nichtkatholiken wieder in Kraft treten. Dabei verband sich der Arianismus mit den politischen Widerstandsbewegungen, brach allerdings mit diesen auch zusammen. Über die Mitte des 6. Jahrhunderts hinaus vermochten sich weder Wandalen noch Reste des Arianismus in Afrika zu halten.

§ 26 Das Westgotenreich in Spanien

Als Alarich II. 507 gegen die Franken Land und Leben verlor, konnten die Westgoten nach Spanien ausweichen, weil sie dort seit längerem große Zonen militärisch beherrschten und in der Tarraconensis (Barcelona) auch schon zu siedeln begonnen hatten. Theoderich der Große griff rettend von Italien aus ein. Er nahm die Provence unter italisch-gotische Verwaltung und lieh dem westgotisch gebliebenen Septimanien seinen Schutz, so daß die Franken durch diesen gotisch beherrschten Streifen vom Mittelmeer und den Pyrenäen ferngehalten wurden. Dank Theoderichs Hilfe gelang den Westgoten der Neubeginn in Spanien. Seit der Mitte des 6. Jahrhunderts konsolidierte sich in der spanischen Landesmitte mit Toledo als Hauptstadt ein neues Reich, das freilich im Norden von den Franken, im Westen von den Sweben und im Süden von den seit 552 gelandeten Byzantinern bedrängt wurde.

1. Konversion zum Katholizismus

König Leowigild (568–586) erreichte eine wichtige Arrondierung, als er das Swebenreich erobern konnte; dieses war kurz zuvor katholisch geworden, sollte nun aber wieder arianisiert werden. Hauptziel des Königs war die innere Konsolidierung seines Reiches. Der alte Dualismus von gotischer Militärmacht und römischer Administration hatte längst zu bestehen aufgehört, da beide Aufgaben in die Hände der gotischen bzw. gotisierten Oberschicht übergegangen waren. Auch wurde das Heiratsverbot zwischen Goten und Franken nicht mehr eingehalten. Fortan sollte für alle das günstigere ›gotische‹ Recht gelten, das gutenteils eine Fortentwicklung des mit dem Codex Euricianus rezipierten römischen Vulgarrechts war (vgl. § 19,1). Die vorangeschrittene Romanisierung zeigte sich besonders auch daran, daß die gotische Liturgie, jenes anfänglich so wichtige nationale Identitätszeichen, die lateinische Sprache anzunehmen begann, die ja im Recht schon von Anfang an gegolten hatte. So glaubte Leowigild den Zeitpunkt gekommen, die sich anbahnende Volkseinheit auch im Kirchlichen verwirklichen zu sollen, freilich auf der Grundlage seines homöischen Arianismus. Um den Katholiken den Übertritt zu erleichtern, sollte auf deren Wiedertaufe verzichtet werden; eine solche hatten die Arianer wegen der katholischerseits trinitarisch interpretierten Taufformel immer für notwendig erachtet, die Katholiken aber wegen ihres Dogmas von der Gültigkeit der Ketzertaufe als zusätzliches Scandalum empfunden. In der Christologie scheint der König eine Art Gleichheit des Sohnes mit dem Vater (aequalis patri) zugestanden zu haben. Im Streit um die Doxologie sollte freilich weiterhin gelten: ›gloria patri per filium in spiritu sancto‹ (Ehre dem Vater durch den Sohn im Heiligen Geist). Diese altkirchliche Formel, die eigentlich auch den Katholiken hätte tolerabel sein müssen, war in den arianischen Auseinandersetzungen zu einer polemischen Unterscheidungsformel geworden, der gegenüber die Katholiken ihr ›gloria patri et filio et spiritui sancto‹ betonten. Insgesamt scheint das Konversionsangebot des Königs seine Wirkung, insbesondere bei der herrschenden Schicht, nicht verfehlt zu haben; auch Kleriker ließen sich gewinnen.

Dennoch setzte sich in der so energisch eingeleiteten Einheitspolitik die katholische Lösung durch. Leowigilds Sohn Rekkared (586–601) bekannte sich nur zehn Monate nach dem Tod seines Vaters zum Katholizismus (587). Nach anfänglichen Widerständen konnte er 589 fünf der sechs Metropoliten, 57 Bischöfe (unter ihnen neun Arianer), ferner auch weltliche Große zu einer Reichssynode in Toledo versammeln – der ersten nach Agde (506) –, um den Übergang zum katholischen Bekenntnis zu besiegeln. Rekkared wie ebenso die vormals arianischen Bischöfe und Großen bekannten den nicaenischen Glauben. Dem König wurde dafür das ›apostolische Verdienst‹ der Bekehrung seines Volkes zugesprochen. Bei den gleichzeitig erlassenen Reformkanones über Liturgie, Zölibat und Kirchenvermögen erschien der König als verantwortlich auch für die ›himmlischen Dinge‹. Staatliches und geistliches Recht begannen sich zu durchdringen, so daß in der Folgezeit weltliche Richter zusammen mit den Bischöfen den noch vorhandenen Heiden und den alsbald immer schärfer reglementierten Juden strafrechtlich nachstellen konnten. Wie selbstverständlich wurden die Konzilsbeschlüsse durch ein königliches Bestätigungsedikt zum Staatsgesetz erhoben.

2. Landeskirche

a) Reichssynoden

Das Toledaner Reichskonzil von 589 mit seinem weltlich-geistlichen Synergismus gilt als Geburtsstunde der westgotischen »Staatskirche«. Für die Reichskonzilien bildet sich die folgende Ordnung heraus: Der König erscheint zur Konzilseröffnung und übergibt seine Traktandenliste; an den eigentlichen Beratungen nimmt er nicht teil, verleiht aber den von Bischöfen und Großen unterschriebenen Beschlüssen gesetzliche Kraft. Viele Konzilien betonen, daß der Herrscher für die Glaubenshaltung und Lebensführung seines Volkes sowie für die Bekehrung und Belehrung der noch Ungläubigen Verantwortung trage. Für Fälle hartnäckiger und böswilliger Weigerung wird dem König ein Koerzitionsrecht zugesprochen. Im Gesetzeswesen hatte dies zur Folge, daß immer mehr Religionsdelikte staatsrechtlich behandelt und mit Körperstrafen oder auch mit der Todesstrafe geahndet wurden. Weiter haben sich die Reichskonzilien mit dem Schutz und der Sicherung der Königsherrschaft befaßt. Da im Westgotenreich weder ein geregeltes Wahlverfahren noch ein klares Erbprinzip in Geltung war, drohten ständig Usurpation, Königsmord und Krieg. Zur Vermeidung unnötiger Sukzessionskämpfe drängten die Reichskonzilien auf eine rechtliche Nachfolgeordnung und übernahmen damit eigentlich Aufgaben einer politischen Reichsversammlung. Daß 567 Athanagild als erster der spanischen Westgotenkönige eines natürlichen Todes starb und 612 Gundemar als letzter durch Mord endete, zeigt die Dringlichkeit, aber auch den Erfolg der Bemühungen um eine geordnete Herrschaftsfolge. Die beim Herrschaftsantritt von König Wamba (672) erstmals bezeugte, aber wohl schon früher praktizierte Königssalbung sollte eine sakrale Unverletzlichkeit der Herrscherperson bewirken; die ideelle Grundlage bot das Alte Testament (Ps 105,15): ›Nolite tangere christos meos‹ (Rührt nicht an meine Gesalbten; vgl. 1 Sam 26,9). Wir treffen hier wieder auf den für das ganze Frühmittelalter typischen Zug, weltlich-politische Vorgänge durch religiöse Sanktion abzusichern (vgl. § 24,3c).

Bei der Indienstnahme zugunsten der königlichen Machterhaltung stellten die Kirchenleute auch ihrerseits Forderungen. Sie suchten den König an ein verpflichtendes Ethos zu binden: Es war die Forderung nach Iustitia und Pietas; das Recht müsse die Königsherrschaft bestimmen, und Ziel sei das Allgemeinwohl. So war das Bestreben der Kirche ein doppeltes: »einerseits Unruhen und Usurpationen, die zu Bürgerkriegen führen könnten, zu verhindern und so das Königtum zu stärken, andererseits dem König ethische Schranken zu setzen, ihn an das Recht zu binden und den Amtscharakter seiner Herrschaft zu betonen« (D. Claude). Dank des christlichen Einwirkens ist im Rechtswesen zunehmend eine Humanisierung zu beobachten. So wurde das werdende Leben geschützt und im Strafrecht das Verschuldensprinzip herausgearbeitet. Besonders bemerkenswert ist die von König Chindaswind (642–653) durchgeführte Reform des Sklavenrechts; zum ersten Mal in einem Germanenreich wurde den Sklaven strafrechtlicher Schutz ihres Lebens wie auch ihrer persönlichen Integrität gegenüber Dritten und gerade auch, was besonders hervorzuheben ist, gegenüber ihrem eigenen Herrn gewährt – »eine in Europa in ihrer Zeit beispiellose Leistung« (H. Nehlsen).

b) Primas

Neben dem König, aber in dessen landesherrliches Regiment eingebunden, stand der erste Bischof des Reiches, der Primas von Toledo. Die Königsresidenz Toledo war in der Zeit, da ihre kirchliche Metropole Cartagena byzantinisch beherrscht wurde, selbst zur Metropole und zuletzt zum Primassitz aufgestiegen. Seit 656 präsidierte der Inhaber des Toledaner Sitzes den Reichskonzilien, die bis dahin von den Metropoliten reihum nach Weihealter oder Dignität geleitet worden waren. Wie aber schon die Konzilsleitung mit dem König hatte geteilt werden müssen, so nun weiter auch der metropolitane Anteil an der Bischofseinsetzung. Während noch das IV. Toledaner Konzil (633) gegen die gewohnheitsrechtlich vom König vorgenommene Bischofseinsetzung die Wahl durch Klerus und Volk geltend gemacht hatte, erhielt demgegenüber der Metropolit der Residenzstadt 681 das »Privileg«, bei Bischofsvakanzen die vom König designierten Kandidaten zu approbieren, wie er sich ebenso bereit erklären mußte, auf Geheiß des Königs jeden mißliebigen Bischof nach Toledo zu zitieren und gegebenenfalls abzusetzen. Das Amt des Primas drohte ein nur noch ausführendes Organ der cäsaropapistischen Königsgewalt zu werden. Endlich ist zu konstatieren, daß sich im Zuge der landeskirchlichen Formierung auch die Kontakte zu Rom änderten. Die spanischen Kirchenführer konnten gegen römische Eingriffe recht selbstbewußt oder auch gereizt reagieren, und zum Schluß »scheint die Verbindung zwischen Rom und Spanien fast ganz abgerissen zu sein« (E. Ewig).

Auch bei den Sweben hat sich eine landeskirchlich orientierte Hierarchie herausgebildet. Martin von Dumio († 579/80), zunächst nur Abt und Bischof eines zum Bistum erhobenen Klosters, wurde Metropolit von Braga und scheint zuletzt wie ein Primas über zwei metropolitanen Verbänden gestanden zu haben.

3. Die Juden

Ein besonderes Kapitel bildet in der spanischen Kirche die Behandlung der Juden (vgl. § 8,8). Mit der Hinwendung zum Katholizismus setzte das Bestreben ein, den einen christlichen Glauben nun vollends durchzusetzen. Bald nach 600 erfolgte die erste Verordnung einer Zwangstaufe der Juden. Wie die theologischen Bedenken etwa Bischof Isidors von Sevilla ohne Nachdruck blieben, so die Durchführung ohne Erfolg. Eine ganze Fülle von Gesetzen, oft argwöhnisch und schikanös zugleich, sollte die Verchristlichung sicherstellen, erreichte aber vielfach nur das Gegenteil. Kontakte der Zwangsgetauften zu nordafrikanischen Juden wie ebenso zu den neuen islamischen Machthabern beschleunigten in der Folge den Untergang des Westgotenreiches (711).

4. Wissenschaft

a) Späte Patristik

Zum Ruhme der westgotischen Kirche gehört die späte Nachblüte antiker Wissenschaft und Patristik mit einer langen Reihe glanzvoller Namen: der Chronist Johannes von Biclaro, zugleich Bischof von Gerona († um 620), die Erzbischöfe und Brüder Leander († 600/01) und Isidor von Sevilla († 636), Bischof Braulio von Saragossa († um 651) und endlich die Erzbischöfe Ildefons († 667) und Julian von Toledo († 690).

b) Isidor von Sevilla († 636)

Schlechthin überragend war Isidor von Sevilla, der noch eine umfangreiche antike Bibliothek, dazu auch Schreiber und Exzerptoren zur Verfügung hatte und zum Enzyklopädisten des Mittelalters wurde. Von den Klassikern hat er Vergil, Lukrez und Martial gelesen; andere sind nur Zitatenschatz. Von den christlichen Autoren benutzt er Tertullian, Lactanz, Ambrosius, Hieronymus, Augustinus und nicht zuletzt die Schriften seines Freundes Papst Gregors des Großen. Einige seiner Werke sind grundlegend geworden für die nachfolgenden Jahrhunderte. So die drei ›Libri sententiarum‹, in denen Väter-Exzerpte, hauptsächlich von Augustin, zu einer systematischen Darstellung von Dogmatik und Moral aufgebaut sind; im 12. Jahrhundert wird Petrus Lombardus mit seinen Sentenzenbüchern daran anknüpfen. Am wirksamsten sind Isidors ›Etymologiae‹ gewesen, eine von Worterklärungen – daher der Name – ausgehende Realenzyklopädie des weltlichen und geistlichen Wissens. Die eingangs gebotene Einführung in die wissenschaftlichen Disziplinen bildete später mit die Grundlage des mittelalterlichen Lehrsystems der ›Sieben Künste‹. Neben Theologie und Kirche wird auch eine Fülle von weltlicher Wissenschaft geboten. Im zweiten Teil folgt ein teilweise alphabetisch geordnetes Nachschlagewerk. Ferner hat Isidor für sein zeitgenössisches Spanien wichtige historische Werke geschrieben, wie er wahrscheinlich auch jenen Kanon des vierten Konzils von Toledo (633) verfaßt hat, der die Wahl des Königs festlegt und als »Verfassungsurkunde des westgotischen Staates« (M. Reydellet) gilt. Trotz dieser beeindruckenden und für die weitere mittelalterliche Geschichte wahrhaft grundlegenden Werke bleiben aber auch deutlich erkennbare Defizite, vor allem »der Rückschritt bei der Behandlung theologischer und philosophischer Fragen gegenüber Augustinus und Boëthius« (H.-J. Diesner). Und obwohl Isidor sich gegen sprachliche Barbarismen empfindlich zeigt, enthält sein Latein bereits zahlreiche Unregelmäßigkeiten und sogar erste Spuren des Übergangs zu frühromanischen Sprachformen, der Vorform des Spanischen.

5. Politisch-soziales Bewußtsein

a) Hispanozentrik

Isidors umfangreiches Werk erlaubt bemerkenswerte Einblicke in die Zeit, etwa in die landeskirchliche Politik, in die religiöse Mentalität und in die Sozialverhältnisse. Eine Grundidee war für Isidor die ›vocatio omnium gentium‹ (Berufung aller Völker): Weil Gott jedem Volk eine besondere Berufung ausspreche, seien immer auch völkische Eigenständigkeit und politische Unabhängigkeit gutzuheißen. Das Westgoten-Reich auf spanischem Boden erschien ihm folglich bestens gerechtfertigt; er konnte sich ganz damit identifizieren und verteidigte es beherzt gegen Ansprüche aus Byzanz. Daß sein Blickfeld sich dabei hispanozentrisch verengte, wurde ihm nicht bewußt. Während zum Beispiel die Franken wegen der ›Wildheit der Sitten‹ kritisiert werden und die Wandalen wie die Sweben überhaupt nur »Barbaren« sind, erfahren demgegenüber die Goten eitel Anerkennung; selbst den Römern sind sie überlegen und können darum mit bestem Recht ein eigenes Reich beanspruchen. Ähnlich ist es im Hinblick auf die Kirche. Wie Isidor die Gegner seiner Goten nur verzerrt wahrnehmen kann, so auch die Feinde der katholischen Kirche. Seine Abschätzung betrifft zuvorderst die Arianer, am härtesten aber die Juden. Daß bei ihm dennoch keine völlig geschlossene Landeskirchlichkeit aufkommt, ist seiner Bindung an das Papsttum zu danken; die Verehrung des römischen Stuhles geht ihm über alles, und dies erhält ihm eine Offenheit für den größeren ›Orbis catholicus‹ (katholischen Erdkreis).

b) Sozialpflichten

Zentral ist ein Befund, der bei einem zeitlebens mit Büchern und Bibliotheken befaßten Gelehrten eher überrascht: Isidors Welt enthält eine »Theologie der Armen«, die einen breiten Einblick in die Sozialverhältnisse gewährt und von einer spürbaren Vorliebe für die Notleidenden zeugt (vgl. § 8,1d; § 12,3i). Jedem Bischof muß die Armensorge vornean stehen, und der König hat sich den Titel ›Völkerfürst‹ zuerst einmal mit dem eines ›Vaters der Armen‹ zu verdienen. Gemäß den Zeitvorstellungen findet sich nirgends ein Widerstandsrecht gegen Ungerechtigkeit und unwürdige Lebensverhältnisse, aber unablässig wird auf Hilfe und Menschlichkeit gedrängt. Isidor hat »zweifellos erhebliche Anstöße für die Sozialpolitik gegeben« (H.-J. Diesner).

c) Königsethik

Die Theologie der Armen mußte Isidor notwendig auch zu Gedanken über die rechte Herrschaft führen. Auf ihn geht denn auch jenes Bild von Herrschertum zurück, das für das Mittelalter weithin grundlegend geworden ist. Obenan steht Christus, der wahre, von Gott gesalbte ›rex et sacerdos‹ (König und Priester), auf welchen vorbildhaft schon im Alten Testament Melchisedech und David verweisen. An Christi Königtum aber haben alle Christen, weil in der Taufe auf seinen Namen gesalbt, gleicherweise

Anteil. Die dennoch in der Welt konstatierbare Ungleichheit, gerade auch sofern sie durch Herrschaft bedingt ist, stellt nur eine Folge der Sünde dar. Christliches Königtum hat immer die ursprüngliche Gleichheit mit zu bedenken, darf nie zur Herrschsucht und zum Willkürregiment entarten und muß – dies ist überhaupt der eigentliche und einzige Grund einer Höherstellung – das Böse in Schranken halten, ja möglichst bezwingen. Das Wort ›rex‹ leitet Isidor von ›regere‹ (lenken, leiten) ab und erklärt es als ›recte facere‹ (richtig handeln). So untersteht der König einem höheren ethischen Gesetz, das er in seinem persönlichen Handeln wie in der Besserung seiner Untertanen zu befolgen hat. Oberstes Gebot ist ihm dabei die ›Iustitia‹, die nötigenfalls erzwungen werden kann und sich mit der ›Pietas‹, der Gottes- und Nächstenliebe, verbinden muß. Königsein bedeutet darum ›regere et corrigere‹ (recht handeln und zum Rechten hinführen), und dies ist gleichbedeutend mit Gott ehren und die Untertanen zum gottgefälligen Leben anleiten. So vollzieht der König eine gottesdienstliche Aufgabe, die ihm kraft seines Amtes zukommt, die aber dennoch keine Kirchenherrschaft legitimiert. Der König steht immer nur in der Kirche, niemals über ihr. Seine irdische Herrschaft dient der himmlischen. Isidors historische herrschaftstheoretische Leistung besteht darin, daß er das Königtum an Normen gebunden und damit verobjektiviert hat. Das Amt ist Dienst und der Inhaber Diener Gottes. Nicht zuletzt dank Isidors Theorie hat das westgotische Reich als erstes unter den Germanenreichen ein solches verobjektiviertes und rechtsgebundenes Herrschaftsverständnis entwickelt, und auch die in Spanien alsbald geübte Herrschersalbung dürfte von ihm mit inspiriert worden sein.

§ 27 Das Langobardenreich in Italien

Die Langobarden (= Langbärte) kamen ursprünglich aus Skandinavien, siedelten eine Zeitlang in der Lüneburger Heide, rückten gegen 500 in das kurz zuvor geräumte Noricum ein und schufen dann in Pannonien, unter Einbeziehung zahlreicher anderer Volksgruppen, ein größeres Reich, wobei sie zeitweilig in oströmischen Diensten standen und dabei möglicherweise dem griechisch-katholischen Glauben näherkamen. Vor den nachdrängenden Awaren aber wichen sie nach Italien aus. Am Ostermontag des Jahres 568 brachen sie in einem ethnisch bunt gemischten Zuge auf, etwa 100 000–150 000 an der Zahl. In rascher Folge besetzten sie wie »Räuberbanden« (J. Jarnut) große Teile Nord- und Mittelitaliens. Nach dem Recht des Eroberers eigneten sie sich gewalttätig Besitz an, oft durch Vertreibung und Tötung der romanischen Bevölkerung, wobei auch die Kirchen nicht geschont wurden. Neben dem zunächst noch wenig gekräftigten Zentralkönigtum standen mehrere ›Herzöge‹ (duces), von denen sich die in Spoleto und Benevent weitgehend selbständig machten. Obwohl die Langobarden nicht ganz Italien zu besetzen vermochten, bewirkten sie auf die Dauer doch die Verdrängung der Byzantiner vom italischen Boden und damit die endgültige Abtrennung der Halbinsel von Ost-Rom.

Wie schon das Land wurde auch die Kirche schwerstens getroffen. Der Metropolit von Aquileja zog sich auf die zunächst noch byzantinische Laguneninsel Grado zurück, der von Mailand wich nach Turin aus. Zusätzliche Schwierigkeiten bereitete der »Drei-Kapitel«-Streit (vgl. § 23,2b), da diese beiden in Norditalien führenden Kirchen der auf dem V. Ökumenischen Konzil von Konstantinopel und dann auch von den Päpsten gutgeheißenen Verurteilung der ›Drei Kapitel‹ durch Kaiser Justinian nicht beipflichten wollten und dadurch ein Schisma herbeiführten.

1. Arianische Könige

Die Eindringlinge bekannten sich, wohl im Blick auf die noch in Italien lebenden Ostgoten, zum gotisch-arianischen Christentum. König Authari (584–590) verbot noch die katholische Taufe. Aber schon sein Nachfolger Agilulf (591–615/16), verheiratet mit der katholischen bairischen Herzogstochter Theodelinde, ließ 603 seinen Sohn Adaloald (schismatisch-) katholisch taufen. Als erster mittelalterlicher König verstand er seine Herrschaft als ›von Gottes Gnaden‹ (gratia Dei); dies bedeutete eine Sakralisierung und damit eine Absicherung der Herrscherperson, und wirklich ist Agilulf als erster langobardischer König eines natürlichen Todes gestorben. Doch war mit der katholischen Taufe des Sohnes keineswegs endgültig über die Konfession entschieden. König Rothari (636–652) war wiederum Arianer, seine Frau Gundeberga dagegen orthodox-katholisch. Rothari wurde seinem Volk der erste Gesetzgeber. Die Langobarden, die noch nicht wie bereits andere Germanenvölker eine eigene Schrift, wohl aber eine eigene Rechtskultur entwickelt hatten, erhielten im ›Edictus Rothari‹ – »der hervorragendsten legislativen Schöpfung aus der Zeit der Volksrechte« (H. Brunner) – ihr erstes schriftliches Recht, das in Latein abgefaßt war, aber zahlreiche langobardische Rechtsbegriffe enthielt. Der Edictus sollte die Königsmacht stärken und allgemein das Rechtswesen sichern. Als erster orthodox-katholischer König regierte Aripert I. (653–662); obwohl er den Arianismus als Staatsreligion abschaffte, folgte ihm der wiederum arianische Grimoald (662–671).

2. Konversion zum Katholizismus

Aber weder die Romanisierung noch die Hinwendung zum Katholizismus ließen sich aufhalten. Unter König Perctarit (671–688) erlosch der Arianismus. Die Königsstadt Pavia, die schon unter Aripert eine katholische Kirche erhalten hatte und deren arianischer Bischof konvertierte, wurde zum Zentrum katholischer Aktivität. Eine 698 abgehaltene Synode konnte dem Papst die Rückkehr der letzten Anhänger der ›Drei Kapitel‹ mitteilen. Obwohl König Cunipert (688–700) diese Synode einberufen und im eigenen Palast hatte tagen lassen, kann sie dennoch nicht als Reichssynode bezeichnet werden. Pavia erhielt keine obermetropolitanen Rechte, wie überhaupt auch kein geschlossenes Landeskirchentum aufgebaut werden konnte. Pavia war und blieb dem Papst direkt unterstellter Bischofssitz, der, wie die mittelitalienischen Bistümer, der römisch-päpstlichen Kirchenprovinz angehörte. Seit dem Ende des 7. Jahrhunderts beschworen die Bischöfe des Langobardenreiches in ihrem Obödienz-Eid, den sie als Suffragane des Papstes zu leisten hatten, für den Frieden zwischen dem Imperium und ihrem König einzutreten.

Unter König Liutprand (712–744), der wiederum mit einer bairischen Herzogstochter vermählt war, stand die Geschichte des Langobardenreiches auf dem Höhepunkt. Sprachlich und kulturell war es romanisch, politisch-institutionell jedoch germanisch. Liutprand, der sich bewußt als katholischer König verstand, trug Sorge für Recht und Gerichtswesen, ließ der Sklavenehe einen ersten Schutz angedeihen, gründete eine Hofkapelle mit täglichem Gottesdienst, ebenso eine Hofkanzlei mit weitgehender Schriftlichkeit des Regierungswesens und tat sich auch durch Kirchen- und Klostergründungen hervor. Dabei verhinderte das Fehlen einer geschlossenen Landeskirche keineswegs die Beherrschung der Kirche durch den König; vielmehr verfügte dieser über die Bischofsstühle, wie auch seine Gesetzgebung tief in die Kirchenverhältnisse eingriff. Luitprands Religiosität mitsamt einer ausgeprägten Devotion für den heiligen

Petrus übertrafen das zeitübliche Maß. Dennoch ist ein päpstlich-langobardisches Bündnis nie zustandegekommen; schon die ständigen Territorialkonflikte wirkten zu belastend.

Das Langobardenreich hat sich von Anfang an mächtiger Gegner erwehren müssen: der Byzantiner und der Franken. Als dann bei dem Versuch, die letzten byzantinischen Exklaven zu erobern, auch Rom und die Päpste in Bedrängnis gerieten, bereiteten die zu Hilfe gerufenen Franken dem Langobardenreich das Ende.

3. Kapitel: Das Frankenreich

§ 28 Christianisierung

1. Reich der Merowinger

a) Expansion und Teilungen

Nach dem Tod Chlodwigs im Jahre 511 setzten seine Söhne die vom Vater begonnene (vgl. § 19,2) Expansionspolitik mit der Eroberung Burgunds (534) und der Provence (536) fort. Kurz zuvor (531) hatten sie auch das große Thyringerreich unterworfen, das – viel größer als das spätere Thüringen – sich zwischen Rhein, Elbe und Donau ausdehnte. Ferner vermochten sie über ganz Alemannien, über Churraetien und die zentralen Alpengebiete die Oberhoheit zu gewinnen. In Baiern, das sich vom Lech bis zur Enns erstreckte und mit dem moderne Bayern nur teilweise identisch ist, setzten sie einen Herzog ein, der ihrer Oberhoheit unterstellt war. Das Amt verblieb in der Hand der Agilolfinger, deren Herkunft nicht eindeutig auszumachen ist; neuerdings hat man ihr Geschlecht mit Bischof Agilolf von Metz († 602) in Verbindung gebracht. Eine Schwächung des so reich und mächtig aufstrebenden Frankenreichs bedeuteten freilich die Teilungen, die wegen der anteiligen Ausstattung der Königssöhne notwendig wurden. Schon Chlodwig teilte das Reich unter seine vier erbberechtigten Söhne (vgl. § 19, 2; Abb. 19).

b) Ethnische und kulturelle Unterschiede

Die Franken, selbst schon aus verschiedenen Kleinstämmen gewaltsam geeint, beherrschten in ihrem Reich eine Vielzahl von ethnisch und kulturell unterschiedlichen Völkern: Romanen, Burgunder, Alemannen, Baiern, Thyringer, Goten, Bretonen, Basken und Slawen. Eine Verschmelzung war unmöglich, und so behielten die einzelnen Völkerschaften ihre Eigenart. Vor allem hatte jedes Volk sein eigenes Recht, woraus das »Personalitätsprinzip« zu erklären ist, daß nämlich jeder Freie, wo immer er lebte, nach seinem Stammesrecht gerichtet werden mußte; nur das Königsrecht galt für alle. In kulturell-zivilisatorischer Hinsicht bestanden, je nach Erhalt der Antike, die denkbar größten Unterschiede. Am besten erhalten blieb die spätantike Kultur im südlichen Gallien, südlich der Linie Genf – Orléans – Tours – Nantes. Demgegenüber bildeten die fränkischen Kernlande zwischen Rhein und Loire eine Übergangszone. Sie waren zwar antik geprägt, aber in ihrem zivilisatorischen Apparat vielfach geschädigt, desgleichen die Provinzen Raetien und Noricum mit ihrer jetzt alemannischen und bairischen Bevölkerung. Das außerhalb des antiken Imperiums gelegene Thyringerreich war vollends »barbarisch«.

Diese kulturelle wie ethnische Vielfalt im Frankenreich bedingte ein tiefgreifendes

Die gentilen Reiche

Süd/Nord- bzw. West/Ost-Gefälle; man spricht in der Forschung von einer »Civitas-Zone« des Südens mit weiterlebenden Städten und einer »Pagus-Zone« des Nordens, wo anstelle der antiken, auf die Stadt bezogenen Einteilungen die ländlichen ›pagi‹ (Gaue) entstanden waren. Den kulturellen Differenzen entsprach die unterschiedliche Stärke des fränkischen Bevölkerungsanteils, der zwischen Rhein und Loire auf zehn Prozent, im Süden aber auf gerade zwei Prozent geschätzt wird (bei vielleicht 5 Millionen Bewohnern in Gesamtgallien). Für die Städte sind nur wenige Tausend Einwohner anzunehmen, im Norden vielleicht noch 1000–6000 und im Süden bis 10000. In der Reichsverwaltung wirkte sich das Fortbestehen antiker Verhältnisse zunächst vorteilhaft aus. Der Frankenkönig, der die Rechte des antiken Staates beanspruchte, konnte im Süden und teilweise auch noch im ehemaligen Syagrius-Reich auf die spätantike Administration zurückgreifen. Dies war um so wichtiger, als der fränkische Königshof mit seinem Hausmeier (Großknecht), Seneschall (Gesindeknecht), Marschall (Pferdeknecht) und Truchseß (Mundschenk) nach dem Modell eines großen Bauernhofes organisiert war und einer juristischen Administration in keiner Weise genügen konnte. Das Einziehen von Steuern und Zöllen beispielsweise basierte auf Eigentums- und Einkommenslisten, setzte also eine mit Schriftlichkeit operierende Behördenorganisation und damit eine geschulte Beamtenschaft voraus; ähnlich stand es um die Gerichtsbarkeit und die Verwaltung öffentlicher Einrichtungen. Das weitere Funktionieren der antiken Staatsadministration hing folglich ganz von der Mitarbeit der provinzialrömischen Beamtenschaft und deren Neurekrutierung ab. Die Könige unterhielten an den Höfen Kanzleien, in denen als Referendare bezeichnete Beamte tätig waren, und zur Heranbildung neuen Personals entstanden Hofschulen. Im Süden Galliens ist die Fortführung der antiken Administration gutteils gelungen, im Norden und östlich des Rheins allerdings nicht mehr.

Belangvoll war das zivilisatorische Gefälle nicht nur für Herrschaft und Administration, sondern ebenso für das Christentum. Dieses war als Hochreligion auf nicht wenige kulturelle Voraussetzungen angewiesen. Genau das aber fehlte östlich des Rheins; hier lebten Völkerschaften, die von der antiken Hochkultur entweder überhaupt nicht oder nur oberflächlich berührt worden waren. Für das Frankenreich ist darum zu konstatieren, daß sein Kulturgefälle einem jähen Absturz gleichkam: von dem durch Schriftkultur und Zivilisation geprägten Südgallien zu den illiteraten Völkerschaften östlich des Rheins. Das Christentum sah sich dadurch vor höchst unterschiedliche Voraussetzungen gestellt; im Norden und Osten mußte es sich die Bedingungen für die eigene Rezeption überhaupt erst schaffen. Dies hinwiederum gestaltete sich höchst schwierig, weil auch in Gallien der Kulturverlust weiter voranschritt. Dieser allerdings erleichterte insofern die Aufnahme des neuen Glaubens, als er eine Angleichung auf relativ niedriger Ebene anbahnte – zum Schaden freilich des Christentums.

2. Taufe Chlodwigs

Als Chlodwig sich taufen ließ, waren bereits mehr als drei Jahrhunderte seit der ersten christlichen Gemeindebildung auf gallischem Boden vergangen (vgl. § 19,2). Gleichwohl erschien die Taufe den Zeitgenossen als »Staatsakt größten Stils« (W. von den Steinen), und auch heutiger Geschichtsdeutung gilt sie als »weltgeschichtlicher Akt« (E. Zöllner). Als Tatsache bestens gesichert, läßt sie sich allerdings in ihren näheren Umständen weniger deutlich ausmachen. Mit einiger Sicherheit ist anzunehmen, daß Remigius von Reims († um 533), weil zuständig als Metropolit und mit dem König in

Verbindung stehend, in seiner Kathedrale die Tauffeier vollzog; weitere Vertreter des gallischen Episkopats, den der König offenbar insgesamt eingeladen hatte, dürften teilgenommen haben. Die Feier fand am Weihnachtsfest wohl des Jahres 498 oder 499 statt, nach anderer Berechnung aber vielleicht erst 506.

a) Christlicher König

Als älteste Quelle ist ein aus Anlaß der Taufe abgefaßtes Glückwunschschreiben des Metropoliten Avitus von Vienne (494–518) erhalten, worin die entscheidenden Motive und Probleme von Chlodwigs Bekehrung benannt sind. Avitus beginnt mit den Anhängern von allerlei Sekten, die den König zu benebeln versucht hätten. Man wird an die Arianer zu denken haben, deren Einfluß bis in Chlodwigs eigene Familie reichte; die Schwester Lantechildis entsagte erst bei der Taufe ihres königlichen Bruders dem Arianismus. Weiter gibt sich Avitus sicher, daß Chlodwigs Entscheid beispielhaft wirken werde: ›Indem Ihr für Euch wählt, gebt Ihr das Urteil für alle; so ist Euer Glaube unser Sieg.‹ Eine weitere Überlegung gilt den ›Gewohnheiten des Geschlechts‹ und dem ›Brauch der Väter‹, die für Menschen einfacher Kulturen, und so auch für Chlodwig und seine Franken, die bestimmende Lebensgrundlage abgeben. Der König werde sich damit begnügen müssen, ›von dem ganzen uralten Stammbaum nur den Adel‹ beizubehalten und – so wird man weiterdenken müssen – nicht die Götterabkunft, wie sie auch für die Merowinger bezeugt ist. Zum Ausgleich für das Verlassen der Vorfahren wird dem König in Aussicht gestellt, daß er seinen Nachfahren die Hoffnung auf das Herrschen im Himmel eröffne. Schließlich wird nichts Geringeres versucht als die Idee eines neuen christlichen Königtums. Was dem Osten, der Graecia, schon lange zuteil geworden sei, erhalte nun auch der Westen: Wie an Weihnachten das Licht Christi über der Welt aufgegangen sei, so jetzt dessen Abglanz über dem Abendland im wiedergeborenen König. Die Taufe gebe dem christlichen König zudem eine neue Stärke: Die Taufsalbung verwandle den Kriegshelm zum ›Helm des Heiles‹ (Eph 6,17) und das Taufgewand verstärke die Kriegsrüstung, wie ja der König bereits ohne Prediger – wohl ein Hinweis auf das Schlachtenglück – zur Bekehrung gelangt sei. Zuletzt spricht Avitus noch von der dem König aufgegebenen Missionspflicht: Gott werde durch ihn, den König, sich den Frankenstamm zu eigen machen; ja, der König möge die Glaubenssaat auch unter den ferner wohnenden Stämmen ausstreuen. Der Brief des Avitus, so das Fazit, enthält ansatzhaft bereits all jene Gedanken und Vorstellungen, wie sie christlicherseits fortan für die Bekehrung und Amtsführung von Königen bezeichnend sind. Remigius hat weitere Elemente eines christlichen Königsbildes hinzugefügt. In einem Schreiben an den König fordert er die Bestellung guter Räte, die Anerkennung der Bischöfe sowie die Befolgung ihrer Ratschläge und nachdrücklich die Sorge für die Armen, Witwen und Waisen; den Bedrängten solle der König seinen Beistand leihen, den Sklaven und Gefangenen die Freiheit gewähren, allen aber seine Gerechtigkeit, welche die höchste der Herrschertugenden sei.

b) Motiv des stärkeren Gottes

Eine weitere, in ihren Angaben erzählfreudigere und darum besser bekannte Quelle ist die Frankengeschichte Gregors von Tours († 594). Hatte schon Avitus die Taufe Chlodwigs als bedeutsam auch für die kriegerische Stärke des Frankenkönigs erscheinen lassen, so rückt Gregor das »Motiv des stärkeren Gottes«, der in der Schlacht den Sieg verleiht, in den Mittelpunkt. In der Alemannenschlacht von 496/97 läßt er Chlodwig beten:

>Jesus Christus, Chrodechilde verkündet, Du seiest der Sohn des lebendigen Gottes; Hilfe, so sagt man, gebest Du den Bedrängten, Sieg denen, die auf Dich hoffen – ich flehe Dich demütig an um Deinen mächtigen Beistand: Gewährst Du mir jetzt den Sieg über diese meine Feinde und erfahre ich so jene Macht, die das Volk, das Deinem Namen sich weiht, an Dir erprobt zu haben rühmt, so will ich an Dich glauben und mich taufen lassen auf Deinen Namen. Denn ich habe meine Götter angerufen, aber, wie ich erfahre, sind sie weit davon entfernt, mir zu helfen. Ich meine daher, ohnmächtig sind sie (nullius potestatis), daß sie denen nicht helfen, die ihnen dienen. Ich rufe Dich nun an, und ich verlange, an Dich zu glauben; nur entreiße mich aus der Hand der Widersacher.<

Bemerkenswert ist zuallererst das »Sieghelfer«-Motiv: Dem Gott, der Sieg verleiht, ist man zu folgen bereit. Die Germanen kannten, wie es beispielsweise von den Langobarden ausdrücklich einmal überliefert wird, die Anrufung Wodans in der Schlacht. Ein göttlicher Sieghelfer erscheint auch in bildlichen Darstellungen. Das frühe Christentum hatte solches allerdings nicht gekannt. Seit Konstantin aber war an die Stelle der römischen, nunmehr als heidnisch angesehenen Feldzeichen das christliche Kreuz getreten, das als Unterpfand des Sieges und als Abwehrmittel gegen die Feinde mit in den Kampf geführt wurde und damit als Siegeszeichen auch für den Krieg galt. Am religiösen Sieghelfer-Motiv können wir wiederum jene für die Germanenbekehrung so wichtige Konvergenz von germanischen – aber längst schon spätantik beeinflußten – Vorstellungen mit ähnlichen, allerdings simplifizierten und nun auch im Christlichen beheimateten Vorstellungen der Spätantike beobachten (vgl. § 73, 2a; Abb. 83). Für Heiden wie Christen war die religiöse Sieghilfe eine gemeinsame Vorstellung und als solche ein Moment religiöser Plausibilität. Wie sehr für Chlodwig die Erfahrung des mächtigen Gottes entscheidend war, zeigt sich noch an einer anderen Mitteilung Gregors: Vor der eigenen Taufe hatte der König auf Bitten seiner katholischen Gemahlin Chrodechilde der Taufe des ersten Sohnes Ingomer zugestimmt; doch der Getaufte verstarb noch in seinen Taufkleidern. Chlodwig konnte das nur als Schwäche des neuen Christengottes interpretieren: >Wäre der Knabe im Namen meiner Götter geweiht worden, würde er gewiß noch leben; nun aber, da er im Namen Eures Gottes getauft worden ist, vermochte er nicht zu leben.< Beim nächsten Sohn erwies sich der Christengott immerhin als so mächtig, daß er den Getauften aus einer tödlichen Erkrankung errettete.

Gregors Bericht verrät eine einfache, aber konstante Erwartungshaltung: Zuerst muß sich ein Gott durch Sieg- und Lebenshilfe als wirkmächtig und hilfsbereit ausweisen; dann erst kann man ihm folgen. Heil und Leben werden bewußt ausbedungen (vgl. § 73).

24 Der göttliche Sieghelfer. Preßblech-Zierscheibe, sog. Brakteat, mit Kampfbild aus Pliezhausen/Tübingen, spätes 7. Jahrhundert (Stuttgart, Altes Schloß-Museum; nach R. Moosbrugger-Leu und K. Hauck). Der Reiter hat seinen Gegner überrannt und droht ihn mit seinem Pferd vollends niederzutrampeln. Der Niedergeworfene aber vermag noch mit der einen Hand in die Zügel des Pferdes zu greifen und mit der anderen Hand sein Schwert in dessen Brust zu stoßen. In diesem für den Sieger durchaus kritischen Moment springt von rückwärts ein göttlicher Sieghelfer bei und hilft beim Schleudern des Speers. Im oberen Teil der Scheibe sind zwei brüllende Löwen dargestellt, die den Kampf gleichsam als ein immerwährendes Geschehen erscheinen lassen.

c) Kollektive Taufe

Neben dem Motiv des stärkeren Gottes muß als weiteres, für die ganze frühmittelalterliche Bekehrungsweise gleichfalls grundlegendes Phänomen die kollektive Taufe genannt werden. Die Zuwendung zum Christentum geschah im Frühmittelalter nicht mehr wie in der Antike durch Bekehrung einzelner, sie vollzog sich vielmehr kollektiv. Schon Avitus spricht davon, daß Chlodwigs Entscheid ›für alle‹ gelte. Gregor von Tours weiß dann zu berichten, daß ›mehr als dreitausend aus dem Heer‹ mit dem König ins Taufbad gestiegen seien. Mag die Zahl selbst auch »legendär« sein (vgl. Apg 2,41), so kann doch kein Zweifel bestehen, daß die Gefolgschaft sich dem König anschloß. Und wie hier bei Chlodwig ist in den Bekehrungen des frühen Mittelalters immer wieder ein kollektiver Taufentscheid festzustellen. Überhaupt sollte der König für die Ausbreitung des neuen Glaubens wirken und dabei die alte Heidenreligion ausrotten. Gregor läßt Remigius bei der Taufe Chlodwigs sprechen: ›In Milde beuge dein Haupt! Verehre, was du verfolgtest; verfolge, was du verehrtest.‹

3. Verchristlichung des Volkes

a) Franken

Die Christianisierung der Franken vollzog sich keineswegs schlagartig, sondern war ein Prozeß von längerer Dauer. Trotz der Mahnung des Avitus von Vienne an Chlodwig, die Franken und andere Völkerschaften für das Christentum zu gewinnen, scheinen von den ersten Königen keine besonderen Maßnahmen ausgegangen zu sein; allein von Childebert I. († 558) ist ein Verbot heidnischer Kulte überliefert. Das Frankenrecht, die Lex salica, die in den späten Jahren Chlodwigs oder erst unter seinen Söhnen erlassen worden ist, zeigt »Zurückhaltung gegenüber spezifisch christlichen Normen« (K. A. Eckhardt).

So kann es nicht verwundern, daß der Grad der Christianisierung noch lange dem allgemeinen kulturell-zivilisatorischen Gefälle zwischen der provinzialromanischen Bevölkerung und den Franken angeglichen blieb. Im Norden bedurfte es vielfach der Neubelebung und Reorganisation, wobei die weniger betroffenen Gebiete des gallischen Südens aushalfen. So finden sich Kleriker aus Aquitanien in Reims und solche aus der Auvergne in Trier, wo der – möglicherweise aus Limoges stammende – Bischof Nicetius († nach 561) die Diözese reorganisierte und den Dom wiederherstellte. Um die Mitte des 6. Jahrhunderts setzte die Bischofssukzession in Maastricht, Köln und Mainz wieder ein, wenig später auch in Worms und Speyer. In den fränkisch-romanischen Mischzonen bildeten sich mancherorts zwei nach Sprachen getrennte Kirchengemeinden, so in vielen Moseldörfern, aber auch in Kreuznach, Boppard, Andernach und Bitburg; die Romanen hatten ihre Kirche innerhalb des alten Kastells, die Franken draußen vor den Mauern (vgl. § 17, 1e; Abb. 16, 17). In den überwiegend fränkischen Gebieten herrschte weithin das Heidentum, das zum Beispiel in den Trierer Ardennen bis gegen Ende des 6. Jahrhunderts andauerte und weiter nördlich wie vor allem östlich des Rheins noch lange fortlebte. Versuche des Remigius von Reims, Bischöfe für Arras und Tournai zu weihen und dort die Frankenmission voranzubringen, sind offenbar erfolglos geblieben. In Köln setzte im frühen 6. Jahrhundert ein Diakon ›zum Zorn der Heiden‹ einen Tempel in Brand.

Daß der Prozeß der Christianisierung im Merowingerreich kaum greifbar wird, ist weniger Folge eines Mangels an Quellen als vielmehr Hinweis darauf, daß die Verchristlichung nur allmählich voranschritt und vielfach oberflächlich blieb. Am deutlichsten wird dies an der Tatsache, daß ganze Felder im Sozialbereich vom Christentum unberührt blieben, beispielsweise die Ehe, das Rechtswesen und die Sklaverei. Noch die beiden letzten bedeutenden Merowingerkönige Chlothar II. († 629) und Dagobert I. († 638),

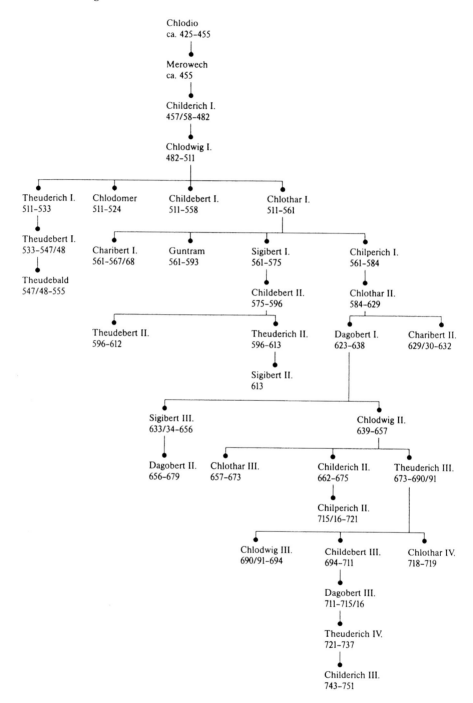

25 Stammtafel der Merowinger (nach H. K. Schulze).

die in der Fredegar-Chronik ob ihrer Freigebigkeit gegenüber Kirchen und Armen hohes Lob erfahren, waren gleichwohl – wie dieselbe Chronik eingesteht – allzusehr dem üppigen Leben und insbesondere den Frauen ergeben. »Ohne Zweifel blieben Chlothar und Dagobert bei aller religiös-kirchlichen Gesinnung in ihrer persönlichen Lebensführung den Sitten der heidnischen Vorzeit verhaftet« (E. Ewig).

Andererseits aber gibt es auch deutliche Einzelbeispiele dafür, daß das Christentum angenommen und gerade auch in den oberen Schichten, ja selbst in der Königsfamilie befolgt wurde. Chlodwigs Frau Chrodechilde († 544) zog sich zu einem klösterlichen Leben in Tours zurück, und auch des Königs Schwester Albofledis wurde Nonne. Zudem sind seit dem Ende des 6. Jahrhunderts Franken auf Bischofsstühlen anzutreffen. Ihr Wirken allerdings war recht unterschiedlich.

Zum Beispiel führte Bischof Badigisel von Le Mans († 586) – übrigens zusammen mit seiner Frau – ein zugleich grausiges wie zynisches Schreckensregiment. Anders schon sein Nachfolger, Bischof Berthram (oder auch Bertichram, † 626/27): In Tours empfing er die Tonsur, und in Paris war er Diakon. Ein Onkel gleichen Namens, der sein Taufpate war und in Bordeaux als Bischof amtierte, suchte ihn, freilich vergeblich, zu seinem dortigen Nachfolger zu bestellen. Berthram, der mit vielen Großen des politischen und kirchlichen Lebens bekannt und verwandt war, wurde dann Bischof von Le Mans und wirkte als Gründer und Erneuerer von Kirchen, Klöstern und Hospizen. Seine immensen Besitzungen, die er als Sohn eines Franken und einer Aquitanierin in ganz Gallien besaß, vermachte er größtenteils kirchlichen Einrichtungen (vgl. § 31,3d).

b) Juden

Während von den merowingischen Königen kaum direkte Aktionen zur Christianisierung des Frankenvolkes bezeugt sind, wissen wir von mehreren zwischen 572 und 632 unternommenen Initiativen zur Bekehrung der Juden (vgl. § 26,3). Während zunächst ein meist friedliches Zusammenleben vorherrschte – Bischöfe sehen wir beispielsweise am Tisch der Juden –, setzte sich später das Verlangen nach einer geschlossenen religiösen Einheit durch. Die Christen, die nach römischem Recht und nicht nach Barbarenrecht lebten, begannen es anstößig zu finden, daß die andere Gruppe, die ebenfalls nach römischem Recht lebte, nämlich die jüdische, eine andere Religion hatte, wie es überhaupt als bedrohlich empfunden wurde, daß beispielsweise die Einwohnerschaft einer Stadt nicht insgesamt der wahren Christenreligion anhing. Daß aber die Könige eigene Aktionen einleiteten, die Juden zu taufen, scheint durch äußere Anstöße, durch ähnliche Bemühungen der byzantinischen Kaiser, bedingt gewesen zu sein. Der Erfolg blieb äußerlich, obwohl etwa die Juden von Paris offenbar alle getauft worden sind. Das Judentum vermochte sich, übrigens auch infolge der mangelnden Nachdrücklichkeit der ergriffenen Maßnahmen, in Gallien vollauf zu erhalten.

§ 29 Die merowingische Kirchenstruktur

1. König und Kirche

a) Synodenberufung

Die Idee des christlichen Königtums, wie sie Avitus von Vienne skizzierte, hat Chlodwig auf seine Weise zu verwirklichen begonnen. Im Sommer 511 berief er das erste fränkische Reichskonzil nach Orléans, wo die Bischöfe des soeben eroberten südlichen wie des mittleren Gallien, weniger die des Nordens erschienen. Die Versammelten anerkannten ausdrücklich die königliche Einberufung; ja mehr noch, aus Sorge um den Glauben und die katholische Religion habe der König sie in seinem priesterlichen Geist zusammengerufen und ihnen die ›Verhandlungspunkte‹ (tituli) vorgelegt, um darauf eine Antwort zu erhalten. Nach ihrer Beratung traten die Bischöfe erneut an den König heran, um ihre Beschlüsse ›durch sein Urteil als richtig billigen‹ zu lassen, auf daß ›die Zustimmung des hohen Königs und Herrschers mit ihrer höheren Autorität dem Entscheid so vieler Bischöfe die Einhaltung sichere‹. Dies besagt deutlich mehr als noch die westgotische Synode von Agde (vgl. § 19,4; Abb. 20) mit ihrer nur ›königlichen Erlaubnis‹. Indem die Bischöfe die ›mens sacerdotalis‹, den priesterlichen Geist des Königs, anerkannten, gestanden sie Chlodwig zu, was seit Konstantin dem Kaiser gebührte: das synodale Berufungs- und Bestätigungsrecht. Zudem akzeptierten sie das für die weitere Geschichte so wichtige Vorstellungsschema vom ›rex et sacerdos‹, das bald auch ausgesprochen wurde und bei den merowingischen und karolingischen Königen eine nachhaltige Wirkung entfaltete. Den König als Sakralperson und als Inhaber von Kirchenrechten zu betrachten, blieb bis zum Investiturstreit selbstverständlich.

Die Synoden bzw. Konzilien (damals bedeutungsgleiche Benennungen) hatten bekanntlich die Aufgabe, den größeren, über die Einzelkirchen hinausgreifenden Verbund zu gewährleisten. Diesem Ziel diente einmal die Provinzialsynode mit dem Metropoliten an der Spitze und dann, auf der Ebene der in der Spätantike sich teilweise verselbständigenden Großprovinzen wie Afrika, Ägypten und Syrien, die Versammlung aller Metropoliten und Bischöfe unter Führung des Primas bzw. Patriarchen. Ein solches übermetropolitanes Amt (vgl. § 8,4) hat sich bekanntlich in Gallien nicht ausbilden können. Daß die neuen Königreiche auf gallischem Boden ihre eigenen Nationalsynoden zusammenriefen – die westgotische in Agde (506), die fränkische in Orléans (511) und die burgundische in Epao (517) –, mußte sowohl das gesamtgallische Kirchenbewußtsein wie auch die Metropolitan-Einteilung beeinträchtigen (vgl. § 19,4). Auch die fränkische Eroberung Gesamtgalliens schuf keine Einheit, denn die nach Chlodwigs Tod mehrfach vorgenommenen Teilungen führten am Ende zu vier Teilreichen: Neustrien, Austrien, Burgund und Aquitanien. Wohl konnte zunächst noch eine Reihe von gesamtgallischen Konzilien zusammentreten, in den Jahren 538, 541 und 549 zu Orléans und 552 und 556/73 in Paris. Daneben fanden Synoden auch in den Teilreichen statt, so in Burgund und Neustrien, aber kaum noch in den alten metropolitanen Provinzen. Unter dem Einheitskönigtum von Chlothar II. (584–629) und Dagobert I. (623–638) traten nochmals zwei gesamtfränkische Synoden zusammen, im Jahre 614 in Paris – mit 12 Metropoliten und 67 Bischöfen überhaupt die größte fränkische Kirchenversammlung – sowie 626/27 in Clichy/Paris mit immerhin noch 10 Metropoliten und 30 Bischöfen. Anschließend tagten noch einige kleinere Teilreichs- und Provinzialkonzilien, bis dann in der späten Merowingerzeit alle Konzilstätigkeit erlosch. Die Tatsache, daß die Synoden hauptsächlich von der politischen Spitze des Königtums her und in den wechselnden Teilreichen organisiert wurden, führte dazu, daß mit der Schwächung der spätmerowingischen Königsmacht auch die Synodaltätigkeit erlosch.

b) Bischofsberufung

Die von Chlodwig so rasch und entschlossen praktizierte Synodalhoheit blieb keineswegs sein einziges Recht über die Kirche. Ebenso hat er auf die Bischofsberufung einzuwirken begonnen. Zunächst war es nur eine königliche Billigung des Kandidaten; dann aber ging praktisch die ganze Berufung in die Machtbefugnis des Königs über. Die ursprünglich in den Gemeinden getätigten Bischofswahlen, für den modernen Betrachter so sympathisch volksnah, endigten schon in der Spätantike oft genug mit Streit und Bestechung. Die Kontrolle der Metropoliten fiel dahin. Das letzte Wort sprach nunmehr der König, nicht selten für einen Günstling; auch das Weihepräzept erging vom Hof. Wiewohl die Synoden das Zustimmungs- und Weiherecht des Metropoliten zu bekräftigen suchten, brach die Reichszugehörigkeit sowohl der vakanten Diözese wie auch des Kandidaten die Rechte einer außerhalb gelegenen Metropole. Auf der vorletzten, unter Chlothar II. 614 in Paris tagenden gesamtfränkischen Synode glaubten die versammelten Metropoliten und Bischöfe noch einmal an die kanonische Bischofswahl erinnern zu sollen, daß nur zum Bischof ordiniert werden könne, wen das Volk, der Klerus und der Metropolit, der mit seinen Komprovinzialen auch die Weihe vorzunehmen habe, erwählt hätten, und zwar ›ohne irgendeinen Vorteil oder eine Geldgabe‹; wer hingegen durch Gewalt und ohne Wahl der Kirche aufgenötigt worden sei, könne nicht als gültig bestellt gelten. Der König reagierte mit einem Edikt, das einerseits die Synodalkanones bestätigte, andererseits aber bekräftigte, daß im Fall eines ›Angehörigen des Palastes‹ der Herrscher berufe. Der König also behielt sich weiterhin die Berufung von Adeligen und Hofleuten vor – verständlich genug, denn Bischofsberufung und Synodalhoheit bildeten den Kern des herrscherlichen Kirchenrechts, wie es wiederum bis zum Investiturstreit in Geltung blieb.

2. Synodalgesetzgebung und Kirchenverfassung

Für die merowingischen Synoden gilt insgesamt, was schon für die erste Synode, die Chlodwig 511 nach Orléans einberufen hatte, festzustellen ist, daß es weder um die christliche Lehre noch um die Verbreitung des Evangeliums ging; Gegenstand war vielmehr »die religiöse Praxis mit gesellschaftlichen und disziplinären Problemen« (O. Pontal). Die bis zum Beginn des 7. Jahrhunderts noch recht zahlreich abgehaltenen Synoden behandeln, was immer in die bischöfliche Kompetenz fiel, und geben einen vielfältigen Einblick in das pastorale und liturgische Leben.

a) Bischöfe

Vornean stehen Fragen der kirchlichen Leitungsgewalt, aber nicht des Papstes, sondern der Metropoliten und Bischöfe. Die einzelnen Bischöfe sind in ihrer Amtsführung zunächst noch einer kollegialen Kontrolle durch die Metropolitansynode unterworfen. In dem Maße, wie dieses Kollegialorgan zerfällt, werden die Bischöfe autonom. Über ihnen steht allein noch der König, der freilich nur in äußeren Dingen einzugreifen pflegt. In seiner Diözese waltet der Bischof geradezu unumschränkt. Hier kommt ihm die volle geistliche und administrative Gewalt zu. Er allein nimmt die Weihen vor, sowohl bei Personen als auch bei Sachen, und diese Weihegewalt ist das eigentliche innere Band, das die Diözesanzugehörigkeit schafft: Wen und was der Bischof geweiht hat, gehört bleibend zu seiner Diözese. Darum auch erfährt die Zuständigkeit des Bischofs eine genaue territoriale Abgrenzung; andere Bischöfe haben innerhalb dieser Grenzen keinerlei Rechte. Dem Bischof steht selbstverständlich die volle geistliche Leitungsgewalt zu; wenn Presbyter predigen, taufen und die Eucharistie feiern, so beruht das auf einer Anteilgabe an seiner Amtsfülle. Ebenso obliegt ihm die Aufsicht über die christliche Lebensführung; er übt die Disziplinargewalt über Klerus wie Laien aus. Endlich kommt ihm auch die Verwaltung des Kirchengutes zu. Kein Zweifel, in seinem Sprengel hat der Bischof eine geradezu omnipotente Stellung.

b) Klerus

Wichtigstes Thema in den Bestimmungen über den Klerus ist der Zölibat, dessen Herausbildung und Durchsetzung an immer weiter präzisierten Bestimmungen abzulesen ist. Grundsätzlich sollen Priester und Diakone nicht mehr ehelich leben. Anfangs ist es die Forderung, daß Diakone und Priester vom Tag der Weihe an ihre eheliche Gemeinschaft aufgeben müssen. Dabei können sie zunächst noch weiter mit ihrer Frau unter einem Dach zusammenwohnen, aber in getrennten Räumlichkeiten. Schon bald müssen die Frauen das Haus verlassen; jeder Zölibatär soll mit anderen Klerikern zusammenwohnen und tunlichst sogar mit ihnen in einem Raum schlafen, um jede Verdächtigung auszuschließen. Mit diesen äußeren Maßnahmen wird zugleich der innere Verpflichtungscharakter des Zölibats weiter gesteigert, bis hin zu einem eigenen Enthaltsamkeitsgelübde. Gleichzeitig wird die im 5. Jahrhundert noch übliche Weihe einer Frau zur Diakonin endgültig abgeschafft; jeder Altardienst ist ihr fortan verboten.

Weitere Konzilsbestimmungen betreffen die Stellung des Landklerus, sowohl in den bischöflichen Kirchen wie in den Eigenkirchen. Über alle Kleriker, sofern sie im Bistum tätig sind, steht dem Bischof die Weihe- und Disziplinargewalt zu. Bestätigt wird die Sonderstellung der »Kanoniker«, die in eine ›Rolle‹ (canon) eingetragen sind und ihren Unterhalt vom Bischof bekommen, dafür aber eine quasi-monastische Ganztagsliturgie abzuleisten haben. Weiter sollen sich die Kleriker in ihrem Äußeren von den Laien abheben, so durch die Tonsur und durch eine besondere Kleidung. Auch werden ihnen bestimmte Tätigkeiten verboten, vor allem das Tragen von Waffen oder die Teilnahme an Hinrichtungen. Endlich suchten die Bischöfe die Disziplinargewalt, die ihnen beim Klerus von Amts wegen in spiritueller Hinsicht zukam, weiter auszudehnen; ihrem Gericht sollten alle Streitfälle der Kleriker, auch solche rein weltlicher Art, unterworfen sein. Diese Herausnahme des Klerus aus der staatlichen Justiz, das ›privilegium fori‹ (Privileg [der Freiheit] vom Gericht), konnte weitgehend durchgesetzt werden.

c) Klöster

Der bischöflichen Disziplinargewalt unterlagen auch die Klöster (vgl. § 13). Die monastische Gemeinschaft wählte zwar selbst ihren Abt, aber der Bischof setzte ihn ein. Auch wachte er über die Lebensführung des Klosters und griff gegebenenfalls korrigierend ein. Weiter beaufsichtigte er die klösterliche Vermögensverwaltung. Doch ist es den Klöstern mehr und mehr gelungen, die Allmacht der Bischöfe so weit abzuschwächen, daß diese nicht mehr disziplinar- und vermögensrechtlich eingreifen konnten. Geradezu allumfassend war die bischöfliche Weisungsgewalt gegenüber den Frauenklöstern (vgl. § 13,2e). Die Bestimmungen lassen dabei ein gutes Stück monastischer Entwicklungsgeschichte erkennen, sogar noch das Frühstadium der »Familienasketen«; Frauen, die sich durch ein Keuschheitsgelübde gebunden hatten, lebten auch im 6. Jahrhundert oft noch in ihren Familien. Weil dabei vielerlei Probleme auftauchten, veranlaßten die Bischöfe besondere Maßnahmen. Immer stärker drängten sie auf klösterliches Leben, auf kompromißlose Einhaltung des Heiratsverbotes und ebenso auf lebenslängliche Einhaltung der Gelübde.

Ein Beispiel, wie ein Kloster in das Spannungsfeld zwischen Bischof und König geraten konnte, bietet das Nonnenkloster Saint-Croix (Heilig-Kreuz) in Poitiers, eine Gründung der Königin Radegunde. Diese entstammte dem thyringischen Königshaus, war 531 bei der fränkischen Eroberung ihres Landes als Geisel ins Frankenreich gekommen, dort christlich erzogen worden und dann von Chlothar I. (511–561), wohl zur vollen Durchsetzung seiner Herrschaftsansprüche über Thyringen, zur Ehefrau genommen worden. Aber Radegunde verließ ihren Gatten, als dieser, der wohl als der roheste unter den Chlodwig-Söhnen zu gelten hat, ihren Bruder ermorden ließ. Sie veranlaßte Bischof Medardus von Noyon, sie zur Diakonissin zu weihen, und gründete, ohne aber selber die Leitung zu übernehmen, das Kloster in Poitiers, für das sie die Nonnenregel des Caesarius übernahm und eine Kreuzreliquie aus Byzanz zu erwerben wußte. Die Rechtssituation allerdings, ob es sich um ein Königskloster oder eine Eigenstiftung der Radegunde handelte und wie sich das Verhältnis zum Bischof gestaltete, blieb lange unklar. Offenbar sollten die Rechte des zuständigen Bischofs nicht ausgeschlossen sein; dieser aber vermochte sie angesichts der tatsächlich wirksamen Königshoheit nicht zu realisieren. Nach dem Tod der Stifterin entfachten zwei im Kloster lebende Töchter merowingischer Könige, die auch als Nonnen ihre hochgeborene Lebensweise nicht aufgeben wollten, einen Aufstand, bei dem die Äbtissin gefangengesetzt wurde und ein Lokalkrieg mit Mord und Totschlag folgte. Die Niederschlagung durch den Grafen und die Exkommunikation durch sechs eigens delegierte Bischöfe ließ die Aufrührerinnen an ihre Höfe zurückkehren, ohne daß eine wirkliche Durchsetzung der Kloster- und Kirchendisziplin erfolgt wäre.

d) Anfänge der Eigenkirche

Neben den Bischöfen mit ihrer Initiative zur ländlichen Kirchengründung trat zunehmend im 6. Jahrhundert noch eine andere Gruppe hervor: die dem gallo-römischen und fränkischen Adel angehörenden Großgrundbesitzer; auch sie errichteten auf ihren ›Landgütern‹ (villae) Kirchen und betrachteten sich als deren Eigentümer. Schon die 511 in Orléans abgehaltene erste fränkische Synode verbot jederlei Anspruch der Kirchengründer auf die Verwaltung des Kirchenguts; die Verfügungsgewalt stehe allein dem zuständigen Diözesanbischof zu. Wie weit aber die adeligen Herren ihr Kirchenregiment durchzusetzen bestrebt waren, verrät bereits ein Kanon der Synode von Clermont aus dem Jahre 535, der fordert, daß die weltlichen Machthaber auf keinen Fall gegen den Willen der Bischöfe die Kleriker einsetzen dürften. Genau hier lag das Problem: Die Kirchengründer beanspruchten Eigenmächtigkeit nicht nur in vermögensrechtlicher, sondern zusätzlich in geistlicher Hinsicht. Um die Mitte des 7. Jahrhunderts stellte eine zu Chalons-sur-Saône abgehaltene Synode fest, daß die ›Mächtigen‹ (potentes), die auf ihren Landgütern Oratorien errichtet hätten, dem Bischof Widerstand leisteten und die dort tätigen Kleriker der kirchlichen Disziplinargewalt entzögen; über Weihe und Anstellung der Kleriker wie auch über das Kirchengut habe aber allein der Bischof zu verfügen. Die Klagen der Kirchenleute über die selbstmächtigen Eigenkirchenherren sollten für Jahrhunderte nicht mehr verstummen.

Für die Kirchen in Privatbesitz hat Ulrich Stutz bekanntlich den Begriff »Eigenkirche« geprägt und deren Ursprung auf »germanisches« Rechtsdenken zurückgeführt (vgl. § 5,1). Heute aber überwiegt die sozialgeschichtliche Deutung, daß das Eigenkirchenwesen sich überall dort zu entfalten vermochte, wo Grundherren öffentlich-rechtliche Befugnisse über Land und Leute ausübten und sich dabei auch das Kirchenregiment aneigneten. Die Eigenkirche, im Anfang nur eine Ausnahme, stellte am Ende der Merowingerzeit eine gänzlich normale Einrichtung dar. Sie dürfte auch nicht zuerst aus materiellen Gründen, nur als »Kapitalanlage« (U. Stutz), das Interesse der Grundherren gefunden haben. Sie diente dem Adel ebensosehr als Mittel der religiösen Lebenssicherung, als »eine Art Faustpfand für sein und seiner Familien Seelenheil« (J. Fleckenstein), wie es bei den bald auch entstehenden Eigenklöstern noch viel augenfälliger hervortritt.

3. Bischofsherrschaft

Die Stellung, die der Bischof der Merowingerzeit in seiner Stadt und seinem Sprengel ausübte, ist mit kirchenrechtlichen Kategorien allein nicht zu fassen. In Wirklichkeit übte er eine umfassende Herrschaft aus (vgl. § 12,3a; § 12,3h). Am auffälligsten tritt sein soziales und überhaupt sein »öffentliches« Wirken hervor: Im Notfall muß er für

Kredite und Steuerentlastung, für den Unterhalt öffentlicher Einrichtungen (Brücken, Wege, Mauern, Wasserleitungen) und immer wieder für die Armen sorgen. Im Rechtsleben erwartet man von ihm den friedlichen Ausgleich und einen besonderen Schutz für die Rechtlosen und Sklaven. Gefangene loszukaufen, bietet sich weiterhin reichlich Gelegenheit, und die dafür aufgewendeten Gelder sind beträchtlich.

Weil aber der Bischof längst eine beherrschende Figur der Stadt geworden war, mußte sein Amt politisch werden. Im 5. und 6. Jahrhundert entwickelte sich eine regelrechte bischöfliche Stadtherrschaft. An der Spitze der spätantiken Civitas hatte die Curia gestanden, ein Rat von hundert vermögenden, meist grundbesitzenden Kurialen, die hauptsächlich die städtische Selbstverwaltung regulierten, dabei aber fatalerweise auch für die einzuziehenden Steuern haften mußten. Der obersten Schicht jedoch, dem senatorischen Adel, gelang es, sich dieser Steuerhaftung und sogar auch der eigenen Steuerpflicht durch »Stadtflucht« zu entziehen. Sie wurde landsässig und begann auf ihren Latifundien eine Immunität aufzubauen. Zum Schutz des gemeinen Volkes gab es in den Städten seit Ende des 4. Jahrhunderts den ›defensor civitatis‹ (Schützer der Stadt), der sich, wie schon die Bischöfe, besonders auch um das arme Volk bekümmern sollte. Auf die Dauer konnte es nur natürlich sein, daß die Sozialsorge des Defensors und des Bischofs miteinander verschmolzen, und so sehen wir im 5./6. Jahrhundert Bischöfe als Defensores betitelt. Zudem gab es seit dem 4./5. Jahrhundert in vielen Städten das Amt des Comes, der zuerst als kaiserlicher Kommissar und später in merowingischer Zeit als königlicher Richter und Befehlshaber amtete. Auch diese Funktion ging vielfach auf den Bischof über, indem er entweder selber das Amt des Comes übernahm oder aber denselben ernannte. Endlich haben die Bischöfe beim Niedergang der merowingischen Königsgewalt im 7. Jahrhundert meist das Recht auf Einzug der Steuern erhalten, wobei sie – durchaus zum Vorteil aller Beteiligten – mit dem Kirchengut hafteten. In der Verfügung über das Kirchengut besaßen sie nahezu alle Vollmachten, zumal das von Chlodwig einberufene erste Reichskonzil von Orléans (511) die seit Chalcedon den Episkopen zustehende Verfügungsgewalt über den Klosterbesitz bestätigt und damit die bischöfliche Machtbasis bedeutend gestärkt hatte.

In Anbetracht dieser gehäuften Funktionen kann es nur als folgerichtig angesehen werden, daß die Quellen bald von einem ›dominium‹ (Herrschaft) der Bischöfe sprechen, welches eine regelrechte »bischöfliche Stadtherrschaft« (F. Prinz) darstellte. Solche Machtfülle hatte allerdings zur Konsequenz, daß die Könige auf der Treue der Bischöfe bestanden und meist auch ihre Auswahl bestimmten. Für die senatorischen Geschlechter, deren Angehörige schon im 5. Jahrhundert zahlreiche Bischofsstühle besetzt hatten, taten sich in der Bischofsherrschaft neue Wirkmöglichkeiten auf. Ihre Familieninteressen, die meist mit einer bestimmten Region verknüpft waren, richteten sich auf die entsprechenden Bischofsstühle, und dabei entwickelten sich feste Anwartschaften. Bischof Gregor von Tours konnte sich bekanntlich rühmen, daß bis auf fünf Bischöfe nur Angehörige der eigenen Familie seine Vorgänger in Tours gewesen waren. Andere Beispiele zeigen eine geradezu nach Erbrecht verlaufende Bischofssukzession, so von Bruder zu Bruder, häufiger noch zu Enkel und Neffen und gelegentlich auch vom Vater auf den Sohn. Es war eine »Erblichkeit von Bistümern innerhalb bestimmter Familien« (F. Prinz), die freilich dem altkirchlichen Prinzip der rein geistlichen Berufung zutiefst widersprach.

Ein besonders bemerkenswertes Beispiel von Bischofsherrschaft bildete sich in Churraetien. Um Chur, die ehemalige Verwaltungszentrale der Raetia Secunda, konnte sich südlich des Bodensees ein romanisches Gebiet erhalten, in dem eine der führenden Familien, die Victoriden, die alte Praeses-Funktion weiterführte. Dabei ist nun zu beobachten, daß zuletzt auch der Bischofssitz, der dort seit dem 5. Jahrhundert bestand und Mailand unterstellt war, in die Hände der Victoriden geriet. Erst Karl der Große hat diese Verbindung wieder gelöst.

4. Landeskirchen und Papsttum

Da die gallische Kirche in der Spätantike nicht, wie zum Beispiel die afrikanische, einen übergreifenden Metropolitan-Verband mit einem eigenen Primas an der Spitze ausgebildet hatte, konnten hier, wie nach 400 auch geschehen, die Päpste eingreifen und in Arles ein päpstliches Vikariat errichten (vgl. § 12,1). Dennoch betrachtete sich die gallische Kirche nicht einfachhin als papsthörig. Der Forderung Innocenz' I. († 417), die römische Liturgie sei im ganzen Westen zu befolgen, widersetzte sich beispielsweise der Episkopat des südöstlichen Gallien auf seiner 441 zu Orange abgehaltenen Synode, indem er die gallische Weise einer nur einmaligen Salbung nach der Taufe ausdrücklich sanktionierte und damit die römische Auffassung von einer zweiten, nur vom Bischof zu spendenden postbaptismalen Salbung ablehnte; auch blieb die eucharistische Liturgie, obwohl vom Ursprung her mit der römischen verwandt, ungefragt »gallikanisch«. Andere Akzente setzte Caesarius von Arles († 542), der im Semipelagianismus-Streit Papst Felix III. († 530) befragte und ihm die Akten mit den Synodenbeschlüssen zur Billigung übersandte, wie er ebenso den Papst unter die bei der Eucharistie namentlich zu gedenkenden Personen einreihte (vgl. § 19,4). Die von Caesarius eingeschlagene Linie, als päpstlicher Vikar die oberste Stellung in der gallischen Kirche einzunehmen und die Synodaltätigkeit stärker an den Papst zu binden, blieb ohne Fortsetzung. Um Arles und seine Vikariatsstellung wurde es schon in der zweiten Hälfte des 6. Jahrhunderts auffallend still. Statt dessen gewann Lyon steigende Bedeutung, dessen Erzbischöfe sich bald sogar ›patriarcha‹ oder ›primas‹ nannten und gerade auch bei den letzten gesamtgallischen Synoden zu Paris (614) und Clichy (626/27) die führende Rolle innehatten. Die gallischen Synoden, einberufen von den Königen und präsidiert vom Primas, tagten im Blick auf das Papsttum »autonom«. Nur beruhte dieses System ganz auf dem Zusammenwirken mit der Königsmacht. Wie sehr diese entscheidend war, zeigt sich selbst in der Gallien-Korrespondenz Papst Gregors des Großen, der sich an die Königin Fredegunde wandte und sie zur Kirchenreform und zur regelmäßigen Synodenberufung ermahnte. Bei Versagen des Königtums mußte auch die Primas-Stellung in Gefahr geraten.

Für die Kontakte mit Rom ist zu konstatieren, daß sie allesamt mehr okkasionell waren und nicht als Ausdruck einer rechtlich geregelten oder gar institutionalisierten Rom-Beziehung aufgefaßt werden dürfen. Der Bewußtseinshorizont blieb im allgemeinen auf Gallien beschränkt. Gregor von Tours kann dafür wiederum als Zeuge gelten: Es »überwiegt in seinem Bewußtsein die geistige Beschränkung auf dieses eine Land. Was außerhalb Galliens in Literatur und Dichtung vor sich geht, berührt ihn nicht mehr...« (R. Buchner). Rom interessiert ihn vor allem als Ort des Petrus-Grabes. Von den Synoden gedenkt keine des Papstes, noch sucht sie eine Beziehung zu ihm, ebensowenig zu irgendeiner Nachbarkirche, etwa der spanischen; gerade deren reiche Synodalgesetzgebung blieb in Gallien gänzlich unberücksichtigt. So wird man – trotz aller Petrus-Devotion und gelegentlicher Papstbeziehungen – doch nicht von einer wirklichen Rom-Orientierung sprechen dürfen. Im Gegenteil, in der Verlagerung des kirchlich-synodalen Gewichts von Arles als dem Sitz des päpstlichen Vikariats nach Lyon als dem Sitz eines gallischen Primas ist deutlich ein anderer Prozeß vorgezeichnet: die Herausbildung einer mehr oder weniger geschlossenen Landeskirche mit einem eigenen Primas und dem König an der Spitze. Nur hat sich diese königlich-primatiale Landeskirche nicht so zu etablieren vermocht, daß sie von Dauer gewesen wäre. Mit der Schwächung des spätmerowingischen Königtums verfiel der Zusammenhalt; der Primas verschwand, wie auch die Synodaltätigkeit aufhörte. Die Folgen waren erheblich: Zum einen ging die alte Metropolitanverfassung vor Ende des 7. Jahrhunderts ganz unter;

zum anderen konnte sich Gallien nicht als eine Kirchenprovinz von eigenem Gewicht darstellen. Ein gegenüber dem päpstlichen Italien wirklich bedeutsamer Primas hätte sich nach dem Untergang des christlichen Afrika und später auch des christlichen Spanien nur noch in Gallien entfalten können. Daß es dazu nicht mehr kam, hat Folgewirkungen für die ganze weitere westliche Kirchengeschichte gehabt: Einerseits blieb der Westen insofern eine relativ geschlossene Einheit, als keinerlei Gefahr drohte von seiten rivalisierender primatialer Großprovinzen, zum anderen wurde durch das Fehlen eines mit Rom auch nur irgendwie konkurrierenden Primas eine wichtige Vorbedingung für die Herausbildung des zentralistischen Papsttums geschaffen.

§ 30 Das religiöse Leben

1. Welt des Gregor von Tours († 594)

Wie die Verhältnisse und das Zeitklima im innerkirchlichen Leben sich weiterentwikkelten und zu wandeln begannen, zeigt niemand besser als Gregor von Tours. Er liefert uns in seinen Heiligen- und Wundergeschichten, vor allem aber in seinen als Weltchronik konzipierten zehn ›Büchern der Geschichte‹, ein vielfältiges und zudem recht buntes Material und ermöglicht so ein facettenreiches Bild Galliens sowie der Franken wie vor allem auch des Christenlebens. Was alles an Volksreligiosität bei Caesarius von Arles noch wie wohlgeordnet oder zumindest als menschlich und verständlich erscheint, leuchtet jetzt greller auf. Während Caesarius mehr der Antike zugehört, bezeugen Leben und Werk Gregors die Heraufkunft eines neuen Zeitalters mit einer ebenso neuartigen religiösen Mentalität.

Gregors Bildung ist ausschließlich kirchlich-biblisch geprägt. In der Sprache übernimmt er den ›stilus rusticus‹ (bäuerischen Stil). Bewußt will er sich von den Künsteleien der Rhetoren fernhalten: ›Den philosophischen Kunstredner verstehen nur wenige, den jedoch, der bäurisch spricht, viele.‹ Inhaltlich bietet er einzelne Geschichten; eine Synthese gelingt ihm nicht: »Gregor schreibt und denkt nie konsequent, konkludent, linear, sondern in lauter geschlossenen Zirkeln« (W. Berschin). Obwohl ihn der Verfall der schönen Künste und Wissenschaften in Gallien ein lautes Wehe ausrufen läßt, vermag er selbst nur gerade noch ein paar Vergil-Zitate aufzubieten, und seine grammatikalischen Unkenntnisse gibt er ungeniert kund. Die kulturellen Leistungen der Antike sind ihm keine Lebenswerte mehr; selbst die christliche Tradition, in die er sich betont einordnen will, hat er nicht mehr vollständig zu rezipieren vermocht. Die in Gallien während der Spätantike stark entfaltete Patristik gibt er nur noch ausschnitthaft wieder. Selbst die großen augustinisch-pelagianischen Kontroversen um Gnade und Freiheit, die im südgallischen Semipelagianismus-Streit gerade nur ein halbes Jahrhundert vor ihm auf hohem theologischem und stilistischem Niveau ausgetragen worden waren, finden kein Echo mehr (vgl. § 10, 2; § 13, 2d); Augustinus wird nicht einmal dem Namen nach genannt. Alle spekulative Theologie steht ihm fern, seine Feder hat nichts Theoretisch-Reflektiertes niedergeschrieben. Statt dessen enthält sein Werk eine Theologie, die mit nur wenigen Grundgedanken auskommt: Gott – wie gleichermaßen Christus – ist der Übermächtige, der unausgesetzt und unmittelbar auf Menschen und Welt einwirkt. Geschichte ist ›gesta Dei per homines‹ (Handeln Gottes durch Menschen). Dabei folgt auf jedes Tun in konsequenter Entsprechung das Ergehen. Wie das Gute durch Gebet und Askese geradezu mit Sicherheit herbeigeführt werden kann, so folgt gleich unerbittlich auf böses Tun die Strafe, meist sofort hier auf Erden und in handgreiflichen Erweisen. Für die Not der Menschen sind vor allem die Heiligen die hilfreichen Vermittler, die bei Gott immer von neuem Wunder erwirken. »Durch die massive Betonung der Heiligenverehrung bei gleichzeitiger Vernachlässigung der ›hohen‹ Theologie ergibt sich eine starke Akzentverschiebung hin zu einer sinnlich-handgreiflichen, stark emotionellen, ›volkstümlichen‹ Auffassung des christlichen Glaubens« (B. K. Vollmann). Als

Gegenspieler Gottes und der Heiligen erscheint der Teufel, für den Gregor nicht weniger als zweiunddreißig Bezeichnungen bereithält.

Und wie schon Gregor der literarischen und selbst der patristischen Antike fernsteht, so noch mehr dem alten Imperium mit seiner die Provinzen überspannenden Romanitas. Die großen Ereignisse, die sich außerhalb Galliens vollziehen, sind übergangen oder, wie etwa der Langobarden-Einfall in Italien, nur episodenhaft erwähnt. Bedeutende Zeitgenossen, ob nun Boëthius oder Cassiodor, fehlen; Gregor hat sie offenbar nicht gekannt. »Die geistige Einheit der römischen Welt ist für ihn verloren, die Romania geistig zerbrochen« (R. Buchner). Gallien und die dort lebenden Menschen beanspruchen vollständig sein Interesse. Die Franken sind darin eingeschlossen, freilich ohne besondere Aufmerksamkeit für ihre Volksart oder Geschichte. Die fränkischen Könige und ihre Oberschicht, die inzwischen mit dem eingesessenen senatorischen Adel zu verschmelzen beginnt, gelten ihm, ungeachtet ihrer Machtkämpfe und Greueltaten, widerspruchslos als legitime Inhaber der Staatsgewalt. Diese auf den Bereich Galliens verengte Sicht wiederholt sich im Kirchlichen. Die Heiligen, die Gregor vorstellt, stammen nahezu alle aus Gallien. Immer auch steht er entschieden auf katholischer Seite und bekämpft in Leidenschaft, ja mit Haß alle Ketzerei, vornean die westgotischen Arianer mitsamt ihrem verderblichen Urvater Arius (viermal erzählt er die Schauermär von dessen grausigem Tod auf dem Abort). Der Schutz der Rechtgläubigkeit wird den fränkischen Königen zum höchsten Verdienst angerechnet. Allein das Katholisch-Rechtgläubige vermag ihn auch zu stimulieren, gelegentlich doch noch einmal über das eigene Land hinauszuschauen, etwa bis nach Italien und vor allem nach Rom. Aber dabei sind es erbauliche Geschichten oder Reliquien, deren Wunder ihn fesseln. Hingegen ist kein Gedanke daran, daß vielleicht die gallische Kirche im angelsächsischen England eine Missionsaufgabe zu erfüllen habe, obwohl er doch von der Heirat des kentischen Königs Aethelberht mit der Merowingerin Berta zu berichten weiß und die wichtige Rolle einer katholischen Königin für die Bekehrung ihres Gatten und seines Volkes bei Chlodwig und Chrodechilde breit zu schildern versteht. Gregor denkt eben zunächst an »sein Volk«.

2. Gottesbild

a) Gottesurteil

Die Vorstellung von der Allwirksamkeit Gottes und der Macht seiner Heiligen ist Indiz für ein verändertes Gottesbild, dessen Konsequenzen in nahezu allen Lebensbereichen sichtbar werden. Eine bedeutsame Veränderung zeigt sich beispielsweise im Recht, näherhin im Gottesurteil (angelsächsisch: ordal – Urteil, latinisiert: ordalium); Gregor von Tours ist wiederum der wichtigste Zeuge. Für ihn sind Gott und die Heiligen unmittelbar wirkende Mächte, die den Bösen gleich auf der Stelle bestrafen, wie sie den Guten sofort belohnen. Dem Gottesurteil, das in fast allen archaischen Rechtssystemen anzutreffen ist, liegt eben diese Vorstellung von strafenden und belohnenden Himmelsgewalten zugrunde, freilich noch um den Gedanken erweitert, daß Gott, wie er den Bösen bestraft, so den Unschuldigen unfehlbar bewahrt. Wenn folglich einem Guten und einem Bösen eine Gefährdung auferlegt wird, rettet Gott den Guten und läßt den Bösen untergehen. Gregor kennt als Form eines solchen Gottesurteils einmal die Aschenprobe, bei der ein Beschuldigter glühendes Holz oder glühende Kohle in seinem Gewand zu einem Heiligengrab tragen muß, wobei der Verbrennungsgrad des Gewandes über die Schuld entscheidet, und weiter noch den Kesselfang, bei dem mit bloßer Hand ein Ring aus einem Kessel siedenden Öls zu holen ist, wobei wiederum der Verbrennungsgrad entscheidet. Bei der Durchführung und Beurteilung der Proben hatte zumeist ein Priester Assistenz zu leisten. Die Vorstellung vom Gottesurteil bemächtigte sich bald sogar der zentralen christlichen Kultakte. So hat schon Gregor selbst einmal, um seine Unschuld vor dem König zu beweisen, drei Messen feiern müssen, obwohl dies – wie er eigens anmerkt – ›mit den Kirchengesetzen im Widerspruch stand‹; kirchlicherseits wurde nämlich ein solches Verfahren als vermessentliche

Nötigung Gottes angesehen. Dennoch ist das Gottesurteil bis ins hohe Mittelalter allgemein in Übung gewesen. Deutlich ist hier zu sehen, wie ein verändertes Gottesbild sofort weitere Veränderungen nach sich zieht und etwa andere Rechtsformen entstehen läßt. Die Religion dringt wieder in Gebiete vor, die in der Antike bereits entsakralisiert und »rationalisiert« worden waren. Die Resakralisierung, wie sie im Gottesurteil sichtbar wird, entspricht vollauf dem allgemeinen Zeitgeist des Frühmittelalters und erklärt auch, warum »so merkwürdig unchristliche Gebräuche wie die Ordale« sich ausbreiten konnten; »uraltes Brauchtum schlüpft mit ihnen in ein christliches Gewand« (J. Flekkenstein).

b) Numinose Allmacht

Das Gottesurteil steht aber nur als ein Beispiel für einen weit umfänglicheren religiösen Veränderungsprozeß. Wie an die Stelle des rational begründeten Rechtes und der vom Staat geschaffenen Justizinstitutionen nunmehr das »göttliche Recht« tritt, so gilt es ähnlich für viele andere Bereiche des Frühmittelalters. Eine gleichartige Verschiebung ist etwa in der Medizin festzustellen. Hier wirkt der Staub, den man vom Heiligengrab zusammenfegt oder auch das Öl, das man aus den dort hängenden Lampen entnimmt, heilkräftiger als alle ärztliche Kunst. Wo sich in der Antike bereits »aufgeklärtes Denken« und »rationale Weltbewältigung« durchgesetzt hatten, da kehrte im Frühmittelalter das Numinose wieder zurück. Alles wurde nun wieder unter dem unmittelbaren Einfluß überirdischer und übermenschlicher Mächte gesehen: die Naturvorgänge vom Sternenverlauf bis zur Fruchtbarkeit von Acker und Vieh, vor allem auch die Wechselfälle des menschlichen Lebens. Wollte man auf Natur und Welt einwirken, so am besten dadurch, daß man die beherrschenden Mächte günstig stimmte, und dies geschah mittels der Religion. Wenn darum das Gebet als Heilmittel bezeichnet wurde, dann durchaus nicht im metaphorischen Sinn; es heilte wirkliche Krankheiten. Letztlich war darum nicht mehr Fachwissen erforderlich, sondern die rechte Frömmigkeit, um auf den alles verursachenden Gott einwirken zu können. An die Stelle des Gelehrten und des Fachmanns trat nunmehr der Gottesmann. Das Ergebnis dieser Entwicklung ist bedeutsam für das ganze Frühmittelalter: Der Rückgang von Gelehrsamkeit und Wissenschaft, zunächst bedingt durch den Verlust der dazu notwendigen Bildungsvoraussetzungen, ließ die Religion – entsprechend der Allmächtigkeit des Numinosen – allbeherrschend werden.

c) Tun und Ergehen

Das Beispiel des Ordals ist Anzeichen für Gottes allgegenwärtiges und allwirksames Handeln; ebenso ist es Anzeichen für die göttlich garantierte Entsprechung von Tun und Ergehen. Gottes unmittelbare Allwirksamkeit, wie Gregor sie schildert, wirkt »reaktiv«, steht immer in genauer Entsprechung zum menschlichen Tun. Für die Guten ist Gottes Sorge unzweifelhaft; buchstäblich können sie auf ihn »rechnen«, wie das Gottesurteil beweist. Der wahre Fromme soll niemals zweifeln, denn untrüglich gibt Gott den Seinen, was sie für Leib und Seele brauchen. Ganz gewiß aber gilt dabei, daß Gott immer »entsprechend« handelt: Wohlergehen ist sein Lohn wie umgekehrt das Unheil seine Strafe. So steht der Mensch vor der Notwendigkeit, Verdienste zu erwerben, die er mittels Askese auch zu erlangen vermag. Askese und Verdienst stehen in strikter Entsprechung, und die angesammelten Verdienste erwirken – wiederum in entsprechender Weise – die göttlichen Begnadungen. Dieser positiven Seite entspricht die negative. Wie es eine Entsprechung von Askese, Verdienst und Begnadigung gibt, so noch strikter von Sünde und Strafe. Gottes Strafe folgt unmittelbar; der Dieb etwa bleibt an seiner Beute kleben, und der Kirchenräuber stirbt noch auf dem Fluchtweg seinen verdienten Tod. Immer ist es ein strenger Tun-und-Ergehen-Zusammenhang. Wer der Strafe entrinnen will, muß Buße tun. Gottes Barmherzigkeit besteht darin, daß der reuige Sünder dem Strafgericht zuvorkommen kann; er muß dabei allerdings den vollen Ausgleich leisten. Für die konkrete Lebensführung bedeutete das, daß alles menschliche Mißgeschick, ob Krankheit, Not oder Tod, aus Gottes Zorn entspringend gedacht wurde, den der Mensch ob seiner bösen Taten hervorgerufen hatte. Linderung konnte erst eintreten, wenn dieser Gotteszorn wieder besänftigt war. Bei jedem Unglück galt es deswegen, zuerst die eigentliche Quelle, eben den göttlichen Zorn, zu besänftigen. Bestärkt wurde die Vorstellung vom Tun und Ergehen noch durch die im allgemeinen Recht anzutreffende Vorstellung von den »spiegelnden Strafen«, bei denen die Organe des bösen Handelns möglichst entsprechend ihrer Missetat bestraft wurden: Die Hand etwa, die gestohlen hatte, wurde abgehauen oder begann – wenn Gott die Strafe vollzog – zu lahmen und zu verdorren; Lüge, Schmähung und Falschaussage wurden mit Verstümmelung der Zunge bestraft, Sexualvergehen an den Genitalien, und so ein jedes Vergehen in spiegelnder Entsprechung. Es kann kein Zweifel sein, daß das »so – wie« ein ehernes und nur in wenigen Punkten gemildertes Gesetz der frühmittelalterlichen Religiosität gewesen ist, im Guten wie im Bösen.

3. Teufel und Dämonen

Die Spätantike und noch stärker das Frühmittelalter sind in massiver Weise von Teufels- und Dämonenvorstellungen beherrscht gewesen. Daß diese Dämonologie im Christlichen nicht einfach eine Selbstverständlichkeit oder gar eine legitime Fortentwicklung darstellt, kann man sich schon daran vergegenwärtigen, daß im Alten Testament gerade dreimal vom Satan gesprochen wird, daß ferner im Neuen Testament Jesus zwar als Exorzist auftritt, dabei aber das Reich Satans entmachtet. Der historische Jesus hat seine ärztlich-exorzistische Tätigkeit verstanden »als siegreichen Kampf mit dem Satan und den satanischen Mächten«, »als Gleichnishandlungen für den Anbruch des Gottesreiches« (O. Böcher). Fragt man nach dem Verständnis, das dem frühmittelalterlichen Dämonismus zugrunde liegt, so zeigt sich ein verhältnismäßig einfaches Schema der Weltdeutung und Weltbewältigung: Schlechthin alles, Menschen wie Dinge, sind beherrscht von Geistern, entweder von guten oder bösen. Dabei hat der Teufel mit seinen dämonischen Handlangern so viel Macht, daß er dem Menschen tödliche Gefahren

26 Exorzismus in der Darstellung des Drogo-Sakramentars, vor 850 (Paris, Bibl. Nat.).
Der Bischof liest die Exorzismusformel aus einem Sakramentar, das ihm hingehalten wird, und bewirkt damit, daß der Teufel aus einem Besessenen ausfährt.

bereiten kann; Gregor sieht Dämonen Steine gegen Menschen schleudern. Die bösen Geister sind nicht nur gewalttätig, sondern – viel schlimmer – obendrein noch heimtückisch. Fortwährend betören und überlisten sie den Menschen, so daß es der höchsten Wachsamkeit bedarf, um nicht unter ihren Einfluß zu geraten. Wessen sich die Dämonen bemächtigt haben, den beherrschen sie ganz und zwingen ihn fortwährend zum Bösen. Einzudringen vermögen sie durch die Körperöffnungen, weswegen Nahrungsaufnahme und Geschlechtsverkehr besonders gefährliche Momente sind. Wie und wo sie hineingekommen sind, da müssen sie auch wieder hinaus. Dazu allerdings bedarf es sowohl des Exorzismus, des geistlichen Machtwortes, gesprochen in Gottes Namen oder eines überlegenen Heiligen, wie ebenso »medizinischer« Kuren. Im Grunde sind nur die Mönche mit ihrem immerwährenden Gebet und ihren andauernden Nachtwachen für diesen Kampf hinreichend gewappnet. Aber selbst bei ihnen genügt ein kleiner Fehltritt, um abzugleiten in das Reich des Bösen, denn allzu schmal ist der Grat zwischen Gottes- und Teufelsreich. Im frühen Mittelalter lastet die Macht des Teufels wie ein Übergewicht auf dem Menschen und seinem Tun. Wohl erweist sich Gott letztlich als der stärkere, und der Teufel steht ihm keineswegs als gleichrangiger Kontrahent gegenüber, weswegen das frühmittelalterliche Weltbild nicht als dualistisch bezeichnet werden darf. Trotzdem besitzt der ›Fürst dieser Welt‹ eine geradezu überwältigende Macht, und sein Wirken ist für den Menschen derart bedrohlich, daß man doch von einem »dualisierenden« Weltbild wird sprechen müssen.

4. Heiligenverehrung

a) Grab und Reliquien

Großen Raum beginnt die Heiligenverehrung einzunehmen. In Frömmigkeit und Alltagsleben sind die Heiligen oftmals die ersten Adressaten, denn aufgrund ihrer Verdienste haben sie eine geradezu unbeschränkte Fürbittgewalt und vermögen bei Gott eigentlich alles zu erbitten.

Die erste Fürsorge gilt der Stätte ihres erdenzeitlichen Wirkens, dort, wo sie zumeist auch ihr Grab haben. Immer ist der Heilige der Patron seiner Kirche und seiner Stadt. Die Bewohner finden bei ihm Zuflucht und Hilfe. Er schützt Haus und Hof, verteidigt Hab und Gut, sichert

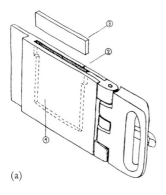
(a)

(b)

27 Behältnisse zum Mit-sich-Tragen von Reliquien.
(a) Schnallenreliquiar, schematische Zeichnung (nach R. Moosbrugger-Leu). (1) Hohlraum für Reliquie, (2) Öffnung, (3) Verschluß. Schnallenreliquiare ermöglichten es, ständig Reliquien mit sich zu tragen. Eine beliebte andere Möglichkeit boten Kapseln, die man sich um den Hals hängte.
(b) Kapsel aus Horburg/Elsaß (nach J. Werner).

Recht und Leben, hilft in Not und Tod. Und seine Hilfe ist immer konkret: Den Kirchendieb hält er fest, den Meineidigen bestraft er auf der Stelle, das Hochwasser läßt er zurückfließen, die Feuersbrünste verlöschen bei seiner Anrufung, und die Kranken stehen bei Berührung seiner Reliquien gesund wieder auf. Die Stätte, von der aus der Heilige am mächtigsten wirkt, ist sein Grab, denn hier bleibt er, der inzwischen bei Gott ist, leibhaftig auf Erden gegenwärtig; hier folglich muß man ihn aufsuchen. Immer sind Scharen von Bittstellern unterwegs; ständig ist das Grab umlagert. Ein Merowingerkönig versuchte es mit einem Bittbrief an den heiligen Martin, adressiert an dessen Grab in Tours. Manche finden sofort Erhörung, andere nach langen Gebeten, vielleicht erst nach Jahren. Die Grabplatte oder gar den Sarg zu berühren, ist besonders verheißungsvoll. Selbst das Öl aus den Lampen am Grab wirkt heilkräftig, ja noch der Staub von der Grabplatte. Zuweilen legt man Tücher über das Grab, etwa für eine Nacht, damit sie die ›virtus‹ (Kraft) des Heiligen aufsaugen. Gregor berichtet, daß einmal königliche Gesandte ein solches Tuch nachträglich gewogen und als schwerer als zuvor befunden hätten. Was immer mit dem Heiligen in Verbindung gewesen ist, ob zu seinen Lebzeiten oder später am Grab, enthält wunderbare Kraft und gilt als Reliquie. Jedes Haus, ja möglichst jedermann braucht und benutzt ein Heiligen- ›Phylakterium‹ (Schutzmittel). Es wird ehrfürchtig gehütet, ja heilsamerweise trägt man es bei sich. Der Leichnam bzw. die Gebeine des Heiligen dürfen immer nur angerührt, niemals aber zerteilt werden. Was wir folglich bei Gregor und in der Merowingerzeit als Reliquienpartikel bezeichnet finden, sind Berührungsreliquien und nur in ganz seltenen Ausnahmen Gebein-Reliquien. Gott selbst, der seine Heiligen nicht die Verwesung schauen läßt (Ps 16,10), will den Heiligenleib unversehrt und darum ungeteilt erhalten wissen. Wenn die Gräber gelegentlich geöffnet werden, findet sich zumeist ein ›intakter‹ und ›unverwester Leib‹ (corpus intactum, integrum, incorruptum). Religionsgeschichtlich ist der »unversehrte Leib« eine uralte und weitverbreitete Vorstellung, derzufolge die Erhaltung der Gebeine die Voraussetzung für das Weiterleben im Jenseits ist.

b) Basilikalklöster

Der von Gott selbst so hochgeehrte Heiligen-Leib darf auch von den Menschen nicht vernachlässigt werden. Das Grab eines Heiligen erfordert darum immer Kult. Mindestens ein Oratorium oder Martyrium (die Mattrei-Orte der Alpen erinnern noch daran) muß darüber errichtet werden, denn ihren wahren Ort haben die Heiligen-Leiber am Fuße des Altares, weil nämlich ihre Seelen am Fuße des himmlischen Altares ruhen (vgl. Apk 6,9). Grab und Altar bilden die Kernpunkte der Heiligenverehrung und folglich auch des Gottesdienstes. Von dort geht Hilfe aus, dort wird Recht geschaffen und dort

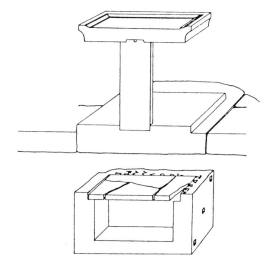

28 Altar mit Reliquiengrab: Tischaltar mit Bodengrab, aus Teurnia, heute St. Peter im Holz/Kärnten; 5./6. Jahrhundert (nach R. Egger). Die Reliquien hatten, wie hier zu sehen, ihren eigentlichen Ort am Fuße des Altars. Bald wurden sie auch in eine Nische an der Frontseite des Altarblocks bzw. der Altarstütze eingelassen oder sogar in die obere Altarplatte (Mensa); diese Nischen wurden dann mit der Platte verschlossen und nicht selten mit einer Inschrift versehen (vgl. § 41,2f.; Abb. 37).

auch möchte man beerdigt werden. Über den Gräbern der besonders berühmten Heiligen und Märtyrer entstehen große Basiliken und Klöster: St. Martin in Tours, St. Denis und St. Germain bei Paris, St. Germain in Auxerre, St. Medard in Soissons, St. Aignan in Orléans, St. Pierre le Vif in Sens, St. Hilaire in Poitiers, St. Arnulf in Metz, St. Eucharius und St. Maximin in Trier, St. Severin und St. Gereon in Köln. Hier entfaltet sich eine ausnehmend feierliche Liturgie, getragen von asketisch und monastisch lebenden Klerikern, die dank ihrer Verdienste die Gebete der Bittsteller noch weiter unterstützen.

Galliens bedeutendstes und bald auch in Anlage und Besitz größtes Heiligtum bildete sich um das Martinsgrab in Tours. Martin war 397 auf dem Friedhof im Westen der Stadt beerdigt worden. Über dem Grab errichtete sein bischöflicher Nachfolger Brictius († 444) einen Memorialbau; ihm folgte noch vor der Jahrhundertwende eine geräumige Basilika (53 auf 20 Meter), deren besonderen Schmuck 120 Säulen bildeten und die bis zum Normannensturm um die Mitte des 9. Jahrhunderts Bestand hatte. Um diese Martinsbasilika herum entstand eine eigene Martinsstadt; im Zentrum, direkt um die Kirche herum, lag ein als Atrium bezeichneter Platz mit Säulenhallen, an den sich zahlreiche weitere Gebäulichkeiten anschlossen: für das Personal sowie für den Abt, ebenso für Kirchenverwalter und Torhüter, dazu Räume für kirchliche Utensilien und die Pilger. Zudem bestanden zur Zeit Bischof Gregors, dem wir die meisten Nachrichten über das Martinsheiligtum verdanken, fünf Klöster. Ferner gab es ein Haus für die Matricularier und ein Hospiz mit weiteren Unterkunftsmöglichkeiten.

Als zweites bedeutendes Grabkloster ist Saint Denis zu nennen. Über dem Grab des als ersten Pariser Bischofs und Märtyrers der decischen Verfolgung gefeierten Dionysius hatte die heilige Genovefa gegen 460 eine Basilika errichtet. König Dagobert I. († 638) ließ der Stätte Gunsterweise zukommen, die schon den Zeitgenossen ungewöhnlich erschienen: Die Basilika wurde erneuert, mit Gold, Silber und Edelsteinen ausgeschmückt, ja teilweise regelrecht bepflastert; auch ließ Dagobert hier eine ihm von Kaiser Heraclius übersandte Partikel des 631 in Jerusalem feierlichst wiederaufgerichteten Heiligen Kreuzes aufstellen, wofür ein zwei Meter hohes, wiederum reichverziertes ›Lichtkreuz‹ angefertigt wurde; weiter veranlaßte er die Einführung des in St. Maurice/Agaunum geübten ›immerwährenden Gebetes‹ (laus perennis); darüber hinaus überwies er der geistlichen Gemeinschaft, die sich zu dieser Zeit unter einem Abt formierte, Grundschenkungen und Jahresstiftungen, ebenso den Armen und Pilgern. Das mit geistlichen wie materiellen Gaben reichlichst ausgestattete Dionysius-Grab bestimmte er zuletzt – wie nach ihm noch viele andere Herrscher – zur Grablege für sich und seine Familie. Jahrhundertelang noch dauerte der Zufluß von Stiftungen an; in der Karolingerzeit dürfte der Landbesitz auf 100 000 Hektar zu schätzen sein.

Einen großangelegten Versuch, alle Basilikalklöster zu »zentralen Kultstätten des Regnum« (E. Ewig) umzuformen, hat die Königin Balthild († nach 680) unternommen. Sie war vom Sklavendasein zur Gattin Chlodwigs II. († 657) aufgestiegen und führte nach dessen Tod ein eigenständiges Regiment. Den zuständigen Bischöfen rang sie für die Basilikalklöster die Exemtion ab, die Herausnahme aus der regulären Amtsgewalt; selber gewährte sie die Immunität, die Freistellung von den lokalen Herrschaftsgewalten. Den am Grabheiligtum wirkenden Klerikern und Asketen auferlegte sie eine monastische Lebensweise. Mit dieser »Reform« sollte erreicht werden, daß die großen Grabheiligtümer direkt dem Königtum unterstellt waren und ihre geistliche Wirksamkeit dem Reich zugute kommen ließen.

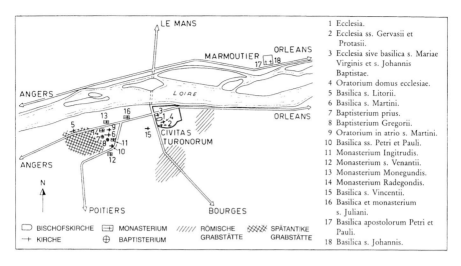

(a) Bischofssitz und Basilikalkloster über dem Martinsgrab (nach L. Reekmanns).

(b) Martin, seinen Mantel teilend (Sakramentar von Fulda, 10. Jahrhundert, Göttingen, Universitätsbibl.). In der Erinnerung lebte Martin als der Heilige fort, der seinen Mantel mit einem Bettler geteilt hatte; dieser Mantelteil (cappa) wurde zur merowingischen »Reichsreliquie«, die später in den Besitz der Karolinger überging.

29 St. Martin von Tours.

c) *Heiligkeit und Verdienst*

Nicht allein der bei Gott im Himmel weilende Heilige vermag Wunder zu tun. Ein großer Asket verfügt schon zu seinen Lebzeiten auf Erden über einen himmlischen Gnadenschatz, bei asketischer Höchstleistung sogar über göttliche Wundermacht. Aber seine Kraft wächst immer nur in genauer Entsprechung zu seiner Askese (vgl. § 13,1b). Von daher erklären sich die enormen Steigerungen, die fortan in den geistlichen Leistungen festzustellen sind und die zuletzt sogar numerisch aufgerechnet werden: die Zahl der Almosen, der freigekauften Sklaven oder Gefangenen, der vom

Heidentum Bekehrten oder für das Klosterleben Geworbenen, aber ebenso die Zahl der Psalmen, Nachtwachen, Fasttage, Kniebeugen und Meßfeiern. Die nicht mehr zählbare Vielfalt der Leistungen führt entsprechend zu einem unermeßlichen Gnadenschatz. Die Heiligen, die über einen solchen Schatz verfügen, sind die nunmehr gesuchten Personen. Durch das ganze Frühmittelalter hindurch werden ihre Verdienste überschwenglich gefeiert, und die Bittsteller scheuen keine Mühe, an dem von ihren heiligen Patronen erworbenen Schatz Anteil zu gewinnen. Zahllose Stiftungen wie auch Klostergründungen haben in dieser Heilssuche ihren Ursprung: wirtschaftliche Unterstützung der Asketen gegen Teilhabe an ihren Verdiensten und Gottesgaben. Die Differenz zum Neuen Testament mit seiner Botschaft vom gnädig schenkenden Gott ist allerdings nicht zu übersehen: Im Verständnis des Frühmittelalters bindet sich Gott in weiten Partien seiner Gnadenzuteilung wieder an ein vorgängiges Maß menschlicher Verdienstlichkeit, und diese meritorische Heiligkeit bleibt ein durchgängiger mittelalterlicher Zug, der sich trotz aller theologischen Modifizierungen bis zur Reformation erhalten sollte.

d) Heilige als Mittler

Obwohl in der Heiligenverehrung die Folklore und oft auch das Pittoreske überwiegen, dürfen nicht die theologischen Implikate vergessen werden. Ursprünglich galt allein Christus als Fürsprecher. Aber in dessen gottmenschlichem Bild hatten sich die Züge des Göttlichen – sicherlich auch aufgrund der antiarianischen Auseinandersetzungen – so sehr verstärkt, daß nun der Heilige der näherstehende Vermittler wurde. Der große Asket, dem es gegeben war, bei Gott Verdienste zu erwerben, konnte über die ihm zuteil gewordene göttliche Virtus eigenmächtig verfügen (vgl. § 13,1b), denn seine Verdienste ließen die entsprechenden Himmelsgaben zunächst einmal ihm selbst zufließen; wem er sie dann weitergab, lag gutenteils in seinem Ermessen. So wurde der Asket eine umworbene Person. Sein Verdienst im Himmel verschaffte ihm Macht auf Erden: Wen er segnete, der durfte sich im Heil wähnen; wen er verfluchte, der war gänzlich verrucht und im Banne des Bösen. Genau dies aber ist religionsgeschichtlich gesehen das Konzept des Heilsmittlers: Der Kontakt zu Gott kommt nicht unvermittelt zustande, sondern dank bestimmter Mittelspersonen, die durch ihre eigene Gottverbundenheit auch für andere den Gotteszugang ermöglichen und sogar nach Maß und Art näherhin festlegen. Einen Heiligen als Fürbitter zu gewinnen, blieb wiederum ein durchgehend mittelalterlicher Zug. Könige und Bettler, Päpste und Knechte suchten sich ihre Patrone, und die erhoffte Hilfe schien ihnen bei solchen Heiligen am sichersten, die am radikalsten asketisch lebten.

§ 31 Das soziale Leben

1. Sittliche Verhältnisse

a) »Barbarische« Grausamkeit

Daß die Frankengeschichte Gregors von Tours zahlreiche Beispiele ungehemmter Grausamkeit und sittlicher Schrankenlosigkeit enthält, hat von jeher das Material für ein dunkles Sittengemälde geboten.

Schon Chlodwig bahnte sich den Aufstieg zur fränkischen Alleinherrschaft ›mit der Axt‹. Gregor von Tours berichtet:

»So zog Chlodwig heran und begann gegen ihn [Ragnachar von Cambrai] den Kampf. Ragnachar aber sah sein Heer besiegt und wollte fliehen; da ergriffen ihn die Seinigen, banden ihm die Hände auf den Rücken und führten ihn mit seinem Bruder Richar vor Chlodwig. ›Wie konntest Du nur‹, sprach dieser, ›so unser königliches Geschlecht erniedrigen, daß Du Dich binden ließest? Ruhmvoller wäre für Dich der Tod gewesen!‹ Und er erhob seine Axt und schlug sie ihm in den Schädel. Darauf wandte er sich zum Bruder desselben und sprach: ›Wenn Du Deinem Bruder beigestanden hättest, er wäre nicht gebunden worden‹, so hieb er auch ihn mit der Axt nieder... Die genannten Könige waren aber Chlodwigs nahe Blutsverwandte; ihr Bruder namens Rignomer war bei Le Mans auf Chlodwigs Befehl ermordet worden. Als sie so alle getötet waren, gewann Chlodwig ihr ganzes Reich und all ihre Schätze. Auch viele andere Könige ließ er töten, sogar seine nächsten Verwandten, von denen er fürchtete, sie möchten ihm das Reich nehmen, und breitete so seine Herrschaft über ganz Gallien aus.«

Um sich das Erbe des von den Chlodwig-Söhnen zuerst verstorbenen Chlodomer anzueignen, töteten dessen Brüder Chlothar und Childebert zwei der Erben, Chlodomers Söhne Theudoald und Gunthar. Diese lebten in der Obhut ihrer Großmutter Chrodechilde, welche vor die Alternative gestellt wurde, die Haarschur ihrer Enkel zuzulassen (wodurch diese königsunfähig geworden wären) oder aber deren Tötung erleben zu müssen; lieber wolle sie, so die Antwort, ihre Enkel, wenn sie nicht zum Thron aufsteigen könnten, tot sehen als geschoren. »Sogleich ergriff Chlothar den älteren Knaben beim Arm, warf ihn auf den Boden, stieß ihm ein Messer in die Schulter und tötete ihn grausam. Und als der Knabe laut schrie, warf sich sein Bruder zu den Füßen Childeberts nieder, umfaßte seine Knie und rief unter Tränen: ›Hilf mir, teuerster Oheim, daß nicht auch ich umkomme, wie mein Bruder.‹ Da sprach Childebert, und Tränen rannen über sein Antlitz: ›Ich bitte Dich, liebster Bruder, sei freigebig, schenk mir das Leben dieses Knaben, ich will Dir für sein Leben geben, was Du verlangst, nur töte ihn nicht.‹ Aber jener fuhr auf ihn mit Schmähungen los und sprach: ›Stoß ihn von Dir oder stirb statt seiner. Du selbst‹, sagte er, ›bist der Anstifter dieser Sache und läßt nun so schnell von der Treue ab?‹ Da jener dies hörte, stieß er den Knaben von sich und warf ihn dem Bruder zu; dieser aber fing ihn auf, stieß ihm das Messer in die Seite und tötete ihn, wie er den Bruder zuvor getötet hatte; alsdann brachten sie auch die Diener und die Erzieher der Knaben um. Als sie alle getötet waren, bestieg Chlothar sein Roß und ritt davon, ohne die Tötung der Neffen schwer zu nehmen.«

Am berüchtigtsten ist der Streit der Königinnen Brunichild und Fredegund. Erstere, eine westgotische Königstochter, war mit Sigibert I. (561–575) verheiratet. Diesem nun wollte sein Bruder Chilperich I. (561–584) nicht nachstehen, der darum die Schwester Brunichilds, Galswinth, ehelichte, dieselbe aber, als er zu seiner Geliebten Fredegund zurückkehrte, ermorden ließ. Es folgte die unauslöschliche Rache Brunichildes. Sowohl Sigibert wie Chilperich endeten durch Mord. Aber auch Brunichild selbst wurde später (613), weil angeblich schuld am Tod von 10 Königen, grausam getötet. Die Fredegar-Chronik berichtet: Chlothar II. (584–629) »ließ sie drei Tage lang verschiedenen Foltern aussetzen, dann gab er den Befehl, sie auf ein Kamel zu setzen und im ganzen Heer herumzuführen und sie dann mit dem Haupthaare, einem Fuße und einem Arm an den Schwanz eines über alle Maßen bösartigen Pferdes zu binden; dabei wurde sie durch die Hufe und den rasenden Lauf in Stücke gerissen.«

Von Fredegund berichtet Gregor, daß sie ihre eigene Tochter, Regunte, von der sie wegen ihrer unfreien Herkunft Spott und sogar Schläge hatte erfahren müssen, zu töten versuchte. Sie lockte ihre Tochter zu einer Schatztruhe, »und da jene den Arm hineinstreckte und die Sachen aus der Truhe holte, ergriff die Mutter den Deckel der Truhe und warf ihn ihr auf das Genick. Und als sie ihn mit Gewalt niederdrückte und das untere Brett jener so die Kehle quetschte, daß die Augen ihr aus dem Kopf springen wollten, schrie eine von den Mägden, welche drinnen war, mit lauter Stimme... Da drangen die, die vor der Tür standen und auf ihre Rückkehr warteten, in das Gemach, retteten das Mädchen vor dem drohenden Tode und brachten sie hinaus. Danach aber wurde der Hader zwischen ihnen immer erbitterter, und besonders deshalb, weil Regunte ständig Unzucht trieb, gab es fortwährend zwischen ihnen Streit und Schläge.«

Auch über einzelne Bischöfe weiß Gregor Schandtaten zu berichten. So über Badigisel von Le Mans, einen der ersten Bischöfe fränkischer Abkunft: »... ein Mann, der sehr hart gegen das Volk war und vielen ungerechterweise ihre Habe nahm und raubte. Seine finstere und grausame Sinnesart verhärtete noch seine Frau, die noch schlimmer war und ihn durch die abscheulichsten Ratschläge zu Schandtaten antrieb. Es ging kein Tag, kein Augenblick vorüber, wo er nicht mit Raub und Händeln aller Art gegen die Bürger gewütet hätte. Er wurde nicht müde, täglich mit den Richtern Streitsachen zu verhandeln, sich weltlichen Geschäften zu unterziehen, gegen die einen zu toben, andere mit Schlägen anzutreiben, ja sogar mit eigener Hand zu prügeln, viele unter seine Füße zu treten. ›Soll ich etwa‹, sagte er, ›weil ich Geistlicher geworden bin, nicht mehr das Unrecht rächen, das man mir antut?‹ ... An seiner Stelle wurde Berthram, der Archidiakon von Paris, [zum Bischof] eingesetzt. Dieser hatte viele Streitigkeiten mit der Witwe des Verstorbenen, weil sie die Güter, welche bei Lebzeiten Bischof Badigisels der Kirche gegeben worden waren, als ihr Eigentum zurückbehielt und sagte: ›Es war eine Dienstentschädigung für meinen Mann.‹ Aber, wie sehr sie sich auch sträubte, sie mußte doch alles herausgeben. Sie war aber unglaublich boshaft. Oftmals schnitt sie Männern das Schamglied mitsamt der Bauchhaut ab und versengte den Frauen die Schamteile mit glühenden Eisenplatten; noch viele andere abscheuliche Dinge tat sie, aber es ist besser, davon zu schweigen.«

In solchen Brutalitäten, die von den Chronisten meist ohne Kommentar und nur selten mit Abscheu referiert werden, zeigt sich nicht nur Sittenlosigkeit der gröbsten Art, sondern zugleich auch das Fehlen fester Lebens- und Rechtsordnungen. »Bei Gregor von Tours ist nicht nur die Rechtschreibung und Formenlehre, sondern auch das Menschenbild ins Wanken gekommen. Er bewundert den Heiligen in der einen Art und den blutrünstigen König [Chlodwig] in der anderen« (W. Berschin). Zur Erklärung sind vielerlei Gründe vorgebracht worden, beispielsweise bei den Franken das Zerbrechen der angestammten Religion und damit der alten Bindungen. Hauptsächlich aber ist zu nennen: Die Franken waren zivilisatorisch »unterentwickelt«; von Hause aus brachten sie kaum Voraussetzungen mit, um die politischen und administrativen Erfordernisse eines Großreiches erfüllen zu können; es fehlten ihnen weitgehend die Formen und Regeln einer komplexen Lebensführung. Deutlich zeigt sich der Ausfall gerade solcher Strukturen, die in komplizierten Gesellschaftsverhältnissen konfliktbewältigend wirken. Solange etwa die Rechtsvorstellung eines bevorrechtigten Erben (Primogenitur) fehlte, mußte jeder männliche Merowingersproß, weil thronfähig, eine potentielle Gefahr für Throninhaber darstellen; darum dann die Tötung dieser Konkurrenten. Gregor von Tours, sonst für Chlodwig durchaus eingenommen, läßt dieses Problem in einer seiner wenigen kritischen Bemerkungen über den König sichtbar werden; die von Chlodwig kurz vor seinem Tod angestimmte Klage, daß er kaum noch Hilfe an Blutsverwandten habe, da er ›wie ein Fremdling unter Fremden stehe‹, kommentiert Gregor: ›Er sagte dies nicht aus Schmerz um den Tod derselben, sondern aus List, ob sich vielleicht noch einer fände, den er töten könnte.‹ Bis in den Tod der Gedanke daran, durch Tötung den Herrschaftsvorrang des eigenen Geschlechts zu sichern!

b) Recht und Rache

Gregor von Tours ist erstrangiger Zeuge auch für Veränderungen im Sozialleben. So schildert er mehrmals Fälle von Selbstjustiz, obwohl in Tours wie andernorts das römische Gerichtswesen noch weiter fortbestand und auch das Bewußtsein lebendig war, Streitfälle nicht eigenmächtig, sondern vor Gericht auszutragen. Aber bei Mord, Ehebruch, Raub und Ehrverletzung wurde es üblich, dem Erstimpuls der Rache zu folgen, zum eigenen Schwert zu greifen und Selbstjustiz zu üben. Nun pflegt allerdings Selbstjustiz keineswegs rechtlos zu sein, vielmehr hält sie sich an das dem Menschen nächstliegende Recht, an das ›ius talionis‹, das Recht der entsprechenden Vergeltung. So war bei einer Tötung gefordert, sie wiederum mit einer Gegentötung zu rächen, was allerdings meist eine lange Serie von weiteren Morden nach sich zog, die nicht selten erst nach Ausrottung ganzer Sippen endigte.

Diese tödliche Kette zu durchbrechen war das erste Bemühen des frühen Rechtes.

§ 31   Das soziale Leben   193

Vergegenwärtigen wir uns als Beispiel die berühmte »Fehde des Sichar« in Tours, wie sie uns Gregor schildert. Der Streit begann am Weihnachtsfest 584, als ein Priester die beiden Adeligen Sichar und Austregisel zu einem Umtrunk einlud, wobei aber der einladende Bote von einem Gefolgsmann des Austregisel erschlagen wurde. Daraufhin fühlte sich der mit dem Priester befreundete Sichar zur Rache verpflichtet, verlor jedoch im Streit mit Austregisel einige Gefolgsleute und außerdem noch seinen wertvollen Silberschmuck. Vor Gericht mußte Austregisel für die Getöteten ein Wergeld (Blutpreis) und für den Raub eine Strafe zahlen. Wenige Tage später aber erfuhr Sichar, daß Austregisel die geraubten Wertsachen, deren Rückgabe das Gericht offenbar nicht hatte erzwingen können, bei einer befreundeten Familie versteckt hielt. Sichar überfiel diese Familie, raubte sie aus und tötete alle bis auf den Sohn Chramnesind. Das Gericht verpflichtete nun Sichar, für die Getöteten an den überlebenden Chramnesind ein Wergeld zu zahlen. Aber diese Zahlung kam nicht zustande, obwohl Gregor, der sich als Bischof zur Friedensstiftung verpflichtet fühlte, die nötige Geldsumme aus Kirchenmitteln zu erlegen bereit war. Chramnesind nämlich lehnte die Annahme des Wergeldes als unehrenhaft ab, weil er sich den Tod seiner Verwandten nicht in Geld auszahlen lassen wollte. Als dann eines Tages das – falsche – Gerücht von Sichars Tod umging, überfiel Chramnesind dessen Anwesen, tötete die Dienerschaft, äscherte alles ein und trieb das ganze Vieh ab. Das Gericht verurteilte daraufhin Chramnesind, auf die Hälfte des früher ihm zugestandenen Wergelds zu verzichten, das er wegen der durch Sichar erlittenen Verluste von diesem hatte erhalten sollen, während Sichar erneut zur Zahlung des jetzt auf die Hälfte reduzierten Wergeldes an Chramnesind verpflichtet wurde. Gregor, der diesen Spruch als ungesetzlich empfand, zahlte aber dennoch um des Friedens willen an Chramnesind den von Sichar zu erlegenden Betrag. Tatsächlich wurde dadurch Frieden hergestellt, und Chramnesind und Sichar wurden sogar Freunde. Als jedoch bei einem gemeinsamen Gelage Sichar spottete, er habe Chramnesind durch die Tötung seiner Verwandten zu dem von Gregor erlegten Bußgeld und damit zu Reichtum verholfen, flammte der Streit jäh wieder auf. Chramnesind fühlte sich in seiner Ehre so tief verletzt, daß er sofort zum Schwert griff und Sichar den Schädel spaltete. Dann wandte er sich an das Königsgericht, das nach einigem Zögern entschied, es habe sich um Notwehr gehandelt, und auf Freispruch erkannte; das heißt, Chramnesinds Selbsthilfe wurde als rechtens anerkannt.

Was an dieser Fehde deutlich wird, ist ein Doppeltes: die Konkurrenz von Gericht und Selbstjustiz sowie das dem Bischof obliegende Bemühen um Ausgleich. Wie aber in der Folgezeit das Gerichtswesen, soweit es noch in antiker Tradition fortbestand, immer mehr zerrüttet und weitgehend machtlos wurde, so wuchs das Fehdewesen mit seinem »Recht« auf vergeltende Tötung. Wohl suchten die germanischen Volksrechte die Sippe eines Getöteten durch eine »Ersatzzahlung« (Wergeld, Wer = Mann, vgl. lat.: vir) zu befriedigen und von der obligaten Rache abzuhalten. Aber solche Zahlungen galten noch lange als unehrenhaft.

Weiter ist zu beobachten, daß auch Städte begannen, ihre Rivalitäten und Streitfälle im Krieg gegeneinander auszutragen. Was Gregor über Tours, Poitiers, Orléans, Blois und Châteaudun an gegenseitigen Gewaltaktionen zu berichten weiß, ist oft genug pure Rache und Vergeltung. Zuletzt kam es dahin, daß der Rachegedanke sogar bei den Kirchenleuten Platz zu greifen begann, zumal bei den jetzt vom König ernannten Bischöfen, die nicht selten ihrer Adelswelt und der dort gepflegten Kampfesmentalität verhaftet blieben. ›Soll ich‹, so läßt Gregor von Tours den Bischof Badigisel von Le Mans ausrufen, ›nur weil ich ein Geistlicher geworden bin, nicht mehr das Unrecht rächen, das mir angetan wird?‹ Am schlimmsten wirkte sich aus, daß die Staatsgewalt nicht mehr über die nötige Sanktions- und Strafgewalt verfügte. So blieb die Blutrache während der ganzen Merowingerzeit, ja während des ganzen Mittelalters, eine rechtlich anerkannte Institution.

Daß gleichwohl »die Ablösung der (Blut-)Rache sich schon früh in beträchtlichem Maß durchgesetzt hat, ist nicht zuletzt auf den Einfluß der Kirche zurückzuführen« (W. Presser). Die Kirche nämlich war an das neutestamentliche Gebot des Racheverzichts gebunden und mußte darum auf eine politische Ordnung hinarbeiten, in der man ohne Selbstjustiz und ohne Rache auskommen konnte. Aber nicht schon in der Merowingerzeit, sondern erst unter Karl dem Großen und Ludwig dem Frommen sind hier ernsthafte Fortschritte festzustellen. Zu bedenken ist dabei allerdings, daß die Ersetzung der Selbstjustiz durch ein allgemein verbindliches Gerichtssystem so viel an Zivilisation und Kultur voraussetzt, daß das frühe Mittelalter eigentlich überfordert war und infolgedessen die Selbstjustiz als unvermeidlich angesehen werden muß. Geradezu exemplarisch kann hieran abgelesen werden, daß die Verwirklichungsbedingungen bestimmter neutestamentlicher Gebote nicht einfach zu allen Zeiten gleich sind. Ein Racheverzicht ist in der Welt der juristischen Selbsthilfe erheblich erschwert, ja oft sogar unmöglich, während er in einem System mit öffentlich-gerichtlicher Rechtswahrung und staatlicher Strafverfolgung dem einzelnen überhaupt abgenommen wird und damit fast problemlos sein kann.

2. Die Ehe

a) Eheformen

Die Eheformen, wie sie bei den Franken und allgemein bei den Germanen üblich waren, lassen sich auf zwei Grundformen reduzieren: die Muntehe und die Friedelehe. Erstere kam in der Weise zustande, daß die Frau aus der Munt (Rechtshoheit) ihres Sippenhauptes, normalerweise ihres Vaters oder auch ihres Bruders, entlassen und in diejenige ihres Mannes übergeben wurde. Eine solche Ehe galt als Lebensgemeinschaft, und sie gewährte der Frau im Hauswesen eine relativ eigene Stellung. Dennoch konnte der Mann die Ehe wieder auflösen; einmal durch eine neue Übereinkunft mit der Sippe der Frau, was aber nur unter außergewöhnlichen Bedingungen möglich war, oder auch durch Verstoßung der Frau, was freilich die Rache ihrer Angehörigen heraufbeschwor. Ein besonderes Problem stellte der Ehebruch dar, zog er doch für Mann und Frau unterschiedliche Konsequenzen nach sich. Die Frau hatte im Fall eines von ihr begangenen Ehebruchs den sofortigen Verstoß oder gar die Tötung zu gewärtigen, während der Mann straflos blieb und sogar ein dauerndes Nebenverhältnis unterhalten konnte.

Besonders hervorstechend ist an der Muntehe – wie es der Name besagt – die Rechtshoheit des Mannes, die nichts weniger bedeutete, als daß über die Frau verfügt wurde, ohne daß sie selbst als Rechtssubjekt hätte auftreten können. Aber dies war die Voll- und Normalform der Ehe. Anders stand es mit der Friedel-Ehe (lat.: frilla – Geliebte), die auf gegenseitigem Konsens beruhte. In einer solchen Ehe hatte die Frau eine selbständigere Stellung; sie vermochte sich beispielsweise selber daraus zu lösen. Friedelehen aber konnten eigentlich nur Frauen aus hochstehenden Familien eingehen; sei es, daß die Frau selber über eine gesicherte Stellung verfügte und beispielsweise ihr Verhältnis zu einem niedriger stehenden Mann von der eigenen Familie toleriert wurde; sei es, daß sich ihre Familie durch ein Verhältnis zu einem besonders Hochgestellten, etwa einem König, geehrt sah. Im Grunde verblieb eine solche Frau in ihrer Sippe und wurde sozusagen nur »ausgeliehen« (G. Duby). Neben der Friedelehe gab es weiter noch die vom Mann bei einer abhängigen Frau eingegangene oder auch erzwungene Geschlechtsgemeinschaft, so vor allem mit Sklavinnen oder kriegsgefangenen Frauen; es war dies das Kebs-Verhältnis (Kebse – Beischläferin, Sklavin, Kriegsgefangene). Beruhten solche Verbindungen zumeist auf sexueller Ausbeutung, so gab es doch auch Fälle, die praktisch einer Friedelehe gleichkamen. Um aber ein Kebsverhältnis wirklich den gehobenen Eheformen anzugleichen, bedurfte es einer Besserung des Rechtsstatus; die Sklavin mußte freigelassen und die Friedel zur rechtmäßigen Ehefrau erhoben werden. Bei den Merowingerkönigen sind tatsächlich mehrmals Sklavinnen zu Königinnen aufgestiegen.

Die den Germanen geläufige Ehepraxis berührte sich nicht unwesentlich mit der klassisch-antiken: einmal in der Geschlechtsvormundschaft des Mannes, sodann in der dem Mann vielfach erleichterten und gelegentlich sogar selbstverständlichen Möglichkeit, sich von der Frau zu trennen, und ferner in der dem Mann geradezu fraglos zustehenden Freiheit, ein Nebenverhältnis zu unterhalten. Dies lief auf eine Doppelmoral hinaus, die dem Mann erlaubte, was der Frau untersagt war.

b) Ehepraxis der Merowinger

Die Ehepraxis, wie sie im merowingischen Königshaus zu beobachten ist, zeigt sich kaum von christlichen Vorstellungen beeinflußt. Die jungen Königssöhne, die mit 15 Jahren ihre Mündigkeit und Heiratsfähigkeit erlangten, gingen in der Regel sofort eine Ehe ein, hatten aber zuvor meist mit Konkubinen bereits Geschlechtsverkehr gehabt und nicht selten auch schon Kinder gezeugt. Die Königinnen stammten gelegentlich aus auswärtigen Königshäusern, so aus dem westgotischen Spanien, aus Langobardien oder Burgund, gewöhnlich jedoch aus den gallorömischen Senatoren- und Optimatenfamilien oder aus dem fränkischen Adel, weiter aber auch aus dem Gesinde und dem Sklavenstand. Die Heiratsfähigkeit der Frauen begann mit 12 Jahren. Die Ehen mit den auswärtigen Königstöchtern waren Muntehen, bei denen die Könige zuweilen eigens ein Versprechen abgeben mußten, Beziehungen zu anderen Frauen abzubrechen und die neue rechtmäßige Gattin niemals zu entlassen.

Chilperich I. (561–584) ließ darum, als er Beziehungen zu seiner Geliebten Fredegunde wieder aufnehmen wollte, die ihm rechtmäßig angetraute Westgotin Galswinth ermorden. Wie viele von den Ehen mit einheimischen Frauen Friedelehen oder Kebsverhältnisse waren, ist wegen der Mehrdeutigkeit des Wortes Konkubinat, das die Quellen in all diesen Fällen gebrauchen, nur schwer zu durchschauen. Alle Ehen konnten von den Männern, zumal wenn keine Söhne geboren worden waren, geschieden werden, wie sie obendrein auch, offenbar sogar leichthin, gebrochen wurden. Daß aber ein Herrscher mehrere Ehefrauen nebeneinander hatte, scheint ungewöhnlich gewesen zu sein; vielleicht darf dies als erstes Anzeichen christlichen Einflusses gewertet werden. Häufig aber bestanden zusätzliche Verhältnisse mit Kebsen. Charibert I. (561–567/68) hatte zunächst eine Ingoberga zur Frau, wandte sich dann einer Magd aus dem Gesinde zu, der Webersochter Merofledis, die dabei sogar als Königin bezeichnet wird; gleichzeitig unterhielt er Beziehungen zu einer Schäferstochter namens Theudogild, die gleichfalls Königin genannt wird, und zuletzt noch zu Merofledis' Schwester Marcoveifa, die aber eigentlich Nonne war. Über den für Kirche und Mission so rührigen Dagobert I. (623–638) schreibt die Fredegar-Chronik: ›Er gab sich über alle Maßen der Ausschweifung hin und hatte fast zur gleichen Zeit drei Königinnen und mehrere Konkubinen ... Es würde zu weit führen, die Namen der Konkubinen in dieser Chronik anzuführen, weil sie so viele waren.‹

c) Ehepraxis des Volkes

Die Ehepraxis des Adels dürfte dem Verhalten der Könige wenig nachgestanden haben. In das Verhalten des gemeinen Volkes können wir nur gelegentlich Einblick nehmen (vgl. § 12,3f). Immerhin gibt es einige bemerkenswerte Beobachtungen, daß zum Beispiel in der Spätantike das Heiratsalter der Männer bei 30 Jahren lag, dann aber sank und dabei auch die Altersdifferenz zu den Frauen sich verringerte, deren Heiratsalter weit niedriger lag, zwischen 15 und 18 Jahren.

Aus 250 Grabinschriften, die Angaben über das Heiratsalter machen, hat sich folgendes ergeben:

Alter bei der Erstheirat

Jahrhundert	Männer				Frauen			
	Anzahl		Alter		Anzahl		Alter	
vor 300	0		–		2		15,55	
300–399	11	(9)	30,25	(27,35)	29	(27)	18,12	(16,80)
400–499	2		22,50		8		15,95	
nach 500	2		25,00		6		18,23	
ohne Datierung	67	(65)	27,17	(26,55)	115	(108)	19,27	(18,16)
	82	(78)	27,43	(26,49)	160	(151)	18,81	(17,48)

(Bei den eingeklammerten Zahlen sind die Erst-Ehen, welche Männer über 40 und Frauen über 30 Jahren abgeschlossen haben, nicht berücksichtigt; nach D. Herlihy).

Sodann muß unter den Provinzialromanen Galliens die Ehescheidung als mehr oder weniger selbstverständlich gegolten haben, wie Formulare von Scheidungsbriefen zeigen.

›Scheidungsbrief: Da zwischen (Name) und seiner Frau (Name) keine gottgemäße Liebe, sondern Zwietracht herrscht, und sie darum nicht mehr zusammenleben können, sind beide zu dem Entschluß gekommen, sich vom ehelichen Zusammenleben trennen zu sollen – was sie dann auch getan haben. Deswegen haben sie wechselseitig diese beiden Briefe gleichen Inhalts schreiben und bestätigen lassen, daß jeder von ihnen die Freiheit hat, zum Dienst Gottes in ein Kloster einzutreten oder eine [neue] Ehebindung einzugehen und daraus keinerlei Anspruch an den anderen Teil besitzt. Wenn aber ein Teil von beiden dies abändern oder seinen Partner belangen will, soll dieser ihm ein Pfund Gold zahlen, und sie sollen, wie beschlossen, von ihrer Ehegemeinschaft getrennt bleiben und bei dem verbleiben, was sie entschieden haben.‹

Fragt man nach den Reaktionen der offiziellen Kirche, so stößt man im merowingischen Gallien auf Schweigen, was angesichts der regen, bis ins 7. Jahrhundert andauernden Konzilstätigkeit verwundern muß. Nach dem Orléanenser Konzil von 533, das dem Mann eine Scheidung wegen Krankheit der Frau verbot, gab es wohl noch zahlreiche Inzestverbote, nie aber ein klar ausgesprochenes Scheidungsverbot. Nach 533 »hat kein fränkisches Konzil bis zur Mitte des 8. Jahrhunderts eine Bestimmung über die Unauflöslichkeit der Ehe erlassen« (P. Mikat). Man hat sich zu diesem Punkt offensichtlich ausgeschwiegen.

3. Sozialfürsorge

a) Prekäre Lebensbedingungen

Beim Eintritt ins Mittelalter war die Kirche »die einzige Verwalterin von Fürsorge und Armutsauffassung, weil darin kein Staat zuvor eine Verpflichtung erblickt hatte« (U. Lindgren). Die Sozialsituation hatte sich freilich im Übergang von der Antike zum Mittelalter grundlegend gewandelt: Der Westen kannte keine Großstädte mehr mit

§ 31 Das soziale Leben   197

Zehntausenden von Einwohnern und zahllosen Verarmten. Aber die Not hatte sich darum nicht verringert. Die zivilisatorischen Lebensbedingungen waren – zumal für moderne Maßstäbe – unvorstellbar primitiv: Keiner, ob hoch oder niedrig, der nicht wenigstens zeitweise Entbehrungen, öfter aber bleibende Gebrechen und Nöte ertragen mußte.

Schon die allernotwendigsten Lebensvoraussetzungen waren prekär: die geringen Ernteerträge, die einseitige Ernährung – die Skelette frühmittelalterlicher Friedhöfe weisen auf Vitamin- und Eiweißmangel hin –, die erbärmliche Kleidung, die ungesunden Wohnverhältnisse, die mangelnde Hygiene, das gänzliche Fehlen einer medizinischen Versorgung. Die Folge war eine oft schreiende Not: Hunger und Kälte, Verelendung und Verschuldung, dazu häufig körperliche Schäden wie Blindheit, Taubheit, Gicht, Lähmung, unheilbare Wunden und nicht zuletzt Geisteskrankheiten. Jederzeit hatte man den Verlust von Haus und Hof oder der Eltern bzw. des Ehepartners zu gewärtigen, auch den Verlust der Freiheit oder Vertreibung und Verbannung. Mit einem Schlag konnten die Lebensgrundlagen verlorengehen; der Bauer brauchte nur sein Vieh oder sein Saatgut einzubüßen, der Handwerker sein Werkzeug, der Kaufmann sein Handelsgut, der Adelige sein Pferd oder die Waffen. Auf der Stelle waren sie Arme und in ihrer Existenz bedroht. »Dem Armen fehlen Geld, Beziehungen, Einfluß, Macht, Wissen, technische Qualifikationen, ehrenhafte Geburt, physische Kraft, intellektuelle Fähigkeit, persönliche Freiheit, ja Menschenwürde« (M. Mollat). Ein Heer von Heruntergekommenen, deren Leben zutreffend nur als Vegetieren bezeichnet werden kann, bevölkerte die mittelalterliche Welt: übelriechend, unansehnlich, mit Geschwüren bedeckt, von Gebrechen entstellt und notgedrungen zudringlich. Viele der Großen, selbst Bischöfe, hielten sich gelegentlich die andrängenden Bettlerscharen mit Hunden vom Leibe. Da der Zeit die Möglichkeiten fehlten, dieses Elend in spürbarer Weise zu beheben, schien alle Armenhilfe vergeblich und letztlich sogar sinnlos zu sein. Die Vorstellung, wirklich hilfreiche Maßnahmen einleiten zu können, kam gar nicht erst auf, ebensowenig der Gedanke an eine »Gesellschaftsveränderung«. Armut, so mußte es scheinen, war unabänderliches Schicksal, und so hatte es die Antike immer schon aufgefaßt.

b) Armen-Matrikeln

Dennoch beharrte die christliche Predigt darauf, daß Armenfürsorge eine jedermann obliegende Pflicht sei, und das hieß konkret: Almosen geben, Hungernde speisen, Nackte kleiden und Gefangene loskaufen (vgl. § 8,1d; § 12,3i; § 26,5b). »Das Wissen über die Existenz der Armut und das Gefühl, zu ihrer Linderung verpflichtet zu sein, bildete sich langsam, sehr langsam heraus, durch Predigten, Heiligenviten, Wundererzählungen, Gleichnisse und durch die caritativen Einrichtungen, die den Reichen zur Nachahmung empfohlen und für die Armen geöffnet wurden« (M. Mollat). Den Bischöfen wurde als erstrangige Aufgabe zugesprochen, Vater der Armen zu sein, und zu den Bedingungen, die ein Heiliger erfüllen mußte, gehörte unabdingbar seine Sorge um die Armen, die Witwen und Waisen. Die von den Päpsten Simplicius († 483) und Gelasius I. († 496) angeordnete Vierteilung der kirchlichen Einkünfte, von denen ein Viertel für die Armen abgezweigt werden sollte, ging in das frühmittelalterliche Kirchenrecht ein und wurde zur allgemeinen Regel.

In Gallien kam es zu einer gewissen Sonderentwicklung, daß nämlich alle Kirchen, sowohl die Kathedralen wie die Klöster und offenbar auch die Dorfkirchen, verpflichtet wurden, eine Anzahl von Armen zu unterhalten und sie in eine eigene ›Liste‹ (matricula) einzutragen. Bezeugt sind solche Matrikeln für Reims (bald nach 500), Laon (520), Clairmont (556) und Tours (586), insgesamt für gut zwanzig Orte. Für gewöhnlich waren es nur wenige, meist zwölf, die in den Genuß dieser festen Versorgung kamen; gelegentlich aber konnte die Zahl erheblich höher sein. Ursprünglich dürften die Matricularii Invaliden gewesen sein, die in eigenen Matrikel-Häusern lebten. Bald aber sehen wir, daß man auch Arbeitsfähige einschrieb und die Unterstützungsempfänger zu Arbeiten heranzog. Damit wandelte sich der Charakter der Matrikeln; sie lieferten das Geld für die Kirchenbediensteten. Das zur Versorgung der Matricularii zusammengetragene Vermögen wuchs mancherorts so stark an, daß zum Beispiel später Karl Martell die Matrikel von Tours an einen seiner Gefolgsleute ›verlieh‹.

c) Xenodochien

Sodann breitete sich im 5. und 6. Jahrhundert das im christlichen Osten entstandene Institut der Diakonie aus, das sowohl caritative Versorgungsbehörde wie auch Hospiz und Krankenhaus war und in Gallien zumeist Xenodochium hieß (vgl. § 12,3i). Nach der ersten Gründung durch Caesarius von Arles folgten bald weitere; insgesamt sind sie an 34 Orten bezeugt. In den Städten finden sie sich oft in der Mehrzahl, beispielsweise in Le Mans sieben; gelegentlich gibt es sie auch in kleineren Orten. Sie verdanken sich zunächst der Initiative der Bischöfe, aber ebenso der Klöster und zuletzt auch der Könige oder sonstiger Begüterter. Mit der caritativen und medizinischen Versorgung erfolgte immer eine geistliche Betreuung, weswegen die Xenodochien oft einen klösterlichen Charakter hatten und die Insassen auch zu geistlichem Tun angehalten wurden. Das Vermögen zählte zum bischöflich kontrollierten Kirchengut, konnte aber – zumal bei privaten Gründungen – gelegentlich den Charakter einer eigenständigen Stiftung annehmen. Einzelne Xenodochien widmeten sich besonderen Aufgaben, so der Pflege von Leprosen.

Von der Königin Radegunde (vgl. § 29,2c) wird berichtet, daß sie sowohl in Häusern der Matrikularier wie in solchen der Leprosen eigenhändig bei der Pflege mitgewirkt habe: Sie habe den Insassen das Bad bereitet, sie in Badetücher gehüllt; trotz eigenen Ekels vor Ungeziefer, Geschwüren und Eiter habe sie nässende Hautausschläge gereinigt, eiternde Geschwüre behandelt, die Frauen von Kopf bis Fuß gewaschen und den Invaliden den Mund und die Hände abgewischt. Auch habe sie die Tische bereitet, die Speisen aufgetragen und die Blinden gefüttert. Die Aussätzigen habe sie umarmt, sogar geküßt, und die Fremden mit Geld und Proviant versehen. Mag eine solche Schilderung auch idealisierend den niederen Dienst einer Königin verherrlichen wollen, so vermittelt sie doch eine realistische Darstellung des Xenodochiums wie auch des Elends der vielfach schrecklich Leidenden und unheilbar Kranken.

d) Stiftungen

Zum Almosengeben wurden als erste die Begüterten und Mächtigen angehalten. Große Schenkungen kamen bereits vom König. Bekannt ist die Klage Chilperichs I. († 584): ›Unser Reichtum ist auf die Kirche übertragen worden.‹ Aber »die erhebliche Zunahme des kirchlichen Vermögens im 6. und 7. Jahrhundert ist zu einem nicht unwesentlichen Teil auch auf Vermächtnisse der Bischöfe zurückzuführen« (E. Ewig). Neben einzelnen Schenkungsurkunden zeugen vor allem die Testamente von der den Wohlhabenden auferlegten Sozialverpflichtung, sollte doch nach dem Willen mancher Kirchenväter sozusagen Christus als gleichberechtigter Erbe eingesetzt und das ihm zustehende Erbteil als ›Seelteil‹ der Kirche vermacht werden.

Ein Beispiel bietet das 634 abgefaßte Testament des Diakons Adelgisel-Grimo, die ältesterhaltene Urkunde der Maas-Mosel-Gegend: Haupterbe ist neben der Bischofskirche von Toul, wo Adelgisel groß geworden war, das Kloster Longuyon (nordwestl. Metz) mit seinem Xenodochium für 16 ständig zu unterhaltende Arme; weiter werden die Matrikeln von Trier, Huy (an der Maas) und Tours bedacht, letztere mit 150 Solidi; ebenso erfolgen Zuwendungen an die Leprosen in Toul und Maastricht, wie endlich auch noch eine Reihe von Sklaven-Freilassungen bestätigt werden. Ein ungewöhnlich umfangreiches Testament ist von Bischof Berthram von Le Mans († 626/27) überliefert. Noch bis in die Französische Revolution war das Original, eine aus Pergamentstücken zusammengesetzte, sieben Meter lange Rolle, erhalten. Berthram, der einem der großen, königsnahen fränkischen Geschlechter entstammte und aufgrund der Heirat seines Vaters mit einer Erbtochter aus dem südgallischen Westgotenreich Besitzungen in ganz Gallien hatte, stellte darüber in seinem am 27. März 616 ausgefertigten Testament seine letztwillige Verfügung aus. Als Erben eingesetzt wurden die eigene wie noch andere Bischofskirchen, ebenso einige von ihm selbst gegründete Kirchen, aber auch König und Königin sowie Anverwandte; des weiteren wurden die Armen sowie verschiedene Matrikeln bedacht, wie auch eine Reihe von Sklaven freigelassen wurden. Nicht zuletzt sorgte der Bischof für sein Gedächtnis, sein Grab und eine entsprechende kultische Ehrung.

e) Sklaven und Gefangene

In den germanischen Nachfolgereichen auf römischem Boden dürfte die Zahl der Sklaven die der Freien übertroffen haben (vgl. § 24,1c). Kriegs- und Beutezüge dienten gerade auch der Neugewinnung von Sklaven. Die Volksrechte sowohl der Westgoten wie der Langobarden wie auch der Franken erweisen sich bis zu einem Drittel ihrer Bestimmungen als Sklavenrecht (vgl. § 26,2). Von den in der Antike bereits angestrebten humanitären Verbesserungen ist darin nichts zu finden. Die Herren konnten schrankenlos über das Leben ihrer Sklaven verfügen und jede Art von Bestrafung ausüben. Die Quellen der Merowingerzeit bezeugen einhellig eine uneingeschränkte Sklavenhalterei.

Zur Vermehrung dienten die Kriegszüge; bei einem Spanienzug im Jahre 530 wurden Kriegsgefangene ins Frankenreich verschleppt, ›wie bei Hunden zwei und zwei zusammengebunden‹. Der Bedarf an Sklaven war groß, der Handel entsprechend rege, und die Preise bewegten sich zwischen 12 und 25 Solidi (zum Vergleich: ein Pferd kostete 5 bis 15 Solidi). Das willkürliche Straf- und Tötungsrecht der Herren blieb unbeschränkt. Auch waren die Sklaven in den Geschlechtsbeziehungen von ihren Herren abhängig, sowohl bei der Eingehung einer solchen wie auch bei der Fortsetzung. Gregor von Tours weiß von grausigen Vorfällen. Der Adelige Rauching, für ein ihm gehörendes Sklavenpaar von einem Priester um die Zustimmung zur Ehe gebeten, gab die eidliche Versicherung, die beiden nicht mehr trennen zu wollen, erfüllte dies aber damit, daß er sie lebendigen Leibes, die Frau unten und den Mann oben liegend, beerdigen ließ. Die rechtlichen Bestimmungen waren nicht weniger brutal: Bei geschlechtlicher Beziehung zwischen einer freien Frau und ihrem Sklaven verloren beide ihr Leben, der Sklave durch Hinrichtung und die Frau durch Tötung seitens ihrer Verwandtschaft. Obwohl sich die Gesetzgebung der Merowingerzeit vielfältigst mit den Sklaven befaßte, geschah nichts, um deren Rechtlosigkeit zu mildern. »Hier blieb es der Kirche überlassen, mit geistlichen Strafen den Exzessen der Herren entgegenzutreten« (H. Nehlsen).

Die merowingischen Synoden haben sich denn auch des öfteren mit der Sklavenfrage befaßt und ihr humanitäres Anliegen zur Geltung zu bringen versucht. Die Kirchenleute selbst wollten mit gutem Beispiel vorangehen. Auf den kircheneigenen Gütern sollten die Sklaven bessere Bedingungen finden, mehr arbeitsfreie Zeit und weniger Abgaben. ›Die Kirchensklaven sollen mit leichterer Arbeit belastet werden als die Sklaven der Laien, und zwar sollen sie Gott preisen und sich darüber freuen, daß ihnen die Priester ein Viertel aller Abgaben und der Dienste erlassen‹, so deklarierte 551 das Konzil von Eauze (Dep. Gerse). Ob und wie dies durchgeführt worden ist, entzieht sich allerdings unserer Kenntnis. Immerhin kam den Sklaven die Sonntagsruhe zugute; auch konnten sie die Kirchengerichte in Anspruch nehmen; vor allem aber durften sie Eigentum erwerben und vererben. Immer gewährte die Kirche den Sklaven die Möglichkeit des Eheabschlusses und suchte dies auch bei den Besitzern durchzusetzen. Ferner erhoben die Konzilien im 7. Jahrhundert die Forderung, die Sklaven nicht mehr außerhalb des Frankenreiches oder an Heiden zu verkaufen. Dies alles waren zweifellos wichtige Verbesserungen, ja sogar die Ansatzpunkte für die in der Karolingerzeit vollzogene Umwandlung der Sklaverei in die Hörigkeit. Doch anerkannte die konziliare

Gesetzgebung grundsätzlich das Eigentumsrecht der Herren, schärfte freilich immer die Verpflichtung ein, die Sklaven menschlich zu behandeln. Den Sklaven sollte zum Beispiel ein ordentliches Gerichtsverfahren ermöglicht werden. Vor allem sollten sich die Besitzer nicht das Recht über deren Leben anmaßen. Wer einen Sklaven selbstherrlich tötete, erfuhr kirchlicherseits – so bereits die Synode von Epao – die Exkommunikation. Sofern ein Sklave im Asyl Zuflucht suchte, sollte er nur gegen Zusicherung einer menschlichen Behandlung wieder an seinen Besitzer herausgegeben werden. Nicht aber anerkannte das 541 in Orléans abgehaltene Konzil die von Sklaven im Asyl abgeschlossenen Ehen, obwohl die Kirche die Sklavenehe sonst immer protegierte. Auch sollten keine Sklaven ohne Zustimmung ihrer Herren Kleriker werden können. Endlich wurde dem Bischof verboten, die auf Kirchengütern tätigen Sklaven in zu großer Zahl freizulassen, weil dadurch eine Ertragsminderung, nicht zuletzt auch im Blick auf die Armenfürsorge, zu befürchten war.

Im ganzen bleibt als Fazit, daß die Konzilien mit ihren Forderungen nach Einschränkung der Herrengewalt, nach menschlicher Behandlung und Gerichtsunterstellung der Sklaven ein wichtiges Leitbild für deren Besserstellung lieferten. »In der Tat, die konziliare Gesetzgebung der Merowingerzeit vermittelt den Eindruck, buchstäblich einer anderen Welt als der der Barbarenrechte und der Königsedikte anzugehören; nichtsdestoweniger gehört sie ihrer Zeit an, daß sie nämlich mit einer Gesellschaft befaßt ist, in der Sklaverei und ähnliche Gegebenheiten zu den Realitäten des Alltags zählen, auf welche die Kirche oft einen mildernden Einfluß ausübt, durch die sie aber gleicherweise an die Welt – aufgrund der Schenkungen, die sie annimmt – gebunden bleibt« (Ch. Verlinden).

Weiter befassen sich die Konzilien mit den Gefangenen. Unter den Bestimmungen darüber, welche Anteile des Kirchenvermögens und der Einkünfte Sozialzwecken zuzuführen sind, finden sich auch solche für die Betreuung von Gefangenen. Sonntags soll, so heißt es einmal, der Archidiakon, der bischöfliche Vermögensverwalter, die Gefangenen besuchen und ihnen den Lebensunterhalt für die Woche bringen. Wichtiger noch war der Freikauf der Kriegsgefangenen, die von den Siegern verkauft wurden und einen wesentlichen Teil des Kriegsgewinns ausmachten (vgl. § 20,2). Das Los der Gefangenen gestaltete sich noch beklagenswerter als das der Sklaven. Die Kirchenleute nahmen sich darum ihrer besonders an. »Es wäre höchst ungerecht, das große Werk der Gefangenenfürsorge und des Loskaufes der Gefangenen durch Bischöfe und Priester schmälern zu wollen«; man muß quellengemäß »konstatieren, daß auf ihren Schultern die Hauptlast ruhte« (F. Graus). In den Rang der Heiligkeit konnte nur aufsteigen, wer auch Gefangene losgekauft hatte.

f) Asyl

Ein Asylrecht war der römischen Antike nur in Ansätzen bekannt: Ein freier Römer, der zu einer Kaiserstatue floh, war dort für eine bestimmte Zeit gegen den Zugriff der Behörden geschützt, ebenso ein Sklave vor seinem Herrn. Ein kirchliches Asyl entwickelte sich zuerst im Osten in Anlehnung an den griechischen Tempelschutz: Wer in der Kirche Zuflucht suchte, hatte ein Anrecht auf Schutz und Hilfe durch den Bischof. Nach 400 wurde dieses kirchliche Asylrecht auch im Westen gesetzlich anerkannt. Der Asylant sollte während seines Aufenthalts in der Kirche vor Zwangsmaßnahmen geschützt sein; er erhielt einen Aufschub in der Strafverfolgung, nicht jedoch einfachhin eine Begnadigung. In der Regel konnte der Asylant darauf hoffen, dank bischöflicher Fürsprache eine wenigstens gerechte oder sogar milde Behandlung zu erfahren. Von Anfang an stand das Kirchenasyl auch den Sklaven offen; sie sollten dort vor der

Willkür ihrer Herren Schutz suchen können. Eine besondere Entwicklung erfuhr das Asylrecht in Gallien. Weil das fränkische Recht, im Gegensatz zum burgundischen und westgotischen, kein Asyl kannte, suchte es die Kirche um so nachdrücklicher durchzusetzen. Während das spätantike Kaiserrecht bestimmte Vergehen wie Mord, Ehebruch und Frauenentführung vom Asylschutz ausnehmen wollte, ließ das erste fränkische Reichskonzil von Orléans (511) auch Mörder, Ehebrecher und Diebe als Asylberechtigte zu, freilich nicht in der Absicht einer Strafentziehung, sondern einer gerechten bzw. strafmildernden Beurteilung. Sklaven wurden aus dem Asyl nur dann herausgegeben, wenn ihre Herren Strafverzicht oder wenigstens menschliche Behandlung gelobten; bei Bruch ihrer Zusage verfielen die Herren der Exkommunikation. Wenn Kleriker die Sklaven entkommen ließen – was oft genug geschah –, hatten sie den Besitzer zu entschädigen. Im Lauf der weiteren Entwicklung hat das Asylrecht gerade in Gallien seine weiteste Ausbildung erfahren.

Wie schwierig und gefährlich das Asyl den Kirchenleuten werden konnte, zeigt ein Beispiel aus Tours. Ein Eberulf, der eines Königsmordes beschuldigt wurde, hatte in der Martinskirche Asyl gesucht und lebte dort in der Sakristei, wo er nächtliche Gelage abhielt, dadurch das Stundengebet störte und einmal sogar Bischof Gregor beim Psalmengesang beschimpfte und einen der Geistlichen verprügelte. Mit Gregor lag er ohnehin in Streit und erklärte, wenn der König ihn aus der Kirche fortschleppen lassen wolle, werde er mit der rechten Hand die Altardecke festhalten – was zum Asylschutz erforderlich war – und ›mit der anderen mein Schwert zücken und zuerst dich und alle erreichbaren Geistlichen niederstrecken. Es erschiene mir das eigene Niedergehauenwerden nicht mehr als Unbill, wenn ich mich an den Geistlichen dieses Heiligen [Martin] gerächt hätte‹. Für Gregor konnte nur der Teufel selbst so reden.

§ 32 Niedergang

1. Ende der antiken Bildung

Gregor von Tours hebt in seinen Geschichtsbüchern mit einer großen Klage an:

›Da die Pflege der schönen Wissenschaften in den Städten Galliens in Verfall geraten ist, ja sogar im Untergang begriffen ist, hat sich kein in der Redekunst erfahrener Grammatiker gefunden, um in Prosa oder Versen zu schildern, was sich unter uns zugetragen hat; und doch hat sich vieles ereignet, Gutes wie Böses. Es raste die Wildheit der Heiden, und die Wut der Könige wurde groß, von den Irrgläubigen wurden die Kirchen angegriffen und von den Rechtgläubigen geschützt, in Vielen erglühte und in nicht Wenigen erkaltete der Glaube an Christus, die heiligen Stätten wurden von den Frommen reich geschmückt und von den Gottlosen geplündert. So mancher hat oftmals jenen Mangel beklagt und ausgesprochen: Wehe über unsere Tage, daß die Pflege der Wissenschaften bei uns untergegangen ist und niemand im Volke sich findet, der das, was zu unseren Zeiten geschehen ist, zu Pergament bringen könnte!‹

Gregors Klage hat den weiteren Verfall nicht aufhalten können. Wohl ist noch der in Ravenna ausgebildete Venantius Fortunatus († nach 600) zu erwähnen, der nach einer Wunderheilung am Turoner Martinsgrab in Gallien blieb und Bischof von Poitiers wurde. Hochbegabt für die Dichtkunst, hat er ein umfangreiches Werk hinterlassen. Aber dann setzt eine der »dunkelsten Epochen der mittelalterlichen Geschichte ein« (E. Ewig): Mit der 643 endenden Fredegar-Chronik versiegen die gallischen Quellen für ein halbes Jahrhundert. Vorausgegangen war das langsame Absterben der Schulen, die von der allgemeinen Schädigung des Zivilisationsapparates schwerstens betroffen wurden und damit den Niedergang der Bildung beschleunigten. Wohl versuchten noch die großen Familien, ihre Kinder privat auszubilden; aber es läßt sich genau verfolgen, wie mit jeder Generation das antike Bildungserbe ärmer wurde und in der zweiten Hälfte des 7. Jahrhunderts die letzte Spur wie verwischt schien. Gallien, einstmals eine römische Provinz mit bedeutender literarischer Produktion, begann zu verstummen. Nur eine Ausnahme ist zu erwähnen: ein »Defensor« genannter Autor aus der Martinsabtei Ligugé (südl. Poitiers), der um 700 in seinem ›Liber scintillarum‹ Exzerpte aus der Bibel (hauptsächlich aus dem Neuen Testament, den Proverbien und Jesus Sirach) sowie aus den Väterschriften von Hieronymus bis Isidor hin gesammelt hat, die wie ›Leuchtfunken‹ wirken sollten; das Buch wurde in monastischen Kreisen während des ganzen Mittelalters gelesen; auf diese Weise wurde der Defensor »der erfolgreichste Schriftsteller der Merowingerzeit« (W. Berschin).

Als Folge des literarischen Verfalls zeigte sich eine rasche Verwilderung von Sprache und Schrift. Im Anhang des gegen 700 entstandenen Bobbio-Missale findet sich zum Beispiel ein Text in nahezu unverstehbar gewordenem Latein:

›Undecemo diae ante kalendas abrilis dixindit uerbum domini in sancta mariam adnunciantem gabriel arcangelum et cuncepit christo tempore erudis regem renanti in israel super iudeus septem dies ante kalendas ianuarias natus est in betelem civitatem sub ipsu erodi reges VI dies di ienuarium babteiatus est annorum XXX.‹

Korrekt muß es heißen:

›Undecimo die ante kalendas aprilis descendit uerbum domini in sanctam Mariam adnuntiante Gabriele archangelo et concepit christum tempore Herodis regis regnantis in Israel super Judaeos, septem dies ante kalendas ianuarias natus est in Bethlehem civitate sub ipso Herode rege, VI die ianuarii baptizatus est annorum XXX.‹
›Am elften Tag vor den Kalenden des April stieg das Wort des Herrn bei der Verkündigung des Erzengels Gabriel zur heiligen Maria herab, und sie empfing Christus zur Zeit des Königs Herodes, der über die Juden in Israel regierte; sieben Tage vor den Kalenden des Januar ist er in der Stadt Betlehem unter eben dem König Herodes geboren worden; getauft wurde er am 6. Januar mit dreißig Jahren.‹

Der originale Text kennt weder Orthographie noch Grammatik, keine korrekten Casus-Endungen und ebensowenig eine Interpunktion. Ein solcher Verfall aber mußte für das Christentum schwerwiegende Folgen haben: Es war als Buchreligion auf Lesen und Schreiben, auf literarisches Verstehen und Hermeneutik angewiesen; vor allem auch die christliche Dogmatik hatte sich in philosophischer Begrifflichkeit artikuliert. Nun aber schwand selbst die Kenntnis des Lateinischen dahin.

Der mit dem Niedergang der Bildung verbundene Verlust an Schriftlichkeit mußte weiter auch die Staatsverwaltung treffen. Denn wie sollte man die zum Funktionieren des Staatsapparates notwendigen Verwaltungsleute ausbilden? Und noch elementarer: Wie etwa sollten Gesetzestexte zur Kenntnis gebracht werden? Während noch die Westgoten-Könige um die Mitte des 7. Jahrhunderts bedeutende Anstrengungen zur Verbreitung korrekter Gesetzesbücher unternahmen, so in deren Neufassung und sogar preisgünstiger Kaufmöglichkeit, setzte im Frankenreich eine Text-Zerrüttung ein, die eine verbindliche Rechtsauslegung unmöglich machte. Bei den fränkischen Richtern wird man Zweifel hegen müssen, ob sie noch »die lex scripta überhaupt lesen, geschweige verstehen konnten« (H. Nehlsen). Bezeichnenderweise sah später die karolingische Reform ihre Hauptaufgabe darin, mit korrekter Schrift und mit Normtexten wieder neu anzufangen.

2. Niedergang der Merowinger

Von Anfang an bewirkten die Teilungen, die das Frankenreich aufgrund des jedem Königssohn zustehenden Erbanteils erfuhr, eine empfindliche Schwächung. Schon Chlodwig nahm eine Aufteilung unter seine vier Söhne vor. Zwar konnte Chlothar I., der als Jüngster seine Brüder überlebte, das Reich für kurze Zeit wieder vereinen (558–561), aber bei seinem Tode wurde es erneut geteilt, wie schon 511. Diese Teilreiche blieben während des ganzen 6. Jahrhunderts bestehen und entwickelten ein Eigenbewußtsein, das seit etwa 600 auch zu eigenen Benennungen führte: Austrasien im Osten, Neustrien im Westen und Burgund im Süden. Den Einheitsbestrebungen der späten Merowinger entstanden dadurch große Schwierigkeiten. Die Neustrier Chlothar II. († 629) und sein Sohn Dagobert I. († 638), die das Reich noch einmal zu vereinen vermochten (613–638), konnten sich ein direktes Eingreifen in Austrasien schon nicht mehr erlauben. Hier begannen die Arnulfinger und Pippiniden, die Ahnen der Karolinger, im Schutze des neuen Eigenbewußtseins ihren Aufstieg. Zudem haben seit dem Tode Dagoberts I. nur noch Knaben den merowingischen Thron bestiegen, und diese sind nicht über 25 Jahre alt geworden. Einzig die verwitwete Königin Balthild († 680), die vom Sklavendasein zur Regentin aufgestiegen war, vermochte noch einmal ein energisches Regiment zu entfalten. Die politisch-militärische Kraft aber reichte nicht mehr aus, alle Teile des Frankenreiches zusammenzuhalten. Die einzelnen Teilreiche bestanden auf ihrer Eigenständigkeit. Aquitanien erstrebte volle Unabhängigkeit, und die rechtsrheinischen Gebiete Thyringen, Alemannien und Baiern suchten sich von der fränkischen Oberhoheit zu lösen. Die eigentlichen Geschicke bestimmten die Großen, vor allem die Hausmeier, denen die merowingischen »Schattenkönige« die Legitimität für eine ansonsten eigenmächtige Herrschaft leihen mußten.

4. Kapitel: Irland

§ 33 Christianisierung

1. Keltisches Reliktgebiet

In der alteuropäischen Geschichte müssen die Kelten als die großen Verlierer bezeichnet werden. Einstmals in Gallien, im heutigen Süddeutschland und bis nach Norditalien verbreitet, erlagen sie infolge der römischen Eroberung der nachfolgenden Romanisierung und östlich des Rheins der von Norden her vordringenden Germanisierung. Nur in den westlichen Randzonen, auf den britischen Inseln und in Irland, vermochten sie sich zu halten. Irland nimmt dabei insofern eine Sonderstellung ein, als hier vom übrigen Keltentum bereits abgesonderte, oftmals altertümliche Lebens- und Sprachformen weiterlebten. Die Insel besaß eine schriftliche Kultur von bedeutendem Rang. Für Religion und Recht wirkte eine hochangesehene Gelehrtenschicht: die Druiden (Priester), Dichter und Rechtskundige. Der gesellschaftliche Aufbau gliederte sich nach Adel, Freien und Unfreien. Sie alle führten eine kriegerisch-bäuerliche Lebensweise. Als kleinste Zelle fungierte die Sippe (derbfine), die als Träger von Recht und Eigentum galt. Die wichtigste politische Formation war das (Klein-)Reich (túath, vgl. germ.: theod), dessen Leitung jeweils ein König (ré, vgl. lat.: rex) innehatte. Hundert und mehr solcher Reiche soll es auf der Insel gegeben haben, aus denen sich mit der Zeit fünf Provinzialkönigtümer herauszuheben vermochten. Ein zentrales gesamtirisches Königtum wurde jedoch nicht erreicht.

2. Missionare

a) Palladius

Irland ist von den Römern nicht erobert worden und infolgedessen von der antiken Welt relativ unberührt geblieben. Nach Abzug der römischen Legionen aus Britannien (410) begannen die Iren, die Westküste des nunmehr schutzlosen Nachbarlandes zu plündern und bald auch politisch zu beherrschen. Die im Norden ansässigen Pikten kamen damals unter den Einfluß der Iren und nahmen deren Sprache an. Trotz dieses Ausgriffs war der gegenläufige Einstrom historisch gewichtiger: Irland wurde christlich. Die erste Nachricht verdanken wir Prosper Tiro von Aquitanien († nach 455), der am südgallischen Pelagianismus-Streit beteiligt war, dann seit 440 in der römischen Kanzlei Papst Leos des Großen arbeitete und hier eine Chronik schrieb, in der es zum Jahre 431 heißt: Zu den christgläubig gewordenen Iren sei als erster Bischof der von Papst Coelestin (422–432) geweihte Palladius entsandt worden. Es ist dies das einzig sichere Datum der irischen Missionsgeschichte, wobei aber schon über das Wirken des Palladius nichts Genaueres mehr auszumachen ist. Im übrigen deuten archäologische Anzeichen auf eine Existenz irischen Christentums schon gegen Ende des 4. Jahrhunderts hin.

b) Patrick

Als Apostel Irlands gilt der heilige Patrick. Das in irischen Annalen als Beginn seiner Mission angegebene Jahr 431 sieht die Forschung als unzuverlässig an; andere Vorschläge aber variieren von 400 bis 460. Von Patrick besitzen wir zwei Selbstzeugnisse, eine ›Confessio‹ (Selbstbekenntnis) und einen Brief an eine Soldatengruppe. Danach stammte Patrick aus Britannien, wo sein Vater römischer Zivilbeamter (Decurio) und zugleich Diakon war. Mit etwa 15 Jahren, dem Glauben noch fernstehend, wurde er nach Irland verschleppt und zum Viehhirten versklavt. Eine Erleuchtung ließ ihn nach sechs Jahren entfliehen und den Weg in die Heimat zurückfinden. Dort aber mahnten ihn ›Stimmen der Iren‹, wieder umzukehren und auf der Insel zu missionieren. Wenn Patrick zwischenzeitlich, wie die jüngere Überlieferung will, längere Zeit in Gallien (Auxerre) und auch in dortigen Mönchskreisen (Lérins) gelebt hat, würde dadurch manches in seinem Leben besser verständlich, nur fehlt der klare Beweis. Sicher ist er Bischof geworden und hat nach eigenen Worten das Evangelium verkündigt ›bis dorthin, wo weiter kein Mensch mehr ist‹, und so ›die Iren zu einem Volk des Herrn‹ gemacht. Vielleicht ist das im Norden der Insel gelegene Armagh, weil damals der mächtigste Königsort, sein Bischofssitz gewesen. Von einer Verbindung mit Palladius hören wir nichts.

Patricks Wirken scheint den entscheidenden Schritt in der Christianisierung der Insel bewirkt zu haben. Infolge der angelsächsischen Eroberung Englands, die sich wie eine Barriere zwischen Irland und den Kontinent legte, fand sich die irische Kirche stark auf sich selbst verwiesen. Treu suchte sie das Erbe der Anfangszeit zu wahren, blieb aber von den weiteren Entwicklungen auf dem Kontinent abgeschnitten. So wurde eine von Rom ausgehende neue Berechnungsweise für das Osterfest auf der Insel nicht mehr registriert. Dies und noch manch anderer Sonderbrauch schufen später in der Begegnung mit dem kontinentalen Christentum den Stoff für heftige Auseinandersetzungen. Folgenreicher aber war, daß die irische Kirche in ihrer abgesonderten Lage Sonderbräuche entwickelte, die in das ganze westliche Christentum eingehen sollten; zu verweisen ist vor allem auf Formen des Mönchslebens und der Buße.

§ 34 Irisches Christentum

1. Die Klöster

a) Mönchsleben

Während schon Patrick von ersten Mönchen und Nonnen auf der Insel berichten konnte, entstanden im 6. Jahrhundert eine ganze Reihe nachmals hochberühmter Klöster: Die heilige Brigida († gegen 523) gründete das Doppelkloster Kildare, der heilige Finnian († um 550) Clonard, der heilige Ciarán († um 550) das im irischen Mönchtum so wichtige Clonmacnoise und der heilige Comgall († um 601) das später bis zum Kontinent ausstrahlende Bangor. Der bestbekannte Klostergründer ist Columba der Ältere (Colum cille = Kirchentaube, † 597). Auf ihn, einen Angehörigen der Königsfamilie der U'Neill, gehen die Klöster Durrow, Derry und vor allem Iona zurück, letzteres auf einer dem Piktenland (Schottland) vorgelagerten Hebriden-Insel gelegen. Ihrer Anlage nach erscheinen die Klöster als eine Ansammlung lose zusammengefügter Gebäude. Das Klosterareal war von einer Wallmauer umgeben, innerhalb deren die einzelnen Bauten lagen: die zu zweit oder zu dritt bewohnten Mönchszellen, meist eine Mehrzahl von kleinen Kirchen, dann das Refektorium und die Wirtschaftsgebäude, endlich noch Schule und Hospiz. Einige dieser Klosterkirchen und Mönchszellen, einfach aus Stein geschichtet, sind erhalten geblieben, so zum Beispiel die bienenkorbähnlichen Zellen auf dem Michaelsfelsen vor der irischen Südküste. Die Askese, deren man sich in den Klöstern befleißigte, war äußerst hart, »fast ein lebendiger Tod« (R. McNally). Das tägliche Gebetspensum umfaßte nicht selten den Psalter mit allen 150 Psalmen, weiter auch asketische Übungen wie Ausbreiten der Arme in Kreuzesform (crossfigel – crucis vigilia), strenges Fasten, lange Nachtwachen, zahllose Kniebeugen, Stehen in eiskaltem Wasser und sogar Stockschläge schon für geringste Vergehen. Gebete wurden vielfach apotropäisch aufgefaßt, als Beschwörungen gegen den Teufel und alles Unheil; sie hießen deswegen ›lorica‹ (Schutzpanzer). Angesichts eines solchen Mönchslebens mag es sich aufdrängen, von »pelagianischem Voluntarismus« und »übersteigertem Moralismus« (R. McNally) zu sprechen. Wahrscheinlich haben auch seit alters im Land verwurzelte asketische Traditionen weitergewirkt. Auf vielfältige Weise stand das Kloster mit der Außenwelt in Verbindung, zunächst schon dadurch, daß es zumeist von einer Magnaten-Familie, oft der mächtigsten im túath-Reich, gestiftet wurde. Die Gründerfamilie blieb mit ihrer Stiftung zumeist in Verbindung und übte bei der Abtbestellung für gewöhnlich ein Einsetzungsrecht aus, das praktisch einem Erbrecht gleichen konnte.

b) Klosterparuchia

Palladius und Patrick haben in Irland die Bischofsverfassung eingeführt und dabei offenbar die Kirchensprengel den Kleinreichen (túath) angepaßt. Seit dem 7. Jahrhundert aber begannen die Klöster als Zentren des kirchlichen Lebens hervorzutreten. Von ihnen ging nun die Seelsorge des Umlands aus, so daß sie in Konkurrenz zu den bischöflichen Diözesen traten. Der Abt behielt die Leitung sowohl des Klosters wie der Seelsorge in seiner Hand, übte also kirchenrechtlich die Jurisdiktion aus. Für die anstehenden Weihen hatte er einen zum Bischof geweihten Mönch im Kloster, der gleichfalls seiner äbtlichen Jurisdiktion unterstellt blieb. Dieses System führte zu einer gravierenden Schwächung der Diözesanstruktur. Zentrale Figur im kirchlichen Leben war nun-

206 *Die gentilen Reiche*

mehr der Abt mit seinem ihm untergebenen Bischof. In Kildare bestimmte zum Beispiel die heilige Brigida einen Einsiedler für die Bischofsweihe, und so galt das Kloster als Bischofs- und Nonnenkathedra zugleich. Diese Vermengung von Kloster- und Seelsorgsbezirken führte dazu, die damals für das Bistum geläufige Bezeichnung ›parochia‹ (irisch: paruchia) auf das Kloster und seinen Seelsorgsbezirk zu übertragen. Neben den Paruchia-Klöstern bildeten sich auf der höheren Ebene der Provinzialkönigtümer Großklöster. So war Iona das kirchliche Zentrum des Reiches Dal-Riata, wo die Familie der U'Neill herrschte, die mit Columba schon den Klostergründer gestellt hatte und noch eine ganze Reihe weiterer Äbte aus der eigenen Familie folgen ließ. Die Großklöster beanspruchten den Vorrang über alle von ihnen gegründeten Tochterklö-

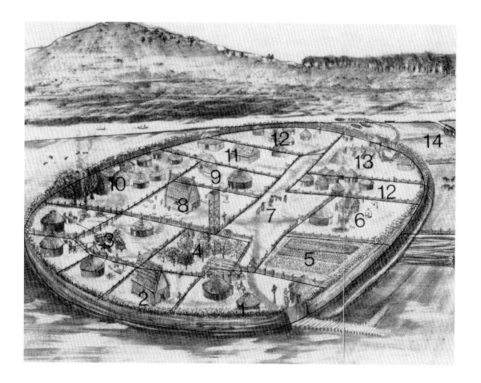

30 Irische Klosteranlage (Rekonstruktion nach R. Carson).
1. Pförtnerhaus, Gästehaus und Stall
2. Nordkirche – für die Gäste
3. Handwerker-Viertel: Werkstätten für Tischler, Schmiede und Bronzegießer
4. Obstgarten – trennt den Gästetrakt von der Hauptkirche
5. Gemüsegarten
6. Küche und Refektorium, mit Quelle zum Wasserwärmen und Kochen
7. Kirchenvorplatz
8. Hauptkirche mit Friedhof und hölzernem Glocken- bzw. Aussichtsturm
9. Haus des Abtes und Schreibhütte
10. Behausungen der Mönche
11. Gemeinschaftsräume der Mönche; aus Beleuchtungsgründen seitlich offenes Gebäude und ein weiterer Bau
12. Weitere Behausungen der Mönche oder der Pächter von klösterlichen Ländereien
13. Landwirtschaftstrakt mit Scheune, Schober, Kornspeicher, Bienenstöcken, Hinterausgang zur Mühle
14. Mühle

ster und bildeten so das Zentrum eines oft weitgespannten Klosterverbandes. Entsprechend definierten sich die Großklöster, weil über eine Mehrzahl von Klöstern verfügend, parallel zur hierarchisch nächsthöheren Stufe als Metropole. Brigidas Kloster Kildare, das die Provinz Leinster beherrschte, nannte sich ›urbs metropolitana‹, und der Klosterbischof hieß ›archiepiscopus‹. Ebenso beanspruchte die Kloster-Paruchia von Armagh, die sich stolz als Gründung des hl. Patrick ausgab, seit dem 8. Jahrhundert, die Metropole von Ulster zu sein.

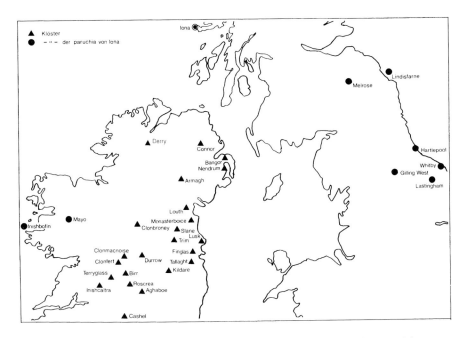

31 Die wichtigsten irischen Klöster und die Klosterparuchia von Iona (nach H. Moisl).

c) Gottesmann

Die Ursache für die Vereinnahmung des Bischofsamtes durch das Kloster dürfte darin zu suchen sein, daß die Mönche sich auf Grund ihrer Askese als die besseren Fürbitter und Heilsmittler erwiesen (vgl. § 13, 1b). Denn gerade das irische Mönchtum lebte nach dem Bild des Gottesmannes, der sich bei Gott verdient macht und dabei Wunderkraft erwirkt (vgl. § 30, 4c; § 30, 4d). Columba der Ältere wird in seiner kurz vor 700 entstandenen Vita als geradezu universaler Helfer geschildert; er stellt Prognosen für die Zukunft und wirkt Wunder bei Geburtswehen und Eheverweigerung, bei Seesturm und Viehkrankheiten, bei Erntenöten so gut wie bei Arbeit in kaltem Wetter. Diese asketisch erworbene Allmacht aber glaubte man auch in den kirchlichen Amtshandlungen wirksam. Die Taufe, die Kommunion oder überhaupt eine geistliche Handlung von einem Gottesmann zu empfangen, erschien vorteilhafter: »Der zum Priester geweihte Mönch ist offenbar ein besserer Mittler, weil alle seine amtliche Tätigkeit durch seine persönliche Heiligkeit gestützt ist; den Ausschlag gibt die persönliche Heiligkeit« (H.-J. Vogt). So mußte die hergebrachte kirchliche Amtsauffassung, derzufolge jeder Amtsträger in gleicher Weise die Heilsgnaden der Kirche auszuteilen vermochte, verblaßen. In dem Maße aber, wie die Klöster in den Rang besonders mächtiger Heilsstätten aufstiegen, wurden sie zu Zentren der Seelsorge und erlangten gegenüber den Bischofssitzen die höhere Wertschätzung.

d) Frauen- und Doppelklöster

Seit Patrick sind auch Nonnen in Irland bezeugt (vgl. § 13,2e; § 14,3k). In ein Kloster einzutreten stellte für Frauen eine neue Alternative zum Eheleben dar, das der Frau, abgesehen von der Oberschicht, eine untergeordnete Rolle zuwies. Die starke Sippenbindung aber erforderte bei Nonnen ein Verbleiben in Familiennähe. Schon den Grund und Boden für ein Kloster mußte eine Sippe schenken, weil normalerweise sie allein darüber verfügte und nicht ein einzelner, am wenigsten eine Frau. Ferner scheint es nicht leicht gewesen zu sein, sich dem Verheiratungszwang der Sippe zu entziehen. Nicht selten wird von Nonnenraub und Schwangerschaft im Kloster berichtet. Eine größere Freiheit und Sicherheit gewährte der Verbund mit einem Männerkloster, zumal Frauen weder die anfallende Schwerstarbeit noch die Gottesdienste allein verrichten konnten. Das bekannteste Doppelkloster ist das der heiligen Brigida in Kildare. Auffälligerweise hat hier die Äbtissin die Gesamtleitung; Brigida bestimmte dabei auch über die Weihe des ihr untergebenen Bischofs.

Die Stellung der Frauenklöster war im letzten geistlich begründet. Wie beim »Vir Dei« die ›virtus‹ von Askese und Gebet abhing, so nicht anders bei den Frauen: Sie vermochten sich in gleicher Weise die himmlische Kraft zu erwerben. Dies verschaffte ihrem Kloster einen ebenbürtigen geistlichen Rang, bis der Brauch der vermehrten Meßfeier sie zurücksetzte.

2. Bildung und Bücher

a) Antikenrezeption

Irland, das während der ganzen Antike dem Zugriff Roms verschlossen geblieben war, öffnete sich mit dem Christentum auch dem Einstrom antiker Kultur. Nicht daß die Insel, wie man einmal geglaubt hat, ein Land klassisch-antiker Bildungstradition geworden wäre. Aus den ersten christlichen Jahrhunderten läßt sich »kein völlig zweifelsfreier Beleg für direkte und explizite Kenntnis der profanen lateinischen Literatur bei den Iren finden« (F. Rädle). Rezipiert wurde an erster Stelle die Bibel, dann die für deren lateinische Sprache notwendige Grammatikliteratur und weiter noch die (Spät-)Patristik. Hier allerdings zeigten die Iren einen beachtlichen Eifer; so ist zum Beispiel Isidor von Sevilla bereits vor der Mitte des 7. Jahrhunderts auf der Insel bekannt gewesen. Auch ist interessanterweise bei den Iren der Paulus-Kommentar des Pelagius tradiert worden.

b) Buchkunst

Erstaunliches haben die irischen Mönche in der Buchkunst geschaffen. Vor allem der Bibel als dem von Gott selbst verfaßten Buch brachten sie höchste Verehrung entgegen. Schon Columba der Ältere wird uns als ehrfürchtiger Schreiber vorgestellt, und tatsächlich scheint auf ihn jener bis ins Detail überlegte Plan von künstlerischer Ausstattung zurückzugehen, den wir in den berühmten Büchern von Durrow, Kells und Lindisfarne verwirklicht sehen: die Evangelistensymbole, ganze Ornamentseiten und die auf bestimmte Stellen verteilten Initialen. Die Ornamentik stammt gutteils aus der altirischen Kunst, etwa das pflanzliche Rankenwerk und die trompetenförmigen Spiralen, während die Tiergeflechte bereits angelsächsischen Einfluß zeigen dürften.

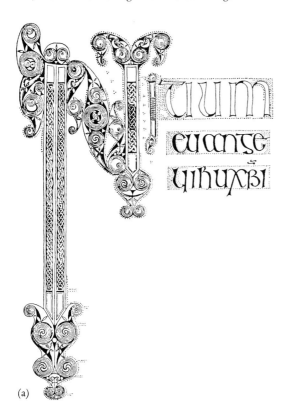
(a)

(b)

32 Book of Durrow (Dublin, Trinity College).
Die Evangelienhandschrift, entstanden in der zweiten Hälfte des 7. Jahrhunderts im Kloster Durrow, ist die erste irische »Prachthandschrift«. Bei den Initialen (a) ist auffällig die bereits im Initial-Buchstaben einsetzende Verkleinerung, die sich von Zeile zu Zeile fortsetzt, bis die Normalschrift erreicht ist: INITIUM EVANGELII IHSU XPI. Die Ornamentik besteht hauptsächlich aus Spiral- und Trompetenmustern; nur in den Schäften findet sich Flechtwerk. Eine Seite (b) zeigt auch Tierornamentik, die »angelsächsisch« gedeutet wird.

c) Exegese

Auch in der Bibelauslegung bewiesen die Iren eigene Aktivität. Im 7. und 8. Jahrhundert, als auf dem Kontinent alle Exegese wie erstorben schien, wurden auf der Insel eine ganze Reihe von biblischen Kommentaren neu geschaffen, einer sogar für die ganze Schrift. Die Auslegungskunst will buchstäblich und geistlich sein: Aus einzelnen Wörtern, Zahlen oder Namen werden oft drei- oder mehrgliedrige geistliche Sinnsprüche abgeleitet, die in Wirklichkeit aber eher eine skurrile Neigung zu Zahlensymbolik, langen Auflistungen und konstruierten Etymologien verraten.

3. Buße

a) Wiederholbarkeit

Besondere Bedeutung hat die in den irischen Klöstern praktizierte Buße gewonnen, die sich im frühen Mittelalter über das ganze Abendland ausbreitete und zur allgemeinen kirchlichen Bußform wurde. Hatte ursprünglich das Kloster die Buße von der Großkirche übernommen (vgl. § 8, 1c; § 12, 3e; § 14, 3g), so kehrte die Buße, nun allerdings verwandelt, wieder an ihren eigentlichen Ort zurück: in das Leben der Gesamtkirche. Alle Sünden, neben den großen auch die alltäglichen, sollten gebeichtet werden und erhielten eine der Schwere entsprechende Buße, nach deren Ableistung dann die Rekonziliation erfolgte. Wie bei der Klosterbuße konnte dieses Verfahren so oft wie nötig wiederholt werden. Folglich galt jetzt: Buße für kleinste wie größte Vergehen bei allfälliger Wiederholbarkeit.

b) Bußbücher

Zur Festsetzung der Bußen ist das neuartige Genus der Bußbücher entstanden, die für jedes Vergehen die entsprechende Buße angeben. Dabei gilt die Gleichung: ›tale peccatum – tale ieiunium‹ (wie die Sünde so das Bußfasten). Das älteste Bußbuch stammt vom heiligen Finnian; das wichtigste ist das des Cummean (Mitte 7. Jh.), der sein Buch nach den acht Hauptsünden aufgebaut hat.

c) Strafcharakter und Tarifierung

Bußgeschichtlich sind diese Bücher in mehrfacher Hinsicht bemerkenswert, erscheint doch in ihnen nicht nur eine veränderte Weise der Bußableistung, sondern auch eine neue Sicht der Buße insgesamt. Seit alters wurde zur Tilgung der Sünden die schon im Judentum wie ebenso im Neuen Testament genannte Trias von Beten, Fasten und Almosengeben empfohlen. In patristischer Zeit wie auch im frühen Mönchtum wußte man darüber hinaus noch viele andere Werke zu benennen, denen sündentilgende Kraft zukam. Bei Cassian sind es neben Taufe und Martyrium die Liebestätigkeit, die Bekehrung anderer zum Glauben, das Eingestehen von Schuld, die Züchtigung von Herz und Leib, das Tränenvergießen, die Fürbitte der Heiligen wie selbstverständlich wiederum die Trias von Beten, Fasten und Almosengeben. In den von Irland sich ausbreitenden Bußbüchern aber gilt als Hauptbuße, gerade auch bei schweren Vergehen, »immer das Fasten, gleichviel welcher Sündengattung die Verfehlung angehört« (B. Poschmann). Die Buße hat damit eine Verengung erfahren, die auf das religiöse und sittliche Bemühen beeinträchtigend wirken mußte. Denn gerade auch der in den Bußbüchern verkündete Grundsatz ›contraria contrariis sanare‹ (Böses durch das gute Gegenteil heilen) hätte zu einer wahren Vielfalt von Bußmöglichkeiten führen müssen, mit jeweils genauer Angabe des der Sünde entgegenwirkenden Heilmittels, um eine sittliche Besserung zu erzielen. Aber mit dem Universalmittel Fasten gibt sich ein anderes Strafverständnis zu erkennen: Die Buße wird nicht mehr zuerst als versittlichend, bessernd oder heilend verstanden; sie ist vielmehr zunächst Strafe; wer Böses getan hat, muß nach entsprechendem »Tarif« büßen. Das aber heißt: Buße hat »primär vindikativen Charakter«, demgegenüber »die Heilung und Besserung des Sünders sekundärer Zweck« ist (B. Poschmann). Letztlich steht die Auffassung im Hintergrund, daß bei Gott keine Sünde ungestraft bleibt, eine an sich schon ältere Sentenz, die aber hier eine neue Zuspitzung erhält und die ganze weitere Bußliteratur des Mittelalters durchzieht.

Die Betonung des primär vindikativen Charakters der Buße dürfte auch der eigentliche Grund dafür gewesen sein, daß überhaupt Bußtarife geschaffen wurden. Denn solange die besonderen Umstände und die persönliche Situation des Delinquenten die Bußauflage bestimmten, konnte in den seltensten Fällen ein Normmaß praktiziert werden. Nun wissen freilich die Bußbücher sehr wohl um die jeweilige Verschiedenheit und fordern deren Berücksichtigung. Dennoch gehen sie weitgehend schematisch nach dem Grundsatz vor, daß jede Sünde ihre feste Strafe erfordere, und legen damit in verräterischer Weise ihr eigentliches Verfahren offen.

d) Austausch und Stellvertretung

Da außerdem bei nicht wenigen Vergehen die aufzuerlegenden mehrjährigen Buß- und Fastenzeiten rasch die Spanne einer normalen Lebensführung überschreiten konnten, waren sie oft nicht mehr ableistbar. Deswegen begann man, nach kürzeren, aber intensivierten Bußen zu suchen. Es waren dies die sog. Kommutationen; so sollte beispielsweise ein Bußjahr durch 365 mit erhobenen Händen gebetete Vaterunser abgegolten sein. Noch wichtiger aber wurde der Brauch, diese nicht mehr persönlich ableistbaren Bußen von einem Stellvertreter, am liebsten einem Mönch, abbüßen zu lassen, zu dessen Lebensunterhalt man freilich mit einem Entgelt beizutragen hatte. So entstand die Möglichkeit, sich von der eigenen Buße durch Stellvertretung loszukaufen, ein Vorgang, der wirklich auch als ›redemptio‹ (Loskauf) bezeichnet wurde. Beide Praktiken, sowohl die Kommutationen wie die Redemptionen, sind letztlich nur dadurch erklärlich, daß der sittlich-bessernde Aspekt der Buße zurücktrat und die Strafableistung vornean stand.

e) Tat und Intention

Wenn weiter die Bußbücher vorgeben, die böse Gesinnung in ihrer Sündhaftigkeit der vollzogenen Tat gleichachten zu wollen, so verfahren sie auch in diesem Punkt inkonsequent; in Wirklichkeit vermindern sie nämlich die Buße für Gedankensünden in ganz beträchtlichem Maße. So gilt zum Beispiel bei Unzucht eines Klerikers, daß er bei einmaligem Tun ein Jahr bei Wasser und Brot zu büßen hat, und bei Gewohnheit sollen es drei Jahre sein. Demgegenüber gelten für ›Gedankensünden‹ vierzig Tage:

> ›Hat der Kleriker aber andauernd nach den Mädchen oder Frauen begehrt und konnte seine Begierde nicht befriedigen, weil ihn die Frau abwies oder weil er sich schämte, ihr davon etwas zu sagen, dann hat er doch in seinem Herzen schon gesündigt, aber eben im Herzen und nicht im Leib; das ist zwar dieselbe Sünde wie die Sünde im Herzen und mit dem Leibe, aber sie verlangt nicht dieselbe Buße. Seine Buße sind vierzig Tage bei Wasser und Brot.‹

Das ›im Herzen schon gesündigt haben‹, wie es das Neue Testament (Mt 5,27–30) kennt, wird theoretisch bekräftigt, aber bei der Bußzuweisung praktisch aufgehoben. Mit der Zeit bildete sich ein dreigestuftes Beurteilungsschema von ›contemptus‹ (bewußtes Verachten), ›neglegentia‹ (Nachlässigkeit) und ›ignorantia‹ (Nichtwissen) heraus, wobei es für das Bußverständnis höchst aufschlußreich ist, daß die aus Unwissenheit begangenen Sünden mitbestraft werden, allerdings in deutlich geringerem Maß. Nun ist aber bekannt, daß viele archaische Religions- und Rechtssysteme allein die Tat bestrafen; die böse Intention, sofern sie nicht zur Tat geworden ist, zählt nicht, wie andererseits eine Tat, die aus Nichtwissen oder Vergeßlichkeit begangen worden ist, vollauf als abzubüßendes Vergehen gilt. So hält Finnian allgemein dafür:

›Wer böse Gedanken hat und entschlossen ist, sie auszuführen, aber es nicht tun kann, weil ihm die Gelegenheit fehlt, der begeht zwar die gleiche Sünde (als ob er es getan hätte), verfällt aber nicht derselben Buße.‹

In der Bußzumessung wiegt also die Tat schwerer als die Intention.

f) Folgen

Abschließend ergeben sich mehrere wichtige Feststellungen: Das irische Bußsystem neigt zur Vindikativstrafe wie auch zur Tathaftung. Gerade die Tathaftung aber ist religionsgeschichtlich gesehen die ältere und auch selbstverständlichere Form der Buße. So muß selbst für die Antike konstatiert werden: »Der große Fortschritt, daß der Vorsatz, nicht das Ergebnis einer kriminellen Tat zu bestrafen ist, hat sich im Sakralrecht erst spät (in antiker Zeit durchweg gar nicht) durchgesetzt« (H. Dörrie). Im Neuen Testament und im alten Christentum zählt aber zuerst der Vorsatz. Auch besteht die Botschaft des Neuen Testamentes wesentlich darin, daß Gott als Vater verkündigt wird, der ohne Wiedergutmachung zu verzeihen bereit ist oder – in der Sprache der irischen Bußbücher ausgedrückt – der eine Sünde gerade auch ungestraft lassen kann. Wie sehr dieses neutestamentliche Bild vom gnädigen und alles verzeihenden Gott die üblichen Bahnen des religiösen Denkens verläßt, ist daran zu sehen, daß die antiken Götter gemeinhin als »vergeltende Mächte« galten und »je genauer, talionartiger die Vergeltung ausfällt, um so mehr genügt sie den Anforderungen, die man an die göttliche Gerechtigkeit zu stellen gewöhnt ist« (A. Dihle). Zu dieser Auffassung von göttlicher Gerechtigkeit kehrte das irische Bußwesen wieder zurück, sozusagen zu dem, was in der Religion weithin als normal erschien, im Christentum aber nicht mehr gelten sollte.

Man wird die Mentalität, die sich im irischen Bußwesen erstmals in voller Deutlichkeit zeigt und dann tief verändernd in die mittelalterliche Religiosität eingedrungen ist, als grundlegend für folgenschwere Veränderungen anzusehen haben. Keineswegs handelt es sich bei der neuen Bußform nur um eine pure Verfahrensänderung, deren Konsequenzen im letzten belanglos gewesen wären. Vielmehr vollzog das irische Bußsystem einen Schritt, der religionsgeschichtlich wie christlich gleichermaßen folgenreich werden sollte: Es beginnt hier das Überwiegen des äußeren Werkes und der zählbaren Leistung, wobei die Introspektion und die innere Abwägung zurücktreten. Weil der innerliche und sittlich-bessernde Zweck der Buße nicht mehr erstrangig ist, kann darum auch stellvertretend gebüßt werden; die Hauptsache ist, daß das Strafmaß abgeleistet wird.

4. Die Peregrinatio

Das altirische Recht kannte zwei Formen von Verbannung: aus dem Stamm und in noch radikalerer Form von der Insel. Diese Strafe rührte nicht zuletzt von religiösen Vorstellungen her, denn der Übeltäter galt, weil mit Bösem behaftet, als potentieller Unheilstifter; er mußte deswegen vom heimatlichen Boden weichen, sollten nicht Land und Leute von seiner bösen Infizierung befallen werden. Die altirische Verbannungsstrafe hat bald schon auf kirchliche Bußstrafen eingewirkt; auch hier finden wir zum Beispiel für Mörder eine zehnjährige Exilierung ausgesprochen. Die Verstoßung aus der religiösen Gemeinschaft bedeutete zugleich den Ausschluß aus der Volksgemeinschaft, was für Angehörige von Clan- und Stammesgesellschaften die gänzliche Schutzlosigkeit zur Folge hatte und deswegen eine kaum überlebbare Strafe war. Die irischen Mönche haben nun in ihrem asketischen Eifer damit begonnen, diesen Ausschluß aus der Heimat freiwillig auf sich zu nehmen. Das biblische Vorbild fanden sie in Abraham, der auf Geheiß Gottes sein Land, die Verwandtschaft und das Vaterhaus verlassen hatte (Gen 12,1). Von Cassian war dieses Abraham-Wort noch als Aufforderung zur sittlich-geistlichen Entsagung interpretiert worden; die Iren aber nahmen es wörtlich, verließen ihre Insel und trugen auf diese Weise ihr eigengeartetes Christentum in die abendländische Christenheit.

§ 35 Iren auf dem Kontinent

1. Columban der Jüngere († 615)

Bald nach 590 erschien der Ire Columban der Jüngere, damals vielleicht 50jährig, auf dem Kontinent. Mit ihm begann »eine neue Epoche der abendländischen Klostergeschichte« (F. Prinz) (vgl. § 13; § 14). Angesichts der geradezu stürmischen Ausbreitung des columbanischen Mönchtums in Gallien muß freilich eine »latente Aufnahmebereitschaft« (K. Schäferdiek) unterstellt werden.

a) Lebenslauf

Columban stammte aus der irischen Provinz Leinster, erhielt seine monastische Formung im Kloster Bangor und entschloß sich dann mit zwölf Gefährten zur Peregrinatio. In Gallien fand er rasch die Unterstützung von Adel und Königtum. Am Westabhang der Vogesen gründete er zuerst das Kloster Annegrey und für seine rasch anwachsende Mönchsschar – es sollen bald 200 gewesen sein – wenige Jahre später das fortan dominierende Luxeuil und zuletzt Fontaines. Die Klöster lagen benachbart, und Columban behielt über alle drei die Leitung. Wegen der irischen Sonderbräuche, so des Ostertermins, kam es zum Streit mit den Bischöfen, wobei Columban auch an den Papst appellierte. Schlimmer wirkten sich Spannungen mit dem Königshof aus. Die gefürchtete Brunichild († 613), die mit ihrem Enkel Theuderich II. († 613) Burgund regierte, setzte im Jahre 610 die Ausweisung des Iren durch. Aber das Schiff, das den Verbannten von Nantes nach Irland bringen sollte, wurde an Land zurückgetrieben, und Columban wandte sich über Neustrien an den mit Brunichild verfeindeten austrasischen Hof in Metz, wo er sich für die Mission in Alemannien gewinnen ließ. Unter den Provinzialromanen des alten Raetien traf er sowohl Christen wie Heiden an, unter den Alemannen noch Wodansverehrer. Am Zürichsee soll er in Tuggen ein Heiligtum zerstört haben, was ihm feindselige Ablehnung eintrug. Über den Kastellort Arbon ging er nach Bregenz, wo christlich-heidnische Bewohner in der Kirche eine Göttertrias verehrten und die Alemannen ihrem Wodan huldigten. Nach gut einjährigem Wirken zog er weiter über die Alpen, wobei er den Diakon Gallus, den später das Kloster St. Gallen als seinen Gründer verehrte, zurückgelassen haben soll. Er wandte sich an den langobardischen Hof in Mailand, wurde dort aber sofort in Streitigkeiten um den Arianismus und die ›Drei Kapitel‹ verwickelt. Zuletzt gründete er das Kloster Bobbio, wo er 615 verstarb. Der vierte Bobbienser Abt, Jonas von Susa, schrieb gegen 642 seine Vita, eine für Historie wie Spiritualität gleichermaßen wichtige Quelle.

b) Spiritualität

In der Columban-Vita scheinen zwei Leitbilder auf, wie sie die irische Frömmigkeit bei einem Heiligen verwirklicht sehen wollte: der ›peregrinus‹ (der in der Fremde Weilende) und der ›vir Dei‹ (Gottesmann). Der asketische Abschied prägt Columbans große Lebensstationen. Die Trennung vom Elternhaus ist Beweis, daß er Christus mehr liebt als Vater und Mutter (Mt 10,37); im Kloster Bangor lernt er in mönchischer Askese die Kreuzesnachfolge (Mt 16,24); unter dem Eindruck des Abraham-Wortes (Gen 12,1) verläßt er die heimatliche Insel. Als wahren Gottesmann sehen wir ihn vor jedem Wunder beten und zugleich fest und unerschütterlich darauf vertrauen, daß Gott jenen, die alles verlassen haben, untrüglich das Notwendige mitteilt, selbst in hoffnungslos erscheinenden Situationen. Immer ist das Gebet mitsamt dem Gottvertrauen die unerläßliche Vorbedingung der Erhörung. Um einer geistlichen Entleerung vorzubeugen, betet Columban vor Hochfesten außerhalb des Klosters in der Einsamkeit. So erfüllt er in vollendeter Weise die Rolle des Gottesmannes, von dem es formelhaft heißt: ›vir Dei fide et oratione meruit‹ (der Gottesmann verdient durch Glauben und Gebet...).

c) Klosterleben

Wichtigstes Zeugnis ist Columbans ›Regula monachorum‹, die den monastischen Geist und Brauch von Bangor wiedergeben dürfte und die ältestüberlieferte irische Regel darstellt. Grundidee ist die Konformität mit dem gehorsamen und erniedrigten Jesus (Phil 2,5–8); in Gehorsam (Lk 10,16) und Kreuztragen (Mt 10,38) vollzieht der Mönch seine ›Abtötung‹ (mortificatio) und erlangt dadurch das ›Glück des Martyriums‹. Columban soll einmal seinen krank daniederliegenden Mönchen aufzustehen und zur Erntearbeit hinauszugehen befohlen haben, und – so kann die Vita berichten – der Gehorsam habe alle wieder gesund werden lassen. Neben diesem seit dem Magister und Benedikt zentralen Gedanken des Gehorsams steht die Auffassung vom Leben als einem Weg und Aufstieg zur himmlischen Heimat (Sermo 5). Das Gebet soll wie überall im Mönchtum unaufhörlich sein. Das Stundengebet hatte drei Tageshoren mit je drei Psalmen und drei Nachthoren, von denen die erste (am Abend) wie auch die zweite (um Mitternacht) je zwölf Psalmen umfaßte, die dritte hingegen, die morgendliche Matutin, im Winter 36 und im Sommer 24 Psalmen zählte. Die heiligen Nächte des Samstag/Sonntag kannten besondere Vigilien, die in den kürzeren Nächten 48 und in den längeren 75 Psalmen umfaßten.

d) Bußbücher

Columban hat zwei Bußbücher hinterlassen, eines für den monastischen Bereich und ein zweites, das in drei Teile zerfällt und für Mönche, Weltklerus und Laien bestimmt ist. Die Beichte erscheint als ›die geschuldete Buße erfragen‹ (interrogare debitum poenitentiae). Das Bewertungsschema ›contemptus – neglegentia – ignorantia‹ ist beinahe durchgehend angewendet, und auch die Sünden, für die keine ethische Verantwortung vorliegt, werden, wenn auch gelinde, so doch bestraft. Wenn beispielsweise jemand wegen Trunkenheit oder Völlerei sich erbrechen muß und dabei die Kommunion auswirft, hat er dreimal vierzig Tage zu büßen, und wenn dasselbe wegen Krankheit geschieht, sind es sieben Tage. Für die Mönche besteht die Buße, besonders bei den kleinen alltäglichen Unachtsamkeiten, in Stockschlägen:

› Wer am Beginn eines Psalmes hustet und nicht gut singt, werde mit sechs Schlägen bestraft; wer beim Opfer nicht die Ordnung einhält, sechs Schläge; wer beim Chorgebet lächelt, sechs Schläge.‹

Körperstrafen kennen vereinzelt schon die antik-kontinentalen Klosterregeln, was wohl aus dem antiken Strafrecht der Koerzition zu erklären ist. Bei Columban aber sind die Stockschläge allgegenwärtig. Der Körper und seine Schmerzen sind »Ort der Strafe« (M. Foucault), nicht vornehmlich der Geist und das Herz.

e) Klosterautonomie

Folgenreich für die Kirchenstruktur im Frankenreich war, daß Columban das Modell der irischen Kloster-Paruchia mit auf den Kontinent brachte. Entgegen der in Gallien geltenden Vorschrift scheinen Columbans Klöster ohne bischöfliche Genehmigung errichtet worden zu sein. Zudem blieben alle Klöster in einem Verband, über dem Columban als Abt stand und der sich wegen der eigenen Klosterbischöfe vom gallischen Episkopat emanzipieren konnte. So wurde in Luxeuil die Altarweihe von einem Bischof vollzogen, der nachweislich ein Ire war und wohl als Klosterbischof anzusehen ist. Die Herausnahme (Exemtion) von Luxeuil aus der bischöflichen Zuständigkeit ist schon früh durch ein bischöfliches Privileg, das allerdings nicht erhalten blieb, gutgeheißen worden.

2. Irofränkische Klosterbewegung

a) Columbanische Klöster

Columban erreichte in Gallien eine erstaunlich nachhaltige Wirkung, erstaunlich zunächst schon wegen des Erfolgs, daß seine Klöster, wie der Hagiograph Jonas schreibt, übergroßen Zulauf hatten, und nochmals erstaunlich, weil gerade ›die Söhne der Adeligen von überall her herbeieilten‹. Wandregisel zum Beispiel, ein am Pariser Hof tätiger Adeliger, wurde so sehr vom columbanischen Askese-Ideal ergriffen, daß er in Bobbio Mönch werden wollte und sogar zur Peregrinatio nach Irland aufzubrechen bereit war. Tatsächlich aber blieb er in Romainmoutiers (bei Lausanne) und gründete dann zu Fontenelle am Unterlauf der Seine ein Kloster, das später seinen Namen annahm: St. Wandrille. Wie schon hier bei Wandregisel zu sehen, ging die wichtigste Förderung der columbanischen Mönchsbewegung vom Pariser Königshof aus. Dort regierten seit 613 Chlothar II. (584–629), der Columban nach seiner mißlungenen Verbannung zeitweilig beherbergt hatte, und anschließend sein Sohn Dagobert I. (629–638), zu deren Zeit das fränkische Reich noch einmal wieder vereinigt war. Adelige des Hofes, Referendare wie auch Zöglinge der Palastschule, wurden Mönche und gründeten, zumeist wiederum mit Unterstützung gleichgesinnter Freunde oder auch des Königs, Klöster im Geiste Columbans.

An erster Stelle ist die Familie des Audoin zu nennen. Dieser war als Referendar Dagoberts I. zeitweilig der wichtigste Mann in der Zentralverwaltung und später Bischof von Rouen (641–684). Er gründete 635 das Kloster Rebais (südöstl. Meaux) und beteiligte sich 648 an der Errichtung von Fontenelle, von wo aus weiter noch das Frauenkloster Fécamp ins Leben gerufen wurde. Sein Bruder Ado, ebenfalls zunächst am Hof tätig, gründete das dem Kloster Rebais benachbarte Jouarre an der Marne (nach 630), das anfangs vielleicht ein Doppelkloster war. Audoin und Ado wie noch ein dritter Bruder namens Rado, auch er zuerst am Hof und dann Mönch, sollen ihren geistlichen Eifer von Columban, als er sie in ihrer Kindheit segnete, eingepflanzt erhalten haben. Weiter ist die im Königsdienst tätige Familie der Burgundofaronen zu nennen, bei denen Columban ebenfalls mit seinem Segen inspirierend gewirkt haben soll. Ihr entstammte wahrscheinlich Waldebert († 670), der dritte Abt von Luxeuil, mit Sicherheit Chagnoald, zunächst Mönch in Luxeuil und dann Bischof von Laon († um 632), ferner Burgundofaro, Bischof von Meaux († um 672) und dort Begründer des nach ihm benannten Klosters St. Faron, sowie eine Schwester namens Burgundofara, später Äbtissin des nach ihr benannten Faremoutiers. Sodann gründete

Filibert († 685), der am Hofe Dagoberts I. aufgewachsen war und später Luxeuil und Bobbio besucht hatte, in der Nähe von Fontenelle das Kloster Jumièges (654), von dem wiederum weitere Filiationen ausgingen. Alle diese Klöster konzentrierten sich in zwei Gebieten, in der Landschaft Brie südöstlich von Meaux oder aber am Unterlauf der Seine; sie sind die frühesten und bedeutendsten der aus columbanischem Geist inspirierten Gründungen. Der Einflußbereich der neuen Klosterbewegung vergrößerte sich, und die Gründungswelle setzte sich noch bis ins 8. Jahrhundert fort. Eligius († 660), am Hofe Dagoberts Münzmeister, hatte schon an der Klostergründung in Solignac bei Limoges mitgewirkt (631/32), wo ein Abt aus Luxeuil an der Spitze stand; 641 wurde er Bischof von Noyon und errichtete dort, wie zuvor bereits in Paris, ein Nonnenkloster. In der folgenden Generation schob sich die Linie der Klostergründungen von der Seine zur Somme und noch weiter nördlich vor, was nicht zuletzt aus Gründen der Mission erfolgte. Zu nennen ist der Luxeuil-Schüler Audomar († um 670), der zum Bischof des von Dagobert I. errichteten Bistums Thérouanne (Tervana, niederl. Terwaan; Dep. Pas de Calais) berufen wurde und dabei die Abtei Sithiu errichtete, aus der später zwei geistliche Gemeinschaften hervorgingen: das nach dem Stifter benannte St. Omer und das nach dem zweiten Abt Bertinus benannte St. Bertin. Die größte Bedeutung erlangte das von der Königin Balthild († nach 680) gegen 657/61 gestiftete Kloster Corbie an der Somme, das mit Mönchen aus Luxeuil besetzt wurde und sich durch seine Schriftkultur verdient machte. Das gleichzeitig von der Königin gegründete Nonnenkloster Chelles an der Marne (östl. von Paris) tat sich ebenfalls durch ein Skriptorium hervor.

Für die politische wie kirchliche Geschichte des Frankenreiches war bedeutsam, daß die wichtigste Gründungswelle columbanischer Klöster vom Pariser Hof ausging und sich stark auf Neustrien konzentrierte. Demgegenüber stand Austrasien zurück, wiewohl es die früheste Filiation aufzuweisen hatte: das von dem Luxeuiler Mönch Romarich ins Leben gerufene »Vogesen-Kloster« Remiremont (ca. 620), an dessen Entstehung Arnulf von Metz († 640), der Stammvater der Pippiniden und Karolinger, mitwirkte. Das wichtigste von den Pippiniden unterstützte Kloster columbanischer Prägung war Stablo-Malmedy in den Ardennen (um 650), das der pippinidische Hausmeier Grimoald zusammen mit dem in Luxeuil erzogenen Remaclus († um 675) ins Leben rief.

Um ein Gesamtbild von der Klosterbewegung in Gallien zu erhalten, muß man über den engen Kreis der hier erwähnten Klöster weit hinausschauen. Am Ende des 6. Jahrhunderts bestanden in Gallien etwa 220 Klöster; hundert Jahre später waren es gegen 550. Die im 7. Jahrhundert neugegründeten 330 Klöster sind nicht zuletzt Auswirkungen der columbanischen Mönchsbewegung, die zudem noch weiter zur Folge hatte, daß sich die Mehrzahl der Klöster in die nördliche Zone Galliens verlagerte: nur noch 20 Gründungen im Süden gegenüber 230 im Norden.

b) »Mischregel«

In den aus columbanischem Geist gegründeten Klöstern galt selbstverständlich Columbans Regel, aber erstaunlicherweise bald schon zusammen mit der Benediktsregel (vgl. § 14, 2 b; § 14, 3). Ob Columban selbst noch diese Kombination herbeigeführt hat, ist ungeklärt, aber angesichts seines mit Benedikt völlig übereinstimmenden Gehorsamsverständnisses nicht unwahrscheinlich. In Luxeuil war die »Mischregel«, wie diese Vereinigung genannt wird, mit Sicherheit seit dem dritten Abt Waldebert (630–670) in Geltung. Die Benediktsregel hat also ihren abendländischen Siegeszug im irofränkischen Mönchtum begonnen, dort aber zunächst nur als »Beimischung«. Wie eine solche Kombination aussehen konnte, zeigt der Luxeuil-Schüler Donatus von Besançon († vor 660), der eine Nonnenregel in recht schematischer Weise zur Hälfte aus der Benediktsregel und jeweils zu einem Viertel aus den Regeln Columbans und Cäsarius' von Arles zusammensetzte; in den Strafbestimmungen und im Gebetsoffizium folgte er bezeichnenderweise Columban. Wichtig wurde auch für die Verbreitung der Mischregel, daß die Königin Balthild († nach 680), die schon ihrer Gründung Corbie diese

33 Irische und irisch beeinflußte Klöster in Gallien von 590 bis ca. 730 (nach F. Prinz).

Regel gegeben hatte, dieselbe auch in den Basilikalklöstern einführte, so in St. Denis/ Paris, St. Martin/Tours und in weiteren großen Grabklöstern des nördlichen Gallien; dabei wurden zugleich die Immunität und die Exemtion gewährt. Doch konnte der monastische Charakter nicht auf Dauer gesichert werden, und es ist bezeichnend, daß sich später zu Beginn des 9. Jahrhunderts, bei der Reform Ludwigs des Frommen, fast alle Basilikalklöster gegen die Regelannahme entschieden.

c) Doppelklöster

Ob im Gefolge des columbanischen Mönchtums auch Doppelklöster in Gallien entstanden sind, in denen – wie in Irland und England (vgl. § 34, 1 d) – Männer und Frauen unter der Leitung einer Äbtissin zusammenlebten, ist vielfach kaum zu beantworten. Wohl sind beispielsweise in Faremoutiers sowohl Mönche wie Nonnen bezeugt, und ähnliches kann für weitere Klöster festgestellt werden; doch fehlte offenbar zumeist die organisatorische Einheit. Wahrscheinlich handelte es sich um Frauenklöster, in denen eine Gruppe von Mönchen – mögen diese nun in dem betreffenden Kloster selbst oder in einer benachbarten Männerabtei gelebt haben – die spirituelle Formung, den Altardienst und anfangs wohl auch die schwere Arbeit übernahm. In Faremoutiers, wo der ersten Äbtissin Burgundofara deren Brüder, die Bischöfe Chagnoald und Faro, beistanden, mag zudem das Ideal des geistlichen Geschwisterpaares (vgl. § 14, 3k) mitgewirkt haben. In Remiremont, das gleichfalls öfter als Doppelkloster bezeichnet worden ist, scheint es sich um ein zeitliches Nacheinander von Männer- und Frauenkonvent zu handeln. Als wirkliches Doppelkloster ist Nivelles anzusehen, gestiftet von Pippins des Älteren Witwe Iduberga (auch Itta genannt, † 652) und geleitet von deren Tochter, der heiligen Gertrud († 659); von dieser ist ausdrücklich bezeugt, daß sie die ›Gesamtleitung‹ (omne onus regiminis) innehatte und zum Beispiel den Brüdern die äußeren Arbeiten zuwies.

d) Der »Adelsheilige«

Wenn Jonas von Bobbio, der Hagiograph Columbans, berichtet, daß sich gerade die Adelsfamilien von der neuen Askese angezogen fühlten und ihre Abkömmlinge sich zum Klosterleben entschlossen, dürfte dies deutlich machen, daß die oberste Schicht für das Christentum gewonnen war, ja mehr noch, sich von dessen besonderer Strenge einfordern ließ. Bemerkenswert ist ferner, daß sich Angehörige des gallo-römischen Senatorenadels wie des germanisch-fränkischen Adels in ihrem Eifer nicht nachstanden. Möglicherweise hat diese Gemeinsamkeit den inneren Verbund des fränkischen Reiches, zumindest was die Verschmelzung der Oberschicht angeht, in besonderer Weise gefördert. Überdies machen die Viten deutlich, daß Adel und Herrschaft nicht in einem unüberwindlichen Gegensatz zum Heiligkeitsideal gesehen wurden. In Unbefangenheit, ja nicht selten sogar mit Betonung hob man an den Heiligen ihre adelige Abstammung wie ihre politische Tätigkeit hervor; letztere setzte sich oft genug noch vom Kloster aus fort. Wahrscheinlich ist die Wertschätzung von Adeligkeit und zugleich Heiligkeit als legitimierend empfunden worden und hat sich im Ideal des »Adelsheiligen« verdichtet (K. Bosl, F. Prinz). Zumal beim germanischen Adel, mit dessen Christianisierung die heidnisch bestimmte Geblütsheiligkeit dahinfiel, mag die neue Legitimierung eine Art »Instinkthandlung« (F. Prinz) gewesen sein, um die eigene Führungsstellung mit christlichen Mitteln neu zu festigen, wie es besonders auch dann geschah, wenn ein Geschlecht selber einen Heiligen vorweisen konnte; so betrachteten die späteren Karolinger den heiligen Bischof Arnulf von Metz als ihren christlichen »Spitzenahn«, wie sie obendrein auch noch die heilige Gertrud ihrer Familie zuzählen konnten.

e) Schriftkultur

Von ihrer Heimat her brachten die Iren auch ihre Schriftkultur mit. Weil außerhalb des römischen Reiches geblieben, war für sie das Latein eine künstliche Sprache, die aber gerade deswegen Korrektheit behielt, weil sie nach Grammatik- und Musterbüchern erlernt werden mußte und nicht von der nachantiken Vulgarisierung betroffen war. So entfalteten die columbanischen Klöster eine bedeutende Schreibtätigkeit, die ein wichtiges Vorbild für die karolingische Renaissance schuf. Zu nennen sind neben Luxeuil vor allem die Skriptorien von Corbie und Chelles.

Das irofränkische Mönchtum hat weiter auch einen Anstoß zu literarischer Tätigkeit gegeben. Jonas von Susa, zeitweilig in der nordgallischen Mission tätig und Abt in Bobbio, schrieb die Vita Columbans und eine Reihe anderer Viten. Sein Beispiel machte dann Schule. Wenn es in der späten Merowingerzeit noch eine literarische Tätigkeit gab, so kam sie aus den irofränkischen Kreisen; fast alle großen Vertreter dieser Bewegung fanden ihren Hagiographen, und in ihren Lebensbeschreibungen »steckte ein erhebliches irisches Element« (W. Berschin).

f) Arbeit und Landesausbau

Wenn auch das vielgerühmte ›ora et labora‹ (bete und arbeite) nicht in der Regel Benedikts steht, so ist doch das wesentlich vom Mönchtum geförderte »neue christliche Arbeitsethos eine der welthistorischen Leistungen des Christentums« (F. Prinz). Seit den Anfängen hatte das Mönchtum die Arbeit in den Tagesablauf miteinbezogen. Benedikt sah täglich etwa fünf bis acht Stunden Handarbeit vor, denn wahre Mönche sollten von ihrer Hände Arbeit leben, zum Beispiel mußten sie auch die Ernte einzubringen bereit sein. Normalerweise hatte freilich das Kloster seine Sklaven, die die Arbeit auf den immer umfänglicher werdenden Klostergütern besorgten. Dennoch, grundsätzlich erhielt die Arbeit durch die Klöster eine religiös-sittliche Würde. Das ›otium‹, die arbeitsfreie Zeit als das Ideal der Antike, wertete Benedikt zur ›otiositas‹ ab, zur arbeitsscheuen Müßigkeit, und erklärte sie zur Feindin der Seele. Arbeit, zuvor nur Sklavendienst, wurde allgemeine Christenpflicht, galt sogar als apostolisch und füllte neben und mit dem Gebet den Klosteralltag aus. Besondere Bedeutung gewann die Arbeit in den columbanischen Klöstern deswegen, weil diese weit außerhalb der Städte lagen und mit ihrer Kultivierungsarbeit einen ersten größeren Landesausbau leisteten. Mindestens in den Anfängen legten dabei auch die aus dem Adel entstammenden Mönche mit Hand an. Die neubewertete und in den Klöstern beispielhaft vorgelebte Arbeit wurde ein Moment vertiefter Christianisierung und sollte im weiteren Verlauf der abendländischen Geschichte zu einem allgemein verpflichtenden Ethos werden. »Der Anblick des Mönchs bei der Arbeit beeindruckte die Zeitgenossen zugunsten der Arbeit« (J. Le Goff). Die den großen Klöstern bald zufließenden Landschenkungen waren allerdings als gutswirtschaftliche Sklavenbetriebe organisiert. Es sieht indes ganz danach aus, daß dabei auf den Gütern der irofränkischen Klosterbewegung eine Veränderung eingeleitet worden ist, die mit zur Herausbildung der Grundherrschaft beigetragen hat, nämlich die Seßhaftmachung der Sklaven auf dienst- und zinspflichtigen Unterhöfen, was im Endergebnis die Aufhebung der Sklaverei bewirkte.

3. Weitere Iren-Gruppen

a) Fursa († um 650) und seine Brüder

Neben und nach Columban kamen noch andere Iren zum Kontinent. Erwähnung verdienen die Gebrüder Fursa († um 650), Foillan († um 655) und Ultan († 686). Fursa wirkte zunächst in England bei den Ostangeln, wo er das Kloster Cnobheresburg (Burgh Castel, Norfolk) gründete. Während sein Bruder Foillan dort die Leitung übernahm, zog er selber weiter zum Kontinent, fand Unterstützung beim neustrischen Hausmeier Erchinoald und gründete das Kloster Lagny (östl. Paris, an der Marne) sowie Péronne (östl. Amiens, an der Somme); dort fand er sein Grab, das bald Ziel irischer Pilger wurde und als ›Peronna Scottorum‹ Berühmtheit erlangte. Seine Brüder Foillan und Ultan, die, ihm folgend, gleichfalls auf den Kontinent gekommen waren, führten sein Erbe weiter. Die Brüder, von Erchinoald zunächst in Péronne angesiedelt, überwarfen sich mit diesem, wechselten auf austrasisches Gebiet über und gründeten in Fosses (südwestl. Namur) ein neues Kloster. Sie nahmen dabei Verbindung mit der heiligen Gertrud († 659) auf, der Tochter Pippins des Älteren und Äbtissin des Doppelklosters Nivelles, wie auch mit deren Bruder Grimoald († 662), dem austrasischen Hausmeier. Auffällig ist an den Brüdern die verwandtschaftliche Nachfolge in der Klosterleitung. Fraglich bleibt allerdings, ob die von ihnen gegründeten und betreuten Klöster einen Verband nach Art einer irischen Klosterparuchia gebildet haben; wohl aber hielt sich deren irischer Charakter bis ins 9. Jahrhundert.

b) Kilian († um 690) und seine Gefährten

Von einer weiteren Irengruppe wissen wir nur durch eine jüngere und schon legendarisch geprägte Überlieferung, die um 840 entstandene Passio Kiliani. Danach soll Kilian mit zwölf Gefährten aus Irland nach Würzburg gelangt sein und dort den Herzog Gozbert mit seinem Volk bekehrt und getauft haben. Als aber die Missionare den Herzog wegen seiner Ehe mit der Witwe seines Bruders getadelt hätten, habe die Herzogin Kilian und seine Gefährten Colonat und Totnan erschlagen und verscharren lassen. Erstmals erwähnt ist dieses Martyrium in dem gegen 781/83 entstandenen Kalendar Karls des Großen. Historisch darf als gesichert gelten, daß Kilian aus Irland kam, mit seinen Gefährten in Würzburg predigte, dort freilich nicht die erste Konversion bewirkte, und dann, wohl gegen 689, den Tod erlitt. Als man zur Zeit König Pippins die Gebeine erhob und über ihnen den neuen Dom errichtete, stieg Kilian zur Ehre des Würzburger Diözesanpatrons auf.

c) Kloster Honau

Eine recht eigenartige Iren-Niederlassung bestand seit Beginn des 8. Jahrhunderts zu Honau, ehemals eine Rheininsel nordöstlich von Straßburg. Das Kloster, das dem bei den Iren besonders verehrten Erzengel Michael geweiht war, erhielt seine Ausstattung von dem elsässischen Herzogshaus der Etichonen und stand anfangs unter der Leitung eines Abtes namens Benedikt-Dubanus. Eine 778 ausgestellte Urkunde ist besonders auffällig: Sie handelt von acht Pfarrkirchen, die das Kloster in Mainz und Oberhessen besaß, und ist von sieben Bischöfen unterzeichnet – eine Klosterparuchia gewiß eigener Art.

4. Klösterliche Sonderstellung

a) Exemtion

Die schon von Columban beanspruchte Bischofsfreiheit (vgl. § 29, 2 c) vermochte sich im irofränkischen Mönchtum vollends durchzusetzen; das – allerdings verlorene – Privileg für Luxeuil diente dabei als Muster. Die Eximierung war eine Neuerung, denn die erste fränkische Nationalsynode von Orléans (511) hatte in Übereinstimmung mit den Kanones des Konzils von Chalcedon verordnet, daß die Klöster disziplinar- wie vermögensrechtlich dem Bischof unterstehen sollten. Der Bischof überprüfte den klösterlichen Lebenswandel, nahm die Abtseinsetzungen vor und weihte auch die Kleriker des Klosters. Besondere Privilegien, die von einer Bischofssynode ausgesprochen werden mußten, wollten zunächst nur die Eigenständigkeit der Klöster gegenüber unrechtmäßigen Eingriffen der Bischöfe in Verwaltungs- und Vermögensangelegenheiten absichern. Mit der columbanischen Klosterbewegung trat jedoch ein Wandel ein. Viele Bischöfe waren columbanisch geprägt, sympathisierten mit der neuen Klosterbewegung und gewährten den Abteien – zuweilen ihren eigenen Gründungen – die »große Freiheit«: Der zuständige Bischof sollte kein Recht mehr auf Abtseinsetzung und Korrektur der Klosterzucht haben, ja am Ende wurde ihm sogar der Verzicht abverlangt, die Weihen vorzunehmen, da nämlich das Kloster die Freiheit erhielt, einen Bischof eigener Wahl herbeizubitten oder gar selber einen solchen im Kloster zu haben. So waren die Klöster der »großen Freiheit« bischofsfrei. Die weitere Entwicklung aber zeigte, daß sie nicht einfach außerhalb aller Jurisdiktion bleiben wollten. Sie unterstellten sich vielmehr dem Papst; ein päpstliches Privileg für Bobbio (628) sowie ein erschließbares für Luxeuil bestätigten die Bischofsfreiheit und nahmen die Klöster unter die direkte Jurisdiktion des Papstes. So war, anders als in der älteren Forschung oft dargestellt, die irofränkische Klosterbewegung keineswegs »romfrei«; ja, sie schuf mit der Papstunterstellung ein wichtiges Moment mittelalterlicher Klosterpolitik.

b) Abtbischöfe

Dem Abt unterstellte Mönchsbischöfe, wie Irland sie kannte, sind allerdings in Gallien die Ausnahme geblieben. Wohl war oft der Abt zugleich Bischof und vereinte so Klosterleitung und Weihegewalt in seiner Person. Die Wirksamkeit dieser Abt-Bischöfe löste in Gallien folgenreiche Entwicklungen aus. Hatte seit alters das Weiherecht den Kern der Bischofshoheit gebildet, weil jede Weihe, sowohl bei Personen wie bei Sachen, eine Bindung an den Bischof und seine Diözese herstellte, so entfiel dies bei Weihen durch die neuen Abt-Bischöfe. Die Klöster vermochten nunmehr ihre Kleriker wie ihre abhängigen Kirchen durch eigene Weihehoheit an sich zu binden und sozusagen zu einer eigenen Kleindiözese zusammenzufassen. Gravierend wirkte sich diese Durchbrechung des bischöflich-diözesanen Weihemonopols im Eigenkirchenwesen aus. Hatten im 6. Jahrhundert die Bischöfe den Eigenkirchenherren mit der Verweigerung von Klerikern oder mit deren Entzug drohen können, so fiel dies jetzt dahin; denn Eigenkleriker konnten fortan leicht von einem Klosterbischof oder auch von einem irischen Wanderbischof geweiht werden, was dem Eigenkirchenwesen einen starken Auftrieb geben mußte. Die Folge war vielfach eine bischöflicherseits nicht mehr kontrollierbare Klerikertätigkeit in Klöstern und Landkirchen.

c) Immunität

Die in der Spätantike den großen Latifundien gewährte Immunität, die fast schon zur »Staatsfreiheit« erweitert worden war, behielt im Merowingerreich ihre Bedeutung, freilich in veränderter Form. Königliche Privilegien, ausgestellt hauptsächlich für Bischofskirchen und später auch für Klöster, erklärten deren Güter insofern für immun, als den Vertretern der öffentlichen Gewalt der Zutritt untersagt wurde. Eine Freistellung von den öffentlichen Pflichten war dabei nicht intendiert. Vielmehr blieben sowohl die Steuerpflicht wie auch der Militärdienst bestehen; nur sollten diese Pflichten vom Immunitätsinhaber selbst abgewickelt werden. Die privilegierten Bischöfe und Äbte nahmen also fortan auf ihrem Kirchen- und Klostergut öffentliche Funktionen wahr, so die Gerichts- und Polizeigewalt, vorerst allerdings noch ohne die Blutsgerichtsbarkeit, ferner die Steuereinziehung und die Ableistung des Militärdienstes. Diese Privilegierung ist nur richtig auf dem Hintergrund inzwischen eingetretener Veränderungen zu verstehen, daß nämlich die Justizgewalt nicht mehr von Beamten eines staatlichen Justizapparates in öffentlich-rechtlicher Weise wahrgenommen wurde, sondern vom Adel. Dieser aber trachtete danach, alle von ihm ausgeübten Rechte zu allodialisieren, das heißt: zum Erbgut der eigenen Familien zu machen. Faktisch entzog daher die Immunitätsverleihung dem Adel die Möglichkeit, Kirchengut zu beherrschen, wie andererseits die Kirchenleute eine relativ eigenständige Herrschaft eingeräumt erhielten. Zur Abwehr des Adels verbanden sich die Immunitätsherren in neuer Weise mit dem König, denn auf ihn blieben sie zur Sicherung ihrer Freiheit letztlich angewiesen. Mit dem Niedergang der merowingischen Königsgewalt mußte freilich die Immunität, weil vom König garantiert, wieder verfallen.

Bei den Immunitätsverleihungen ist weiter zu beobachten, daß die Klöster mit der staatlichen Freiheit oft auch eine geistliche Freiheit ausgesprochen erhielten, vor allem wenn der König die freie Abtswahl, das für die innerklösterliche Autonomie wichtigste Recht, zusicherte. Bald aber verflossen die vom König auszusprechenden Freiheiten mit den kirchlichen Rechten, über welche eigentlich nur die Bischöfe zu befinden hatten; das heißt, Immunität und Exemtion begannen sich anzunähern, und gegen Ende der Merowingerzeit ist festzustellen, daß große Adelsherren, darunter die aufstrebenden Pippiniden, ihren Klöstern selbstmächtig Immunität und zugleich Exemtion aussprechen konnten, wie umgekehrt Bischöfe mit der Exemtion gelegentlich die Immunität gewährten.

5. Mission

a) Columban und seine Schüler

Die asketische Peregrinatio forderte, in die Fremde zu ziehen und bei fremden Völkern zu leben. Über Columban und seine Gefährten weiß die Vita mitzuteilen, daß sie nach Gallien gekommen seien, um ›das Heil zu säen‹; sofern sie aber die Herzen verhärtet fänden, wollten sie zu anderen Völkern weiterziehen. Als Columban nach seiner Vertreibung der Sorge um die Kommunität enthoben war, ließ er sich zeitweise für die Mission gewinnen. Als er am Bodensee predigte, dachte er sogar an eine Mission bei den Slawen. Seine Schüler nahmen den Missionsimpuls auf. Mönche aus Luxeuil, sein dortiger Nachfolger im Abtsamt Eustasius († 629?) sowie der spätere Abt Agilus von Rebais († um 650), missionierten in Baiern. Das wichtigste Bekehrungsfeld aber war der Norden Galliens. König Dagobert I. unterstützte die neue Missionsinitiative. In den Vorlanden der Frisia wurde zu Utrecht eine Martinskirche errichtet und zu Thérouanne (Dep. Pas de Calais) ein Bistum mit dem Luxeuil-Schüler Audomar. Weiter scheint unter Dagobert das Alemannen-Bistum Konstanz entstanden zu sein, wie damals wohl auch der Augsburger Sitz (wieder-)aufgerichtet wurde.

b) Amandus († 675/80)

Als bedeutendster Missionar ist der Aquitanier Amandus anzuführen, der auch der Apostel Belgiens genannt wird. Er war kein direkter Schüler Columbans, aber doch ganz von seinem Geist erfüllt und obendrein durch einen römischen Missionsauftrag autorisiert. Den Bischofssitz Maastricht gab er nach kurzer Tätigkeit auf. Rastlos war er viele Jahre unterwegs: bei den Baiern und Slawen an der Donau, zeitweilig auch bei den Basken in den Pyrenäen, am längsten aber bei den Friesen an der Schelde. Hier, in friesischer Nachbarschaft, errichete er 639 seinen wichtigsten Stützpunkt, die Abtei Elno (nördl. Valenciennes, später St. Amand). In seinem Testament vermeldet Amandus, ›daß er lange Zeit und weithin durch alle Provinzen und Völker aus Liebe zu Christus und zur Verkündigung des Gotteswortes und zur Spendung der Taufe umhergezogen sei‹ – eine Selbstrühmung, die auch dadurch veranlaßt gewesen sein mag, daß er, wie seine spätere Vita weiß, die Möglichkeit, außerhalb des fränkischen Hoheitsbereichs zu wirken, seinem König erst habe abhandeln müssen; denn ein jeder ausgezeichnete Gottesmann sollte möglichst innerhalb der Reichsgrenzen verbleiben.

6. Rückblick und Ausblick

Die irische Bewegung auf dem Kontinent verlor gegen Ende des 7. Jahrhunderts ersichtlich an Kraft. Wiewohl noch für Jahrhunderte Iren herüberkamen – und darunter waren bedeutende Köpfe –, stellten sie doch nicht mehr die spirituell-monastische Initiativgruppe dar. Mit dem Erschlaffen der Merowinger-Herrschaft ging auch ihre große Zeit zu Ende. Was freilich von den Iren blieb, war bedeutsam genug: die zahlreichen Klöster und die Idee der Klosterfreiheit, vor allem aber das neue Bußsystem, das sich in der ganzen westlichen Christenheit verbreitete. Überhaupt dürfte das große Echo, das die Iren in Gallien fanden, wohl darauf zurückzuführen sein, daß sie, die selber aus einem nichtantiken Land kamen und mit dem Christentum die lateinische Kultur erst hatten erlernen müssen, auf die kulturelle und religiöse Übergangssituation Galliens im 6. Jahrhundert offenbar in besonderer Weise einzugehen vermochten, daß sie sich auch auf das Segensbedürfnis der großen Familien einließen und dadurch auf den Adel einwirkten, daß sie endlich eine Askese propagierten, die für Lohn und Strafe berechenbare Entsprechungen verhieß. So erwies sich der Einfluß der Iren von bleibender Dauer, wenn auch ihre Führungsrolle nur vorübergehend war. Das Geschlecht der Karolinger, mit dem das Frankenreich einen neuen Aufstieg nahm, verband sich zwar erneut mit ›Fremden‹, aber nun nicht mehr mit den Iren, sondern mit Missionaren, die von dem inzwischen aus Rom bekehrten angelsächsischen England kamen. Die karolingisch-angelsächsische Zusammenarbeit eröffnete eine neue Periode der abendländischen Kirchengeschichte mit noch weitaus stärkeren Akzentuierungen und wiederum bleibenden Folgen.

5. Kapitel: England

§ 36 Die Christianisierung

1. Missionsbewegungen

Britannien, benannt nach den keltischen Priteni, ist von den Römern nie ganz erobert worden; im Norden blieben die Pikten unbezwungen. Nach dem endgültigen Abzug des römischen Militärs (gegen 410) fielen diese wie auch die Iren ins Land ein, zu deren Abwehr die britisch-römische Provinzialbevölkerung Germanen, nämlich Angeln (von der Unterelbe), Jüten (aus Jütland) und Sachsen (aus Nordelbien), auf die Insel rief, nach späterer Tradition im Jahre 449. Die zu Hilfe Gerufenen aber überlagerten oder verdrängten die eingesessene und schon weitgehend christianisierte Bevölkerung, die sich eigenständig nur im Westen, so in Cornwall und Wales, zu behaupten vermochte oder aber auf den Kontinent, in die heutige Bretagne, auswich. Die Eroberer schufen sich Königreiche mit germanischer Sprache und heidnischer Religion. Ein Ausgleich mit der autochthonen Bevölkerung fand – anders als bei den Franken in Gallien – nicht statt.

a) Römisch

Die Christianisierung der durch Nachzug immer zahlreicher gewordenen Germanen leiteten erst Missionare ein, die Gregor der Große (590–604) im Jahre 597 auf die Insel entsandte. Eine spätere Legende läßt den Papst, als er auf dem römischen Markt englische Sklaven antrifft, deren Volksnamen ›Angli‹ als ›angeli‹ (Engel) deuten und darin eine Aufforderung zur Mission erkennen. Unser Wissen von der Bekehrungsgeschichte gründet sich weitgehend auf die 731 vollendete berühmte ›Kirchengeschichte des Volkes der Angeln‹, verfaßt von dem angelsächsischen Mönch Beda († 735). Sieben Königreiche beherrschten das Land: Kent, Sussex, Essex, Wessex, Ostanglien, Mercien (Grenzland) und Nordhumbrien, letzteres bestehend aus dem nördlichen Bernicia und dem südlichen Deira. Den Zusammenhalt sollte ein wechselweise ausgeübtes Imperium (Oberherrschaft) garantieren, dessen Inhaber in der Forschung – wohl fälschlich – mit dem erst später belegten Ausdruck ›Bretwalda‹ (Briten-Beherrscher, oder: weiter Herrscher) benannt werden. Die ersten römischen Missionare erreichten mit ihrem Anführer Augustinus († 604) das Land, als Aethelberht von Kent (565–616) das Imperium innehatte. Dieser hatte die Merowingerin Berta zur Frau, die sich zur freien Ausübung ihres Christenglaubens einen Bischof namens Liudhard mitgebracht hatte. Wenn Papst Gregor schon zu Weihnachten 597 von mehr als 10000 getauften Angeln zu berichten wußte, so dürfte Aethelberht mit eingeschlossen gewesen sein. Vier Jahre später, im Sommer 601, kamen neue Missionare aus Rom und brachten einen von Gregor entworfenen Organisationsplan mit: London und York sollten Erzsitze werden, und Augustinus erhielt die Erzbischofswürde. Ein päpstlicher Brief forderte das Königspaar zur Vernichtung des Götzendienstes und zur Zerstörung heidnischer Tempel auf, während ein kurz darauf – offenbar zur Korrektur – nachgesandter Brief die Missionare eher vermittelnd vorzugehen hieß: ›Denn zweifellos kann man rauhen Gemütern nicht alles auf einmal nehmen; wer nämlich einen Gipfel zu erklimmen sich bemüht, erhebt sich stufen- und schrittweise, nicht aber in Sprüngen.‹ Aethelberht vermochte, wohl wegen seines Imperiums, seinen Neffen, den König Saberht von Essex, zur Taufe zu bewegen und in London die erste Kirche zu errichten. Desgleichen ließ sich der ostanglische König Raedwald, welcher der nächste Imperiumsträger wurde, am kentischen Hofe für das Christentum gewinnen; doch errichtete er zu Hause, wie Beda berichtet, ein Heiligtum ›mit einem Altar für das Opfer Christi und einem Altargebilde für Opfer der Dämonen‹. Raedwald dürfte auch der König des berühmten Grabes von Sutton Hoo (nordöstl. Ipswich/Suffolk) sein, wo unter einem Erdhügel ein angelsächsisches Herrschergrab des frühen 7. Jahrhunderts, ausgestattet mit Waffen, Insignien und einem vollausgerüsteten Schiff, aufgefunden wurde.

b) Irisch

Der Mission schien dann mit der Bekehrung des nordhumbrischen Königs Edwin der entscheidende große Schritt zu gelingen. Seit 617 König, war Edwin Inhaber des Imperiums. Er heiratete eine kentische Prinzessin, ließ den 625 zum Bischof geweihten Paulinus in seinem Land wirken und nahm selber zu Ostern 628 die Taufe. Anschließend soll der Andrang des Volkes so groß gewesen sein, daß Paulinus in der bernicischen Königspfalz Yeavering einmal 36 Tage lang katechesieren und draußen in Flußwasser habe taufen müssen. Auch schien sich der römische Missionsplan mit der Errichtung eines Erzsitzes in York zu verwirklichen. Doch bei Eintreffen des für Paulinus in Rom erbetenen Palliums hatte Edwin in einer Schlacht Reich und Leben verloren, und der Erzbischof mußte fliehen. Die römische Mission brach zusammen, nicht allerdings der Christianisierungsprozeß. Der alsbald in Nordhumbrien zur Herrschaft aufgestiegene Oswald (633–641) war während einer Exilszeit im irischen Reich Dal-Riata getauft worden und holte sich aus dem dortigen kirchlichen Zentrum, aus Columbans Kloster Iona, die Missionare. Auf einer Insel vor der nordhumbrischen Ostküste entstand nach irischer Art das Kloster Lindisfarne, in dem die allesamt aus Iona berufenen Abtbischöfe Aidan († 651), Finan († 661) und Coloman († 676) wirkten und das Land zu missionieren begannen. Oswald wie auch sein Nachfolger Oswiu (641–670) hatten nacheinander das Imperium inne und vermochten ihren Einfluß weit nach Süden, bis Essex und London, auszudehnen, wo sich dank ihrer Unterstützung überall das Christentum ausbreitete. Der Abschluß der Mission wurde unter dem nächsten Overlord, unter Wulfhere von Mercien (657–678), erreicht; er brachte das nochmals ins Heidentum zurückgefallene Essex zur endgültigen Glaubensannahme, und unter seinem Patronat bekehrte sich als letztes Königreich auch Sussex.

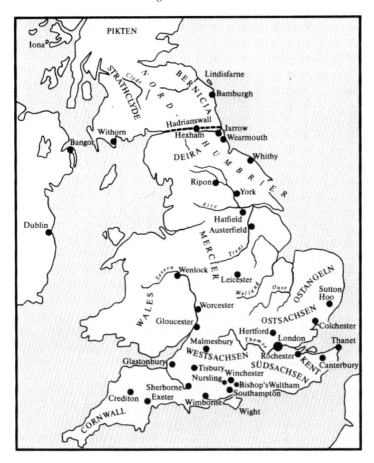

34 England in der ersten Hälfte des 8. Jahrhunderts (nach H. K. Schulze).

2. Sieg des römischen Christentums

a) Römisch-irischer Gegensatz

Infolge der imperialen Stellung der nordhumbrischen Könige Oswald und Oswiu verbreitete sich in England weithin ein irisch geprägtes Christentum. Die römische Observanz beschränkte sich zeitweilig auf Kent. In Wessex und Ostanglien wirkten Missionare und Bischöfe aus Gallien, die wahrscheinlich von der dortigen columbanischen Bewegung beeinflußt waren. Die große Wende zugunsten der römischen Observanz brachte die Synode von Whitby im Jahre 664, deren Anlaß ein Streit um die Osterberechnung und die Klerikertonsur war. Oswius in Kent erzogene Frau befolgte die römisch-kontinentalen Kirchenbräuche und feierte bisweilen Ostern an einem von der irischen Berechnung abweichenden Termin. Den anderen Streitpunkt bildete die Tonsur, bei der die Iren den ganzen vorderen Kopf schoren, während die Römer einen kranzförmigen Haarschnitt verlangten. Diese Differenzen beunruhigten so sehr das Glaubensverständnis, daß Beda schreibt, viele hätten gefürchtet, bei solchen Fehlern möglicherweise ›vergeblich zu laufen‹ oder gelaufen zu sein (vgl. Gal 2,2).

b) Synode von Whitby (664)

Auf der Synode in dem Doppelkloster Streaneshalch (später Whitby genannt) standen König Oswiu und sein Abtbischof Coloman von Lindisfarne dem Gallier Agilbert, der damals auf der Insel missionierte und später Bischof von Paris wurde, sowie dem jungen Nordhumbrier Wilfrid gegenüber; letzterer war in Lindisfarne erzogen worden, hatte sich dann aber in Kent sowie in Rom und Gallien (Lyon) aufgehalten, war von dort als Verfechter des römischen Kirchentums zurückgekehrt und hatte am nordhumbrischen Hof die Unterstützung des Königssohns Aldfrith gewonnen. Auf der Synode wurde er der entscheidende Wortführer: Garant der wahren Tradition sei allein Petrus; auf ihn als den Felsen sei die Kirche errichtet, und ihm seien die Schlüssel des Himmelreiches übergeben. Der Entscheid verlief nach Beda dramatisch. Auf des Königs Frage an Coloman, ob er einen Patron von gleicher Autorität wie Petrus aufzubieten wisse, konnte dieser nur mit Nein antworten. Und so entschied der König:

> ›Petrus ist der Pförtner, dem ich nicht widersprechen will, damit nicht etwa, wenn ich an die Pforte des Himmelreiches komme, niemand da ist, der öffnet, weil derjenige sich abwendet, der erwiesenermaßen die Schlüssel hat‹.

Die dingliche Interpretation eines biblischen Bildwortes gab also den Ausschlag, und wir haben hier das erste Zeugnis, »das so ausdrücklich Petrus als den Himmelspförtner und daher als eine zentrale Figur für Leben und Tod des einzelnen Christen wie der Kirche darstellt« (R. Kottje).

Als Konsequenz der Synode von Whitby ergab sich die Wiederherstellung der römischen Episkopalorganisation in Nordhumbrien. Der irische Konvent von Lindisfarne verließ mit seinem Klosterbischof das Land. York erhielt wieder einen Bischof, wobei es freilich in der Folgezeit zu langen Auseinandersetzungen kam. Der von König Oswiu erkorene Wilfrid ließ sich in Gallien weihen, mußte aber bei seiner Rückkehr feststellen, daß der König inzwischen den römisch gesonnenen Iren Ceadda für York hatte weihen lassen. Doch wurde dieser nach wenigen Jahren abgesetzt, und Wilfrid konnte sein Amt antreten. Als dann seine große Diözese aufgeteilt werden sollte, widersetzte er sich. In dem über Jahrzehnte sich hinziehenden Kampf erreichte er zweimal bei persönlichem Erscheinen vor Synoden in Rom (689 und 704) eine päpstliche Billigung seines Standpunktes, ohne freilich damit in seiner Heimat durchdringen zu können.

c) Theodor von Canterbury († 690)

Ihr eigentliches Gepräge erhielt die nunmehr »römische« Kirche Englands durch Erzbischof Theodor von Canterbury (669-690). Dieser war ein Mönch aus Kilikien in Kleinasien, der infolge christologischer Auseinandersetzungen nach Rom geflüchtet war, wo Papst Vitalian den inzwischen 66jährigen zum Erzbischof weihte und auf die ferne Insel der Angelsachsen schickte. Im Geist der römischen Tradition baute Theodor ein Netz von 15 Diözesen auf, hielt Synoden ab und förderte die römische Liturgie. Ihn haben wir als den eigentlichen Schöpfer der angelsächsischen Kirche anzusehen. Zusammen mit ihm war der aus Nordafrika stammende Mönch Hadrian gekommen, der in Canterbury Abt wurde und dort das mönchische Leben neu formte.

§ 37 Das angelsächsische Christentum

1. Mönchtum

a) Römische und irische Mönche

Die frühe englische Kirchengeschichte ist auf vielfältige Weise vom Mönchtum geprägt. Schon die von Gregor dem Großen entsandten Missionare waren Mönche aus dem vom Papst selbst in Rom gegründeten Kloster auf dem Clivus Scauri; diese aber waren – anders als lange geglaubt – ebensowenig Benediktiner wie der Papst selbst. Die vom nordhumbrischen König Oswald aus Iona herangeholten Missionare verbreiteten das irische Mönchtum und gründeten in Lindisfarne ihre bedeutendste angelsächsische Niederlassung. Die besonders in Ostanglien wirkenden kontinentalen Missionare haben wahrscheinlich in Verbindung zum irofränkischen Mönchtum gestanden. Auf sie ist es vielleicht zurückzuführen, daß eine Reihe von klosterbegeisterten Frauen auf den Kontinent gingen; sowohl in Faremoutiers wie in Jouarre, den beiden großen irofränkischen Klöstern in der Brie, lebten Nonnen angelsächsischer Herkunft. Nachdem aber auf der Insel mit der Synode von Whitby die römische Observanz gesiegt hatte, änderte sich zugleich auch das Mönchtum. Leitbild wurde jetzt der als ›abbas Romensis‹ verehrte Benedikt. So mußten die irischen Mönche aus dem Kloster Ripon (nordwestl. von York) weichen, und der »römische« Wilfrid wurde dort neuer Abt, der auch noch das Kloster Hexham (nördl. York) leitete und überhaupt – darin ganz unrömisch – ein ›Kirchenreich‹ (regnum ecclesiarum) aufzubauen wußte, in dem seine Verwandten als Nachfolger und Erben weiterwirkten.

b) Doppelklöster

Eine Besonderheit stellen die zahlreichen Doppelklöster dar (vgl. § 14,3k), die für gewöhnlich unter Leitung einer Äbtissin standen. Die Doppelklöster sind wohl eher von irischen als von columbanisch-gallischen Vorbildern angeregt. Ihrer Verfassung nach konnten sie von ganz unterschiedlicher Struktur sein. Männer und Frauen lebten zuweilen in vollkommener klösterlicher Gemeinschaft, etwa im selben Klosterbezirk und mit gemeinsamem Gebet, oder auch mehr getrennt bis hin zur Aufteilung in zwei benachbarte Klöster mit je eigenem Männer- und Frauenkonvent. Immer aber lag die Gesamtleitung in der Hand einer Äbtissin, die im angelsächsischen England regelmäßig königlichen Geblüts gewesen zu sein scheint. Die Äbtissin bestimmte über Regel und Klosterzucht, über Gebet und Arbeit, über Studium und eventuelle Klerikerweihen, wie sie auch die Klosterbuße erteilte. Obendrein pflegten viele der angelsächsischen Doppelklöster, auch solche, die sich zu Frauenklöstern wandelten, ein reges geistiges und schulisches Leben. Im 8. Jahrhundert unterstützten diese Doppelklöster die angelsächsischen Missionare auf dem Kontinent.

Am bekanntesten ist das Doppelkloster Streaneshalch, später Whitby genannt. Hier tagte 664 die berühmte Synode, welche über die irisch-römischen Kirchenkontroversen entschied. Hier auch lebte Caedmon, der erste geistliche Dichter angelsächsischer Zunge; als Höriger im Kloster arbeitend, erfuhr er durch eine Vision seine, wie Beda schreibt, dichterische Berufung und bekehrte sich daraufhin mit seiner ganzen Familie zum Klosterleben. Gründerin und erste Äbtissin war Hilda (657–680), Nachfahrin König Edwins und als solche dem nordhumbrischen wie dem kentischen Königshaus verbunden. Aus ihrer Schule gingen nicht weniger als fünf Bischöfe hervor.

c) Benedikt Biscop († 689/90)

Die wichtigste monastische Figur wurde Benedikt Biscop, der den Königsdienst verließ, nach Rom ging (das er im Laufe seines Lebens sechsmal aufsuchte) und für mehrere Jahre sich auch in Lérins aufhielt. Mit Erzbischof Theodor kehrte er zurück und gründete in seiner nordhumbrischen Heimat die benachbarten Klöster Wearmouth und Jarrow, deren Mönche eine gemeinsame Kommunität bildeten. Für die innerklösterliche Lebensordnung machte sich Benedikt Biscop die Erfahrung aus siebzehn von ihm auf dem Kontinent besuchten Klöstern zunutze, doch stellte er die Benediktsregel obenan. Bei seinen römischen Reisen hat er auch Bücher erworben – darunter Exemplare aus der Bibliothek Cassiodors – und auf diese Weise in seinen Klöstern eine der besten Bibliotheken im nördlichen Europa aufgebaut. Seine Mönche begriffen dies als neue Aufgabe: Sie verbanden irische Schreibkunst mit antik-christlicher Gelehrsamkeit und römischer Regelhaftigkeit.

2. Aldhelm von Malmesbury († 709) und Beda Venerabilis († 735)

Begründer der lateinischen Literatur unter den Angelsachsen war Aldhelm von Malmesbury. Aus königlich-westsächsischem Geschlecht abstammend, erhielt er seine Bildung von dem Iren Maidubh, der im Umkreis von Erzbischof Theodor und Abt Hadrian wirkte. Zuletzt war Aldhelm Bischof von Sherborne. Großen Einfluß erlangte er mit seinem ›Lob der Jungfräulichkeit‹ (De virginitate), einer Verherrlichung von Askese und Enthaltsamkeit sowohl bei Männern wie bei Frauen. Sprache und Stil sind oft schwer zu verstehen, weil zu manieriert; häufig sind es gesucht seltene oder gräzisierte Wörter, dazu weitgespannte Perioden und immer wieder Alliterationen.

Die erstaunlichste Gestalt des angelsächsischen Mönchtums ist der Mönch Beda, der einer der meistgelesenen Autoren des Mittelalters werden sollte. Geboren gegen 672/73 irgendwo im nördlichen Nordhumbrien, gaben ihn seine Eltern als Siebenjährigen ins Kloster Wearmouth, wo er sich eine Gelehrsamkeit erwarb, wie sie in seiner Zeit ohnegleichen war. Am Ende seines Lebens konnte Beda mehr als vierzig eigene Buchtitel aufführen. Ganz nach monastischer Weise wollte er sich der Betrachtung der Bibel, der klösterlichen Lebensordnung und dem Gottesdienst hingeben, und diesem seinem Lebensziel diente auch die Gelehrsamkeit. Lernen, Lehren und Schreiben waren ihm, wie er einmal bekennt, eine Freude. Er schrieb sein Latein rein als Schul- und Kultursprache, unberührt von den ins Romanische absinkenden Volkssprachen. Seine Werke beginnen mit Elementarunterricht: Orthographie, Metrik und Rhetorik. Dann folgen Werke zur Naturkunde und Zeitberechnung, wobei in der Jahresberechnung die von Dionysius Exiguus begründete Zählweise der Jahre nach Christi Geburt übernommen wurde und auf diese Weise endgültig in das Mittelalter einging. Viel Gelehrsamkeit verwandte Beda auf die Exegese. Zu gut der Hälfte der neutestamentlichen Bücher und weiter zu einer Reihe alttestamentlicher Bücher lieferte er Kommentare und schuf zudem eine Übersicht über die biblischen Orte. Seine Erklärungen sind allegorisch, aber mehr noch historisch. Ebenso ist das von ihm verfaßte Martyrologium, stärker als bis dahin üblich, historisch geprägt, da er möglichst zu jedem Namen eine geschichtliche Erläuterung beisteuert. Überhaupt ist Beda wegen seiner Geschichtsschreibung höchste Wertschätzung zu zollen. Selbst seine Heiligenviten befolgen kaum das hagiographische Schema. Sein erstaunlichstes Werk ist die 731 abgeschlossene ›Historia ecclesiastica gentis Anglorum‹ (Kirchengeschichte des englischen Volkes), in der er sich zur ›vera lex historiae‹, zum wahren Gesetz der Geschichte, bekennt. Sie ist eine der wertvollsten Geschichtsquellen des Frühmittelalters.

35 Markus-Initial aus dem Lindisfarne-Evangeliar (The British Library, London).
Das Book of Lindisfarne gilt als schönstes Werk der frühmittelalterlichen insularen Buchmalerei. Es ist um 700 auf der Insel Lindisfarne entstanden, die Nordhumbrien östlich vorgelagert ist. Das dortige Kloster war in seinen Anfängen die wichtigste nordhumbrische Tochterniederlassung von Iona und als solche ein Zentrum irischer Kirchlichkeit und Schreibkunst. Bald kamen Angelsachsen hinzu, und das Evangeliar ist wohl von einem Angelsachsen geschrieben. Die Ornamentik zeigt die irischen Spiral- und Trompetenmuster, während das Flechtwerk teilweise naturalistische Tierformen aufweist. Das Buch erhielt im 10. Jahrhundert eine angelsächsische Glossierung: INITIUM EVANGELII IHSU XPI FILII DEI / godspelle haelandes crist sunu godes.

3. Kathedralklöster

Ein wichtiges Kennzeichen der angelsächsischen Kirche sind sodann die Kathedralklöster. Durch die Entsendung römischer Mönche als Missionare wurde in England eine Kirche aufgebaut, die mönchisch geprägt war, freilich anders als die irische Mönchskirche. In England wurden Bistümer und ebenso Erzbistümer eingerichtet; es wurde also eine Kirchenverfassung nach römischer Art grundgelegt, und diese Struktur war das eigentlich »römische« Kennzeichen der angelsächsischen Kirche. Unverkennbar ist jedoch, daß die in dieser römisch geprägten Kirche tätigen Amtsträger, die Bischöfe wie auch die Priester, möglichst Mönche sein sollten. An den Bischofssitzen bestanden fast regelmäßig Klöster, die sogenannten Kathedralklöster, und auch die Missionsstationen draußen im Land waren oft Klosterzellen. So lebte der Klerus weitgehend mönchisch. Die Motive für die Verbindung von Priestertum und Mönchtum sind dieselben wie in der irischen und teilweise schon in der spätantiken Kirche: Vermittler des Heiligen kann nur sein, wer asketisch und »rein« – das heißt, geschlechtlich enthaltsam – lebt, und dies sah man in der mönchischen Lebensform am besten garantiert (vgl. § 12, 3 g). Das Leitbild der angelsächsischen Kirche ist also wiederum der Gottesmann (vgl. § 13, 1 b). Aber während in Irland die Klöster die übliche bischöfliche Kirchenstruktur zerstörten (vgl. § 34, 1 b), wurde in England die traditionelle Episkopalverfassung aufgebaut, dabei allerdings das Leben der Geistlichen mönchisch organisiert. Wir werden sehen, daß dieses Modell durch die angelsächsischen Missionare, vor allem auch durch Bonifatius, auf den Kontinent gelangte, dort an schon vorhandene gleichartige Bestrebungen anknüpfte, dann in die karolingische Kirchenreform einging und auf diese Weise die mittelalterliche Kirche entscheidend beeinflußte.

4. Besonderheiten

In der angelsächsischen Bekehrung treten eine Reihe von Phänomenen auf, die eine besondere Beachtung verdienen.

a) Gentile Bekehrung

Geradezu als Musterfall frühmittelalterlicher Bekehrung schildert Beda die Taufe König Edwins von Nordhumbrien. Die Kraft des neuen Glaubens erwies sich zunächst einmal in der schmerzlosen Geburt einer Königstochter und dann wiederum besonders überzeugend an einem vom Christengott ausbedungenen Sieg über die Westsachsen. Wiewohl der König zum Unterpfand seiner Taufbereitschaft bereits die so wunderbar geborene Tochter hatte taufen lassen, erforderte die Annahme des neuen Glaubens doch noch lange Beratungen mit den Großen und den Weisen. Erst als diese einzeln im Königsrat zugestimmt hatten, ›nahm König Edwin zusammen mit allen Edlen seines Stammes und viel Volk den Glauben und die Taufe an‹. Voraussetzung war also wiederum der Erweis des stärkeren Gottes, dem dann die Taufe in kollektiver Form folgte.

b) Patenschaften der Overlords

Im Bekehrungsprozeß haben weiter die jeweiligen Imperiumsträger eine förderliche Rolle gespielt. Bis auf Raedwald haben alle Oberherrscher andere Könige zur Taufe zu bewegen vermocht: so Aethelberht von Kent die Könige von Essex und Ostanglien, der nordhumbrische Edwin den ostanglischen Königssohn Eorpwald, Oswald von Nordhumbrien den westsächsischen Cynegils, Oswiu den mercischen Königssohn Peada wie auch den König Sigiberht von Essex, endlich Wulfhere von Mercien den König Aethelwalh von Sussex. In einigen Fällen ist außerdem noch festzustellen, daß der bereits christliche König als Pate fungierte. Dies ist überaus bemerkenswert, denn das Patenamt, das eine geistliche Verwandtschaft schuf und damit eine besonders enge Verbindung herstellte, wurde in Byzanz seit dem 6. Jahrhundert dazu benutzt, die alte Idee der »Familie der Könige«, derzufolge alle Regenten in einem – zumeist hierarchisch abgestuften – Verwandtschaftsverhältnis gesehen wurden, zu verchristlichen: Der Kaiser übernahm in der Patenschaft eine zugleich geistliche und politische Vaterschaft; der Taufsohn hatte ihm im Glauben, aber ebenso in der Politik zu folgen. Dieses Modell findet sich nun auch im Westen und erstaunlicherweise zum ersten Mal bei den

Angelsachsen. Oswald von Nordhumbrien war Pate über Cynegils von Wessex, Wulfhere von Mercien über Aethelwalh von Sussex und zuletzt König Anna von Ostanglien, der freilich nicht zum Imperium aufstieg, über Swithelm von Essex. Ganz offensichtlich haben die Imperiumsträger versucht, ihre oberhoheitliche Stellung dadurch zu bestärken, daß sie andere Könige zur Taufe brachten oder deren Paten wurden.

c) Ungetaufte Königssöhne

Angesichts solchen Bekehrungseifers muß es in ganz besonderem Maße verwundern, daß Könige, die selbst sich zur Taufe bereitfanden und obendrein noch andere zur Taufe zu veranlassen wußten, ihre eigenen Söhne ungetauft lassen konnten. Schon Aethelberht von Kent hat es so gehalten; der ihm von der katholischen Merowingerin Berta geborene Sohn Eadbald war beim Tode des Vaters († 616) noch ohne Taufe. Desgleichen blieben die Söhne der von Aethelberht zur Taufe überredeten Könige von Essex und Ostanglien ungetauft, wie weiter auch der Sohn und Nachfolger des unter Oswalds Patronat getauften Westsachsen Cynegils. Offenbar haben die Könige für den Fall eines Scheiterns ihrer Christianisierungspolitik Vorsorge treffen wollen, daß bei einem neuerlichen Sieg der heidnischen Partei der ungetaufte Sohn als Vertreter ihrer Dynastie weiterregieren konnte.

d) Erzbistum

Die ursprüngliche Aufgabe des Metropoliten bestand bekanntlich darin, die Provinzialsynoden zu organisieren sowie die Bischofswahlen zu leiten und zu überprüfen, um dann dem Gewählten im Verein mit anderen Komprovinzialen die Weihe zu erteilen. Dieses Amt hat sich aus der Kollegialität der Bischöfe heraus entfaltet. Seit Gregors des Großen Angelsachsen-Mission aber trat hier eine Änderung ein: Der Metropolit konnte erst nach Erhalt des päpstlicherseits zu verleihenden Palliums in Funktion treten. Die Palliumsverleihung gewann die bedeutsame ekklesiale Funktion, daß sie eine engere Bindung an Rom bewirkte und so eine landeskirchliche Abkapselung verhinderte. Das Amt selbst allerdings erschien dabei nicht mehr als Ausdruck der Kollegialität, sondern als Ausfluß päpstlicher Hoheit. Wegen dieser veränderten Auffassung spricht man in der Forschung nicht mehr vom Metropoliten, sondern vom Erzbischof (Erz = griech.: archon – erster), eine Bezeichnung, die zum ersten Mal im Umkreis Theodors von Canterbury auftauchte.

Für die angelsächsischen Imperiumsträger muß die Einrichtung des Erzbistums eine besondere Anziehung ausgeübt haben. Die in England entstandenen Bistümer deckten sich nämlich mit den Königreichen, so daß sie eine Art Landeskirche im kleinen darstellten. Der Erzbischof aber hatte die Aufgabe, diese »gentilen Bistümer« auf höherer Ebene zusammenzufassen. Genau dies jedoch wollten auf dem politischen Gebiet auch die um eine Oberhoheit ringenden Oberkönige. Wie für den einzelnen König die mit seinem Reich deckungsgleiche Diözese das Instrument seines Landeskirchentums war, so für den Imperiumsträger das Erzbistum mit den einzelnen Bischöfen übergeordneten Stellung. Die für London und York projektierten Erzsitze müssen darum ob ihrer diözesanübergreifenden Funktion für die nach Oberherrschaft strebenden Oberkönige eine beträchtliche Faszination ausgeübt haben. Möglicherweise hat schon Aethelberht von Kent deswegen so rasch auf Essex und London übergegriffen, weil er den dort vorgesehenen Erzsitz sogleich in seine Machtsphäre ziehen wollte. Am Ende wurde dann das neue Erzbistum direkt am kentischen Hof in Canterbury errichtet und nicht, wie vorgesehen, in London. Bezeichnend ist ferner, daß der nordhumbrische König Oswiu sich unmittelbar nach dem Sieg der römischen Partei in Whitby an der in Canterbury fälligen Auswahl eines neuen Erzbischofs beteiligte; da aber der ausersehene Kandidat Wigheard, der zur Weihe nach Rom geschickt wurde, dort verstarb, entsandte Papst Vitalian Theodor von Tarsus. Die Errichtung des zweiten Erzsitzes in York zog sich noch bis 735 hin. Überraschenderweise vermochten 787 die Könige von Mercien, als sie für längere Zeit die Oberherrschaft errangen, ihren Bischofssitz Lichfield zum Erzsitz auszubauen, der aber 803 wieder aufgehoben wurde.

Das im Zuge der Angelsachsen-Mission neu umschriebene Erzbischofsamt blieb für das ganze Mittelalter ein erstrangiges Politikum: Einerseits schuf es eine Verbindung mit Rom, andererseits ermöglichte es eine Zusammenfassung mehrerer Diözesen zu einem größeren Kirchenverbund. Allen Herrschern, die über ein Reich mit mehreren Diözesen regierten, mußte das Erzbistum das willkommene kirchenorganisatorische Instrument sein, eine geschlossene Landeskirche aufzubauen, freilich um den Preis der Rombindung.

e) Synodaltätigkeit

Die von Erzbischof Theodor 673 zu Hertford (nördl. London) abgehaltene Synode eröffnete eine kontinuierliche Synodaltätigkeit, die wesentlich für den Aufbau der angelsächsischen Kirche wurde. Zudem ist diese Synode die erste, von der ein Protokoll vorliegt, und wahrscheinlich auch die erste, deren Ergebnisse überhaupt schriftlich festgehalten wurden. Die hier wie später behandelten Themen betreffen die Lebensführung und Seelsorgetätigkeit des Klerus, die Amtshoheit der Bischöfe und die diözesane Abgrenzung, ferner das Leben der Mönche wie auch Fragen der Ehe. Es fällt auf, daß alle diese Kirchenversammlungen königsfrei waren; den Vorsitz führte jeweils der Erzbischof. Dies mag damit zusammenhängen, daß die angelsächsische Zentralgewalt des sog. Bretwalda nicht stark genug ausgebildet war. Als die angelsächsischen Missionare im 8. Jahrhundert auf den Kontinent gingen, sollten sie dort auf ihren Synoden dieselben Themen anschlagen, mußten dabei aber eine herrscherliche Hoheit anerkennen.

f) Könige als Pilger und Mönche

Endlich ist noch das auffällige Faktum zu verzeichnen, daß nicht nur mehrere angelsächsische Könige ins Kloster eintraten, sondern einige von ihnen sogar nach Rom pilgerten. Schon Oswiu von Nordhumbrien († 670) soll das Gelübde einer Romwallfahrt abgelegt haben, und auch sein Sohn Alchfrith wollte mit Benedict Biscop in die heilige Stadt ziehen. Als erster machte sich der noch heidnische Caedwalla von Wessex auf den Weg; er empfing in Rom von Papst Sergius die Taufe und verstarb wenige Tage später in seinen Taufkleidern (689). Im Jahre 709 gingen Coenred von Mercia und Prinz Offa von Essex nach Rom, wo sie im Mönchsgewand verstarben. Gleichfalls starb dort 726 der westsächsische König Ini, Caedwallas Nachfolger. Sie alle wollten in unmittelbarer Nähe des heiligen Petrus ihr Grab finden, um sich seiner besonderen Gunst erfreuen zu können.

Zweiter Teil: Die westliche Christenheit und das karolingische Großreich

Erster Abschnitt: Die Geburt einer neuen Welt

1. Kapitel: Die Umwälzungen in der mediterranen Welt

§ 38 Der Islam

Die folgenreichste Veränderung in der mediterranen Welt brachten die Entstehung des Islam und die daraufhin erfolgte arabische Großreichbildung mit sich. Die von Mohammed († 632) neu gegründete Religion des Islam wandte sich an die Araber, die sowohl bekehrt wie zugleich von der byzantinischen und sassanidischen Oberherrschaft befreit werden sollten. Aus dieser Bewegung entstanden Eroberungszüge, »die in ihrer Ausdehnung und Schnelle einerseits und ihrer Dauerhaftigkeit andererseits in der Weltgeschichte ihresgleichen suchen« (E. Wagner).

Obwohl als »Heiliger Krieg« deklariert, zielte die Eroberung anfangs allein auf die Islamisierung der Araber ab, bei allen anderen Völkern nur auf politische Unterwerfung. Schon 634 erfolgte der erste Vorstoß gegen das oströmische Reich, der zur Einnahme von Damaskus (635) und Jerusalem (638) führte. Anschließend wurde das sassanidische Perserreich angegriffen und innerhalb eines Jahrzehnts vollständig niedergerungen. Es folgte Ägypten, wo Alexandria 642 kapitulierte und anschließend das ganze Land besetzt werden konnte. Die monophysitischen Kopten unterstützten die Araber, erhielten dafür die Anerkennung als einzig legitime Christengruppe und konnten dadurch ihre Existenz – bis heute – sichern. Als nächstes Ziel bot sich Nordafrika an. Nach mehreren Vorstößen wurde 680/82 erstmals der Atlantik erreicht und 689 Karthago erobert. Das Christentum samt seiner lateinischen Sprache ist – allerdings in einem mehrere Jahrhunderte andauernden Prozeß – vollständig untergegangen, demgegenüber sich das Judentum – bis heute – zu erhalten vermochte.

Die arabisch-islamische Eroberung hat sich mit Arabien, Syrien, Persien, Ägypten und Nordafrika ein Reich geschaffen, das nicht nur den ganzen mediterranen Süden umfaßte, sondern zusätzlich noch weit in den Osten und Südosten ausgriff, weiter als je das Imperium Romanum. Neue Vorstöße zielten dann an den Flanken des Mittelmeeres nach Norden, gegen Kleinasien und Konstantinopel im Osten und gegen Spanien im Westen. Die Eroberung auch der nördlichen Mittelmeerländer schien sich abzuzeichnen. Aber Konstantinopel vermochte sich mehrerer bedrohlicher Belagerungen zu erwehren. Im Westen wurde 711 Spanien erobert, aber in Gallien erlahmte der Vorstoß. Daß der arabische Vormarsch sowohl im byzantinischen Osten wie im fränkischen Westen angehalten werden konnte, wurde ein Faktum von weltgeschichtlicher Tragweite. Die arabischen Eroberungen sprengten endgültig den um das Mittelmeer gelegenen Großraum der antiken Lebenswelt und zerstörten vor allem dessen kulturelle und religiöse Einheit. Jahrhundertelang hatte Roms Imperium das Mittelmeer mit seinen angrenzenden Ländern zusammengehalten und politisch wie kulturell vereint. Gerade auch die Geschichte des alten Christentums ist ohne die östlichen und südlichen Mittelmeer-Länder nicht denkbar: Syrien und Ägypten mit ihren Theologenschulen und dem frühen Mönchtum, Nordafrika mit seinem christlichen Latein. Große Namen wie Clemens und Origenes, Antonius und Pachomius, Cyprian und Augustinus gehören in diesen Bereich. Eine jahrhundertealte, von selbstverständlichem Zusammengehörigkeitsgefühl beseelte Einheit zerbrach. Wohl nahm das islamische Großreich auf seine Weise am Erbe der Antike teil, aber die Religion schied tiefer und ließ zwei Welten entstehen.

Die von dem belgischen Historiker Henri Pirenne in seinem berühmten Buch »Mohammed und Karl der Große« (1938) vertretene These, daß erst die arabische Eroberung der südlichen Mittelmeerländer die Antike zerstört und den Schwerpunkt der christlich-europäischen Geschichte in den Norden verschoben habe, daß, wie die suggestive Formel hieß, Mohammed Karl den Großen ermöglicht habe, ist wirtschaftsgeschichtlich gewiß fraglich, nicht aber im Blick auf die politischen, kulturellen und religiösen Auswirkungen. Die islamische Eroberung bedeutet zweifellos »den tiefsten Einschnitt zwischen der mediterranen Antike und dem auf Europa beschränkten Mittelalter« (Th. Schieffer).

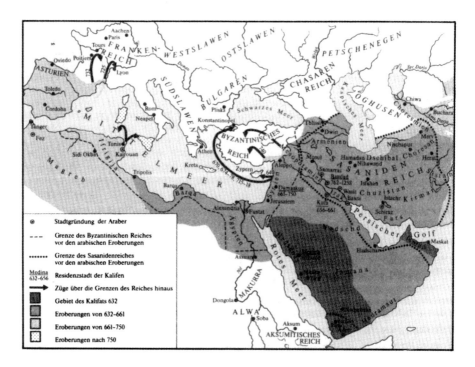

36 Die arabischen Eroberungen und das arabisch-islamische Reich vom 7. bis 9. Jahrhundert (nach H. K. Schulze).

§ 39 Auf dem Balkan

1. Awaren

Die Awaren, ein innerasiatisches Reiternomaden-Volk aus der mongolischen Steppe mit – was ungeklärt ist – entweder türkischer oder mongolischer Sprache, erschienen nach der Mitte des 6. Jahrhunderts auf dem Balkan, besetzten die heutigen Gebiete der Walachei, Siebenbürgens und Ungarns, wo sie die Langobarden zum Abzug nach Italien veranlaßten. Sie eroberten 582 Sirmium, die zentrale Stadt des Illyricum, und drangen weiter in Dalmatien, Istrien und Friaul ein. Zuvor schon hatten sie, nach Norden vorstoßend, an der Elbe das Frankenreich angegriffen, und noch für eine ganze Zeit reichte ihre Herrschaftszone bis an bairisches Gebiet, wo die Enns die Grenze bildete. Das Christentum geriet bei ihrem Vordringen in schwere Bedrängnis und ging streckenweise ganz unter; an der Enns vernichteten sie den Bischofssitz Lauriacum/Lorsch. Bedrohlich wurden die Awaren auch für Byzanz, von dem sie hohe Tribute erpreßten. Mit den Persern, die 626 am Bosporus erschienen, setzten sie von Norden her zu einer großen Umfassungsbewegung an. Aber Kaiser Herakleios konnte die Belagerung sprengen, und damit war die Kraft der awarischen Expansion vorerst gebrochen. Endgültig zerstört wurde ihr Reich von Karl dem Großen, dessen Sieg auch die Christianisierung einleitete (vgl. § 53; Abb. 53).

2. Slawen

Als Heimat der Slawen ist der Raum zwischen den Karpaten und dem Dnjepr anzunehmen. In den antiken Quellen heißen sie ›Venedi‹ (Wenden); der Name ist unerklärt. Wie die Hunnen, von den südrussischen Steppen aus vorstoßend, die germanische Völkerbewegung auslösten, so setzten die Awaren die Slawen in Bewegung: der letzte Akt der großen Völkerwanderung« (M. Hellmann). Die Ostslawen bewegten sich nach Norden; die Westslawen überschritten Weichsel, Oder und Elbe, besetzten dort von den Germanen geräumte Gebiete und drangen bis Ostholstein, Thyringen und zum oberen Main vor. Die Südslawen zogen nach Südosten, zunächst in den böhmischen Kessel, dann in die Ostalpen, wo sie sich, den Namen Karantanen annehmend, in der Steiermark, in Kärnten und Krain niederließen. Das norische Christentum ging dabei unter; Teurnia (vgl. § 17, 3 b) wurde damals zerstört. Weitere Slawen-Gruppen überschritten die Donau, drangen in Pannonien, Dalmatien und Moesien ein und gelangten zuletzt sogar bis zur Peloponnes. Die Balkan-Slawen gerieten zunächst vielfach unter die Oberhoheit der Awaren. Als diese aber von Herakleios 626 besiegt wurden, erhoben sich Teile der unterdrückten Slawen und errichteten unter Führung des fränkischen Kaufmanns Samo († ca. 660) ein eigenes Reich zwischen Böhmen und den Ostalpen, das aber keinen langen Bestand hatte. Die Karantanen in den Ostalpen organisierten sich unter Führung eines Dux und vermochten sich bis ins 8. Jahrhundert hinein gegen die Baiern zu behaupten (vgl. § 44; Abb. 40). Im 9. Jahrhundert entstand mit dem Großmährischen Reich erstmals ein slawischer Machtfaktor, den auch die ostfränkischen Karolinger anerkennen mußten. Sowenig wie die Germanen haben die Slawen eine politische und kulturelle Einheit hervorgebracht; ein gesamtslawisches Bewußtsein ist nicht festzustellen.

Die Christianisierung begann bei den Karantanen (vgl. § 52, 1) und erreichte auf dem Balkan im großmährischen Reich während des 9. Jahrhunderts einen ersten wichtigen Abschluß (§ 69, 2).

3. Bulgaren

Die Bulgaren hatten im 5. bis 7. Jahrhundert ihre Wohnsitze an der unteren Wolga. Ein Teilstamm erreichte 678/79 die Donaumündung und baute hier ein Reich auf, im wesentlichen in den alten Provinzen Moesien und Thrakien. Moesien, wo im 4. Jahrhundert die Goten ansässig gewesen waren, hatten inzwischen die Slawen in Besitz genommen, während das südlichere Thrakien überwiegend griechisch geblieben war. Die Bulgaren verwickelten sich in heftige Kämpfe mit Byzanz, konnten aber seit dem Beginn des 9. Jahrhunderts beide Provinzen fest behaupten; sie nahmen dabei die slawische Sprache an.

Das Christentum hatte in Thrakien bereits im 2. Jahrhundert Fuß gefaßt und war dort immer fest mit Byzanz verbunden geblieben. In Moesien, wo die Goten das arianische Bekenntnis angenommen hatten, war es von den Slawen beseitigt worden. Ein 864 erfochtener byzantinischer Sieg öffnete das Bulgarenreich für das Christentum (vgl. § 69, 3).

§ 40 Byzanz

1. Kaiser Herakleios († 641)

Mit Justinians Politik, den Westen für das Reich zurückzuerobern, erschöpften sich die Kräfte Ostroms (vgl. § 23). Die nachfolgenden Kaiser konzentrierten ihren Kampf auf die Abwehr des Perserreiches, mußten sich aber in erhöhtem Maß auch dem Balkan zuwenden, wo die Awaren und Slawen vordrangen und die Donaugrenze zu überschreiten begannen. Unter dem unfähigen und tyrannischen Phokas (602–610) geriet das Reich erstmals an den Abgrund, vor dem es sein Nachfolger Herakleios (610–641) nur mit größter Anstrengung zu retten vermochte. Die Slawen drangen nach Griechenland vor und siedelten auf der Peloponnes. Die Perser eroberten weite Teile Kleinasiens, dazu Syrien, Palästina mitsamt Jerusalem und zuletzt Ägypten. Herakleios aber gelang die vollständige Rückeroberung und darüber hinaus eine entscheidende Schwächung des für Byzanz so lange bedrohlichen Perserreiches. Im Triumph brachte er die von den Persern aus Jerusalem entführte Kreuzreliquie zurück (631). Das Reich hatte sich seines mächtigsten Gegners entledigt und schien seine Größe für immer gesichert zu haben. Doch zeichnete sich die nächste, weit bedrohlichere Gefahr bereits ab; die islamischen Araber eroberten 635 Damaskus und 638 Jerusalem.

Nach der äußeren Sicherung wandte sich Herakleios den inneren Problemen zu, vor allem der religiösen Einheit. Aber der Versuch, die Monophysiten mit der Formel von dem ›einen Willen in Christus‹ auszusöhnen, scheiterte. Syrien und Ägypten blieben monophysitisch, verstärkten weiter ihre kulturelle Eigenart, ließen ihre autochthonen Sprachen wieder hochkommen und begannen überhaupt alles Griechische immer mehr abzustreifen. Wie im Gegenzug dazu beschleunigte das Reich offiziell seine Gräzisierung. In der Staatsverwaltung und im Kaiserzeremoniell trat das Griechische an die Stelle des bis dahin üblichen Latein; der Imperator des oströmischen Reiches hieß fortan Basileus.

2. Kaiser Konstantin IV. († 685)

Von seiner soeben zurückgewonnenen Höhe aber stürzte das Reich rasch wieder hinab, nun sogar in eine schwindelnde Tiefe. Gerade war in Jerusalem das Kreuz neu aufgerichtet worden – ein Ereignis, dessen die Christenheit zum Teil bis heute gedenkt –, als ganz Palästina sowie Syrien und bald auch noch Ägypten den islamischen Arabern zufielen. Seine schärfste Bedrohung erfuhr das Reich, als die Araber 674 unmittelbar gegen Konstantinopel zogen und die Stadt fünf Jahre lang belagerten. Nicht zuletzt dank der damals zuerst eingesetzten Geheimwaffe, des berühmten »griechischen Feuers« (eines auf Wasser brennenden Explosivstoffes), konnte die tödliche Bedrohung abgewehrt und am Ende sogar ein bedeutender Sieg erfochten werden (678), der die arabische Ausdehnung fürs erste zum Stehen brachte.

Der Sieger, Kaiser Konstantin IV. (668–685), suchte seinen Triumph mit dem kirchenpolitischen Frieden zu krönen. Das VI. Ökumenische Konzil von Konstantinopel (680/681), das im Kuppelsaal (in trullo) des Kaiserpalastes stattfand und darum auch Trullanum heißt, verurteilte den bis dahin zur Aussöhnung mit den Monophysiten propagierten Monotheletismus; Ausgleichsbemühungen solcher Art hatten sich inzwischen erledigt, weil das monophysitische Syrien und Ägypten endgültig verloren waren. Das Reich beschränkte sich fortan auf seine vorwiegend griechischen und orthodoxen Teile, deren chalcedonensische Christologie mit der päpstlichen Richtung übereinstimmte und insofern eine volle Kircheneinheit mit dem Westen ermöglichte. Wie weit sich aber Ost- und Westkirche bereits auseinandergelebt hatten, zeigt die Konstantinopeler Synode von 691/92 (das sogenannte zweite Trullanum), das hauptsächlich disziplinäre Kanones erließ und darin erhebliche Ressentiments gegen den Westen zu erkennen gab.

3. Kaiser Leon III. († 741)

Schon die Regierung des nächsten Kaisers, Justinians II. (685–695, 705–711), führte das Reich erneut ins Chaos; wegen seiner Grausamkeit für zehn Jahre vom Thron vertrieben, hinterließ er am Ende eine Anarchie. Als Leon III. (717–741) die Herrschaft an sich riß und zum Retter des Reiches wurde, hatte er als erstes wiederum eine arabische Belagerung Konstantinopels zu bestehen; 80000 Mann und 1800 Schiffe sollen es gewesen sein, welche die Stadt ein Jahr lang einschlossen. Aber die Mauern hielten stand, und die Folgewirkung war bedeutend: Byzanz durfte nun für Jahrhunderte seinen Bestand gesichert sehen.

Nach seinem Sieg wandte sich auch Leon religionspolitischen Fragen zu und tat dabei einen Schritt, der schwerste innere Spannungen heraufbeschwor: Er ließ sich auf die Bekämpfung der religiösen Bilder ein. Nach den zweihundertjährigen Auseinandersetzungen um das Chalcedonense, die eigentlich nur durch den Verlust der monophysitischen Kirchen Syriens und Ägyptens ihr Ende gefunden hatten, geriet das Reich – wie es übrigens auch klar vorausgesehen wurde – in schwere neue Zerreißproben. Eine Spaltung aber kam nicht auf. Der Schaden lag an anderer Stelle: Der Streit um den Ikonoklasmus hat wesentlich dazu beigetragen, dem Reich das Papsttum und Italien zu entfremden, den Anschluß der Päpste an die Franken zu fördern und damit die alte konstantinische Reichskirchen-Ökumene aufzulösen. Das oströmische Reich wurde nun endgültig zum byzantinischen Reich, politisch beschränkt auf das griechische Kleinasien und kirchlich auf die chalcedonensisch-orthodoxe Christenheit. Der Westen war damit freigegeben für eine neue kirchliche und politische Reichsbildung.

2. Kapitel: Das Papsttum

§ 41 Das byzantinische Zeitalter der Päpste

1. Unter byzantinischer Hoheit

Seitdem Justinian (527–565) Italien zu einer oströmischen Provinz gemacht hatte, galten die Päpste als Patriarchen des Westens, die in allen Kirchenfragen eine zwar wichtige Stimme besaßen, aber doch der Reichskirche zugehörten und dem kaiserlichen Kirchenregiment unterworfen sein sollten (vgl. § 23, 2 a). Das Papsttum selbst blieb existenznotwendig auf Reich und Kaiser angewiesen, zumal seit 568 die Langobarden weite Teile Italiens beherrschen. Wollten die Päpste nicht in ein Barbarenreich eingegliedert und damit »provinzialisiert« werden, waren sie von der Sicherung jenes schmalen Landstreifens abhängig, der von Ravenna bis Rom reichte, aber ständig langobardischen Bedrohungen ausgesetzt war. Indem das Papsttum notgedrungen beim Reich seinen einzigen und letzten Schutz suchte, mußte es gleichzeitig fürchten, von den Machtansprüchen des Kaisers aufgesogen zu werden. Schon für seine Person war der Papst Untertan des Kaisers und konnte, wie beispielsweise im 7. Jahrhundert tatsächlich geschehen, wegen Hochverrats belangt werden. Aber auch für seine Amtstätigkeit hatte der Papst die Oberhoheit des Kaisers zu gewärtigen. Wie alle anderen Patriarchen war er durch einen ›Apokrisiar‹ (Bevollmächtigter) in Konstantinopel vertreten. Ein kaiserlicher Erlaß aus dem Jahre 555 stellte die Papstwahl unter das Kaiserrecht: Bei Vakanz des römischen Stuhls war der Exarch von Ravenna zu benachrichtigen, und drei Tage nach Beerdigung des verstorbenen Papstes sollte die Neuwahl erfolgen. Ein notariell beglaubigtes Wahlprotokoll ging an die kaiserliche Kanzlei in Konstantinopel, und der Basileus mußte seine Zustimmung geben; später genügte die Zustimmung des ravennatischen Exarchen. Erst dann konnte der Erwählte geweiht werden. Aber nicht eigentlich diese Einbeziehung in die kaiserliche Administration betraf das päpstliche Selbstbewußtsein. Als neuralgischer Punkt erwies sich immer wieder die Frage nach der Eigenkompetenz in Glaubensentscheidungen. So stand die »byzantinische Periode« des Papsttums in steter Spannung zwischen dem Gebot kaiserlicher Loyalität und dem petrinischen Selbstverständnis.

Trotz dieser prekären Lage sollte das Papsttum berufen sein, für das Christentum des Westens den bedeutendsten Kontinuitätsfaktor zu bilden und zum einigenden Fundament des europäischen Mittelalters zu werden. Mochte auch seit Justinians gescheiterter italischer Rückeroberung Rom nur eben noch durch die schmale Landbrücke nach Ravenna mit dem Imperium verbunden sein und das Papsttum, von Byzanz her gesehen, gerade noch als ein an den Rand gedrängtes Relikt erscheinen, suchten gleichwohl die Päpste ihre volle petrinische Autorität zu behaupten. Und mochte auch Rom von den Langobarden bedroht werden und den Päpsten die Verbindung mit den Kirchen in den Barbarenreichen Galliens, Spaniens und Nordafrikas abgerissen sein, das Papsttum war es am Ende, das im Westen eine neue Einheit schuf. Die Wende führte Papst Gregor der Große († 604) herauf. Seine Entsendung von Missionaren zu den Angelsachsen ließ in England die erste Rom-verbundene Landeskirche entstehen, und anschließend wurde, dank der von England ausgehenden Mission, auch die fränkische Kirche für Rom gewonnen. Zudem repräsentierte sich in Gregor noch eine weitere wahrhaft epochale Verbindung: Wie kein anderer fungierte er als Vermittler von der alten zur mittelalterlichen Welt.

2. Gregor der Große († 604)

Gregor entstammte der alten römischen Familie der Anicier und wuchs in einer Familientradition von Staatsdienst und Frömmigkeit auf. Sein Vater war, wie später er selbst, hoher Beamter der Stadt; andere Familienangehörige lebten klösterlich, und unter den Päpsten zählte schon Papst Felix III. († 530) zu seinen Vorfahren. Das Jahr 575 brachte Gregors Lebenswende; der Stadtpräfekt bekehrte sich zum Mönchtum und wandelte den elterlichen Palast am Clivus Scauri auf dem römischen Monte Celio in ein Kloster um. Aber schon bald sah sich Gregor der monastischen Stille wieder entrissen. Als Diakon wurde er in den Kirchendienst geholt und sogar mit der diplomatischen Mission des Apokrisiars, des päpstlichen Vertreters in Konstantinopel, betraut.

a) Amtstätigkeit

Die Papstwahl fiel 590 auf Gregor. Rom befand sich in einer geradezu verzweifelten Situation: Überschwemmungen hatten die Stadt und die Getreidespeicher verheert, unter der Einwohnerschaft wütete die Pest, und von außen drohten die Langobarden mit Belagerung. Der neue Papst begann mit einer stadtweiten Bußprozession (bei welcher der Erzengel Michael über der »Engelsburg« erschienen sein soll), vermochte sogleich neues Getreide heranzuschaffen und handelte trotz drohender Ungnade des Kaisers eigenmächtig den Abzug der Langobarden aus, allerdings um den Tribut von jährlich 500 Goldpfunden. Als Ressourcen standen ihm die päpstlichen Güter in Süditalien und Sizilien zur Verfügung, der größte »Privatbesitz« Italiens, dessen Verwaltung Gregor neu organisierte. Es galt, Rom mit Getreide zu versorgen, das Geld für Tribut- und Soldzahlungen aufzubringen und vor allem die Massen der Armen und der Flüchtlinge am Leben zu erhalten. Sich selbst wollte der Papst nur als ›Kassenwart‹ der Armen und entsprechend das Kirchengut als ›Armengut‹ verstanden wissen. Im Lateran wurde ein Register der Unterstützungsbedürftigen geführt, darunter allein 3000 zumeist nach Rom geflüchtete Nonnen. Denn, so führte Gregor einmal aus, zu des Darbenden Sinn dringe die Predigt nur, wenn zuvor eine helfende Hand ihn empfänglich gemacht habe. Weiter wurde auch die päpstliche Verwaltung reformiert; aus Gregors Pontifikat stammt das älteste erhaltene päpstliche Briefregister mit nahezu 900 Kopien.

Als »Mönchspapst« wollte Gregor nicht Herrscher sein. Der von ihm geschaffene Titel ›Knecht der Knechte Gottes‹ – bis heute Bestandteil der päpstlichen Selbsttitulatur – bedeutet ihm ›non praeesse sed prodesse‹ (nicht vorstehen, sondern nützen): Zwar könne der Mensch über vernunftlose Tiere und müsse über die eigenen Laster herrschen, jedoch nie über andere Menschen; denn von Natur aus seien alle Menschen gleich. In der großen Politik konnte Gregor vielfach nur hinhalten oder mußte einfach auch nur aushalten. Ohne dem Kaiser gegenüber seine Handlungsfreiheit aufzugeben, hielt er, soweit möglich, auf Korrektheit. So wartete er mit seiner Weihe sieben Monate, bis aus Byzanz das Einverständnis vorlag. Selten ist er ins Doktrinäre verfallen; zu deutlich war ihm bewußt, daß man durch Polemik oder Mißtrauen vielfach Häresien erst hervorrufe. Lieber hielt er auf Augenmaß und Realitätsbezug. Glücklicherweise blieb ihm ein Konfliktfall grundsätzlicher Art, etwa um theologische Ansprüche des Kaisers oder um den eigenen Primat, erspart; einzig um den Titel ›ökumenischer Patriarch‹ kam es zu Auseinandersetzungen mit Konstantinopel. Dabei war ihm der im 5. Jahrhundert von Innocenz I., Leo I. und Gelasius I. aufgestellte Anspruch des Papstamtes vollauf bewußt. Aber beherrscht von Byzanz und bedroht von den Langobarden, schienen ihm zunächst alle Möglichkeiten genommen. Gregor kam sich wie gefangen vor und hatte anfänglich sogar die Sorge, ein langobardischer Landesbischof werden zu müssen. Die Idee des geistlichen Zusammenhalts der Kirche ließ ihn dann Kontakte zu anderen Kirchenprovinzen suchen. Aber Afrika wie auch das westgotische Spanien zeigten sich verschlossen; Verbindungen mit den Merowingern rissen wieder ab. Dennoch blieb er unbeirrt, und die Entsendung von Missionaren nach England wurde seine historisch größte Tat. Nicht nur konnte er dadurch die Beschränkung des Papsttums auf Mittel- und Süditalien durchbrechen, schlechthin grundlegend wurde das im Gefolge der Angelsachsen-Mission entstandene neue gesamtabendländische Kirchenbewußtsein mit dem Papsttum an der Spitze.

b) Schriften

Literarische Tätigkeit ist dem Papst nur noch bis in die Anfangsjahre seines Pontifikats möglich gewesen. Sein erstes Werk begann er in Konstantinopel, einen Kommentar zum Buch Hiob, kurz ›Moralia‹ genannt; es sollte das große Moralhandbuch des Mittelalters werden. Die ›Regula Pastoralis‹, gleich nach seiner Amtserhebung geschrieben, behandelt Pflichten und Würde, Anforderungen und Voraussetzungen des Bischofsamtes. Im Mittelalter wurde diese Pastoralregel der geradezu kanonische Bischofs- und Seelsorgerspiegel. Aus dem Kirchenjahr 591/92 stammt eine Reihe von Evangelien-Predigten, und 593 begann er eine Ezechiel-Auslegung, deren Mitschriften später zu regelrechten Abhandlungen ausgearbeitet wurden. Am nachhaltigsten haben seine 593/94 abgefaßten Bücher der ›Dialoge‹ gewirkt. Gregor wollte den großen Asketen Italiens, allen voran Benedikt, in Lebensbeschreibungen nach Art der wunderwirkenden Gottesmänner des Ostens ein wirkungsvolles Andenken sichern. Im Mittelpunkt steht der heilige Benedikt, und es war die hier niedergeschriebene Lobrede, die den Abt von Subiaco und Monte Cassino später zum schlechthin vorbildlichen Mönchsvater werden ließ. Wichtig wurde auch das vierte Buch; es versammelt Zeugnisse für die bereits von Erden aus möglichen Einblicke ins Jenseits und setzte den mittelalterlichen Jenseitsvorstellungen und ebenso dem Totendienst päpstlich sanktionierte Maßstäbe. Die literarischen Werke zeigen Gregor noch wohlvertraut mit der patristischen Theologie, die er jedoch in eine konkretisierende Spiritualität wendet: Gott wirkt unmittelbar hinter den Dingen und steht auch hinter allem Geschehen, wie die Wunder und Erscheinungen beweisen. Spekulativ gesehen bezeugt seine Theologie eher den jähen Absturz von dem antiken Niveau intellektueller und theologischer Bildung. Aber genau damit ist Gregor der Vermittler zum Mittelalter hin geworden, weil es »für die folgenden Jahrhunderte primitiver Geistigkeit die schlichte theologische Kost war, die man allein verarbeiten konnte« (E. Caspar).

c) Armenfürsorge

Rom dürfte zur Zeit Gregors keine 100 000 Einwohner mehr gehabt haben (vgl. § 11, 1). Die »goldene Stadt« des Augustus war zum Elendsquartier geworden. Die eigentlich den Kaisern obliegende Getreideversorgung ging auf die Kirche über. Gregor unternahm es nun, die Verwaltung der riesengroßen päpstlichen Güter, welche die notwendigen Naturalien und Gelder liefern mußten, neu zu ordnen, die schätzungsweise 4500 bis 5000 Quadratkilometer umfaßten. Den größeren Teil hatte die Kirche in Eigenbewirtschaftung und ließ ihn von Kolonen bearbeiten; von diesen Gütern kamen hauptsächlich die Lebensmittel und Gelder für Rom.

Die von Gregor ebenfalls neu durchorganisierte Sozialhilfe wird uns nicht nur anhand einer langen Matrikel von Hilfsempfängern, sondern auch an einer Fülle von Detailinformationen greifbar, die zwar nicht alle zeitgenössisch sind, aber vielfach doch als zuverlässig gelten dürfen. Zu Anfang eines jeden Monats fanden allgemeine Verteilungen von Lebensmitteln statt, die aus den päpstlichen Besitzungen herangeschafft wurden oder in den Speichern eingelagert waren: Getreide, Wein, Öl, Gemüse, Käse, Speck, Fleisch, Fisch und Geflügel. Täglich fuhren Wagen durch die Stadt, welche den Allerärmsten und Kranken die Lebensmittel brachten. Bei besonderen Anlässen wirkte der Papst persönlich mit, wie er einmal auch Buße dafür geübt haben soll, daß ein Verhungerter aufgefunden worden war. Als Pilger ihm von der Ungastlichkeit des Mailänder Bischofs berichteten, mahnte er, ein Bischof dürfe Gebet und geistliche Lesung nicht für ausreichend halten, vielmehr müsse er mit großer Hand austeilen, sonst sei er kein Bischof.

In geistlicher Hinsicht betrachtete Gregor das Almosen als Gott dargebrachtes Opfer, das Verdienste bringt und Gnade im Gottesgericht erwirkt. Diese geistliche Wirkung läßt sich noch weiter dadurch steigern, daß man das Almosen zu Ehren eines Heiligen spendet oder auch einem lebenden Asketen übergibt, damit es durch dessen fürbittendes Gebet angereichert werde. Der Geber vermag sich auf diese Weise, wie Gregor eigens sagt, Gott zum ›Schuldner‹ (debitor) zu machen: Was den Armen gegeben werde, sei nicht einfachhin weggegeben, sondern ein Darlehen; die Einzahlung erhalte man mit vielfacher Verzinsung zurück.

d) Juden

Endlich vermochte Gregor wichtige und während des ganzen Mittelalters »korrigierend« nachwirkende Akzente im christlich-jüdischen Verhältnis zu setzen (vgl. § 8, 8; § 26, 3; § 28, 3 b). Immer bestand er auf unbedingter Einhaltung des den Juden gesetzlich zustehenden Schutzes. Eine zu Cagliari durch Christen vorgenommene Synagogenbesetzung wollte er – anders als zweihundert Jahre vorher Ambrosius von Mailand im Falle einer ostsyrischen Synagoge – sofort rückgängig gemacht wissen. Ebenso verurteilte er alle Gewaltmaßnahmen, mit denen eine Bekehrung erreicht werden sollte. Wohl hielt er wirtschaftliche Bevorteilungen als Anreiz zur Konversion für legitim. Theologisch sah er die Schuld am Kreuzestod Jesu bei allen Menschen, nicht allein bei den Juden. Wenn das Papsttum im weiteren Mittelalter Maßnahmen zum Schutze der Juden ergriff, so nicht zuletzt dank des beispielhaften Verhaltens Gregors.

e) Mönchtum und Klöster

Weil Papst Gregor den heiligen Benedikt in die Mitte seines zweiten Buches der ›Dialoge‹ gerückt hatte, »sozusagen als Mittelstück eines Triptychons« (A. de Vogüé), galt er lange als Benediktinerpapst. Zudem wurde angenommen, die Benediktssöhne hätten nach der langobardischen Zerstörung von Monte Cassino (577) in Rom ihr monastisches Leben fortgesetzt und Gregor selbst sei Benediktiner geworden (vgl. § 14, 2). In Wirklichkeit lebten weder der Papst noch seine Mönche benediktinisch, auch nicht die nach England ausgesandten Mönchsmissionare. Daß Gregor dennoch der Wegbereiter des frühmittelalterlichen Benediktinertums wurde, ist hauptsächlich seinen ›Dialogen‹ zu danken; erst dadurch erhielt Benedikt das Ansehen eines römischen und damit vorbildlichen Abtes. In vielfältiger Weise wirkte Gregor auf das stadtrömische und italische Mönchtum ein. Vorwiegend allerdings war er mit Fragen der inneren und äußeren Ordnung befaßt, mit Abtswahl und Besitzstand. Häufig wurde dabei das Verhältnis zum Ortsbischof berührt, dessen Oberhoheit über die Klöster Gregor anerkannte, besonders auch im Blick auf die Priestermönche. Eine Exemtion, wie sie sein Nachfolger Honorius I. 628 für Bobbio zuließ, hat Gregor nicht ausgesprochen. Insgesamt gebührt ihm das Verdienst des »ersten und einzigen Versuchs einer Reorganisation des spätantiken Mönchtums Italiens« (G. Jenal).

f) Liturgie

Mit Gregors Namen verband sich schon bald auch die Liturgie, obwohl weder das gregorianische Sakramentar noch der gregorianische Gesang seine Schöpfungen sind. Erst als die römische Liturgie im angelsächsischen und fränkischen Reich zum allgemeinen Ideal aufstieg, wurde erstmals auch von einer gregorianischen Urheberschaft gesprochen, die dann als zusätzliche Autorität wirkte.

Beispielhaft wurde Gregors Neugestaltung des Chorraums der Peterskirche. Nach römischer Auffassung galt das Grab als sakrosankt; der Sarg konnte weder erhoben noch geöffnet werden, wie es im Bereich der gallikanischen Liturgie geschah. Gregor gestaltete nun den Chorraum der Peterskirche so um, daß unmittelbar über dem Grab des Apostelfürsten die Messe gefeiert werden konnte und außerdem noch der Sarkophag zugänglich wurde. Um dies zu erreichen, ließ er das Chorniveau anheben, so daß der neue Altar direkt über dem alten Grabmonument seinen Platz erhielt und unterhalb des erhöhten Niveaus ein unterirdischer Zugang angelegt werden konnte; es war ein Gang entlang des inneren Apsisrunds und dann ein Stollen vom westlichen Chorscheitel nach Osten zum Petrusgrab. Diese Kryptenanlage sollte später in karolingischer Zeit vielfach nachgeahmt werden (vgl. § 57, 5d; Abb. 66)

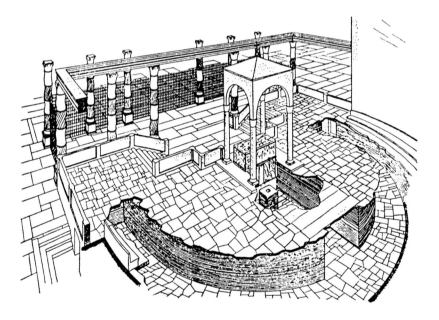

37 Peterskirche in Rom: die Ringkrypta Gregors des Großen (nach E. Kirschbaum).

g) Historische Bedeutung

Gregor ist wahrhaft der Papst der »Zeitenwende« (E. Caspar) zu nennen. In eigentlich aussichtsloser Zeit wies er dem Papsttum und der westlichen Christenheit weiterführende Wege. Aus der »byzantinischen Gefangenschaft« (W. Ullmann) knüpfte er die Verbindung zu den Völkern des Westens und verwirklichte damit die seit Innocenz I. und Leo dem Großen proklamierten Ziele: Aus Rom erfließe – auch ohne die Hilfe des Imperiums – das Heil zu den Völkern, die jeweils der Papst zur Einheit zu versammeln habe. Von einem aufklärerisch-modernen Standpunkt aus mag man Gregor »unwissend und abergläubisch« (J. Haller) nennen. Von seinem Selbstverständnis her dachte er gottbezogen, und die nachfolgenden Generationen haben ihn gerade deswegen verehrt: Gänzlich Gott vertrauend wollte er leben; darum dürfe man nicht, wie er betonte, auf das Eigene bauen, sondern in der heiligen Wissenschaft rein aus göttlicher Inspiration und frommer Einfalt lehren und schreiben. Das Mittelalter hat ihn denn auch viele Male so dargestellt, wie ihm der Heilige Geist in Gestalt einer Taube die göttliche Weisheit ins Ohr diktiert. Bald auch ist er unter die großen Kirchenlehrer gezählt worden, als vierter nach Ambrosius, Hieronymus und Augustinus. Dem Mittelalter galt er einfachhin als »Musterpapst« (H. Fuhrmann). Mit seinen Schriften schuf er »Grundbücher« des mittelalterlichen Kirchenlebens. Von ihm wurde Benedikt zum schlechthin vorbildlichen Abt erhoben. Was endlich Liturgie und Frömmigkeit betraf, galt dem frühen Mittelalter vollends als mustergültig, was immer es für »gregorianisch« hielt. »In Gregor personalisierte sich gleichsam der Übergang zwischen Antike und Mittelalter« (F. Prinz).

3. Päpstliche Amtsführung

a) Wahl und Weihe

Wie überall in der Christenheit wurde auch in Rom der Bischof von der Gemeinde gewählt, in Wirklichkeit allerdings mehr vom Klerus und der Aristokratie. Daß es dabei zu Spaltungen und Unruhen kommen konnte, zeigt beispielsweise die Wahl des Papstes Damasus († 384), bei der über 100 Menschen zu Tode kamen. Zur Zeit Gregors des Großen sehen wir die Papsterhebung in eine Reihe von Einzelakten aufgeteilt, die nach Ort und Zeit differierten und mit vielerlei Elementen rechtlicher oder zeremonieller Art angereichert waren. Die Wahl fand in der Lateranbasilika statt. In der Regel fiel sie auf einen Diakon, weil diese als engste päpstliche Mitarbeiter die besten Voraussetzungen boten. Der Erwählte nahm sogleich Platz auf dem Bischofssitz und galt als inthronisiert. Anschließend ergriff er vom Lateranpalast Besitz, wo er gleichfalls auf einer Sella sich niederließ und damit die Übernahme der päpstlichen Verwaltung vollzog. Auch wurde hier das Wahldekret unterzeichnet und anschließend die Gesandtschaft abgefertigt, die das Dekret zum Exarchen nach Ravenna bzw. zum Kaiserhof nach Konstantinopel überbrachte. Zur Weihe bedurfte es zunächst noch der Zustimmung des Kaisers, später genügte die Bestätigung des Exarchen. Währenddessen führte der Gewählte, weil inthronisiert, bereits die Amtsgeschäfte. Nach Eintreffen der kaiserlichen Bestätigung erfolgte die Weihe. Gregor scheint veranlaßt zu haben, daß seine Weihe in Sankt Peter stattfand. Im 7. Jahrhundert wurde dies zur Regel und setzte einen wichtigen neuen Akzent; die Weihe machte zugleich zum Erben Petri und schloß folgerichtig auch die Inbesitznahme von dessen Cathedra ein.

Die Weiheliturgie fand für gewöhnlich an einem Sonntag während der Messe statt. Mit Klerus und Volk der Stadt nahmen auch die Nachbarbischöfe teil. Der Erwählte trat vor die Confessio des Petrusgrabes und stieg nach Beendigung der Kyrie-Litanei zur Sedes auf dem Chor empor. Hier legten ihm die anwesenden Bischöfe schweigend die Hände auf, sodann sprachen die Bischöfe von Albano und Porto je ein Gebet, anschließend legten ihm Diakone ein aufgeschlagenes Evangelienbuch auf Haupt und Nacken, dabei sprach der Bischof von Ostia das Weihegebet, und der Archidiakon hing ihm das Pallium um. Der Neugeweihte entbot allen den Friedensgruß und setzte dann die Meßfeier mit dem Gloria fort.

Fortan verteilte sich also der päpstliche Amtsantritt auf drei Stationen mit jeweils unterschiedlicher Bedeutung: Wahl und Inthronisierung in der Lateranbasilika sozusagen als Antritt des römischen Bischofsamtes, sodann die Besitzergreifung vom Lateran als Übernahme der Administration und endlich in Sankt Peter die Weihe und Übernahme des Stuhles Petri als Einsetzung in das Papstamt. Die weitere Entwicklung führte dazu, daß die Inthronisation in der Lateranbasilika entfiel, dafür aber die Besitzergreifung des Lateranpalastes als Übernahme sowohl der geistlichen wie immer stärker auch der weltlichen Administration hervorgehoben und mit kaiserähnlicher Symbolik ausgestaltet wurde. Die geistlichen Akte, die Weihe und Inthronisation, geschahen betont als Papsterhebung in Sankt Peter. Die Gewichtsverlagerung vom römischen Bischof zum universalen Papst und Erben Petri trat damit sowohl rechtlich wie liturgisch augenfällig hervor.

b) Ämter und Verwaltung

Zu ihrer Amtsführung stand den Päpsten eine Verwaltung zur Verfügung. Zumal seit der unter Damasus († 384) und Siricius († 399) üblich gewordenen juristischen Behandlungsweise der Kirchendinge bedurfte es einer geschulten Beamtenschaft; obendrein mußten Registraturen mit den ein- und ausgehenden Briefen sowie ein Archiv (scrinium) geführt werden. Diese Aufgaben oblagen den Notaren, die eine eigene Körperschaft (schola) mit einem ›Primicerius‹ an der Spitze bildeten. Weiter sind die ›Defensoren‹ zu nennen, gleichfalls eine Korporation mit eigenem Primicerius; ihnen oblag die Betreuung der kirchlichen Güter, die in umfangreichem Landbesitz und in städtischen Immobilien bestanden, wie sie weiter mit Schenkungen, Vermächtnissen, Freilassungen und überhaupt der ganzen Wirtschaftsverwaltung befaßt waren. Ihnen übergeordnet waren die sieben Diakone, denen seit alters die Armensorge und damit auch die Finanzverwaltung oblag; sie bildeten ein Kollegium, das der Archidiakon anführte. Ähnlich formierte sich ein Presbyterkollegium mit einem Archipresbyter an der Spitze. Sofern diese Diakone und Presbyter mit der als ›Angelpunkt‹ (cardo) des kirchlichen Lebens geltenden Bischofskirche in Beziehung standen, wurden sie als ›cardinales‹ bezeichnet: schon seit 500 die ›diaconi cardinales‹, seit 700 dann auch die Hauptpriester der Titelkirchen als ›presbyteri cardinales‹ wie endlich noch die in der Papstliturgie mitwirkenden Nachbarbischöfe als ›episcopi cardinales‹. Unter Gregor sehen wir diese traditionellen Gruppen in einer Wandlung begriffen, wie ihnen auch neue Ämter zur Seite traten. Schon seit längerem gab es neben dem Archidiakon einen päpstlichen Stellvertreter, den ›Vicedominus‹. Weiter sollten die Notare und Defensoren Kleriker sein, freilich nur in niedrigem Rang und damit ohne Zölibatspflicht. Sodann bestellte Gregor, über die traditionelle Beamtenschaft sich hinwegsetzend, Mönche zu ›Ratgebern‹ (consiliarii). Zunehmende Bedeutung gewann die Gruppe, die in nächster Umgebung des Papstes, im privaten ›cubiculum‹ (Wohngemach), wirkte: die ›Kämmerer‹ (cubicularii). Ferner entstanden Ämter, die aus byzantinischem Vorbild zu erklären sind: der ›vestiarius‹ für die Gewänder, der ›arcarius‹ für die Einnahmen und der ›sacellarius‹ für die Ausgaben sowie der ›nomenculator‹ für die Bearbeitung der Bittschriften. Endlich gewann im 7. Jahrhundert die ›schola cantorum‹ (Vereinigung der Sänger) festere Konturen; sie bildete die Nachwuchsschule für Diakone und Priester.

c) Das suburbikarische Italien

Für die kirchliche Organisation Italiens nahm Rom insofern eine dominante Stellung ein, als sowohl Mittel- und Süditalien wie auch die Inseln Sizilien, Sardinien und Korsika dem Papst unmittelbar unterstanden, sozusagen als sein Metropolitanbezirk; es war dies das suburbikarische Italien. Das Gebiet zählte am Ende des 4. Jahrhunderts etwa 100 Bistümer, die bis zum Jahr 600 auf die doppelte Anzahl anstiegen. Den unmittelbaren Einfluß, den die Päpste hier ausübten, kann man sich schon an der hohen Zahl der päpstlichen Bischofsweihen verdeutlichen, die hauptsächlich dieses Gebiet betrafen: So nahm beispielsweise Gelasius I. (492–96) 67 solcher Weihen vor, Symmachus (498–514) 117, Gregor der Große (590–604) 62, Sergius I. (687–701) 97 und Gregor II. (715–31) 150. Auch versammelten die Päpste die suburbikarischen Bischöfe zu Synoden in Rom. Insgesamt war ihre Wirksamkeit während des byzantinischen Zeitalters weitgehend auf das suburbikarische Italien eingeschränkt.

4. Die römisch-päpstliche Liturgie

a) Kodifizierung

Im 7. Jahrhundert hat die Liturgie Roms, sowohl die der Päpste als auch die der römischen Pfarreien, ihre endgültige und nun auch gut dokumentierte Gestalt gewonnen. Als frühestes Liturgiebuch ist das sog. ›Sacramentarium Leonianum‹ erhalten, das nach seinem Aufbewahrungsort Verona auch ›Veronense‹ genannt wird. Es ist eine Zusammenstellung von Meß-Libelli, von Heften also, die jeweils die dem Priester obliegenden Texte eines bestimmten Gottesdienstes enthielten. Diese Libelli sind, anders als der Name besagen will, nicht von Papst Leo dem Großen († 461) geschaffen oder zusammengestellt worden. Wohl handelt es sich um römische Liturgietexte des 5. und 6. Jahrhunderts, die aber offensichtlich von einem nicht-römischen Redaktor kompiliert worden sind. Bemerkenswert ist auch die Tatsache, daß man überhaupt liturgische Texte zu sammeln und zu kodifizieren begann, denn ursprünglich formulierte der Liturge selbst seine Gebete. Das Verlangen nach vorformulierten Texten dürfte aus der im 6./7. Jahrhundert allgemein abgesunkenen theologischen Bildung zu erklären sein. Die Presbyter in den Gemeinden waren nicht mehr in der Lage, jeweils eigene Texte neu zu schaffen.

Am wichtigsten sind jene beiden Sakramentare, die im 7. Jahrhundert entstanden und zum Inbegriff der römischen Liturgie geworden sind: das ›Sacramentarium Gelasianum‹ und das ›Gregorianum‹.

Beide Sakramentare haben ihren je eigenen Charakter und ihre eigene Geschichte. Das ›Gelasianum‹ gilt als Presbyter-Sakramentar; das heißt, es wurde in den römischen Pfarreien benutzt und enthielt alle Texte, die ein Priester im liturgischen Jahreslauf benötigte: einmal die Sonn- und Festtage mit dem Zentraldatum Ostern, sodann einen nach dem Jahreskalender geordneten Heiligen-Zyklus und schließlich noch Formulare für verschiedene Anlässe und Anliegen. Die Zusammenstellung dieses Buches ist nicht, wie man früher glaubte und der Name zu besagen scheint, durch Papst Gelasius I. (492–496), sondern wohl erst im frühen 7. Jahrhundert erfolgt, freilich unter Einschluß älterer Materialien. Die heute älteste Handschrift (Cod. Vat. Reginensis 316) wurde um 750 in einem fränkischen Skriptorium – wahrscheinlich im Nonnenkloster Chelles an der Marne – hergestellt. Das ›Gregorianum‹ besitzt dagegen einen anderen Charakter. Es ist in seinem Ursprung ein päpstliches Liturgiebuch, das neben älteren Texten auch solche Gregors enthält, aber wohl erst kurz vor der Mitte des 7. Jahrhunderts seine endgültige Form erhielt. Für die Bedürfnisse eines vollständigen liturgischen Jahreszyklus war dieses Sakramentar unbrauchbar, bot es doch nur die Texte der päpstlichen Stationsgottesdienste, also der vom Papst selbst in den verschiedenen römischen Kirchen gefeierten Liturgien. Nach der Mitte des 7. Jahrhunderts, vielleicht im Jahre 663, wurde es für die Gottesdienste in Sankt Peter so weit aufgefüllt, daß es den liturgischen Ansprüchen eines ganzen Jahres genügen konnte. Es erfuhr damit eine gewisse Angleichung an die Art des gelasianischen Presbyter-Sakramentars, und als solches war es geeignet, allgemein benutzt und verbreitet zu werden. Daneben aber blieb eine Form erhalten, die trotz einzelner Erweiterungen die ursprüngliche Beschränkung auf die päpstlichen Stationsgottesdienste bewahrte. Das bald überragende Ansehen, das das gregorianische Sakramentar im Frühmittelalter allenthalben gewann, ist darauf zurückzuführen, daß es seit dem 8. Jahrhundert Gregor dem Großen zugeschrieben wurde.

Da die Sakramentare allein die dem Priester zukommenden Gebete enthielten, waren noch weitere Bücher erforderlich, so ›Lektionare‹ für die Lesungen und ›Antiphonarien‹ für den Gesang. Zudem gab es die ›Ordines Romani‹, die den zeremoniellen Verlauf beschrieben, etwa der Taufe, der Messe, der Osternachtfeier, der Weihehandlungen, des Stundengebetes und überhaupt der ganzen römischen Liturgie. Hier konnte man sich über alle rituellen Einzelheiten, wie sie in Rom gehandhabt wurden, informieren.

Aus der anfangs freien Liturgie wurde nun endgültig eine Buchliturgie. Dies wiederum ermöglichte eine neue Liturgieauffassung, bei welcher der wort- und ritusgetreue Vollzug im Vordergrund stehen sollte (vgl. § 55, 3a; § 57).

b) Taufe

Der Taufritus der römischen Liturgie, wie er gegen Ende des 7. Jahrhunderts vorlag, ist uns im Sacramentarium Gelasianum und im Ordo Romanus XI überliefert. Gegenüber der altchristlichen Taufordnung (vgl. § 8, 1 a; § 12, 3 c) weist dieser Ritus bedeutsame Veränderungen auf. Vor allem ist die dreijährige Katechumenatszeit verschwunden. Der Ritus konzentriert sich ganz auf die nähere Vorbereitung, auf die vierzigtägige Fastenzeit vor Ostern, im einzelnen freilich nochmals mit Veränderungen.

Die Skrutinien, ursprünglich drei vom Bischof vorgenommene Überprüfungen der Lebensführung des Taufkandidaten und mit einem Exorzismus abschließend, sind auf sieben erhöht und haben einen rein exorzistischen Charakter angenommen. Sie verteilen sich über die ganze Quadragesima und bilden geradezu das tragende Gerüst der Taufvorbereitung, dem alle anderen liturgischen Akte wie angehängt erscheinen. Am Mittwoch der dritten Fastenwoche werden die Taufbewerber eingeschrieben, und anschließend erfolgen die alten Riten der Katechumenatsaufnahme bzw. der Kompetentenerwählung: Anhauchung (Exsufflation), Handauflegung, Kreuzsignierung und Verabreichung von Salz; die Kreuzsignierung ist jenes Zeichen, das seit alters den Katechumenen zum Christen, aber noch nicht zum Gläubigen (fidelis) machte. Darauf folgt eine Meßfeier, nach deren Eingangsgesang das erste Skrutinium stattfindet, das aber nurmehr aus Kreuzsignierungen und Exorzismen besteht. Das dritte Skrutinium beginnt mit der ›apertio aurium‹, einer rituellen Ohrenöffnung; anschließend geschieht die Übergabe der Evangelien (traditio evangeliorum), wobei jedes Evangelium angesungen und eine schriftliche Auslegung verlesen wird. In gleicher Weise erfolgt die Übergabe des Glaubensbekenntnisses (traditio symboli) und des Vaterunsers (traditio dominicae orationis). Mit dem siebten Skrutinium am Karsamstagmorgen sind nochmals eine Kreuzsignierung und eine Handauflegung verbunden, weiter eine exorzistische Salbung sowie die Absage an den Satan und die Rezitation des Glaubensbekenntnisses. Die Taufe selbst geschieht in der Osternacht. Nach der Entzündung der Osterkerze und einem Wortgottesdienst mit zwölf Lesungen wird die Wasserweihe vorgenommen, und anschließend erfolgt die Taufe. Der assistierende Priester fragt gemäß dem matthäischen Taufbefehl (Mt 28,19 b) nach dem Glauben an den Vater, den Sohn und den Heiligen Geist; der Täufling steht währenddessen im Taufbecken und antwortet jeweils mit ›ich glaube‹ (credo) und wird dabei untergetaucht bzw. übergossen. Nach der Abwaschung werden zum Zeichen der Geistverleihung zwei Salbungen vollzogen, die erste durch einen Priester auf dem Kopf des Täuflings und die zweite durch den Bischof an der Stirn. Der Getaufte ist nun Vollmitglied der Gläubigengemeinde, nimmt als solcher erstmals an der Eucharistiefeier teil und trägt zum Zeichen seines neuen Lebens noch acht Tage lang weiße Kleider. Ersichtlich ist dies ein Ritus für Erwachsene, der indes unverändert auch bei der nun fast ausschließlich geübten Kindertaufe praktiziert wurde; die fälligen Antworten gaben die Paten oder die Kleriker.

c) Eucharistie

Die Eucharistiefeier, für die sich im Abendland während des 6. Jahrhunderts die Bezeichnung Messe (missa – Segen) einzubürgern begann, war auch in Rom nach der gemeinchristlichen Grundstruktur von Wortgottesdienst und Abendmahlsfeier angelegt (vgl. § 8, 1 b; § 12, 3 d).

Am Ausgang der christlichen Antike, im 7. Jahrhundert, nahm die römische Meßliturgie folgenden Verlauf: Sie begann mit einem Akt der Anbetung vor dem Altar oder aber, bei Mitwirkung des Papstes, mit dessen feierlichem Einzug (introitus), wobei antiphonisch Psalmen gesungen wurden. Daran schloß sich eine Litanei (litania – Bitte) mit Fürbitten an und vom Volk beantworteten Kyrie-Rufen, die Gregor I. († 604) auf das dreimalige ›Kyrie eleison‹ reduzierte. An den großen Festtagen ging die Kyrie-Anrufung über in den trinitarischen Gloria-Hymnus. Abgeschlossen wurde der Eingangsteil mit einem die Einzelbitten abschließenden Gebet des Bischofs oder Priesters. Dann wurden zwei Lesungen vorgetragen, je eine aus dem Alten Testament bzw. den neutestamentlichen Briefen und den Evangelien, wobei auf die erste Lesung Psalmengesang mit Kehrversen und auf das Evangelium die Predigt folgte. Das anschließend zu erwartende allgemeine Gebet hatte ursprünglich in Rom eine ungewöhnlich lange und feierliche Form, bis

Papst Gelasius I. es zu der nach ihm benannten ›Deprecatio Gelasii‹ vereinfachte. Diese aber ließ man entfallen, als am Anfang der Messe die Kyrie-Litanei eingefügt worden war. So kannte Rom seit dem 6. Jahrhundert am Ende des Wortgottesdienstes kein allgemeines Gebet mehr. Des weiteren entfiel bald auch die Predigt; Gregor der Große scheint der letzte päpstliche Prediger gewesen zu sein. Auf das Evangelium folgte unvermittelt die Gabendarbringung, die wiederum von antiphonischem Gesang begleitet war (offertorium). Die Gläubigen brachten Brot und Wein zum Altarraum, wo Priester und Diakone die Gaben entgegennahmen, dabei die für die Eucharistiefeier notwendige Menge aussonderten und auf den Altar legten, während das übrige Brot in Leinentüchern oder Säcken gesammelt und der Wein in große Krüge gegossen wurde, um der Caritas zu dienen. Den Opfergang beschloß wiederum eine Oration (oratio super oblata). Das eucharistische Hochgebet begann mit einem feierlichen ›Vorspruch‹, der ›Praefatio‹; inhaltlich war es ein je nach Fest- und Zeitcharakter variierender, an Gottvater gerichteter Dankspruch, der vom zelebrierenden Bischof oder Priester gesungen wurde und in den allgemeinen Gesang des ›Sanctus‹ einmündete. Der weitere Teil des Hochgebetes, der ›Canon‹, blieb nahezu unverändert. Ursprünglich waren Präfation und Kanon eine durchgehende Einheit. Erst das im 5. Jahrhundert eingeschobene Sanctus schuf eine Zäsur, die aber den gedanklichen Zusammenhang nicht unterbrechen wollte. Beide Teile, die Präfation zusammen mit dem Kanon, bildeten das eucharistische Hochgebet, das immer gesungen bzw. laut rezitiert wurde. Hier geschah der große Dank an Gott für das Heilswerk Jesu Christi wie auch für dessen Vergegenwärtigung in der Gemeinde. Bei den seit Innocenz I. († 417) in das Hochgebet eingefügten Fürbitten entfielen an den Sonn- und Festtagen das ›Memento vivorum‹ (Gedenken der Lebenden) und das ›Memento mortuorum‹ (Gedenken der Toten), weil sie als »privat« und darum mit dem »öffentlichen« Sonntagsgottesdienst als unvereinbar galten. Der Kommunionteil begann seit Gregor dem Großen mit dem Vaterunser. Darauf folgten der Friedensgruß und die Brotbrechung; letztere war seit etwa 700 begleitet vom Gesang des ›Agnus Dei‹ (Lamm Gottes). Die Kommunion wurde unter beiden Gestalten gereicht, aber längst nicht mehr von allen empfangen. Während der Austeilung erklang wiederum antiphonischer Psalmengesang. Eine Oration, die ›Postcommunio‹, und der Segen beschlossen die Feier.

d) Papstgottesdienste

Mag eine solche Beschreibung noch relativ leicht die alte übersichtliche Struktur der Eucharistiefeier erkenntlich werden lassen, so waren inzwischen doch mancherlei Einzelzeremonien und Sonderbräuche aufgekommen, welche die einstmalige Durchsichtigkeit zu verdecken begannen. Besonders anheischig entwickelte sich das nach dem Vorbild des byzantinischen Hofes gestaltete Papstzeremoniell.

Schon der Anweg zu jener Kirche, in welcher der päpstliche Gottesdienst jeweils stattfand, verlief in herrschaftlichem Gepränge: der Papst, seine hohen Kleriker und führenden Amtsträger hoch zu Pferde, und ihnen zu Fuß voraus die Sänger- und Klerikergruppen der römischen Stadtregionen. Beim Gottesdienst trug der Papst als Gewandung zunächst einmal die übliche liturgische Priesterkleidung: eine mit dem Cingulum gegürtete Albe (die alte Tunica als langes, weißes Untergewand), ein Hals- bzw. Schultertuch, dann die Dalmatik (ursprünglich eine aus Dalmatien stammende Obertunica), sodann die Kasel (casula, das alte mantelartige Obergewand), was alles inzwischen eine liturgische Stilisierung erfahren hatte; hinzu kamen Insignien speziell päpstlicher Art: das Pallium, ein über Vorder- und Rückseite herabfallendes Wollband, sodann ein in der rechten Hand gehaltenes Zeremonientuch, als Kopfbedeckung das haubenartige Camelaucum und endlich noch ein eigener Fingerring sowie besondere Schuhe. Einen Stab hat der römische Bischof nie getragen, ebensowenig ein Brustkreuz. Der Gottesdienst selbst vollzog sich in hierarchisch und zeremoniell genauestens festgelegter Ordnung: Beim Einzug in die Kirche gingen Leuchter- und Weihrauchträger voraus, wobei der aus Männern und Knaben bestehende Chor zu singen begann – alles Ehrenrechte ursprünglich weltlicher Herkunft. Im Chorraum, der durch Schranken abgeteilt war und von Laien nicht mehr betreten werden durfte, war der Papst die beherrschende Figur, sowohl am Altar, wo ihm Diakone und Subdiakone assistierten, wie auch auf dem im Chorrund aufgestellten Thron, dem zur Seite die suburbikarischen Bischöfe saßen. Die Ehrerbietigkeitsbezeugungen reichten vom allfälligen Handkuß bis zum gelegentlichen Fußkuß. Im Kirchenraum war das Volk streng nach Männern und Frauen geschieden. Allen voran stand der römische Stadtadel. Von ihm nahm der Papst die Opfergaben persönlich entgegen, wie er ihnen auch selber die Kommunion reichte. Das Volk verharrte weitgehend inaktiv. Klerus und Chor hatten so gut wie alle Handlungen, nicht zuletzt die liturgischen Antworten und Gesänge, an sich gezogen. Auffällig in den Vordergrund traten einzelne liturgische Sonderbräuche, so etwa die Verwendung der aus der vorausgegangenen Papstmesse konsekrierten Brotteile, die dem Papst schon beim Einzug auf dem Weg zum Altar in einer Kapsel entgegengehalten wurden, um den für die anstehende Feier zu verwendenden Anteil zu bezeichnen und herauszunehmen. Die Partikel selbst wurde bei dem auf das Vaterunser folgenden Friedensgruß in den Kelch eingegeben; ursprünglich wollte man damit die wöchentlich oder auch täglich abgehaltenen Eucharistiefeiern des Papstes in einer Art Zeitüberbrückung miteinander verbinden. Ähnlich gab es eine räumliche Verbindung; von dem jeweils in einer Papstmesse neu konsekrierten Brot wurden Teile in die römischen Pfarreien gesandt und dort von den Presbytern bei ihren Eucharistiefeiern in den Kelch gegeben. Recht eigenartig verlief die Konsekration des bei der allgemeinen Kommunion auszuteilenden Weines; man goß nämlich aus dem Altarkelch ein wenig konsekrierten Wein in den großen, für das Volk bestimmten Krug, und damit galt die Konsekration als vollzogen. Besonderen Umstand bereitete vor der Kommunion die Brechung des Brotes. Die auf dem Altar konsekrierten Brote stammten aus den mitgebrachten Gaben und waren folglich normales Hausbrot. Zur Brechung wurden sie zunächst in Säckchen gefüllt, dann zu den Bischöfen und Presbytern im hinteren Chorrund getragen, dort von ihnen gebrochen und wieder in Säckchen zum Altar zurückgebracht. Die Kommunizierenden erhielten das Brot auf die Hand gegeben und zum Trinken einen Henkelkelch dargeboten, der aus dem großen Krug nachgefüllt wurde. Da aber das Kommunizieren nicht mehr allgemeiner Brauch war, verließen viele schon vor der Austeilung die Kirche, was zur Folge hatte, daß noch zuvor die notwendigen Ansagen und Abkündigungen gemacht werden mußten; der Papst selbst diktierte währenddessen die Namen der nach dem Gottesdienst zur Festtafel einzuladenden Gäste.

Es ist evident, daß ein solcher Papstgottesdienst von verfremdenden Elementen beherrscht zu werden drohte. »Daß diese für unser Gefühl überladene Liturgie nachahmende Wiederholung des schlichten Stiftungsmahles des Herrn mit seinen Jüngern sein soll, ist kaum noch zu erkennen« (Th. Klauser). Dennoch sollte die Papstmesse, freilich in vereinfachter Form, das Grundmodell der mittelalterlichen Meßliturgie werden.

In schematischer Darstellung ergibt sich folgendes Bild:

Struktur	Handlung	Gebet/Gesang
	WORTFEIER	
Eröffnung	Einzug	Introitus
	(verkürzte) Litanei	›Kyrie eleison‹
	Festtagslob	›Gloria‹
	Gebet	Collecta
Lesungsteil	Lesung	›Prophet‹, ›Apostel‹
	Zwischengesang	Graduale, Alleluja
	Ev.-Lesung	Evangelium
	Auslegung	Homilie
	Entlassung der Katechumenen	
	[Gläubigengebet]	[Deprecatio Gelasii]

OPFERFEIER

	Gabendarbringung	Offertorium
	Gabengebet	Oratio super oblata
Hochgebet	Danksagung	›Praefatio‹
	allg. Gesang	›Sanctus‹
Canon	Segensbitte	›Te igitur‹
	Lebendengedächtnis	›Memento‹
	Heiligengedächtnis	›Communicantes‹
	Annahmebitte	›Hanc igitur‹
	Wandlungsbitte	›Quam oblationem‹
	Abendmahlsworte	›Qui pridie‹
	Gedächtnisvollzug	›Unde et memores‹
	Annahmebitte	›Supra quae‹
	Gemeinschaft mit himml. Altar	›Supplices te rogamus‹
	Totengedächtnis	›Memento‹
	Heiligengemeinschaft	›Nobis quoque peccatoribus‹
	Lobpreis (Doxologie)	›Per ipsum‹
Kommunionteil	Herrengebet	›Pater noster‹
	Friedensgruß	›Pax domini‹
	Brotbrechung	›Agnus dei‹
	Kommunion	Communio
	Gebet	Postcommunio
	Entlassung mit Segnung	

e) Stationsliturgie

Wie in allen großen Christenstädten stellte sich auch in Rom das Problem, die vom Bischof repräsentierte Einheit der Großgemeinde, die aber inzwischen längst in Pfarreien aufgegliedert war, aufrechtzuerhalten und angemessen darzustellen. Die vom Papst den römischen Pfarrgottesdiensten übersandten konsekrierten Partikel dienten bereits dieser Verbundenheit. Ein weiteres wichtiges Mittel bildeten die erstmals gegen Ende des 4. Jahrhunderts in Ost und West bezeugten Stationsgottesdienste: Der Bischof feierte fall- und turnusweise Gottesdienste in den verschiedenen Kirchen, zu denen die ganze Stadtgemeinde eingeladen war. In Rom ist diese Praxis seit der Mitte des 5. Jahrhunderts bekannt, und sie erhielt unter Gregor dem Großen ihre endgültige Ausprägung: Der Papst hielt die wichtigsten Gottesdienste in seiner Bischofskirche im Lateran, feierte aber darüber hinaus nach genauem Plan, sowohl an den Hochfesten wie auch an Sonntagen und Heiligengedächtnissen, in den Pfarr- und Zömiterialkirchen Stationsgottesdienste. Ein römischer Eigenbrauch war dabei die ›Collecta‹ (Sammlung), bei der man sich in einer bestimmten Kirche versammelte und dann in Bußprozession zur Stationskirche zog.

250   *Die Geburt einer neuen Welt*

(a)

(b)

38   Die römische Meßfeier (Elfenbeinplatten, Cambridge, Fitzwilliam-Museum; Frankfurt, Liebieg-Haus, letztes Drittel des 9. Jahrhunderts oder ottonisch).
Die ursprünglich als die beiden Einbanddeckel eines Sakramentars zusammengehörigen Elfenbeintafeln zeigen als Zelebranten einen mit dem Pallium ausgezeichneten Erzbischof. Dargestellt ist jeweils ein Moment in der Meßfeier. Die erste Tafel enthält im aufgeschlagenen Buch den Introitus-Vers des ersten Adventssonntags; es dürfte jener Moment dargestellt sein, in dem der Zelebrant nach seinem Einzug, bei dem der Chor den Introituspsalm singt, sich vom Chorraum her dem Volk zuwendet. Die ihn begleitenden Kleriker haben bereits im Chorrund Aufstellung genommen.
Die zweite Tafel zeigt den Beginn des Kanons. Die Gabenbereitung ist abgeschlossen; die Patene mit dem (Kringel-)Brot und der Henkelkelch mit dem Wein stehen auf dem Altar. Das Evangeliar ist nun geschlossen, während das Sakramentar aufgeschlagen daliegt und das ›Te igitur‹ zeigt, den Beginn des Kanons, den der Zelebrant zu beten anfängt, sobald die Sänger das ›Sanctus‹, das auch die Engel singen, beenden.

5. Dogmatische Streitfragen

a) Monotheleten-Streit

Nach Gregor dem Großen setzte sich das »byzantinische Zeitalter der Päpste« noch für eineinhalb Jahrhunderte fort. Die Päpste suchten loyale »Reichsbischöfe« zu sein, wußten sich aber ausgestattet mit der höchsten Lehrbefugnis, und das schuf immer wieder Probleme. Denn Byzanz betrachtete das Papsttum als Patriarchat des Westens, dessen Stimme in Glaubensdingen besonders gewichtig war, im letzten aber doch der kaiserlichen Kirchenherrschaft unterworfen sein sollte. Die Konflikte verliefen ähnlich wie schon im »Drei-Kapitel«-Streit (vgl. § 23, 2 b): Sie entstanden aus den dogmatischen Problemen des Ostens, wobei die Päpste die chalcedonensische Orthodoxie verteidigten.

Der große Konflikt des 7. Jahrhunderts entzündete sich an dem von Kaiser Herakleios († 641) propagierten Monotheletismus (griech.: monos thelos – ein Wille). Papst Honorius I. (625–638) ließ sich dabei für die Meinung gewinnen, daß in Christus nicht zwei Energien, sondern nur ein Wille vorhanden sei; es war dies wiederum eine Formel, mit der man den Monophysiten entgegenzukommen suchte. Bei sorgfältiger Distinktion hätte die Auffassung von dem einen Willen mit der Zwei-Naturen-Lehre vereinbart werden können, wenn nur dieser eine Wille als Proprietät der Person und als aktuelles Wollen aufgefaßt worden wäre, nicht aber als Vermögen der Natur; denn der ›eine Wille‹, sobald er abgeleitet wurde von der göttlichen Natur, implizierte notwendig den Monophysitismus. Als Papst Martin I. (649–653/55) den Monotheletismus auf einer römischen Synode (649) verurteilte, wurde er nach Konstantinopel gebracht, dort wegen Hochverrats verurteilt und auf die Krim verbannt, wo er wenig später verstarb. Erst unter Papst Agatho (678–681) kam die Aussöhnung zustande; das VI. Ökumenische Konzil (680/81) verdammte unter Mitwirkung päpstlicher Gesandter den Monotheletismus und verurteilte ausdrücklich auch Papst Honorius, was alles dann Papst Leo II. (682–683) bestätigte. Die hiermit heraufbeschworene »Honorius-Frage«, ob nämlich der Papst eine falsche Ex-cathedra-Entscheidung gefällt habe, hat bekanntlich beim Ersten Vatikanischen Konzil (1869/70) große Diskussionen ausgelöst.

b) Bilder-Streit

Die nächste Auseinandersetzung, bei der sich Ost und West tief zerstritten, betraf die Bilderverehrung. Die Initiative ging allerdings nicht vom Kaiser aus, sondern vom Episkopat. Immer stärker war das gemalte Bild zum Gegenstand der Frömmigkeit geworden. Die Ikone, verstanden als gnadentragendes und gnadenvermittelndes Bild, bildete – theologisch gewiß kritisierbar – eine Art »Realpräsenz des Dargestellten« (H. G. Beck). Da allerdings Patriarch Germanos I. (717–730, † 733) nicht für eine entschieden bilderfeindliche Politik zu gewinnen war, erließ der Kaiser 730 eigenmächtig ein Edikt gegen den Bilderkult. Sein Sohn Konstantin V. (741–775) verschärfte den Kampf; er beteiligte sich selber an der theologischen Debatte und berief 754 ein Konzil mit über 300 Bischöfen nach Hiereia (bei Konstantinopel) ein. Die Teilnehmer konnten frei verhandeln und entschieden sich für den Ikonoklasmus (griech.: eikon – Bild, klasis – Zerbrechen). Christus könne nicht bildlich dargestellt werden. Allein die Eucharistie sei sein adäquates Bild. Jedes gemalte Bild setze entweder, wenn es realistisch sei, den Nestorianismus voraus oder aber, wenn idealistisch, den Monophysitismus. Deshalb seien Bilderherstellung wie Bilderverehrung gleichermaßen zu verurteilen. Der Ikonoklasmus war damit Dogma der Gesamtkirche des Ostens. Den Widerstand, hauptsächlich aus Kreisen des Mönchtums vorgebracht, suchte Konstantin V. mit Gewalt zu brechen. Erst Kaiserin Irene, die als Witwe Leons IV. (775–780) die Regentschaft führte, lenkte zur Bilderverehrung zurück. Aber nur mit Behutsamkeit konnte der Kurswechsel vollzogen werden. Ein 787 in Nicaea abgehaltenes Konzil – das VII. Ökumenische –, das unter dem nominellen Vorsitz päpstlicher Vertreter tagte, verurteilte den Ikonoklasmus als Häresie. Den Bildern gebühre selbstverständlich keine Anbetung (griech.: latreia); überhaupt werde nicht das Bild selbst verehrt, sondern allein die dargestellte Person; ihr aber gebühre eine ›ehrende Proskynese‹ (griech.: proskynesis – Verehrung). Der Kirchenfrieden mit dem Westen wurde wiederhergestellt, und im eigenen Bereich konnte eine Spaltung vermieden werden.

Während die erste Phase des Bilderstreits für den Osten mit einem, wenn auch nur – wie sich zeigen sollte – vorläufigen Frieden endete, bewirkten die Auseinandersetzungen beim Papsttum eine der folgenschwersten Umorientierungen, die grundlegend für das ganze Mittelalter wurde: Es löste sich vom oströmischen Basileus. Daß das Papsttum, von Byzanz aus ohnehin nur noch als westliches Randpatriarchat betrachtet und als solches fast schon abgeschrieben, der Bilderverehrung nicht beipflichtete, glaubten die Kaiser wiederum machtpolitisch lösen zu sollen. Die päpstlichen Güter in Süditalien erhielten Steuern auferlegt, die einer Konfiskation gleichkamen; obendrein wurde das byzantinisch beherrschte Gebiet in Italien wie auch auf dem Balkan der Jurisdiktion des Konstantinopeler Patriarchen unterstellt. Aber Leon traf in Gregor II. (715–731) auf einen Gegner von unnachgiebiger Härte. Der Papst drohte ihm genau das an, was zwanzig Jahre später auch Wirklichkeit wurde: Er, der Papst, werde sich dem Zugriff des Kaisers zu entziehen wissen und bei den Barbarenvölkern des Westens Zuflucht finden. Als Leons Sohn Konstantin V. die Verfolgungspolitik verschärfte und die Bedrohung Roms durch die Langobarden nicht mehr abzuwehren bereit war, wandte sich Papst Stephan II. (752–757) an den Frankenkönig Pippin und fand bei ihm Schutz und Hilfe.

6. Die Päpste und der Westen

Das für die abendländische Geschichte epochale Faktum der Abwendung des Papsttums vom Osten war durch eine päpstliche »Westpolitik« seit längerem vorbereitet. Die von Gregor dem Großen eingeleitete Bekehrung der Angelsachsen hatte deren dauernde Verbindung mit Rom bewirkt: Zum ersten Mal war im Westen eine Rom-verbundene Landeskirche entstanden (vgl. § 36). Mit der angelsächsischen Mission auf dem Kontinent bekannte sich dann auch die fränkische Landeskirche zur Rom-Verbundenheit. Damit aber waren den Päpsten, die zur westgotischen und merowingischen Kirche kaum noch Kontakte hatten unterhalten können, neue Wirkmöglichkeiten eröffnet. Die alte Vorstellung, daß alle Kirchen des Westens »petrinisch« seien, konnte nun realisiert werden. Endlich hatten die Päpste zu den Langobarden, seitdem diese ihren Arianismus aufgegeben und auch das Drei-Kapitel-Schisma beendet hatten, neue Beziehungen anknüpfen können.

Zumal König Liutprand (712–744) wußte sich dem heiligen Petrus verpflichtet. Andererseits mußte es den langobardischen Königen als ein natürliches politisches Ziel erscheinen, die letzten Reste byzantinischer Herrschaft in Nord- und Mittelitalien zu beseitigen. Damit aber berührten sie die Lebensinteressen des Papsttums. Mehrmals bedrohten die Langobarden Rom, und nur durch persönliches Eintreten konnten die Päpste den Frieden wieder herstellen. Als sich dann Gregor III. (731–741) mit den langobardischen Herzögen von Spoleto und Benevent verbündete und Liutprand daraufhin 739 erneut Rom belagerte, suchte der Papst, in Übereinstimmung mit dem römischen Stadtadel, zum ersten Mal um fränkische Hilfe nach. Er wandte sich an Karl Martell, dieser aber versagte sich, nicht zuletzt aus Rücksicht auf den ihm verbündeten Liutprand. Papst Zacharias, der letzte Grieche auf dem Papstthron (741–752), vermochte zum Schutz Roms einen zwanzigjährigen Waffenstillstand auszuhandeln. Aber bereits der kämpferische Aistulf (749–756) ging erneut auf Eroberung des Exarchats aus; 751 besetzte er Ravenna, unterstellte sich das Herzogtum Spoleto und setzte zuletzt zum Kampf gegen den römischen Dukat an. Abermals wandte sich der Papst, Stephan II. (752–757), an die Franken, und Pippin, soeben mit päpstlicher Gutheißung zum König erhoben, eilte zu Hilfe.

Das Ansehen, welches das Papsttum im Lauf des 8. Jahrhunderts gewann, betraf nicht nur Glauben und Kirche, sondern darüber hinaus auch die politische Neugestaltung des Westens.

3. Kapitel: Das neue Frankenreich

§ 42 Der Aufstieg der Karolinger

1. Arnulfinger – Pippiniden – Karolinger

Mit dem Niedergang des merowingischen Königtums ging die Regierungsgewalt auf die Hausmeier über (vgl. § 32, 2). Entscheidend wurde für das Frankenreich, daß die Pippiniden – die späteren Karolinger – dieses Amt für dauernd zu gewinnen vermochten. Der Mannesstamm des älteren Pippin († 640) allerdings starb aus, als dessen Sohn Grimoald einen eigenen Sohn, benannt mit dem Merowinger-Namen Childebert, als königlichen Adoptivsohn auf den Thron zu heben versucht hatte; Vater und Sohn verloren dabei ihr Leben (662). Das Erbe fiel über Grimoalds Schwester Begga, die mit Ansegisel, dem zweiten Sohn Bischof Arnulfs von Metz († 640), verheiratet war, an die Arnulfinger. Weil offenbar das Geschlecht Pippins das angesehenere war, ging der Leitname auf den Sohn Ansegisels und Beggas über, auf Pippin den Mittleren († 714). Seit Karl Martell († 741) und Karl dem Großen († 814) hieß das Geschlecht dann das karolingische.

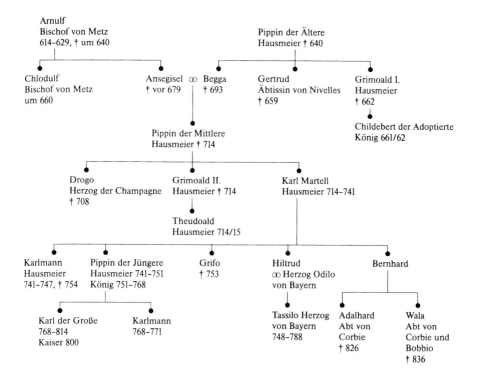

39 Arnulfinger und Pippiniden (nach H. K. Schulze).

Den für den Aufstieg der pippinisch-karolingischen Familie wie auch des Frankenreichs entscheidenden Sieg erstritt Pippin der Mittlere in der Schlacht von Tertry (687, bei St. Quentin), in der er die Hausmeierschaft sowohl über Austrien wie Neustrien gewann; sein Sieg wurde zum »Einschnitt und Neubeginn der fränkischen Geschichte« (Th. Schieffer). Dies betraf aber zunächst nur die fränkischen Kernlande. Denn der gallische Süden, so die Provence und Aquitanien, hatte sich verselbständigt. Östlich des Rheins konnte die Oberhoheit allein noch durch die in Würzburg residierenden fränkischen Amtsherzöge der Hedene und im Elsaß durch die dort regierenden Ettichonen gewahrt werden, während die Alemannen und Baiern sich zu entziehen suchten. Im Norden begann Pippin die über Rhein und Waal nach Süden vorgerückten Friesen zurückzudrängen (690 und 695). Nach Pippins Tod (714) erkämpfte sich dessen von einer Nebenfrau geborener Sohn Karl Martell (714–741) die Nachfolge. Er mußte sich zunächst gegen das ihm feindliche Neustrien durchsetzen und konnte dann darangehen, alle ehemals der fränkischen Oberhoheit unterstellten Gebiete zurückzugewinnen und sogar noch auszuweiten: das südliche und später auch das nördliche Friesland, weiter – nach Erlöschen der dortigen Herzogsgewalt – das Mainland (Würzburg), sodann Alemannien und – in lockerer Form – Baiern sowie Burgund und die Provence. Seinen rühmlichsten Sieg erfocht Karl über die Sarazenen (wie die islamischen Araber im Westen genannt wurden), die bis Autun und zur Loire vorgestoßen waren (732 Schlacht von Tours und Poitiers); es dürfte aber damals, wegen der allgemein nachlassenden Stoßkraft der Araber, nicht eine Islamisierung Europas abgewendet worden sein, wie auch keineswegs ganz Südgallien sofort befreit wurde. Karl Martells Söhne Karlmann (741–747, † 754) und Pippin (741–751, König 751–768) führten die Konsolidierung des Frankenreiches weiter fort. In Alemannien und im Elsaß wurden kurz vor der Jahrhundertmitte die dort regierenden Herzöge beseitigt. Sodann leiteten die beiden Hausmeier eine Kirchenreform ein, die über Jahrzehnte weiterverfolgt wurde und eine umfassende kirchliche Neugestaltung bewirkte. Angelsächsische Missionare waren dabei ihre wichtigsten Helfer, so Willibrord († 739) und vor allem Bonifatius († 754), später aber auch einheimische Kirchenleute wie Chrodegang von Metz († 766).

Weitreichende Folgen ergaben sich aus der Tatsache, daß der Wiederaufstieg des Frankenreiches von dem stark fränkisch geprägten Norden ausging. Die hier ansässigen fränkischen Adelsfamilien und ihre Lebensformen wirkten fortan bestimmend. Jetzt endgültig verwandelte sich die spätantike »Randkultur« und nahm einen neuartigen Charakter an, eben den des Mittelalters. Karl der Große (768–814) führte diese Entwicklung auf den Höhepunkt. Er schuf ein Großreich, das fast die gesamte westliche Christenheit umfaßte und eine neue abendländische Einheit begründete.

2. Welthistorische Bedeutung

Der karolingische Aufstieg ist ein Vorgang von welthistorischer Bedeutung und kann in seiner Dynamik wie auch Dramatik kaum überschätzt werden. Daß die Karolinger-Dynastie bis zum Tode Karls des Großen 814 ein nahezu den ganzen christlichen Westen umfassendes Großreich aufbauen würde, war hundert Jahre vorher, beim Tode Pippins des Mittleren im Jahr 714, in keiner Weise abzusehen, ja schien ganz unwahrscheinlich. Denn schon der Versuch Pippins, mittels der Hausmeierschaft die fränkischen Kernlande zu beherrschen, drohte bereits bei seinem Tode, als seine Frau Plektrud anstelle der schon zuvor gestorbenen Söhne die Regentschaft für ihre Enkel weiterzuführen suchte, wieder zunichte zu werden. Nur dadurch, daß Karl Martell, Sohn einer Nebenfrau Pippins und – wie sein späterer Beiname besagt – ein militärischer ›Hammer‹, die Führung an sich riß, konnte der Aufstieg fortgesetzt werden. Wiederum nur durch glückliche Zufälle wurden bei den weiteren Generationswechseln langwierige Erbfolgekämpfe und Teilungen vermieden. Zwar mußte das von Karl Martell konsolidierte Frankenreich erneut unter dessen Söhne Karlmann und Pippin aufgeteilt werden, fand aber zur Einheit zurück, als Karlmann 747 die politische Bühne verließ und Mönch wurde. Rasch auch löste sich der Konflikt, der nach Pippins Tod im Jahre

768 zwischen dessen Erben Karlmann und Karl ausbrach; Karlmann verstarb bereits 771, und so konnte das Gesamtreich erhalten werden, das dann unter Karl zu seiner nahezu den ganzen Westen umfassenden Größe anwuchs.

Fast noch überraschender und dramatischer stellt sich der karolingische Aufstieg vor dem größeren Hintergrund der epochalen Veränderungen im Mittelmeerraum dar. Wiederum erscheint es unwahrscheinlich, daß gerade das Frankenreich die Führung im Westen zu erringen vermochte. Denn seit der Mitte des 7. Jahrhunderts vermittelte das merowingische Königshaus nur noch den Schein von Herrschaft. Das Reich drohte in Anarchie unterzugehen. Auch der kulturelle Absturz war jäh und tief. Weit »entwickelter« stellte sich demgegenüber das spanische Westgotenreich dar. Dieses aber brach 711, im Verlauf nur eines Jahres, vollständig zusammen. Als die Araber die Pyrenäen überstiegen, waren die politischen Kräfte auf gallischem Boden zersplittert und Karl Martell noch tief in die Kämpfe um die Wiedergewinnung und Konsolidierung der fränkischen Kernlande verwickelt. Dennoch konnte Gallien vor den Arabern gerettet werden.

Und noch eine dritte Dimension erweist sich als überraschend: die eines neuen kirchlichen Einheitsbewußtseins im Westen. Zuvor hatten alle Reiche, die auf römischem Reichsboden entstanden waren, Landeskirchen ausgebildet, jeweils beschränkt auf die kirchlichen Verhältnisse im eigenen Reich. Nur erstaunlich kann man es darum nennen, daß sich ausgerechnet in dem kirchlich wie kulturell am schwersten darniederliegenden Frankenreich ein neues umfassendes Kirchenbewußtsein herausbildete: das Bewußtsein von der einen Christenheit unter Führung des Papstes. Die Gründe erscheinen wiederum wie zufällig, daß nämlich Gregor der Große die Angelsachsen-Mission einleitete, infolgedessen auf den britannischen Inseln eine Rom-verbundene Landeskirche entstand, von dieser Kirche dann Missionare auf den Kontinent gingen und bei den Karolingern die Kirchenreform durchführen konnten. Politisch verdichtete sich diese Rom-Verbundenheit in Pippins päpstlich sanktionierter Königserhebung und in Karls des Großen römischer Kaiserkrönung.

§ 43 Veränderte Staats- und Gesellschaftsformen

1. »Alte« Gesellschaftsformen

a) Sippe

Wie allgemein in einfachen Gesellschaften, so war auch im Frühmittelalter »der Einzelne als solcher rechtlich überhaupt nicht existenzfähig« (J. Fleckenstein). In einer Welt ohne öffentlich garantierten Schutz waren Recht und Sicherheit zunächst nur in den »angeborenen« Gemeinschaften garantiert. An erster Stelle ist dabei die Sippe zu nennen, deren Wortbedeutung ›(Bluts-)Verwandtschaft‹, ›Friede‹, ›Bündnis‹ noch die alte Schutzwirkung bezeugt. Die Sippenglieder waren strengstens verpflichtet, untereinander Frieden zu halten, nach außen hin aber allzeit kampfbereit zu sein, um Angriffe und Schädigungen sofort abwehren und rächen zu können. Je stärker die Innenbindung war, desto schlagkräftiger konnte die Außenwirkung sein. Zugleich verstand sich die frühmittelalterliche Sippe als Abstammungsgemeinschaft. Mit der genealogischen Linie der väterlichen Abkunft, die die agnatische Verwandtschaft begründete, verbanden sich die Familien der einheiratenden Frauen, die kognatische Verwandtschaft. Große Familien bestärkten ihr Sonderbewußtsein durch die Erinnerung an ihren

»Spitzenahn« (K. Hauck), der die Sippe in der Vorzeit einmal begründet und ihr die Lebenskraft samt den Lebensnormen vermittelt hatte.

Für modernes Empfinden auffällig, ja geradezu befremdlich ist die Beobachtung, wie wenig in der Sippe die persönliche Individualität zählte und wie sehr sich der Einzelne dem Ganzen einzufügen hatte. Am besten läßt sich dies an der kollektiven Entscheidung und Haftung der Sippenglieder verdeutlichen, denn die Sippe entschied jeweils über die Lebensangelegenheiten des einzelnen, über Heirat so gut wie über den Beruf und den Besitz. Im Gegenzug garantierte sie dem einzelnen ihre volle Solidarität: Wie jeder mit seiner Sippe teilte, so die Sippe mit jedem der Ihren, weswegen es letztlich kein Alleinsein, aber auch keine Individualisierung gab. In der Hauptaufgabe, nämlich Verteidigungs- und Haftungsgemeinschaft zu sein, kämpfte die Sippe geschlossen für jedes ihrer Glieder und übte Rache im Falle des Unrechts. Gerade hierbei trat der überindividuelle Charakter deutlich hervor. Bei Tötung hatte jedes Glied der geschädigten Sippe die Pflicht der Rache, und die Sippe des Täters haftete dabei als ganze, nicht etwa der Täter allein. Die Rache galt als erfüllt, sobald ein Mitglied der zu strafenden Sippe getötet war. Dabei mußte nicht unbedingt der Totschläger selbst getroffen werden, ja die Rache zielte nicht selten auf ein möglichst bedeutsames Mitglied der strafwürdigen Sippe. Die Sippe als ganze handelte, wurde schuldig, übte Rache; der einzelne hatte sich einzufügen (vgl. § 31, 1).

b) Stamm

Funktion und Verständnis der Sippe lassen sich weiter noch auf einer höheren Ebene wiederfinden: im Stamm. Auch er verstand sich als Abstammungsgemeinschaft, deren Gemeinschaftsbewußtsein in den Sagen von der ›Stammesentstehung‹ (origo gentis) ihren Ausdruck fand. Historisch gesehen handelt es sich, wie wir heute deutlich genug wissen, keineswegs um blutsmäßige Abstammungsgemeinschaften. Daß die Stämme sich dennoch als solche verstanden, lag daran, daß man sich bestehende Zusammengehörigkeit nur als Blutsverwandtschaft vorstellen konnte. Wie schon die Sippe sollte auch der Stamm nach innen eine Gemeinschaft des Friedens, des Rechtes und der Religion bilden, nach außen aber wiederum eine Kampfgemeinschaft. Der innere Stammesfrieden ist allerdings nie erreicht worden, denn der Streit unter den großen Familien konnte nicht dauerhaft beseitigt werden. Gegenüber anderen Stämmen wurde die eigene Lebensgemeinschaft so aufgefaßt, daß allein ihr Recht als wirkliches Recht galt, wie gleichfalls nur die eigene Religion als wirkliche Religion. Wer nicht zum Stamm gehörte, stand folglich außerhalb der Rechts- und Religionsgemeinschaft. Den Kern des Stammes bildeten die Adeligen, galten sie doch als die bevorzugten Nachkommen des Stammesahn, und repräsentierten damit dessen Lebenskraft und Tradition. Sie waren in Kult, Recht und Krieg die Führenden.

Eine neue Stufe wurde mit der Bildung von Großstämmen erreicht. Bei den Franken erkämpfte sich Chlodwig ein zentrales Königtum, und sein Geschlecht sanktionierte diese Vorrangstellung dadurch, daß es den Anspruch durchsetzen konnte, allein über die zum Königtum erforderliche Geblütsheiligkeit zu verfügen. Dagegen haben etwa die Alemannen ein wirkkräftiges Großkönigtum offenbar nicht auszubilden vermocht und wurden wohl auch deswegen von den Franken besiegt. Die seit etwa 500 im alten Noricum anzutreffenden Baiern waren noch weniger organisiert, so daß die Franken ihnen sogar ein Herzogshaus zu oktroyieren vermochten: die Agilolfinger. Die Sachsen endlich hatten bis zur Eingliederung ins Frankenreich weder eine herzogliche noch gar eine königliche Spitze ausgebildet, während die nach Britannien übergesiedelten Sachsengruppen eigene Königtümer entwickelten. Historisch gesehen bleibt beachtenswert, daß die in der Völkerwanderungszeit entstandenen germanischen Großstämme immerhin eine solche Konsistenz aufwiesen, daß sie prägend für die weitere deutsche und europäische Geschichte geworden sind.

c) Haus

Wie man die Sippe als den Entstehungsort des Friedens ansehen kann, so ist das Haus der »Kern aller Herrschaft« (O. Brunner) genannt worden. Im Haus lebten nicht nur die Sippenangehörigen, sondern mit ihnen auch die Abhängigen: das Gesinde, die Halbfreien und die Sklaven. Sie alle partizipierten am Schutz des Hauses, das der Hausherr als Friedensbezirk zu sichern hatte, waren dabei aber seiner Herrschaft unterworfen. Die hausherrliche Gewalt hieß ›Munt‹ (mundiburdium) und bedeutete Schutz wie auch Herrschaft. Der Herr hatte den Hausgenossen ihren Lebensunterhalt zu gewähren, trat vor Gericht für ihre Rechte ein, konnte sie aber auch selbst strafen und die Sklaven sogar verkaufen oder töten (vgl. § 31, 2).

Aus der Hausherrschaft entwickelte sich auf den Latifundien die Grundherrschaft. Die Eigentümer solcher Latifundien waren in der Regel Adelige. Ihren Besitz nutzten sie zum Teil in Eigenwirtschaft; es war dies der ›Herren‹- oder ›Fronhof‹ (curtis dominica), den der Herr, oft unter Bestellung eines Hausmeiers, mit Hilfe von Unfreien und Sklaven bewirtschaftete. Einen weiteren Teil vergab er an Kolonen, an Abhängige oder auch an Sklaven, die auf diese Weise eine Hofstelle zur Eigenbewirtschaftung erhielten (servi casati), dafür aber zu Natural- und Arbeitsleistungen für den Herrn verpflichtet waren. Diese Vergabe von Höfen an »Hintersassen« unterschied die frühmittelalterliche Grundherrschaft vom spätantiken Latifundium. Sozialgeschichtlich wurden dabei zwei Veränderungen bewirkt: Zunächst einmal gewannen die auf dem Herrenhof tätigen Unfreien und Sklaven nicht selten das Vertrauen ihres Herrn und konnten auf diese Weise einen Aufstieg erreichen; mit Chlodwig sind zum Beispiel nicht wenige seiner alten Bediensteten zu hohem Rang aufgestiegen. Sodann glichen sich die auf Hofstellen angesiedelten Kolonen und Sklaven in ihrem Rechtsstatus einander immer mehr an. Für die Sklaven bedeutete dies eine Hebung, für die Kolonen aber eine Minderung, da sie ursprünglich Freie waren, die sich – oft notgedrungen – in Abhängigkeit hatten begeben müssen. Die soziale Entwicklung ging im Frühmittelalter dahin, daß die Zahl sowohl der Sklaven wie der Freien abnahm, die Zahl der Halbfreien aber anstieg.

d) Vasallität und Feudalität

Wie schon der Stamm eine Sippe im großen war oder doch sein sollte, so konnte ähnlich auch die Hausherrschaft eine erweiterte Form erhalten: die Gefolgschaft. Die großen Adeligen nahmen nicht nur Unfreie, sondern auch Freie in ihre Hausgemeinschaft auf. Sie mußten für deren Schutz und Lebensunterhalt sorgen, konnten dafür aber auf Waffenhilfe rechnen. Durch einen Eid wurde diese wechselseitige Bindung zwischen dem Herrn und den ihm getreuen Freien befestigt. Ein Adeliger, der sich auf diese Weise eine Gefolgschaft geschaffen hatte, konnte sich wiederum zusammentun mit noch anderen Adelsherren, die gleichfalls über eine Gefolgschaft verfügten, und sich so in immer mächtigere Verbände eingliedern. Die Spitze bildete der König, dessen zentrale Stellung in der Merowingerzeit darin begründet war, daß eigentlich nur er Freie in die Gefolgschaft nehmen durfte. Indem die großen Adeligen ›Tischgenossen‹ des Königs wurden, traten sie in dessen Munt ein, verpflichteten sich zum Waffendienst für ihn und wurden dabei mit Landgütern oder Ämtern entlohnt. Dieser in sich gestufte Verband bestand letztlich aus Personen, die alle durch eidlich beschworene Treue (fidelitas) zusammengehalten wurden. Man hat deswegen von einem »Personenverbandsstaat« (O. Brunner) gesprochen.

Wie schon im fränkischen Königsdienst Freie, aber auch Unfreie zu höchsten Ämtern hatten aufsteigen können, so vermischten sich bald die Rechtsformen, mit denen man sich einem Herrn verpflichtete. Der Unfreie war ursprünglich durch einen rechtsförmlichen Akt seinem ›Herrn‹ (senior) dienstbar geworden; indem er seine zusammengelegten Hände in die seines Herrn legte – was später als ›Handgang‹ bezeichnet wurde –, übergab er sich in dessen Verfügung (commendatio). Mit dem Status des

Freien galt eine solche Übergabe zunächst als unvereinbar. Vielmehr leistete ein solcher, wie es seinem Stand allein geziemte, einen Treueid, den sein Herr gleichfalls mit einem Treueid beantwortete. Im 8. Jahrhundert aber sehen wir als Neuheit, wie sich Treueid und Übereignung verbinden: Der Freie leistete den Treueid wie zusätzlich auch die Kommendation und wurde dadurch ein ›fidelis‹ (Gefolgsmann), so daß es fortan die ›liberi in obsequio‹ gab, ›freie Gefolgsleute‹. Zugleich vollzog sich noch ein anderer Prozeß. Immer schon hatte der Herr seinem Gefolgsmann den Lebensunterhalt gewähren müssen; bei Freien geschah dies in der Regel durch Übergabe von Landbesitz. Im 8. Jahrhundert aber nahm diese Übergabe eine besondere Form an. Karl Martell, der zur Abwehr der Sarazenen ein kostspieliges Reiterheer aufbauen mußte, griff zur Versorgung seiner Gefolgsleute in ausgedehntem Maß auf Kirchengut zurück, das freilich dem Rechtstitel nach weiterhin im Eigentum der Kirchen und Klöster verblieb und nur zur Nutzung ausgegeben wurde. Dieses Verfahren, Landbesitz zur Nutzung auszugeben, gewann bald auch bei der Gütervergabe, wie sie die politischen Großen bei ihren Gefolgsleuten praktizierten, allgemeine Üblichkeit. Auf diese Weise entstand das Lehen, eben das ausgeliehene Gut. Man nannte es ›beneficium‹ (Ausstattungsgut) und später ›feudum‹ (von germ.: Vieh, vgl. lat.: pecus – Vieh, pecunia – Geld). Die weitere Entwicklung führte dahin, daß sich bei diesen Lehen unterschiedliche Formen von Ausleihe und von Rückforderung wie auch von Vererblichkeit herausbildeten.

Für die frühmittelalterliche Kirchengeschichte sind diese primär sozialgeschichtlichen Vorgänge insofern wichtig, als das Kirchengut als erstes feudalisiert wurde und der Prozeß der Gefolgschaftsbildung sofort auch auf Kirchenleute, auf Bischöfe, Äbte und Kleriker, übergriff und damit die althergebrachte Kirchenstruktur gänzlich zu verändern drohte.

e) Familiare Politik

Indem das Frühmittelalter von der Sippe und vom Haus im wesentlichen seine politischen Vorstellungen ableitete, nutzte es zum einen das Zusammengehörigkeitsgefühl der gemeinsamen Abkunft und der Blutsverwandtschaft, zum anderen die Herrschaft des Hauses. Diese aus Sippe, Haus und Familie hervorgewachsenen Verhaltensweisen und Vorstellungen dominierten in der Politik der Königsfamilien wie des Adels. Politische Bindungen gewannen immer dort eine besondere Festigkeit, wo Verwandtschaft im Spiel war, was dann zur Folge hatte, daß zum Beispiel Verträge zwar immer politisch und juristisch verpflichteten, aber erst durch Verwandtschaft ihre volle Bindungskraft erhielten. »Es scheint eine Eigentümlichkeit primitiven Denkens zu sein, daß es Zusammengehörigkeitsgefühl nur als Verwandtschaft verstehen kann« (J. Fleckenstein). Von daher sind zum Beispiel die politischen Heiraten wie auch die Geiselgestellung – die Auslieferung der eigenen Angehörigen – zu verstehen. Zugrunde liegt immer das gleiche Schema: Sofern man andere Herrscher und Adelsfamilien wirklich binden und verpflichten will, müssen sie möglichst »familiar« in Pflicht genommen werden, entweder freundschaftlich durch Heirat oder bedrohlich durch Geiselnahme.

Das hatte zur Folge, daß die Heiraten wie ebenso die Scheidungen zumeist nach ehefremden Gesichtspunkten entschieden wurden, weswegen die politische Inanspruchnahme der Ehe das tatsächliche Familienleben im Grunde ständig überforderte. Wenig beneidenswert gestaltete sich das Schicksal der Kinder. Sie wurden einerseits, sofern sie Erben waren, als Fortsetzung des Geschlechts gepriesen, andererseits aber, sofern sie Rivalen im Thronkampf sein konnten, beargwöhnt und als solche in merowingischer Zeit nicht selten getötet. Auch mußten sie sich, zumal die erbberechtigten Söhne, der Geiselstellung unterziehen. Sodann führten Merowingersöhne schon als Zehn- oder Zwölfjährige Truppen in den Krieg, und Karls des Großen Sohn Ludwig der Fromme war gerade vier Jahre alt, als er sein Königtum in Aquitanien antrat.

§ 43 Veränderte Staats- und Gesellschaftsformen

f) Gilde

Neben den »von oben« her, aus Familien- und Hausherrschaft, entwickelten Herrschaftsformen entfaltete sich im frühen Mittelalter auch eine wichtige Sozialformation »von unten« her: die Gilde. Die älteste Bezeugung stammt aus dem gallisch-fränkischen Bereich, wie ebenso das Wort germanisch-fränkischer Herkunft ist (das sich allerdings in seiner ursprünglichen Bedeutung nicht eindeutig klären läßt). Daß aber das Phänomen Gilde originär germanisch sei, gilt heute als unwahrscheinlich. Von einer Gilde kann gesprochen werden, wo immer Menschen sich auf der Basis der Gleichheit »zusammenschwören«, das heißt, sich durch einen Schwur zu einem dauernden Zusammenhalt verpflichten.

Gilden dürften zuallererst als dörfliche Schutz- und Selbsthilfeorganisationen bestanden haben. Die frühestbezeugten sind allerdings solche des einfachen Klerus. Die karolingischen Gilden umfassen – darin streng egalitär – Männer und Frauen, Freie und Abhängige, Kleriker und Laien. In der Gilde herrscht Frieden bei eigener Gerichtsbarkeit und mit Abwehrstellung gegen außen. Anders als die naturwüchsige Sippe stellt die Gilde eine »gemachte«, gleichwohl nicht weniger verpflichtende Gruppe dar, deren Festigkeit auf einem Eid und weiter noch auf regelmäßig abgehaltenen Mählern beruhte. Von außen her erschienen die Gilden gegen jeden Einblick und Eingriff hermetisch abgeschlossen, und das machte sie für alle Herrschaftsträger verdächtig. Selbst die Könige – so etwa Karl der Große – beargwöhnten sie und verboten den Eid, weil er sich leicht zu einer Verschwörung ausweiten konnte. Die ›Coniuratio‹ blieb dennoch eine grundlegende Sozialformation des Mittelalters; beispielsweise haben sich die ersten Stadtgemeinden des 11. und 12. Jahrhunderts als ›Schwurgemeinden‹ gebildet. Ebenso hat die Gilde auf religiös-kirchlichem Gebiet an Bedeutung gewonnen, waren doch schon die ältesten auf gallischem Boden bezeugten Gilden solche von Klerikern. Auch die Mönchsgemeinschaften oder die Gebetsverbrüderungen, wie sie in karolingischer Zeit so sehr an Verbreitung zunahmen, verstanden sich nach Art der Gilden.

Da die Gilden ganz selbstverständlich auch religiöse Aufgaben wahrnahmen und zumeist Kleriker einschlossen, mochten sie wie eine selbstgewählte und selbstgeschaffene Pfarrgemeinde erscheinen. Die kirchlichen Oberen stellten sich darum zumeist ablehnend; in der Regel polemisierten sie gegen die Ausgelassenheit der Gildenmähler und gegen den vorgeblich heidnischen Charakter ihrer Festbräuche. Dennoch ist den Gilden viel im kirchlichen Leben zu verdanken, da ihnen religiöse Betätigung immer ganz selbstverständlich war und im Laufe des Mittelalters die Tendenz zur Bildung rein religiös bestimmter Gilden, meist als Bruderschaften firmierend, ein beherrschendes Phänomen wurde.

g) »Archaische« Gesellschaft

Die beschriebenen Sozialformen sind auch insofern von besonderem Interesse, als sie Kriterien für eine historische Typisierung bieten. Im langzeitlichen Geschichtsverlauf, so ist zu beobachten, verschiebt sich zusehends das Verhältnis von den kleineren zu den größeren Gesellschaftsformen: »Je weiter wir zurückgehen, um so stärker scheinen die engeren Gemeinschaften gewesen zu sein, um so schwächer die weiteren, die anscheinend auch die jüngeren sind« (J. Fleckenstein). Die am Anfang feststellbaren Kleinformationen zeigen eine äußerst dichte Binnenstruktur mit gleichzeitig starker Außenabwehr, die sich erst mit zunehmender Überformung durch Großformationen zu öffnen beginnt. Weiter ist eine Versachlichung zu beobachten: Die anfänglich stark personenbestimmte Herrschaftsweise, in der auch die Machtmittel »privat« sind, wird durch Gesetze, Verwaltungsapparat und Staatsideen verobjektiviert und zur öffentlichen Angelegenheit erhoben.

Der entwicklungsgeschichtliche Ort des frühmittelalterlichen »Staates« ist anhand dieser idealtypischen Entwicklungslinie einigermaßen genau zu beschreiben: Die bei den Germanen feststellbaren kleineren und damit »primitiven« Sozialformationen haben während der Völkerwanderung in der Begegnung mit dem Imperium Romanum eine erste bedeutsame Ausweitung erfahren, hauptsächlich in der Bildung von Großstämmen; doch blieben insgesamt noch die archaischen Grundmuster vorherrschend. Gleichzeitig hatte im antiken Imperium, das über eine hochentwickelte institutionalisierte Staatlichkeit mit rational-objektiven Verwaltungsstrukturen verfügte, im Lauf der Spätantike jener folgenträchtige Auflösungsprozeß eingesetzt, der als Dekomposition der großräumigen und verobjektivierten Staatlichkeit beschrieben werden muß und zuletzt kleinräumige, private Adelsherrschaften hatte entstehen lassen (vgl. § 7, 2). So gab es also von zwei Seiten her eine Bewegung, bei den Germanen eine »aufsteigende« und bei den Provinzialromanen eine »absteigende«, die beide zum Ausgleich tendierten. Doch verlief dieser Ausgleich bei den einzelnen Germanengruppen durchaus unterschiedlich. Während etwa bei den Wandalen, den Ostgoten und in gewissem Maß auch bei den Westgoten die römische Ordnung erhalten blieb und nur von einer fremdstämmigen germanischen Kriegerschicht überlagert wurde, erwies sich die Situation in Gallien als differenzierter und schwieriger: im Süden provinzialrömisch und im Norden fränkisch geprägte Gebiete.

Die Stärke des Frankenreiches lag darin, daß es im Norden über einen verhältnismäßig großen eigenen Volksanteil verfügte, der im Vergleich mit den anderen in der Romania etablierten Germanenreichen so viel bedeutender war, daß das Frankenreich gerade dadurch seine starke Dynamik entfalten konnte. Mit dem Niedergang der Antike bestimmte dann vollends dieser fränkisch geprägte Norden die weiteren Geschicke. Wenn auch nicht von Anfang an, so muß doch für die Zeit seit dem 7. Jahrhundert für das Frankenreich konstatiert werden, daß die »älteren« Sozial- und Verfassungsstrukturen dominant wurden und damit die Assimilation an die antike Staatlichkeit endgültig verlorenging. Die von den primären und primitiven kleinen Gesellschaftsformationen wie Sippe, Haus und Gebietskönigtum her praktizierte Staatlichkeit obsiegte. Dennoch vermochten die Karolinger diese Strukturen so zu nutzen, daß es ihnen gelang, ein Großreich aufzubauen.

2. Familiare Religiosität

a) *Ahnen*

Der im Frühmittelalter so wichtigen Sippe kam nicht zuletzt auch eine religiöse Funktion zu. Die großen Adelsfamilien verstanden sich oft als von (halb-)göttlicher Abkunft, verehrten ihre Ahnen und sahen ihre Pflicht darin, deren Lebensformen weiterzutragen; dadurch glaubten sie, die Fortsetzung ihres Geschlechtes für alle Zukunft sicherstellen zu können. Die Verbindung mit den Vorfahren konkretisierte sich in besonderer Weise am Ahnengrab. Von hier aus flossen sozusagen Kraft und Geist des Spitzenahns weiter in die nachfolgenden Generationen. So ist denn auch in vielen Religionen und Kulturen zu beobachten, daß »das Familiengrab geradezu die Kraftquelle der Familie war« (G. Mensching). Mit der Christianisierung aber wurde diese Vorstellung in Frage gestellt. Im Frühmittelalter ist nun zu beobachten, daß die Ahnenverehrung nicht einfach verschwand, sondern sich andere, dem Christentum angepaßtere Ausdrucksformen suchte. Gerade die Adelsfamilien sehen wir weithin bestrebt, mit den religiösen Mitteln, die ihnen das Christentum anbot, eine neue familiare Religiosität aufzubauen. Es mußten sowohl die Herkunft christlich legitimiert wie auch die Zukunft christlich abgesichert werden. Für viele Königsgeschlechter wurde beispielsweise der alttestamentliche Völkervater Noah der neue Spitzenahn. In die Geschlechterabfolge konnten im einzelnen noch bedeutende Zwischenahnen eingefügt werden; so betrachteten die Karolinger Bischof Arnulf von Metz († 640) als ihren unmittelbaren Stammvater und obendrein noch als Segensvermittler, dessen Verdiensten das Geschlecht seinen Aufstieg zu verdanken habe.

b) Familienheil

Ebenso galt es, die Zukunft zu sichern. Für die glückliche Geburt und das Gedeihen der stammerhaltenden Söhne suchte man geistliche Segensbringer zu gewinnen, die beispielsweise das Kind taufen und in den Jahren des Heranwachsens immer wieder segnen mußten.

Schon für Chlodwig hatte der Christengott seine schützende Macht darin zu erweisen, daß er die Söhne des Königs am Leben zu erhalten vermochte. Besonders der Ire Columban scheint sich der familiaren Religiosität der großen gallischen Familien willfährig gezeigt zu haben, wurde doch die geistliche und weltliche Karriere berühmter Adelskinder auf seinen Segen zurückgeführt. Als er sich dann dem Verlangen der Königin Brunichild verweigerte, deren Urenkel ›mit seinem Segen zu stärken‹, löste das seine Vertreibung aus. Später werden die Karolinger, so König Pippin und Karl der Große, für ihre Söhne den Segen des Papstes suchen, denn – so heißt es einmal – Karl habe sich und seine Nachkommenschaft dem Apostelfürsten empfehlen wollen, um bei der Sorge für die Untertanen und im Kampf gegen die Aufrührer Helfer von himmlischer Macht zur Seite zu haben.

In dem Verlangen nach religiöser Lebenssicherung dürfte auch das Phänomen des Eigenklerus und der Eigenkirchen begründet sein (vgl. § 29, 2 d). Jedenfalls sollte man das Eigenkirchenwesen nicht zuerst als eine finanzpolitische Angelegenheit – Stutz: als »Kapitalanlage« – ansehen, sondern als familiare Heilsabsicherung: Die großen Adelsfamilien organisierten sich ihre eigenen Gottesdienste und nahmen die dazu notwendigen Kleriker in ihre Gefolgschaft auf. Die Hofkapelle, welche die Karolinger unterhielten, bestand anfangs aus einer Klerikergruppe, die gefolgschaftlich an die Hausmeierfamilie gebunden war und deren erste Aufgabe darin bestand, die dem Heil der Familie förderlichen Gottesdienste zu feiern und dabei vor allem den kostbaren Reliquienbesitz, die Cappa des Heiligen Martin, zu hüten und auf Kriegszügen mitzuführen. Um die göttliche Macht in möglichst großem Maße verfüglich zu machen, boten sich besonders die Klöster an, deren Gründung sowohl der adeligen Hauspolitik wie der geistlichen Wohlfahrt dienlich schien: Im Kloster wurde für das Wohlergehen der Gründer- und Herrscherfamilien gebetet; hier auch entstanden die adeligen Grablegen, bei denen ein Gebetsgedenken gestiftet wurde, um den verstorbenen Vorfahren das ewige Leben zu sichern.

c) Privatisierte Frömmigkeit

Gegenüber dem altkirchlichen Selbstverständnis bedeutete dies alles eine tiefgreifende Umorientierung. Das Christentum hatte seine großen Heilsmysterien nie als Riten verstanden, die vornehmlich der Lebensabsicherung oder gar dem Herrschaftsbestreben bestimmter Adelsfamilien dienen sollten. Im Gegenteil, die neutestamentliche Religiosität sprach für das diesseitige Leben eindringlicher vom ›Verlieren‹ als vom ›Gewinnen‹. Auch hatte die alte Kirche ihre Kultfeiern immer gemeinschaftlich aufgefaßt; die Taufe bewirkte die Eingliederung in die Kirche und konnte dabei gerade die Herauslösung aus dem Familienverband verlangen; die Eucharistie bewirkte die Communio mit dem ›sich hingebenden‹ Jesus Christus und gliederte jeweils tiefer in seine Gemeinde ein; das Gebet endlich sollte nicht dem Eigennutz, sondern ›dem Willen des Vaters‹ und zugleich dem geistlichen Nutzen aller Menschen dienen. Der christliche Gottesdienst war folglich von seiner Grundstruktur her »etwas wesentlich Soziales« (H. de Lubac). Dieser soziale und zugleich allgemein-öffentliche Bezug wurde im Frühmittelalter weithin von familiar-privaten Interessen überlagert.

3. Adels- und Erbkirchen

Die Adelsherrschaft, der zufolge nur »Hochgeborene« Machtbefugnisse ausüben konnten, die sie zudem erbmäßig in ihrer Familie weitergaben, wirkte bald auch auf die Kirchenstruktur ein.

Schon im spätantiken Gallien stammten schätzungsweise ein Drittel der Bischöfe aus dem senatorischen Adel, der die geistlichen Positionen auch innerhalb der eigenen Familie weiterzugeben suchte. Gregor von Tours konnte sich bekanntlich rühmen, daß vor ihm hauptsächlich eigene Familienangehörige den Bischofsstuhl von Tours innegehabt hatten. Nicht also mit den Germanen begann die Adelsherrschaft in der Kirche, wohl aber setzten diese die bereits in der Antike begonnene Praxis fort. Im 9. Jahrhundert haben etwa die Nachfahren des Sachsenführers Widukind nicht mehr in der Politik gewirkt, wohl aber auf sächsischen Bischofsstühlen. Über das von dem Widukind-Enkel Waltbert in Wildeshausen (südl. Bremen) gestiftete Kloster sollte jeweils ›ein Sohn der Verwandtschaft‹, der Geistlicher sein mußte, die Leitung ausüben; bei mehreren geistlichen Söhnen sei der würdigere auszuwählen. Aber nicht nur auf der hohen Ebene des Reichsadels wurde kirchliche Familienpolitik betrieben, sondern ebenso wirkungsvoll auf der lokalen Ebene der Pfarreien oder eines Klosters. Die angelsächsischen Missionare, die im 8. Jahrhundert auf den Kontinent kamen, blieben meist familiar gebunden und ließen vielfach eigene Verwandte in den von ihnen gegründeten Klöstern und Kirchen die Leitung und Nachfolge übernehmen. In Italien sind im 9. Jahrhundert regelrechte Priester-Erbkirchen festzustellen, die vom Priester-Vater auf den Priester-Sohn übergingen. Die direkte Vererbung wurde allerdings mit der Durchsetzung des Zölibates und der dabei erklärten Illegitimität der Priesterkinder mehr und mehr außer Brauch gesetzt. Statt dessen praktizierte man vielfach eine Erbfolge zugunsten von Neffen; es ist dies ein Nepotismus, wie er etwa bei den Päpsten noch in der Neuzeit üblich war.

Von der Auffassung, daß nur Adelige ein Amt ausüben könnten, mußte die kirchliche Amtsauffassung schwerstens betroffen werden. Seit alters hatte der Grundsatz gegolten, daß nur diejenigen sich Bruder oder Schwester Jesu nennen könnten, die Gottes Willen zu tun bestrebt seien (Mk 3,35); Glaubensverwandtschaft sollte alle Blutsverwandtschaft bedeutungslos werden lassen. Erst recht konnte zur Leitung dieser geistlich verwandten Gemeinde nur berufen werden, wer sich durch den Geist Gottes und die Nachfolge Jesu hervortat. Religiöse Eignung sollte als das entscheidende Berufskriterium gelten. Ein vererbbares Priesteramt, wie es das Alte Testament mit seinen Priesterfamilien noch kannte, war damit ausgeschlossen. Wenn möglicherweise in der Jerusalemer Urgemeinde die ›Herrenbrüder‹ eine bevorrechtigte Rolle einzunehmen versuchten, so hat sich demgegenüber Jesu Bruch mit der eigenen Familie als das eigentlich normative Beispiel durchgesetzt. In der Ämterbesetzung sollte die geistliche Eignung ausschlaggebend sein, nicht jedoch Familienzugehörigkeit oder Blutsverwandtschaft. Dieses für das kirchliche Amt grundlegende Prinzip der Eignung drohte aber im Frühmittelalter zugunsten der Familiennachfolge und der Adeligkeit wieder zurückgedrängt zu werden.

4. Gefolgschaft in der Kirche

Als sich die Karolinger ihren Aufstieg erkämpften und ihre Machtbasis verbreiterten, standen ihnen vielfach »Kirchenstaaten« entgegen, wo Bischöfe das Dominium in ihrer Civitas ausübten und weiter auch über die inzwischen zu großen Besitzagglomeraten angewachsenen Klöster herrschten (vgl. § 29, 3). Im 8. Jahrhundert ist nun zu beobachten, daß die Karolinger diese bischöflichen »Kirchenstaaten« zu zerschlagen begannen. Sofern nur möglich, setzten sie auf die Bischofsstühle ihre eigenen Gefolgsleute, die sich des bischöflichen Dominiums und der Klöster bemächtigten. Oft wurde dabei eine Aufteilung eingeleitet, indem mächtige Abteien aus der Bischofshoheit herausgelöst und an weitere Gefolgsleute verliehen wurden. Die neuen Herren waren zumeist waffengeübte, aber geistlich unfähige Weltleute. Zudem zeigten sie unverhohlen ihre Eigeninteressen und suchten die ihnen zugewiesenen Güter und Machtposten zum Dauerbesitz ihrer Familien zu machen.

Die Auswirkungen, welche die neuen Herrschaftsformen, namentlich das Gefolgschaftsdenken, auf die kirchliche Ämterbesetzung ausübten, lassen sich beispielhaft an Trier und Saint Wandrille, jeweils an einem Bischofssitz und einer Abtei, näher erläutern. Die Pippiniden und Karolinger betrieben hier konsequent eine ihnen förderliche Politik, indem sie Gefolgsleute einsetzten und diese ausdrücklich auf Treue (fidelitas) zu sich und ihrer Familie verpflichteten.

Als erster ist Milo von Trier und Reims († 757) anzuführen. Er entstammte der Familie der Widonen, einem jener mächtigen austrasischen Adelsgeschlechter, mit deren Hilfe die Pippiniden ihren Aufstieg bewerkstelligten. Bereits Milos Vater Liutwin war Bischof von Trier († 717/22), und zwar als Nachfolger seines mütterlichen Oheims Basinus († 705). Da auch noch der spätere Trierer Bischof Weomad (ca. 762–791) aus der Familie der Widonen zu stammen scheint, hat sich diese Familie offenbar in Trier festsetzen können und während des 8. Jahrhunderts als »Bischofsdynastie« geherrscht. Liutwin wie auch Milo erhielten von Karl Martell, dessen Parteigänger sie von Anfang an waren, neben Trier noch zusätzlich das Bistum Reims übertragen, wobei aber Milo wohl keine Bischofsweihe empfangen hat. Das von ihnen zu verwaltende Bischofsgut wie ebenso die Klöster wurden teilweise wie Eigengut behandelt und an politische Anhänger oder auch eigene Kinder weitervergeben. Wir sehen hier die für den Personenverbandsstaat typische Art von Berufung und Amtsführung auf die Kirche übergreifen, die ganz von gefolgsrechtlichen Gesichtspunkten her bestimmt ist, von der Treue zum herrschenden Geschlecht. Die geistliche Amtsführung konnte dabei abgetrennt werden, indem die Inhaber nur die Güterverwaltung der Diözesen und Abteien, also die sogenannte weltliche Administration, übernahmen, dabei aber diese Güter praktisch privatisierten. Für die geistlichen Belange mußte sich ein solches System nur verhängnisvoll auswirken. Erfordernisse politischer Gefolgschaft dominierten über die geistliche Amtseignung, wie ferner die privatrechtliche Behandlung des Kirchengutes jede sachwalterische Amtsführung korrumpierte. Es ging eben hauptsächlich darum, die großen kirchlichen Besitzungen mit treuen Gefolgsleuten zu besetzen.

Ebenso wie die Bischofssitze waren die Klöster von der familiaren und gefolgschaftlichen Herrschaftsweise betroffen. Unser Beispiel, die Abtei Fontanella/St. Wandrille, gehörte zu den ersten Gründungen der columbanischen Klosterbewegung (vgl. § 35, 2a). Von Anfang an waren dort verwandtschaftliche Beziehungen im Spiel gewesen, denn schon Wandregisel hatte seinen Neffen Godo an der Klostergründung beteiligt. Der dritte Abt Ansbert († 693), zugleich Metropolit von Rouen, entstammte einer jener Adelsfamilien, die die Referendare des Pariser Hofes stellten. Dann aber begannen die Pippiniden, offenbar weil sie sich mit Wandregisel verwandt wußten, das Geschick der Abtei in ihre Hand zu nehmen. Pippin der Mittlere schickte Ansbert in die Verbannung und berief als Nachfolger einen Bainus (701–710), der zugleich Bischof von Thérouanne war. Der nächste Abt, der den Pippiniden ergebene Benignus, wurde durch Raganfred, den bei Karl Martell verfeindeten neustrischen Hausmeier, abgesetzt (715). Es folgte ein Mönch namens Wando, der aber sofort nach Karls Sieg ins Exil nach Maastricht gehen mußte, und Benignus kehrte zurück († 724). St. Wandrille wurde nun vollends ein karolingisches Kloster, kam aber gerade deswegen nicht zur Ruhe. Karl Martell erhob seinen Neffen Hugo († ca. 732) zum Abt, der zugleich auch dem benachbarten Kloster Jumièges vorstand und obendrein die Bischofssitze von Paris, Bayeux und Rouen innehatte. Hugo sah sich bereits zu Schutzmaßnahmen gegen eine totale Ausbeutung des Klosterguts genötigt und ließ Monatsrationen für die Mönche sicherstellen; es ist der erste Schritt zu jenem besonderen Klostervermögen, das bald ›mensa fratrum‹ (Tisch der Brüder) genannt wurde. Es folgte Lando (732–735), der zu Milos Zeit vielleicht als geistlicher Verwalter des Bistums Reims fungierte. Größeren Schaden nahm die Abtei unter Teutsind (735–742), von Geburt ein Alemanne und zuvor schon Leiter des Martinsklosters in Tours; ihn macht die Klosterchronik für den Verlust eines Drittels vom Klosterbesitz verantwortlich. Dann folgte wieder ein Karolingersproß namens Wido (743), der zusätzlich noch über die Abtei St. Vaast/Arras gebot; ihm lag mehr an der Jagd als am Klosterleben, und am Ende wurde er sogar wegen Hochverrats hingerichtet. Ganz ungeistlich gebärdete sich Abt Raginfred, Pippins eigener Taufpate und zugleich Metropolit von Rouen; doch erreichten die Mönche beim Hof seine Absetzung (747?). Für den Nachfolger gewährte Pippin Wahlfreiheit; die Entscheidung fiel auf den von Karl Martell verbannten Wando, der noch in Maastricht lebte und nun im Kloster bis 753 ein rein geistliches Regiment führte, während ein von Pippin bestallter Praepositus die Klosterverwaltung ausübte. Dann aber soll sich ein Witlaic (753–787) die Abtswürde bei Pippin sogar erkauft haben; er war Neffe des früheren Abtes Teutsind und setzte auch dessen schädliche Klosterpolitik fort, indem er Klostergut massenweise als ›Prekarien‹ (Landleihen) ausgab. Eine zum Jahre 787 überlieferte Angabe besagt, daß noch 1400 Mansen zur Eigenverfügung standen und 2395 als ›Benefizien‹ ausgetan waren, also fast zwei Drittel. Auf Witlaic wiederum sollte sein Neffe Witbold folgen, der aber auf einer byzantinischen Gesandtschaftsreise unerwartet lange ausblieb, währenddessen ein Kaplan der Königin Bertrada namens Gerwold (787–806) ins Abtsamt gelangte. Dieser war zugleich Bischof von Evreux und darüber hinaus Karls des Großen Unterhändler für alle angelsächsischen Angelegenheiten. Auch Gerwold gelang es wieder, einen Verwandten nach sich zu ziehen, den wegen seiner Kapitularien-Sammlung berühmten Ansegis († 833). Dieser wurde Bischof von Evreux, erlangte jedoch in St. Wandrille zunächst nur die Leitung eines Nebenklosters und seit 823 dann des Hauptklosters, wo er den wegen seiner Vita Karls des Großen berühmten Einhard ablöste. Ansegis hat sich als Abt das große Verdienst erworben, die Abtei von Grund auf, geistlich wie materiell, erneuert zu haben.

Die Gesta von St. Wandrille lassen begreifen, welches Schicksal ein Kloster im Personenverbandsstaat zu gewärtigen hatte. Bei jeder Vakanz des Abtsstuhles setzte ein neues Ringen ein, sowohl seitens der Herrscherfamilie wie auch seitens der Familie, welcher der verstorbene oder künftige Abt entstammte. Beide suchten jeweils ihre eigenen Interessen durchzusetzen, und genau dies wuchs sich zum Dauerschaden der familiar bestimmten Klöster aus. Immer wieder kamen gänzlich ungeeignete Äbte – und in Frauenklöstern Äbtissinnen – in die Klosterleitung, was regelmäßig zum geistlichen Niedergang führte. Die Gründe für diese Entwicklung aber lagen in dem gefolgschaftlichen Herrschaftsaufbau. Weil die Klöster inzwischen, anders als noch in der Merowingerzeit, ein bedeutsames Machtpotential darstellten, wurden sie politisch interessant. Wer die Herrschaft erringen oder behaupten wollte, mußte nach ihnen greifen. Die Äbte hatten dabei politische Zuverlässigkeit, ja ausdrücklich Treue zum herrschenden Geschlecht zu beweisen und obendrein politische Dienste zu leisten. Der abteiliche Güterbesitz wurde politisch nutzbar gemacht und oft an militärische Gefolgsleute verausgabt. Wie vorher schon die Bischöfe stiegen nun auch die Äbte zu politisch bedeutsamen Figuren auf und zählten bald mit zu den Teilnehmern der Synoden und Reichstage.

Zweiter Abschnitt: Von der karolingischen Hausmeierschaft zum Königtum

1. Kapitel: Die Zeit der Hausmeier (678–751)

Die fränkische Reichsteilung des 6. Jahrhunderts führte zu vier Reichsteilen, die sich im 7. Jahrhundert zu Teilreichen mit eigenen Hausmeiern verselbständigten: Neustrien, Austrien (Austrasien), Burgund und Aquitanien. Im altfränkischen Bereich erreichte Austrien die größte Eigenständigkeit. Es umfaßte das Rhein-, Mosel-, Maas-Gebiet und die Champagne, dazu die Gebiete östlich des Rheins. Hauptresidenz war zunächst Reims, später Metz. Der austrasische Adel gewann einen bedeutsamen Anteil an der Herrschaft und vermochte ein eigenes Unterkönigtum durchzusetzen. Dagobert I. († 638), der letzte wirkmächtige Vertreter der Zentralherrschaft, regierte zuerst als austrischer Unterkönig. In Austrien vollzog sich auch der Aufstieg des pippinisch-arnulfingischen Geschlechts, das um Metz und Lüttich seine Besitzschwerpunkte hatte. Pippin der Mittlere († 714), Karl Martell († 741) und Pippin der Jüngere († 768) schufen eine wiedervereinigte Francia und banden erneut auch die Außenländer ein.

Unter Chlothar II. († 629) und Dagobert I. († 638) hatte östlich des Oberrheins, in Alemannien und bis nach Baiern hin, eine intensivere Christianisierung eingesetzt. Im Norden freilich blieb der Rhein gegenüber den Sachsen und Friesen eine politisch wie religiös unüberschreitbare Scheide. Mit dem Nachlassen der merowingischen Zentralherrschaft regten sich sowohl in Alemannien wie in Baiern Verselbständigungsbestrebungen, während Friesen und Sachsen den Druck auf den Niederrhein verstärkten. Der Aufstieg der pippinisch-karolingischen Hausmeier zielte auf eine erneute Einbeziehung der Außenländer und auf eine Sicherung bzw. Überschreitung des Mittel- und Niederrheins. Ziel war die intensivere Beherrschung der Alemannen und Baiern wie auch der Hessen, sodann im Norden die Eindämmung der weiter nach Süden vorrückenden Sachsen und endlich die Zurückdrängung der über die Waal vorgestoßenen Friesen.

In diesen Machtkämpfen spielte der Faktor Religion bei allen Beteiligten eine gewichtige Rolle. Die Friesen und Sachsen verteidigten mit der alten Religion aggressiv ihre Selbständigkeit. Die alemannischen wie die bairischen Herzöge förderten und benutzten das Christentum zur Festigung ihrer eigenen Position, so wie es gleichzeitig die Hausmeier für die Expansion ihres Einflusses einsetzten, im Süden zur Erlangung der obersten Kirchenherrschaft und im Norden missionarisch zur Reichsausweitung. Bei den Kirchenleuten, die dabei mitwirkten, ist eine wichtige Verschiebung zu registrieren. Die Herzöge Alemanniens und Baierns ließen noch columbanisch geprägte Bischöfe wirken. Aber die Zeit der columbanischen Bewegung, die Gallien im 7. Jahrhundert so tief geprägt hatte, ging zu Ende. Für die weitere Kirchengeschichte bedeutete es eine Weichenstellung grundlegender Art, daß die Karolinger zwar wieder ›Fremde‹ zur Mitarbeit heranzogen, dabei aber die in Spiritualität und Kirchlichkeit anders gesonnenen Angelsachsen bevorzugten. Schon 690 begann der Nordhumbrier Willibrord bei den Friesen zu missionieren, und 721 der Westsachse Bonifatius in Hessen sowie anschließend in Thyringen. Mit ihrer Mission leiteten die Angelsachsen außerdem noch eine Reform der fränkischen Kirche ein, die dadurch enger an Rom gebunden wurde.

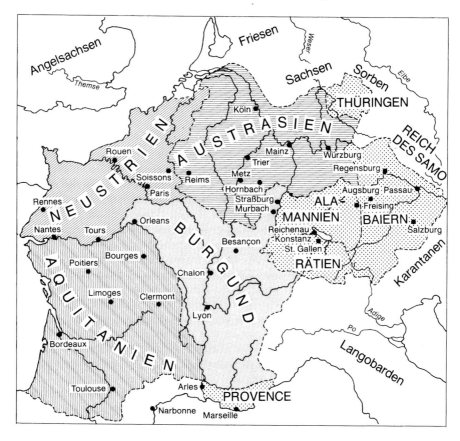

40 Das Frankenreich im 7. Jahrhundert.
Aus den Reichsteilen sind Teilreiche geworden, die die Karolinger wieder zu einer einheitlichen Francia vereinigten.

§ 44 Die Außenländer

1. Baiern

a) Herzogtum

In Baiern, wo die Agilolfinger – bei freilich wechselnder fränkischer Abhängigkeit – regierten, konnten sich die Selbständigkeitsbestrebungen besonders günstig entfalten. Als Herzöge regierten in dieser Zeit Theodo (ca. 680–725/28), Hukbert († um 736) und Odilo († 748), die ihre Stellung politisch wie kirchlich auszubauen suchten. Aber die Karolinger trugen den Sieg davon: Karl Martell im Jahre 725 und dessen Söhne Karlmann und Pippin im Jahre 743. Wohl zu dieser Zeit ist die überlieferte Form der ›Lex Baiuvariorum‹ entstanden. Vornean steht die Kirche: Schutz des Kirchenguts, der Kleriker und Pilger, ferner das Gebot der Sonntagsruhe und eine erste Berücksichtigung der christlichen Ehehindernisse. Als politische Oberinstanz gelten die merowingischen

Könige. Unter ihrer Oberhoheit steht den Agilolfingern die erbliche Herzogswürde zu; diese fungieren dabei als oberste Heerführer, Richter und Friedenswahrer. Ein für die Volksrechte ungewöhnliches Charakteristikum ist die den Freien zugesprochene Garantie von Freiheit, Eigentum und Leben.

b) Emmeram, Rupert und Corbinian

Die Christianisierung, für die schon zu Beginn des 7. Jahrhunderts Mönche aus Luxeuil erwähnt sind, wurde weiterhin von Kirchenleuten columbanischer Prägung gefördert. So treffen wir in Baiern zur Zeit des Herzogs Theodo den Wormser Bischof Rupert († um 720) an, der in Salzburg, wo noch romanische Bevölkerungsgruppen lebten, ein offenbar schon bestehendes Kloster reformierte und ein Nonnenkloster neu errichtete; gegen 715 kehrte er wieder an den Rhein zurück. Schon vorher – oder vielleicht auch gleichzeitig – wirkte in Regensburg der heilige Emmeram; er soll zuerst Bischof in Poitiers gewesen sein, dann aus columbanischem Geist nach Baiern aufgebrochen sein und zuletzt im Streit mit dem Herzogshaus den Tod gefunden haben. In Freising sehen wir Bischof Corbinian († nach 725) am Werk, der wahrscheinlich aus Melun stammte und mit Rom in Verbindung trat. Ein besonderes Ereignis, weil ein grundsätzlich neuer Schritt, war der 716 konzipierte Plan einer »bairischen Landeskirche«. Herzog Theodo weilte damals in Rom und vereinbarte die Errichtung eines Erzsitzes mit vier Bistümern. Baiern hätte damit in Anlehnung an Rom eine weitgehende kirchliche Eigenständigkeit erlangt. Zur Verwirklichung dieses Plans ist es allerdings nicht gekommen.

2. Alemannien

a) Herzogtum

In Alemannien, wo bis zur Mitte des 7. Jahrhunderts die Merowinger die Herzöge eingesetzt hatten, übten seit spätestens 700 Herzöge agilolfingischer Abkunft eine nahezu unabhängige und erbliche Herrschaft aus: Gotfrid († um 709), Landfrid († um 730) und Theutbald († 744). Vermutlich unter Landfrid wurde die ›Lex Alamannorum‹ geschaffen; vornean steht auch hier die Rechtsstellung der Kirche: Schutz des Kirchenbesitzes wie vor allem der Kirchenpersonen – der Bischof genießt denselben Schutz wie der Herzog –, ferner Anerkennung der kirchlichen Freilassung von Sklaven, des kirchlichen Asylrechts und der Sonntagsheiligung. Ebenso wird die Stellung des Herzogs herausgehoben; er ist als Gerichtsherr, Friedensgarant und Kriegsführer unbestrittener Repräsentant des Stammes.

b) Othmar und Pirmin

Im Kirchlichen ist festzustellen, daß neben dem bereits seit Beginn des 7. Jahrhunderts bestehenden Bischofssitz in Konstanz die ersten großen Klöster gegründet wurden. Zuvörderst ist St. Gallen zu nennen. Die Einsiedelei des Columban-Schülers Gallus († um 640), der freilich kaum ein Ire, sondern eher ein Franke oder Alemanne gewesen sein dürfte, wurde nach 719 von dem in Chur ausgebildeten Alemannen Othmar († 759) in ein Kloster umgewandelt, das eine stetige Entfaltung nahm: jährlich ein bis zwei neue Mönche, bald auch Schreibtätigkeit und endlich Besitzerwerb in ganz Alemannien. Politisch stand die junge Abtei von Anfang an in einem für den Personenverbandsstaat typischen Spannungsfeld, im Kampf zwischen den alemannischen Herzögen, den lokalen Adeligen und immer mehr auch den karolingischen Hausmeiern. Als Othmar, der zuletzt – wohl verleumderisch – verurteilt und verbannt wurde, 759 starb, kam die Abtei unter die Herrschaft der Konstanzer Bischöfe, bis sie dann durch Ludwig den Frommen Reichskloster wurde.

Ferner trat in Alemannien während des 2. Viertels des 8. Jahrhunderts der heilige Pirmin auf. Er ist der Gründer der Abtei Reichenau (724), geriet dabei aber in die Auseinandersetzungen zwischen Karl Martell und dem alemannischen Herzogshaus. Wenig später wirkte er als Abt im elsässischen Herzogskloster Murbach (727) und zuletzt (nach 740) in dem von den Widonen gestifteten Kloster Hornbach. Pirmin entstammte, soweit wir seine Eigenart zu fassen vermögen, dem irofränkischen Mönchtum. Für das Kloster Murbach hat er vom Straßburger Bischof die letzte und in den Freiheitsrechten sogar großzügigste Exemtion erlangt, weswegen man ihn als späten Exponenten der columbanischen Bewegung wird bezeichnen dürfen. In seiner Spiritualität betonte er die Peregrinatio, freilich nicht im Sinne eines Wandermönchtums; schwerlich ist daran zu denken, daß er noch als Missionar predigend durch Alemannien gezogen wäre. Seine Peregrinatio ist vielmehr als ›klösterliches Leben in der Fremde‹ aufzufassen; noch des öfteren melden sich im 8. und 9. Jahrhundert Stimmen, denen ein wahres mönchisches Leben nur in einem Kloster außerhalb der eigenen Heimat möglich schien. Für das Pirmin normalerweise zugeschriebene »Pastoralbüchlein«, den sog. Scarapsus, ist die Autorschaft unsicher.

3. Maingebiet

In Würzburg hatte sich ein eigener politischer Mittelpunkt gebildet, wo die Hedene als Amtsherzöge walteten und der Ire Kilian († um 690) mit seinen Gefährten gepredigt hatte (vgl. § 35, 3 b). Überraschenderweise treffen wir hier im Jahre 704 und erneut in der Sukzessionskrise nach Pippins des Mittleren Tod (714) den eigentlich mit der Friesenmission betrauten Angelsachsen Willibrord an, der im Auftrag des Herzogs ein Kloster gründen sollte. Seit Karl Martells Sieg hören wir von den Hedenen nichts mehr; ihre politische Zwischenstellung wurde beseitigt.

§ 45 Die angelsächsischen Missionare

Epochale kirchengeschichtliche Bedeutung erlangte die Tatsache, daß die »römisch« geprägte angelsächsische Kirche vom Ende des 7. Jahrhunderts an auf das Frankenreich einzuwirken begann, zunächst missionarisch in den nördlichen und östlichen Grenzlanden und dann kirchenreformerisch im Reichsinneren selbst. Gelingen konnte dies nur dadurch, daß die zum Kontinent herübergekommenen Angelsachsen vornehmlich mit den Karolingern in Beziehung traten und sich dabei auf vielfältige Weise mit dem Geschick dieser Familie und dem von ihr neugeschaffenen Frankenreich verbanden.

1. Willibrord († 739)

Die angelsächsischen Missionare bewegte zunächst die Absicht, ihre heidnischen Stammesverwandten, die Friesen und Sachsen, zu bekehren. Wilfrid von York, eigentlich auf einer Reise nach Rom, predigte als erster den Friesen (678/79). Diese bewohnten ursprünglich das nördliche Gebiet der heutigen Niederlande, waren in der Völkerwanderung seßhaft geblieben und hatten sich im späten 7. Jahrhundert weiter nach Süden auszubreiten begonnen; dabei machten sie das alte Traiectum (heute Utrecht), wo König Dagobert I. († 638) noch eine Kirche gegründet hatte, zu ihrem Königssitz.

Eigentlicher Missionar der Friesen wurde der Nordhumbrier Willibrord († 739). Der einstige Schüler Wilfrids kam nach einem längeren irischen Zwischenaufenthalt 690 als Anführer einer apostolischen Zwölferschar auf den Kontinent. Er wandte sich aber nicht, wie noch Wilfrid, an den Friesenkönig, um von ihm die Missionserlaubnis zu erhalten, sondern an Pippin den Mittleren († 714), der den Friesen soeben ihr südlich von Rhein und Maas besetztes Gebiet entrissen hatte und nun den Angelsachsen als Missionar dorthin sandte. Indem Willibrord seine Mission der Oberhoheit Pippins unterstellte, fällte er eine Entscheidung von weittragender Bedeutung: Er wurde in Friesland Missionar im Zuge der fränkischen Eroberung. Zugleich setzte er, noch bevor das Bekehrungswerk richtig begann, einen weiteren grundsätzlichen Akzent, indem er sich in Rom eine päpstliche Missionsbeauftragung erteilen ließ (wohl 692). So war Willibrords Mission in doppelter Weise vorbestimmt: Sie war »karolingisch«, weil sie der von der pippinisch-karolingischen Hausmeierfamilie betriebenen Eroberung Frieslands folgte, und sie wurde »römisch«, weil sie sich an das Papsttum band. Schon 695 erschien Willibrord erneut in Rom, um sich auf Geheiß Pippins von Papst Sergius I. (687–701) zum Erzbischof weihen zu lassen. Er war damit der erste, der das seit Gregor dem Großen im angelsächsischen England neu konzipierte Erzbischofsamt ins Frankenreich übertrug; neu war dies auch insofern, als sich das Erzbischofsamt nicht auf ein Territorium, sondern auf ein Volk bezog, denn die Weihe erfolgte ausdrücklich ›für das Volk der Friesen‹. Sobald der friesische Königsort Utrecht erobert war, nahm Willibrord dort seinen Sitz, und mit der Kathedrale entstand zugleich ein Kloster. Die Friesen scheinen der Christianisierung nicht grundsätzlich ablehnend gegenübergestanden zu haben. Jedenfalls gab es Adelige, die für das Christentum optierten, und sowohl Wilfrid wie später auch noch Winfrid-Bonifatius (716) erhielten vom König die Predigterlaubnis. Die Verbindung aber von fränkischer Eroberung und nachfolgender Missionierung muß verbitternd gewirkt haben. Nach Pippins Tod (714), als das Frankenreich durch Nachfolgekämpfe geschwächt war, gelang den Friesen die Wiedergewinnung ihrer verlorenen Gebiete; sofort vertrieben sie alle Missionare und zerstörten die Kirchen. Willibrord hielt sich währenddessen bei dem in Würzburg residierenden Herzog Heden auf, von dem er schon früher am Main und in Thyringen größere Landschenkungen für eine Klosterstiftung entgegengenommen hatte. Der aus den Kämpfen nach Pippins des Mittleren Tod siegreich hervorgegangene Karl Martell leitete rasch die Rückeroberung der Gebiete von Utrecht ein und stieß später bis in den Norden der heutigen Niederlande vor. Im Schutze der Franken konnte Willibrord nun sein Bekehrungswerk fortsetzen. Eine friesische Erzdiözese aber kam nicht zustande, ja selbst das Bistum schien am Ende gefährdet. Vermutlich erschien den Karolingern die kirchliche Verselbständigung des Friesenvolks in der Form eines Erzbistums politisch zu gefährlich.

Der Missionar und Erzbischof Willibrord war zugleich Mönch, Abt und Klostergründer und erscheint so beinahe wie der Vorsteher einer irischen Klosterparuchia. Sein bedeutendstes Kloster wurde das 697/98 gegründete Echternach (an der Sauer in Luxemburg). Inwieweit Willibrords Mönche Benediktiner waren, muß dahingestellt bleiben; immerhin zählten auch Iren zu seiner Gefährtschaft. In Echternach entfaltete sich zum ersten Mal auf dem Kontinent irisch-angelsächsische Schreibkunst; neben angelsächsischen sind hier die frühesten altdeutschen Glossen (griech.: glossa – Sprache =

einem fremdsprachlichen Text beigefügte Übersetzungswörter) niedergeschrieben worden. Wie schon Willibrords Mission, so wurden auch seine Klöster in den Einflußbereich der Hausmeierfamilie einbezogen. 706 nahm Pippin Echternach und später ebenso das Kloster Susteren (bei Roermond an der Maas) unter seine ›Hoheit‹ (mundeburdium) und verpflichtete Willibrord und ebenso seine Klostergemeinschaften zu gefolgschaftlicher Treue gegen sich und seine Familie. Unter Karl Martell wurde dies noch insofern bestärkt, als Willibrord denselben als seinen ›Herrn‹ anerkannte und dabei das gefolgsrechtliche Wort ›senior‹ verwandte.

Wiewohl sich der Angelsachse ausdrücklich einem päpstlichen Missionsauftrag unterstellt hatte und in Rom die für das fränkische Kirchenbewußtsein neuartige Erzbischofsweihe erhalten hatte, befolgte er in kirchenrechtlicher Hinsicht keineswegs immer römisch-kanonische Maßstäbe. Vielmehr ließ er sich als Gefolgsmann der Karolinger in deren »Personenverbandsstaat« einbinden. Sein Wirken trägt überhaupt starke »privatrechtliche« Züge; so ließ er die im Laufe der Jahre erworbene Vermögensmasse nicht, wie es nach gängigem Kirchenrecht Pflicht gewesen wäre, seinem Utrechter Bischofssitz und den damit verbundenen Missionsaufgaben zukommen, sondern übertrug fast alle Land- und Kirchenschenkungen, die ihm die Franken in den südlichen Niederlanden, am Niederrhein, im Maingebiet und in Thyringen übergeben hatten, seinem Kloster Echternach. Dieses aber blieb »privat«. Es war den Karolingern unterstellt und damit ein Stützpunkt für ihre Politik. Auch übernahmen dort nach des Stifters Tod dessen Verwandte die Leitung, so als besäßen sie einen Erbanspruch. An Willibrord ist also deutlich zu sehen, wie tief das gefolgschaftliche und das familiare Denken in kirchliches Verhalten eindrang. Nicht allein der Adel dachte in solchen Kategorien, sondern ebenso der »römische« Erzbischof Willibrord, indem er seine mit erheblichem Aufwand ausgestattete Klosterstiftung Echternach dem Einflußbereich zweier Familien anheimgab, den Karolingern und der eigenen Verwandtschaft.

2. Winfrid-Bonifatius († 754)

Winfrid entstammte einer adelig-grundherrlichen Familie aus Wessex. Gegen 672/75 geboren, kam er mit sieben Jahren als ›puer oblatus‹ (dargebrachtes Kind) ins Kloster Nursling (nordwestl. Southampton), wuchs dort in mönchischem Geist auf, erhielt eine monastisch-gelehrte Bildung und stieg dabei zum Leiter der Klosterschule auf. Als solcher verfaßte er grammatische und metrische Schriften; lebenslang blieb er beeinflußt von dem gekünstelten Latein seines großen Zeitgenossen und Landsmannes Aldhelm von Malmesbury († 709) (vgl. § 37, 2). Der bereits Vierzigjährige faßte dann den Entschluß zur asketischen Heimatlosigkeit (peregrinatio), brach zum Kontinent auf und erschien 716 in Utrecht, als die Friesen gerade mit den Franken in heftigen Kämpfen lagen. Er kehrte wieder zurück, wurde in seinem Kloster zum Abt gewählt, verließ aber schon 718 erneut seine Heimat, diesmal für immer. Zunächst ging er nach Rom und ließ sich dort von Papst Gregor II. (715–731) zur Mission in Germanien beauftragen. Am 15. Mai 719 erteilte ihm der Papst als Stellvertreter der Apostelfürsten die Aussendung und verpflichtete ihn zur Befolgung der römischen Taufliturgie, womit offiziell die Romanisierung der Liturgie des Frankenreiches eingeleitet war. Den Namen Bonifatius, den Winfrid damals erhielt, machte er sich als Zeichen seiner Zugehörigkeit (familiaritas) zum Apostolischen Stuhl für dauernd zu eigen. Der neue Missionar wandte sich erst nach Thyringen und dann nach Friesland, wohl um Anschluß an Willibrord zu suchen. Doch schon 721 wirkte er eigenständig in Hessen mit einem ersten Stützpunkt in Amöneburg. Überraschend schnell folgte 722 seine zweite Romreise, bei der er am

30. November zum Bischof geweiht wurde. Dabei legte er – für einen fränkischen Bischof völlig neu – den für die Bischöfe des suburbikarischen Italien üblichen Obödienz-Eid ab, womit er den Papst als seinen nächstzuständigen Obermetropoliten anerkannte. Zusätzlich verpflichtete er sich, unkanonisch lebende Bischöfe zu meiden und gegebenenfalls über sie nach Rom zu berichten – woraus seine für uns so überaus aufschlußreiche Papst-Korrespondenz herrührt. Im Frankenreich nahm ihn Karl Martell unter seinen besonderen Schutz. Seine Mission bekräftigte Bonifatius mit einem demonstrativen Akt, mit der Fällung der Donar-Eiche in Geismar, aus deren Holz im benachbarten Fritzlar eine Peterskirche gebaut wurde. Nach 724/25 erweiterte er sein Missionsfeld bis östlich des Thüringer Waldes, in das Gebiet um die Orte Ohrdruf, Sülzenbrücken, Arnstadt und Erfurt. In Rom, wohin Bonifatius ständig Bericht erstattete, stimmte Gregor III. (731–741) seinem Vorhaben zu, wegen der stark angewachse-

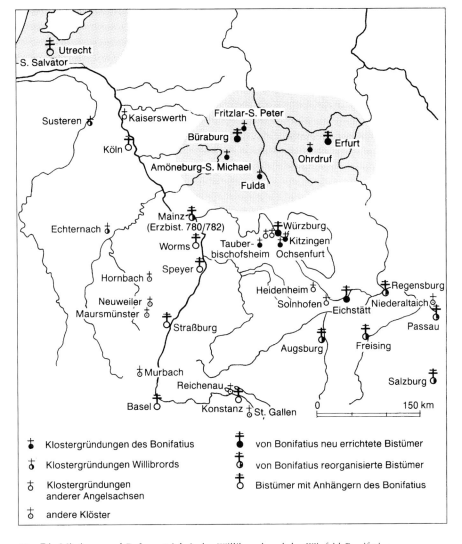

41 Die Missions- und Reformtätigkeit des Willibrord und des Winfrid-Bonifatius.

nen Zahl der Gläubigen neue Bistümer zu errichten und dafür Bischöfe zu weihen; der Papst verlieh ihm deswegen 732 das Pallium. Aber der neue Erzbischof mußte erfahren, daß seine Pläne sich für ganze zehn Jahre nicht verwirklichen ließen; Karl Martell, aus welchen Gründen auch immer, verweigerte sich dem Angelsachsen. 737/38 war Bonifatius zum dritten Mal in Rom, wo Gregor III. ihn zum Legaten Germaniens, also zu seinem dortigen Vertreter, machte. Gleichzeitig gewann Bonifatius eine Reihe von Landsleuten für eine, wie ihm damals schien, bald auch in Sachsen mögliche Missionsarbeit, so seinen nachmaligen »Sekretär« und bischöflichen Nachfolger Lul, ferner seine Verwandten Willibald und Wunibald. Aber Sachsen blieb ihm verschlossen. Dagegen öffnete sich 739 überraschend Baiern. In Regensburg, Freising, Passau und Salzburg wurden reguläre Bistümer errichtet. Ein Erzbischof freilich, wie er in dem bairisch-päpstlichen Kirchenplan von 716 vorgesehen gewesen war, wurde nicht ernannt, vielmehr blieb das Land unter des Bonifatius eigener Hoheit. Zu den vier Bischofssitzen kam bald noch Eichstätt, wo der ursprünglich für die thyringische Mission (Erfurt) geweihte Willibald († 787) der erste Bischof wurde.

§ 46 Die bonifatianische Kirchenreform

1. Reformtätigkeit des Bonifatius

a) Synoden

Mit dem Tod Karl Martells (741) sah sich Bonifatius unversehens auf den Höhepunkt seines Wirkens gehoben, schien er doch mit Hilfe der beiden nachrückenden Söhne Karlmann und Pippin endlich seine langgehegten Reformziele verwirklichen zu können. Sofort nach Karl Martells Tod, ja vielleicht schon kurz vorher, erfolgte die Gründung der Bistümer Büraburg, Würzburg und Erfurt. Sodann beriefen ihn der in Austrasien regierende Karlmann wie ebenso der über Neustrien herrschende Pippin – dieser freilich weniger nachdrücklich – zur Reform der fränkischen Kirchenverhältnisse. Im Jahre 743 (oder schon 742) tagte das erste, an unbekanntem Ort abgehaltene Concilium Germanicum, auf dem der ›Erzbischof und Abgesandte des heiligen Petrus‹ seine Ziele am klarsten hat ausformulieren können, freilich mit gerade nur sieben Bischöfen. Karlmann lieh dem Konzil seine volle Autorität: Wie er sich schon als Initiator der Reform bezeichnete und dabei Bonifatius geradezu in die Rolle eines geistlichen Beraters verwies, so erhob er auch die Beschlüsse zum Gesetz, indem er sie als Kapitular publizierte – übrigens das erste seitens eines karolingischen Hausmeiers wie auch das erste mit der Datierung nach Christi Geburt. Bonifatius akzeptierte damit den Hausmeier als kirchlichen Gesetzgeber, ja als Oberherrn. Denn ohne das ›Patrozinium der Frankenfürsten‹, so klagte er in seinen Briefen, sei nichts zu erreichen.

Die Reform zielte direkt auf die evidenten, nicht selten von dem politischen System hervorgerufenen Mißstände. Wenn gleich im ersten Synodenkanon erklärt wird, daß Bischöfe eingesetzt worden seien, so ist zunächst an die von Bonifatius neugegründeten Bistümer zu denken. Ebenso aber richtete sich das Reformbemühen gegen die Akkumulation und weltliche Administration von Diözesen; nicht zufällig waren ›Milo und seinesgleichen‹ für Bonifatius der Inbegriff kirchlicher Verderbtheit. Zentral betraf die Reform die Lebensführung des Klerus und dessen Seelsorgstätigkeit: Abhaltung von Synoden, bischöfliche Firmspendung, regelmäßige Überprüfung des Pfarrklerus in seiner Amtsführung – so in Taufspendung, Meßfeier und Glaubensbekenntnis – und schließlich das Verbot des Waffentragens und Jagens. Bei der Beseitigung heidnischer Bräuche sollte den Kirchenleuten nötigenfalls der Graf mit seiner Zwangsgewalt Beistand leisten. Daß ferner die Pflicht zum Zölibat eingeschärft und allen konkubinarischen Klerikern Amtsenthebung sowie Auspeitschung angedroht wurde, zeigt Bonifatius als Beförderer des ›reinen‹ Priestertums. Von besonderer Folgewirkung war, daß die Diözesanhoheit und dabei vor allem die alleinige Zuständigkeit des Bischofs wiederhergestellt werden sollte. Indem fremde Kleriker, Priester wie Bischöfe, sich einer synodalen bzw. bischöflichen Überprüfung zu stellen hatten, suchte man den Wanderklerikern entgegenzuwirken, zugleich aber auch der »großen Freiheit« der Klöster und dem Eigenkirchenwesen. Erstmals wurde sodann für Mönche wie Nonnen die Benediktsregel urgiert. Zuletzt folgte noch die Forderung auf Restitution des der Kirche – wegen der »Säkularisation« Karl Martells – entfremdeten (Grund-)Besitzes. Auf der nächstfolgenden austrasischen Synode in Les Estinnes (bei Valenciennes) und ebenso auf der neustrischen in Soissons (744), zu der immerhin 23 Bischöfe erschienen, mußte in der Kirchengutsfrage bereits zurückhaltender verfahren werden: Dieses konnte dem Adel als ›Leihe gegen Zins‹ – wie die für die Entstehung des Lehnswesens so wichtige Formel hieß – belassen werden. Auch mahnte Bonifatius nun das christliche Eherecht an, als erstes das Verbot einer Neuverheiratung zu Lebzeiten des rechtmäßigen Partners.

Die gleichfalls zu Soissons beschlossene Wiederaufrichtung von drei Metropolitansitzen in Rouen, Sens und Reims, deren Inhaber das Pallium erhalten und damit Erzbischof werden sollten, mußte wenig später zurückgenommen werden; allein für Grimo, den Abt von Corbie und Bischof von Rouen, wurde die erzbischöfliche Insignie in Rom noch erbeten, blieb aber offenbar ohne wirkliche Realisierung des neuen Amtes. Ebenso scheiterte die 745 auf einer gesamtfränkischen Synode beschlossene Berufung des Bonifatius zum Erzbischof von Köln. Statt dessen erhielt er den Stuhl von Mainz (wo Bischof Gewilib wegen eigenhändiger Blutrache abgesetzt worden war), wobei er, wiewohl Erzbischof und Legat, nur Inhaber eines normalen Bischofssitzes wurde. 747 konnte er noch eine Reihe von Bischöfen für eine Ergebenheitserklärung an den heiligen Petrus und dessen römischen Stellvertreter gewinnen und sie dabei zu steter Anerkennung der päpstlichen Weisungen wie auch der Metropolitanverfassung bewegen. Insgesamt aber ist nicht zu verkennen, daß seit dem programmatischen Konzil von 743 ein stetiges Zurückweichen zu beobachten ist, und 747, als Karlmann der Herrschaft entsagte und in Italien Mönch wurde, verlor Bonifatius seinen wichtigsten Förderer. Pippin regelte von sich aus die Kirchenverhältnisse und ebenso seine Kontakte mit Rom, ohne den päpstlichen Legaten noch besonders in Anspruch zu nehmen.

b) Kloster Fulda

Schienen sich für Bonifatius in den Jahren nach Karl Martells Tod die Vorstellungen von einer Kirchenreform zu verwirklichen, so gelang ihm zusätzlich noch ein anderer wichtiger Schritt: die Gründung des Klosters Fulda. Seine bisherigen Niederlassungen, obwohl klösterlich organisiert und vielfach auch mit Mönchen besetzt, hatten allesamt mehr den Charakter von Seelsorgsstationen. Auch der für die Neugründung zum Abt auserwählte Sturmi, der in Fritzlar klösterlich erzogen worden war, hatte sich nach der Priesterweihe in der Seelsorge betätigt und dann ein Eremitendasein in Hersfeld geführt, bis ihn Bonifatius von dort abberief und mit der neuen Klostergründung beauftragte. Am 12. März 744 begann Sturmi, mit sieben Brüdern von Hersfeld kommend, in ›Eihloha‹ (Eichenwald) an der Fulda das monastische Leben. Die Benediktsregel galt dabei als erste Norm, die möglicherweise von Willibald, der vor seiner Missionstätigkeit für fast zehn Jahre im wiedererstandenen Monte Cassino gelebt hatte, besonders anempfohlen worden ist und die vollkommen kennenzulernen Abt Sturmi alsbald zur italischen Mutterabtei reiste. Das neue Kloster lag auf einem schon des längeren aufgelassenen Herrenhof, dessen Grund und Boden Bonifatius vom Hausmeier Karlmann übertragen erhielt. Fulda war folglich ein Eigenkloster des Bonifatius, und dieser erbat sich von Papst Zacharias 751 die Ausstellung eines besonderen Privilegs, das seiner Gründung die Eigenständigkeit sichern sollte; im einzelnen ist allerdings der Inhalt dieser Urkunde umstritten, ob nämlich das Kloster aus der regulären Diözesanhoheit herausgenommen oder nur vor der Eingliederung in den Diözesanbesitz bewahrt werden sollte; letzteres ist wahrscheinlicher.

Bonifatius schildert Papst Zacharias sein Kloster wie folgt:

>›Es ist ein waldreicher Ort in einer Einöde von allergrößter Einsamkeit inmitten der Völker unseres Missionsfeldes, an dem wir das Kloster erbaut und die Mönche angesiedelt haben, die nach der Regel des heiligen Vaters Benedikt leben, Männer von strenger Enthaltsamkeit, die auf Fleisch, Wein und Met verzichten und auch keine Sklaven haben, sondern sich begnügen mit dem, was sie von eigener Hand erarbeiten. Diesen genannten Ort habe ich von frommen und gottesfürchtigen Männern, insonderheit von Karlmann, dem ehemaligen Frankenfürsten, durch redliches Bemühen erworben und zu Ehren des heiligen Erlösers geweiht. Hier möchte ich mit Eurer Zustimmung für einige Zeit oder auch nur für wenige Tage meinen vor Alter erschöpften Leib in Ruhe sich erholen lassen und nach meinem Tode beerdigt wissen. Vier Völker, denen ich kraft Gottes Gnade das Wort Christi verkündigt habe, wohnen hier im Umkreis; mit Eurer Fürbitte möchte ich ihnen, solange ich lebe und rüstig bin, nützlich sein. Ich wünsche mir, dank Eurer Gebete und kraft der Gnade Gottes auszuharren in der Gemeinschaft mit der römischen Kirche und im Dienst an den Völkern Germaniens, zu denen ich gesandt bin ...‹

42 Missionstätigkeit und Märtyrertod des Bonifatius (Sacramentarium Fuldense, 10. Jahrhundert, Univ.-Bibl. Göttingen).
Die linke Hälfte zeigt Bonifatius bei der Spendung des Initiationssakramentes; die erhobene Hand dürfte andeuten, daß Bonifatius einem soeben Getauften die Firmung erteilen will; denn die Taufe wird von dem am Taufbrunnen stehenden Priester (an der Stola erkenntlich) gespendet worden sein. Im Hintergrund warten die Paten mit dem Taufgewand, während rechts im Vordergrund Eltern ihre Kinder herbeibringen. Die rechte Seite zeigt das Martyrium; gepanzerte und bewaffnete Männer dringen auf Bonifatius ein, der zur Verteidigung ein Buch vor sich hält.

c) Verdrängung des Bonifatius und Märtyrertod

Seit dem Ende der vierziger Jahre traten einheimische Kirchenleute in den Vordergrund. Als erster ist Chrodegang zu nennen, seit 742 Bischof von Metz und später der Nachfolger des Bonifatius im Erzbischofsamt, sodann Fulrad († 784), seit 749 Abt der berühmten Abtei St. Denis und zugleich als erster Kaplan Pippins der Vorsteher der herrscherlichen Hauskapelle und damit wichtigster Berater in politischen Dingen. In dem Maße sich der Angelsachse in der Kirchenreform beiseite geschoben sah, suchte er abzusichern, was ihm noch von seinem Lebenswerk verblieben war. Nicht zufällig unterstellte er Fulda 751 dem päpstlichen Schutz. Seinen Schüler Lul ließ er zum Nachfolger in Mainz bestellen (752/53). Utrecht, das nach Willibrords Tod keinen regulären Bischof mehr erhalten hatte, konnte gegen kölnische Ansprüche verteidigt werden. Der Achtzigjährige nahm dann seine allererste Tätigkeit wieder auf und ging noch einmal in die Friesenmission. Auf einer Firmreise wurde er am Pfingstmittwoch des Jahres 754 bei Dokkum von Räubern überfallen. Bis zum letzten Atemzug im Dienst des Glaubens, traf ihn der tödliche Schwertstreich. Dabei soll er sich mit einem Buch über dem Kopf zu schützen gesucht haben. Tatsächlich findet sich unter den erhaltenen Büchern, die aller Wahrscheinlichkeit nach zum Besitz des Heiligen zählten, eines mit Hiebspuren im Einbanddeckel. Bonifatius wurde sofort als Märtyrer gefeiert, und »der Eindruck auf die Zeitgenossen war gewaltig« (Th. Schieffer).

d) Lul als Erbe

Von gleicher Herkunft und Bildung wie Bonifatius – von grundbesitzendem Adel aus Wessex abstammend und in Aldhelms († 709) Geistigkeit aufgewachsen –, erscheint Lul 738 in Rom, nachdem er auf der Pilgerreise seine Eltern und Familienangehörigen verloren hatte. Bonifatius nahm ihn mit in sein Missionsgebiet, und Lul wuchs in die Rolle eines persönlichen Vertrauten und Sekretärs, ja eines »geistlichen Sohnes« hinein. Zuletzt wurde er Chorbischof und nach 754 Bischof von Mainz. Doch folgte er Bonifatius nicht sofort im Erzbischofsamt. Nach Kräften suchte er Erbe und Andenken seines Meisters zu wahren. Gegen 760 schrieb in seinem Auftrag ein angelsächsischer Kleriker namens Willibald die ›Vita Bonifatii‹. Die Bistümer Büraburg und Erfurt ließ er der Mainzer Diözese eingliedern. Auch Fulda, das Abt Sturmi 763/65 aus politischen Gründen hatte verlassen müssen, wollte er seiner ›Herrschaft‹ unterwerfen; doch konnte Sturmi bald wieder zurückkehren, und dabei ging die Abtei in das Eigengut des Königs über. Lul baute nun die Zelle Hersfeld zu »seiner« Abtei aus, die aber später gleichfalls Königskloster wurde. Nach Karls des Großen Herrschaftsantritt (768) wirkte Lul für viele Jahre als einer der wichtigsten Berater. Aufs lebhafteste an der schon von Bonifatius intendierten Sachsenmission interessiert, wurde er 780/82 Erzbischof, und sein Sitz Mainz erhielt vier der im Sachsenland errichteten Bistümer zugewiesen.

2. Rom-verbundene Landeskirche

a) Gesamtkirchliches Bewußtsein

Die bonifatianische Reform hat eine für die ganze westliche Kirchengeschichte bedeutsame Umorientierung angebahnt: die Rom-Verbundenheit der nordalpinen Länder. Bis zur Ankunft der Angelsachsen auf dem Kontinent war die fränkische Kirche eine Landeskirche, und dies in zweifacher Hinsicht; einmal weil sie mehr oder weniger abgeschlossen in sich und für sich lebte, und zum anderen, weil der König mit Hilfe der beiden wichtigen Rechte der Bischofsernennung und der Synodenberufung die Oberhoheit ausübte.

Natürlich wurde in der merowingischen Kirche die Zugehörigkeit zur Gesamtkirche, zumal die Verbindung mit dem Papsttum, nicht geleugnet; doch zeigte diese Bindung kaum Auswirkungen. Dies änderte sich mit den Angelsachsen. Bonifatius hat sich, wie vorher schon Willibrord, in Rom die Missionsbeauftragung geholt, sodann am Grab des heiligen Petrus seinen Bischofseid abgelegt und vom Papst auch die Bischofsweihe und das Pallium empfangen. Sein erklärtes Ziel war, die fränkischen Bischöfe zur ›Einheit und Unterwerfung unter die römische Kirche‹ (unitas et subiectio Romanae ecclesiae) zu veranlassen. Er kam damit jenem römischen Anspruch nach, den schon die Päpste des 5. Jahrhunderts erhoben hatten, daß nämlich alles Heil von Rom erfließe und alle Kirchen dem Apostelfürsten Petrus, der überhaupt als der eigentliche Kirchenbegründer im ganzen Okzident zu gelten habe, unterworfen sein müßten (vgl. § 8, 5). Die bis dahin im Westen geübte regionale Eigenkirchlichkeit mit ihrer Eigenständigkeit in liturgischen und disziplinären Angelegenheiten sollte aufhören. Augenfällig trat dies sofort in der Liturgie hervor, wo anstelle der »gallikanischen Liturgiefamilie« die einheitliche Norm des römischen Gottesdienstes propagiert wurde. Schon Bonifatius hat die römische Liturgie übernommen. Sie galt ihm als Ausdruck der Gemeinschaft mit den Päpsten und dem heiligen Petrus. Aber auch andere Fragen, ob nun disziplinärer oder dogmatischer Art, ließ er jetzt von Rom aus entscheiden. Die fränkische Kirche war nicht mehr länger eine Landeskirche in dem Sinn, daß sie nur ihren eigenen Lebenskreis kannte. Sie war Rom-verbunden und erhielt dadurch ein neues gesamtkirchliches Bewußtsein.

Was aber vorerst vom Landeskirchentum noch blieb, war die herrscherliche Kirchenhoheit. In die seit Chlodwig königlicherseits beanspruchten Kirchenrechte waren mit dem Niedergang der Merowinger die Hausmeier und der regionale Adel eingedrungen. Willibrord hat diese Oberhoheit offenbar problemlos akzeptiert, wie seine Zusammenarbeit mit Pippin und Karl Martell oder auch mit dem mosel- und maasländischen Frankenadel zeigt. Auch Bonifatius nahm das hausmeierliche Kirchenregiment – allerdings nicht ohne Bedenken – hin. Je stärker aber die Rom-Verbundenheit wuchs, desto kräftiger mußte sich auch der bereits vom spätantiken Papsttum nachdrücklich propagierte Gedanke regen, daß die Kirche in ihren Ämtern und in der Ämterbesetzung eigenen Rechts sei. Aber es sollte noch fast drei Generationen dauern, bis die fränkischen Kirchenleute die Forderung nach der ›libertas ecclesiae‹, nach Freiheit der Kirche in der Ämterbesetzung, anmeldeten (vgl. § 66, 1; 2).

b) Erzbischofsamt

Gegenüber der seit spätmerowingischer Zeit recht großzügig gehandhabten »Bischofsfreiheit« (vgl. § 35, 4) hat Bonifatius die Episkopalordnung als die römische Form der Kirchenverfassung wiederherzustellen begonnen. Von besonderer Brisanz erwies sich die Wiederaufrichtung der Metropolitanordnung, denn das seit der Angelsachsenmission neu konzipierte Erzbischofsamt war ganz dazu angetan, die Rombindung auch juristisch dingfest zu machen. Wegen des in Rom zu erbittenden Palliums bot das Erzbischofsamt den Päpsten die Möglichkeit, in die landeskirchlichen Verhältnisse einzugreifen und die zentralen Metropolitansitze an sich zu binden. Da ferner dem Erzbischof als dem Nachfolger des alten Metropoliten von Amts wegen die inzwischen vom König usurpierten Rechte der Bischofseinsetzung und Synodenberufung zustanden, drohte die von den frühmittelalterlichen Herrschern immer wie selbstverständlich und überall praktizierte Kirchenhoheit an entscheidender Stelle durchbrochen zu werden. So scheint es auf den ersten Blick erstaunlich genug, daß die Karolinger dieses neue

Amt überhaupt rezipierten und Erzbischöfe in ihrem Herrschaftsbereich zuließen, so bekanntlich Pippin der Mittlere bei Willibrord und später, nach einer Zeit der Reserve von seiten Karl Martells, auch dessen Söhne Karlmann und Pippin bei Bonifatius. Aber des näheren betrachtet ergaben sich doch auch für die Karolinger bedeutsame Vorteile. Als einem zur Herrschaft eben erst aufsteigenden Geschlecht bot ihnen ein Erzbischof, sofern er nur zu ihrem Gefolge gehörte, die Möglichkeit, die bislang vom König und teilweise auch vom Adel wahrgenommenen Kirchenrechte ganz für sich zu gewinnen.

Aus dieser Sicht wird das Verhalten der Karolinger gegenüber dem Erzbischofsamt durchaus verständlich: Es durfte nur jeweils ein einziger Pallienträger sein, und dieser mußte zur eigenen Gefolgschaft gehören. Bei mehreren und politisch unabhängigen Erzbischöfen, zumal in bedrohten Gebieten wie etwa in Friesland und Baiern oder auch nur an den alten großen Bischofssitzen, wäre die Gefahr zu groß gewesen, daß sich hier Regionen kirchlich verselbständigt hätten und den Karolingern damit möglicherweise auch politisch entglitten wären. Aber ein Pallienträger in Abhängigkeit von ihnen, der die Bischofsweihen vornehmen und den Synoden präsidieren konnte, spielte ihnen die volle Kirchenhoheit zu. So mußte sich auch Bonifatius darin fügen, daß er Erzbischof in quasi-gefolgschaftlicher Bindung an die regierenden Hausmeier war. Sie bestellten ihn zur Reform, und sein Wirkkreis entsprach dem hausmeierlichen Herrschaftsgebiet. Wenn auch Bonifatius sich gelegentlich unwillig über das hausmeierliche Kirchenregiment äußern konnte, so hat er doch im wesentlichen zugestimmt. Erkennbar wird das nicht nur an seiner Zusammenarbeit mit Karlmann und Pippin auf den Reformkonzilien, sondern auch an seinem Verhalten gegenüber Baiern, wo nach dem päpstlicherseits gutgeheißenen Plan von 716 ein Erzsitz hätte errichtet werden müssen. Aber die oberste Zuständigkeit über Baiern behielt sich Bonifatius selbst vor und machte sich damit zum kirchlichen Emissär der politischen Oberhoheit der Karolinger.

So ist als Ergebnis der bonifatianischen Reform festzustellen, daß durch die Öffnung nach Rom ein neues gesamtkirchliches Bewußtsein geschaffen und insofern die Landeskirche überwunden wurde. Doch blieb es vorerst bei der Kirchenhoheit der Landesherren mit ihren tief in die Kirchenverhältnisse eingreifenden Praktiken. In der Differenz von Rom-Verbundenheit und herrscherlicher Kirchenhoheit sollte die Reform vorerst steckenbleiben.

3. Bischof und Kloster

a) Domkloster

Die angelsächsischen Missionare propagierten die klösterliche Lebensgemeinschaft des Bischofs mit seinen Klerikern. In England bildeten die Kathedralklöster die Zentralpunkte des kirchlichen Lebens. Dieses Modell übertrug sich dann auf den Kontinent. Die älteste Urkunde über Willibrords Utrechter Bischofssitz (723) spricht von einem ›Kloster, das innerhalb der Mauern des Kastells Utrecht errichtet ist und wo... Willibrord als Erzbischof in klösterlicher Lebensweise der Vorsteher ist‹. Die von Bonifatius aufgerichteten Bischofssitze knüpften durchweg an zuvor gegründete Klöster an, so in Büraburg, Erfurt und Würzburg wie weiter auch an den bairischen Bischofssitzen Regensburg, Freising und Salzburg, wo das gemeinschaftliche Leben von Bischof und Kloster noch bis ins hohe Mittelalter fortdauerte. Bei Bonifatius ist generell zu beobachten, daß seine in Mission und Seelsorge tätigen Mitarbeiter klösterlich lebten und deswegen sein Wirkungsgebiet mit Kleinklöstern überzogen war.

Der Grund für die Bevorzugung des Klosters als der sowohl Bischof wie Klerus verpflichtenden Lebensform ist in einem spezifischen Zug des frühmittelalterlichen Priesterbildes zu suchen, wie es schon seit der Spätantike und ganz betont bei den Angelsachsen in Geltung war: daß nämlich geschlechtliche Enthaltsamkeit als Vorbedingung für kultische Betätigung galt. Um diese Reinheit zu garantieren, hatte schon Caesarius von Arles († 542) ein gemeinschaftliches Leben von Klerus und Bischof organisiert (vgl. § 12, 3 g). Bonifatius sah den Kampf gegen unreine Kleriker als einen zentralen Punkt seiner ganzen Reform an. Seine Briefe nach Rom stellen die Sakramentenspendung durch unenthaltsam lebende Priester und Diakone als ungültig dar, was allerdings die Päpste korrigierten. Seit dem Concilium Germanicum war die Klerusreform offiziell beschlossene Sache: Den unenthaltsam lebenden Priestern und Diakonen drohte Degradation, Gefängnishaft und Züchtigung; wer das heilige Opfer darbringen und zu sittlichem Leben ermahnen wolle – so heißt es in einem mit den Bonifatius-Briefen überlieferten Traktat –, müsse selber frei sein von Befleckung, also enthaltsam leben. Wie aber näherhin das Verhältnis von Klerus und Mönchtum zu regeln sei, dafür sollte eine Lösung vorerst noch auf sich warten lassen.

43 Modell des Domes und der ältesten Klosteranlage von Eichstätt (Prähist. Staatssammlung München).
Das Modell zeigt das von den Angelsachsen propagierte Kathedralkloster: im Hintergrund die Bischofskirche, im Vordergrund das Kloster mit wiederum einer Kirche.

b) Frauenkloster

Als Bonifatius 716 und endgültig 718 seine Heimat verließ, geschah das in einer allgemeinen Peregrinatio-Begeisterung. Zu genau dieser Zeit entschlossen sich erstmals auch Frauen zum Aufbruch in die Fremde. Bonifatius, der zeitlebens in regem Briefverkehr mit angelsächsischen Frauen- und Doppelklöstern (vgl. § 34, 1 d) blieb, riet allerdings Nonnen von der Romwallfahrt ab; die leiblichen und moralischen Gefährdungen schienen ihm zu hoch. Bereitwillig förderte er hingegen die Mitarbeit in der Mission.

Seine Verwandte Leobgytha, kürzer Lioba († um 782) genannt, hat er selbst zur Übersiedlung auf den Kontinent veranlaßt und in Tauberbischofsheim zur Äbtissin und Lehrerin bestellt. Die Brüder Willibald († 787) und Wunibald († 761) holten ihre Schwester Walburga († 779) und ebenso die ihnen verwandte Nonne Hugeburg († vor 800) zu sich. Obwohl die Missionare den englischen Doppel- bzw. Frauenklöstern Anerkennung zollten und von dort vielerlei Unterstützung empfingen – Bonifatius beispielsweise Altargerät, Kleidung, Paramente und Bücher –, konnten sich Doppelklöster in den festländischen Wirkungsgebieten nicht entfalten. Als einziges ist das von Wunibald im bairischen Nordgau gegründete Heidenheim (westl. Weißenburg) zu nennen, das unter der Leitung von dessen Schwester Walburga eine Zeitlang Doppelcharakter besaß.

Die weitere monastische Entwicklung, wie sie von der karolingischen Kirchenreform intendiert wurde, war den Doppelklöstern nicht förderlich. Strengstens wurde auf Trennung der Geschlechter gesehen. Als Rudolf von Fulda gegen 838 die Vita der heiligen Lioba schrieb und dabei auf deren Heimatkloster, das Doppelkloster Wimborne, zu sprechen kam, brauchte er zwei Kapitel, um das zu seiner Zeit ersichtlich Anstößige des klösterlichen Zusammenlebens von Männern und Frauen zu erklären.

c) Bischöfliches Eigenkloster

Am Ende ist noch zu registrieren, daß die Reformer selbst – erstaunlich genug – keineswegs in allem »rein römisch« dachten. Obwohl die Angelsachsen, allen voran Bonifatius, die kirchliche und monastische Landschaft ganz im römischen Sinne umzugestalten suchten und dabei die Episkopalverfassung immerhin soweit wiederherstellten, daß sie die bleibende Struktur der mittelalterlichen Kirche wurde, dürfen sie dennoch nicht einfach als Propagatoren einer römisch-kanonistischen Kirchenordnung angesehen werden.

Bei Willibrord wird dies sofort augenfällig, da seine Bindung an die Hausmeier-Familie wie auch seine »Vererbung« des Klosters Echternach an Nachfahren seiner Familie zu deutlich den alten kanonischen Vorstellungen widersprachen. Ähnlich aber ließen der Eichstätter Bischof Willibald († 787) und ebenso der angelsächsisch erzogene Münstersche Bischof Liudger († 809) Verwandte in den von ihnen gegründeten Klöstern die Nachfolge antreten. Auch konnten diese Klöster von ihnen vermögensrechtlich gegenüber dem Bischofssitz bevorzugt werden. Vor allem aber behielt das Kloster eine höhere geistliche Wertschätzung. Jene Angelsachsen, die Bischöfe und zugleich Äbte waren, wollten beispielsweise ihr Grab nicht an ihrem Bischofssitz, sondern in den von ihnen gestifteten Klöstern finden, so Willibrord in Echternach, Bonifatius in Fulda, Lul in Hersfeld und Liudger in Werden.

Trotz allen Reformeifers für die episkopale Amtsstruktur, welche die Angelsachsen so deutlich von den Iren unterschied, blieb eine geistliche Höherschätzung des Klosters.

4. Endgültige Verchristlichung

a) Landkirchen

Der in merowingischer Zeit nur schwer zu beobachtende Prozeß der Christianisierung der Landbewohner, die aber beinahe die gesamte Bevölkerung darstellten, hat zur Zeit der angelsächsischen Mission – ohne daß freilich die Angelsachsen dafür insgesamt verantwortlich gewesen wären – einen Grad erreicht, der als eine erste allgemeine Erfassung des Landes durch das Christentum angesehen werden kann. Jedes größere Dorf besaß nun eine Kirche, und der Ausbau setzte sich zügig fort. Weniger die schriftlichen Quellen als vielmehr die Archäologie hat uns hier neue Einblicke ermöglicht. Die Kirchbauten waren in jeder Hinsicht bescheiden: oft ein Holzpfostenbau und nur

 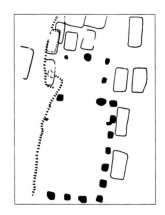

44 Beispiel einer dörflichen Holzkirche: Staubing/Weltenburg a. d. Donau.
(a) Rekonstruktion. (b) archäologischer Befund: Löcher bzw. Reste der Holzpfosten, angrenzend Gräber.

selten aus Stein, in den Ausmaßen zuweilen gerade vier mal sechs Meter groß, dem Grundriß nach fast immer ein Saalbau und in der Chorgestaltung mit eingezogenem Rechteck oder kleiner Apside oder auch nur mit innerer Abschrankung des Altarraumes.

Der Kirchbau stellte nicht nur den Mittelpunkt des Dorfes dar, er hat vielfach das Dorf überhaupt erst um sich herum geschaffen und bildete das Zentrum des ganzen Gemeindelebens. »Was hier ohne viel Geräusch und Prunk, schier wie zufällig und planlos sich vollzog, gehörte zu den größten Leistungen des Mittelalters; es hat alle Veränderungen überdauert, lebenskräftig besteht es fort bis auf diesen Tag« – so A. Hauck vor hundert Jahren.

b) Seelsorge

Daß nun überall Kirchen bestanden und Seelsorge betrieben wurde, mußte den christlichen Vorstellungen von Religion und Sitte eine neue Effektivität verleihen. Nicht mehr nur nominell sollten die Bewohner des fränkischen Reiches Christen sein. Die gröbsten Formen von christlich-heidnischer Mischreligiosität hörten auf. Jedes Kind wurde getauft, und jeder getaufte Christ sollte ein Minimum an Glaubenswissen besitzen, so die Kenntnis des Vaterunsers und des Glaubensbekenntnisses. Die christlichen Festzeiten, vor allem auch die Einhaltung des Sonntags, wurden allgemeiner Brauch. Ganz neuartige religiöse Praktiken waren einzuüben: etwa Gewissenserforschung und Beichte oder auch das Auswendiglernen von Texten, überhaupt die religiöse Verbindlichkeit von Schrift und Büchern. Die Schwierigkeiten, die aus der religiösen Neuorientierung resultierten, müssen gravierend gewesen sein; zu tief waren die Eingriffe, zu ungewohnt die neuen Forderungen. Die alten Gewohnheiten, die in einfachen Lebensgesellschaften die tragenden Grundlagen bilden (vgl. § 24, 2 c), wurden umgestoßen, und neue sollten an ihre Stelle gesetzt werden. Jeder einzelne war davon betroffen, nicht weniger auch die Gemeinschaft und ihr Zusammenleben. Von der Geburt bis zum Tod, in Freude und Trauer, bei Fest und Alltag – überall wirkte die neue Religion mit, und meist in verändernder Weise.

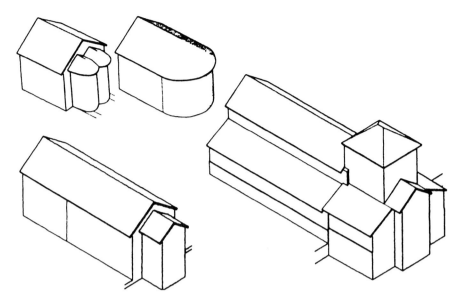

45 Beispiel von klösterlichen Steinkirchen: Solnhofen im Altmühltal.
Hier lebte der mit Fulda verbundene Angelsachse Sola († 794) in der Einsiedelei. Die älteste (kleinste) doppelchörige Kirche dürfte schon aus dem 7. Jahrhundert stammen, die jüngste (größte) erhielt 819 ihre Weihe.

c) Christliche Sprache

Bonifatius selbst soll sich in der volkssprachigen Predigt hervorgetan haben. Die Angelsachsen wollten eine verständige Glaubensannahme und Sakramentenspendung. Deswegen schufen sie in ihrem Wirkungsbereich einen neuen christlichen Wortschatz, wobei sie Lehnwörter vermieden und heimisches Wortgut christlich umprägten. Besonders bemühten sie sich um Inhalte und Begriffe, »die einer verinnerlichten, vertieften Frömmigkeit entstammen« (W. Haubrichs): das Evangelium als ›gute Kunde‹, Christus als göttlicher Arzt und Heiland sowie Barmherzigkeit, Gnade und Demut. Die angelsächsischen Missionswörter konnten sich jedoch in der weiteren Sprachgeschichte meist nicht behaupten. So unterlag das altenglische ›godspell‹, das eigentlich ›gute Kunde‹ bedeutet und dann erst als ›Kunde von Gott‹ verstanden wurde, dem fränkischen Lehnwort ›evangelio‹, und das altenglische Wort für Kreuz ›rod‹ mußte dem althochdeutschen ›cruci‹ weichen.

d) Ehe

In Fragen der Ehemoral muß sich Bonifatius in einer schier unentwirrbaren Situation gesehen haben. Umstritten war vor allem die Forderung der Unauflöslichkeit. Die merowingische Synodalgesetzgebung hatte sich für zwei Jahrhunderte in diesem zentralen Problem ausgeschwiegen (vgl. § 31, 2). Ganz unterschiedlich urteilten die jetzt auf dem Kontinent sich ausbreitenden Bußbücher. Die irischen gaben sich kompromißlos: Eine Wiederverheiratung sei zu Lebzeiten des Partners nicht möglich, auch nicht für den schuldlosen Teil, und eine Trennung erlaubt nur bei Ehebruch. Anders dagegen das Bußbuch, das mit Erzbischof Theodor von Canterbury († 690) in Verbindung zu bringen ist: Mann wie Frau dürfen im Fall des Ehebruchs ihres Partners neu heiraten; die betroffene Frau allerdings erst nach Ablauf von fünf Jahren. Desgleichen sind Scheidung und Neuverheiratung bei Änderung des Rechtsstatus möglich, etwa wenn ein Partner seine Freiheit verliert und in Knechtschaft oder Kriegsgefangenschaft gerät. Zusätzlich verwirrend mußte es auf Bonifatius wirken, daß Papst Gregor II. († 731) in einem Brief (726) eine wankelmütige Haltung zu erkennen gab: Wenn ein Mann bei Krankheit seiner Frau sich nicht enthalten könne, solle er aufs neue heiraten – ein in der Papstgeschichte singulärer Entscheid. Demgegenüber vertrat Papst Zacharias († 752) in seinem kanonistischen Schreiben an Pippin (747) das ausnahmslose Verbot einer Neuverheiratung, solange noch der rechte Partner lebe. Angesichts dieser unterschiedlichen Anweisungen und Auffassungen war es ein bedeutsamer Schritt, daß »die Diskussion um die Unauflöslichkeit der Ehe von Bonifatius wieder aufgenommen« wurde (P. Mikat). Das 744 zu Soissons abgehaltene Konzil verordnete, daß ein Mann, solange seine Ehefrau lebe, keine andere zur Frau nehmen dürfe, und ebensowenig die Frau einen anderen Mann, solange ihr Ehemann lebe; denn ein Ehemann dürfe seine Frau nicht entlassen, ausgenommen bei ertapptem Ehebruch. Das altchristliche Verbot der Ehescheidung war damit neu ins Bewußtsein gehoben, freilich mit der – übrigens schon in der christlichen Antike feststellbaren – Sonderbehandlung des Ehebruches der Frau gegenüber dem Ehebruch von seiten des Mannes. Ein weiterer Punkt, der in den Briefen des Bonifatius Beachtung findet, war das Ehehindernis der Verwandtschaft, das in doppelter Weise bestand: Einmal ging es darum, die genaue Zählung der Verwandtschaftsgrade festzulegen, innerhalb derer eine Ehe nicht möglich war, weiter auch um die Berücksichtigung der geistlichen Verwandtschaft, die zwischen Paten und Patenkindern bestand und gleichfalls als Ehehindernis angesehen wurde.

e) Friedhöfe und Grabbeigaben

In welchem Maße Kirche und Seelsorge nunmehr in der Lage waren, christlichen Vorstellungen Gehör zu verschaffen, zeigt nicht zuletzt der Totenkult. Zunächst ist festzustellen, daß die Kirchbauten, wenn auch nicht immer sofort, den Friedhof an sich zogen. Gelegentlich allerdings konnte die Kirche, wie besonders im Rheinland zu beobachten, auch auf einem schon älteren Friedhof errichtet werden. Seitdem jeder Altar ein heiliges Grab hatte, sollten die Toten in dessen Nähe beerdigt werden. Die tiefgreifendste Veränderung aber ist bei den Grabbräuchen festzustellen. Mit der Christianisierung verschwanden die Grabbeigaben, wie sie bei fast allen Germanenstämmen, die Franken eingeschlossen, üblich gewesen waren und denen die Vorstellung zugrunde lag, daß dem Verstorbenen im Grab die persönliche Habe zur Verfügung stehen sollte.

46 Rekonstruktionszeichnung mit dem Grab des Herren von Morken, Reg.-Bez. Aachen (nach K. Böhner, gez. von F. Just).

Die dem Toten mitgegebenen Gaben konnten je nach Vermögen und Sozialstellung recht umfänglich sein. Alle wichtigen Lebensutensilien gehörten dazu: Kleidung und Schmuck, Mobiliar und Werkzeuge, Nahrung und Geld, bei den Kriegern zusätzlich noch Waffen und Pferd. Die beiden unter dem Kölner Dom aufgefundenen »fränkischen Fürstengräber«, in denen eine Frau und ein Knabe mit jeweils reichster Ausstattung beerdigt waren, bieten ein eindrückliches Beispiel. Bezeichnender noch – jedenfalls für einen adeligen Franken – ist das Grab des Herren von Morken (Reg.-Bez. Aachen), der sich mit allen seinen Utensilien, auch mit seinen Waffen, in einer hölzernen Grabkammer hat bestatten lassen und über dessen Grab später eine Kirche entstand, die Eigenkirche seiner Familie. Für die Hinterbliebenen allerdings stellten die Grabbeigaben einen beträchtlichen Verlust dar, der ihnen mit dem Tod eines jeden Angehörigen abgefordert wurde.

Im Zuge der Christianisierung hörte nun die Sitte der Grabbeigaben auf: im Trierer Land gegen 680, in Rheinhessen, der Pfalz und Alemannien gegen 700, in Baiern und am Niederrhein gegen 750 und in Nordwestdeutschland um die Wende zum 9. Jahrhundert. Die christliche Totenfürsorge verlangte, statt der Grabbeigaben nunmehr Opfer zur Errettung der Seelen an die Kirchen und die Armen zu geben; wir rühren hier an die ›Seelstiftungen‹ (pro redemptione animae), die im Mittelalter eine so große Bedeutung erlangen sollten. Auf den ersten Blick scheinen die neuen für die Seelenruhe dargebrachten Opfer kaum mehr als eine im Grunde belanglose Umlenkung der von jeher mit dem Tod verbundenen Abgaben zu sein. In Wirklichkeit aber war es ein beträchtlicher Unterschied, gingen doch die alten Grabbeigaben den Lebenden zur Gänze verloren. »Die Christianisierung Europas schaffte nicht den Totenkult des Hortens an sich ab, sie veränderte nur radikal seinen Charakter. Was vorher endgültig verloren und folglich unfruchtbar war, wurde nun zeitgebunden und somit fruchtbar.« (G. Duby). Es diente den Lebenden.

2. Kapitel: Die Zeit des Königtums Pippins (751–768)

§ 47 Die Königserhebung Pippins

Die Merowinger waren schon seit Generationen zu »Schattenkönigen« entmachtet, deren Aufgabe allein noch darin bestand, den Karolingern zu ihrer tatsächlichen Herrschaft den Schein der Legalität zu leihen. Pippin, seit 747 Alleinherrscher, regierte in der Machtfülle eines Königs. Was seine Dynastie schon früher einmal versucht hatte, nämlich die Königswürde für sich zu gewinnen (vgl. § 42, 1), sollte nunmehr ihm gelingen. Um den sakralen Herrschaftsanspruch der Merowinger, das »Geblütsrecht«, beseitigen zu können, bedurfte es einer besonderen religiösen Autorität, und diese fand sich im Papsttum; in dessen Namen war schon die fränkische Kirche reformiert worden, und mit gleicher Autorität sollte nun auch der fränkische Königsthron neu besetzt werden. Zwei Abgesandte, Abt Fulrad von St. Denis und Bischof Burchard von Würzburg, legten 750 Papst Zacharias (741–752) die Frage vor, ob es gut sei, daß im Frankenreich Könige regierten, die keine königliche Macht besäßen. Zacharias gab zur Antwort, es sei besser, denjenigen, der wirklich die Macht innehabe, König zu nennen, als einen, der ohne Königsmacht geblieben sei; damit die naturgemäße Ordnung nicht gestört werde, befehle er kraft apostolischer Autorität, Pippin solle König werden. Der Form nach dürfte der Papstentscheid ein schriftliches Responsum gewesen sein, war also einer Dekretale oder einem Weistum vergleichbar. Sachlich wurde darin, ganz in Entsprechung zur kirchlichen Amtsauffassung, das Prinzip der Amtseignung, der »Idoneität« (vgl. § 8, 4 c), als entscheidendes Kriterium benannt und der dynastischen Legitimität vorangestellt. Die beachtliche Wirkung des Papstwortes ist in den fränkischen Quellen deutlich erkennbar, doch wird dasselbe in der heutigen (deutschen) Geschichtsschreibung nurmehr als »Orakel« (F. Kern) zur moralischen Absicherung gedeutet, während die formelle Wahl Pippins und die Huldigung seitens der Franken als die eigentlich konstitutiven Akte aufgefaßt werden. Immerhin ist zu bedenken, daß die Päpste im 8. Jahrhundert als »Vater der Völkerfamilie« (F. Dölger) auftraten und bald sogar – im Constitutum Constantini – eine »kaisergleiche Stellung« (P. Classen) zugesprochen erhielten. Tatsächlich hat nach päpstlichem Verständnis Christus selbst Pippin zum König erhoben: ›Der König der Könige und Herr der Herrschenden hat Euch über die Völker und Stämme gesetzt, damit durch Euch die heilige Kirche Gottes erhöht werde.‹ Die Päpste handelten dabei als ›Vikare Christi‹ und dürften sich folglich als »Königsmacher« verstanden haben. Um den neuen König, der ja nicht im Besitz des erforderlichen Königsgeblüts war, mit einer adäquaten und nunmehr christlichen Sakralwürde auszustatten, wurde er gesalbt. Eine Königssalbung hatten vorher bereits die Westgoten und die Iren praktiziert. Wie im Alten Testament anstelle des verworfenen Saul der junge David zum König gesalbt und damit ›von Gottes Gnade‹ berufen worden war, so jetzt auch Pippin; er empfing seine Legitimation nicht aus dem Geblüt, sondern aus dem ›Gottesgnadentum‹ (gratia Dei rex). Daß aber, wie spätere Quellen wollen, Bonifatius diese Salbung an Pippin vollzogen haben soll, ist eher unwahrscheinlich; wiewohl derselbe wie kein anderer für die Verbindung der Franken und nicht zuletzt auch der Karolinger mit Rom gewirkt hat, hielt der Hof ihn wohl schon auf Distanz. Eher dürfte an Bischof Chrodegang von Metz zu denken sein, der bald die Nachfolge des Angelsachsen antreten sollte.

§ 48 Der Kirchenstaat

1. Errichtung

Pippin erhielt rasch Gelegenheit, sich dem Papsttum für die Legitimierung seiner Königserhebung erkenntlich zu zeigen. Der Langobarden-König Aistulf (749–751, † 756) eroberte 751 das Exarchat mitsamt Ravenna und bedrohte anschließend Rom, womit die letzten Reste byzantinischer Herrschaft in Nord- und Mittelitalien langobardisch zu werden drohten. Byzanz war zur Verteidigung nicht mehr bereit; das Papsttum, weil im byzantinischen Reich nur noch eine Randerscheinung und mit seinen dogmatischen Widersetzlichkeiten nurmehr hinderlich, wurde geradezu abgeschrieben. Kaiser Konstantin V. (741–775) versammelte soeben in Hiereia (südl. Chalcedon) ein Konzil, das einhellig die Verehrung der Bilder verwarf und damit den schon seit 730 schwelenden Bilderstreit einem ersten Höhepunkt zutrieb (vgl. § 41, 5 b). Weil aber die Päpste an der Bilderverehrung festhielten, ließ der Kaiser die byzantinisch beherrschten Gebiete auf dem Balkan sowie in Süditalien und Sizilien dem Konstantinopeler Patriarchen unterstellen und obendrein den dortigen päpstlichen Besitz konfiszieren. Was immer schon hatte befürchtet werden müssen, nämlich ein dogmatisches Zerwürfnis mit dem Osten und zugleich die militärische Schutzlosigkeit Roms, war nun Wirklichkeit geworden. In seiner Bedrängnis wandte sich Papst Stephan II. (752–757) an Pippin und fand – anders als bei einem früheren Hilfsgesuch Gregors III. an Karl Martell – Unterstützung; die religiöse Anerkennung, die das Papsttum inzwischen im Westen erlangt hatte, begann nun auch politisch wirksam zu werden. Zwei Gesandte Pippins, Bischof Chrodegang von Metz und Dux Autchar, luden den Papst ins Frankenreich ein. Stephan reiste, wohl noch mit Billigung kaiserlicher Gesandter, zunächst nach Pavia und nach letzten ergebnislosen Verhandlungen weiter über die Alpen zu Pippin, der ihn am 6. Januar 754, am Epiphanie-Fest, in der champagnischen Pfalz Ponthion (südöstl. Chalons) mit ›Proskynese‹ (Kniefall) und ›Stratordienst‹ (Zügelführung des Pferdes) empfing. Am folgenden Tag wurde ein Bund geschlossen: Der König verpflichtete sich gegenüber dem heiligen Petrus, der in Gestalt des Papstes sozusagen selber als Schutzflehender bei ihm erschienen war, zur Verteidigungshilfe. Darüber hinaus muß Pippin wenig später in der Pfalz Quierzy (östl. Noyon) ein Schenkungsversprechen (sog. Pippinische Schenkung) gemacht haben, demzufolge ganz Mittelitalien bis hinauf zum Po dem Papst übertragen werden sollte, was allerdings in dieser Größe niemals verwirklicht worden ist.

Im Frankenreich aber regte sich Unwillen gegen den jetzt fälligen langobardischen Kriegszug. Karlmann, der einstige Hausmeier, verließ auf Betreiben Aistulfs sein Kloster Monte Cassino und kam zur Verstärkung der Opposition ins Frankenreich, wurde aber samt seinen Söhnen von Stephan II. in Klosterhaft verwiesen. Pippin hingegen bestätigte der Papst in seiner Königsstellung, indem er an ihm wie auch an seinen Söhnen Karl und Karlmann eine Salbung vollzog. Diese päpstliche Salbung haben Pippin und seine Söhne in der Folgezeit als den wichtigeren Akt ihrer Legitimation angesehen, was vor allem auch deswegen verständlich ist, weil mit der Salbung der Söhne eine neue Form von Geblütsheiligkeit eingeleitet wurde; nicht ein einzelner König, sondern ein ganzes Geschlecht regierte nun von Gottes Gnaden. Obendrein wurde dem König und seinen Söhnen noch der Titel Patricius verliehen. Diese Würde hatte bislang der Exarch von Ravenna innegehabt, und sie bedeutete für Pippin die – freilich nicht mehr an den Kaiser gebundene – Schutzgewalt über Rom. Das »gegenseitige Freundschaftsbündnis«, von dem die Forschung zusätzlich spricht, dürfte als Wirkung der geistlichen Verwandtschaft aufzufassen sein, die damals, wohl durch eine päpstliche Patenschaft, erstmalig zwischen Papst Stephan und der Familie Pippins hergestellt und unter den Nachfolgern noch mehrmals erneuert wurde, so von dem nächstfolgenden Papst Paul I. wiederum mit Pippin wie auch noch von Hadrian I. mit Karl dem Großen. In zwei Feldzügen wurde Aistulf niedergeworfen. Nach seiner ersten Niederlage (754) und der ihm auferlegten fränkischen Oberhoheit bedrohte er aber schon 755/756 erneut Rom, was ihm abermals eine Niederwerfung und eine noch striktere Unterstellung unter die Franken einbrachte. Die von den Langobarden herausgegebenen Gebiete ließ Pippin nicht mehr als byzantinisches Staatsgebiet wiederherstellen, sondern ›dem heiligen Petrus zu Händen des Papstes‹ übertragen. Zum Dank erhielt Pippin in der Liturgie der Peterskirche ein repräsentatives liturgisches Gedenken, wie es vorher ähnlich die Kaiser beansprucht hatten.

2. Constitutum Constantini

Mit der Übertragung der den Langobarden entrissenen Gebiete an den Papst trat der »Kirchenstaat«, die ›sancta Dei ecclesia rei publicae Romanorum‹, ins Dasein. Obwohl die Päpste schon seit Gregor dem Großen stärkstens auch an der Zivilverwaltung beteiligt gewesen waren, wurde jetzt doch ein grundsätzlich neuer Schritt vollzogen: Im römischen Dukat und Ravennater Exarchat begann die weltliche Herrschaft der

Päpste. Dabei sollte zunächst noch nicht die byzantinische Oberhoheit geleugnet werden, doch wurde dieselbe praktisch eliminiert. Wohl um diesen ungewöhnlichen Tatbestand der päpstlich-weltlichen Herrschaft zu »erklären«, dürfte die berühmteste Fälschung des Mittelalters entstanden sein: das Constitutum Constantini. Der Form nach gibt sich das Dokument als Abschrift einer Urkunde Kaiser Konstantins mit Schenkungen zugunsten der römischen Kirche und Papst Silvesters. Im ersten Teil wird Konstantins Bekehrung in Anlehnung an die Silvester-Legende wiedergegeben. Demzufolge soll der mit Aussatz behaftete Kaiser den Rat der kapitolinischen Priester, im Blut von Kindern Genesung zu suchen, ausgeschlagen und auf ein Traumgesicht von Petrus und Paulus hin Papst Silvester aufgesucht haben, dessen Taufspendung ihm die Heilung brachte. Im zweiten Teil, in der sogenannten Konstantinischen Schenkung, wird erklärt, daß der Kaiser aus Dankbarkeit dem römischen Stuhl den Primat über alle anderen Kirchen verliehen und die Salvator-Basilika des Lateran als Haupt aller Kirchen anerkannt habe; ferner habe er dem Papst seinen Besitz und dabei auch den Lateran-Palast, den ›ersten des Erdkreises‹, übergeben. Obendrein habe der Kaiser dem Papst kaiserliche Insignien und Vorrechte verliehen, so das Diadem, den Purpurmantel, das Zepter und das Prozessionsrecht. Silvester aber habe die ihm verliehene Krone nicht tragen wollen, woraufhin Konstantin ihm das ›phrygium‹, die Paradehaube, aufgesetzt und den Stratordienst geleistet habe. Über ganz Italien und den Westen seien Silvester und seinen Nachfolgern Macht und Befehl übertragen worden, während der Kaiser aus Respekt vor dem priesterlichen Vorrang und dem Haupt der Religion des himmlischen Kaisers seine Residenz nach Byzanz verlegt habe.

Bis heute sind Zeit, Ort und Absicht des Constitutum Constantini umstritten. Die meisten Forscher neigen zu einer Entstehung in Rom zur Zeit Pauls I. (757–767). Andere Indizien sprechen für Gallien, näherhin für St. Denis, und wirklich könnte schon Pippins Stratordienst für Stephan II. in Ponthion vom Constitutum Constantini her zu erklären sein. Am auffälligsten freilich ist die vorsichtige Zurückhaltung der Päpste. Das Constitutum bedeutete ihnen kein offizielles Dokument: »So wissen wir von keinem eindeutigen und nachdrücklichen Versuch des karolingischen Papsttums, es durchzusetzen« (H. Fuhrmann). Auch wurde es nicht, wie die konfessionelle Polemik einmal wollte, die Grundlage für den Aufstieg des Papsttums. Im 9. Jahrhundert verbreitete Pseudo-Isidor überhaupt erst den Text weiter, und später im Investiturstreit wurde dann kirchenrechtlich damit argumentiert (vgl. § 70, 3).

Die Entstehung des Constitutum wird heute in dem Bestreben gesucht, für die neue Situation, in der sich das Papsttum nach der Abkehr von Byzanz vorfand, eine Erklärung zu geben. Das Constitutum diente als »eine Art Kommentar« (H. Fuhrmann) zu der als rechtens empfundenen und auch wie selbstverständlich praktizierten Übernahme der Kaiserrechte durch die Päpste. Dabei wird eine alte und vor allem in Recht und Religion vielverwendete Argumentationsfigur benutzt, daß nämlich die neue Situation eigentlich schon »von Anfang an« bestanden habe, nämlich seit den Zeiten des ersten christlichen Kaisers, und eben darum »richtig« sei.

3. Papsttum und römische Adelsherrschaft

Die nunmehr vom Papsttum ausgeübte weltliche Herrschaft mußte nur zu bald dem lokalen römischen Adel zum begehrten Objekt werden, das zu erlangen freilich eine eigenmächtige Besetzung des Papststuhles erforderte. Schon gleich beim Tode Pauls I. (Juni 767), der als erster Papst das weltliche Regiment voll in Händen gehalten hatte, zeigte sich die neue Situation: »In Rom begann der Kampf der Aristokraten um die Macht« (P. Classen).

Ein Magnat namens Toto aus Nepi drang mit Milizen in die Stadt ein, ließ tumultuarisch seinen Bruder Konstantin zum Papst erheben und machte sich selber zum römischen Dux. Da Pippin mit einem Krieg in Aquitanien befaßt war, suchten die führenden Vertreter der päpstlichen Verwaltung Hilfe bei den Langobarden. Tatsächlich eroberten diese Rom, wobei Konstantin und seine Leute getötet oder geblendet wurden. Als neuer Papst kam Stephan III. (August 768) ins Amt. Obwohl dieser zunächst nicht der Kandidat der Langobarden gewesen war, neigte er ihnen doch immer mehr zu, bis die wichtigsten Verteidiger des Frankenbündnisses verhaftet und geblendet wurden und einer von ihnen an den Folgen sogar verstarb. Der im Februar 772 nachfolgende Hadrian I. suchte sich von aller Parteiumstrickung zu befreien und sah bezeichnenderweise keine andere Möglichkeit, als wieder die byzantinische Rechtshoheit in Anspruch zu nehmen.

In diesen Parteikämpfen wird zum ersten Mal und in aller Deutlichkeit ein gravierendes Problem der weiteren Papstgeschichte sichtbar: die Angewiesenheit des Papsttums auf Rechtsschutz. Ohne eine einigermaßen überparteiliche Instanz, die über genügend Macht zur Rechtsdurchsetzung verfügte und zugleich eine freie Papstwahl zu garantieren bereit war, mußte der Papstthron, weil inzwischen ein viel zu verlockender Machtposten, in die lokalen Adelskämpfe hineingezogen werden und dabei als geistliches Amt zugrunde gehen – ein Problem des ganzen Mittelalters.

§ 49 Pippins Königsherrschaft und die Kirchenreform

An den zwei wichtigsten Männern, die Pippins Politik mitgestaltet haben, an Abt Fulrad von St. Denis und Bischof Chrodegang von Metz, zeigt sich der neue, eigentlich aber schon »alte« Regierungsstil, wie er sich in der Aufstiegsphase der pippinisch-karolingischen Dynastie herausgebildet hatte und nun unter der Hoheit der Königskrone auf der Ebene des ganzen Reichs fortgesetzt wurde: die Rekrutierung des herrschaftstragenden Adels aus dem Ursprungsland der neuen Dynastie und die Zugehörigkeit zu ihrem Gefolgschaftskreis, sodann die teilweise Verschmelzung von weltlicher und geistlicher Herrschaft, von Reichsadministration und kirchlichem Amt. Trotz dieser mehr archaischen Gesellschaftsverhältnissen entsprechenden Herrschaftsweise blieb es bei der Kirchenreform, ja dieselbe erfuhr nach Pippins Königserhebung eine nachdrückliche Förderung.

1. Reichsadministration

a) Fulrad von St. Denis († 784)

Als eine der bestimmenden Figuren in Pippins Politik ist Fulrad von St. Denis anzuführen. Abkünftig aus dem Adel des Mosel-Saar-Raumes, agierte er 749, als er zusammen mit Bischof Burchard von Würzburg den päpstlichen Entscheid in der Königsfrage einholte, sofort schon auf oberster politischer Ebene. Er wurde Abt von St. Denis, dem besitzmächtigsten Basilikalkloster im nördlichen Gallien, das König Dagobert († 638) aufs reichste ausgestattet und sich zur Grablege erkoren hatte (vgl. § 30, 4b). Auf dieses wichtige Kloster hatten inzwischen die Karolinger ihre Hand gelegt: Karl Martell hatte hier seinen Sohn, den nunmehr zum König aufgestiegenen Pippin, erziehen lassen und für sich wiederum sein Grab bestellt. Aber es war nicht nur der Besitz, den das neue Herrschergeschlecht für sich zu gewinnen suchte, sondern gerade auch die Macht des himmlischen Patrons: dessen besonderen Schutz für die eigene Familie und das neue

Reich. Am Tag des heiligen Dionysius und tunlichst auch an seinem Grab tätigte Pippin eine Reihe seiner wichtigsten Herrschaftsakte; nicht zufällig wurde Stephan II. nach St. Denis geleitet, und wohl bewußt hier ließ der König an sich und seinen Söhnen die päpstliche Salbung vollziehen. Diesen wichtigen Ort besetzte nun Pippin mit dem ihm ergebenen Fulrad, und dessen geistliche Stellung wurde sofort auch politisch nutzbar gemacht. Wenn schon Dionysius der Schutzherr der neuen Dynastie war, mußte auch eine Politik, die vom Abt seines irdischen Heiligtums geleitet wurde, zu besten Hoffnungen berechtigen.

Fulrad lebte und agierte dabei ganz so, wie es einem Großen entsprach. Den umfangreichen persönlichen Besitz, auf den er auch als Abt keineswegs verzichtete, vermochte er noch zu vermehren um Orte in Elsaß-Lothringen (St. Dié, Salonnes, Sankt Pilt, Eberau) und in Alemannien (Herbrechtingen bei Heidenheim, Esslingen, möglicherweise auch Schwäbisch Gmünd und Hoppetenzell bei Stockach), wo er überall Klosterzellen gründete. In der Kirchenreform kennen wir keine direkten Aktionen von ihm, doch ist an seiner Rom-Verbundenheit nicht zu zweifeln. Nicht nur, daß er bei Papst Zacharias den Entscheid über die Königsfrage einholte, er beherbergte in St. Denis Stephan II. und muß an den pippinisch-päpstlichen Absprachen führend beteiligt gewesen sein. Wenig später übertrug er die den Langobarden entrissenen Städte dem heiligen Petrus, indem er deren Schlüssel am Grabe des Himmelspförtners niederlegte. Anschließend gehörte er mit zu den ersten, die römische Märtyrerreliquien in den Norden zu transferieren begannen. Endlich legte er der neuen Basilika, die er über dem Dionysiusgrab erbaute, einen Plan zugrunde, der – erstmals in der gallischen Bautradition – die römische Basilikalform befolgte.

b) Hofkapelle

Die Karolinger hatten schon seit längerem Kleriker in ihrem Gefolge. Diese klerikale Gefolgschaft stellt ein eigenes Stück karolingischer Geschichte dar. Ihre besondere Aufgabe war es, eine überaus kostbare Reliquie, nämlich den Mantel (cappa) des heiligen Martin zu hüten. Von daher erhielten diese Kleriker mit der Zeit den Namen ›Kapläne‹ (capellani) und die Oratorien der Pfalzen, die jeweils als Aufbewahrungsorte dienten, den Namen ›Kapelle‹ (capella), wie ebenfalls die Gesamtheit der Geistlichen als ›capella‹ bezeichnet wurde. Die Kapläne hatten als Eigenkleriker der Karolinger-Familie deren geistliche Obliegenheiten zu besorgen. Mit dem politischen Aufstieg fielen ihnen bald weitere Aufgaben zu, vor allem der jetzt immer umfänglichere Schriftverkehr. Waren noch die obersten Beamten der Merowinger, die Referendare, eigens ausgebildete Verwaltungsfachleute und in ihrem kirchlichen Status einfach Laien gewesen, so traten jetzt – bezeichnend für die neue Zeit – Kleriker in die Verwaltungsaufgaben ein. Denn wegen des Fehlens säkularer Schulungsmöglichkeiten verfügten allein sie noch über die notwendige Schreibfähigkeit, wie ja überhaupt der Geistliche eine geradezu universale Kompetenz erhielt. Bald nach der Königserhebung stellte Pippin Fulrad an die Spitze dieser seiner Eigenkleriker. Der Abt wurde ›Erzkaplan‹ und baute als solcher die ›Kapelle‹, deren Angehörige durch ihn zugleich in den Dienst des heiligen Dionysius traten, zum zentralen Institut der Reichsverwaltung aus; Fulrad selbst übte dabei bis in die Zeit Karls des Großen das Amt des »leitenden Ministers« aus.

2. Fortsetzung der bonifatianischen Reform

a) Chrodegang von Metz († 766)

Die von Bonifatius eingeleitete Kirchenreform führte dessen Nachfolger, der einheimische Chrodegang, fort; ja, er hat die Reform überhaupt erst auf Reichsebene allgemein durchgesetzt und darf darum der »Baumeister der karolingischen Reichskirche«

genannt werden (J. Semmler). Chrodegang entstammte dem austrasischen Adel, war zeitweilig ›Referendar‹ Karl Martells und seit 742 Bischof von Metz, jenem Sitz also, auf dem der Spitzenahn der Karolinger, der heilige Arnulf, amtiert hatte und für den jetzt im Zuge der Rom-Orientierung die Würde einer apostolischen Gründung, nämlich durch den Petrus-Schüler Clemens, beansprucht wurde. Im Kreis des Bonifatius ist Chrodegang nicht tätig gewesen. Wohl wirkte er führend im Umkreis Pippins; möglicherweise war er es, der 751 die Königssalbung vollzog, wie er auch Papst Stephan über die Alpen ins Frankenreich geleitete. Nach dem Märtyrertod des Bonifatius († 754) wurde ihm die Würde des fränkischen Erzbischofs zuteil. Als solcher besaß er einen beherrschenden Einfluß, weil ihm als dem einzigen Palliumträger im Reich die Synodenberufung und die Bischofsweihen oblagen. Doch war er selbst wiederum dem König verpflichtet, den er als seinen ›senior‹ (Gefolgsherrn) anerkannte, so daß letztlich Pippin der oberste Herr der Kirche war. Mit Hilfe des ihm ergebenen Erzbischofs konnte dieser sowohl über die Bestellung des Episkopates wie über die synodale Reformpolitik bestimmen. Reichspolitik und Kirchenreform waren auf diese Weise vorteilhaft miteinander verbunden.

b) Synoden und Reform

Unter Chrodegangs Leitung fanden mehrere Synoden statt, 755 in Ver (nordwestlich Senlis), 756 in Verberie (nördl. Senlis), 757 in Compiègne und 762 in Attigny. Die bonifatianischen Reformthemen wurden weitergeführt und dabei präzisiert.

Erneut wurde der Bischof als uneingeschränkter Leiter seiner Diözese anerkannt: Auswärtige Bischöfe dürfen keine Ordinationen vornehmen, fremde Kleriker müssen den »Empfehlungsbrief« ihres regulären Bischofs vorweisen, Klerus wie Klosterleute unterstehen der bischöflichen Korrektionsgewalt, jährlich sollen im Frühjahr und im Herbst Synoden stattfinden, und nur in bischöflich errichteten Taufkirchen soll die Taufe gespendet werden. Solche Bestimmungen richteten sich zum einen gegen die Wandermönche und ihre unkontrollierten Amtshandlungen, zum anderen gegen das Eigenkirchenwesen.

Weiter förderte Chrodegang die römische Liturgie und besonders deren Gesang, wofür Metz bald ein vorbildliches Zentrum wurde. Zu seiner Zeit auch wurde wahrscheinlich in der burgundischen Abtei Flavigny das fränkische »Gelasianum mixtum« geschaffen, ein stark gregorianisch angereichertes gelasianisches Sakramentar (vgl. § 41, 4a), das auch »Sakramentar Pippins« genannt wird (vgl. § 57, 1 b).

c) Mönche und Kanoniker

Mönche und Klerus sah Chrodegang als je eigenständige ›Ordnung‹ (ordo) an. Den Mönchen wurde alles regellose Umherziehen verboten und – noch wichtiger – die Benediktsregel zur Pflicht gemacht. Ein Kloster sollte entweder dem zuständigen Bischof oder dem König zur Rechenschaft verpflichtet sein. Chrodegang gab selber ein Beispiel und gründete in dem Metz benachbarten Gorze eine Abtei, die nicht mehr einem Eigenherrn, sondern seinem Bischofssitz und dessen Mundeburdium – dieser personenverbandliche Begriff wird hier zum ersten Mal innerkirchlich angewandt – unterstellt wurde. Ebenso beteiligte er sich an dem von seinen Verwandten gestifteten Kloster Lorsch (an der Bergstraße), das ausdrücklich nicht einer Bischofskirche unterstellt sein sollte und zum Königskloster wurde. Neben den Mönchen galt Chrodegangs zweite Sorge dem Klerus, den er auf die ›kanonische Ordnung‹ verpflichten wollte. Für den Metzer Klerus schuf er seine berühmte Kanoniker-Regel: Entsprechend der alten, schon bei Caesarius von Arles feststellbaren Regelung erhält der Klerus vom Bischof aus dem Kirchengut seinen Lebensunterhalt. Vor allem aber ordnet die Regel das Gemeinschaftsleben, das gutenteils nach der Benediktsregel ausgerichtet wird, sodann ausführlich auch die Liturgie, die ganz dem römisch-päpstlichen Vorbild folgt. Mit der Verpflichtung zum gemeinsamen Dormitorium (Schlafsaal) und Refektorium (Speisesaal) leben die Kleriker wie die Mönche. Nur beim persönlichen Eigentum verbleibt ihnen, wiewohl sie zugunsten der Kirche Verzicht leisten sollen, eine lebenslange Nutznießung. Wenn auch Chrodegangs Regel nur ein lokal begrenztes Einzelzeugnis blieb, sollte sie dennoch modellhaften Charakter gewinnen.

d) Ehe

Die von Bonifatius eingeleitete Reform (vgl. § 46) hat Chrodegang auch in Ehefragen fortgesetzt, allerdings ging er weniger grundsätzlich als vielmehr pragmatisch vor. Die Synode von Ver (755) verlangte für alle, für Adel wie gemeines Volk, den öffentlichen Eheabschluß; damit war nicht ein kirchenöffentlicher, sondern ein rechtsöffentlicher Akt mit Zeugen gemeint, der vor allem der Stellung der Frau als der rechtmäßigen Ehegattin zugute kam. Den schwierigsten Punkt bildete zweifellos die im merowingischen Gallien weithin selbstverständliche Ehescheidung, weiter aber auch das oft ungezügelte Sexualverhalten.

Die Fälle, die auf der Synode zu Verberie und anschließend zu Compiègne behandelt wurden, schildern Verhältnisse der folgenden Art: daß ein Mann mit der künftigen Schwiegertochter verkehrte oder mit einer fremden Frau und zugleich deren Tochter Ehebruch trieb, daß ein Ehepartner beim Eheabschluß seinen unfreien Rechtsstand verheimlichte oder aber an Lepra erkrankte, daß ein Vasall seinem Herrn in eine fremde Gegend zu folgen hatte, ohne daß seine Frau mit ihm ging, oder daß der Herr dem Vasallen mit dem Lehen gleichzeitig auch die Frau gab. Eine allgemeine Durchsetzung des Verbots einer Wiederverheiratung zu Lebzeiten der beiden Gatten wurde nicht versucht. Wohl aber hob die Synode von Verberie die unterschiedliche Behandlung von Mann und Frau auf und erklärte ausdrücklich den Grundsatz der Gleichbehandlung: ›Una lex est de viris et feminis‹ (für Männer und Frauen gilt dasselbe Gesetz). Diese Gleichbehandlung führte dazu, daß, wie der Mann in Einzelfällen die Erlaubnis zur Wiederverheiratung zugesprochen erhielt, so nun auch die Frau, etwa im Fall des doppelten Ehebruchs von seiten des Mannes.

Angesichts der Tatsache, daß sowohl nach römischer wie gerade auch nach germanischer Auffassung dem Mann bei Ehebruch der Frau ein größeres bzw. unbeschränktes Recht sowohl für die Auflösung der Ehe wie auch für eine erneute Heirat zustand und der Frau die Wiederverheiratung versagt blieb, ja eine schwere Bestrafung bevorstand, zeigt sich in der Chrodegangschen Gesetzgebung eine durchaus bemerkenswerte Entwicklung. Die Frau erhält eine Art Gleichberechtigung in Ehefragen. Daß aber die Ehereform, die sich wegen ihrer möglichen Eingriffe in die adelige Lebensführung durchaus prekär gestaltete, nicht einfach in reformerischen Deklarationen steckenblieb, sondern tatsächlich auch zu wirken begann, zeigt das Verhalten König Pippins selbst: Er hat sich offenbar von Papst Stephan II. († 757) dazu bewegen lassen, die Absicht einer Scheidung von seiner Frau Bertrada aufzugeben.

e) Gebetsbund von Attigny

Chrodegang kommt das herausragende Verdienst zu, die bonifatianische Reform konsolidiert und im Frankenreich allgemein verbreitet zu haben. Auch gelang es ihm, das ganze von Pippin beherrschte Frankenreich der Reform zu erschließen. Dies wird besonders deutlich an der 762 in Attigny abgeschlossenen Gebetsverbrüderung. Es handelt sich um das vertraglich festgelegte Versprechen, einem jeden der Verbrüderten bei seinem Tod mit geistlicher Gebetshilfe beizustehen, bei Bischöfen und Äbten mit je hundert Messen oder Psaltern und bei Klerikern mit je dreißig. Fast ein halbes Hundert geistlicher Würdenträger, 22 Bischöfe, 5 Abtbischöfe und 17 Äbte, vermochte der Erzbischof zu diesem Bund des Totengedenkens zu vereinen, und darin waren sowohl Schüler von Pirmin wie auch von Bonifatius eingeschlossen. Die Überwindung der Parteiungen im fränkischen Klerus hinwiederum darf als Chrodegangs besonderes Verdienst gelten.

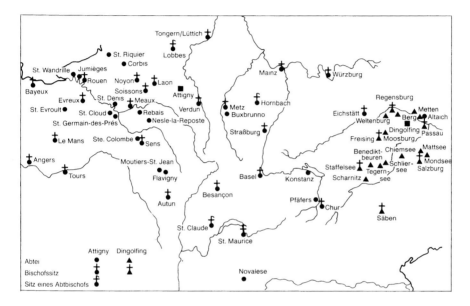

47 Die Gebetsbünde von Attigny (762) und Dingolfing (770) (nach O. G. Oexle, K. Schmid).

Dritter Abschnitt: Karl der Große

1. Kapitel: Schaffung des Großreichs

§ 50 Die Neuordnung Italiens

1. Zerstörung des Langobardenreiches

Als nach Pippins Tod (768) die beiden Söhne, der 21jährige Karl und der 17jährige Karlmann, die Nachfolge antraten, kam es bald zum Bruderzwist, wobei Karl das Bündnis der Langobarden suchte und die römischen Verpflichtungen fürs erste hintanstellte. Doch Karlmanns überraschender Tod (Dezember 771) wendete die Situation von Grund auf: Karl wurde König des gesamten Reiches, während die Witwe des Verstorbenen mit ihren Kindern zum Langobarden-König Desiderius floh, der sich sofort zum Anwalt von deren Erbansprüchen gegen Karl machte. Als sich der Langobarde dann auch noch gegen Rom wandte und Papst Hadrian I. (772–795) einen Hilferuf über die Alpen schickte (März 773), entschloß sich Karl zum sofortigen Handeln: Pavia wurde eingeschlossen und fast neun Monate belagert. Nach Einnahme der Stadt (Juni 774) entthronte Karl das langobardische Königshaus und setzte sich selber dessen Eiserne Krone auf; er betitelte sich fortan als ›König der Franken und Langobarden‹ wie auch als ›Patricius der Römer‹.

2. Karl in Rom

Am Karsamstag 774 erschien der Frankenkönig überraschend in Rom. Der Papst ließ ihn mit dem Zeremoniell, wie es einem Patricius zukam, einholen und geleitete ihn zum Gebet nach Sankt Peter bis vor das Grab des Apostelfürsten. In der Stadt, die Karl nur ›des Gebetes wegen‹ und erst nach Beschwörung der päpstlichen Sicherheit betreten durfte, nahm er an den Ostergottesdiensten teil, so an der Osternachtsfeier in der Lateran-Basilika. Am Mittwoch nach Ostern fanden sich Papst und König erneut am Petersgrab ein, wo die pippinische Schenkungsurkunde verlesen, sodann schriftlich erneuert und in einem feierlichen Urkundentausch bestätigt wurde.

Ein Augenzeuge hat darüber im Liber Pontificalis einen Bericht hinterlassen:

›Als der Papst das [Schenkungs-]Versprechen, das zu Quierzy im Frankenreich gemacht worden war, verlesen ließ, billigten [Karl] und seine Großen alles, was dort aufgezählt war. Aus eigener Zustimmung und gutwilligen Geistes ordnete der ausgezeichnete und wirklich allerchristlichste Frankenkönig Karl an, daß sein Kaplan und Notar, der religiöse und kluge Etherius, in Entsprechung zum früheren Schenkungsversprechen eine neue Urkunde aufsetzte; hierin gewährte er dem heiligen Petrus dieselben Städte und Territorien und versprach, sie dem genannten Papst zu übergeben, entsprechend der Abgrenzung, wie sie schon in der [früheren] Schenkung festgelegt ist: nämlich von Luni (mit der Insel Korsika) über Suriano, Monte Bardone, Berceto und Parma nach Reggio, von dort nach Mantua und Monselice; ferner den ganzen Exarchat von Ravenna, wie er seit alters besteht, dazu die Provinzen Venetien und Istrien, endlich noch den ganzen Dukat Spoleto und Benevent. Die ausgefertigte Urkunde unterschrieb der allerchristlichste Frankenkönig mit eigener Hand, wie er auch alle Bischöfe, Äbte, Herzöge und Grafen unterschreiben ließ. Nachdem sie die Urkunde zuerst auf den Altar des heiligen Petrus und anschließend in dessen heilige Confessio gelegt hatten, übergaben sie der Frankenkönig und seine Großen dem heiligen Petrus und seinem Stellvertreter, dem heiligen Papst Hadrian, wobei sie ehrfürchtig beschworen, alles in der Schenkung Versprochene einzuhalten. Der allerchristlichste Frankenkönig ließ Etherius eine Abschrift dieser Schenkung herstellen und legte sie zur Sicherheit und zum ewigen Gedenken seines Namens wie auch des Frankenreiches mit eigenen Händen innen auf den Leichnam des heiligen Petrus, unterhalb des Evangelienbuchs, das dort verehrt wird. Ein anderes Exemplar dieser Schenkung, das durch die Verwaltung dieser Kirche geschrieben war, nahm seine Excellenz [der König] mit sich.‹

Die dem heiligen Petrus zu übertragenden Gebiete sind klar umrissen: der ganze, südlich der Linie von Luni bis Monselice gelegene Anteil des Langobardenreichs, ferner der Ravennater Exarchat, dazu die Provinzen Venetien und Istrien wie endlich die Herzogtümer Spoleto und Benevent. Die Ausführung des Versprechens erfolgte erst 781, als Karl zum zweiten Mal in Rom war, allerdings nur in stark verringertem Umfang: schmale Streifen vom südlichen Teil der heutigen Toscana, der ehemals byzantinische Exarchat sowie der westliche Teil des Dukats von Spoleto. Damit erhielt das Patrimonium Petri, der »Kirchenstaat«, seine für das Mittelalter maßgebliche Gestalt. Zugleich wurde das geistliche Bündnis erneuert, indem Hadrian Karls Sohn Pippin taufte und dabei auch aus der Taufe hob. Obendrein salbte und krönte der Papst diesen Pippin sowie dessen jüngeren Bruder Ludwig, die damit zu Königen der Langobarden und Aquitanier erhoben wurden.

Für nicht wenige der zwischen Hadrian und Karl getätigten Akte scheint es, als habe das Constitutum Constantini den Hintergrund abgegeben: daß der König, wie es dieses berühmte Dokument vorschreibt, nur als Beter die Stadt Rom betreten durfte, daß die Schenkung am Ostermittwoch, dem angeblichen Tag der großen Schenkung Konstantins an Silvester, erneuert wurde und daß der Papst, der ja vorgeblich die Krone Konstantins besaß, die Krönung der Karlssöhne vollzog. Endlich erbat sich Karl von Hadrian die für die fränkische Kirchenreform notwendigen ›authentischen Texte‹, 774 die Kirchenrechtssammlung des Dionysius Exiguus, später noch das gregorianische Sakramentar und die Benediktsregel. Auch hat es Karl nicht an persönlicher Devotion gegenüber dem heiligen Petrus und seinem Stellvertreter fehlen lassen; er unterstützte Baumaßnahmen an der Peterskirche ebenso wie die von Hadrian vorgenommene Reorganisation der Armenversorgung in Rom. Zudem bestanden an Sankt Peter jetzt Hospize für die so zahlreich aus dem Norden herbeiströmenden Pilger, jeweils eine Schola für die Langobarden, die Angelsachsen (heute Santo Spirito in Sassia) und die Franken (heute Campo Santo Teutonico). Als Hadrian 795 starb, betrauerte Karl ihn als seinen Freund und ließ eine Gedenktafel anfertigen, die heute noch an der Stirnwand der Peterskirche erhalten ist. Wenige Jahre zuvor hatte Karl begonnen, alle Papstbriefe, die ihm und seinen Vorgängern zugegangen waren, in einem Band zu sammeln: 99 fast ausschließlich päpstliche Schreiben aus der Zeit von 739 bis 791; diese als ›Codex Carolinus‹ bezeichnete Sammlung ist nur in einem Exemplar erhalten geblieben und bildet eine der wichtigsten Quellen zur Entstehung des Kirchenstaates, zur Bilderfrage, zum Adoptianismus, aber auch zum Selbstverständnis der Päpste wie auch der Karolinger und ihres beiderseitigen Verhältnisses.

294 *Karl der Große*

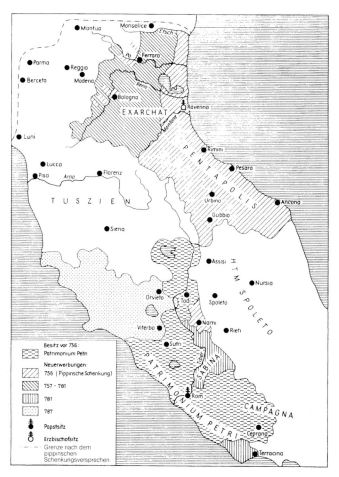

48 Die Entstehung des Kirchenstaates.

3. Papst Hadrian I. († 795)

Papst Hadrian I., von Karl dem Großen aus der langobardischen Bedrohung errettet, von ihm auch zu wichtigen kirchlichen wie politischen Vorgängen herangezogen, befand sich dennoch in einem schwierigen Pontifikat. Schon der Amtsantritt erforderte eine prekäre Entscheidung: Unter seinem Vorgänger Stephan III., der sich der langobardischen Partei ergeben hatte, waren die Anhänger des Frankenbündnisses unterdrückt und einer sogar getötet worden. Hadrian vollzog einen überraschenden Kurswechsel; er ordnete eine Amnestie der inhaftierten Frankenfreunde an, ließ die Beseitigung der führenden Häupter dieser Gruppe gerichtlich verfolgen und die Täter nach Konstantinopel exilieren – Rechtshandlungen, die eine Anerkennung der Oberhoheit des Kaisers über Rom zum Ausdruck brachten. Die Langobardennot aber zwang den Papst, die Hilfe Karls anzurufen, bei dessen überraschendem Rom-Besuch 774 das Bündnis Stephans II. von 754 erneuert wurde. Obwohl Hadrian in der Folgezeit von Karl als Freund verehrt, auch zur Reform der fränkischen Kirche beigezogen und sogar für die Salbung und Krönung der Königssöhne in Anspruch genommen wurde, vermochte er sich gegenüber dem allmächtigen Kirchenregiment des Franken nur schwer zu behaupten. Karl wußte sich die Autorität des Papstes nutzbar zu machen, verfuhr aber in den Angelegenheiten des Frankenreichs, auch den kirchlichen, geradezu selbstherrlich. Am deutlichsten trat dies in der Ablehnung der von Hadrian verteidigten Bildertheologie des VII. Ökumenischen Konzils von Nicaea (787) hervor (vgl. § 41, 5 b). Hadrian suchte demgegenüber einen eigenen Stand zu gewinnen. Er begann, die in Rom bis dahin dem Kaiser zustehenden Ehrenrechte für sich zu beanspruchen und »kaisergleich« aufzutreten. Er ließ Münzen mit dem eigenen Bild prägen und urkundete statt nach Kaiserjahren mit der Jahresangabe nach Christi Geburt. Vor allem baute er den Lateran, der im Constitutum Constantini als ranghöchster Palast bezeichnet wurde, zum Zentrum eigener Herrschaft aus; den Palatin scheint er, um die Kaiserrechte vollends zu annullieren, demoliert zu haben. Man hat Hadrian wegen dieser seiner Politik einen »Papst-Kaiser« (J. Déer) genannt. Dennoch ist nicht zu übersehen, daß »die tatsächliche Führung völlig in Händen des Frankenherrschers lag« (E. Caspar).

49 Epitaph Hadrians I. (Ausschnitt), gestiftet von Karl dem Großen, verfaßt von Alkuin, hergestellt am Aachener Hof (Rom, Fassade der Peterskirche).
Der Text umfaßt 40 Zeilen; hier sind die ersten beiden und die letzten zehn wiedergegeben:
HIC PATER ECCLESIAE, ROMAE DECUS INCLYTUS AUCTOR HADRIANUS REQUIEM PAPA BEATUS HABET AUDITURUS ERIS VOCEM, SCIO, IUDICIS ALMAM:/ ›INTRA NUNC DOMINI GAUDIA MAGNA TUI.‹/TUNC MEMOR ESTO TUI NATI, PATER OPTIME, POSCO,/ ›CUM PATRE‹, DIC, ›NATUS PERGAT ET ISTE MEUS‹./ O PETE REGNA, PATER FELIX, CAELESTIA CHRISTI:/ INDE TUUM PRECIBUS AUXILIARE GREGEM./ DUM SOL IGNICOMO RUTILUS SPENDESCIT AB AXE,/ LAUS TUA, SANCTE PATER, SEMPER IN ORBE MANET./ SEDIT BEATAE MEMORIAE HADRIANUS PAPA ANNOS XXIII/ MENSES X DIES XVII. OBIIT VII KAL.IAN.
Hier der Vater der Kirche, die Zierde Roms, der große Lehrmeister, – Hadrian, der selige Papst, möge Ruhe haben. Hören wirst du – ich weiß es – des Richters hehre Stimme:/ ›Tritt nun ein in die großen Freuden deines Herrn‹./ Dann, bester Vater, sei deines Sohnes eingedenk, so bitt' ich:/ ›Mit dem Vater‹, so sage, ›möge vortreten auch dieser mein Sohn‹./ O, strebe, glückseliger Vater, zu Christi himmlischen Reichen./ Von dort unterstütze mit Gebet deine Herde./ Solange die goldene Sonne strahlt auf feuerleuchtender Bahn,/ bleibt auf Erden, heiliger Vater, für immer dein Lob./ Es amtete Hadrian seligen Angedenkens als Papst/ 23 Jahre, 10 Monate, 17 Tage. Er starb am 26. Dezember.

§ 51 Die Eingliederung der Sachsen

Die Sachsen, ursprünglich an der unteren Elbe ansässig, breiteten sich in der Folgezeit immer weiter nach Süden aus und besiedelten bzw. überlagerten die ganze nordwestdeutsche Tiefebene. Schon seit Chlodwigs Söhnen bestand eine lockere fränkische Oberhoheit. Aber seitdem die Sachsen kurz vor 700 die Lippe überschritten hatten, mehrten sich die Konflikte, bis dann Karl der Große in langen, insgesamt 33 Jahre andauernden Kämpfen das Sachsenland eroberte und seinem Reich einverleibte. Dabei nahmen die Sachsen als letzter germanischer Großverband östlich des Rheins das Christentum an.

1. Eroberung

Die Möglichkeit, in freier Entscheidung das Christentum anzunehmen, wie es noch der angelsächsische Missionar Lebuin († um 780) auf einer sächsischen Stammesversammlung in Marklo (wohl südlich der Porta Westfalica) verkündet haben soll, war durch das Fehlen einer zentralen sächsischen Königsgewalt, die den Bekehrungsvorgang »von oben her« hätte einleiten können, erschwert und durch die sich steigernde Konfrontation mit den Franken wohl auch verbaut. Der sächsische Selbstbehauptungswille reagierte längst schon aggressiv auf alles Christliche.

Als die beiden Ewalde, zwei Missionare aus dem Umkreis Willibrords, vom Niederrhein ins Sachsenland vordrangen, wurden sie sofort nach ihrer Identifizierung als Christenpriester erschlagen (vor 700). Ebenso mußte der gegen 693 aus der Gefolgschaft Willibrords zu den Brukterern (südlich der Lippe) übergewechselte Suidbert vor den Sachsen zurückweichen und gründete auf der nach ihm benannten Rheininsel Suidbertswerth (heute Kaiserswerth, Düsseldorf) ein Kloster.

Als der soeben zur fränkischen Gesamtherrschaft aufgestiegene Karl 772 erstmals gegen die Sachsen zog, zerstörte er das Zentralheiligtum des sächsischen Teilstammes der Engern, die Irminsul, ein als Weltensäule gedeutetes Baumheiligtum auf der Eresburg (Obermarsberg an der Diemel); die Tat sollte die Überlegenheit des Christengottes demonstrieren. Die Sachsen reagierten, als Karl 773 in Italien weilte, mit einem offenbar gezielten Racheschlag gegen das Kloster Fritzlar und gegen die zeitweilig als Bischofssitz genutzte Büraburg. Karl hinwiederum antwortete mit dem Entschluß, ›den ungläubigen und vertragsbrüchigen Stamm der Sachsen mit Krieg zu überziehen und solange durchzuhalten, bis sie entweder besiegt und der christlichen Religion unterworfen oder aber gänzlich ausgerottet seien‹ (Einhards-Annalen). Karls Vorgehen löste bei den Zeitgenossen teilweise Entsetzen aus; nordhumbrische Annalen bezeichnen den Frankenkönig als im Kampfesrausch von Sinnen gekommen (igne ferroque debacchans, quia erat constrenatus animo). Natürlich »kam es Karl gerade entscheidend auf die Umkehrbarkeit dieser furchtbaren Formel an, um, statt töten zu müssen, taufen zu können« (K. Hauck). Schon 776 gelobten die Sachsen Unterwerfung wie auch Christlichkeit und verpfändeten dabei sogar ihr Land (patria). Im Jahr darauf berief Karl die Reichsversammlung ins Sachsenland nach Paderborn, wo die inzwischen errichtete Pfalz stolz den Namen ›Karlsburg‹ trug und auch schon eine erste Kirche erbaut war, die bei der großen Zusammenkunft ihre Weihe erhielt. Mit der Reichsversammlung fand gleichzeitig eine Synode statt, auf der die führenden Männer der fränkischen Reichskirche die Mission des Sachsenlandes berieten und organisierten. Die Sachsen ließen sich in Massen taufen. Den Franken schien damit der entscheidende Akt in der Bekehrung vollzogen zu sein, und sie glaubten fortan, jeden Abfall im Sinne des spätantiken Apostatenrechts als Böswilligkeit deuten zu sollen und mit Gewalt verhindern bzw. bestrafen zu können.

Schon im folgenden Jahre 778, als Karl über die Pyrenäen gegen die Sarazenen zog, erhoben sich die Sachsen erneut zum Gegenschlag. Unter Führung des Westfalen Widukind zerstörten sie alles Fränkische, auch die Karlsburg, stießen dann nach Süden vor, wobei die Fuldaer Mönche mit dem Leichnam des heiligen Bonifatius vor ihnen fliehen mußten, und drangen rechts des Rheins verwüstend bis Deutz und Koblenz vor. Die Kämpfe der folgenden Jahre waren erbittert und forderten auf beiden Seiten hohe Verluste. Im sogenannten Blutbad von Verden lieferten frankentreue Sachsen rebellische Stammesgenossen aus, die Karl schonungslos hinrichten ließ; doch gilt die in den Reichsannalen überlieferte Zahl von 4500 als »weit übertrieben« (Th. Schieffer). Obendrein ordnete Karl für eine große Zahl von Sachsen die Deportation an; nicht aber verkaufte er Kriegsgefangene, wie es bis dahin üblich war, in die Sklaverei.

50 Sachsen zur Zeit der Christianisierung.

In diese Jahre voller Erbitterung fällt auch Karls Capitulatio de partibus Saxoniae, in welcher Taufverweigerung, Kirchenzerstörung, Ermordung von Geistlichen, Verschwörung gegen Christen, Treubruch gegen den König, ja selbst Leichenverbrennung sowie Verstöße gegen das Zehntgebot und sogar die Nichteinhaltung des vierzigtägigen Fastens mit dem Tode bestraft werden – was »in der Tat den christlichen Grundsätzen Hohn spricht« (E. Ewig). Die theologischen Bedenken formulierte gegen Ende der neunziger Jahre Karls Hoftheologe, der Angelsachse Alkuin († 804):

> ›Ach hätte man doch dem so harten Volk der Sachsen das leichte Joch Christi und seine süße Last mit der gleichen Eindringlichkeit gepredigt, wie man die Abgabe des Zehnten verlangt und Gesetzesstrafen selbst für geringste Vergehen verhängt hat – vielleicht hätten sie sich dem Taufsakrament nicht widersetzt.‹

2. Taufe Widukinds

Ein vorläufiges Ende erreichte der Krieg mit der Taufe Widukinds. Karl versprach seinem Gegner, den er, wenn er seinen früheren Androhungen gefolgt wäre, als vielfachen Anstifter der Rebellion hätte töten müssen, Straffreiheit sowie Sicherheit für Leib und Leben, was er zusätzlich durch Geiselstellung bekräftigte. Widukind kam ins Frankenreich und wurde, wohl Weihnachten 785, in der Pfalz Attigny getauft. Karl übernahm dabei, wie es schon in der angelsächsischen Missionsgeschichte mehrfach zu beobachten war, die Patenschaft, was zur Folge hatte, daß er seinen Täufling, der ihm wie kein anderer die Anspannung aller Kräfte abverlangt hatte, als geehrte Person behandeln mußte; der Sachse erhielt möglicherweise sogar ein Grafenamt, und sein Geschlecht hat schon bald zu Hof- und Kirchendienst gefunden.

Mit Widukind war die Eingliederung der Sachsen ins Frankenreich entschieden, aber der Krieg noch nicht für immer beendet. In den neunziger Jahren erfaßte eine Aufstandsbewegung noch einmal das ganze Sachsenland; abermals wurden Tausende als Geiseln deportiert, und die letzten Kämpfe zogen sich noch bis 803 hin. Karl erließ 802/03 ein sächsisches Stammesrecht, das die 797 bereits abgemilderte Capitulatio vollends aufhob und den Sachsen eine gleichberechtigte, von aller Diskriminierung befreite Stellung im Frankenreich einräumte.

3. Missionierung

Die Paderborner Synode von 777 leitete eine erste Organisierung der Mission ein, und schon bald sollen für Bischöfe und Priester Tätigkeitssprengel abgegrenzt worden sein. Eine ganze Reihe fränkischer Bistümer und Abteien wurden zur Mitarbeit herangezogen.

Allen voran ist der Bonifatius-Schüler Abt Sturmi von Fulda anzuführen. Das Kloster entsandte in den Jahren 775/777 etwa 30 bis 40 Priester und ebensoviele Kleriker niederen Ranges in den ihm zugewiesenen Distrikt, der an der oberen Weser und oberen Leine zu suchen ist, etwa das heutige Gebiet zwischen Kassel, Minden, Hildesheim und Eschwege. Erster Bischof in Minden wurde der Fuldaer Mönch Erkanbert. Die Beteiligung der Mainzer Kirche und ihres Bischofs Lul, der die Sachsenmission von Anfang an mitbegleitete und sich wohl die erzbischöfliche Oberhoheit erhoffte, bleibt zunächst undeutlich; später wirkte das Mainzer Alban-Kloster im Eichsfeld. Das Paderborner Gebiet muß von Würzburg aus missioniert worden sein, wie es Patrozinien des Diözesanheiligen Kilian ausweisen. Erster Bischof wurde gegen 805/06 Hatumar, der ursprünglich als sächsische Geisel nach Würzburg gekommen war und dort dann eine geistliche Erziehung erhalten hatte. In Osnabrück dürfte Lüttich Hilfestellung geleistet haben. Das Münsterland erhielt offenbar Beornrad zugeteilt, der als Verwandter des Friesenmissionars Willibrord dessen Nachfolger in Echternach war und zuletzt noch Erzbischof von Sens wurde. Als eigentlicher Missionar wirkte hier der zuvor schon in Friesland tätige Liudger. Er war Zögling des Willibrord-Klosters in Utrecht und Abkömmling einer Friesenfamilie, die schon früh für das Christentum optiert hatte. Liudger gründete 799 das Kloster Werden und wurde 805 Bischof in Münster, wo er zuvor schon eine klösterliche Station errichtet hatte. Aus seinem Geschlecht, das zeitgenössische Quellen ein ›Bischofsgeschlecht‹ (genus sacerdotale) nennen, kamen noch für mehrere Generationen die Bischöfe von Münster und Halberstadt, die zugleich auch die Leiter des Klosters in Werden waren. Gleichfalls mit Willibrord verwandt und mit Echternach verbunden war Willehad, der ebenso zunächst in Friesland wie auch in Sachsen missionierte; 787 wurde er der erste Bischof im neuen Missionsland mit Sitz in Bremen.

Insgesamt erhielt das Sachsenland acht Bistümer: Münster, Osnabrück, Minden und Bremen, die zum Erzbistum Köln geschlagen wurden, sodann Paderborn, Verden, Hildesheim und Halberstadt, die an Mainz fielen. Die Initiative für ein erstes Kloster im Sachsenland ging von der Abtei Corbie aus, wo junge Sachsen als Gefangene und Geiseln lebten, die im Christentum unterwiesen wurden und teilweise sich zum Mönchtum entschlossen. Die anfängliche Gründung in dem nicht sicher identifizierten Ort Hethis (Solling?, Externsteine?) scheiterte; erst 822 gelang in der Nähe des Königshofes Höxter die wirkliche Gründung: Nova Corbeia – Corvey (vgl. § 55, 4 b; Abb. 58). Etwa zur gleichen Zeit entstand das Frauenkloster Herford.

§ 52 Die Baiern

1. Fränkische Oberhoheit

Obwohl die Baiern von der Mitte des 6. Jahrhunderts an der fränkischen Oberhoheit unterstanden, suchte das dortige Herzogshaus immer eine eigene Rolle wahrzunehmen (vgl. § 44, 1 a), was sich deutlich auch im kirchlichen Bereich zeigt. Aber die Karolinger vermochten alle wichtigen Vorgänge in Baiern unter ihrer Kontrolle zu behalten, nicht zuletzt durch die Entsendung der leitenden Kirchenmänner. So war es der fränkische Erzbischof Bonifatius, der 739 die vier Bischofssitze in Regensburg, Passau, Salzburg und Freising einrichtete. Ein Erzsitz wurde dem Land jedoch vorenthalten; es verblieb bezeichnenderweise unter der Hoheit des den Karolingern verpflichteten Bonifatius. Überraschend erschien 743 ein eigener päpstlicher Legat im Lande, der sich aber auf Einspruch der karolingischen Hausmeier und des Bonifatius zurückziehen mußte. Wie schon die Personalpolitik, so wurde auch die Mission der bairischen Kirche fränkischerseits überwacht. Gegen 740 gerieten die in den Ostalpen ansässigen Karantanen (heute: Kärntner) unter bairische Oberhoheit. Die Söhne des Karantanen-Herzogs kamen als Geiseln nach Baiern, wurden dort getauft und kehrten nach dem Tode ihres Vaters als christliche Herzöge ins Land zurück; das alles aber konnte nur mit Genehmigung Pippins geschehen. Die Karantanen zu missionieren, hat vor allem der Salzburger Bischof Virgil († 784) sich eingesetzt. Dieser war Ire und stammte möglicherweise aus dem Kloster Iona. Pippin entsandte ihn 745 nach Salzburg. Virgil trat an die Spitze des dortigen Klosters wie auch der Diözese und übte die Leitung zunächst nach Art irischer

Äbte aus, indem er seinen Eigenbischof Dobdagrecus (Dub Dách Rich) die bischöflichen Funktionen wahrnehmen ließ. Wohl 749 empfing Virgil selber die Bischofsweihe. Zu Bonifatius hielt er Distanz, fand aber mit den Herzögen Odilo († 748) und Tassilo († nach 794) ein gutes Einvernehmen. In Zusammenarbeit mit ihnen förderte er die Karantanen-Mission. Als bedeutender Bischof ist weiter der mit Virgil befreundete Arbeo von Freising (764–783) zu nennen. Dieser entstammte einem der führenden bairischen Geschlechter, den Huosi, und war früh schon der Freisinger Kirche übergeben worden, der er als Schreiber und Archidiakon diente. Zum Bischof berufen, richtete er an seinem Sitz ein benediktinisch orientiertes Klosterleben ein. Für seinen Vorgänger Corbinian, dessen Reliquien er von Meran nach Freising überführte, schrieb er die Vita, ebenso für Emmeram, dessen Martyrium er breit ausmalte (vgl. § 44, 1 b). Zudem hat man ihm das älteste deutsche Glossar, den sogenannten ›Abrogans‹ (die Übersetzung zu einem spätantiken lateinischen Wörterbuch), zuschreiben wollen. In der Politik soll er mehr Karl dem Großen zugeneigt gewesen sein.

Die vier im herzoglichen Kernland 739 errichteten Bistümer waren keineswegs die ersten auf bairischem Gebiet. In Augsburg, der alten Hauptstadt der Raetia Secunda, dürfte schon in der Spätantike und ebenso wieder seit dem frühen 7. Jahrhundert ein Bischof gewirkt haben, der Mailand und Aquileja untergeben gewesen sein müßte; direkte Nachrichten allerdings fehlen. Im 8. Jahrhundert sehen wir eine unfertige Situation. Der erste sicher bezeugte Bischof, Wicterp († um 771), hielt sich hauptsächlich in Epfach am Lech auf, dem alten Abodiacum; er war zugleich Abt des Afra-Klosters, wo er auch seine bischöfliche Cathedra hatte. Die Konsolidierung des Bistums führte Bischof Sintpert (ca. 778–807) herbei; er errichtete einen neuen Dom und organisierte dort ein gemeinschaftliches Zusammenleben der Kleriker. Bald nach 800 bezog er das Bistum Neuburg/Staffelsee, über dessen Entstehung und Existenz wenig bekannt ist, in seinen Sprengel ein. Bei der Errichtung der Erzdiözesen wurde Augsburg nicht Salzburg unterstellt, sondern Mainz. Als weiteren Bischofssitz gab es in der Raetia Secunda noch das im oberen Eisacktal gelegene Säben, das erstmals im späteren 6. Jahrhundert und dann wieder in der zweiten Hälfte des 8. Jahrhunderts bezeugt ist. Die Entstehung ist dunkel; die Erwägung, daß es als Augsburger Fluchtort entstanden sei, bleibt mehr als fraglich. Ursprünglich zur Metropole Aquileja gehörig, zählte es später zur bairischen Kirche und zum Erzbistum Salzburg. Im 10. Jahrhundert wurde der Säbener Sitz nach Brixen verlegt.

2. Klöster

Im Lauf des 8. Jahrhunderts, insbesondere zur Zeit Tassilos, steigerte sich die Zahl der Klöster auf über 50. Daß Weltenburg ins 7. Jahrhundert zurückgeht, kann nur vermutet werden. In Herrenchiemsee ist neuerdings ein bis ins 7. Jahrhundert zurückreichender Baubefund erhoben worden. Rupert reformierte in Salzburg ein offenbar bereits bestehendes Kloster und gründete auf dem Nonnberg eine Frauenabtei – die erste in Baiern –, wo seine Nichte die Leitung übernahm. Auch Emmeram und Corbinian scheinen in Regensburg und Freising klösterliche Einrichtungen geschaffen zu haben. Die herzoglichen Gründungen setzen deutlich erst ein mit den unter Odilo errichteten Klöstern Mondsee und (Nieder-)Altaich; letzteres wurde von zwölf Mönchen der Reichenau besiedelt. Eine wahre Gründungswelle vollzog sich unter Tassilo. Seine bedeutendste Stiftung ist Kremsmünster, wo auch der bis heute erhaltene Tassilo-Kelch aufbewahrt wird. Zu den herzoglichen Klöstern kamen die des Adels, zu deren Gründung der Herzog seine Einwilligung geben mußte und dabei oft noch zusätzliche Mittel stiftete. Zahlreiche der nachmals berühmten und zum Teil heute noch bestehenden Klöster gehen in diese Zeit zurück: Metten, Wessobrunn, Polling, Benediktbeuren, Schäftlarn, Schliersee, Tegernsee, Innichen, St. Florian.

3. Herzog Tassilos Kirchenregiment

Mit Herzog Tassilo, der 748 unter fränkischer Vormundschaft und 757 dann selbstverantwortlich die Herrschaft antrat, zeigte die bairische Kirchenpolitik nicht wenige Parallelen zu der fränkischen. Über die Karantanen siegte der Baier endgültig 772, genau im Jahr von Karls erstem Sachsenzug. Auf den Synoden von Dingolfing (um 770) und Neuching (771) beschloß der bairische Episkopat Reformmaßnahmen; die Beschlüsse dürften, wenn auch nicht direkt als Kapitularien publiziert, dennoch als Ergänzungen zur ›Lex Baiuvariorum‹ zu deuten sein. Die zusammen mit der Synode von Dingolfing überlieferte Gebetsverbrüderung kann nur als Kopie des großen fränkischen Gebetsbundes von Attigny gedeutet werden (vgl. § 49, 2e; Abb. 47). Die agilolfingischen

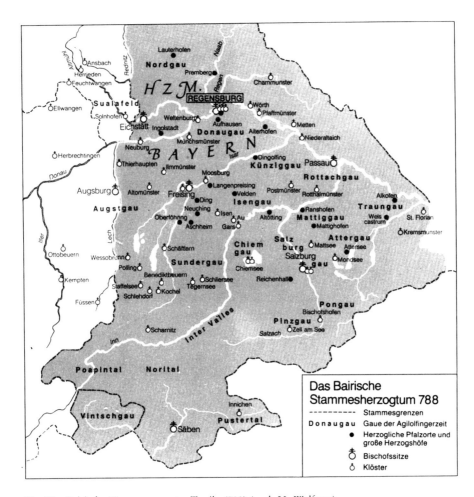

51 Das Bairische Herzogtum unter Tassilo (788) (nach H. Wolfram).

Klöster, so Kremsmünster, Mattsee, Chiemsee und Innichen, waren herzogliche Stützpunkte und Zentren der Mission, ganz so wie Corbie, St. Wandrille, Echternach, Fulda und Hersfeld für die karolingische Friesen- und Sachsenmission. Der in Salzburg unter Bischof Virgil errichtete Dom ist das »Saint Denis der Agilolfinger« genannt worden. Und so, wie die Karolinger ihr Königtum mit Hilfe der Päpste erlangt und befestigt haben, suchte auch Tassilo Unterstützung beim Papsttum: 772 ließ er seinen Sohn Theodo in Rom von Hadrian I. taufen; offenbar wollte auch er mit dem Papst eine geistliche Verwandtschaft herstellen, wie er auch tatsächlich an Hadrian einen gewissen Rückhalt fand. Dennoch verlor er sein Herzogsamt. Schon bei seinem Amtsantritt im Jahr 757 hatte er als Herzog – was völlig neu war – einen Vasalleneid auf König Pippin und dessen Söhne leisten müssen. Unter Karl vermochte Tassilo seine Stellung zunächst voll zu behaupten, obwohl er seit der Beseitigung der Langobarden-Dynastie, mit der er verschwägert war, seine wichtigste Stütze verloren hatte. Aber Karls Mißtrauen wuchs; Tassilo wurde 781 gezwungen, von neuem einen Huldigungseid zu leisten und Baiern zu Lehen zu nehmen; 788 wurde er wegen einer unter König Pippin im Jahr 763 verweigerten Heeresfolge zum Tode verurteilt, von Karl aber zur Klosterhaft begnadigt, in der er nach 794 verstarb. Das letzte dynastische Herzoghaus im Frankenreich war damit beseitigt; Karl selbst nahm das Land unter seine Regierung.

52 Tassilo-Kelch (Stift Kremsmünster, Oberösterreich).
Der Kelch ist das größte und schönste Stück seiner Art des frühen Mittelalters. Der Dekor ist irisch-angelsächsisch beeinflußt; als Entstehungsort gilt Salzburg. Unter dem Salvator-Bild findet sich der Name des Stifters. Die gesamte Inschrift lautet: ›TASSILO DUX FORTIS + LIUTPIRC VIRGA REGALIS‹ (Tassilo, tapferer Herzog + Liutpirc, königliches Reis).

4. Erzbistum Salzburg

Trotz aller landeskirchlichen Bemühungen seitens der agilolfingischen Herzöge war den Baiern die letzte Kirchenhoheit vorenthalten geblieben. Ein Erzbistum, das allein eine relativ selbständige Landeskirche hätte garantieren können, wurde erst eingerichtet, als Karl der Große selbst das Land regierte. 798 erhielt der aus bairischem Hochadel gebürtige Arn, Abt der fränkischen Abtei St. Amand und seit 785 Bischof von Salzburg, das Pallium. Der neue Erzbischof entfaltete sofort eine rege Synodaltätigkeit, wie sie für ein Erzbistum sonst im ganzen Karolingerreich nicht anzutreffen ist. Daß gerade Salzburg zum Erzsitz erhoben wurde, hatte nicht zuletzt missionspolitische Gründe. Seit 791 bekriegte Karl die Awaren und eröffnete damit, weit über das Karantanengebiet hinaus, ein neues großes Missionsfeld.

53 Die 798 geschaffene Kirchenprovinz Salzburg.
Der Erzsitz erhielt das Gebiet der Karantanen und Awaren zugeschlagen und erstreckte sich bis in das heutige Ungarn. Noch weiter dehnte sich Passau aus.

§ 53 Die Awaren

Die Awaren, ein innerasiatisches Volk von Reiternomaden, siedelten seit dem 6. Jahrhundert im Donaubecken und bildeten lange Zeit den bedeutendsten Machtfaktor zwischen Ost- und Westreich (vgl. § 39, 1). Karl eröffnete 791 gegen sie den Krieg, wahrscheinlich, weil sie Tassilo unterstützt hatten. Entlang der Donau und von Friaul aus erfolgte eine Zangenbewegung, welche die Awaren rasch niederzwang. Ihr unermeßlicher Goldschatz fiel in Karls Hände und wurde großzügig, so auch an den Papst, ausgeteilt. 795 ließ sich ein Tudun (Teilfürst) in Aachen taufen; er wurde von Karl aus der Taufe gehoben und konnte, natürlich nur unter dessen Oberhoheit, sein Amt weiterhin ausüben. Der Kagan, der oberste Awaren-Herrscher, empfing 805, wohl unter der Patenschaft von Karls gleichnamigem Sohn, die Taufe. Insgesamt wurde der Awarenkrieg unvergleichlich milder geführt als der sächsische. Vor allem auch erfuhr die Mission eine sorgfältigere Vorbereitung. Eine eigens einberufene Synode, die 796 an einem unbekannten Ort an der Donau tagte, beriet über den bei der Bekehrung einzuschlagenden Weg; nach den bösen Erfahrungen in Sachsen wollte man behutsamer vorgehen und der Taufe ein vierzigtägiges, allerwenigstens aber achttägiges Katechumenat vorausgehen lassen. Es war bei dieser Gelegenheit, daß Alkuin das falsche Vorgehen in der Sachsenmission beklagte und die Notwendigkeit eines freien Taufentscheides in Erinnerung rief (vgl. § 51, 1; § 73, 4a). Das awarische Missionsgebiet wurde zwischen Salzburg, das nicht zuletzt dieser Aufgabe wegen zum Erzbistum erhoben worden war, und Aquileja aufgeteilt. Von einer alsbaldigen Missionsarbeit ist aber merkwürdigerweise nichts überliefert.

2. Kapitel: Die karolingische Renaissance

§ 54 Die Grundidee

Die im folgenden abzuhandelnden Reformen Karls des Großen, die von der Bildung, Schrift und Kunst bis zur Liturgie und Theologie reichen, entspringen – so vielfältig sie sind – einem gemeinsamen Hintergrund: dem Herrschaftskonzept.

1. Karls Herrschaftsidee

Die Reform basiert auf Karls Auffassung von rechter Herrschaft. Sein gewichtigster Berater Alkuin, der größte Gelehrte in seiner Zeit, formulierte hauptsächlich das »Regierungskonzept«, die ›norma rectitudinis‹ (rechte Norm) der Herrschaft. Formelhaft umrissen heißt sie: ›prava corrigere, recta corroborare‹ (Böses berichtigen, Gutes bestärken). Der Herrscher muß selbst mit tugendhaftem Beispiel vorangehen und sein Volk zur Tugend anleiten. Nur gute Regentschaft erhält, weil und sofern gottgefällig, zum Lohn den Frieden und das Wohlergehen. Rechte Lebensführung bei Herrscher und Volk einerseits sowie Wohlergehen und Natursegen andererseits bedingen einander. Wenn Karl, so führt Alkuin aus, mit Recht und Gerechtigkeit regiere, dabei die Kirche erneuere und den Unterdrückten beistehe, werde der Segen des Himmels nicht fehlen: die Erhöhung seiner Söhne, das Wohlergehen von Reich und Volk, endlich noch Überfluß an Erntefrüchten. Die Gerechtigkeit gibt dem Herrscher das rechte Maß bei den notwendigen Gewaltmaßnahmen zur Bezwingung des Bösen. Gute Ratgeber und gerechte Richter müssen zur Seite stehen. Der Unterdrückung des Bösen folgt die Bestärkung des Guten; erstere beseitigt den Zorn Gottes, letztere verschafft den Lohn des Wohlergehens. Zur guten Regierung gehört darum unabdinglich die ›Pietas‹, die Hinführung zu einem gottgefälligen Leben. Dies betrifft den rechten Glauben, weswegen der Herrscher die Häresien zu bekämpfen und die Mission voranzubringen hat; ebenso betrifft es den rechten Gottesdienst wie auch die richtige Liturgie und nicht zuletzt die Sorge um die Armen und Unterdrückten. Karls Herrschaftsverständnis griff zweifellos tief in den innerkirchlichen Bereich ein und ließ den Herrscher als ›rex et sacerdos‹ erscheinen (vgl. § 29, 1 a). Es ist allerdings ein modernes Mißverständnis, hier bereits die erst neuzeitliche Unterscheidung von säkularem Staat und christlicher Kirche anbringen zu wollen; Herrscher und Staat, Bischof und Kirchenvolk verstanden sich als geschlossenes ›corpus christianum‹, und nur innerhalb dessen bildeten König und Bischof zwei Gewalten. Dabei galt der König, wie es oftmals auch ausgesprochen wurde, nicht allein als ›defensor‹, als Verteidiger der Kirche gegen Unrecht und Gewalttat, sondern darüber hinaus auch als ›rector‹ (Leiter), ja sogar als ›praedicator‹ (Verkündiger), während den Priestern und Mönchen die Darbringung des Opfers und die Fürbitte bei Gott oblagen. Gegenüber Papst Leo III. (795–816) bekräftigte Karl in einem wohl von Alkuin geschriebenen Brief, daß er als König sowohl die äußeren wie auch die inneren Feinde der Kirche zu bezwingen und insbesondere auch den Glauben zu bestärken habe, während es dem Papst zukomme, mit zum Himmel erhobenen Händen zu beten. Unmißverständlich war dies der Anspruch auf Lenkung auch der inneren Kirchendinge.

2. Correctio

Karls Reformidee konkretisierte sich in der ›correctio‹: Berichtigung von Schrift, Sprache und Gottesdienst. Die Kernwörter dafür sind: ›corrigere, emendare, meliorare, restituere, renovare, reformare‹. Das Vorbild war nicht eigentlich die klassische Latinität und noch weniger die antike Kunst, wie es der unter mißverständlicher Anlehnung an die Humanistenbewegung des 15./16. Jahrhunderts geprägte Begriff »karolingische Renaissance« nahelegen könnte. Intendiert war vielmehr der Rückgriff auf die reinen Quellen der alten Christenheit. Will man von »Wiedergeburt« reden, so war es die christliche Spätantike, die selber bereits ganz ähnliche Vorstellungen und Bemühungen gekannt hatte: Hier waren die großen, aber vereinfachenden Kompendien des antiken Wissens entstanden, hier auch war ein für Klöster praktizierbares Bildungsprogramm entworfen worden. Dies alles wurde unter Karl neu entfaltet und schuf dem Abendland eine gemeinsame christliche Bildungsgrundlage. »Karl war es, der bewirkte, daß – im langen Ablauf der Geschichte gesehen, fast schlagartig – ein neues Kapitel in der Kunst- und Geistesgeschichte begann« (P. E. Schramm). Aber Karls Neuanfang war nicht eigentlich »kreativ«, wohl aber insoweit »korrektiv«, daß ein zukunftsträchtiges Fundament geschaffen werden konnte, ein Fundament sogar für die ganze weitere abendländische Geschichte.

§ 55 Die Bildungsreform

1. Die Hofkapelle

Für die Belange der schriftlichen Administration stand dem König die Hofkapelle zur Verfügung, die Fulrad von St. Denis als zentrales Institut der Reichsverwaltung ausgebaut hatte und noch bis in Karls erste Jahre leitete (vgl. § 49, 1 b). Personal und Aufgaben der Hofkapelle wuchsen unter Karl weiter an und erhielten von ihm mancherlei Förderung. Aus der Reihe der Kapläne bildeten sich mit der Zeit besondere Urkundenspezialisten heraus, an deren Spitze der ›Kanzler‹ (cancellarius) stand. Der Kapelle ist auch ein wichtiger Neuanfang in der Geschichtsschreibung zu verdanken. Bei der Organisation der kirchlichen Festfeiern mußten die Pfalzen benannt werden, in denen der König und sein Hof Weihnachten und Ostern feierten. Die zur Feststellung des Ostertermins notwendigen Ostertabellen wurden jeweils um die wichtigsten Ereignisse des Jahres erweitert und erhielten dadurch eine annalistische Form. Die Klöster hatten schon des längeren solche Annalen geführt; jetzt folgte ihnen die Hofkapelle. Den Plänen jedoch, die der König im Blick auf eine Erneuerung der Bildung in seinem Reich zu verfolgen begann, vermochte die Kapelle nicht Genüge zu tun.

2. Hofschule

Zur Durchführung seiner Bildungsziele begann Karl, Männer von besonderer Gelehrsamkeit um sich zu versammeln. Dieser Kreis wurde schon zeitgenössisch gelegentlich ›Akademie‹, häufiger aber ›Hofschule‹ genannt, von welchen Bezeichnungen freilich alle antiken und modernen Assoziationen fernzuhalten sind. Die von Karl in seine Umgebung berufenen Gelehrten und Dichter bildeten eher einen lockeren Kreis, die sich alle nur für eine gewisse Zeit am Hof aufhielten, dort ihre Studien betrieben, dabei auch als Lehrer wirkten und überhaupt das geistige Element des Hofes bildeten. Ihr Zusammenleben und der gegenseitige Austausch schufen ein gemeinschaftliches Fluidum, das um so weiter ausstrahlte, als die »Hofakademiker« rasch mit »Geistesverwandten« im Reich in Verbindung traten, vielfach auch Leiter von Abteien wurden und so ihr Programm weithin auszubreiten vermochten. Ein mehr institutionalisiertes Element bildete der am Hof erteilte Unterricht. Eine ›Palastschule‹ (schola palatina) hatten schon die Merowingerkönige unterhalten, um den Nachwuchs für die Reichsverwaltung heranzubilden. Daß am Hofe Karls die Gelehrten den Unterricht übernahmen, brachte die Hofschule auf ein »Bildungsniveau, das seinesgleichen in Europa nicht hatte« (K. Hauck); hier »konnte man für eine Zeitlang wohl am meisten lernen« (F. Brunhölzl), und so wurde der an der Hofschule geübte Lehrbetrieb reichsweit zum Vorbild.

a) Petrus von Pisa, Paulinus von Aquileja († 802) und Paulus Diaconus († nach 787)

Wie sehr das geistige Leben im Frankenreich des Neuanfangs bedurfte, wird schon daran ersichtlich, daß die führenden Männer der Bildungserneuerung »Ausländer« waren. Seine ersten Helfer fand Karl in Italien, das trotz aller Schädigungen durch Goten- und Langobardenkriege immer noch eine kulturelle Überlegenheit behauptete. Schon bald nach seinem Langobardensieg holte er italische Grammatiker an seinen Hof, so Petrus von Pisa sowie Paulinus, den er 787 zum Patriarchen von Aquileja erhob und in theologischen Fragen zeitlebens zu Rate zog. Besondere Bedeutung erlangte Paulus Diaconus, der eigentlich Warnefred hieß und einer adelig-langobardischen Familie aus Friaul entstammte.

An den Höfen von Pavia und Benevent hatte er im Königsdienst gestanden und war nach der Katastrophe von 774 in Monte Cassino Mönch geworden. Für einen Bruder, der sich an einem antifränkischen Aufstand beteiligt hatte, reiste er 782 zu Karl und ließ sich, als der König seiner Bitte um Begnadigung willfahrte, für dessen Gelehrtenkreis gewinnen. Er schrieb die ›Gesta episcoporum Mettensium‹ (Taten der Metzer Bischöfe), die erste in Anlehnung an den ›Liber pontificalis‹ (vgl. § 22, 2 d) verfaßte Diözesangeschichte, wie sie in Zukunft noch vielfach nachgeahmt werden sollte. Im Auftrage Karls hat er auch ein Homiliar verfaßt, das der König im ganzen Reich zur Benutzung empfahl. Das Hauptwerk aber bildet die ›Historia Langobardorum‹, die er nach seiner Rückkehr (786) in Monte Cassino begann und an der er bis zu seinem Tode arbeitete; es ist eine sowohl aus mündlicher wie schriftlicher Tradition gespeiste »Nationalgeschichte« seines Volkes.

b) Alkuin († 804)

Die wichtigste Figur im Gelehrtenkreis des Hofes war der Angelsachse Alkuin. Als Karl den Fünfzigjährigen 781 während seiner zweiten Italienreise für sich gewinnen konnte, galt dieser als größter Gelehrter seiner Zeit und verfügte in seiner Heimatstadt York über eine der damals reichsten Bibliotheken. Alkuin wurde Leiter der Hofschule und darüber hinaus der einflußreichste Ratgeber in Staats- und Kirchenfragen.

Alkuins Schaffen umfaßte das ganze Bildungsprogramm: die Orthographie so gut wie die sieben Künste, die er mit eigenen Werken über Rhetorik, Dialektik und Astronomie zu neuer Blüte brachte. Seine Lehrbücher zeugen teilweise von einem offenbar beträchtlichen didaktischen Geschick. Vorrangig beteiligte er sich an den großen theologischen Fragen, die den Herrscher und seinen Hof beschäftigten, so am Adoptianismus- und Bilderstreit. Ansehnlich ist seine literarische Hinterlassenschaft. Auf Bitten Karls legte er eine »revidierte« Bibel vor, die ein beherrschendes Ansehen erlangte, ohne aber die Normbibel des Reiches zu werden. Als sein theologisches Hauptwerk sah er selbst die drei ›Bücher über die Trinität‹ an (De fide sanctae et individuae Trinitatis), die er gerne offiziell als das maßgebliche Dogmatik-Buch im Reich eingeführt gesehen hätte, und tatsächlich wird man es als den »Anfang der mittelalterlichen Theologie« (A. Hauck) bezeichnen dürfen. Aber nichts darin ist originell, fast alles aus fremdem Gedankengut geschöpft und oft nicht einmal spekulativ bewältigt. Weiter betätigte sich Alkuin in der Bibelauslegung; er schrieb einen Johannes-, Genesis-, Psalmen- und Prediger-Kommentar. Sein Traktat über die Seele war eine Gelegenheitsschrift, und die Abhandlung über die Tugenden stellt eine Art Laienethik dar. Theologische Gewährsleute waren ihm Augustinus, Hieronymus, Benedikt von Nursia, Gregor der Große, Isidor von Sevilla sowie sein Landsmann Beda. Vielfältige Anregungen gab Alkuin sodann für die Frömmigkeit, zumal für Gebet und Gebetsverbrüderung. Ebenso wandte er der Liturgie seine Aufmerksamkeit zu. Doch kann er nicht, wie lange angenommen, als Verfasser jenes Anhangs gelten, der dem von Hadrian an Karl übersandten Sakramentar angefügt werden mußte; lediglich einen Libellus mit Meßformularen schuf er selber. Rühmlich hervorzuheben ist seine Anteilnahme an der karolingischen Mission. Er kritisierte die bei den Sachsen angewandte Härte, besonders die aufgezwungene Zehntzahlung, und entwickelte für die Awaren-Mission neue Leitlinien: Aller Zwang widerspreche dem Glaubensentscheid; nur in freier Zustimmung könne die Bekehrung vollzogen werden. Weiter betätigte sich Alkuin als Hagiograph. Am bekanntesten ist die Vita Willibrordi, die er auf Bitten Beornrads, des Abtes von Echternach und Erzbischofs von Sens, geschrieben hat; mit beiden, dem Erzbischof wie dem Heiligen, war Alkuin verwandt. Endlich ist noch die Briefsammlung zu erwähnen, in der sich die ganze Vielfalt seiner Beziehungen und Interessen widerspiegelt: mit Karl, dessen Familienangehörigen und den Hofleuten, mit Bischöfen, Äbten und deren geistlichen Gemeinschaften, sowohl des Kontinents wie der angelsächsischen Heimat; inhaltlich geht es um Theologie und Reichspolitik, immer aber auch um Freundschaft und Gebet.

Gegen Ende seines Lebens zog Alkuin sich zurück. Schon länger war er Abt mehrerer Klöster, obwohl er selber nie ein monastisches Gelübde abgelegt hat und auch nur Diakon war. 796 ging er in das Martinskloster nach Tours. An Karls Kaiserkrönung konnte er nur noch aus der Ferne Anteil nehmen. Als er 804 starb, ging mit ihm jener Gelehrte zu Grabe, der »alle anderen Gelehrten am Hofe Karls weit überragte, ein Mann von umfassender Leistung auf allen Gebieten damaliger Wissenschaft« (H. Löwe).

c) Theodulf von Orléans († 821)

Neben Alkuin ist der westgotische Spanier Theodulf zu nennen, der vor den Sarazenen ins Frankenreich geflüchtet war und seit 790 als Theologe Zugang zum Hofe fand, dann Bischof von Orléans wurde (vor 798) und sich dort mit Eifer und Verstand praktisch-pastoralen Aufgaben zuwandte. Seine wissenschaftliche und theologische Tätigkeit deckte sich weitgehend mit der Alkuins, welcher ihn, den Jüngeren, zuletzt sogar als Rivalen empfand. Theodulfs Begabung war vielseitiger angelegt, auch schärfer konturiert, zudem witziger bis hin zur gelegentlichen Satire, die weder Alkuin noch Karl selbst aussparte.

Theodulf unternahm gleichfalls das Werk der Bibelrevision; anders als Alkuin ging er stärker philologisch vor. Führend war Theodulf auch an den theologischen Streitfragen der Bilderverehrung und des Adoptianismus beteiligt. Nicht minder aktiv zeigte er sich in der großen Politik. Mit Karl weilte er 800 in Rom und engagierte sich in dessen Erbfolgeregelung. Nicht zuletzt wirkte er vorbildlich für die Reform seiner Diözese. Was Karl in seinen Kapitularien an kirchlichen Bestimmungen für das ganze Reich erlassen hatte, setzte Theodulf als erster in ein sogenanntes Diözesanstatut um. Seine letzten Lebensjahre freilich waren umdüstert; bei Ludwig dem Frommen fiel er in Ungnade, mußte deswegen Orléans verlassen und verstarb in Haft (wohl gegen 821).

d) Adalhard († 826) und Angilbert († 814)

Unter den einheimischen Förderern der Erneuerungsbestrebungen ist der Karolingersproß Adalhard zu nennen, ein Sohn von König Pippins Halbbruder Bernhard und damit ein Vetter Karls des Großen, mit dem zusammen er offenbar erzogen worden ist. Daß Adalhard 774 ins Kloster eintrat, soll dadurch, daß Karl sich im Zuge seiner antilangobardischen Politik von der rechtmäßig ihm angetrauten langobardischen Königstochter getrennt hatte, veranlaßt worden sein. In Corbie wurde Adalhard Mönch, ging aber der monastischen Vollkommenheit wegen zeitweilig außer Landes nach Monte Cassino. 780 stieg er zum Abt von Corbie auf und kehrte als solcher in die Reichspolitik zurück. Am Hof verband er sich freundschaftlich mit Paulus Diaconus und besonders eng mit Alkuin. Als ›Antonius‹ apostrophiert, beteiligte er sich an den neuen Bildungsbestrebungen, ohne allerdings selber in besonderer Weise literarisch tätig zu werden. Von Karl wurde er mit höchsten Aufgaben betraut, sowohl in den inneren wie äußeren Belangen des Reiches. So führte er die Regentschaft in Italien, zuerst wohl schon für den 781 zum König erhobenen Pippin und 812 für dessen Sohn Bernhard. In die Klosterpolitik griff Adalhard insofern ein, als er 802 im Widerstreit mit Benedikt von Aniane die nichtbenediktinischen Traditionen der fränkischen Klöster verteidigte und damit die Durchsetzung der reinen Benediktsregel vorerst verhinderte. Bei Ludwig dem Frommen fiel er in Ungnade, mußte in die Verbannung gehen, konnte aber 821 wieder zurückkehren und noch einmal eine bedeutsame Rolle wahrnehmen. Sein in diesen Jahren verfaßtes, aber nur in Überarbeitung erhaltenes Buch ›De ordine palatii‹ (Hofordnung) wollte die Verwaltungsaufgaben einer rechtens geführten Herrschaft darstellen. In den letzten Jahren widmete er sich hauptsächlich dem Kloster Corbie, für das er damals seine berühmten Wirtschaftsstatuten verfaßte (vgl. § 72, 6 c).

Adalhard nicht unähnlich ist Angilbert, der dem fränkischen Hochadel entstammte und in der Hofschule unter Alkuin und Paulinus seine Ausbildung erhielt. Literarisch versuchte er sich in der Dichtkunst, was ihm den Namen ›Homerus‹ einbrachte. Von Karl offenbar als Günstling behandelt, lebte er mit dessen Tochter Berta in einem nicht recht definierbaren Verhältnis, vielleicht in einer Friedelehe. In der Politik trat er als Leiter der italischen Hofkapelle König Pippins hervor. Mehrmals auch fungierte er als Karls Gesandter in Rom. Seit 789/90 war er Abt des Klosters Centula/St. Riquier. Obwohl selbst nicht Mönch und eigentlich nur Laienabt, vermittelte er seinem Kloster bedeutende Impulse. Der Klosterbibliothek ließ er das Geschenk von 200 Büchern zukommen. Im Klosterbezirk errichtete er mehrere Kirchen, die eine sogenannte Kirchenfamilie bildeten, und schuf eine entsprechende Liturgieordnung, die uns einen bedeutsamen Einblick in die gottesdienstliche Vielfalt des karolingischen Klosterlebens gibt (vgl. § 72, 1; Abb. 78).

e) Einhard († 840)

Als Vertreter der jüngeren, im Frankenreich aufgewachsenen Generation ist an erster Stelle Einhard zu nennen, der am Hof als Geschichtsschreiber und Baumeister hervortrat und als Verfasser der ›Vita Caroli Magni‹ Berühmtheit erlangte. Er stammte aus dem Main-Gau und war als Kind dem Kloster Fulda zur Erziehung übergeben worden, von wo er 794 zur Weiterbildung an den Hof kam. Zunächst noch Schüler Alkuins, stieg er nach dessen Weggang zur beherrschenden Figur der Hofschule auf. Wegen seiner kleinen Gestalt und seines allzu geschäftigen Wesens oft bespöttelt, verfügte er wie kaum ein anderer über Gelehrsamkeit und Kunstsinn. Als Kenner der antiken Architekturtheorien oblag ihm die Oberleitung über die Bauten des Hofes, was ihm den Namen des Werkmeisters der alttestamentlichen Stiftshütte, Beseel, eintrug. Von seinen kleineren Kunstwerken hat sich allein der »Einhardsbogen« mit dem »Einhardskreuz« rekonstruieren lassen: ein als römischer Triumphbogen gestalteter Sockel mit einem Gemmenkreuz darauf. In der Politik dürfte er an Karls Nachfolgeregelungen wie auch an dessen Testament beteiligt gewesen sein. Unter Ludwig dem Frommen und seinem

54 Modell des als Triumphbogen gestalteten Untersatzes vom Einhardskreuz (nach einer Zeichnung des 18. Jahrhunderts; Paris, Bibl. Nat.).
Den 38 cm hohen und 23 cm breiten silbernen Triumphbogen stiftete Einhard 815 für St. Servatius in Maastricht; im Rückgriff auf römisch-frühchristliche Vorbilder bieten die figürlichen Treibarbeiten erstmals in der frühmittelalterlichen Kunst ein entfaltetes ikonographisches Programm: oben der endzeitliche Christus mit Engeln, darunter die Evangelisten und zuunterst weltliche Herrscher. Die Inschrift lautet: ›Um das Zeichen des ewigen Sieges ⟨das Kreuz⟩ zu halten, ließ Einhard, der Sünder, diesen Bogen anfertigen und Gott weihen.‹

Sohn Lothar zählte er weiterhin zu den einflußreichen Leuten des Hofes. Aber angesichts der Auseinandersetzungen zwischen Ludwig und seinen Söhnen zog er sich nach 830 zurück. Wohl in dieser Zeit verfaßte er sein literarisch berühmtestes Werk, die ›Vita Caroli Magni‹, die nach den von Sueton († um 130) verfaßten Kaiserbiographien stilisiert ist, aber doch eigenständig bleibt und in formvollendetem Latein ein lebendiges Karlsbild zeichnet; man hat diese Vita als »reifste Frucht der karolingischen Renaissance« bezeichnet (R. Rau).

Von der Politik wandte sich Einhard zuletzt ganz dem Klosterleben zu. Wiewohl verheiratet, war er Abt einer Vielzahl von Abteien. Als Eigenkloster gründete er in seiner Heimat bei Michelstadt im Odenwald die heute noch stehende Basilika in Steinbach, für deren Weihe er in Rom – wie er selbst in einem Bericht anschaulich schildert – die Reliquien stehlen ließ, die dann aber nicht in Steinbach, sondern in Seligenstadt (südl. Hanau) ihre bleibende Stätte fanden. Hier wirkte er bis zu seinem Tode (840) an der Spitze einer Klostergemeinschaft, und auch seine jetzt als ›liebe Schwester‹ betitelte Frau zog sich dorthin zurück.

3. Neue Schriftlichkeit

Mit den ›Zehn Büchern Geschichte‹ des Gregor von Tours sind in Gallien die Historiographie und bald sogar die ganze Literatur zu Ende gegangen. Was folgte, war nur noch ein dürftiges Rinnsal. Literarisch betätigten sich vorrangig die ›Fremden‹, die Iren. Gallien, in der Spätantike noch eine der literarisch produktivsten Provinzen, war verstummt. Hier »eine Reform bewußt inauguriert und dann mit allen Kräften gefördert zu haben ist das Verdienst Karls des Großen« (J. Fleckenstein).

a) ›Epistola de litteris colendis‹

Gegen 784/85 sandte Karl seinen berühmten, wohl von Alkuin mitformulierten ›Bildungsbrief‹ (Epistola de litteris colendis) an alle Bischofskirchen und Klöster und mahnte die ›studia litterarum‹ (Literarstudien) an. Das eigentliche Motiv ist freilich der Gottesdienst. Gott zu gefallen, müsse man recht leben, zugleich aber auch richtig sprechen, lesen und schreiben können. Ungepflegte Rede oder fehlerhafte Schrift behinderten den rechten Sinn, und mangelnder Schreibeifer mindere die Kenntnis der Heiligen Schrift, denn mit den Schreibfehlern wüchsen die Lese- und Verständnisfehler. Kurz, ohne literarische Bildung gebe es kein Verständnis der Heiligen Schriften. Gott aber finde Gefallen nur am recht geschriebenen und recht gesprochenen Wort. Es waren also die Erfordernisse der christlichen Buchreligion, die Karl zu einem neuen Bildungsprogramm führten. Tatsächlich verweisen denn auch die vielfältigen Aspekte der karolingischen Erneuerung immer wieder auf dieselben Grundmotive: Gott recht zu dienen, um sein Wohlgefallen zu finden und dadurch das Reich zu sichern.

b) Schrift

Der Neuanfang resultierte gewiß auch aus den Erfordernissen des Großreiches, denn dieses umfaßte Länder und Gebiete, die einesteils noch ohne Schriftkultur auskamen und anderenteils in Sprache wie Schriftwesen eigene Entwicklungen genommen hatten. Das Spätlatein hatte sich nicht nur barbarisiert, sondern auch in Richtung auf die mittelalterlichen Nationalsprachen des Französischen, Spanischen, Italienischen und Raetoromanischen fortzubilden begonnen. Ähnliches war mit der Schrift geschehen; auch sie hatte sich zu regionalen Sonderformen fortgebildet.

Karl stand nun vor der Aufgabe, in seinem Großreich wieder eine überall lesbare Schrift einzuführen. Es mußte »buchstäblich mit dem ABC begonnen werden« (W. von den

Steinen). Die großen Kodizes der Spätantike hatten für ihre Texte zuweilen noch Großbuchstaben (Majuskeln) gewählt, vor allem die ›Capitalis rustica‹, eine gegenüber der strengen ›Capitalis‹, wie sie auf den römischen Inschriften zu finden ist, mildere und leichtere Schriftform; sie besteht aus gleich hohen Einzelbuchstaben, die sich einem Zweizeilenschema einordnen. Am weitesten verbreitet, zumal in den Büchern der Christen, war die ›Uncialis‹, eine mehr abgerundete (lat.: uncus – gekrümmt) Großschrift, die dann als Halbunziale auch Ober- und Unterlängen aufwies. Daneben gab es eine Kleinschrift, die Minuskel mit ihren zahlreichen Ober- und Unterlängen, die ein Vierzeilenschema benötigt. Sie leitet sich aus der ›Kursive‹, der »flüssigen«, weil die einzelnen Buchstaben verbindenden Schriftform ab. Die auf den britischen Inseln neu entfaltete Schreibkunst bediente sich einer gereinigten Unziale bzw. Halbunziale, während in der karolingischen Schrifterneuerung eine bereinigte Kleinschrift bevorzugt wurde: die berühmte karolingische Minuskel, welche die »Nationalschriften« wieder beseitigte. Der karolingischen Schriftreform ist es zu danken, daß bis heute die Länder der sogenannten westlichen Welt eine gemeinsame Schrift schreiben.

Westgotische Schrift, 9. oder 10. Jahrhundert.

Merowingische Schrift, Typus von Corbie, ab 8. Jahrhundert.

Rätische Schrift um 800.

Irische Majuskel im Buch von Durrow, 7. Jahrhundert.

Irische Minuskel in der Priscian-Grammatik der Stiftsbibliothek St. Gallen, um 850.

Karolingische Minuskel, zweite Hälfte des 9. Jahrhunderts.

55 Beispiele frühmittelalterlicher Schriftarten (nach L. Bieler).

Dank Karls persönlichem Bemühen wurde das Schreiben in seinem Reich eine wichtige Tätigkeit. Er selber richtete am Hof ein beispielhaftes Skriptorium ein, aus dem Meisterwerke der Schreibkunst hervorgegangen sind. Weiter drängte er darauf, daß auch die Klöster Schreibstätten einrichteten. Wie schon in Irland und im angelsächsischen England entfaltete sich nun gleicherweise im Frankenreich das asketische Ideal des schreibenden Mönchs. Der karolingischen Schriftreform und dem neugeweckten Schreibeifer ist es zu verdanken, daß die Schriftlichkeit und das Buchwesen einen neuen Aufschwung nahmen, und dies genau in jenem Moment, da die Überlieferung der Antike gerade noch greifbar war. Abgesehen von der Bibel stammen im Westen für fast alle antiken Texte die ältesten Überlieferungszeugen aus der Karolingerzeit.

c) Latein

Neben der Schrift bedurfte ebenso das Latein einer Reinigung und Vereinheitlichung. Angesichts der Barbarismen und der volkssprachlichen Tendenzen gebot sich wie von selbst die Rückkehr zum antiken Latein, nicht freilich im Sinne einer ausgefeilten Stilistik oder Philologie, sondern einfach als Wiedergewinnung der richtigen Grammatik und Orthographie. In den Bildungszentren wurde darum mit der Schreibkunst eine neue Schulung in der lateinischen Sprache betrieben, die dabei, weil immer weniger lebendig gesprochen, eine gewisse Künstlichkeit annahm, als solche aber das gemeinsame Idiom der westlichen Christenheit blieb. Die Reform betraf wegen des für die kirchliche Tradition und gerade auch für die Liturgie unentbehrlichen Lateins zuallererst die Kleriker; wenigstens ein Minimum an lateinischer Sprachkenntnis mußte ihnen abverlangt werden. Andererseits waren am ehesten im Klerus jene kundigen Kenner zu finden, auf die sich die Reform stützen mußte.

Mit dem Latein war immer auch eine Begegnung mit der Antike verbunden, denn wer die spätantiken Grammatikbücher studierte, fand dort mindestens die aus der antiken Literatur entnommenen Mustertexte. So ergab sich eine Art Paradox: Um gerade am inneren Leben der Kirche, an der Liturgie wie am Glauben, teilnehmen zu können, bedurfte es einer Sprache, bei deren Erlernung man mit einer nichtchristlichen Kultur in Berührung kam. Der christliche Glaube erfuhr dadurch ständig eine Herausforderung. Gerade seine führenden und entschiedenen Vertreter, so der Klerus und die Mönche, sahen sich immer wieder einer Kultur ausgesetzt, deren intellektuelle und poetische Kraft versucherisch an sie herantrat und der gegenüber sie ihren Christenglauben schützen und rechtfertigen mußten. Ein unbefangen in sich ruhendes Christendasein war jedenfalls nicht mehr möglich.

d) Hofbibliothek

Zu den persönlichen Initiativen Karls – er war hierin der erste nachantike Herrscher – zählt auch der Aufbau einer Bibliothek am Hof, die aber nach seinem Tod, wie er testamentarisch verfügte, zugunsten der Armen verkauft wurde. Eine auch nur annähernde Rekonstruktion des Bücherbestandes ist nicht möglich. Die Bibliothek kann nur durch Zufluß von außen zu existieren begonnen haben. Vielleicht kamen schon Kodizes aus der Beute, die Karl aus dem Langobardenreich heimführte. Wahrscheinlich forderte auch ein herrscherliches Rundschreiben zur Übersendung bzw. zur Abschrift von Büchern auf. Waren es zunächst sicherlich noch die alten Zentren, in denen sich seit der Antike eine Bildungs- und Schriftkultur erhalten hatte, so lieferten bald schon die Klöster wichtiges Material. Umgekehrt wirkte rasch auch die Hofbibliothek als Zentrum einer ins Reich zurückstrahlenden Büchervermittlung. Am Hof lagen die

›codices authentici‹, die »Musterexemplare fundamentaler kirchlicher Texte« (B. Bischoff): die Kirchenrechtssammlung des Dionysius Exiguus in der von Papst Hadrian I. an Karl übergebenen Form, dann die Benediktsregel sowie das gleichfalls von Papst Hadrian übersandte gregorianische Sakramentar (vgl. § 56, 2 a).

Wie die Klöster als Zuträger zur Hofbibliothek fungierten, so waren sie umgekehrt ebenso die Nutznießer. Nicht zuletzt dank der Hofbibliothek wuchsen die Klosterbibliotheken in der Folgezeit rasch an. Dabei darf man allerdings keine Zahlen moderner Buchbestände erwarten. Die Reichenau zum Beispiel besaß laut einem Katalog von 822 gegen 450 Bücher und verfügte damit über eine »große« Bibliothek: Vätertexte und Theologenwerke von Cyprian bis Alkuin, zahlreiche Heiligenviten, den Codex Theodosianus wie auch germanische Volksrechte, die Werke Gregors von Tours, dazu Handschriften mit christlicher und heidnischer Dichtung wie endlich noch einzelne Exemplare naturwissenschaftlichen und technischen Inhalts.

4. Hofkunst

a) Buchmalerei

Der 781 aus Anlaß der römischen Taufe von Karls Sohn Pippin entstandene Evangelistar eines nicht näher bekannten Schreibers Godescalc ist »der Beginn einer neuen Phase der mittelalterlichen Buchmalerei. Mit ihm erscheint in der nachantiken Kunst des Abendlandes ein uns bis dahin unbekannter Faktor: ein fürstlicher Auftraggeber« (F. Mütherich).

Seit dem 4. Jahrhundert war der Kodex, das gebundene Buch, an die Stelle der alten Buchrolle getreten (die allerdings mancherorts in der Liturgie, etwa in den süditalischen Exsultet-Rollen, weiterlebte). Überdies hatte die Spätantike den Kodex zum Kunstwerk umgestaltet, ihn mit Illustrationen und einem kostbaren Einband ausgestattet. Diese Buchtradition nahm das frühe Mittelalter auf und führte sie »in einer unvergleichlichen Entwicklung weit über das hinaus, was die Antike an Buchschmuck geschaffen hatte« (F. Mütherich). Aus der Initiale entwickelten schon die Iren und Angelsachsen eine selbständige Kunstform, bei der die Anfangsbuchstaben, durchzogen von Spiralen und Flechtbändern und umspielt von Tierverschlingungen, ganze Seiten füllten. Auf dem Kontinent, wo diese Initialkunst übernommen wurde, begnügte man sich allerdings nicht mit dem rein ornamentalen Charakter, wie ihn die insulare Kunst pflegte, sondern reicherte die Initialen stärker mit Blattornamenten und kleinfigürlichen sowie szenischen Darstellungen an. Ein besonderes Erbe der antiken Buchkunst waren die Bildseiten, die Illustrationen zum Text bieten wollten; sie fügten sich, meist als Kleinformate, an den entsprechenden Stellen ein oder wurden zu Bildstreifen aneinandergereiht. Themen von herausragender Bedeutung erhielten ganzseitige Darstellungen, so das Kreuz, die Evangelisten, der thronende Christus wie endlich das Widmungsbild, das noch stark von den antiken Autoren- und Empfängerportraits beeinflußt blieb und oft Schreiber, Künstler und Auftraggeber vereint zeigt.

Bewundernswürdig ist die in der Buchillustration gelungene Wiederbelebung antiker Malweisen. Die alten Vorbilder sind vielfach von Anfang an spürbar, doch wird in ihrer künstlerischen Rezeption eine deutliche Steigerung erkennbar. Von Buch zu Buch wächst die Fähigkeit zur plastischen Körperlichkeit, und in der Gesichtsdarstellung versucht man statt der Profil- oder Frontalansicht die viel schwierigere Dreiviertelsicht. Ebenso lichtet sich der Hintergrund; Landschaften erscheinen und eröffnen Tiefendimensionen. Am Ende wird, was besonders gegenüber der primär auf Ornament ausgerichteten und die Tiefe negierenden insularen Kunst hervorsticht, die volle Dreidimensionalität wiedergewonnen. Sogar den illusionistischen Malstil der Spätantike gelingt es wiederzubeleben. Einen ersten Höhepunkt der neuen Hofkunst repräsentiert die Ada-Handschrift (benannt nach einer sonst unbekannten Nonne Ada), ein mit Goldtinte geschriebenes Evangeliar; hier findet sich in den Bildern erstmals wieder

314 *Karl der Große*

56 Wiederbelebung spätantiker Malweise in der Hofschule: Evangelisten-Bild des sog. Aachener Evangeliars; Anfang des 9. Jahrhunderts (Aachen, Domschatz).

echte Räumlichkeit. Eine Reihe von gleichartigen Handschriften – die »Ada-Gruppe« – erreicht in ihrem letzten, gegen 810 entstandenen Exemplar, dem »Lorscher Evangeliar«, schon fast das Ideal der Spätantike, und die zum Einband gehörigen Elfenbeintafeln gelten als die qualitätvollsten der Karolingerzeit. Ihren absoluten Höhepunkt erreicht die Buchmalerei mit dem »Wiener Krönungsevangeliar« und weiteren verwandten Kodizes, etwa dem »Aachener Evangeliar«. Die unbekannten Künstler, die für eine gewisse Zeit an Karls Hof tätig gewesen sein müssen, erreichten eine geradezu vollkommene Wiederbelebung der antiken Kunst. Vielleicht kamen sie noch aus einer Tradition

– gedacht wird an Italien oder Byzanz –, wo die spätantike Malweise sich erhalten hatte. Am eindrucksvollsten sind die Evangelistenbilder mit ihrem Spiel von Licht und Schatten und ihrem illusionistischen Landschaftshintergrund; es gibt keine lineare Begrenzung mehr, nur noch die Farbe und den raschen Duktus des Pinsels. »Hier ist in einmaliger Großartigkeit eine weitestgehende Annäherung an die malerischen Qualitäten der Spätantike gegeben« (H. Fillitz).

b) Architektur

Daß in Gallien die römische Basilika, soweit wir sehen können, in vorkarolingischer Zeit nirgendwo Nachahmung fand, verdeutlicht den ungewöhnlichen Neuansatz, den Abt Fulrad in St. Denis mit seiner wahrscheinlich 754 begonnenen und 775 geweihten neuen Klosterkirche wagte, die in Form und Proportionen dem Vorbild der römischen Basiliken folgte. Noch deutlicher wird das römische Vorbild in Fulda erkenntlich, wo die zwischen 791 und 819 errichtete neue Kirche recht genau der vatikanischen Petersbasilika entsprach, in den Dimensionen zwar kleiner, aber mit einem westlichen Querhaus und einer Confessio vor dem Chor. Einen Bautypus eigener Art stellt die 799 geweihte Kirche von Centula/St. Riquier dar, deren Aussehen wir uns allerdings nur noch anhand alter Zeichnungen verdeutlichen können: eine kreuzförmige Anlage mit Vierungsturm und einem dreitürmigen Westbau, dem berühmten »Westwerk«, das hier erstmals in Erscheinung trat, aber vielfach imitiert wurde und in Corvey an der Weser erhalten geblieben ist. Die Bedeutung der Westwerke ist bislang nicht einhellig geklärt, dürfte aber – wegen bedeutsamer Übereinstimmungen mit den Charakteristika der Herrscherkapellen – in Verbindung mit dem Herrscherkult zu sehen sein (vgl. Abb. 58).

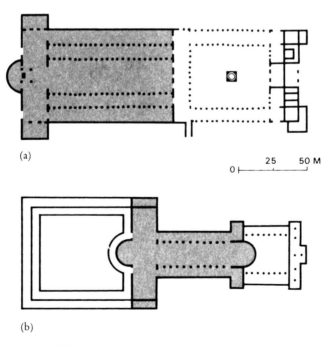

57 Rom als Vorbild im Kirchbau: (a) Peterskirche, (b) Abteikirche Fulda.

(a)

58 Rekonstruktion des Westwerkes der Klosterkirche von Corvey.
Das Westwerk, wie es uns aus karolingischer Zeit in der Klosterkirche von Corvey nur wenig verändert erhalten geblieben ist, besteht aus einem massigen Turm und zwei Begleittürmen (a). Über dem kryptaartigen Untergeschoß befand sich im ersten Obergeschoß der Altar des heiligen Vitus, dessen Reliquien 836 von St. Denis nach Corvey übertragen wurden. Zugleich konnte man von dem Obergeschoß aus die wichtigsten Punkte der Klosterkirche einsehen (b). Die erhöhte Position erinnert an die Aachener Hofkapelle, wo der Herrscher im Obergeschoß seinen Thron hatte und zugleich dem Gottesdienst im Untergeschoß beiwohnen konnte.

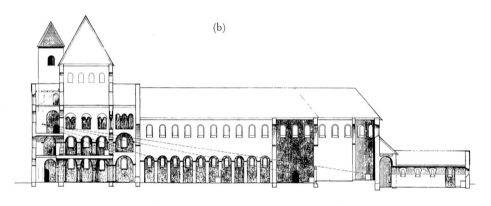

(b)

Das bedeutendste Beispiel karolingischer Architektur ist die Aachener Pfalzkapelle, ein monumentaler Zentralbau mit achteckigem, steilem Mittelraum und doppelgeschossigem Umgang. Schon als technische Leistung verdient sie Bewunderung, blieb doch das Gewölbe für Jahrhunderte die weiteste und höchste steinerne Raumüberdeckung nördlich der Alpen. Vor allem aber fällt der für die abendländische Tradition ungewöhnliche Zentralcharakter auf. Als Vorbild ist neben byzantinischen Palastkirchen besonders San Vitale in Ravenna anzusehen; von dort auch wurden Säulen und das Reiterdenkmal Theoderichs nach Aachen geholt. Hervorzuheben sind ferner der im Obergeschoß aufgestellte Karlsthron, gestaltet nach der alttestamentlichen Beschreibung des Thrones Salomos. Von höchster Qualität sind die acht Bronzegitter, welche in den oberen Emporen die Abschrankungen bilden; die besten Stücke unter ihnen werden ob ihres vollendet antikischen Charakters der Qualität des »Wiener Schatzkammerevangeliars« an die Seite gestellt, ja man hat von ihnen sagen können, es gebe »im ganzen Mittelalter nur wenige bessere Bronzen« (W. Braunfels). Die Pfalzkapelle – sie wurde 800 geweiht – war Teil einer größeren Anlage, zu der auch eine Königshalle gehörte, die gutenteils im heutigen Rathaus erhalten ist und möglicherweise vom Vorbild der spätantiken Kaiserhalle in Trier angeregt wurde. Karl machte Aachen für die letzten beiden Jahrzehnte seiner Regierung zur festen Residenz.

(a)
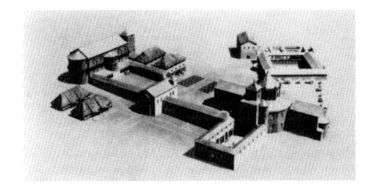

(b)
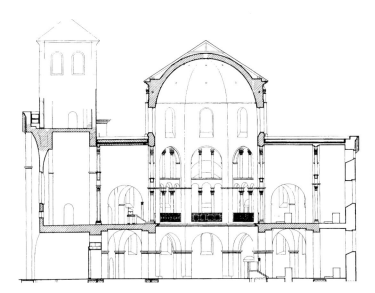

59 Die Aachener Pfalz Karls des Großen (Modell nach L. Hugot) mit südlicher Pfalzkirche – heute Dom – und nördlicher Königshalle – heute Rathaus.
(a) Modell nach L. Hugot.
(b) Schnitt durch die Pfalzkapelle.

§ 56 Die Kirchenreform

1. ›Admonitio generalis‹

Karl ging es, bei allem Schuleifer, im letzten um die ›christliche Ermahnung‹. Wie schon seine Vorgänger Karlmann und Pippin bei der Berufung des Bonifatius das ›Gesetz Gottes‹ und die ›kirchliche Regel‹ hatten wiederherstellen wollen, so jetzt auch Karl. In seiner wohl unter Mitwirkung Alkuins abgefaßten ›Admonitio generalis‹ (allgemeine Ermahnung), unter den Kapitularien eines der berühmtesten und mit grundsätzlichen Äußerungen versehenes (789), versteht sich Karl als neuer Josias, den Gott beauftragt hat, zur rechten Gottesverehrung hinzuführen. Das Ziel ist dabei: ›errata corrigere, superflua abscindere, recta cohartare‹ (das Irrige berichtigen, das Überflüssige beschneiden, das Richtige erzwingen). Mit dem rechten Gottesdienst müsse Gerechtigkeit im allgemeinen und Armenfürsorge im besonderen verbunden sein. Unausgesetzt gelte es, Gott für die dem Reich erwiesenen Vergünstigungen Dank abzustatten und in der Ausübung guter Werke auszuharren, um für immer den Schutz des Allerhöchsten zu gewinnen. Die Bischöfe als Hirten und Führer ihrer Kirchen sollten mithelfen, das Volk zur rechten christlichen Lebensführung anzuleiten.

Die ersten 59 Kapitel bilden jeweils kurze, hauptsächlich aus der Rechtssammlung Dionysio-Hadriana entnommene Einzelanweisungen, die teils den Episkopat, teils den Klerus oder die Klöster, meist aber das ganze Christenvolk betreffen. Karl bewegt sich hier ganz auf der von Bonifatius vorgezeichneten Reformlinie. Die Kapitel 60 bis 82 sind freier formuliert und wenden sich in größerer Ausführlichkeit nochmals an einzelne Stände und Gruppen oder wiederum an alle, und der Tenor zielt erneut auf die rechte Ordnung. Ohne die gottgefällige Lebensordnung droht dem Reich, weil außerhalb des Willens Gottes stehend, Gefahr.

2. Authentische Texte

a) Muster-Kodizes

Das Programm, wie es die ›Admonitio generalis‹ formulierte, hatte Karl schon vor 789 zu verfolgen begonnen, wie es auch später immer verbindlich blieb. Bereits 774 besorgte sich Karl von Papst Hadrian I. eine erweiterte Form der Kirchenrechtssammlung des Dionysius Exiguus, die ›Dionysio-Hadriana‹. Diese ›Collectio‹ wurde das am häufigsten zitierte kirchliche Rechtsbuch – der erste Teil der ›Admonitio generalis‹ geht hauptsächlich darauf zurück –, war aber keineswegs das allein befolgte. Zu nennen ist ferner die Benediktsregel; Karl ließ eine Abschrift vom angeblich in Monte Cassino noch vorhandenen Urexemplar Benedikts anfertigen (bald nach 787), und diese Abschrift lag in der Hofbibliothek zur weiteren Vervielfältigung aus. In St. Gallen ist die Kopie einer vom Aachener Normalkodex erstellten Abschrift mit sogar genauer Verzeichnung der verschiedenen Lesarten erhalten geblieben; es ist der heute wichtigste Textzeuge der Benediktsregel (Kodex St. Gallen 914). Als besonders folgenträchtiger Normtext ist zweifellos das gregorianische Sakramentar anzusehen, das Karl sich 784 von Hadrian als ›unvermischtes‹ Liturgiebuch erbat und das für die Vereinheitlichung der abendländischen Liturgie die eigentliche Grundlage wurde.

b) Bibel-Korrektur

Zu den ›authentischen‹ Texten, die Karl förderte, gehörte vorrangig die Bibel. Die für die Folgezeit wichtigste Korrektur des Bibeltextes lieferte Alkuin, dem zufolge ohnehin aller Unterricht dazu dienen sollte, die Bibel zu lesen und zu verstehen. Auf Bitten Karls fertigte er in Tours eine »revidierte« Bibel an, die dem Kaiser wahrscheinlich zu Weihnachten 801 überreicht wurde. Zwar ist dieses Erststück verlorengegangen, doch sind Nachfolgeexemplare erhalten geblieben. »Die Alkuin-Bibel ist ein wichtiges Stück abendländischer Kulturgeschichte, imponierend als ein Höhepunkt der Buchkunst der karolingischen Zeit, einflußreich für die Überlieferung der lateinischen Bibel im ganzen Mittelalter und bis in unsere Tage« (B. Fischer). Freilich muß dieses hochgreifende Lob von den zeitgenössischen Voraussetzungen her verstanden werden. Als Alkuin sich daran machte, den Vulgatatext zu revidieren, ging es ihm nicht um humanistisch-philologische Textkritik, sondern ganz einfach um Rechtschreibung, Satzzeichen, Behebung von allzu offensichtlichen Fehlern und Beseitigung der gröbsten Barbarismen. Als Vorlagen dienten die nächstbesten Texte, sofern sie nur »reiner« schienen. Mit seinen schätzungsweise 4000 Eingriffen – was angesichts des umfangreichen Bibeltextes keine ungewöhnliche Zahl darstellt – hat Alkuin keineswegs schon einen korrekten Text erreicht. Die Revision ging nach seinem Tode weiter, wie auch die schreibkünstlerische und buchmalerische Ausstattung durch das Turoner Skriptorium erst nach ihm einen vorbildlichen Charakter gewann. Wiewohl Karl die Alkuin-Bibel nicht offiziell zum Normtext erhob, erlangte sie doch ein bestimmtes Ansehen und wurde durch den Hof und den Hochadel weit verbreitet. Das Turoner Skriptorium hat dabei

60 Das Gregorianische Sakramentar als authentischer Text, geschrieben vor 816 (Cambrai, Bibl. municip.).
IN NOMINE DŇI. HIC SACRAMENTORŪ DE CIRCULO ANNI EXPOSITO A SCŌ GREGORIO PAPA ROMANO EDITŪ EX AUTHENTICO LIBRO BIBLIOTHECAE CUBICULI SCRIPTUM QUALITER MISSA ROMANA CAELEBRATUR.
Im Namen des Herrn. Hier das Sakramentar, das für den Jahreskreis angelegt ist und von dem römischen Papst Gregor herausgegeben wurde; es ist nach dem authentischen Buch in der Bibliothek des Hofes geschrieben: Wie die römische Messe gefeiert wird.

erstaunliche Leistungen vollbracht. In der ersten Hälfte des 9. Jahrhunderts sind wohl gegen hundert Exemplare alkuinischer Vollbibeln hergestellt worden, die jeweils etwa 900 Seiten in der Größe von 50 × 35 Zentimetern mit insgesamt etwa 85 000 Schreibzeilen umfassen – schon arbeitsmäßig eine enorme Leistung.

Um die Bibelkorrektur mühte sich auch Theodulf von Orléans, jedoch anders als Alkuin; er ging textkritischer zu Werke. Schon im Äußeren wählte er ein kleineres Format, denn er wollte handliche Exemplare, die er dazu noch mit gut gewählten Erläuterungen, so zur Chronologie, zur Allegorese und auch zu dogmatisch-theologischen Einzelfragen ausstattete. An jedem neuen Exemplar hat Theodulf weitergearbeitet, des Hebräischen wegen gelegentlich unter Beiziehung eines getauften Juden. Auch in der künstlerischen Ausstattung überragten anfangs seine Bibeln bei weitem diejenigen Alkuins. Dennoch blieb er der weniger Erfolgreiche.

c) Ergebnis

Dem großen Ziel, ›authentische Texte‹ zu schaffen, war im ganzen nur ein »begrenzter Erfolg« beschieden (R. Kottje). Keiner der Normtexte errang Allgemeingültigkeit. Dennoch kann der Erfolg von Karls ›Correctio‹ nicht bestritten werden: Im Zuge der Reform konnten in ganz neuer Weise literarische und wissenschaftliche Begabungen geweckt und in den Schulen und Bibliotheken bleibende institutionelle Grundlagen geschaffen werden. Vor allem aber wurden Bücher geschrieben. Aus dem 8. und 9. Jahrhundert sind insgesamt sieben- bis achttausend Handschriften erhalten geblieben.

Ein eindrucksvolles Erfolgsbeispiel bieten gerade auch die Bibelhandschriften, die aus der Zeit vor 800 erhalten sind. Trotz aller Zufälligkeit der Überlieferung sind die Zahlen frappierend: 108 aus Italien, 47 aus Frankreich, 35 aus Irland, 47 aus England, 67 aus Deutschland. Italien steht an der Spitze, und seine Handschriften verteilen sich der Entstehung nach gleichmäßig über vier Jahrhunderte: 5. Jahrhundert 27, 6. Jahrhundert 32, 7. Jahrhundert 27, 8. Jahrhundert 20. Demgegenüber stammen fast alle Handschriften, die auf deutschem Gebiet entstanden sind, aus der Zeit nach 750. Das heißt also: Italien war trotz aller Zerstörungen immer noch das Land mit der stärksten und kontinuierlich weitertradierten Schriftlichkeit. Hier konnte und mußte darum die karolingische Erneuerung anknüpfen. Aus diesem Land kamen bezeichnenderweise auch die ersten Gelehrten, die Karl an seinen Hof zog. In Deutschland hingegen mußte die Schriftlichkeit in den Gebieten am Rhein gutenteils wiedergewonnen und weiter östlich überhaupt erstmals aufgebaut werden. Daß in diesem bis dahin schriftlosen Land geradezu schlagartig eine blühende Schriftkultur hervortrat, beweist die erstaunliche Intensität, welche die karolingischen Reformer beseelte.

3. Kirchenorganisation

a) Bischöfe und Klerus

Karls Kirchenreform begann bei den Bischöfen. In seiner ›Admonitio generalis‹ tituliert er sie als Lenker und Hirten, welche ihre Herde zum ewigen Leben führen und vor dem einbrechenden Wolf schützen sollen; als ›die hellen Lichter der Welt‹ haben gerade sie die kanonischen Satzungen und ererbten Traditionen aufrechtzuerhalten.

Zuvörderst drängte Karl auf Einhaltung eines vorbildlichen und eifrigen Wirkens. Möglichst alle Zeit sollten die Bischöfe an ihren Bischofssitzen und in ihren Sprengeln verbringen; nie durften mehrere Diözesen in einer Bischofshand vereint sein. Ihr vornehmliches Augenmerk hatten sie auf den Klerus und die Seelsorge zu richten. Der Heranbildung des Nachwuchses dienten Schulen, die am Bischofssitz wie in den Pfarreien zu errichten waren. Zur Hebung der Seelsorgstätigkeit wurden Diözesansynoden mit Schulung und Überprüfung des Klerus abgehalten. Überall und in allem hatte der Bischof nach dem Rechten zu sehen: was die Priester lehrten, wie sie Gottesdienst feierten und ob sie sich des rechten Lebenswandels befleißigten. Seine Gemeinden sollte der Bischof regelmäßig visitieren, das Leben der dortigen Christen überprüfen und den Heranwachsenden die Firmung spenden. Als Helfer standen ihm dabei die Chorbischöfe zur Seite.

Die Anforderungen an den Klerus, die nur stichwortartig überliefert sind, betreffen das äußerste Minimum: ob die Priester auch selber die eigentlich von allen zu lernenden Texte des Credo und Vaterunsers auswendig kennen und auszulegen wissen; ob sie des Lateins soweit mächtig sind, daß sie bei zu variierenden Gebeten mit den Casus-Endungen richtig umzugehen vermögen. Offenbar gab es immer noch Fälle, wie es Bonifatius zu beklagen gehabt hatte, daß ein Priester ›in nomine patria et filia‹ (wörtlich: im Namen von Vaterland und Tochter) getauft hatte. Immer wieder auch wird gefragt, welche liturgischen Bücher in Gebrauch sind und wie Taufe und Messe gehalten werden; wie ferner die Zeiten des Kirchenjahres festzulegen und wann die Feste zu feiern sind; ob die Bußzeiten angemessen bestimmt und beim Psalmengebet die richtigen Modulationen befolgt werden. Denn, so lautet die in der ›Admonitio generalis‹ angeführte Begründung, jeder solle wissen, was er von Gott erbitte, und nur ein bewußter Gottesdienst finde Gottes Gefallen. Um die Amtsführung zu überprüfen, sollten sich die Pfarrpriester am Gründonnerstag, wenn sie beim Bischof die heiligen Öle abholten, einem Examen unterziehen. Dem gleichen Zweck dienten die im Vorsommer oder im Spätherbst abzuhaltenden Diözesansynoden. Wenn der Bischof oder Chorbischof zur Visitation kam, hatte sich ihm der Pfarrklerus mitsamt der Gemeinde zu präsentieren. Bei alldem ging es aber nur immer wieder um die elementarsten Forderungen: die Einhaltung der Christengebote und speziell beim Klerus die Amts- und Lebensführung, angefangen bei den Lateinkenntnissen bis hin zur Befolgung des Zölibates.

Kirchenorganisatorisch fügen sich die unter Karl verkündeten Bestimmungen, allen voran die ›Admonitio generalis‹, ganz in die Linie der von Bonifatius eingeleiteten Reform ein (vgl. § 46, 1 a): alleinige Zuständigkeit des Bischofs in seiner Diözese, eine bischöflich kontrollierte Sakramentenspendung, ausschließliche Kompetenz der bischöflich errichteten Pfarrkirchen für Taufe und Meßfeier, Untersagung der absoluten Weihen sowie das Verbot für Kleriker und für Bischöfe, sich in die Gefolgschaft eines Adligen zu begeben, endlich noch für die Kleriker die Verpflichtung auf den Ordo canonicus und für die Mönche auf die Benediktsregel.

Es war eine ganze Fülle von sehr klar ausgesprochenen Forderungen, deren Beachtung aber, wie man nur mit Erstaunen feststellen kann, in zentralen Punkten gerade an Karl selbst scheiterte. Auffallend sind vor allem die Inkonsequenzen im Kirchenorganisatorischen. Daß die altkirchliche, in karolingischer Zeit sehr wohl bekannte Bischofswahl nicht wiederbelebt wurde, wird man angesichts des den Karolingern von Anfang an eigenen Kirchenregiments schon gar nicht erwarten wollen. Erstaunlich hingegen wirkt die Vielzahl von Irregularitäten, die Karl in direktem Gegensatz zu seinen eigenen Forderungen aufrechterhielt. Schon die Mitglieder seiner Hofkapelle waren Eigenkleriker, die keinem Bischof unterstellt waren. In den Hofkapellen wurde die Taufe gespendet – beispielsweise an Widukind in Attigny –, und selbstverständlich wurde dort die Eucharistie gefeiert; kirchenrechtlich aber war dies eine »private«, das heißt nicht bischöflich autorisierte Sakramentenspendung. Und mehr noch: Die Hofkleriker standen in gefolgschaftlicher Bindung, so daß man sie »eine vasallitische Gefolgschaft im geistlichen Gewande« (J. Fleckenstein) hat nennen können. Dies alles aber hatte die Reformgesetzgebung inzwischen mehrfach verboten. Überhaupt blieben in der Reform des Klerus sogar zentrale Forderungen unerledigt. Die schon von Erzbischof Chrodegang geforderte Beobachtung des Ordo canonicus wurde angemahnt, aber kaum durchgeführt, ebensowenig die Benediktsregel in den Klöstern. Karl, so müssen wir feststellen, überging vielfach dort die Reformansprüche, wo sie seinem Regiment entgegenstanden; ja mehr noch: Indem er die Reformen vorantrieb, nahm er dem Adel unter Berufung auf die kanonische Ordnung alle Kirchenrechte und akkumulierte sie, durchaus entgegen dieser Ordnung, bei sich selbst.

b) Erzbistum

In der Behandlung des Erzbischofsamtes setzte Karl zunächst die zögernde Politik seiner Vorgänger fort (vgl. § 46, 2 b). Bischof Chrodegang von Metz († 766), der nach dem Tod des Bonifatius das Pallium erhalten (754) und dabei König Pippin seinen ›Herrn‹ genannt hatte, war in seiner Tätigkeit auf den pippinischen Herrschaftsbereich ausgerichtet, nicht aber fungierte er als Erzbischof einer Metropole. Diese erzbischöfliche Ein-Mann-Politik setzte sich zunächst noch mit Erzbischof Wilchar († 786/87) fort. Dann allerdings führte Karl eine Wende herbei: Reims, Trier, Mainz, Bourges, Sens, Köln und Salzburg wurden Erzsitze, und in Karls Testament sind es bereits 20. Doch verstand es Karl, das neue Amt weiterhin zu beanspruchen. So verbanden Angilram von Metz († 791) und Hildebald von Köln († 819) ihr erzbischöfliches Amt jeweils mit der Würde des Erzkaplans, mit der Leitung der Hofkapelle, und Karl ließ beide Würdenträger durch ein päpstliches Indult von ihren Erzsitzen freistellen, damit sie sich ganz dem Hofdienst widmen konnten. In Wirklichkeit bedeutete das: Obwohl nun wieder mehrere Erzbischöfe zugelassen waren, nahm doch einer von ihnen eine bevorzugte politische Stellung ein, indem er zum Leiter der Hofkapelle bestellt wurde. Auf diese Weise blieben Reichsregiment und Kirchenleitung engstens miteinander verbunden. So kann denn auch Hildebald ›arche episcopus sacri palatii‹ heißen. Und weiter: Karl bediente sich nicht nur personell einer hochgestellten Person der Kirche, sondern nutzte zugleich dessen kirchliches Amt für sein Reichs- und Kirchenregiment. So wurde der im Erzbischofsamt kulminierende Instanzenweg für Zwecke der Reichsadministration ausgenutzt; aus einem an Erzbischof Hetti von Trier († 847) gerichteten Mobilmachungsbefehl wissen wir beispielsweise, daß militärische Anordnungen über den Erzbischof an die Suffragane und die Äbte weitergingen.

Nicht aber wurde die den Erzbischöfen, wie vormals den Metropoliten, zustehende Aufgabe der Synodenberufung erneuert. Die Synoden fanden auf Reichsebene statt, entweder am Hof oder in den Teilreichen und nicht innerhalb der Kirchenprovinzen. Endlich ist festzustellen, daß weder die Metropoliten-Synode noch auch der Papst als höchste Berufungsinstanz in kirchlichen Angelegenheiten fungierten, sondern, wie Karl auf der Synode in Frankfurt 794 dekretierte, er als König; als solcher war er sozusagen die Spitze des ordentlichen kirchlichen Instanzenzuges. Wiederum ist also festzustellen, daß Karl sich die letztgültige Oberhoheit vorbehielt und dabei das neurezipierte Erzbischofsamt für seine Zwecke zurechtschnitt.

c) Beseitigung der Bischofsherrschaften

Mit dem Niedergang der Merowingerherrschaft hatte sich, meist in subsidiärer Übernahme weltlicher Aufgaben, die bischöfliche Stadtherrschaft weiter gefestigt, ja oft überhaupt erst richtig etabliert und zuweilen sogar noch auf das Gebiet der Civitas ausgedehnt (vgl. § 29, 3). Einzelne Bischöfe erhielten dabei vom König das Recht, den Grafen zu ernennen, oder wurden gar selbst Inhaber dieses Amtes. Die auf diese Weise entstandenen Bischofsherrschaften – in der Forschung als »bischöfliche Kirchenstaaten« oder auch als »Bistumsrepubliken« bezeichnet – mußten die Karolinger, wollten sie wirklich ihre Macht durchsetzen, wieder beseitigen (vgl. § 43,4) – wie übrigens zur selben Zeit die aquitanischen Herzöge sich die Bischofsherrschaften südlich der Loire unterwarfen. Schon Pippin der Mittlere zerschlug den »Kirchenstaat« von Rouen, weiter dann Karl Martell – meist im Zusammenhang mit der Abwehr der Sarazenen – die Herrschaften von Tours, Orléans, Sens, Auxerre und Lyon. Sein Sohn Pippin eignete sich Le Mans an und im folgenden die Bischofsherrschaften im eroberten Aquita-

§ 56 *Die Kirchenreform* 323

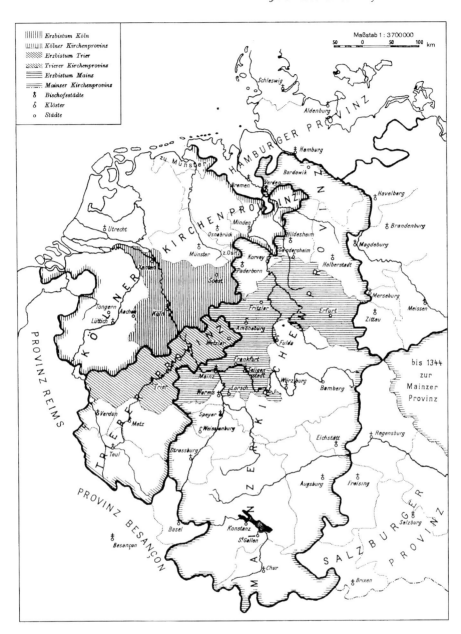

61 Die in karolingischer Zeit entstandenen Kirchenprovinzen im mittelalterlichen Deutschen Reich.
Am auffälligsten ist die alle anderen Erzdiözesen übertreffende Größe von Mainz. Dies rührt daher, daß Mainz – mit Ausnahme von Basel – die alemannischen Bistümer vereinnahmen konnte und im Sachsenland die östlichen Bistümer bis zur Niederelbe zugeteilt erhielt. Die kleinste Provinz ist Trier, dessen Diözesangebiet merkwürdigerweise den Nordteil der antiken, zu Mainz gehörigen Provinz Obergermanien einschließt und darüber hinaus noch ins Hessische vorstößt.

nien. Zuletzt noch beseitigte Karl der Große die Bischofsherrschaften in Trier und Chur. Eigentlich wurde dabei nur wieder die alte Ordnung hergestellt: Die weltliche Verwaltung, vor allem das Gerichtswesen, sollte ein Graf ausüben und der Bischof sich auf das geistliche Amt beschränken. Die Folge war ein Doppelregiment in den Bischofsstädten, ein Herrschaftsdualismus zwischen Graf und Bischof.

d) Äbte

Mit dem Zönobitentum und der Organisierung eines gemeinschaftlichen Klosterlebens gewann der Abt eine überragende und die ganze Mönchsgemeinde bestimmende Stellung. In klassischer Weise findet sich sein Amt in den Regeln des Magisters und Benedikt definiert: Der Abt ist der Vater seiner geistlichen Söhne und besitzt deswegen eine umfassende geistliche Leitungsgewalt, sozusagen als lebendige Verkörperung der Regel; letztlich kommt ihm göttliche Autorität zu, fordert er doch, in Analogie Gottvaters zu Jesus, ›Gehorsam bis zum Tod‹. Für Benedikt sollte freilich der Abt immer auch der fürsorgende Vater sein und auf den Rat der Brüder hören. Dennoch, er war der geistliche Eckstein, auf dem sich die Kommunität aufbaute. In dem Maß jedoch, wie die Klöster zu wirtschaftlichen Großorganisationen heranwuchsen, erweiterten sich die Leitungsaufgaben. Der Abt hielt jetzt zusätzlich eine große Organisation in Händen und repräsentierte dabei eine politisch erhebliche Machtposition. Pippin der Mittlere († 714) verlangte erstmals von ›seinen Äbten‹ politische Treue. Karl Martell vergab Abteien an Mitglieder seiner Verwandtschaft und seines politischen Anhangs; überdies zwang er die Klöster zur Ausleihe von Klostergut an seine Gefolgsleute (vgl. § 43, 4). Bei Pippin dem Jüngeren († 768) sehen wir Äbte bereits im Regierungsdienst des Herrschers, vor allem auf Reichsversammlungen und Synoden, wo sie in merowingischer Zeit noch kaum zu finden gewesen waren. Sie gehörten jetzt mit zu den Beschlußfassenden und nahmen ihre Stellung zwischen Bischöfen und weltlichen Großen ein. Speziell politische Dienste leisteten sie im Gesandtschafts- und Gerichtswesen, vereinzelt auch in der Kanzlei, und unter Karl dem Großen schließlich auch noch in der Heeresfolge.

Wegen der geistlichen Zielsetzung des monastischen Lebens war es immer selbstverständlich gewesen, daß zum Abt nur ein Mönch, und möglichst einer aus dem eigenen Konvent, bestellt werden sollte. Die Politisierung des Abtsamtes brachte nunmehr tiefgreifende Veränderungen: Das Problem war nicht die Berufung von Laien – schließlich war das Kloster »laikalen« Ursprungs –, sondern die Bestellung von ungeistlichen Äbten, die klosterfremd waren und oft genug selber nicht einmal mönchisches Leben kannten.

Dies betraf nicht nur die Zeit Karl Martells; beispielsweise war Alkuin, obwohl aller Wahrscheinlichkeit nach selber kein Mönch und dem Weihegrad nach ein Diakon, Abt über die Klöster Ferrières, St. Lupus in Troyes, Flavigny, St. Josse-sur-Mer (an der Ärmelkanalküste) und in Tours. Unter Karl dem Großen sehen wir erstmals auch verheiratete Laien zu Äbten erhoben. Der mit einer Tochter Karls vermutlich in Friedelehe lebende Angilbert war Abt über Centula/St. Riquier und später der verheiratete Einhard über die beiden Genter Abteien St. Peter und St. Bavo, dazu noch über St. Servatius in Maastricht und zeitweilig auch über Fontenelle/St. Wandrille.

Die starke Außentätigkeit der Äbte mußte notwendig das Verhältnis zu ihren Mönchskommunitäten verändern. Praktisch oblag dem ›Zweiten‹ im Kloster, dem ›Praepositus‹, die geistliche Leitung. Um überhaupt dem Konvent angesichts der reichsdienstlichen Verpflichtungen des Abtes die Existenzmöglichkeit zu sichern, wurde eine vermögensrechtliche Trennung zwischen Abt und Konvent vorgenommen. Meist richtete man eine eigene ›mensa fratrum‹ (Tisch der Brüder) ein; das heißt, man grenzte aus dem vom Abt beherrschten Klostervermögen so viel aus, daß die Mönchsgemeinschaft ein gesichertes Auskommen hatte. Bei alledem aber schärfte Karl den Äbten unnachsichtig ihre geistlichen Aufgaben ein, sah auf ihre Disziplin und verlangte von ihnen Beispielhaftigkeit vor ihren Konventen. Damit beschwor er eine fast unlösbare Pflichtenkollision herauf: einerseits politische und sogar militärische Dienste, andererseits geistliche Präsenz im Kloster und bewußter Verzicht auf adelige Lebensführung. Die Äbte, obwohl faktisch der »adeligen Oberkirche« (F. Prinz) angehörend, sollten nach ›heiliger Ordnung‹ leben. Ähnlich schwierig stand es um die Besitzpolitik der Äbte. Obwohl der Reichs- und Militärdienst hohe und höchste Aufwendungen erforderte, verurteilte Karl aufs schärfste alle Besitzgier. Die Frankfurter Synode von 794 kritisierte, daß es bei der Aufnahme von Novizen zuweilen mehr um deren Besitz als um geistliche Eignung gehe.

e) Immunität

Daß in Wirklichkeit die Bischöfe und Äbte politisch nicht gänzlich entmachtet wurden, hat seinen Grund in der Immunität, die bei der Auflösung der Bischofsherrschaften belassen und den Bistumskirchen wie den Abteien oft sogar neu verliehen wurde.

Die spätantike Immunität, die ursprünglich Steuerfreiheit und nachfolgend auch Gerichtsfreiheit gewährt hatte, war schon in merowingischer Zeit zahlreichen Bischofskirchen und Abteien zugesprochen worden, die damit allerdings nicht von staatlichen Diensten und Abgaben befreit wurden, sondern diese Verpflichtungen in eigener Regie abwickeln konnten; in Justizangelegenheiten verfügten sie, wenn auch nicht immer in letztumfassender Zuständigkeit, über eigene Gerichtsherrlichkeit. Weil aber die fränkische Gerichtsgewalt nicht mehr von einem staatlichen Justizapparat, sondern vom Adel wahrgenommen wurde, bedeutete die Immunitätsverleihung eine Absicherung gegen die Beherrschung durch den Adel. Freilich bedurften die kirchlichen Immunitätsherren immer des besonderen Königsschutzes, um ihre Freiheit gegen den Adel und dessen als angestammt betrachtete Gerichtshoheit durchsetzen zu können. Die Herrscher hatten dabei an den Immunitätsbezirken, trotz der dort nur noch beschränkt wirksamen »Staatsgewalt«, dennoch weiterhin wichtige Stützpunkte, solange sie nur über die Bischofs- und Abtsberufung verfügten und ihnen ergebene Personen einsetzen konnten.

In Karls Klosterpolitik ist zu beobachten, daß er im Kernbereich seiner Herrschaft Wahlfreiheit und Immunität nur nach bereits älterer Verleihung bestätigte, nicht aber solche Rechte neu gewährte; zumal die Klöster sollten möglichst direkt in seiner Verfügung bleiben. Die Immunität betraf normalerweise den gesamten Kirchenbesitz. Bald aber entwickelte sich noch eine »engere Immunität«: der oft mit Mauern abgegrenzte Nahbezirk der Bischofskirche bzw. des Klosters oder Stiftes. Hier kamen zur allgemeinen Immunität noch das Asylrecht, ferner die gesonderte Rechtsstellung des Klerus und überhaupt so etwas wie ein besonderer Sakralfrieden.

f) Vogtei

Obwohl die Beseitigung der Bischofsherrschaft und die Reaktivierung der gräflichen Amtsgewalt die geistliche Herrschaftsausübung stärkstens beschnitten hatte, blieb mit der Immunität, derzufolge der Bischof oder Abt auf seinem oft großen und weitgestreuten Amtsbesitz weiterhin öffentliche Obliegenheiten wahrnahm, eine weltliche Herrschaft: einmal das Gerichtswesen und zum anderen der Militärdienst. Von diesem Ansatzpunkt her entwickelte sich von neuem »die Immunität zu einem entscheidenden Faktor bischöflicher Stadt- und Regionalherrschaft« (R. Kaiser). Ein besonderes Problem bildete dabei der alte geistliche Vorbehalt, daß Kleriker sich nicht am Waffendienst oder am Justizvollzug, am wenigsten an der Blutjustiz, beteiligen durften. So blieben die geistlichen Immunitätsinhaber auf Laien angewiesen. Hier nun griff Karl ein und verlangte, daß die geistlichen Immunitätsinhaber für ihre größeren Besitzkomplexe eigene ›Vögte‹ (advocatus) zu bestellen hätten; diese sollten rechtskundig sein, die Gerichtsfälle im Immunitätsgebiet erledigen sowie die Strafgebühren einziehen, zudem die Vertretung nach außen hin vor anderen Gerichten übernehmen und eigentlich auch das militärische Aufgebot ins Feld führen – freilich immer unter der Oberaufsicht des Königs wie auch des jeweiligen Bischofs oder Abtes. Die Vögte entstammten meist dem niederen lokalen Adel und blieben vielfach von den Kirchenleuten abhängig. Erst später, vor allem seit ottonischer Zeit, vermochten sie ihre Position zu stärken und eigene Rechtsansprüche durchzusetzen. Dadurch erst wurde das Institut der Vogtei zu einem wichtigen Herrschaftsinstrument des Adels über das Kirchengut, im hohen und späten Mittelalter zum wichtigsten.

g) Reichsdienst

Die Immunität, welche die Freiheit von staatlichen Lasten gewährte, nahm die dort lebenden Freien nicht vom Militärdienst aus. So waren die Immunitätsherren zur Heeresfolge verpflichtet, und Karl verlangte von ihnen, ein kriegerisches Gefolge von Vasallen bereitzuhalten. Ungewöhnlich war allerdings, daß er das persönliche Mitwirken der geistlichen Immunitätsherren forderte, mußte er sich dabei doch in eklatanter Weise über das alte Kirchengebot hinwegsetzen, demzufolge weder Kleriker, Bischöfe noch Mönche eine Waffe in die Hand nehmen durften. Noch spätmerowingische Synoden hatten dieses Verbot wiederholt, ebenso Bonifatius auf dem Concilium Germanicum, der seiner Forderung in einem Fall sogar demonstrativ hatte Geltung verschaffen können, nämlich in der Absetzung des Mainzer Bischofs Gewilib, der auf einem Sachsenfeldzug eigenhändig den Tod seines Vaters und Amtsvorgängers gerächt hatte. Bei Karl aber sehen wir den »Reichs- und Kriegsdienst des Klerus voll institutionalisiert« (F. Prinz). Hatte noch Karl Martell die Kirchen und Abteien zur Herausgabe von Gütern für seine Gefolgsleute zwingen müssen, so stellten diese jetzt von sich aus kriegsgerüstete Vasallen auf, und die Bischöfe und Äbte zogen persönlich mit ihnen ins Feld, obwohl doch die Vögte sie in weltlichen Dingen vertreten sollten. Man schätzt, daß Karl etwa 2000 direkte Vasallen und gegen 30 000 Untervasallen zur Verfügung hatte, letztere großenteils solche der Kirche.

Ein nach 800 zu datierender Aufgebotsbefehl an Abt Fulrad von St. Quentin beschreibt das zu stellende Kontingent: Der Abt habe sich mit seinen Kriegsleuten im ostsächsischen Staßfurt (südl. Magdeburg) einzufinden; jeder Reiter müsse mit Schild, Lanze, zwei Schwertern, Bogen, Köcher und Pfeilen ausgerüstet sein; auf Wagen sei Proviant für drei Monate sowie Waffen und Gerät für ein halbes Jahr mitzuführen. Karl verlangte – ganz im Gegensatz zu Bonifatius, der Kleriker nur der seelsorglichen Betreuung wegen mit ins Feld ziehen lassen wollte – den aktiven Kriegsdienst der großen Kirchenleute. Abt Sturmi mußte einmal im Sachsenkrieg mit seinem fuldischen Aufgebot die Eresburg besetzt halten. Angilram von Metz, zugleich Erzbischof und königlicher Kaplan sowie Abt der Klöster in Sens und Chiemsee, starb 791 auf dem Awarenfeldzug, desgleichen der Regensburger Bischof Sintpert.

Das in der kirchlichen Gesetzgebung gleichwohl weiterhin für Kleriker proklamierte Waffenverbot galt praktisch nur für den niederen Klerus. Die Bischöfe und Äbte, ohnehin vom Herrscher ernannt und dem Adel entstammend, bildeten eine eigene, nicht selten bewußt ihren kriegerischen Standestraditionen verpflichtete Gruppe, die sich gar nicht so unwillig in den herrscherlichen Kriegsdienst einbeziehen ließ. Und nicht nur zum Krieg, sondern zu allen erdenklichen Aufgaben der Reichsadministration wurden die Bischöfe und Äbte herangezogen: zu Kontroll- und Gerichtsaufgaben, zu Vertragsverhandlungen und Gesandtschaftsreisen. Die Mittel für alle diese Dienste aber mußten die Kirchen und Klöster selber aufbringen. Bewußt wurden wichtige und verdiente Gefolgsleute zu Bischöfen und Äbten ernannt, um sie mit den Kirchenpfründen zu entlohnen und zugleich den Kirchen- und Klosterbesitz für Reichsaufgaben nutzen zu können. Was Wunder, daß sich die geistlichen Institute zu schützen suchten und für Äbte wie Bischöfe bestimmte Güterkomplexe aussonderten, damit nicht der Besitz insgesamt ausgebeutet werden konnte.

Für Karls Reichsverwaltung aber blieb diese ihm dienstbare geistliche Oberschicht unersetzlich: »Ohne den Reichsklerus war kein Karolingerreich möglich, er war der bei weitem wichtigste Zweig der ›Reichsaristokratie‹, und zwar sowohl institutionell wie personell« (F. Prinz).

h) Zehnt

Die Verpflichtung, der Kirche den zehnten Teil des jährlichen Einkommens zu geben, galt der frühen Kirche als Ausdruck der noch unvollkommenen Gerechtigkeit des Alten Testaments und darum für einen Christen als ungenügend. Seit dem 6. Jahrhundert aber wurde der Zehnt als christliches Minimum akzeptiert und von gallischen Synoden als Gebot proklamiert, dessen Verweigerung die Exkommunikation nach sich ziehen sollte. Ein Zehntgebot kannten auch die irische und angelsächsische Kirche. König Pippin und vor allem Karl der Große schrieben die Zehntabgabe reichsgesetzlich vor: Jedes Jahr wurde in den Pfarrbezirken von den Ernteerträgen, vom Vieh und von den Handels- und Gewerbeeinkünften der zehnte Teil eingezogen. Die Abgaben dienten dem Unterhalt von Bischof, Klerus und Kirche, ferner den Armen. Die Gegenleistung sollte die Gewährleistung der Gottesdienste und der Sakramentenspendung sein.

Die immer wieder vorgebrachte Behauptung, die reichsgesetzliche Durchsetzung des Zehnten sei als Entschädigung für die seit Karl Martell üblich gewordenen »Säkularisierungen« aufzufassen, ist unwahrscheinlich, war doch der Entschädigungszins, der von den Nutznießern der säkularisierten Güter an die eigentlichen kirchlichen Besitzer abzuführen war, ein doppelter Zehnt. Der Pfarrzehnt stellte demgegenüber eine eigenartige Abgabe dar: Er war von allen zu entrichten und stand jeder Pfarrkirche zu. Als solcher erlangte er eine entscheidende Bedeutung für die Herausbildung der Pfarreien, da die im Pfarrbezirk wohnenden Gläubigen ausnahmslos an ihre Kirche zehnten mußten, was eine genaue territoriale Abgrenzung erforderte. Da weiter diese Abgabe mit der Gewährleistung von Gottesdienst und Sakramentenspendung begründet wurde, galt mehr denn je die Pfarrkirche als allein zuständig: Nur hier konnten die im Pfarrsprengel ansässigen Gläubigen den Gottesdienst besuchen, nur hier empfingen sie die Sakramente. Es war dies der mittelalterliche »Pfarrzwang«.

§ 57 Die Liturgiereform

Die Liturgie nahm im frühen Mittelalter und ganz besonders in der Karolingerzeit eine zentrale Bedeutung ein. Jeder war zeitlebens von ihr berührt, und nichts trat von der frühmittelalterlichen Religiosität anschaulicher hervor als die Liturgie, wie auch nichts tiefer ins allgemeine Leben eindrang. Sowohl die Festzeiten des Jahres als auch der allgemeine Sonntag, insbesondere die großen Lebensstationen wie Geburt, Ehe und Tod, überhaupt die Höhen und Tiefen des Lebens samt ihrer Freude und Trauer, mündeten jeweils in eine Liturgie. Den Mönchen und den Klerikern war sie alltäglich, ja allstündlich. Die Dorfbewohner erlebten sie regelmäßig an Sonn- und Feiertagen in ihrer Pfarrkirche. Die Herrscher hatten eigene Hofkapellen, nahmen selber, wie von Karl dem Großen und den hohen Adeligen bezeugt, am liturgischen Gebet teil und ließen obendrein noch hundert- und tausendfach in den Klöstern für sich, ihre Familien und das Reich beten. An der Liturgie hing das Heil des einzelnen wie der Allgemeinheit, des Herrschers wie des Sklaven. Ihre rechte Ausübung war Sorge der Kirchenleute, aber nicht minder der Könige und Kaiser, und jedermann mußte dazu beitragen. Karl der Große ließ sich nicht nur von Papst Hadrian das gregorianische Liturgiebuch geben, er befragte auch alle Metropoliten seines Reiches, wie die Taufe rechtens zu spenden sei; einmal soll er sogar selber Paten wieder weggeschickt haben, weil sie das Glaubensbekenntnis und das Vaterunser nicht aufzusagen wußten. Denn immer mußte die Liturgie richtig gefeiert werden. Karls ›Epistola de litteris colendis‹ unterstellt, daß Gott nur am recht geschriebenen und recht gesprochenen Wort Gefallen finde. Ohne den rechten Ritus, ohne »Formgerechtigkeit«, drohte die Liturgie leer und nichtig zu werden. Darum bedurfte sie ständig der ›Correctio‹, und den Maßstab dafür bot die römische Petruskirche. Richtig gefeiert aber bewirkte die Liturgie Gottes Kraft und Gnade, für jedermann und für alles. Willig und reichlich nahm man sie darum in Anspruch. In karolingischer Zeit ist sie in nie zuvor gekannter Weise vermehrt worden. Zahlreiche Riten wurden neu geschaffen, für den Ablauf des Alltagslebens so gut wie für die großen politischen Ereignisse, etwa die Herrscherweihe. Die Wirkung der Liturgie glaubte man zuletzt sogar zahlenmäßig fixieren zu können. Berechnungstabellen mit genauen Auflistungen belehrten über das erforderliche Maß. Mit Recht hat man die Karolingerzeit ein »Zeitalter der Liturgisierung« genannt (E. Kantorowicz).

1. Romanisierung

a) Römische Liturgiebücher

Zu den großen und folgenträchtigen Veränderungen, die sich in der karolingischen Kirchenreform vollzogen, gehört die Romanisierung der abendländischen Liturgie. Grundlegend war auch hier die Idee der authentischen Texte, vor allem aber die Notwendigkeit des rechten Gottesdienstes, dessen Norm in Rom gesucht wurde. Die Stadt der Apostelfürsten und ihrer Gräber gewann im Frühmittelalter Ansehen auch als Vorbild für die Liturgie. Seit der Mitte des 7. Jahrhunderts haben wir mit römischen Liturgiebüchern in Gallien zu rechnen, die von Verehrern des heiligen Petrus dort verbreitet wurden. Zu Beginn des 8. Jahrhunderts müssen bereits das Sacramentarium Gelasianum wie auch das Gregorianum (vgl. § 41, 4a) nach Gallien gelangt sein. Das bald überragende Ansehen, das das gregorianische Sakramentar im Frühmittelalter allenthalben gewann, ist darauf zurückzuführen, daß seit dem 8. Jahrhundert Papst Gregor der Große († 604) als sein Autor galt. Mit der Rezeption der römischen Liturgie im Frankenreich erhielten so gut wie alle gottesdienstlichen Feiern eine neue Gestalt, sowohl in den Texten wie im Verlauf.

b) Sakramentar Pippins

Die römischen Liturgiebücher, vom Ansehen des heiligen Petrus getragen, begannen im 8. Jahrhundert auf die gallische Liturgie einzuwirken, schufen aber keine Einheitsobservanz. Bei den ersten Imitationsversuchen, die zunächst nur von einzelnen Rom-

Verehrern ausgingen, wurden ganz verschiedene Entwicklungsstadien und Anwendungsbereiche der römischen Liturgie rezipiert, so daß das Ziel einer nach römischem Muster vereinheitlichten Liturgie gerade nicht erreicht wurde. Außerdem drangen rasch auch gallische Elemente in die römischen Kodizes ein; schon die älteste, im Frankenreich hergestellte Handschrift des Gelasianum enthält solche Zusätze. Seit der Mitte des 8. Jahrhunderts trat insofern ein durchgreifender Wandel ein, als nun die Rezeption der römischen Liturgie, dank der offiziellen Unterstützung seitens der Karolinger, ein allumfassendes Ausmaß annahm und innerhalb kurzer Zeit die alte gallikanische Liturgie beseitigte, von der nur wenige Eigenheiten überlebten. Das Wirken des Bonifatius, dann der Aufenthalt Papst Stephans II. im Frankenreich (754) wie auch das damals zwischen dem Papst und Pippin ausgehandelte geistlich-politische Bündnis ließen die römische Liturgie rasch zum allgemeinen und nun auch offiziell geförderten Ideal werden. Die beiden römischen Sakramentare, das Gelasianum und das erweiterte Gregorianum, flossen zu einem neuen Sakramentar zusammen, das als »Sakramentar Pippins«, auch als »Gelasianum des 8. Jahrhunderts« oder als »Gelasianum mixtum« bezeichnet wird. Der verlorengegangene Archetyp dürfte um 760 in der burgundischen Abtei Flavigny entstanden sein. Die Gesamtdisposition ist, stärker als der Name vermuten läßt, gregorianisch. Das ältesterhaltene Exemplar dieses Typs ist das Sakramentar von Gellone. Insgesamt weist die weitere Entwicklung eine zunehmende Gregorianisierung auf.

c) Hadrianum

Seinen Abschluß fand das Reformbestreben unter Karl dem Großen, der sich von Papst Hadrian I. (772–795) ein ›unvermischtes‹ gregorianisches Sakramentar erbat. Dabei müssen gleich mehrere Rezensionen eines Gregorianum in den Norden gelangt sein, darunter ein dem Urtyp sehr nahekommendes Exemplar und andere, die sich bis zu Neuerungen Gregors II. (715–731) weiterentwickelt hatten und als Hadrianum bezeichnet werden. Diese Versionen gehörten alle dem gregorianischen Überlieferungszweig an, der auf die päpstliche Stationsliturgie beschränkt geblieben war und nicht die Erweiterungen für die Normalliturgie der Petersbasilika in sich aufgenommen hatte. Natürlich erwies sich dieses Hadrianum als völlig unzureichend, zumal für die umfänglichen Bedürfnisse der fränkischen Gottesdienste, und so mußten Ergänzungen vorgenommen werden. Aber nicht Alkuin († 804) – wie lange angenommen –, sondern Benedikt von Aniane († 821) gilt neuerdings als Autor des irgendwann nach 800 dem offiziellen Hadrianum angehängten Supplementes, das Formulare der vorausgehenden Periode der ›Gelasiana mixta‹, Meßformulare Alkuins, auch westgotische und nicht zuletzt gallikanische Elemente einschließt (vgl. § 56, 2 b; Abb. 60).

2. Initiationssakrament

a) Rezeption des römischen Taufritus

Als Bonifatius am 15. Mai 719 von Papst Gregor seine Missionsbeauftragung erhielt, verpflichtete er sich dabei, das ›sacramentum initiationis‹ nach römischer Weise zu spenden. Es war dies der erste offizielle Schritt, der die Romanisierung der abendländischen Liturgie einleitete.

Der römische Taufritus ist ersichtlich für Erwachsene konzipiert, wird doch der Täufling in höchstem Maße selbstverantwortlich beteiligt: Er hat sich vorzubereiten, soll die christliche Glaubenslehre kennenlernen und wirkt aktiv gerade auch am Taufgeschehen mit, denn sein ›credo‹ (ich glaube) bildet das wichtigste Taufwort (vgl. § 41, 4 b). In Wirklichkeit waren die Täuflinge nahezu ausschließlich Kinder. Staatliche wie kirchliche Gesetze verlangten die alsbaldige Taufe der Neugeborenen, die dadurch – so das weithin dominierende Motiv – der Macht des Bösen entrissen waren und nun als ›Kinder Gottes‹ besonderen Schutz erhielten, so daß sie beispielsweise nicht mehr ausgesetzt werden durften. Um irgendwie doch noch die Bewußtheit des Taufvorganges zum Ausdruck zu bringen, wurde – wie schon in der Spätantike – die Rolle der Paten betont; sie gaben stellvertretend für die Kinder die Taufantworten und waren für deren spätere christliche Erziehung mitverantwortlich. Einen Ritus, der die besondere Situation der Kindertaufe berücksichtigt hätte, schuf man jedoch nicht. Man begnügte sich mit einzelnen Veränderungen und Kürzungen. Der lange, über die ganze Quadragesima verteilte Ritus geriet in der landläufigen Praxis mehr und mehr zum Beschwernis. Die einzelnen vorbereitenden Akte wurden teils einfach fallengelassen, teils gekürzt und zuletzt mit der Taufhandlung zu einem zusammenhängenden Ganzen verbunden, so daß Taufvorbereitung und -spendung in einem Zuge erfolgen konnten. Überdies hatte immer schon gegolten, daß in Notfällen sofort zu taufen sei, und dafür gab es bereits ein verkürztes Ritual. Eine erhebliche Veränderung ist sodann im Taufakt selber vorgenommen worden, und zwar in der Glaubensbekundung unmittelbar bei der Tauchung. Hier ist seit Beginn des 8. Jahrhunderts festzustellen, daß der Priester eine eigene Spendeformel in der Art ›Ich taufe dich ...‹ sprach. Die drei Fragen nach dem Glauben an die Personen des trinitarischen Gottes, deren Antworten schon früh um theologische Aussagen über Vater, Sohn und Geist erweitert worden waren und den Grundstock des Glaubensbekenntnisses bildeten, erhielten nun ihren Platz vor der Tauchung. Die Einfügung des vom Spender zu sprechenden ›Ich taufe dich‹ bedeutete eine erhebliche Gewichtsverschiebung: Galt ursprünglich als entscheidendes Taufwort das ›Ich glaube‹ des Täuflings, der damit seine freie und gläubige Zustimmung bekundete, so lag jetzt das Gewicht auf der Spendeformel des Taufpriesters. Der zuvor dialogisch einbezogene Täufling ist zum Sakramentenempfänger geworden, über den amtlich und autoritativ verfügt wird.

b) Taufrundfrage Karls des Großen

Die Reformbemühungen um die Taufe müssen mancherlei Unsicherheit hervorgerufen haben, denn Karl selbst richtete noch gegen Ende seiner Regierungszeit, im Jahre 812, eine Umfrage an die Erzbischöfe seines Reiches, wie es mit der Taufe zu halten sei. Alle Einzelheiten werden erfragt: Katechumenat und Skrutinien, Wort und Inhalt des Symbolum, Teufelsabsage und Exorzismen, Salzgabe und Salbungen, Chrisamsalbung und Taufbinde (die zum Schutz der Kopfsalbung diente), zuletzt noch die Taufkommunion sowie die weißen Gewänder. Die überlieferten Antworten verraten nur mehr die Hilflosigkeit der Befragten, die ihre Antworten notdürftig zusammenborgen mußten. Auffälligerweise scheint sowohl hinter den Fragen Karls wie vielfach auch hinter den Antworten der Erzbischöfe eine gemeinsame Textgrundlage auf, die ein vielleicht für die Sachsenmission konzipierter Tauftraktat gewesen sein dürfte. Ein verwandter Text wurde während des ganzen 9. Jahrhunderts dem Klerus zur Taufbelehrung empfohlen, zweifellos wiederum ein Normtext der karolingischen Reform. Daß Karl sich der Taufe annahm, entsprach vollauf dem Ethos des frühmittelalterlichen Herrschers: Dieser trug die Verantwortung dafür, daß alle getauft wurden; daran hing das Wohlergehen des Reiches. Karl suchte dieser Pflicht bis auf den Buchstaben genau nachzukommen.

62 Darstellung der Taufe in einer theologischen Sammelhandschrift des frühen 9. Jahrhunderts (München, Bayer. Staatsbibl.).
Der Täufling steht im Taufbecken; die Tauchung bzw. Übergießung ist bereits geschehen, und der Priester vollzieht die Hauptsalbung – im Hintergrund ist das Salbgefäß zu sehen –, während der Pate mit dem Trockentuch bzw. dem Gewand bereitsteht.

c) Firmung

Eine wichtige Folgewirkung der karolingischen Liturgiereform war die Herausbildung der Firmung. Die gallikanische Taufliturgie kannte – wie übrigens alle außerrömischen Liturgien – nur eine einzige Salbung nach der Taufe, die der taufende Priester oder Diakon vollzog. Anders nun in der karolingischen Liturgiereform: Die römische Liturgie hatte zwei postbaptismale Salbungen, deren erste vom Taufpriester gespendet wurde; die zweite aber, eine Salbung verbunden mit einer Handauflegung, eben die ›Confirmatio‹, stand allein dem Bischof zu und war eine Besonderheit der römischen Liturgie. Mit der Ausbreitung dieser Liturgie kam die zweite postbaptismale Salbung in den Norden. Der Angelsachse Beda machte sich bereits zu ihrem Fürsprecher; tadelnd stellte er fest, daß die Bischöfe nicht immer die Dörfer auf den Bergen oder in den Wäldern visitierten und folglich die Gläubigen nicht konfirmiert würden; er forderte deswegen, die Anzahl der Bischöfe zu vermehren und kleinere Diözesen einzurichten. Genau das suchte Bonifatius in seiner Kirchenreform auf dem Kontinent zu verwirklichen. Da er sich schon bei seiner Missionsbeauftragung durch Papst Gregor II. im Jahre 719 auf eine Spendung des Initiationssakramentes nach römischer Art verpflichtet hatte, mußte er auch die römische Firmung erteilen. Tatsächlich spricht das Concilium Germanicum von der Pfarrvisitation des Bischofs und der dabei zu spendenden Firmung. Aber diese Firmspendung blieb in den großen Diözesen beschwerlich genug. Man suchte Abhilfe zu schaffen durch zusätzliche Bischöfe: die Chorbischöfe (griech.: chora – Land). Daß gerade die Angelsachsen Willibrord und Bonifatius als erste solche Chorbischöfe geweiht haben, kann schwerlich Zufall sein; der Grund dürfte in der von ihnen propagierten Firmung zu suchen sein, bei deren Spendung Hilfsbischöfe mitwirken mußten. Aber auch für die Firmung selbst ergaben sich Konsequenzen. In der Stadt Rom und in den kleinen Diözesen Italiens war es relativ leicht, die Taufe durch die bischöfliche Handauflegung und Firmsalbung vollenden zu lassen. In den großen Diözesen des Nordens aber spaltete sich der Firmritus ab und wurde bei der bischöflichen Visitation nachgeholt, in der Regel erst viele Jahre nach der Taufe. So verselbständigte sich die Firmung und galt bald als ein Gnadenempfang eigener Art.

3. Eucharistie

a) Messe als Opfer

Veränderungen, welche die römische Meßliturgie (vgl. § 41, 4 c) im Frankenreich erfuhr, betreffen zwar nur Einzelheiten, sind aber von erheblichem Belang. Unter alttestamentlichem Einfluß setzte sich die Verwendung von ungesäuertem Brot durch. Ferner wurde die Kommunion nicht mehr auf die Hand, sondern in den Mund gegeben, und endlich begann man, den Kanon des Hochgebetes, das Heiligtum der Messe, wie er jetzt auch genannt wurde, mit ehrfürchtiger Stille zu umgeben. Fundamental waren sodann die Veränderungen, die im Gesamtverständnis der Messe festzustellen sind und an die Grundlagen der christlichen Eucharistie-Auffassung rühren. Die frühe christliche Theologie hatte mit Nachdruck, ja mit Polemik darauf bestanden, daß das Opfer der Christen ein geistig-geistliches sei und nicht ein materielles. Die alte Bezeichnung ›Eucharistie‹ brachte zum Ausdruck, daß im Gedenken an das Heilswerk Jesu Christi als Antwort überhaupt nur eine Gegengabe möglich sei: der Dank; so hieß denn auch die Eucharistiefeier ›sacrificium laudis‹ (Lobopfer), und dieses war immateriell. Zugleich aber wußte man sich in der Vergegenwärtigung des Opfers Jesu zum Mitvollzug von dessen Selbsthingabe aufgerufen, weswegen die Eucharistie immer auch »Ausdruck einer heiligen, ganz Gott hingegebenen Gesinnung« war (J. A. Jungmann). Diese beiden Momente, der Dank und die Selbsthingabe, konstituierten das geistliche Opfer (vgl. § 8, 1 b).

In der Spätantike und im Frühmittelalter traten andere Gesichtspunkte in den Vordergrund. Immer mehr wurde die Darbringung des Meßopfers zu einem ›offerre pro‹ (opfern für). Die neue Auffassung gründete sich darin, daß die für die Eucharistie dargebrachten Gaben, Brot und Wein, als Opfergaben gedeutet wurden, freilich nicht wegen ihres materiellen Gehalts, sondern aufgrund der Konsekration, die sie in Fleisch und Blut Jesu Christi verwandelte. »Die Kirche, repräsentiert durch den Priester, bringt den kraft der Konsekration gegenwärtigen Leib und das Blut Christi als ihr Opfer dem Vater dar« (H. B. Meyer). Die uralte Religionsvorstellung von Gabe und Gegengabe begann dabei in neuer Weise auf die christliche Eucharistie einzuwirken: Das dargebrachte Opfer erlaubte, in Erwartung der von Gott her fälligen Gegengabe besondere Bitten zu stellen. Die Folge war, daß fortan das Opfer der Messe mit der Bitte ›für jemanden‹ oder ›für etwas‹ verbunden wurde. »Das Meßopfer wird ein ›Mittel zu‹, eine Gelegenheit zu intensiver Bitte, es wird Meß*opfer*, also unabhängig von einer konkret Kirchengemeinschaft erbauenden und aufweisenden Funktion, an sich wertvoll, und besitzt darum eine Ort und Raum heiligende, also apotropäische Wirkung« (A. Häußling). Was Wunder, daß die Meßfeier zur meistgeschätzten Frömmigkeitshandlung aufstieg und möglichst häufig gefeiert wurde.

b) Votivmesse

Wie auch hätte sich Gott dem Opfer seines Sohnes versagen können! So wurde die Messe das impetratorische Mittel (lat.: impetrare – erlangen) schlechthin. Die Sakramentare bieten zahlreiche Formulare für Votivmessen (lat.: votum – Wunsch, Bitte), die zur Erlangung von Segen und Heil in allen möglichen Nöten, Anliegen und Gebrechen gefeiert werden konnten. Bot vorher die Meßfeier nur im Nebeneffekt die Möglichkeit der Fürbitte für dieses oder jenes Anliegen (vgl. § 12, 3 d), so sollte sie jetzt der Erfüllung aller nur denkbaren Wünsche und Bitten dienen.

Schon in der ältesten Handschrift des gelasianischen Sakramentars aus der Mitte des 8. Jahrhunderts gibt es Meßformulare zum Beispiel für Reisende, zur Erlangung von Liebe und Eintracht, gegen Beunruhigung und Tumult, gegen Sterblichkeit und Viehseuchen, gegen Unfruchtbarkeit, für Regen, für Sonnenwetter, bei Sturm und Gewitter, am Geburtstag, bei Unfruchtbarkeit einer Frau, bei Ablegung des Keuschheitsgelübdes einer Witwe, für den Frieden, in Kriegszeiten, für die Könige, gegen schlechte Richter, gegen Aufsässige, für die Bekehrung der Ungläubigen, für die Genesung der Kranken und so fort; für schlechthin alles ist die Messe gut.

Unübersehbar tritt nun im eucharistischen Opfer das Moment von Fürbitte und Segensempfang in den Vordergrund: »Unter allen Formen der Segensspende erkennt man als die wichtigste und gewichtigste diejenige, die mit der Feier der Eucharistie geschieht« (J. A. Jungmann). Wie aber die Messe impetratorisch wirkt, so auch propitiatorisch (lat.: propitiare – sühnen). Messen können zur Abbüßung von Sünden gefeiert werden und lassen sich dabei mit bestimmten Zeiten des Bußfastens verrechnen. In den Bußbüchern finden sich entsprechende Umrechnungen: eine Messe für zwölf Tage, zehn Messen für vier Monate, 20 Messen für sieben Monate und 30 Messen für ein ganzes Jahr. So konnten bei langen Bußzeiten die zur Bußverkürzung gefeierten Messen in die Hunderte und – bei einer Mehrzahl von Büßern – in die Tausende gehen.

c) Privatmesse

Nach altkirchlicher Auffassung wurde die Eucharistie als Communio gefeiert, als Gemeinschaft mit Gott und den Getauften. Immer galt ihre Feier als Gemeinde erbauend und darum als ›öffentlich‹. ›Nostra oratio publica est‹ – ›unser Gebet ist für alle‹, hatte Cyprian († 258) emphatisch ausrufen können. Die Eucharistie wurde darum von und mit der ganzen Gemeinde ge-

63 Älteste T-Initiale vom ›Te igitur‹ des Meßkanons mit gekreuzigtem Christus aus dem Sakramentar von Gellone, um 750/80 (Paris, Bibl. Nat.).
Der lebendige Christus erhebt seine Augen zum Vater und vollzieht sein Selbstopfer: Aus dem Herzen strömt das Blut für die Erlösung der Welt.

feiert, nie von einem einzelnen, und die Fürbitte galt allen, nie einem einzelnen. Was der einzelne zur Eucharistie als Gabe mitbrachte, so eine römische Oration, sollte allen zum Heil dienen. Dieser kirchlich-öffentliche Bezug wurde im Frühmittelalter verdunkelt. Denn jetzt galt der Priester als der eigentlich Feiernde und Opfernde, ja als der ›Mittler‹ zwischen Gott und den Menschen, so daß sich die Gemeinde ihm nur noch anschließen konnte und nicht mehr eigentliches Subjekt der Feier war. In karolingischer Zeit ist im Kanon eine Veränderung vorgenommen worden, die den Priester an die Stelle der Gemeinde treten läßt: Das von alters her im ›Memento vivorum‹ vorfindliche ›opfern‹, dessen Subjekt alle Mitfeiernden sind, wird nun »klerikal« korrigiert und um ein ›für die wir [die Priester] opfern‹ ergänzt. Der Priester opfert für die Gemeinde, aber auch für bestimmte Personen und in bestimmten Anliegen. So gab es fortan neben der ›missa publica‹, der Messe für alle, die ›missa specialis‹, die Messe für einzelne und in einzelnen Anliegen. Es war dies die Privatmesse, die der Priester ohne Gemeinde feiern konnte, und bei der auch der Bittsteller nicht mehr persönlich anwesend sein mußte. Man konnte nunmehr Messen in eigenem Anliegen bei einem Priester oder Konvent »bestellen«, mittels Stiftungen sogar für »ewige« Zeiten.

d) Meßstipendium

Das in karolingischer Zeit, näherhin im 8. Jahrhundert, sich durchsetzende neue Verständnis der Eucharistie hat Praktiken entstehen lassen, die im ganzen Mittelalter in Übung geblieben sind. Seitdem die Messe in einzelnen Anliegen und für Einzelpersonen gefeiert werden konnte und dabei als höchste Form der impetratorischen Bitte galt, mußten sich die Meßzelebrationen notwendig vermehren. Ihre Zahl stieg denn auch ins schier Unermeßliche. Was dabei so verheißungsvoll wirkte, war der Gedanke, daß die Meßfeier eine geradezu unfehlbare Wirkung habe, und diese Wirkung glaubte man demjenigen zuführen zu können, der die Opfergaben bereitstellte und zusätzlich dem Priester noch ein Almosen oder Entgelt gab. Auf diese Weise entstand das Meßstipendium, die unversiegliche Quelle so vieler kirchlicher Mißbräuche des Mittelalters: Man gab dem Priester einen Geldbetrag mit der Bitte, für einen bestimmten Menschen oder in einem besonderen Anliegen eine Messe zu feiern, über deren Wirkung man im Sinne der angegebenen Intention verfügen zu können glaubte. In der Kanoniker-Regel Chrodegangs von Metz finden wir das Meßstipendium bereits voll ausgebildet: Wenn man einem Priester ein Almosen für eine Messe zugunsten von Lebenden und Verstorbenen, zur Erlassung von Schuld oder überhaupt in irgendwelchen Anliegen gebe, dürfe der Priester dasselbe annehmen und frei darüber verfügen, sofern er nur seine Meßpflicht erfülle. Hier beginnt jenes »›sich Einkaufen‹ in die Verdienste Christi, die in der Messe zugewendet werden« (J. A. Jungmann).

e) Heiligenmessen

Endlich ist festzustellen, daß auch die Heiligenmessen stark zunahmen. Solange die Eucharistie zum Gedächtnis des Heiligen allein bei dessen jährlichem Gedenken und allein an dessen Grab stattfand (vgl. § 30, 4 a; b), widerfuhr dem Gefeierten nur die Ehre dieser einen Meßfeier; dieselbe sollte Gott für den Heiligen Dank abstatten und dessen Fürbitte erflehen. In dem Maße wie Berührungsreliquien oder auch Reliquienpartikel Verbreitung fanden und in den Altären einer einzigen Kirche gleich eine Mehrzahl von Reliquien deponiert wurde, war Anlaß geschaffen, der Heiligen auch an ihren vervielfachten Reliquiengräbern zu gedenken. Auf diese Weise steigerte sich die Zahl der Heiligenmessen in ganz erheblichem Maße. Da sich zudem das Heiligengedächtnis immer mehr vom Grab und den Reliquien zu lösen begann und vorrangig der Tag gefeiert wurde, den die Heiligen im Kalender besaßen, vervielfachten sich nochmals die Meßfeiern zu ihren Ehren. Die Heiligen galten als Fürsprecher bei Gott (vgl. § 30, 4 d), und ihre Fürbitte sollte in den zu ihrer Ehre gefeierten Messen verfüglich gemacht werden. So kam es zu einer »Verbindung von Anliegenmessen und Heiligengedächtnis« (A. Häußling).

4. Buße

a) Bußbücher

Neben den irischen Bußbüchern verbreiteten sich auf dem Kontinent auch solche aus England, besonders das ›Poenitentiale Theodori‹, das nach Erzbischof Theodor von Canterbury († 690) benannt ist und im Kern wohl auch auf ihn zurückgeht. Seit dem 8. Jahrhundert entstanden im Frankenreich weitere Bußbücher, so der ›Excarpsus Cummeani‹ und das ›Poenitentiale Remense‹. Vor allem aber vereinigten sich die Poenitentialien Cummeans, Columbans und Theodors zum sogenannten ›Poenitentiale tripartitum‹ (dreifaches Bußbuch). Den Geistlichen wurde es im 8. Jahrhundert zur Pflicht gemacht, ein Bußbuch zu besitzen und danach die Buße zu erteilen. Wenn auch im 9. Jahrhundert mancherlei Kritik an den Poenitentialien und ihren oft unterschiedlich bemessenen Bußauflagen geübt wurde, so blieben sie doch bis zum hohen Mittelalter in Geltung.

b) Beichte

Während noch die ältesten Bußbücher sich über den Beichtvorgang ausschweigen, erscheinen vom 8. Jahrhundert an Beichtordnungen. Sie schildern folgenden Verlauf: Der Sünder legt vor dem Priester, notfalls auch einem Diakon, ein ausführliches, geheimes Bekenntnis ab. Der beichthörende Geistliche soll dabei behilflich sein und mit dem Sünder zusammen beten. Die Festlegung des Bußpensums hat ›aequo libramine‹ (in gerechter Abwägung) zu erfolgen, wobei der Priester durch Bußhilfe, etwa durch Gebete und Meßfeiern, einen Teil der Bußlast zu übernehmen vermag.

Auch verlangen die karolingischen Bußbücher, jeweils die besondere Situation zu berücksichtigen, unter welchen Umständen der Sünder gehandelt habe und wessen Standes er sei, ob zum Beispiel Laie oder Kleriker, Sklave oder Freier; bei Sklaven genüge, weil sie keine Verfügungsgewalt über sich hätten, die halbe Buße. Das Prinzip der subjektiven Schuldhaftung wird theoretisch anerkannt, in der Praxis allerdings nicht immer durchgeführt (vgl. § 34, 3 e; § 76, 1). Am Ende der Bußzeit, deren Einhaltung der Priester zu überwachen hat, spricht er über den Büßer die Bitte um Versöhnung bei Gott aus und gewährt die Wiederzulassung zur Kommuniongemeinschaft; es ist die sogenannte deprekative Absolution, die erst viel später, im 12. Jahrhundert, durch das priesterliche ›ego te absolvo‹ (ich spreche dich los) ersetzt wird.

c) Kommutation und Redemption

Bekanntlich waren die Kommutationen und Redemptionen (vgl. § 34, 3 d) erforderlich geworden, weil die nicht selten auf Jahre berechneten Bußzeiten nach einer Verkürzung verlangten, und so suchte man durch konzentrierte Bußwerke, zunächst durch lange Psalterrezitationen, später auch durch Stiftungen und Geldzahlungen, Abhilfe zu schaffen.

Eine in vielen Bußbüchern angeführte Kommutation lautet beispielsweise: für einen Tag 70 Psalmen oder 50 mit zusätzlichen Kniebeugen, für eine Woche 420 Psalmen oder 300 mit Kniebeugen, für einen Monat 1680 Psalmen oder 1200 mit Kniebeugen. Eine weitere Kürzungsmöglichkeit bot die stellvertretende Buße. Die Bußbücher empfehlen: ›Wer das, was wir über die Psalmen gesagt haben, nicht erfüllen kann, möge sich einen Gerechten suchen, der das [Psalmengebet] für ihn erfüllt, und er kaufe sich mit seinem Geld oder seiner Arbeit davon los.‹ Der ›Gerechte‹ dürfte für gewöhnlich ein Mönch gewesen sein, der für ein Almosen die Buße übernahm; das Almosen war ursprünglich als Beitrag zum Lebensunterhalt des stellvertretend Betenden gedacht. In Wirklichkeit wurde daraus rasch ein Tausch von Geld und geistlicher Gegengabe. Das Geld konnte dabei spezifiziert werden; der Arme sollte ein Arbeitsangebot machen und der Reiche dem Kloster Landschenkungen übertragen. Der letzte Schritt der Entwicklung geschah mit der Einbeziehung der Meßfeier. Wie schon beim Psalmengebet wurde seit dem 8. Jahrhundert auch die Meßfeier als bußmindernde Leistung eingesetzt. Wiederum gab es Berechnungen: Einem Solidus (die Grundeinheit der spätantiken Währung) entsprechen 2 Meßfeiern oder 100 Psalmen, 10 Solidi 6 Messen oder 6 Psalter, 20 Solidi 12 Messen oder 12 Psalter.

Mit Geldzahlung sich ein stellvertretendes Psalmengebet oder auch Meßfeiern zur Verkürzung der auferlegten Bußzeit einzuhandeln, wurde zwar zunächst noch kritisiert, fand aber bald allgemeine Verbreitung.

d) Öffentliche Buße

Das neue Bußverfahren verlangte zwar eine rigorose Ableistung der Straftarife, verzichtete aber auf eine besondere Kenntlichmachung der Büßer durch ein Bußgewand und auf die Zuweisung eines abgesonderten Platzes in der Kirche; ebenso entfielen die lebenslangen Bußauflagen, etwa Ehe- oder Ämterverzicht, wie es die alte Kirche gefordert hatte (vgl. § 8, 1 c; § 12, 3 e). Vor allem aber ermöglichte die stellvertretende Bußableistung, daß auch Kapitalvergehen relativ rasch und sogar irgendwie ehrenhaft abgebüßt werden konnten. Damit aber wollte sich die karolingische Kirchenreform nicht zufriedengeben. Sie erhob die Forderung, bei schweren Vergehen wieder nach altkirchlicher Bußstrenge zu verfahren: Wer öffentlich schwer gesündigt habe, solle auch öffentlich Buße tun. Die Bußzuteilung für öffentliche Sünder oblag dem Bischof und hatte ihr eigenes Ritual: Am Aschermittwoch erfolgte in der Kathedrale die Einweisung in den Büßerstand mit Handauflegung, Gebet und Aschenbestreuung; während der folgenden 40 Tage wurden die Büßer zumeist eingeschlossen und erhielten dann am Gründonnerstag ihre Rekonziliation.

5. Tod und Grab

a) Jenseits-Visionen

Ein Liturgiebereich, der sich in karolingischer Zeit stark entfaltet hat, ist die Sterbe- und Totenliturgie. Die Gründe dafür sind in den Jenseitsvisionen zu finden. Papst Gregor der Große hat im westlichen Christentum als erster davon berichtet, daß es zuweilen einer Seele gestattet werde, ihren Körper zu verlassen und unter Führung eines Engels das Jenseits zu besuchen, um dann wieder in das irdische Dasein und den eigenen Körper zurückzukehren und den Erdenbewohnern von der anderen Welt zu berichten. Auf Gregor folgte eine ganze Serie gleichartiger Visionen, als wäre mit diesem Papst eine Art visionärer Durchbruch erfolgt.

Die nächstfolgende Jenseitsreise ist die des Iren Furseus († um 650), dann im Jahre 678/79 die Visio des Barontus, eines Mönches aus Saint Cyran (Dép. Cher), in England die Vision des angelsächsischen Bauern Drythelm, die Beda ausführlichst in seiner Kirchengeschichte wiedergibt, ferner die Vision eines Mönches aus dem Kloster Wenlok (bei Shrewsbury), die Bonifatius überliefert hat, und endlich die Visio, die der 824 verstorbene Reichenauer Mönch Wetti unmittelbar vor seinem Tode erlebte und seinen Mitbrüdern gerade noch zur Niederschrift diktieren konnte. Die Visionen stellen die Gefahren des Sterbens dar: zuerst die Reise der Seele ins Jenseits und dann das Schicksal der Verstorbenen im Jenseits selbst. Gemäß einer von Augustinus vorgenommenen Klassifizierung finden sich dort vier Gruppen: die ›valde boni‹ (die sehr Guten), welche bei Gott sind, ferner die ›non valde boni‹ (die nicht sehr Guten), welche im Paradies als dem Vorhof des himmlischen Jerusalem verweilen, dann die ›non valde mali‹ (die nicht ganz Bösen), welche für ihre Sünden noch eine Möglichkeit der Buße erhalten und auf Befreiung hoffen dürfen, und endlich die ›valde mali‹ (die ganz Bösen), denen in der Hölle ewige Pein beschieden ist. Während Himmel und Hölle für die das Jenseits erkundenden Seelen unzugänglich bleiben, erscheinen die anderen Orte in drastischer Realistik: so das blumenbestandene Paradies als die Insel der Seligen, vor allem aber die Feuer- und Folterqualen der Seelen an den Reinigungsorten, zumal im Fegefeuer.

Die Visionen wollen zunächst ganz allgemein an die Strenge des Gottesgerichtes gemahnen und einen jeden zu einem gottgefälligen Leben anhalten, daß er genügend gute Werke tue, um im Gericht bestehen zu können. Weiter schildern die Visionen, wie Engel und Dämonen um jede aus dem Leib heraustretende Seele kämpfen, um sie entweder gen Himmel zu führen oder aber in die Hölle hinabzuziehen. In diesen Kampf vermögen die Hinterbliebenen besänftigend einzugreifen, da ihr Gebet die Macht der Dämonen schwächt. Vor allem auch zeigen die Visionen, daß die Fürbitte jenen Seelen zu helfen vermag, die im Jenseits noch büßen müssen; besonders Meßfeiern erleichtern und verkürzen die Bußqualen und beschleunigen den Übergang zum Paradies. Wie es schon auf Erden in der Buße einen stellvertretenden Austausch gibt, so nun auch von der Erde zu den jenseitigen Läuterungsorten. Die Hinterbliebenen können ihren verstorbenen Angehörigen Bußwerke sozusagen in die andere Welt nachreichen.

Die Botschaft der Jenseitsvisionen ist in karolingischer Zeit willig aufgenommen worden und hat die Sterbe- und Totenliturgie gewaltig anschwellen lassen. Schon die Not der Sterbestunde galt es mit Gebeten und Meßfeiern zu lindern, und geistliche Hilfe sollte ebenso den Seelen, die an den jenseitigen Läuterungsorten – von denen das Fegefeuer nur einer ist – büßen mußten, die Zeit ihrer Reinigung verkürzen helfen.

b) Sterbebeistand und Beerdigung

Von alters her galt schon, in der Not der Sterbestunde mit geistlicher Hilfe gegenwärtig zu sein. Diese Pflicht haben die karolingischen Kirchenreformer nachdrücklich eingeschärft: Niemand sollte unvorbereitet und ohne geistliche Stärkung in den Tod gehen.

Die erste Aufgabe stellte sich in der Sterbebuße. Die neue, von den Iren verbreitete Bußpraxis ermöglichte eine vielmalige Bußableistung und entlastete damit die Sterbestunde. Allerdings schloß das neue System auch die Vorstellung mit ein, daß ausnahmslos jede Sünde abgebüßt werden mußte, notfalls durch Stellvertretung. Dies führte dazu, ein beim Sterben noch ausstehendes Bußpensum durch die Angehörigen abbüßen zu lassen. Tatsächlich beginnen die Sterberitualien damit, daß der Priester nach einer noch abzuleistenden Buße fragen muß und dieselbe dann, gemäß der dem frühen Mittelalter geläufigen familiaren Kollektivhaftung, auf die Angehörigen verteilt.

Ferner ist die Krankensalbung anzuführen. Die Mahnung des Jakobus-Briefes, ein Erkrankter solle den Priester zum Gebet und zur Salbung mit Öl herbeirufen (Jak 5,14–16), hat nicht sofort einen Ritus der Krankensalbung entstehen lassen; vielmehr war es Brauch, daß der Bischof besonderes Öl für Kranke weihte, das dann von den Angehörigen geholt und angewendet werden konnte; so beispielsweise empfiehlt es Papst Innozenz I. († 417) oder auch noch Beda († 735). Die karolingische Liturgiereform hat der Krankensalbung einen festgefügten Ritus gegeben. In den Kapitularien Karls des Großen wird den Priestern die Pflicht zur Salbung der Kranken nachdrücklich eingeschärft; diese solle freilich nicht mit dem heiligen Chrisma, sondern nur mit dem reinigenden Katechumenen-Öl vollzogen werden. Sodann wurde die Spendung als ausschließlich priesterliche Tätigkeit deklariert; man befürchtete, daß die Laien das geweihte Öl in abergläubischer Weise mißbrauchen könnten.

Altehrwürdig bereits war das ›viaticum‹, der Herrenleib zur ›Wegzehr‹, die wichtigste Form kirchlichen Sterbebeistandes, von deren Pflicht immer wieder zu hören ist: Im Moment des Sterbens, beim Aushauchen der Seele, sollte die Wegzehr gereicht werden. Ursprünglich scheint man sich dabei Christus als Seelengeleiter vorgestellt zu haben, was verständlich macht, daß man direkt mit dem Herrenleib auf der Zunge sterben wollte. Wiewohl das Viaticum seit alters üblich war, sind aus vorkarolingischer Zeit doch auch recht auffallende Lücken in dessen Bezeugung festzustellen; im Werk des Gregor von Tours wird es beispielsweise nicht erwähnt. Seit der karolingischen Kirchenreform indes gehörte die Sterbekommunion zu den strengstens vorgeschriebenen Seelsorgspflichten. Während es zuvor noch von Laien hatte gereicht werden dürfen, erscheinen nun Bestimmungen, die dies nicht mehr dulden wollen.

Eine strenge liturgische Ausgestaltung erfuhr auch die Bestattung. Die Quellen zur römischen Beerdigungsliturgie, wie sie uns aus dem frühen Mittelalter überliefert sind, geben nur eine verhältnismäßig kurze Beschreibung, welche die einzelnen Stationen des liturgischen Ablaufs aufführt: Der Leichnam wird gewaschen, anschließend neu bekleidet, dann auf die Bahre gelegt und aus dem Haus zur Kirche getragen, wo die Messe gefeiert wird; darauf folgt die Übertragung zum

Friedhof und die Beerdigung. Die karolingischen Sakramentare enthalten die entsprechenden Gebete und Meßformulare für den Beerdigungstag, dann weiter auch noch Formulare für den dritten, siebten und dreißigsten Tag, Termine, die dem Alten Testament und dem antiken Totenbrauchtum entnommen waren und nun die Grunddaten der christlichen Totenfürsorge wurden. Wir sehen hier den Beginn der Seelenmessen, die im weiteren Verlauf des Mittelalters eine so große Bedeutung erlangen sollten.

So treffen wir auch im Sterbebeistand die allgemeine Tendenz der karolingischen Liturgiereform an, nämlich feste Riten zu schaffen, die liturgischen Handlungen numerisch zu steigern und möglichst nur noch Kleriker tätig werden zu lassen.

Auf die Intensivierung der Sterbe- und Totenliturgie ist es obendrein zurückzuführen, daß die Sitte der Grabbeigaben erlosch und die Toten in die Nähe der Kirche geholt wurden (vgl. § 46, 4e). Der Friedhof gestaltete sich zu einer Stätte der Toten wie zugleich der Lebenden. Der Tote nämlich behielt mit seinem Grab weiterhin einen konkreten Ort in der Welt der Lebenden, wo er anzutreffen war und mit den Hinterbliebenen in Kontakt blieb. Der Friedhof stand unter einem besonderen Sakralschutz; er war eingefriedet (daher Fried-hof) und wurde vielfach zum bevorzugten Ort für Rechts- und Sakralhandlungen, für Gericht und öffentliche Verkündigungen, für Predigt und Buße.

c) Gebetsbünde

Das zweifellos deutlichste Beispiel für die intensivierte Totensorge liefern die Gebetsbünde, wie sie fortan allenthalben abgeschlossen wurden: Bischöfe, Äbte, Mönche und Kleriker verpflichteten sich zu geistlicher Hilfe im Falle ihres Versterbens. Den ersten großen Gebetsbund schlossen die fränkischen Bischöfe und Äbte ab, als sie 762 in Attigny unter Führung des Erzbischofs Chrodegang von Metz versammelt waren; 770 übernahmen diesen Bund auch die bairischen Bischöfe (vgl. § 49, 2e; Abb. 47). Beim Tod eines der unterzeichnenden Bischöfe oder Äbte sollten die übrigen Mitglieder je 100 Messen feiern oder 100 Psalter beten, und für die untergebenen Kleriker und Mönche sollten es je 30 Messen oder Psalter sein.

64 Beispiel eines Gedenkeintrags: Diptychonartige Herrscher-Auflistung aus dem Liber memorialis (Gedenkbuch) des Klosters Remiremont (Rom, Bibl. Angelica).
Die Liste beginnt links mit König Guntram von Burgund († 592), nennt auch Dagobert I. († 638) und seine Nachkommen, zwischendurch folgt – an drittletzter Stelle – als erster Karolinger Pippin der Mittlere († 714) und zuunterst die Königin Balthild († 680). Die rechte Tafel zeigt die Karolinger, aber ohne eine erkennbare Abfolge. Am Anfang dürften Karl Martell († 741) und seine Söhne Pippin († 768) und Karlmann († 754) stehen, später erscheinen nochmals Karl Martell und König Pippin, dann die Kaiser Karl († 814), Ludwig der Fromme († 840) und Lothar I. († 855). Doppelungen erklären sich aus dem Zusammenschreiben verschiedener Listen.

Angesichts der 44 Unterzeichner in Attigny waren folglich in jedem Sterbefall Tausende von Messen zu feiern und Psalter zu beten. Solche Zahlen aber konnten kaum durchgehalten werden, und so sehen wir schon bald geringer veranschlagte Leistungen. Als die Abteien Reichenau und Sankt Gallen im Jahre 800 eine Gebetsverbrüderung eingingen, vereinbarten sie, daß jedem verstorbenen Mönch am Sterbetag drei Messen oder ein Psalter zu entrichten seien, dazu eine Vigil und ein gemeinsames Meßopfer, sodann am siebten Tag 30 Psalmen sowie am dreißigsten Tag nochmals eine Messe oder 50 Psalmen; weitere Gebetspflichten galten allen Verstorbenen zusammen. Bei einer Konventsstärke von etwa 100 Mönchen erreichte diese reduzierte Gebetsverpflichtung immerhin noch Hunderte von Meßfeiern und Psalterrezitationen.

Abgeschlossen wurden die Gebetsverbrüderungen mittels eines regelrechten Vertrages, und ihre Erfüllung verlangte eine genaue und intensive Organisation. Die Namen der Toten wurden in einen ›Liber vitae‹ (Lebensbuch) eingetragen. Das Reichenauer Verbrüderungsbuch zählt beispielsweise an die 40 000 Einträge und ist damit »das größte Denkmal dieser Art« (K. Schmid). Sodann mußten die Mitglieder der Verbrüderung benachrichtigt werden, wie es ebenso die Ableistung der Gebetspflichten zu organisieren und zu überwachen galt. Da sich bald auch Laien durch Stiftungen Anteil an der geistlichen Totenfürsorge der Klöster verschaffen konnten, sind die Gebetsverbrüderungen ein überaus wichtiges Dokument karolingischer Religions- und Sozialgeschichte.

d) Reliquien

Für ihre Beerdigungen hatten die Christen bald schon eigene Friedhöfe angelegt. Sofern auf einem solchen Friedhof ein Märtyrer oder großer Asket beerdigt war, wurde über dessen Grab zumeist eine Zömiterialbasilika errichtet (vgl. § 11, 1 b; § 30, 4 b). Diese Basiliken mit den sie umgebenden Friedhöfen ermöglichten die Erfüllung des längst allgemein gewordenen Verlangens, das eigene Grab in der Nähe eines Märtyrers beziehungsweise eines Asketen zu finden. Um nun dem Heiligen-Grab wirklich nahezukommen, wurden für die Anlage von Gräbern die Vorräume der Basiliken benutzt oder auch eigene Annexbauten errichtet; solche der Kirche angeschlossenen Beerdigungsräume hießen ›porticus‹ (eigentlich: Säulenhalle). Während die allesamt erst nach den Verfolgungszeiten entstandenen Zömiterialbasiliken das Märtyrergrab sozusagen zum Mittelpunkt erhoben und dabei der Altar direkt bei oder über dem heiligen Grab seinen Platz erhielt, beerdigte man später die Asketen zunächst wie die anderen Gläubigen auf dem Friedhof oder in einem Vorraum. Sofern nun der Asket an seinem Grab Wunder wirkte, galt er als heilig. In Gallien kam dabei der Brauch auf, die Leiber solcher Heiliger in aller Feierlichkeit zu erheben. Oft genug erwies sich der Leichnam, sofern er wirklich der eines Heiligen war, als unverwest, als ›corpus incorruptum‹. In feierlicher Prozession wurde dieses Corpus zur Verehrung herumgetragen und dann im Kircheninnern möglichst nahe beim Altar wieder beigesetzt. Hinter diesen Vorgängen stand eine eindeutig theologische Symbolik. Schon die Unverwestheit verwies auf Heiligkeit, daß nämlich Gott seine Heiligen die Verwesung nicht schauen lasse. Ebenso war der neue Ruheort des Unverwesten theologisch motiviert. Der Kirchbau galt nämlich als Abbild des himmlischen Jerusalem und die ›Vorräume‹ als jene ›vorhimmlischen Wartehallen‹, in denen die Guten bis zum Ende der Tage noch auf ihren himmlischen Einlaß zu warten hatten; denn nur die Apostel und Märtyrer, und ihnen nachfolgend dann auch die großen Asketen wußte man schon vor dem letzten Gericht in den Himmel aufgenommen. Mit der Transferierung des Heiligen-Leichnams von der Porticus in das Kircheninnere sollte auf Erden kundgemacht werden, was im Jenseits bereits geschehen war: die Aufnahme in den Himmel. Freilich waren auch die Gerechten im Himmel noch nicht der vollen Anschauung Gottes gewürdigt, vielmehr fanden sie ihren Platz, wie es in Apk. 6,9 ausgesagt ist, am Fuße des himmlischen Altares (vgl. § 30, 4 b); darum die Transferierung in die Nähe des Kirchenaltares.

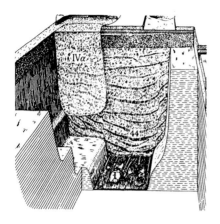

65 Reliquienerhebung.
Im Bereich der gallikanischen Liturgie wurden die Gebeine von Heiligen, die sich durch Wunder an ihrem Grab auszeichneten, erhoben. Man grub den Sarg aus und öffnete ihn, um die Unverwestheit festzustellen. Dann erfolgte die Transferierung an den Altar, wo der Sarg entweder neu beigesetzt oder aber ebenerdig aufgestellt wurde. Aus Xanten haben wir den archäologischen Nachweis, daß man zur Zeit König Pippins nach dem Märtyrergrab suchte, dabei auch an der richtigen Stelle grub – siehe den mit IVa bezeichneten Aushub –, aber nicht tief genug.

An den in Gallien zahlreich vorgenommenen Elevationen und Transferierungen haben sich auch die Karolinger beteiligt. Die beiden Martell-Söhne Karlmann und Pippin eilten zum Beispiel zur Erhebung ihres Verwandten Hubert, der in Maastricht Bischof gewesen war, und König Pippin hat sich von Papst Stephan II., als dieser bei ihm in Gallien weilte, die Elevation der in der Domitilla-Katakombe beerdigten Petronilla, der vermeintlichen Tochter des heiligen Petrus, ausbedungen, die dann bald auch nach Sankt Peter transferiert wurde. Gleichzeitig vermochten die Franken ein Zugeständnis zu erreichen, das die Päpste vorher nie gewährt hatten, nämlich die Überführung von römischen Märtyrerleibern in den Norden. Während man zuvor nur Berührungsreliquien aus Rom hatte mitnehmen können, wurden nun ganze Reliquien-Leichname freigegeben. Fulrad von St. Denis, der im Auftrage Pippins die langobardischen Eroberungen dem heiligen Petrus übertrug, wie ebenfalls Chrodegang von Metz, der Papst Stephan ins Frankenreich geleitete, erhielten ganze Märtyrerleiber und ließen sie in den von ihnen gestifteten Kirchen und Klöster deponieren, so Fulrad den heiligen Hippolyt in St. Pilt im Elsaß und Chrodegang den römischen Märtyrer Gorgonius in seiner Abtei Gorze. Dabei veränderte sich dann auch das in

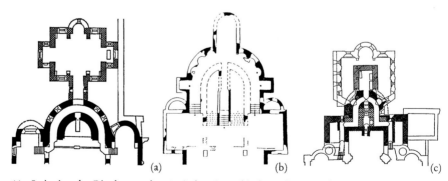

66 Imitation der Ringkrypta der römischen Peterskirche (vgl. § 41, 2f; Abb. 37); Beispiele des 9. Jahrhunderts.
(a) Regensburg, (b) Vreden/Westf., (c) Werden a. d. Ruhr.

§ 57 Die Liturgiereform 341

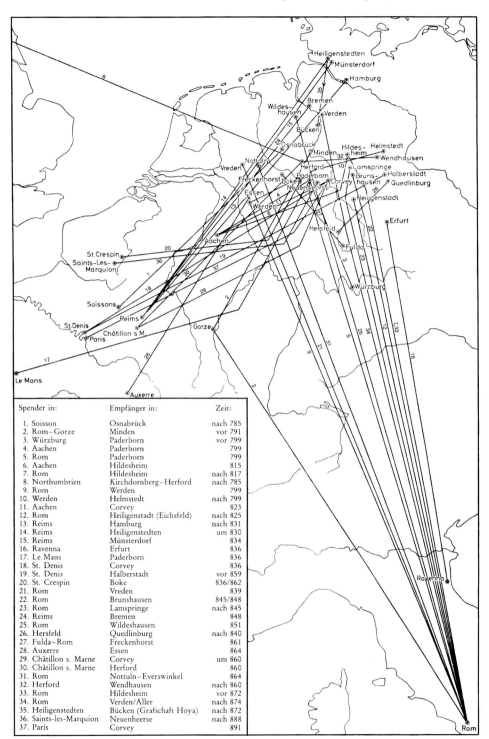

Spender in:	Empfänger in:	Zeit:
1. Soisson	Osnabrück	nach 785
2. Rom–Gorze	Minden	vor 791
3. Würzburg	Paderborn	vor 799
4. Aachen	Paderborn	799
5. Rom	Paderborn	799
6. Aachen	Hildesheim	815
7. Rom	Hildesheim	nach 817
8. Northumbrien	Kirchdornberg–Herford	nach 785
9. Rom	Werden	799
10. Werden	Helmstedt	nach 799
11. Aachen	Corvey	823
12. Rom	Heiligenstadt (Eichsfeld)	nach 825
13. Reims	Hamburg	nach 831
14. Reims	Heiligenstedten	um 830
15. Reims	Münsterdorf	834
16. Ravenna	Erfurt	836
17. Le Mans	Paderborn	836
18. St. Denis	Corvey	836
19. St. Denis	Halberstadt	vor 859
20. St. Crespin	Boke	836/862
21. Rom	Vreden	839
22. Rom	Brunshausen	845/848
23. Rom	Lamspringe	nach 845
24. Reims	Bremen	848
25. Rom	Wildeshausen	851
26. Hersfeld	Quedlinburg	nach 840
27. Fulda–Rom	Freckenhorst	861
28. Auxerre	Essen	864
29. Châtillon s. Marne	Corvey	um 860
30. Châtillon s. Marne	Herford	860
31. Rom	Nottuln–Everswinkel	864
32. Herford	Wendhausen	nach 860
33. Rom	Hildesheim	vor 872
34. Rom	Verden/Aller	nach 874
35. Heiligenstedten	Bücken (Grafschaft Hoya)	nach 872
36. Saints-les-Marquion	Neuenheerse	nach 888
37. Paris	Corvey	891

67 Reliquien-Translationen nach Sachsen.

Gallien übliche Verfahren und nahm unter dem Einfluß der jetzt allverpflichtenden römischen Liturgie ein spezifisch römisches Element auf: Man begann für das neue Grab die Kryptenanlage der Peterskirche nachzubauen. Diese hatte zwar Gregor der Große einzig deswegen anlegen lassen, weil nach römischer Vorstellung das Grab sakrosankt war, der Sarg also gerade nicht erhoben werden durfte, wohl aber zugänglich sein sollte; darum die Schaffung unterirdischer Zugänge (vgl. § 41, 2f). Im Norden sah man diese Anlage bald als schlechthin mustergültigen Ruheort für Heiligen-Reliquien an und begann deswegen, ähnliche Krypten anzulegen und dort den erhobenen Heiligen ihr neues Grab zu schaffen. Die frühesten Nachahmungen finden sich bei den Angelsachsen, auf dem Kontinent in Echternach, Fulda, Heidenheim und Werden, darüber hinaus aber bald allüberall. In der Karolingerzeit ist geradezu eine Begeisterung in der Erhebung und Transferierung von Heiligen-Leibern festzustellen. Karl der Große suchte, wie eine Konzilsbestimmung von Frankfurt (794) zeigt, diesen Eifer zu steuern. Unter Ludwig dem Frommen erreichte das Verlangen nach Reliquien einen Höhepunkt; kaum ein Grab, das nicht geöffnet worden wäre. Die Translationen brachten nun Heiligengebeine auch in zuvor reliquienlose Orte. Das soeben christianisierte Sachsen erhielt im 9. Jahrhundert eine Fülle von Reliquien zugeführt; um nur die bekanntesten zu nennen: Paderborn aus Le Mans den Heiligen Liborius, Corvey aus St. Denis den Heiligen Vitus, Herford aus Châtillon-sur-Marne die Heilige Pusinna, Vreden aus Rom die Heiligen Felicissimus, Agapitus und Felicitas, Wildeshausen gleichfalls aus Rom den Heiligen Alexander.

6. Kirchbau und Weihe

Über die merowingische Kirchenarchitektur ist nur wenig bekannt. Zu geringe Überreste sind erhalten geblieben. Mit Karl dem Großen begann eine Epoche neuer Monumentalarchitektur, sowohl im herrscherlichen Pfalzenbau wie auch im bischöflichen und klösterlichen Kirchenbau. Abt Fulrad († 784) orientierte sich in Saint Denis erstmals an römischen Vorbildern. In Fulda baute Abt Ratgar († 820) eine neue Klosterkirche ›more Romano‹ (nach römischer Art). Normalerweise waren es Langhausbauten, gelegentlich aber auch Zentralbauten. Im Innern hatten die Räume für gewöhnlich Flachdecken, zuweilen Kuppeln und in den Seitenschiffen Wölbungen. Eine Neuerung bildete die aus Rom übernommene Ringkrypta (vgl. § 41, 2f; Abb. 37), ebenso das im Karlsreich neu entstandene Westwerk (vgl. § 55, 4b; Abb. 58) oder auch die Anlage von zwei Chören je im Osten und im Westen, wie es der St. Galler Klosterplan zeigt (vgl. § 72, 2; Abb. 79). Die neuen Kathedral- und Klosterkirchen erreichten beträchtliche Ausmaße, die Fuldaer Abteikirche beispielsweise 97 Meter in der Länge und 76 Meter in der Breite; ähnlich groß war der Kölner Dom. Die monumentalen Bauten erforderten dazu noch eine aufwendige Ausstattung, vor allem eine Vielzahl von Altären mit jeweils entsprechendem Zubehör, etwa Baldachinen oder kostbaren Umkleidungen (vgl. 72, 2; Abb. 79).

Mit der neuen Architektur entfaltete sich eine besondere Weiheliturgie. Anfangs hatten die Christen weder einen besonderen Altar noch einen eigenen Kultraum beansprucht. Wohl sprach schon Paulus unterscheidend von einem ›Tisch der Dämonen‹ und einem ›Tisch des Herrn‹ (1 Kor 10, 21); letzterer sollte gewiß kein Altar sein, aber doch ein durch die Eucharistiefeier hervorgehobener Tisch. Je stärker nun im Herrenmahl das Moment des Opfertodes Jesu Christi betont wurde, desto rascher mußte sich der ›Tisch des Herrn‹ in einen heiligen Altar (altare) umwandeln. Damit gewannen auch die Christen die Möglichkeit, besondere Altäre zu errichten. Diese empfingen ihre Heiligkeit von den in Christi Fleisch und Blut verwandelten Gaben, weswegen lange Zeit die erste Eucharistiefeier, die an einem Altar gefeiert wurde, dessen Weihe bedeutete. Bald aber folgten eigene Altarweihungen, die auf Grund alttestamentlicher Vorbilder rituell mit Waschung und Salbung ausgestaltet wurden.

Wie schon beim Altar, so begann sich der altchristliche Spiritualismus auch im Kirchbau zu verdinglichen; denn auch dieser gewann rasch sakrales Ansehen. In der zweiten Hälfte des 8. Jahrhunderts weitete sich die Altarkonsekration zu einer Weihe des ganzen Kirchenraumes aus. Von allem teuflischen Einfluß sollte er gereinigt werden. Im Kirchweihritus des Drogo-Sakramentars, das in den letzten Jahren des Erzbischofs Drogo von Mainz († 855) entstanden ist, muß ein Diakon darstellen, wie der böse Geist beim Einzug des konsekrierenden Bischofs entflieht: ›wie fliehend‹ stürzt er zur Kirche hinaus. Mit Weihwasser sprengte man den Raum aus und salbte ihn auch noch an wichtigen Stellen. Auf diese Weise wurde die Kirche ein Haus der besonderen Gegenwart Gottes und auf Grund der dort deponierten Reliquien auch der Gegenwart von Heiligen.

7. Stiftungen

Von Anfang an hatte das Christentum das Reichsein in Frage gestellt und das Almosengeben belobigt. Besitzende wurden zu Spenden angehalten (vgl. § 8, 1 d; § 12, 3 i; § 31, 3 d), wobei die Gemeinden eine doppelte Rolle übernahmen: einmal, indem ihre Amtsträger, zumal die Diakone, die Verteilung an die Bedürftigen organisierten (vgl. § 26, 5 b), und zum anderen, indem die Gemeinde als ganze für die Wohltäter betete. Je stärker aber das fürbittende Gebet um seiner selbst willen geschätzt wurde – ob nun in der Form der Fürbitte eines Asketen, der die Hilfe des Himmels in rigoroser Askese geradezu herbeizwang, oder aber eines himmlischen Heiligen, der seine Fürbittgewalt durch Wunder auf Erden bezeugte –, desto mehr änderten sich auch Almosen und Gebet. Das Almosen wurde mehr und mehr zu einem Mittel, sich des fürbittenden Gebets zu versichern. Man gab es nicht mehr direkt an die Armen oder an die Armenkasse, sondern an einen Asketen oder auch an das irdische Heiligtum eines Heiligen und die dortige Asketengemeinschaft, um deren Fürbitte zu erlangen. Wohl flossen die Almosen vielfach doch wieder den Armen zu, aber eben unter Vorschaltung der heiligen Beter, derjenigen im Himmel wie auf Erden.

So sehen wir beispielsweise, wie die großen Stifter ein besonderes Gebetsgedenken in der Eucharistiefeier erhalten, in der gallikanischen Liturgie sogar mit namentlicher Nennung und Einschreibung in ein Gedenkbuch. Solche Stiftungen und die mit ihnen verbundene Namensnennung konnten sogar für ›ewig‹ gemacht werden, was bedeutete, daß das namentliche Gedenken jedes Jahr an einem bestimmten Tag wiederholt wurde. Mit Zunahme der Stiftungen wuchsen die Gedenkpflichten so sehr an, daß eine normale Gemeinde sie kaum noch erfüllen konnte. Zur idealen Gebetsgemeinde wurden darum die Klöster, einmal die Basilikalklöster, jene an den großen Märtyrer- bzw. Heiligen-Gräbern entstandenen Kommunitäten, die asketisch lebten, sich zudem als irdische Vermittler ihres himmlischen Patrons wußten und zugleich eine reiche Liturgie entfalteten. Hierhin flossen alsbald die Gaben und Gebetswünsche, desgleichen aber auch an die irofränkischen Klöster, denn gefördert wurde dieser Prozeß durch das irische Bußsystem, das zur Ableistung besonders langer Bußzeiten empfahl, sich einen betenden Helfer zu suchen, der stellvertretend die auferlegten Fastenzeiten durch eine entsprechende Anzahl von Psalmen zu erledigen bereit war, dafür aber Anspruch auf einen Beitrag zu seinem Lebensunterhalt erhob. Die Entlohnung konnte durch Geld erfolgen, ebenso durch Arbeitsleistungen und bei Ersetzung größerer Bußzeiten auch durch Land- und Hörigenschenkungen.

Schließlich kam noch die Praxis der ›Privat-‹ bzw. ›Votivmessen‹ hinzu, in der man die geistliche Wirkung der Messe für spezielle Anliegen und bestimmte Personen glaubte verfüglich machen zu können, natürlich wiederum unter der Verpflichtung einer Gabe an den zelebrierenden Priester. Genau in karolingischer Zeit erreichte dieser Entwicklungsprozeß einen ersten, für das ganze Mittelalter grundlegenden Abschluß: Es war ein Tausch von Almosen gegen Gebet. Der Güterbesitz, wie er nunmehr bei allen Klöstern anzutreffen ist, war selten ein Erwerb für Geld (pro pretio), sondern der Lohn für die den Stiftern verheißene Loskaufung ihrer Seelen (pro redemptione animae). Vor allem ermöglichten die Güter-. und Landstiftungen an die »leistungsstarken« klösterlichen Gebetsgemeinschaften, die Fürbittleistungen zu perpetuieren. Der am reichsten bestiftete Gedenktag wurde das jährliche Gedächtnis des Todestages, galt es doch, den Übergang in die jenseitige Welt und die Befreiung aus den Läuterungsorten zu gewährleisten.

Das Ausmaß der Stiftungen läßt sich anhand erhaltener Urkunden verdeutlichen: Aus dem Kloster St. Gallen sind vom Anfang des 8. Jahrhunderts bis zum Beginn des 10. Jahrhunderts etwa 800 Urkunden erhalten, davon 647 Schenkungen für das Seelenheil. Von der Abtei Lorsch besitzen wir ein im letzten Viertel des 12. Jahrhunderts angelegtes Kopialbuch mit 3600 frühmittelalterlichen Gütererwerbungen, wiederum in der Mehrzahl Schenkungen für das Seelenheil. In Urkunden der elsässischen Abtei Weißenburg wird gelegentlich eigens ausbedungen, daß die Schenker des liturgischen Gedenkens wegen in das Buch des Lebens eingetragen werden möchten. Insgesamt sind aus den Klöstern St. Gallen, Lorsch, Fulda, Weißenburg und Freising etwa 10 000 Beurkundungen überliefert, überwiegend ›pro remedio animae‹.

8. Volkssprache

Wie schon für den Klerus, so sollte die Forderung nach »bewußter Christlichkeit« auch allgemein für das Christenvolk gelten; wenigstens das Vaterunser und das Glaubensbekenntnis hatte jeder Getaufte auswendig zu kennen. Um wirklich ein Verstehen sicherzustellen, wurde sogar ein Schritt von besonderer Tragweite vollzogen: Nötigenfalls seien dabei die Volkssprachen zu benutzen. Schon Beda hat entsprechende angelsächsische Übersetzungen angefertigt. Auch die ältesten althochdeutschen Versionen des Vaterunsers und Glaubensbekenntnisses gehören dem 8. Jahrhundert an, und ihnen folgten bald noch volkssprachliche Katechismusfragen und Beichtformulare.

Die ältestüberlieferte Paternoster-Übersetzung, das gegen Ende des 8. Jahrhunderts entstandene »St. Galler Vaterunser«, lautet:

›Fater unseer, thu pist in himile, uuihi namun dinan, qhueme rihhi din. uuerde uuillo diin, so in himile sosa in erdu. prooth unseer emezzihic kip uns hiutu. oblaz uns sculdi unseero, so uuir oblazem uns sculdikem. enti ni unsih firleiti in khorunka. uzzer losi unsih fona ubile.‹

Als Credo-Übersetzung sei das »Weißenburger Glaubensbekenntnis« aus dem beginnenden 9. Jahrhundert angeführt:

›Gilaubiu in got fater almahtigon, scepphion himiles enti erda. Endi in heilenton Christ, suno sinan einagon, truhtin unseran. Ther infanganer ist fona heilegemo geiste, giboran fona Mariun magadi, giuuizzinot bi pontigen Pilate, in cruci bislagan, toot endi bigraban. Nidhar steig ci helliu, in thritten dage arstuat fona tóotem, úf steig ci himilom, gisaaz ci cesuun gotes fateres almahtiges, thanan quemendi ci ardeilenne quecchem endi dóodem. Gilaubiu in atum uuihan, uuiha ladhunga allicha, heilegero gimeinidha, abláz sundeono, fleisges arstantnissi, liib euuigan. Amen.‹

Solchen Übersetzungen aber standen nicht geringe Hindernisse entgegen. Einmal war es die schier unlösbare Schwierigkeit, für die christlichen Verkündigungsinhalte die treffenden Wörter und Begriffe zu finden; denn selbst für die allergeläufigsten christlichen Glaubensaussagen fehlten im Althochdeutschen die Entsprechungen. »Eine Revolution der ganzen germanischen Vorstellungswelt war erforderlich, damit das Vaterunser überhaupt nur verstanden werden konnte. Was bedeutete es allein, das vorher nur irdisch bezogene Wort Vater auf den Herrn der Schöpfung anzuwenden und ihn als ›unser Vater‹ anreden zu dürfen. Denn die Vorstellung eines Vatergottes, eines himmlischen Vaters aller Menschen, war den Germanen völlig fremd« (H. Eggers).

Ein anderer, ja eigentlich der entscheidende Hinderungsgrund war die inzwischen herrschend gewordene Idee der ›drei heiligen Sprachen‹, derzufolge allein Hebräisch,

Griechisch und Latein den Rang einer Kultsprache einnahmen, und tatsächlich hat diese Idee für den Westen das Latein im Gottesdienst sanktioniert. Um so größere Beachtung verdient es, daß die karolingischen Kirchenreformer für das ihnen geboten erscheinende Minimum an Glaubenswissen die Sakralschranke der drei heiligen Sprachen aufzuheben sich durchrangen. Auf der Frankfurter Synode von 794 wurde die Behauptung, Gott könne nur in den heiligen Sprachen angebetet werden, eigens verurteilt.

Dem katechetischen Eifer der karolingischen Kirchenreformer ist sowohl die Idee einer »Volksschule« wie auch die Existenz der ältesten deutschen Sprachdenkmäler zu danken. Dennoch entstand keine deutschsprachige Liturgie. Es war nur nationale Begeisterung für Karl den Großen, ihm die Schaffung einer deutsch-christlichen Kult- und Kultursprache nachzurühmen. Ebensowenig kann die auf den Konzilien von 813 erhobene Forderung, nötigenfalls in der Volkssprache zu predigen, als Beginn einer »deutschen Kirchensprache« aufgefaßt werden.

9. Dienst der ›reinen Hände‹

Die kirchliche Einstellung zur Sexualität war schon in der Antike gespalten. Die auch in der nichtchristlichen Askese verbreitete Auffassung, wahres Geistesleben sei mit sexueller Betätigung unvereinbar, griff auf den christlichen Kult über und trug wesentlich mit dazu bei, daß von den Altardienern sexuelle Enthaltsamkeit gefordert wurde; wer das Heilige berühren wollte, mußte ›unbefleckte‹ Hände haben. Die bonifatianische Kirchenreform hat diese Auffassung unter härtesten Strafandrohungen durchgesetzt, institutionell abgesichert und darum ein Zusammenleben des Klerus organisiert. Das Ideal wurde der Priester mit den ›reinen Händen‹, was liturgisch darin seinen Ausdruck fand, daß in den Ritus der Priesterweihe eine Handsalbung eingeführt wurde. Aber auch auf die Laien wurde im Zuge der Liturgiereform die Vorstellung von kultisch-sexueller Reinheit übertragen. Alles Sexuelle, ob erlaubt oder unerlaubt, ob willentlich oder unwillentlich, schloß von der Begegnung mit dem Sakralen aus. Laien sollten nicht mehr die in der Eucharistie zu konsekrierenden Gaben vorbereiten und Frauen nicht länger den Altarraum betreten dürfen. Auch konnte die Kommunion nicht mehr auf der Hand empfangen werden. Noch gravierender wirkten Forderungen, wie sie hauptsächlich in den Bußbüchern anzutreffen sind. Betroffen waren vor allem die Frauen, in minderem Maß die Männer. Bei den Frauen war es das Menstrual- und Geburtsblut, das nach alttestamentlicher Auffassung verunreinigte und nach antiker Naturmedizin als giftige Ausscheidung galt.

Im Frühmittelalter leitete man daraus die Konsequenz ab, daß eine Frau in den Tagen ihrer Regel weder die Kirche betreten noch auch die Kommunion empfangen sollte und nach der Geburt einer eigenen Aussegnung bedurfte. Für das Eheleben wurde gefordert, daß bei Menstruation sowie in der Zeit vor und nach der Geburt der geschlechtliche Verkehr zu unterbleiben habe, wobei man wiederum aus der antiken Medizin die Vorstellung übernahm, bei Schwangerschaft schädige ehelicher Verkehr das Kind und sei darum allermindestens in den letzten vier Monaten zu unterlassen. Weiter wurde aus Gründen der kultischen Reinheit gefordert, an heiligen Tagen keine geschlechtlichen Begegnungen zu haben; dies galt nicht allein für die Hochfeste Weihnachten, Ostern und Pfingsten, sondern auch für deren Vorbereitungszeiten und Oktaven, weiter für alle Sonntage, auch für manche Wochentage, den Freitag etwa, und endlich für die großen Heiligenfeste sowie alle besonderen Bittage. Nicht genug damit, nach manchen sollte ehelicher Verkehr auch in der Fastenzeit unterbleiben, also in der Quadragesima vor Ostern, ebenso nach Pfingsten und im Advent vor Weihnachten, denn das Fasten tue seine abtötende Wirkung nur bei Enthaltung von Geschlechtslust und ermögliche erst so ein wahres Freisein für Gott. Rechnet man aber all diese zur Enthaltsamkeit verpflichtenden Zeiten zusammen, so bleibt – bei »normaler« Berücksichtigung von Schwangerschaften und Ablaktationen – nur noch ein stark verminderter Ehekalender. Wie bei der Frau das Menstruationsblut, so wirkte bei Männern der Samenerguß verunreinigend, zumal wenn er bewußt ausgelöst wurde. Dies betraf vor allem Kleriker und Mönche, die jeweils einer Buße und Reinigung bedurften, bevor sie wieder zum Altar traten.

Der ganze Komplex der sexuellen Befleckung und kultischen Unreinheit, wie er im Frühmittelalter anzutreffen ist, entspricht weitgehend archaischen Vorstellungsweisen. Auffallen muß schon, daß es jeweils die Stoffe an sich sind, sowohl das Menstruationsblut wie der Samen, die verunreinigend wirken. Hier lebt eine im alten Christentum überwundene nichtethische Auffassung von Verunreinigung wieder auf und erfordert sogar Buße. Bezeichnenderweise ist denn auch diese Auffassung niemals kirchenoffiziell eingeführt worden und nachdrücklich überhaupt erst in den Bußbüchern zum Ausdruck gekommen; diese besaßen aber lange Zeit keine offizielle Geltung, sondern haben sich im 8. Jahrhundert faktisch durchgesetzt, weil sie offenbar einem allgemeinen Desiderat entsprachen. Von der Tradition her hätten sich durchaus andere, viel stärker ethisch geprägte Lösungen angeboten.

Bemerkenswert sind in dieser Hinsicht die sogenannten ›Responsa Gregorii‹, Antworten wohl von Gregor dem Großen auf Fragen seiner englischen Missionare. Behandelt werden unter anderem die Menstruation, der eheliche Verkehr und die Pollution. Die Antwort beginnt gut neutestamentlich, daß wirkliche Befleckung nur aus dem Herzen des Menschen aufsteige. Wenn also eine Frau ihre Blutung habe, scheide der Körper nur Überflüssiges aus, und der Frau sei weder der Zutritt zur Kirche noch auch zur Kommunion zu verwehren, denn ein Naturvorgang bewirke niemals Schuld. Wenn weiter die Frau zum Dank für eine glücklich überstandene Geburt in die Kirche gehe, sei ihr das wiederum nicht zu verwehren. Auf die Frage, ob nach ehelichem Verkehr sofort die Kommunion empfangen werden dürfe – bereits Caesarius von Arles hatte eine dreitägige Enthaltsamkeit vor dem Empfang gefordert –, fällt die Antwort etwas zögerlicher aus, doch wird festgehalten, daß der Ehevollzug, sofern nur rechtens und mit dem Willen zum Kind vollzogen, kein Hinderungsgrund für den Kommunionempfang sei. Recht großzügig ist das Urteil über die Pollution, für die inzwischen nahezu alle geistlichen Lehrer eine Buße auch bei gänzlich unfreiwilligem Geschehen forderten, während die ›Responsa‹ nur eine Schuld bei bewußtem Handeln anerkannten. Obwohl sich mit diesen, unter dem Namen Gregors des Großen, der wichtigsten Papstautorität des frühen Mittelalters, umlaufenden Sätzen eine freiere Behandlung der Sexualmaterie angeboten hätte, setzte sich in allen Fällen die mehr archaische Auffassung durch. Die Auskunft der ›Responsa‹ galt offenbar als zu lax und fand bei nicht einem einzigen frühmittelalterlichen Autor Gehör.

10. Alttestamentliche Kultvorstellungen

Das frühe Mittelalter ist nicht nur liturgisch-rituell geprägt gewesen, sondern auch alttestamentlich. Althergebrachte christliche Gebote und Riten erhielten jetzt eine Begründung oder Ausgestaltung nach Anweisungen des Alten Bundes. Dies war zunächst einmal Folge der typologischen Bibeldeutung: Im Alten Testament sei als Schatten und Vorform bereits abgebildet, was das Neue Testament im Licht der Erfüllung zeige. Daß dabei gerade liturgisch-rituelle Vorschriften Bedeutung gewannen, geht einerseits auf den Mangel an liturgischen Aussagen im Neuen Testament zurück, andererseits auch auf die religionsgeschichtliche Nähe des Frühmittelalters zu gewissen, insbesondere archaisch-formalistisch geprägten Teilen des Alten Testaments. Solche Stellen mußten nun, weil man sich ihnen besonders nahe fühlte, dominant werden.

Die Beispiele sind zahlreich. Das Zehntgebot wie auch die Sonntagsruhe erhielten eine alttestamentliche Begründung, ebenso die kultische Unbeflecktheit oder auch die Verwendung ungesäuerten Brotes in der Meßfeier. Ferner wurden Kulteinrichtungen auf Grund alttestamentlicher

Beschreibungen ausgestaltet oder überhaupt neu geschaffen. Nachahmung fanden der siebenarmige Leuchter wie auch die Bundeslade. Das Wort ›templum‹ bezeichnete nunmehr endgültig den christlichen Kirchbau. Theodulf von Orléans errichtete unweit seiner Bischofsstadt zu Germigny-des-Prés eine ganz als ›templum‹ interpretierte Kapelle, in der heute noch ein Mosaik mit der Bundeslade erhalten ist. Nach alttestamentlichen Vorbildern erfuhr auch der Kirchweihritus eine besondere Ausgestaltung. Die Sachweihen wie die Personenweihen wurden nun nach dem alttestamentlichen Salbungsritus vollzogen, bei der Kirchweihe so gut wie bei der Bischofs- und Priesterweihe wie endlich auch bei der Königsweihe. Karl galt als neuer David, aber auch als neuer Moses, neuer Salomon und – so die Admonitio generalis – als neuer Josias. Die gelehrten Hofleute seiner Akademie redeten sich vielfach mit alttestamentlichen Namen an: Einhard wurde Beseel genannt und der Erzkanzler Hildebald Aaron. Zudem rückten jetzt alttestamentliche Gestalten in vermehrter Zahl zu Heiligen auf. Sogar in zentralen theologischen Vorstellungen breiteten sich alttestamentliche Auffassungen aus, etwa im Opfer, in der (Blut-)Sühne und im Stellvertretungsgedanken. Das Priesterbild zumal nahm nicht wenige alttestamentliche Züge in sich auf, etwa in der Gewandung, in der Forderung nach kultischer Unbeflecktheit und überhaupt in besonderen Reservatrechten, daß z. B. nur noch der Priester den Chorraum, weil das ›Allerheiligste‹, betreten konnte und nur er allein den Altar berühren durfte, des weiteren auch darin, daß er den Kanon der Messe, weil wiederum als Heiligtum gedeutet, leise sprechen mußte.

Wenn das frühe Mittelalter oft einen archaisch-rituellen und gesetzhaften Eindruck vermittelt, so ist das auf dessen religionsgeschichtliche Grundsituation und den damit gegebenen Rückgriff auf entsprechende alttestamentliche Vorbilder und Vorschriften zurückzuführen. Auf diese Weise nahm das frühmittelalterliche Christentum in reichem Maß alttestamentliche Züge an, die freilich, sobald die religionsgeschichtliche und theologische Situation sich veränderte, als »judaisiertes Christentum« erschienen und damit zu einem Problem werden mußten.

11. Ergebnis

Am Ende ist festzuhalten: In karolingischer Zeit bildete bzw. konsolidierte sich jene Form der lateinischen Liturgie, die für das Mittelalter zur Grundlage geworden ist und weit darüber hinaus, bis in die neuzeitlichen Konfessionsbildungen, nachwirkte. Zugrunde lag dieser Liturgie eine in der Antike geprägte Struktur, Formen und Formeln von (spät-)klassischer Gestaltung und Sprachform. Dieses Erbe erfuhr in karolingischer Zeit, hauptsächlich mit und nach Karls des Großen Bildungsreform, eine starke Ausfaltung, ja zuweilen geradezu eine Ausuferung. Unter Verwendung der überlieferten Materialien entstanden Ritualien und Formulare der vielfältigsten Art und für alle nur denkbaren Anlässe. Es war, aufs Gesamt der Liturgiegeschichte gesehen, der letzte große Wachstumsschub, in dem das antike Erbe »im 8. und 9. Jahrhundert mutig und zugleich mit hohem schöpferischem Vermögen ausgestaltet« wurde (Th. Klauser). Unverkennbar ist allerdings, daß diese Entfaltung oft gerade bei solchen Phänomenen und Desideraten ansetzte, die neuzeitlichem Empfinden so sehr zuwiderlaufen und deren Aufzählung schon auf eine geradezu frappante Weise in die dogmatischen Kontroversen der Konfessionskämpfe hineinführt: Meßopfer und Werkfrömmigkeit, Privatmesse und Meßstipendien, Segnungen und Exorzismen, Reliquien und Arme-Seelen-Dienst, Heiligenanrufung und Mönchsgelübde, Wallfahrten und Bittgesänge. Ersichtlich aber standen gerade diese Punkte im Zentrum des karolingischen Bemühens; sie folglich müssen als der Zeit ureigenstes Anliegen angesehen werden. Endlich sei noch angemerkt, daß dieser Wachstumsprozeß nicht als »fränkisch-deutsch« bezeichnet werden kann, daß etwa »die fränkisch-deutsche Kirche in kritischer Zeit die römische Liturgie für Rom selbst und für die christliche Welt des Mittelalters gerettet« habe und daß »Männer unseres Stammes sie sich geistig zu eigen gemacht und ihr die letzte Vollendung verliehen« hätten (Th. Klauser). Beteiligt waren – wenn wir uns die überlieferten Namen und Gruppen vergegenwärtigen – Iren, Angelsachsen, Spanier, Provinzialromanen und sicherlich auch Franken. Aber welcher Franke könnte neben dem Angelsachsen Alkuin und dem Spanier Benedikt von Aniane mit Namen genannt werden? Die karolingische Bildungserneuerung, die Liturgie eingeschlossen, war nicht fränkisch, sondern »karolingisch«; hier wirkten die vielen Kräfte eines internationalen Großreiches zusammen. Letztlich spiegelt denn auch diese Liturgie nicht eigentlich Germanismen wider, sondern die Religionsmentalität einer insgesamt zum Archaischen geneigten Gesellschaft, die sich aber gerade in der Liturgie der überlieferten Formen und Elemente bediente, diese für eigene Desiderate, Ritualien und Bräuche neu zusammensetzte und sich genau dadurch vor einer vollständigen Archaisierung zu bewahren vermochte.

§ 58 Die Theologie

1. Bilderstreit

Kaiserin Irene, die seit 780 in Byzanz für ihren minderjährigen Sohn die Regentschaft führte, leitete in der Bilderverehrung (vgl. § 41, 5 b) eine neue Politik ein. Das 787 in Nicaea tagende Konzil, das von päpstlichen Vertretern, zumindest nominell, präsidiert wurde und als das VII. Ökumenische gezählt wird, betonte klar die Unterscheidung zwischen ›Anbetung‹ (griech.: latreia) und ›Verehrung‹ (griech.: proskynesis); letztere dürfe den Bildern wegen ihrer Relation zur dargestellten Person entgegengebracht werden. Im einzelnen aber wurde nicht weiter zwischen einer Verehrung des Kreuzes, des Christus-, Marien- und Heiligenbildes unterschieden. Papst Hadrian I. ließ die ihm zugestellten Akten übersetzen, freilich mehr schlecht als recht – ›proskynesis‹ findet sich beispielsweise mit ›adoratio‹ wiedergegeben –, und übersandte sie an Karl den Großen. Den Frankenherrscher traf die Konzilsentscheidung an empfindlicher Stelle. Weniger in der Bilderfrage, die schon eine fränkische Synode unter König Pippin in Gentilly (767) »orthodox« entschieden hatte, als vielmehr in seinem Selbstverständnis als christlicher Herrscher des Abendlandes sah sich Karl in Frage gestellt und zur Verdeutlichung seiner maßgeblichen Position herausgefordert. Am Hof wurde eine scharfe Ablehnung verfaßt, die hinwiederum den Papst nötigte, das soeben abgehaltene Konzil zu verteidigen, wobei aber Hadrian zu erkennen gab, daß er wegen der ›geraubten‹, d. h. der römischen Jurisdiktion entzogenen Provinzen Italiens den soeben zur Alleinherrschaft gelangten Konstantin VI. (780–797) zu exkommunizieren bereit sei. Dies war nun ein Kompromiß recht fragwürdiger Art: Verteidigung der nicaenischen Bilderlehre, gleichzeitig aber Verurteilung des Kaisers aus kirchenpolitischen Gründen. Karl jedoch insistierte auf dem Dogma.

Fränkische Theologen, vor allem Theodulf und ihm sekundierend Alkuin, verfaßten ein ausführliches Gutachten, für das Karl, wie Randnotizen im erhaltenen »Arbeitsexemplar« des Hofes ausweisen, sich persönlich interessierte und sogar die Autorschaft übernahm: die ›Libri Carolini‹. Die dem Osten geläufige platonische Auffassung, im Abbild das Urbild zu sehen, bleibt unverstanden; die Bilder sind nur Schmuck. Allein das geoffenbarte Wort, allenfalls noch die geoffenbarten Zeichen wie Bundeslade oder Kreuz vermögen einen religiösen Gehalt wiederzugeben. Nicht die Bilder sind Gefäße des Heiligen, sondern die Sakramente und allenfalls noch die Reliquien. Menschen haben die Bilder gemacht, und diese enthalten darum nichts.«»So mündete die rationale Kunstauffassung Theodulfs in einen auf das geoffenbarte Wort gegründeten Spiritualismus ein« (E. Ewig). Obendrein wurde noch die Verehrung der Kaiserbilder getadelt und auch das Mitspracherecht der Kaiserin auf dem Konzil. Sogar das Konzil selbst wurde in Frage gestellt, weil ein ökumenisches Konzil alle Kirchen umfassen müsse. Vor allem auch hänge der Vorrang der römischen Kirche nicht von Synodenentscheidungen anderer Kirchen ab. Mit dieser römischen Kirche aber sei Karl im Einklang – was ihn aber nicht hinderte, die vom Papst gebilligten Entschlüsse des Konzils anzufechten und sogar abzulehnen. Die ›Libri Carolini‹ wurden dann allerdings nicht publiziert. Die 794 in Anwesenheit päpstlicher Legaten abgehaltene Synode von Frankfurt erklärte, daß den Heiligenbildern nicht ›Dienst‹ oder ›Anbetung‹ wie etwa der Trinität gebühre, und die griechische Synode, die solches verlange, müsse abgelehnt werden. Es wurde also verurteilt, was man aufgrund der falschen Übersetzung von ›proskynesis/adoratio‹ den Griechen vorwerfen zu müssen glaubte, was in Wirklichkeit aber gar nicht ausgesagt worden war.

2. Adoptianismus

Ein weiteres Mal sah sich der Hof durch den spanischen Adoptianismus herausgefordert. Zur Verteidigung der wahren Menschheit Jesu sprach der Metropolit Elipandus von Toledo († nach 800) betont von zwei Naturen: Christus sei ›filius adoptivus‹ (im Hinblick auf seine Menschheit) und ›filius proprius‹ (im Hinblick auf seine Gottheit). Ihm schloß sich Bischof Felix von Urgel an, dessen Sitz, gleich südlich des Pyrenäenkammes gelegen, zum Frankenreich gehörte. Karl und seine Theologen nahmen Anstoß an dieser adoptianischen Redeweise und witterten Nestorianismus.

Felix mußte 792 vor einer Synode in Regensburg und anschließend in Rom Widerruf leisten. Mit Elipandus, der vom Frankenreich aus nicht belangt werden konnte, entspann sich eine literarische Kontroverse, die auch durch die Frankfurter Synode von 794 mit ihrer Verurteilung der spanischen Adoptionsformel nicht beendet werden konnte. Alkuin verfaßte eine eigens an die Spanier gerichtete Denkschrift, doch dürfte er von seiner Theologie her kaum das rechte Verständnis für deren Anliegen einer Betonung der wahren Menschheit Christi aufgebracht haben, sah er doch, wie festgestellt worden ist, Christus vornehmlich als Gott. Felix von Urgel kehrte zu seiner abgeschworenen Auffassung zurück, mußte sich in Aachen erneut einer Diskussion mit Alkuin stellen und wurde dann für seine weiteren Lebensjahre in fränkischem Gewahrsam gehalten, bis er 818 in Lyon starb.

3. ›filioque‹

Ein letztes Bemühen des Hofes betraf einen Zusatz im Credo, das ›filioque‹. Dogmatisch war es die Frage, ob der Heilige Geist vom Vater ›und Sohn‹ ausgehe, wie es in Norditalien, Spanien und im Frankenreich verbreitete Versionen des Glaubensbekenntnisses aussagten. Das ›filioque‹ wurde bereits mit der Bilderfrage erörtert, schuf dann aber erneut ein Problem, als fränkische Mönche, die am Ölberg in Jerusalem lebten, darüber mit griechischen Mönchen in Streit gerieten. Karl berief eine Synode nach Aachen (809) ein und verlangte vom Papst die Aufnahme des ›filioque‹ in das Credo. Aber wie schon früher Papst Hadrian I. beharrte auch Papst Leo III. auf dem unveränderten Text, den er ohne ›filioque‹ auf zwei Tafeln in Sankt Peter anbringen ließ. Doch wollte er die fränkische Version nicht verbieten, die sich dann im ganzen Abendland durchsetzte und dadurch bis heute ein ost-westlicher Streitpunkt blieb.

4. Christus–Deus

Die scharfe Reaktion der fränkischen Theologen auf den Adoptianismus- und den ›filioque‹-Streit erklärt sich aus ihrem gottbetonten Christusbild. Die Göttlichkeit Christi erfuhr, einsetzend schon in der Antike und verstärkt dann im frühen Mittelalter, eine deutliche Übersteigerung. Stimuliert zunächst sicherlich durch die arianischen Auseinandersetzungen, wurde die Gottheit Christi so überbetont, daß sie dessen Menschheit geradezu absorbierte. Was also im dogmatischen Kampf gegen den Monophysitismus auf dem Konzil von Chalcedon (451) so deutlich bekämpft worden war, daß nämlich die Menschheit Christi wie ein Tropfen im unermeßlichen Meer der Gottheit verschwinde, das wurde im Frühmittelalter praktisch doch zur herrschenden Auffassung. Nicht, daß man die theoretisch-dogmatische Aussage von Chalcedon geleugnet hätte, vielmehr blieb die dogmatische Position gänzlich unangetastet. Aber die nicht weiter reflektierende Frömmigkeit ließ Christus einfachhin zum Deus werden. Man denke nur an den so simpel sich ausnehmenden Einschub des Wortes ›deus‹, wie er sich seit der Spätantike in der Abschlußformel der liturgischen Orationen findet: ›durch Jesus Christus, der mit Gott dem Vater und dem Heiligen Geist lebt und herrscht »als Gott« von Ewigkeit zu Ewigkeit‹. Bei Alkuin, dem Wortführer im Adoptianismus-Streit, hat man einen »praktischen Monophysitismus« feststellen können (H. B. (Meyer). Indem vergessen wurde, daß Gott sich in Christus gerade menschlich geoffenbart hat, erschien dann aber der Menschgewordene immer mehr als vom Tremendum des Göttlichen umstrahlt und wurde dadurch entrückt. Die Reaktion darauf war, daß »menschlichere« Mittler, die Heiligen, an Christi Stelle traten und dessen Vermittler-Funktion übernahmen. Für diese Verschiebung ist zum Beispiel kennzeichnend, daß im 7. und 8. Jahrhundert der alte christologische Salvator-Titel bei den Kirchen verschwand und statt dessen Heiligenpatrozinien hervortraten. Nur ein berühmtes Beispiel: Die römische Bischofskirche, die Salvator-Basilika im Lateran, wechselte über zum Johannes-Patrozinium.

5. Synode von Frankfurt (794)

Karl berief 794 eine Synode nach Frankfurt ein, der er durch Bischöfe aus möglichst vielen Ländern einen ökumenischen Charakter zu geben suchte; fränkische Quellen sprechen betont von einer ›synodus universalis‹ (allgemeine = ökumenische Synode). Zwei päpstliche Legaten präsidierten, aber die Entscheidungen fielen ganz im Sinne Karls aus. Der Adoptianismus wurde als häretisch verurteilt, ebenso die ›adoratio‹ der Bilder. Das Konzil der Griechen in Nicaea galt nur als Pseudo-Synode, und diese Aburteilung blieb den karolingischen Theologen durch das ganze 9. Jahrhundert maßgeblich.

Unter den kirchlichen Bestimmungen, die aufs ganze der nunmehr schon traditionell zu nennenden Reform entsprechen, fallen einige besonders auf: Erstmals wird das Eigenkirchenwesen berührt; auch soll ein Bischof den während seiner Amtszeit erworbenen Besitz nicht an Angehörige, sondern an seine Kirche vererben; des weiteren sollen Klöster Neulinge nicht wegen der von ihnen zu erhoffenden Mitgift aufnehmen. Niemand soll ferner behaupten dürfen, Gott könne nur in den drei heiligen Sprachen des Hebräischen, Griechischen und Lateinischen angebetet werden, und ebensowenig dürfe unkritisch der Kult neuer Heiliger propagiert werden. Interessant ist noch der Sonderfall, daß ein Bischof sich vom Verdacht der Untreue gegen Karl durch ein Gottesurteil befreien konnte, was aber – wie eigens gesagt wird – weder vom König verlangt noch von der Synode auferlegt worden war. Bezeichnend ist für Karls Kirchenregiment, daß in Fällen, wo ein Metropolit keine Entscheidung zu fällen vermochte, die Angelegenheit nicht vor eine Synode oder

§ 58 Die Theologie 351

68 Christkönig. Elfenbein-Buchdeckel aus Genoels-Elderen bei Tongern, 2. Hälfte des 8. Jahrhunderts (Brüssel, Königl. Museen).
Die in den Kreuznimbus hineingeschriebenen Buchstaben REX bekunden Christus als erhabenen König, der über Nattern und Ottern, über Löwen und Drachen hinwegschreitet, wie es auch die umlaufende Inschrift aus Ps 91,13 aussagt.

den Papst, sondern vor Karl gebracht werden sollte; er selbst betrachtete sich als obersten Kirchenherrn. Darüber hinaus befaßte sich die Synode mit politischen und sozialen Vorgängen. Den bereits abgesetzten Baiernherzog Tassilo begnadigte Karl zu lebenslanger Klosterhaft. Weiter wurden Maße und Münzen neu festgelegt und – aus Anlaß einer vorausgegangenen Hungersnot – sogar die Getreide- und Brotpreise fixiert.

3. Kapitel: Das Kaisertum Karls des Großen

§ 59 Die Erhebung zum Kaiser

1. Karls Theokratie

An den theologischen Ambitionen Karls und seines Hofes sticht auffällig der theokratische Anspruch hervor. In seinem Begrüßungsschreiben an den neuen Papst Leo III. (795–816) beanspruchte Karl für sich sowohl die äußere wie auch die innere Kirchenleitung, während der Papst nur noch als Beter fungieren sollte: Königliche Aufgabe sei es, die Kirche Christi draußen vor den Angriffen der Heiden und Ungläubigen zu verteidigen und innen mit der Kenntnis des katholischen Glaubens zu festigen; Aufgabe des Papstes sei es, wie Moses mit zu Gott erhobenen Händen den Kampf des Königs zu unterstützen. Karls Theologen haben diese Auffassung mitgetragen. Bei Alkuin zum Beispiel, auf den vielleicht die zitierte Brief-Passage zurückgeht, ist generell festzustellen, daß er – trotz aller angelsächsischen Papst-Ergebenheit – seinem König ein Höchstmaß an Einfluß auf die Kirche zubilligte. Für die Päpste aber kann Karls Anspruch nur ernüchternd gewirkt haben. Hatte nicht jahrhundertelang das Papsttum den Anspruch der byzantinischen Kaiser auf Lenkung der inneren Kirchendinge bekämpft und dafür zuletzt sogar die Abkehr von Byzanz vollzogen? Gerade auch Papst Hadrian I. suchte durchaus eine selbständige Position zu wahren, begann er doch damit, die bis dahin in Rom dem Kaiser zustehenden Rechte für sich zu beanspruchen und als »Papst-Kaiser« aufzutreten. Aber gegenüber Karl nützte das alles wenig. Hadrian und ebenso Leo mußten zur Kenntnis nehmen, daß Karl als der Herrscher des neuen westlichen Großreiches, ganz wie die östlichen Kaiser, einen Anspruch auf innere Lenkung der Kirche durchzusetzen trachtete. Man hat deswegen Karl einen »fränkischen Justinian« (H. Rahner) oder auch einen »halben Papst« (J. Burckhardt) genannt. Was die Päpste den Langobarden gegenüber so sehr gefürchtet hatten, nämlich sich einer Landesherrschaft unterwerfen zu müssen, schien ihnen unter Karl wirklich beschieden zu sein: »der erste fränkische Landesbischof« zu werden (P. Classen). Aber, so wird man gegenfragen dürfen, war es nicht auch Karl, der die fränkische Kirche reformierte, ja selbst das Papsttum aus schwerer Bedrängnis retten mußte?

2. Kaiserkrönung

a) Krönung in Rom

Als bei der stadtrömischen Bittprozession im April 799 Papst Leo III. überfallen wurde, löste diese Tat Folgen von säkularer Bedeutung aus: die Kaiserkrönung Karls des Großen. Eine römische Adelsopposition, geführt von Verwandten des Vorgänger-Papstes Hadrian, versuchte Leo durch Blendung und Verstümmelung der Zunge amtsunfähig zu machen, was aber mißlang. Der Verwundete konnte sich in fränkischen Schutz retten und wurde zu Karl geleitet, der ihn ehrenvoll und offenbar bewußt in Paderborn, im Land seiner großen Heidensiege, empfing. Der Schutz für Papst und Kirche, schrieb Alkuin, liege jetzt allein beim Frankenkönig. In der Tat, kaiserliche Hilfe war gänzlich ausgeschlossen, hatte doch in Byzanz soeben die Kaiserin Irene ihren eigenen Sohn beseitigt und – was gänzlich verwerflich erschien – als Frau das volle Regiment ergriffen. So galt zeitgenössischen fränkischen Stimmen zufolge das Kaisertum als vakant. Demgegenüber konnte sich Karl als Herr über alle Kaisersitze des Westens bezeichnen, über Rom, Ravenna, Mailand und Trier. Darum dann Alkuins Appell an Karl:

›Drei Personen standen bis jetzt am höchsten in der Welt: zunächst die Apostolische Hoheit, die den Stuhl des seligen Apostelfürsten Petrus als Stellvertreter innehat... An zweiter Stelle steht als weltliche Macht die Kaiserwürde des zweiten Rom. Die dritte ist die Königswürde, in der Ihr durch Fügung unseres Herrn Jesus Christus zum Lenker des christlichen Volkes eingesetzt seid; Ihr überragt die beiden erwähnten Gewalten an Macht, Weisheit und Herrschaftswürde. Siehe, allein auf Dir ruht das Heil der Kirche Christi.‹

Die Verhandlungen dürften freilich nicht leicht gewesen sein. Offenbar gab es berechtigte Klagen gegen den Papst, wie obendrein auch die schwierige Frage nach der Gerichtshoheit in Rom zu klären war. Mit dem Papst kehrte eine Untersuchungskommission in die Apostelstadt zurück (Nov. 799), während Karl erst ein Jahr später dort erschien und gleich mit kaiserlichem Zeremoniell empfangen wurde (23. Nov. 800). Leo hatte derweil in einem Apsismosaik des Lateranpalastes darstellen lassen, wie er die Situation beurteilte: einmal ein Bild des thronenden Christus, der dem heiligen Petrus das Pallium und dem Kaiser Konstantin das ›Labarum‹ (Kaiserstandarte) überreicht, dann spiegelbildlich gegenüber der Heilige Petrus, der an Papst Leo das Pallium und an König Karl das ›Vexillum‹ (die Stadtfahne Roms) übergibt. Leo und Karl, so wurde hier kundgetan, hielten Rom dank höherer Beauftragung in legitimen Händen. Unter Vorsitz Karls tagte in Sankt Peter eine Synode, an deren Ende ein Kompromiß stand. Da nach den symmachianischen Fälschungen kein Papst vor ein Gericht zitiert werden durfte, rechtfertigte sich Leo am 23. Dezember freiwillig und leistete einen Eid auf seine Unschuld.

In den Verhandlungen, die diesem Akt vorausgingen, muß aber auch von einem neuen Kaisertum gesprochen worden sein. Denn das weitere Erfordernis, die Attentäter des Papstes abzuurteilen, war in dem Moment geklärt, da es in Rom einen Kaiser gab. Zu Beginn des dritten Weihnachtsgottesdienstes in Sankt Peter setzte der Papst Karl eine Krone auf, und die Römer akklamierten ihm als neuem Kaiser. Mit Krönung und Akklamation waren die in Byzanz wichtigsten Elemente der Kaisererhebung vollzogen; zusätzlich aber wurde wohl noch eine Salbung vorgenommen. Die Reichsannalen berichten:

›Als der König am heiligen Weihnachtstage bei der Messe sich vom Gebet vor dem Grab des seligen Apostels Petrus erhob, setzte ihm Papst Leo die Krone aufs Haupt, und das römische Volk rief aus: Dem erhabenen Karl, dem von Gott gekrönten großen und friedbringenden Kaiser der Römer Leben und Sieg! Und nach diesen Lobrufen wurde er vom Papst nach Sitte der alten Kaiser durch Kniefall geehrt und... fortan Kaiser und Augustus genannt.‹

69 Petrus-Mosaik im Lateran-Palast aus dem Jahr 800; Nachzeichnung eines bis in das 18. Jahrhundert sichtbaren Mosaiks im Triklinium des Laterans (Bibl. Vat.).
Der heilige Petrus überreicht Papst Leo III. das Pallium und König Karl eine Fahne; die viereckigen Nimben kennzeichnen Papst und König als lebende Personen.

Anders allerdings Einhard in seiner Karlsbiographie:

›Damals empfing er den Titel Kaiser und Augustus. Das war ihm zuerst so zuwider, daß er versicherte, er würde an jenem Tag trotz des hohen Festes die Kirche nicht betreten haben, wenn er des Papstes Absicht vorausgesehen hätte.‹

Wie immer Einhards Aussage zu interpretieren sein mag, irgendein Moment der Überraschung scheint im Spiel gewesen zu sein. Andererseits ist es ganz unwahrscheinlich, daß Karl von seiner Erhebung zum Kaiser nicht im voraus gewußt haben sollte. Nach zeitgenössischer Auffassung erhielt Karl das ›nomen imperatoris‹, also den Namen der Stellung, die er faktisch längst innehatte. Nicht ein Westkaisertum sollte erneuert werden, sondern das Kaisertum schlechthin, wie es Karl auch in seinem Titel kundtat: ›Romanum gubernans imperium‹ (Lenker des römischen Reiches). Der neue Kaiser beanspruchte die Oberherrlichkeit in Rom wie auch im Kirchenstaat. Als erstes wurden die päpstlichen Attentäter verurteilt. Die Papsturkunden erhielten eine Datierung nach Karls Kaiserjahren, wie auch die päpstlichen Münzen seinen Titel trugen.

b) Verhältnis zu Byzanz

Schwieriger gestaltete sich das Verhältnis zu Byzanz. Dort war natürlich niemand der Meinung gewesen, daß der Kaiserthron vakant sei, zumal Irene bereits 802 entthront wurde. Daß es aber in der Christenheit zwei Kaisertümer geben könnte, schien völlig undenkbar. Das Römerreich samt seinem Kaisertum war eines, wie auch die Christenheit nur eine sein konnte. Ein Ausgleich wurde erst 812 erzielt, als der Basileus die ›Bruderschaft‹ anbot, jenen Titel, mit dem Byzanz eine gewisse Gleichrangigkeit aussprach, wobei dann Karl auf den römischen Charakter seines Kaisertums verzichtete. Der authentische römische Kaiser regierte allein in Byzanz, und er nannte sich fortan betont ›basileus tōn Romaiōn‹ (Kaiser der Römer), obwohl er inzwischen seine Oberhoheit über Rom aufgegeben hatte. Karl ging es um seine Unabhängigkeit und Gleichrangigkeit, und er beschränkte sich in der Titulatur auf ›imperator et augustus‹.

§ 60 Die Kaiserherrschaft

1. Vertieftes Reformbemühen

Alkuin, der 801 dem Kaiser schon seine revidierte Bibel überreicht hatte und wahrscheinlich 802 sein dogmatisches Hauptwerk über die Trinität folgen ließ, nahm Karl bei seiner neuen Kaiserwürde in Pflicht: Herrschen bedeute, anderen nützlich zu sein; die Friedenszeit lasse das Volk auf gültige Gebote und heilsame Ermahnungen hoffen. Mit der Abhandlung über die Trinität wolle er dem Kaiser, der freilich als Beherrscher des Christenvolkes alles Gottgefällige schon kenne und auch predige, nur ein handliches Buch zur besseren Vergewisserung darreichen. Der Kaiser möge es prüfen und den Priestern Gottes empfehlen, denn seine Weisung habe in der Verkündigung des Gotteswortes priesterliche Kraft. Höher als hier von Alkuin konnte das theokratische Kaisertum kaum veranschlagt werden, und Karl handelte danach.

a) Kapitularien-Gesetzgebung

Die Kaiserwürde gab Karl erneut Anlaß, das Imperium weiter zu festigen und zu verchristlichen. Der Ton ist nun entschieden eindringlicher. So wird der rechte trinitarische Glaube gefordert; er sei das Fundament und der Anfang des menschlichen Heils, und ohne diesen Glauben erlange keiner die Gnade, weder hier in dieser Welt noch in der künftigen. Jeder habe diesen Glauben zu lernen, und die geistlichen Lehrer hätten ihn zu lehren. Weiter ist es das Bemühen um das Recht: ›Wir wollen und befehlen durch Gottes Wort und unser eigenes, daß ein jeder, Edle wie Nichtedle, Mächtige und Machtlose, Arme und Reiche, daß jeder vollständig sein Recht bekommt‹.

Ein wichtiges Mittel bildete die jetzt verstärkt einsetzende Gesetzgebung. Mit Hilfe der Kapitularien sollten wichtige zentrale Maßnahmen, die über die Volksrechte hinausführten und Geltung im ganzen Reich haben sollten, durchgesetzt werden. Vorbild und Anlaß der Kapitulariengesetzgebung dürften weniger in staatlichen als vielmehr in den kirchlichen Obliegenheiten zu suchen sein. Die vom König verordneten Kirchendinge betrafen die ganze Kirche im Reich und hatten darum, anders als die Volksrechte, eine reichsweite Geltung.

Schon die Merowinger wie ebenso die karolingischen Hausmeier hatten ihre Bestimmungen für die Kirche, vor allem die Beschlüsse ihrer Reichssynoden, reichsverbindlich und darum auch als Kapitularien publiziert; ebenso verfuhr Karl der Große, dessen 789 publizierte und immer wieder zitierte ›Admonitio generalis‹ allein schon anhand ihrer Überlieferung einen »immensen schriftlichen Reformeinsatz« bezeugt (H. Mordek). Karls Politik war darum weder in ihrem Vorgehen noch in ihrer Thematik völlig neuartig, wohl aber insgesamt nachdrücklicher. Eine Fülle von Themen und Aufgaben kam zur Sprache: Anordnungen zur Bewirtschaftung der Königshöfe wie ebenso für das Heerwesen, in reichem Maße aber für das religiöse und kirchliche Leben. Dennoch darf die Wirkung der Kapitularien, so bedeutend sie waren, nicht überschätzt werden. Der Prozeß der Kapitulariengesetzgebung hat selbst in Karls Kaiserjahren keine festen Formen angenommen, weder in der Beratung und Abfassung noch in der Publizierung und Durchführung; ebensowenig wurden die Kapitularien systematisch, etwa am Hof, gesammelt und in authentischer Form aufbewahrt. Überhaupt dürfte nicht mit einem juristisch entfalteten Gesetzgebungsverfahren zu rechnen sein, wie es die »staatsorientierte« Geschichtsschreibung des 19. Jahrhunderts glaubte.

Zur Durchsetzung der Herrschererlasse wurden ›Königsboten‹ (missi) ausgesandt, welche sowohl die Kapitularien zu publizieren wie ihre Verwirklichung zu überprüfen hatten; darüber hinaus sollten die ›Missi‹ größere Streitfälle beilegen helfen, dazu noch die Fiskal- und Kirchengüter kontrollieren und überhaupt das Funktionieren der Reichsadministration wie auch die Treue zum Herrscher überwachen. Karl suchte dabei ein das ganze Reich überziehendes System von Kontrollbezirken mit ausgewählten »unparteiischen« Beamten aufzubauen. Aber wie bei allen Ämtern bildeten sich rasch feste Anwartschaften und Erbansprüche des eingesessenen Hochadels. Als 802 die Einrichtung der ›Missi‹ neu geordnet wurde, sollten nur noch Bischöfe, Äbte und ›religiöse‹ Laien ausgewählt werden, weil diese, besonders in der Zusammensetzung je eines weltlichen und eines geistlichen ›Missus‹, für weniger bestechlich galten. Dennoch ließ sich die Vereinnahmung dieses Amtes durch den hohen Adel nicht verhindern.

b) Treueid

Mit seiner neuen Würde forderte Karl einen neuen Eid auf ihn als Kaiser. Hatten vorher alle Großen, die weltlichen und die kirchlichen, wie ebenso alle Waffenfähigen und Vasallen, sofern sie zwölf Jahre alt waren, schwören müssen, sich jeglicher Untreue zu enthalten, so forderte der neue Eid mehr: Treue zur Person und Familie des Kaisers, sodann Einhaltung der Gebote Gottes und Schutz der Waffenlosen, insbesondere der Witwen, Waisen, Pilger und Fremden. Die ›Treue‹ (fidelitas) zum Kaiser schloß folglich die ›Gläubigkeit‹ (fidelitas) an Gott wie ebenso den Schutz der Schwachen ein. Der Kaiserdienst wurde christlicher »Gottesdienst«, wie es in knappster Formulierung die Formel vom ›fidelis Dei et regis‹ zum Ausdruck brachte.

c) Intensivierte Kirchenreform

Nochmals erfolgte ein intensivierter Anlauf zur Kirchenreform. Wiederum sind es die nun schon so oft genannten Themen und Direktiven. Erstmals aber wurde herrscherlicherseits den Klöstern die konsequente Befolgung der Benediktsregel auferlegt. Ein durchgreifender Erfolg hat jedoch, wie es scheint, auf sich warten lassen. Denn 811 ließ Karl – neben seiner Taufrundfrage – nochmals eine Serie von Reformkapitularien hinausgehen, die den Anstoß gaben zu fünf 813 abgehaltenen Regionalkonzilien in Mainz, Reims, Tours, Chalon-sur-Saône und Arles. Die Beschlüsse sollten Karls ›allerheiligstem Urteil‹ unterworfen und durch seine ›kluge Prüfung‹ bestätigt werden.

Intensiver noch als schon bislang soll für den Kaiser, seine Familie und das Reich gebetet werden. Um Bischöfe, Äbte und Kleriker erneut in Pflicht zu nehmen, werden ihnen die wichtigsten kanonischen Texte vorgelesen, so den Äbten die Benediktsregel. Im Mittelpunkt stehen die Seelsorgsbemühungen. Verhandelt werden die altbekannten Reformthemen, jetzt freilich mit verschärftem Akzent: genaue Befolgung des römischen Ritus bei Taufe und Eucharistie, regelmäßige und nötigenfalls volkssprachliche Predigt, Ermahnungen zur Amts- und Lebensführung bis hin zur Kritik an der erpresserischen Besitzpolitik mancher Bischöfe und Äbte, weiter auch die Mahnung, den Bedrückungen der Armen durch die Mächtigen entgegenzutreten und auf die Einhaltung der rechten Münz- und Maßeinheiten zu achten. Schwierig bleiben die Ehefragen, vor allem in der Beobachtung der Verwandtschaftsgrade. Überprüfen will man die von Priestern auferlegten Bußzeiten wie auch die benutzten Bußbücher; ganz abgelehnt werden die Bußwallfahrten. Endlich geht man schärfer als bisher gegen das Eigenkirchenwesen an, daß nämlich die dort tätigen Priester von ihren Herren nicht einfach entlassen und vertrieben werden können, daß auch die Einkünfte rechtens aufgeteilt und die Kirchbauten hinreichend unterhalten werden.

d) Sozialmaßnahmen

Schließlich ist die neue Ära durch besondere Sozialmaßnahmen gekennzeichnet. Karls »programmatisches« Kapitular von 802 wandte sich betont den Armen und Bedrückten zu, denen im Reich oft keine Gerechtigkeit widerfahre. Die fortan mit besonderer Sorgfalt auszuwählenden Missi sollten nicht nur allgemein die Einhaltung der ›recta lex‹ (rechtes Gesetz) und eine entsprechende Besserung gewährleisten, sie hatten vielmehr ihr besonderes Augenmerk auf alle diejenigen zu richten, die selbst keine Waffen führten, sich also nicht zur Wehr setzen konnten, wie ebenso auf alle wirtschaftlich Bedrängten; genannt werden die Kirchen, näherhin die Mönche und Nonnen, sodann die Armen, die Witwen und Waisen.

Die neue »Sozialpolitik« sah sich vor immensen Aufgaben. Denn immer wieder mußten Freie aus der mittleren oder unteren Schicht ihr Anwesen aufgeben und sich in einen abhängigen Status begeben; ruinierend wirkten vor allem die jährlichen Heereszüge, zu denen sie als Freie, dazu noch mit voller Gestellung der Rüstung, verpflichtet waren. Gleichzeitig suchten die Mächtigen, sowohl weltlichen wie geistlichen Standes, ihre Besitzungen abzurunden und brachten dabei die Mindermächtigen oft genug um ihren Besitz, und da die Großen zugleich die Gerichte beherrschten, war jede Gegenwehr erfolglos. Karl mußte, schon um der Erhaltung seiner Militärmacht willen, den Bedrückungen entgegentreten. Er regulierte die Heerespflichten neu, suchte der Gewalt und Rechtsbeugung entgegenzutreten und schritt deswegen auch zur Gerichtsreform. Dabei versuchte er, den Gerichtsentscheid zu einer bindenden Verpflichtung zu machen, von der niemand, auch die Großen nicht, ausgenommen sein sollten.

Weitere Not verursachten die Mißernten. Wie schon bei der großen Hungersnot von 792/93 ergriff Karl bei dem neuerlichen Hunger von 806 gezielte Maßnahmen: vorab drei im ganzen Reich abzuhaltende Bittage mit Fasten und Almosengeben und dann konkrete Sozialmaßnahmen; gegenüber den Preissteigerungen und dem Wucher wurden Höchstpreise festgesetzt, die Hortenden mußten ihre Vorräte zum Kauf anbieten, sowohl an Freie wie an Hörige, und den völlig Mittellosen sollten die Kirchen und Klöster beistehen, indem sie sich verpflichteten, wenigstens ein paar der Ärmsten zu beköstigen.

e) Einschränkung der Fehde

Bedeutend ist die neue Politik Karls auch darin, daß sie durch Beschränkung der Fehde den inneren Frieden zu bestärken suchte. Als Motiv wurden Bibelworte angeführt, etwa das johanneische Wort, wer hasse, sei ein Mörder. Innerhalb des Reiches sollte grundsätzlich Frieden herrschen, und deswegen durften im Frieden keine schweren Waffen getragen werden. Gerade hier vergrößerte Karl die Gerichtskompetenz und gestaltete die Rechtsprechung verbindlicher. Die in Fehde lagen, so wurde verordnet, sollten zum Frieden gezwungen werden, ›ob sie wollen oder nicht‹; sie hatten das als

Entschädigung angebotene Wergeld anzunehmen und auf weitere Rache zu verzichten. Wer nach beschworenem Friedensschluß dennoch seinen Gegner tötete, sollte Strafe zahlen und die Hand verlieren, mit der er eidbrüchig geworden war. Ludwig der Fromme hat diese Friedenspolitik in der ersten Phase seiner Regierung noch fortgesetzt; dann aber fielen mit dem Zerfall der Zentralgewalt die Bemühungen um Eindämmung der Fehde dahin. In den karolingischen Nachfolgestaaten sind für zwei Jahrhunderte keine weiteren Versuche einer gesetzlich-gerichtlichen Sicherung des inneren Friedens mehr festzustellen. Die Fehde blieb ein Recht des ganzen Mittelalters und fand erst 1495 reichsrechtlich ihr Ende.

f) Sklaverei und Hörigkeit

Während der Regierungszeit Karls hat sich wesentlich auch die Situation der Sklaven gebessert. Die im Jahre 813 abgehaltenen Reformkonzilien geben davon Zeugnis. Während noch das unter Pippin und Chrodegang publizierte Dekret von Verberie (757) beim Verkauf eines Sklaven die Trennung vom Ehepartner für möglich hielt, verbot das Reformkonzil von Chalon (813), daß Sklavenehen, die mit Zustimmung der Herren geschlossen worden waren, aufgelöst würden. Weiter gebot das Konzil, Sklaven und sonstige Abhängige bei der Einforderung von Diensten und Abgaben milde zu behandeln – Forderungen, die noch des öfteren wiederholt wurden und zum Beispiel in die Kapitulariensammlung des Ansegis eingingen. Das Konzil von Tours verlangte, daß die Herren ihren Untergebenen nicht den Kleinbesitz wegnehmen dürften. Des weiteren wurde schon seit längerem gefordert, keine Sklaven an Heiden oder ins Ausland zu verkaufen. Ein generelles Tötungsverbot, in das offenbar die Sklaven mit einbegriffen waren, war bereits in der ›Admonitio generalis‹ (789) ausgesprochen worden; das willkürliche Tötungsrecht der Herren dürfte damit beendet gewesen sein. Im 9. Jahrhundert hat der Sklave eindeutig Rechtsschutz für sein Leben.

In diesen Bestimmungen kommt zum Ausdruck, was schon lange auf Synoden und noch stärker in den Bußbüchern gefordert worden war. Bereits die burgundische Reichssynode von Epao (517) hatte die Exkommunikation über solche Herren verhängt, die ohne Gerichtsspruch einen Sklaven töteten. Ebenso bestraften die Bußbücher die eigenmächtige Tötung wie überhaupt alle Akte von Herrenwillkür, so den Verkauf von Sklaven ins Ausland oder an Heiden, die Wegnahme des vom Sklaven selbst erarbeiteten Geldes oder Besitzes, die willkürliche Steigerung der Arbeits- und Abgabepflichten, nicht zuletzt auch die sexuelle Zudringlichkeit gegenüber Sklavinnen. Ohne direkt die Forderung nach Abschaffung der Sklaverei zu erheben, ist das humanisierende Bemühen doch eindeutig und hat zu einem für die abendländische Sozialgeschichte höchst wichtigen Ergebnis geführt: Der Binnenmarkt für Kaufsklaven verschwand. Es blieb der Fernhandel mit zumeist nichtchristlichen Gefangenen, häufig Slawen, von denen übrigens auch die Bezeichnung Sklave herrührt. Dennoch, gegenüber der Merowingerzeit herrschten nun entschieden günstigere Verhältnisse (vgl. § 31, 3 e). Der Unfreie hatte, wenn auch nur erst in beschränktem Ausmaß, subjektive Rechte: Er war vor den schlimmsten Mißhandlungen geschützt; er hatte ganz überwiegend die Möglichkeit zur Familiengründung; normalerweise brauchte er nicht mehr zu befürchten, verkauft zu werden, und in der Regel dürfte seine Arbeit fest bemessen gewesen sein, so daß er nicht mehr willkürlich belastet werden konnte. So »scheint es denn auch nicht mehr angemessen, den ›servus‹ oder das ›mancipium‹ des 9. Jahrhunderts als ›Sklaven‹ zu bezeichnen«; die Kirche hat dadurch »zu jenem tiefen Wandel in den Grundlagen der Gesellschaft beigetragen, der in der Folge für die Geschichte des Abendlandes die größte Bedeutung gehabt« hat (H. Hoffmann).

g) Erfolg

Den Erfolg seiner Reformbemühungen hat der Kaiser in seinen letzten Lebenstagen fast noch herbeizuzwingen versucht. Ein jüngst entdecktes und wohl nur wenige Monate vor seinem Tod verfaßtes Kapitular läßt verlauten:

> ›Von diesen Kapitularien aber und von all den anderen, die wir seit vielen Jahren durch unser Reich gesandt haben, wollen wir jetzt endlich durch unsere Missi genau wissen, was aus all dem geworden ist, und wer das, was dort geboten ist, hält und wer es verachtet und vernachlässigt, damit wir wissen, was mit jenen geschehen soll, die so viele Jahre Gottes Gebot und unser Gesetz mißachtet haben.‹

Karl wußte, daß seine Reform trotz ihrer zahlreichen Anläufe und ihrer unbezweifelbaren Erfolge unvollendet an seinen Nachfolger überging.

2. Nachfolgeregelung und Tod

Im September 813 ordnete Karl seine Nachfolge: Sein einzig überlebender Sohn Ludwig, König in Aquitanien, wurde – wohl nach byzantinischem Vorbild – zum Mitkaiser bestellt: Karl setzte ihm in der Aachener Hofkapelle die Kaiserkrone auf. Zuvor schon, bei einer Erkrankung im Jahre 811, hatte Karl sein Testament gemacht und dabei den ganzen Schatz, den er am Aachener Hof zusammengetragen hatte, auf die Kirchen des Reiches und an die Armen aufzuteilen bestimmt. Ende Januar 814 befiel ihn heftiges Fieber, und am 28. verstarb er. Sein Grab erhielt er in der Aachener Pfalzkapelle. Karls Reich, wiewohl es bald in Teilreiche zerfiel, blieb in vielfacher Hinsicht die Grundlage des mittelalterlichen Europa, und seine Person nahm in rückschauender Überlieferung die Züge des idealen christlichen Herrschers an.

3. Nachwirkung

›Pater Europae‹ ist Karl der Große genannt worden. Wie bei allen Ehrentiteln sind allerdings Inhalt und Reichweite näher zu definieren. Karl erweiterte das Frankenreich zu einem Großreich, welches nun fast das ganze festländische christliche Europa umfaßte. Außerhalb blieben Spanien, nach dem Karl, die Pyrenäen überschreitend, nur hatte ausgreifen können, ebenso die britischen Inseln, die herrschaftlich zersplittert und bei knapp einer Million Einwohnern nicht nur geographisch marginal waren. Hatte Karl Martell die fränkischen Kernlande gesichert und König Pippin die Außenländer wieder fest eingebunden, so machte Karl bedeutende Eroberungen über den alten Bestand hinaus: Langobardien, Sachsen, die Spanische Mark und das Awaren-Reich. Wie Karl Martell schon in Friesland das einheimische Herrschergeschlecht beseitigt hatte, so tat Pippin das gleiche in Aquitanien und Karl in Langobardien. Die Germanenstaaten, die sich auf römischem Reichsboden gebildet hatten, waren nun entweder – wie das Wandalen-Reich in Nordafrika und das Westgoten-Reich in Spanien – moslemisch oder aber karolingisch beherrscht. Karl erschien als Inbild des erfolgreichen Herrschers, dem nachzueifern noch viele mittelalterliche Könige und Kaiser bemüht waren. Das neue Großreich besaß ein dominierendes politisches und militärisches Gewicht; dennoch sollte es eine Generation später zerbrechen.

Bildungs- und kirchengeschichtlich schuf es bleibende Grundlagen, einmal in Schrift und Sprache, sodann in Kirchenverfassung und Mönchtum. Die geistig-kirchlichen

360 *Karl der Große*

Neuschöpfungen bzw. Konsolidierungen kamen in Karls gesamtem Reich zur Auswirkung, und das hieß: praktisch in der ganzen westlichen Christenheit. Daß die unter Karl geschaffenen Bildungs- und Kirchenverhältnisse auch über das Zerbrechen des Reiches hinaus Bestand behielten, ist nicht zuletzt dem Papsttum und seiner Einheitsidee zu danken. Zwar hat Karl die ältere Verbindung seiner Dynastie zu den Päpsten bis zum Caesaropapismus gesteigert, doch zerfiel diese übersteigerte Hoheit unter den Nachfolgern wie das Reich selbst. Die unter dem Papsttum geeinte Westkirche behielt die von Karl geschaffenen Kirchenverhältnisse bei und perpetuierte sie für das Mittelalter.

Karls persönliche Rolle ist bei alledem herausragend, und sie darf nicht nur politisch und militärisch beurteilt werden. Es war seine Initiative, daß die Kirchenreform weiter vorangetrieben wurde, auch wenn es dadurch zu Kollisionen mit der eigenen Politik kam. Karl sah in der Religion, näherhin im Gottessegen für sein Reich, den entscheidenden Faktor für seine Herrschaft. So gesehen, war es für ihn selbstverständlich und auch politisch notwendig, die Religion für sein Reich in Dienst zu nehmen. Nur darf man diese Indienstnahme nicht im Sinne eines neuzeitlich-aufklärerischen »Benutzens« verstehen, als habe er, selbst innerlich von der Religion distanziert, sich ihrer nur als eines Mittels zur Herrschaftssicherung bedient. Es ist gar kein Zweifel: Karl wollte Christ sein und war es auf seine Weise auch. Persönliche und einschneidende Konsequenzen scheute er nicht. Er kümmerte sich selber um Details der Kirchenreform, schaute auf die Lebensführung von Bischöfen und Äbten, trieb sie zu neuer Hirtensorge an und förderte, obwohl selber Analphabet, Bibliotheken und Schulen. Sogar das Papsttum rettete er zweimal aus schweren Bedrängnissen, Hadrian I. aus langobardischer Bedrohung und Leo III. aus innerrömisch-klerikalem Parteienstreit. Was Wunder, daß Karl sich als Herr auch der Kirche betrachtete.

70 Reiterstatuette Karls des Großen; früher in Metz, 9. Jahrhundert (Paris, Louvre).
Die Reiterfigur stellt aller Wahrscheinlichkeit nach Karl den Großen dar, möglicherweise als der zeitgenössische Versuch eines Portraits oder aber als ein gegen 860 geschaffenes Erinnerungsbild. Die Statuette ist »eines der wichtigsten Werke der imperialen karolingischen Kunst« (H. Fillitz).

Vierter Abschnitt: Bis zum Ende der Karolingerherrschaft

1. Kapitel: Ludwig der Fromme

§ 61 Die Gesamtbewertung

1. Etappen der Regierung

Das Erbe Karls des Großen trat dessen einziger überlebender Sohn Ludwig an, seit vielen Jahren schon Unterkönig in Aquitanien und seit 813 Mitkaiser. Ludwigs Herrschaftsperiode läßt sich in drei Phasen einteilen. Am Anfang steht eine bis 821 andauernde, geradezu hitzige Reformperiode, in der Ludwig die von Karl nach der Kaiserkrönung eingeleitete »christliche Politik« fortsetzte und gutenteils auch verwirklichen konnte. In diese Jahre fallen die großen Aachener Gesetzgebungswerke zur Kloster- und Klerikerreform, bei der für Mönche und Nonnen die Benediktsregel und für Kleriker der Ordo canonicus verbindlich gemacht wurde. Fast wie nebenbei erließ der Kaiser 817 die Ordinatio imperii, eine Regelung seiner Nachfolge, die insofern neuartig und reformerisch war, als sie die Erbansprüche der Söhne dem Fortbestand der Reichseinheit unterordnete. Nach 821, als die Reform zu einem gewissen Abschluß gekommen war, folgten Jahre einer mehr bewahrenden und im ganzen beruhigten Politik, die dann zu Ende ging mit einem abermaligen, geradezu heftigen Reformbegehren, das sich 829 auf mehreren in den Reichsteilen abgehaltenen Synoden förmlich entlud. Noch im Herbst 829 schlug Ludwig ein anderes, höchst brisantes Thema an, nämlich seinem nachgeborenen Sohn Karl einen Anteil am Reich zu verschaffen. Damit aber gefährdete er die Ordinatio von 817. Eine auf die Einheit des Reiches eingeschworene Gruppe von Reformern löste einen Aufstand aus, und von da an war der Parteienkampf allgemein. Nach Ludwigs Tod zerbrach das Reich. Nur die Kirche bekannte sich weiterhin zur Einheit und konnte auf diese Weise ein abendländisches Einheitsbewußtsein erhalten.

2. Historische Beurteilung

In der Geschichtsschreibung hat Ludwig, der erst viel später den Beinamen ›der Fromme‹ erhielt, wenig Anerkennung gefunden: Wie es ihm an Realpolitik gefehlt habe, so sei es an Frömmigkeit zuviel gewesen – beides gleichermaßen verhängnisvoll. Und wirklich, gemessen an der Tatsache, daß das neue abendländische Reich durch Karls des Großen zupackenden Herrscher- und Machtwillen entstanden ist, wird man bei Ludwig das Format seines Vaters vermissen. Sein Naturell wie auch sein Lebenswerk sind anders zu bemessen. Erst in den letzten Jahrzehnten begann die Forschung dies wahrzunehmen: Keineswegs habe es Ludwig an produktiver Tatkraft noch auch an Zähigkeit fehlen lassen, und – so wird jetzt sogar betont hervorgehoben – seine Staats- und Regierungskonzepte seien als ausgesprochen »fortschrittlich« zu bewerten. Tatsächlich ist das große Stichwort der ersten Phase seiner Regierung die Reform, und in

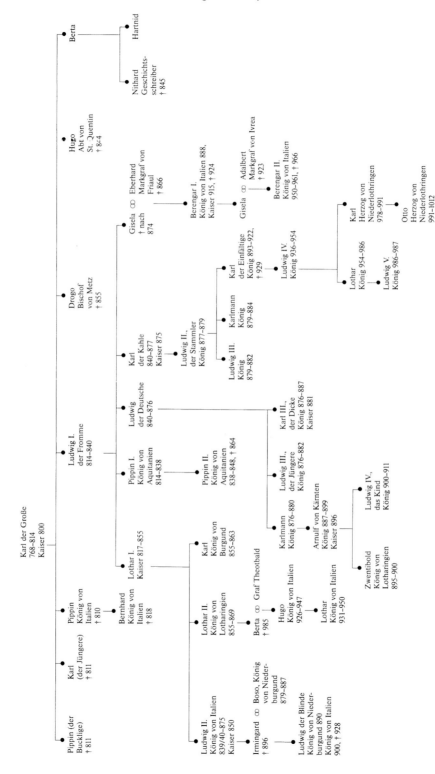

71 Karl der Große und seine Nachkommen (nach H. K. Schulze).

der Geschichte des politischen Denkens hat seine Regierungszeit als bedeutsame Etappe zu gelten. Die seit Ludwig nachdrücklicher als zuvor propagierte Idee des transpersonalen, institutionellen Reiches hat diesem zwar nicht jene damals von vielen gewünschte Beständigkeit und Einheit verliehen, die es vor einer Erbteilung hätten bewahren können, wohl aber vermochte diese Einheitsidee die »Zerfallsprodukte« zu erhalten, nämlich das fränkische West- und Ostreich, aus denen dann Frankreich und Deutschland hervorgehen sollten. Die Jahrzehnte, in denen das von Karl geschaffene Großreich sich als Einheit zu behaupten vermochte, sind »das Kernstück der fränkisch-karolingischen Geschichte« (Th. Schieffer).

3. Programm

Die Regierung Ludwigs setzte weniger die Herrschaft Karls in ihrer Gesamtheit als vielmehr die in Geist und Zielsetzung teilweise neuartigen Kaiserjahre fort. Im Mittelpunkt stand die Idee des Imperium christianum, dessen Wohlergehen nach dem Tun/Ergehen-Zusammenhang interpretiert wurde und folglich ganz von der gelebten Christlichkeit abhing. Allen voran mußte der Herrscher selbst gottgefällig leben und unter seiner Verantwortung ebenso das Volk. Dem Regierungsamt oblag infolgedessen eine geistliche Beispiels- und Leitungsfunktion, ja eine Art Seelsorge: Herrschaft ist ein Auftrag, über den vor Gott Rechenschaft abzulegen ist. Der Herrscher hat persönlich ein besonderes Amtsethos mit einem gesteigerten Pflichtgefühl an den Tag zu legen. Zugleich muß er in neuer Weise seinem Volk gerecht werden; dieses ist ihm nicht als disponible Masse anheimgegeben, sondern hat eigene Rechte und Ansprüche. In ihrer Gesamtkonzeption enthält die neue Herrschaftsidee nicht wenige verobjektivierende und versachlichende Züge, denen sich der Herrscher im Geist der Dienstbarkeit zu unterwerfen hat. Die so verstandene christliche Herrschaft mußte allerdings zu einem fast ununterscheidbar engen Verbund mit den Amtsträgern der Kirche führen. Denn wem stand die Entscheidung darüber zu, was letztlich christlich sei, dem Kaiser oder nicht vielmehr den Bischöfen? Tatsächlich räumte Ludwig im Laufe seiner Regierung den Bischöfen in geistlichen Dingen nicht nur ein größeres Mitspracherecht ein, sondern eine genuin geistliche, allen kirchlichen Aspirationen seines Kaiseramtes überlegene Weisungsgewalt.

Bei der Publikation der Reformgesetze von 819, die den Höhepunkt des ersten großen Reformbemühens bildeten, stellte Ludwig eine Grundsatzerklärung voran, die über seine Herrschaft authentisch Auskunft gibt: Ob der Ungewißheit schon des nächstfolgenden Tages gelte es, unverzüglich zu handeln. Alle müßten vor Gottes Gericht erscheinen, so auch er als Kaiser, darin allen Sterblichen gleich; wohl sei er in der Herrschaftswürde erhöht, deswegen aber auch zu erhöhter Verantwortung verpflichtet. Vorzustehen (praeesse) bedeute, anderen zu nützen (prodesse). Fortwährend müsse man zu Gott beten und sich vor ihm bekennen, damit dank seiner Gnade die Herrschaft des Reiches stabil bleibe. Persönlich habe er Früchte der Gerechtigkeit (iustitia), Frömmigkeit (pietas) und Demut (humilitas) zu erbringen. Als Herrscher sei er Mitarbeiter Gottes und dazu berufen, für die Kirche zu sorgen, sie vor Schaden zu bewahren und in allem Guten zu fördern. Gottes Gnade, nicht eigenes Verdienst habe ihn nach dem Tode seines Vaters zur Herrschaft gelangen lassen. Von früh an habe ihn die Sorge um die Gottesverehrung und die Weiterführung des von den Vorfahren bereits ausgeübten kirchlichen Schutzes bewegt: Was immer in kirchlichen und staatlichen Belangen verbesserungsbedürftig erscheine, wolle er verwirklichen. Überallhin seien Beauftragte entsandt worden, um nach dem Rechten zu sehen. Die glücklich gewährte Friedenszeit gelte es zum Wohl der Kirche wie der Allgemeinheit zu nutzen.

Ludwig sieht seine Herrschaft als von Gott gestellte Aufgabe an, die ihm eine erhöhte Verantwortlichkeit abverlangt und deren rechte Erfüllung vom wahren Gottesdienst abhängt. Es ist »eine theologische Ethisierung der Herrscherpflichten« (K. Hauck), verbunden mit einem religiös moralischen Tun/Ergehen-Zusammenhang für Herrscher und Reich.

4. Ratgeber und Mitarbeiter

Ludwig begann seine Regierung mit einer Reform des Hofes. Fast wie ein Eiferer hielt er 814 Einzug in Aachen. Die eigenen Schwestern wurden wegen anstößiger Lebensführung in Klöster verwiesen und die Halbbrüder wenig später dem geistlichen Dienst verpflichtet. Auch die einflußreichen Vettern seines Vaters, Adalhard von Corbie und dessen Halbbruder Graf Wala, mußten in die Verbannung gehen. Aquitanische Vertrauensleute Ludwigs rückten in maßgebliche Hofstellen ein.

a) Hilduin († 840/44) und Helisachar († vor 840)

Die Hofkapelle beließ Ludwig zunächst in der Leitung des Erzkaplans und kölnischen Erzbischofs Hildebald. Ihm folgte 819 Hilduin, ein Mann von Rang und vornehmer Abkunft, der mehrere Klöster erhielt, so das bedeutsame St. Denis; nicht aber wurde ihm die Erzbischofswürde zuteil. Wohl darum betonte er das Amt des ›archicapellanus‹ und leitete den Hofgottesdienst im Gepränge eines alttestamentlichen Hohenpriesters. In der Reichsregierung erwies er sich als Ludwigs überlegener Ratgeber, besonders in geistlichen Dingen und im Verhältnis zu den Bischöfen. Als strikter Verfechter der Reichseinheit wandte er sich 830 von Ludwig ab und verlor sein Amt. Zum Kanzler hatte Ludwig gleich bei Regierungsantritt den schon in seiner aquitanischen Kanzlei tätigen Helisachar erhoben, der – für diese bis dahin eher als niedrig betrachtete Tätigkeit ungewöhnlich – von hoher Abkunft war und seinem Amt ein erhebliches, bald sogar dem Erzkaplan vergleichbares Gewicht zu geben verstand; sein Ressort, das Urkundenwesen, erfuhr eine allgemeine Hebung und Systematisierung. An seine Stelle trat von 819 bis 832 Fridugis, ein Angelsachse und als Schüler Alkuins dessen Nachfolger in Tours; dieser besaß sowohl philosophische wie offenbar auch beste administrative Fähigkeiten und vermochte wohl darum den großen Umbruch von 830 zu überstehen.

b) Benedikt von Aniane († 821)

In der geistlichen Reform ist als erster der für die Mönchsreform verantwortliche Gote Witiza zu nennen, der mit seinem Klosternamen Benedikt von Aniane in die Geschichte eingegangen ist. Am Hof König Pippins und Karls des Großen erzogen und dann 774 als gut Zwanzigjähriger ins Kloster eingetreten, gründete er auf Erbbesitz am Bach Aniane (bei Montpellier) sein erstes Kloster, dem er nach anfänglich rigoristischer Lebensführung die gemäßigte Benediktsregel auferlegte. Ihn nun beauftragte Ludwig der Fromme, im Reich nach Maßgabe der Benediktsregel die Mönchsreform durchzuführen. In nächster Nähe des Hofes, zu Inden bei Aachen (Kornelimünster), wurde ein »Reichsmusterkloster« errichtet, wo er eine exemplarische Befolgung der Benediktsregel vorleben konnte. Schon 816 lieh ihm der Kaiser seinen machtvollen Arm, reichsgesetzlich die Benediktsregel in allen Klöstern durchzusetzen: Nur sie noch sollte im Reich für Mönche und Nonnen Geltung haben. Das Zeitalter der Regula mixta war damit beendet. Neben seiner monastischen Tätigkeit hat sich Benedikt, wie neuerdings festgestellt werden konnte, auch in der Liturgiereform an wichtiger Stelle betätigt; nunmehr gilt nämlich er, nicht Alkuin, als Verfasser des dem Hadrianum beigefügten Supplementes.

c) Ebo von Reims († 851)

Besonderen Einfluß erhielt auch Ebo, den Ludwig gleich in der ersten Phase seiner Reformpolitik auf einen der wichtigsten Erzsitze des Reiches, nach Reims, berief (816). Er war einfacher, vielleicht sogar unfreier Herkunft, aber mit Ludwig aufgewachsen und mit ihm zusammen am Hof erzogen worden. Ebo verfügte über eine hervorragende Bildung und übte an Ludwigs aquitanischem Hof das Amt des ›Bibliothekars‹ aus. In seinem Sprengel engagierte er sich seelsorglich und reformerisch, blieb aber auch in der Reichspolitik tätig und übernahm dabei die Aufgabe eines Missionslegaten für den Norden. Als Bücherfreund gab er Impulse für die Ausbreitung der am Hof neu entstandenen Bildungskultur; so ist ihm das Aufblühen einer eigenen Reimser Schrift- und Buchkultur zu verdanken. In den Auseinandersetzungen Ludwigs mit seinen Söhnen, in den folgenschweren Kämpfen um Einheit und Teilung des Reiches, blieb er zunächst auf seiten Ludwigs, stellte sich dann aber gegen seinen alten Jugendfreund, und er war es, der den Kaiser 833 im Namen seiner Mitbischöfe einer öffentlichen Buße unterwarf. Rasch aber wendete sich die Situation; Ebo verlor seinen Erzstuhl und fand zuletzt seine Zuflucht bei Ludwig dem Deutschen, der ihn zum Bischof von Hildesheim (845/47–851) machte.

d) Jonas von Orléans († 842/43)

Aus Aquitanien stammte auch Jonas, der in Orléans nach Theodulfs Absetzung zum Bischof erhoben wurde. Mehrere Schriften bezeugen seine reformerischen Ideen, am stärksten sein ›Laienspiegel‹ (De institutione laicali), den er auf Bitten des mit ihm in Orléans amtierenden und beim Kaiser zeitweilig hoch angesehenen Grafen Matfrid verfaßte und worin er Fragen des Ehestandes sowie der Adels- und Laienethik behandelte. Daneben ist der an Pippin von Aquitanien gerichtete ›Fürstenspiegel‹ (De institutione regia) mehr kirchenpolitisch ausgerichtet: Kämpferisch werden hier jene für die Reform der Reichs- und Kirchenpolitik grundlegenden Gedanken vorgetragen: eine – bei grundsätzlicher Einheit des Corpus christianum – deutlich formulierte »Zwei-Gewalten«-Lehre und der Ruf nach einer entsprechenden ›libertas ecclesiae‹, nach Freiheit der Kirche in ihren inneren geistlichen Obliegenheiten. Das Wohlergehen des Reiches hänge ganz und gar ab von der christlichen Lebensweise, weswegen die Reform von Klerus und Volk höchst dringlich sei; dabei müsse als erstes die Freiheit der Kirche von weltlicher Beherrschung sichergestellt werden, damit diese unbeschadet ihrem Heilsauftrag gerecht werden könne. Jonas blieb zeitlebens an der Reformpolitik beteiligt, dazu unfehlbar in seiner Treue zum Kaiser.

e) Smaragd von St. Mihiel († 826/30)

Über Smaragd, wiederum ein Aquitanier und Abt im Kloster St. Mihiel (an der Maas, nordöstl. Verdun), ist nur wenig bekannt. Im Monastischen ein eifriger Parteigänger Benedikts von Aniane, schrieb er einen Kommentar zur Benediktsregel sowie das ›Diadema monachorum‹ (Krone der Mönche), eine Abhandlung zur Mönchsspiritualität, darüber hinaus die ›Via regia‹ (königlicher Weg), den ersten, spätestens 810/14 abgefaßten Fürstenspiegel der Karolingerzeit. Wohl in Fortführung westgotisch-spanischer Gedanken begreift er darin das Herrscheramt – und das war für die weitere Theoriebildung fundamental – als Ministerium: als ein von Gott verliehenes Amt, dessen Aufgabe in der Bestrafung der Bösen und zugleich ihrer Besserung besteht, des weiteren in der Fürsorge für die Armen und Unterdrückten. Dieses Amt ist eine vorgegebene Größe; es existiert wegen seiner Aufgaben, für deren Erfüllung Gott Rechenschaft abzulegen ist. Die Wirkung auf Ludwig den Frommen, für den diese Abhandlung noch zur Zeit seines Unterkönigtums geschrieben sein dürfte, ist unverkennbar.

§ 62 Die große Kirchenreform

1. Monastisch-kanonikale Gesetzgebung von 816/17

a) Mönche

Die Reform begann bei den Geistlichen und Mönchen. Sie verfolgte als erstes Ziel, die im 8. Jahrhundert eingetretene Vermischung von Mönchtum und Klerikerstand neu zu regeln. Seitdem die Kleriker immer stärker dazu gedrängt worden waren, eine quasi-monastische Lebensführung anzunehmen, und gleichzeitig in den Klöstern eine wachsende Zahl von Mönchen die Weihen empfing, schienen Kleriker und Mönche ununterscheidbar. Der wahre Kleriker sollte Mönch sein und der wahre Mönch ein Kleriker.

Im Hintergrund stand das Ideal des asketischen und reinen Priesters und weiter die ob ihrer Gnadenvermittlung so hochgeschätzte Meßzelebration. Wo das neue Ideal verwirklicht wurde, lebte der Klerus monastisch, entweder mit dem Bischof im Kathedralkloster oder in Kleinklöstern und Zellen draußen auf dem Land. Und wie die Seelsorger mönchisch lebten, so wirkten die Mönche seelsorglich; Mönche taten Pfarrdienst und zogen zur Mission hinaus. Damit schienen alle Unterschiede aufgehoben zugunsten des einen Merkmals der asketisch-reinen Lebensweise. Die Vermengung ging so weit, daß manche zwar das Mönchsgewand trugen, aber kein monastisches Gelübde abgelegt und auch kein Klosterleben führten, während andere wohl im Kloster lebten, aber weiterhin über Besitz verfügten. Alkuin, der sich beiden Ständen zugehörig fühlte, aber weder Mönch noch Priester war, propagierte kurzerhand einen ›tertius gradus‹, ein Mittleres zwischem Klerus und Mönchtum. Hier sollte nun die Reform Klarheit schaffen.

Ludwig der Fromme und seine Reformer gedachten keinerlei Kompromiß mehr zuzulassen. Wer Mönch sein wollte, sollte ganz der Benediktsregel verpflichtet sein; er hatte das Gelübde abzulegen, sich aus Welt und Seelsorge zurückzuziehen und zum lebenslangen Verbleiben im Kloster zu bekennen wie auch allem Eigentum zu entsagen. Im Sommer 816 erließ eine Synode in Aachen die entsprechenden Bestimmungen, die auf nachfolgenden Synoden in den Jahren 817 und 818/19 noch weiter präzisiert und allesamt als kaiserliche Kapitulare publiziert wurden. Die Benediktsregel, die während des 8. Jahrhunderts schon dominierend hervorgetreten, aber oft noch mit anderen Elementen vermischt geblieben war, sollte das alleinige Klostergesetz sein, für Männer wie Frauen. In Fragen allerdings, wo die Benediktsregel keine letzte Klarheit zu bieten schien oder auch die Entwicklung über Benedikt hinweggegangen war, da sollte eine für alle einheitliche Consuetudo (Gewohnheit, Brauch) gelten. So blieben Ermessensräume in der Reform, und nicht wenige Klöster, die bereits der Benediktsregel anhingen, beharrten auf ihren Sonderbräuchen. Dennoch ist Benedikt von Aniane der Schöpfer jenes einheitlichen Benediktinertums geworden, das vom 9. bis zum 12. Jahrhundert praktisch die alleinige Form des monastischen Lebens darstellte; er schuf »die erste rein benediktinische Observanz des Abendlandes« (J. Semmler).

b) Kanoniker

Die Forderung, für den Klerus einen eigenen Ordo canonicus (Kanoniker-Orden) zu errichten, war erstmals unter Chrodegang von Metz erhoben worden (vgl. § 49, 2 c). Auf seiner ersten, zu Ver (südöstl. Senlis) abgehaltenen Synode (755) heißt es, wer tonsuriert sei und als Kleriker gelten wolle, müsse entweder im Kloster unter einer Regel oder aber ›unter der kanonischen Ordnung‹ (sub ordine canonico) seines Bischofs leben. In der Verwirklichung dieses Ordo ist Chrodegang mit seiner für den Metzer Klerus geschaffenen Kanonikerregel beispielhaft vorangegangen. Ludwig der Fromme griff nun das schon seit langem anvisierte, aber im Reich unrealisiert gebliebene Ziel des Ordo canonicus auf und machte denselben für alle Kleriker verbindlich. Im August 816 wurde in Aachen die ›Institutio canonicorum‹ (Kanoniker-Regel) beschlossen. »Niemals zuvor und nie später ist in der mittelalterlichen Kirchengeschichte ein ähnlich umfassender Versuch unternommen worden, das Leben der Kleriker bis ins einzelne verbindlich zu ›reglementieren‹« (R. Schieffer). Der gesamte nichtmonastische Klerus sollte sich einer einheitlichen Norm in Liturgie und Lebensführung unterstellen – zweifellos ein markanter Fixpunkt in der Geschichte der abendländischen Christenheit.

Die Aachener Kanoniker-Regel, deren Verfasser (-gruppe) unbekannt ist, bietet zunächst einmal eine lange geistliche Begründung. Von den 145 Kapiteln referieren nicht weniger als 113 wichtige Texte aus der geistlichen Tradition des Klerikeramtes; angeführt werden Hieronymus, Augustinus, Julianus Pomerius und Isidor von Sevilla, sodann die Päpste Leo, Gelasius und Gregor sowie zahlreiche Synoden-Kanones. Im ganzen ist das Vorbild des Mönchtums unübersehbar, so daß die Aachener Regel nur als Ausdruck einer Monastisierung des Klerus aufgefaßt werden kann. Inhaltlich bleiben die Bestimmungen im Rahmen der bereits von Chrodegang erlassenen Ordnung. Wenige Einzelheiten, in den Konsequenzen allerdings zumeist weittragend, differieren: Der Leiter der Gemeinschaft heißt ›praepositus‹ (Propst) und ihr »Kloster« hat in der deutschen Sprache die Bezeichnung ›Stift‹ angenommen. Nachdrücklich gilt die Pflicht zum Chorgebet, das freilich nicht der benediktinischen Ordnung folgen muß. In der Eigentumsfrage wird zu völligem Verzicht aufgefordert und dennoch die private Nutzung zugestanden. Am wenigsten monastisch gibt sich der Ordo canonicus in der Stabilitas und im Gehorsam gegen den Praepositus; eine lebenslange Bindung wird nicht gefordert, und so können alle, die nicht die höheren Weihen empfangen haben, sogar wieder weggehen und heiraten. Die Kanoniker-Bewegung des 11./12. Jahrhunderts hat genau in diesem Punkt die Diskussion wieder aufgenommen und weitergeführt.

c) Durchführung

Die Durchsetzung sowohl der monastischen wie der kanonischen Bestimmungen, für die Ludwig gerade nur die Frist von einem Jahr beließ, erwies sich als überaus kompliziert, und der Forschung ist es nicht gelungen, im einzelnen das Ausmaß und die Intensität der Befolgung festzustellen. Manche Abteien, so Fulda, Reichenau oder der Frauenkonvent von Rémiremont, haben die neue Regelung sofort angenommen, andere nur mit Zögern. Insgesamt aber ist zu konstatieren, daß die anianische Reform das Benediktinertum vom 9. bis zum 12. Jahrhundert tiefgreifend geprägt, ja überhaupt erst geschaffen hat. Cluny hat im 10. Jahrhundert auf der anianischen Grundlage weitergebaut.

Schwierig gestaltete sich für viele Konvente der Entscheid, ob sie künftig die monastische oder kanonikale Lebensform befolgen sollten. Selbst altehrwürdige und angesehene Klöster entschieden sich für das Kanonikertum, so das Martinskloster zu Tours, das alte burgundische Reichskloster Saint-Maurice d'Agaune im Wallis, das Willibrord-Kloster Echternach und ebenso fast alle Basilikalklöster. In einigen Konventen kam es zu inneren Spannungen und zur Spaltung in zwei Parteien. In St. Denis zum Beispiel, wo Benedikt von Aniane selber als kaiserlicher Beauftragter erschien, entschied sich die Konventsmehrheit für die kanonikale Lebensform. Die regeltreue Minderheit gründete daraufhin eine neue Dionysius-Zelle zu Mours (bei Beaumont an der Oise), konnte aber 829 wieder zurückkehren und im Mutterkloster ihr benediktinisches Leben fortsetzen.

Ludwigs Reform beeindruckt nicht nur wegen des energischen und konsequenten Zugriffs. Ihr ist nichts Geringeres nachzurühmen als die Durchsetzung bleibender Lebens- und Verfassungsstrukturen, sowohl im Mönchtum wie im Klerus. Man muß überhaupt die Reform ein wahrhaft imponierendes Werk nennen, das in nur wenigen Jahren erstellt wurde und epochale Bedeutung erlangen konnte.

2. Reichskirche

a) Neue Privilegierung

Neue Wege ging Ludwig der Fromme in der herrscherlichen Privilegierung der Klöster und Bischofskirchen. Bislang hatten sich Bischofskirchen und Klöster vom Herrscher die Immunität geben lassen können, anfangs bekanntlich eine vom Staat konzedierte Eigenständigkeit, die sich später zur Gerichtsfreiheit erweiterte. Daneben gab es die Schutzverleihung, die nicht der staatlichen, sondern der gefolgschaftlichen Sphäre entstammte und erst mit dem Aufstieg der Pippiniden und Karolinger zu einem bedeutsamen Herrschaftselement geworden war (vgl. § 43, 4).

Das Mundeburdium, auch Schutzhoheit (tuitio) genannt, bedeutete ein unmittelbares Herrschafts- und damit irgendwie ein Eigentumsrecht. Alle von der pippinisch-karolingischen Dynastie gegründeten Klöster unterstanden diesem Schutz; weiter aber auch jene, die dieser Dynastie auftradiert oder ihr beim Machtaufstieg zugefallen waren, so beispielsweise die von dem elsässischen Herzogshaus der Ettichonen gegründeten Klöster Honau (auf einer Rheininsel bei Straßburg) und Murbach (am Osthang der Vogesen), vor allem aber seit Karl dem Großen die zahlreichen langobardischen und bairischen Herzogsklöster.

Ludwig vereinigte nun die beiden Elemente der Immunität und des Schutzes, verlieh beides an Klöster wie auch an Bischofskirchen, nicht aber an Stifte. Für die Bischofskirchen war die Schutzunterstellung nicht nur vollkommen neu, sondern eine eigentlich unerhörte Veränderung ihres Verfassungsstatus, wurden sie doch geradezu Eigentum des Herrschers. Tatsächlich muß fortan in neuer Weise von »Reichskirche« gesprochen werden. Ludwig allerdings veränderte den Charakter des Schutzes, der nicht primär Herrschaft und Besitz, sondern Fürsorge bedeuten sollte. Die neue Auffassung kam vor allem darin zum Ausdruck, daß der Schutz nicht mehr, wie nach älterer Auffassung, sofort auch das Recht auf Bischofs- oder Abtseinsetzung einschloß. Vielmehr gewährte Ludwig das Recht der freien Wahl, freilich bei Wahrung eines kaiserlichen Anspruchs auf Bestätigung sowie einer besonderen Forderung nach Treue; hieraus entstand der Fidelitätseid der Bischöfe und Äbte, wie er im 9. Jahrhundert allgemein üblich wurde. Indem das Wahlrecht nicht für Stiftskirchen galt, sondern nur für Bischofskirchen und Abteien, dazu noch unter der Bedingung, daß die Privilegienempfänger sich der Aachener Reform anzuschließen bereit waren, erhielt sich der Herrscher die große Masse der Stiftskirchen zur freien Verfügung. Die neu privilegierten Kirchen und Klöster hingegen erlangten in dem für ihr geistliches Leben wichtigsten Punkt, in der Bestellung des Oberen, das Recht auf Selbstbestimmung; äußere Eingriffe in die inneren Angelegenheiten, insbesondere bei Klöstern die Oktroyierung von ungeistlichen Fremdäbten, sollten dadurch unmöglich werden. So band die neue Reichskirchenpolitik einerseits Bischofskirchen wie Klöster geradezu eigentumsmäßig an den Herrscher, vergrößerte aber andererseits deren freien Eigenraum.

Das neubekräftigte Wahlrecht wurde allerdings in den nach 830 einsetzenden Kämpfen um die Reichseinheit meist schon wieder außer Kraft gesetzt. Wiederum versuchte jeder Teilherrscher, eigene Anhänger einzusetzen. Dennoch sind bleibende positive Folgen zu verzeichnen. Das Kloster Fulda etwa hat, trotz erneuter politischer Abtsbestellungen, über zwei Jahrhunderte nur Äbte aus der eigenen Kommunität gehabt.

b) Reichsdienst

Weiter erhielten die privilegierten Kirchen und Klöster präzise Verpflichtungen gegenüber Kaiser und Reich auferlegt. Bei den Bischöfen und Äbten wurden die seit Karl dem Großen üblichen Dienste, vor allem auch die Kriegsdienste, fortgesetzt.

Die Klöster wurden dabei in Klassen eingeteilt. Zunächst einmal hatten sie alle die Pflicht des Gebets für den Herrscher, für seine Familie und das ganze Reich. Beispielsweise beteten die Fuldaer Mönche in dieser Intention täglich einen Psalm. Bei besonderen Erfordernissen aber konnte sich die Gebetsforderung rasch ins Hundert- und Tausendfache steigern; 828 wurde der Abtei bei Gelegenheit eines Bulgarenzuges auferlegt, 1000 Messen und ebensoviele Psalter zu absolvieren. Darüber hinaus hatten die Begüterten unter den Klöstern ›dona‹ (Abgaben) und ›militia‹ (Kriegsdienst) zu leisten. Die Abgaben waren eine regelmäßige, meist jährliche »Steuer«, die oft in Form von Pferden und Waffen entrichtet wurde, sodann freiwillige, bei bestimmten Gelegenheiten zu erbringende Geschenke und Dienste, etwa die Beherbergung des Herrschers und seines Gefolges oder auch die Ableistung von Gesandtschaftsdiensten. Besonders beanspruchend war die Militia. Die Klöster sahen sich, weil ja Mönche grundsätzlich keine Waffen in die Hand nehmen durften, dazu genötigt, eine Anzahl von Dienstleuten für den Kriegsdienst auszurüsten und gestellungsbereit zu halten. Im Grunde wurden auch hier noch Karl Martells »Säkularisationen«, freilich unter anderem Vorzeichen, fortgesetzt. Für die Abtei Prüm läßt sich zum Beispiel feststellen, daß ein beträchtlicher Teil der Domänen und Bauernhöfe nicht dem Abt oder Konvent, sondern den kriegspflichtigen Vasallen diente.

Das Reich blieb auch zur Zeit des »frommen« Ludwig darauf angewiesen, den Großbesitz der Kirchen und Klöster für Kriegsdienste zu nutzen. »Die militärische Vormachtstellung der karolingischen und später, bis zum Investiturstreit, der deutschen Könige in Europa beruhte weitgehend auf dem Aufgebot der kirchlichen Vasallen, das zeitweise bis zu zwei Drittel oder gar drei Viertel des Heeres ausmachte« (F. Prinz).

3. Seelsorge

a) Bischofskapitularien

Wie die ›Admonitio generalis‹ von 789 bereits zum Ausdruck gebracht hatte, wollte die Reform möglichst breit greifen; das gesamte Volk sollte erfaßt werden, und dabei wurden die Bischöfe als ›die Hirten der Kirchen‹ zur Mitarbeit aufgerufen. Dieser Aufruf hat eine überaus breite Allgemeinwirkung erzielt. Ganz im Stil der Admonitio und weiterer gleichartiger Kapitularien begannen die Bischöfe, meist auf Synoden, für ihre Diözesen Reform-Kapitularien zu publizieren, als erster und für alle beispielhaft Theodulf von Orléans. Etwa 50 solcher Kapitularien sind erhalten; fast alle stammen aus dem 9. Jahrhundert. Sie dienten der Aufgabe, die von Karl angestoßene und von Ludwig verstärkt fortgesetzte Kirchenreform ins Volk zu tragen und dabei auch die letzte Pfarrei zu erfassen. Insofern erreichen wir mit diesen Kapitularien wirklich die Kirchenbasis. Der Inhalt ist so vielfältig, wie nur ein Pfarrleben vielfältig sein kann, und trägt doch auch bestimmte, immer wiederkehrende zeitübliche Züge.

b) Seelsorgsklerus

Ludwig konnte in seiner Reform vielfach das bereits von seinem Vater Begonnene weiterführen, doch wird deutlich erkennbar, daß sich die Anforderungen differenzierter gestalteten. Allenthalben sah sich der Seelsorgsklerus dazu gedrängt, die ›kanonische‹ Lebensform anzunehmen. Die Geistlichen sollten tunlichst in Gemeinschaft leben und das Stundengebet verrichten. Der Pflichten-Katalog, den ein Weihekandidat zu beschwören hatte, wird folgendermaßen umrissen:

> ›Im Angesicht von Bischof, Klerus und Volk soll er folgendes versprechen: Daß er das Gebet des Herrn und das Credo versteht, daß er das Glaubensbekenntnis, sowohl das, was Athanasius, als auch das, was die anderen Väter zusammengestellt haben, ganz kennt und in beiden das Volk richtig belehrt, daß er die heiligen Schriften täglich liest und das Volk entsprechend belehrt, daß er eifrig in der ständigen Lesung ist, daß er die geschlechtliche Unberührtheit einhält, daß er Frauen weder in seinem Hause wohnen läßt noch ihre Besuche gestattet, daß er immer Zeugen bei sich hat, die Auskunft über seinen Lebenswandel geben können, daß er gebefreudig, gastlich, bescheiden, gütig, barmherzig, großzügig und kirchlich ist, daß er predigt, auch Kranke und Bedrückte besucht; weiter, daß er nicht unterläßt, zu den geistlichen Gebetszeiten die Kirche aufzusuchen, und zwar bei den Gebetsdiensten in der Nacht, am Morgen, zur Prim, Terz, Sext, Non, Vesper und Komplet, und diese Gebetszeiten, soweit möglich, zusammen mit frommen Priestern verrichtet...‹

Man sieht hier deutlich, wie die kanonische Reform zur monastischen Lebensform drängt. Der Priester ist Seelsorger und soll gleichzeitig mönchisch leben.

c) Pfarrleben

In der bischöflichen Gesetzgebung begegnet uns der Alltag des Pfarrlebens, jedoch im Blickwinkel obrigkeitlicher Anweisungen. Ganz außerhalb des Gesichtskreises bleiben Probleme der Hierarchie und ebenso der Dogmatik. Zentrales Thema bildet die Pfarrseelsorge sowie alle dem Klerus und dem Volk obliegenden Pflichten.

Beginnen wir mit der Taufe. Mit dem Taufrecht ist die Kirche vollberechtigte Pfarrkirche; nur an ihrem Taufbrunnen kann legitimerweise getauft werden. Kirchliche wie staatliche Gesetze gebieten, daß kein Kind ohne Taufe bleiben darf. In der Regel soll an Ostern und Pfingsten getauft werden, im Krankheitsfall natürlich jederzeit. Vom Täufling oder – bei Kindern – vom Paten wird die Kenntnis des Glaubensbekenntnisses und des Vaterunsers verlangt. Am wichtigsten im Pfarrleben ist die regelmäßig wiederkehrende Sonntagsmesse, die gleichfalls nur in der Pfarrkirche stattfindet und dort besucht werden muß. An ihr sollen alle teilnehmen, auch die Viehhirten. Die Liturgie wird nach römischem Ritus gefeiert. Meßdiener helfen bei der Vorbereitung, etwa bei der Zubereitung des ungesäuerten Brotes wie ebenso bei der Feier selbst, denn niemals soll ein Priester allein die Messe feiern. Themen der Predigt sind die Nächstenliebe, die Ermahnung zu guten Taten, der Kirchenbesuch, die Beichte und das Almosengeben, ferner Warnungen vor Ehebruch und Unzucht. Im übrigen ist die Predigt – wie es Theodulf von Orléans ganz richtig sah – abhängig vom Bildungsstand des Klerus: ›Wer die Heilige Schrift kennt, möge über die Heilige Schrift predigen; wer nicht, soll wenigstens dem Kirchenvolk sagen, was am bekanntesten ist: daß es vom Bösen ablassen und das Gute tun soll.‹ Mindestens dreimal im Jahr, an Weihnachten, Ostern und Pfingsten, sollen die Gläubigen kommunizieren und sich auch gewissenhaft darauf vorbereiten, beispielsweise durch eheliche Enthaltsamkeit. Für Sterbefälle hat der Pfarrpriester die

Wegzehrung und das heilige Öl bereitzuhalten. Weiter hören wir vom Kirchenbau, wie und in welchem Maß für dessen Unterhalt und Ausstattung zu sorgen ist. Das jetzt oft schon recht solide ausgeführte Gebäude wie auch manche der Kirchengeräte verführten zu mißbräuchlicher Nutzung, so daß verboten werden mußte, in den Kirchenräumen Getreide und Heu zu lagern oder das Taufgefäß für nichtsakrale Zwecke zu verwenden.

d) Buße

Breiten Raum nimmt weiterhin die Buße ein. Täglich solle man – so wird gemahnt – vor Gott beichten und wenigstens einmal im Jahr auch vor dem Priester, vor ihm in den Tagen vor Beginn der Fastenzeit. Der Priester hat eine gerechte Buße aufzuerlegen, zugleich aber dem Beichtenden behilflich zu sein, sowohl beim Bekenntnis wie bei der Abbüßung. Weiter muß der Priester die Einhaltung der Bußriten überwachen und am Ende dann die Wiederversöhnung aussprechen.

Bei den für schwere Vergehen auferlegten mehrjährigen Bußzeiten möchte Theodulf von Orléans bereits vor der vollen Wiederzulassung zur Kommunion eine vorzeitige Wiederaufnahme in die Gebets- und Opfergemeinschaft gewähren. Den Grund bildet ein erneuertes Verständnis von Reue, demzufolge der Grad der Reue, wie auch Hrabanus Maurus († 856) betonte, wichtiger sei als die Ableistung bestimmter Bußzeiten. Am Ende des Jahrhunderts sehen wir dann den Brauch aufkommen, den Sünder bei erkenntlicher Reue sofort nach seinem Bekenntnis wieder zur Kommunion zuzulassen. Damit aber hatte das in Irland entstandene und inzwischen über die ganze westliche Christenheit verbreitete Bußsystem eine Veränderung an zentraler Stelle erfahren. Der Gedanke nämlich, daß bei wirklicher Reue ein weiterer Ausschluß nicht mehr zu rechtfertigen sei, hat eine neue Abfolge entstehen lassen, die für das ganze Mittelalter in Geltung blieb: Im Normalfall erhielt der Beichtende sofort nach seinem Bekenntnis die Wiederversöhnung ausgesprochen, und nur in schwerwiegenden Fällen folgte noch eine länger dauernde Exkommunikation.

Dabei hat man allerdings die Bußleistung nicht einfach fallengelassen; die Wiederversöhnung glaubte man nur im Vorgriff auf die nach wie vor als unabdinglich angesehene Buße aussprechen zu dürfen, und so galt weiterhin der Tarifgedanke. Als allgemeine Bußzeit wurde mit Nachdruck die Fastenzeit vor Ostern wie überhaupt das Fasten an sich propagiert; dieses sollte immer mit ehelicher Enthaltsamkeit verbunden sein. Oft wurde die Quadragesima als jährlicher ›Fastenzehnt‹ hingestellt, wobei das Ersparte Bedürftigen zuteil werden sollte.

e) Ehe

Karls des Großen Admonitio generalis (789) hatte sich in der Frage der Ehescheidung unmißverständlich geäußert: Eine Wiederverheiratung war verboten, solange noch der Partner lebte. Wenn Einhard von Karl selbst berichtet, dieser habe vier Frauen und vier Konkubinen gehabt, so deshalb, weil Karl die Muntehe wie auch die als Konkubinat bezeichnete Friedelehe praktizierte, freilich nicht als gleichzeitige Polygynie. Wie sehr sich gegenüber der Merowingerzeit das Bewußtsein von Ehe verchristlicht hatte, zeigt der Protest Adalhards gegen seinen königlichen Vetter Karl, als dieser die ihm angetraute Langobarden-Tochter kurzerhand verstieß. Die fortan mit weltlichen und kirchlichen Rechtsmitteln geförderte Einehe, bei der zwar eine Scheidung, nicht aber eine Wiederverheiratung zu Lebzeiten des Partners möglich war, verband sich mit dem an sich alten und in vielen Rechtssystemen geläufigen Gedanken, daß nur Kinder aus legitimen Ehen die Erben sein konnten – eine tief in die dynastisch bestimmte Politik des Mittelalters einschneidende Forderung. Keine legitimen Erben zu haben, bedeutete für die Dynastie den Untergang und meist noch einen Erbkrieg um Herrschaft und Besitz. Aber auch zu viele Kinder konnten wegen der vermehrten Erbansprüche unzuträglich sein.

Karl der Große scheint deswegen nach 800 bewußt keine weitere Vollehe mehr eingegangen zu sein; die drei Söhne und drei Töchter, die ihm seine vier Konkubinen bzw. Friedelfrauen bis zu seinem Tode noch gebaren, blieben alle ohne Erbe. Wohl aus denselben Gründen untersagte Karl seinen Töchtern eine Vollehe, nicht aber Friedelverhältnisse. Anders dagegen Ludwig der Fromme, der sich auch hier ganz von kirchlichen und reformerischen Idealen leiten ließ. Sofort nach Regierungsantritt verbannte er Karls Töchter vom Hof. Er selbst ging keine Friedelehe ein, auch nicht nach der 817 erlassenen Ordinatio imperii, welche sowohl die Erbansprüche der drei ihm bereits geborenen Söhne zu befriedigen wie auch die künftige Einheit des Reiches zu wahren suchte. Seine Vollehe mit Judith mußte das ganze kunstvolle Werk der Ordinatio wieder in Gefahr bringen, wie es dann 823 bei der Geburt des Sohnes Karl auch eintrat.

Wie sich Ludwig der Fromme ersichtlich stärker als sein Vater dem christlichen Eheideal verpflichtet fühlte, so sehen wir es ähnlich beim Adel. Die intensivierte Kirchenreform ließ tiefer nach Art und Verpflichtung der christlichen Ehe fragen. Bischof Jonas von Orléans († 842/43) hat auf Bitten des mit ihm in seiner Bischofsstadt amtierenden Grafen Matfrid einen Laienspiegel verfaßt, der gerade auch Ehefragen zu beantworten sucht.

Für Jonas ist die Ehe ein Heilsweg, zwar nicht der vollkommenste, aber doch auch nicht nur der Weg für die Unvollkommenen. So bleibt Raum für eine Ethik des rechten Ehelebens. Die Frau erfährt eine ausdrückliche Wertschätzung als Gefährtin (consors) und Mutter. Sexualität wird nicht grundsätzlich abgewertet; doch ist Geschlechtsverkehr nur zum Zweck der Kinderzeugung erlaubt. Den Widerspruch, den ›die Laien‹ gegen diese Beschränkung vorbrachten, führt Jonas wörtlich an: ›Die Geschlechtsorgane wurden von Gott geschaffen, damit die Gatten Beziehungen zueinander haben. Es ist nicht einzusehen, warum es ein Fehler sein soll, wenn diese Beziehungen aus Vergnügen zustande kommen.‹

4. Niederkirchen

a) Eigenkirche

Daß im 7. und 8. Jahrhundert in großer Zahl Landkirchen entstanden, bildete eine grundlegende Voraussetzung für die Christianisierung des Landes, schuf aber insofern Probleme, als die Mehrzahl dieser Kirchen eigenkirchliche Gründungen waren. Nach anfänglichen Regelungen durch merowingische Synoden befaßte sich erst wieder das Konzil von Frankfurt (794) mit den hier anstehenden Fragen und erlaubte, daß Kirchen, die von Freien erbaut wurden, ganz wie Privatbesitz behandelt werden durften; unbehindert konnten sie verschenkt oder verkauft werden; allein dafür war Sorge zu tragen, daß die in der Kirche stattfindenden Gottesdienste nicht beeinträchtigt wurden. Es ist dies »der erste karolingische Rechtssatz, der eine Aussage über das Eigenkirchenrecht darstellt« (W. Hartmann). Im Jahre 813 wurde dann aber, wiederum mit Hinweis auf eine mögliche Behinderung des Gottesdienstes, die Erbteilung einer Kirche verboten. Weiter sollte untersagt sein, ohne Zustimmung des Bischofs einen Priester einzusetzen oder zu entlassen oder Abgaben bei dessen Anstellung zu fordern. Schon einfach die Tatsache, daß solche Bestimmungen notwendig waren, zeigt an, wie weit sich die karolingerzeitliche Praxis von den strengeren Regelungen der merowingischen Konzilien entfernt hatte.

Die entscheidende Reform leitete auch hier Ludwig der Fromme ein. Sein Capitulare ecclesiasticum von 818/19 stellt in der Geschichte des Eigenkirchenwesens die entscheidende Wende dar. Hauptsächlich sind es die beiden schon von den merowingischen Synoden benannten Punkte der Priesterbestellung und der vermögensrechtlichen Eigenständigkeit. Dem Eigenkirchenherrn wird das Recht eingeräumt, den Geistlichen für seine Kirche vorzuschlagen; er hat, kirchenrechtlich gesprochen, das Präsentationsrecht. Sofern der präsentierte Priester in Lebensführung und Lehre untadelig ist, kann ihn der Bischof nicht abweisen. Zugleich wird das altkirchliche Verbot erneuert, Unfreie zu Klerikern zu weihen. Für die Eigenkirchenherren hatte das zur Folge, daß sie dem Bischof keinen Hörigen mehr zur Weihe präsentieren konnten, es sei denn, sie ließen ihn zuvor frei. Ferner soll dem Geistlichen insoweit eine wirtschaftliche Verselbständigung eingeräumt werden, daß er über ein unabhängiges Einkommen verfügt; mindestens ein Mansus (Hof von 30 bis 60 Morgen Land), der zudem von allen grundherrlichen Abgaben freizuhalten ist, muß ihm zur Verfügung gestellt werden. Auch darf der Eigenkirchenherr den Pfarrer nicht nötigen, ihm Anteile von den Opfergaben der Gläubigen oder vom Zehnt auszuhändigen.

72 Krieger und Geistlicher als Vertreter der weltlichen und der geistlichen Gewalt. Fresko aus St. Benedikt zu Mals/Südtirol, 9. Jahrhundert.
Die rechteckigen Nimben kennzeichnen die beiden als Lebende. Der Geistliche, an der Tonsur erkenntlich, bringt eine Kirche dar, die möglicherweise er selbst schenkt oder aber im Namen eines laikalen Schenkers überträgt. So könnte der Schwertmann – in der Forschung denkt man an einen Karolinger – der eigentliche Schenker oder aber der weltliche Rechtswahrer sein, vor dem die Schenkung vollzogen wird. Die »Verpflichtung der Großen zur geistig-weltlichen Partnerschaft« ist als ein »Grundprinzip des Karlsreiches« bezeichnet worden (J. Fleckenstein).

Trotz dieser klaren Bestimmungen wußten die Kirchenreformer immer noch Beispiele anzuführen, die schlimm genug klangen, daß mächtige Adelige weiterhin ihre Kirchen wie ein Lehen vergaben und die Oblationen und Zehnten für sich vereinnahmten, daß mancher Hauspriester ein Landgut zu verwalten, seinem Herrn bei Tisch aufzuwarten und den Damen die Pferde zu führen hatte oder gar Obacht auf die Hundemeute geben mußte.

Mit den Reformbestimmungen Ludwigs des Frommen und der Kritik der Reformer sind zugleich die Ziele wie auch die Grenzen in der Neuordnung der Eigenkirchen abgesteckt gewesen. Zwar versuchten manche Reformer des 9. Jahrhunderts noch, die Laien ganz aus ihren Kirchenrechten hinauszudrängen. Wie aber vielerlei Klagen und auch weitere Synodalkanones zeigen, blieb es bei den unter Ludwig erlassenen Bestimmungen, freilich meist auch bei den beklagten Problemen. Den Bischöfen mußte es genug sein, daß die Geistlichen wenigstens mit Zustimmung des jeweiligen Diözesans angestellt wurden, daß eine einigermaßen unbehelligte Seelsorgetätigkeit sichergestellt war und die Kircheneinkünfte ungeschmälert blieben.

b) Bischöfliche und klösterliche Eigenkirchen

Die letzte Stufe der Entwicklung führte dahin, daß auch die Bischöfe sich als Eigenherren der ihnen amtsmäßig unterstellten Kirchen betrachteten, wie es ebenso die Klöster bei den auf ihren Besitzungen erbauten Landkirchen taten. Das Eigenkirchenrecht wurde damit der rechtliche Regelfall für alle Niederkirchen; eine Kirche stehe, so die jetzt gängige Auffassung und Praxis, entweder in der Gewalt eines Bischofs oder eines Klosters oder aber eines Adeligen.

Einzelne Bischöfe versuchten, Laien zur Übergabe ihrer Eigenkirchen zu veranlassen. Aus Freising haben wir dazu folgende Zahlen: Von den 416 zwischen 783 und 825 geweihten und von Laien gegründeten Kirchen gelangten 70 in den Besitz des Bischofs, gut ein Sechstel. Doch waren es die Klöster, die in der Folgezeit zu den größten Eigenkirchenherren aufstiegen. Schon dadurch, daß die Klöster spätmerowingischer Zeit große Landbesitzer geworden waren, hatten sie sich mit der Seelsorge der auf ihren Gütern tätigen Menschen konfrontiert gesehen. Wie aber die irofränkischen Klöster, die erstmals umfangreiche Landbesitzungen erwarben, sich in der Seelsorge betätigten, wird nicht recht erkenntlich. Vielerorts wird man an Mönche auf den klösterlichen Außenstationen zu denken haben, im übrigen an quasimonastische Klerikergemeinschaften, wie sie sich immer mehr auf dem Land bildeten. Die Reform des Benedikt von Aniane suchte alle Mönche ins Kloster zurückzuholen und von der Seelsorge abzuziehen. Nur noch diözesane Kleriker sollten Seelsorge leisten, auch in den Kirchen auf den Klostergütern. Dabei hat sich die Zahl der klostereigenen Pfarrkirchen stetig vermehrt. Den Laien wurde es als verdienstlich hingestellt, zugunsten der Klöster auf ihren Kirchenbesitz zu verzichten. So läßt sich in französischen Königsurkunden aus der Zeit zwischen 814 und 987 feststellen, daß nahezu drei Viertel der dort erwähnten Eigenkirchen Klöstern zugehörten. Cluny vermochte in zwei Jahrhunderten über 2000 Kirchen zu erwerben.

§ 63 Die Reichspolitik

1. Ordinatio imperii (817)

Nicht allein im kirchlichen Bereich bewies Ludwig Reformkraft, auch für die Zukunft des Reiches vollzog er einen, gemessen an der bisherigen karolingischen Politik, ungewöhnlichen und – wie die Zukunft lehren sollte – nicht ungefährlichen Schritt. Aufgeschreckt durch einen Unfall, erließ Ludwig 817 eine Nachfolgeordnung, die ›Ordinatio imperii‹. Darin wurden zwei Prinzipien zu vereinen gesucht, die nach fränkischer

Tradition eigentlich unvereinbar waren: das nach fränkischem Recht teilbare Regnum und das nach römischer wie kirchlicher Tradition unteilbare Imperium. Die Einheit sollte der älteste Sohn Lothar, der das Kaiseramt erhielt, aufrechterhalten; die jüngeren Söhne, Ludwig und Pippin, die Baiern und Aquitanien als eigene Teilbereiche erhielten, wurden ihrem älteren Bruder untergeordnet. Weitere Teilungen sollten für alle Zukunft verboten sein. Denn der Kerngedanke war Unteilbarkeit: Das Reich galt wie die Kirche als Einheit, und es durfte der Nachkommenschaft zuliebe nicht weiter zerteilt werden. Sahen die Entwürfe Karls des Großen aus der Zeit, da noch mehrere Söhne lebten, Teilungen entsprechend der Zahl der Erben, nicht aber nach den Erfordernissen des Reiches vor, so beanspruchte in Ludwigs Ordnung das Reich den Vorrang.

2. Kapitulariengesetzgebung

Wie schon im Kirchlichen, so führte Ludwig auch im Reich die Reform weiter. Die Kapitulariengesetzgebung hatte zwischen 816 und 820 ihre intensivste Phase. Schon in der Abfassung und in der Registrierung, aber auch in der Aufbewahrung authentischer Exemplare am Hof waltete eine größere Sorgfalt. Die durch Abt Ansegis von St. Wandrille besorgte Kapitulariensammlung dürfte vom Hof aus gefördert worden sein. Inhaltlich wurde die Reform Karls voll weitergeführt, sowohl was die Rechtssicherung betraf wie auch den Schutz der Schwachen und Armen; die Prozesse der Armen sollten überhaupt immer zuerst geführt werden. Einen gewissen Höhepunkt stellte die Eindämmung des Gottesurteils dar; hatte noch Karl einfach dessen Anerkennung verlangt, so ist bei Ludwig eine erste Einschränkung festzustellen. Manche Formen wurden ganz verboten, und der Zweikampf war nur noch mit Stock und Schild erlaubt. Auch das Prozeßverfahren sollte durch die Aufbietung von gut beleumdeten Zeugen verbessert werden. Sogar in die Stammesrechte wagte Ludwig einzugreifen; fast die Hälfte der zwischen 816 und 820 erlassenen Kapitularien nimmt an ihnen Korrekturen vor.

Nach 820 ist dann ein Innehalten festzustellen. Betroffen wohl von dem 821 erfolgten Tod seines engsten Beraters Benedikt von Aniane, unterzog der Kaiser sich und sein Werk einer Revision. Er versöhnte sich mit seinen zuvor vertriebenen Verwandten. Adalhard wurde zurückgerufen, wirkte aber nur noch kurze Zeit am Hofe, um sich endgültig nach Corbie zurückzuziehen; desgleichen kehrte Wala, der 816 in Corbie hatte Mönch werden müssen und dabei stellvertretend für seinen Bruder Adalhard die Klosterleitung übernommen hatte, an den Hof zurück und blieb für die nächsten beiden Jahrzehnte einer der führenden Köpfe. Auf dem Reichstag zu Attigny (822) legte Ludwig ein öffentliches Schuldbekenntnis ab; er wollte beispielhaft dartun, daß sich alle moralische Schuld, gerade auch die des Herrschers, für das Reich verhängnisvoll auswirke und deswegen zu tilgen sei. Nicht eine Demütigung seitens der Großen war beabsichtigt, sondern eine Bewährung des Kaisers im Sinne des neuen Herrscherethos. Die Bischöfe schlossen sich mit einem entsprechenden eigenen Schuldbekenntnis an.

Trotz dieser persönlichen Reformdemonstration kehrte der Schwung der ersten Jahre nicht wieder. Die Gesetzgebung ist wiederum bezeichnend. Nach 820 läßt sich kein Kapitular mehr aufweisen, das Volksrechte korrigiert hätte, ebensowenig eines zugunsten der Armen. Im ganzen ist ein Erlahmen der gesetzgeberischen Tätigkeit zu verzeichnen. Wohl sind noch 825 und vor allem 829 bedeutsame Deklarationen zur Reichs- und Kirchenreform festzustellen, aber mit dem Jahr 829 bricht die Kapitulariengesetzgebung abrupt ab. Ein großes Stück karolingischer Geschichte ging damit unwiederbringlich zu Ende.

3. Hofschule

Der Hof blieb weiterhin ein Zentrum des Geisteslebens, aber nicht mehr in überragender Weise. Der hochbegabte Erzkaplan Hilduin, zugleich Abt von St. Denis, hat auf mehr zufällige Weise eine überaus folgenreiche Bedeutung für die abendländische Theologie erlangt. Ihm wurde in seiner Zeit als Erzkaplan von einer griechischen Gesandtschaft ein – heute noch erhaltener – Codex mit den Werken des Pseudo-Dionysius Areopagita geschenkt. Nach seinem Sturz 830 begann er eine erste Übersetzung des Werkes anzufertigen, dessen platonisierende Mystik auf diese Weise dem abendländischen Denken bekannt wurde. Vom Hof dürfte damals auch die Anregung für die erste Weltgeschichte des Mittelalters ausgegangen sein, verfaßt von dem vielleicht oberdeutschen Frechulf, der nach seiner Hoftätigkeit Bischof von Lisieux wurde († nach 860). Historische Nachrichten enthält auch das 826/28 zu Ehren Ludwigs des Frommen verfaßte Epos des gleichfalls zeitweilig am Hofe lebenden Aquitaniers Ermoldus Nigellus. Der noch bis 830 am Hof wirkende Einhard schrieb wohl anschließend seine berühmte Vita Caroli Magni. Ludwig fand schon zu seinen Lebzeiten in dem Trierer Chorbischof Thegan einen ersten Biographen; eine weitere Biographie schrieb ein uns unbekannter, wiederum am Hof wirkender Verfasser, der sogenannte Anonymus. Endlich wirkte am Hof auch der junge Reichenauer Mönch Walafrid Strabo, hochbegabt in der Dichtung und obendrein noch ausgestattet mit einem erstaunlichen historisch-kritischen Sinn für die Theologie. Ihm, dem Sohn kleiner Leute, wurde mit knapp 20 Jahren die Erziehung des nachgeborenen Kaisersohnes Karl anvertraut, derentwegen er fast ein Jahrzehnt am Hofe lebte.

§ 64 Die Mission

1. Ausgriff nach Skandinavien

a) Taufe Haralds von Dänemark

Aus Ludwigs des Frommen Selbstverständnis von christlicher Herrschaft erwuchs ihm ganz folgerichtig auch die Aufgabe der Mission. Wichtigster Helfer war dabei sein Jugendfreund Ebo. Dieser übernahm neben dem Erzsprengel Reims und dem Engagement in der Reichspolitik zusätzlich noch eine Initiative für die nordische Mission. Von Papst Paschalis I. 823 zum Missionslegaten erhoben, reiste er in Ludwigs Namen nach Dänemark. Dort bekämpften sich verschiedene Thronprätendenten, von denen Harald Klak die Unterstützung des Kaisers zu erlangen suchte. Ebo dürfte ihm zur Taufe geraten haben, die Harald dann 826 mit seiner Familie in der Pfalz Ingelheim bzw. im Mainzer Albanskloster empfing. Ludwig übernahm dabei die Patenschaft. Das in der herrscherlichen Patenschaft intendierte geistlich-politische Abhängigkeitsverhältnis wird nirgends deutlicher beschrieben als hier: Ludwig überreichte dem Neugetauften nach den weißen Taufkleidern einen Königsornat mit Krone, Purpurmantel und Schwert; ähnlich wurden die Frau und der Sohn des Dänen ausgestattet. Wie Harald in der Taufe ein geistlicher Sohn Gottes wurde (fidelis Dei), so in der Patenschaft mit ihrem Königsornat ein politischer Sohn des Kaisers (fidelis regis). Fortan sollte er der kaiserlich protegierte König für Dänemark sein.

b) Ansgar († 865)

Zur geistlichen Betreuung und zur Bekehrung des Volkes wurde Harald ein Mönch an die Seite gegeben: der soeben von Corbie nach Corvey entsandte Ansgar. Während aber Dänemark dem neugetauften König und seinem Missionar verschlossen blieb, öffnete sich überraschenderweise Schweden. Ansgar reiste 829 an den südschwedischen Handelsplatz Birka (westl. Stockholm), und ein Verwandter Ebos, Gauzbert, verblieb dort als Bischof. Im Reich sah man sich zu den größten Missionshoffnungen ermutigt. Hamburg – soviel scheint aus der verfälschten Überlieferung noch hervorzugehen – wurde 834 Erzsitz, und Ansgar erhielt das Pallium. Die eigentliche kirchen- und reichspolitische Absicht ist dabei unverkennbar: Die mit der Mission im Norden zu schaffenden Bistümer sollten in das Erzbistum Hamburg und damit in die Reichskirche eingegliedert werden; später, in ottonischer Zeit, ist dieses Konzept teilweise auch in Erfüllung gegangen. Für Ansgar aber und Ebo endete es jeweils mit einer Katastrophe. Hamburg wurde 845 durch Wikinger zerstört, wobei Ansgar eben noch mit dem nackten Leben davonkam. Ebo war schon vorher in der Politik zu Fall gekommen. In den Auseinandersetzungen Ludwigs mit seinen Söhnen, in den folgenschweren Kämpfen um Einheit und Teilung des Reiches, mußte er seinen Erzstuhl in Reims verlassen, sogar mehrere Jahre in Klosterhaft zubringen und fand, nach kurzer zwischenzeitlicher Restituierung, seine letzte Zuflucht bei Ludwig dem Deutschen. Dieser machte ihn zum Bischof von Hildesheim (845/47–851), denn hier und in Halberstadt hatten zuvor schon Geistliche aus Reims gewirkt, und von hier aus hielt Ebo nun Verbindung zur nordischen Mission, die aber fast ganz zurückgenommen werden mußte. Ansgar erhielt nach 845 zusätzlich das Bistum Bremen, das 847/48 zum Erzbistum Bremen-Hamburg vereinigt wurde und als weitest vorgeschobene Posten die Kirchen in Haithabu (bei Schleswig) und in Ripen behauptete, während Ebos Verwandter, der Schwedenbischof Gauzbert, den Sitz in Osnabrück erhielt und die Missionsarbeit an einen Verwandten namens Erinbert delegierte.

2. Juden

Das christlich-jüdische Verhältnis blieb während der Karolingerzeit im allgemeinen friedlich; Auseinandersetzungen kamen nur vereinzelt vor.

Besonders gut bekannt wurde der Streit des Bischofs Agobard von Lyon mit der dortigen Judengemeinde und zugleich mit dem Kaiser bzw. dessen Beauftragten. Es ging zunächst um die alte Frage, ob den Juden der Besitz christlicher Sklaven erlaubt sei, da laut Talmud die Juden zur Bekehrung ihrer Sklaven verpflichtet waren, und ferner darum, ob dem Taufverlangen heidnischer Sklaven, die sich im Besitz von Juden befanden, stattzugeben sei; Agobard war dabei bereit, die jüdischen Besitzer zu entschädigen, also die Sklaven loszukaufen, wie es ihm überhaupt – bei aller Polemik – selbstverständlich war, die Juden an Leib und Leben wie ebenso in ihrem Besitz zu respektieren. Der Streit entzündete sich an dem für Agobard unfaßlichen Verhalten des Kaisers bzw. seiner Beauftragten und Ratgeber. Denn die Juden von Lyon konnten offenbar ein kaiserliches Privileg vorweisen, das ihnen nicht nur Zoll- und Abgabenfreiheit wie auch die Anrufung des Königsgerichts verbriefte, sondern darüber hinaus die Möglichkeit einräumte, christliche Sklaven zu beschäftigen sowie fremde Sklaven zu kaufen und im Reich oder darüber hinaus zu verkaufen; Agobard konnte nun Fälle nachweisen, daß jüdischerseits auch Christen versklavt und nach Spanien verkauft worden waren. Am tiefsten erschütterte ihn, daß heidnische Sklaven nur mit Zustimmung ihrer jüdischen Herren die christliche Taufe empfangen dürften, was praktisch eine Verhinderung derselben bedeutete. Daß ein christlicher Kaiser im eigenen Reich die Taufe behinderte, war ihm unfaßlich. Agobard sah sich deswegen in einem schweren Gewissenskonflikt, weil er fest davon überzeugt war, daß die Taufe ein Gebot Gottes sei und niemals von eines Menschen

Erlaubnis abhängig sein dürfe. Aber die Juden von Lyon hatten nicht nur Privilegien, sondern auch mächtige Fürsprecher am Hof, die von dem Judenschutz profitierten und Agobard zeitweilig heftig anfeindeten. Überhaupt muß am Hof eine geradezu judenfreundliche Einstellung geherrscht haben, wie nicht zuletzt die Konversion des in der Palastkapelle tätigen Hochadeligen Bodo zeigt, der den Namen Eleazar annahm und ins muslimische Spanien ging. »Das alles läßt auf ein beachtliches Sozialprestige der Juden schließen, das zu der nachkarolingischen Entwicklung scharf kontrastiert« (A. Patschkovsky). In spätkarolingischer Zeit schon erlassen einzelne Synoden judenfeindliche Bestimmungen.

§ 65 Papst und Kirchenstaat

Mit dem Tod Leos III. (816) stand zum erstenmal nach der Begründung des abendländischen Kaisertums eine Papstwahl an. Der neugewählte Stephan IV. (816–817) kehrte nicht zum alten, päpstlicherseits bis ins 8. Jahrhundert eingehaltenen byzantinischen Kaiserrecht zurück, demzufolge vor der Weihe die kaiserliche Zustimmung einzuholen war. Stephan begnügte sich mit der Anzeige seiner Erhebung, ließ aber die Römer auf Ludwig vereidigen und fand sich im Oktober in Reims ein. Mitgebracht hatte er die ›Krone Konstantins‹, mit der er den Kaiser bei gleichzeitiger Salbung krönte; als konstitutiv ist dieser Akt allerdings nicht aufgefaßt worden. Absprachen über das künftige Verhältnis, über ›Frieden und Freundschaft‹, führten zum ›Pactum Hludowicianum‹ von 817, das die freie Wahl des Papstes garantierte, die erst nach dessen Weihe anzuzeigen war; ferner wurde der päpstlichen Administration in Verwaltung und Justiz eine innere Autonomie zugesprochen, über die freilich der Kaiser eine letzte Oberhoheit behielt, etwa in Fällen von brutaler Gewalt oder Bedrückung durch örtliche Machthaber. Nach dem Tod Paschalis' I. († 824) vermochte Wala, der mit dem jungen Kaiser Lothar als dessen Berater nach Italien gekommen war, einen fränkischen Kandidaten durchzusetzen: Eugen II. (824–827). Dabei wurde auch eine neue Regelung der fränkisch-römischen Beziehungen herbeigeführt: die ›Constitutio Romana‹ von 824. In Rom sollte fortan eine ständige Kontrollinstanz amtieren, die aus je einem päpstlichen und kaiserlichen Missus bestand und jährlich dem Kaiser zu berichten hatte; bei der Papstwahl mußten künftig der Erwählte vor seiner Weihe einen Eid zur Einhaltung der bestehenden Rechte und alle Römer einen Eid auf den Kaiser leisten. Die grundsätzlich auch im Pactum Hludowicianum gewahrte Kaiserhoheit wurde damit verschärft und der Kirchenstaat fester in das karolingische Imperium eingegliedert. Diese Abmachung blieb für das ganze 9. Jahrhundert und noch darüber hinaus in Geltung. Ihre Konzeption, den äußeren Schutz und zugleich die innere Autonomie, zumal bei der Wahl, zu garantieren, entsprach im wesentlichen jener Immunität, die Ludwig den Kirchen seines Reiches gewährt hatte. Dem Papsttum brachte dieser Schutz, trotz eines gewissen kaiserlichen Übergewichts, bedeutsame Vorteile: eine ungestörte Amtsführung wie auch relativ unabhängige Wahlen. Der spätere Zusammenbruch des Karolinger-Schutzes zeigte denn auch sofort katastrophale Auswirkungen: das Saeculum obscurum, das dunkelste Jahrhundert des Papsttums (vgl. § 77, 2).

Des weiteren war wichtig, daß die fränkische Bindung nicht die geistliche Hoheit des Papstes in der Christenheit beeinträchtigte. Auch von den nicht-fränkischen Kirchen wurde der Nachfolger Petri weiterhin als geistliches Haupt anerkannt. Selbst die byzantinische Reichskirche rief weiterhin die Päpste um ihre Entscheidung an.

§ 66 Der Niedergang und die Reichsteilung

1. Partei der Reichseinheit

Die 817 erlassene Ordinatio imperii stellte in der fränkischen Geschichte etwas völlig Neues dar, bewertete sie doch die Einheit des Reiches höher als das Erbrecht der Königssöhne. Diese neue Auffassung beruhte auf der Idee des unteilbaren ›corpus christianorum‹ und wurde gerade auch von Theologen verfochten. Ludwigs Berater aus der ersten reformerischen Phase, in der die Ordinatio erlassen worden war, hingen allesamt diesem Konzept an: Erzkaplan Hilduin, Kanzler Helisachar, Erzbischof Ebo von Reims, Karls Vetter Wala sowie Agobard und Florus von Lyon. Mit dem politischen Initiator Wala taten sich dabei besonders Ebo und – in der theoretischen Grundlegung – Agobard hervor.

a) Wala († 836)

Neben den »Aquitaniern« gewann von den Leuten aus Karls Hofrat dessen Vetter Wala, zugleich ein Halbbruder Adalhards, nach 821 neue Bedeutung. Von seiner sächsischen Mutter gegen 772/80 geboren und in der Palastschule erzogen, war er der germanischen und romanischen Volkssprachen wie auch des Latein kundig. Von Karl wurde er früh mit wichtigsten Aufgaben betraut, so in Sachsen und in Italien; zeitweilig fungierte er als Richter am Hof; zuletzt noch unterschrieb er Karls Testament. Dem neuen Kaiser Ludwig leistete er als erster der Hofleute den Gehorsamseid. Dennoch hatte er, wie sein Halbbruder Adalhard, einen Prozeß zu gewärtigen, kam aber einer Verurteilung zuvor, indem er – überraschend genug – in Corbie eintrat, das sein Halbbruder soeben hatte verlassen müssen, und Mönch wurde. Er soll Handarbeit geleistet und an der Klosterpforte gesessen haben, führte aber in Wirklichkeit für Adalhard die Leitungsgeschäfte. Die 821 von Ludwig ausgesprochene Versöhnung rief ihn, ebenso wie Adalhard, in die Politik zurück. In Sachsen wußte er der zunächst stockenden Gründung von Nova Corbeia/Corvey zum Erfolg zu verhelfen. Dann ging er mit dem jungen Kaiser Lothar nach Italien und wirkte an der Neuregelung der päpstlich-kaiserlichen Beziehungen mit, namentlich an der Constitutio Romana von 824. Im Jahre 826 riefen ihn seine Mitmönche nach Corbie zurück und wählten ihn zum Abt. In der Kirchenpolitik zählte er, anders als etwa Agobard von Lyon, zu den kompromißbereiten Reformern. 830 bildete er das Haupt der »loyalen Verschwörung«, bei der Ludwig der Fromme entmachtet und sein Sohn Lothar zur Herrschaft gebracht wurde. Ebenso stand er 833 auf Seiten der Söhne gegen den Vater. Er folgte dann Lothar nach Italien, wo er als Abt des berühmten, von dem Iren Columban gestifteten Klosters Bobbio verstarb (836).

b) Agobard († 840) und Florus von Lyon († um 860)

Aus Aquitanien wiederum stammte der dem Reformkreis angehörende Agobard, der seit 792 in Lyon als Chorbischof tätig war und 816 Erzbischof wurde († 840). Er war »ein verantwortungsbewußter, klar und konsequent, aber nicht immer realistisch denkender Mann« (E. Ewig). Sein Rigorismus beruhte theologisch auf einer apokalyptisch gefärbten Zwei-Reiche-Lehre, auf dem radikalen Entweder-Oder von Gut und Böse. Gesinnungsgenosse war ihm sein Diakon Florus († 855/60), der erstmals um 825 in Erscheinung trat, sich an allen wichtigen Streitfragen, ob nun politischer oder theologischer Art, beteiligte und seinem Erzbischof nicht selten die Feder führte. Ihre gemeinsame Basis fanden sie in der strikten Berufung auf die Heilige Schrift und die Autorität der Väter, verbanden damit allerdings eine konsequent vernunftgemäße Argumentation, weswegen man die Schule von Lyon als Höhepunkt des »karolingischen Rationalismus« hat bezeichnen können. Inhaltlich war ihr Programm so theologisch wie politisch: Als Ziel sahen sie die ›Einverleibung in Christus‹ (concorporatio); dies sollte zunächst schon Aufgabe aller Getauften sein, so des einzelnen etwa beim Kommunionempfang, auf andere Weise dann auch des ganzen Reiches wie überhaupt aller Politik. Kein Wunder, daß Agobard in den Auseinandersetzungen seit 830 unerschütterlich für die Reichseinheit focht. Die Konsequenzen seiner Einheitsidee wollte er bis zu Einzeldetails verwirklicht sehen: So sollten die Volksrechte abgeschafft werden, weil sie einem einheitlichen und christlichen Recht entgegenstünden; ebenso wollte er aus der für alle gleichen Taufe die Konsequenz ziehen, daß wirklich alle gleich seien, und ein Unterschied, wie er zwischen Herren und Sklaven bestehe, nicht länger zu dulden sei. Zentral waren die kirchlichen Forderungen. Die Einheit von Kirche und Reich, weil vom Geistlichen her konzipiert, erfordere volle Freiheit für die kirchliche Selbstentfaltung. Dem Klerus müsse eine theologische Ausbildung und eine materiell gesicherte Wirkmöglichkeit verschafft werden, damit er in wahrer Kenntnis der Glaubensdinge und unabhängig von wirtschaftlichen Zwängen seine Aufgaben in der rechten Lenkung des Volkes zu erfüllen vermöge. Schädlich seien darum die Abhängigkeit der Kleriker von Laien wie ebenso jeder Eingriff von Laien in Kirchengut, weil dadurch der Heilsauftrag gefährdet werde. Jedes unchristliche Verhalten provoziere den Zorn Gottes und bedrohe somit das kirchliche Wirken und ebenso die Wohlfahrt des Reiches. Gründlich müsse darum reformiert werden. Sogar die Gottesurteile, weil vermessentliches Handeln gegenüber Gott, sollten abgeschafft werden. Mit seinen radikalen Forderungen nach Unantastbarkeit des Kirchenguts und seiner Kritik am Eigenkirchenwesen geriet Agobard zeitweilig in die Isolation.

2. Letzter Reformanlauf 828/29

a) Walas Denkschrift

Als 828 Rückschläge an den Reichsgrenzen Anlaß zur Sorge gaben, trat Wala im Winter 828/29 mit einer großen Reformschrift hervor.

Die Mißstände im Reich, die sich unheilvoll auswirkten, schienen ihm beträchtlich: Der Hof sei zu lässig geführt und zu nachgiebig gegen Pfründenjäger; der Klerus trage Schuld an mangelhafter Seelsorge und Disziplin; nicht zuletzt seien die Großen, weil ständig in Korruption und Fehden verstrickt, anzuklagen. Der Kaiser, an dem die Stabilität des ganzen Reiches hänge, müsse mehr Tatkraft für Recht und Glauben, mehr Sorge auch für eine bessere Auswahl der Amtsträger an den Tag legen. Doch dürfe sich kein Herrscher zum Herrn der Kirche machen, sonst vergrößere er nur die verderbliche Mischung von Geistlichem und Weltlichem. Die Kirche sei eigenen, göttlichen Rechts. Um frei und unbehindert die Sakramente des Heils spenden zu können, besitze sie das Gotteslehen des Kirchengutes, das unantastbar sei und frei von weltlicher Beherrschung bleiben müsse. Frei müßten auch die Kleriker wirken können; nicht dürften sie, wie die Mitglieder der Hofkapelle, Laien unterstellt sein; ebensowenig könnten sie von Laien ins Amt berufen werden. Dem Kaiser stehe nur ein Aufsichtsrecht in der Kirche zu, nicht aber Verfügungsgewalt.

Letztlich basierte die ganze Kritik wiederum auf dem Tun/Ergehen-Zusammenhang, daß alle diese Mißstände als unheilstiftende Schuld aufzufassen seien, folglich Gottes Bestrafung nach sich zögen, der es mit Besserung und Buße zu entkommen gelte.

b) Pariser Konzil (829)

Ludwig schien unverzüglich die Besserung der Übelstände einleiten zu wollen. Angesagt wurden ein dreitägiges Fasten mit allgemeiner Gewissenserforschung, sodann wöchentliche Gerichtssitzungen am Hof, Erkundung aller Mißstände im Reich und für Pfingsten 829 vier große Reformsynoden. Allein von der Pariser Synode sind Akten überliefert, denen der Redaktor, Bischof Jonas von Orléans, eine Selbstkritik des Episkopats voranstellte. Das Konzil äußerte sich grundsätzlich: Die Ecclesia bildet einen einzigen Leib (corpus), in dem der himmlische ›rex et sacerdos Jesus Christus‹ das Haupt ist. Christi Leitung aber wird auf Erden stellvertretend wahrgenommen. Diese Stellvertretung gliedert sich gemäß den beiden im Haupt Christus noch vereinten Ämtern des ›rex et sacerdos‹ in ein je eigenes Königtum und Priestertum, deren Inhaber, sowohl die Könige wie die Bischöfe, als ›vicarii Christi‹ gelten. Die Pariser Synode unternahm nun den Versuch, die Kompetenz dieser beiden Leitungsgewalten innerhalb des Corpus Christianum gegeneinander abzugrenzen, und griff dabei auf die Zwei-Gewalten-Lehre von Papst Gelasius († 496) zurück, die selbst von antiken Voraussetzungen herkam und stärker von zwei je eigengearteten Bereichen her dachte, von einem mehr weltlichen Staat und einer geistlichen Kirche. Diese alte »Staat-Kirche«-Lehre diente nun dazu, innerhalb des einen Corpus Christi die Rolle des Königs und der Bischöfe gegeneinander abzugrenzen. Gemäß der gelasianischen Theorie beanspruchten dabei die Bischöfe, weil ihnen unmittelbar der Dienst des Heiligtums wie der Sündenvergebung obliege, die höhere Würde und damit auch die höhere Kontroll- und Mahnpflicht. Die Herrschergewalt sollte dabei keineswegs säkularisiert oder gar der geistlichen Gewalt unterworfen werden. Vielmehr bewahren beide Gewalten, der Herrscher ebenso wie die Priester, ihre je eigene Würde und Kompetenz; beide realisieren Christi Stellvertreterschaft auf Erden und sollen entsprechend seelsorglich wirken. Im Grunde richtete sich die Kritik der Bischöfe gegen eine kaiserliche Beherrschung auch der inneren Kirchendinge, wie es Karl der Große praktiziert hatte. Demgegenüber forderten die Bischöfe nun eine größere Eigenkompetenz und vor allem die Autonomie auf gottesdienstlichem, lehrmäßigem und disziplinärem Gebiet; hier war der Herrscher für seine Person nur Sohn gegenüber der Priesterschaft, als Amtsträger freilich zugleich ein Helfer in den äußeren Belangen, nicht zuletzt in der Durchsetzung der Bischofsentscheide.

Im Blick auf das moderne Verständnis muß eigens darauf hingewiesen werden, daß hier nicht in den Kategorien von säkularem Staat und geistlicher Kirche gedacht wird. Nicht zwei Größen stehen nebeneinander, sondern es gibt in Wahrheit nur ein einziges Corpus, dasjenige Christi, mit allerdings zwei Leitungsgewalten. Gemäß diesen Grundsätzen wurde das Reformprogramm aufgestellt: klare Scheidung der Kompetenzen, Verdrängung der Laiengewalt aus dem innerkirchlichen Bereich, (laien-)freie Ämterbesetzung, höchste Sorgfalt seitens des Kaisers bei der Auswahl der Amtsträger, gründliche Ausbildung des Klerus, Sicherung des Kirchengutes und allgemein die Besserung des christlichen Volkes.

3. Kämpfe und Teilung

a) Staatsstreich und Absetzung Ludwigs

Als Ludwig die Desiderate der Reformkonzilien auf einer Herbstversammlung in Worms vorgelegt erhielt, schien ihm ein anderes Programm wichtiger: die Nachfolgeregelung für seinen jüngsten Sohn Karl. Die 817 beschlossene Ordinatio imperii hatte die Einheit des Reiches dem Erbrecht vorgeordnet. Diese schon wegen ihrer Neuartigkeit prekäre Ordnung war von Ludwig bereits unterlaufen worden, als er für den von seiner zweiten Frau Judith 823 geborenen Sohn Karl sofort schon den ältesten Sohn Lothar mittels der Taufpatenschaft in Pflicht nahm. Im August 829 lancierte Ludwig entgegen der feierlich beschworenen Ordinatio den Plan, zugunsten Karls eine Neuaufteilung des Reiches vorzunehmen. Wala und mit ihm der Erzkanzler Hilduin sowie der frühere Kanzler Helisachar inszenierten daraufhin einen Staatsstreich, bei dem Ludwig 830 unter tiefer Demütigung gezwungen wurde, es bei der Ordinatio von 817 zu belassen. Die Regierung ging für kurze Zeit an Lothar über. Aber die Fronten wechselten in rascher Folge und mit ihnen die Personen. Ein innerdynastischer Machtkampf entbrannte.

Auf dem »Lügenfeld« bei Colmar standen 833 die Söhne gegen ihren Vater, der sich dabei von den eigenen Gefolgsleuten verlassen sah. Lothar, der die Vertreter der Reichseinheit, so Wala, Agobard, Ebo und selbst Papst Gregor IV. (827–844), für sich hatte gewinnen können, wollte den alten Kaiser zur Mönchwerdung nötigen, erreichte aber nur eine zweite öffentliche Kirchenbuße. In der Marienkirche zu Soissons trat Ludwigs alter Jugendfreund Ebo von Reims als Ankläger auf und warf dem Kaiser Bruch der Ordinatio imperii, Sakrileg, Mord und Meineid vor, ja auch noch jene Fälle, für welche der Kaiser schon 822 öffentlich gebüßt hatte; durch seine Sünden und sein schlechtes Beispiel habe Ludwig sein gottverliehenes Amt verwirkt. Die Amtsidoneität des Kaisers, jetzt primär religiös als Erfüllung des Gottesgebotes interpretiert, war durch die Sünde zuschanden geworden und konnte zur Amtsentsetzung benutzt werden. Der Kaiser, auf einer Bußmatte vor dem Altar liegend, bekannte öffentlich vor der Volksmenge seine Vergehen, die sogar noch schriftlich auf den Altar gelegt wurden. Er bezeichnete sich des Herrscheramtes für unwürdig, legte seine Waffen ab und nahm das Bußgewand: Lebenslang sollte er büßen und – das war die eigentliche politische Intention – herrschaftsunfähig sein. Bald aber erhoben sich Bedenken wegen der Mangelhaftigkeit des Verfahrens. Es waren vor allem zwei Punkte: einmal die Buße für bereits gesühnte Vergehen und zweitens die Amtsenthebung mittels eines Verfahrens, wo doch die Buße gerade die Wiederversöhnung und Freisprechung des Pönitenten bewirken solle. Eine Revolte der jüngeren Söhne und das im übrigen ebenso unwürdige wie schwache Verhalten Lothars stürzte rasch alles wieder um. Ludwig konnte sich als Kaiser voll restituieren. Seine geistlichen Widersacher Ebo von Reims und Agobard von Lyon mußten in die Verbannung gehen. Lothar wurde nach Italien verwiesen, wohin ihm viele seiner Getreuen, darunter Wala, folgten. Als 838 Pippin von Aquitanien starb, trat Karl die Nachfolge in der westlichen Reichshälfte an. So hatte am Ende die Teilungspartei gesiegt, ohne aber den Streit beenden zu können.

b) Ludwigs letzte Jahre

Während dieser Kämpfe hat Ludwig erleben müssen, daß viele seiner Getreuen, und zwar gerade die reformerisch gesonnenen und der Reichseinheit zugeneigten, gegen ihn aufstanden und seinem Sohn Lothar folgten. Seine Helfer suchte und fand er fortan im Kreis der engeren Verwandtschaft, so bei seinen Halbbrüdern Drogo und Hugo, die er 814 im ersten Reformeifer beide des Hofes verwiesen hatte. Drogo, schon seit 823 Bischof von Metz, übernahm 834 als Erzkaplan die Leitung der Hofkapelle und erhielt obendrein das Pallium. Der jüngere Hugo führte das Kanzleramt. Damit war wieder eine Ämterkonzentration in der weltlichen und geistlichen Reichsadministration vollzogen wie zuvor bei Karl dem Großen.

c) Vertrag von Verdun

Ludwig des Frommen Tod im Jahre 840 löste neue Kämpfe aus. Lothar beanspruchte sofort die vollen Kaiserrechte im Sinne der Ordinatio von 817. Seine Brüder aber besiegten ihn 841 bei Fontenoy (südwestl. Auxerre). Allen Zeitgenossen galt diese Schlacht als ein verabscheuungswürdiges Beispiel von Blutvergießen unter Brüdern und Christen, aber zugleich auch als Gottesurteil, das den jüngeren Brüdern einen gleichberechtigten Anteil am Reich zubilligte. Der Vertrag von Verdun (843) formulierte das

Ergebnis: Lothar als Kaiser erhielt einen langen, von der Nordsee durch das ganze Frankenreich bis nach Italien und Rom verlaufenden Streifen mit dem fränkischen Kernland. Das Gebiet östlich des Rheins fiel an Ludwig den Deutschen und das Westgebiet an Karl den Kahlen. Ideell wurde zunächst noch die Reichseinheit gewahrt. Zu stark wirkte die gemeinschaftliche Tradition des Karlsreiches nach. Die Brüder wollten sich als »Brüdergemeine« und ihre Herrschaft als »Samtherrschaft« verstehen. Vor allem aber mahnte die Kirche zur Einheit. Daß sich mit dem Zerfall der Einheit nicht wieder »Landeskirchen« bildeten, zeigt die Macht des neuen Einheitsbewußtseins, wie es im karolingischen Großreich entstanden war und von den Bischöfen wie besonders vom Papst fortgesetzt wurde. Kaiser Lothar I. suchte die kirchliche Einheitsidee für seine Suprematie über die Teilreiche einzusetzen, indem er Drogo, den Erzbischof von Metz und Erzkaplan Ludwigs des Frommen, zum päpstlichen Vikar für die ›Provinzen Galliens und Germaniens‹ bestellen ließ, was allerdings am sofortigen Einspruch des westfränkischen Episkopates scheiterte.

4. Gründe des Scheiterns

Das Zerbrechen des Karlsreiches ist in äußeren wie inneren Gründen zu suchen. Karls Großreich war eine einmalige Realisation, welche die administrativen und militärischen, die wirtschaftlichen und technischen und nicht zuletzt auch die geistigen Möglichkeiten des Zeitalters aufs äußerste anspannte und dabei zuletzt wohl überspannte.

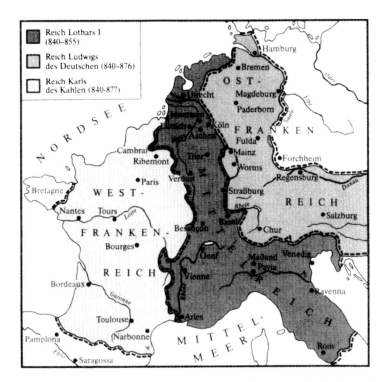

73 Die karolingischen Teilreiche nach dem Vertrag von Verdun (843), bei dem das Karlsreich dreigeteilt wurde (nach H. K. Schulze).

a) Das Herrschaftskonzept

Oft sind die Gründe für das Zerbrechen des von Karl aufgebauten Großreiches in der Person seines Sohnes und Nachfolgers Ludwig gesucht worden. Diesem habe es, haltlos zwischen den Parteiungen des Hofes und des Reiches schwankend und einer marottenhaften Mönchsdevotion anhangend, an Tatkraft und an Weitsicht gefehlt; der Nachfolger Karls sei eben kein »Realpolitiker« gewesen und darum gescheitert. Bei näherem Hinsehen aber zeigt sich ein anderes Bild. Ludwig wollte ein ganz und gar christlicher Herrscher sein. Durchdrungen von der Idee des Gottesgnadentums, sah er sich als von Gott direkt berufener Herrscher an. Aus göttlicher Gnade und nicht vom Erbgeblüt her verstand er seine Herrschaft. Von der persönlichen wie auch der allgemeinen Erfüllung des Willens Gottes hing das Wohlergehen des Reiches ab, und diesem Wohlergehen galt es zu dienen. Herrschaft war darum ›ministerium‹, und nur insofern sie ihren Dienst recht erfüllte, konnte sie Wohlergehen von Gott erhoffen und Rechtmäßigkeit für sich beanspruchen. In dieser ›ministerium‹-Vorstellung wurzelt Ludwigs »depersonalisierte« oder »transpersonale« Staatsauffassung: Der Person des Herrschenden ist die Herrschaft vorgeordnet, nicht allerdings als institutionelle Einrichtung, sondern als moralischer Anspruch. In seinem Kaisertum wollte Ludwig dies beispielhaft verwirklichen, sowohl für die eigene Person wie für das Reichsregiment. Seine Regierung mußte darum Züge einer demonstrierten Moralität annehmen. Die Beispielhaftigkeit des eigenen Verhaltens wurde Grundlage der Herrschaft, und nur im Verein guter Berater und Mitarbeiter, besonders der Bischöfe und Äbte, wollte Ludwig sie ausüben; zusammen mit ihnen sollten die rechten Entschlüsse gefaßt werden. Auf diese Weise entstand ein konsultativer Herrschaftsstil, bei dem auch einer gewissen öffentlichen Kritik stattgegeben wurde, weil eine solche zur dauernden Überprüfung der rechten Herrschaft notwendig erschien. Persönliche Empfänglichkeit des Kaisers für Kritik, wohl auch eine Neigung zu Selbstkritik, verstärkten und verinnerlichten dieses Herrschaftsideal. Als berufene Interpreten des letztlich auch in den Staatsgeschäften zu befolgenden Gotteswillens fungierten die Bischöfe. Ludwig nahm öffentlich die von ihnen erteilten Mahnungen an und unterwarf sich 822 ein erstes Mal der von ihnen erteilten Kirchenbuße, in die sich die Bischöfe aber damals noch solidarisch miteinschlossen. Wie sehr sich der Kaiser persönlich betreffen ließ und den öffentlichen Bußgang von 822 beherzigte, zeigt die Einhaltung der Vorsätze: Nach diesem Bußakt, den er unter anderem für die Blendung und den daraufhin eingetretenen Tod seines revoltierenden Neffen Bernhard, des Königs von Italien, auf sich genommen hatte, wollte er offenbar nie mehr ein ähnlich hartes Urteil in seiner Familie aussprechen und vollstrecken; selbst Todfeinde hat er immer wieder begnadigt. Er verstand sich bewußt – so sahen es auch seine Zeitgenossen – als ein König christlicher Milde. Aber genau mit diesem Programm scheiterte Ludwig. Indem er seine Herrschaft an den Maßstäben der Gottesgebote messen lassen wollte, wurde er kritisierbar, und diese Kritik konnte, wenn sie sich mit einer machtpolitischen Opposition verband, rasch zur Gefahr werden, ja sogar die ganze Herrschaft umstürzen, wie es dann nach 830 mehrmals geschah. Die Voraussetzung war, die Herrschaft zuerst als moralisch unwürdig abzuqualifizieren, um sie anschließend als unrechtmäßig zu bekämpfen. Widerstand und Revolution erhielten auf diese Weise neue ideologische Möglichkeiten.

Einen weiteren kritischen Punkt bildete das Wächteramt der Bischöfe. Konnte dasselbe wirklich als wahrheitssicheres und unbestechliches Amt gelten? Ihrem Selbstverständnis zufolge beanspruchten die Bischöfe die Binde- und Lösegewalt, betrachteten sich gleichsam als ›Himmelspförtner‹ und verglichen ihre Wahrheitsvermittlung mit der Botenfunktion von Engeln. In den Kämpfen nach 830 aber erwies sich sofort auch der

Episkopat als geteilter Meinung und bald sogar als Werkzeug der verschiedenen Machtinteressen. Als Ludwig 833 in der Marienkirche zu Soissons sich auf die Bußmatte niederwerfen mußte und Erzbischof Ebo von Reims ihm die Bußanklage vorlas und schriftlich überreichte, verlief scheinbar alles noch nach Maßgabe der hohen religiösen Vorstellungen und im Sinne einer idealen, am Gottesgesetz gemessenen Herrschaft, in Wirklichkeit aber war das Verfahren längst von Machtinteressen korrumpiert, daß nämlich der Kaiser vor allem deswegen in den Büßerstand verwiesen werden sollte, um ihn machtlos und herrschaftsunfähig zu machen. Daß man, um zum Ziel zu kommen, der Bußanklage bereits früher vom Kaiser abgebüßte Vergehen hinzufügte, machte die Mittelhaftigkeit des ganzen Vorgehens augenfällig. Und noch bedenklicher: Dieselben Bischöfe erklärten das ganze Verfahren nur wenig später für verfehlt und lösten den Kaiser wieder von seinen Bußpflichten. So aber schritt die innere Aushöhlung des anfänglich so hehren Konzeptes einer allein vom Gottesgebot geleiteten Herrschaft rasch voran. Man operierte noch mit dem großen Ideal und seinen Ansprüchen, aber die hohen moralischen Kriterien dienten längst machtpolitischen Zielen.

b) Normannen und Sarazenen

Bereits Karl der Große mußte einen Küstenschutz organisieren, um die Nor(d)mannen, die skandinavischen Wikinger, abzuwehren, die – für die Franken ungewohnt – mit Schiffen zu Beutezügen auszogen. Seit 834 kann man von einer regelrechten Normannennot sprechen. Küstenorte und Hafenplätze wurden fast jährlich ausgeplündert, sowohl auf dem Kontinent wie auf den britannischen Inseln. Im Norden zerstörten sie 845 Hamburg. Weiter suchten sie die Küsten und Flußläufe des Westfrankenreiches heim. In den Mündungen von Rhein und Schelde wie auch von Seine und Loire vermochten sie sich während der 40er Jahre festzusetzen. Von dort drangen sie ins Landesinnere ein, bis nach Paris, Meaux, Nantes und Bordeaux. Städte und Abteien wurden, oft mehrmals, geplündert und nicht selten eingeäschert. Nach 865 fiel England bis auf Wessex in ihre Hand, und sie errichteten dort eigenständige Reiche. Erst Alfred der Große (871–900) vermochte ihnen Einhalt zu gebieten, wodurch sich wiederum der Druck auf den Kontinent vergrößerte. Über Schelde, Maas und Rhein drangen nach 879 neue Scharen tief in das Innere des Karolingerreiches vor, bis nach Lüttich, Aachen, Köln, Koblenz und Trier; zuletzt erreichten sie, der Seine folgend, sogar Burgund. Erst in den 90er Jahren wandten sich die Verhältnisse zum Besseren. Die letzte große Normannen-Gruppe wurde mit ihrem Anführer Rollo an der Seine-Mündung seßhaft gemacht, in der späteren Normandie.

Im europäischen Süden erhob sich zur gleichen Zeit eine nicht minder große Gefahr. Nach 827 begannen die Sarazenen, Sizilien und Süditalien zu erobern; 831 fiel Palermo und zuletzt, im Jahre 902, Taormina. Bald auch faßten sie in Süditalien Fuß. Von Bari und Tarent aus stießen sie plündernd bis Salerno, Capua und Neapel vor. 846 liefen ihre Schiffe zum ersten Mal in den Tiber ein, und die außerhalb der römischen Mauern gelegenen Peters- und Paulsbasiliken wurden geplündert. Papst Leo IV. (847–855) ließ den Vatikan mit Mauern umgeben (»Leostadt«), und so konnte 849 ein weiterer Angriff abgeschlagen werden. Monte Cassino wurde 882 zerstört. Zur gleichen Zeit drangen die Sarazenen in die Rhonemündung ein, errichteten dort feste Stützpunkte und vermochten zeitweilig sogar die Alpenpässe zu beherrschen, von wo aus sie einmal bis nach St. Gallen vordrangen. Daß gerade die Alpenpässe feindlich beherrscht waren, ist kirchengeschichtlich insofern bedeutsam, als dadurch eine schwere Verunsicherung, ja Unterbrechung des nordalpinen Romverkehrs hervorgerufen wurde.

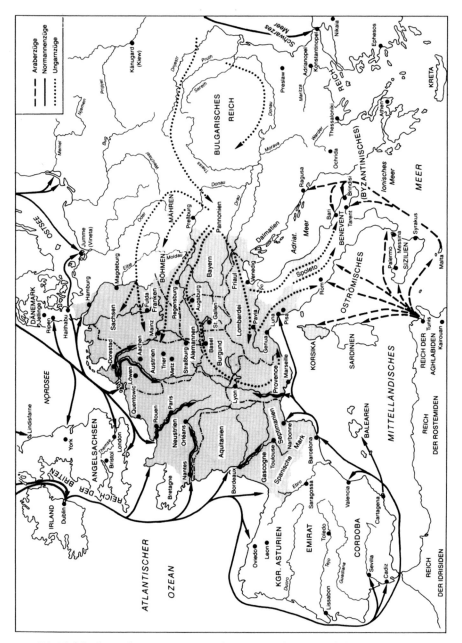

74 Die Einfälle der Araber, Normannen und Ungarn (nach H. K. Schulze).

2. Kapitel: Die Teilreiche

§ 67 Lotharingien

1. Weitere Teilungen

Das kaiserliche Mittelreich vermochte zunächst noch eine gewisse Suprematie zu behaupten, verlor aber als erstes seine Konsistenz. Es war Lothar I., der trotz aller Betonung der Ordinatio von 817 als erster zum Teilungsprinzip zurückkehrte und sein Reich weiter aufteilte. In Italien regierte sein ältester, bald auch zum Kaiser erhobener Sohn Ludwig II. (844–875). Damit war das Kaisertum aus dem Frankenreich abgedrängt und als einigende Kraft verloren. Im Norden folgte Lothar II. (855–869); von ihm erhielt der nordalpine Teil des Mittelreiches den Namen Lotharingien. Lothar II. verwickelte sich wegen der Rechtmäßigkeit seiner Ehe in einen Streit von solchen Ausmaßen, daß sein Reich aufs schwerste erschüttert wurde. Denn aufgrund der inzwischen verchristlichten Herrscher-Ethik konnte kein König mehr in einer illegitimen Ehe geduldet werden. Zudem griffen die beiden anderen Könige, Karl der Kahle und Ludwig der Deutsche, in die Auseinandersetzungen ein, machten sie sich doch für den Fall eines erbenlosen Versterbens Lothars Hoffnung auf sein Reich.

2. Lothars II. Ehestreit

Zunächst hatte Lothar II. in einer Friedelehe mit einer aus unbekannter Adelsfamilie stammenden Waldrada gelebt. Aber bei seinem Herrschaftsantritt 855 ging er eine förmliche Vollehe mit Theutberga ein, einer Schwester des im Gebiet der heutigen Schweiz amtierenden Markgrafen Hukbert; nur zwei Jahre später suchte er sich – wohl aus Gründen der Unfruchtbarkeit Theutbergas – von ihr zu trennen und kehrte zu Waldrada zurück, die ihm wahrscheinlich damals einen Sohn gebar. Die verlassene Theutberga vermochte sich von dem ihr angehängten Vorwurf der Unzucht mit ihrem Bruder Hukbert durch das Gottesurteil des siedenden Wassers zu reinigen. Daraufhin ließ sie der König unter einen solch zermürbenden Druck setzen, daß sie sich selbst der Unzucht mit ihrem Bruder bezichtigte. So war es dann ein leichtes, daß mehrere Synoden dem König ein Verbot zur Fortsetzung der Ehe aussprachen und die Königin ins Kloster verwiesen. Da aber griff Erzbischof Hinkmar von Reims mit einer Denkschrift ein, in der er – nicht zuletzt im Blick auf das gelungene Ordal – die Schuld Theutbergas bezweifelte und gegen Lothar einen Prozeß wegen Ehebruchs forderte. Mit der altchristlichen Forderung, daß zu Lebzeiten des rechtmäßigen Partners keine Neuverheiratung möglich sei, hob er den Streit ins Grundsätzliche, diente dabei aber auch politischen Absichten, weil er damit die Erbaussichten Karls des Kahlen, seines Königs, bestärkte. Theutberga gelang die Flucht ins westliche Frankenreich, von wo aus sie an Papst Nikolaus I. appellierte. Währenddessen erklärte eine lotharingische Synode ihre Ehe für unrechtmäßig und erlaubte Lothar die Vermählung mit Waldrada. Der Papst entsandte Legaten und ordnete eine neue Synode an, die 863 in Metz tagte und darauf erkannte, daß Lothar von vornherein mit Waldrada in gültiger Ehe gelebt habe und mit Theutberga zur Ehe gezwungen worden sei. Die Erzbischöfe Gunther von Köln und Theutgaud von Trier, die in dem ganzen Streit – so scheint es – Konsequenz hauptsächlich in der Willfährigkeit gegenüber ihrem König bewiesen, reisten zur Bestätigung des Beschlusses nach Rom und erfuhren dort – was den Fall in der Papstgeschichte berühmt gemacht hat – einen Donnerschlag: Nikolaus kassierte ohne nähere Prüfung das Metzer

Urteil und exkommunizierte die beiden erzbischöflichen Überbringer. In solcher Stringenz war der Jurisdiktionsprimat nie zuvor angewandt worden – wie für einen Augenblick leuchteten die Konturen des späteren Reformpapsttums auf. Ein päpstlicher Legat führte Theutberga wieder mit Lothar zusammen, ohne daß dieser seine Hinneigung zu Waldrada aufgegeben hätte. Die nun vollends zermürbte Theutberga bat Papst Nikolaus – allerdings vergebens – um Ehetrennung, während sich der nächstfolgende Papst, Hadrian II. (867–872), einer Neuverhandlung zugänglich zeigte, aber da verstarb Lothar. Karl der Kahle ergriff sofort vom Mittelreich Besitz und ließ sich in Metz feierlich krönen. Doch zwang ihn Ludwig der Deutsche zur Teilung; im Vertrag von Meerssen wurde ein Grenzverlauf entlang der Maas und der Saône vereinbart.

75 Die karolingischen Teilreiche nach dem Vertrag von Meerssen (870).
Der Vertrag von Meerssen führte zur Aufteilung des lotharingischen Mittelreiches. Aus den verbliebenen Teilreichen entstanden Frankreich, Deutschland und Italien.

§ 68 Westfranken

1. Das »fortgeschrittenste« Teilreich

Der Reichsteil Karls des Kahlen (840–877), obwohl zivilisatorisch und kulturell am weitesten vorangeschritten, blieb politisch äußerst labil. Die Aquitanier hielten auf Selbständigkeit, die Bretonen kämpften um ihre Unabhängigkeit, und die Normannen drangsalierten und schädigten das Kernland. Hinzu kamen innere Schwierigkeiten.

Wiewohl Karl mit Hilfe der Kapitularien-Gesetzgebung und der Missi die Zentralregierung weiterführen wollte, mußte er von Anfang an die Macht der Großen respektieren, die immer mehr eine Zwischen- und Eigengewalt zu bilden begannen. Seine prekäre Stellung suchte der König durch die betonte Herausstellung seiner Sakralwürde und durch die Förderung der Bildungsbestrebungen zu kompensieren. Die karolingische Renaissance zeigte im Westfrankenreich ihre besten Auswirkungen, ja hier kam sie überhaupt auf ihren Höhepunkt. Karl nahm regen Anteil daran; gut fünfzig Bücher sind ihm gewidmet. Auch fand in seinem Reich eine eindrucksvolle Reihe von Konzilien statt, wie ebenfalls hier die großen theologischen Kontroversen um Prädestination, Eucharistie und Kirchenrecht diskutiert wurden.

2. Hinkmar von Reims († 882)

Hinkmar von Reims (um 806–882), die »dominierende Gestalt der fränkischen Kirchengeschichte in der zweiten Hälfte des 9. Jahrhunderts« (R. Schieffer), kam als Kind in das Kloster St. Denis, erhielt dort in der Schule Hilduins seine Ausbildung und wurde früh mit dem Hof in Verbindung gebracht. Seine Begabung, aber auch seine Treue zu Ludwig dem Frommen wie Karl dem Kahlen empfahlen ihn für den Erzstuhl von Reims, den Ebo 840/41 für kurze Zeit noch einmal wieder eingenommen hatte. Mehrere Punkte bestimmten Hinkmars Politik: stetig und nachdrücklich die politische Sicherung bzw. Stärkung des Westreiches, intensiv der Ausbau der erzbischöflichen Gewalt und, in freilich geringerem Maße, auch die Theologie.

Als 858 Ludwig der Deutsche ins Westreich einfiel und Karl der Kahle von seinem Adel im Stich gelassen wurde, war es Hinkmar, der die Bischöfe zum Widerstand überredete und so die Situation zu wenden vermochte. Lebenslang stand er fest zu seinem König, und noch dessen schwächliche Nachfolger hat er zu stützen gesucht. Seine Politik sah Hinkmar in vollem Einklang mit der Idee des Imperium christianum. Die unter die karolingischen Brüder aufgeteilte Herrschaft galt ideell weiterhin als Einheit: eine Taufe, eine Kirche, ein Reich. Gerade den Bischöfen oblag die Wahrung dieser Einheit, die sie durch ihre Synoden, besonders solche auf der Ebene des gesamten Reiches, zu realisieren hatten. Indem aber die Herrschaftslegitimität von der christlichen Lebensführung abhängig gemacht wurde, worüber zu befinden Aufgabe der Bischöfe war, kam den Synoden eine geradezu schiedsrichterliche Autorität zu. Eine nach diesen Maßstäben königskritische Linie zeigt beispielsweise die im Westreich fortgeführte Reichsannalistik, vor allem auch die von Hinkmar seit 861 weitergeschriebenen Annales Bertiniani. Im ganzen aber hat Hinkmar sein Herrschaftskonzept meisterlich für seinen König und das Westreich zu instrumentalisieren gewußt. Es war sein Gutachten, das im Ehestreit Lothars II. die Wende für Theutberga brachte und zugleich seinem König die günstigsten Erbaussichten eröffnete. Als Lothar 869 erbenlos starb und Karl dessen Reich besetzte, sanktionierte Hinkmar diese Annexion mit Karls feierlicher Salbung und Krönung zu Metz. Mit seinen Königssalbungen und -krönungen, in die er auch die Königinnen mit einbezog, förderte Hinkmar erheblich die Steigerung der königlichen Sakralwürde, und das von ihm für Karls Sohn Ludwig den Stammler 877 geschaffene Ritual wurde bestimmend für die weitere Krönungsgeschichte.

Ein anderes Feld, auf das einzulassen Hinkmar sich herausgefordert sah, war die Theologie. In dem Kampf um die Prädestinationslehre des Sachsen Gottschalk erreichten seine Stellungnahmen zwar eine allgemeine Publizität, führten aber keine theologische Klärung herbei. Die spekulative Theologie war Hinkmars Stärke nicht. Sein »ganzes theologisches Wissen bestand in nichts anderem als einer staunenswerten Belesenheit, ohne daß er dabei die tieferen Gründe wirklich durchschaute« (H. Schrörs). Daß endlich Hinkmar eine betont hoheitliche Auffassung von seinen Rechten als Erzbischof besaß, weckte Gegenwehr und ließ die pseudoisidorischen Fälschungen entstehen (vgl. § 70, 3).

Nach Karls des Kahlen Tod († 877) unterstützte Hinkmar dessen Sohn Ludwig den Stammler, und nach dessen baldigem Tod († 879) mußte er, der sich sonst immer für die Erbfähigkeit allein der legitimen Kinder geeifert hatte, zwei Söhne von rechtlich zweifelhafter Geburt unterstützen. Auf der Flucht vor den Normannen ist Hinkmar in Epernay gestorben.

76 Karolingischer Herrscher, von der Hand Gottes gekrönt und von zwei Pallien-tragenden Bischöfen assistiert; unvollendetes Sakramentar aus Metz, um 870 (Paris, Bibl. Nat.).
Das Bild dürfte Karl den Kahlen bei Gelegenheit seiner Krönung in Metz (869) zeigen. Es stellt den ›König von Gottes Gnaden‹ dar, dem in geistlichen Dingen, vor allem in der rechten Auslegung des Gottesgesetzes und im Kult, die Bischöfe zur Seite stehen, hier Adventius von Metz und Hinkmar von Reims. Die runden Nimben allerdings deuten auf nicht mehr Lebende; so hat man auch an König Chlodwig mit Remigius von Reims und Arnulf von Metz gedacht, weiter auch an König Pippin mit Papst Stephan II. und – weil ein »gregorianisches« Sakramentar – mit Gregor dem Großen oder auch an Karl den Großen mit wiederum Gregor und Hadrian I.
(Der untere Schriftzug scheint von der Rückseite her durch.)

§ 69 Ostfranken

1. Innere Verfassung

Ludwigs des Frommen zweiter Sohn Ludwig (817–876) war Herrscher des Ostreiches. Er konzentrierte seine Herrschaft auf zwei Zentren, auf Baiern und den Mainzisch-Frankfurter Raum, wobei Regensburg und Frankfurt residenzartig ausgebaut wurden. Der Norden hingegen fand kaum Beachtung, wodurch den sächsischen Liudolfingern ein ungestörter Aufstieg ermöglicht war, bis sie dann 919 die deutsche Königskrone übernehmen konnten. Im ganzen stand das Ostreich, verglichen mit dem Westen, in vielfacher Hinsicht zurück: zunächst schon in der kleineren Fläche und der geringeren Bevölkerung, dann aber auch in Kultur und politischer Verfassung.

Die Kanzlei war weniger straff organisiert, und die Kapitularien-Gesetzgebung wurde nicht fortgesetzt. Das Amt des Erzkaplans wie auch des Kanzlers hatte Grimald (854–870) inne, Abt von Weißenburg und St. Gallen; ihm folgte Erzbischof Liutbert von Mainz (863–889), dessen Nachfolger beide Ämter auf Dauer für Mainz zu reservieren wußten. Als König behielt Ludwig eine selbstverständliche und unmittelbare Führungsrolle. Weder verlangte ein machtbewußter Adel eine Mitbeteiligung, noch kritisierte der Episkopat die königlichen Kirchenrechte. Ludwig konnte uneingeschränkt Bischöfe ernennen und brauchte seine Stellung nicht durch eine besondere Sakralwürde herauszuheben; so ist im Ostreich keine Herrschersalbung überliefert. Auch die Reichsversammlungen und Konzilien gewannen keinen bestimmenden Einfluß; nur vier sind beachtenswert: die beiden von 847 und 852 zu Mainz unter Hrabanus Maurus, dann die zu Worms (868) und Tribur (895). Größere Bedeutung erlangte Ludwigs Ostpolitik mit dem Versuch, von Baiern aus in den Donau- und Balkanraum vorzudringen. Aber das im 9. Jahrhundert so mächtig aufstrebende Großmährische Reich mußte als selbständig anerkannt werden; auch gelang es nicht, mit Hilfe der Mission größere Gebiete für das eigene Reich zu gewinnen. Bemerkenswert ist schließlich, daß die östliche Francia – so die geradezu offizielle Bezeichnung – immer häufiger als ›Germania‹ bezeichnet wurde. Hier zeigt sich der Beginn eines Eigenbewußtseins, das sich vom romanischen Westen wie vom slawischen Osten unterschieden wußte und auf die ›lingua theodisca‹, die »germanische« Volkssprache, abhob. Das Ostreich brachte denn auch bedeutsame Versuche einer »Verdeutschung« der Bibel hervor.

2. Mährische Mission

Zu welcher politischen Kraft die Slawen fähig waren, zeigt im 9. Jahrhundert die Geschichte der Mährer. Ihr Kerngebiet lag nördlich der mittleren Donau zu beiden Seiten der March. Nach der Zerstörung des Awaren-Reichs durch Karl den Großen bildete sich das Großmährische Reich heraus, das im Westen Böhmen und im Süden den Raum bis zur Theiß umfaßte. Im zweiten Viertel des 9. Jahrhunderts lassen sich erste Hinweise auf eine Christianisierung erfassen.

Erzbischof Adalram von Salzburg soll 827/28 in Nitra eine Kirche geweiht haben. Der dort residierende Fürst Pribina wurde jedoch bald vertrieben; er wandte sich an Ludwig den Deutschen, der ihn, wohl 833, taufen ließ. In Pannonien erhielt er Besitz und Amt und erwies sich als treuer Gefolgsmann Ludwigs, wie nach ihm auch sein Sohn Kocel. Die Kirche seines Herrschaftssitzes Moosburg (bei Zalavar) erhielt ihre Weihe vom Salzburger Erzbischof Liutpram und gehörte folglich zu dessen Sprengel. Als neuen christlichen Dux in Mähren setzte Ludwig der Deutsche 846 Rastislaw ein, der aber bald eine Politik der Verselbständigung betrieb und als erstes die Unabhängigkeit von der karolingischen Reichskirche anstrebte. Er erbat sich von Byzanz Missionare, und 863 trafen von dort der Priester Konstantinos und dessen älterer Bruder Methodios ein. Die beiden brachten eine hervorragende Bildung mit und waren auch des Slawischen mächtig. Aber schon 864 zwang Ludwig der Deutsche Rastislaw zu erneuter Subordination. Bairische

Missionare gewannen im Land die Oberhand und gerieten sofort mit Konstantin und Method in Streit, unter anderem deswegen, weil diese die Liturgie in slawischer Sprache feierten. Die beiden Brüder, offenbar zur Rückkehr entschlossen, reisten nach Venedig, folgten dann aber einer Einladung des Papstes nach Rom. Während Konstantin dort verstarb (869) – er nahm auf dem Sterbebett den Mönchsnamen Kyrillos an –, wurde Methodios zum Erzbischof des alten, immer zum Westen gerechneten Sirmium geweiht; diese Weihe soll auf ausdrücklichen Wunsch der Slawenfürsten Rastislaw, seines Neffen Swatopluk und des Pribina-Sohnes Kocel geschehen sein. So schienen Rastislaws Verselbständigungsbestrebungen überraschend in Erfüllung zu gehen.

In diesem Moment aber wurde Rastislaw von seinem Neffen Swatopluk (870–894) gestürzt und an Ludwig den Deutschen ausgeliefert. Die bairischen Bischöfe, die nun das Land wieder kirchenpolitisch zu beherrschen suchten, sahen sich durch den neuen Erzbischof in ihren Rechten beeinträchtigt, zogen Method vor ihr Gericht, mißhandelten ihn – Bischof Ermenrich von Passau soll ihn sogar mit der Reitpeitsche geschlagen haben – und setzten ihn, wohl auf der Reichenau, gefangen, bis endlich Papst Johannes VIII. 873 seine Freilassung gebot. Der neue Herrscher Swatopluk erreichte praktisch die politische Unabhängigkeit von Ludwig dem Deutschen, blieb aber Method gegenüber reserviert, verzichtete nach und nach auf die päpstlicherseits zugestandene slawische Liturgie und unterstützte den gleichfalls in Rom geweihten Bischof Wiching, der Alemanne war und in Nitra residierte. Nach Methods Tod (885) zerfiel Swatopluks Verhältnis auch mit Wiching, und von Rom wurde ein neuer Erzbischof mit zwei weiteren Bischöfen entsandt. Ihr Wirken aber ging in dem nun einsetzenden Ungarnsturm unter, der das Großmährische Reich vernichtete.

Das Beispiel der Großmährischen Kirchenpolitik ist in der karolingischen Missionsgeschichte durchaus bemerkenswert. Das Land lag mitten zwischen den Einflußsphären des West- und Ostreiches. Da mit der Mission, gleich ob von Osten oder Westen her, immer auch über die politische Zukunft entschieden wurde, beschritten die Mährerfürsten einen »dritten Weg«: Sie erbaten sich einen Erzbischof von Rom, gewannen damit eine nationale Metropolitanverfassung und hofften dadurch der Eingliederung in eines der beiden Imperien zu entgehen. Hätten nicht die Ungarn, die bald ganz Mitteleuropa überrennen sollten, das Großmährische Reich zerstört, wäre dort möglicherweise mit Hilfe der kirchlich-päpstlichen Verselbständigung jene nationale Identität gelungen, wie sie ein Jahrhundert später die Polen und die Ungarn, die im Jahre 1000 beide ein »nationales« Erzbistum erhielten, erreichen konnten.

3. Bulgaren-Mission

In die missionspolitische Konkurrenz des Ost- und Westreichs waren auch die Bulgaren hineingestellt, die freilich mit Byzanz schon seit langem in harten Kämpfen lagen. In eben dem Jahr 864, als Ludwig der Deutsche Rastislaw niederzwang, trat Kaiser Michael III. (842–867) den Bulgaren mit einer so erdrückenden Übermacht entgegen, daß der Khan Boris sich ergeben mußte. Die Konsequenz war die Taufe, die Boris, wohl 865, unter dem Patronat des Kaisers empfing und dabei dessen Namen Michael annahm. Boris-Michael betrieb, auch gegen den Widerstand seines Adels, eine konsequente Christianisierungspolitik, suchte aber ebenso konsequent der kirchenpolitischen Eingliederung in die byzantinische Reichskirche zu entgehen. So wandte er sich an Ludwig den Deutschen und zugleich an Rom. Die Päpste wollten durch einen Einfluß auf die Bulgaren-Mission wettmachen, was sie an Jurisdiktion seit dem Ikonoklasmus auf dem Balkan an Byzanz verloren hatten. Erschwerend wirkte allerdings der Umstand, daß die Bulgaren beiderseits der alten Ost-West-Grenze siedelten. Einen Katalog von Fragen, die Khan Boris-Michael Papst Nikolaus I. vorlegte, beantwortete dieser mit den berühmten ›Responsa ad consulta Bulgarorum‹, die mit ihren 106 Punkten ein Dokument von großer pastoraler Klugheit und Aufgeklärtheit, aber auch der Polemik gegen die Ostkirche darstellen. Merkwürdigerweise verweigerten sich Nikolaus I. wie auch sein Nachfolger Hadrian II. in der für Boris-Michael entscheidenden Frage, in der Entsendung eines Erzbischofs, so daß die Bulgaren zuletzt doch Anschluß an die Ostkirche suchten, was dann wiederum Konflikte mit den Päpsten schuf.

3. Kapitel: Die Kirche der karolingischen Spätphase

§ 70 Letzter Ausbau der Kirchenverfassung

1. Diözesanregiment

Die kirchliche Gesetzgebung, mit deren Hilfe sich die Reform im Karolingerreich von Anfang an ihren Weg gebahnt hatte, steigerte sich noch weiter in Umfang wie Inhalt. Behandelt wurden vielfach wiederum die altbekannten Themen wie Amt, Kirchengut, Eigenkirchenwesen, Bußdisziplin und Eherecht, doch jetzt entschieden systematischer und auch besser aus den Rechtsquellen begründet. Von dauernder Wirkung war, daß sowohl die innerdiözesanen wie ebenso die überdiözesanen Strukturen ausgebaut und in ihrer Rechtskompetenz präzisiert wurden.

a) Archidiakonate

Innerhalb der Diözesen entstanden Archidiakonate, die in größeren Diözesen Untersprengel bildeten und von Archidiakonen geleitet wurden. Diese waren ursprünglich die Vorsteher des Diakonenkollegiums und als solche die Hauptverantwortlichen für den Sozialdienst und damit zugleich die Vermögensverwalter der Diözese. Jetzt erhielten sie eigene Jurisdiktionssprengel und besaßen – anders als ihr fortbestehender Name nahelegt – priesterlichen Rang; meist traten sie an die Stelle der im Lauf des 9. Jahrhunderts wieder verdrängten Chorbischöfe (vgl. § 57, 2 c). Die Sprengel der Archidiakonate waren in sich unterteilt in Dekanate, welche jeweils eine Reihe von Pfarreien zusammenfaßten.

b) Send

Wie schon die Diözesansynoden das Pfarrleben zu disziplinieren suchten, so noch stärker der im 9. Jahrhundert aufkommende Send (synodus). Die alte Pflicht der Bischöfe, ihre Gemeinden zu visitieren, hatte Bonifatius schon gleich auf dem Concilium Germanicum wieder in Erinnerung gerufen und damit die Aufgabe der Firmung verbunden (vgl. § 46, 1 a; § 57, 2 c). Die ganze Gemeinde mußte sich vor dem Bischof versammeln und seine Belehrung anhören. Seit etwa der Mitte des 9. Jahrhunderts wurde zusätzlich ein Gericht abgehalten, das zweimal im Jahr, im Frühjahr und Herbst, stattfinden sollte. Einer Reihe von Geschworenen aus der Gemeinde, meist sieben, oblag die Pflicht, schwere Vergehen, die ihnen bekannt waren, aber noch keine Buße erhalten hatten, zu benennen; dies betraf Mord, Meineid, Ehebruch, Verwandtschaftsehen, Unzucht, Diebstahl, Aberglauben, Mißachtung der Fastenzeiten und der

Feiertage. Die Beklagten mußten sich rechtfertigen, durch einen Eid die Freien, durch Gottesurteil die Unfreien. Als Strafen wurden die üblichen Bußwerke verlangt: Fasten, Almosengeben, Gebete und Wallfahrten.

Hielt zunächst der Bischof selbst den Send, so später auch der Chorbischof oder Archidiakon. Das Verfahren, Anzeige zu erstatten und den Beweis dem Beklagten abzuverlangen, entstammt dem germanisch-frühmittelalterlichen Rügegericht, wo auch die Reinigung durch Eid oder Gottesurteil erfolgte. Mit dem Send verbanden sich Abgaben für die Gastung des Bischofs, dann bald auch Märkte und öffentliche Veranstaltungen. Ein Sendhandbuch zum Gebrauch des Bischofs hat uns Regino von Prüm († 915) überliefert. Hierin wird das Verfahren dargestellt und ausführlich auch die zu verhandelnde Materie, die sich vielfach wie vor Ort aktualisierte Synodalkanones ausnimmt.

2. Erzbischofsamt

Es war der mächtige Hinkmar von Reims, der von seinem Erzbischofsamt ausgeprägt hoheitliche Vorstellungen entwickelte, damit aber vielerlei Probleme schuf und zuletzt demütigende Niederlagen hinnehmen mußte. Die alten, auf kollegialem Einverständnis beruhenden Metropolitanrechte interpretierte und praktizierte er konsequent obrigkeitlich.

Kraft höheren Rechts berief er die Synoden seiner Provinz, bestimmte dabei Versammlungsort wie Tagesordnung und bestrafte die Ferngebliebenen. Bei Bistumsvakanzen bestellte er die Visitatoren, bei gespaltener Wahl gab er den Ausschlag und vollzog selbstverständlich immer die Weihe. Gegen Verfehlungen einzelner Suffragane glaubte er auch ohne Rat und Gericht der Bischofssynode vorgehen zu können. Das Visitationsrecht wurde so weit gefaßt, daß der Erzbischof in jede Diözesanleitung eingreifen konnte. Überhaupt sollten sich die Suffragane möglichst eng an ihren Oberhirten anschließen und zum Beispiel nie ohne dessen Zustimmung kirchliches Vermögen veräußern oder außerhalb der eigenen Diözese Ämter wahrnehmen. Mit diesen gegenüber der Tradition deutlich überhöhten Ansprüchen entfachte Hinkmar heftigste Auseinandersetzungen. Einen ersten Streitpunkt bildeten die von Ebo 840/41 während seiner Rückkehr in Reims vorgenommenen Weihen; waren diese gültig, mußte Ebo als rechtmäßiger Amtsinhaber gelten. Hinkmar wußte denn auch eine Ungültigkeitserklärung durchzusetzen, wurde aber nach Jahren (866) von Papst Nikolaus I. zum Einlenken gezwungen. Ebenso mußte Hinkmar im Fall des Bischofs Rothad von Soissons zurückweichen, in dessen Diözesanregiment er eingegriffen und den er ob seiner Gegenwehr mit Absetzung bestraft hatte. Zuletzt zerstritt sich Hinkmar mit seinem gleichnamigen Neffen, den er selber erzogen und früh zum Bischof von Laon gemacht hatte; hier blieb es bei der vom König verfügten und auch von Hinkmar gutgeheißenen Absetzung.

3. Pseudo-Isidor

Hinkmars überhöhte Vorstellung vom Amt des Erzbischofs und die daraufhin ausgetragenen Streitfälle gaben Anlaß zu einem höchst folgenschweren Unternehmen, zu den pseudo-isidorischen Fälschungen. Diese umfassen – nach heutiger Kenntnis – vier Textgruppen: a) die ›Collectio Hispana Gallica Augustodunensis‹, eine ursprünglich im westgotischen Gallien beheimatete Rechtssammlung, die dann von den pseudo-isidorischen Fälschern bearbeitet wurde und allein in einer Handschrift aus Autun überliefert ist, b) die ›Capitula Angilramni‹, eine angeblich von Papst Hadrian I. an Bischof Angilram von Metz († 791) übermittelte Sammlung verfälschter Rechtssätze, c) die Kapitulariensammlung eines als Benedictus Levita bezeichneten Autors, die eine Fortsetzung der von Abt Ansegis 827 angelegten Sammlung zu bieten vorgibt, aber zu drei Vierteln Fälschungen enthält, d) die bei weitem wichtigste und zugleich namengebende, angeblich von einem Isidor Mercator veranstaltete Sammlung von Dekretalen, welche echte, großenteils aber gefälschte Papstbriefe und in etwas geringerem Maß auch verfälschte Konzilsbestimmungen aus der Zeit der Päpste Clemens I. (90–101) bzw. Anaklet I. (79–90) bis zu Gregor dem Großen († 604) enthält. Die Zuschreibung an einen ›heiligen Isidor‹ mit dem Beinamen Mercator soll dem Benutzer die Gleichsetzung mit Isidor von Sevilla suggerieren. Die Fälschungen, die zwischen 847 und 852 datiert werden müssen, sind oft mosaikartig aus echten Exzerpten – etwa 10000 an der Zahl – zusammengesetzt und erscheinen so zeitgerecht, daß ihre Aufdeckung erst in der Neuzeit möglich wurde. Während die ersten beiden Textsammlungen wirkungslos blieben, gewann die letzte, die pseudo-isidorische, mit ihren Dekretalen große historische Bedeutung. »Von allen mittelalterlichen Kirchenrechtssammlungen der historischen Ordnung dürften die pseudo-isidorischen Dekretalen das am weitesten verbreitete Werk gewesen sein« (H. Fuhrmann). Ziel der ganzen Fälschung war es, die Stellung der Bischöfe zu stärken: Sie sollten einmal vor dem Zugriff der Erzbischöfe und der Provinzialsynoden, aber ebenso vor der weltlichen Macht geschützt werden; zum anderen sollten sie in der eigenen Diözese von der Konkurrenz der Chorbischöfe befreit werden. Die Erzbischöfe dürfen ihre Beschlüsse nur im Verein mit ihren Provinzbischöfen fassen und sind obendrein durch den über ihnen stehenden (in Gallien aber unbekannten) Primas oder Patriarchen eingegrenzt. Endlich erhielt auch der Papst größere Rechte zugesprochen, aber nur insoweit, als dadurch die bischöfliche Stellung gegenüber dem Erzbischof gefördert wurde. Der Papst, und nicht der Erzbischof, hat die wichtigeren Streitfälle (causae maiores) zu entscheiden, wie ihm auch die Genehmigung und Bestätigung der National- und Provinzialkonzilien zukommt. Insgesamt ist es ein eindeutig tagespolitisch bestimmtes Programm: nämlich der Widerstand gegen das neue Hinkmarsche Verständnis des Erzbischofsamts.

Der Erfolg der falschen Dekretalen erklärt sich aus der inzwischen allgemein gesteigerten Bereitschaft, eine erhöhte Papstautorität anzuerkennen, wie andererseits natürlich diese Dekretalen die päpstliche Oberhoheit weiter befestigten. Zur Annahme trug ferner bei, daß im 9. Jahrhundert infolge der allgemeinen Bildungserneuerung immer wieder neue Texte auftauchten und infolgedessen die neue Sammlung nicht grundsätzlich überraschen konnte. Selbst Hinkmar rezipierte sie, obwohl sich ihre Allgemeintendenz gegen ihn richtete, und ausgerechnet bei ihm, der freilich als der beschlagenste und zugleich verschlagenste Gelehrte in kirchenrechtlichen Fragen zu gelten hat, findet sich das erste, die Fälschungen klar bezeugende Zitat. Bischof Rothad von Soissons scheint die Sammlung 864 nach Rom gebracht zu haben, wo allerdings Nikolaus I. nur zurückhaltend von ihr Gebrauch machte; ein direktes Zitat liefert erst 871 Hadrian II. Ihre überwältigende Wirkung entfalteten die pseudo-isidorischen Dekretalen in der Reform des 11. Jahrhunderts, als ihre papstförderliche Tendenz einseitig ausgebeutet wurde.

§ 71 Das Papsttum

1. Papsttum und Kaisertum

Seit den Verträgen von 817 (Pactum Hludowicianum) und 824 (Constitutio Romana) standen Rom, der Kirchenstaat und das Papsttum unter fränkischem Schutz. Der Kaiser fungierte als oberste Kontrollinstanz der päpstlichen Verwaltung und nahm den Treueid der Römer wie auch des Papstes entgegen. Kaiser Lothar verschärfte 847 die Oberaufsicht bei der Papstwahl, die fortan allein auf Geheiß des Kaisers und in Gegenwart seiner Missi stattfinden sollte. Die Gefahr der Abhängigkeit, die dem Papsttum damit drohte, war schon bei Gregor IV. (827–844) sichtbar geworden, als dieser für Lothar hatte über die Alpen ziehen müssen, um 833 im Bruderstreit zu vermitteln. Andererseits blieb eine vitale Interessengemeinschaft, sah sich doch das Papsttum auf Schutz angewiesen, sowohl gegen die römischen Parteikämpfe als auch gegen die wachsende Bedrohung seitens der Sarazenen in Süditalien.

Von weitreichender Bedeutung war, daß sich ein päpstliches Anrecht auf die Kaiserkrönung herausbildete. Karl der Große hatte seinen Sohn Ludwig 813 selbständig zum Mitkaiser gekrönt, und die 816 von Papst Stephan an Ludwig in Reims vorgenommene Krönung erzielte keinerlei zusätzliche Wirkung. Ebenso gab für Lothar I. die durch seinen Vater vollzogene Erhebung zum Mitkaiser das entscheidende Datum ab, während die an ihm zu Ostern 823 von Paschalis I. in Rom vorgenommene Krönung wiederum nur »befestigend« wirkte. Dennoch wies diese Krönung in eine neue Richtung, verzichtete doch Lothar auf eine eigenständige Krönung seines in Italien regierenden Sohnes Ludwig. Dieser ließ sich sowohl die Königs- wie die Kaiserkrönung vom Papst geben: 844 wurde er von Sergius II. zum König Italiens und 850 von Leo IV. zum Mitkaiser gekrönt. Das päpstliche Salbungs- und Krönungsrecht hat Ludwig II. immer als Grundlage seines Kaisertums angesehen und gegenüber Byzanz sogar auszuspielen gesucht. Als er 875 erbenlos starb, hatte sich das päpstliche Erhebungsrecht so weit gefestigt, daß Papst Johannes VIII. (872–882) selbständig über die Vergabe der Kaiserkrone entschied.

Das päpstliche Kaiserrecht brachte dem Papsttum neue Ehren ein, aber zusätzlich auch nicht geringe Schwierigkeiten. Hadrian II. versuchte bereits, in die Erbfolge Lotharingiens einzugreifen; Ludwig II. und nicht Karl der Kahle oder Ludwig der Deutsche sollte den Reichsteil Lothars II. in Besitz nehmen, um dadurch die Kaisergewalt zu bestärken. Aber die beiden Anrainer setzten sich darüber hinweg. Nach Ludwigs II. Tod (875) ergriff Karl der Kahle die Gelegenheit, selbst Kaiser zu werden, und der versöhnliche Johannes VIII. setzte ihm Weihnachten 875 die Kaiserkrone auf, was insofern bedeutungsvoll wurde, als nun endgültig die päpstliche Krönung für das westliche Kaisertum konstitutiv wurde. Der neue Kaiser schenkte dem Papst einen Thron, der als ›cathedra Petri‹ bis heute in Sankt Peter aufbewahrt wird. Karl der Kahle stand nun auf der Höhe seiner Herrschaft und versuchte sogar, 876 beim Tode Ludwigs des Deutschen, dessen lotharingischen Anteil zu besetzen, erlebte dabei allerdings ein klägliches Scheitern. Einem Hilferuf des Papstes gegen die Sarazenen vermochte er nicht wirkungsvoll Folge zu leisten. Er mußte den Italien-Zug abbrechen und starb auf der Rückkehr (877). Vier Jahre später konnte Papst Johannes VIII. noch einmal einen Karolinger krönen; es war Ludwigs des Deutschen Sohn Karl III. (876–888), der für einen Moment auch das Frankenreich wieder vereinen konnte, dem Papst jedoch keine Hilfe zu bringen imstande war. Nach der Ermordung Johannes VIII. (882) setzte in Rom eine Phase blutiger Parteikämpfe ein, und für das Papsttum begann ›das Saeculum obscurum‹ (das dunkle Jahrhundert).

2. Neue Autorität

Trotz der engen Verquickung mit dem fränkischen Kaisertum beschränkte sich das Papsttum keineswegs auf das fränkische Reich. Vielmehr wahrte es seinen universalen Anspruch und wußte seine Autorität auch im Osten geltend zu machen. Schon in den zwanziger Jahren wurde die in Byzanz neu diskutierte Kontroverse um die Bilder wieder an die Päpste herangetragen, um mit ihrer Autorität zu einer Entscheidung zu kommen. Ferner anerkannten auch die nichtkarolingischen Christenreiche des Westens, so England und das asturische Spanien, den Papst als ihr Oberhaupt. Auf diese Weise vermochte das Papsttum eine Stellung zu behaupten: Es sicherte die abendländische Einheit, die beim Zerbrechen des Karolingerreiches besonders wichtig wurde.

a) Nikolaus I. († 867)

In der Spätphase des karolingischen Zeitalters vermochte das Papsttum, freilich nur für kurze Zeit, eine bis dahin nicht gekannte Autorität zu entfalten. Es war vor allem Nikolaus I. (858–867), der die ›plenitudo potestatis‹ (die Fülle der Gewalt) in ganz neuartiger Weise zur Geltung brachte.

Der Chronist Regino von Prüm schrieb zu seinem Tod:

›Seit dem seligen Gregorius [dem Großen] bis auf den heutigen Tag scheint kein Bischof von allen, die in der Stadt Rom zur Hohenpriester-Würde erhoben wurden, jenem gleichgestellt werden zu dürfen. Den Königen und Machthabern gebot er und beherrschte sie durch seine Autorität, als ob er der Herr der Welt gewesen wäre. Gegen fromme und den Befehlen Gottes gehorsame Bischöfe und Priester zeigte er sich demütig, freundlich, mild und ergeben; den Unfrommen dagegen und den vom rechten Pfad Abirrenden erschien er voll Strenge, so daß man mit Recht glauben mag, daß in ihm, von Gott erweckt, ein zweiter Elias erstanden ist, wenn auch nicht dem Leibe, so doch dem Geist und der Tugend nach.‹

Und der Liber Pontificalis weiß ihm nachzurühmen:

›Zu Zeiten des seligsten Bischofs wurden so viele und große Anfragen aus verschiedenen Provinzen ... an den apostolischen Stuhl gerichtet, wie aus früheren Zeiten überhaupt noch nie erinnerlich war.‹

In Gegenwart Kaiser Ludwigs II. gewählt und angesichts der Sarazenenabwehr ganz auf diesen angewiesen, ließ er sich in der Ausübung seines Amtes von keiner politischen Rücksichtnahme beeinflussen. Im Ehestreit Lothars II. exkommunizierte er, den Drohungen des Kaisers trotzend, die beiden Erzbischöfe von Trier und Köln (863). Desgleichen hob er die Amtsentsetzung auf, die Hinkmar von Reims über den ihm widersätzlichen Rothad von Soissons verfügt hatte (863), wie er auch die Wiedereinsetzung der von Ebo geweihten Kleriker anordnete (866). Bis dahin hatte der Papst als Appellationsinstanz gegolten, die angerufen werden konnte, dann aber den Fall zur Neubehandlung zurückverwies. Nun aber entschied Nikolaus selbst.

Nikolaus handelte in höchstrichterlicher und letztgültiger Vollmacht: Von der Spitze her griff er durch alle Instanzen hindurch, und das mit unwiderruflich letztgültiger Wirkung. Er realisierte damit, was von den Päpsten der Spätantike nur erst anvisiert und seit der bonifatianischen Reform dann stärker auch verwirklicht worden war: der Papst als nicht nur höchste, sondern auch unmittelbare Autorität. Die Erzbischöfe, ehemals Repräsentanten der bischöflichen Kollegialität, galten hinfort nurmehr als Anteilhabende an der päpstlichen Machtfülle und damit als Untergebene. Das Pallium bildete weniger die Bestätigung und Anerkennung der ihnen eigenen Würde als vielmehr das Zeichen für die Verleihung der erzbischöflichen Gewalt durch den Papst, und so ist es wohl kein Zufall, daß Nikolaus die Bedingungen für das Pallium neu einschärfte; innerhalb dreier Monate sollte es erbeten werden, und vor Erhalt waren Weihehandlungen unstatthaft. Wie im Westen, so beanspruchte Nikolaus auch gegenüber dem Osten die höchste Autorität. Aber sein Eingreifen in den Streit um die beiden Patriarchen Ignatios und Photios wie ebenso in die damit eng verknüpfte Bulgarenfrage wirkte verhärtend, nicht lösend.

b) Nachfolger

Der Nachfolger, Hadrian II. (867–872), trat ein prekäres, nicht zuletzt durch Nikolaus' Intransigenz erschwertes Erbe an. Im allgemeinen zeigte er sich entgegenkommender als sein Vorgänger, aber vielfach auch schwächer. Mit Johannes VIII. (872–882) kam noch einmal ein zugleich kluger wie verständnisbereiter Papst auf den Stuhl Petri. Gegenüber dem Osten bewies er ein Entgegenkommen, das allen Streit übersehen ließ und in der Bulgarenfrage das Geschehene anerkannte. Nach dem Tod

Ludwigs II. entschied er über die Kaiserkrone, und seine Wahl fiel, freilich von vielen Seiten angefochten, auf Karl den Kahlen. Nach dessen baldigem Tod (877) sah er sich dem Kampf der römischen Adelsparteien ausgeliefert, und sein Leben endete durch Ermordung.

c) Anastasius Bibliothecarius († 897)

Die Päpste Nikolaus, Hadrian und Johannes können nicht erwähnt werden, ohne daß eines Mannes gedacht wird, der in entscheidender Weise ihre Pontifikate beeinflußt hat: der skandalumwitterte, aber offenbar unentbehrliche Anastasius Bibliothecarius.

Von Papst Leo IV. (847–855) zunächst gefördert und zum Kardinalpriester ernannt, entzweite er sich mit diesem, ergriff die Partei der Kaiserlichen, wurde dabei mehrmals exkommuniziert und zuletzt sogar laisiert. Bei der Papstwahl 855 suchten ihn die Kaiserlichen mit Gewalt als Gegenpapst durchzusetzen; gleichwohl fand er die Gnade des neugewählten Benedikt III. (855–858). Bei Nikolaus I. (858–867) erreichte er seine Wiedereinsetzung als Priester, und seit 860/62 sehen wir ihn als dessen engen Mitarbeiter. Anastasius war ein entschiedener Anwalt päpstlicher Vorrechte; als solcher wirkte er wesentlich mit an den Papstentscheiden gegenüber Byzanz, aber auch an Vorgängen bezüglich des Frankenreiches. Während des VIII. Ökumenischen Konzils weilte er als kaiserlicher Gesandter in Byzanz und stand mit seinen Griechischkenntnissen den päpstlichen Legaten zur Seite. Hadrian II. (867–872) machte ihn zum ›Bibliothekar‹, in Wirklichkeit jedoch zum ›Kanzler‹ der Verwaltung. Sein Verhältnis zu diesem Papst wurde aber zeitweilig dadurch belastet, daß seine Vettern die Tochter und die (frühere) Gattin des Papstes ermordeten.

3. Papst und Konzil

Der Primatsanspruch, wie ihn die Päpste im 9. Jahrhundert in bis dahin nicht gekannter Weise auszuüben begannen, zerstörte immer mehr das kollegiale Prinzip in der Kirche. Der Papst hob sich so weit heraus, daß auch ein Konzil ihn nicht mehr belangen konnte. Die in Rom tagenden Synoden, vornehmlich die des suburbikarischen Italien, stellten überhaupt nur mehr ein Mittel dar, den Primat zur Geltung zu bringen; im Grunde beschränkten sich diese Synoden darauf, Tatbestände offenzulegen, über die letztlich der Papst entschied. Folgenreicher war der Anspruch, daß auch das ökumenische Konzil unter päpstlicher Oberaufsicht stehen sollte. Als ökumenisch war ein Konzil zu rezipieren, sofern es dem katholischen und apostolischen Glauben entsprach, und darüber entschied wiederum der Papst. Im Konfliktfall lag also die Entscheidung nicht beim Konzil, und dies implizierte klar die Superiorität des Papstes. »Die römische Konzilsidee jener Jahre enthält somit im Keim die grundsätzliche Überwindung des Konziliarismus« (H. J. Sieben). Nachdrücklicher noch wurde diese Oberhoheit für die ›Generalsynoden‹ des Westens proklamiert. Hier kam es dem Papst als dem lateinischen Patriarchen zu, mindestens die Metropoliten und darüber hinaus eigentlich auch die Bischöfe zu versammeln. Wiederum beanspruchte der Papst die volle Oberhoheit, von der Einberufung über die Leitung bis zur formellen Bestätigung. Nun ist allerdings eine solche Generalsynode – trotz einiger Versuche Nikolaus' I. – nie zustande gekommen. Den Hinderungsgrund bildeten die Synoden des fränkischen Großreiches, die nahezu die gesamte Christenheit des Westens umfaßten, gleichwohl aber landeskirchlich organisiert waren und von den Königen einberufen wurden. Auf diese Synoden wenigstens einzuwirken haben die Päpste des späteren 9. Jahrhunderts keine Mühe gescheut und sogar wichtige Neuerungen durchgesetzt. Einmal beanspruchten sie ganz selbstverständlich eine Oberhoheit wie bei den ökumenischen Konzilien, dabei vor allem die Überprüfung der Akten, derzufolge dann die Anerkennung oder gegebenenfalls auch die Aufhebung der Beschlüsse (Kassation) erfolgte. Gerade das Kassationsrecht aber bildete eine erste, folgenträchtige Neuerung. Die nächste bestand darin, daß die Päpste fortan über alle Instanzen hinweg die Möglichkeit der direkten Anrufung Roms zuließen und dabei selber letztgültig entschieden.

Zuvor hatte beispielsweise ein Priester im Streit mit einem Bischof Berufung bei der Metropolitensynode und ein Bischof gegen die metropolitane Bischofssynode beim Papst einlegen können. Die Annahme einer solchen Appellation durch den Papst bedeutete jedoch nicht, daß er auch letztgültig entschied; normalerweise verwies er die Beschwerde zur Neuverhandlung zurück. Nun aber entschieden die Päpste die Beschwerden sogar einfacher Geistlicher, etwa jener Priester, die von Hinkmar in Reims wegen ihrer Weihe durch Ebo nicht anerkannt wurden; damit war die Provinzialsynode als Letztinstanz in Angelegenheiten von Priestern im Grunde entwertet. Ähnlich wurde auch die Sache des Bischofs Rothad von Soissons nicht zur Neuverhandlung nach Gallien zurückverwiesen, sondern durch den Papst, indem er Rothad restituierte, selber entschieden.

So ist als Ergebnis zu verbuchen, daß die Päpste die Autonomie der Provinzialsynoden zugunsten der eigenen Hoheit durchbrachen und damit den bislang gültigen Instanzenzug zerstörten. Der Papst beherrschte zum einen das Provinzial- bzw. Landeskonzil und konnte zum anderen in die Angelegenheiten jeder Diözese, sogar eines jeden Priesters eingreifen, durch alle Mittelinstanzen hindurch.

In Gallien stieß der päpstliche Primat in Konzilsfragen nicht unbedingt auf Widerstand. Die pseudo-isidorischen Fälschungen sanktionierten geradezu diese Hoheit, und die Konzilspolitik Nikolaus' I. entsprach sachlich den Vorstellungen der Fälscher. Anders der große Gegenspieler Hinkmar von Reims; bei den ökumenischen und überhaupt bei den großen herausragenden Konzilien konzedierte er eine Berufung durch den Papst, ebenso die Leitung durch dessen Legaten und am Ende die päpstliche Bestätigung. Daneben kennt er die vom König berufene Landessynode, vor allem aber die vom Metropoliten geleitete Provinzialsynode. Diese stellt für ihn überhaupt die wichtigste Synodenform unterhalb der Gesamtkonzilien dar, und ihre Autorität sieht er in der unmittelbar von Christus herzuleitenden Bischofsvollmacht grundgelegt; die unter dem Erzbischof vereinte Synode nennt er bereits eine ›synodus perfecta‹. Beschlüsse dieser Synoden kann zwar der apostolische Stuhl kassieren, muß sie dann aber zur Neubehandlung zurückverweisen. Ferner hält Hinkmar es nicht für rechtmäßig, daß ein Papst in einen laufenden synodalen Prozeß eingreift oder direkt Fälle an sich zieht, um sie über die Metropolitansynode hinweg letztgültig zu entscheiden. Endlich stuft er die Beschlüsse der großen Konzilien höher ein als die päpstlichen Dekretalen.

4. Streit mit Konstantinopel

Wie in die westlichen Verhältnisse griff Papst Nikolaus ebenso entschieden in die Auseinandersetzungen der Ostkirche ein. Dort gingen nach Beendigung des Bilderstreites die Richtungskämpfe weiter, die sich bald noch mit innerdynastischen Thronkämpfen verquickten.

Der zunächst vom Hof favorisierte und der Mönchspartei zugehörige Ignatios, ein Sohn Kaiser Michaels I., mußte 858 bei einem Umsturz, welcher Bardas, den Onkel des jungen Michael III., an die politische Macht brachte, in die Verbannung gehen. Doch erklärte er sich mit einer Neuwahl einverstanden, die auf Photios, den größten Gelehrten seiner Zeit, fiel. Die Spannungen allerdings hörten nicht auf und führten dazu, daß Photios den Ignatios förmlich absetzen ließ. Hier griff nun Papst Nikolaus ein, der eine Untersuchung forderte und sich die Entscheidung vorbehielt. Eine im April 861 zu Konstantinopel in Anwesenheit päpstlicher Legaten abgehaltene Synode sprach – allerdings bei Überschreitung der Kompetenzen der Legaten – die Absetzung über Ignatios aus. Gleichwohl versagte der Papst dem Photios die volle Anerkennung. Der Grund war kirchenpolitischer Art: das Problem der lateinisch-griechischen Jurisdiktion auf dem Balkan. Seit dem ersten Bilderstreit waren dort Gebiete der westlichen Kirche dem byzantinischen Patriarchat unterstellt worden, und diese Frage wurde durch die damals anstehende Missionierung der Bulgaren, die zu beiden Seiten der alten ost-westlichen Scheidelinie siedelten, in neuer Weise akut. Eine 863 im Lateran abgehaltene Synode stürzte alles wieder um, erklärte Photios für abgesetzt und die frühere Absetzung des Ignatios für annulliert. Alle weiteren Kontakte, zum Teil in recht hochfahrendem Ton abgewickelt, scheiterten, hauptsächlich wiederum an der Bulgaren-Frage. Photios äußerte sich entgegenkommend, sah aber in der Jurisdiktion auf dem Balkan seine Hände durch den Kaiser gebunden, der Pate des Bulgaren-Khan Boris war; letzterer aber hatte sich inzwischen an den Papst gewandt. In Rom verstärkte sich derweil der Umschwung zugunsten des Ignatios; fortan war dieser, der päpstlicherseits nie eine formelle Anerkennung erfahren und den die Legaten 861 abgesetzt hatten, die begünstigte Person. Der Grund für diese Änderung dürfte in der Person des Anastasius Bibliothecarius wie auch in der Agitation von Emissären des Ignatios zu suchen sein. Das Ansinnen Papst Nikolaus', nur auf der Grundlage des römischen Synodalbeschlusses von 863 – also der Absetzung des Photios – verhandeln zu wollen, beantwortete dieser mit einer heftigen Attacke gegen bestimmte westliche Riten und dogmatische Eigenheiten, so das ›filioque‹. Zur Widerlegung wandte sich der Papst unter anderem auch an Hinkmar von Reims und bat um Unterstützung. Beispiellos aber war Photios' nächster Schlag. Auf einer Synode (867) erklärte er seinerseits Nikolaus für abgesetzt und exkommuniziert; nur traf dieser Schlag ins Leere, da der Papst wenig später verstarb.

Dann aber änderte ein politischer Umschwung im September 867 erneut die Lage. Basileios der Makedonier, der vom Stallknecht zum Kaiserberater aufgestiegen war, ließ Michael III. ermorden und ergriff selber die Macht. In der Kirchenpolitik setzte er auf Ignatios, der wieder zum Patriarchen eingesetzt wurde. Im übrigen suchte er den Ausgleich und schlug dem Papst, als welcher inzwischen Hadrian II. regierte (867–872), ein allgemeines Konzil vor. Eine in Rom im Sommer 869 abgehaltene Synode verharrte, beeinflußt von Ignatios-Anhängern aus Konstantinopel, in unversöhnlicher Härte gegenüber Photios. Die nach Byzanz entsandten Legaten erfuhren kaiserlicherseits ein großes Entgegenkommen, blieben aber bei den römischen Beschlüssen, die sie auf der noch im Herbst und Winter 869/70 in Konstantinopel abgehaltenen, aber nur wenig besuchten Synode kompromißlos durchsetzen konnten; es ist das VIII. Ökumenische Konzil. Äußerlich trug die päpstliche Richtung den Erfolg davon, vor allem in der Verurteilung des Photios. Der Triumph währte nur kurz; in Wirklichkeit konnten nicht einmal Ignatios und seine Anhänger gewonnen werden, denn sofort im Anschluß an das Konzil tagte eine Kommission, welche über die kirchliche Zugehörigkeit Bulgariens beriet und für den Osten entschied. Die Folge war, daß nun auch das Verhältnis zwischen Papst und Ignatios, den Rom gegen Photios so nachhaltig unterstützt hatte, zerfiel. Zusätzlich wirkte vergiftend, daß die Päpste die von Photios vollzogenen

77 Konzil in einer Darstellung des Utrecht-Psalters; gegen 820/30 in Hautvillers bei Reims (Utrecht, Universitätsbibliothek).
Im großen Kreis sitzen 78 Personen; in der Mitte befinden sich eine debattierende Dreier-Gruppe und eine Anzahl von Sekretären, die ihre Rollen entfalten und schreiben. Zwei Pulte sind aufgestellt, und auf ihnen liegt jeweils ein geöffnetes Buch, möglicherweise Bücher der Bibel, des Kirchenrechts oder auch Schriften der rechten und falschen Lehre.

Weihen nicht anerkannten und Ignatios die Lücken kaum aufzufüllen wußte. Die Partei des Photios fand zusehends Zulauf, und als Ignatios 877 starb – übrigens ausgesöhnt mit Photios –, kehrte dieser auf den Patriarchenthron zurück. Erst Papst Johannes VIII. (872–882) lenkte in versöhnlichere Bahnen ein. Er bekundete Bereitschaft zur Anerkennung des Photios, um den Preis allerdings eines Entgegenkommens in der Bulgaren-Frage. Eine Synode in Konstantinopel (879/80), erneut in Anwesenheit päpstlicher Legaten abgehalten, demonstrierte den starken Rückhalt, den Photios in der griechischen Kirche behauptete. Der Patriarch bezeugte mehrmals seine Anerkennung gegenüber der besonderen Autorität des römischen Stuhles; nur in der Bulgarenfrage blieb alles beim alten. Johannes VIII. war klug genug und wegen der griechischen Hilfe in der Sarazenengefahr Süditaliens fast auch gezwungen, den Streit auf sich beruhen zu lassen.

Die beiden Hauptpersonen dieses Dramas, Nikolaus I. und Photios, haben beide in der Geschichtsschreibung hohe Anerkennung gefunden: der Papst, weil ganz erfüllt von der einzigartigen Höhe seines Amtes und ohne Furcht im Kampf gegen alle Mächte und Mächtigen; ja er habe der Welt überhaupt erst gezeigt, was ein Papst wirklich vermöge. In der Tat, »was in Nikolaus die unvergleichliche Persönlichkeit erraten läßt, sind seine Handlungen« (J. Haller). Über Photios ist das Urteil vielfach geradezu superlativisch: der größte Gelehrte seiner Zeit, theologisch und philosophisch hoch gebildet, Schöpfer einer Bibliothek, die eine Fülle von Gelehrsamkeit rettete, ein Philologe mit weitestem Interessenbereich und ein Exeget mit geradezu neuzeitlichen Fragestellungen und Lösungen. Ganz anders leider die Kirchenpolitik; sowohl Nikolaus wie Photios müssen sich nachsagen lassen, daß sie »beide nicht auf der Höhe ihres Hirtenamtes standen, weil sich keiner als ›servus servorum dei‹ fühlte« (H. G. Beck).

§ 72 Das Kloster

Mit der Aachener Reformgesetzgebung konnte sich das abendländische Kloster auf der Höhe seiner Entwicklung sehen. Die anfänglich am Rand der Kirche angesiedelte und in Distanz zu ihr lebende Asketengemeinschaft, die sich gleichwohl immer als Kern der Christenheit betrachtet hatte, nahm nun eine zentrale Stellung inmitten der Kirche ein. Das Verhältnis zur Klerus-Kirche hat sich dabei gründlich gewandelt und in ganz neuer Weise verschränkt: Das Kloster wurde klerikal und der Klerus mönchisch. Das Kloster durfte dabei die geistliche Überlegenheit beanspruchen, denn das monastische Modell war nicht nur in die hierarchische Kirche eingegangen, sondern stellte nunmehr geradezu deren Herzstück dar: Das Kloster galt als Stätte des Gebetes, von dem die Kirche, ja die ganze Welt lebte, und es feierte eine Liturgie wie die Bischofskirche, sogar wie Rom selbst. Zudem war das Kloster Stätte der Kultur wie auch Zentrum einer ausgedehnten Ökonomie. Überhaupt bildete es so etwas wie einen beispielhaften Kosmos im kleinen.

1. Das Gebet

a) Stundengebet

Die allem Mönchtum fundamentale Forderung, ständig zu beten, blieb fraglos in Geltung. Der Mönchsmissionar Ansgar, so berichtet dessen Vita, habe bei jeder Arbeit und überhaupt bei jeder Tätigkeit, auch beim Aufstehen, Waschen und Schuhanziehen, das entsprechende Psalmengebet parat gehabt. Insofern lebte in karolingischer Zeit die altmönchische Gebetstradition des ständigen Gebetes bruchlos weiter. Im Zentrum der klösterlichen Liturgie aber stand das nunmehr ganz verfeierlichte Stundengebet.

Manche Klöster übten noch die ›Laus perennis‹, wie sie zuerst bei der Gründung des Klosters Agaunum im Jahre 517 praktiziert und dann in Gallien vielerorts nachgeahmt worden war; dabei wechselten sich einzelne Gruppen des Konvents im Gebet in der Weise ab, daß ununterbrochen Psalmen rezitiert wurden, innerhalb von 24 Stunden schätzungsweise 450, also drei Psalter. Gegenüber diesem unaufhörlichen Gebet suchte Benedikt von Aniane zu kürzen; er, der eigentlich die Regel Benedikts aufs Wort genau beachten wollte und damit nur 37 Psalmen für jeden Tag hätte zulassen dürfen, beließ gleichwohl im Rückgriff auf die zwischenzeitlich viel umfänglicher gewordenen Gebetspensen noch insgesamt weitere hundert. So übernahm er beispielsweise den Brauch der ›trina oratio‹, drei Gebetspensen mit jeweils den sieben Bußpsalmen, die dreimal, nämlich vor der Vigil sowie nach der Prim und Komplet, verrichtet wurden. Eine anianische Neuschöpfung war die Übung, die fünfzehn Gradualpsalmen – es sind die als ›cantica graduum‹ überschriebenen Psalmen 120 bis 134 – vor der Matutin zu beten, und zwar in drei Fünfergruppen mit je eigener Intention für die Lebenden, für die Toten und die soeben Verstorbenen. Eine weitere Neuerung gegenüber der Benediktsregel bildete das Primkapitel. Im Anschluß an die Prim wurde zufolge der Aachener Neuordnung ein Regelkapitel und das Martyrologium mit den Namen der Heiligen des Tages wie bald auch der an diesem Tage Verstorbenen verlesen, wiederum verbunden mit besonderen Gebeten, zumeist Psalmen. Besonders umfängliche Zusätze bildeten zwei Sonderoffizien, die verkürzten Horenzyklen zu Ehren aller Heiligen und zum Heil der Verstorbenen. Wiewohl Benedikt von Aniane hatte kürzen wollen, blieb ein Pensum von täglich 137 Psalmen. In das tägliche Stundengebet eingeflochten waren obendrein zwei gemeinschaftlich gefeierte Hochämter, jeweils nach der Terz und vor der Non, dazu noch die Privatmessen der Priestermönche. Das Kloster wußte sich aus Verbundenheit mit den Christenmenschen in der Welt zu solchen Sonderleistungen verpflichtet; es tat Fürbitte für die Obrigkeit, Sühne für die Sünden und Läuterungshilfe für die Verstorbenen. Die Mönchsgemeinde antwortete damit den geistlichen Anforderungen, wie sie im Laufe des 7. und 8. Jahrhunderts aufgekommen waren.

Im schematischen Überblick ergibt sich für das anianische Stundengebet (vgl. § 14, 3 e):

Dreiergebet (trina oratio)	T e r z
Gradualpsalmen	
	Morgenmesse
N o c t u r n e n (Vigilien)	
Toten-Vigil	S e x t
Allerheiligen-Vigil	
	Hauptmesse
Toten-Matutin	
Allerheiligen-Matutin	N o n
M a t u t i n (später: Laudes)	
	V e s p e r
P r i m (mit Kapitel)	Allerheiligen-Vesper
Bußpsalmen	Toten-Vesper
	K o m p l e t
Dreiergebet	
	Dreiergebet

b) Bischofsgleiche Liturgie

Aber nicht nur die Vermehrung des Gebetes kennzeichnet das karolingische Kloster; es wurde zugleich eine Stätte hochoffizieller Liturgie. War ursprünglich das Gebet der Mönche »privat« gewesen, so suchte das karolingische Kloster mit der Liturgie einer Bischofsstadt zu wetteifern und selbst das päpstliche Rom nachzuahmen. Hatten die Mönche anfangs noch außerhalb des Klosters an der Gemeinde-Eucharistie teilgenommen, so bildete jetzt die Konvents-Eucharistie den Mittelpunkt der klösterlichen Liturgie. War das Mönchsgebet anfänglich allein mit Laien ausgekommen, so wurden jetzt alle wichtigen Gebetsakte, wie notwendigerweise immer schon die Meßfeiern, von Priestern vollzogen.

Um die päpstliche Stationsliturgie imitieren zu können, bestand im Klosterbezirk meist eine Mehrzahl von Kirchen, die man als klösterliche »Kirchenfamilien« bezeichnet hat. In der Abtei St. Vaast/Arras gab es zum Beispiel sechs Kirchen mit insgesamt 36 Altären. Aus St. Riquier ist eine genaue Beschreibung der klösterlichen Stationsliturgie erhalten, in die alle drei Kirchen des Klosters einbegriffen waren; im Verlaufe ihrer Tagesliturgie bewegte sich die Mönchsgemeinschaft in Prozession von einem Heiligtum zum anderen und vollzog dabei das Stundengebet wie auch die Meßfeiern. Diese an bischöfliche und römische Vorbilder angelehnte Liturgie offenbart ein neues Selbstverständnis: »Die Abtei gibt sich als Kirchenstadt, phänotypisch gleichwertig einem Bischofssitz«; sie vermag »autonome, volle Liturgie zu feiern, weil sie sich als Nachbild einer Bischofsstadt, ja Roms selbst, zeigt« (A. Häußling).

Gemessen an dem privaten Laiengebet des alten Mönchtums kann die nunmehr hochoffizielle Liturgie nur als neuartig, als Ausdruck eines gewandelten Selbstbewußtseins gedeutet werden: Das Kloster sieht sich im Zentrum der offiziellen Kirche und ihrer Liturgie.

2. Klerikalisierung

In welchem Maß die ursprüngliche Laiengemeinschaft des Klosters, in die der Magister zu Beginn des 6. Jahrhunderts noch keinen Priester hatte aufnehmen wollen, in karolingischer Zeit zu einer Klerikergemeinschaft sich wandelte, vermögen Zahlen aus dem Pariser Kloster St. Germain-des-Prés zu veranschaulichen: Während in der Mitte des 8. Jahrhunderts nur erst gut die Hälfte des Konvents ordiniert war, belief sich der Anteil um die Mitte des 9. Jahrhunderts auf drei Viertel; Mönche, die bis zu ihrem Tod ohne Weihen blieben, gab es kaum noch.

Die Gründe für diese Klerikalisierung sind vielfältig, aber allesamt typisch für die frühmittelalterliche Religiosität. Ursprünglich galt die Weihe vorrangig als Berufung zum Amt, und darum war sie konsequent auf den Dienst in der Gemeinde ausgerichtet. Normalerweise wurde überhaupt nur ordiniert, wenn eine Seelsorgsstelle es erforderte, und der Ordinierte blieb an diese Stelle gebunden. Die Kanonistik spricht darum von relativen Weihen. In dieser Auffassung drückt sich eine starke Funktionalität aus: Weihe ist Anstellung und Dienst. Aber schon seit dem ausgehenden 4. Jahrhundert zeigten sich andere Akzente; Mönche ließen sich weihen, auch ohne einer Gemeinde verpflichtet zu sein. Damit begann ein neues Verständnis von Priestertum: Nicht mehr Sendung und Beauftragung zum Gemeindedienst galten vornehmlich als Grundlage, sondern das Priestertum wurde um seiner selbst willen geschätzt, weil nämlich die Weihe in die göttliche Sphäre versetzte und besondere Gnadengaben vermittelte: Die Weihen wurden »absolut«.

Der Klerus avancierte zum »Stand der in den Bereich des Numinosen Erhobenen« (A. Häußling). Gerade in den Klöstern, so scheint es, galt die Weihe als Bekrönung und Vollendung des geistlichen Lebens. Solche Weihen, weil nicht mehr auf den Gemeindedienst bezogen, als »absolut« zu bezeichnen, ist allerdings nur beschränkt zutreffend,

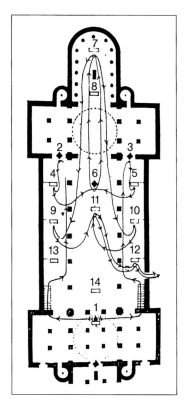

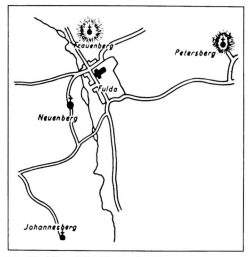

(a) Kloster St. Riquier/Centula in einer Zeichnung von 1612 (Paris, Bibl. Nat.); die Hauptkirche ist dem heiligen Richarius geweiht, die Nebenkirchen dem heiligen Benedikt und der heiligen Maria; alle drei Kirchen sind durch Säulengänge miteinander verbunden und dienen der »Prozessionsliturgie«.

(b) Eine Prozessionsliturgie (Zeichnung nach C. Heitz) fand auch in der Hauptkirche selbst statt. Sie vollzog sich in folgender Weise:
1 Salvator, 2 Auferstehung, 3 Himmelfahrt, 4 Johannes der Täufer, 5 St. Martin, 6 Passion, 7 Richarius, 8 Petrus, 9 Stephanus, 10 Laurentius, 11 Heilig Kreuz, 12 Mauritius, 13 Quintinius, 14 Dionysius.

(c) Fulda.
Während des 9. Jahrhunderts wurden auf den Hügeln rings um die Abtei Kirchen mit klösterlichen Anbauten errichtet: Marienkloster (809), Johannesberg (811), Petersberg (836), später auch der Neuenberg mit dem Andreaskloster (1023).

78 Die klösterliche Kirchenfamilie.

dienten sie doch im zeiteigenen Selbstverständnis durchaus einem Auftrag: Die Ordination war Berufung zu den heiligen Altären. Priestersein bedeutete, wie es jetzt verstärkt hieß, am Altar das Opfer darzubringen. »Aus den Dienern der Gemeinde werden Liturgen des Heiligtums« (A. Häußling).

In karolingischer Zeit ist eine starke Vermehrung der Altäre festzustellen. Ursprünglich galt die Regel, daß am eucharistischen Versammlungsort nur jeweils ein Altar stehen sollte und an diesem auch nur einmal am Tag die Eucharistie gefeiert wurde. Daß in einer Basilika mehr als ein Altar stehen könnte, erschien der alten Kirche undenkbar. Aber schon in der Spätantike und deutlich dann im frühen Mittelalter ging das Bestreben dahin, die Altäre zu vermehren. Dies war das Ergebnis gleich mehrerer Veränderungen: die zunehmende Verehrung der in den Altären deponierten Reliquien, die wachsende Zahl der Priester, zumal in den Klöstern, und das erhöhte Verlangen nach Meßfeiern. Zunächst ist noch zu beobachten, daß jeder Altar irgendwie in einem selbständigen Heiligtum stehen sollte, indem man ihn mit Schranken umgab oder mit einem Baldachin überbaute. Die Altäre verteilten sich nach einem meist genau überlegten Plan über den ganzen Kirchenraum. Auch erfuhren sie bald eine besondere Ehrung. Benedikt von Aniane ordnete bereits einen Altarrundgang als festen Gebetsbrauch an.

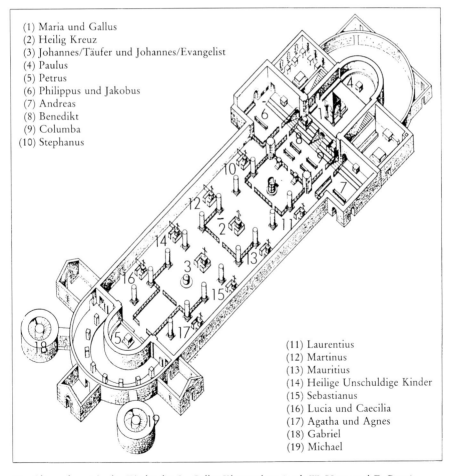

(1) Maria und Gallus
(2) Heilig Kreuz
(3) Johannes/Täufer und Johannes/Evangelist
(4) Paulus
(5) Petrus
(6) Philippus und Jakobus
(7) Andreas
(8) Benedikt
(9) Columba
(10) Stephanus

(11) Laurentius
(12) Martinus
(13) Mauritius
(14) Heilige Unschuldige Kinder
(15) Sebastianus
(16) Lucia und Caecilia
(17) Agatha und Agnes
(18) Gabriel
(19) Michael

79 Altarordnung in der Kirche des St. Galler Klosterplans (nach W. Horn und E. Born).

Die neue Priesterauffassung verband sich mit der neuen Auffassung von der Messe. Seitdem diese als die intensivste Form der Fürbitte angesehen wurde, konnte es nur nützlich sein, sie möglichst oft zu feiern. Angilberts Klosterordnung für St. Riquier sah bereits täglich zwei Konventsämter und zusätzlich noch die Feier von dreißig Einzelmessen vor. Zudem wurde es jetzt Brauch, daß jeder Mönchskleriker neben den gemeinschaftlichen Konventsämtern noch seine Sondermesse feierte. Viele Klöster stellten im 9. Jahrhundert regelrechte Pläne auf, in welchem Anliegen und für welche Personen täglich Messen zu feiern waren. Auch die im 8. und 9. Jahrhundert so rasch sich vermehrenden Buß- und Gedenkverpflichtungen, zumal sie jetzt durch Meßzelebrationen eingelöst werden konnten, ließen die Zahl der Meßfeiern anwachsen. Allein die beim Versterben eines Mitbruders geradezu selbstverständliche Pflicht, drei Messen zu feiern, mußte etwa für Fulda, wo im 9. Jahrhundert 600 Mönche und darunter an die 200 Priestermönche lebten, schlagartig zu Hunderten, ja Tausenden von Meßzelebrationen führen.

3. Skriptorium und Bibliothek

Die karolingische Bildungserneuerung, obwohl vom Hof initiiert, fand ihre effektivsten Förderer in den Klöstern. Diese besaßen seit alters ein Skriptorium (Schreibstube) und eine Bibliothek, freilich in ganz unterschiedlicher Qualität und Bedeutung. Während anfangs im Mönchtum das Schreiben nur als eine eher nebensächliche Aufgabe gegolten hatte, wurde es in vielen karolingischen Abteien erstrangig: »Die Skriptorien waren Herzstücke der Klöster« (B. Bischoff). Wie schon die Klöster der Iren und Angelsachsen eine Buchkultur zu entfalten begonnen hatten, so nun die karolingischen Klöster in noch viel ausgedehnterem Maß. Mit Eifer produzierten sie Bücher, allen voran die Bücher der Bibel und der Liturgie, darüber hinaus Bibelkommentare sowie asketischtheologische Werke sowohl der Patristik als auch der eigenen Zeit. Erstaunlicherweise aber kopierten die Klosterleute auch die Werke heidnisch-profaner Autoren. Die Kodizes antiker Werke waren zuvor nur noch palimpsestiert, das heißt abgeschabt worden, um mit anderen Texten beschriftet zu werden. »Im Merowingerreich fehlt nach Gregor von Tours jegliche Nennung, jegliches Zitat dieser ›antiken‹ Autoren, und ebenso fehlen Abschriften von ihnen« (B. Bischoff). Der mönchische Schreibeifer ließ die Bücherbestände im Karlsreich stark ansteigen, doch dürfen die Zahlen nicht mit heutigen verglichen werden. Zuweilen waren es nur gerade ein Dutzend Bücher; allein die großen Schreibklöster besaßen mehr als 200 und allerhöchstens 500 Bücher.

Als herausragendes Beispiel sei das Skriptorium von Tours angeführt. Die jährliche Produktion allein der Bibeltexte läßt sich auf zwei Vollbibeln und ein Evangeliar schätzen; hinzuzurechnen sind die allüberall und tagtäglich gebrauchten Liturgiebücher sowie die ganze Breite sonstigen Schrifttums, in beträchtlichem Maß Grammatik- und Schulbücher, aber auch solche der Kanonistik und Theologie. Ein erstaunlich hoher Anteil an Abschriften betrifft antik-römische Autoren. Aus dem karolingischen Tours sind etwa 20 Handschriften römisch-heidnischer Autoren überliefert. Andere Klosterskriptorien waren ähnlich schreibfreudig: Fleury (östl. Orléans) und Ferrières (südl. Fontainebleau), Corbie an der Somme, St. Denis bei Paris, Prüm in der Eifel, Lorsch an der Bergstraße, Murbach im Elsaß, die alemannischen Nachbarklöster Reichenau und St. Gallen sowie Fulda. Die unversiegliche Quelle an antiken Handschriften war dabei Italien, immer noch »das alte Schatzhaus der Bücher« (B. Bischoff). Die Buchproduktion erforderte große wirtschaftliche Ressourcen und griff tief in die Ökonomie ein. Die in Tours geschriebenen Vollbibeln umfassen 420 bis 450 Pergamentblätter im Format von 47/54 zu 35/39 Zentimeter. Schon um die zur Pergamentherstellung notwendigen Tierhäute zu beschaffen, mußten beträchtliche Viehherden zur Verfügung stehen; rechnet man für jedes großformatige Blatt eine Hauthälfte, so benötigte man für eine Vollbibel über 200 Häute, und für die gesamte Tourser Buchproduktion dürften es jedes Jahr an die 1000 gewesen sein. Gerade aber dem Pergament ist es zu verdanken, daß wir aus karolingischer Zeit noch verhältnismäßig viele Handschriften besitzen, insgesamt sieben- bis achttausend.

80 Hieronymus teilt Exemplare der Vulgata aus. Darstellung aus der Vivian-Bibel, auch Erste Bibel Karls des Kahlen genannt; Tours 845/46 (Paris, Bibl. Nat.).
Das Bild kann als Veranschaulichung des Tourser Scriptoriums und seiner regen Bibelproduktion genommen werden: jährlich dürften dort zwei Vollbibeln entstanden sein.

4. Klostererziehung

a) Nachwuchs

Mönche mußten über ein Minimum an gelehrter Bildung verfügen. Der Liturgie wegen war mindestens die Kenntnis des Lateinischen gefordert. Das aber schuf in mehrfacher Hinsicht Probleme, denn einmal setzten sich die umgangs- und nationalsprachlichen Verformungen des Latein immer weiter fort, und zum anderen waren zahlreiche Klöster in nichtlateinischen Ländern entstanden. Praktisch war darum im Frühmittelalter jeder Mönch gezwungen, Latein zu lernen. Dies aber konnte wiederum nur im Kloster geschehen, weil Schulen in den ehemals lateinischen Gebieten, wenn überhaupt, so nur noch kümmerlich fortexistierten und in den nichtlateinischen Ländern nie bestanden hatten. Der Eintritt in ein Kloster bedeutete darum zuallererst einmal den Eintritt in die klösterliche Lateinschule. Hier aber zeigten sich sofort weitere Probleme, denn den Erwachsenen, die ins Kloster kamen, bereitete das Erlernen des fremden Latein für gewöhnlich größere Schwierigkeiten als Kindern und Jugendlichen. Schon von daher mußte das Kloster an der Rekrutierung eines jugendlichen Nachwuchses interessiert sein. Ebenso dürfte sich im Blick auf die den Klöstern seit der karolingischen Bildungsreform auferlegte Schreibtätigkeit ein Training in jungen Jahren als wiederum besonders günstig erwiesen haben. Endlich beförderte auch das neue Ideal des Mönchspriesters, wie es sich mit der Klerikalisierung der Klöster in karolingischer Zeit durchsetzte, das Bestreben nach Gewinnung von möglichst jungen Aspiranten; denn die jetzt unabdinglich geforderte Reinheit schien nirgends besser gewährleistet als im Kloster. Wer abgeschieden von der Welt aufwachse, der lerne, wie die monastischen Lehrer jetzt sagten, den Unterschied von Mann und Frau gar nicht erst kennen. Entsprechend sah die Wirklichkeit des Klosters aus. Die monastischen Gemeinschaften gewannen zum allergrößten Teil Kinder als ihren Nachwuchs. In St. Riquier lebten um das Jahr 800 etwa 300 Mönche und 100 Scholaren, die allerdings nicht alle Mönchsaspiranten waren. In Fulda scheinen in den Jahren zwischen 826 und 835 etwa 100 bis 130 Kinder Aufnahme gefunden zu haben, also jedes Jahr etwa ein Dutzend.

b) Kindesoblation

Gegenüber dem alten Mönchtum bedeutete die massenweise Rekrutierung von Kindern eine Neuerung, die tief in die Klosterorganisation eingriff, aber tiefer noch in die Spiritualität. Denn immer hatte die Forderung nach einem freien und bewußten Entscheid zum Klosterleben obenan gestanden, weswegen auch die im Kloster aufgewachsenen Kinder – wie es sie schon von früh an im zönobitischen Mönchtum gegeben hat – bei Erreichen der Mündigkeit mit fünfzehn Jahren ein eigenes Gelübde hatten ablegen müssen.

Es war dann Benedikt, der hier neue Akzente setzte: Eltern konnten Kinder im Kloster ›opfern‹; beim Opfergang in der Messe brachten sie, zusammen mit den eucharistischen Gaben, ihr Kind an den Altar, unterzeichneten dort eine Aufnahme-Urkunde, wie sie sonst der erwachsene Novize selbst ausfertigte, und damit war das ›dargebrachte Kind‹, obwohl oft erst sieben Jahre alt, für immer Mönch oder Nonne. Denn, so lautete der Grundgedanke, wer von seinen Eltern als ›puer oblatus‹ bzw. ›puella oblata‹ am Altar geopfert worden sei, habe für immer als Gott übereignet zu gelten und darum lebenslang im Kloster zu verbleiben. Neben die altmonastische, freie und für das ganze Leben unwiderrufliche Selbstverfügung setzte Benedikt die in gleicher Weise bindende Verfügung der Eltern. Die Kindermönche sollten der Benediktsregel gemäß direkt im Anschluß an die früher Eingetretenen eingereiht werden und standen folglich vor allen Späterkommenden, auch wenn diese Erwachsene waren. Doch wurden den Kindern nicht sofort alle Mönchspflichten abverlangt, wie auch Benedikt ihnen eine besondere Fürsorge angedeihen ließ.

So gab es fortan zwei Weisen des Klostereintritts, die das Toledaner Konzil von 633 auf eine knappe Formel brachte: ›Monachum aut paterna devotio aut propria professio facit‹ (zum Mönch macht die väterliche Aufopferung oder die eigene Profeß). Die Kindesoblation fand weite Verbreitung. Die von Benedikt geforderte Form und Verbindlichkeit aber setzte sich erst mit der karolingischen Reform und endgültig in der Aachener Gesetzgebung von 816/19 durch. Schon die meisten der großen Reformer und Benediktsanhänger des 8. Jahrhunderts, zumal die Angelsachsen, waren selber ›pueri oblati‹, so Willibrord, Bonifatius, Lul, Willibald und Alkuin; wie aber an letzterem ersichtlich, nicht immer im monastischen Sinne. Als Bonifatius Papst Gregor II. († 731) darüber befragte, ob die von ihren Eltern dem Klosterleben geweihten Kinder beim Erreichen des Reifealters noch die Möglichkeit einer Rückkehr in die Welt haben sollten, bestand der Papst eindeutig auf Unwiderruflichkeit. Die Aachener Reformgesetzgebung allerdings schwankte, bekräftigte aber zuletzt die Verbindlichkeit. Auch dort, wo – wie später in Cluny – die Oblaten mit 15 Jahren eine Profeß ablegten, wurde weder an eine wirkliche Wahlfreiheit noch gar an die Möglichkeit einer Rückkehr in die Welt gedacht.

Zudem drängten die Reformer auf strikte Einhaltung des von Benedikt empfohlenen Oblationsrituals. Die Darbringung der Kinder gestaltete sich als ein Opfer an Gott und war als solches, wie die Regelkommentatoren deduzierten, unwiderruflich. Vorbild und Rechtfertigung boten alttestamentliche Beispiele, vor allem der von seinen Eltern dem Tempeldienst geweihte Samuel. Wie alle Opferdarbringungen konnte auch die Kindesoblation den Eltern zur Sündentilgung und zur Gnadenerlangung dienlich sein. Mit der Übergabe, für die verschiedene Formen von Beurkundung erhalten sind, erfolgte zugleich die Aushändigung des Erbteils an das Kloster, das beispielsweise im sächsischen Corvey in einem Mansus mit Hörigen-Familie bestand. An seinen Kinderoblationen profitierte das karolingische Kloster sowohl personell wie ökonomisch, und dies führte bald zu Mißständen. Die Frankfurter Synode beklagte bereits gelegentliche Aufnahmen ins Kloster, die nur wegen des zu erwartenden Besitzes getätigt wurden.

c) Erziehungssystem

Während im alten Mönchtum und noch bei Benedikt die im Kloster aufwachsenden Kinder ihre Erziehung auf eine mehr indirekte Weise erhielten, nämlich einfach durch ihr Mitleben und Mittun in der Kommunität, entwickelte das karolingische Kloster ein eigenes Erziehungssystem, das von zwei Direktiven beherrscht war: ›custodia‹ (Beaufsichtigung) und ›disciplina‹ (Züchtigung).

Ständig sollen die jungen Zöglinge unter Aufsicht stehen, um allem nicht-klösterlichen Gehabe von vornherein entzogen zu sein. Wo immer sie stehen, sitzen, essen, beten und sich bewegen, muß es in geordneter Formation geschehen, dabei stets geleitet und umgeben von den Lehrern. Diese jedoch dürfen sich nicht als Zwangsmeister gebärden und niemals im Affekt handeln. Erstrebt ist ein Lehrer-Schüler-Verhältnis, zahlenmäßig etwa eins zu zehn, das ausdrücklich auch mütterliche Affekte einschließt. Die Klosterjugend soll, wiewohl unter ständiger Aufsicht, dennoch eine mehr persönliche Gebundenheit erfahren und besonders auch Vorbilder vor Augen haben. So hofft man, die monastischen Lebensmuster auf die Zöglinge übertragen zu können. Als erstes muß ihnen das benediktinische ›nichts allzu sehr‹ (ne quid nimis) zu eigen werden: Erlaubt sind weder ein zu lautes Lachen noch ein zu schnelles Laufen – nur bei Feuer im Kloster oder beim Läuten der Totenglocke darf der Mönch eilen –, erst recht kein Übermaß im Essen und Trinken und am allerwenigsten unbeherrschte Emotionen wie Zorn oder sexuelle Erregung. Voll mitbeteiligt waren die Kinder an den langen Gottesdiensten, sodann auch an leichteren Arbeiten, etwa im Skriptorium.

Anders als in der Welt draußen mit ihren jähen Gewaltausbrüchen, ihrer sofortigen Kampfbereitschaft und ihrer Geschlechtslust soll im Kloster alles auf beherrschte Weise geschehen. Um dies zu erreichen, ließ man den dazu notwendigen Umerziehungsprozeß so früh und intensiv wie möglich beginnen und tunlichst ohne jede Unterbrechung voranschreiten. Eine neue, nicht mehr ›weltliche‹ Natur sollte den Klosterkindern zu eigen werden.

d) Schulunterricht

Neue Anforderungen stellten sich auch an den Klosterunterricht. Anders als zur Zeit Benedikts und des frühen Mönchtums war nun ein umfangreicher Schulbetrieb erforderlich, zunächst für die eigenen Zöglinge, oft aber zusätzlich noch für angehende Kleriker und die Söhne der politischen Großen. Karl Martell gab zum Beispiel Pippin, den späteren König, für einige Zeit in die Abtei St. Denis; Karls des Großen Neffe Bernhard, der spätere König von Italien († 818), erhielt seine Ausbildung in Fulda, ebenso der aus dem lokalen Adel stammende Einhard. Die Aufnahme von Adelskindern empfanden freilich die Klosterleute oft als belastend, zumal wenn gesundheitlich benachteiligte und zum Waffendienst untaugliche Söhne zu ihnen abgeschoben werden sollten.

Weil aber viele Kinder und Jugendliche den Klöstern nicht zur Mönchwerdung, sondern zur Ausbildung und dabei häufig zur Klerikerausbildung übergeben wurden, betraf die im 8. Jahrhundert so oft beklagte Vermischung von Klerus und Mönchtum gerade auch die Klosterschulen. Mit der von den Reformern angestrebten Scheidung in einen monastischen und kanonikalen Ordo mußte neu über den Charakter der Klosterschulen entschieden werden. Die Aachener Reformgesetzgebung drängte auf eine rein monastische Schule; die Sorge für den jungen Klerus sollte den Kanonikergemeinschaften überlassen bleiben. Der Klerikerausbildung drohte dies zum schweren Schaden auszuschlagen, doch wurde die Scheidung nicht überall strikt befolgt.

5. St. Galler Klosterplan

a) Überlieferung und Datierung

Aus karolingischer Zeit ist uns der älteste Bauplan einer Klosteranlage überliefert: der St. Galler Klosterplan, ein aus fünf Stücken zusammengenähtes Pergament in der Größe von 77,5 zu 112 Zentimetern – »die einzige Architekturzeichnung Europas vor dem 13. Jahrhundert« (W. Braunfels).

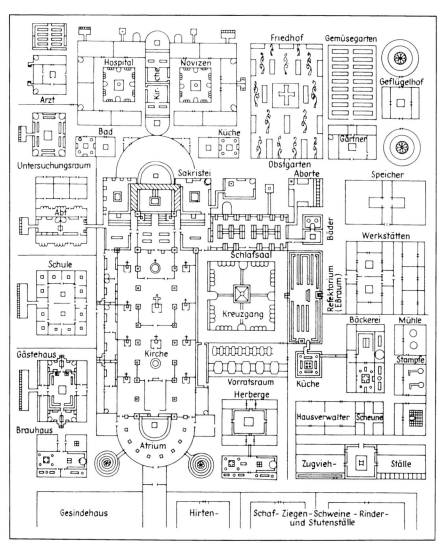

81 Schema des St. Galler Klosterplans, zwischen 816/830 (St. Gallen, Stiftsbibliothek).
Der Plan spiegelt das monastische Selbstverständnis, wie es inzwischen vorherrschte: das Kloster als Stätte lebenslangen Gehorsams unter Abt und Regel, darum nun ein Ort, der über alle Lebensvoraussetzungen verfügt und eine Vielzahl von Menschen aufzunehmen vermag. Dies zu bewerkstelligen, bedurfte es einer präzisen Planung und vielfältigen Organisierung, wie sie sonst nur noch die Herrscherhöfe zustande brachten.

So wichtig und kostbar dieser Plan ist, im einzelnen bleibt vieles daran umstritten: Herkunft und Entstehung ebenso wie Aufgabe und Inhalt. Kopfzerbrechen hat schon die Differenz ausgelöst, die zwischen dem Maßstab der Zeichnung und den eingeschriebenen Maßangaben besteht. Erörtert wird sodann, ob es sich um ein Original handelt, was neuerdings dadurch an Wahrscheinlichkeit gewonnen hat, daß dort, wo Ost- und Westchor eingezeichnet sind, tintenlose Zirkelrillen entdeckt wurden. Aber auch eine mindestens teilweise Kopierung ist denkbar, da der westliche Planteil wie »verrutscht« erscheint. Weiter ist erwogen worden, ob nicht der Grundplan vom Kaiserhof stamme, denn für die Übereinstimmung des Westchores vom Plan mit dem ergrabenen Westchor des karolingischen Domes von Köln sei sinnvollerweise nur Hildebald († 819), Kanzler am Hof und Erzbischof von Köln, verantwortlich zu machen. Die Beschriftung des Plans ist mit Sicherheit »reichenauisch« (B. Bischoff), während die Reliquienangaben für St. Gallen sprechen, evidenterweise der heilige Gallus beim Hauptaltar (vgl. § 72, 2; Abb. 79). Nahelegend und auch seit längerem diskutiert ist die Vermutung, der Plan stelle den Idealplan eines im Geist Benedikts von Aniane reformierten Klosters dar; vor allem auch stimme der Ostchor des Plans mit dem ergrabenen Ostchor der Musterabtei Inden überein. Andere Einzelheiten allerdings wollen doch nicht recht zu den Bestimmungen von 816 passen, allenfalls zu den Revisionen von 817 und 819. Einen wichtigen Anhaltspunkt bildet der in einer aufnotierten Adresse angeredete ›Sohn Gozbert‹. Man wird ihn mit dem St. Galler Abt gleichen Namens identifizieren dürfen, der von 816 bis 836 regierte und gegen 830 den Neubau seiner Klosterkirche in Angriff nahm; Abt Haito von Reichenau (803–823, † 836) wäre dann als der Absender anzusehen. Die Datierung endlich hängt ganz davon ab, welche Entstehungstheorie man jeweils bevorzugt; die Zeitspanne, innerhalb derer die Entstehung anzusetzen ist, reicht von 816 bis 830.

b) Grundstruktur

Den Kernbereich bildet im St. Galler Plan das Claustrum mit der Kirche als dem größten Gebäude. Südlich vorgelagert ist der Kreuzgang, der ein Quadrat umschließt, dessen Ostarm im Obergeschoß das Dormitorium enthält und dessen Südarm das Refektorium bildet. Diese Kernanlage, welche die Grundstruktur der karolingischen Klöster wiedergibt, sollte für die ganze weitere monastische Geschichte das verpflichtende Modell bleiben.

Im einzelnen gibt es eine Vielzahl weiterer Räumlichkeiten, so Schreibstube, Bibliothek, Sakristei, Küche, Kleiderkammer sowie Sprech- und Wärmeraum. Östlich der Kirche liegen die Bereiche der Novizen und der Kranken. Hier befindet sich das Krankenhaus, angelegt als Kleinkloster mit Kreuzgang, Kapelle, Küche, Ärztewohnung, Aderlaßhaus, Heilkräutergarten und südlich sich anschließendem Friedhof. In entsprechender Weise ist das Noviziat angelegt, wiederum mit Kreuzgang, Kapelle und Küche. Während im inneren Bereich nur Mönche oder Novizen Zugang haben, öffnet sich der Teil nördlich der Kirche dem Besucher von draußen: die Pforte und die große Abtswohnung, weiter die ›äußere Schule‹, das ›vornehme Gästehaus‹ wie auch das ›arme Gästehaus‹, alles jeweils mit den zugehörigen Sondereinrichtungen. Die weiteren Gebäude, die sogar die Mehrzahl bilden, dienen dem Wirtschaftsbetrieb: Scheunen, Mühlen, Vorratskammern, Backstuben und Brauhäuser, eine Vielzahl von Werkstätten sowie die Ställe für Pferde, Kühe, Hühner und Gänse und dazwischen die Unterkünfte für die Bediensteten, die Knechte, Handwerker und Hirten.

Im Ganzen gibt der Plan die Entwicklung des Mönchtums im 7. und 8. Jahrhundert wieder. Er zeigt als dominierendes Gebäude die Kirche, ausgestattet mit zahlreichen Altären – Zeichen dafür, daß sich die Mönchsgemeinschaft zu einer Priestergemeinschaft zu wandeln begonnen hat. Weiter wird die Entwicklung zu einem wirtschaftlichen Großbetrieb sichtbar. Dieses Großkloster bildet die Voraussetzung für weitere bedeutende Aktivitäten, insbesondere für die Bibliothek und das Scriptorium. In der frühmittelalterlichen Welt bildete das Kloster einen einzigartigen Kleinkosmos: geschaffen als Ort der Weltentsagung und interpretiert als Weg zum Himmel, wurde es in karolingischer Zeit die wichtigste Stätte der Kultur und das Beispiel einer mustergültigen Ökonomie.

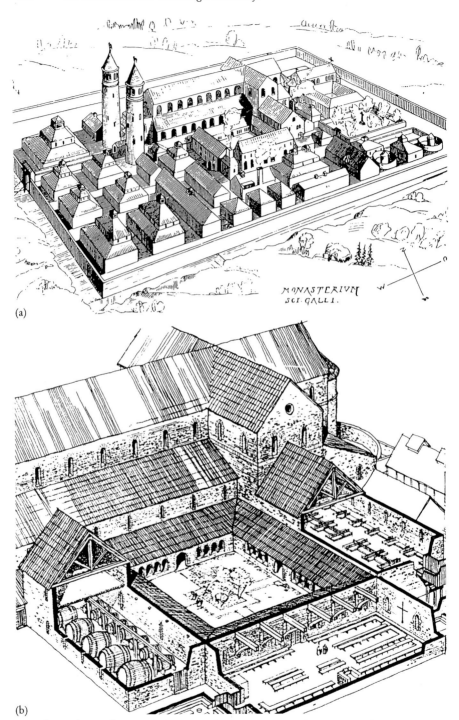

82 Klosterrekonstruktion nach dem St. Galler Klosterplan (nach W. Horn und E. Born).
(a) Gesamtansicht; (b) Blick in den Hof des Kreuzgangs, in die Vorratsräume, in den Speisesaal und in den im ersten Stock gelegenen Schlafsaal.

6. Der Wirtschaftsbetrieb

a) Grundherrschaft

Daß das abendländische Kloster zu seiner Subsistenzsicherung schon am Anfang den Latifundienbetrieb akzeptierte, war eine folgenschwere Entscheidung: Das Kloster wurde zu einem Wirtschaftsunternehmen. Die großen Klöster der karolingischen Zeit besaßen riesengroße, oft über Hunderte von Kilometern verstreute Ländereien, die an den einzelnen Orten jeweils in Grundherrschaften mit Herrenhof und dienstpflichtigen Unterhöfen organisiert waren.

Aus dem 9. Jahrhundert liegen die ersten großen Güter- und Einkünfteregister vor, so das 829 angefertigte ›Polyptychum‹ von St. Germain-des-Prés, ein in seiner Ausführlichkeit einzigartiges Dokument: 23 000 Hektar bebautes Land mit 4710 dort ansässigen Familien, insgesamt wohl an die 20 000 Personen. Von anderen Klöstern gibt es Urbare (Verzeichnisse der ›Hervorbringungen‹, der Erträge) sowie Sammlungen von Urkunden mit den Besitzübertragungen. Die Abtei Prüm, von der ein 893 in Endredaktion fertiggestelltes Urbar überliefert ist, verfügte über nahezu 2000 zinspflichtige, jeweils um die 10 Hektar große Mansen (lat.: mansio – Bleibe, Hof). Sie verteilten sich von den heutigen Niederlanden bis Lothringen und vom Mittelrhein hin, wobei aber das Kloster eigentlich nur die Güter im näheren Umkreis der Südeifel und des Moselgebietes nutzen konnte. Die Abgaben und Frondienste beliefen sich auf insgesamt 2000 Doppelzentner Getreide, 1800 Schweine und Ferkel, 4000 Hühner, 20 000 Eier, etwa 500 Pfund Leinen, 4 Seidel Honig, 4000 Eimer Wein und 1500 Goldsolidi bzw. 18 000 Silberdenare. Als durchschnittliche Hofsabgabe ergibt sich: 1 Doppelzentner Getreide, 1 Schwein oder Ferkel, 2 Hühner, 10 Eier, 2 Eimer Wein und 9 Silberdenare. Veranschlagt man den jährlichen Ernteertrag einer Hofstelle mit 18 Doppelzentnern Getreide, so standen, bei Einbehaltung eines Drittels für die nächste Einsaat, noch 12 Doppelzentner zum Verzehr zur Verfügung; davon war ein Doppelzentner an den Grundherrn und mindestens ein weiterer für die Zehntzahlung zu entrichten. Einer fünfköpfigen Familie verblieben dann zum Verzehr pro Person etwa 400 Pfund, also gut ein Pfund täglich. Weiter hatten die Höfe noch Fertigprodukte, so landwirtschaftliches Gerät wie auch Spinn- und Weberzeugnisse, herzustellen. Die Dienstleistungen, zu welchen die Hintersassen verpflichtet waren, betrafen hauptsächlich den Herrenhof, bei dessen Bewirtschaftung sie mithelfen mußten; jährlich waren es rund 35 Arbeitstage, also jeder 10. Tag des Jahres. Endlich wurden noch Botengänge und pro Jahr zwei Transportdienste verlangt, dazu im Winter oft Handwerks- und Waldarbeit.

Sozialgeschichtlich ist bemerkenswert, daß die alte Latifundien-Sklaverei im 9. Jahrhundert verschwunden ist. Auf den Besitzungen von Prüm war es offenbar für die Hintersassen die Regel, daß sie heiraten konnten, daß jede Familie ein Haus und viele sogar einen Hof hatten und ihr Anwesen vererben durften. Besonders ausgestattete Hörige dienten dem Abt als Vasallen und leisteten die dem Kloster obliegenden Heerespflichten. Am stärksten gebunden blieben die Knechte und Mägde auf den Herrenhöfen, den jeweiligen Zentren der Grundherrschaft. Hier scheint auch die Heiratsmöglichkeit nur erst nach einer Reihe von unverheiratet abzuleistenden Dienstjahren gewährt worden zu sein.

b) Arbeit im Kloster

Die Klöster sammelten ihre Einkünfte in Haupthöfen und beförderten sie als Rohprodukte oder Halbfertigwaren zum Kloster, das die letzte Verarbeitung und Zubereitung meist selber leistete.

Wie der St. Galler Klosterplan ausweist, bestand die Klosteranlage großenteils aus Vorratsräumen, Werkstätten, Scheunen und Stallgebäuden. Auch lebte dort eine größere Anzahl von Handwerkern, Knechten und Hirten; der Plan nennt Schuster, Sattler, Schwertfeger, Schildmacher, Drechsler, Küfer, Gerber, Walker, Müller, Brauer, Gold- und Eisenschmiede; in anderen Klöstern werden noch Erzgießer, Schleifer, Kesselschmiede, Zimmerleute, Maurer, Glasbläser und Pergamenthersteller erwähnt. Der St. Galler Plan zeigt auch Einzelheiten der entsprechenden Werkstätten und Einrichtungen: die Getreidedarre, die Mühle mit den Mahlsteinen, das Brauhaus mit Kessel, Pfannen und anschließendem Bierkeller oder die Bäckerei mit Backofen, Knettrog und Mehlkammer. Nahezu aller Bedarf konnte im Kloster hergestellt werden, sogar Waffen.

Die im Kloster tätigen Handwerker waren nichtmönchische Laien, die in einem weiteren Sinn zur ›Familie‹ des Klosters gehörten und meist unter Leitung eines Mönches arbeiteten. Die Tätigkeit von Laien im Kloster entsprach ganz der anianischen Reform, welche die Mönche von allen außerklösterlichen und ungeistlichen Tätigkeiten befreit sehen wollte. Dadurch wurde die seit alters im Mönchtum übliche Handarbeit zurückgedrängt. Der Mönch war fortan vornehmlich ein Beter; forderte Benedikt von Aniane noch täglich 136 Psalmen, so sollten es in Cluny pro Tag bis zu 214 werden.

Angilbert von Centula/St. Riquier – wenn die überliefernde Quelle wirklich dem 9. Jahrhundert angehört – zeichnet ein etwas anderes Bild. Dort lebten in einer Siedlung außerhalb des Klosters etwa 2500 Laien, die nach Handwerken organisiert waren und jeweils in eigenen Quartieren zusammenlebten; ihre Pachten und Zinsen zahlten sie teilweise mit ihren Erzeugnissen, etwa die Bäcker jede Woche mit 100 Broten und ähnlich die Schlachter mit Fleisch, die Brauer mit Bier und die Winzer mit Wein. Die Bewohner dürfen mit Sicherheit als ehemalige Hörige gelten, die aber inzwischen eine fast eigenständige Stellung gewonnen hatten und mit ihrer Siedlung und den spezialisierten Handwerken eine Frühstufe städtischen Lebens darstellen. Sie hatten »zweifellos eine beträchtliche soziale Aufwärtsbewegung« vollzogen (F. Schwind).

c) Versorgung

Die hohe Anzahl von Klosterbewohnern – nicht selten ein halbes Tausend – veranlaßte die Klöster zu genauen Versorgungsplänen, deren bestes Beispiel die ›Statuta Adalhardi‹ von Corbie sind. Dort lebten an die 300 Mönche und zusätzlich noch 150 Präbendare, vom Kloster unterhaltene und teilweise handwerklich tätige Laien. Adalhards Statuten, die nicht ganz vollständig überliefert sind, befassen sich mit acht Themen: Beköstigung und Bekleidung der Präbendare, Aufnahme und Verpflegung der Armen, Versorgung des Klosters mit Getreide, Bestellung der Gärten, Arbeit in Refektorium und Küche, die Klosterpforte samt der dort abzuwickelnden Armenfürsorge und endlich die Bekleidung.

Im einzelnen werden genaue Berechnungen aufgestellt. Zur Sicherstellung der täglichen Brotversorgung müssen beispielsweise jährlich 750 Körbe Getreide von je zwölf Scheffeln angeliefert werden; das sind pro Tag zwei Körbe, die 24 Scheffel Mehl ergeben, woraus dann die täglich benötigten 300 Brote gebacken werden können. Für andere Bereiche stellte man ähnliche Berechnungen auf; so sollen jährlich 600 Schweine angeliefert werden, von denen ein Zehntel den Armen zukommt, während die übrigen für den Abtshaushalt, die Kranken und Klostervasallen bestimmt sind; die Mönche selbst leben fleischlos.

d) Armenfürsorge

Eine besondere Rolle haben die Klöster in der Armenfürsorge übernommen. Benedikt, der einen Fremden wie Christus aufzunehmen heißt, kennt nur eine Armenspeisung an der Klosterpforte. In dem Maße, wie aber die Städte zugrunde gingen und die Klöster zu Wirtschaftszentren aufstiegen, steigerte sich auch deren Sozialverpflichtung. Im frühen Mittelalter unterhielten die Klöster die weitaus größte Anzahl von Hospitälern und sorgten auch für deren angemessene wirtschaftliche Fundierung. Von dem eigenen Klostereinkommen, zumal von allen eingehenden Stiftungen, Schenkungen und Opfergaben, erhoben die Klöster einen freiwilligen Zehnt und stellten diesen Betrag den Bedürftigen zur Verfügung.

§ 72 *Das Kloster* 415

Im Klosterhospital lebte immer eine Reihe von Armen, mindestens zwölf für dauernd. Auch unterhielten viele Klöster eine Matrikel (vgl. § 31, 3 b) mit wiederum meist zwölf Eingeschriebenen, die allerdings in karolingischer Zeit häufig als Kirchendiener fungierten. Weiter versorgte das Hospital eine größere Anzahl solcher Armer, die nur für wenige Tage blieben oder sich zu den kirchlichen Festen einfanden; ebenso wurden weiterziehende Pilger beherbergt. Manche Klöster verhielten sich ungewöhnlich großzügig. Die Abtei Centula/St. Riquier verköstigte täglich 300 Arme, dazu 150 Witwen und 60 Kleriker, insgesamt also 510 Personen. Im Kloster Corbie belief sich der tägliche Verbrauch im Hospiz auf 50 Brote zu je dreieinhalb Pfund, ferner auf 30 Stück Käse und ebensoviele Portionen Gemüse mit Speck. Ein bemerkenswertes Beispiel von Armenfürsorge praktizierte der Mönchsmissionar und Erzbischof Ansgar († 865); in seinem gewiß nicht eben reich ausgestatteten Sprengel Bremen übte er Caritas nach klösterlichen Maßstäben (vgl. § 73, 2 b).
Aus den Angaben der Klöster für ihre Insassen und ihre Armen hat man die tägliche Kalorienration zu berechnen gesucht (nach M. Rouche):

	Brot	Wein/ Bier	Speck/ Fleisch	Käse	Gemüse	Honig	Fett	Gesamt
Mönche von Corbie	4250							
Mönche von St.-Germain-des-Prés	5000	540		385	690	3	264	6882
Mönche von St. Denis	4450	540		315	690		280	6275
Nonnen zu Soissons	3600	480		248	399	0,6		4727
Fuhrleute von Corbie	3270	507 + 644	788	483	654			6351
Matricularii von Metz	900	285	460	122				1767
Matricularii von Corbie	3510	300	585	357	1086			5838
Präbendare von Corbie	4250		627					4877
Präbendare von St. Gallen	3975		2337					6312

Solche Berechnungen können angesichts der unsicheren Maßangaben und der Unvollständigkeit der Überlieferung keine letztlich sichere Auskunft geben. Immerhin fällt auf, daß sich am Ende eine nahezu konstante Ration ergibt; zur ausreichenden Ernährung würde schon fast die Hälfte genügen.

Die Klöster wußten sich jedermann verpflichtet; alle konnten bei ihnen aufgenommen werden, arm und reich. Die Adeligen und Begüterten ließen sich allerdings nur ungern in das normale Hospiz einweisen. Viele Klöster schufen darum – gelegentlich schlechten Gewissens – ein zweites, vornehmes Gästehaus.

So zeigt der St. Galler Plan einmal die Herberge für Pilger und Arme: eine quadratische Haupthalle mit Bänken, zwei Schlafsälen und einem Anbau mit Küche, Bäckerei und Brauerei; zusätzlich aber gibt es noch ein vornehmes Gästehaus, das weit komfortabler angelegt ist: zwei heizbare Räume, dazu Kammern für Bedienstete und Ställe für Pferde. Das Leben im Hospiz des Klosters schien manchen so vorteilhaft, daß sie sich dort einzukaufen suchten. So verbindet ein Schenkgeber seine Landübertragung an das Kloster St. Gallen mit der Bedingung, ins Armenspital aufgenommen und mit Lebensmitteln und Kleidung versorgt zu werden; neben der täglichen Verpflegung sollten es alljährlich je ein Gewand aus Leinen und Wolle sein, weiter alle drei Jahre ein Mantel, außerdem Schuhe und überhaupt alles so, wie es auch die Mönche hatten.

7. Sklaven im Kloster

a) Als Mönche

Für Benedikt und sein Vorbild, den Magister, galt es als selbstverständlich, Sklaven in die Klostergemeinschaft aufzunehmen. Der Grund war geistlich: Da die Mönchwerdung einer zweiten Taufe gleichgeachtet wurde, mußte die von Paulus allen Getauften zugesprochene Gleichheit auch und gerade im Kloster zur Geltung kommen; wie die Christen beim Heraussteigen aus dem Taufbrunnen als neue Menschen galten, so auch die Mönche nach der Weltentsagung, ihrer zweiten Taufe; der frühere soziale Status, den sie in der Welt hatten, sollte nicht mehr zählen. Indem aber das Kloster Sklaven aufnahm, ergaben sich Probleme mit den Besitzern. Darum hatte das Konzil von Chalcedon verordnet, daß der Sklave zum Klostereintritt die Erlaubnis seines Herrn benötige. Im Mönchtum blieb gleichwohl eine emanzipatorische Richtung lebendig. Die merowingischen Klöster dürften nicht wenige ehemalige Sklaven unter ihren Mönchen gezählt haben. Oft kauften die Kirchen- und Klosterleute Sklaven frei und warben um deren Eintritt in den geistlichen Stand.

Vom heiligen Eligius († 660), dessen Vita im 7. Jahrhundert abgefaßt und im 8. Jahrhundert überarbeitet wurde, wird berichtet, daß er den zahlreichen, von ihm freigekauften Sklaven drei Möglichkeiten angeboten habe: entweder mit seiner Unterstützung zurückzukehren in die Heimat, oder als Dienstleute bei ihm zu bleiben – freilich nicht als Sklaven, sondern als Brüder –, oder endlich, wenn er sie dazu habe überreden können, in den Mönchsstand einzutreten. Besonders die Missionare, beispielsweise Willibrord und Ansgar, kauften in ihrem Missionsgebiet junge heidnische Sklaven, um sie dem Kleriker- und Klosterleben zuzuführen und auf diese Weise einheimische Geistliche heranzubilden. Auch die sächsischen Geiseln und Gefangenen, die Karl der Große auf fränkische Klöster verteilen ließ, bekehrten sich nicht selten zum Mönchtum; als Corbie das Tochterkloster Corvey in Sachsen gründete, waren unter den ersten Mönchen ehemalige sächsische Gefangene.

Im weiteren Verlauf zeigte sich allerdings in immer mehr Klöstern das Bestreben, nur noch freie oder sogar hochgeborene Söhne beziehungsweise Töchter aufzunehmen. Der Geist der Adelskirche begann zunehmend auch in den Klöstern zu herrschen.

b) Als Hörige und Hintersassen

Der in karolingischer Zeit beobachtbare Prozeß der Anhebung der Sklavenrechte, bei dem »die Kirche vorangegangen ist« (H. Hoffmann), zeigt sich deutlich auf den klostereigenen Landbesitzungen. Bekanntlich traten an die Stelle der alten Latifundien im Frühmittelalter die Grundherrschaften mit ihrem Herrenhof und jeweils einer Reihe von abhängigen Unterhöfen. Die alte Sklaven-Kaserne verschwand. Gerade auf den klösterlichen Grundherrschaften lassen sich jene sozialen Veränderungen beobachten, die eine Besserstellung herbeiführten. Die hintersässigen Sklaven hatten ein Haus und waren nach damaliger Rechtssprache ›servi casati‹ (behauste Sklaven) geworden; sie konnten zudem eine Familie gründen, auch Eigenbesitz erwerben und endlich ihr Anwesen vererben. Die auf den klösterlichen Herrenhöfen tätigen Sklaven erhielten eine kätnerähnliche Stellung, so daß auch sie heiraten und Eigenbesitz erwerben konnten. Auf diese Weise wurden die besonders unmenschlichen Restriktionen des alten Sklavenrechts beseitigt.

Weiter vollzog sich im Laufe des 9. Jahrhunderts noch eine andere wichtige Aufwärtsbewegung. Während im 7. und 8. Jahrhundert die rechtsständische Gliederung in Freie, Halbfreie, Freigelassene und Unfreie auch auf den klösterlichen Grundherrschaften in Geltung war, traten diese Unterscheidungen im 9. Jahrhundert zurück. Überwiegend setzte sich nun zur Bezeichnung der klösterlichen Hintersassen das ursprünglich den sachhaften Besitzcharakter betonende Wort ›mancipium‹ durch, das aber jetzt auch die nur in loser Form Abhängigen und selbst die Freigelassenen umfaßte, also die alte Sklavenbedeutung gänzlich verlor. Am deutlichsten zeigt sich der neue Status in Bezeichnungen wie ›homines‹ (Menschen) oder ›ecclesiastici‹ (Kirchenleute). Diese Benennungen übergriffen bewußt die alten rechtsständischen Bezeichnungen und dienten dazu, die Zugehörigkeit zu einem Kloster oder einer Kirche, beziehungsweise zu deren himmlischem Patron, zu bezeichnen. Die ›mancipia‹, ›homines‹ und ›ecclesiastici‹ waren nicht länger Sklaven, sie galten vielmehr als einem bestimmten geistlichen Herrn »zugehörig«; ihr rechtsbestimmendes Merkmal war folglich die »Hörigkeit«. »Hinter diesem Wandel im Inhalt und Gebrauch der einzelnen Termini verbirgt sich mit Sicherheit ein wirtschaftlicher und sozialer Wandel in der Wirklichkeit selber: die Verschmelzung anfänglich recht distinkter abhängiger Rechtsstände durch Freilassung, Connubium, Casatierung usf. zu einer einheitlichen Abhängigkeit innerhalb von Herrschaftskomplexen« (L. Kuchenbuch).

An der Herausbildung dieser neuen Hörigkeit haben theologische Vorstellungen maßgeblich mitgewirkt. Denn es waren gerade die geistlichen und monastischen Reformer, die im 9. Jahrhundert die Sklavenbefreiung forderten, so etwa rigoros der Abt Smaragd von St. Mihiel: ›Wegen der übergroßen Güte Gottes muß jeder Sklave freigelassen werden‹. Benedikt von Aniane wollte anfangs Güterschenkungen, mit denen auch Sklaven übertragen wurden, nicht annehmen. Vor allem wirkten die Heiligen des Himmels zugunsten der Sklaven; sie, die schon seit der Spätantike ›Patrone‹ hießen, hatten sich ihrer Schutzbefohlenen in besonderer Weise anzunehmen. In den Wunderberichten, wie sie für jeden Heiligen gesammelt wurden, wird die Fürsorge anschaulich beschrieben: Unterschiedslos jeder, nicht etwa bevorzugt der Reiche oder Mächtige, kann den Heiligen anrufen. Ja, der Armen und Sklaven nimmt sich der himmlische Patron immer ganz besonders an, indem er beispielsweise die Freilassung der Sklaven unterstützt, sie als seine ›Familiaren‹ unter die Kloster- bzw. Kirchenleute aufgenommen wissen will und widerstrebende oder gewalttätige Herren bestraft.

Dem vorbildlichen Wirken des himmlischen Patrons mußten dann die Kloster- und Kirchenoberen, die ja nur Vertreter des Heiligen auf Erden waren, folgen; von daher das besondere Bemühen gerade auch der Kloster- und Kirchenvorsteher um die Sklaven und Armen, zumal wenn diese dem eigenen himmlischen Patron »gehörten«. So befassen sich nicht wenige der von Einhard, dem Biographen Karls des Großen, erhaltenen Briefe mit Fragen der »Hörigen«, mit Bitten um eine milde Behandlung, um Heiratsmöglichkeit oder Strafaussetzung. Die neue Hörigkeit, welche die alte Sklaverei gerade auch aus religiösen Gründen überwand, hatte gleichwohl noch gewisse Stufungen. Am günstigsten standen sich die Wachszinser. Sie waren einem Kloster, einer Kirche oder einem Heiligen in besonderer Weise übereignete Personen und entrichteten als Zins nur gerade ein Pfund Wachs oder ein paar Denare, genossen dennoch den vollen Schutz der Kirche und erreichten eine für damalige Maßstäbe Höchstform an Freiheit. Dies alles zusammengenommen, ist eindeutig eine erhebliche soziale Aufwärtsbewegung festzustellen.

8. Frauenklöster

Während mit der columbanischen Klosterbewegung auch Doppelklöster entstanden waren, führte die karolingische Kirchenreform zu einer strikten Scheidung von Männer- und Frauenklöstern. Zunächst noch gestaltete sich bei den Frauen eine wahre Vielfalt monastischen Lebens. Allein aus der Korrespondenz des Bonifatius ist zu ersehen, daß Klosterfrauen Skriptorien betrieben und Unterricht erteilten, sogar auf Wallfahrt nach Rom gingen oder fern der Heimat, etwa in Verbindung mit der angelsächsischen Mission auf dem Kontinent, Klöster gründeten. Die Nonnen haben es offenbar in vielem den Mönchen gleichtun wollen. Die Reform Ludwigs des Frommen stellte es auch den Frauenklöstern frei, die monastische oder die kanonikale Form zu wählen.

So ging zum Beispiel das Kloster Remiremont, das sich zwischenzeitlich zu einem Frauenkonvent gewandelt hatte, zur Benediktsregel über. Aber eine solche Entscheidung zog oft genug ihre eigenen Schwierigkeiten nach sich. Nicht selten gab es streng monastisch lebende Frauenkonvente mit einer kanonikalen Priestergruppe, was dem geistlichen Eifer nicht gerade förderlich war. Vor allem aber zeichnete sich jetzt immer deutlicher ein grundsätzlicher Nachteil ab: Je stärker die Männerklöster die ihnen angetragenen Stiftungen mit Meßfeiern zu entgelten imstande waren, desto weniger attraktiv mußten Frauenklöster erscheinen. Als Remiremont zur Benediktsregel überging, wurde dabei ein detailliertes Memorialprogramm mit Gebeten und Meßfeiern ausgearbeitet; dafür aber bedurfte es eines eigenen Priesterkonvents, von dessen Größe die Erfüllung abhängig war.

9. Niedergang

a) Laienabbatiat

Es verdient gewiß unter die großen Leistungen der karolingischen Politik gezählt zu werden, daß den Klöstern für gut hundert Jahre eine Periode freier Entfaltung, äußerlich gesichert und innerlich weitgehend autonom, ermöglicht wurde. Daß die Karolinger, die selber bei ihrem Aufstieg die Klöster zunächst machtpolitisch genutzt hatten, ihnen dann doch den nötigen äußeren und inneren Schutz boten, gipfelnd in der neuen Schutzpolitik Ludwigs des Frommen, beweist den Ernst wie den Erfolg ihres Reformbemühens. Die Früchte zeigten sich in einer historisch geradezu unschätzbaren Kulturleistung, etwa der Skriptorien, die der Nachwelt nichts Geringeres als das antike Schrifterbe überliefert haben.

Gegenüber den im ganzen höchst wohltätigen Reformbestrebungen ist als ausgesprochen dunkler Punkt der späten Karolingerzeit das Laienabbatiat zu nennen, die jetzt wieder vermehrte Vergabe von Abtsstellen an nichtklösterliche und sogar laikal-weltliche Inhaber. Die großen Klöster befanden sich oft schon in den Händen der Erzkapläne; andere dienten Angehörigen der Königsfamilie, so den Frauen und Töchtern, als Versorgungs- und Ausstattungsgut; wiederum andere wurden an verdiente Männer der Politik, nicht selten an verheiratete Laien vergeben, deren mißbräuchliche Klosterbeherrschung zu dem Ausdruck Laienabbatiat geführt hat.

Vergegenwärtigen wir uns als wichtigste Beispiele St. Martin in Tours und St. Denis bei Paris. Das Martinskloster befand sich mit dem benachbarten Marmoutier beim Tode Ludwigs des Frommen in der Verfügung von dessen Seneschall Adalhard, und beide gingen an den Turoner Grafen Vivian über; in St. Martin übernahm anschließend Karl der Kahle zeitweise die Leitung, später sein Sohn Ludwig der Stammler; während des Ehestreites Lothars II. gelangte das Stift an den Bruder der ins Westfrankenreich geflüchteten Theutberga, an Hukbert, dann an einen von Theutbergas Kaplänen, bis es zuletzt an Hugo den Abt fiel. Während aber St. Martin in Tours stiftischen Charakter besaß und damit rechtens vom König vergeben werden konnte, hatte St. Denis die Benediktsregel angenommen und sollte damit selber über seinen Oberen bestimmen können. Doch auch hier erhielten Laienäbte die Verfügung: nach Erzkaplan Hilduin ein Sohn von Karls des Großen Tochter Rotrud namens Ludwig, sodann Karl der Kahle und endlich dessen Erzkanzler Gauzelin, letzterer Inhaber auch der Klöster Jumièges, St. Amand und St. Germain in Paris. Centula/St. Riquier scheint für illegitime Karolingersöhne reserviert gewesen zu sein, während Chelles und Notre Dame in Laon karolingischen Frauen diente. Sowohl Hukbert wie Hugo der Abt gelten als geradezu berüchtigte Laienäbte. Hukbert ließ, obwohl »zum Geistlichen geweiht ... in frechen Gewalttaten und schrankenlosen Ausschweifungen die meisten der weltlichen Großen hinter sich. Die Künste der Schauspielerinnen, von der Kirche als teuflisch schwer verpönt, bildeten seine tägliche Unterhaltung; von einer Bande von Verbrechern und ruchlosen Strolchen umgeben, verübte er mit ihnen im ganzen Lande Mordtaten, Schändungen und Einbrüche und gewährte gern fremden Missetätern, die ihre Zuflucht zu ihm nahmen, kräftigen Schutz. Die Einkünfte der ehrwürdigen Abtei St. Maurice, hochberühmt durch die Gebeine der thebaischen Märtyrerlegion, wurden für Huren, Hunde und Jagdfalken verwendet« (E. Dümmler). Abt Hugo, welfischer Abstammung und Bruder der Kaiserin Judith, ›dem Weihegrad nach gerade ein Subdiakon, aber den Sitten und dem Leben nach nicht einmal einem frommen Laien gleichstehend‹, wie Hinkmar von Reims klagt, war Inhaber folgender ›Benefizien‹: St. Germain in Auxerre, St. Bertin, St. Martin in Tours, St. Vaast, St. Colombe in Sens, und für kurze Zeit auch des Erzsitzes in Köln.

b) Normannische Zerstörungen

Der mit dem Laienabbatiat einsetzende Niedergang der Klöster wurde noch beschleunigt durch die normannischen Raubzüge.

Der Chronist Regino von Prüm berichtet von solchen Überfällen auf sein Kloster, erstmals 882 und abermals zehn Jahre später:

> ›Im Jahr der göttlichen Menschwerdung 892 setzten die Normannen im Februar über die Maas, drangen in den Gau der Ribuarier ein und, gemäß der ihnen angeborenen Grausamkeit alles vertilgend, kamen sie bis nach Bonn (...) und richteten ihren Marsch mit der größtmöglichen Schnelligkeit nach dem Kloster Prüm; gerade noch entzogen sich der Abt und die Brüderschar durch die Flucht, als jene bereits hereinstürmten. Sobald die Normannen das Kloster betraten, verwüsteten sie alles, töteten einige von den Mönchen, erschlugen den größten Teil der Dienstleute und führten die übrigen als Gefangene fort. Beim Abzug von dort drangen sie in den Ardenner Wald (Eifel) vor, wo sie eine Burg, die auf einer herausragenden Bergspitze kürzlich erbaut worden war und in die sich eine zahllose Volksmenge geflüchtet hatte, angriffen und unverzüglich eroberten. Nachdem sie alle getötet hatten, kehrten sie mit ungeheurer Beute zur Flotte zurück und fuhren auf schwerbeladenen Schiffen mit ihrer gesamten Mannschaft nach den überseeischen Landschaften davon.‹

Die Klöster konnten deswegen so leicht überfallen werden, weil sie meist ungeschützt in der ›Einsamkeit‹ lagen. Aber auch Städte erlitten oft mehrfache Brandschatzungen, dazu eine Dezimierung der Bevölkerung sowie die Zerstörung ihrer Kirchen und Klöster. Katastrophal wirkten sich diese Überfälle auf die Kulturtätigkeit aus. Beispielsweise sind aus dem Scriptorium von Tours für die erste Hälfte des 9. Jahrhunderts 18 Evangeliare und über 40 Bibeln (deren erschließbare Gesamtzahl sich sogar auf reichlich das Doppelte beläuft) überliefert, während es aus der zweiten Jahrhunderthälfte gerade noch sieben Evangeliare und drei Bibeln sind. Der Grund liegt in den Normannenüberfällen auf Tours in den Jahren 854 und 857.

§ 73 Die Mission

1. Religionswechsel

a) Kollektiver Entscheid

Modernes Empfinden hat an der frühmittelalterlichen Mission allzuoft Anstoß genommen: Eine staatliche Zwangsmaßnahme sei es gewesen, in tiefem Widerspruch zum Christentum selbst, das von seinem Wesen her nur die Bekehrung des Herzens und den freien Entscheid zulassen könne. Bekanntlich aber praktizierte das frühe Mittelalter – im Gegensatz zur Einzelbekehrung der Alten Kirche – den korporativen Übertritt geschlossener Verbände zur Taufe. Nun gibt es allerdings Stimmen, die dazu mahnen, »daß wir in der Anwendung von Begriffen wie ›Gewaltmission‹ und ›Zwangschristianisierung‹ eine sehr viel größere Zurückhaltung zu üben haben als bisher« (H.-D. Kahl). Die Gründe resultieren aus der vertieften ethnologischen Einsicht in das Eigenverständnis von Stammesgesellschaften und so auch des frühen Mittelalters. Die Familien wie auch die Sippe und der Stamm verstanden sich als Lebens- und Abstammungsgemeinschaften, und die zugehörigen Glieder lebten korporativ vereint. Wichtige Entscheidungen wurden nicht »individuell«, sondern »kollektiv« gefällt. Wer sich dieser Kollektivität und der damit verbundenen persönlichen Unterordnung entzog, gehörte nicht mehr zum Ganzen und wurde notwendig ausgegliedert, was aber für ihn nicht Freiheit, sondern gänzliche Ungesichertheit und zumeist den Untergang bedeutete (vgl. § 43, 1).

Wie das Leben kollektiv geführt und alle Lebensentschlüsse kollektiv gefällt wurden, so handhabe man es auch in der Religion. Denn »ethnische, politische und religiöse Ordnung decken sich; sie alle haben eine gemeinsame Grenze nach außen; innerhalb dieser Grenze ist jedes Glied der Gemeinschaft, solange diese innerlich intakt ist, zur Teilnahme auch an ihrem kultischen Leben verpflichtet, um seinerseits beizutragen zur Erhaltung des gemeinsamen Heils« (H.-D. Kahl). Eine Religionsspaltung bringt notwendig Unheil, weil sie den Gotteszorn hervorruft. Religiöse Individualität und Verschiedenartigkeit in der Religionsausübung sind darum von der Denkweise einer Stammesgesellschaft her gar nicht vorstellbar. Religion, sofern sie das Leben sichern soll, kann nur für alle gemeinsam sein.

b) König und Adel

Den kollektiven Religionswechsel darf man sich allerdings nicht in der Weise eines modern-demokratischen Volksentscheids vorstellen, sondern in dem Sinne, daß die politisch führende Schicht den Wechsel beschloß. So sehen wir denn auch zunächst eine Interaktion der Großen: Der König mußte den Einklang mit dem ihn tragenden Adelsgefolge suchen. Bei positivem Entscheid trat dann der König als erster zum Taufbrunnen, und seine Großen folgten ihm. Besonders ausführlich berichtet uns Beda über den Taufentscheid des nordhumbrischen Königs Edwin (vgl. § 36, 1 b); mit seinen ›Freunden‹, ›Großen‹ und ›Ratgebern‹ habe sich der König beraten, um dann mit dem gesamten Adel und zahlreichem Volk die Taufe zu empfangen.

›Als er dies gehört hatte, antwortete der König, daß er gewiß den Glauben, den er [Paulinus] verkündete, annehmen wolle und müsse; er sagte aber, daß er noch einmal mit seinen befreundeten Großen und Ratgebern darüber sprechen müsse, damit, wenn auch sie in dieser Sache seiner Ansicht wären, alle zusammen im Quell des

Lebens Christi geweiht würden. Und mit Zustimmung des Paulinus handelte er, wie er gesagt hatte. Als er nämlich mit den Weisen die Beratung abhielt, wollte er von jedem einzelnen wissen, wie ihm die bis dahin nicht vernommene Lehre und die neue Verehrung der Gottheit, die gepredigt wurde, erschien... So empfing König Edwin mit allen Edlen seines Stammes und dem größten Teil des Volkes den Glauben und die Taufe der heiligen Wiedergeburt.‹

Sobald die politisch und militärisch führende Adelsschicht im Verein mit dem König den Glaubenswechsel beschlossen und vollzogen hatte, war die Bekehrung entschieden. Die Mission nahm dann ihren Weg »von oben nach unten«, vom König zum gemeinen Volk. Und so wie in Nordhumbrien geschah es gemeinhin in der frühmittelalterlichen Mission. Schon dem Frankenkönig Chlodwig sollen 3000 Krieger zur Taufe gefolgt sein (vgl. § 28, 2 c), und bei der Taufe des Sachsen Widukind setzen die fränkischen Reichsannalen voraus, daß damit eigentlich der ganze Stamm der Sachsen unterworfen und bekehrt sei.

Mochte auch die Taufe des Königs der entscheidende Schritt in der Bekehrung eines Volkes sein, so bedeutete sie gleichwohl für die Königsherrschaft ein erhebliches Risiko. Sobald die tragende Adelsschicht ihre Gefolgschaft aufkündigte oder eine heidnisch gesonnene Gruppe die Oberhand gewann, war der König verloren, und sein Glaubenswechsel wurde rückgängig gemacht.

Möglicherweise waren die Friesenkönige Aldgisel und Radbod († 719) persönlich dem Christentum zugeneigt, erlaubten sie doch beide die christliche Predigt in ihrem Land (vgl. § 45, 1). Radbods Tochter war sogar mit Pippins des Mittleren Sohn Grimoald, dem Hausmeier in Neustrien, verheiratet. Dieser aber wurde in Maastricht von Heiden ermordet; vielleicht ist dies als Gegenwehr gegen eine vom heidnischen Friesenadel befürchtete Christianisierung zu deuten. Der Adel stellte sich offenbar mehrheitlich ablehnend; christlich gesonnene Adelsfamilien mußten, wie wir es von den Vorfahren des ersten Münsterschen Bischofs Liudger wissen, das Land verlassen, und so haben sich wohl auch die Könige fügen müssen. Denn leicht konnte die Konversion eine Gefährdung der jeweils herrschenden Dynastie heraufbeschwören, war doch immer zu gewärtigen, daß eine gegen die Christianisierung erfolgreich opponierende Adelsgruppe sowohl den König wie auch sein Geschlecht vertreiben würde. Für diesen Fall scheinen manche Könige bei ihrer Bekehrung in der Weise vorgesorgt zu haben, daß sie ihre Söhne ungetauft ließen; so taten es Aethelberht von Kent, Raedwald von Ostanglien und noch manch anderer König (vgl. § 37, 4 c). Im Falle eines heidnischen Sieges konnte der ungetaufte Sohn die Herrschaft weiterführen und der Dynastie den Thron sichern. Gelegentlich treffen wir auch die umgekehrte Version an – etwa bei den Karantanen (vgl. § 52, 1) –, daß ein Fürst selbst Heide blieb und es seinem Sohn überließ, mit dem Christentum anzufangen.

2. Motive

a) Der stärkere Gott

Die Taufe war ein tiefreichender, sowohl die Herrschaftsstrukturen wie überhaupt alle Lebensumstände verändernder Vorgang, und dies wurde auch so empfunden. Wie aber konnte ein solcher Umbruch überhaupt plausibel gemacht werden oder gar als wünschenswert erscheinen? Was am Christentum interessierte, war nicht das spekulative Gebäude über Gott und die Welt, sondern die Brauchbarkeit der neuen Religion zur eigenen Lebensbewältigung. Immerhin läßt Beda einen nordhumbrischen Großen doch auch ein mehr »religiöses« Motiv vortragen, das Gleichnis vom Vogel, der zu winterlicher Nacht die Königshalle durchfliegt; aus dem Dunkel kommend und ins Ungewisse wieder zurückkehrend – so sei es auch mit dem menschlichen Leben; der christliche

83 Christus als der ›stärkere Gott‹.
(a) Das Thema ist schon in spätantiken Darstellungen anzutreffen, die Christus als »Krieger« verherrlichen, allerdings ohne Waffen. Das bekannteste Beispiel ist das Mosaik der erzbischöflichen Kapelle in Ravenna (6. Jh.): Christus, wie ein Feldherr gekleidet und den Kreuzstab tragend, schreitet über Löwen und Nattern.
(b) Darstellung auf einem Grabstein aus Niederdollendorf/Königswinter; Ende des 7. Jahrhunderts (Bonn, Rhein. Landesmuseum). Der strahlenförmige Nimbus und die nur oben und unten angedeutete Mandorla, die wiederum von Strahlen durchbrochen wird, deuten auf Christus, der über schlangenartiges Ungetier hinwegschreitet. Bezeichnend ist die Ersetzung des Kreuzstabes durch einen Speer: Christus als göttlich-mächtiger Krieger.
Die beiden Bilder machen deutlich, wie die Religionsmentalitäten sowohl der Spätantike wie der Germanen einander nahekamen.

Glaube hingegen biete Gewißheit. Aber das weithin dominierende Motiv, von dem wir hören, war die Erfahrung des stärkeren Gottes, wobei sich für die frühmittelalterlichen gentilen Völker die Gottesmacht zuallererst im Krieg bewähren mußte. So läßt denn auch Gregor von Tours den Frankenkönig Chlodwig in der Alemannenschlacht ausrufen, daß er die eigenen Götter als ohnmächtig erfahre und an Christus zu glauben bereit sei, sofern dieser ihn der Macht der Feinde entreiße (vgl. § 28, 2 b).

Für Heiden wie inzwischen auch für Christen war die religiöse Sieghilfe eine geläufige Vorstellung und als solche ein Moment gemeinsamer religiöser Plausibilität. Gregors Bericht über die Alemannen-Schlacht mit dem von Chlodwig abgelegten Gelöbnis der Taufe zeigt uns diese Vorstellung als ausschlaggebendes Motiv: Zuerst muß sich ein Gott durch Sieg- und Lebenshilfe als wirkmächtig und hilfsbereit ausweisen; dann erst kann man ihm folgen. Heil und Leben werden bewußt ausbedungen. Es ist ein Gelübde mit einem menschlicherseits formulierten »Wenn«, dem ein göttlicherseits zu erfüllendes »Dann« zu folgen hat. Der »bedingungslose« Glaube, wie ihn das Neue Testament fordert, ist hier nicht realisiert. Mit Recht hat man sagen können, Chlodwig – und mit ihm alle gleichartig sich Bekehrenden – sei eigentlich auf eine nichtchristliche Weise Christ geworden.

b) Höhere Kultur

Unter den Ratschlägen, die Bonifatius aus seiner Heimat für die Missionsarbeit erhielt, war auch das Argument, die Ungläubigen auf den Siegeszug des Christentums hinzuweisen; die alten Götter hätten keinen Einhalt zu bieten vermocht, und die Christen seien inzwischen im Besitz der reichsten Kulturländer, während die Heiden eine hoffnungslose Minderheit darstellten und nur noch die unwirtlichen Randgebiete besäßen. In der Tat, die Überlegenheit des Christentums mußte überwältigend wirken. Wenn etwa Benedict Biscop (vgl. § 37, 1 c) Steinmetze, Glaser und Maler aus Gallien holte, die in seinen nordhumbrischen Klöstern Steinkirchen mit Glasfenstern und Wandgemälden errichteten und dazu noch mit Lampen, Vasen, liturgischem Gerät und vielerlei Schmuck versahen, stand die höhere Kultur der Christen jedermann vor Augen. Daß zudem der neue Glaube über Schriftlichkeit und Schreibkundige verfügte, bot sich besonders den Herrschenden als verlockend dar, wurde ihnen dadurch doch die Möglichkeit eröffnet, eine effektivere, mit Schriftlichkeit arbeitende Regierung aufzubauen. Mit ihrer Bekehrung begannen beispielsweise die angelsächsischen Könige sofort eine schriftliche Gesetzgebung. Überhaupt ist mit der Christianisierung regelmäßig auch eine intensivierte Herrschaft festzustellen. Dies bedeutete eine Steigerung der Königsmacht und obendrein noch die Chance, die Kämpfe der Sippen und Clans einzuschränken und ein verbessertes Gerichtswesen aufzurichten. Denn das Bild von den gesunden, unverdorbenen Naturvölkern bedarf gerade hier der Korrektur: Mit der Christianisierung verschwanden Menschenopfer und Kindestötung; neu waren das Sozialethos, die Besserstellung der Sklaven und der Frauen, ferner der Gefangenenloskauf und die Armensorge.

Den Missionar Ansgar lobte seine Vita gerade auch wegen seiner Sozialtätigkeit, für die übrigens der vielfach so verhaßte Zehnt eine wichtige Grundlage schuf:

> ›Seine Freigebigkeit im Almosenspenden ist kaum zu schildern: all seinen Besitz wünschte er nach dem Willen des Herrn Notleidenden zu geben. Wo er Bedrängte wußte, half er, so reichlich er konnte. Nicht nur im eigenen Sprengel, selbst in fernen Gegenden leistete er Hilfe und Unterstützung. Besonders reichliche Fürsorge durch Überweisung des Zehnts einiger Dörfer galt dem Armenspital in Bremen, seiner Gründung; dort sollte neben der täglichen Aufnahme Bedürftiger auch Krankenpflege geübt werden. Den Zehnt von Tieren und allen Ein-

künften aus dem ganzen Bistum und den Zehnt seines eigenen Zehntanteils gab er für Zwecke der Armenfürsorge aus. Ebenso zehntete er für Notleidende sämtliche Silber- und Zinseinkünfte. Alle fünf Jahre wurde obendrein ein neuer Tierzehnt für Almosenspenden erhoben, auch wenn das vorher schon einmal geschehen war. Dem gleichen Zweck bestimmte Ansgar den vierten Teil von Geldeinkünften der Stiftskirchen. Eifrig sorgte er stets für Witwen und Waisen, und wo er Männer und Frauen als Einsiedler hausen wußte, suchte er sie durch häufige Besuche und Geschenke im Dienst Gottes zu stärken und mit den notwendigen Mitteln zu unterstützen. Immer trug er am Gürtel einen Geldbeutel, um selbst ohne Zögern spenden zu können; wenn ihn in Abwesenheit des Armenpflegers ein Bedürftiger aufsuchte, so mühte er sich, das Wort des seligen Job voll zu erfüllen, niemals die Augen einer Witwe warten zu lassen. Er wollte dem Blinden Auge, dem Lahmen Fuß, den Armen ein wahrer Vater sein. Während der Fasten ließ er in Bremen täglich vier Bedürftige speisen, zwei Männer und zwei Frauen. Er selbst mit den Brüdern wusch den Männern die Füße; den Frauen erwies im Armenspital an seiner Statt eine gottgeweihte, in Gehorsam und Liebe zum Herrn erprobte Frau den gleichen Dienst. Wenn er als Bischof seinen Sprengel visitierte, ließ er erst die Armen hereinführen, bevor er sich selbst zu Tisch setzte, reichte ihnen selbst Waschwasser, gab ihnen gesegnetes Brot, mischte den Trank und ging mit seinen Begleitern nicht eher zum Mahl, als bis vor ihnen ein Tisch stand. Zum Beweis für seine innige Barmherzigkeit und Liebe diene ein eigenes Erlebnis; unter vielen ins ferne Schweden verschleppten Gefangenen brachte er einmal den losgekauften Sohn einer Witwe nach Hause; als die Mutter ihn wiedersah und in der Freude über seine Heimkehr nach Frauenart vor Glück über seinen Anblick zu weinen begann, kamen auch dem Bischof vor Rührung die Tränen. Er schenkte dem Sohn der Witwe sofort die Freiheit, gab ihn seiner Mutter wieder und ließ beide froh heimgehen.‹

3. Hemmnisse

a) Vorfahren und Tradition

In Stammesgesellschaften pflegt alles Leben, sowohl biologisch wie brauchtums- und gesetzesmäßig, auf die Vorfahren, letztlich auf den Spitzenahn, zurückgeführt zu werden. Die Vorfahren haben dem Stamm das Leben wie auch die Lebensregeln gegeben; überhaupt schon, daß der Stamm fortexistiert, verdankt er dem ungebrochen weiterfließenden Lebensstrom und der treuen Befolgung der alten Gesetze. Um so gefährlicher mußte der Wechsel zum Christentum erscheinen, forderte es doch den totalen Bruch mit der Welt der Vorfahren und den von ihnen begründeten Lebensregeln. Die alten Traditionen, die in nichtschriftlichen Gesellschaften das alleinige Lebensfundament bilden, wurden zerstört, und zugleich mußten neue Traditionen aufgebaut werden, weil nur im Rahmen und in der Form von Tradition die zum Leben notwendigen Regeln verstanden werden konnten. Besonders den Königsgeschlechtern stellten sich hier geradezu unüberwindliche Hindernisse. Ihr Spitzenahn galt zumeist als Götterabkömmling, der ihrem Geschlecht eine »Geblütsheiligkeit« und damit den Vorrang für die Herrschaft verliehen hatte, was alles aber nun dahinfiel. Schon Avitus von Vienne mußte bei der Taufe Chlodwigs auf dieses Problem eingehen und den König damit trösten, daß er von der alten ›consuetudo generis‹, dem Herkommen seines Geschlechtes, und von der alten (Götter-)Abkunft nur den Adel werde beibehalten dürfen (vgl. § 28, 2 a). Aber eine solche Bescheidung löste offenbar das Problem nicht. Viele Königsgeschlechter begannen eine neue Begründung des Geblütsvorzugs zu suchen und sich dabei einen »christlichen« Spitzenahn zu schaffen. So haben wir in der germanischen Bekehrungsgeschichte des öfteren den Fall, daß Königsgeschlechter, die sich ursprünglich etwa von Wodan herleiteten, plötzlich als Abkömmlinge biblischer Ahnen, vor allem des Noah, erscheinen.

Angesichts der hier gegebenen Schwierigkeiten wird man folgende legendäre Erzählung des 9. Jahrhunderts über den Friesenkönig Radbod († 719) als typisch ansehen dürfen:

>Als der erwähnte Fürst Radbod zum Taufempfang ermuntert wurde, fragte er den heiligen Wulfram – ihn unter Eid auf den Namen Gottes verpflichtend –, wo die größere Anzahl der Könige, Fürsten und Adeligen des Friesenvolkes sei, in jenem Himmelsaufenthalt, den er, Wulfram, ihm, wenn er glaube und sich taufen lasse, in Aussicht stelle, oder an jenem Ort, den er die höllische Verdammung nenne. Darauf der heilige Wulfram: Du sollst nicht im Irrtum bleiben, hoher Fürst! Für Gott ist die Zahl seiner Erwählten eindeutig. Deine Vorgänger, die Fürsten des Friesenvolkes, die ohne Taufsakrament verschieden sind, haben – das ist gewiß – ihr Verdammungsurteil erfahren; wer aber von jetzt an glaubt und sich taufen läßt, wird auf ewig in der Freude mit Christus sein. Als dies, so wird berichtet, der ungläubige Fürst vernahm, da zog er – er war schon zum Taufbecken geschritten – den Fuß vom Taufbecken wieder zurück und sagte, er könne nicht auf die Gemeinschaft mit seinen Vorgängern, den Friesenfürsten, verzichten und mit der geringeren Zahl von Armen im Himmelreich weilen; der neuen Predigt könne er nicht zustimmen, sondern bleibe lieber bei dem, was er allezeit mit dem Friesenvolk eingehalten habe.<

Lieber in der Hölle als ohne die Vorfahren im Himmel!

b) Mangelnde Säkularität

Die Entscheidung zugunsten der neuen Religion gestaltete sich gerade auch deshalb so schwierig, weil von der Religion alles betroffen war. Der Religionswechsel erfaßte das ganze Leben, den Alltag wie das Fest, den Krieg wie den Frieden, das Leben wie den Tod. Denn die im frühen Mittelalter sich bekehrenden Völker, soweit sie nicht der antiken Hochkultur angehörten, praktizierten noch keine Trennung des Profanen vom Heiligen, des Säkularen vom Religiösen. Profane Sonderbereiche, etwa ein »rationales« Recht oder eine »wissenschaftliche« Medizin, kannten sie nicht. Bei ihnen war vielmehr noch alles religiös bestimmt; ja die Religion überzog und durchdrang so sehr das Leben, daß es sozusagen keinen Handgriff gab, der nicht irgendwie religiös von Belang gewesen wäre. Bei der Hinwendung zum Christentum gab es folglich keine »religionslosen« oder »säkularisierten« Lebensbereiche, die, weil religiös »neutral«, unverändert hätten weiterbestehen können. So mußte der Übertritt zum neuen Glauben alles verändern, nicht allein das Gottesbild und das Ethos, sondern ebenso alle Bräuche und Regeln des Lebens, gerade auch die des Alltagslebens.

Ein gutes Beispiel, sich diesen gesamtheitlichen Akt des Religionswechsels vorzustellen, liefern die >Responsa Bulgarorum<, die Antworten Papst Nikolaus' I. († 867) auf Anfragen des bekehrten Bulgaren-Khans Boris-Michael. Da geht es darum, ob der König allein speisen dürfe, welche Tiere und Vögel es zu essen erlaubt sei, ob man als Kriegstrophäe statt eines Pferdeschweifs das Kreuz mitführen solle, ob für unachtsame Wachtposten an der Grenze die Todesstrafe angemessen sei, wie die Mitgift der Ehegattinnen auszusuchen habe, ob Frauen Hosen anziehen dürften, ob Kranken zur Genesung ein (magisches) Halsband umzuhängen sei und dergleichen Fragen mehr. Es gab eben bei den Bulgaren noch keinerlei Scheidung von Religion und Säkularität. Folglich blieben Verhaltensweisen, die sich in aufgeklärten Kulturen von der Religion zu emanzipieren pflegen und als »neutral« gelten, noch gänzlich religiös bestimmt, so daß bei Unsicherheit entsprechende Fragen an die religiöse Autorität, hier an den Papst, gerichtet wurden. Nikolaus I. freilich wies fast wie ermüdet ab: >In Euren Fragen und Gesuchen fordert ihr ständig Gesetze für die weltlichen Angelegenheiten.< Dem Papst war eben nicht mehr alles »religiös«, sondern er kannte »Weltliches«, das nicht sofort mit der Religion in Berührung stand und deshalb nicht in seine Kompetenz fiel.

Das Christentum, ursprünglich in nicht wenigen Punkten »religionskritisch« eingestellt, mußte nunmehr, um überhaupt angenommen zu werden, eine Vielzahl von Religionselementen in sich aufnehmen, die bei klarerer Erkenntnis des wesentlich Christlichen zum Problem wurden. Der hier begründete Widerstreit schuf nicht wenige der inneren Spannungen in der mittelalterlichen Christenheit.

4. Bekehrung und Glaube

a) Glaubensunterweisung

Wie in Wirklichkeit der schwierige, weil alles umstürzende Prozeß der Verchristlichung vonstatten gegangen ist, wird kaum einmal angedeutet. Selten ist davon die Rede, wie die Täuflinge vorbereitet und in das neue religiöse Leben eingeführt wurden. Die Bekehrung der Sachsen erfolgte mit tödlicher Gewalt, mit ›eiserner Zunge‹. Grundsätzlichere Reflexionen hat Alkuin angestellt, als nach der seiner Meinung zufolge verfehlten Sachsen-Mission das Bekehrungswerk der Awaren anstand. Als Theologe wußte er, daß eine erzwungene Taufe dem christlichen Glauben widersprach, daß ferner wenigstens ein Minimum an Glaubenswissen vermittelt werden mußte:

›Denn unser Herr Jesus Christus... hat seinen Aposteln geboten: »Geht, lehret alle Völker und taufet sie im Namen des Vaters und des Sohnes und des Heiligen Geistes. Lehret sie alles halten, was ich euch geboten habe.« Zuerst ist der Glaube zu lehren, dann können die Sakramente der Taufe empfangen werden, und zuletzt müssen die evangelischen Weisungen übergeben werden. Wenn aber von diesen drei Stücken eines fehlt, vermag der Hörer nicht das Heil seiner Seele zu erlangen. Denn der Glaube ist, wie der heilige Apostel sagt, eine freiwillige Angelegenheit, nicht eine erzwungene. Zum Glauben kann der Mensch wohl gezogen, nicht aber gezwungen werden. Natürlich kann man zur Taufe zwingen, aber das ist kein Gewinn im Glauben... Ein Mensch im Erwachsenenalter muß für sich selbst antworten, was er glaubt und was er will, und wenn er trügerisch den Glauben bekennt, wird er in Wahrheit nicht das Heil gewinnen.‹

Eine Glaubensverkündigung von vierzig oder doch wenigstens acht Tagen sollte der Taufe vorausgehen, und die Eintreibung des Zehnten, die bei den Sachsen soviel Haß erzeugt hatte, sollte hintangestellt werden. Die eigentliche Bekehrung aber konnte sich nur in einem über Generationen andauernden Prozeß vollziehen. Ganz neue Verhaltensweisen und Lebensbräuche mußten geschaffen und eingeübt werden: für Geburt und Tod, Ernte und Arbeit, Kirchgang und Opfergaben, Ehe und Kinder.

b) Volkssprachen

Am schwierigsten dürfte dabei die Vermittlung der christlichen »Wort«-Botschaft gewesen sein. Zum einen sahen sich die Missionare in dem christeneigenen Gebot gefangen, die lateinischen Texte nicht übersetzen zu dürfen; zum anderen gab es für viele christliche Inhalte und Begriffe bei den Neugetauften keine auch nur annähernd entsprechenden Vorstellungen (vgl. § 57, 8). Um so bemerkenswerter ist es, daß man die Notwendigkeit einer verständigen Vermittlung auch und gerade in der Mission anerkannte und den Täuflingen wenigstens einige Haupttexte nahezubringen suchte, so das Glaubensbekenntnis und das Vaterunser. Da in der Mission auch wieder Erwachsene die Taufe empfingen, übersetzte man zudem die im Taufritual vorgesehenen Fragen nach dem Glauben an den dreieinigen Gott wie ebenfalls die Absagen an den Satan. So lautet das »altsächsische Taufgelöbnis«:

›Forsachistu diobolae? et respondeat: ec forsacho diobolae. end allum diobolgeldae? respondeat: end ec forsacho allum diobolgeldae. end allum dioboles uuercum? respondeat: end ec forsacho allum dioboles uuercum and uuordum thunaer ende woden ende saxnote ende allum them unholdum the hira genotas sint.

gelobistu in got alamenhtigan fadaer? ec gelobo in got alamehtigan fadaer. gelobistu in crist godes suno? ec gelobo in crist gotes suno. gelobistu in halogan gast? ec gelobo in halogan gast.‹

Der in Fulda gegen 830 von einem ›sächsischen Dichter‹ geschaffene ›Heliand‹ (vgl. § 75, 1 a) ist das herausragendste Beispiel dieses volkssprachlichen Bemühens.

5. Bild von den Heiden

a) Teufelskinder

Das dualisierende Welt- und Menschenbild, das dem Frühmittelalter unterstellt werden muß (vgl. § 30, 3), bewirkte einen Antagonismus von Gottes- und Teufelsreich, wobei alle Nichtgetauften geradezu wie selbstverständlich als vom Teufel beherrscht galten. Alkuin läßt in der Vita Willibrords seinen Missionarsheiligen dem Friesenkönig Radbod folgendes verkünden:

›Es ist kein Gott, den du verehrst, sondern der Teufel, der dich, König, in schlimmstem Irrtum getäuscht hat, damit er deine Seele den ewigen Flammen übergeben kann. Es gibt keinen Gott als nur den Einen, der Himmel und Erde, auch das Meer und alles, was es erfüllt, erschaffen hat. Wer ihn im wahren Glauben verehrt, wird das ewige Leben gewinnen. Als sein Diener bezeuge ich dir heute, daß du von dem Wahn des alten Irrtums, dem deine Väter angehangen haben, endlich abläßt, an den einen allmächtigen Gott, unseren Herrn Jesus Christus, glaubst, dich im Quell des Lebens taufen läßt, jede Bosheit und Ungerechtigkeit abwirfst und als neuer Mensch in aller Reinheit, Gerechtigkeit und Heiligkeit lebst. Wenn du so handelst, wirst du mit den Heiligen bei Gott seine ewige Herrlichkeit besitzen. Wenn du mich verachtest, der ich dir den Weg des Heils weise, wisse für sicher, daß du die ewigen Strafen und höllischen Flammen mit dem Teufel, dem du gehorchst, wirst erleiden müssen.‹

Zu missionieren und zu taufen bedeutete: die Menschen dem Teufel zu entreißen. Gerade hier, im Widerstreit mit dem Teufel, galt es zu beweisen, daß der Christengott der Stärkere war und die Heidengötter, weil allesamt nurmehr Teufelsgesellen, zu überwinden vermochte. Zum Glaubensbeweis gehörte darum der Kampf mit den bösen Geistern, die Zerstörung heidnischer Heiligtümer oder auch das Fällen dämonenbesetzter Bäume. Nicht intellektuelle Argumentation überzeugte, sondern die teufelsbezwingende »Tatmission«.

Schon in der Vita des heiligen Martin († 397) werden die heidnischen Tempel als die bevorzugten Versammlungsorte der Dämonen dargestellt; furchtlos habe Martin diese Tempel zerstört, weiter auch die Götterbäume fällen lassen und an ihrer Stelle Kirchen oder Klöster errichtet. Ganz dieselbe Weise der Mission treffen wir auch in karolingischer Zeit an. Bonifatius fällte die Donar-Eiche bei Geismar und verwandte das Holz für den Bau einer Peterskirche in Fritzlar. Ebenso sollte es programmatisch wirken, daß Karl der Große seine Sachsenbekehrung mit der Zerstörung der Irminsul, jenes als Weltenbaum gedeuteten Heiligtums auf der Eresburg, eröffnete. Demonstrativ wollte er die Überlegenheit des Christengottes kundtun, demgegenüber die alten Sachsen-Götter Donar, Wodan, Saxnot nur ›Unholde‹ waren.

Was hier sichtbar wird, ist wiederum eine geradezu dualistische Weltdeutung, stehen sich doch Gottesreich und Teufelsreich als ein striktes Entweder-Oder gegenüber: Entweder gehört man zu Gott oder aber zum Teufel; ein Mittleres gibt es nicht. Alkuin nennt jene Angelsachsen, die ihre Heimat auf dem Kontinent verlassen hatten und nach England gegangen waren, ›optimi christiani‹ (allerbeste Christen) und die Zurückgebliebenen ein dämonisches Sündenbabel. Indem die heidnische Religion als Teufelsdienst aufgefaßt wurde, der Teufel aber alles in der Welt vorfindliche Unheil anrichtete, galt es, schon um des allgemeinen Wohlergehens willen, den Einflußbereich des Bösen zu beseitigen und möglichst alle der Taufe zuzuführen. Als Karl der Große Widukinds Taufe nach Rom meldete, antwortete Papst Hadrian, daß wegen dieser Bekehrung nicht nur Seelen für Gott gewonnen seien, sondern fortan auch Krankheiten und Pest, weil böse Folgen der Teufelsherrschaft, ferngehalten würden. Mission war darum weit mehr als nur Glaubensausbreitung; sie gebot sich dringlichst auch zur Eindämmung irdischen Unglücks, das der Teufel überall ins Werk setzte. Weil irdisches und himmlisches Reich aufs engste miteinander verbunden waren, mußte ein christlicher Herrscher, gerade auch um der irdischen Fürsorge willen, zur Taufe drängen; er mußte das Reich Gottes, das Reich sowohl des himmlischen wie des irdischen Wohlergehens, mit aller Macht sichern und nach Kräften ausbreiten. Die Taufe aber bildete das Tor zu diesem Reich, in das einzutreten möglichst jedermann zu veranlassen war.

Im 9. Jahrhundert tauchen freilich auch schon andere Gedanken auf. Der sogenannte karolingische »Moralismus«, den einzelne Theologen vertraten (vgl. § 76, 1), führte dazu, die gute Tat so hoch zu bewerten, daß dadurch sogar Heiden gerettet werden könnten. Jonas von Orléans († 843) zum Beispiel hielt dafür, daß ein Ungetaufter, der gute Werke vorzuweisen habe, im Gericht besser dastehen werde als ein Getaufter ohne verdienstvolles Tun. Agobard von Lyon († 840) rechnete sogar mit der Möglichkeit, daß viele Heiden mit dem unsichtbaren geistlichen Charisma Christi gesalbt würden und dadurch Glieder seines Leibes seien, etwa die Patriarchen und Könige des Alten Bundes, aber auch die Gerechten aus dem Heidentum.

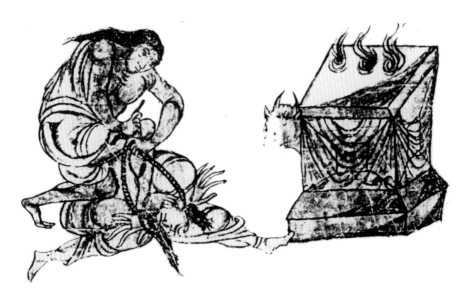

84 Die Gestalt der Fides (Glaube) erdrosselt den Götzendienst. Illustration aus der Psychomachia (Seelenkampf) des Prudentius; vermutlich aus St. Gallen oder Reichenau, letztes Drittel des 9. Jahrhunderts (Bern, Burgerbibl.).
Die bildlichen Darstellungen zur Psychomachia des Prudentius († nach 405) gehen in die Spätantike zurück. Das Bild zeigt die Fides als Siegerin und den Götzendienst als »Unwesen«; im Hintergrund lodern die Feuer der Götzenopfer.

b) Getaufte und Barbaren

Die Reichschristen verschärften die Distanz zu den Nichtchristen dadurch, daß sie der antiken Abschätzigkeit gegen die Barbaren noch religiöse Akzente zufügten. Galten schon die Barbaren von jeher als ungebildet, so erschienen sie jetzt zusätzlich als Helfershelfer Satans. Zahlreich sind die Berichte, daß die Ungetauften in ›tierischer Wildheit‹ lebten, weswegen sie auch als Tiere bezeichnet wurden. Erst die Bekehrung zum Christentum stellte den Übergang zu einem wirklich menschlichen Leben dar. Nur Getaufte galten voll als Menschen; von ihnen aber erwartete man dann auch ein menschenwürdiges Verhalten. Die Spätantike und deutlicher noch das Frühmittelalter zogen daraus eine weitergehende Konsequenz: Zwischen Getauften und Ungetauften sollte es nicht nur keine religiöse, sondern auch keine gesellschaftliche Gemeinschaft geben. Der Heide war zu meiden. Die Schwierigkeiten waren zahlreich, beispielsweise schon bei dem Verbot gemeinsamer Mähler; denn solche stellten einen bedeutsamen Akt dar, da die im mittelalterlichen Personenverbandsstaat so wichtige Königsnähe zumeist in der Tischgemeinschaft des Hofes ihren Ausdruck fand. Das Königsmahl war ein politischer wie auch ein religiöser Vorgang.

So berichtet die ›Conversio Bagoariorum et Carantanorum‹ (Bekehrung der Baiern und Karantanen) von einem Fürsten Ingo im karantanisch-pannonischen Missionsgebiet, daß er ›die rechtgläubigen Knechte zu sich an den Tisch lud, während er ihre ungläubigen Herren draußen vor der Tür, als wären sie Hunde, Platz nehmen ließ, wo er ihnen Brot, Fleisch und schmutzige Krüge mit Wein vorsetzte, daß sie so äßen‹. Zur Begründung wird dem Gastgeber in den Mund gelegt: ›Ihr seid unwürdig, mit Euren [in der Taufe] nicht abgewaschenen Leibern mit denen zusammen zu essen, die aus dem heiligen Wasser wiedergeboren wurden. Nehmt also wie Hunde draußen vor der Tür Eure Nahrung!‹ Die derart Gemaßregelten sollen sich schleunigst im Glauben haben unterweisen lassen und seien dann um die Wette zur Taufe gelaufen. Demgegenüber argwöhnt ein karolingischer Missionskatechismus: Keiner solle zur Taufe kommen, um auf diese Weise die Möglichkeit zu erhalten, mit Christen gemeinschaftlich essen und trinken zu können.

Erst die volle religiöse Gemeinschaft, so die im Frühmittelalter zu beobachtende Einstellung, erlaubte auch die volle »gesellschaftliche« Gemeinschaft. Die Taufe schuf die dafür notwendige Grundlage, nämlich die allseitige Verpflichtung auf bestimmte gemeinschaftliche Normen. Angesichts des Fehlens eines »internationalen Rechtes« garantierte die Taufe so etwas wie einen gemeinmenschlichen Verhaltenskodex. **In der kriegerischen Welt der Nachantike verknüpfte man mit der Taufe der Barbaren vor allem die Hoffnung auf Pazifizierung.** Diese Erwartungen glaubte man um so stärker hegen zu können, als es ein altes – inzwischen aber bei den Christen selbst längst mißachtetes – Gebot war, daß Getaufte untereinander kein Blut vergießen dürften. So hegte man nun auch gegenüber getauften Barbaren die Hoffnung, daß sie ihre kriegerische Wildheit ablegen würden. Gleichzeitig galt, keine Bündnisse mit Heiden einzugehen. Zwar schrieb Papst Nikolaus I., daß man ein Friedensangebot von keinem Volk abschlagen dürfe; doch könne ein Vertrag zwischen Christen und Heiden nicht abgeschlossen werden; nur ›wenn ein Gläubiger mit einem Ungläubigen in der Absicht einen Vertrag schließt, daß er diesen zur Verehrung des wahren Gottes bekehren kann, ist es statthaft‹. Christenherrscher waren demnach verpflichtet, Heidenfürsten zur Anerkenntnis Christi zu bringen. Tatsächlich sehen wir christliche Herrscher immer wieder bestrebt, Friedensabmachungen mit Heiden durch deren Taufe zu befestigen, wie umgekehrt sich ein Heide gerade dann zur Taufe bereiterklärte, wenn er ein Bündnis mit Christen suchte. Die Mission ist durch diese politischen Konstellationen vielfach mitgeprägt worden.

Daß ein Heide, weil er den christlichen Kaiser zum Verbündeten gewinnen wollte, die Taufe nahm, war die Situation Haralds von Dänemark (vgl. § 64, 1 a). Ebenso gab es die andere Version, daß der christliche König in Bedrängnis geriet und sich mit einem Heiden arrangieren mußte. Bei einem Christenkönig, der erst gerade getauft war, konnte es noch vorkommen, daß er dann zum Heidentum zurückkehrte. Aber mit der Befestigung des neuen Glaubens wurde dies unmöglich; ja, die eigene Gefolgschaft lernte rasch, das Verbot des Heidenpaktes gegen den eigenen König auszuspielen, indem sie damit drohte, keinen Oberherren ertragen zu wollen, der mit Heiden paktiere. Wenn also ein christlicher König durch einen Heiden bedrängt wurde und demselben irgendwie entgegenkommen oder gar Anteil am christlichen Imperium geben mußte, hatte er sein Möglichstes zu tun, den Heiden zuvor zur Taufe zu bringen, weil sonst mit einem Abfall im eigenen Reich zu rechnen war. In den Normannenkriegen des 9. und 10. Jahrhunderts sind nicht selten solche Situationen eingetreten. Dabei wird dann deutlich, daß die Taufe oft nicht mehr aus religiösen Gründen propagiert und empfangen wurde, sondern aus politischem Kalkül.

6. Kaiserliche und päpstliche Mission

a) Imperialer Taufpatronat

Weil sich die Missionsvölker des frühen Mittelalters als Volks- und zugleich als Religionsgemeinschaft verstanden, mußte jede Ausweitung des Volksbereichs auch eine Ausweitung der eigenen Religion bewirken. Daß Reichsausweitung und Mission zusammengingen, hat paradigmatisch sogar in Byzanz gegolten: »Jede Ausbreitung des Reiches war potentiell eine Ausbreitung des Christentums und jede Ausweitung des christlichen Raumes potentiell ein Zuwachs zum Römischen Reich«; »der Kaiser war dabei der erste und vornehmste Missionar des Christentums« (H.-G. Beck).

In Byzanz hat man dabei die alte Idee von der »Familie der Könige«, derzufolge sich alle Herrscher als einer gemeinsamen Familie zugehörig wußten, seit dem 6. Jahrhundert zu verchristlichen begonnen und auch für die Mission einzusetzen gesucht. Dies geschah – überraschend genug – mittels der Taufpatenschaft. Indem der Kaiser bei der Taufe eines sich bekehrenden Königs Pate stand, machte er sich zu dessen ›Vater‹, und zwar in religiöser wie politischer Hinsicht. Der Taufsohn gliederte sich in die byzantinische Kirche und zugleich in das byzantinische Reich ein. Um diese doppelte Vaterschaft zum Ausdruck zu bringen, vollführte der Kaiser bei seiner Patenschaft nicht nur die üblichen Patenriten des Aufhebens aus dem Taufbecken und der Übergabe der weißen Taufkleider, sondern vollzog obendrein politisch signifikante Akte, beispielsweise die Übergabe von Gewand- und Ornatstücken, die den politischen Rang des Neugetauften gegenüber seinem ›Vater‹ zum Ausdruck brachten. Seit dem 6. Jahrhundert bildete sich für diese politische und geistige Vaterschaft ein festes Verfahren heraus, das in Byzanz über ein halbes Jahrtausend in Übung blieb.

Genau dasselbe Verfahren ist aber auch im Westen angewendet worden. Schon in der Angelsachsenmission treffen wir es an (vgl. § 37, 4b), weiter bei Karl dem Großen in seinen Patenschaften über den Sachsen Widukind (vgl. § 51, 2) und einen Awarenfürsten (vgl. § 53). Das deutlichste Beispiel bietet Ludwig der Fromme, der 826 Pate des Dänenkönigs Harald Klak wurde (vgl. § 64, 1a). Der Kaiser übergab seinem Taufsohn nicht nur in patenüblicher Manier das weiße Taufkleid, sondern stattete ihn zusätzlich mit einem Königsornat aus, mit Krone, Chlamys und Schwert.

Ermoldus Nigellus hat uns in seinem Lobgedicht auf den Kaiser den hochfeierlichen Akt mit allen seinen rituellen Einzelheiten beschrieben. Im Mittelpunkt steht die kaiserliche Familie mit ihren Patenhandlungen. Den Vortritt hat Ludwig: ›Der Kaiser hob Harald ehrenvoll aus dem Wasser und legte ihm eigenhändig das weiße Gewand an.‹ Nachfolgend taten das Gleiche seine Gemahlin Judith und der Sohn Lothar, die beide in entsprechender Weise die Patenschaft über Haralds Frau und Sohn übernahmen. Weiter vollführten dann kaiserliche Hofleute bei den dänischen Großen den Patendienst. Auf diesen ersten liturgischen Akt folgte anschließend ein nicht minder bedeutsamer zweiter Akt: Ludwig bekleidete Harald mit einer steinbesetzten, goldpurpurnen Chlamys, schnallte ihm Gürtel und Dolch um und setzte ihm eine Krone auf; Judith legte der dänischen Königin ein weißes Gewand an, dazu noch Hals- und Armschmuck, und auch sie krönte ihre Patentochter mit einer goldenen Binde. Zuletzt übergab der Kaisersohn Lothar dem Sohn Haralds ein golddurchwirktes Gewand. Die überreichten Gewänder wie ebenso die Bekrönungen symbolisierten einen eindeutig politischen Ritus: Im Anlegen des Königsornats mit Schwert, Gürtel und Krönung vollzog sich ein altvertrauter politischer Einsetzungs- und Adoptionsritus. Harald wurde der geistliche und politische Sohn des Kaisers, und das hieß in der politischen Wirklichkeit: Er wurde ein vom Kaiser abhängiger Unterkönig.

Mit den politischen ergaben sich zugleich kirchenpolitische Konsequenzen. Als Pate war Ludwig der Fromme für den Glauben Haralds wie auch der Dänen verantwortlich. Harald erhielt darum Kleriker zugewiesen, die für sein persönliches Heil wie das seines Volkes zu wirken hatten. Es war der Mönch Ansgar samt weiteren geistlichen Gefährten. Diese aber gehörten zur Reichskirche, die folglich mit der neuen Mission sich weiter ausdehnen mußte.

Weitere gleichartige Beispiele aus der Bekehrungsgeschichte der Normannen könnten in einer ganzen Reihe angeführt werden. Im späten 9. Jahrhundert wurde Kaiser Karl III. († 888) der Pate über den Normannen Gottfried, der sich in Ascloha (nördlich von Maastricht) verschanzt hatte. Der englische König Alfred der Große († 899/901) stand Pate bei der Taufe des Dänen Guttorm; ein Pactum sollte die Befriedung und Ansiedlung seines dänischen Gefolges nördlich der Themse bewirken. Noch Rollo († 927), der Begründer der Normandie, ist nach diesem Verfahren pazifiziert worden.

b) Päpstlich-»freie« Mission

Der imperiale Taufpatronat, wie er in Ost und West praktiziert wurde, mußte im Mittelfeld der beiden Imperien, in Osteuropa und auf dem Balkan, zu einer Missionskonkurrenz führen. Den dortigen Völkern schien mit der Bekehrung notwendig die Eingliederung in eines der Imperien beschieden zu sein. Doch gab es noch einen dritten Weg, nämlich vom Papst in Rom Missionare zu erbitten. Auf diese Weise konnte die Bekehrung vollzogen werden, ohne eine politische Unterwerfung einzuschließen. Zudem bot der Weg nach Rom noch einen weiteren Vorteil: Gemäß römischer Auffassung sollte jede Provinz – oder in der gentilen Welt des Frühmittelalters: jedes Volk – einen eigenen Erzbischof haben. Sich in Rom die Missionare und dabei auch einen landeseigenen Erzbischof zu erbitten, garantierte folglich eine freie Mission und zugleich eine landeskirchliche Verselbständigung, freilich um den Preis der Rombindung. Im 9. Jahrhundert sehen wir denn auch, wie die von den beiden Imperien bedrohten Balkan-Völker die Möglichkeit der römischen Mission zu nutzen verstanden. Der Bulgaren-Khan Boris-Michael bat – obwohl geistlicher und politischer Sohn des byzantinischen Kaisers – dennoch in Rom um Missionare und vor allem um einen Erzbischof. Weil aber die Bulgaren auf beiden Seiten der alten ost-westlichen Scheidelinie siedelten, verweigerten sich ihnen die Päpste, und so fiel das Land zum Schluß doch unter die kirchliche Zuständigkeit von Byzanz. Ähnlich bemerkenswert ist die Kirchenpolitik des Großmährischen Reiches. Method wurde zum Erzbischof des alten Sirmium geweiht. In Wirklichkeit fungierte er als Erzbischof der mährischen Kirche und sollte »im Anschluß an das Papsttum eine mährische Landeskirche aufbauen« (H. Löwe). Später, im Jahre 1000, gelang den Polen und den Ungarn mit Hilfe eines eigenen Erzbistums die kirchliche wie auch die politische Verselbständigung. So hat das Papsttum, obwohl es wie keine andere Institution die übergentile Einheit durchzusetzen bestrebt war, durch die Errichtung »nationaler« Kirchenprovinzen erheblich zur Nationenbildung beigetragen.

4. Kapitel: Das Geistesleben

§ 74 Der Fortgang der Bildungserneuerung

1. Klosterschulen

Hatte man zu Karls Zeiten am Hof am meisten lernen können, so jetzt in den Klöstern. Waren damals in der Hofschule jene erstaunlichen Buchillustrationen entstanden, die man eine »Wiederbelebung der Antike« genannt hat, so jetzt in den Klosterateliers. Ähnliches geschieht mit der Annalistik, die zuvor gerade auch am Hof gepflegt worden war; nun wurde sie verstärkt in den Klöstern fortgesetzt. Die Werke der jetzt führenden Gelehrten und Dichter, die nahezu allesamt Klosterleute waren und meist auch bewußt monastisch leben wollten, tragen erstmals wirklich »renaissancehafte Züge« (J. Fleckenstein).

a) Corbie und Paschasius Radbertus († um 859)

Im Westen des Reiches sticht Corbie hervor, jenes von Königin Balthild gegründete Kloster an der Somme (657/61), das von Luxeuil aus besiedelt wurde und sich bald auch als Schreibkloster hervortat (vgl. § 35, 2 a). Es gehört zu den von den Karolingern beherrschten Klöstern, wo oft genug sogar ein der Herrscherfamilie entstammender Abt regierte, so in der ersten Hälfte des 8. Jahrhunderts möglicherweise Grimo († 747), dann Karls Vetter Adalhard und anschließend Ludwigs des Frommen Halbbruder Wala. Durch Adalhard ist offenbar ein nicht unbeträchtlicher Teil von Karls Hofbibliothek in die Abtei gelangt. Als bedeutendste Gelehrte sind für die Folgezeit Paschasius Radbertus († um 859) und sein Schüler Ratramnus († nach 868) zu nennen. Der gegen Ende des 8. Jahrhunderts geborene Radbert, der bei den Nonnen des Marienklosters zu Soissons – als Findelkind, wie man vermutet hat – aufwuchs und dann in Corbie eintrat, gehörte zu der nach Sachsen entsandten Gründergruppe von Corvey, wirkte aber hauptsächlich in Corbie, zunächst wohl als Lehrer und später als Abt (843/44–849). Seine eigentliche Lebensberufung fand er, der zeitlebens nur Diakon blieb, in der Theologie; er gilt als »einer der größten Theologen des frühen Mittelalters« und zugleich als »Humanist« (F. Brunhölzl). Sein Matthäus-Kommentar schöpft aus der Patristik, aber nicht in der üblichen kompilatorischen Weise, sondern in selbständiger Erarbeitung. Das Beste, so erklärte er selber, gelte es auszuwählen und neu zu vereinigen, um über die Vorgänger hinauszugelangen. Berühmt wurde er durch den ersten abendländischen Eucharistie-Streit, bei dem ihm ein Mitbruder aus dem eigenen Kloster, Ratramnus, entgegentrat (vgl. § 75, 4).

b) Fulda und Hrabanus Maurus († 856)

Die berühmteste Klosterschule des ostfränkischen Reiches war die Abtei Fulda. Geschaffen wurde sie von dem angesehensten Lehrer seiner Zeit, von Hrabanus Maurus. Gegen 780/83 geboren, kam Hraban als Kind nach Fulda, wurde in die Schule Alkuins geschickt (der ihm übrigens den Namen Maurus gab) und diente dann der eigenen Abtei mit ihren fast 700 Mönchen als Lehrer und für zwei Jahrzehnte auch als Abt (822–842). Die innerfränkischen Kämpfe zwangen ihn zur Amtsentsagung, doch ge-

§ 74 *Der Fortgang der Bildungserneuerung* 433

85 Figurengedicht des Hrabanus Maurus, in ›De laudibus sanctae crucis: Ludwig der Fromme als Streiter Christi‹; nach 831 (Wien, Österr. Nationalbibl.).

Hrabanus Maurus bietet das erste Beispiel einer karolingischen Kombination von Text und Bild, dazu das erste erhaltene Bildnis eines karolingischen Herrschers. Es zeigt Ludwig den Frommen als ›Streiter Christi‹, angetan mit den geistlichen Waffen. Das Bild ist einer Seite aufgemalt, die mit einem fortlaufenden Text beschrieben ist, dessen erste Zeile lautet: REX REGUM DOMINUS MUNDUM DICIONE GUBERNANS (König der Könige, als Herr die Welt mit Macht regierend). Zugleich ergeben die Buchstaben in den einzelnen Bildelementen jeweils eine eigene, für den dargestellten Bildgegenstand bezeichnende Aussage. So steht in dem Nimbusreif um den Kopf: TU HLUDOUUICUM CRISTE CORONA (Du, Christus, kröne Ludwig). Im Kreuzesstab heißt es: IN CRUCE CRISTE TUA VICTORIA VERA SALUSQUE OMNIA RITE REGIS (In deinem Kreuz, Christus, ist wahrer Sieg und Heil, alles regierst du recht). In den Schild ist eingeschrieben: NAM SCUTUM FIDEI DEPELLIT TELA NEFANDA PROTEGIT AUGUSTUM CLARA TROPAEA PARANS DEUOTUM PECTUS DIUINO MUNERE FRETUM INLAESUM SEMPER CASTRA INIMICA FUGAT (Denn der Schild des Glaubens wehrt ab die bösen Pfeile, beschützt den Kaiser, bereitet ruhmvolle Siegeszeichen, macht das fromme Herz mit göttlicher Gabe fest und unversehrt, schlägt die feindlichen Heere in die Flucht).

langte er wenige Jahre später, inzwischen schon ins siebte Lebensjahrzehnt vorgerückt, auf den wichtigsten Erzsitz des fränkischen Ostreiches nach Mainz (847–856).

Die Begegnung mit Alkuin muß »das Grunderlebnis Hrabans« (J. Fleckenstein) gewesen sein. Zweimal dürfte er den großen Angelsachsen erlebt haben, zunächst am Hof und dann – noch prägender – in Tours. Daß Fulda bald alle anderen Schulen übertraf, ist Hrabans Verdienst; durch ihn sei – so hat man sagen können – die Schule Alkuins nach Fulda verlegt worden.

Der Aufstieg vollzog sich rasch und energisch. Zuvor hatte die Abtei nicht eben viel zu bieten gehabt. »Wir kennen nicht einen lateinischen Vers aus Fulda vor Hraban«, wie wir auch »für die Zeit vor 800 keinen einzigen antiken Autor in Fulda nachweisen« können (F. Brunhölzl). Die Voraussetzung der neuen Bildungs- und Erziehungsarbeit war die Bibliothek, mit die umfangreichste des 9. Jahrhunderts, von der aber nur wenige Reste erhalten sind. Augenscheinlich zeichnete Hraban verantwortlich für ihren Aufbau, ist doch gerade zu seiner Zeit ein überdurchschnittlicher Schreibeifer nachweisbar. Hatten noch Hraban und Einhard von Fulda aus zur Hofschule und zu Alkuin gehen müssen, so kehrte sich nun die Bewegung um. In Fulda suchten und fanden ihr Wissen der Dichter, Liturge und Prinzenerzieher Walafrid Strabo von der Reichenau, ferner der bedeutendste Philologe seiner Zeit, Lupus von Ferrières, endlich auch der Verfasser der althochdeutschen Evangelien-Harmonie, Otfrid von Weißenburg. Die klostereigenen Schüler Brun Candidus und der »Historiker« Rudolf verfügten über das ganze Wissen ihrer Zeit und beherrschten alle Feinheiten der karolingischen Latinität.

In seinem Schaffen verkörperte Hrabanus Maurus wie kaum ein anderer den Typ des Kompilators, der seine Werke aus Väter-Auszügen zusammensetzte, freilich durchaus mit Geschick und Verstand. Schon in seiner Zeit, die ihn bezeichnenderweise als angesehensten Lehrer feierte, errangen einzelne seiner Werke höchstes Ansehen.

Als erstes legte er mit dreißig Jahren 28 Figurengedichte zum ›Lob des Kreuzes‹ (De laudibus sanctae crucis) vor, in denen, in Fortsetzung einer spätantiken Dichtungsform, bestimmte Buchstaben im Gedicht so angeordnet sind, daß sie einen eigenen neuen Vers bilden und zugleich eine Figur darstellen, zum Beispiel das Kreuz. Sein nächstfolgendes größeres Werk, das gleichfalls weite Verbreitung fand, galt der Klerikerbildung (De institutione clericorum). Behandelt werden darin Stellung und Rangstufen wie auch die Aufgaben des Klerus: so unter den Sakramenten an erster Stelle Taufe und Meßfeier, aber auch die liturgischen Gewänder und Festzeiten, sodann die biblischen Bücher, der christliche Glaube und zuletzt Sinn und Notwendigkeit einer guten Lebensführung und Bildung beim Klerus; alles ist begründet und abgeleitet aus der ›Autorität der Älteren‹. Am umfänglichsten ist Hrabans ›De rerum naturis‹, eine der großen Enzyklopädien des Mittelalters, die allerdings nur wenig Verbreitung fand. In 22 Bänden wird eine ursprünglich für Seelsorge und Bibelauslegung konzipierte umfassende Darstellung des Wissens geboten, eine Skala vom Himmel bis zur Erde: Gott, Engel, Gestalten des Alten und Neuen Testamentes, Glauben, Kirche, Bibel, kirchliche Ordnungen, der Mensch, Religion und Philosophie, zuletzt die Tiere, die Medizin, das Handwerk, die Metalle und Mineralien sowie die Nahrungsmittel. Aus Isidors Etymologien sind vielfach die »Sachen« entnommen, denen dann patristisch-allegorische Deutungen hinzugefügt werden. Am stärksten hat Hraban durch seine Bibelkommentare gewirkt, die er, Literalsinn und Allegorik verbindend, zu fast allen Büchern der Heiligen Schrift geschrieben hat und die Ansehen bis über die Scholastik hinaus zu behaupten vermochten.

Was bei Hraban gegenüber seinem Lehrer Alkuin auffällt, ist seine »entschiedene Hinwendung zum Geistlichen und Theologischen« (F. Brunhölzl). Seine großen Werke schrieb er für die Klerusbildung und zur Bibelerklärung; auch baute er seine Enzyklopädie nicht mehr nach dem »Weltwissen«, sondern nach dem theologischen Ordnungsschema »Gott – Welt« auf. Zuvörderst argumentierte Hraban immer mit der Bibel, auch beim Recht und in naturwissenschaftlichen Fragen.

Im Erzbischofsamt entfaltete Hraban noch als Siebzigjähriger eine staunenswerte Aktivität. Drei Synoden fanden unter ihm in Mainz statt. Verschärft griff er auch in die Auseinandersetzung um seinen ehemaligen Fuldaer Schüler, den Sachsen Gottschalk, ein, zunächst im Streit um dessen Oblation und später wegen dessen von Augustinus her entwickelter Prädestinationslehre. Hraban lieferte die entscheidende Gegenschrift, die dann Hinkmar von Reims dazu diente, über Gottschalk das Urteil zu fällen.

c) Lupus von Ferrières († nach 862)

Mit der dritten Generation erreichte die karolingische Bildungserneuerung eine Qualität, der wirklich »renaissancehafte Züge im humanistischen Sinn« zugesprochen werden dürfen (J. Fleckenstein). In der Philologie gilt dies am deutlichsten für Lupus von Ferrières.

Er entstammte einer bairischen, nach Burgund übergesiedelten Familie, erhielt seine Ausbildung in dem Kloster Ferrières (westl. Sens) sowie in Fulda, wo er von 829 bis 834 Schüler Hrabans war. Seine Mitbrüder in Ferrières wählten ihn 841 zum Abt, und als solcher erfuhr er die ganze Last, die ein Reichsabt zu tragen hatte. Persönlich dem Kriegshandwerk ganz abgeneigt, mußte er zu Feldzügen ausrücken und geriet dabei einmal sogar in Gefangenschaft. Er hatte sich in den politischen Wechselfällen zurechtzufinden, finanzielle Belastungen abzutragen und schien einmal sogar gewärtigen zu müssen, daß ein Laienabt die Verfügung über sein Kloster erhielt. Auf den Synoden, an denen er teilnahm, wählte man ihn gern zum Sekretär, und bei theologischen Streitfragen wurde von ihm eine Stellungnahme erwartet. Als ihn der Tod ereilte (nach 862), befand er sich wahrscheinlich in der Verbannung oder auf der Flucht vor den Normannen.

Historische Bedeutung hat Lupus dadurch erlangt, daß er sich ganz in Geist und Form der klassischen Latinität hineinzufinden wußte, weswegen er wirklich als Vertreter einer humanistischen Renaissance gelten kann. Weisheit sei um ihrer selbst willen zu erstreben, schrieb er an Einhard; unbefangen suchte und fand er sie bei den antiken Autoren, mehr aber noch in der Heiligen Schrift, dem Werk der Weisheit Gottes selbst. Seine herausragendste Leistung hat Lupus in der Philologie vollbracht. Er sammelte Handschriften antiker Autoren, führte Textvergleiche durch, fand die besseren Lesarten heraus und konnte so Korrekturen und Konjekturen durchführen. »Er war ein Philologe, wie es seit Jahrhunderten keinen mehr gegeben hatte« (F. Brunhölzl). Als persönliches Zeugnis blieb die von ihm selbst geordnete Sammlung seiner Briefe erhalten.

2. Kunst

a) Buchkunst

Die Buchmalerei, die an Karls des Großen Hof zuletzt eine Wiederbelebung der Spätantike erreicht hatte (vgl. § 55, 4 a), erfuhr in den Klöstern ihre Fortsetzung. So fertigte das Skriptorium der Abtei Hautvillers (bei Epernay) für Ebo von Reims ein Evangeliar an, in dem die malerische Dynamik zu einer nochmaligen Steigerung des Ausdrucks weitergeführt ist.

Der im gleichen Skriptorium kopierte und nach seinem heutigen Aufbewahrungsort benannte Utrecht-Psalter (vgl. § 71, 4; Abb. 77) ist ganz vom spätantiken Charakter seines Vorbildes durchdrungen; die Illustrationen geben in vollkommener Weise die alten Vorbilder wieder. Bedeutende künstlerische Leistungen weist auch das Skriptorium von Tours auf, allerdings in sehr unterschiedlicher Weise. Die Grandval-Bibel – benannt nach dem späteren Aufbewahrungskloster Moutier-Grandval/Granfelden (nördl. Solothurn) – zeigt, zweifellos wieder unter Einwirkung antiker Vorbilder, Tiefendimension mit perspektivischer Verkürzung und räumlicher Staffelung, während eine zur selben Zeit entstandene und nach dem damaligen Laienabt Vivian benannte Bibel diese perspektivische Behandlung vermissen läßt, obwohl sie dieselben Bildvorlagen benutzte.

86 Maiestas Domini. Titelbild zu den Evangelien in der Vivian-Bibel, benannt nach dem Turoner Laienabt Vivian, auch Erste Bibel Karls des Kahlen genannt; Tours, um 845/46 (Paris, Bibl. Nat.). Christus thront auf der Weltkugel und weist die eucharistische Hostie oder auch einen Denar als Zeichen der Entlohnung vor. Der 8-förmige Nimbus erklärt sich aus den Jahwe-Visionen Ezechiels (Ez 1, 26 ff.). Der rautenförmige Rahmen ist als Nachklang eines kosmologischen Bezugsschemas zu deuten. In den Ecken zwischen dem 8-förmigen Nimbus und der umgebenden Raute sind die Vier Wesen, die gleichfalls zuerst in der Ezechiel-Vision unter der Tragplatte erscheinen, in der christlichen Tradition dann mit den Evangelisten kombiniert wurden. Die Evangelisten selbst sind in den Ecken des Gesamtquadrats dargestellt: Johannes, Matthäus, Marcus und Lucas, jeweils ihr Evangelium schreibend. Demgegenüber haben die vier großen Propheten Isaias, Ezechiel, Daniel und Jeremias, die in den Medaillons an den Rautenspitzen dargestellt sind, nur Schriftbänder in Händen.

b) Ikonographie

Auch in der christlichen Ikonographie wirkten die Klöster innovatorisch. Wiederum in Tours entstand eine neue ›Maiestas Domini‹, ein Bild Christi, das vor allem hoheitlich erscheint und nicht nur mit den Attributen des imperialen Pantokrators ausgestattet ist, sondern auch mit Begleitumständen, wie sie in den Himmelsvisionen des Alten und Neuen Testaments für Gott selber angeführt sind (Jes 6; Ez 1,22–28; Dan 7,9–14; Apk 4): Es ist der erhöhte Herr, umstrahlt von der Lichtherrlichkeit der Mandorla, begleitet von den Vier Wesen und thronend auf einer Kugel oder einem Regenbogensegment. In den beiden Jahrzehnten zwischen 830 und 850 hat das Turoner Skriptorium die »für den ganzen Westen entscheidende Formel« (F. van der Meer) geschaffen. Dieser Darstellungstypus ist auf dem Frontispiz vieler frühmittelalterlicher Evangeliare zu sehen, wurde vielfach auch im Apsisrund dargestellt und blieb bis ins 12. Jahrhundert die dominierende Form des Christusbildes.

Zunächst ist es das Majestas-Bild mit dem 8-förmigen Herrlichkeitsglanz, das sich aus der Jahwe-Vision Ezechiels herleitet: ›Auf dem, was einem Thron glich, saß eine Gestalt, die wie ein Mensch aussah. Oberhalb von dem, was wie seine Hüfte aussah, sah ich etwas wie glänzendes Gold in einem Feuerkranz. Unterhalb von dem, was wie seine Hüften aussah, sah ich etwas wie Feuer und ringsum einen hellen Schein. Wie der Anblick des Regenbogens, der sich an einem Regentag in den Wolken zeigt, so war der helle Schein ringsum. So etwa sah die Herrlichkeit des Herrn aus‹ (Ez 1,26 b–28 b). Bald aber wandelte sich diese 8-Form – wohl im Blick auf die Aussage von ›dem hellen Schein ringsum‹ – zur Mandorla, jenem Herrlichkeitsglanz, der die Christusfigur in Mandelform umgibt. Zufolge der Vision steht der Thron Jahwes auf einer Platte (›wie auf einem strahlenden Kristall‹) und wird von den Vier Wesen getragen, die mit ihren Flügeln die Platte halten und mit ihren je vier Gesichtern – von Mensch, Löwe, Stier und Adler – in die vier Himmelsrichtungen schauen. In der Ikonographie sind die geflügelten vier Wesen den vier Evangelisten zugeordnet worden, wobei aber, wie schon in Apokalypse 4,7 ausgesagt, jedes Wesen die Gesamtgestalt seines Gesichtes annimmt und sodann mit den einzelnen Evangelisten kombiniert wird: Matthäus mit der Menschengestalt, Markus mit dem Löwen, Lucas mit dem Stier und Johannes mit dem Adler.

Bemerkenswert sind auch die Veränderungen in der Darstellung des Gekreuzigten. War zuvor der am Kreuz hängende Jesus immer mit geöffneten Augen – zum Zeichen seines todüberwindenden Sieges – gezeigt worden (vgl. § 57, 3b; Abb. 63), so jetzt erstmalig auch als Toter; der Grund dürfte in einem gewandelten Eucharistieverständnis zu suchen sein, daß man Jesu erlösendes Sterben betonen wollte.

3. Geschichtsschreibung

Daß im Geistesleben jetzt die Kirchen und Klöster zu dominieren begannen, zeigt in gewissem Maße auch die Geschichtsschreibung. Die anfänglich am Hof geführte Reichsannalistik ging in kirchlich-klösterliche Hände über. Die Reichsannalen fanden eine Weiterführung in den Annales Bertiniani (benannt nach dem westflandrischen Kloster St. Bertin, dem Fundort der ältesten Handschrift), deren erster Fortsetzer nach 835 der Hofkaplan Prudentius war, ein Spanier, der später Bischof von Troyes wurde (843/46–861); in seine Darstellung ließ er kirchlich-reformerische und zaghaft auch schon herrschaftskritische Töne einfließen. Der weitere Fortsetzer, Erzbischof Hinkmar von Reims, lieferte eine höchst eigenwillige und oft sehr subjektive Sicht, die streckenweise memoirenhafte Passagen enthält, insgesamt jedoch höchst informativ ist. Das ostfränkische Gegenstück, die Annales Fuldenses, bietet zunächst nur mehr eine Kompilation; die Zeit von 838–863 scheint den Fuldaer Scholaster Rudolf zum Verfasser zu haben, und für die Jahre von 863 bis 887 dürfte der Autor aus der Umgebung des Kanzlers

Liutbert von Mainz stammen. Zwei kleinere Annalen-Werke, die Annales Xantenses (niederdeutsch-kölnisch) und die Annales Vedastini (aus St. Vaast in Arras) verteilen sich wiederum auf Ost- und Westfranken. Schließlich ist für das späte 9. Jahrhundert noch die Weltchronik des Regino von Prüm, dort von 892 bis 899 Abt und Verfasser eines langen Send-Handbuchs, anzuführen.

§ 75 Die Theologie

1. Evangelienübersetzungen

a) Heliand

In Fulda sind zur Zeit Hrabans und sicherlich unter seinem Einfluß bedeutende Anstrengungen um volkssprachliche Bibeltexte unternommen worden. An erster Stelle ist der ›Heliand‹ zu nennen.

Aus dem Bücherschatz des Bonifatius besaß die Abtei einen 546/547 geschriebenen Kodex des Victor von Capua († 554) mit der von dem Syrer Tatian gegen 170 erstellten Evangelienharmonie. Der lateinische Text dieses ›einen aus den vier Evangelien‹ wurde gegen 830 in Fulda kopiert, zugleich ins Althochdeutsche übersetzt und in doppelsprachiger Edition vorgelegt. Dieses bis heute in St. Gallen erhaltene Buch bildete dann die Grundlage zu einem weiteren Unternehmen, zu dem, wie nunmehr mit guter Wahrscheinlichkeit angenommen werden darf, in Fulda vor 840 gedichteten altsächsischen Jesus-Epos, dem ›Heliand‹.

Diese Evangelienparaphrase gehört mit ihren 5983 stabreimenden Langversen zu den umfangreichsten volkssprachlichen Bibel-Epen germanischer Zunge. Sie verdankt ihre Entstehung den intensivierten katechetischen Bemühungen um ein Minimum an Glaubenswissen; die Kenntnis wenigstens der elementarsten Christentexte und dabei auch der Bibel, sollte allgemein sein. ›Ein jeder soll wissen, um was er bei Gott bittet‹, hieß es bereits in Karls des Großen Admonitio generalis, und nötigenfalls sollte dabei auch eine volkssprachliche Vermittlung angeboten werden. Die lateinische Praefatio zum Heliand, die aber möglicherweise erst nachträglich entstanden ist, geht hier einen Schritt weiter und dehnt die volkssprachliche Vermittlung auf die ganze Bibel aus. Ihr zufolge beauftragte Kaiser Ludwig der Fromme – nach anderen: Ludwig der Deutsche – einen im Sachsenvolk ›wohlbekannten Dichter‹ (non ignobilis vates), das Alte und Neue Testament in die ›germanische Sprache‹ zu übersetzen, damit nicht nur den Gebildeten, sondern auch den Ungebildeten der Wortlaut der göttlichen Gebote zugänglich werde. Aber nicht ein »Volksdichter« wie der Angelsachse Caedmon (vgl. § 37, 1 b) hat den Heliand geschaffen, vielmehr läßt die exegetische und theologische Gelehrsamkeit, die dem Werk zugrunde liegt, einen hochgebildeten Kleriker vermuten. Das Christusbild entspricht insbesondere mit der Betonung von Gottheit, Präexistenz und königlicher Hoheit ganz der karolingischen Theologie.

Neuerdings ist auch erörtert worden, das Epos als zahlenkompositorisches und -symbolisches ›Formkunstwerk‹ zu deuten: eine Symmetrie im Aufbau der Fitten (Kapitel) von 31/13/31 und nochmals eine Symmetrie in der inneren 13er-Gruppe mit den Verszahlen im Verhältnis von 501–48–501. »Das Gesamtwerk bildete dann eine dreiteilige Zentralkomposition, in der die 2×31 Flügelfitten die ›figura‹ des Gottesvolkes bedeuten würden, während die 13er-Gestalt Christus und die Zwölf als fundamentum ecclesiae [›Fundament der Kirche‹]« bedeutet (J. Rathofer).

Im 19. Jahrhundert und fast bis in die Gegenwart dienten das als Gefolgschaft interpretierte Jüngerverhältnis und stärker noch die Kampfszenen dazu, die Dichtung als Schlüsselzeugnis der Germanisierung des Christentums, als stolzen Ausdruck des

Thar uuas thes mâreon stôl an êrdagun
adalcuninges dauides thes gôdon than langa the he thana druthscepi
thar erl undar ebreon êgan môsta. haldan hôhgisetu
sie uuârun is hiuuiscas cuman fon is cnosla cunneas gôdes bêthiu
bi giburdiun. Thar gifragn ic that sie thiu berhtun giscapu
mariun gimanodun endi maht godes that iru an them sîtha sunu
ôdan uuard giboran an bethleem barno strangost. allaro cuningo
craftigost. cuman uuard the mâreo mahtig an manno lioht sô
is êr managan dag bilithi uuârun endi bôgno filu giuuorden an
thesero uueroldi

(361) Thar uuas thes mâreon stôl / an êrdagun, athalcuninges, / Dauides thes gôdon, than langa the he thana druthskepi thar, / erl undar Ebreon êgan môsta, / (365) haldan hôhgisetu. Sie uuârun is hîuuiscas, / cuman fon is cnôsla, cunneas gôdes / bêthiu bi giburdiun. Thar gifragn ic, that sie thiu berhtun giscapu, / Mariun gimanodun endi maht godes, / that iru an them sîtha sunu ôdan uuarth, / (370) giboran an Bethleem barno strangost, / allaro cuningo craftigost: cuman uuarth the mâreo, / mahtig an manno lioht, sô is êr managan dag / bilithi uuârun endi bôcno filu / giuurthen an thesero uueroldi.

[Bethlehem Burg] (361) Dort war des Mächtgen Stuhl
in alten Tagen, des Adelskönigs,
Davids, des hehren, solange er die Herrschaft dort,
der edle, unter den Ebräern zu eigen hatte,
(365) seinen Hochsitz hielt. Seinem Haus waren sie,
seinem Stamm entsprossen, der stolzen Sippe,
die Hausgenossen beide. Da erfuhr ich, daß sie die hehren Fügungen,
Maria, gemahnten und die Macht Gottes:
ihr werde auf dem Wege gewonnen ein Sohn
(370) in Bethlehems Burg, geboren als stärkster,
aller Könige kräftigster, gekommen als ein herrlicher,
mächtig zur Menschenwelt, wie vor manchen Tagen
Vorzeichen waren und viele Verheißungen
geworden in dieser Welt.

87 Heliand, Verse 361 bis 370: die Geburt Jesu; Münchener Handschrift, um 850 in Corvey geschrieben (München, Bayer. Staatsbibl.).
Die Transkribierung folgt den Zeilen der Handschrift und teilt die Verse durch Schrägstrich ab. Die Übersetzung (nach F. Genzmer) ist in Versform wiedergegeben.

wehrhaften und gefolgschaftlichen Volksgeistes der Sachsen zu deuten. Inzwischen ist stärker in den Blick getreten, daß entgegen allem germanischen Kampf- und Rachegeist der Bergpredigt des ›Friedenskindes Gottes‹ allerbreitester Raum gegeben wird und die Forderung nach Feindesliebe und Demut unverkürzt zur Sprache kommt: ›Dazu gebe ich euch die Lehre, daß ihr hinfort nicht rächt schlimme Taten, sondern daß ihr in Demut erduldet alles, Übles und Arges, was man auf dieser Erde euch tut.‹ Das Gebot, Gutes zu tun, dabei ein lauteres Herz zu haben, Treue zu üben und Böses mit Gutem zu vergelten, soll nicht allein den Sippengenossen gegenüber verwirklicht werden, sondern auch gegenüber dem Feind. Alle, die ›Waltat‹ (Mordtat) verüben, haben die ewige Verdammnis zu gewärtigen und nicht wie ehemals die Zugehörigkeit zu ›Wal‹ im Himmel. Ähnlich steht es mit einem weiteren Germanismus im Heliand, mit dem Schicksalsglauben. Nach germanischer Auffassung verfügte das Schicksal in letztgültiger und selbst von den Göttern nicht abzuändernder Weise über Welt und Menschen; beim Schicksal lag vor allem auch das Todeslos. Der Widerspruch zwischen Schicksals- und Christusglauben war der Zeit durchaus bewußt, heißt es doch in einem aus dem Angelsächsischen überlieferten Sinnspruch: ›Die Macht Christi ist groß, aber das Schicksal ist am stärksten.‹ Der Heliand kennt und benutzt die Schicksalsterminologie; Jesu Schicksalsstunde des Sterbens, die auch für die Evangelisten unter einem ›muß‹ steht, enthält alle Elemente des Schicksalhaften, wird aber dennoch als eine freiwillig übernommene Tat gedeutet und hinterläßt dabei einen sogar stark voluntaristischen Zug im Christusbild. Mit Recht gilt heute der Heliand als »die großartigste christliche Dichtung des 9. Jahrhunderts« (J. Rathofer).

b) Otfrid von Weißenburg († nach 868): die Evangelienharmonie

Ein weiteres, hochbedeutsames Denkmal althochdeutscher Dichtkunst und zugleich karolingischer Gelehrsamkeit wie auch Frömmigkeit ist die 863/71 verfaßte Evangelienharmonie des Otfrid von Weißenburg († nach 868), die mit ihren 7106 Langversen das umfangreichste volkssprachliche Bibel-Epos, ja überhaupt die umfänglichste Dichtung der karolingischen Epoche darstellt.

Der Entstehungsort, die nordelsässische Abtei Weißenburg, fand erst gegen Mitte des 9. Jahrhunderts Anschluß an die höheren Bildungsbestrebungen. Der seitdem in der Abtei zu beobachtende Ausbau von Skriptorium und Bibliothek – die aus der Zeit von 845–870 überkommenen Bücher sind so zahlreich wie die aus den 75 Jahren zuvor – geht auf den Abt und Kanzler Grimald wie auch auf den Mönch Otfrid zurück. Die Idee einer volkssprachlichen Evangelienharmonie dürfte in einem Impuls, den Otfrid in Fulda von Hrabanus Maurus erhalten hat, aber auch in dem damals aufkommenden ostfränkischen Reichsbewußtsein begründet sein, denn Otfrid wendet sich eigens an Ludwig den Deutschen und sein des Lateinischen unkundiges Volk im ›deutschen‹ Reichsteil. Ihn leitet hauptsächlich die für die karolingische Reform typische Intention, die anstößigen Gesänge der Laien ersetzen zu wollen und die hochheiligen Worte der Bibel für jedermann verständlich zu machen. Darüber hinaus beschreibt er ausführlich die Schwierigkeiten, die noch gänzlich wilde und bäuerische ›deutsche‹ Sprache – in Wirklichkeit die südrheinfränkische – den Regeln der Grammatik und Metrik gefügig zu machen. Endlich rechtfertigt er theologisch den Gebrauch der Volkssprache: Warum sollen die Franken, die ob ihrer Waffentaten den Römern keineswegs nachstehen, nicht auch in ihrer eigenen Sprache Gottes Lob verkünden dürfen?

Der Inhalt paraphrasiert und kommentiert das Leben Jesu anhand der gängigen exegetisch-allegorischen Traditionen, also ›mystisch‹, ›moralisch‹ und ›geistlich‹. Stark hervorgehoben werden die Gottheit und Allmacht Christi; der Einzug Jesu in Jerusalem gestaltet sich in königlicher Hoheit; noch der Gekreuzigte bleibt der Mächtige, der die Welt beherrscht und den Teufel besiegt. Betont wird ebenso das Gericht, zu dem Christus majestätisch und von Engelscharen umgeben erscheint; jeder Mensch muß sich diesem Richter, Auge in Auge, verantworten. Im ganzen sind es fünf Bücher, die Otfrid, in Entsprechung zu den fünf Sinnen als der ›sensuum inaequalitas‹ (Ungleichheit der Sinne), mit den vier Evangelien als der ›quadrata aequalitas‹ (vierseitigen Gleichheit) in Verbindung bringt. Wahrscheinlich deutet sich hier ein Schlüssel zu einer zahlensymbolischen Aufgliederung an.

Nach antiker Gematrie wurden die Quadratzahlen, die durch Addition der ungeraden Zahlen entstehen (1+3=4, 1+3+5=9 usw.), in der Weise dargestellt, daß an zwei Seiten eines Quadrates zunächst drei, dann fünf und so entsprechend weitere Quadrate angefügt wurden:

	3
1	2

= 4

		5
		4
1	2	3

= 9

Daß vierteilige wie überhaupt alle weiteren Quadrate durch Anfügen von fünf bzw. entsprechend vermehrten Quadraten wiederum zu der idealen Größe eines jeweils vergrößerten Quadrates gesteigert werden können, dürfte Otfrid zu seiner Zahlensymbolik angeregt haben: Auf der Grundlage der vier Evangelien wollte er mit den fünf Büchern zum Ausdruck bringen, daß die unreinen Sinne und die unvollkommenen Werke des Menschen (inaequalitas) durch die Verbindung mit der Vollkommenheit der vier Evangelien (aequalitas) zum Heil geführt werden. Die insgesamt 140 Kapitel der Evangelienharmonie fügen sich gleichfalls diesem Schema ein. Die entsprechende letzte Zufügung umfaßt nämlich 23 Quadrate, die den 23 Buchstaben der von Otfrid verwendeten ›lingua theotisca‹ entsprechen: Das letzte Großquadrat, das dabei entsteht, umfaßt 144 Einzelquadrate, darstellend die vier Evangelien und die 140 Kapitel von Otfrids fünf Büchern. Mit der Zahl 144 aber wird zugleich auf das himmlische Jerusalem und die Vollendung aller Dinge verwiesen.

Die »›lingua theotisca‹, Otfrids Opus und unsere fünf Sinne sind für sich ›inaequalitas‹. Doch durch ihren Anteil an der ›quadrata aequalitas sancta‹ der vier Evangelien, durch ihre Teilhabe am Wort Gottes sind sie fähig, eine neue vergrößerte ›quadrata aequalitas‹ zu bilden« (H. Klingenberg).

2. Amalar von Metz († um 850): die Liturgie-Allegorese

Nicht schon für die eigene Zeit, wohl aber für das weitere Mittelalter erlangte die Liturgiedeutung des Amalar von Metz († um 850) größte Bedeutung. Dieser war 809 Erzbischof von Trier geworden, hatte aber schon 815 resigniert und betätigte sich theologisch in der Liturgik. Die allegorische Auslegung, schon seit alters in der Schriftinterpretation geläufig, übertrug er auf die Liturgie. Deren verborgenen, aber in Wahrheit eigentlichen Sinn gelte es aus Gesten und Gebeten, aus Gerät und Gewandung, aus Zeitenordnung und Gebäudestrukturen zu erheben.

Für alles und jedes weiß Amalar eine geistliche Ausdeutung, ob nun ein Bischof mit sieben Diakonen oder nur einem zum Gottesdienst einzieht, wie die Kirche angelegt ist und welche Gewandung der Liturge trägt. Epochemachend wurden seine Deutungen der zentralen liturgischen Vorgänge. So ist die Messe auf verborgene Weise eine Vergegenwärtigung von Leben, Tod und Auferstehung Jesu und spiegelt insbesondere das Drama der Passion. Jeder Teil des Hochgebets bedeutet eine Leidensstation: das ›Sanctus‹ nach der Präfation den Jubel beim Einzug in Jerusalem, die Abendmahlsworte das Sterben, das ›Unde et memores‹ nach der Wandlung den Tod Jesu am Kreuz, das Gebet ›Nobis quoque‹ gegen Ende des Kanons das Bekenntnis des Hauptmanns unter dem Kreuz, das Gebet zum Brotbrechen und der ›Agnus Dei‹-Gesang die Emmaus-Geschichte. Der Kanon kann freilich auch noch in anderer Weise ausgedeutet werden, etwa anhand der Kreuze, die der Priester verschiedentlich über die Gaben macht: Das erste Kreuz bedeutet die Zeit des natürlichen Gesetzes von Adam bis Moses, das zweite das mosaische Gesetz, das dritte die Propheten von Samuel bis Zacharias, das vierte die Entstehung des Evangeliums, das fünfte die Zeit der Kirche aus den Heiden und das sechste endlich die Vollendung.

Nicht mehr die sakramentale Vergegenwärtigung wird bewußt gemacht, vielmehr ist den Gebeten und Zeichen von der Passion her ein erzählerisch-dramatischer Sinn unterlegt. Zum großen Streit um die neue Liturgieerklärung kam es erst, als Amalar von Ludwig dem Frommen beauftragt wurde, anstelle des 835 abgesetzten Agobard die Leitung der Erzdiözese Lyon zu übernehmen. Vor dem versammelten Klerus suchte er seine neue Auffassung von Liturgie zu propagieren. Doch in dem Diakon Florus erstand ihm ein unerbittlicher Gegner, der politisch wie theologisch die Stellung seines Erzbischofs verteidigte und von seiner rational-theologischen Einstellung her die Allegorese in der Liturgie verwerfen mußte. Für die »Lyoner Schule«, zu deren Häuptern Florus zählte, gründete alle Theologie in der Schriftexegese und in der Autorität der Väter. Was diesen Maßstab überschritt, war Verrat am wahren Erbe. Amalars Auslegungen wurden von Florus, gelegentlich in beleidigender Sprache, zerpflückt und als willkürliche und in sich widersinnige Künstelei abgetan; aus einem Responsorien-Vers, der von irgendwem einmal erfunden worden sei, könnten nicht tiefgründige Erkenntnisse herausgelesen werden. Der Streit trieb soweit, daß Amalar sich 837 auf einer Synode zu Quierzy verantworten mußte. Für Florus war es ein leichtes, Amalar, der für seine Allegorese keinen Beweis aus Schrift und Vätern beizubringen wußte, in die Enge zu treiben. Dieser bekannte freimütig, über die Autoritäten hinaus Eigenes dazugetan zu haben. So war seine Willkür erwiesen, und die Synode verurteilte seine Liturgieallegorese. Geschichtlich aber blieb Amalar der Sieger; seine Deutung sollte sich im Mittelalter durchsetzen.

3. Gottschalk der Sachse († 866/870): Streit um die Prädestination

Als die größte theologische Auseinandersetzung während der späteren Karolingerzeit ist der Streit um die Prädestination anzuführen. Der sächsische Grafensohn Gottschalk, der in Kinderjahren von seinen Eltern dem Kloster Fulda übergeben worden war, dort unter Hrabanus Maurus und zeitweilig auf der Reichenau seine Erziehung erhalten hatte, bestritt später die Verbindlichkeit seiner Übergabe, übrigens wegen eines Formfehlers. Auf einer Mainzer Synode (829) gestattete ihm Erzbischof Otgar den Austritt, allerdings unter Verzicht auf den an Fulda übereigneten Erbanteil. Überraschend blieb Gottschalk weiterhin Mönch und hielt sich in Corbie und als Lehrer in Orbais bei Soissons auf. Dichterisch wie philosophisch gleichermaßen hochbegabt, darf er als einer der besten Augustinuskenner seiner Zeit gelten. Aber dann lebte er für Jahre unstet außerhalb des Klosters: eine Pilgerfahrt nach Rom, Predigttätigkeit auf dem Balkan und endlich die Rückkehr ins ostfränkische Reich, doch umwittert bereits von dem Ruf, verderbliche Lehren über die Prädestination zu verbreiten, was dann zu einem erneuten Zusammenstoß mit Hrabanus Maurus führte.

Die Lehre von der Prädestination besagte nach gemeinkirchlicher Auffassung, daß das Menschengeschlecht infolge des paradiesischen Sündenfalles für immer ins ewige Verderben gestürzt wäre, wenn nicht Gott dies vorausgesehen und in seiner Barmherzigkeit das Erlösungswerk Jesu realisiert hätte. Ohne Anteil an dieser Erlösung – und die Anteilgabe geschieht in der Taufe – verbleibt der Mensch weiterhin im Verderben. Wer getauft ist, darf sich aber deswegen noch nicht gerettet wissen. Er hat vielmehr gemäß seinem Taufversprechen sittlich zu leben, was jedoch evidentermaßen nicht alle Getauften tun. Als Augustinist wußte Gottschalk sehr wohl, daß auch das Verharren in der Taufe wiederum nur als Gnade anzusehen war. In seiner Allwissenheit habe Gott diese seine

Gnade von Ewigkeit her vorausgesehen – Gottschalk nennt es Präszienz – und in seiner Allmacht dieselbe auch festgelegt, und das war die Prädestination. Durch diese positive Festlegung Gottes aber sah Gottschalk, durchaus in Übereinstimmung mit dem späten Augustinus, zugleich vorherbestimmt, wer nicht zur Gnade gelangte. Folglich mußte er die Menschheit in zwei Gruppen einteilen, in die Erwählten und Verlorenen, und dafür gebrauchte er die wiederum augustinische Bezeichnung ›gemina praedestinatio‹ (zweifache Vorherbestimmung). Wozu freilich der Mensch vorherbestimmt ist, kann er erst später beim Gericht aus der Rückschau erkennen, daß der Gute wegen Gottes Gnade im Guten auszuharren vermochte, wie gleichfalls der Verworfene erst dann erkennen wird, daß Gottes Gnade nicht bei ihm war. Demgegenüber ist Hrabans Auffassung mehr der menschlichen Freiheit zugeneigt, theologisch gesehen, wie Gottschalk ihm vorwirft, semipelagianisch. Wer die grundsätzlich allen Menschen angebotene Gnade der Taufe annimmt, gewinnt die Freiheit zurück, zwischen Gut und Böse entscheiden zu können. Tut der Mensch Gutes, empfängt er dafür beim Jüngsten Gericht den Lohn, tut er Böses, widerfährt ihm ewige Bestrafung. Wohl sieht Gott alles voraus, aber er bestimmt nur zum Guten, nicht aber zum Bösen; beim bösen Menschen bezieht er dessen negativen Willensentscheid mit ein. Urheber des Bösen ist darum immer der Mensch selbst. Für unbeantwortbar hält Hraban die Frage, warum den einen die Taufe ermöglicht werde und den anderen nicht. Gerade dies aber dürfte sich für Gottschalk anders dargestellt haben, da er als Sachse sich doch fragen mußte, warum etwa seine großelterliche Generation noch ohne Taufe geblieben war.

Der theologische Dissens lag in der Frage des Zusammenwirkens von Gnade und menschlicher Eigentätigkeit: Für Hraban ist es nach der Taufe der Mensch, der in seiner gnadenhaft wiedergeschenkten Wahlfreiheit selber entscheidet, während es für Gottschalk Gott ist, dessen seit je vorausbestimmte Gnade alles bewirkt und der gegenüber der Mensch kein eigentlich selbständig-freiheitliches Subjekt ist. Hraban, der allerdings Gottschalks Auffassung von der erst aus der Rückschau des Gerichtes erkennbaren Prädestination unterschlug, befürchtete Schlimmes für das allgemeine Sittlichkeitsbewußtsein, daß nämlich die Vorherbestimmung Gottes jeden Menschen so festlege, daß sogar einer, der gerettet werden wolle und deswegen sich durch den rechten Glauben und durch gute Werke bemühe, vergeblich und erfolglos sich abmühe, weil er nicht im voraus zum Leben bestimmt sei. Gerade das aber stand für Hraban unerschütterlich fest: Gott zwinge durch seine Vorherbestimmung in keinem Falle den Menschen zum Untergang. Hraban verteidigte damit die Willensfreiheit gegen die extremen Konsequenzen der augustinischen Gnadenlehre.

Im Oktober 847 erschien Gottschalk, übrigens unaufgefordert, auf der ersten von Hraban in Mainz veranstalteten Synode, griff den Erzbischof scharf an und zieh ihn des Semipelagianismus. Aber seine Auffassung von einer ›Vorherbestimmung Gottes, die die Menschen in den Tod zu gehen zwingt‹, wurde verurteilt. Gottschalk, der in Reims zum Priester geweiht worden war und darum nicht unter Hrabans Jurisdiktion stand, mußte sich der Klosterstrafe des Auspeitschens unterziehen und wurde dann an seinen zuständigen Oberhirten, Erzbischof Hinkmar, überwiesen. Dieser vertraute in theologischen Dingen ganz der Autorität Hrabans und übernahm dessen theologische Auffassung wie auch das Mainzer Urteil. Gottschalk mußte 849 auf der Synode von Quierzy erneut Rechenschaft ablegen und sich als flüchtiger Mönch einer verschärften Klosterdisziplin unterwerfen. In der Abtei Hautvillers wurde er gefangengesetzt und mit lebenslangem Lehr- und Schreibverbot belegt. Aber Gottschalk hatte einflußreiche Freunde. In zwei Glaubensbekenntnissen, in denen er wieder Präszienz und Prädestination ineinander übergehen ließ, setzte er sich ebenso scharfsinnig wie fanatisch zur Wehr; sogar einem Gottesurteil in siedendem Wasser, Öl, Pech oder flammendem Feuer wollte er sich unterziehen. Erst jetzt begann der Streit weitere Kreise zu ziehen. Fast alle, die Rang und Namen hatten, griffen zur Feder, Hinkmar gleich zweimal, aber auch Paschasius Radbertus, Lupus von Ferrières, Ratramnus von Corbie, Amalar von Metz, Erzbischof Amolo von Lyon, Bischof Prudentius von Troyes und selbst noch die größte theologische Autorität der Zeit, Johannes Eriugena. Der Streit verselbständigte sich, beschäftigte mehrere Synoden und wurde zum Schluß noch vor Papst Nikolaus I. gebracht, der aber zu dieser Zeit verstarb.

4. Paschasius († um 859) und Ratramnus († nach 868): Eucharistie-Streit

Ein anderer berühmter Theologenstreit des 9. Jahrhunderts war in Wirklichkeit kaum ein Streit, jedenfalls kaum ein öffentlicher, spielte er sich doch innerhalb ein und desselben Klosters ab. Zwei Mönche aus Corbie verfaßten einen je unterschiedlichen Traktat über die Eucharistie. Voran ging Paschasius Radbertus; sein Traktat ›Vom Leib und Blut des Herrn‹, 831/32 erstmals publiziert, fand weite Verbreitung und stellt überhaupt die erste dogmatisch bedeutsame nachantike Abhandlung zur Eucharistie dar. Es geht darin um die Frage, was in der Eucharistie Brot und Wein ihrem Wesen nach sind, und die Antwort lautet: Fleisch und Blut des Herrn, und zwar kein anderes Fleisch, als ›was von Maria geboren, am Kreuz gelitten und aus dem Grabe erstanden ist‹.

Radbert setzte also Leib und Blut der Eucharistie mit Jesu historischem und verklärtem Leib und Blut identisch. Das war ihm ›die Wahrheit‹ der Eucharistie. Mit entsprechenden Wundergeschichten unterbaute er noch weiter, daß in der Eucharistie wirklich Jesu blutendes Fleisch dargeboten werde. Eine andere, nämlich die von der griechischen Urbild/Abbild-Lehre herkommende Deutungstradition, derzufolge die Eucharistie als ›figura‹ bezeichnet wurde, als auf Erden vergegenwärtigtes Abbild des im Himmel erhöhten Christus, wollte Paschasius nicht gelten lassen. Leib und Blut des Herrn könnten niemals ›figura‹ genannt werden, denn diese sei die äußerliche Verhüllung, dienlich eigentlich nur der schicklichen Bedeckung des realen Herrenleibes und Blutes. ›Wenn wir genau hinschauen, wird die Eucharistie mit Recht zugleich veritas und figura genannt, daß nämlich Figur ist, was äußerlich wahrgenommen wird, daß aber Wahrheit ist, was in diesem Mysterium innerlich rechtens verstanden und geglaubt wird.‹

Wiewohl noch andere Punkte abgehandelt werden, repräsentierten fortan die Ineinssetzung des historischen Leibes Jesu mit dessen eucharistischem Leib und Blut wie auch das Schema von innerer Wahrheit und äußerer Figur die Eucharistielehre des Paschasius.

Zwar meldete sich sofort Widerspruch, der entschiedenste jedoch erst nach fünfzehn Jahren aus dem eigenen Kloster. Es war der Mönch Ratramnus, über dessen Leben wir nur wenig wissen; abgesehen von seinen Schriften wird er überhaupt nur fünfmal erwähnt. Er dürfte Radbert, als dieser Abt wurde, in der Leitung der Klosterschule nachgefolgt sein. Seine theologischen Werke offenbaren einen klugen, zurückhaltenden Charakter: belesen in den Väterschriften, umsichtig in der Argumentation, auch hermeneutisch reflektierend und aller Polemik abgeneigt. Auf Anfrage Karls des Kahlen, wohl 843 bei dessen Besuch in Corbie, schrieb er seinen nur in einer Handschrift überlieferten Traktat ›Über den Leib und das Blut des Herrn‹. Offenbar hat Karl wegen Radberts Auffassung nachgefragt, ob bei der Kommunion Leib und Blut des Herrn ›im Mysterium‹ oder ›in Wahrheit‹ empfangen würden. Ratramnus' setzt die Akzente von Anfang an anders: Mysterium ist das Umfassende der Eucharistie, innerhalb dessen weiter nach ›veritas‹ und ›figura‹ gefragt werden kann. Die Figura ist immer die Wirkung einer ›Überschattung‹; ›obumbratio‹ entstammt biblischem Sprachgebrauch und bedeutet Gottes Einwirken auf Welt, Mensch und Sachen. Dieses Wirken wie auch die dadurch herbeigeführte Wirkung sind in sich nicht ansichtig; sie bleiben immer verhüllt. Nur insofern geschieht dabei eine Andeutung, als nämlich die Art der Verhüllung so gewählt ist, daß sie von sich her auf das an sich Verborgene hinzuweisen vermag. So ist in der Eucharistie das Brot Verhüllung und Hinweis zugleich, denn das aus Körnern gewonnene Brot verhüllt zum einen den Herrenleib, verweist aber zum anderen als lebensstärkendes Brot auf die geistliche Nahrung. Demgegenüber bedeutet ›veritas‹ die Sichtbarkeit der Dinge, wie der Mensch sie wahrzunehmen vermag. So zielt also – umgekehrt als bei Radbert – ›veritas‹ auf das Äußere und ›figura‹ auf das Innere. Folglich bleibt in der Eucharistie das Brot ›in Wahrheit‹ Brot; der Gläubige sieht und ißt Brot, erkennt aber darunter ›die Figur‹ des von Gott durch Überschattung gewirkten Herrenleibes. Seine zweite Frage übernimmt Ratramnus ebenfalls von Radbert, ob nämlich der in der Kommunion empfangene Leib identisch sei mit dem, der von Maria geboren wurde, dann am Kreuz gelitten hat und in der Auferstehung zur Rechten des Vaters erhöht ist. Ratramnus sieht dies durch seine erste Überlegung bereits beantwortet: Die Figura des eucharistischen Herrenleibes kann nicht identisch mit dem historischen Leib sein, denn als Figura ist der Herrenleib immer nur gottgewirkter Hinweis, niemals die historische Identität – und das zu zeigen war überhaupt sein ganzes Bestreben.

Ratramnus steht ersichtlich in jener patristischen Tradition, die von dem Schema Urbild-Abbild herkommt und die Eucharistie als Abbild des im Himmel erhöhten Christus deutet, dabei aber diese Abbildlichkeit als Vergegenwärtigung der Person ansieht. Unter den Argumenten, die er anführt, ist das wichtigste, daß Jesus nur einmal gelitten und sich geopfert habe; bei der Annahme einer historisch identischen Gegenwart des Herrenleibes müsse die Eucharistie notwendig als erneute Opferung aufgefaßt werden. Leib und Blut der Eucharistie seien aber nur rückbezüglich zu verstehen, sowohl als ›similitudo‹ (Ähnlichkeit) wie auch als ›repraesentatio‹ (Vergegenwärtigung) des historischen Leidens und Sterbens Jesu.

Radberts und Ratramnus' Traktate haben nicht in der eigenen Zeit nachgewirkt noch überhaupt einen öffentlichen Streit ausgelöst. Zu Kampffiguren wurden die beiden Corbieenser Mönche erst zwei Jahrhunderte später in der damals neu anhebenden theologischen Bewegung des 11. und 12. Jahrhunderts wie gleichfalls noch in der Reformationszeit.

5. Hinkmar († 882) und Papst Nikolaus († 867): die Ehe

a) Bei Hinkmar

Im Verlaufe des 9. Jahrhunderts wurde die kirchliche Eheauffassung zu einer nunmehr stringent eingeforderten Norm. Verstöße von seiten des Adels und der Herrscher riefen Skandalfälle hervor; es sei nur an die Eheaffäre Lothars II. (855–869) erinnert. Besonders die Unauflöslichkeit der Ehe galt nun auch für die politische Oberschicht als so verpflichtend, daß Ehescheidung ein Politikum ersten Ranges werden konnte. In weiteren Punkten aber blieb es vielfach bei älteren Formen, die oft wesentlich christliche Elemente nicht oder nur verkürzt zum Ausdruck brachten, so etwa in der Frage des Konsenses beim Eheabschluß. Hinkmar von Reims (845–882), engagiert und versiert gleichermaßen in den Belangen seines Erzstuhles wie des Eherechtes, sah die folgenden Gegebenheiten als Voraussetzung einer rechten Ehe an: Verlobung, Dotierung und Trauung, wobei er die Dotierung, weil das unzweifelhaft sicherste Kennzeichen einer festen Bindungsabsicht, als das wichtigste Moment betrachtete. Demgegenüber galten zwei andere Punkte, die Hinkmar durchaus bekannt waren, als geradezu bedeutungslos: die kirchliche Einsegnung sowie die von den Vätern bereits betonte Konsenserklärung. Von der Notwendigkeit einer ausdrücklichen Konsenserklärung der Brautleute findet sich bei ihm nicht einmal eine Spur. Die Zustimmung hatten die Eltern zu geben; zumindest bei der Braut sprachen sie das entscheidende Wort, weswegen Hinkmar alle

Raubehen, auch wenn die geraubte Braut ausdrücklich zustimmte, als ungültig betrachtete. Den eigentlichen Ehevollzug sah er in der Geschlechtsgemeinschaft, denn sie machte Mann und Frau ›zu einem Fleisch‹ (Mt 19,5; Eph 5,31); sie auch bewirkte das Mysterium, das eheliche Sakrament, und damit letztlich die Unauflöslichkeit.

b) Bei Papst Nikolaus I.

Die Bedeutung des Konsenses als des wesentlichen ehebegründenden Faktors hob nachdrücklich Papst Nikolaus I. († 867) ins Bewußtsein. In seinen Antworten auf Fragen des soeben getauften Bulgaren-Herrschers Boris erklärte er, zum Eheabschluß bedürfe es letztlich allein des Konsenses; wenn dieser fehle, sei alles andere, selbst die eheliche Vereinigung, hinfällig.

In einem berühmten Fall hat der Papst diese seine Anschauung auch zur Anwendung gebracht, und zwar bei der Ehe von Karls des Kahlen Tochter Judith mit dem Grafen Balduin von Flandern. Judith war 856, damals allerhöchstens 13 Jahre alt, mit dem 50jährigen (!) König Ethelwulf von Wessex verheiratet worden. Hinkmar von Reims vollzog nach einem von ihm selbst entworfenen Ritus die Einsegnung und nahm dabei erstmals auch die Krönung einer Königin vor. Aber schon zwei Jahre später starb Ethelwulf, und nun nahm sein Sohn Ethelbald die junge Witwe zur Frau, was allem Kirchenrecht widersprach, aber offenbar keine Kritik hervorrief, selbst nicht bei dem in Ehefragen so unnachsichtigen Hinkmar. Doch auch Ethelbald starb nach zwei Jahren, woraufhin Judith ins Frankenreich zurückkehrte. Hier ließ sie sich dann im Frühjahr 862 von dem flandrischen Grafen Balduin entführen; beide flohen an den Hof Lothars II. Hinkmar empörte sich aufs äußerste, ja gegen Balduin sogar in gehässiger Weise. Das Hofgericht Karls des Kahlen erklärte den Grafen wegen Frauenraubs seiner Lehen verlustig, während die Bischöfe beide, Balduin wie Judith, exkommunizierten. Da Verurteilte in den karolingischen Teilreichen ausgeliefert werden mußten, war das Paar zu weiterer Flucht genötigt. Sie gingen nicht, wie allgemein erwartet, zu den normannischen Reichsfeinden, sondern nach Rom zu Papst Nikolaus I. Dieser ließ sich von Judith überzeugen, daß sie den Grafen ›über alles liebte‹ und bei ihm zu bleiben entschlossen war. Für Nikolaus war dies ausschlaggebend; er erkannte die Ehe an und wußte auch Karl den Kahlen zum Einlenken zu veranlassen.

Die Herausstellung des Konsenses als des für den Eheabschluß entscheidenden Momentes wurde dann das große Thema des 12. und 13. Jahrhunderts.

c) Die kirchliche Form

Angesichts der tiefgreifenden Wirkung, welche die kirchlichen Ehevorstellungen in der karolingischen Reform erzielten, bleibt es erstaunlich, daß dabei nicht auch eine kirchlich verbindliche Form des Eheabschlusses geschaffen wurde. Aber immer schon hatte die Kirche den Eheabschluß des weltlichen Rechtes anerkannt, zunächst des römischen Rechtes wie später der germanischen Volksrechte, und Kritik nur dort geübt, wo diese Rechte ihrer eigenen Vorstellung widersprachen. Die früheste Form einer kirchenoffiziellen Beteiligung war ein Segen, der in unterschiedlicher Weise erteilt wurde, etwa für die Braut allein oder zusammen mit dem Bräutigam, im Brautgemach oder auch in der Kirche. Aber dieser Segen galt in keiner Weise als pflichtig und wurde auch nie als integraler Bestandteil des Eheabschlusses angesehen. Erst die mit der karolingischen Reform geforderte genaue Beachtung der Verwandtschaftsgrade ließ die Beiziehung des Pfarrpriesters geraten sein, wobei aber der Eheabschluß weiter nach weltlichem Recht getätigt wurde. Die pseudoisidorischen Fälschungen suchten diese priesterliche Beteiligung zu bestärken, um einen Eheabschluß bei zu naher Verwandtschaft oder auch unter Zwang – wie bei Raubehen – zu verhindern und überhaupt einen geordneten Hergang zu gewährleisten, aber mehr auch nicht.

6. Johannes Eriugena: Logik und Neuplatonismus

Johannes Scottus († um 877), der ›Ire‹, oder – wie er selbst sich nannte – Eriugena, ›der in Irland Geborene‹, hat zweifellos als der bedeutendste Gelehrte im westfränkischen Reich, ja überhaupt der karolingischen Renaissance zu gelten. Nur wenig ist über sein Leben bekannt; zum ersten Mal wird er 845/46 bezeugt. Er unterrichtete in Laon, vielleicht auch in Compiègne, und hielt sich zumeist im Gefolge Karls des Kahlen auf, den er als seinen Senior betrachtete. Dem Unterricht der freien Künste legte er den auch von Cassiodor empfohlenen Afrikaner Martianus Capella zugrunde, dessen Handbuch er allerdings zuerst einmal textlich sichern und sich – wie Glossen beweisen – selbst erschließen mußte. Ausgehend von der mythischen Rahmenerzählung der heiligen Hochzeit zwischen Merkur und Philologie wird eine ganze Kosmologie entwickelt: Herabstieg der Musen und erneuter Aufstieg mit der Philologie als der ob ihres Weisheitsstrebens ausgezeichneten Braut; Weltharmonie und Weltseele werden dabei ebenso behandelt wie der sichere Weisheitserwerb dank der freien Künste und die glückliche Rückkehr zu Gott aufgrund der gewonnenen Erkenntnisse. Für die weitere Auffassung von Wissenschaft wurde wichtig, daß Eriugena die Logik (dialectica) so stark hervorkehrte, daß sie die formale Grundlage aller Künste und damit der Wissenschaftlichkeit überhaupt wurde.

Im Streit um die Prädestinationslehre des Sachsen Gottschalk ging Eriugena ganz nach der ihm eigenen Methode vor. Das theologische Material wird aus Schrift und Lehrtradition erhoben, dann ›logisch‹ verifiziert und anschließend mit entsprechenden Vätertexten bestätigt.

Ziel ist, die Rechtgläubigkeit wissenschaftlich zu erhärten. Im Blick auf Gottschalk bedeutet das: Gott hat bestimmt, daß in Jesus wenigstens ein Teil der Menschen gerettet wird. Die in Jesu Namen Getauften besitzen die Freiheit einer tieferen Weisheitsgewinnung und finden so zu Gott, dem ewigen Glück; die anderen verfallen der Hölle, die freilich nicht in physischer Pein als vielmehr in der Qual des verfehlten Glücks besteht. Dabei wendet er sich gegen ein anthropomorph verstandenes Vorherwissen und Vorherbestimmen Gottes; weil das Böse als ›nicht seiend‹ zu betrachten sei, könne es nicht Gegenstand göttlichen Wollens sein. Zudem müsse man sich vergegenwärtigen, daß mit einem Weltgericht auch menschliche Freiheit gegeben sein müsse, daß ferner die Gottebenbildlichkeit Freiheit einschließe, daß endlich die Rede von Sünde bei Leugnung des freien Willens sinnlos sei. Vätertexte, nicht zuletzt des jungen Augustinus, dienen der Bestätigung.

Das Werk aber brachte Eriugena nur Ablehnung ein, von seiten der Gottschalk-Anhänger wegen der betonten Freiheit und von seiten der Gottschalk-Gegner wegen seiner »psychologischen« Höllenerklärung, die nicht mehr Realität, sondern nur subjektives Bewußtsein widerspiegle, ferner auch wegen des Verfahrens, mit Hilfe von logischen Regeln über die Glaubenswahrheit entscheiden zu wollen.

Obwohl Eriugena eine synodale Verurteilung erfuhr, blieb ihm die Wertschätzung Karls des Kahlen erhalten. Der König beauftragte ihn sogar damit, jene Schriften des Dionysius Areopagita neu zu übersetzen, die Hilduin, der Kanzler Ludwigs des Frommen und Abt von St. Denis, von einer griechischen Gesandtschaft erhalten und schon einmal ins Latein übertragen hatte. Im einzelnen trifft Eriugena keineswegs immer das Richtige, wohl aber im ganzen und vor allem im eigentlichen Verständnis. Dabei half ihm die Übersetzungsarbeit an weiteren griechischen Theologen, etwa an Maximus Confessor. Anschließend begann er die Kommentierung des dionysischen Hauptwerks ›Von der himmlischen Hierarchie‹. Weitere Werke sind ein Kommentar zum Johannes-Evangelium und als wichtigstes das ›Über die Natur‹ (›Periphyseon‹ oder ›De divisione naturae‹), worin er anhand der ersten drei Genesis-Kapitel den Begriff der ›Natur‹ mittels der Logik zu definieren unternimmt und dabei den schon im Prädestinationsstreit praktizierten Dreischritt von ›scriptura‹ – ›dialectica‹ – ›patres‹ ausweitet auf die Erfassung der gesamten Wirklichkeit; vorherrschend ist nun nicht mehr der im karolingischen Bildungswesen bis dahin dominierende Autoritätsbeweis, sondern das Prinzip der Vernünftigkeit. Die Wirkungsgeschichte dieser Methode ist höchst bedeutsam, »daß nämlich darin zum ersten Mal jener geistige Impuls ganz Wirklichkeit geworden ist, auf den alle wesentlichen Erscheinungen der mittelalterlichen Scholastik zurückgeführt werden können: der Wille, die von Gott in der Heiligen Schrift bildlich verschlüsselt mitgeteilte Wahrheit über die Wirklichkeit im Ganzen rein wissenschaftlich auszusagen« (G. Schrimpf).

Mit seinem 867 vollendeten Hauptwerk ›Periphyseon‹ hat Eriugena dem westlichen Mittelalter die eigentliche Form des Neuplatonismus vermittelt. Wiewohl angereichert mit vielerlei Ideen, Zitaten und Interpretationen, kreist die Grundidee um das göttliche All-Eine und dessen Erscheinung. Gott ist das Eine, das durch sich selbst bestimmt ist, und zwar durch Selbstreflexion: Als sich selbst reflexiv erfassender absoluter Geist ist er die reinste Form der (Selbst-)Übereinstimmung, differenzlos ewiges Sein und Denken. In zeitlosem Prozeß geht Gott kreativ aus sich hervor: als sich-selbst-denkende, sich-selbst-aussprechende, sich-selbst-sehende und sich-selbst-wollende Einheit. Dies alles geschieht als reiner Selbstbezug, ohne die Hilfe eines anderen oder eines Äußeren. Es sind dies die ›Theophanien‹. Nicht allerdings in der Geschichte kommt Gott zu sich selbst, sondern in ewiger Zeit. Dabei setzt er zugleich die ›causae primordiales‹, die ursprunghaften oder anfänglichen Ursachen der Natur. Sie sind ein idealer Vorentwurf des Seienden, der zu ewiger Zeit in Gott geschehen ist und sich zeitlich entfaltet. Weil nun die Hervorbringung des innertrinitarischen Lebens wie zugleich der Primordialgründe ein simultaner Akt ist, also mit dem Sich-selbst-Denken/Sehen/Wollen zugleich auch der Grund alles Geschaffenen vollzogen wird, hat Eriugena oft den Vorwurf des Pantheismus erfahren.

Ausgangspunkt ist die »negative Theologie«. Das Wesen Gottes entzieht sich grundsätzlich jeder affirmativen Aussage. Wohl ist, wie die Schrift verkündet und der Glaube lehrt, Gott die Ursache aller Wirklichkeit. Die in seiner Schöpfung vorfindlichen Qualitäten können auf ihn, den Schöpfer, übertragen werden, aber nur bei vorheriger Negation, also nur in uneigentlicher Weise. Wenn beispielsweise Gott gut genannt wird, so ist diese Aussage aus der von Gott geschaffenen Wirklichkeit gewonnen und insofern auf ihn zurückführbar; doch muß eine solche Aussage zugleich als unzutreffend angesehen werden (deus non est bonus), denn Gott ist in höherer Weise gut, als wir es in aller Wirklichkeit erfahren (deus est plus quam bonus). Über Gott zu sprechen schließt folglich immer zunächst eine Negation ein und führt dann zu einer Fülle, die außerhalb und über dem Endlichen ist; darum ist Gott der ›Über-Seiende‹, die absolute Andersheit.

Eng verbunden damit ist Eriugenas Deutung des Menschen. Die der Schöpfung zugrundeliegenden ›Erstgründe‹ (primordiales causae), die man im platonischen Sinn als ›Ideen‹ interpretieren kann, sind in der Realität nicht voll wirklich, wohl aber können sie vom Menschen in ihrer Idealität erkannt werden. Im Geschaffenen erfährt der Mensch die idealen Erstgründe jeweils nur als Teilfall der vollen Gutheit oder Lebendigkeit. Durch sein Erkennen wird der Mensch zur Vollkommenheit der Ersturache und dadurch letztlich zu Gott hingelenkt. Auf diese Weise vermag er in seinem Denken die Dinge wahrer zu erkennen als diese sich selbst, ja der Mensch vermag überhaupt erst die Dinge wirklich zu sich selbst zurückzubringen. Dadurch aber, daß er die Entstehungsgründe der Wirklichkeit auf ihre Vollkommenheit hin erkennt, wächst er zugleich auch in der eigenen Vollkommenheit, bis er durch sein Wissen ein individueller und wahrer Inbegriff der Wirklichkeit geworden ist. Der menschliche Geist steht auf diese Weise unmittelbar zu Gott, und sein produktives Denken ist – wie es kühn heißt – Werkstatt des All-Einen, zugleich auch Unendlichkeit und Übergegensätzlichkeit, weil im menschlichen Geist, ja mehr noch, durch ihn die Welt denkend und vollendend zusammengefaßt wird. So erhält der Mensch eine zentrale Rolle, nicht nur als Schauplatz der göttlichen Theophanien, sondern als selbst aktiv Reflektierender, dabei in steter Reinigung und wachsender Vereinigung mit dem All-Einen. Er ist und wird Bild der Gottheit und repräsentiert die eigene wie die göttliche Unendlichkeit, weswegen er sogar als ›alter deus‹ (zweiter Gott) qualifiziert werden kann.

Eriugena überragt mit seiner Spekulation das ganze Frühmittelalter und hat der nachfolgenden Theologie die neuplatonisch-mystische Tradition vermittelt, die gerade auch durch ihn in die Scholastik einging.

§ 76 Die Ansatzpunkte und Grenzen der Theologie

1. Karolingischer ›Moralismus‹

Zur Charakterisierung der karolingischen Theologie ist als Schlüsselwort »Moralismus« (E. Delaruelle) vorgeschlagen worden. Tatsächlich läßt sich damit ein wesentlicher Aspekt erschließen.

a) Gericht

Beispielsweise spannt Jonas von Orléans die ›Institutio laicalis‹, seinen Entwurf eines christlichen Lebens, zwischen zwei Fixpunkten aus: am Anfang die Taufe und am Ende das Gericht. Der christliche Lebensweg steht in einer durchgehenden Verpflichtung, beginnend mit dem Taufversprechen und endend mit der Rechenschaft vor Gott. Der Gute wird – schon hier im irdischen Leben – belohnt und der Böse bestraft. Den Ernst des Gottesgerichtes muß man sich lebenslang vor Augen halten. So gilt auch bei Jonas ein strenger Tun/Ergehen-Zusammenhang, freilich jetzt in der Zuspitzung ständiger Bewußtheit und ethisch geprägten Handelns. Die größte Gefährdung stellt die Sünde dar. Sie gilt es darum zu meiden oder, sofern doch geschehen, abzubüßen. Mit dem Gedanken der strikten Sündenbuße wie auch einer den guten Taten entsprechenden Belohnung fügt sich Jonas in das allgemeine Konzept der frühmittelalterlichen Theolo-

Denn die Drohung des Gottesgerichts war ein dominierendes Motiv sowohl bei Hoch wie bei Niedrig, bei Theologen so gut wie bei Bauersleuten. Ludwig der Fromme wußte sich persönlich vor Gott für seine Regierung verantwortlich und bewies seine Demut darin, für die Fehler öffentlich Buße zu tun. Den Gedanken der Verantwortlichkeit suchten sich ebenso die Geistlichen allgegenwärtig zu halten, in geistlicher Ermahnung sowohl wie in persönlicher Meditation; die Strenge des Gottesgerichts sollte mit ihrem ganzen Ernst auf das eigene Leben fallen. Aus einer zufälligen Notiz des Agobard von Lyon wissen wir, daß Ebo von Reims immer ein Büchlein mit beherzigenswerten Schriftworten bei sich trug und darin meditierte; Agobard, der dieses Büchlein einmal zu Gesicht bekam, riet dringend, mehr furchtgebietende Worte aufzunehmen, um den allzeit zu Überheblichkeit geneigten Menschengeist niederzudrücken. Offenbar noch stärker waren die einfachen Leute beeindruckt. Der erste geistliche Dichter angelsächsischer Zunge, Caedmon, der vor seiner Berufung Stallknecht im Kloster Whitby war, schuf – wie Beda berichtet – ›viele Gedichte über die Schrecken des künftigen Gerichts, über die furchtbare Höllenpein und die Seligkeit des ewigen Lebens und sehr viele über die himmlische Gnade und Rache; durch diese Gedichte wollte er die Menschen von ihrem Hang zur Sünde abhalten und antreiben, gut zu handeln‹. Nicht weniger ausgeprägt ist die Vision des angelsächsischen Bäuerleins Drythelm, die ein »Markstein und Wendepunkt in der Entwicklung der Visionsliteratur des Mittelalters« genannt worden ist (A. Rüegg); wiederum sind es die Schrecken des Gerichts und die Strafen für die Sünden. Beide, sowohl Caedmon wie Drythelm, haben persönlich die Konsequenz gezogen, ins Kloster einzutreten und dort Buße zu tun. Weiter ist auch im Heliand »der Nachlaß der Sünden ein zentrales, vielleicht das zentrale Gebetsanliegen« (J. Rathofer), und in Otfrids Evangelienharmonie wird das Gericht als ein hoheitliches und für alle gleich unerbittliches Verfahren dargestellt. Dominierend tritt hier wie sonst der Gedanke hervor, daß das Gericht in Abwägung der guten und bösen Taten geschieht. Der apokalyptische Gedanke, daß die Toten nach dem gerichtet werden, was über ihre Taten in den Büchern verzeichnet stehe (Offb. 20,12b), wird im Frühmittelalter ganz realistisch gedeutet. In einer Vision teilt beispielsweise Beda mit, wie Engel einem allzu lauen Christen ein zwar wunderschönes, aber bedauerlicherweise nur winzig kleines Buch mit den guten Taten, anschließend aber Dämonen ein überdimensionales Buch mit den Übeltaten vorgewiesen hätten. Die Taten entscheiden! Bonifatius wußte von einer Vision, in der die guten und bösen Taten abgewogen worden seien, und tatsächlich erscheint in der frühmittelalterlichen Illustrierung des Gerichts auch wieder das uralte Religionssymbol der Waage.

450 *Bis zum Ende der Karolingerherrschaft*

Auf die Verkündigung des Neuen Testaments allerdings läßt sich diese Gerichts- und Strafangst nur bedingt zurückführen, denn hier erscheint Gott zunächst einmal als Vater, der bedingungslos zu verzeihen bereit ist. In dieser Hinsicht erweist sich denn auch Jonas von Orléans, so sehr er mit seinem Moralismus eine bewußte Verantwortung predigt, dennoch als epochen-spezifisch gebunden: Das Gericht motiviert ihn stärker als die Güte des göttlichen Vaters.

88 Waage im Gericht Christi; Illustration aus dem Stuttgart-Psalter, um 820/30 (Stuttgart, Württ. Landesbibl.).
Die Darstellung illustriert Psalm 9,5f.: QUONIAM FECISTI IUDICIUM MEUM ET CAUSAM MEAM: SEDISTI SUPER THRONUM, QUI IUDICAS IUSTITIAM. INCREPASTI GENTES ... (Denn du hast mein Recht und meine Sache geführt; du hast dich auf den Thron gesetzt, der du in Gerechtigkeit richtest. Du hast die Heiden gescholten ...). Christus sitzt auf der Weltkugel und hält die Waage. Ein Engel hinter ihm zeigt auf einer Schriftrolle das im Gericht obwaltende Prinzip: EQUITAS – Entsprechung/Gleichmaß. Die zum Gericht Herantretenden bangen und zittern. Die Gerichtswaage erscheint im Stuttgart-Psalter insgesamt viermal.

b) Intention

Jonas von Orléans fällt weiter dadurch auf, daß er unerbittlich die Forderung nach der rechten Intention stellt. Vor Gott gilt nicht primär die Tat – wie es die Bußbücher tendenziell zu erkennen geben –, sondern die rechte Gesinnung. Jonas kann eindringlich von der Liebe zu Gott handeln, die allerdings nicht unbedingt mit dem augustinischen ›ama et fac quod vis‹ (liebe und tue, was du willst) übereinkommt; seine ›caritas‹ ist mehr eine ›bona voluntas‹ (guter Wille). Was Jonas unbedingt korrigieren will, ist die Tatbewertung; nicht schon die Tat an sich darf als gut bewertet werden, sondern ihre gute Intention. Auf dieser Grundlage baut er erst eigentlich seinen »Moralismus« auf, der ihn in einzelnen Punkten dann zu recht kritischen Maximen führt.

Beispielsweise lehnt er die Idee des Fegefeuers ab; durch die in den frühmittelalterlichen Jenseitsvisionen so drastisch propagierte Vorstellung einer jenseitigen Reinigungsmöglichkeit sieht Jonas den Bußernst im diesseitigen Leben gefährdet. Ebenso kritisiert er die Meßstipendien, weil das dafür gespendete Geld ihm kein richtiges Bußwerk ist. Statt die Almosen den Priestern für Seelenmessen in die Hand zu drücken, solle man sie lieber den Armen geben; nur so wirke das Almosen als Buße. Auch gelten bei der Bußerfüllung weniger die abgeleistete Tat oder die eingehaltene Zeit als vielmehr die Reue; der Verzicht auf bestimmte Speisen, so etwa auf Fleisch, nützt nichts, wenn der statt dessen erlaubte Fisch mit um so üppigerem Genuß verzehrt wird.

Buße ist zuerst Gesinnung, als solche aber verschafft sie Gottes Gnade, und unter dieser Bedingung gilt weiterhin die Entsprechung: ›tanto maior paenitentia quanto gravius peccatum‹ (um so größer die Buße, je schwerer die Sünde). Einbeschlossen ist darin die für die karolingischen Reformer so wichtige Forderung, daß im Heilswirken alle vor Gott gleich seien, Könige wie Sklaven; den Großen obliege nur auch die größere Verantwortung. Ebenso ist zur rechten Staats- und Kirchenlenkung nichts dringlicher erforderlich als eine gute Lebensführung; administratives Fachwissen erscheint dabei, wie so oft im Frühmittelalter, nur in zweitrangiger Bedeutung. Amtsträger haben als erstes ihr gutes Beispiel vorzuleben, und ihre eigentliche Aufgabe besteht darin, ihre Untertanen auf den rechten Weg christlicher Lebensführung zu bringen. Wie sehr bei Gott die moralische Tat zählt, macht Jonas auch daran deutlich, daß am Ende im Gottesgericht ein Heide, sofern er gute Werke vorzuweisen habe, besser dastehe als ein Christ ohne solche. – Es ist zweifellos ein sehr werkbetontes Christentum, das hier in Erscheinung tritt, und die darin geforderte Liebe, die nichts mehr und nichts weniger als die rechte ethische Intention ist, mag von der patristischen wie auch neuzeitlichen Theologie her nur allzu inferior erscheinen. Historisch gesehen aber ist daran bedeutungsvoll, daß dieser Moralismus gegen die ältere Auffassung eines äußerlichen Tatbewußtseins ankämpfen mußte und der erste Schritt zu einer christlich gebotenen Verinnerlichung war.

c) Rechtes Wissen

Agobard von Lyon befolgt im wesentlichen denselben Aufriß, setzt aber verschärfende Akzente. Auch bei ihm steht der Christ zwischen der Pflicht des Taufversprechens und der Rechenschaft vor Gottes Gericht. Radikalisierend aber wirkt sein Dualismus von Gottes- und Teufelsreich, der den Menschen vor ein hartes Entweder-Oder stellt; auch der Getaufte kann in die Fänge Satans geraten. In den politischen Kämpfen betrachtet Agobard die Gegner der Reichseinheit geradezu als Werkzeuge Satans, die er darum schonungslos verteufeln kann. Die jedoch ihrem Taufversprechen folgen, sind in das Corpus Christi eingegliedert.

Daß dadurch für alle eine Einheit und Gleichheit bewirkt wird, läßt Agobard eine geradezu hymnische Sprache finden und veranlaßt ihn zu klaren politischen Konsequenzen: Die Taufe ist allen zu gewähren; bei Sklaven kann nicht erst die Zustimmung ihrer Besitzer abgewartet werden. Für die Getauften selbst gilt nicht mehr ›Heide oder Jude‹, nicht mehr ›beschnitten oder unbeschnitten‹, auch nicht mehr ›Herr und Sklave‹, ja nicht einmal mehr – so setzt Agobard den Apostel Paulus aktualisierend fort – ›Aquitanier oder Langobarde‹, ›Burgunder oder Alemanne‹. Die Getauften bilden ein Reich, das auch politisch nicht mehr zerrissen werden darf; darum der harte Kampf für die Reichseinheit.

Bei der aus dem Taufversprechen resultierenden christlichen Lebensführung wird die zum guten Tun erforderliche Bewußtheit bis hin zu ›Verstand‹ und ›Einsicht‹ gesteigert. Der heilige Geist flieht vor Gedanken ohne Einsicht (aufert se a cogitationibus sine intellectu). Verhängnisvoll ist es für die Kirche, wenn ihre Priester nicht hinreichend gebildet sind, denn sie können dann, weil der Gottesgeist nicht mit ihnen ist, auch das Volk nicht zu einem wissenden Christenleben anleiten. Eher noch sind bei den Geistlichen die moralischen Fehler zu entschuldigen als die geistig-dogmatischen, denn bei falscher Lehre geht das ganze Volk in die Irre.

Nicht ohne Stolz führt Agobard Beispiele eigenen »aufklärerischen« Wirkens an, so gegen jene anläßlich einer Viehseuche kursierende Mär, daß die Beneventaner, weil mit Karl dem Großen im Streit liegend, Giftpulver im Reich ausgestreut hätten, um das Vieh krepieren zu lassen, oder auch die Geschichte, daß von feindlichen Menschen Hagel aus Wolkenschiffen heruntergeworfen werde und Bauern einmal geglaubt hätten, drei solcher Wolkenschiffer gefangen zu haben, die er, Agobard, gerade noch vor der Steinigung habe retten können.

Aufgebracht auch kämpfte er gegen den Unsinn und die Unmoral der Gottesurteile, bei denen nur allzuoft der Ruchlose den Sieg davontrage. Die theologische Begründung ist insofern von besonderem Interesse, als Agobard hierbei den Tun/Ergehen-Zusammenhang auflöst. Weder belohne noch bestrafe Gott unmittelbar; seine Lenkung der Geschicke sei den Menschen entzogen und werde erst am Ende der Tage offenbar. Mit dieser Kritik aber stand Agobard allein; beispielsweise wurde bei dem Gerichtsverfahren gegen die von Lothar II. verstoßene Theutberga ein Gottesurteil herbeigeführt, das die Bischöfe und selbst der in der Kanonistik so bewanderte Hinkmar von Reims ohne Zögern billigten. In gewisser Weise ist auch Agobards und seines Diakons Florus Auseinandersetzung mit der allegorischen Liturgiedeutung Amalars »rationalistisch« geprägt. Bei ihnen zählen nur Bibelworte; alle anderen Texte, zumal solche, von denen Amalar zugab, sie selbst ›erfunden‹ zu haben, verfallen gnadenlos der Kritik; Amalars Allegorese wird Wort für Wort und Bild für Bild zerpflückt. So ist es auch nicht verwunderlich, daß Agobard, zur neuerlichen Auseinandersetzung in der Bilderfrage aufgerufen, die rationalistische Deutung der Libri Carolini wiederholte.

d) Tathaftung

Sehen wir bei Agobard, wie der Bewußtseinsfaktor dominierend hervorgehoben werden konnte, so blieben andere, nicht minder bedeutende Theologen dahinter zurück. Hrabanus Maurus beispielsweise betont einerseits – darin mit Jonas von Orléans übereinstimmend –, daß in der Bußableistung nicht die Zeit, sondern die innere Umkehr gelte. Andererseits zögert er, jenen Eltern, die ihr Kind nachts unwillentlich im Schlaf erdrückt haben, auch bei erwiesener Absichtslosigkeit Straffreiheit zuzusprechen. Hier wie in ähnlichen Fällen scheint ihm eine Buße unerläßlich; sogar im Fall, daß ein des Mordes Angeklagter nicht überführt werden kann, möchte er eine Eventualbuße verordnen.

Das Beispiel des erdrückten Kindes hat im 9. Jahrhundert übrigens noch des öfteren zur Diskussion gestanden. So hielt Papst Nikolaus I. († 867) dafür, daß man über solche, die ihr Kind unwillentlich und unbemerkt erdrückt hätten, mindestens milde urteilen müsse. Papst Stephan V. († 891) hinwiederum wies die Vorstellung ab, Eltern, bei denen ein Kind erdrückt vorgefunden worden war, zum Gottesurteil zu veranlassen. Hingegen glaubte Ratramnus von Corbie, bekannt durch seine spirituelle Eucharistie-Auffassung, es biblisch begründen zu können, daß Eltern auch bei Schuldlosigkeit für eine Kindeserdrückung zu büßen hätten.

So sind es also immer wieder zwei Bewußtseinslagen, die miteinander ins Spiel gebracht werden: ein mehr archaisches, an der Tat orientiertes Bewußtsein und dann wieder ein mehr auf die Intention gerichtetes. Eine allgemeine Lösung haben die karolingischen Theologen nicht zu erreichen gewußt. Denn einmal »lassen sich Sentenzen anführen, die eine ethische Imputation nahelegen und dementsprechend besonders die für die

Schuld bedeutsamen Faktoren berücksichtigt wissen wollen; bald begegnen wieder Sentenzen, die eine Erfolgshaftung gutheißen« (J. Gründel). Erst Abaelard († 1142) setzte den Akzent eindeutig zugunsten der Intention, übrigens wieder am Beispiel des erdrückten Kindes.

2. Problem der Metaphorik

Das Problem der karolingischen Theologie läßt sich weiter auch an den Schwierigkeiten aufzeigen, welche die Metaphorik hervorrief. Theologie muß, weil sie von unanschaulichen Dingen zu sprechen hat, eine uneigentliche Redeweise benutzen, die vom Konkreten und Sinnenhaften ausgeht, von dorther auch ihre Sprache bezieht, um auf diese Weise etwas Übersinnliches und Unanschauliches zur Aussage zu bringen. Hier liegt bekanntlich nicht allein ein Problem der Religion, sondern aller »geistigen« Benennungen. Die Schwierigkeit des frühen Mittelalters bestand darin, die in der Metaphorik eigentlich angezielte »höhere« Ebene zu treffen oder sich durch die realistische Sprache auch zu einem realistischen Verständnis verführen zu lassen. Schon für die Buchmalerei gilt, daß »die wörtlich genommene Darstellung bildlicher Rede im Frühmittelalter verbreitet war« (B. Bischoff). Ebenso ist für die frühe geistliche Dichtung germanischer Zunge festzustellen, »daß geistliche Stabreimdichtung sich weitgehend an die sinnlichen Details der Schrift und der theologischen Literatur hielt« (D. Kartschoke). »Die anschaubaren Dinge werden wichtigere Zeugnisse des Lebens als das schriftlich oder mündlich Überlieferte. Die Bilder werden stärker als die Worte.« (W. Berschin).

Wie sich dieses realistische Verständnis praktisch auswirken konnte, zeigt etwa die Synode von Whitby (664); dort waren es für den nordhumbrischen König Oswiu die realistischen Himmelsschlüssel, die seine Sorge auslösten, den Himmelspförtner Petrus für den Eintritt ins Himmelreich auf seiner Seite haben zu wollen, und das ließ ihn den Ausschlag für die römische Partei geben. Oder noch ein anderes, viel tiefer reichendes Beispiel: Wie schon die Himmelsschlüssel wurde überhaupt das ganze Jenseits realistisch interpretiert. Während etwa das Neue Testament auf Ausmalungen und Materialisierungen des jenseitigen Daseins verzichtet und es sogar ausdrücklich »ablehnt, daß der Endzustand als ein Fortbestehen der irdischen Zustände in überhöhter Form vorgestellt werden dürfe« (J. Jeremias), berichten frühmittelalterliche Visionäre von ganzen Jenseitslandschaften, von himmlischen Auen, flammenpeinigenden Läuterungsorten sowie von den Folter- und Flammenqualen der Hölle. In dieser Jenseits-Realistik aber ist gutenteils der Kult um die ›armen Seelen‹ begründet, der im Frühmittelalter zu den reichsumspannenden Gebetsverbrüderungen mit ihren schier unzählbaren geistlichen Sühneleistungen führte. Oder noch ein letztes Beispiel: die Vorstellung von der Sühne durch Blut, die religionsgeschichtlich tief in die Menschheit zurückreicht. Ihr liegt zugrunde, daß jede Sünde, weil eine Schädigung des Lebens darstellend, mit Blut, dem Urstoff des Lebens, wieder gutgemacht werden muß. Die Blutopfer sind denn auch ältester Religionsbrauch. Das Christentum aber hatte die von den israelitischen Propheten und gleichzeitig auch von den griechischen Religionsphilosophen formulierte Idee des ›geistigen Opfers‹ übernommen, demzufolge nicht mehr das Blutvergießen, sondern das Wahrheitszeugnis, das rechte Ethos und der Sozialdienst die einzigen und wahren Opfer seien. Für Tertullian beispielsweise waren die Christen deshalb die wahren Anbeter Gottes, weil ihre Opfergabe in Gebet und in brüderlicher Liebe bestehe. Nach altchristlicher Aussage galt, Opfer bringe dar, wer Gottes Weisungen befolge, allzeit Gerechtigkeit übe und einen Menschen der Not entreiße. In äußerster Konsequenz konnte freilich das geistige Opfer bis zur Bluthingabe führen. Der gottgefällige Wert wurde dabei nicht im Blut als solchem gesehen, sondern im Zeugnisgeben. Bemerkenswerterweise aber konnte das alte realistische Blutverständnis schon in der Antike und stärker noch im Frühmittelalter wieder aufleben. Nicht so sehr das Zeugnis, das Sich-Verzehren im Dienste Gottes und der Nächsten genügte, es mußte wieder das reale Blutvergießen sein. Der Nordland-Missionar Ansgar, dem Visionen in der Jugendzeit den Märtyrertod vorausgesagt hatten, war beim Verspüren des herannahenden Todes geradezu verzweifelt, ohne die Blutkrone des

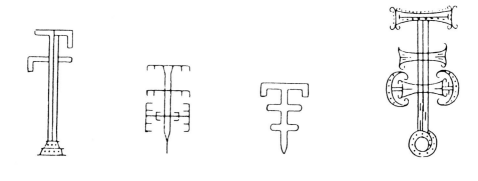

89 Die realistisch interpretierten Himmelsschlüssel; Illustration aus der ältesten Handschrift der Visio Baronti (9./10. Jahrhundert), aus Reims (Leningrad, Öffentl. Saltykow-Schtschedrin-Bibl.). Die Darstellung veranschaulicht folgende Stelle aus des Barontus eigenem Visionsbericht: ›Da entbrannte der heilige Petrus im Zorn gegen sie ⟨die Dämonen⟩ und begann, zwei- oder dreimal zu sagen: »Weichet von hinnen, Feinde Gottes, die ihr ihm immer entgegensteht; lasset ihn frei ⟨den Barontus⟩.« Aber sie wollten mich keineswegs freigeben. Sofort war der allerselige Petrus willens, mit drei Schlüsseln, die er in Händen hielt, die Dämonen aufs Haupt zu schlagen.‹ Die verschiedenen Handschriften bilden hier Schlüssel folgender Art ab:

Martyriums sterben zu müssen; allein durch wirkliche Blutsühne glaubte er, seine Sünden tilgen zu können, und erst eine himmlische Stimme vermochte ihn zu beruhigen, daß auch die Strapazen der Missionsarbeit ein wahres Martyrium seien.

Wir haben hier Beispiele dafür, wie die »einfachen« und »alten« Religionsformen im Frühmittelalter wieder auflebten und dabei die metaphorisch-spirituellen Deutungen verdinglichten.

3. Heiligenvita

Als das eigentlich theologische Produkt der Karolingerzeit wird man weniger die theologische Abhandlung als vielmehr die Vita, die Lebensbeschreibung der Heiligen, anzusehen haben. Schon vom Umfang her bildet sie eine bedeutende literarische Hinterlassenschaft. Ältere Viten erfuhren aufgrund des erneuerten Stilempfindens eine Überarbeitung; andere entstanden neu.

Die Vita ist nach einem bestimmten Grundmodell aufgebaut; letztlich geht sie vom Tod des Heiligen aus, von dessen ›Geburtstag‹ für das ewige Leben. Bei den Märtyrern stand naturgemäß die Hinrichtung im Mittelpunkt und in Verbindung damit der Prozeß sowie das furchtlose Glaubenszeugnis des Hingerichteten. Das voraufgegangene Christenleben fand Interesse, soweit es für das Martyrium vorbereitet hatte. Bei den ›unblutigen Märtyrern‹, den Asketen, wurde dann ein »gestrecktes« Martyrium, der im Leben vollzogene Prozeß des ›Absterbens‹, geschildert, und dieses Absterben war das eigentliche ›Leben‹; darum dann die Vita. Mit dem asketischen Martyrium verband sich das Bild des Gottesmannes, der auf Grund seiner Askese die göttliche Virtus erwarb und dadurch zum Wundertäter wurde (vgl. § 13, 1 b). So schildert die Vita sowohl Askese wie auch Verdienst und Wunder. Im Tod öffnet sich dem Heiligen das Tor zum Leben, und wie er bisher schon auf Erden sich als Fürsprecher erwiesen hatte, so fortan noch wirksamer vom Himmel her. An seinem Grab, wo er wegen seines Leibes in besonderer Weise auf Erden präsent bleibt, wirkt er Wunder, was zugleich die Aufforderung einschließt, Grab und Leib des Heiligen besonders zu ehren: in Gallien als Elevation und Transferierung des Leibes an den Altar, in Rom durch Schaffung der Grabkrypten (vgl. § 57, 5 d). In karolingischer Zeit setzte sich der altgallische Brauch der Elevation fort, verband sich aber mit der Anlage römischer Grabkrypten. Tod und Elevation waren meist die Anlässe, die Erinnerung des Heiligen schriftlich zu fixieren.

Die Vita ist weder ein historischer Bericht noch eine Biographie. Allenfalls der asketische Werdegang könnte als Leitlinie genannt werden, aber auch dieser nicht als psychologisch-religiöse Entwicklung. Vielmehr ist es immer und überall die göttliche Virtus, die am Werke ist und die sich der Heilige in einer martyriumsgleichen Abtötung verdient. Schon in frühester Jugend bewährt er sich als abgeklärter, weil gotterfüllter Weiser. Den Versuchungen des Fleisches widersteht er in rigoroser Härte, den Teufel vermag er furchtlos zu besiegen, und zur Ehre Gottes läßt er Wunder geschehen. Voraussetzung dafür ist die Askese: Er kasteit seinen Leib, ißt und trinkt gerade nur das zum Lebenserhalt Notwendige, und auch das möglichst noch in roher Form; er verkürzt den Schlaf auf ein Minimum, übt sich beständig in Gebet und Nachtwachen und enthält sich aller Sexualität. Es ist ein hieratisches Bild, nicht eine individuell-wirkliche Lebensbeschreibung.

Die großen Theologen haben vielfach auch Viten verfaßt, und es ist unverkennbar, daß ihnen dieses Genus durchaus entsprach. Alkuin, der mit seinem Werk über die Trinität, Augustinus nacheifernd, das grundlegende Dogmatik-Buch für das Karlsreich schaffen wollte, schrieb die Viten der Heiligen Willibrord und Richar, beide nicht als biographische oder theologische Abhandlung, sondern eben als Vita mit allen erdenklichen Verdiensten und Wundern. Walafrid Strabo, dem wie keinem anderen historischkritischer Sinn für die Liturgiegeschichte nachgerühmt wird, überarbeitete die schon ältere Vita des heiligen Gallus, aber auch er nicht »kritisch«, sondern nur stilistisch.

Lupus von Ferrières, mit dem die karolingische Geisteserneuerung wirklich humanistisch-renaissancehafte Züge erhielt, verfaßte die Viten des Maximinus von Trier und des Wigbert von Fritzlar, wiederum »in elegantem Stil, aber ohne kritischen Sinn« (A. Hamman). Rudolf von Fulda, einer der bedeutendsten Historiographen des 9. Jahrhunderts, schrieb das Leben der heiligen Lioba, erneut mit den üblichen wunderlichen Geschichten. Dabei ist der Sinn für die mehr historisch bestimmte Biographie dem Frühmittelalter keineswegs ganz entschwunden. Beda beispielsweise verfaßte »Biographien« seiner Äbte, wie anschließend Einhard diejenige Karls des Großen. Um so auffälliger ist es, daß die von Theologen verfaßten Viten nicht von Theologie und Geschichte bestimmt sind, sondern von dem »einfachen« Bild des Gottesmannes.

4. Archaische Motivkraft

Die frühmittelalterliche Religionsmentalität schließt – daran kann schwerlich gezweifelt werden – eine Fülle von Elementen ein, die in der Religionsgeschichte zu den älteren Stratifikaten gehören. Die karolingische Renaissance ist der erste Versuch, im Rückgriff auf die Vätertheologie an der nachantiken Religionspraxis Korrekturen vorzunehmen. Aber es wäre verfehlt, die Bedeutung dieser Erneuerung nur in dieser Korrekturwirkung zu sehen, sozusagen in ihrer Gegenwirkung zu allem Archaischen. Erstaunen weckt vielmehr, daß die karolingische Renaissance selbst ihren Antrieb nicht zum wenigsten aus den älteren Mentalitätsstrukturen bezogen hat. An erster Stelle ist dabei der Tun/Ergehen-Zusammenhang zu nennen, wie er in langen Partien des Alten Testamentes anzutreffen ist, im Neuen Testament aber mindestens modifiziert wird, da Jesus den Zusammenhang etwa von Sünde und Krankheit wie ebenso die sofortige Bestrafung von Bösewichten mit ›Feuer vom Himmel‹ abweist. Anders im Frühmittelalter; schon die Reform des Bonifatius ging davon aus, die wahre ›religio‹ und die ›lex Dei‹ (Kult und Gesetz Gottes) gerade auch deswegen befolgen zu wollen, weil dadurch dem Reich die Gunst Gottes und so das allgemeine Wohlergehen zugesichert werde. Karls des Großen ›Admonitio generalis‹ (vgl. § 56,1) spricht denselben Zusammenhang noch deutlicher aus: Gott müsse durch ständige Übung guter Werke verherrlicht werden, auf daß er dem Reich, dem er schon so viele gute Taten erwiesen habe, auch künftighin seinen Schutz verleihe. Die ›Epistola de litteris colendis‹ fügt weitere, wiederum als »alt« einzustufende Eigenheiten an, muß doch die Gottesverehrung korrekt geschehen: anhand der richtigen Texte, in der rechten Liturgie, sogar mit fehlerlosem Lesen und Schreiben; darum dann die Normtexte, die Liturgiereform und die Schreibschulen. Sogar bis in die letzte Christengemeinde hinein sollte diese Richtigkeit eingehalten werden; deswegen die Überprüfungen der Meßbücher und der priesterlichen Lateinkenntnisse wie überhaupt die Bemühungen um Klerus- und Volksbildung mit wenigstens der Kenntnis des Vaterunsers und des Glaubensbekenntnisses. Aus der Sorge um das wahre Gottesgesetz erwuchs weiter auch die Ehereform, ebenso die Durchsetzung von mehr Gerechtigkeit bei den Gerichten, ferner die ersten Ansätze zu einer Sozialpolitik, was alles wiederum eng verknüpft war mit dem Ausbau der Reichsorganisation, etwa dem Gerichtswesen und dem Kontrollinstitut der Missi. Immer wieder ist es die grundsätzliche Idee, daß dem Reich, wenn es am wohlgefälligen Eifer fehle, die Gunst Gottes verlorengehe und es dann Schaden nehme. In Zeiten der Not, bei Hunger, Krankheit und Feindesgefahr, wurden darum zuerst geistliche Werke gefordert, denn es mußte Gottes Zorn besänftigt werden, der mit den eingetretenen Übeln seine Strafe ausübte. Den Klöstern oblag es, mit ihren hohen Gebets- und Askeseleistungen das in der Welt immer vorhandene Böse tunlichst abzugleichen. Unter Ludwig dem Frommen erreichte diese aus dem Tun/Ergehen-Zusammenhang gespeiste Reform ihren Höhepunkt, indem der Kaiser seine persönliche Lebensführung mit dem Wohlergehen des Reiches verknüpfte, darum auch zum Nutzen des Reiches für seine Sünden öffentliche Buße tat und solches ebenso von seinen geistlichen und weltlichen Großen forderte. Ludwigs Herrschaft ist an der Irrealität dieses Zusammenhangs gescheitert.

§ 77 Das Ende

1. Abtritt der karolingischen Dynastie

Nach dem Tod Ludwigs des Deutschen im Jahr 876 und dem im Jahr darauf erfolgten Tod Karls des Kahlen war eigentlich die karolingische Dynastie am Ende. Im Ostfrankenreich herrschten zunächst mehrere Söhne, von denen aber seit 882 nur noch der jüngste, Karl III., überlebte. Karls des Kahlen Sohn Ludwig der Stammler verstarb schon 879, wie bald darauf auch dessen Söhne. So wurde Karl III., der schon 881 in Rom die Kaiserwürde erhalten hatte, durch dynastischen Erbfall der Gesamtherrscher. In Wirklichkeit aber herrschte er nicht über ein vereinigtes Reich, sondern über verschiedenartige Teilreiche. Die Normannen abzuwehren, erwies er sich als zu schwach. Als er im November 887 zu Tribur (bei Mainz) die Großen des ostfränkischen Reichs erwartete, zog der illegitime Sohn von Ludwigs des Deutschen ältestem Sohn Karlmann, Arnulf von Kärnten, gegen ihn und vermochte die Großen auf seine Seite zu ziehen. Karls Herrschaft war damit beendet. Sein Sturz ist zu einem »Einschnitt in der europäischen Geschichte« geworden (Th. Schieffer). Denn statt für den gesamtfränkischen Kaiser entschied sich der ostfränkische Adel für einen nur bedingt erbberechtigten Karolingersproß und setzte ihn als Regenten durch. Sowohl die Einheit des Reichs wie das Herrschaftsrecht der karolingischen Familie waren damit abgetan. Arnulf verstand sich als König nur des Ostreichs. In den anderen Teilreichen gelangten jetzt Herrscher an die Macht, die vollends aus anderen Geschlechtern stammten; im Westreich der Pariser Graf Odo aus dem Geschlecht der Robertiner, in Hochburgund der Welfe Rudolf, in Niederburgund der Graf Boso von Vienne bzw. dessen Sohn Ludwig und in Italien Berengar von Friaul. Arnulf anerkannte sie als Könige, obwohl sie vom Geblütsrecht her gesehen allesamt nur Usurpatoren waren. Er selber war, obwohl nicht voll erbberechtigter Abkunft, dennoch der einzige aus karolingischem Geblüt und vor allem der Herrscher des stabilsten Teilreichs. Dieser Vorsprung trug ihm eine lehnsrechtliche Oberhoheit über die anderen ein. Im Jahr 896 erhielt er die Kaiserkrone, die aber jetzt keinen Anspruch mehr auf das Gesamtreich einschloß. Nach Erfolgen über die Normannen und Slawen traf ihn 899 der Tod. Sein Nachfolger war Ludwig das Kind, mit dessen frühzeitigem Tod (911) der letzte Karolinger verstarb.

2. Saeculum obscurum des Papsttums

Weder Karl der Kahle noch Karl III. noch auch Arnulf von Kärnten, die alle zu Kaisern gekrönt wurden, vermochten dem Papsttum Schutz zu bieten, der gleichwohl dringend vonnöten war, einmal wegen der Sarazenen in Süditalien, zum anderen wegen der Adelskämpfe in und um Rom. Was sich schon früher mehrmals abgezeichnet hatte, aber durch die Eingriffe der Karolinger abgewendet bzw. schon im Ansatz erstickt worden war (vgl. § 48,3; § 59,2), zeigte sich jetzt in katastrophaler Weise: Das Papsttum wurde zum Spielball des lokalen Adels.

Johannes VIII. (872–882), der letzte in der Reihe der nach der Mitte des 9. Jahrhunderts herausragenden Päpste, bemühte sich in schonungslosem Einsatz sowohl im Kampf gegen die Sarazenen, denen er mit einer selbst ausgerüsteten Flotte Erfolge abrang, wie auch in der Suche nach einem Kaiser, dessentwegen er bis ins Frankenreich reiste. Karl dem Kahlen setzte er 875 die Kaiserkrone auf und Karl III. 881; Hilfe brachte ihm keiner. Johannes endete als Opfer der römischen Parteikämpfe; ein Verwandter soll ihm Gift gegeben und ihn, als dieses nicht rasch genug wirkte, mit einem Hammer erschlagen haben. »Es war der grausige Beginn einer bösen Zeit« (H. Zimmermann). Stephan V. (885–891) wandte sich den aufstrebenden Herzögen von Spoleto zu; diese entstammten dem ursprünglich im saar- und mosselländischen Raum beheimateten Geschlecht der Widonen (dem auch Milo, der Parteigänger Karl Martells, angehört hatte, vgl. § 43,4). 891 erhielt Graf Wido die Kaiserkrone und im darauffolgenden Jahr auch sein Sohn Lambert, dieser aus der Hand des nachfolgenden Papstes Formosus (891–896). Das Kaisertum war damit erstmals in nichtkarolingische Hände gelegt. Doch erfuhr der Papst das widonische Regiment als Tyrannei, und so wandte er sich an Arnulf von Kärnten, den er 896 krönte. Einen Feldzug gegen das widonische Spoleto aber mußte der neue Kaiser abbrechen. In Rom begannen daraufhin die wildesten Kämpfe, die für Jahrzehnte andauern sollten und in denen sich »Formosianer« und »Antiformosianer« gegenüberstanden. Der im Tumult erhobene Stephan VI. (896–897), ein erklärter Feind des Formosus, veranstaltete den berüchtigten Leichenprozeß: Er ließ den verstorbenen Gegner aus dem Sarg holen, ihn mit den Papstgewändern bekleiden und auf eine Cathedra setzen, um dann ein förmliches Absetzungsverfahren durchzuführen, wobei die Insignien wieder abgenommen, die Schwurhand abgeschlagen und die Leiche zunächst verscharrt und zuletzt in den Tiber geworfen wurde. Doch auch Stephans Pontifikat endete mit Gewalt; Anhänger des geschändeten Formosus bemächtigten sich seiner und ließen ihn im Gefängnis erdrosseln. Sergius III. (904–911) hinwiederum ließ das Kadavergericht annullieren, und so setzten sich die Parteikämpfe fort. Meist waren es nur noch kurzzeitige Pontifikate, die den Inhabern des Petrusstuhls vergönnt waren. In den acht Jahren nach Formosus' Tod regierten acht Päpste und in den gut vierzig Jahren von 904 bis 946 zehn. Im Jahre 901 wurde die vorerst letzte Kaiserkrönung vollzogen, und zwar an Ludwig III., dem Sohn des Boso von Vienne, der aber sofort aus Italien vertrieben und bald sogar geblendet wurde. Das Papsttum geriet in die Hand jener römischen Adelssippe, mit der sich der Name des damaligen ›römischen Konsuls‹ Theophylact verbindet. Ein dunkles Zeitalter brach herein, das Saeculum obscurum.

3. Was geblieben ist

a) Vom spätantiken Imperium zum karolingischen Großreich

Die Zeit von der Spätantike bis zum Ende der Karolingerzeit ist von zwei großen Rhythmen bestimmt: zweimal bestand ein großes Imperium, zweimal setzte ein Verfall ein. Das spätantike Imperium, am Ende ein Zwei-Kaiser-Reich mit west-östlicher Aufteilung, verlor den Westen. Dort siedelten sich im Laufe des 5. Jahrhunderts Germanenvölker an, die eigene Reiche errichteten, wobei das westliche Kaisertum erlosch. Die Versuche Justinians, von Byzanz aus den Westen für das Ostreich zu gewinnen, scheiterten. Hingegen eroberten die muslimischen Araber nach 635 in einem Siegeszug ohnegleichen das ganze südliche Mittelmeergebiet und drängten über Kleinasien und über Spanien nach Norden. In Kleinasien vermochte sich Byzanz zu behaupten und im Westen das Frankenreich. Hier errangen die Karolinger im 8. Jahrhundert die Herrschaft; rücksichtslos stießen sie auch angestammte Throne um und schufen ein Großreich, das bedeutende Teile des alten Imperiums umfaßte: Gallien sowie die nördliche Hälfte Italiens, darüber hinaus große Teile der ehemaligen Germania östlich des Rheins und Gebiete entlang der Donau. Nach Ludwig dem Frommen aber zerfiel dieses Reich in ein westliches und östliches Frankenreich, aus denen später Frankreich und Deutschland hervorgehen sollten. Zudem erstarkten die Randländer, die das karolingische Reich nicht oder nur lose erfaßt hatte: England, Spanien sowie im Norden die skandinavischen und im Osten und Südosten die slawischen Reiche. Dennoch, das Karlsreich hat dem Westen eine politische Gemeinschaft geschaffen, die das typisch »Westliche« des Mittelalters hervorbrachte.

b) Zivilisatorische Grundlage

Mit den großpolitischen Ereignissen liefen zahlreiche andere Prozesse parallel. Der Zerfall bzw. die Zerstörung des alten Imperiums führte zu Schädigungen, ja zur teilweisen Vernichtung des Zivilisationsapparates; die Städte beispielsweise reduzierten sich zu großen Dörfern. In der Regel gingen dabei die Bildungseinrichtungen verloren. Der Okzident wurde agrarisch, beherrscht von einer kriegerischen Adelsschicht. Der fränkische Norden Galliens, der am stärksten »germanisch« geworden war und sich von der Antike relativ weit entfernt hatte, lieferte die Herrschaftsstrukturen, die dann eine gewisse christliche Überformung erhielten und als solche das Mittelalter bestimmten. Die Herausbildung des karolingischen Großreiches war angesichts der mangelnden Zivilisationsstrukturen eine außerordentliche Leistung, aber im Hinblick auf die agrarisch-kriegerische Gesellschaftsstruktur wohl doch eine Überforderung.

c) Das Christentum

Das Christentum beanspruchte in diesem Zeitraum allgemeine Geltung. Seit Konstantin war es eine erlaubte und wenig später die staatlich verordnete Religion. Die arianischen Spaltungen, zunächst noch von den Westgoten und Langobarden fortgesetzt, konnten überwunden werden. Der Westen wurde einheitlich »katholisch«. Von seiner Wesensart her sah sich der christliche Glaube auf Bücher und damit auf Bildung verwiesen; er war eher eine städtische als eine agrarische Religion. Angesichts der frühmittelalterlichen Umwälzungen stellten sich ganz neue Fragen. Viele »urreligiöse«, ja »archaische« Elemente drangen in das Christentum ein und veränderten seinen Charakter. Dennoch, der christliche Glaube bildete das einigende Fundament. Die Karolinger haben diesen Glauben nachdrücklich gefördert und mußten dies auch, weil daran das Heil ihres Reiches hing. Die Folgen für die Zukunft waren weitreichend und grundlegend. Im karolingischen Reich formierte sich das einheitliche Glaubensfundament für das westliche Mittelalter, und diese Einheit bewährte sich über alle politischen Trennungen hinweg.

d) Karolingische »Renaissance«

Aus dem religiösen Herrschaftsverständnis erfloß auch die Initiative für die sogenannte karolingische »Renaissance«. Karl der Große, der »große Umstürzer«, erwies sich zugleich als »Architekt« (P. E. Schramm). Sein Reich gewann durch die Kirchen- und Bildungsreform eine innere Konsistenz, die dem Westen für seine ganze weitere Geschichte eine innere Gemeinsamkeit schuf: in Schrift und Latein, in Liturgie und Theologie, in Recht und Amt. Für die antike Überlieferung ist die karolingische Renaissance gleichsam das Nadelöhr, durch das sie ins Mittelalter gelangte.

e) Rom

Eine besondere Autorität bildete die Tradition Roms, schon des kaiserlichen und mehr noch des päpstlichen. Die Karolinger traten mit dem Papsttum in Verbindung, einmal politisch, indem Pippin sich in Rom die Königserhebung bestätigen ließ und Karl dort die Kaiserkrone empfing, zum anderen kirchlich, indem sie die päpstliche Oberhoheit für die Kirche ihres Reiches anerkannten und zur Geltung brachten. Das Papsttum bildete im Karolingerreich sozusagen die zweite Spitze, diejenige geistlicher Art. In ihm besaß der konfessionell geeinte Westen sein eigenes Zentrum, das nicht mit in den Untergang des karolingischen Reichs gerissen wurde. Indem aber Rom sich als Einheitspunkt auch im Zerfall des Kaiserreichs bewährte, hielt es die kirchliche Einheit über die Einzelreiche hinweg aufrecht. Ja, das päpstliche Rom behauptete seine Autorität auch jenseits der karolingischen Grenzen, so in den westlichen Randländern und für längere Zeit auch noch im Osten; immer noch verkörperte sich im Papsttum die Idee der Einheit der Christenheit.

Bibliographie

Abkürzungsverzeichnis

AAWG.PH	Abhandlungen der Akademie der Wissenschaften in Göttingen, Philosophisch-historische Klasse.
AD	Archiv für Diplomatik, Schriftgeschichte, Siegel- und Wappenkunde.
AEA	Archivo Español de Archeología.
AFMF	Arbeiten zur Frühmittelalterforschung.
AHP	Archivum historiae pontificae.
AHVNRh	Annalen des historischen Vereins für den Niederrhein.
AKG	Arbeiten zur Kirchengeschichte.
AKuG	Archiv für Kulturgeschichte.
ALW	Archiv für Liturgiewissenschaft.
AMRhKG	Archiv für Mittelrheinische Kirchengeschichte.
AnGr	Analecta Gregoriana.
AWLM.GS	Akademie der Wissenschaften und der Literatur (Mainz), Geistes- und sozialwissenschaftliche Klasse.
BECh	Bibliothèque de l' école de Chartres.
BGAM	Beiträge zur Geschichte des alten Mönchtums und des Benediktinerordens.
BGQM	Beiträge zur Geschichte und Quellenkunde des Mittelalters.
BHF	Bonner historische Forschungen.
BHTh	Beiträge zur historischen Theologie.
BLE	Bulletin de littérature ecclésiastique.
BoHS	Bonner historische Studien.
BoJ	Bonner Jahrbücher.
CCM	Cahiers de civilisation médievale X^e–XIIe siècles.
DA	Deutsches Archiv für die Erforschung des Mittelalters.
DOP	Dumbarton Oakes Papers.
FG	Fuldaer Geschichtsblätter. Zeitschrift des Fuldaer Geschichtsvereins
FMAG	Forschungen zur mittelalterlichen Geschichte.
FMSt	Frühmittelalterliche Studien.
FORLG	Forschungen zur oberrheinischen Landesgeschichte.
FS	Festschrift.
GSR	Göttinger Studien zur Rechtsgeschichte.
GWU	Geschichte in Wissenschaft und Unterricht.
HAMNG	Heidelberger Abhandlungen zur mittleren und neueren Geschichte.
HJ	Historisches Jahrbuch der Görres-Gesellschaft.
HJLG	Hessisches Jahrbuch für Landesgeschichte.
HRG	Handwörterbuch zur deutschen Rechtsgeschichte.
HS	Historische Studien.
HZ	Historische Zeitschrift.
JAC	Jahrbuch für Antike und Christentum.
JWG	Jahrbuch für Wirtschaftsgeschichte.
JRS	Journal of Roman Studies.
JVABG	Jahrbuch des Vereins für Augsburger Bistumsgeschichte.
KHAb	Kölner historische Abhandlungen.
KRA	Kirchenrechtliche Abhandlungen.
KStT	Kanonistische Studien und Texte.
LexMA	Lexikon des Mittelalters.
LWQV	Liturgiewissenschaftliche Quellen und Forschungen.
MAr	Medieval Archeology.
MBM	Münchener Beiträge zur Mediävistik und Renaissanceforschung.
MBVFG	Münchener Beiträge zur Vor- und Frühgeschichte.
Mf	Die Musikforschung.
MGH	Monumenta Germaniae Historica.
MGM	Monographien zur Geschichte des Mittelalters.
MGSL	Mitteilungen der Gesellschaft für Salzburger Landeskunde.
MHS	Münchener historische Studien.
MIÖG	Mitteilungen des Instituts für österreichische Geschichtsforschung.
MM	Madrider Mitteilungen.
MMS	Münstersche Mittelalter-Schriften.
MMSt	Metropolitan Museum Studies.
MOLA	Mitteilungen des oberösterreichischen Landesarchivs.
NC	Nouvelle Clio.
NF	Neue Folge.
NSJ	Niedersächsisches Jahrbuch für Landesgeschichte.
OCP	Orientalia Christiana Periodica.

PraeZ	Praehistorische Zeitschrift.
QFG	Quellen und Forschungen aus dem Gebiet der Geschichte.
QFGSH	Quellen und Forschungen zur Geschichte Schleswig-Holsteins.
QFIAB	Quellen und Forschungen aus italienischen Archiven und Bibliotheken.
RAC	Reallexikon für Antike und Christentum.
RBen	Revue bénédictine de critique, d'histoire et de littérature religieuses.
RBS	Regula Benedicti Studia.
RE	PAULY–WISSOWA, Realencyklopädie der klassischen Altertumswissenschaft.
RED.F	Rerum Ecclesiasticarum Documenta. Series maior. Fontes.
RGA	Reallexikon der germanischen Altertumskunde.
RHEF	Revue de l'histoire de l'église de France.
RHF	Regensburger historische Forschungen.
RhV	Rheinische Vierteljahresblätter.
RNord	Revue du Nord.
RSCI	Rivista di storia della Chiesa in Italia.
RSJB	Récueils de la société Jean Bodin pour l' histoire comparative des institutions.
Saec.	Saeculum. Jahrbuch für Universalgeschichte.
SHAW.PH	Studienbände der Heidelberger Akademie der Wissenschaften, philosophisch-historische Klasse.
SdS	Settimane di Studio del Centro Italiano di Studi sull' alto Medioevo.
SF	Studia Friburgensia.
SMGB	Studien und Mitteilungen zur Geschichte des Benediktinerordens und seiner Zweige.
SRG	Schriften zur Rechtsgeschichte.
StAns	Studia Anselmiana.
STGra	Studia Gratiana.
StMed	Studi medievali.
STMon	Studia monastica.
StPatr	Studia patristica.
THEP	Travaux d'histoire éthico-politique.
ThPQ	Theologisch-praktische Quartalsschrift.
TPL	Textus Patristici et Liturgici.
TRE	Theologische Realenzyklopädie.
TThSt	Trierer Theologische Studien.
TZGTL	Trierer Zeitschrift für Geschichte und Kunst des Trierer Landes und seiner Nachbargebiete.
VAI	Veröffentlichungen des Alemannischen Institutes Freiburg.
VeFo	Verkündigung und Forschung. Beihefte zu »Evangelische Theologie«.
VGGV	Vierteljahresschrift für Geschichte und Gegenwart Vorarlbergs.
VHKHW	Veröffentlichungen der historischen Kommission für Hessen und Waldeck.
VIÖG	Veröffentlichungen des Instituts für österreichische Geschichtsforschung.
VKHSM	Veröffentlichungen aus dem kirchenhistorischen Seminar München.
VMPIG	Veröffentlichungen des Max-Planck-Institutes für Geschichte (Göttingen).
VNAW	Verhandelingen der koninklijke Nederlandse Akademie van Wetenschapen, Afd. Letterkunde.
VSWG	Vierteljahresschrift für Wirtschafts- und Sozialgeschichte.
VuF	Vorträge und Forschungen.
WdF	Wege der Forschung.
ZAGV	Zeitschrift des Aachener Geschichtsvereins.
ZBLG	Zeitschrift für bayerische Landesgeschichte.
ZGO	Zeitschrift für die Geschichte des Oberrheins.
ZKG	Zeitschrift für Kirchengeschichte.
ZKTh	Zeitschrift für katholische Theologie.
ZPE	Zeitschrift für Papyrologie und Epigraphik.
ZSG	Zeitschrift für Schweizerische Geschichte.
ZSRG.G	Zeitschrift der Savigny-Stiftung für Rechtsgeschichte, Germanistische Abteilung.
ZSRG.K	Zeitschrift der Savigny-Stiftung für Rechtsgeschichte, Kanonistische Abteilung.
ZWLG	Zeitschrift für württembergische Landesgeschichte.

1. Quellen

ACTA SANCTORUM quotquot toto orbe colluntur... hg. v. J. Bolland, ab Bd. 6 hg. v. d. Société des Bollandistes, 67 Bde., Brüssel 1643–1940.
BÖHMER, J. F., Acta imperii selecta. Urkunden deutscher Könige und Kaiser mit einem Anhang von Reichssachen, hg. v. J. Ficker, 2 Bde., Innsbruck 1868.
DERS.: Regesta imperii. Bd. 1: Die Regesten des Kaiserreichs unter den Karolingern 715–918, bearb. v. E. Mühlbacher u. J. Lechner, Innsbruck ²1908, Nachdruck mit Ergänzungen v. C. Brühl u. H. H. Kaminsky, Hildesheim 1966.
BUJNOCH, J., Zwischen Rom und Byzanz (Slavische Geschichtsschreiber 1), Graz–Wien–Köln ²1972.
CODEX EURICIANUS, hg. v. A. D'Ors (Estudios visigóticos. Cuernados del Instituto jurídico espanol 12), Rom–Madrid 1960.
CODEX THEODOSIANUS, hg. v. Th. Mommsen, Neudr. Berlin 1954.
CONCILIOS VISIGOTICOS e Hispano-Romanos, hg. v. J. Vives (Espana Cristiana, Textos 1), Barcelona 1963.
CORPUS CHRISTIANORUM, hg. von der Abtei Steenbrügge, Fürnhoff 1953 ff.
  Series latina
  Bd. 1–2: Tertullianus, Q.S.F., Opera [Werke], 1954.
  Bd. 3:   Cyprianus, T.C., Opera [Werke], 1972–1976.

Bd. 14–19: Ambrosius, St. [Episc.] Mediolanensis, Opera [Werke], 1957 ff.
Bd. 27–57: Augustinus, A., Opera [Werke], 1954–1984.
Bd. 62.62A: Hilarius episc. Pictaviensis, Opera [Werke], 1979–1980.
Bd. 68A: Prosper Aquitanus: Opera [Werke], 1972.
Bd. 72–79: Hieronymus, St., Opera [Werke], 1959–1982.
Bd. 87: Opus imperfectum in Matthaeum. Praefatio, 1988.
Bd. 91.91A: Fulgentius episc. Ruspensis, Opera [Werke], 1968.
Bd. 94: Boethius, A.M.S., Philosophiae Consolatio, 1957.
Bd. 96–98: Cassiodorus, [F.]M.A., Opera [Werke], 1958–1973.
Bd. 103/104: Caesarius Arelatensis, Opera [Werke], 1953.
Bd. 115: Julianus episc. Toletanus, Opera [Werke], 1976.
Bd. 119–123: Beda Venerabilis, Opera [Werke], 1962–1983.
Bd. 140–144: S. Gregorius Magnus [Gregorius I. Papa], Opera [Werke], 1963–1982.
Bd. 148.148A: Concilia Galliae 1/2, a. 314–695, 1963.
Continuatio medievalis
Bd. 16: Pascasius Radbertus: De corpore et sanguine Domini cum appendice epistola ad Fredugardum, 1969.
Bd. 31: Scotus Erigena, J., Expositiones in hierarchiam coelestem, 1975.
Bd. 44: Hrabanus Maurus, M., Martyrologium, 1979.
Bd. 50: Scotus Erigena, J., De divina praedestinatione liber, 1978.
Bd. 52: Agobardus [Archiepisc.] Lugdunensis, Opera omnia [Werke], 1981.
Bd. 56–56B: Pascasius Radbertus, Expositio in Matheo Libri XII, 1984.
Bd. 56C: Pascasius Radbertus, De partu virginis. De assumptione sanctae Mariae virginis, 1985.
CORPUS CONSUETUDINUM MONASTICARUM, Tom. I: Initia Consuetudinis Benedictinae. Consuetudines Saeculi Octavi et Noni, hg. v. K. Hallinger, Siegburg 1963.
CORPUS IURIS CIVILIS, hg. v. P. Krüger, Th. Mommsen, R. Schoell, W. Kroll, Berlin 1877–92.
FREDEGARII Chronicorum liber quartus cum continuationibus, hg. von J. M. Wallace-Hadrill (Medieval Classics 7), London 1960.
GERMANIA PONTIFICIA, Bd. 1–3 hg. von A. Brackmann, Berlin 1910–1935. Bd. 4 hg. v. H. Jakobs u. H. Büttner, Göttingen 1978.
HANNSENS, J.M., Amalarii episcopi opera liturgica omnia, 3 Bde., Città del Vaticano 1948–1950.
JAFFÉ, Ph., Regesta pontificum Romanorum ab condita ecclesia ad annum 1198, 2. Aufl. hg. v. S. Löwenfeld u.a., 2 Bde., Leipzig 1885/1888.
LEX ROMANA VISIGOTHORUM, hg. v. G. Haenel, Berlin 1849.
Le LIBER PONTIFICALIS, Bd. 1 u. 2 hg. v. L. Duchèsne, Paris 1886–1892, Bd. 3 hg. v. C. Vogel, Paris 1957.
MONUMENTA GERMANIAE HISTORICA (MGH), Hannover–Leipzig–Berlin–Zürich–München–Dublin 1826 ff.
  I. Scriptores:
    Scriptores rerum Merovingicarum, Bd. 1, Teil 1, 1937–1951, Teil 2, 1885; Bd. 2, 1888.
    Scriptores (in Folio), Bde. 1–4, 1826–1841; Bd. 13, 1881; Bd. 15, 1887/88; Bd. 30,2, 1926–1934.
    Scriptores rerum Germanicarum in usum scholarum separatim editi, Bd. 6, 1895; Bd. 25, 1911; Bd. 37, 1905; Bd. 50, 1890; Bd. 60, 1935.
  II. Leges
    Capitularia regum Francorum, Bd. 1, 1883; Bd. 2, 3 Teile, 1890–1897.
    Concilia, Bd. 1, 1893; Bd. 2, 1906, 1908; Bd. 3, 1984.
    Constitutiones et acta publica imperatorum et regum, Bd. 1, 1893.
    Formulae, 1882–1886.
    Fontes iuris Germanici antiqui in usum scholarum separatim editi, Bd. 7, 2 Teile, 1932/1933.
    Leges nationum Germanicarum, Bd. 1, Teil 1, 1902; Bd. 2, Teil 1, 1892.
  III. Diplomata
    Diplomata regum Francorum e stirpe Merovingica, 1872.
    Diplomata Karolinorum, Bd. 1, 1906; Bd. 3, 1966.
    Die Urkunden der burgundischen Rudolfinger, 1977.
    Die Urkunden der deutschen Karolinger, Bd. 1, 1932–1934; Bd. 2, 1936/1937; Bd. 3, 1940; Bd. 4, 1960.
  IV. Epistolae
    Epistolae in 4°, Bd. 1, 1887–1891; Bd. 2, 1892–1899; Bd. 3, 1892; Bd. 4, 1895; Bd. 5, 1898/1899; Bd. 6, 1902–1925; Bd. 7, 1912–1928; Bd. 8, 1939.
  V. Antiquitates
    Poetae Latini medii aevi, Bd. 1, 1881; Bd. 2, 1884; Bd. 3, 1886–1896; Bd. 4, Teil 1–3, 1899–1923.
    Necrologia Germaniae, Bd. 1, 1886–1888; Bd. 2, 1890–1904; Bd. 3, 1905.
    Libri memoriales, Bd. 1, 1970.
  VI. Epistolae selectae, Bd. 1, 1955.
  VII. Fontes iuris Germanici antiqui in usum scholarum, Bd. 10, 1968.
Les ORDINES ROMANI du haut moyen âge, hg. v. M. Andrieu, 5 Bde., Löwen 1931–1965.
PELT, J.B. (Hg.), Chrodegangi episcopi Mettensis Regula Canonicorum (Regula Chrodegangi), in: DERS., Études sur la Cathédrale de Metz, 3: La Liturgie, Metz 1937, 8–28.
QUELLEN zur Entstehung des Kirchenstaates, hg. von H. Fuhrmann (Historische Texte. Mittelalter 7), Göttingen 1968.
QUELLEN ZUR GESCHICHTE DES PAPSTTUMS und des römischen Katholizismus, 1.–5. Aufl. hg. v. C. Mirbt, 6. völlig neubearb. Aufl. hg. v. K. Aland, Bd. 1: Von den Anfängen bis zum Tridentinum, Tübingen 1967.
RATRAMNUS, De corpore et sanguine Domini. Texte original et notice bibliographique, hg. v. J.N. Bakhuizen van den Brink, in: VNAW NF, T. 87, Amsterdam 1987.
SCRIPTORES LATINI HIBERNIAE, Dublin 1955 ff.
  Bd. 1: The writings of bishop Patrick, 1955.

Bd. 2: Sanctus Columbanus, Opera, 1957.
Bd. 3: Adamnan, De locis sanctis, 1958.
Bd. 5: The Irish Penitentials [lat.-engl.], 1963.
Bd. 8: Four Latin Lives of St. Patrick, 1971.
SERIES EPISCOPORUM ecclesiae catholicae occidentalis ab initio usque ad annum MCXCVIII, hg. v. S. Weinfurter, O. Engels, Stuttgart 1982 ff.
TEXTE ZUR GERMANISCHEN BEKEHRUNGSGESCHICHTE, hg. v. W. Lange, Tübingen 1962.
VITAE SANCTORUM HIBERNIAE ex codice olim Salmanticensi nunc Bruxellensi, hg. v. W.W. Heist (Subsidia Hagiographica 28), Brüssel 1965.
WOLFRAM, H. (Hg.), Conversio Bagoariorum et Carantanorum. Das Weißbuch der Salzburger Kirche über die erfolgreiche Mission in Karantanien und Pannonien, Wien–Köln–Graz 1979.

2. Quellen und Übersetzungen

AUSGEWÄHLTE QUELLEN zur deutschen Geschichte des Mittelalters, Freiherr-vom-Stein-Gedächtnisausgabe, hg. von R. Buchner u.a.
Bd. II: Gregor von Tours, Zehn Bücher Geschichte, Bd. 1: Buch 1–5, Darmstadt ^{5}1977.
Bd. III: Gregor von Tours, Zehn Bücher Geschichte, Bd. 2: Buch 6–10, Darmstadt ^{6}1974.
Bd. IV: Quellen zur Geschichte des 7. und 8. Jahrhunderts: Fortsetzungen Fredegors. Das Leben Lebuins. Das Leben Columbans, Darmstadt 1982.
Bd. V: Quellen zur karolingischen Reichsgeschichte. Erster Teil: Die Reichsannalen. Einhard, Leben Karls des Großen. Zwei »Leben« Ludwigs. Nithard, Geschichten, Darmstadt 1955.
Bd. VI: Quellen zur karolingischen Reichsgeschichte. Zweiter Teil: Jahrbücher von St. Bertin. Jahrbücher von St. Vaast. Xantener Jahrbücher, Darmstadt 1958.
Bd. VII: Quellen zur karolingischen Reichsgeschichte. Dritter Teil: Jahrbücher von Fulda. Regino, Chronik. Notker, Taten Karls des Großen, Darmstadt 1960.
BEDA DER EHRWÜRDIGE, Kirchengeschichte des englischen Volkes, übers. v. G. Spitzbart (Texte zur Forschung 34,1.2), Darmstadt 1982.
DIE BENEDIKTSREGEL [lat.-dt.], hg. v. B. Steidle, Beuron ^{3}1978.
BIBLIOTHEK DER KIRCHENVÄTER. Eine Auswahl patristischer Werke in deutscher Übersetzung, hg. v. O. Bardenhever u.a., Kempten–München 1911–1938.
Reihe 1
Bd. 1/8/11/16/18/19/28–30/49: Augustinus, Aurelius, Ausgewählte Schriften, 1911/1913/1914/1916/1925.
Bd. 2: Dionysius Areopagita, Angebliche Schriften über die beiden Hierarchien, 1911.
Bd. 7/24: Tertullianus, Q.S.F., Ausgewählte Schriften, 1912/1915.
Bd. 15: Hieronymus, Ausgewählte Schriften, 1914.
Bd. 17/21/32: Ambrosius episc. Mediolanensis, Ausgewählte Schriften, 1914/1915/1916.
Bd. 20: Sulpicius Severus, Schriften über den hl. Martin. Vinzenz von Lérin, Commonitorium. Hl. Benediktus, Mönchsregel, 1914.
Bd. 34/60: Cyprian, Sämtliche Schriften, 1918/1928.
Bd. 54–55: Leo I. Papa, Sämtliche Predigten, 1927.
Reihe 2
Bd. 2: Dionysius Areopagita, Angebliche Schriften über Göttliche Namen. Angeblichen Brief an Demophilus, 1933.
Bd. 3–4: Gregorius I. Papa, Ausgewählte Schriften, 1933.
Bd. 5–6: Hilarius von Poitiers, Über die Dreieinigkeit, 1933–1934.
Bd. 9: Ferrandus Fulgentius, Das Leben des hl. Fulgentius. Fulgentius, Vom Glauben an Petrus. Ausgewählte Predigten, 1934.
Bd. 11: Salvianus Massilia, Erhaltene Schriften, 1935.
Bd. 13–14: Augustinus, A., Ausgewählte Schriften, 1935–1936.
Bd. 16/18: Hieronymus, Ausgewählte Schriften, 1936/1937.
DAS CORPUS IURIS CIVILIS, übers. v. einem Vereine Rechtsgelehrter, hg. v. C.E. Otto, B. Schilling, C.F.F. Sintenis, 7 Bde., Leipzig 1830–1833.
EIGIL VON FULDA, Das Leben des Abtes Sturmi [lat.-dt.], hg. v. P. Engelbert, in: FG 1980, 17–49.
DERS., Die Vita Sturmi des Eigil von Fulda. Literarkritisch-historische Untersuchung und Edition, hg. v. P. Engelbert, Marburg 1968.
ENGLISH HISTORICAL DOCUMENTS, hg. v. D.C. Douglas, Bd. 1: c. 500–1042, hg. v. D. Whitelock, London 1955.
EUGIPPIUS, Das Leben des heiligen Severin, [lat.-dt.], Einführung, Übersetzung und Erläuterungen von R. Noll (Schriften und Quellen der alten Welt 11), Berlin ^{2}1963.
FRANK, K.S. (Hg.): Frühes Mönchtum im Abendland, Bd. 1: Lebensformen; Bd. 2: Lebensgeschichten, Zürich–München 1975.
GESCHICHTSCHREIBER der deutschen Vorzeit in deutscher Bearbeitung..., hg. v. G.H. Pertz, J. Grimm u.a., Berlin 1849 ff.
Bd. 5: Jordanes, Gotengeschichte, ^{3}1913.
Bd. 6: Prokop, Vandalenkrieg, ^{3}1913.
Bd. 7: ders., Gotenkrieg, ^{3}1922.
Bd. 10: Isidors Geschichte der Goten nebst Auszügen aus der Kirchengeschichte des Beda Venerabilis, ^{3}1909.
Bd. 11: Die Chronik Fredegars und der Frankenkönige, die Lebensbeschreibungen des Abtes Columban, 4. Aufl. o.J. (nach 1888).
Bd. 13: Leben des h. Bonifazius von Wilibald, der h. Lioba von Rudolf v. Fulda, des Abtes Sturmi von Eigil, ^{3}1920.
Bd. 14: Leben des h. Wilibrord, o.J.

Bd. 15: Paulus Diaconus, Über die Völker der Langobarden und die übrigen Geschichtsschreiber der Langobarden, ²1888.
Bd. 16: Einhard: Kaiser Karls Leben, 1850.
Bd. 17: Einhard, Jahrbücher, ²1880.
Bd. 18: Ermoldus Nigellus, Lobgedicht auf Kaiser Ludwig und Elegien an König Pippin, 1856.
Bd. 19: T. 1: Thegan, Kaiser Ludwigs des Frommen Leben, T. 2: Astronomus, Das größere Leben Kaiser Ludwigs des Frommen, 1850.
Bd. 22: Leben der Erzbischöfe Anskar und Rimbert, 1856.
Bd. 23: Die Jahrbücher von Fulda und Xanten, 1852.
Bd. 24: Die Annalen von St. Bertin und St. Vaast, 1857.
Bd. 25: Bruno Candidus, Leben des Abtes Eigil von Fulda und der Äbtissin Hathumoda nebst der Übertragung des hl. Liborius und des hl. Vitus, 1888.
Bd. 26: Der Mönch von St. Gallen, Über die Thaten Karls des Großen, 1850.
Bd. 27: Die Chronik des Abtes Regino von Prüm, 1857.
LEBEN UND LEIDEN DES HL. EMMERAM, [lat.-dt.], hg. v. B. Bischoff, München 1953.
LOUP DE FERRIERES, Correspondances, [lat.-frz.], übers. u. hg. v. L. Levillain (Les classiques de l'histoire de France au moyen âge 10), Paris ²1964.
MOKROSCH, R., WALZ, H., Kirchen- und Theologiegeschichte in Quellen, Bd. II: Mittelalter, Neukirchen–Vluyn 1980.
SANKT OTMAR. Die Quellen zu seinem Leben [lat.-dt.], hg. v. J. Duft, Zürich–Konstanz 1959.
DER HEILIGE PIRMIN und sein Pastoralbüchlein, eingel. u. übers. v. U. Engelmann, Sigmaringen 1976.
QUELLEN ZUR GESCHICHTE DER ALAMANNEN, übers. v. C. Dirlmeier, hg. v. G. Gottlieb und K. Sprigade, 5 Bde., Sigmaringen 1976–1984.
QUELLEN ZUR GESCHICHTE DER DIÖZESE EICHSTÄTT, Bd. 1: Biographien der Gründungszeit, hg. u. übers. v. A. Bauch, Eichstätt 1962.
SOURCES CHRÉTIENNES, [lat.-frz.], Paris 1941 ff.
Bd. 19: Hilaire de Poitiers, Traité des mystères, 1947.
Bd. 22/49/74/200: Léon Le Grand, Sermons, T. 1–4, 1947/1957/1961/1973.
Bd. 25: Ambroise de Milan, Des sacrements. Des mystères, 1949.
Bd. 32/212/221: Grégoire Le Grand, Morales sur Job, T. 1–3, 1974–²1975.
Bd. 42/54/64: Jean Cassien, Conférences, 1955/1958/1959.
Bd. 43: Saint Jérome, Sur Jonas, 1956.
Bd. 45/52: Ambroise de Milan, Traité sur l'évangile de S.Luc, 1956/1958.
Bd. 58: Dénis l'Aréopagite, La Hierarchie céleste, 1958.
Bd. 75: Saint Augustin, Commentaire de la première Epitre de St. Jean, 1961.
Bd. 105–107: La régle du maître, 1964–1965.
Bd. 109: Jean Cassien, Institutions cénobitiques,1965.
Bd. 133–135: Sulpice Sévère, Vie de Saint Martin, 1967–1969.
Bd. 151: Jean Scot, Homélie sur le prologue de Jean, 1969.
Bd. 175/243/330: Caesaire d'Arles, Sermons au peuple, T.1-3, 1971/1978/1986.
Bd. 176/220: Salvien de Marseille, Œuvres, T.1 u. 2, 1971.
Bd. 179: Ambroise de Milan, La Pénitence, 1971.
Bd. 180: Jean Scot, Commentaire sur l'Evangile de Jean, 1972.
Bd. 181/186: La Règle de Saint Benoît 1–6, 1971–1972. (Bd. 7 1977, nicht in der Reihe SC.)
Bd. 225: Dhuoda, Manuel pour mon fils, 1975.
Bd. 241: Conciles gaulois du IVe siècle, 1977.
Bd. 242/259: Saint Jérome, Commentaire sur S. Matthieu, T. 1–2, 1977/1979.
Bd. 251/260/265: Grégoire Le Grand, Dialogues, T. 1–3, 1978/1979/1980.
Bd. 254/258: Hilaire de Poitiers, Sur Matthieu, T. 1–2, 1978/1979.
Bd. 314: Grégoire Le Grand, Commentaire sur le cantique des cantiques, 1984.
Bd. 327: Grégoire Le Grand, Homélies sur Ezéchiel, T. 1, 1986.
Bd. 334: Hilaire de Poitiers, Contre Constance, 1987.
Bd. 345: Césaire d'Arles, Œvres monastiques, T. 1, 1988.
THE THEODOSIAN CODE [lat.-engl.], hg. v. C. Pharr, New York 1952.
VITA CORBINIANI. Bischof Arbeo von Freising und die Lebensgeschichte des hl. Korbinian, hg. v. H. Glaser, F. Brunhölzl, S. Benker, München–Zürich 1983.
WALAHFRID STRABO, Visio Wettini, hg. u. übers. v. H. Knittel, Sigmaringen 1986.

3. Allgemeine Hilfsmittel

3.1 Einführungen, Quellenkunde, Bibliographien

GÉNICOT, L. (Hg.), Typologie des sources du Moyen Age occidental, Turnhout 1972 ff.
Bd. 1: Introduction, 1972.
Bd. 2: Les décrétales et les collections de décrétales, 1972.
Bd. 3: Les actes publics, 1972.
Bd. 4: Les documents nécrologiques, 1972.
Bd. 5: Les dépôts de pollens fossiles, 1972.
Bd. 6: La jurisprudence, 1973.
Bd. 7: La céramique, 1973.
Bd. 8: La miniature, 1974.
Bd. 9: La nouvelle, 1974.
Bd. 10: Les collections canoniques, 1973.
Bd. 11: Les statuts synodaux, 1975.

Bd. 12:   Le roman, 1975.
Bd. 13:   Le fabliau. Le Lai narratif, 1975.
Bd. 14:   Les annales du haut moyen âge, 1975.
Bd. 15:   Les généalogies, 1975.
Bd. 16:   Die Universalchroniken, 1976.
Bd. 17:   Letters and letter-collections, 1976.
Bd. 18:   Les relevés de feux, 1976.
Bd. 19:   Les tarifes de tonlieux, 1976.
Bd. 20:   Les armoiries, 1976.
Bd. 21:   Les monnaies, 1977.
Bd. 22:   La loi, 1977.
Bd. 23:   Les visites pastorales, 1977.
Bd. 24/25: Les légendières latins et autres manuscrits hagiographiques, 1977.
Bd. 26:   Les martyrologes du moyen âge latin, 1978.
Bd. 27:   Les Libri paenitentiales, 1978.
Bd. 28:   Polyptyques et censiers, 1978.
Bd. 29:   L'architecture, 1978.
Bd. 30:   La plainte funèbre, 1978.
Bd. 31:   Les catalogues de bibliothèques, 1979.
Bd. 32:   Les textes alchimiques, 1979.
Bd. 33:   Translationsberichte und andere Quellen des Reliquienkultes, 1979.
Bd. 34:   Les armes, 1979.
Bd. 35:   Les inscriptions médiévales, 1979.
Bd. 36:   Les sceaux, 1981.
Bd. 37:   Gesta episcoporum, gesta abbatum, 1981.
Bd. 38:   Les récits de voyages et de pèlerinages, 1981.
Bd. 39:   Les sources astronomiques, 1981.
Bd. 40:   L' Exemplum, 1982.
Bd. 41:   La coutume, 1982.
Bd. 42:   Jetons, méreaux et médailles, 1984.
Bd. 43:   Capitula episcoporum, 1985.
Bd. 44/45: Les questions disputées et les questions quodlibétiques dans les facultés de théologie, de droit et de médicine, 1985.
Bd. 46:   Les règles monastiques anciennes (400–700), 1985.
Bd. 47:   Le costume civil, 1986.
Bd. 48:   Les coutumiers, les styles, les formulaires et les Artes Notariae, 1986.
Bd. 49:   L'Épopée, 1988.
Bd. 50:   Les sources hébraiques médiévales, Vol. 1, 1987.
Bd. 51:   Kartographische Quellen, 1988.
JACOB, C., Quellenkunde der Deutschen Geschichte im Mittelalter (bis zur Mitte des 15. Jahrhunderts), Bd. 1: Einleitung. Allgemeiner Teil. Die Zeit der Karolinger, Berlin [6]1959.
QUIRIN, H., Einführung in das Studium der mittelalterlichen Geschichte, Braunschweig [4]1986.
REVUE D'HISTOIRE ECCLESIASTIQUE, Bibliographie, 1(1900)–83(1988), Löwen 1900–1988.
WATTENBACH, W., LEVISON, W., LÖWE, H., Deutschlands Geschichtsquellen im Mittelalter. Vorzeit und Karolinger,
  H. 1: Die Vorzeit von den Anfängen bis zur Herrschaft der Karolinger, Weimar 1952.
  H. 2: Die Karolinger vom Anfang des 8. Jahrhunderts bis zum Tode Karls des Großen, Weimar 1953.
  H. 3: Die Karolinger vom Tode Karls des Großen bis zum Vertrag von Verdun, Weimar 1957.
  H. 4: Die Karolinger vom Vertrag von Verdun bis zum Herrschaftsantritt der Herrscher aus dem sächsischen Hause, Italien und das Papsttum, Weimar 1963.
  H. 5: Die Karolinger vom Vertrag von Verdun bis zum Herrschaftsantritt der Herrscher aus dem sächsischen Hause, Das westfränkische Reich, Weimar 1973.
  Beih.: Die Rechtsquellen, Weimar 1953.

3.2 Lexika

DIE DEUTSCHE LITERATUR DES MITTELALTERS. Verfasserlexikon. 2. völlig neubearb. Aufl., hg. v. K. Ruh u. G. Keil, bisher 6 Bde., Berlin–New York 1977–1987.
DICTIONNAIRE D'ARCHÉOLOGIE CHRÉTIENNE ET DE LITURGIE. hg. v. D. F. Cabrol und H. Ledercq. 15 Bde., Paris 1913–1953.
DICTIONNAIRE D'HISTOIRE ET DE GÉOGRAPHIE ECCLÉSIASTIQUES, hg. v. A. Baudrillant u. a., bisher 20 Bde., Paris 1912–1984.
HANDWÖRTERBUCH ZUR DEUTSCHEN RECHTSGESCHICHTE (HRG), hg. v. A. Erler u. E. Kaufmann, bisher 3 Bde., Berlin 1971–1984.
LEXIKON DES MITTELALTERS (LexMA), hg. v. R. Auty, R.-H. Bautier u.a., München–Zürich, 1980 ff.
LEXIKON FÜR THEOLOGIE UND KIRCHE (LThK), 2. völlig neubearb. Auflage, hg. v. J. Höfer u. K. Rahner, 11 Bde., Freiburg i. Br. 1957–1967, Neudr. 1985.
REALLEXIKON FÜR ANTIKE UND CHRISTENTUM (RAC), hg. v. Th. Klauser, bisher 13 Bde., Stuttgart 1950–1986.
REALLEXIKON DER GERMANISCHEN ALTERTUMSKUNDE (RGA), 2. neubearb. Auflage, hg. v. H. Beck, H. Jankuhn u.a., bisher 4 Bde., Berlin–New York 1973–1981.
RELIGION IN GESCHICHTE UND GEGENWART (RGG), 3. völlig neu bearb. Auflage, hg. v. K. Galling, 6 Bde. und Registerband, Tübingen 1957–1965.

THEOLOGISCHE REALENZYKLOPÄDIE (TRE), hg. v. G. Krause und G. Müller, bisher 17 Bde., Berlin 1976–1988.

3.3 Atlanten

ATLAS ZUR KIRCHENGESCHICHTE. Die christlichen Kirche in Geschichte und Gegenwart, hg. v. H. Jedin u.a., Freiburg 1970, Neuauflage 1986.
DTV-ATLAS ZUR WELTGESCHICHTE, hg. v. H. Kinder u. W. Hilgemann, Bd. 1: Von den Anfängen bis zur Frz. Revolution, Hamburg ¹⁶1980.
GROSSER HISTORISCHER WELTATLAS. Teil 2: Mittelalter, hg. v. Bayerischen Schulbuch-Verlag, München ²1979. Erläuterungen v. E. W. Zeeden, München 1983.

4. Handbücher

4.1 Handbücher Profangeschichte

DEUTSCHE GESCHICHTE, hg. v. Zentralinstitut für Geschichte der Akademie der Wissenschaften der DDR, Bd. 1: Von den Anfängen bis zur Ausbildung des Feudalismus Mitte des 11. Jahrhunderts, Berlin (Ost) 1985.
FISCHER WELTGESCHICHTE
   Bd. 9:   MAIER, F.G., Die Verwandlung der Mittelmeerwelt, Frankfurt am Main 1968.
   Bd. 10: DHONDT, J., Das frühe Mittelalter, Frankfurt am Main 1968.
   Bd. 13: MAIER, F.G. (Hg.), Byzanz, Frankfurt am Main 1973.
GEBHARDT, B., Handbuch der deutschen Geschichte, hg. v. H. Grundmann, Bd. 1, Stuttgart ⁹1970.
GESCHICHTE DER DEUTSCHEN LÄNDER. Territorien-Ploetz, Bd. 1, Würzburg 1964.
GESCHICHTE SALZBURGS, hg. v. H. Dopsch, Bd. 1, Salzburg 1981.
GESCHICHTE THÜRINGENS, hg. v. H. Patze u. W. Schlesinger, Bd. 1, Köln–Graz 1968, Bd. 2, 1–2, Köln–Wien 1973–1974.
HANDBUCH DER EUROPÄISCHEN GESCHICHTE, hg. von Th. Schieder. Bd.1: SCHIEFFER, Th. (Hg.), Europa im Wandel von der Antike zum Mittelalter, Stuttgart 1976.
HANDBUCH DER DEUTSCHEN GESCHICHTE. Neu hg. v. L. Just, Bd. 1: Deutsche Geschichte bis zum Ausgang des Mittelalters, Konstanz 1957.
HANDBUCH DER BAYERISCHEN GESCHICHTE, hg. v. M. Spindler, Bd. 1, München ²1981.
RHEINISCHE GESCHICHTE, hg. v. F. Petri u. G. Droege, Bd. 1,1: PETRIKOVITS, H. von, Urgeschichte und römische Epoche, Düsseldorf 1978; Bd. 1,2: EWIG, E., Frühes Mittelalter, Düsseldorf 1980.
WESTFÄLISCHE GESCHICHTE, hg. v. W. Kohl, Bd. 1: Von den Anfängen bis zum Ende des Alten Reiches, Düsseldorf 1983.

4.2 Handbücher Kirchengeschichte

FLICHE, A., MARTIN, V. (Hg.), Histoire de l' Église depuis les origines jusqu' à nos jours, Bd. 3–4, Paris 1936–1937.
HANDBUCH DER DOGMENGESCHICHTE, hg. v. M. Schmaus, J. Geiselmann u.a., Freiburg i. Br.–Basel–Wien 1951ff.
HANDBUCH DER KIRCHENGESCHICHTE, hg. v. H. Jedin, Bd. II/2–III/1, Freiburg i. Br. 1966–1975, Neudruck 1985.
HARNACK, A. von, Lehrbuch der Dogmengeschichte, 3 Bde., Tübingen ⁴1909–1910, Neudr. Darmstadt 1964.
HAUCK, A., Kirchengeschichte Deutschlands, 5 Bde., Berlin–Leipzig ⁸1954.
DIE KIRCHE IN IHRER GESCHICHTE. Ein Handbuch, begr. v. K.D. Schmidt u. E. Wolf, hg. v. B. Moeller, Göttingen–Zürich 1961 ff.
   Bd. 1: Lorenz, R., Das vierte und sechste Jahrhundert (Westen), Lfg. C 1, 1970.
          Beck, H.G., Geschichte der orthodoxen Kirchen im byzantinischen Reich, Lfg. D 1, Göttingen 1980.
   Bd. 2: Haendler, G., Geschichte des Frühmittelalters und der Germanenmission; Stökl, G., Geschichte der Slavenmission, Lfg. E, 1961.
KIRCHENGESCHICHTE ALS MISSIONSGESCHICHTE, hg. v. H. Frohnes u.a., München 1974 ff., Bd, 2,1: Die Kirche des frühen Mittelalters, hg. v. K. Schäferdiek, 1978.
KOTTJE, R., MOELLER, B. (Hg.), Ökumenische Kirchengeschichte Bd. 1: Alte Kirche und Ostkirche, Mainz 1970; Bd. 2: Mittelalter und Reformation, Mainz–München ⁴1988.
SEEBERG, R., Lehrbuch der Dogmengeschichte, 4 Bde., Darmstadt 1959–1965.

4.3 Handbücher der Wirtschafts- und Sozialgeschichte

EUROPÄISCHE WIRTSCHAFTSGESCHICHTE, hg. v. C.M. Cipolla u. K. Borchardt, Bd. 1, Mittelalter, Stuttgart 1978.
HANDBUCH DER DEUTSCHEN WIRTSCHAFTS- UND SOZIALGESCHICHTE, hg. v. H. Aubin u. W. Zorn, Bd. 1, Stuttgart 1971.
HANDBUCH DER EUROPÄISCHEN WIRTSCHAFTS- UND SOZIALGESCHICHTE, hg. v. H. Kellenbenz, Bd. 2, Stuttgart 1980.
RAUM UND BEVÖLKERUNG IN DER WELTGESCHICHTE. »Bevölkerungs-Ploetz«, Bd. 1–2, Würzburg 1965–1968.

5. Sammelbände und Reihen

GERMANIA BENEDICTINA, hg. v. d. Academia Benedictina in Verb. m. d. Abt-Herwegen-Institut, Otto-beuren–Augsburg 1970 ff.
Bd. 2: HEMMERLE, J., Die Benediktinerklöster in Bayern, 1970.
Bd. 5: QUARTHAL, F., Die Benediktinerklöster in Baden-Württemberg, 1975.
Bd. 6: FAUST, U., Die Benediktinerklöster in Niedersachsen, Schleswig-Holstein und Bremen, 1979.
Bd. 8: HAACKE, Rh., Die Benediktinerklöster in Nordrhein-Westfalen, 1980.
Bd. 11: FAUST, U., Die Frauenklöster in Niedersachsen, Schleswig-Holstein und Bremen, 1984.
JAHRBÜCHER DER DEUTSCHEN GESCHICHTE, hg. v.d. Historischen Kommission bei der bayerischen Akademie der Wissenschaften, 21 Bde, Leipzig, Berlin 1862–1954.
Bd. I: BONNEL, H.E., Die Anfänge des karolingischen Hauses (–714), Berlin 1866.
Bd. II: BREYSIG, Th., Jahrbücher des fränkischen Reiches. 714–741. Die Zeit Karl Martells, Leipzig 1869.
Bd. III: HAHN, H., Jahrbücher des fränkischen Reiches. 741–752, Berlin 1863.
Bd. IV: OELSNER, L., Jahrbücher des fränkischen Reiches unter König Pippin, Leipzig 1871.
Bd. V: ABEL, S., Jahrbücher des fränkischen Reiches unter Karl dem Großen,
T. 1: 768–788, Berlin 1865, B. Simson [2]1888.
T. 2: 789–814, fortgesetzt v. B. Simson, Leipzig 1883.
Bd. VI: SIMSON, B., Jahrbücher des fränkischen Reiches unter Ludwig dem Frommen,
T. 1: 814–830, Leipzig 1874.
T. 2: 831–840, Leipzig 1876.
Bd. VII: DÜMMLER, E., Geschichte des Ostfränkischen Reiches.
T. 1: Ludwig der Deutsche bis zum Frieden von Koblenz, 860, Leipzig [2]1887.
T. 2: Ludwig der Deutsche vom Koblenzer Frieden bis zu seinem Tode (860–876), Leipzig [2]1887.
T. 3: Die letzten Karolinger, Konrad I., Leipzig [2]1882.
PROPYLÄEN KUNSTGESCHICHTE
Bd. 5: FILLITZ, H., Das Mittelalter I, Berlin o.J.
SETTIMANE DI STUDIO DEL CENTRO ITALIANO DI STUDI SULL' ALTO MEDIOEVO (SdS), Spoleto 1954 ff.
Bd. 1: I problemi della civiltà Carolingia, 1954.
Bd. 2: I Problemi Communi dell' Europa Post-Carolingia, 1955.
Bd. 3: I goti in Occidente. Problemi, 1956.
Bd. 4: l monachesimo nell' Alto Medioevo e la formazione della civiltà occidentale, 1957.
Bd. 5: Caratteri del secolo VII in occidente, 2 Bde., 1958.
Bd. 6: La chiese nei regni dell' Europa occidentale e i loro rapporti con Roma sino all' 800, 2 Bde., 1960.
Bd. 8: Moneta e scambi nell' alto medioevo, 1961.
Bd. 9: Il passaggio dall' antichità al medioevo in occidente, 1962.
Bd. 10: La bibbia nell' alto medioevo, 1963.
Bd. 11: Centri e vie di irradiazione della civiltà nell' alto medioevo, 1964.
Bd. 12: L' occidente e l' Islam nell' alto medioevo, 1965.
Bd. 13: Agricoltura e mondo rurale in occidente nell' alto medioevo, 1966.
Bd. 14: La conversione al cristianesimo in Europa nell' alto medioevo, 1967.
Bd. 15: Ordinamenti militari in occidente nell' alto medioevo, 1968.
Bd. 16: I normanni e la loro espansione in Europa nell' alto medioevo, 1969.
Bd. 17: La storiografia altomedievale, 2 Bde., 1970.
Bd. 18: Artigianato e tecnica nella società nell'alto medioevo occidentale, 2 Bde., 1971.
Bd. 19: La scuola nell' occidente latino dell' alto medioevo, 2 Bde., 1972.
Bd. 20: I problemi dell' occidente nel secolo VIII, 2 Bde., 1973.
Bd. 21: Topografia urbana e vita cittadina nell' alto medioevo in occidente, 2 Bde., 1974.
Bd. 22: La cultura antica nell' occidente latino dal VII all' XI secolo, 2 Bde., 1975.
Bd. 23: Simboli e simbologia nell' alto medioevo, 2 Bde., 1976.
Bd. 24: Il matrimonio nella società altomedievale, 2 Bde., 1977.
Bd. 25: La navigazione mediterranea nell' alto medioevo, 2 Bde, 1978.
Bd. 26: Gli ebrei nell' alto medioevo, 2 Bde., 1980.
Bd. 27: Nascita dell' Europa ed Europa Carolingia: Un' equazione da verificare, 2 Bde., 1981.
Bd. 28: Cristianizzazione ed organizzazione ecclesiastica delle campagne nell' alto medioevo: Espansione e resistenze, 2 Bde., 1982.
Bd. 29: Popoli e paesi nella cultura altomedievale, 2 Bde., 1983.
STUDIES IN CHURCH-HISTORY. Papers read at the [n][th] summer and winter meetings of the Ecclesiastical History Society, hg. v. C.W. Dugmore u. C. Duggen, London 1964 ff.
Bd. 6: The mission of the church and the propagation of the faith, 1970.
Bd. 7: Councils and assemblies, 1971.
Bd. 8: Popular belief and practice, 1972.
Bd. 13: The orthodox churches and the west, 1976.
Bd. 16: The church in town and countryside, 1979.
Bd. 22: Monks, hermits and the ascetic tradition, 1985.
Subsidia
Bd. 1: Medieval women, 1978.
Bd. 4: The bible in the medieval world, 1985.
UNIVERSUM DER KUNST, hg. v. A. Malraux, G. Salles u. A. Parrot, Berater für die dt. Ausg. K. Martin, München 1960 ff.
Bd. 10: GRABAR, A., Die Kunst im Zeitalter Justinians, 1967.
Bd. 12: HUBERT, J., PORCHER, J., VOLBACH, W. F., Frühzeit des Mittelalters, 1968.
Bd. 13: DIES.: Die Kunst der Karolinger, 1969.

VORTRÄGE UND FORSCHUNGEN, hg. v. Konstanzer Arbeitskreis für mittelalterliche Geschichte, Konstanz 1955 ff; Sigmaringen 1976 ff.
  Bd. 1:   Grundlagen der alemannischen Geschichte, 1955.
  Bd. 3:   Das Königtum. Seine geistigen und rechtlichen Grundlagen, 1956.
  Bd. 4:   Studien zu den Anfängen des europäischen Städtewesens, 1958.
  Bd. 5:   Studien zum mittelalterlichen Lehenswesen, 1960.
  Bd. 6:   Untersuchungen zur gesellschaftlichen Struktur der mittelalterlichen Städte in Europa, 1966.
  Bd. 19: Die Burgen im deutschen Sprachraum, hg. v. H. Patze, 2 Bde., 1976.
  Bd. 20: Mönchtum, Episkopat und Adel zur Gründungszeit des Klosters Reichenau, hg. v. A. Borst, 1974.
  Bd. 21: Byzanz und das abendländische Herrschertum. Ausgewählte Aufsätze von J. Deér, 1977.
  Bd. 22: Geschichtswissenschaft und Archäologie, hg. v. H. Jankuhn u. R. Wenskus, 1979.
  Bd. 24: Die Gründungsurkunden der Reichenau, hg. v. P. Classen, 1977.
  Bd. 25: Von der Spätantike zum frühen Mittelalter, hg. v. J. Werner u. E. Ewig, 1979.
  Bd. 28: Ausgewählte Aufsätze von P. Classen, 1983.
WEGE DER FORSCHUNG (WdF), hg. v. der Wissenschaftlichen Buchgesellschaft Darmstadt 1956 ff.
  BEUMANN, H. (Hg.), Heidenmission und Kreuzzugsgedanke in der deutschen Ostpolitik des Mittelalters (WdF 7), 1963.
  BOSL, K. (Hg.), Zur Geschichte der Bayern (WdF 60), 1965.
  CHRIST, K. (Hg.), Der Untergang des römischen Reiches (WdF 269), 1970.
  EGGERS, H. (Hg.), Der Volksname Deutsch (WdF 156), 1970.
  FRANK, K. S., Askese und Mönchtum in der alten Kirche (WdF 409), Darmstadt 1975.
  HLAWITSCHKA, E. (Hg.), Königswahl und Thronfolge in fränkisch-karolingischer Zeit (WdF 247), 1975.
  HÜBINGER, P. E. (Hg.), Bedeutung und Rolle des Islam beim Übergang vom Altertum zum Mittelalter (WdF 202), 1968.
  DERS. (Hg.), Kulturbruch oder Kulturkontinuität im Übergang von der Antike zum Mittelalter (WdF 201), 1968.
  DERS. (Hg.), Zur Frage der Periodengrenze zwischen Altertum und Mittelalter (WdF 51), 1969.
  KÄMPF, H. (Hg.), Herrschaft und Staat im Mittelalter (WdF 2), 1956.
  DERS. (Hg.), Die Entstehung des Deutschen Reiches. Deutschland um 900 (WdF 1), ⁵1980.
  KERNER, M. (Hg.), Ideologie und Herrschaft im Mittelalter (WdF 530), 1982.
  KLEIBER, W. (Hg.), Otfrid von Weißenburg (WdF 419), 1978.
  LAMMERS, W. (Hg.), Entstehung und Verfassung des Sachsenstammes (WdF 50), 1967.
  DERS. (Hg.), Die Eingliederung der Sachsen in das Frankenreich (WdF 185), 1970.
  DERS. (Hg.), Geschichtsdenken und Geschichtsbild im Mittelalter (WdF 21), 1961.
  MÜLLER, W. (Hg.), Zur Geschichte der Alemannen, (WdF 100), 1975.
  PETRI, F. (Hg.), Siedlung, Sprache und Bevölkerungsstruktur im Frankenreich (WdF 49), 1973.
  PRINZ, F. (Hg.), Mönchtum und Gesellschaft im Frühmittelalter (WdF 312), 1976.
  RUHBACH, G. (Hg.), Die Kirche angesichts der Konstantinischen Wende (WdF 306), 1976.
  WOLF, G. (Hg.), Zum Kaisertum Karls des Großen (WdF 38), 1972.

6. Darstellungen und Einzelabhandlungen

6.1 Geschichte des Frühmittelalters

BORST, A., Lebensformen im Mittelalter, Frankfurt am Main 1973.
DANNENBAUER, H., Die Entstehung Europas, Bd. 1: Von der Spätantike zum Mittelalter, Stuttgart 1959.
FLECKENSTEIN, J., Grundlagen und Beginn der deutschen Geschichte (Deutsche Geschichte 1), Göttingen 1974.
MARTIN, J., Spätantike und Völkerwanderung (Oldenbourg Grundriß der Geschichte Bd. 4), München 1987.
PIRENNE, H., Mahomet et Charlemagne, Brüssel 1937 (dt.: Die Geburt des Abendlandes, Stuttgart 1939).
PRINZ, F., Grundlagen und Anfänge. Deutschland bis 1056 (Deutsche Geschichte 1), München 1985.
SCHNEIDER, R., Das Frankenreich (Oldenbourg Grundriß der Geschichte Bd. 5), München–Wien 1982.
SCHULZE, H.K., Vom Reich der Franken zum Land der Deutschen (Das Reich und die Deutschen), Berlin 1987.
ZIMMERMANN, H., Das Mittelalter, Teil I: Von den Anfängen bis zum Ende des Investiturstreites, Braunschweig 1975.

6.1.1 Ereignisgeschichte

6.1.1.1 Spätantike

AUBIN, H., Die Frage nach der Scheide zwischen Altertum und Mittelalter (1951), in: HÜBINGER, P. E., WdF 51, 93–113.
BOWERSOCK, G.W., Julian the Apostate, Cambridge/Mass. 1978.
CHASTAGNOL, A., La fin du monde antique, Paris 1977.
DEMANDT, A., Der Fall Roms. Die Auflösung des römischen Reiches im Urteil der Nachwelt, München 1984.
DERS., Die Spätantike. Römische Geschichte von Diocletian bis Justinian 284–565 n. Chr. (Handbuch der Altertumswissenschaft III,6), München 1989.
DÖRRIES, H., Das Selbstzeugnis Kaiser Konstantins, Göttingen 1954.
FUHRMANN, H., Die Romidee der Spätantike, in: HZ 1968, 529–561.
KRAFT, H., Kaiser Konstantins religiöse Entwicklung, Tübingen 1955.
HEUSS, A., Römische Geschichte, Braunschweig ³1971, 482–506.
STROHEKER, K., Der senatorische Adel im spätantiken Gallien, Tübingen 1948.
VOGT, J., Der Niedergang Roms. Metamorphose der antiken Kultur, Zürich 1965.

DERS., Constantin der Große und sein Jahrhundert, München ²1960.
DERS., Art. Constantin der Große, in: RAC 3, 306–379.

6.1.1.2 Völkerwanderung, gentile Reiche

AXBOE, M., HAUCK, K. u.a., Die Goldbrakteaten der Völkerwanderungszeit (MMSt 24/1,1–3), München 1985.
ENSSLIN, W., Theoderich der Große, München 1947.
GOFFART, W., Barbarians and Romans, A.D. 418–584. The Techniques of Accomodation, Princeton 1980.
MEIER, C., Kontinuität – Diskontinuität im Übergang von der Antike zum Mittelalter, in: TRÜMPY, H. (Hg.), Kontinuität – Diskontinuität in den Geisteswissenschaften, Darmstadt 1973, 53–94.
MUSSET, L., Les Invasions, 2 Bde. (NC 12,1.2), Paris 1965, Bd. 1 ²1969.
SCHMIDT, L., Geschichte der deutschen Stämme bis zum Ausgang der Völkerwanderung, 2 Bde., München ²1938–1941.
THOMPSON, E.A., Romans and Barbarians, Madison 1982.
WOLFRAM, H., Geschichte der Goten, München 1979.

6.1.1.3 Merowingerzeit

BÖHME, H.W., Germanische Grabfunde des 4. bis 5. Jahrhunderts zwischen unterer Elbe und Loire, 2 Bde. (MBVFG 19, 1.2), München 1974.
EBLING, H., Prosopographie der Amtsträger des Merowingerreiches von Chlothar II. (613) bis Karl Martell (741), München 1974.
EWIG, E., Studien zur merowingischen Dynastie, in: FMSt 1974, 15–59.
DERS., Die Merowinger und das Imperium (Rheinisch-Westfälische Akademie der Wissenschaften, Vorträge G 261, Opladen 1983.
DERS., Art. Chlodwig, in: LexMA 2, 1863–1868.
DERS., Die fränkischen Teilungen und Teilreiche (511–613) (AWLM.GS Jg. 1952, Abh. 9), Mainz 1953.
DERS., Spätantikes und fränkisches Gallien, s. 6.2.9
DERS., Die Merowinger und das Frankenreich, Stuttgart 1988
HEIDRICH, I., Titulatur und Urkunden der arnulfingischen Hausmeier, in: AD 1965/66, 71–279.
HLAWITSCHKA, E.,Studien zur Genealogie und Geschichte der Merowinger und frühen Karolinger. Eine kritische Auseinandersetzung mit K.A. Eckhardts Buch Studia Merovingica, in: RhV 1979, 1–99.
LOHAUS, A., Die Merowinger und England, München 1974.
NONN, U., Eine fränkische Adelssippe um 600. Zur Familie des Bischofs Berthram von Le Mans, in: FMSt 1975, 186–201.
DERS., Merowingische Testamente. Studien zum Fortleben einer römischen Urkundenform im Frankenreich, in: AD 1972, 1–129.
RICHÉ, P., Éducation et culture dans l'occident barbare VIe–VIIIe siècles (Patristica Sorbonensica 4), Paris ²1967. DERS., Écoles et enseignement dans le Haut Moyen Age de la fin du Ve au milieu du XIe siècle, Paris 1979.
SCHÄFERDIEK, K., Art. Chlodwig, in: TRE 8, 1–2.
SPRANDEL, R., Struktur und Geschichte des merowingischen Adels, in: HZ 1961, 33–71.
STAUBACH, N., Germanisches Königtum und lateinische Literatur vom fünften bis zum siebten Jahrhundert. Bemerkungen zum Buch von M. Reydellet, La royauté dans la littérature latine de Sidoine Apollinaire à Isidor de Séville, in: FMSt 1983, 1–54.
STEIN, F., Adelsgräber des achten Jahrhunderts in Deutschland. Mit einem Beitrag von Friedrich Prinz, Berlin 1967.
WALLACE-HADRILL, J.M., The Long-Haired Kings and other studies in Frankish history, London 1962.
DERS., Early Germanic Kingship in England and on the Continent, Oxford 1971.
WEIDEMANN, M., Kulturgeschichte der Merowingerzeit nach den Werken Gregors von Tours, Mainz 1982.
DIES., Das Testament des Bischofs Berthramn von Le Mans vom 27. März 616. Untersuchungen zu Besitz und Geschichte einer fränkischen Familie im 6. und 7. Jahrhundert, Mainz 1986.

6.1.1.4 Karolingerzeit

AFFELDT, W., Untersuchungen zur Königserhebung Pippins. Das Papsttum und die Begründung des karolingischen Königtums im Jahre 751, in: FMSt 1980, 95–187.
BENZ, K.J., Cum ab oratione surgeret. Überlegungen zur Kaiserkrönung Karls des Großen, in: DA 1975, 337–369.
BEUMANN, H., Nomen imperatoris. Studien zur Kaiseridee Karls des Großen, in: HZ 1958, 515–549.
DERS., Das Paderborner Epos und die Kaiseridee Karls des Großen, in: BROCKMANN, J. (Hg.), Karolus Magnus et Leo Papa. Ein Paderborner Epos vom Jahre 799, Paderborn 1966, 1–54.
BORGOLTE, M., Der Gesandtenaustausch der Karolinger mit den Abbasiden und mit dem Patriarchen von Jerusalem, Münster 1976.
BRAUNFELS, W. u.a. (Hg.), Karl der Große. Lebenswerk und Nachleben, 4 Bde. (u. Reg.bd.), Düsseldorf 1965 ff.
  Bd. 1: Persönlichkeit und Geschichte, 1965.
  Bd. 2: Das geistige Leben, 1965.
  Bd. 3: Karolingische Kunst, 1965.
  Bd. 4: Das Nachleben, 1967.
CLASSEN, P., Die Verträge von Verdun und Coulaines 843 als politische Grundlagen des westfränkischen Reiches, in: HZ 1963, 1–35.
DERS., Karl der Große, das Papsttum und Byzanz. Die Begründung des karolingischen Kaisertums (BGQM 9), Sigmaringen 1985.
DERS., Karl der Große und die Thronfolge im Frankenreich, in: FS H. Heimpel, Bd. 3, Göttingen 1973, 109–134.
DÜMMLER, E., Geschichte des ostfränkischen Reiches, 3 Bde., Leipzig ²1887–1888, Neudr. Darmstadt 1960.

FLECKENSTEIN, J., Adel und Kriegertum und ihre Wandlung im Karolingerreich, in: SdS 27,1, Spoleto 1981, 67–94.
DERS., Fulrad von Saint-Denis und der fränkische Ausgriff in den süddeutschen Raum, in: TELLENBACH, G. (Hg.), Studien und Vorarbeiten zur Geschichte des großfränkischen und frühdeutschen Adels, Freiburg i. Br. 1957, 9–39.
GANSHOFF, F.L., The Carolingians and the Frankish Monarchy, London 1971.
GRAUS, F., Die Entstehung der mittelalterlichen Staaten in Mitteleuropa, in: Historica 10, Prag 1965, 5–65.
HASELBACH, I., Aufstieg und Herrschaft der Karolinger in der Darstellung der sogenannten Annales Mettenses priores, Lübeck–Hamburg 1970.
HLAWITSCHKA, E., Vom Frankenreich zur Formierung der europäischen Staaten- und Völkergemeinschaft 840–1046. Ein Studienbuch zur Zeit der späten Karolinger, der Ottonen und der frühen Salier in der Geschichte Mitteleuropas, Darmstadt 1986.
DERS., Die Widonen im Dukat von Spoleto, in: QFIAB 1983, 20–92.
JARNUT, J., Quierzy und Rom. Bemerkungen zu den promissiones donationis Pippins und Karls, in: HZ 1975, 265–297.
JÄSCHKE, K.U., Bonifatius und die Königssalbung Pippins des Jüngeren, in: AD 1977, 25–54.
KAHL, H.D., Karl der Große und die Sachsen. Stufen und Motive einer historischen Eskalation, in: Politik, Gesellschaft, Geschichtsschreibung. FS F. Graus (AKuG, Beih. 18), Köln–Wien 1982, 49–130.
KELLER, H., Zur Struktur der Königsherrschaft im karolingischen und nachkarolingischen Italien, in: QFIAB 1967, 123–223.
KUHN, H., WENSKUS, R., Art. Adel, in: RGA 1, 58–77.
MAYER, Th. (Hg.), Der Vertrag von Verdun 843, Leipzig 1943.
METZ, W., Das karolingische Reichsgut, Berlin 1960.
MICHELS, H., Das Gründungsjahr der Bistümer Erfurt, Büraburg und Würzburg, in: AMRhKG 1987, DOLL, A. (Hg.), Mainz 1987, 11–42.
MÜHLBACHER, E., Deutsche Geschichte unter den Karolingern, Stuttgart 1896, Neudr. Darmstadt 1959.
MÜLLER-MERTENS, E., Karl der Große, Ludwig der Fromme und die Freien. Wer waren die libri homines der karolingischen Kapitularien (742/43–823)? (FMAG 10), Berlin (Ost) 1963.
OEXLE, O.G., Die Karolinger und die Stadt des hl. Arnulf, in: FMSt 1967, 250–364.
DERS., Das Kaisertum der Eirene und die Kaiserkrönung Karls des Großen, in: Saec. 1963, 221–247.
OHNSORGE, W., Abendland und Byzanz. Gesammelte Aufsätze zur Geschichte der byzantinisch-abendländischen Beziehungen und des Kaisertums, Weimar 1958.
PIETZCKER, F., Die Schlacht bei Fontenoy 841. Rechtsformen im Krieg des frühen Mittelalters, in: ZSRG.G 1964, 318–340.
RICHÉ, P., Die Welt der Karolinger, Stuttgart 1981.
SCHIEFFER, Th., Die Krise des karolingischen Imperiums, in: Aus Mittelalter und Neuzeit, FS G. Kallen, Bonn 1957, 1–15.
SCHMID, K., Zur Ablösung der Langobardenherrschaft durch die Franken, in: QFIAB 1972, 1–36.
SCHNEIDER, R., Brüdergemeinde und Schwurfreundschaft. Der Auflösungsprozeß des Karolingerreiches im Spiegel der caritas-Terminologie in den Verträgen der karolingischen Teilkönige des 9. Jahrhunderts (HS 388), Lübeck–Hamburg 1964.
SCHLESINGER, W., Kaisertum und Reichsteilung. Zur Divisio regnorum von 806, in: Forschungen zu Staat und Verfassung. FS F. Hartung, Berlin 1958, 9–51.
DERS., Karolingische Königswahlen, in: Zur Geschichte und Problematik der Demokratie. FS H. Herzfeld, Berlin 1958, 207–264.
DERS., Die Auflösung des Karlsreiches, in: BRAUNFELS, W. u.a. (Hg.), Karl der Große Bd. 1: Persönlichkeit und Geschichte, Düsseldorf 1965, 792–857.
SCHMID, K., WOLLASCH, J., Societas und Fraternitas. Begründung eines kommentierten Quellenwerkes zur Erforschung der Personen und Personengruppen des Mittelalters, Berlin–New York 1975.
DERS., Die »Liudgeriden«. Erscheinung und Problematik einer Adelsfamilie, in: Geschichtsschreibung und geistiges Leben im Mittelalter. FS H. Löwe, Köln–Wien 1978.
SEMMLER, J., Zur pippinidisch-karolingischen Sukzessionskrise 714–723, in: DA 1977, 1–36.
TELLENBACH, G., Die geistigen und politischen Grundlagen der karolingischen Thronfolge, in: FMSt 1979, 184–302.
WERNER, M., Adelsfamilien im Umkreis der frühen Karolinger (VuF Sonderband 28), Sigmaringen 1982.
WEINRICH, L., Wala, Graf, Mönch und Rebell, Lübeck–Hamburg 1963.

6.1.2 Herrschaft und Verfassung

ANGENENDT, A., Rex et sacerdos. Zur Genese der Königssalbung, in: KAMP, N., WOLLASCH, J. (Hg.), Tradition als historische Kraft. Interdisziplinäre Forschungen zur Geschichte des frühen Mittelalters, Berlin–New York 1982, 100–118.
ANTON, H.H., Fürstenspiegel und Herrscherethos in der Karolingerzeit (BHF 32), Bonn 1966.
DERS., Zum politischen Konzept karolingischer Synoden und zur karolingischen Brüdergemeinschaft, in: HJ 1979, 55–132.
BEUMANN, H., HELLMANN, S. (Hg.), Ausgewählte Abhandlungen zur Historiographie und Geistesgeschichte des Mittelalters, Darmstadt 1961.
BEUMANN, H., Unitas ecclesiae – unitas imperii – unitas regni, in: SdS 27,2, Spoleto 1981, 531–571.
BLEICKEN, J., Verfassungs- und Sozialgeschichte des römischen Kaiserreiches, 2 Bde., Paderborn ²1981.
BRÜHL, C. Kronen- und Krönungsbrauch im frühen und hohen Mittelalter, in: HZ 1982, 1–31.
BRUNNER, O., Land und Herrschaft, Neudruck Darmstadt 1981.
DE CLERCQ, C., La législation religieuse franque de Clovis à Charlemagne. Étude sur les actes de conciles et les capitulaires, les statuts diocésains et les règles monastiques (507–814), Löwen–Paris 1936.
DEÉR, J., Zum Patricius-Romanorum-Titel Karls des Großen, in: WOLF, F., WdF 38, 240–308.
ENRIGHT, M.J., Iona, Tara and Soissons. The origin of the Royal Anointing Ritual (AFMF 17), Berlin–New York 1985.

ERDMANN, C., Forschungen zur politischen Ideenwelt des Frühmittelalters, Berlin 1951.
EWIG, E., Zum christlichen Königsgedanken im Frühmittelalter, in: VuF III, 1956, 7–73.
FLECKENSTEIN, J., Die Hofkapelle der deutschen Könige, Bd. 1: Grundlegung. Die Karolingische Hofkapelle (Schriften der MGH 16,1), Göttingen 1962.
FRITZE, W., Die fränkische Schwurfreundschaft der Merowingerzeit. Ihr Wesen und ihre politische Funktion, in: ZSRG.G 1954, 74–125.
GANSHOFF, F.L., Was ist das Lehenswesen? Darmstadt 1961.
HANNING, J., Consensus fidelium. Frühfeudale Interpretationen des Verhältnisses von Königtum und Adel am Beispiel des Frankenreiches (MGM 27), Stuttgart 1982.
HAUCK, K., Haus- und sippengebundene Literatur mittelalterlicher Adelsgeschlechter, von Adelssatiren des 11. und 12. Jahrhunderts aus erläutert, in: MIÖG 1952, 121–145.
DERS., Geblütsheiligkeit, in: LIBER FLORIDUS. Mittellateinische Studien. FS P. Lehmann, St. Ottilien 1950, 187–240.
DERS., Lebensnormen und Kultmythen in germanischen Stammes- und Herrschergenealogien, in: Saec. 1955, 186–233.
HOFFMANN, E., Die heiligen Könige bei den Angelsachsen und den skandinavischen Völkern. Königsheiliger und Königshaus (QFGSH 69), Neumünster 1975.
KANTOROWICZ, E.H., Laudes Regiae. A Study of Liturgical Acclamations and Medieval Ruler Worship, Berkeley–Los Angeles ²1958.
KERN, F., Gottesgnadentum und Widerstandsrecht im frühen Mittelalter, Darmstadt ²1954.
KIENAST, W., Germanische Treue und Königsheil, in: HZ 1978, 265–324.
KRÜGER, K.H., Königsgrabkirchen der Franken, Angelsachsen und Langobarden bis zur Mitte des 8. Jahrhunderts. Ein historischer Katalog (MMS 4), München 1971.
LAMMERS, W., Ein karolingisches Bildprogramm in der Aula regia von Ingelheim, in: FS H. Heimpel (VMPIG 36/3), Göttingen 1972, 226–289.
MAYER, Th., Fürsten und Staat. Studien zur Verfassungsgeschichte des frühen Mittelalters, Weimar 1950.
MITTEIS, H., Lehnrecht und Staatsgewalt. Untersuchungen zur mittelalterlichen Verfassungsgeschichte, Darmstadt 1958.
MORDEK, H., Unbekannte Texte zur karolingischen Gesetzgebung. Ludwig der Fromme, Einhard und die Capitula adhuc conferenda, in: DA 1986, 446–471.
DERS., SCHMITZ, G., Neue Kapitularien und Kapitulariensammlungen, in: DA 1987, 361–439.
SCHMITZ, G., Zur Kapilariengesetzgebung Ludwigs des Frommen, in: DA 1986, 471–516.
SCHNEIDER, R., Zur rechtlichen Bedeutung der Kapitularientexte, in: DA 1967, 273–294.
DERS., Königswahl und Königserhebung im Frühmittelalter. Untersuchungen zur Herrschaftsnachfolge bei den Langobarden und Merowingern, Stuttgart 1972.
SCHRAMM, P.E., Herrschaftszeichen und Staatssymbolik (Schriften der MGH 13, 1–3), Stuttgart 1954–1956.
DERS., Kaiser, Könige und Päpste. Gesammelte Aufsätze zur Geschichte des Mittelalters, Stuttgart 1968.
SCHULZE, H.K., Grundstrukturen der Verfassung im Mittelalter, 2 Bde., Stuttgart 1985.
SPRANDEL, R., Verfassung und Gesellschaft im Mittelalter, Paderborn–München–Wien–Zürich ²1978.
STAUBACH, N., Das Herrscherbild Karls des Kahlen. Formen und Funktionen monarchischer Repräsentation im früheren Mittelalter, Münster 1981.
DERS., ›Cultus divinus‹ und karolingische Reform, in: FMSt 1984, 546–581.
STÖRMER, W., Früher Adel. Studien zur politischen Führungsschicht im fränkisch-deutschen Reich vom 8.–11. Jahrhundert, 2 Bde., Stuttgart 1973.
VOLLRATH-REICHELT, H., Königsgedanke und Königtum bei den Angelsachsen bis zur Mitte des 9. Jahrhunderts (KHAb 19), Köln–Wien 1971.
WOLFRAM, H. (Hg), Intitulatio. Lateinische Königs- und Fürstentitel bis zum Ende des 8. Jahrhunderts, 2 Bde. (MIÖG, Erg.-Bde. 21 u. 24), Graz–Köln u.a. 1967 und 1973.
DERS., Gotisches Königtum und römisches Kaisertum von Theodosius dem Großen bis Justinian I., in: FMSt 1979, 1–28.

6.1.3 Recht

BADER, K.S., Recht – Geschichte – Sprache. Rechtshistorische Betrachtungen über Zusammenhänge zwischen drei Lebens- und Wissensgebieten, in: HJ 1973, 1–20.
BRUNNER, H., Deutsche Rechtsgeschichte, 2 Bde., München–Leipzig ²1906/1928.
CLASSEN, P. (Hg.), Recht und Schrift im Mittelalter, Sigmaringen 1977.
CONRAD, H., Deutsche Rechtsgeschichte, Bd. 1, Karlsruhe ²1962.
GANSHOFF, F.L., Was waren die Kapitularien? Weimar 1961.
GAUDEMET, J., La formation du droit séculier et du droit de l'église aux IVᵉ et Vᵉ siecles, Paris 1957.
KASER, M., Das römische Privatrecht II, in: Handbuch der Altertumswissenschaft 3.3.2, München ²1975.
KOENIGER, A.M., Die Sendgerichte in Deutschland 1 (VKHSM 3/2), München 1907.
KROESCHELL, K., Deutsche Rechtsgeschichte I, Reinbek b. Hamburg ⁶1983.
LEVY, L., Weströmisches Vulgarrecht. Das Obligationenrecht, Weimar 1956.
NEHLSEN, H., Sklavenrecht zwischen Antike und Mittelalter. Germanisches und römisches Recht in den germanischen Rechtsaufzeichnungen, Bd. 1 (GSR 7,1), Göttingen–Frankfurt am Main–Zürich 1972.
SCHOTT, C., Der Stand der Legesforschung, in: FMSt 1979, 29–55.
WIEACKER, F., Vulgarismus und Klassizismus im Recht der Spätantike, in: SHAW.PH 1955.

6.1.4 Sozialverhältnisse

ALFÖLDY, G., Römische Sozialgeschichte, Wiesbaden ²1979.
ARNOLD, K., Kind und Gesellschaft in Mittelalter und Renaissance. Beiträge und Texte zur Geschichte der Kindheit, Paderborn–München 1980.
BLOCH, M., Die Feudalgesellschaft, Berlin–Wien 1982.

BOSHOF, E., Untersuchungen zur Armenfürsorge im fränkischen Reich des 9. Jahrhunderts, in: AKuG 1976, 265–339.
BRUNNER, O., Sozialgeschichte Europas im Mittelalter, Göttingen 1978.
CIPOLLA, C.M., BORCHARDT, K., Bevölkerungsgeschichte Europas. Mittelalter bis Neuzeit, München 1971.
DUBY, G., Krieger und Bauern. Die Entwicklung von Wirtschaft und Gesellschaft im frühen Mittelalter, Frankfurt am Main 1984.
ENNEN, E., Die europäische Stadt des Mittelalters, Göttingen ³1979.
DIES., Frauen im Mittelalter, München 1984.
GANSHOFF, F.L., Le Statut de la femme dans la monarchie Franque, in: RSJB, Bd. XII, 2ième partie: La femme, Brüssel 1962.
GRAUS, F., Volk, Herrscher und Heiliger im Reich der Merowinger, Prag 1965.
DERS., Die Gewalt bei den Anfängen des Feudalismus und die Gefangenenbefreiung der merowingischen Hagiographie, in: JWG 1961, 61–156.
KIENAST, W., Gefolgswesen und Patrocinium im spanischen Westgotenreich, in: HZ 1984, 23–75.
KLINGSHIRN, W., Charity and Power: Caesarius of Arles and the Ransoming of Captives in Sub-Roman Gaul, in: JRS 1985, 183–203.
KUCHENBUCH, L., Bäuerliche Gesellschaft und Klosterherrschaft im 9. Jahrhundert. Studien zur Sozialstruktur der Familia der Abtei Prüm, Wiesbaden 1978.
LINDGREN, U., Art. Armenfürsorge, in: LexMA 1, 988–989.
MOLLAT, M., Die Armen im Mittelalter, München 1984.
OEXLE, O.G., Gilden als soziale Gruppen in der Karolingerzeit, in: Das Handwerk in vor- und frühgeschichtlicher Zeit Teil I: Historische und rechtshistorische Beiträge und Untersuchungen zur Frühgeschichte der Gilde. Bericht über die Kolloquien der Kommission für die Altertumskunde Mittel- und Nordeuropas in den Jahren 1977–1980, Göttingen 1981, 284–354.
DERS., Armut, Armutsbegriff und Armenfürsorge im Mittelalter, in: SACHSSE, C., TENNSTEDT, F.(Hg.), Soziale Sicherheit und soziale Disziplinierung. Beiträge zu einer historischen Theorie der Sozialpolitik, Frankfurt am Main 1986.
PEKARY, Th., Die Wirtschaft der griechisch-römischen Antike, Wiesbaden ²1979.
RUSSELL, J.C., IRSIGLER, F., Art. Bevölkerung, in: LexMA 1, 11–17.
SCHMID, K., Zur Problematik von Familie, Sippe und Geschlecht, Haus und Dynastie beim mittelalterlichen Adel, in: ZGO 1957, 1–62.
DERS., Über das Verhältnis von Person und Gemeinschaft im frühen Mittelalter, in: FMSt 1967, 225–249.
SCHMITT, J., Untersuchungen zu den Liberi Homines der Karolingerzeit (Europäische Hochschulschriften III, 83), Frankfurt am Main–Bern 1977.
SCHWIDETZKY, J., Art. Bevölkerung, in RGA 2, 331–345.
SCHWIND, F., Beobachtungen zur inneren Struktur des Dorfes in karolingischer Zeit, in: JANKUHN, H. (Hg.), Das Dorf der Eisenzeit und des frühen Mittelalters (AAWG.PH III, 101), Göttingen 1977, 444–493.
VERLINDEN, C., L'esclavage dans l'Europe médiévale, 2 Bde., Brügge 1955, Gent 1977.
VOLLRATH, H., Das Mittelalter in der Typik oraler Gesellschaften, in: HZ 1981, 571–594.

6.1.5 Zum Problem des Mittelalters und der Germanisierung des Christentums

ACHTERBERG, H., Interpretatio Christiana. Verkleidete Glaubensgestalten der Germanen auf deutschem Boden. Eine Quellenschau nach den Berichten der Merowinger- und Karolingerzeit, Eisleben 1930.
ARNOLD, K., Das finstere Mittelalter, in: Saec. 1981, 287–300.
BAETKE, W., Die Aufnahme des Christentums durch die Germanen (Libelli 48), Darmstadt 1959.
DUBY, G., Über einige Grundtendenzen der modernen französischen Geschichtswissenschaft, in: HZ 1985, 543–554.
ERBE, M., Zur neueren französischen Sozialgeschichtsforschung. Die Gruppe um die Annales, Darmstadt 1979.
FEINE, H.E., Kirchliche Rechtsgeschichte. Auf der Grundlage des Kirchenrechts von U. Stutz, Bd. 1: Die katholische Kirche, Weimar 1950, Wien–Köln ⁵1972.
HERWEGEN, J., Antike, Germanentum und Christentum, Salzburg 1932.
ISERLOH, E., Die Kontinuität des Christentums im Übergang von der Antike zum Mittelalter im Lichte der Glaubensverkündigung des hl. Bonifatius, in: DERS., Verwirklichung des Christlichen im Wandel der Geschichte. Gesammelte Aufsätze, Würzburg 1975, 11–23.
JUNGMANN, J.A., Die Abwehr des germanischen Arianismus und der Umbruch der religiösen Kultur im frühen Mittelalter, in: ZKTh 1947, 36–99.
LE GOFF, J., Kultur des europäischen Mittelalters, München–Zürich 1970.
DERS., Für ein anderes Mittelalter. Zeit, Arbeit und Kultur im Europa des 5.–15. Jahrhunderts, Frankfurt–Berlin–Wien 1984.
MARON, G., Luther und die Germanisierung des Christentums, in: ZKG 1983, 313–337.
NIPPERDEY, Th., Die Aktualität des Mittelalters. Über die historischen Grundlagen der Modernität, in: GWU 1981, 424–431.
SCHÄFERDIEK, K., Art. Germanisierung des Christentums, in: TRE 12, 521–524.
DERS., Art. Germanenmission, in: RAC 10, 542–546.
DERS., Art. Arianische Germanenmission, in: TRE 12, 506–510.
SCHMIDT, K.D., Germanischer Glaube und Christentum, Göttingen 1948.
DERS., Die Bekehrung der Germanen zum Christentum, 2 Bde., Göttingen 1935–1939.
SCHUBERT, H. von, Geschichte der christlichen Kirche im Frühmittelalter, Tübingen 1921.
DERS., Zur Germanisierung des Christentums. Erwägungen und Ergebnisse, in: FS A. v. Harnack, Tübingen 1921, 389–404.
SEE, K. von, Kulturkritik und Germanenforschung, s. 6.2.10.
DERS., Deutsche Germanenideologie, s. 6.2.10.

STAATS, R., Das Kaiserreich 1871–1918 und die Kirchengeschichtsschreibung, in: ZKG 1981, 70–96.
DERS., Das Mittelalter in der neueren kirchengeschichtlichen Literatur, in: VeFo 1980, 32–73.
STUTZ, U., Die Eigenkirche als Element des mittelalterlich-germanischen Kirchenrechts, Berlin 1895, Sonderausgabe (Libelli 28) Darmstadt 1955.

6.2 Länder, Regionen und Gentes

NATIONES. Historische und philologische Untersuchungen zur Entstehung der europäischen Nationen im Mittelalter. Bd. 1.
BEUMANN, H. u.a. (Hg.), Aspekte der Nationenbildung im Mittelalter, Sigmaringen 1978.
WENSKUS, R., Stammesbildung und Verfassung. Das Werden der frühmittelalterlichen gentes, Köln–Graz 1961.

6.2.1 Afrika

DIESNER, H.J., Der Untergang der römischen Herrschaft in Nordafrika, Weimar 1964.
DIESNER, H.J., Das Vandalenreich. Aufstieg und Untergang, Stuttgart 1966.
DERS., Art. Vandalen, in: RE, Suppl. X, 957–992.
FREND, W.H.C., The Donatist Church, Oxford 1952.
SAXER, V., Vie liturgique et quotidienne à Carthage vers le milieu du IIIe siècle, rom 1969.
SCHINDLER, A., Art. Afrika I, in: TRE 1, 640–700.

6.2.2 Alemannen

DIE ALEMANNEN in der Frühzeit (VAI 34), Freiburg i. Br. 1974.
BEUMANN, H., SCHRÖDER, W. (Hg.), Die transalpinen Verbindungen der Bayern, Alemannen und Franken, s. 6.2.8.
BORGOLTE, M., Geschichte der Grafschaften Alemanniens in fränkischer Zeit (VuF Sonderband 31), Sigmaringen 1984.
BRUCKNER, A., KUNDERT, W. u.a., Das alte Bistum Basel, in: HELVETICA SACRA, hg. v. A. Bruckner, Abt. I, Bd. 1: Schweizerische Kardinäle. Das apostolische Gesandtschaftswesen in der Schweiz. Erzbistümer und Bistümer, Bonn 1972.
BÜTTNER, H., MÜLLER, I., Frühes Christentum im schweizerischen Alpenraum, Einsiedeln–Zürich–Köln 1967.
CHRISTLEIN, R., Die Alamannen, Stuttgart ²1979.
EBERL J., Dagobert I. und Alemannien, in: ZWLG 1983, 7–51.
FEHRING, G. P., Kirche und Burg, Herrensitz und Siedlung. Probleme und Ergebnisse der archäologischen Mittelalter-Forschung in Südwestdeutschland, in: ZGO 1972, 1–50.
GEUENICH, D., Zur Landnahme der Alemannen, in: FMSt 1982, 25–44.
JARNUT, J., Untersuchungen zu den fränkisch-alemannischen Beziehungen in der ersten Hälfte des 8. Jahrhunderts, ZSG 1980, 7–28.
KELLER, H., Fränkische Herrschaft und alemannisches Herzogtum im 6. und 7. Jahrhundert, in: ZGO 1981, 1–51.
LENDI, W. (Hg.), Untersuchungen zur frühalemannischen Annalistik. Die Murbacher Annalen, Freiburg (Schweiz) 1971.
MAURER, H., Die Anfänge des Bistums Konstanz und das Land Vorarlberg, in: VGGV 1986, 126–135.
MOOSBRUGGER-LEU, R., Die Schweiz zur Merowingerzeit. Die archäologische Hinterlassenschaft der Romanen, Burgunder und Alamannen, 2 Bde., Bern 1971.
DERS., Die frühmittelalterlichen Gürtelbeschläge der Schweiz. Ein Beitrag zur Geschichte der Besiedlung der Schweiz durch die Burgunder und Alamannen (Monographien zur Ur- und Frühgeschichte der Schweiz 14), Basel 1967.

6.2.3 Angelsachsen

BARLEY, M.W., HANSON, R.P.C., Christianity in Britain 300–700, Leicester 1968.
BRUCE-MITFORD, R.L.S., The Sutton-Hoo Ship-Burial, 3 Bde., London 1975–1983.
CHANEY, W.A., The Cult of Kingship in Anglo-Saxon England. The Transition from Paganism to Christianity, Manchester 1970.
GRANSDEN, A., Historical Writing in England c. 550 to c. 1307, London 1974.
KRÜGER, K.H., Königsgrabkirchen der Franken, Angelsachsen und Langobarden, s. 6.2.8.
LEVISON, W., England and the Continent in the Eighth Century, Oxford 1946.
LIEBERMANN, F. (Hg.), Die Gesetze der Angelsachsen, 3 Bde., Halle a.d.Saale 1903–1916, Neudr. Aalen 1960.
MAYR-HARTING, H., The coming of Christianity to Anglo-Saxon England, London 1972.
SCHÄFERDIEK, K., Die Grundlegung der angelsächsischen Kirche im Spannungsfeld insular-keltischen und kontinental-römischen Christentums, in: DERS. (Hg.), Die Kirche des frühen Mittelalters, 149–191, s. 6.3.1.2.
VOLLRATH-REICHELT, H., Königsgedanke und Königtum, s. 6.1.2.
WALLACE-HADRILL, M., Ecclesiastical History of the English People. A Historical Commentary (Oxford Medieval Texts), Oxford 1988.

6.2.4 Baiern

DIE BAJUWAREN. Von Severin bis Tassilo 488–788. Ausstellungskatalog, Korneuburg 1988.
BARTON, P., Frühzeit des Christentums in Österreich und Südostmitteleuropa bis 788 (Studien und Texte zur Kirchengeschichte und Geschichte 1,1), Wien–Köln–Graz 1975.

BERG, H., Zur Organisation der bayerischen Kirche und zu den bayerischen Synoden des 8. Jahrhunderts, Masch.schr. Wien o.J.
BEUMANN, H., SCHRÖDER, W. (Hg.), Die transalpinen Verbindungen der Bayern, Alemannen und Franken, s. 6.2.8.
DOLLINGER, P., Der bayerische Bauernstand vom 9. bis zum 13. Jahrhundert, München 1982.
JARNUT, J., Studien über Herzog Odilo (736–748), in: MIÖG 1977, 273–284.
KAHL, H.D., Zur Rolle der Iren im östlichen Vorfeld des agilolfingischen und frühkarolingischen Baiern, in: LÖWE, H. (Hg.), Die Iren und Europa im frühen Mittelalter, Bd. 1, s. 6.2.12, 375–398.
KOLLER, H. (Hg.), Salzburg im 8. Jahrhundert (MGSL 115), Salzburg 1975.
DERS., Die Iren und die Christianisierung der Baiern, in: LÖWE, H., Die Iren und Europa im frühen Mittelalter, Bd. 1, s. 6.2.12, 342–374.
DERS., Zur Rechtsstellung Karantaniens im karolingischen Reich, in: FS H. Beumann, Sigmaringen 1977, 149–162.
SPINDLER, M. (Hg.), Handbuch der bayerischen Geschichte, s. 4.1.
WOLFRAM, H., Die Zeit der Agilolfinger Rupert und Virgil, in: DOPSCH, H. (Hg.), Geschichte Salzburgs. Stadt und Land, Bd. 1/1: Vorgeschichte, Altertum, Mittelalter, Salzburg 1981, 121–156.
ZÖLLNER, E., Geschichte Österreichs, Wien ^{5}1974.

6.2.5 Böhmen

HOFFMANN, H., Böhmen und das deutsche Reich im hohen Mittelalter, in: JGMOD 1969, 1–62.
GRAUS, F., Böhmen zwischen Bayern und Sachsen. Zur böhmischen Kirchengeschichte des 10. Jahrhunderts, in: Historica 17, 1969, 5–42.

6.2.6 Byzanz

BECK, H.-G., Das byzantinische Jahrtausend, München 1978.
DÖLGER, F.J., Byzanz und die europäische Staatenwelt. Ausgewählte Vorträge und Aufsätze, Darmstadt 1964.
HUNGER, H., Reich der neuen Mitte. Der christliche Geist der byzantinischen Kultur, Graz–Wien–Köln 1965.
OSTROKORSKY, G., Geschichte des byzantinischen Staates (Byzantinisches Handbuch 2,1), München 1952.
TREITINGER, O., Die oströmische Kaiser- und Reichsidee nach ihrer Gestaltung im höfischen Zeremoniell, Neudr. Darmstadt 1956.

6.2.7 Donauregionen

DEÉR, J., Karl der Große und der Untergang des Awarenreiches, in: BRAUNFELS, W. (Hg.), Karl der Große, Bd. 1, s. 6.1.1.4, 719–791.
KAHL, H.D., Zwischen Aquileia und Salzburg. Beobachtungen und Thesen zur Frage romanischen Restchristentums im nachvölkerwanderungszeitlichen Binnen-Noricum (7.–8. Jahrhundert), in: WOLFRAM, H., DAIM, F. (Hg.), Die Völker an der mittleren und unteren Donau im fünften und sechsten Jahrhundert. Berichte des Symposions der Kommission für Frühmittelalterforschung, 24.–27. Okt. 1978, Stift Zwettl, Niederösterreich, Wien 1980, 33–81.
LOTTER, F., Die historischen Daten zur Endphase römischer Präsenz in Ufernoricum, in: EWIG, E., WERNER, J. (Hg.), Von der Spätantike zum frühen Mittelalter (VuF 25), 27–90.
PETRIKOVITS, H. von, Die römischen Provinzen am Rhein und an der oberen und mittleren Donau, s. 6.2.16.
WERNER, J. (Hg.), Die Ausgrabungen in St. Ulrich und Afra in Augsburg 1961–1968, 2 Bde., München 1977.
WOLFRAM, H., DAIM, F. (Hg.), Die Völker an der mittleren und unteren Donau im fünften und sechsten Jahrhundert. Veröffentlichungen der Kommission für Frühmittelalterforschung, Bd. 4, Wien 1980.

6.2.8 Franken

BEUMANN, H. (Hg.), Beiträge zur Bildung der französischen Nation im Früh- und Hochmittelalter (Nationes, Bd. 4), Sigmaringen 1983.
DERS., SCHRÖDER, W. (Hg.), Die transalpinen Verbindungen der Bayern, Alemannen und Franken bis zum 10.Jahrhundert (Nationes, Bd. 6), Sigmaringen 1987.
BOSL, K., Franken um 800. Strukturanalyse einer fränkischen Königsprovinz, München ^{2}1969.
HAUCK, K., Von einer spätantiken Randkultur zum karolingischen Europa, in: FMSt 1967, 3–93.
IRSIGLER, F., Untersuchungen zur Geschichte des frühfränkischen Adels (Rheinisches Archiv 70), Bonn 1969.
KRÜGER, K.H., Königsgrabkirchen der Franken, Angelsachsen und Langobarden bis zur Mitte des 8. Jahrhunderts. Ein historischer Katalog (MMS 4), München 1971.
PETRI, F., Zum Stand der Diskussion um die fränkische Landnahme und die Entstehung der germanisch-romanischen Sprachgrenze, Darmstadt 1954.
DERS., Die fränkische Landnahme und die Entstehung der germanisch-romanischen Sprachgrenze in der interdisziplinären Diskussion. Bericht I: 1926–1953. Bericht II: 1953–1976, Darmstadt 1977.
WERNER, M., Der Lütticher Raum in frühkarolingischer Zeit: Untersuchungen zur Geschichte einer karolingischen Stammlandschaft (VMPIG 62), Göttingen 1980.
ZÖLLNER, E., Die politische Stellung der Völker im Frankenreich (VIÖG 13), Wien 1950.
DERS., Geschichte der Franken bis zur Mitte des 6. Jahrhunderts. Auf der Grundlage des Werkes von L. Schmidt unter Mitwirkung von J. Werner, München 1970.

6.2.9 Gallien

BRÜHL, C.R., Palatium und Civitas. Studien zur Profantopographie spätantiker Civitates vom 3. bis zum 13. Jahrhundert, Bd. 1: Gallien, Köln–Wien 1975.
DEMOUGEAUT, E., Art. Gallien I, in: RAC 8, 822–927.
EWIG, E., Spätantikes und fränkisches Gallien. Gesammelte Schriften (1952–1973), hg. v. H. Atsma, 2 Bde. (Beihefte der Francia 3, 1.2), Zürich–München 1976, 1979.
GALLIEN in der Spätantike. Ausstellungskatalog, Mainz 1980.
GRIFFE, E., La Gaulle chrètienne à l'époque Romaine, 3 Bde., Paris 1947–1965.
MARTIN, M., Art. Burgunden, in: RGA 4, 224–276.
SPEYER, W., Art. Gallien II, in: RAC 8, 928–962.
TOPOGRAPHIE CHRÉTIENNE DES CITES DE LA GAULLE des origines au milieu du VIIIe siècle, hg. v. N. Gauthier und J.-Ch. Picard, Paris 1986.
  Bd. 1: Province ecclésiastique de Trèves (Belgica prima).
  Bd. 2: Provinces ecclésiastiques d' Aix et d' Embrun (Narbonensis secunda et Alpes maritimae).
  Bd. 3: Provinces ecclésiastiques de Vienne et d' Arles (Viennensis et Alpes Graiae et Poeninae).
  Bd. 4: Province ecclésiastique de Lyon (Lugdunensis prima).

6.2.10 Germanien

AMENT, H., Der Rhein und die Ethnogenese der Germanen, in: PraeZ 1984, 37–47.
AMIRA, K. von, ECKHARDT, K. A., Germanisches Recht 1: Rechtsdenkmäler, Berlin ^{4}1960; 2: Rechtsaltertümer, Berlin ^{4}1967.
MUSSET, L., Les invasions: les vagues germaniques, Paris 1965.
PETRIKOVITS, H. von, Art. Germania, in: RAC 10, 547–648.
SCHMIDT, L., Die Westgermanen, Neudr. München 1970.
SEE, K. von, Kulturkritik und Germanenforschung zwischen den Weltkriegen, in: HZ 1987, 343–362.
DERS., Deutsche Germanenideologie, Frankfurt am Main 1970.
SÖLTER, W. (Hg.), Das römische Germanien aus der Luft, Bergisch Gladbach ^{2}1983.
STROHEKER, K.F., Germanentum und Spätantike, hg. v. O. Gigon, Stuttgart 1965.

6.2.11 Goten/Spanien

CLAUDE, D., Adel, Kirche und Königtum im Westgotenreich (VuF-Sonderband 8), Sigmaringen 1971.
DERS., Gentile und territoriale Staatsideen im Westgotenreich, in: FMSt 1972, 1–38.
ROUCHE, M., L' Aquitaine des Wisigoths aux Arabes (418–781). Essai sur le phénomène régional, Lille 1977.
SCHÄFERDIEK, K., Die Kirche in den Reichen der Westgoten und Suewen bis zur Errichtung der westgotischen katholischen Staatskirche (AKG 39), Berlin 1967.
STROHEKER, K.F., Spanische Senatoren der spätrömischen und westgotischen Zeit, in: MM 1963, 107–132.
DERS., Spanien im spätrömischen Reich (284–475), in: AEA 1972–1974, 587–606.
THOMPSON, E.A., The Visigoths in the Time of Ulfila, Oxford 1966.
WOLFRAM, H., Geschichte der Goten, München 1979.

6.2.12 Irland

BIELER, L., Irland. Wegbereiter des Mittelalters, Olten–Lausanne–Freiburg i. Br. 1961.
CHADWICK, H., The Age of Saints in Early Celtic Church, Oxford 1961.
HANSON, R.P.C., St. Patrick, Oxford 1968.
LÖWE, H. (Hg.), Die Iren und Europa im frühen Mittelalter, 2 Bde., Stuttgart 1982.
McNALLY, R.E., Die keltische Kirche in Irland, in: SCHÄFERDIEK, K. (Hg.), Die Kirche des frühen Mittelalters, 91–115, s. 6.3.1.2.
RICHTER, M., Irland im Mittelalter. Kultur und Geschichte, Stuttgart–Berlin–Köln 1983.

6.2.13 Italien

BRANDENBURG, H., Roms frühchristliche Basiliken des 4. Jahrhunderts, München 1979.
DASSMANN, E., Die Frömmigkeit des Kirchenvaters Ambrosius von Mailand. Quellen und Entfaltung, Münster 1965.
DEMANDT, A., Die Spätantike, s. 6.1.1.1.
GOEZ, W., Grundzüge der Geschichte Italiens in Mittelalter und Renaissance, Darmstadt 1975.
GOETZ, W., Italien im Mittelalter, 2 Bde., Leipzig 1942.
KRAUTHEIMER, R., Rom. Schicksal einer Stadt 312–1308, München 1987.

6.2.14 Langobarden

BONA, I., Gepiden und Langobarden im Karpatenbecken, Budapest 1976.
JARNUT, J., Geschichte der Langobarden, Stuttgart 1982.
KRÜGER, K.H., Königsgrabkirchen der Franken, Angelsachsen und Langobarden, s. 6.2.8.
MENGHIN, W., Die Langobarden. Archäologie und Geschichte, Stuttgart 1985.

6.2.15 Normannen

BUISSON, L., Formen normannischer Staatsbildung (9.–11. Jahrhundert), in: Studien zum mittelalterlichen Lehenswesen. Vorträge gehalten in Lindau am 10.–13. Oktober 1956 (VuF 5), Lindau–Konstanz 1960, 95–184.

GUILLOT, O., La conversion des Normands peu après 911. Des reflets comtemporains à l'historiographie ultérieure (X^e–XIe s.), in: CCM 1981, 101–116, 181–219.
HAENENS, A., d', Les invasions normandes en Belgique au IXe siécle. Le phénoméne et sa répercussion dans L'historiographie médiévale, Löwen 1967.
NEIFEIND, H., Verträge zwischen Normannen und Franken im 9. und 10. Jahrhundert, Heidelberg 1971.
VOGEL, W., Die Normannen und das fränkische Reich (799–911) (HAMNG 14), Heidelberg 1906.
ZETTEL, H., Das Bild der Normannen und Normanneneinfälle in westfränkischen, ostfränkischen und angelsächsischen Quellen des 8. bis 11. Jahrhunderts, München 1977.

6.2.16 Rheinland

AMENT, H., Der Rhein und die Ethnogenese der Germanen, s. 6.2.10.
BÖHNER, K. u.a. (Hg.): Das erste Jahrtausend. Kultur und Kunst im werdenden Abendland an Rhein und Ruhr, 3 Bde., Düsseldorf 1962/1964.
DOPPELFELD, O., PIRLING, R., Fränkische Fürsten im Rheinland. Die Gräber aus dem Kölner Dom, von Krefeld-Gellep und Morken (Schriften des Rhein. Landesmuseums Bonn 2), Düsseldorf ²1966.
GOCKEL, M., Karolingische Königshöfe am Mittelrhein (VMPIG 31), Göttingen 1970.
HANNING, J., Zentrale Kontrolle und regionale Machtbalance. Beobachtungen zum System der karolingischen Königsboten am Beispiel des Mittelrheingebietes, in: AKuG 1984, 1–46.
LEVISON, W., Aus rheinischer und fränkischer Frühzeit, Düsseldorf 1948.
NEUSS, W., OEDIGER, F.W., Das Bistum Köln von den Anfängen bis zum Ende des 12. Jahrhunderts (Geschichte des Erzbistums Köln Bd. 1, hg. v. W. Neuss, E. Hegel u.a.), Köln 1964, 2. Aufl. neu bearb. v. F. W. Oedinger, Köln 1972.
PETRIKOVITS, H. von, Die römischen Provinzen am Rhein und an der oberen und mittleren Donau im 5. Jahrhundert n. Chr. Ein Vergleich (Sitzungsberichte der Heidelberger Akademie der Wissenschaften, Philosophisch-Historische Klasse 1983,3), Heidelberg 1983.
RHEINISCHE GESCHICHTE, s. 4.1.
RÖMER UND FRANKEN am Niederrhein. Ausstellungskatalog, Mainz 1986.
STAAB, F., Untersuchungen zur Gesellschaft am Mittelrhein in der Karolingerzeit (Geschichtliche Landeskunde 11), Wiesbaden 1975.
STERZL, A., Der Untergang Roms an Rhein und Mosel. Krise, Katastrophe und Kompromiß im zeitgenössischen Denken, Köln 1978.

6.2.17 Sachsen und Thyringen (Mitteldeutschland)

HAUCK, K., Paderborn, das Zentrum von Karls Sachsenmission, in: Adel und Kirche. FS G. Tellenbach, Freiburg i. Br.–Basel–Wien 1968, 92–140.
DERS., Die Ausbreitung des Glaubens in Sachsen, s. 6.3.6.
DERS., Karl als neuer Konstantin 777. Die archäologischen Entdeckungen in Paderborn in historischer Sicht, FMSt 1986, 513–584.
FREISE, E., Die Sachsenmission Karls des Großen und die Anfänge des Bistums Minden, in: An Weser und Wichen. Beiträge zur Geschichte und Kultur einer Landschaft. FS W. Brepohl, Minden 1983, 57–100.
LAST, M., Niedersachsen in der Merowinger- und Karolingerzeit, in: PATZE, H. (Hg.), Geschichte Niedersachsens 1: Grundlagen und frühes Mittelalter, Hildesheim 1977, 543–652.
RATHOFER, J., Realien in der altsächsischen Literatur, in: GOOSSENS, J. (Hg.), Niederdeutsches Wort. Beiträge zur niederdeutschen Philologie Bd. 16, Münster 1976, 4–62.
SCHLESINGER, W. (Hg.), Althessen im Frankenreich (Nationes, Bd. 2), Sigmaringen 1975.
DERS., Kirchengeschichte Sachsens im Mittelalter, 1: Von den Anfängen kirchlicher Verkündigung bis zum Ende des Investiturstreites, Köln–Graz 1962.
SPRANDEL, R., Der merowingische Adel und die Gebiete östlich des Rheins (FORLG 5), Freiburg i. Br. 1957.

6.2.18 Slawen

DVORNIK, F., The Slavs. Their Early History and Civilisation, Boston 1956.
HERRMANN, J. (Hg.), Die Slawen in Deutschland. Geschichte und Kultur der slawischen Stämme von Oder und Neiße vom 6. bis 12. Jahrhundert. Ein Handbuch, Berlin (Ost) 1970.
GRAUS, F., Die Nationsbildung der Westslawen im Mittelalter (Nationes, Bd. 3), Sigmaringen 1980.
SCHÄFERDIEK, K., Die Kirche in den Reichen der Westgoten und Slawen, s. 6.2.11.
VLASTO, A. P., The Entry of the Slavs into Christendom. An Introduction to the Medieval History of the Slavs, Cambridge 1970.
WALDMÜLLER, L., Die ersten Begegnungen der Slawen mit dem Christentum und den christlichen Völkern vom VI. bis VIII. Jahrhundert. Die Slawen zwischen Byzanz und Abendland, Amsterdam 1976.

6.2.19 Städte

ANTON, H.H., Trier im frühen Mittelalter (QFG NF 9), Paderborn–München–Wien–Zürich 1987.
BADER, W., Der Dom zu Xanten Bd. 1, Kevelaer 1978.
DERS., LEHNER, H., Baugeschichtliche Untersuchungen am Bonner Münster, in: BoJ 1932, 1–216.
BERNHARD, H., Speyer in der Vor- und Frühzeit, in: STADT SPEYER (Hg.), Geschichte der Stadt Speyer Bd. 1, Stuttgart–Berlin–Köln 1982, 129–144.
BÖHNER, K., Die fränkischen Altertümer des Trierer Landes, 2 Bde., (Germanische Denkmäler der Völkerwanderungszeit. Serie B I, 1.2), Berlin 1958.
BRÜCK, A. (Hg.), Geschichte der Stadt Mainz, Düsseldorf 1972, 2–54.
DECKERS, J.G., St. Gereon in Köln – Ausgrabungen 1978/79. Neue Befunde zu Gestalt und Funktion des spätantiken Zentralbaus, in: JAC 1982, 102–131.

DIETZ, K., OSTERHAUS, U., RIECKHOFF-PAULI, S., SPINTLER, K., Regensburger Römerzeit, Regensburg ²1979.
DÖLLINGER, Ph., Origines et Essor de al ville episcopale, in: LIVET, G., RAPP, F. (Hg.), Histoire de Strasbourg des origines à nos jours, Straßburg o.J., 5–16.
DOPPELFELD, O., WEYRES, W., Die Ausgrabungen im Dom zu Köln (Kölner Forschungen 1), Mainz 1980.
EWIG, E., Trier im Merowingerreich (TZGTL 21, 1.2), Trier 1954.
FALCK, L., Mainz im frühen und hohen Mittelalter, in: DERS., GOTTLIEB, G. (Hg.): Geschichte der Stadt Augsburg von der Römerzeit bis zur Gegenwart, Stuttgart ²1985.
GROOS, W., Zur Augsburger Stadtentwicklung, in: ZBLG 1971, 817–830.
HAFFNER, F., Die Bischöfe von Speyer bis zum Jahre 913 (918), in: ZGO 1965, 297–359.
HEINEMEYER, K., Das Erzbistum Mainz in römischer und fränkischer Zeit, Bd. 1: Die Anfänge der Diözese Mainz (VHKHW 39,1), Marburg 1979.
HEINEN, H., Trier und das Trevererland in römischer Zeit, Trier 1985.
PETRIKOVITS, H. von, Die Zeitstellung der ältesten frühchristlichen Kultanlage unter dem Bonner Münster, in: DERS., Beiträge zur römischen Geschichte und Archäologie, Bonn 1976, 463–472.
RÜGER, C.B., Die spätrömische Großfestung in der Colonia Ulpia Traiana. Mit Beiträgen von G. Binias, M. Gechter und V. Zidelius, in: BoJ 1979, 499–524.
SCHMID, P., Regensburg, Stadt der Könige und Herzöge im Mittelalter (Regensburger historische Forschungen 6), Kallmünz 1977.
TRIER – Kaiserresidenz und Bischofssitz. Ausstellungskatalog, Mainz 1984.

6.3 Kirchengeschichte

6.3.1 Kirchliches Leben, Kirchenverfassung

6.3.1.1 Spätantike

ANDRESEN, C., Die Kirchen der alten Christenheit (Die Religionen der Menschheit 29, 1.2), Stuttgart–Berlin–Köln–Mainz 1971.
BECK, H.G., The pastoral care of souls in South East France during the sixth Century (AnGr 51), Rom 1950.
BRENNECKE, H.C., Hilarius von Poitiers und die Bischofsopposition gegen Konstantius II, Berlin–New York 1984.
BROWN, P., Society and the Holy in Late Antiquity, London 1982.
DERS., Die letzten Heiden. Eine kleine Geschichte der Spätantike, Berlin 1978.
BROX, N., Kirchengeschichte des Altertums, Düsseldorf 1983.
CAMPENHAUSEN, H.F. von, Kirchliches Amt und geistliche Vollmacht in den ersten drei Jahrhunderten (BHTh 14), Tübingen 1953.
CHADWICK, O., Die Kirche in der antiken Welt, Berlin–New York 1972.
COLLINS, R.J., Art. Caesarius von Arles, in: LexMA 2, 531–536.
GAUDEMET, H., L'église dans l' Empire Romain (IVᵉ–Vᵉ siècles), Paris 1958.
GIRARDET, K.M., Kaisergericht und Bischofsgericht. Studien zu den Anfängen des Donatistenstreites (313–315) und zum Prozeß des Athanasius von Alexandrien (328–346), Bonn 1964.
GRASMÜCK, E.L., Coercitio. Staat und Kirche im Donatistenstreit, Bonn 1964.
HEILER, F., Altkirchliche Autonomie und päpstlicher Zentralismus (Die katholische Kirche des Ostens und Westens 2/1), München 1941.
JERG, E., Vir venerabilis. Untersuchungen zur Titulatur der Bischöfe in den außerkirchlichen Texten der Spätantike als Beitrag zur Deutung ihrer öffentlichen Stellung, Wien 1970.
KELLY, J.N.D., Altchristliche Glaubensbekenntnisse. Geschichte und Theologie, Göttingen 1972.
LANGENFELD, H., Christianisierungspolitik und Sklavengesetzgebung der römischen Kaiser von Konstantin bis Theodosius II, Bonn 1977.
MARKUS, R.E., From Augustine to Gregory the Great. History and Christianity in Late Antiquity, London 1983.
MARROU, H.I., Augustinus und das Ende der antiken Bildung, Paderborn–München–Wien–Zürich 1982.
NOETHLICHS, K.L., Materialien zum Bischofsbild aus den spätantiken Rechtsquellen, in JAC 1973, 28–55.
DERS., Die gesetzgeberischen Maßnahmen der christlichen Kaiser des 4. Jahrhunderts gegen Häretiker, Heiden und Juden, Köln 1971.
STOCKMEIER, P., Altertum, in: LENZENWEGER, J. u.a., Geschichte der katholischen Kirche, Graz–Wien–Köln 1986, 21–180.
STUIBER, A., Konstantinische und christliche Beurteilung der Sklaventötung, in: JAC 1978, 65–73.

6.3.1.2 Völkerwanderungszeit

AMON, K., Das Frühmittelalter, in: LENZENWEGER, J. u.a., Geschichte der katholischen Kirche, Graz–Wien–Köln 1986, 181–206.
BARTOZ, R., Severin von Noricum und seine Zeit (Österreichische Akademie der Wissenschaften 165), Wien 1983.
BERSCHIN, W., Am Grab der heiligen Afra, in: JVABG 1982, 108–121.
HAUBRICHS, W., Art. Christentum in der Bekehrungszeit II, in: RGA 4, 510–557.
LOTTER, F., Severinus von Noricum. Legende und historische Wirklichkeit. Untersuchungen zur Phase des Übergangs von der Spätantike zu frühmittelalterlichen Denk- und Lebensformen (MGM 12), Stuttgart 1976.
NEHLSEN, H., Art. Lex Visigothorum, in: HRG 2, 1966–1979.
RÖMER, K. (Hg.), Severin zwischen Römerzeit und Völkerwanderung. Ausstellungskatalog, Linz 1982.
SAGE, W., Frühes Christentum und Kirchen aus der Zeit des Übergangs, in: GOTTLIEB, G. (Hg.), Geschichte der Stadt Augsburg von der Römerzeit bis zur Gegenwart, Stuttgart ²1985, 100–112.
SCHÄFERDIEK, K. (Hg.), Die Kirche des frühen Mittelalters (Kirchengeschichte als Missionsgeschichte 2,1), München 1978.
DERS., Wulfila. Vom Bischof von Gotien zum Gotenbischof, in: ZKG 1979, 107–146.

DERS., Remigius von Reims. Kirchenmann einer Umbruchszeit, in: ZKG 1983, 256–278.
DERS., Art. Christentum in der Bekehrungszeit I, in: RGA 4, 501–510.
STERNBERG, Th., Orientalium more secutus. Räume und Institutionen der Caritas des 5.–7. Jahrhunderts in Gallien (JAC Erg.bd. 15), Münster 1989.
STOCKMEIER, P., Severin von Noricum. Ein Rückblick auf das 1500. Gedächtnisjahr, in: ZKG 1983, 357–364.

6.3.1.3 Merowingerzeit und Karolingerzeit

ALTHOFF, G., Der Sachsenherzog Widukind als Mönch auf der Reichenau. Ein Beitrag zur Kritik des Widukind-Mythos, in: FMSt 1983, 251–279.
ANGENENDT, A., Willibrord im Dienst der Karolinger, in: AHVNRh 1973, 63–113.
DERS., Pirmin und Bonifatius. Ihr Verhältnis zu Mönchtum, Bischofsamt und Adel, in: BORST, A. (Hg.), Mönchtum, Episkopat und Adel zur Gründungszeit des Klosters Reichenau (VuF XX), 251–304.
BOSHOF, E., Erzbischof Agobard von Lyon (KHAb 17), Köln–Wien 1969.
BROMMER, P., Die bischöfliche Gesetzgebung Theodulfs von Orléans, in: ZSRG.K 1974, 1–120.
CLAUDE, D., Die Bestellung der Bischöfe im merowingischen Reiche, in: ZSRG.K 1963, 1–75.
DEVISSE., J., Hinkmar de Reims, archevêque de Reims, 845–882, 3 Bde, (THEP 29, 1–3), Genf 1975–1976.
DÖRRIES, H., Wort und Stunde, Bd. 2: Aufsätze zur Geschichte der Kirche im Mittelalter, Göttingen 1969.
DOPSCH, H., JUFFINGER, R. (Hg.), Virgil von Salzburg. Missionar und Gelehrter. Beiträge des Internationalen Symposiums vom 21.–24. September 1984, Salzburg 1985.
EWIG, E., Milo et eiusmodi similes, in: Sankt Bonifatius. Gedenkgabe zum 1200. Todestag, Fulda ²1954, 412–440.
FEHRING, G.P., Missions- und Kirchenwesen in archäologischer Sicht, in: Geschichtswissenschaft und Archäologie (VuF XXII), 547–590.
FRANK, I.W., Kirchengeschichte des Mittelalters, Düsseldorf 1984.
FUHRMANN, H., Studien zur Geschichte der mittelalterlichen Patriarchate, in: ZSRG.K 1953, 147–176.
DERS., Einfluß und Verbreitung der pseudo-isidorischen Fälschungen, 3 Bde. (Schriften der MGH 24, 1–3), Stuttgart 1972–1974.
DERS., Art. Constitutum Constantini, in: TRE 8, 196–202.
GAIFFIER, B. de, Études critiques d'hagiographie et d'iconologie, Brüssel 1967.
GOTTLOB, Th., Der abendländische Chorepiskopat (KStT 1), Bonn 1928.
DERS., Der kirchliche Amtseid der Bischöfe (KStT 7), Bonn 1936.
GRESCHAT, M. (Hg.), Gestalten der Kirchengeschichte Bd. 3: Mittelalter 1, Berlin–Köln–Mainz 1983;
HAENDLER, G., Die lateinische Kirche im Zeitalter der Karolinger (Kirchengeschichte in Einzeldarstellungen I,7), Berlin 1985.
HARTMANN, W., Der rechtliche Zustand der Kirchen auf dem Lande: Die Eigenkirche in der fränkischen Gesetzgebung des 7.–9. Jahrhunderts, in: SdS 28, Spoleto 1982, 397–441.
HEINZELMANN, M., Bischofsherrschaft in Gallien (Beihefte der Francia 5), Zürich–München 1976.
HELLINGER, W., Die Pfarrvisitation nach Regino von Prüm, in: ZSRG.K 1962, 14–116.
HERRIN, J., The formation of Christendom, Oxford 1987.
HOFFMANN, H., Kirche und Sklaverei im frühen Mittelalter, in: DA 1986, 1–24.
JÄSCHKE, K.U., Die Gründungszeit der mitteldeutschen Bistümer und das Jahr des Concilium Germanicum, in: FS W. Schlesinger 2, Köln–Wien 1974, 71–136.
JARNUT, J., Bonifatius und die fränkischen Reformkonzilien (743–748), in: ZSRG.K 1979, 1–26.
KEMPF, F., Primatiale und episkopal-synodale Struktur der Kirche vor der gregorianischen Reform, in: AHP 1978, 22–96.
KOTTJE, R., Einheit und Vielfalt des kirchlichen Lebens in der Karolingerzeit, in: ZKG 1965, 323–342.
LANDAU, P., Art. Eigenkirchenwesen, in: TRE 9, 399–404.
DERS., Art. Asylrecht III, in: TRE 4, 319–327.
LEVISON, W., St. Willibrord and his Place in History, in: DERS., Aus rheinischer und fränkischer Frühzeit, s. 6.2.16, 314–329.
LÖWE, H., Ermenrich von Passau, Gegner des Methodius. Versuch eines Persönlichkeitsbildes, in: MGSL 1986, 221–241.
DERS., Ein literarischer Widersacher des Bonifatius. Virgil von Salzburg und die Kosmographie des Aethicus Ister, Wiesbaden 1951.
METZ, R., La femme et l'enfant dans le droit canonique médiéval, London 1985.
MORDEK, H., Kirchenrecht und Reform im Frankenreich. Die Collectio vetus Gallica, die älteste systematische Kanonessammlung des fränkischen Gallien. Studien und Edition, Berlin–New York 1975.
OEXLE, O.G., Art. Chrodegang von Metz, in: LexMA 1, 1948–1950.
PRINZ, F., Klerus und Krieg im frühen Mittelalter: Untersuchungen zur Rolle der Kirche beim Aufbau der Königsherrschaft (MGM 2), Stuttgart 1971.
DERS., Die bischöfliche Stadtherrschaft im Frankenreich vom 5. bis zum 7. Jahrhundert, in: HZ 1974, 1–35.
DERS. (Hg.), Herrschaft und Kirche. Beiträge zur Entstehung und Wirtschaftsweise episkopaler und monastischer Organisationsformen, Stuttgart 1988.
DERS., Der fränkische Episkopat zwischen Merowinger- und Karolingerzeit, in: SdS 27,1, Spoleto 1981, 101–133.
SCHÄFERDIEK, K. (Hg.), Die Kirche des frühen Mittelalters, s. 6.3.1.2.
DERS., Ein neues Bild der Geschichte Chlodwigs? Kritische Erwägungen zu einem chronologischen Versuch, in: ZKG 1973, 270–277.
SCHEIBELREITER, G., Der Bischof in merowingischer Zeit (VIÖG 27), Wien–Köln–Graz 1983.
SCHIEFFER, R., Art. Hinkmar von Reims, in: TRE 15, 355–360.
DERS., Über Bischofssitz und Fiskalgut im 8. Jahrhundert, in: HJ 1975, 18–32.
SCHIEFFER, Th., Winfrid Bonifatius und die christliche Grundlegung Europas, Freiburg i. Br. 1954.
DERS., Angelsachsen und Franken. Zwei Studien zur Kirchengeschichte des 8. Jahrhunderts, Wiesbaden 1950.
SCHMID, K., Die Nachfahren Widukinds, in: DA 1964, 1–47.

SCHNEIDER, G., Erzbischof Fulco von Reims (883–900) und das Frankenreich (MBM 14), München 1973.
SCHNEIDER, J. (Hg.), Saint Chrodegang, Metz 1967.
SCHRÖRS, H., Hinkmar, Erzbischof von Reims, Freiburg i. Br. 1884.
SCHÜSSLER, H.J., Die fränkische Reichsteilung von Vieux-Poitiers (742) und die Reform der Kirche in den Teilreichen Karlmanns und Pippins. Zu den Grenzen der Wirksamkeit des Bonifatius, in: Francia 1985, 47–111.
SCHULTE, A., Der Adel und die deutsche Kirche im Mittelalter (KRA 63–64), Stuttgart ²1922.
SEMMLER, J., Art. Bonifatius, in: LexMA 2, 418–420.
DERS., Chrodegang Bischof von Metz 747–766, in: Die Reichsabtei Lorsch. FS zum Gedenken an ihre Stiftung 764, Darmstadt 1973, 229–245.
DERS., Episcopi potestas und karolingische Klosterpolitik, in: BORST, A. (Hg.), Mönchtum, Episkopat und Adel zur Gründungszeit des Klosters Reichenau (VuF XX), 305–395.
STEINEN, W. von den, Chlodwigs Übertritt zum Christentum (Libelli 103), Darmstadt ³1969.
TESSIER, G., Le Baptême de Clovis, 25 décembre... (Trente journées qui ont fait la France 1), Paris 1964.
VOLLMANN, B.K., Art. Gregor von Tours, in: RAC 12, 895–913.
WALLACE-HADRILL, J.M., The Frankish Church, Oxford 1983.
WAMPACH, C., Geschichte der Grundherrschaft Echternach im Frühmittelalter. Untersuchung über die Person des Gründers, über die Kloster- und Wirtschaftsgeschichte aufgrund des liber aureus Epternacensis (698–1222), 1/1: Textband; 1/2: Quellenband, Luxemburg 1929–1930.
DERS., Sankt Willibrord, Luxemburg 1953.
WIERUSZOWSKI, H., Die Zusammensetzung des gallischen und fränkischen Episkopats bis zum Vertrag von Verdun (BoJ 127), Bonn 1922.

6.3.2 Patristik und lateinische Literatur (s. auch 6.3.9)

ALTANER, B., STUIBER, A., Patrologie, Freiburg i. Br. ⁸1978.
BACHT, H., BECKER, W., FOLKERTS, M., SCHMID, H., Art. Beda Venerabilis, in: LexMA 1, 1774–1779
BECK, H.G., Kirche und theologische Literatur im byzantinischen Reich, München 1959.
BERSCHIN, W., Biographie und Epochenstil im lateinischen Mittelalter, Bd. 1: Von der passio perpetua zu den Dialogi Gregors des Großen; Bd. 2: Merowingische Biographie. Italien, Spanien und die Inseln im frühen Mittelalter, Stuttgart 1986–1988.
BLAIR, P.H., The world of Bede, London 1970.
BROWN, P., Augustinus von Hippo. Eine Biographie, Frankfurt am Main 1973.
BRUNHÖLZL, F., Geschichte der lateinischen Literatur des Mittelalters, Bd. 1: Von Cassiodor bis zum Ausklang der karolingischen Erneuerung, München 1975.
DIESNER, H.J., Isidor von Sevilla und das westgotische Spanien (Occidens 2), Trier 1978.
FRIDH, A., Art. Cassiodor, in: TRE 7, 657–663.
GRUBER, J., HÄRING, N.M., VOLKERTS, M. u.a., Art. Boethius, in: LexMA 2, 308–315.
KOTTJE, R., Beda Venerabilis, in: GRESCHAT, M. (Hg.), Gestalten der Kirchengeschichte, Bd. 3, 58–68, s. 6.3.1.3.
MORDEK, H., Art. Dionysius Exiguus, in: LexMA 3, 1088–1091.
NAUTIN, P., Art. Hieronymus, in: TRE 15, 304–315.
POZZI, L., Art. Boethius, in: TRE 7, 18–28.
RÄDLE, F., Die Kenntnis der antiken lateinischen Literatur bei den Iren in der Heimat und auf dem Kontinent, in: LÖWE, H., Die Iren und Europa, Bd. 1, 484–500, s. 6.2.12.
RAHNER, H., Symbole der Kirche. Die Ekklesiologie der Väter, Salzburg 1964.
REYDELLET, M., Isidor von Sevilla, in: GRESCHAT, M. (Hg.), Gestalten der Kirchengeschichte, Bd. 3, 47–57, s. 6.3.1.3.
TAEGER, B., Art. Heliand, in: DIE DEUTSCHE LITERATUR DES MITTELALTERS. Verfasserlexikon. 2. völlig neubearb. Aufl., hg. v. K. Ruh u. G. Keil, Bd.3, Berlin–New York 1981, 958–971.
ZWIERLEIN, O., Der Fall Roms im Spiegel der Kirchenväter, in: ZPE 1978, 45–80.

6.3.3 Konzilien und Synoden

BARION, H., Das fränkisch-deutsche Synodalrecht des Frühmittelalters (KStT 5–6), Bonn–Köln 1931.
BRENNECKE, H.C., Synodum congregavit contra Euphratem refandissimum episcopum. Zur angeblichen Synode gegen Euphrates, in: ZKG 1979, 176–200.
CAMELOT, P.T., Ephesus und Calcedon (Geschichte der ökumenischen Konzilien 2), Mainz 1963.
DUMEIGE, G., Nizäa II (Geschichte der ökumenischen Konzilien 4), Mainz 1985.
DVORNIK, F., Emperors, Popes and Councils, in: DOP 1951, 3–23.
GRILLMEIER, A., BACHT, H. (Hg.), Das Konzil von Chalkedon, 3 Bde., Würzburg 1951–1964.
HADDAN, A.W., STUBBS, W. (Hg.), Councils and Ecclesiastical Documents relating to Great Britain and Ireland, 3 Bde., Oxford 1869, Neudr. 1964.
HARTMANN, W., Das Konzil von Worms 868. Überlieferung und Bedeutung (AAWG.PH III, 105), Göttingen 1977.
LORLANDIS, J., RAMOS-LISSON, D., Die Synoden auf der iberischen Halbinsel bis zum Einbruch des Islam (Konziliengeschichte Reihe A: Abhandlungen), Paderborn–München–Wien–Zürich 1981.
PONTAL, O., Die Synoden im Merowingerreich, in: (Konziliengeschichte Reihe A: Abhandlungen), Paderborn–München–Wien 1986.
SCHWÖBEL, H., Synode und König im Westgotenreich, Marburg 1973.
SIEBEN, H.J., Die Konzilsidee der Alten Kirche (Konziliengeschichte Reihe B: Untersuchungen), Paderborn–München–Wien–Zürich 1979.
DERS., Die Konzilsidee des lateinischen Mittelalters 847–1378 (Konziliengeschichte Reihe B: Untersuchungen), Paderborn–München–Wien–Zürich 1984.

STIERNON, D., Konstantinopel IV (Geschichte der ökumenischen Konzilien 5), Mainz 1975.
URBINA, S.O. de, Nizäa und Konstantinopel (Geschichte der ökumenischen Konzilien 1), Mainz 1964.
VOLLRATH, H., Die Synoden Englands bis 1066 (Konziliengeschichte Reihe A: Abhandlungen), Paderborn–München–Wien–Zürich 1985.
VRIES, W. de, Die Struktur der Kirche gemäß dem Konzil von Chalkedon, in: OCP 1969, 63–122.
DERS., Das zweite Konzil von Konstantinopel (553) und das Lehramt von Papst und Kirche, in: OCP 1972, 331–366.

6.3.4 Papsttum

AFFELDT, W., Untersuchungen zur Königserhebung Pippins, s. 6.1.1.4.
ANGENENDT, A., Das geistliche Bündnis der Päpste mit den Karolingern (754–796), in: HJ 1980, 1–94.
ANTON, H.H., Kaiserliches Selbstverständnis in der Religionsgesetzgebung der Spätantike und päpstliche Herrschaftsinterpretation im 5. Jahrhundert, in: ZKG 1977, 38–84.
CASPAR, E., Geschichte des Papsttums von den Anfängen bis zur Höhe der Weltherrschaft, 2 Bde., Tübingen 1930–1933.
DERS., Das Papsttum unter fränkischer Herrschaft, Darmstadt 1956.
DERS., Pippin und die römische Kirche. Kritische Untersuchungen zum fränkisch-päpstlichen Bunde im 8. Jahrhundert, Berlin 1914, Neudr. Darmstadt 1970.
CLARKE, F., The pseudo-gregorian dialogues, Vol. I, Leiden 1987.
FRITZE, W.H., Papst und Frankenkönig. Studien zu den päpstlich-fränkischen Rechtsbeziehungen von 754–824 (VuF-Sonderband 10), Sigmaringen 1973.
FUCHS, V., Der Ordinationstitel von seiner Entstehung bis auf Innozenz III. Eine Untersuchung zur kirchlichen Rechtsgeschichte mit besonderer Berücksichtigung der Anschauungen R. Sohms (KStT 4), Bonn 1930.
FUHRMANN, H., Das Papsttum und das kirchliche Leben im Frankenreich, in: SdS 27,1, Spoleto 1981, 419–456.
DERS., Konstantinische Schenkung und abendländisches Kaisertum, in: DA 1966, 63–178.
GRESCHAT, M. (Hg.), Gestalten der Kirchengeschichte Bd. 11: Das Papsttum 1, Stuttgart–Berlin–Köln–Mainz 1984.
GROTZ, H., Beobachtungen zu den zwei Briefen Papst Gregors II. an Kaiser Leo II., in: AHP 1980, 9–40.
DERS., Erbe wider Willen. Hadrian II. (867–872) und seine Zeit, Wien–Köln–Graz 1970.
GUSSONE, N., Thron und Inthronisation des Papstes von den Anfängen bis zum 12. Jahrhundert. Zur Beziehung zwischen Herrschaftszeichen und bildhaften Begriffen, Recht und Liturgie im christlichen Verständnis von Wort und Wirklichkeit auf (BoHS 41), Bonn 1978.
HALLER, J., Das Papsttum. Idee und Wirklichkeit, 5 Bde., Urach–Stuttgart 1950–1953.
HALLINGER, K., Papst Gregor der Große und der hl. Benedikt, in: StAns 1957, 231–320.
JENAL, G., Gregor I., in: GRESCHAT, M., Gestalten der Kirchengeschichte Bd. 11, 83–99, s. 6.3.4.
JOANNOU, P.-P., Die Ostkirche und die Cathedra Petri (Päpste und Papsttum 3), Stuttgart 1973.
KEMPF, F., Primatiale und episkopal-synodale Strukturen der Kirche vor der gregorianischen Reform, in: AHP 1978, 27–66.
KERNER, M., Der Reinigungseid Leos III. vom Dezember 800. Die Frage seiner Echtheit und frühen kanonistischen Überlieferung. Eine Studie zum Problem der päpstlichen Immunität im frühen Mittelalter, in: ZAGV 1977/78 (FS B. Poll, Teil 1), 131–160.
KLINKENBERG, H.M., Papsttum und Reichskirche bei Leo d.Gr., in: ZSRG.K 1952, 37–112.
LANGGÄRTNER, G., Die Gallienpolitik der Päpste im 5. und 6. Jahrhundert. Eine Studie über den apostolischen Vikariat von Arles, Bonn 1964.
MACCARRONE, M., La dottrina del primato papale dal IV all' VIII secolo nelle relazioni con le chiese occidentali, in: SdS 7,2, Spoleto 1960, 633–742.
DERS., Vicarius Christi. Storia del titolo papale, Rom 1952.
DERS., La ›cathedra sancti Petri‹ nel medioevo. Da simbolo a reliquia, in: RSCI 1985, 349–447.
MARKUS, R.A., Art. Gregor I., in: TRE 14, 135–145.
MARSCHALL, W., Karthago und Rom. Die Stellung der nordafrikanischen Kirche zum Apostolischen Stuhl in Rom (Päpste und Papsttum 1), Stuttgart 1971.
MEYVAERT, P., Le Libellus Responsionum à Augustin de Cantorbéry: une œuvre authentique de Saint Grégoire Le Grand, in: FONTAINES, J., GILLET, R., (Hg.), Colloques internationaux du CNRS: Grégoire Le Grand, Paris 1986, 543–550.
DERS., Bede's text of the Libellus Responsionum of Gregory the Great to Anselm of Canterbury, in: England before the Conquest. FS D. Whitelock, Cambridge 1971, 15–33.
DERS., Diversity within Unity. A Gregorian Theme, in: DERS., Benedict, Gregory, Bede and Others, London 1977, 141–162.
MORRISON, K.F., Tradition and Authority in the Western Church 300–1140, Princeton 1969.
NOBLE, T.F.X., The Republic of St. Peter. The Birth of the Papal State 680–825, Philadelphia 1984.
PERELS, E., Papst Nikolaus I. und Anastasius Bibliothecarius. Ein Beitrag zur Geschichte des Papsttums im 9. Jahrhundert, Berlin 1920.
RICHARDS, J., The Popes and the Papacy in the early Middle Ages 476–752, London–Boston–Henley 1979.
DERS., Consul of God. The life and times of Gregory the Great, London–Boston 1980. [dt.: Gregor der Große. Sein Leben – seine Zeit, Graz–Wien–Köln 1983].
SCHIMMELPFENNIG, B., Das Papsttum. Grundzüge seiner Geschichte von der Antike bis zur Renaissance, Darmstadt 1984.
ULLMANN, W., Kurze Geschichte des Papsttums im Mittelalter, Berlin–New York 1978.
DERS., Gelasius I. (492–496). Das Papsttum an der Wende der Spätantike zum Mittelalter, Stuttgart 1981.
DERS., The Growth of Papal Government in the Middle Ages, London ³1970 (dt.: Die Machtstellung des Papsttums im Mittelalter. Idee und Geschichte, Graz–Wien–Köln 1960).
VRIES, W. de, Die Ostkirche und die Cathedra Petri im vierten Jahrhundert, in: OCP 1974, 114–144.

WOJTOWYTSCH, M., Papsttum und Konzile von den Anfängen bis zu Leo I. (440–461) (Päpste und Papsttum, Bd. 17), Stuttgart 1981.
ZIMMERMANN, H., Das Papsttum im Mittelalter, Stuttgart 1981.

6.3.5 Mönchtum

DIE ANFÄNGE des Klosters Kremsmünster. Symposion 15.–18. Mai 1977. Red. v. S. Haider (MOLA, Erg.-Bd. 2), Linz (Donau) 1978.
ANGENENDT, A., Monachi peregrini. Studien zu Pirmin und den monastischen Vorstellungen des frühen Mittelalters MMS 6), München 1972.
DERS., Die irische Peregrinatio und ihre Auswirkungen auf dem Kontinent vor dem Jahre 800, in: LÖWE, H. (Hg.), Die Iren und Europa im frühen Mittelalter, Bd. 1, s. 6.2.12, 52–79.
ANTON, H.H., Studien zu den Klosterprivilegien der Päpste im frühen Mittelalter unter besonderer Berücksichtigung der Privilegierung von St. Maurice d'Agaune (BGQM 4), Berlin–New York 1975.
ATSMA, H., Les monastères urbain du nord de la Gaule, in: RHEF 1976, 163–187.
DERS., Klöster und Mönchtum im Bistum Auxerre bis zum Ende des 6. Jahrhunderts, in: Francia 1983, 1–96.
BACHT, H., Das Vermächtnis des Ursprungs. Studien zum frühen Mönchtum I, Würzburg 1972.
BÖCKMANN, A., Perspektiven der Regula Benedicti. Ein Kommentar zum Prolog und zu den Kapiteln 53, 58, 72, 73, Münsterschwarzach 1986.
CHADWICK, O., John Cassian, Cambridge ²1968.
DERS., Art. Cassianus, in: TRE 7, 650–657.
CLARKE, H.B., BRENNAN, M. (Hg.), Columbanus and Merovingian Monasticism (BAR International Series 113), Oxford 1981.
DESHUSSES, J., HOURLIER, J., Saint Benoît dans les livres liturgiques, s. 6.3.7.
DIERKENS, A., Abbayes et Chapitres entre Sambre et Mense (VIIe–XIe siècles) (Beihefte der Francia 14), Sigmaringen 1985.
FELTEN, F., Äbte und Laienäbte im Frankenreich (MGM 20), Stuttgart 1980.
FRANK, H., Die Klosterbischöfe des Frankenreiches (BGAM 17), Münster 1932.
FRANK, K.S., Grundzüge der Geschichte des christlichen Mönchtums (Grundzüge 25), Darmstadt 1975.
DERS., Vom Kloster als scola dominici servitii zum Kloster ad servitium imperii, in: SMGB 1980, 80–97.
DERS., ANGELIKOS BIOS. Begriffsanalytische und begriffsgeschichtliche Untersuchungen zum engelgleichen Leben im frühen Mönchtum, BGAM 26, Münster 1964.
GANSHOF, F.L., Notes sur les Capitula de causis cum episcopis et abbatibus tractandis de 811, in: STGra 1967, 1–25.
GILOMEN-SCHENKEL, E., Frühes Mönchtum und benediktinische Klöster des Mittelalters in der Schweiz, in: HELVETICA SACRA Abt. III: Die Orden mit Benediktinerregel, Bd. 1: Frühe Klöster. Die Benediktiner und Benediktinerinnen in der Schweiz, 1. Teil, Bonn 1986, 33–93.
GINDELE, C., Sic stemus ad psallendum, in: SMGB 1966, 193–197.
DERS., Der Mönchschor und seine Gebetsrichtung nach Osten, in: SMGB 1965, 22–35.
DERS., Das Problem der Offiziumsordnung in den sogenannten Mischregeln der gallischen Klöster, in: ZKG 1961, 294–314.
GUY, J.C., Jean Cassien. Vie et doctrine spirituelle, Paris 1961.
HASDENTEUFEL, M., Das Salzburger Erentrudis-Kloster und die Agilofinger, in: MIÖG 1985, 1–29.
DIES., Studien zur Gründung von Frauenklöstern im frühen Mittelalter. Ein Beitrag zum religiösen Ideal der Frau und seiner monastischen Umsetzung, Masch.schr. Freiburg i. Br. 1988.
HEINEMEYER, K., Die Gründung des Klosters Fulda im Rahmen der bonifatianischen Kirchenreform, in: HJLG 1980, 1–45.
HOLZFURTNER, L., Gründung und Gründungsüberlieferung. Quellenkritische Studien zur Gründungsgeschichte der bayerischen Klöster der Agilofingerzeit und ihrer hochmittelalterlichen Überlieferung (MHS 11), Kallmünz 1984. HÖRLE, G.H., Frühmittelalterliche Mönchs- und Klerikerbildung in Italien, Freiburg i. Br. 1914.
HONSELMANN, K., Die alten Mönchslisten und die Traditionen von Corvey, Paderborn 1982.
JONG, M. de, Kind en klooster in de vroege middeleeuwen. Aspecten van de schenking van kinderen aan kloosters in het frankische rijk (500–900) (Amsterdamse Historische Reeks 8), Amsterdam 1986.
KASTEN, B., Adalhard von Corbie. Die Biographie eines karolingischen Politikers und Klostervorstehers (Studia humaniora 3), Düsseldorf 1985.
LECLERCQ, J., Wissenschaft und Gottverlangen. Zur Mönchstheologie des Mittelalters, Düsseldorf 1963.
LOHSE, B., Askese und Mönchtum in der Antike und in der alten Kirche, München–Wien 1969.
LORENZ, R., Die Anfänge des abendländischen Mönchtums im vierten Jahrhundert, in: ZKG 1966, 1–61.
MAURER, H. (Hg.), Die Abtei Reichenau. Neue Beiträge zur Geschichte und Kultur des Inselklosters, Sigmaringen 1974.
MOYSE, G., Monachisme et réglementation monastique en Gaulle avant Benoît d'Aniane, in: SOUS LA REGLE de Saint Benoît. Structures monastiques et sociétés en France du moyen âge à l'epoque moderne, 23–25 Octobre 1980, Genf 1982.
DERS., Les origines du monachisme dans le diocèse de Besancon (V^e–Xe siècles), in: BECh 1973, 21–104.
OEXLE, O.G., Forschungen zu monastischen und geistlichen Gemeinschaften im fränkischen Bereich. Bestandteil des Quellenwerkes Societas et Fraternitas (MMS 31), München 1978.
PARISSE, M., Les nonnes au Moyen Age, Le Puy 1983.
PENCO, G., Storia della monachesimo in Italia. Dalle origini alla fine del medioevo (Collana universale storica. Tempi e figure II, 31), Rom 1961.
PRINZ, F., Frühes Mönchtum im Frankenreich. Kultur und Gesellschaft in Gallien, den Rheinlanden und Bayern am Beispiel der monastischen Entwicklung (4.–8. Jh.), München–Wien 1965.
DERS., Askese und Kultur. Vor- und frühbenediktinisches Mönchtum an der Wiege Europas, München 1980.
DERS., Frühes Mönchtum in Südwestdeutschland und die Anfänge der Reichenau, in: BORST, A. (Hg.), Mönchtum, Episkopat und Adel zur Gründungszeit des Klosters Reichenau (VuF XX), 37–96.

DERS., Peregrinatio, Mönchtum und Mission, in: SCHÄFERDIEK, K. (Hg), Die Kirche des frühen Mittelalters, 445–465, s. 6.3.1.2.
DERS., Die Rolle der Iren beim Aufbau der merowingischen Klosterkultur, in: LÖWE, H., Die Iren und Europa, Bd. 1, 202–218, s. 6.2.12.
RUPPERT, F., Das pachomianische Mönchtum, Münsterschwarzach 1971.
SANSTERRE, J.M., Les moines grecs et orientaux à Rome aux époque byzantine et carolingienne (milieu du VIe s. – fin du IXe s.), 2 Bde., Brüssel 1980.
SCHÄFERDIEK, K., Columbans Wirken im Frankenreich (591–612), in: LÖWE, H., Die Iren und Europa, Bd. 1, 171–201, s. 6.2.12.
SCHEIBELREITER, G., Königstöchter im Kloster. Radegund († 587) und der Nonnenaufstand von Poitiers (589), in: MIÖG 1979, 1–37.
SCHIEFFER, R., Die Entstehung von Domkapiteln in Deutschland (BHF 43), Bonn 1976.
SCHMID, K. (Hg.), Die Klostergemeinschaft von Fulda im früheren Mittelalter, Bde. I, II 1–3, III (MMS 8), München 1978.
DERS., Probleme der Erschließung des Salzburger Verbrüderungsbuches, in: ZWINK, E. (Hg.), Frühes Mönchtum in Salzburg, Salzburg 1983, 175–196.
SCHMIDT, A., Zusätze als Problem des monastischen Stundengebets im Mittelalter (BGAM 36), Münster 1986.
SCHNEIDER, D.B., Anglo-saxon women in the religious life. A Study of the status and position of women in the early medieval society, Masch.schr. Cambridge 1985.
SCHWIND, F., Zu karolingerzeitlichen Klöstern als Wirtschaftsorganismen und Stätten handwerklicher Tätigkeit, in: Institutionen, Kultur und Gesellschaft im Mittelalter. FS J. Fleckenstein, Sigmaringen 1984, 101–123.
SEMMLER, J., Pippin III. und die fränkischen Klöster, in: Francia 1975, 88–146.
DERS., Benedictus II: Una regula, una consuetudo, in: LOURDAUX, W., VERHELST, D. (Hg.), Benedictine Culture 750–1050, Löwen 1983, 1–49.
DERS., Corvey und Herford in der benediktinischen Reformbewegung des 9. Jahrhunderts, in: FMSt 1970, 289–319.
DERS., Karl der Große und das fränkische Mönchtum, in: BRAUNFELS, W. (Hg.), Karl der Große, Bd. 2, s. 6.1.1.4, 255–289.
DERS., Die Beschlüsse des Aachener Konzils 816, in ZKG 1963, 15–82.
SIEGWART, J., Die Chorherren- und Chorfrauengemeinschaften in der deutschsprachigen Schweiz vom 6. Jahrhundert bis 1160 (SF NF 30), Freiburg i. Br. 1962.
SPRIGADE, K., Die Einweisung ins Kloster und in den geistlichen Stand als politische Maßnahme im frühen Mittelalter, Gießen 1964.
ST. PETER in Salzburg. Das älteste Kloster im deutschen Sprachraum. Schätze europäischer Kunst und Kultur. Ausstellungskatalog, Salzburg 1982.
STEIDLE, B., Beiträge zum alten Mönchtum und zur Benediktusregel, Sigmaringen 1986.
VERHEIJEN, L., La Règle de S. Augustin, 2 Bde., Paris 1967.
VOGT, H.J., Zur Spiritualität des frühen irischen Mönchtums, in: LÖWE, H., Die Iren und Europa im frühen Mittelalter, Bd. 1, s. 6.2.12, 26–51.
VOGÜÉ, A. de, Die Regula Benedicti. Theologisch-spiritueller Kommentar (RBS, Suppl. 16), Hildesheim 1983.
DERS., Le Maître Eugippe et Saint Bénoît (RBS, Suppl. 17), Hildesheim 1984.
DERS., Art. Benedikt von Nursia, in: TRE 5, 538–549.
WOLLASCH, J., Zur frühesten Schicht des cluniazensischen Totengedächtnisses, in: Geschichtsschreibung und geistiges Leben im Mittelalter. FS H. Löwe, Köln–Wien 1978, 247–280.
DERS., SCHMID, K., Die Gemeinschaft der Lebenden und Verstorbenen in Zeugnissen des Mittelalters, in FMSt 1967, 365–405.
ZELZER, K., Zur Stellung des textus receptus und des interpolierten Textes in der Textgeschichte der Regula S. Benedicti, in: RBen 1978, 205–246.
ZUFFEREY, M., Die Abtei St. Maurice d'Agaune im Hochmittelalter (830–1258) (VMPIG 88), Göttingen 1988.
ZUMKELLER, A., Das Mönchtum des hl. Augustinus, Würzburg ^{2}1968.

6.3.6 Mission

ANGENENDT, A., Kaiserherrschaft und Königstaufe (AFMF 15), Berlin–New York 1984.
BECK, H.G., Christliche Mission und politische Propaganda im byzantinischen Reich, in: SdS 14, Spoleto 1967, 649–674.
BEUMANN, H., Die Hagiographie »bewältigt«: Unterwerfung und Christianisierung der Sachsen durch Karl den Großen, in: SdS 28,1, Spoleto 1982, 129–168.
BOSL, K., Probleme der Missionierung des böhmisch-mährischen Herrschaftsraumes, in: HELLMANN, M. u.a. (Hg.), Cyrillo-Methodiana. Zur Frühgeschichte des Christentums bei den Slaven (863–1963), Köln–Graz 1964, 1–38.
BÜTTNER, H., Mission und Kirchenorganisation des Frankenreiches bis zum Tode Karls des Großen, in: BRAUNFELS, W. (Hg.), Karl der Große, Bd. 1, s. 6.1.1.4, 454–487.
DVORNIK, F., Byzantine Missions among the Slavs. SS. Constantine-Cyril and Methodius, New Brunswick (New Jersey) 1970.
FREISE, E., Die Sachsenmission Karls des Großen und die Anfänge des Bistums Minden. in: An Weser und Wiehen. Beiträge zur Geschichte und Kultur einer Landschaft. FS W. Brenpohl, Minden 1983, 57–100.
FRITZE, W.H., Universalis gentium confessio. Formeln, Träger und Wege universalmissionarischen Denkens im 7. Jahrhundert, in: FMSt 1969, 78–130.
DERS., Zur Entstehungsgeschichte des Bistums Utrecht. Franken und Friesen 690–734, in: RhV 1971, 107 bis 151.

GÖBELL, W., Die Christianisierung des Nordens und die Geschichte der nordischen Kirchen bis zur Errichtung des Erzbistums Lund, in: MEINHOLD, P., HOFFMANN, E., DERS. (Hg.), Schleswig-Holsteinische Kirchengeschichte, Bd. 1: Anfänge und Ausbau (Schriften des Vereins für Schleswig-Holsteinische Kirchengeschichte 1/26), Neumünster 1977, 63–104.
GRIVEC, F., Konstantin und Method. Lehrer der Slaven, Wiesbaden 1960.
HARNACK, A. von, Die Mission und Ausbreitung des Christentums, 3 Bde., Leipzig ⁴1924.
HAUCK, K., Die Ausbreitung des Glaubens in Sachsen und die Verteidigung der römischen Kirche als konkurrierende Herrscheraufgaben Karls des Großen, in: FMSt 1970, 138–172.
DERS., Die Veränderung der Missionsgeschichte durch die Entdeckung der Ikonologie der germanischen Bilddenkmäler, erhellt am Beispiel der Propagierung der Kampfhilfen des Mars-Wodan in Alt-Uppsala im 7. Jahrhundert, in: Westfalen 1980. FS W. Kohl, 227–307.
HEER, J.M., Ein karolingischer Missionskatechismus. Ratio de cathecizandis rudibus und die Tauf-Katechesen des Maxentius von Aquileia und eines Anonymus im Kodex Emmeram [mit Edition], Freiburg i. Br. 1911.
HEISER, L., Die Responsa ad Consulta Bulgarorum des Papstes Nikolaus I. (858–867) – Ein Zeugnis päpstlicher Hirtensorge und ein Dokument unterschiedlicher Entwicklungen in den Kirchen von Rom und Konstantinopel, Münster 1978.
JANKUHN, H., Das Missionsfeld Ansgars, in: FMSt 1967, 213–221.
KAHL, H.D., Die ersten Jahrhunderte des missionsgeschichtlichen Mittelalters. Bausteine für eine Phänomenologie bis ca. 1050, in: SCHÄFERDIEK, K. (Hg.), Die Kirche des frühen Mittelalters, s. 6.3.1.2.
LAMMERS, W., Ansgar, in: GRESCHAT, M. (Hg.), Gestalten der Kirchengeschichte, Bd. 3, s. 6.3.1.3, 87–101.
LJUNGBERG, H., Die nordische Religion und das Christentum. Studien über den nordischen Religionswechsel zur Wikingerzeit, Gütersloh 1940.
LÖWE, H., Entstehungszeit und Quellenwert der Vita Lebuini, in: DA 1965, 345–370.
PATZE, H., Mission und Kirchenorganisation in karolingischer Zeit, in: DERS. (Hg.), Geschichte Niedersachsens 1: Grundlagen und frühes Mittelalter, Hildesheim 1977, 653–712.
I 'RESPONSA' di papa Nicoló I ai Bulgari neoconvertiti, in: Medioevo Bizantino–Slavo 3, Rom 1971, 143–173.
SCHÄFERDIEK, K., Art. Bekehrung und Bekehrungsgeschichte, in: RGA 2, 180–193.
DERS., Art. Christentum in der Bekehrungszeit, in: RGA 4, 501–510.
SCHMIDT, H., Über Christianisierung und gesellschaftliches Verhalten in Sachsen und Friesland, in: NSJ 1977, 1–44.
SEMMLER, J., Mission und Pfarrorganisation in den rheinischen, mosel- und maasländischen Bistümern (5.–10. Jahrhundert), in: SdS 28,2, Spoleto 1982, 813–888.
STOCKMEIER, P., Bemerkungen zur Christianisierung der Goten im 4. Jahrhundert, in: ZKG 1981, 315–324.
WERNER, M., Iren und Angelsachsen in Mitteldeutschland. Zur vorbonifatianischen Mission in Hessen und Thüringen, in: LÖWE, H., Die Iren und Europa im frühen Mittelalter, Bd. 1, s. 6.2.12, 239–318.

6.3.7 Liturgie

ANGENENDT, A., Missa specialis. Zugleich ein Beitrag zur Entstehung der Privatmessen, in: FMSt 1983, 153–221.
DERS., Theologie und Liturgie der mittelalterlichen Totenmemoria, in: SCHMID, K., WOLLASCH, J. (Hg.), Memoria. Der geschichtliche Zeugniswert des liturgischen Gedenkens im Mittelalter (MMS 48), München 1984, 80–199.
DERS., Taufe und Politik im frühen Mittelalter, in: FMSt 1973, 143–168.
DERS., Bonifatius und das Sacramentum initiationis, in: RQ 1977, 133–183.
DERS., Die Liturgie und die Organisation des kirchlichen Lebens auf dem Lande, in: SdS 28,1, Spoleto 1982, 169–234.
DERS., Mensa Pippini Regis. Zur liturgischen Präsenz der Karolinger in St. Peter, in: GATZ, E. (Hg.), Hundert Jahre deutsches Priesterkolleg beim Capo Santo Teutonico 1876–1976. Beiträge zu seiner Geschichte, Rom–Freiburg i. Br.–Wien 1977, 52–68.
DERS., Der Taufexorzismus und seine Kritik in der Theologie des 12. und 13. Jahrhunderts, in: ZIMMERMANN, A. (Hg.), Die Mächte des Guten und Bösen. Vorstellungen im 12. und 13. Jahrhundert über ihr Wirken in der Heilsgeschichte, Berlin–New York 1977, 388–409.
BARTSCH, E., Die Sachbeschwörungen der römischen Liturgie. Eine liturgiegeschichtliche und liturgietheologische Studie (LWQV 46), Münster 1967.
BENZ, K.J., Untersuchungen zur politischen Bedeutung der Kirchweihe unter Teilnahme der deutschen Herrscher im hohen Mittelalter (RHF 4), Kallmünz 1975.
BERG, K., Die Werke des hl. Caesarius von Arles als liturgiewissenschaftliche Quelle, München 1946.
BERGER, R., Die Wendung offere pro in der römischen Liturgie (LWQF 41), Münster 1965.
BOUHOT, J.P., La confirmation. Sacrement de la communion ecclésiale, Paris 1968. CHAVASSE, A., Le Sacramentaire Gélasien (Vaticanus Regensis 316). Sacramentaire présbyterale en usage dans les titres romains au VIIe siècle, Tournai 1958.
DÉCRÉAUX, J., Le Sacramentaire de Marmoutier, Studi DI Antichità Christiana, Vatikanstadt 1985.
DESHUSSES, J. (Hg.), Le Sacramentaire Grégorien. Ses principales formes d'après les plus anciens manuscrits. Étude comparative, 3 Bde., Freiburg (Schweiz) 1971²–1982.
DERS., Le sacramentaire grégorien pré-hadrianique, in: RBen 1970, 213–237.
DERS., Les sacramentaires. État actuel de la recherche, in: ALW 1982, 19–46.
DERS., Le supplement au sacramentaire grégorien: Alcuin ou Saint Benoit d'Aniane, in: ALW 1965, 48–71.
DERS., HOURLIER, J., Saint Bénoit dans les livres liturgiques, in: StMon 1979, 143–204.
EWIG, E., Der Gebetsdienst der Kirche in den Urkunden der späten Karolingerzeit, in: FS B. Schwineköper, Sigmaringen 1982, 45–86.
GAMBER, K., Codices liturgici latini antiquiores (Spicilegii Friburgensis subsidia 1/1.2), Freiburg (Schweiz) ²1968.

DERS., Ordo Antiquus Gallicanus (TPL 3), Regensburg 1965.
GERCHOW, J., Die Gedenküberlieferung der Angelsachsen. Mit einem Katalog der libri vitae und Necrologien (AFMF 20), Berlin–New York 1988.
GRIFFE, E., Aux origines de la liturgie gallicane, in: BLE 1951, 17–43.
GY, P.M., La formule Je te baptise (Ego te baptizo), in: COMMUNIO SANCTORUM. FS J.J. von Allmen, Genf 1982, 65–72.
HÄUSSLING, A.A., Mönchskonvent und Eucharistiefeier. Eine Studie über die Messe in der abendländischen Klosterliturgie des frühen Mittelalters und zur Geschichte der Meßhäufigkeit (LWQF 58), Münster 1973.
ISERLOH, E., Art. Abendmahl III/2, in: TRE 1, 89–106.
JUNGMANN, J.A., Missarum sollemnia. Eine genetische Erklärung der römischen Messe, 2 Bde., Wien–Freiburg i. Br.–Basel ⁵1962.
KEEFE, S.A., An unknown response from the archiepiscopal province of Sens to Charlemagne's circulatory inquiry on baptism, in: RBen 1986, 48–93.
DIES., Carolingian baptismal expositions. A. handlist of tracts and manuscripts, in: BLUMENTHAL, U.-R., Carolingian Essays, Washington 1987, 169–237.
KIRSTEN, H., Die Taufabsage. Eine Untersuchung zu Gestalt und Geschichte der Taufe nach den altkirchlichen Taufliturgien, Berlin 1960.
KLAUSER, Th., Kleine Abendländische Liturgiegeschichte, Bonn 1965.
KLEINHEYER, B., Die Priesterweihe im römischen Ritus. Eine liturgiehistorische Studie (TThSt 12), Trier 1962.
KRETSCHMAR, G., Die Geschichte des Taufgottesdienstes in der alten Kirche, in: LEITURGIA. Handbuch des evangelischen Gottesdienstes Bd. V, Kassel 1970, 1–348.
DERS., Art. Abendmahl III/1, in: TRE 1, 59–89.
LENTNER, L., Volkssprache und Sakralsprache. Geschichte einer Lebensfrage bis zum Ende des Konzils von Trient, Wien 1964.
MEYER, H.-B., Eucharistie. Geschichte, Theologie, Pastoral, Handbuch der Liturgiewissenschaft, Teil 4, Regensburg 1989.
MOHLBERG, L.C. (Hg.), Liber sacramentorum Romanae Ecclesiae ordinis anni circuli. Sacramentum Gelasianum (Cod. Vat. Reg. lat. 316/ Paris Bibl. Nat. 7193, 41/56) (RED.F 4), Rom 1960.
DERS. (Hg.), Missale Gallicanum Vetus (Cod. Vat. Palat. lat. 493) (RED.F 3), Rom 1958.
DERS. (Hg.), Missale Gothicum (Vat Reg. lat. 317) (RED.F 5), Rom 1961.
NUSSBAUM, O., Kloster, Priestermönch und Privatmesse. Ihr Verhältnis im Westen von den Anfängen bis zum hohen Mittelalter (Theophaneia 14), Bonn 1961.
SCHMITZ, J., Gottesdienst im altchristlichen Mailand. Eine liturgiewissenschaftliche Untersuchung über Initiation und Meßfeier während des Jahres zur Zeit des Bischofs Ambrosius (Theophaneia 25), Köln–Bonn 1975.
VOGEL, C., Introduction aux sources de l'histoire du culte chrétien au Moyen Age, Spoleto 1975. [engl.: Medieval Liturgy. An Introduction to the Sources, Washington 1986].
DERS., Les échanges liturgiques entre Rome et les pays francs jusqu'à l'époque de Charlemagne, in: SdS 7,1, Spoleto 1960, 185–295.
DERS., Les motifs de la romanisation du culte sous Pépin le Bref (751–768) et Charlemagne (774–814), in: Culto cristiano politica imperiale carolingia, 9.–12. octobre 1977. Convegni del centro di studi sulla spiritualità medievale 18, Todi 1979, 13–41.
DERS., La réforme liturgique sous Charlemagne, in: BRAUNFELS, W. (Hg.), Karl der Große, Bd. 2, s. 6.1.1.4, 217–232.

6.3.8 Religiosität

ANGENENDT, A., Religiosität und Theologie. Ein spannungsreiches Verhältnis im Mittelalter, in: ALW 1978/79, 28–55.
DERS., Sühne durch Blut, in: FMSt 1984, 437–467.
ASBACH, F.B., Das Poenitentiale Remense und der sogen. Excarpsus Cummeani: Überlieferung, Quellen und Entwicklung zweier kontinentaler Bußbücher aus der 1. Hälfte des 8. Jahrhunderts, Regensburg 1975.
BIELER, L., The Irish Penitentials: Their Religious and Social Background, in: StPatr 1966, 329–339.
DERS., THEIOS ANER. Das Bild des göttlichen Menschen in Spätantike und Frühchristentum, Wien 1935.
BÖCHER, O., Art. Exorzismus I, in: TRE 10, 747–750.
BOSCH., J. van den, Capa, Basilica, Monasterium et le culte de saint Martin de Tours. Étude lexicologique et sémasiologique, Nimwegen 1959.
BOELENS, M., Die Klerikerehe in der Gesetzgebung der Kirche unter besonderer Berücksichtigung der Strafe. Eine rechtsgeschichtliche Untersuchung von den Anfängen der Kirche bis zum Jahre 1139, Paderborn 1968.
BROWN, P., The Rise and Function of the Holy Man in Late Antiquity, in: JRS 1971, 80–101.
CONGAR, Y., L'ecclésiologie du haut Moyen-Age. De Saint Grégoire le Grand à la désunion entre Byzance et Rome, Paris 1968.
DASSMANN, E., Ambrosius und die Märtyrer, in: JAC 1975, 49–68.
DELEHAYE, H., Les origines du culte des martyrs, Brüssel 1912.
DERS., Sanctus. Essai sur le culte des Saints dans l'Antiquité, Brüssel 1927.
DIHLE, A., Art. Gerechtigkeit, in: RAC 10, 233–360.
DINZELBACHER, P., Vision und Visionsliteratur im Mittelalter (MGM 23), Stuttgart 1981.
DERS., Mittelalterliche Visionsliteratur. Eine Anthologie, Darmstadt 1989.
DÖRRIE, H., Überlegungen zum Wesen antiker Frömmigkeit, in: Pietas. ES B. Kötting, Münster 1980, 3–15.
EISENSTADT, S.N. (Hg.), Kulturen der Achsenzeit, 2 Bde., Frankfurt am Main 1987.
ELIADE, M., Kosmos und Geschichte. Der Mythos der ewigen Wiederkehr, Frankfurt am Main 1984.
EWIG, E., Der Petrus- und Apostelkult im spätrömischen und fränkischen Gallien, in: DERS., Spätantikes und fränkisches Gallien, Bd. 2, s. 6.2.9, 318–354.

GEARY, P.J., Furta sacra. Thefts of relics in the central Middle Ages 800–1100, Princeton 1978.
GRÜNDEL, J., Die Lehre von den Umständen der menschlichen Handlung im Mittelalter, Münster 1963.
GURJEWITSCH, A.J., Das Weltbild des mittelalterlichen Menschen, München 1980.
DERS., Mittelalterliche Volkskultur, München 1988.
HARTMANN, W. Eine kleine Sammlung von Bußtexten aus dem 9. Jahrhundert, in: DA 1983, 207–213.
HATTENHAUER, H., Das Recht der Heiligen (SRG Heft 12), Berlin 1976.
HELBIG, H., Fidelis Dei et regis. Zur Bedeutungsentwicklung von Glaube und Treue im hohen Mittelalter, in: AKuG 1951, 275–306.
KLAUSER, Th., Christlicher Märtyrerkult, heidnischer Heroenkult und spätjüdische Heiligenverehrung, in JAC Erg.bd. 3, 1960, 221 ff.
KOCH, M., Sankt Fridolin und sein Biograph Balther. Irische Heilige in der literarischen Darstellung des Mittelalters, Zürich 1959.
KOTTJE, R., Studien zum Einfluß des Alten Testamentes auf Recht und Liturgie des frühen Mittelalters (6.–8. Jahrhundert) (BoHS 23), Bonn ²1970.
DERS., Bußpraxis und Bußritus, SdS 33,2, Spoleto 1987, 369–396.
DERS., Art. ›Bußbücher‹, in: LexMA Bd. 2, 1118–1121.
KRÜGER, K.H., Königskonversionen im 8. Jahrhundert, in: FMSt 1973, 169–222.
LYNCH, J.H., Godparents and Kingship in Early Medieval Europe, Princeton (New Jersey) 1968.
MAUSS, M., Die Gabe. Form und Funktion des Austauschs in archaischen Gesellschaften, Frankfurt am Main 1968.
METZ, R., SCHLICK, J. (Hg.), Le Lien Matrimonial. Colloque du Cerdic, Strasbourg, 21–23 mai 1970, Straßburg 1970.
MIKAT, P., Dotierte Ehe – rechte Ehe (Rheinisch-Westfälische Akademie der Wissenschaften, Vorträge G 277), Opladen 1978.
OEXLE, O.G., Memoria und Memorialüberlieferung im früheren Mittelalter, in: FMSt 1976, 70–95.
DERS., SCHMID, K., Voraussetzung und Wirkung des Gebetsbundes von Attigny, in: Francia 1974, 71–122.
PADBERG, L. von, Heilige und Familie. Studien zur Bedeutung familiengebundener Aspekte in den Viten des Verwandten- und Schülerkreises um Willibrord, Bonifatius und Liudger, Essen 1980.
POSCHMANN, B., Die abendländische Kirchenbuße im frühen Mittelalter, Breslau 1940.
POULIN, J.C., Entre magie et religion. Recherches sur les utilisations marginales de l'escrit dans la culture populaire du haut moyen âge, in: BOGLIONI, P. (Hg.), La culture populaire au Moyen Age, Montreal 1979.
PRINZ, F., Heiligenkult und Adelsherrschaft im Spiegel merowingischer Hagiographie, in HZ 1967, 529–544.
SCHIEFFER, Th., Eheschließung und Ehescheidung im Hause der karolingischen Kaiser und Könige, in: ThPQ 1968, 37–43.
SCHMID, K., Gebetsgedenken und adeliges Selbstverständnis im Mittelalter. Ausgewählte Beiträge. Festgabe zu seinem Geburtstag, Sigmaringen 1983.
DERS., Religiöses und sippengebundenes Gemeinschaftsbewußtsein in frühmittelalterlichen Gedenkbucheinträgen, in: DA 1965, 18–81.
STOCKMEIER, P., Glaube und Kultur. Studien zur Begegnung von Christentum und Antike, Düsseldorf 1983.
VAUCHEZ, A., La spiritualité du moyen âge occidental VIIIᵉ–XIIᵉ siècles, o.O. 1975.
VIEILLARD-TROIEKOUROFF, M., Les monuments religieux de la Gaule d'après les œvres de Grégoire de Tours, Lille 1977.
WEIDEMANN, M., Kulturgeschichte nach Gregor von Tours, s. 6.1.1.3.

6.3.9 Karolingische Renaissance

BERTAU, K., Deutsche Literatur im europäischen Mittelalter, 2 Bde., München 1972/73.
BEUMANN, H., Ideengeschichtliche Studien zu Einhard und anderen Geschichtsschreibern des frühen Mittelalters, Darmstadt 1962.
BISCHOFF, B., Mittelalterliche Studien, Ausgewählte Aufsätze zur Schriftenkunde und Literaturgeschichte, 3 Bde., Stuttgart 1966, 1967, 1981.
DERS., Die südostdeutschen Schreibschulen und Bibliotheken in der Karolingerzeit, 2 Bde., Wiesbaden ²1960, 1980.
DERS., Das benediktinische Mönchtum und die Überlieferung der klassischen Literatur, in: SMGB 1981, 165–190.
DERS., Paläographische Fragen deutscher Denkmäler der Karolingerzeit, in: FMSt 1971, 101–134.
BRALL, A. (Hg.), Von der Klosterbibliothek zur Landesbibliothek. Beiträge zum zweihundertjährigen Bestehen der Hessischen Landesbibliothek Fulda, Stuttgart 1978, 99–124.
BRENNAN, M., Materials for the Biography of Johannes Scottus Eriugena, in: StMed, Serie Terze, 1986, 413–460.
DAHLHAUS-BERG, E., Nova antiquitas et antiqua novitas. Typologische Exegese und isidorianisches Geschichtsbild bei Theodulf von Orléans, Köln–Wien 1975.
FISCHER, B., Bibeltext und Bibelreform unter Karl dem Großen, in: BISCHOFF, B. (Hg.), Karl der Große, Bd. 2: Das geistige Leben, Düsseldorf 1965, 156–216.
DERS., Lateinische Bibelhandschriften im frühen Mittelalter (Vetus Latina 11), Freiburg i. Br. 1985.
FLECKENSTEIN, J., Die Bildungsreform Karls des Großen als Verwirklichung der norma rectitudinis, Freiburg i. Br. 1953.
DERS., Art. Einhard, in: LexMA 3, 1737–1739.
FOLKERTS, M., Art. Alkuin, in LexMA 1, 417–420.
GEUENICH, D., Die volkssprachliche Überlieferung der Karolingerzeit aus der Sicht des Historikers, in: DA 1983, 104–130.
DERS., Zur althochdeutschen Literatur aus Fulda, in: LE GOFF, J., Kultur des europäischen Mittelalters, s. 6.1.5.

GRABMANN, M., Die Geschichte der scholastischen Methode, Bd. 1, Freiburg i. Br. 1909.
HAUCK, K. (Hg.), Das Einhardkreuz. Vorträge und Studien der Münsteraner Diskussion zum arcus Einhardi, in: AAWG.PH 1987.
HEIL, W., Art. Alkuin, in: TRE 2, 266–276.
DERS., Alkuinstudien I: Zur Chronologie und Bedeutung des Adoptianismusstreites, Düsseldorf 1966.
HUCKE, H., Karolingische Renaissance und Gregorianischer Gesang, in: Mf 1975, 4–18.
KITTERICK, R. Mc, The Frankish Church and the Carolingian Reforms 789–895, London 1977.
DIES., The Frankish Kingdoms under the Carolingians 751–987, London–New York 1983.
KOTTJE, R., Art. Hrabanus Maurus, in: DIE DEUTSCHE LITERATUR DES MITTELALTERS. Verfasserlexikon. 2. völlig neubearb. Aufl., hg. v. K. Ruh u. G. Keil, Bd. 4, Berlin–New York 1983, 166–196.
MEER, F. van der, Maiestas Domini, in: KIRSCHBAUM, E. u. a. (Hg.), Lexikon der christlichen Ikonographie Bd. 3, Rom–Freiburg i. Br.–Basel–Wien 1971, 136–142.
MEYER, H. B., Alkuin zwischen Antike und Mittelalter. Ein Kapitel frühmittelalterlicher Frömmigkeitsgeschichte, in: ZKG 1959, 306–350, 405–454.
MORDEK, H., Unbekannte Texte zur karolingischen Gesetzgebung. Ludwig der Fromme, Einhard und die Capitula adhuc conferenda, in: DA 1986, 446–471.
DERS., SCHMITZ, G., Neue Kapitularien und Kapitulariensammlungen, in: DA 1987, 361–439.
RICHÉ, P., Éducation et culture, s. 6.1.1.3.
DERS., Écoles et enseignement dans le Haut Moyen Age, s. 6.1.1.3.
SCHEIBE, F.-C., Geschichtsbild, Zeitbewußtsein und Reformwille bei Alkuin, in: AKuG 1959, 35–62.
SCHRIMPF, G., Das Werk des Johannes Scottus Eriugena im Rahmen des Wissenschaftsverständnisses seiner Zeit. Eine Hinführung zu Periphyseon, Münster 1982.
DERS., Johannes Scottus Eriugena, in: GRESCHAT, M. (Hg.), Gestalten der Kirchengeschichte Bd. 3, 113–122, s. 6.3.1.3.
SEVERUS, E. von, Lupus von Ferrières. Gestalt und Werk eines Vermittlers antiken Geistesgutes an das Mittelalter im 9. Jahrhundert (BGAM 21), Münster 1940.
ULLMANN, W., The carolingian Renaissance and the idea of Kingship, London 1969.
WALTER, L., Alcuin and Charlemagne, Ithaca/N.Y. 1959. , Bd. II: Mittelalter, Neukirchen–Vluyn 1980.

Personenregister

Die Abkürzungen bedeuten: alttest.= alttestamentlich, Bf. = Bischof, Erzbf. = Erzbischof, Gf. = Graf, Hl. = Heilige(r), Hzg. = Herzog, Kg. = König, Ks. = Kaiser, Mart. = Märtyrer, Mgf. = Markgraf, Miss. = Missionar, Verf. = Verfasser, Kard. = Kardinal.

Aaron (alttest. Priester) 347
Abaelard (Philosoph, Dichter, † 1142) 453
Abraham (alttest. Patriarch) 213, 214
Acacius von Konstantinopel (Patriarch, † 489) 141
Ada (Nonne, Ada-Handschrift) 313, 314
Adalhard von Corbie (Vetter Karls d. Großen, Abt, † 826) *308*, 364, 371, 375, 379, 414, 419, 432
Adaloald (Sohn Agilulfs, langobard. Kg., † 625/26) 168
Adalram von Salzburg (Erzbf., † 836) 391
Adelgisel-Grimo (Diakon, 7. Jh.) 198
Ado (Mönch, Klostergründer, 7. Jh.) 215
Adventius von Metz (Bf., † 875) 390
Aegidius (Heermeister, † 464) 130
Aethelberht von Kent (Kg., † 616) 183, 224, 230, 231, 421
Aethelwalh von Sussex (Kg., † um 675) 230, 231
Aetius (weströmin. Heermeister, Patricius, † 454) 116, 132, 138
Afra (Mart./Augsburg, 3. Jh.) 125
gapet I. (Papst, † 536) 143
Agapitus (Mart., Diakon, † um 260) 342
Agatho (Papst, † 681) 251
Agilbert (Klosterbf., Bf. v. Paris, † um 680) 226
Agilolf von Metz (Bf., † 602) 169
Agilolfinger (bair. Herzogsgeschlecht) 169, 256, 266f., 301f.
Agilulf (langob. Kg., † 615/16) 168
Agilus von Rebais (Abt, Miss., † um 650) 222
Agobard von Lyon (Bf., Berater Ludwigs d. Frommen, † 840) 377f., *379f.*, 382, 428, 442, 449, 451f.
Agricius (Bf. v. Trier, † um 330) 121
Aidan (Abtbf. v. Lindisfarne, † 651) 224
Aistulf (Kg. d. Langobarden, † 756) 252, 284, 285
Alanen (indogerm. Steppenvolk) 115, 124, 160
Alarich I. (Kg. d. Westgoten, † 410) 77, 115, 138
Alarich II. (Kg. d. Westgoten, † 507) 129, 133, 162
Albana (Mart./Trier, 3. Jh.) 121
Albanus (Mart./Mainz, 5. Jh.) 124
Albofledis (Schwester Chlodwigs, 6. Jh.) 175
Alchfrith (Sohn Oswius, nordhumb. Kg., † 704) 226, 232
Alcimus Avitus von Vienne (Metropolit, Schriftsteller, † 518) 89, 96, 132, 171, 173, 175, 424
Aldhelm von Malmesbury (Abt, Bf. v. Sherborne, † 709) *228*, 270, 275
Aldgisel (Friesenkg., 7./8. Jh.) 421
Alemannen, alemannisch (westgerm. Stamm) 32, 113, 114, 116, 126, 132, 137, 169, 213, 222, 254, 256, 265, 268, 423
Alexander (röm. Mart., 3. Jh.) 342
Alfred der Große (Kg. v. England, † 899/900) 385, 431
Alkuin (Leiter d. Hofschule, Berater Karls d. Großen, † 804) 47, 85, 295, 298, 303, 304, *306f.*, 310, 313, 317, 318, 319, 320, 324, 329, 348, 349, 350, 352, 353, 355, 364, 365, 366, 408, 426, 427, 432, 434, 455
Amalar von Metz (Erzbf. v. Trier, Theologe, † um 850) *441f.*, 443, 452

Amalaswintha (Regentin d. Ostgotenreichs, † 535) 143
Amandus (Miss., Bf. v. Maastricht, † 675/80) *222*
Ambrosiaster (unbek. Kommentator v. Paulus-Briefen) 86
Ambrosius von Mailand (Bf., Kirchenvater, † 397) 59, 68f., 71, 76, 84, *85*, 103, 122, 165, 241, 243
Amolo von Lyon (Erzbf., Theologe, † 852) 443
Anachoreten 60, 97, 98, 107
Anaklet I. (Papst, † 90) 395
Anastasius (oströmin. Ks., † 518) 130
Anastasius Bibliothecarius (Kard.-Presbyter, päpstl. »Bibliothekar«, † 879) *398*, 400
Angeln (germ. Volksstamm) 147, 223, 224
Angelsachsen, angelsächsisch 159, 204, 226, 229, 231f., 238, 240, 242, 252, 255, 262, 265, *268ff.*, 275ff., 281, 293, 313, 342, 348, 406, 408, 423, 427, 430
Angilbert (Laienabt v. Centula/St. Riquier, † 814) *308*, 324, 406, 414
Angilram von Metz (Bf., Erzkaplan Karls d. Großen, † 791) 322, 326, 394
Anicier (senator. Geschlecht) 142, 239
Anna von Ostanglien (Kg., † 654) 231
Anonymus (Verf. einer Vita Ludwigs d. Frommen) 376
Ansbert (Abt v. Fontanella/St. Wandrille, Metropolit v. Rouen, † 693) 263
Ansegis von St. Wandrille (Abt, † 833) 264, 358, 375, 394
Ansegisel (Sohn Arnulfs von Metz, † vor 679) 253
Ansgar (Apostel d. Nordens, Erzbf. v. Hamburg-Bremen, † 865) *377*, 401, 415, 416, 423f., 431, 453ff.
Antonius (ägypt. Einsiedler, † 356) 59, 98, 234
Antonius (s. Adalhard) 308
Aquitanier 293, 388
Araber 233f., 237, 254, 255, 386, 459
Arbeo von Freising (Bf., † 782/83) 300
Arbogast (Comes v. Chartres?, Ende 5. Jh.) 122
Arcadius (oströmin. Ks., † 408) 138
Ariagne (Tochter Theoderichs, 6. Jh.) 132
Arianer (s. Arius) 163, 166, *168*, 171, 183
Aripert I. (Kg. d. Langobarden, † 662) 168
Aristoteles (Philosoph, † 322 v. Chr.) 142
Arius (alexandrin. Presbyter, s. auch Arianer, † 336) 61, 68, 183
Arn (Abt v. St. Amand, Erzbf. v. Salzburg, † 821) 302
Arnulf von Kärnten (ostfränk. Kg., Ks., † 899) 457, 458
Arnulf von Metz (Bf., Spitzenahn der Karolinger, † 640) 216, 218, 253, 261, 289, 390
Arnulfinger (fränk. Adelshaus, männl. Linie d. Vorfahren Karl Martells, s. auch Arnulf von Metz) 203, 253
Athalarich (Kg. d. Ostgoten, † 534) 143
Athanagild (Kg. d. Westgoten, † 567) 164
Athanasius (Bf. v. Alexandria, Kirchenvater, † 373) 98, 103, 121, 370

Personenregister

Attila (Kg. d. Hunnen, † 453) 84, 116, 132, 136, 138
Audofleda (Frau Theoderichs d. Großen, † um 5./6. Jh.) 130
Audoin (Bf. v. Rouen, Referendar Dagoberts I., † 684) 215
Audomar (Bf. v. Thérouanne, Mönch i. Luxeuil, Miss., † um 670) 216, 222
Augustinus (Apostel Englands, Erzbf. v. Canterbury, † 604) 224
Augustinus (Bf. v. Hippo, Kirchenvater, † 430) 71, 75, 76*ff.*, 86, 102, 103, 104, 105, 106, 115, 122, 165, 166, 182, 234, 243, 307, 336, 367, 435, 442, 443, 447, 455
Augustus (röm. Ks., † 14) 240, 353, 354
Aunacharius von Auxerre (Bf., † 605) 97
Aureus (Bf. v. Mainz, † 436/451) 124
Ausonius (Grammatiker, Dichter, Erzieher Gratians, † nach 390) 122
Austregisel (fränk. Adeliger, 6. Jh.) 193
Autchar (fränk. Dux, † um 753) 285
Authari (Kg. d. Langobarden, † 590) 168
Avitus (weström. Ks., † 456) 89
Avitus von Vienne (s. Alcimus Avitus) 96, 132, 171, 173, 175, 424
Awaren (Nomadenvolk) 127, 167, *235*, 236, 302, *303*, 307, 326, 359, 391, 426

Badigisel von Le Mans (Bf., † 586) 175, 191 f., 193
Bagauden (Aufstandsbewegung in Gallien) 54
Baiern, bairisch (germ. Stamm) 32, 116, 169, 222, 235, 254, 256, 265, *299ff.*, 338, 368, 391 f., 429
Bainus (Bf. v. Thérouanne, Abt v. Fontanella/St. Wandrille, † 710) 263
Balduin von Flandern (Gf., † 879) 446
Balkan-Slawen (s. Slawen) 235
Balthild (Frau Chlodwigs II., † 680) 188, 203, 216 f., 338, 432
Barbaren 31, 122, 144, 238, 252, 429
Bardas (Onkel Michaels III., 9. Jh.) 399
Barontus (Mönch a. Saint Cyran, 7. Jh.) 336, 454
Basileios der Makedonier (byzant. Ks., † 886) 400
Basilius der Große (Erzbf., Kirchenlehrer, † 379) 104, 105
Basinus (Bf. v. Trier, † 705) 263
Basken (vorindogerm. Volksstamm) 169, 222
Beda Venerabilis (angelsächs. Geschichtsschreiber, Mönch, Kirchenlehrer, † 735) 223 f., 226, 227, *228*, 230, 307, 331, 336, 337, 344, 420, 421, 449, 456
Begga (Mutter Pippins d. Mittleren, † 693) 253
Belisar (Feldherr Justinians I., † 565) 73, 144, 160, 162
Benedikt von Nursia (Abt u. Regelverfasser, † 555/560) 43, *104ff.*, 214, 216, 219, 227, 228, 240, 241, 243, 290, 293, 307, 308, 313, 318, 321, 324, 356, 357, 361, 364 f., 366, 367, 402, 404, 408, 409, 414, 416, 418, 419
Benedikt III. (Papst, † 858) 398
Benedikt Biscop (Mönch, Klostergründer, † 689/90) *228*, 232, 423
Benedikt von Aniane (Abt, Klostergründer/-reformer, Berater Ludwigs d. Frommen, † 821) 43, 308, 329, 348, *364f.*, 366 f., 368, 374, 375, 402, 405, 411, 414, 417
Benedikt-Dubanus (Abt v. Honau, 8. Jh.) 220
Benedictus Levita (angebl. Diakon v. Mainz u. Kapitularien-Sammler, 9. Jh., s. a. Pseudo-Isidor) 394
Beneventaner 452
Benignus (Abt v. Fontanella/St. Wandrille, † 724) 263
Beornrad (Abt v. Echternach, Erzbf. v. Sens, † 797) 299, 307
Berengar von Friaul I. (Mgf., Kg. v. Italien, Ks., † 924) 457
Bernhard (Halbbruder Pippins d. Jüngeren, 8. Jh.) 308

Bernhard von Clairvaux (Abt u. Klostergründer, Kirchenlehrer, † 1153) 27
Bernhard (Kg. v. Italien, † 818) 384, 409
Berta (Frau Aethelberhts, † um 600) 183, 224, 231, 308
Berthram von Le Mans (Bf., † 626/27) 175, 192, 198 f.
Bertichram (s. Berthram) 175
Bertinus (Mönch v. Luxeuil, Abt v. Sithiu/St. Bertin, † 698) 216
Bertrada (Frau Pippins d. Jüngeren, † 783) 264, 290
Beseel (alttest. Baumeister) 347
Bodo-Eleazar (Adeliger am Hof Ludwigs d. Frommen) 378
Boethius (Philosoph, † 524) *142*, 166, 183
Bonifatius I. (Papst, † 422) 65, 141
Bonifatius (Angelsachse, Apostel Deutschlands, Erzbf. u. Legat, Mart., † 754) 28 f., 230, 254, 265, 269, *270ff.*, 281, 282, 284, *288ff.*, 296, 297, 298, 299 f., 317 f., 321, 322, 326, 329, 331, 336, 345, 393, 397, 408, 418, 423, 427, 438, 449, 456
Boris (Khan d. Bulgaren, † 889) 392 f., 400, 425, 431, 446
Boris-Michael I. (s. Boris) 392
Boso von Vienne (Gf., Kg. v. Niederburgund, † 887) 457
Braulio von Saragossa (Bf., Schüler Isidors, † um 651) 165
Bretonen (kelt. Stamm) 169, 388
Bretwalda (Titel d. Oberkgs. d. Angelsachsen) 224, 232
Brictio (Diakon/Boppard) 124
Brictius (Bf. v. Tours, Schüler und Nachfolger Martins v. Tours, † 444) 188
Brigida (Klostergründerin, † gegen 523) 205, 206, 207, 208
Brukterer (germ. Volk) 296
Brun Candidus (Mönch in Fulda, Leiter d. Klosterschule, † 845) 434
Brunichild (Frau Sigiberts I., † 613) 191, 213, 261
Bulgaren *236*, 369, *392f.*, 397, 400, 401, 425, 431
Burchard von Würzburg (Bf., Mitarbeiter Bonifatius', † 753) 283, 287
Burgunder (ostgerm. Volk) 32, 115, 116, 128, 130, *132f.*, 136, 138, 169, 195, 201
Burgundofara (Äbtissin v. Faremoutiers, † 657) 215, 218
Burgundofaro (Kanzler Dagoberts I., Bf. v. Meaux, † um 672) 215
Burgundofaronen 215
Byzantiner (Bewohner d. östl. Hälfte d. röm. Reiches) 162, *169*, 233, 286

Caecilian (Bf. v. Karthago, 4. Jh.) 73
Caedmon (Laienbruder in Streaneshalch, Dichter, 7. Jh.) 227, 438, 449
Caedwalla von Wessex (Kg., † 689) 232
Caesarius von Arles (Erzbf., † 542) 87, *89ff.*, 100, 102, 103, 104, *133*, *136f.*, 179, 181, 182, 198, 216, 278, 289, 346
Carentius (Bf. v. Köln, † um 550/60) 119
Cassian (s. Johannes Cassianus) *101ff.*, 107, 110, 210, 213
Cassiodor (Staatsmann, Schriftsteller, † nach 580) *142f.*, 183, 228, 447
Cassius (Mart./Bonn, 3./4. Jh.) 121
Ceadda (Bf. v. York u. Mercia, † 672) 226
Chagnoald (Mönch, Bf. v. Laon, † um 632) 215, 218
Charibert I. (Frankenkg., † 567/68) 195
Childebert I. (Frankenkg., † 558) 173, 191
Childebert der Adoptierte (Sohn Grimoalds I., Kg., † 661/62) 253
Childerich I. (Kg. d. salischen Franken, † 482) 130, 136
Chilperich I. (Kg. in Neustrien, † 584) 191, 195, 198

Personenregister

Chindaswind (Kg. d. Westgoten, † 653) 164
Chlodomer (Frankenkg., † 524) 191
Chlodwig I. (Frankenkg., † 511) 23, 24, 49 f., 89, 98, 129, 130, 132, 133, 136, 169, *170 ff.*, 175 f., 177, 179, 180, 183, 191 f., 203, 256, 257, 261, 276, 296, 390, 421, 423, 424
Chlodwig II. (Kg. in Neustrien/Burgund, † 657) 188
Chlothar I. (Frankenkg., † 561) 178, 191, 203
Chlothar II. (Frankenkg., † 629) 173 ff., 176, 191, 203, 215, 265
Chramnesind (Sohn Austregisels, Adeliger/Tours, 6./7. Jh.) 193
Chrodechilde (2. Frau Chlodwigs I., † 544) 130, 132, 136, 172, 175, 183, 191
Chrodegang von Metz (Erzbf., zuvor Referendar Karl Martells, † 766) 254, 275, 284, 285, 287, *288 ff.*, 321, 322, 334, 338, 340, 358, 367
Chromatius (Bf. v. Aquileja, † 407/08) 84
Ciarán (irisch. Klostergründer, † um 550) 205
Cicero (Schriftsteller, † 43 v. Chr.) 76, 85
Claudianus Mamertus von Vienne (Philosoph, Presbyter, † um 474) 87
Clematius (Senator?, s. auch Ursula) 119
Clemens I. (Bf. v. Rom, Verfasser d. Clemens-Briefes, † 101) 234, 289, 395
Coelestin I. (Papst, † 432) 204
Coenred von Mercia (Kg., † 709) 232
Coloman von Lindisfarne (Abtbf., Nachf. Finans, † 676) 224, 226
Colonat (irisch. Miss., Begleiter Kilians, † um 690) 220
Columba der Ältere (irisch. Miss., Klostergründer, Abt v. Iona, † 597) 205, 206, 207 f.
Columban der Jüngere (irisch. Miss., Regelverfasser, Abt v. Luxeuil u. Bobbio, † 615) *213 ff.*, 219, 220, 222, 224, 261, 263, 265, 267, 335, 379, 418
Comgall (Klostergründer, † um 601) 205
Constantius (Bf. v. Lorch, 5. Jh.) 126, 137
Corbinian (Bf. v. Freising, † nach 725) 267, 300
Cummean (Bf. v. Clonfert, Verf. eines Bußbuches, † 662) 210, 335
Cunipert (Kg. d. Langobarden, † 700) 168
Cynegils (Kg. v. Wessex, † 643) 230, 231
Cyprian (Bf. v. Karthago, Kirchenvater, † 258) 75, 76, 77, 234, 313, 333
Cyrill (alexand. Patriarch, † 444) 62

Dänen 431
Dagobert I. (Frankenkg., † 638) 173 ff., 176, 188, 195, 203, 215, 216, 222, 265, 269, 287, 338
Damasus I. (Papst, † 384) 65, 70, 84, 243, 244
Daniel (alttest. Prophet) 157, 436
David (alttest. Kg.) 166, 284, 347
Decius (röm. Ks., † 251) 82
Defensor (Mönch a. Ligugé), Verf. d. »Scintillarum liber«, 8. Jh.) 202
Deogratias (Bf. v. Karthago, † 457) 162
Desiderius (letzter Langobardenkönig, † 774) 292
Diokletian (röm. Ks., † 305) 53, 54, 84, 126, 127
Dionysius v. Paris (Bf., Mart., † um 249) 136, 188, 288, 368
Dionysius Areopagites (Pseudonym, Verfasser myst. Schriften, † um 500) 447
Dionysius Exiguus (Mönch, Schriftsteller, † um 545/50) *143 f.*, 228, 293, 313, 318
Dobdagrecus (Abtbf. d. Virgil v. Salzburg, † vor 788) 300
Donar (germ. Gott) 427
Donatisten 73, 77, 78
Donatus von Besançon (Bf., † vor 660) 216
Donatus (Bf. v. Karthago, s. auch Donatisten, † um 355) 73
Drogo (Bf. v. Metz, Erzkaplan, Halbbruder Ludwigs d. Frommen, † um 855) 343, 382, 383
Drythelm (angelsächs. Visionär, 7. Jh.) 336, 449

Eadbald (Kg. v. Kent, † 640) 231
Eberulf (Adeliger/Tours, 6. Jh.) 201
Ebo von Reims (Erzbf., Bf. v. Hildesheim, † 851) 365, 376, 377, 379, 382, 385, 389, 394, 397, 399, 435, 449
Edwin von Nordhumbrien (Kg., † 632) 224, 227, 230, 420 f.
Einhard (Biograph Karls d. Großen, Berater Ludwigs d. Frommen, † 840) 264, 296, *308 ff.*, 324, 347, 354, 371, 376, 409, 417, 434, 435, 456
Eleazar (alttest. Personenname, s. Bodo) 378
Elias (alttest. Prophet) 397
Eligius (Bf. v. Noyon u. Tournai, † 660) 216, 416
Elipandus von Toledo (Metropolit, Hauptvertreter d. Adoptianismus, s. auch Felix v. Urgel, † nach 800) 349
Emmeram (Missionsbf. in Baiern, † um 700) 267, 300
Engern (sächs. Teilstamm) 296
Eorpwald (ostangl. Königssohn, † 658) 230
Erasmus (v. Rotterdam, Humanist, † 1536) 86
Erchinoald (Hausmeier in Neustrien, † 658) 219
Eremiten 97
Erinbert (Miss. in Schweden, Verwandter Gauzberts, 9. Jh.) 377
Erkanbert (Mönch in Fulda, Bf. in Minden, † nach 805) 298
Ermenrich von Passau (Bf., Schüler Hrabans, † 874) 392
Ermoldus Nigellus (Historiograph, Dichter, † um 826/28) 376, 430
Ethelbald (Kg. v. Wessex, Sohn Ethelwulfs, † um 860) 446
Ethelwulf von Wessex (Kg., † um 858) 446
Etherius (Kaplan u. Notar Karls d. Großen, 8. Jh.) 293
Etichonen (elsäss. Adelsgeschlecht, Stammvater Adalricus/Eticho) 220, 254, 368
Eucharius (Bf. v. Trier, 3. Jh.) 121
Eucherius von Lyon (Bf., † um 450) 100
Eucherius (Sohn Stilichos, † 408/09) 138
Eudokia (Frau Hunerichs, † 472) 160
Eugen II. (Papst, † 827) 378
Euphrates (Bf. v. Köln, 4. Jh.) 125
Eurich (Kg. d. Westgoten, † 484) 128 f., 162
Eusebius (Bf. v. Vercelli, † 371) 104
Eustasius (Schüler Columbans, Abt v. Luxeuil, † 629?) 222
Ewalde (d. Schwarze u. d. Weiße, Sachsenmiss., † 690/695) 296
Ezechiel (alttest. Prophet) 436, 437

Faustus von Riez (Mönch, Abt v. Lérin, † vor 500) 87, 100
Felicissimus (Mart., Diakon, † um 260) 342
Felicitas (röm. Mart., 3. Jh.) 342
Felix II. (⟨III., vgl. Felix II., Gegenpapst, † 358⟩ Papst, Vorfahr Gregors d. Großen, † 492) 141
Felix III. (⟨IV., s. Felix II.⟩ Papst, † 530) 133, 181, 239
Felix von Urgel (Bf., Hauptvertreter d. Adoptianismus, s. auch Elipandus v. Toledo, † 818) 349
Filibert (Abt v. Rebais, Gründer u. Abt v. Jumièges, † 685) 216
Finan (irisch. Miss., Abtbf. v. Lindisfarne, Nachfolger Aidans, † 661) 224
Finnian (irisch. Mönch, Gründer Clonards, Verf. eines Bußbuches, † um 550) 205, 210, 211 f.
Flavius Eugenius (Usurpator, 4. Jh.) 112
Florentius (Mart./Bonn, 3./4. Jh.) 121
Florian von Noricum (Mart., † um 304) 126
Florus von Lyon (Diakon, Schriftsteller, † um 860) *379 f.*, 442, 452
Foillan (irisch. Mönch, Bruder Ultans u. Fursas, † um 655) 219
Formosus (Papst, † 896) 458

Franken, fränkisch (westgerm. Stamm) 31 ff., 114 ff. (pass.), *129 ff.* (pass.), 169 ff. (pass.), *173 ff.* (pass.), 192, 194, 199 ff. (pass.), 237, *253 ff.* (pass.), *292 ff.* (pass.), *361 ff.* (pass.), *432 ff.* (pass.)
Frechulf (Bf. v. Lisieux, Historiograph, † nach 860) 376
Fredegar (Notname einer fränk. Chronik) 175, 191, 195, 201
Fredegund(e) (2. Frau Chilperichs I., † 597) 181, 191, 195
Fridugis (Schüler Alkuins, Abt v. Tours, Kanzler Ludwigs d. Frommen , † 834) 364
Friesen (germ. Stamm) 222, 254, 265, 268 f., 270, 275, 299, 302, 421, 425
Fulrad von St. Denis (Abt, Erzkaplan Pippins d. Jüngeren, † 784) 275, 283, *287 f.*, 305, 315, 340, 342
Fulrad von St. Quentin (Abt, † 826) 326
Fursa (irisch. Mönch, Klostergründer, Bruder Ultans u. Foillans, † um 650) *219*, 336

Galla Placidia (Tochter Theodosius' I., † 450) 138
Gallus (Mönch, Begleiter Columbans, † um 640/50) 213, 267, 411, 455
Galswinth (Frau Chilperichs I., † um 570) 191, 195
Gauzbert (Bf. v. Birka u. Osnabrück, Miss., Verwandter Ebos, † nach 832) 377
Gauzelin (Erzkanzler Karls d. Kahlen, Laienabt v. St. Denis, † 886) 419
Geiserich (Kg. d. Wandalen, † 477) 138, 160, 161
Gelasius I. (Papst, † 496) 69, 141, 197, 239, 244, 245, 246, 367, 381
Gelimer (Kg. d. Wandalen, † 534) 160
Gennadius v. Marseille (Presbyter, Gelehrter u. Schriftsteller, † um 500) 87
Genovefa von Paris (Hl., † um 500) *136*, 188
Gereon (Mart./Köln, 4. Jh.?) 119
Germanen, germanisch (Völkergruppe d. Indogermanen) 31, 32, 53, 112, 113, *114 ff.* (pass.), 149 (pass.), 172, 194 f., 223, 235, 260 ff. (pass.), 344, 359 f., 422, *438 ff.* (pass.), 458
Germanos I. (Patriarch v. Konstantinopel, † 733) 251
Germanus von Paris (Bf., † 576) 91
Gertrud von Nivelles (Äbtissin, Tochter Pippins d. Älteren, † 659) 218, 219
Gervasius (Mart.?, Stadtpatron v. Mailand, s. auch Protasius) 59
Gerwold (Bf. v. Evreux, Abt v. Fontanella/St. Wandrille, † 806) 264
Gewilib (Bf. v. Mainz, 8. Jh.) 273, 326
Gnostiker 60
Godescalc (Mönch, Verf. eines Evangelistars, 8. Jh.) 313
Godo (Neffe Wandregisels, Mitbegründer Fontanellas, † um 690) 263
Gorgonius (röm. Mart., † um 300) 340
Goten, gotisch (Hauptvolk d. Ostgermanen) 115, *127 ff.*, 139, 162 ff., 236, 306
Gotfrid (Hzg. d. Alemannen, † um 709) 267
Gottfried der Normane (Hzg. in Friesland, † 885) 431
Gottschalk der Sachse (v. Orbais, Mönch, Theologe, Dichter, † 866/70) 33, 389, 434 f., *442 ff.*, 447
Gozbert (Hzg./Würzburg, 7. Jh.) 220
Gozbert (Abt v. St. Gallen, 9. Jh.) 411
Gratian (weström. Ks., Sohn Valentinians I., † 383) 68, 122
Gregor I., der Große (Papst, † 604) 49, 72, 104, 105, 111, 147, 149, 159, 165, 181, 223, 224, 227, 231, 238, *239 ff.*, 251, 252, 255, 269, 285, 307, 319, 328, 336, 342, 346, 367, 390, 395, 397
Gregor II. (Papst, † 731) 244, 252, 270, 282, 329, 331, 408
Gregor III. (Papst, † 741) 252, 271 f., 285
Gregor IV. (Papst, † 844) 382, 396
Gregor von Tours (Bf., Geschichtsschreiber, † 594)

25, 49, 89, 118, 119, 159, 171, 172, 173, 180, 181, *182 ff.*, *190 ff.*, 199, 201, 262, 310, 313, 337, 406, 423
Grimald (Abt, Erzkaplan, † 870) 391, 440
Grimo (Abt v. Corbie, Bf. v. Rouen, † 747) 273, 432
Grimoald (Hzg. v. Benevent, Kg. d. Langobarden, † 671) 168, 216, 219, 253, 421
Gundeberga (Frau Arioalds u. Rotharis, † 7. Jh.) 168
Gundemar (Kg. d. Westgoten, † 612) 164
Gunthamund (Kg. d. Wandalen, † 496) 160
Gunthar (Sohn Chlodomers, der 3. Sohn Chlodwigs, 6. Jh.) 191
Gunther von Köln (Erzbf., Erzkaplan Lothars II., † 863) 387
Gunt(h)ram von Burgund (Kg., Sohn Chlothars I., † 593) 338
Guttorm (dän. Herrscher, 9. Jh.) 431
Gyrovagen (Bezeichnung f. Gruppe umherzieh. Mönche) 111

Hadrian (röm. Ks., † 138) 70
Hadrian (Abt v. Canterbury, Berater Theodors, † 709) 226, 228
Hadrian I. (Papst, † 795) 285, 287, 292, 293, *294 f.*, 302, 307, 313, 318, 328, 329, 348, 352, 353, 360, 390, 394, 428
Hadrian II. (Papst, † 872) 388, 393, 395, 396, 397, 398, 400
Haito von Reichenau (Abt, Bf. v. Basel/Mainz, † 836) 411
Hanhavaldus (Burgunderfürst, 4. Jh.) 114
Harald Klak (s. Harald v. Dänemark) 376, 430
Harald von Dänemark (Normannenführer, 9. Jh.) 376, 377, 429, 430 f.
Hariulfus (Burgunderfürst, 4. Jh.) 114
Hatumar (Bf. v. Würzburg, † 815) 298
Heden (Hzg. in Würzburg, † um 710) 269
Hedene (Herzogsfamilie im mainländisch-thüring. Dukat) 254, 268
Heiden 163 (pass.)
Helena (Mutter Konstantins d. Großen, röm. Kaiserin, † 330) 121, 122
Helisachar (Kanzler Ludwigs d. Frommen, † vor 840) *364*, 379, 382
Heraclius (s. Herakleios) 188
Herakleios (byzantin. Ks., Nachfolger Phokas', † 641) 188, 235, *236*, 251
Hermagoras (Schüler des Evangelisten Markus) 84
Hermann der Cherusker (Fürst, † um 20 n. Chr.) 23
Hessen 265
Hetti von Trier (Erzbf., † 847) 322
Hieronymus (Kirchenvater, † 419/20) 80, *84 f.*, 86, 103, 122, 124, 165, 202, 243, 307, 367, 407
Hilarius von Poitiers (Bf., Schriftsteller, Theologe, † 367) 87, 98, 100
Hilda (Äbtissin v. Hartlepool, Streaneshalch, † 680) 227
Hildebald von Köln (Erzbf., Erzkaplan, † 819) 322, 347, 364, 411
Hilderich (Kg. d. Wandalen, † 530) 160, 162
Hilduin (Abt von St. Denis, Erzkaplan Ludwigs d. Frommen, † 840/44) 364, 376, 379, 382, 389, 419, 447
Hinkmar (Bf. von Laon, Neffe Hinkmars v. Reims, † 879) 394
Hinkmar von Reims (Erzbf., Kanonist, † 882) 33, 387, *389*, 390, 394, 395, 397, 399, 400, 419, 435, 437, 443, *445 f.*, 452
Hippolyt v. Rom (Schriftsteller, Gegenpapst, † um 235) 340
Honoratus (Bf. v. Arles, † 429/30) 87, 99 f.
Honorius I. (Papst, Schüler Gregor d. Großen, † 638) 241, 251
Honorius (weström. Ks., Nachfolger Theodosius' I., † 423) 138

Hormisdas (Papst, † 523) 141, 144
Hrabanus Maurus (Theologe, Abt v. Fulda, Erzbf. v. Mainz, † 856) 371, 391, *432 ff.*, 438, 440, 442, 443, 452
Hubert (Bf. v. Tongern-Maastricht, † 727) 340
Hugeburg (Nonne, Verwandte Willibalds u. Wunibalds, † vor 800) 279
Hugo (Abt v. St. Wandrille, Bf., Neffe Karl Martells, † um 732) 263
Hugo (Abt v. St. Quentin, Halbbruder Ludwigs d. Frommen, † 844) 382
Hugo v. Auxerre, »der Abt« (Laienabt, † 889) 419
Hukbert (Hzg. d. Baiern, † um 736) 266, 387, 419
Hunerich (Kg. d. Wandalen, † 484) 73, 160, 162
Hunnen (ostasiat. Nomadenvolk) 115, 116, 132, 138, 235
Huosi (bair. Geschlecht) 300

Ignatios (Patriarch v. Konstantinopel, † 877) 397, 399 ff.
Iduberga (Frau Pippins d. Älteren, † 652) 218
Ildefons von Toledo (Erzbf., Schüler Isidors, † 667) 165
Ingo (karantan. Fürst, 9. Jh.) 429
Ingoberga (Frau Chariberts I., 6. Jh.) 195
Ingomer (Sohn Chlodwigs I., 6. Jh.) 172
Ini (Kg. v. Wessex, † 726) 232
Innocenz I. (Papst, † 417) 65, 66, 72, 181, 239, 242, 247, 337
Iren, irisch *204 ff.* (pass.), *213 ff.*, *219 ff.*, 279, 281, 284, 310, 313, 334, 337, 343, 348, 406
Irenäus (Bf. v. Lyon, Theologe, Schriftsteller, † um 202) 75
Irene (Kaiserin, Witwe Leons IV., † 803) 251, 348, 353, 355
Isaias (alttest. Prophet) 436
Isidor Mercator (s. Pseudo-Isidor) 395
Isidor von Sevilla (Metropolit, Kirchenlehrer, † 636) 49, 159, *165 ff.*, 202, 208, 307, 367, 395, 434
Itta (s. Iduberga) 218

Jakobus (Apostel) 337
Jeremias (alttest. Prophet) 436
Job (alttest. Weiser) 424
Johannes (Evangelist) 436, 437, 447
Johannes von Biclaro (Chronist, † um 620) 165
Johannes Chrysostomus (Bf. v. Konstantinopel, Kirchenlehrer, † 407) 101
Johannes Cassianus (s. Cassian, Klostergründer, monast. Schriftsteller, † 430/35) 87, *101 ff.*, 107, 110, 210, 213
Johannes Eriugena (westfränk. Gelehrter, † um 877) 444, *447 f.*
Johannes Scottus (s. Johannes Eriugena) 447
Johannes I. (Papst, † 526) 141, 142
Johannes VIII. (Papst, † 882) 392, 396, 397, 398, 401, 458
Jonas von Susa (Abt v. Bobbio, Miss., Hagiograph, 7. Jh.) 213, 215, 218
Jonas (alttest. Prophet) 157
Jonas von Orléans (Bf.,† 842/43) *365*, 381, 428, 449 ff., 452
Josias (alttest. Kg.) 318, 347
Juden 153, 163, *165*, 166, *175*, 210, 233, *241*, 320, *377 f.*
Judith (Frau Ludwigs d. Frommen, † 843) 372, 382, 419, 430 f.
Judith (Tochter Karls des Kahlen, † nach 862) 446
Julian von Eclanum (Bf., pelagianischer Theologe, Widersacher Augustinus', † nach 454) 78
Julian von Toledo (Erzbf., † 690) 165
Julianus Pomerius (theol. Schriftsteller, Lehrer Caesarius', † nach 498) 87, 96, 367
Justin I. (oström. Ks., Nachfolger Anastasius' I., † 527) 141, 146

Justinian I. (oström. Ks., Neffe u. Berater Justins I., † 565) 69 f., 140, 143, 144, *145 f.*, 160, 162, 167, 236, 238, 352, 458
Justinian II. (byzant. Ks., Sohn Konstantins IV., † 711) 237
Jüten (germ. Stamm) 147, 223

Kagan (Awaren-Herrscher) 303
Kapetinger (frz. Königsgeschlecht) 24
Karantanen 235, 299 f., 301, 302, 303, 421, 429
Karl der Große (Frankenkg., Ks., † 814) 24, 40, 151 f., 180, 194, 220, 234, 235, *253 ff.* (pass.), 285, *292 ff.* (pass.), *304 ff.* (pass.), 330, 338, 342, 350, *352 ff.* (pass.), 361, 363, 371 f., 379, 381, 383 ff. (pass.), 390, 427 ff. (pass.), *457 ff.*
Karl II., der Kahle (Sohn Ludwigs d. Frommen, Kg., Ks., † 877) 372, 376, 381 ff., *388 ff.* (pass.), 407, 419, 436, 444, 447, *457 ff.*
Karl III., der Dicke (Sohn Ludwigs d. Deutschen, Kg. v. Italien, Ks., † 881) 396, 431, *457 f.*
Karlmann (Sohn Karl Martells, fränk. Hausmeier, † 754) *253 ff.* (pass.), 266, 272 ff., 285, 317, 338, 340, *457 ff.*
Karlmann (Sohn Pippins d. Jüngeren, † 771) 285, 292
Karl Martell (Sohn Pippins d. Mittleren, fränk. Hausmeier, † 741) 198, 252, *253 ff.* (pass.), *265 ff.* (pass.), 322 ff. (pass.), 338, 340, 369, 409, *457 ff.*
Karolinger, karolingisch (fränk. Königsgeschlecht, s. auch Karl d. Große) 23, 188 (pass.), 223, 235, *253 ff.* (pass.), *265 ff.* (pass.), *292 ff.* (pass.), 347 f., *352 ff.* (pass.), *361 ff.* (pass.), 373, *393 ff.* (pass.), 401 ff. (pass.), 449 ff. (pass.), *457 ff.*
Kelten (indogerm. Volksgruppe) 203
Kilian (irisch. Miss., Mart., † um 690) *220*, 268, 298
Kocel (Sohn Pribinas, 9. Jh.) 391, 392
Konstantin I., der Große (röm. Ks., † 337) 24, 45, 53 ff., *67 f.*, 81 ff., 121, 172, 176, 286, 293, 353, 378, 459
Konstantin IV. (byzant. Ks., † 685) *237*
Konstantin V. (byzant. Ks., † 775) 251, 252, 284
Konstantin VI. (byzant. Ks., † 797) 348
Konstantin II. (Papst, 767 unrechtmäßig erhoben, † 768, s. auch Toto v. Nepi) 287
Konstantius II. (röm. Ks., Sohn Konstantins d. Großen, † 361) 128
Konstantinos (Bruder Methodios', Apostel u. Lehrer d. Slawen, † 869) 391 f.
Kyrillos (s. Konstantinos) 392
Kopten (Angehörige d. monophys. Nationalkirche) 233

Lactanz (Schriftsteller u. Rhetor, † nach 317) 165
Lambert v. Spoleto (Sohn Widos, Kg. v. Italien, Ks., † 898) 458
Landfrid (Hzg. d. Alemannen, † um 730) 267
Lando (Abt v. Fontanella/St. Wandrille, † 735) 263
Langobarden, langobardisch (germ. Stamm) 32, 105, 116, 128, 145, 147, 153, 158, *167 ff.* (pass.), 235 (pass.), 284 ff. (pass.), *292 ff.* (pass.), 340, 352, 371, 459
Lantechildis (Schwester Chlodwigs I., 6. Jh.) 171
Laurentius (Mart., † 258) 81 f.
Laurentius (röm. Archipresbyter, Gegenpapst, † 506) 141
Leander (Metropolit v. Sevilla, Bruder Isidors, † 600/601) 165
Lebuin (angelsächs. Miss., † um 780) 296
Leo I., der Große (Papst, † 461) 62, 65, *66*, 70, 87, 133, 138, 141, 204, 239, 242, 245, 367
Leo II. (Papst, † 683) 251
Leo III. (Papst, Nachfolger Hadrians I., † 816) 304, 349, 352, 353, 354, 360, 378
Leo IV. (Papst, † 855) 385, 396, 398
Leo XIII. (Papst, † 1903) 29
Leobgytha (s. Lioba) 279

Personenregister 493

Leon III., der Syrer (byzant. Ks., † 741) *237*, 252
Leon IV. (byzant. Ks., Enkel Leons III., † 780) 251
Leowigild (Kg. d. Westgoten, † 586) 162 f.
Liborius (Bf. v. Le Mans, Zeitgenosse Martins, † 397?) 342
Licinius (röm. Ks., † 325) 82
Lioba (Äbtissin v. Tauberbischofsheim, † um 782) 279, 456
Liudger (Bf. v. Münster, Miss. Frieslands u. Westfalens, † 809) 279, 299, 421
Liudhard (Bf. in Canterbury, † um 588) 224
Liudolfinger (sächs. Dynastie) 391
Liutbert von Mainz (Erzbf., Erzkanzler, † 889) 391, 438
Liutpirc (Frau Tassilos III., 8. Jh.) 302
Liutpram (Erzbf. v. Salzburg, 9. Jh.) 391
Liutprand (Kg. d. Langobarden, † 744) 168, 252
Liutwin (Bf. v. Trier, Nachfolger Basinus', hoher Verwaltungsbeamter d. karol. Hausmeier, † 717/722) 263
Lothar I. (fränk. Ks., Sohn Ludwigs d. Frommen, † 855) 310, 338, 375, 378, 379, 382, 383, 387, 395 f., 430 f.
Lothar II. (fränk. Kg., Sohn Lothars I., † 869) *387 f.*, 389, 396, 397, 419, 445 f., 452
Lucas (Evangelist) 436, 437
Ludwig I., der Fromme (3. Sohn Karls d. Großen, fränk. Ks., † 840) 151, 194, 217, 258, 293, 308, 310, 338, 342, 358, 359, *361 ff.* (pass.), 366 ff., 374 f., *381 ff.* (pass.), 391, 396, 418, 419, 430 f., 432 f., 442, 449, 456 f., *457 ff.*
Ludwig der Deutsche (3. Sohn Ludwigs d. Frommen, erster ostfränk. Kg., † 876) 365, 375, 377, 383, 387, 388, 389, 391, 392, 396, 438, 440, 457
Ludwig II. (Kg./Ks. von Italien, † 875) 387, 396, 397, 398
Ludwig II., der Stammler (westfränk. Kg., † 879) 389, 419, 457
Ludwig III., der Blinde (Sohn Bosos von Vienne, Enkel Ludwigs II., Kg. u. Ks. in der Provence, † um 928) 457, 458
Ludwig IV., das Kind (Kg., † 911) 457
Ludwig (Sohn Rotruds, der Tochter Karls d. Großen, † 867) 419
Lukrez (röm. Dichter, † 55 v.Chr.) 165
Lul (Erzbf. v. Mainz, † 786) 272, *275*, 279, 298, 408
Lupicinus (Klostergründer, Bruder Romanus', † um 480) 100, 103
Lupus von Ferrières (Abt, † nach 862) 434, *435*, 443, 456

Magister (unbek. Verf. einer Mönchsregel, 6. Jh.) 104, *105 ff.*, 214, 324, 403, 416
Mährer (slaw. Volksstamm) *391 f.*
Maidubh (irisch. Gelehrter, 7. Jh.) 228
Maiorinus (Lektor, Gegenbischof im Donatistenstreit, 4. Jh.) 73
Manichäer (Anhänger d. Heilslehre d. Manichäismus) 77, 78, 79
Marcoveifa (Kebsfrau Chariberts I., Nonne, 6. Jh.) 195
Maria (Mutter Jesu) 62, 404
Maria (Frau Honorius', Tochter Stilichos, 5. Jh.) 138
Marius Victorinus (Philosoph u. christ. Schriftsteller, † nach 362) 86
Markian (oström. Ks., Nachfolger Theodosius' II., † 457) 160
Markus (Evangelist) 84, 229, 436, 437
Martial (röm. Schriftsteller, Dichter, † nach 100) 165
Martianus Capella (Philosoph u. Schriftsteller, 4./5. Jh.) 447
Martin I. (Papst, † 653) 251
Martin von Tours (Bf., Klostergründer, † 397) *98 f.*, 103, 106, 122, 167, 188, 189, 261, 288, 307, 367, 419, 427

Martin von Dumio (Abt, Erzbf. v. Braga, † 579/80) 165
Maternus (Bf. v. Köln, 4. Jh.) 119
Matfrid (Gf. v. Orléans, † 836/37) 365
Matthäus (Evangelist) 436, 437
Mauritius (Mart., † um 300) 132
Maxentius (röm. Ks., † 312) 82
Maximinus von Trier (Bf., Nachfolger Agricius', † 346) 121, 456
Maximus (Abt v. Lérins, Bf. v. Riez, Nachfolger Honoratus', † um 462) 100
Maximus Confessor (bedeut. Theologe d. 7. Jh., † 662) 447
Medardus von Noyon (Bf., † um 560) 179
Melchisedech (alttest. Priester) 166
Merkur (röm. Gott d. Handels) 447
Merofledis (Kebsfrau Chariberts I., 6. Jh.) 195
Merowech (Stammvater der Merowinger, † um 450) 130
Merowinger, merowingisch (fränk. Königshaus, s. auch Merowech) 150, 159, *169 ff.* (pass.), 174, 192 ff. (pass.), *203*, 221, 222, 239, 252, 253 (pass.), 283, 288, 306, 322 ff., 356, 358, 371, 372 ff., 406, 416
Method(ios) (Bruder Konstantinos', Slawenmiss., Erzbf. v. Pannonien u. Mähren, † 885) 391 f., 431
Michael (Erzengel) 220, 239
Michael (s. Boris) 392
Michael I. (byzant. Ks., † 813) 399
Michael III. (byzant. Ks., † 867) 392, 399, 400
Milo von Trier und Reims (Bf., † 757) 263, 272, 458
Mohammed (Prophet d. Islam, † 632) 24, 233, 234
Monophysiten 146, 236, 237, 251
Moses (Anführer Israels) 347, 352, 442

Narses (oström. Feldherr, † um 574) 145
Nestorius (Erzbf. v. Konstantinopel, † um 451) 62
Nicetius (Bf. v. Trier, † nach 561) 173
Nikolaus I. (Papst, † 867) 387 f., 392 f., 394, 395, *397 ff.*, 425, 429, 444, *445 f.*, 452
Noah (alttest. Urvater) 260, 424
Nonnus (Presbyter/Boppard) 124
Normannen, normannisch (nordgerm. Krieger, »Wikinger«) *385*, 386, 388, 389, *419*, 430, 431, 435, 457

Odilo (Hzg. v. Bayern, s. auch Agilolfinger, † 748) 266, 300
Odo (Gf. v. Paris, westfränk. Kg., † 898) 457
Odoaker (ostgerm. Heerkg., weström. Regent, † 493) 126, 128 f., 137, *138*, *138 f.*, 151, 158
Offa von Essex (Angelsachsenkg., 8. Jh.) 232
Origenes (alexandr. Theologe, bedeut. Lehrer d. früh. griech. Kirche, † um 254) 84, 85, 234
Ostangeln (s. Angeln) 219
Ostgoten (s. Goten) 115, 116, 126, 128, 132, 139, 142, 168, 260
Ostslawen (s. Slawen) 235
Oswald von Nordhumbrien (Kg., Sohn Ethelfriths, † 641) 154, 224, 225, 227, 230 f.
Oswiu von Bernicia (Kg. v. Nordhumbrien, † 670) 224, 225, 226, 230, 231, 232, 453
Otfrid von Weißenburg (Dichter, † nach 868) 434, *440 f.*, 449
Otgar (Erzbf. v. Mainz, † 847) 442
Othmar (Begründer d. Klosters St. Gallen, † 759) 267 f.
Otto III. (Kg. u. Ks., † 1002) 151

Pachomius (ägypt. Mönch, Begründer d. Koinobitentums, † 347) 60, 104, 105, 234
Palladius (Bf. in Irland, 5. Jh.) *204*, 205
Paschalis I. (Papst, Zeitgenosse Ludwigs d. Frommen, † 824) 376, 378, 396

Paschasius Radbertus (Abt v. Corbie, Theologe, † um 859) *432*, 443, *444f.*
Patrick (Apostel Irlands, † 461/62) *204ff.*
Paul I. (Papst, Bruder Stephans II., † 767) 285, 286
Paulinus von Aquileja (Patriarch, Lehrer an Karls d. Großen Hofschule, † 802) *306*, 308
Paulinus (Bf. v. Trier, Nachfolger Maximinus', † 358) 121
Paulinus (Angelsachsenmiss., Erzbf. v. York, Bf. v. Rochester, † 644) 224, 420 f.
Paulus Diaconus (Hofgelehrter Karls d. Großen, † nach 787) *306*, 308
Paulus (Apostel) 64, 66, 78, 81, 83, 86, 208, 286, 342, 416, 451
Peada (Kg. v. Mittelanglien u. Mercia, † 656) 230
Pelagianer (Anhänger d. theol. Lehre d. Pelagius) 78
Pelagius (brit. ›Laien‹-Mönch, † nach 418) 77, 86, 102, 208
Perctarit (Kg. d. Langobarden, † 688) 168
Perser (indogerm. Volk) 233, 235, 236
Petronilla (vermeintl. Tochter d. Petrus) 340
Petrus von Pisa (Hofgelehrter Karls d. Großen) *306*
Petrus (Apostel) 64, 66, 81, 82, 83, 86, 159, 181, 226, 232, 243 f., 276, 285, 286, 288, 289, 293, 328, 340, 353, 354, 453, 454
Petrus Lombardus (scholast. Theologe, Bf. v. Paris, † 1160) 165
Phokas (byzant. Ks., † 610) 236
Photios (Patriarch v. Konstantinopel, Gelehrter, † um 891) 397, *399 ff.*
Pikten (kelt. Volksstamm) 204, 205, 223
Pippin der Ältere (fränk. Hausmeier, † 640) 219, 253
Pippin der Mittlere (Sohn Ansegisels u. Beggas, Hausmeier in Austrien, † 714) *253 ff.*, 263 f., *265 ff.* (pass.), 270, 276, 277, 322, 324, 338, 421
Pippin der Jüngere (Sohn Karl Martells, fränk. Hausmeier, Kg., † 768) 26, 40, 220, 252, *253 ff.* (pass.), 261, 264, *265 ff.* (pass.), *283 ff.* (pass.), 292, 299, 302, 308, 317, 322, 324, 329, 338, 340, 348, 358, 359, 364, 390, 409, 460
Pippin (Unterkg. v. Italien, † 810) 293, 313
Pippin I. (Kg. v. Aquitanien, † 838) 365, 375, 382
Pippiniden 203, 216, 222, *253 ff.*, 263 f., 368
Pirmin (Abtbf. u. Miss., † 753) *267 f.*, 291
Platon (Philosoph, † 347 v. Chr.) 142, 348, 448
Plektrud (Frau Pippins d. Mittleren, † nach 717) 254
Polen (westslaw. Volk) 392, 431
Pribina (Slawenfürst, † 860/61) 391
Priscillian (Haupt einer asketischen Bewegung, † 385) 122
Prosper Tiro von Aquitanien (Laienmönch, Anhänger Augustinus', † nach 455) 87, 204
Protasius (Mart.?, Stadtpatron v. Mailand, s. auch Gervasius) 59
Provinzialromanen 130, 196, 213, 260, 348
Prudentius (Aurelius Clemens, Dichter, † nach 405) 428
Prudentius von Troyes (Bf., Chronist, Hofkaplan Ludwigs d. Frommen, † 861) 437, 443
Pseudo-Dionysius Areopagita (s. Dionysius Areopagites) 376
Pseudo-Isidor (Verfasserpseudonym einer frühma. Kirchenrechtssammlung) 286, *394 f.*, 446
Pusinna (Hl. aus Chatillon/Marne, 6. Jh.) 342

Radbert (s. Paschasius Radbertus) 445
Radbod (fries. Kg., † 719) 421, 425, 427
Radegunde (Frau Chlothars I., Frankenkönigin, Nonne u. Klostergründerin, † 587) 178 f., 198
Rado (Mönch, 7. Jh.) 215
Raedwald von Ostanglien (Kg., † um 616) 224, 230, 421
Raganfred (neustr. Hausmeier, † 731) 263
Raginfred (Abt v. St. Wandrille, Metropolit v. Rouen, 8. Jh.) 264

Ragnachar von Cambrai (Frankenkg., † nach 486/87) 191
Rastislaw (Mährerfürst, † 870) 391 f.
Ratgar (Abt v. Fulda, † 820) 342
Rat(h)ramnus von Corbie (Theologe, † nach 868) 432, 443, *444 f.*, 452
Rauching (fränk. Adeliger, 6. Jh.) 199
Regino von Prüm (Abt v. St. Martin, Kanonist, Chronist, † 915) 394, 397, 419, 438
Regunte (Tochter Fredegunds, 6./7. Jh.) 191
Rekkared (Sohn Leovigilds, Kg. d. Westgoten, † 601) 163
Remaclus (Klosterbf. v. Stablo u. Malmedy, † um 675) 216
Remigius von Reims (Bf., Zeitgenosse Chlodwigs I., † um 533) 124, 170 f., 173, 390
Rheinfranken (s. auch Franken) 116, 124
Richar von Cambrai (fränk. Teilkg., † nach 487) 191, 455
Richarius (Priester, Asket, Miss., † um 645) 404
Rignomer von Cambrai (fränk. Teilkg., † nach 487) 191
Rikimer (Swebe, weström. Patricius u. Heermeister, † 472) 138
Robertiner (rhein-fränk. Grafengeschlecht) 457
Rollo (Normannen-Führer, Gf. v. Rouen, † 927) 385, 431
Romanen, romanisch 31 f., 116, 126, 129, 132, 139, 154, 161, 169, 173
Romanus von Condat (Klostergründer u. Abt, Bruder Lupicinus', † um 463/64) 100, 103
Romarich (Berater Theudeberts II. u. Clothars II., Gründer u. Abt d. Abtei Remiremont, † um 653) 216
Romulus Augustulus (weström. Ks., † 476) 138, 144
Rothad von Soissons (Bf., † 864) 394, 395, 397, 399
Rothari (Hzg. v. Brescia, Kg. d. Langobarden, † 652) 168
Rudolf I. (Kg. v. Hochburgund, † 912) 457
Rudolf von Fulda (Leiter d. Klosterschule Fulda, † 865) 434, 437, 456
Rugier (ostgerm. Stamm) 126, 137
Rupert (Klosterbf. v. Worms u. Salzburg, † um 720) 267, 300

Saberht von Essex (Kg., † 616) 224
Sachsen, sächsisch (germ. Stamm) 147, 223, *256 ff.* (pass.), *296 ff.* (pass.), 326, 330, 416, 421, 426, 427, 440
Salfranken (fränk. Kernstamm, s. auch Franken) 116, 130
Salomon (alttest. Kg.) 316, 347
Salvian von Marseille (Presbyter, Schriftsteller, † nach 480) 87, 119, 122, 124
Samo (Gründer eines westslaw. Reiches, † um 660) 235
Samuel (alttest. Priester) 408, 442
Sarazenen (westl. Bezeichnung f. Mohammedaner) 254, 258, 297, 307, 322, *385*, 396, 397, 401, 457 f.
Sarmannina (Mart./Regensburg, 5. Jh.) 125
Sassaniden (pers. Herschergeschlecht) 233
Saul (alttest. Kg.) 284
Saxnot (sächs. Stammesgott) 427
Scholastica (Schwester Benedikts v. Nursia, † um 547) 111
Sergius I. (Papst, † 701) 232, 244, 269
Sergius II. (Papst, † 847) 396
Sergius III. (Papst, † 911) 458
Severin von Noricum (Apostel d. Noricums, † 482) 126, *137*
Severinus (Bf. v. Köln, 4. Jh.) 119
Sichar (fränk. Adeliger, 6. Jh.) 193
Sidonius Apollinaris (Dichter, Bf. v. Clérmont-Ferrand, † 480/90) 87, 89, 96
Sigiberht von Essex (Kg. d. Ostangeln, † um 637) 230

Sigibert I. (Frankenkg., † 575) 191
Sigismund (Kg. d. Burgunder, † 523/24) 132
Silvester I. (Papst, † 335) 45, 286, 293
Simplicius (Papst, † 483) 197
Sintpert (Bf. v. Augsburg, Abt v. Murbach, † um 807) 300, 326
Siricius I. (Papst, Nachfolger Damasus' I., † 399) 65, 244
Sixtus III. (Papst, † 440) 83
Slawen, slawisch 34, 36, 127, 169, 222, 235, 236, 391, 457
Smaragd von St. Mihiel (Abt, Berater Karls d. Großen u. Ludwigs d. Frommen, † 826/30) 365 f., 417
Sola (Angelsachse, Mönch, Einsiedler, † 794) 281
Stephan I. (Papst, † 257) 76, 77
Stephan II. (Papst, † 757) 252, 284 ff. (pass.), 294, 329, 340, 390
Stephan III. (Papst, † 772) 287, 294
Stephan IV. (Papst, † 817) 378, 396
Stephan V. (Papst, † 891) 452, 458
Stephan VI. (Papst, † 897) 458
Stilicho (röm. Heermeister, † 408) 115, 138, 159
Sturmi von Fulda (Klostergründer, Miss., Abt, Begleiter Bonifatius', † 779) 273 f., 275, 298, 326
Südslawen (s. auch Slawen) 235
Sueton (Schriftsteller, † um 130) 310
Suidbert (Missionsbf., Zeitgenosse Willibrords, † 713) 296
Sulpicius Severus (Chronist, Schriftsteller, † um 420) 98 f.
Swatopluk I. (Mährerfürst, † 894) 392
Sweben (germ. Völkergruppe) 115, 124, 128, 160, 162, 164, 166
Swithelm von Essex (Kg., 7. Jh.) 231
Syagrius (Sohn d. Aegidius, röm. Heermeister, Statthalter in Gallien, † 486) 130, 170
Symmacher (senat. Geschlecht) 142
Symmachus (Papst, † 514) 133, 141, 244
Symmachus (Anführer heidn. Oppositionsbewegung, 4. Jh.) 68

Tassilo III. (Hzg. d. Baiern, † nach 794) 300, 301 ff.
Tatian (Schüler Justinos', Apologet u. Theologe, 2. Jh.) 438
Tertullian (afrikan. Schriftsteller, Apologet, † um 200) 72, 74, 75, 76, 165, 453
Teutsind (Abt v. St. Wandrille, † 742) 264
Thegan (Chorbf. v. Trier, Biograph Ludwigs d. Frommen, † 837/38) 376
Theodehad (Kg. d. Ostgoten, † 536) 143
Theodelinde (Königin d. Langobarden, Regentin f. Adaloald, Frau Autharis u. Agilulfs, † um 627/28) 168
Theoderich der Große (Kg. d. Ostgoten, † 526) 115, 116, 130, 132, 133, 136, 137, 139 ff., 143, 150, 151, 158, 162, 316
Theodo (Hzg. d. Baiern, Agilolfinger, † 725/28) 266, 267, 302
Theodor von Canterbury (Erzbf., † 690) 226, 228, 231, 232, 282, 334 f.
Theodor von Tarsus (s. Theodor v. Canterbury) 232
Theodosius I., der Große (röm. Ks., † 395) 24, 55, 68, 69, 71, 112, 115, 128
Theodosius II. (oström. Ks., † 450) 69, 138
Theodulf von Orléans (Bf., Dichter u. Theologe am Hof Karls d. Großen, † 821) 307 f., 320, 347, 348 f., 365, 369, 370, 371
Theophylact (Dux u. Senator in Rom, † 916/26) 458
Theuderich II. (Frankenkg., † 613) 213
Theudoald (Hausmeier, † 715) 191
Theudogild (Kebsfrau Chariberts I., 6. Jh.) 195
Theutbald (Hzg. d. Alemannen, † 744) 267
Theutberga (Frau Lothars II., † nach 869) 387, 388, 389, 419, 452
Theutgaud von Trier (Erzbf., † 863) 387

Thrasamund (Kg. d. Wandalen, † 523) 160
Thyringer (germ. Stamm) 116, 169
Totila (Kg. d. Ostgoten, † 552) 145
Totnan (irisch. Miss., Begleiter Kilians, † um 690) 220
Toto (Dux aus Nepi, † um 767) 287

U'Neill (irisch. Königsgeschlecht) 205, 206
Ultan (irisch. Miss., Abt, Bruder Fursas u. Foillans, † 686) 219
Ungarn 386, 392, 431
Ursula (Mart./Köln) 119

Valens (röm. Ks., Bruder Valentinians I., † 378) 115, 128
Valentinian I. (weström. Ks., Bruder Valens', † 375) 54
Valentinian III. (weström. Ks., † 455) 69, 138, 160
Valerius (Bf. v. Trier, 3. Jh.) 121
Venantius Fortunatus (Bf. v. Poitiers, Dichter u. Hagiograph, † nach 600) 201
Venedi (s. Slawen) 235
Vergil (röm. Dichter, † 19 v. Chr.) 165
Victor von Capua (Bf. ?, † 554) 438
Victoriden (rätische Dynastie) 180
Vigilius (Papst, † 555) 146
Vincenz von Lérins (Presbyter, Mönch, Theologe, † vor 450) 80, 87
Virgil (irisch. Abt, Bf. v. Salzburg, † 784) 299 f., 302
Vitalian (Papst, † 672) 226, 232
Vitus (Mart., † 303/04?) 316, 342
Vivian (Gf., Laienabt in Tours, 9. Jh.) 419, 435, 436

Wala (Vetter Karls d. Großen, Bruder Adalhards, Statthalter in Sachsen, Abt v. Corbie u. Bobbio, † 836) 364, 375, 378, 379, 380, 382, 432
Walafrid Strabo von der Reichenau (Abt, theol. Schriftsteller, † 849) 376, 434, 455
Walburga (Äbtissin v. Heidenheim, Schwester Willibalds u. Wunibalds, † 779) 279
Walchen (s. Romanen) 126
Waldebert (Abt v. Luxeuil, Nachfolger Eustasius', † 670) 215, 216
Waldrada (Frau Lothars II., † nach 869) 387 f.
Waltbert (Nachfahre Widukinds, 9. Jh.) 262
Wamba (Kg. d. Westgoten, † 688) 164
Wandalen (ostgerm. Volk) 73, 115, 124, 128, 147, 150, 159 ff., 166, 260, 359
Wando (Abt v. St. Wandrille, † 753) 263, 264
Wandregisel (Gründer v. »St. Wandrille«, † um 668) 215, 263
Warnefred (s. Paulus Diaconus) 306
Wenden (s. Slawen) 235
Weomad (Erzbf. v. Trier, † 791) 263
Westgoten (s. auch Goten) 32, 115, 116, 128 f., 130, 132, 136, 138, 139, 147, 150, 153, 159, 162 ff., 195, 199, 201, 202, 252, 255, 260, 359, 459
Westsachsen (s. auch Sachsen) 230
Westslawen (s. auch Slawen) 235
Wetti(nus) v. Reichenau (Mönch, Leiter d. Klosterschule, Lehrer Walafrids, † 824) 336
Wiching (Bf. v. Neutra, Nachfolger Methodios', † nach 899) 392
Wicterp (Bf. v. Augsburg, † um 771) 300
Wido (Abt v. St. Wandrille, † um 750) 264
Wido II. (Mgf. v. Spoleto, Kg. v. Italien, Ks., † 894) 458
Widonen (fränk. Adelsgeschlecht, Ahnherr Liutwin v. Trier) 263, 458
Widukind (westf. Edeling, Sachsenführer, † um 798?) 262, 297, 298, 321, 421, 428, 430
Wigbert von Fritzlar (Mönch, Abt, Miss., Zeitgenosse Bonifatius', † 737/738) 456
Wigheard (Bischofskandidat f. Canterbury, † 665) 231

Wikinger (s. Normannen) 377, 385
Wilfrid von York (Bf., Zeitgenosse Benedikt Biscops, † 709/10) 226, 268 f.
Wilhelm I., der Eroberer (Hzg. d. Normandie, Kg. v. England, † 1087) 24
Willehad (angelsächs. Friesen- u. Sachsenmiss., Bf. v. Bremen, † 789) 299
Willibald (angelsächs. Mönch, Bf. v. Eichstätt, Bruder Wunibalds u. Walburgas, † 787) 272, 274, 275, 279, 408
Willibrord (Angelsachse, Erzbf., Apostel d. Friesen, † 739) 254, 265, *268 ff.*, 275 ff., 296, 299, 331, 368, 408, 416, 427, 455
Winfrid-Bonifatius (s. Bonifatius) 28 f., 269, *270 ff.*
Witbold (Neffe Witlaics, 8. Jh.) 264
Witiza (s. Benedikt von Aniane) 364
Witlaic (Neffe Teutsinds, Abt v. St. Wandrille, † 787) 264
Wodan (germ. Gott) 172, 213, 424, 427
Wulfhere von Mercien (Kg., † 678) 225, 230, 231
Wulfila (Bf. d. Goten, Bibelübersetzer, † 383) 127 f.
Wulfram (Erzbf. v. Sens, Mönch, Miss., † um 700) 425
Wunibald (angelsächs. Miss., Abt v. Heidenheim, Bruder Willibalds u. Walburgas, † 761) 272, 279

Zacharias (Papst, † 752) 252, 274, 282, 283, 288
Zacharias (alttest. Prophet) 442
Zenon (oström. Ks., Schwiegersohn Leons I., † 491) 138 f., 141
Zönobiten 97, 106, 107, 408
Zosimus (Papst, † 418) 65, 67, 86 f.

Abbildungsnachweis

1	Aus: Trier. Kaiserresidenz und Bischofssitz, hinterer Vorsatz. – Rheinisches Landesmuseum Trier.
2	Aus: Helmut Opitz, Die Alte Kirche, Abb. S. 162 f. – Evangelische Verlagsanstalt Berlin, 1983.
3 a	Istituto Centrale per il Catalogo e la Documentazione, Roma.
3 b	Aus: Richard Krautheimer, Rom – Schicksal einer Stadt, Abb. 24. – Verlag C. H. Beck, München 1987.
4	Aus: R. Aubert (Hrsg.), Dictionnaire d'Histoire et de Géographie Ecclésiastiques, Band 18. – Letouzey & Ané, Paris 1977.
5	Aus: Klaus Gamber, Die Meßfeier. Stud. Patr. et Liturgica Fasc. 14. – Verlag Friedrich Pustet, Regensburg.
6	Aus: Fernand Cabrol/Henri Leclercq, Dictionnaire d'Archéologie Chrétienne et de Liturgie, Band 13, Teil 1. – Letouzey & Ané, Paris 1937.
7 u. 8	Aus: Das erste Jahrtausend. Kultur und Kunst im werdenden Abendland an Rhein und Ruhr. Textband I, Abb. 1 u. 2. – Patmos Verlag, Düsseldorf.
9	Aus: Werner Hilgemann: dtv-Atlas Weltgeschichte Band 1. Graphiken von Harald und Ruth Bukor. © 2000, 1964 Deutscher Taschenbuch Verlag, München.
10a/b	Aus: Walter Bader, Der Dom zu Xanten. Erster Teil, S. 41 u. 55. – Verlag Butzon & Bercker, Kevelaer 1978.
11 a	Aus: Gerta Wolff, Das Römisch-Germanische Köln, Köln (Bachem) ²1983.
11 b	Aus: Arnold Wolff, Der Kölner Dom, Stuttgart (Müller & Schindler) ⁴1988.
12	Aus: Römische Quartalschrift für christliche Altertumskunde und Kirchengeschichte. Festschrift zum einhundertjährigen Bestehen der Römischen Quartalschrift und des Römischen Instituts der Görres-Gesellschaft. Band I, Fig. 1 b u. 2. – Verlag Herder, Rom–Freiburg–Wien 1988.
13	Aus: Bonner Jahrbücher des Rheinischen Landesmuseums in Bonn, 135/7. Geschichte des Erzbistums Köln, S. 34 (Bachem). – Landschaftsverband Rheinland. Rheinisches Landesmuseum Bonn.
14 u. 15	Aus: 2000 Jahre Stadtentwicklung Trier. Katalog zur Ausstellung, ²1984, S. 34 u. 40. – Stadtverwaltung Trier, Hochbauamt.
16	Aus: Kurt Böhner, Die fränkischen Altertümer des Trierer Landes. 1. Teil. Textband, S. 313. Berlin (Mann) 1958.
17	Aus: Werner/Ewig (Hrsg.), Von der Spätantike zum frühen Mittelalter (Vorträge und Forschungen, Bd. XXV), S. 333, Abb. 7. – Jan Thorbecke, Stuttgart 1979.
18	Aus: Rudolf Noll (Hrsg.), Eugippius – Das Leben des heiligen Severin. Schriften und Quellen der Alten Welt. Band 11. – Akademie-Verlag, Berlin 1963.
19 a–f	Quelle: s. 9.
20 a–c	Vorlage: Michel Rouche, L'Aquitaine des Wisigoths aux Arabes 418–781. – Touzot, Paris.
21 a	Aus: Die Langobarden. Archäologie und Geschichte, S. 24, Abb. 12. – Konrad Theiss Verlag, Stuttgart.
21 b	Quelle: s. 9.
22	Archiv Verlag W. Kohlhammer.
23	Vorlage: Joachim Werner, Die Ausgrabungen in St. Ulrich und Afra in Augsburg 1961–1968. Münchner Beiträge zur Vor- und Frühgeschichte. Bd. 23, S. 343, Abb. 34. München (C. H. Beck'sche Verlagsbuchhandlung).
24	Aus: Rudolf Moosbrugger-Leu, Die Schweiz zur Merowingerzeit. Band A, Abb. 46. – Francke Verlag, Bern.
25	Aus: Hans K. Schulze, Vom Reich der Franken zum Land der Deutschen. Merowinger und Karolinger, S. 53. – Siedler Verlag, Berlin 1987.
26	Ausschnitt aus: ms. lat. 9428, f° 91. Bibliothèque Nationale, Paris.
27 a	Aus: Rudolf Moosbrugger-Leu, Die frühmittelalterlichen Gürtelbeschläge der Schweiz, Abb. 30. – Birkhäuser Verlag AG, Basel 1967.
27 b	Quelle: s. 23.
28	Archiv Verlag W. Kohlhammer.
29 a	Vorlage: Pietas. Festschrift für Bernhard Kötting. Hrsg. von Ernst Dassmann und K. Suso Frank. Jahrbuch für Antike und Christentum, Ergänzungsband 8, S. 352, Abb. 6. – Aschendorffsche Verlagsbuchhandlung, Münster 1980.
29 b	Aus: Fuldaer Sakramentar. – 2 Cod. Ms. theol. 231 Cim., fol. 113ʳ. – Niedersächsische Staats- und Universitätsbibliothek Göttingen, Handschriftenabteilung.
30	Aus: Heinz Dopsch/Roswitha Juffinger, Virgil von Salzburg. Missionar und Gelehrter, S. 274 f., Fig. 12. – Amt der Salzburger Landesregierung; Prähistorische Staatssammlung München; MM. Vision und Multimedia GmbH, München.
31	Quelle: s. 30; a. a. O. S. 30, Fig. 2.
32 a	Aus: Ludwig Bieler, Irland. Wegbereiter des Mittelalters, S. 28. – (Urs Graf-Verlag, 1961) Walter Verlag, Olten.
32 b	Aus: Book of Durrow. TCD MS 57, fol. 192 v (Ausschnitt). – Trinity College Library Dublin.
33	Aus: Friedrich Prinz, Frühes Mönchtum im Frankenreich, Karte VII A. – R. Oldenbourg Verlag GmbH, München 1965.
34	Quelle: s. 25; a. a. O. S. 110 unten.

35	Aus: Evangeliar von Lindisfarne, fol. 95 R. – The British Library, London.
36	Quelle: s. 25; a. a. O. S. 373 unten.
37	Aus: Engelbert Kirschbaum, Die Gräber der Apostelfürsten, Abb. 41. – (Verlag Heinrich Scheffler, Frankfurt am Main) Societäts-Verlag, Frankfurt am Main.
38 a	Fitzwilliam Museum, Cambridge, Inv. No. M 12–1904.
38 b	Stadt Frankfurt am Main. Der Magistrat. Stadt- und Universitätsbibliothek. Handschriftenabteilung. Handschrift Ms. Barth. 181.
39	Quelle: s. 25; a. a. O. S. 91.
40	Aus: Die Bajuwaren. Von Severin bis Tassilo 488–788, S. 133, Abb. 87. – Amt der Salzburger Landesregierung; Prähistorische Staatssammlung München; MM. Vision und Multimedia GmbH, München.
41	Aus: K. Schäferdiek (Hrsg.), Die Kirche des frühen Mittelalters, München 1978.
42	Fuldaer Sakramentar. 2 Cod. Ms. theol. 231 Cim., Bl. 87^r. – Niedersächsische Staats- und Universitätsbibliothek Göttingen, Handschriftenabteilung.
43	Quelle: s. 40; a. a. O. S. 296, Abb. 196.
44 a	Quelle: s. 40; a. a. O. S. 297, Abb. 197.
44 b	Rechteinhaber nicht ermittelbar.
45	Rechteinhaber nicht ermittelbar.
46	Aus: Kurt Böhner, Das Grab eines fränkischen Herren aus Morken im Rheinland, 1959, Abb. 17. – Landschaftsverband Rheinland, Rheinisches Landesmuseum Bonn.
47	Aus: Francia. Forschungen zur westeuropäischen Geschichte, Bd. 2, S. 93. – Jan Thorbecke, Stuttgart 1974.
48	Aus: Deutsche Geschichte, Band 1. Von den Anfängen bis zur Ausbildung des Feudalismus Mitte des 11. Jahrhunderts, S. 293. Autorenkollektiv Joachim Herrmann u. a. – VEB Deutscher Verlag der Wissenschaften, Berlin (Ost) 1985.
49	Quelle: s. 6.
50	Vorlage: Autor/Verlag.
51	Quelle: s. 40; a. a. O. S. 163.
52	Zeichnung: Peter Pleyel, Wien.
53	Quelle: s. 40; a. a. O. S. 323, Abb. 215.
54	© GALLIMARD – L'UNIVERS DES FORMES, Paris.
55 (a)	El Escorial, Bibliothek. MS T. II. 24.
55 (b)	Bibliothèque Royale, Brüssel. MS 9850–52.
55 (c)	Staatsarchiv des Kantons Zürich. MSAG 19.
55 (d)	Book of Durrow. TCD MS 57, f. 8 l v. – Trinity College Library Dublin.
55 (e)	Stiftsbibliothek St. Gallen.
55 (f)	Stiftsbibliothek St. Gallen.
56	Foto: Ann Münchow, Aachen.
57 a/b	Aus: Kölner Domblatt VIII, Köln 1954, Plan III, S. 51. – Metropolitankapitel der Hohen Domkirche Köln, Dombauverwaltung.
58 a	Quelle: s. 25; a. a. O. S. 190.
58 b	Aus: Kunst und Kultur im Weserraum 800–1600. Katalog zur Ausstellung, nach S. 40. – Westfälisches Landesmuseum für Kunst und Kulturgeschichte, Münster.
59 a	Foto: Anne Gold, Aachen.
59 b	Aus: Braunfels/Schnitzler (Hrsg.), Karolingische Kunst (Karl der Große, Bd. III). (Verlag Schwann, Düsseldorf 1965.)
60	Centre Culturel de Cambrai. MS 164, Fol. 35 v°.
61	Karte neu angelegt nach der Vorlage aus: Großer Historischer Weltatlas, II. Teil: Mittelalter, Bayerischer Schulbuch-Verlag, München ²1979, S. 25: Die kirchliche Einteilung der christlichen Welt um 1050.
62	Ausschnitt aus der Handschrift Clm 22053 (Sammelhandschrift, die u. a. das Wessobrunner Gebet enthält). – Bayerische Staatsbibliothek München.
63	Phot. Bibl. Nat. Paris.
64	Aus: Monumenta Germaniae Historica. Libri Memoriales. 1. Liber Memorialis von Remiremont, Taf. 3^v. – Monumenta Germaniae Historica, München.
65	Aus: Walter Bader, Der Dom zu Xanten. Erster Teil, S. 41, Abb. 12. – Verlag Butzon & Bercker, Kevelaer 1978.
66 a	Aus: Vorromanische Kirchenbauten. Katalog der Denkmäler bis zum Ausgang der Ottonen (Prestel-Verlag, München). – Zentralinstitut für Kunstgeschichte in München, Photothek.
66 b	Ausschnitt aus: W. Winkelmann, Führer zu vor- und frühgeschichtlichen Denkmälern, Bd. 46 (Verlag Philipp von Zabern, Mainz 1981). – Römisch-Germanisches Zentralmuseum, Mainz.
66 c	Quelle: s. 66 a.
67	Quelle: s. 58 b; a. a. O. S. 121.
68	Musées Royaux d'Art et d'Histoire, Brüssel.
69	Foto Biblioteca Vaticana.
70	Musée du Louvre, Paris.
71	Quelle: s. 25, a. a. O. S. 318 f.
72	Quelle: s. Umschlagbild-Legende, S. 4.
73	Quelle: s. 25, a. a. O. S. 329.
74	Quelle: s. 25; a. a. O. hinterer Vorsatz (Zeichnung neu angelegt).
75	Quelle: s. 25; a. a. O. S. 334.
76	Lat. 1141, fol. 2 v°. – Phot. Bibl. Nat. Paris.
77	Utrecht Psalter, Ms. 32, fol. 90^v. – Bibliotheek der Rijksuniversiteit te Utrecht.
78 a	Phot. Bibl. Nat. Paris.
78 b	Vorlage: C. Heitz.

78 c	Quelle: s. 7/8; a. a. O. S. 384.
79	Aus: Walter Horn/Ernest Born, The Plan of St. Gall, Abb. 165. – The University of Calfornia Press, Berkeley 1979. © 1979 Walter Horn & Ernest Born.
80	Phot. Bibl. Nat. Paris.
81	Quelle: s. 48; a. a. O. S. 339.
82 a/b	Quelle: s. 79.
83 a	Archiv Verlag W. Kohlhammer.
83 b	Aus: Werdendes Abendland an Rhein und Ruhr, Bildtafel 16. – Tellus-Verlag, Essen 1956.
84	Burgerbibliothek Bern.
85	Österreichische Nationalbibliothek, Wien. Bild-Archiv und Porträt-Sammlung.
86	Lat. 1 (329ᵛ). – Phot. Bibl. Nat. Paris.
87	Ausschnitt aus der Handschrift Cgm 25 (Heliand). Bayerische Staatsbibliothek München. – Transkribierung aus: Heliand und Genesis, hrsg. von Otto Behaghel, 9. Aufl. bearbeitet von Burkhard Taeger. Max Niemeyer Verlag, Tübingen 1984. – Übersetzung: Heliand und die Bruchstücke der Genesis. Aus dem Altsächsischen und Angelsächsischen übertragen von Felix Genzmer. Verlag Philipp Reclam jun., Stuttgart.
88	»Christus als Weltenrichter«. Vorlage: Kunstkarte des Beuroner Kunstverlags, Beuron.
89	Vorlage: Archiv Verlag W. Kohlhammer.

ERNST DASSMANN

Kirchengeschichte II/1

Konstantinische Wende und spätantike Reichskirche

1996. 224 Seiten. Kart.
DM 35,–
ISBN 3-17-012045-X

Kohlhammer Studienbücher
Theologie, Band 11,1

ERNST DASSMANN

Kirchengeschichte II/2

Theologie und innerkirchliches Leben bis zum Ausgang der Spätantike

1999. 272 Seiten. Kart.
DM 37,95
ISBN 3-17-012845-0

Kohlhammer Studienbücher
Theologie; Band 11,2

Kohlhammer

W. Kohlhammer GmbH · 70549 Stuttgart · Tel. 0711/78 63 - 72 80